国家社会科学基金一般项目——语言接触视角下的湖南赣语语音研究（11BYY025）

教育部人文社会科学研究青年基金项目——湖南赣语研究（09YJC740053）

国家社会科学基金重大项目——汉语方言学大型辞书编纂理论研究与数字化建设（13&ZD135）

国家社会科学基金项目

湖南赣语语音调查研究

李冬香◎著

中国社会科学出版社

图书在版编目（CIP）数据

湖南赣语语音调查研究 / 李冬香著. —北京：中国社会科学
出版社，2015.12
ISBN 978-7-5161-7111-0

Ⅰ.①湖…　Ⅱ.①李…　Ⅲ.①赣语-语音-方言研究-
湖南省　Ⅳ.①H175

中国版本图书馆 CIP 数据核字（2015）第 281969 号

出 版 人　赵剑英
责任编辑　任　明
责任校对　冯　玮
责任印制　何　艳

出　　　版　中国社会科学出版社
社　　　址　北京鼓楼西大街甲 158 号
邮　　　编　100720
网　　　址　http://www.csspw.cn
发 行 部　010-84083685
门 市 部　010-84029450
经　　　销　新华书店及其他书店

印刷装订　北京市兴怀印刷厂
版　　　次　2015 年 12 月第 1 版
印　　　次　2015 年 12 月第 1 次印刷

开　　　本　710×1000　1/16
印　　　张　33.5
插　　　页　3
字　　　数　601 千字
定　　　价　98.00 元

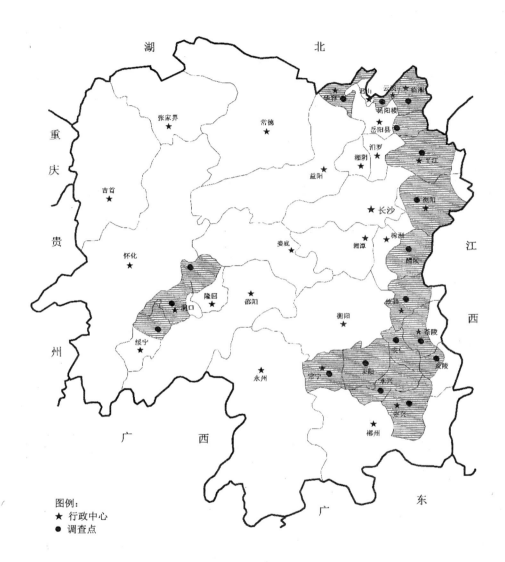

湖南赣语的分布

赣语研究的新突破（代序）

近三十多年来，随着我国经济腾飞，学术振兴时代的到来，中国语言学的发展呈现出蓬勃发展的大好形势，汉语方言的调查研究更是空前繁荣，捷报频传：一些令人瞩目的汉语方言研究项目陆续开展；许多前所未知的方言"处女地"被"开垦"出来；深藏在各地方言中的鲜为人知的语言特色纷纷亮相……汉语方言学这门深具中国特色的古老学科，已从"寂寂无闻""坐冷板凳"的冷门跃居为语言科学中不折不扣的"显学"了。近期在汉语方言研究这一学术领域中，经常可以看到一些或深具开拓意识，锐意有所创新；或承传前人研究成果，在原有基础上明显有所突破的上乘之作。如今摆在读者面前的这部《湖南赣语语音调查研究》，便是一部在汉语方言调查研究中具有突破性意义的著作。

汉语各大方言分布面积大小不一，内部复杂程度各不相同。拥有面积最大的自然是官话方言（或称广义的北方方言），但官话方言内部复杂的情况却不一定是汉语方言中最为突出的。一些通行范围并不是很大的方言区，其内部存在的复杂情况往往也会引人注目，不容忽视。赣语是汉语七大方言区中通行范围较小的一个方言区。它在江西境内与客家方言并列省内两大方言，与客家方言存在不少相同点，因而历来存在客赣分合问题的议论；在江西以外，主要是湖南境内存在的赣语，尽管学界都承认这是客观事实，但对于这些"湘赣"与江西本土的赣语关系如何？具体分布哪些地域？各有什么特色？以至相互接触、相互影响的情况等等，由于欠缺系统而全面的田野调查和比较研究，始终未能勾勒出清晰的轮廓来。

21 世纪初，来自湖南赣语区的李冬香同学，入学之初就想到要利用自身的条件，选择调查研究湖南境内赣语作为撰写博士论文的方向。我当然支持她这一结合实际的思路，跟她一起斟酌设计了论文的构思、具体的框架、涉及的内容及田野调查的计划等等。在开题报告会上，冬香的这一构想获得与会者的赞同，认为这是一项很有意义的课题。这篇博士论文的完成，有助于厘清赣方言区存在的一些问题，让方言学界对赣方言有一个比较全面的认识，这无疑是很有现实意义的。在明确方向、缜密设计之后，冬香同学就开始广泛搜集资料，认真阅读相关文献，开展实地调查，着手论文撰写，终于在2005年毕业前完成了这篇博士论文,在答辩会上获得与会学者的首肯,获授博士学位。2005年毕业的这一届博士生是我从1991年以来培养的29位汉语方言博士生中的最后一届,也就是所谓的"关门弟子"(李冬香、王红梅、陈曼君)。所幸这三位同学在学期间都能勤奋向学,尽管业务上各有侧重,但都能锲而不舍地在方言研究这块沃土上努力耕耘,做出成绩来,不辜负学界对她们作为方言学接班人的期盼。冬香这篇博士论文通过以后,我就叮嘱她应在此基础上进一步充实内容,斟酌修改,争取能够早日付梓问世。没料到毕业走上工作岗位以后,冬香除了肩负繁重的教学任务以外,又有了新的研究课题,以至未能把修订博士论文的工作一鼓作气完成。年复一年,在毕业整整十年以后,这部博士论文的增补、修订工作才终于宣布大功告成、即将出版问世。这真是名副其实的"十年磨一剑"啊!

说这部《湖南赣语语音调查研究》是赣方言研究的新突破,是基于本书具有以下几方面的突破而言:

第一,本书作者对湖南境内赣语的调查,可算是面最广、选点最多的,书中提供了堪称是历来方言调查中涉及湖南赣语最丰富的语料。作者在实地了解、全面掌握湖南省内18处赣语分布情况的基础上,选取了18个湖南赣方言点,一一进行深入调查。这样大面积的实地调查,为全面揭示湖南境内赣语的面貌奠下了扎实的基础,也使对湖南赣语语音的综合研究有了科学性的保证。

第二,通过全面分析湖南境内赣语内部的一致性和差异性,从不同语言特点出发,结合人文历史背景,对湖南赣语进行了分片,并以专门章节论述了相关的问题。与此同时,作者还从湖南赣语与周边方言存在千丝万缕关系的实际出发,对湖南某些地方赣语的归属问题进行了探讨。

第三,通过横向的比较达到探明湖南赣语形成的目的。书中对湖南赣语与江西赣语,湖南赣语与邻近湘语,以及湖南赣语与邻近客家话、邻近土语进行详尽的比较。在上编第八章中以"从外部比较看湖南赣语的形成"为题,展开对湖南赣语与周边方言相同音韵特点和湖南赣语与周边方言共有成分性质的讨论,进而论述湖南赣语的形成,得出颇具说服力的结论。

第四,在历史比较上下足功夫。本书运用历史比较法,从古今音韵的历时比较切入,对湖南赣语的历史发展做了详细的讨论,这部分的内容篇幅几乎占全书的一半。从湖南赣语与中古音系的比较切入,进而对湖南赣语声母、韵母、声调的历史演变作具体阐述,并在此基础上归纳出湖南各地赣语存在着18条一致性。

第五,在揭示湖南赣语语音面貌、探讨其语音特点中,充分运用方言接触的理论和语言地理学的理论方法,展现在多方言接触中湖南赣语的演变,以及湖南赣语各种语音现象的地理分布，并在本书的附录中附上40幅湖南赣语音韵特点的分布图。

以上几个方面，是这部《湖南赣语语音调查研究》的核心内容，也是它的亮点所在，是它有别于许多相关著述，显得略高一筹之处。尽管从21世纪以来，湖南赣语的研究已经有了不少的进步，取得了令人瞩目的成果（据统计专著及专论不下百本〈篇〉），本书作者也明确表示：这本《湖南赣语语音调查研究》是在前人研究成果的基础上取得的。"没有前人的研究作为基础，我是无法完成这篇论文的。"（见《后记》）作为本书的第一读者，读罢此书，我深深领会到这是一部足以弥补此前湖南赣语缺乏全面、系统、综合性语音研究的不足，足以为汉语方言的研究提供新材料、新思路，也足以启发我们开阔视野，进一步思考方言研究中许多复杂问题的佳作。

是为序。

詹伯慧

2015 年 5 月 9 日

目　录

上编

湖南赣语音韵研究

第一章 绪论

第一节 湖南地理及沿革

    湖南幅员辽阔,地理坐标为东经 108°47′—114°15′,北纬 24°39′—30°08′,因全省大部分地区地处洞庭湖以南而得名，因省内最大河流湘江流贯全境而简称"湘"，因自古广植木芙蓉和水芙蓉而有"芙蓉国"之称。境内丘陵起伏，河谷纵横，湘、资、沅、澧四水倾注洞庭湖而入长江。三面环山，东有幕阜山、罗霄山脉，南有南岭山脉，西有武陵山、雪峰山脉，海拔从 500 米至 1 500 米不等。湘北为洞庭湖平原，海拔多在 50 米以下；湘中则丘陵与河谷、盆地相间，全省形成东、南、西三面向北倾斜开口的马蹄形状。毗邻 6 省，北以滨湖平原与湖北接壤，南以南岭与广东、广西为邻，东以幕阜、武功诸山系界江西，西以云贵高原东缘连贵州，西北则以武陵诸山脉接川东、鄂西。省内交通便利，有黄花机场、张家界机场等开通省内、外航线，有京广、枝柳、湘赣、湘桂、湘黔等铁路通过省境，还有京珠高速公路、107 国道、105 国道和湘川、湘黔等公路与外省相通，又有长江、湘江、沅江等河道互相联络。全省土地面积 21.18 万平方公里，占全国国土面积的 2.2%，在各省市幅员中居第 11 位。全省辖 13 个市、1 个自治州，下辖 122 个县（市、区）。2013 年末常住人口 6 690.6 万，居全国第 7 位。[①]

    湖南在春秋战国时代属于楚国版图。秦代分为两郡，沅、澧流域属于黔中郡，湘、资流域属于长沙郡。汉代改秦黔中郡置武陵郡，分长沙郡别置桂阳、零陵二郡。从汉武帝起设有作为监察区的刺史部，汉末变成高层政区——州。汉至三国除江永、江华以外其余全属荆州。晋永嘉元年（307）起分荆、江、广州立湘州，管有湘、资二水流域。孝建元年（454）又分荆州立郢州，领有沅水流域；而澧水流域仍属荆州。隋代又将政区恢复到州（郡）县二级制，唐代因之。开元间又设立作为监察区的道，除沅水中上游

---

① 湖南人口数字来源于湖南省人民政府网"湖南概况·省情介绍"，网址：http://www.hunan.gov.cn/hngk/sqjs/201403/t20140325_1060468.html。

属黔中道外，湖南其他地方都属江南西道。元和中，湘、资二水流域属湖南观察使，洞庭湖东岸属鄂岳观察使，澧水流域和沅水下游属荆南节度使，沅水中上游属黔州观察使。宋代即以其辖区设立荆湖南路，而以沅、澧二水流域属荆湖北路。元代在湖南、湖北地区置湖广行省，湘、资流域仍设有作为监察区的湖南道宣慰司。明代湖南全境属湖广行省。清康熙三年（1644）分湖广行省为左、右二布政使司，六年（1667）改右司名"湖南"，至此湖南才单独成为一省，沿袭至今。①

第二节　湖南汉语方言的分区、分布及特点

从全国范围来看，湖南是一个方言纷纭复杂的地区，有关湖南汉语方言的分区、分布及特点一直是学界讨论的热点。

一　湖南汉语方言的分区

关于湖南汉语方言的分区，不同的学者看法不同。我们见到的成果有十一种，它们分别是：① 彭秀模、曾少达（1960）的《湖南省方言普查总结报告》（下文简称《总结》），② 杨时逢（1974）的《湖南方言调查报告》（下文简称《报告》），③ 辻伸久（1979）的《湖南诸方言の分类と分布——全浊声母の变化に基く初步的试そ》（下文简称《分类》），④ 周振鹤、游汝杰（1985）的《湖南省方言区画及其历史背景》（下文简称《背景》），⑤ 鲍厚星、颜森（1986）的《湖南方言的分区》（下文简称《分区》），⑥ 中国社会科学院、澳大利亚人文科学院主编（1987）的《中国语言地图集》B11"江西省和湖南省的汉语方言"（颜森、鲍厚星，下文简称《地图集》B11），⑦ 李蓝（1994）的《湖南方言分区述评及再分区》（下文简称《再分区》），⑧ 吴启主主编（1999）的湖南方言研究丛书中的《湖南汉语方言概况》（下文简称《概况》），⑨ 湖南省地方志编纂委员会主编（2001）的《湖南省志·方言志》（下文简称《方言志》），⑩ 肖双荣、吴道勤（2004）的《湖南方言语音相关度计算与亲疏关系聚类分析》（下文简称《聚类分析》），⑪ 中国社会科学院语言研究所、中国社会科学院民族学与人类学研究所、香港城市大学语言资讯科学研究中心主编（2012）的《中国语言地图集·汉语方言卷》（第2版）B2-8（陈晖、鲍厚星，下文简称新编《地图集》B2-8）。

我们先来看以上十一种论著为湖南汉语方言分区时所采用的标准和方法。《分区》、《地图集》B11、《概况》、《方言志》的标准基本相同，结果也相差不大，我们以《地图集》B11为代表。《地图集》B11把湖南与江西两

① 张伟然：《湖南历史文化地理研究》，复旦大学出版社1995年版，第1—2页。

省方言作为一个整体来进行分区，它没有明确指出其分区的标准，不过从其具体的描述来看，它是以语音为主、词汇为辅。如"赣语主要特点是：古全浊声母今读塞音、塞擦音时，绝大多数地方为送气清音……'喫饭、喝茶'说'喫饭、喫茶'。'我的'说'我箇'。""湘语主要特点是：古全浊声母逢塞音、塞擦音时，不论今读清音还是浊音，也不论平仄，一律不送气。大致地说，北部今读清音，南部今读浊音。"《总结》（彭秀模、曾少达 1960:240-241）的方法是根据分区者对湖南方言的一般印象，"先把几个较大的土语群最明显的特点归纳出来，然后把特点大部分相近的土语群合并为一个方言"。碰到交界处的方言就根据"反映方言特点的地图来分析研究。分析它们哪些特点和甲区相同，哪些特点和乙区一致，最后根据它们与哪一区较多相同的条件划归哪区"。在这种情况下还要注意该方言"必须具备的主要特点"，而不是"不分主次，单凭机械多数"来确定其方言区属。《报告》（杨时逢 1974:1442）的方法是"把某一处的方言特点归纳起来，取它最重要的不同特点，声调的类别，音韵特点，开合口及调类等区别，来作分区的条件"。《分类》的方法比较简单，就是根据古全浊声母的变化进行分类。《背景》的方法是"首先根据对湖南方言地理的模糊印象，确定全省分成若干'集'，然后在每一个'集'中选一个标准点，将其余各点和标准点作比较，按接近率的高低将各点分归各个'集'"，"简单说来这个方法就是先比较七十五个县之间方言特征的接近程度（即任意两县方言特征相同项目的多寡），而后按接近程度来初步分区，最后再根据两个参考项来进行局部调整：一是较重要的语音特征；二是历史人文地理因素"。《再分区》采用的是声韵调系统三重投影法，具体来说是以长沙（湘语代表点）为中心，东取南昌（赣语代表点），西取贵阳（西南官话代表点），从三个代表方言点的语音系统中抽出声母系统、韵母系统、声调系统的区别性语音条目各七条，然后把湖南境内的各方言点逐一取出来分别与三个代表点相比较，比较时按声、韵、调的顺序依次进行。由于分区条目都是七条，判断方言点归属的隶属度是"四"，三次分区的结果都作出分区图，最后根据三张分区图来作综合分区。任一方言点，只要在两项分区中都属某一代表点，就把它归入该点所代表的方言区，这时隶属度是"二"。《聚类分析》采用综合特征判断法，通过建立湖南各县市方言语音特征数据库，在进行大量异同语音特征统计的基础上，计算出所有县市方言之间的相关系数，并通过近邻连接法作出湖南方言聚类树形图。新编《地图集》B2-8 没有明确指出划分湖南各类方言的标准，但从整个新编《地图集》来看，其分区标准主要是语音，如 B1-9 提出的确认湘语的几条标准都是语音标准。不过，由于湖南各方言之间的关系错综复杂，新编《地图集》B2-8 在实际操作中，除语言标准外，还考虑了"土人感"

和移民等历史人文条件，有时还考虑到了所处的语言环境及演变趋势等。如B2-8 指出，在湘西，吉首、保靖、花垣、古丈、沅陵等地古全浊声母的今读与湘语相同，但声调特点却是西南官话的模式。"当地群众中存在'土人感'，认为自己的方言更像'湖北话'、'四川话'、'贵州话'，和这不无关系。因此，将吉首等地划归西南官话更为适宜。"桂东和汝城两县"当地人并没有客家话意识，但他们的方言具备客家方言的主要特征，结合移民等历史人文条件的考察，我们认为，以城关方言为代表的桂东话和汝城话是客家方言。"湘西南的中方、麻阳、溆浦龙潭等地，古全浊声母无论平仄都读送气清音，"这些方言点大多数呈碎片状或散点状分布，我们不能仅凭古全浊声母的今读音这一点就将它们划入赣语，而应结合它们所处的语言环境及演变趋势等多方面的因素综合考虑"。

　　下面来看上述十一种论著对湖南汉语方言进行分区的结果。《地图集》B11 把湖南方言分为湘语、赣语、客家话、乡话和西南官话五种，其中，西南官话中的湘南片是西南官话和土话并用地区。《总结》（彭秀模、曾少达1960:240-247）把湖南方言分为三区，其中，第一区主要包括湘水流域，沅水中游有溆浦、辰溪、泸溪等处，也属于一区。这一区基本上是湘语，其范围仅次于第二区。第二区范围最大，分布在湖南西北部和南部一带，这一区基本上属于西南方言。第三区范围最小，北起临湘，中经醴陵、攸县，南至汝、桂、兰、嘉，在湖南东部形成一个狭长地带。这一区方言比较复杂，大致接近江西话。《报告》（杨时逢1974:1442-1444）把湖南方言分为第一、二、三、四、五区，它没有具体指出每个方言区的方言类属。"第一区范围最大，占全省靠东北，中部及西南角一部分地区，约占全省面积的三分之一的地区。这区的方言，可以说是典型的湖南话，因靠近长沙一带。""第二区占中部及西南小部分，约占全省六分之一的地方。这一区的方言大都跟第一区方言差不多，但它的特点有些不很相同的，所以我把它分为二区。""第三区占南部一小部分及第一区内常德，第五区内的龙山等。这区方言如宁远、嘉禾、蓝山等县有一种土话，与官话完全不同，但我们未取土话。""第四区方言较为特别，也较复杂，与三区方言略有相似，最复杂的是它们有几县有土话，官话方面并没有很显著的特点。它们因靠近江西、广东、广西三省的边界，所占的地区并不大，而方言的变化很不一致。""第五区的方言因靠近湖北、四川、贵州的边界，所以很像西南官话。它所占西北部跟西部，约占全省地区十分之一强。"《分类》把湖南方言分为四种：北方型方言、江西型方言、新湘型方言、老湘型方言。《背景》把湖南方言分为五片：官话片、湘语北片、湘语南片、赣客语片、官话和湘语混杂片。《再分区》把湖南方言分为五个类型：湘语型方言、赣语型方言、西南官话型方言、混合型方言和独立型方言。它同时还认为独立型方言有两种类型，一种是"原来特点保留得比较多"的"湘乡型"，一种是"很难归入湘语或赣语，可又都同时具备湘语和赣语的一些特点"的"醴陵型"。混合型方言也有两种类型：一种是湘语和赣语相混杂的"平江型"，一种是湘语和官话相混杂的"衡阳型"。《聚类分析》把湖南方言分为四区：西南官话区、新湘语区、老湘语区和赣语区。新编《地图集》B2-8 把湖南方言分为湘语、西南官话、赣语、客家话以及未分区的非官话方言——土话和乡话等六种。

上文介绍了目前有关湖南汉语方言的分区情况。总的来看，上述分区普遍认为湖南汉语方言主要有三种——湘语、赣语和官话，但是，各个方言区的范围以及交界地带方言的归属，上述分区各不相同。我们认为，上述各种分区都有自己的优点和不足。如《地图集》B11 的分区是影响最大的，但即使如此，其中有些方言的归属还值得商榷，因此，有关湖南汉语方言的分区学界还在继续讨论。

二　湖南汉语方言的分布及特点

下面根据已有研究成果，简要介绍湖南汉语方言的分布及特点。①

（一）湘语的分布及特点

湘语是湖南省最有代表性的方言，主要分布在湘江、资江流域，约 40 个省市，是全省各方言中分布地域最广、使用人口最多的一种方言。根据内部差异，湘语可以划分为四片：长益片、娄邵片、衡州片和辰溆片。②

长益片分布在湘江、资江中下游，共 18 个县市，包括长沙市、长沙县、宁乡县下宁乡、浏阳市西部、平江县西部、株洲市、株洲县、湘潭市、湘潭县、望城县、湘阴县、汨罗、岳阳县荣家湾一带、益阳市、沅江市、桃江县、南县、安乡县南部等地区。主要特点是：第一，古全浊声母今读塞音、塞擦音时清化，舒声字一般不送气，入声字部分不送气、部分送气。第二，调类一般为5—6类，调值一致性很高。

娄邵片分布在湘中及湘西南部分地区，共 22 个县市，包括湘乡市、衡阳市南岳区部分乡村、韶山市、娄底市、衡山县后山、涟源市、冷水江市、安化县、宁乡县上宁乡、双峰县、新化县、邵阳市、邵阳县、邵东县、新邵县、隆回县南部、绥宁县南部、武冈市、新宁县、会同县、城步苗族自治县以及洞口县南部及东南部等。③其主要特点是：第一，古全浊声母舒声字绝大多数点保留浊音，今

① 本节根据新编《地图集》B2-8 以及《概况》改写而成，个别地方略有变动。
② 新编《地图集》B2-8 把湘语分成五片，除长益片、娄邵片、衡州片和辰溆片以外，还有"永全片"。永全片包括《地图集》B11 归入湘南土话的永州地区部分土话以及祁阳、祁东的湘语。本书把祁阳、祁东的湘语归入衡州片，永州地区的土话仍归入湘南土话。
③ 新编《地图集》B1-9 指出，娄邵片湘语分布于 24 个县市，当误也，安化县和冷水江市重复计算。

读塞音、塞擦音时，一般读不送气音。古全浊入声字全部或绝大多数清化，清化后今读塞音、塞擦音的，不少地方送气占绝对优势。第二，绝大多数点已无入声调，古入声字进入了不同的几类舒声，少数地方虽保留了入声调类，但只是部分字保留入声，另有部分字进入其他声调。第三，不少点有声母送气影响声调分化的现象。

衡州片分布在旧衡州府，共 7 个县市，包括衡阳市_{南岳区除外}、衡南县、衡阳县、衡东县、衡山县_{前山}、祁阳县和祁东县等地。其主要特点是：第一，古全浊声母今读塞音、塞擦音时，无论平仄一般清化，大部分地区无论平仄，一般不送气；小部分地区平声送气，仄声不送气。例外的是祁阳和祁东，其古全浊声母仍读浊音。第二，人称代词第三人称单数说"佢"，"男孩"说"倈唧"。

辰溆片分布在沅江中游辰溪县、泸溪县和溆浦县，其主要特点是：第一，古全浊声母平声字仍保留浊音，仄声字基本上清化。其中，今读塞音、塞擦音的，舒声字绝大多数读不送气音，入声字绝大多数读送气音。第二，古浊平部分常用字今读阴去。

（二）官话的分布及特点

官话在湖南属第二大方言，主要分布在湘北、湘西和湘南，属于西南官话范围。根据内部差异，可以划分为四片：常澧片、吉永片、怀靖片和永郴片。

常澧片包括常德市、汉寿县、桃源县、安乡县_{大部分}、津市市、临澧县、澧县、石门县、慈利县等地。其主要特点是：第一，古全浊声母今平声读送气清音，仄声读不送气清音；第二，大多数地区把一些本属于去声调类的字读的和阳平的字一样。

吉永片包括吉首市、古丈县_{大部分}、保靖县、花垣县、沅陵县_{部分}、永顺县、龙山县、张家界市、桑植县等地。这一片前五处的特点是古全浊声母今平声保留浊音，仄声读不送气清音；后四处的特点是古全浊声母清化，平声送气，仄声不送气。

怀靖片包括靖州苗族侗族自治县、通道侗族自治县、新晃侗族自治县、芷江侗族自治县、洪江市、怀化市、中方县、麻阳苗族自治县、凤凰县等地。在湖南省的官话区中，这一片显得驳杂一些。其中有的颇带湘语特色，如芷江、黔阳、洪江等地古全浊声母今无论平仄都念不送气清音；有的留有赣语痕迹，如麻阳、怀化古全浊声母无论平仄都有部分字读送气音。

永郴片分布在湖南南部永州市与郴州市。这一片属双方言区，区内共同交际语是西南官话，但各地还有土话并存。官话片共同的特点在声调：或者是古入声今读阳平，或者是古入声今读入声或阴平、去声，但平、上、去的调值与西南官话的常见调值接近。

（三）赣语和客家话的分布及特点

赣语主要分布在湘东和湘西南的部分地区，包括华容县、岳阳市_{市辖区}、岳阳县_{东部和北部}、临湘市、平江县_{大部分}、浏阳市_{大部分}、醴陵市_{大部分}、攸县_{大部分}、茶陵县_{大部分}、炎陵县（原酃县）_{西北部}、安仁县_{大部分}、永兴县、资兴市、耒阳市、常宁市、隆回县_{北部}、洞口县_{大部分}和绥宁县_{北部}。这里要交代的是，华容县方言部分学者认为应归入西南官话，新编《地图集》B2-8 把多数乡镇的方言归入西南官话，部分乡镇的归入赣语，本书暂时依据《地图集》B11 把它归入赣语。此外，在《地图集》B11 和《概况》中，岳阳城区的话被划入湘语，方平权（1999:3）则指出，由于种种原因，"在数十年内，岳阳话完成了这样一个由与北趋同转至与南趋同的过程"。①据我们调查，当地人普遍认为，岳阳城区话与华容话差别很大，而与岳阳县、临湘等接近。综合上述情况，我们根据新编《地图集》B2-8 把岳阳楼区、君山区和云溪区划归赣语区。湖南赣语具体分布情况见扉页图"湖南赣语的分布"。赣语主要特点是，古全浊声母今逢塞音、塞擦音时，一般读送气清音。湘西南新化、溆浦龙潭、麻阳等方言带有浓郁的赣方言色彩，是否应该归入赣语，学界还有不同意见，我们将在第九章专门讨论这个问题。有关湖南赣语的分片我们将在第七章第二节"湖南赣语的分片"详细介绍，此处阙如。

客家话主要分布在湖南省东部与江西省相邻的地区，以及湖南省南部与广东省相邻的地方，主要有汝城县、桂东县和炎陵县_{大部分}。此外，平江县、浏阳市、醴陵市、茶陵县、攸县、安仁县、资兴市、宜章县、江华瑶族自治县、新田县等县市也有部分乡镇说客家话。②除汝城县、桂东县和炎陵县连成一片外，其余的散见于湘东和湘南的山区。其主要特点是：第一，古全浊声母今逢塞音、塞擦音时，一般读送气清音；第二，古次浊平声、次浊上声和全浊上声有部分常用字归阴平，但桂东古浊上口语常用字今读阳上。

（四）乡话和湘南土话的分布及特点

乡话主要分布在沅陵县西南以及溆浦县、辰溪县、泸溪县、古丈县等地与沅陵交界的地区。其主要特点是：第一，古全浊声母今读塞音、塞擦音时，平声为不送气浊音，仄声多数为送气清音；第二，知组字一般读舌头音；第三，入声有喉塞音韵尾，一部分古入声字归入其他声调；第四，古次浊平声今读阴平，古全浊上声今仍读上声。

---

① 从方平权先生的著作来看，"与北趋同"指受官话影响比较大，"与南趋同"指受赣语影响比较深。

② 此处湖南客家话的分布参考了陈立中（2002b）的意见，新编《地图集》B2-8 把临武麦市、桂阳流峰划归客家话区，本书暂未采用。

湘南土话分布的地区和西南官话永郴片共一个领域，即包括永州和郴州两个地区。这两个地区除通行西南官话外，各县市还有各自不同的土话，同一个县市内，土话内部又有种种分歧。

乡话和湘南土话究竟属何种方言，它们同其他的方言关系如何，都有待于进一步研究。

第三节　湖南赣语语音及相关问题研究概况

湖南赣语的研究起步较晚。在 20 世纪 30 年代以前，只有一些地方志对其语音做过零星的研究。1935 年秋，前"中央研究院"历史语言研究所赵元任、丁声树、吴宗济、董同龢、杨时逢等对湖南方言作了一次普查，一共调查了 75 个点。这次调查成果后由杨时逢整理成《湖南方言调查报告》，于 1974 年在台北出版。这次调查，使人们认识到了湖南方言的复杂。解放以后，湖南赣语语音研究成果逐渐增多。特别是进入 21 世纪以来，湖南赣语语音研究达到了一个前所未有的高峰。据不完全统计，有关湖南赣语语音研究的单篇论文有一百多篇，专著有十多本。这些论文和著作除了调查研究湖南赣语语音以外，有的还进一步讨论了湖南赣语的分区、归属、形成及方言应用等。下面简要介绍。

一　语音本体的研究

较早描写湖南赣语语音的有：杨道经《湖南临湘方言与北京语音的比较》（《方言与普通话集刊》第 4 集，1958）、刘泾选《岳阳南乡的土音》（《方言与普通话集刊》第 4 集，1958）、夏剑钦《中古开口一等韵在浏阳方言有"i"介音》（《中国语文》1982 年第 3 期）。稍迟研究语音的文章主要发表在《湘潭大学学报》（1983）和《湖南师范大学学报》（1985）的增刊——《湖南方言专辑》中。收入 1983 年《湖南方言专辑》的有：喻深根《平江方言音系及其归属问题》、李新梯《安仁音系简介》。收入 1985 年《湖南方言专集》的有：董正谊《攸县音系简介》、夏剑钦《浏阳南乡方言声韵调与广韵比较的演变概貌》、钟隆林《耒阳方言的唇齿浊擦音声母》和《湖南耒阳方言的文白异读》。除了以上文章外，还有刘唯力《平江话中古来母读如端组的遗存》（《中国语文天地》1987 年第 5 期）等文章。

近年来，研究湖南赣语语音的成果不断涌现，其中主要是在校研究生所撰写的硕士和博士论文。主要有：李冬香《湖南赣语语音研究》（暨南大学 2005 年博士学位论文）、尹喜清《湖南洞口赣语音韵研究》（华南师范大学 2005 年硕士学位论文）、资丽君《湖南耒阳城区话的语音调查和研究》（四川师范大学 2005 年硕士学位论文）、丘冬《湖南省岳阳县张谷英镇方言的语音研究》(湖南师范大学2005年硕士学位论文)、马兰花《岳阳县方言语音研究》(湖南师范大学2006年硕士学位论文)、胡茜《湖南洞口方言语音研究》(湖南师范大学2007年硕士学位论文)、周依萱《湖南洞口县石江话语音研究》(中南大学2007年硕士学位论文)、刘洋《岳阳方言的语音研究》(汕头大学2007年硕士学位论文)、李珏《醴陵大障镇方言声调实验研究》(湖南师范大学2009年硕士学位论文)、胡艳柳《湖南省临湘市城关话语音研究》(湖南师范大学2009年硕士学位论文)、易霞霞《湖南省岳阳县筻口镇方言语音研究》(湖南师范大学2010年硕士学位论文)、夏伶俐《湖南临湘白羊田方言语音研究》(湖南师范大学2012年硕士学位论文)、张慧《湖南安仁方言语音研究》(湖南大学2012年硕士学位论文)、廖绚丽《湖南醴陵市石亭镇话语音研究》(湖南师范大学2012年硕士学位论文)等。

　　此外，还有一些单篇的论文。如：陈山青《湖南炎陵方言同音字汇》(《株洲师范高等专科学校学报》2004年第6期)、《湖南炎陵方言的语音特点》(《湘潭师范学院学报》2006年第3期)，李冬香《从〈湖南方言调查报告〉看湖南赣语的语音概貌》(《南昌大学学报》2005年第1期)，陈立中《湖南攸县（新市）方言同音字汇》(《株洲师范高等专科学校学报》2005年第6期)，罗兰英《耒阳方言音系》(《湘南学院学报》2005年第1期)，周纯梅《湖南临湘詹桥镇方言的音韵特点》(《湖南科技学院学报》2006年第6期)、《湖南临湘市詹桥镇方言同音字汇》(《韩山师范学院学报》2010年第5期)，占升平《常宁方言中的舌面塞音》(《遵义师范学院学报》2006年第3期)、《常宁方言中的文白异读》(《南开语言学刊》2009年第1期)，胡斯可《湖南永兴城关方言音系》(《湘南学院学报》2007年第1期)、《湖南永兴赣方言同音字汇》(《方言》2009年第3期)，何薇《湖南岳阳市新派方言的语音特点》(《广州广播电视大学学报》2007年第3期)，尹喜清《洞口方言的音韵特征》(《邵阳学院学报》2007年第3期)，龙海燕《洞口石江镇方言语音特点》(《贵州民族学院学报》2007年第1期)、《湘西南赣语鼻音韵尾的变化规律——以湖南洞口赣语为例》(《贵州民族学院学报》2012年第2期)，曾春蓉《湖南洞口县山门、醪田话古喻母合口字今读[m-]声母现象》(《河池学院学报》2008年第4期)，龙国贻《湖南赣语耒阳话声韵系统的几个问题》(《方言》2011年第1期)，谢鹏《耒阳方言研究初探》(《金田（励志）》2012年第12期)，郑丹《赣语隆回司门前话的入声小称调》(《中国语文》2012年第2期)，曾春蓉、罗渊、徐前师、颜红菊《基于语音实验的湖南茶陵城关镇方言声调研究》(《当代教育理论与实践》2012年第3期)等。

　　除了上述论文以外，还出版了一批专著，主要有：吴泽顺、张作贤《华容方言志》(海南人民出版社 1989),陈满华《安仁方言》(北京语言学院出版社 1995),李志藩《资兴方言》(海南出版社 1996),夏剑钦《浏阳方言研究》(湖南教育出版社 1998),吴启主《常宁方言研究》(湖南教育出版社 1998),方平权《岳阳方言研究》(湖南师范大学出版社 1999),言岚《醴陵(板杉)方言研究》(西安地图出版社 2007),李冬香、刘洋《岳阳柏祥方言研究》(中国社会科学出版社、文化艺术出版社 2007),王箕裘、钟隆林《耒阳方言研究》(巴蜀书社 2008),龙海燕《洞口赣方言语音研究》(民族出版社 2008),朱道明《平江方言研究》(华中师范大学出版社 2009)。此外,各地地方志以及湖南省地方志编纂委员会编纂的《湖南省志·方言志》(湖南人民出版社 2001)也都对湖南赣语语音做了比较详细的描写。

　　除了上述专门研究湖南赣语语音的论著以外,还有些论著把湖南赣语语音与周边其他方言结合起来进行研究。如:杨时逢《湖南方言声调分布》(载《历史语言所集刊》第 29 集,1957)、《湖南方言调查报告》(史语所专刊之六十六,1974),彭秀模、曾少达《湖南省方言普查总结报告》(油印本)(1960),陈昌仪《赣方言概要》(江西教育出版社 1991),蒋希文《湘赣语里中古知庄章三组声母的读音》(《语言研究》1992 年第 1 期),李如龙、张双庆《客赣方言调查报告》(厦门大学出版社 1992),邵宜《论赣方言的音韵特征》(暨南大学 1994 年博士学位论文),钟奇《株洲话、岳阳话塞音音位的两种格局》(《语言研究》2001 年第 2 期),陈立中《论湘鄂赣边界地区赣语中的浊音走廊》(《汉语学报》2004 年第 2 期),贝先明《浏阳境内湘语、赣语的语音比较研究》(湖南师范大学 2005 年硕士学位论文),吴晓燕《绥宁长铺话和梅坪话的语音差异》《湖南人文科技学院学报》2009 年第 3 期),夏俐萍《赣语中的合流型浊音》(《语言科学》2010 年第 3 期),古贡训《七十年前湖南方言入声的状况》(《湖南科技学院学报》2010 年第 1 期),瞿建慧《湘赣方言深臻曾梗摄舒声开口三(四)等韵读同一等韵现象考察》(《中南大学学报》2010 年第 1 期),龙安隆《赣语的语音研究》(《井冈山大学学报》2010 年第 5 期),刘逆平《益阳和岳阳市区方言单音声调实验研究》(湖南师范大学 2010 年硕士学位论文),李惜龙《祁阳、平江、临湘浊塞音发声态研究》(湖南大学 2011 年硕士学位论文),罗昕如《湖南方言古阴声韵、入声韵字今读鼻韵现象》(《方言》2012 年第 3 期)等。

　　在描写语音面貌的基础上,很多学者还对包括湖南赣语在内的赣语语音的历史层次及演变进行了探讨。如:陈昌仪《赣语止摄开口韵知章组字今读的历史层次》(《南昌大学学报》1997 年第 2 期),蒋平、谢留文《古入声在赣、客方言中的演变》(《语言研究》2004 年第 4 期),庄初升《论赣语中知组三等读如端组的层次》(《方言》2007 年第 3 期),张进军《中古入声字在湖南方言中的演变研究》（湖南师范大学 2008 年博士学位论文），万波《赣方言声母的历史层次研究》（商务印书馆 2009），熊燕《客赣方言语音系统的历史层次》（北京大学 2004 年博士学位论文），刘泽民《客赣方言历史层次研究》（甘肃民族出版社 2005）等。

由于湖南赣语处在湘语、江西赣语、西南官话、客家话和湘南土话等的包围之中，因此，与周边方言的接触现象非常频繁，语音面貌也表现出了与周边方言一定程度的一致性，这一现象也受到了学者们的关注。如：贝先明、石锋《方言的接触影响在元音格局中的表现——以长沙、萍乡、浏阳方言为例》（《南开语言学刊》2008 年第 1 期），李永新《汉语方言中的混合形式——以湘语和赣语交界地区的方言为例》（《宁夏大学学报》2011 年第 3 期）等。有的学者进一步指出湖南赣语深受湘语影响。如张慧（2012:55）认为，湖南安仁话保留着赣语的一些语音特点，同时在很大程度上受到湘语的影响，是一种具有湘语和赣语特点的独立的混合类型的方言。胡茜（2007:69）认为，洞口话在湘语的包围中保持着赣语的根本特点，保留着赣语较多的语音特点，同时在一定程度上受到湘语的影响。

二　归属、分片及形成的研究

很多学者在描写湖南赣语语音的基础上，结合方言接触，讨论它们的归属。如：刘道锋《湘语和赣语的混血儿——隆回高坪话》（《邵阳学院学报》2003 年第 4 期）、吴泽顺《论华容方言的归属》（《云梦学刊》2006 年第 3 期）、李冬香《湖南岳阳县方言音系及其性质》（《韶关学院学报》2006 年第 5 期）、李珂《湖南茶陵下东方言语音中赣语和湘语混合的特点》（《湖南师范大学社会科学学报》2006 年第 2 期）、胡斯可《湖南郴州地区的汉语方言接触研究》（湖南师范大学 2009 年博士学位论文）、周纯梅《湖南省临湘市詹桥镇方言的系属》（《韩山师范学院学报》2010 年第 2 期）、张盛开《论平江方言的归属》（《南开语言学刊》2012 年第 2 期）。

有的论著利用语音等材料对湖南赣语进行分片，主要有《地图集》B11和新编《地图集》B2-8，两者都把湖南赣语与江西赣语、鄂东南赣语连成一体来进行分片。李冬香《湖南赣语的分片》（《方言》2007 年第 3 期）在占有比较充分的语音材料的基础上，对湖南赣语的分片提出了自己的看法，详见第七章第二节"湖南赣语的分片"。

利用语音等材料讨论湖南赣语形成的主要有：周振鹤、游汝杰《湖南省方言区画及其历史背景》（《方言》1985 年第 4 期），张伟然《湖南历史文化地理研究》（复旦大学出版社 1995:66—67），彭建国、彭泽润《湖南方言历史研究》（《湖南社会科学》2008 年第 1 期），李冬香《从音韵比较看湖南赣语的形成》（《韶关学院学报》2012 年第 3 期），湖南各县志和部分湖南赣方言的专著也简单介绍了有关县市赣语的形成。万波《赣语声母的历史层次研究》（商务印书馆 2009:65—67）详细讨论了整个赣语的形成与发展。尹喜艳《永兴县方言形成的历史背景》（《兰台世界》2012 年第 3 期）讨论了永兴方言的形成。

三　应用研究

应用研究的成果主要有湖南师范学院中文系汉语方言普查组编的《湖南人怎样学习普通话》（湖南人民出版社 1961）。该书部分章节根据湖南赣语语音的特点，介绍了湖南赣语区的人学习普通话的方法。单篇的论文有陈山青《炎陵话声母与普通话声母的对应关系》（《株洲师范高等专科学校学报》2001 年第 7 期）和彭婧《湖南茶陵人普通话中声母 sh、x 的习得研究》（《青年文学家》2013 年第 7 期）。

综上所述，解放以来，湖南赣语语音研究同以往相比，有了长足的进步。瞿建慧（2010b）对湖南汉语方言研究进行了总结，指出，与 20 世纪相比，21 世纪十年呈现出新的发展趋势，如开始注重与周边方言或少数民族语言的比较研究；开始将方言与地域文化结合起来进行研究；开始了汉语方言地理学的研究；开始了实验语音学、计算机语言学的相关研究。上述发展趋势在湖南赣语语音研究中也有所反映。

但是，与其他方言研究相比，湖南赣语语音研究显得滞后和单薄，还存在一些不足。主要表现在：第一，缺乏横向的比较和纵向的演变探讨。现有的研究主要停留在单一方言共时的静态描写，横向的比较虽然有一些，但比较粗略。湖南赣语的内部比较、湖南赣语与江西赣语的比较、与邻近湘语的比较等都还有待深入研究。湖南赣语今天的语音面貌是如何逐步形成的，现在知道得还不多。第二，对湖南赣语语音演变及其形成还缺乏深入而全面的了解。湖南赣语语音特点哪些是其固有的，哪些是受相邻方言或语言的影响形成的，目前虽有所研究，但不够全面。由于对湖南赣语语音演变了解得不够，因此，对湖南赣语的形成，研究也不是很深入。第三，缺乏综合性的报告。除了《湖南方言调查报告》、《湖南省方言普查总结报告》比较粗略地描写了湖南赣语语音的整体面貌以外，湖南赣语语音详细面貌的报道还没有。总之，湖南赣语语音的研究还缺乏系统性、综合性，其深度和广度都有待进一步拓展。

第四节　研究内容、方法及意义

一　研究内容

本书的内容主要有：

第一，全面展示湖南赣语的语音面貌，在此基础上对湖南赣语进行分片。

湖南赣语内部有着比较强的一致性，不过差异性也不容忽视，而差异性的特点往往呈现出比较明显的地域性。依据差异性的语言特点并结合人文历史背景，对湖南赣语进行分片。

第二，讨论湖南赣语与周边方言的接触与演变。湖南赣语差异性的特点多是由于方言接触而形成的。结合方言接触，深入分析湖南赣语语音的演变。

第三，根据湖南赣语语音面貌及其演变，结合人文历史背景，讨论湖南赣语的形成。

第四，在与周边方言全面比较的基础上，对部分方言点的归属提出自己的看法。

二　研究方法

本书运用的方法主要有：

第一，运用田野调查法和描写语言学的有关理论和方法，展示湖南赣语语音的整体面貌。

第二，运用语言地理学的理论和方法，展示湖南赣语语音现象的地理分布。

第三，运用历史比较法及语言接触理论，分析湖南赣语与周边方言的接触与演变。

第四，运用方言分区的理论和方法，对部分方言的归属加以检讨。

三　研究意义

本书的意义主要有：

第一，可以填补湖南赣语语音缺乏综合性研究的空白。本书将全面而深入地介绍湖南赣语的语音面貌，为汉语方言的研究提供新的材料和事实，丰富汉语方言的研究。

第二，对认识方言接触与演变有着重要的参考意义。湖南赣语处在江西赣语、湘语、客家话、湘南土话以及西南官话等多种方言交界地带，是研究方言接触与演变的好素材。湖南赣语在与周边方言接触中产生变化的个案研究，有助于深化对方言接触及其变异现象的认识。

第三，对探讨交界地带方言的归属以及方言分区的原则有着重要的实践意义。由于处在多种方言交界地带，湖南赣语与周边方言有着千丝万缕的联系。关于湖南部分赣语归属的讨论，对认识其他交界地带方言的归属有着重要的借鉴作用，进而可以深化对方言分区原则的认识。

第四，对认识周边方言的形成及其与江西赣语的关系有着重要的帮助。由于湖南赣语与湘语、客家话、湘南土话、西南官话等相接，而这些方言又与江西赣语关系密切，因此，弄清了湖南赣语的形成，对认识上述方言的形成及其与江西赣语的关系有着非常重要的参考价值。

第五节　方言代表点和发音合作人的选择

一　方言代表点的选择

本书选点的原则是每个县市（区）选一个代表点。如果是多种方言分布的县市（区），先掌握该县市（区）赣语的分布范围，然后在其赣语区的中心地带选择代表点，这样选点主要是想尽可能地减少其他方言的影响。如果是纯赣语的县市（区），则选择该县市（区）最具有代表性的方言，也就是说分布范围最广、使用人口最多的方言。这种情况下，大家普遍认为，该县市（区）的县城话最有代表性。但由于县城一般是该县市（区）的经济、文化、政治中心，人口来源比较复杂，容易受到其他方言的影响，因此，我们尽可能选择与该县城方言比较接近的周边郊区或农村的方言。此外，在确定每个县市（区）的方言点时，还考虑该点与邻近县市（区）方言点的空间距离，尽可能使方言点的分布更为科学、合理。

依据上述方法，本书选择的方言点共有18个。根据地理位置，我们把这18个点分为四片：湘北片、湘中片、湘南片和湘西南片。湘北片包括华容县、岳阳楼区、临湘市、岳阳县和平江县五个点，这五个点均属岳阳市管辖。湘中片包括浏阳市、醴陵市、攸县、茶陵县和炎陵县五个点，这五个点分属长沙市和株洲市管辖。湘南片包括耒阳市、常宁市、安仁县、永兴县和资兴市五个点，这五个点分属衡阳市和郴州市管辖。湘西南片包括隆回县、洞口县和绥宁县三个点，这三个点均属邵阳市管辖。本书调查的方言点的具体位置见扉页图"湖南赣语的分布"。

二　发音合作人的选择

在发音合作人的选择上，一般选择世居本地、口音纯正的老年人。此外，由于调查材料采用的是中国社会科学院语言研究所编制的《方言调查字表》，因此，受访者都需接受过一定的教育。

下面是本书实地调查各代表点主要发音合作人的芳名，附记于此，谨表谢忱。

华容（城郊）：胡炳先，男，1942年生，中专，干部。

华容（终南）：唐方池，男，1951年生，初中，干部。

岳阳楼（老城区）：戴续信，男，1937年生，本科，教师。

临湘（桃林）：方叔季，男，1964年生，大专，教师。

岳阳县（新墙）：胡信之，男，1939年生，高中，教师。

　　平江（梅仙）：彭克兰，女，1946 年生，中专，教师。

　　浏阳（蕉溪）：李忠厚，男，1942 年生，初中，农民。

　　醴陵（西山）：李良昌，男，1936 年生，初中，干部。

　　茶陵（下东乡）：刘振祥，男，1945 年生，初中，干部。

　　茶陵（马江）：郭思明，男，1950 年生，大专，教师。

　　安仁（城关）：李绿森，男，1938 年生，小学，作家。

　　耒阳（城关）：梁福林，男，1933 年生，大学，教师。

　　常宁（板桥）：彭家芳，男，1933 年生，中专，教师。

　　永兴（城关）：李齐成，男，1931 年生，中专，教师。

　　　　　　　　　李旭文，男，1955 年生，高中，工人。

　　资兴（兴宁）：欧阳辉，男，1939 年生，中专，教师。

　　　　　　　　　黄信雄，男，1948 年生，高中，干部。

　　隆回（司门前）：刘子贤，男，1929 年生，中专，教师。

　　　　　　　　　欧阳征亮，男，1945 年生，初中，农民。

　　洞口（岩山）：付子干，男，1942 年生，中专，教师。

　　洞口（菱角）：雷国宝，男，1940 年生，高中，教师。

　　绥宁（瓦屋塘）：张奇祥，男，1945 年生，初中，农民。

　　　　　　　　　袁兴汉，男，1934 年生，中师，教师。

第六节　材料来源和符号说明

一　材料来源

　　本书湖南赣语 18 个方言点的材料一般来自笔者的实地调查，调查内容主要是中国社会科学院语言研究所的《方言调查字表》（商务印书馆 2002）以及自编材料词汇 1800 条、语法例句 170 个；只有攸县（新市）来自陈立中《湖南攸县（新市）方言同音字汇》（2005）[①]，炎陵（城关）来自陈山青《湖南炎陵方言同音字汇》（2004）、《湖南炎陵方言的语音特点》（2006a）。

　　本书还参考了部分时贤的论著，主要有：陈满华《安仁方言》（北京语言学院出版社 1995）、李志藩《资兴方言》（海南出版社 1996）、吴启主《常宁方言研究》（湖南教育出版社 1998）、夏剑钦《浏阳方言研究》（湖南教育出版社 1998）、方平权《岳阳方言研究》（湖南师范大学出版社 1999）、罗兰英《耒阳方言音系》（《湘南学院学报》2005 年第 1 期）、龙海燕《洞口赣方言语音研究》（民族出版社 2008）、胡斯可《湖南永兴赣方言同音字汇》（《方

---

① 部分材料由陈立中先生后来补充。

言》2009 年第 3 期）、朱道明《平江方言研究》（华中师范大学出版社 2009）、彭志瑞《炎陵方言》（西安出版社 2011）等。

江西赣语材料来源如下：永新、修水、新余、宜丰、吉水、安义、余干、南城来自李如龙、张双庆主编《客赣方言调查报告》（厦门大学出版社 1992）；星子、永修、奉新、南昌、波阳、乐平、横峰、高安、奉新、上高、万载、峡江、临川、黎川、宜黄、萍乡、莲花、吉安、永丰、泰和来自刘纶鑫主编《客赣方言比较研究》（中国社会科学出版社 1999）；宜春、武宁、丰城、贵溪、南丰、崇仁、分宜、安福、遂川来自江西省地方志编纂委员会主编《江西省志·江西省方言志》（北京方志出版社 2005）；宁冈来自张睫《宁冈话的语音系统》（江西师范大学 2007 年硕士学位论文）；上栗来自刘胜利《上栗方言中的客家方言成分研究》（南昌大学 2005 年硕士学位论文）。

湖北赣语材料通山和阳新分别来自黄群建《通山方言志》（武汉大学出版社 1994）和《阳新方言志》（中国三峡出版社 1995），通城来自曹志耘《湖北通城方言的语音特点》（《语言研究》2011 年第 1 期）。

福建建宁、邵武材料来自李如龙、张双庆主编《客赣方言调查报告》（厦门大学出版社 1992）。

湘语材料来源如下。长沙：鲍厚星、崔振华、沈若云、伍云姬《长沙方言研究》（湖南教育出版社 1999）；岳阳县荣家湾：马兰花《岳阳县方言语音研究》（湖南师范大学 2006 年硕士学位论文）；汨罗长乐：陈山青《汨罗长乐方言研究》（湖南教育出版社 2006）；益阳：崔振华《益阳方言研究》（湖南教育出版社 1998）；桃江高桥：张盛裕、汪平、沈同《湖南桃江（高桥）方言同音字汇》（《方言》1998 年第 4 期）；宁乡花明楼：谷素萍《宁乡花明楼话语音研究》（湖南师范大学 2005 年硕士学位论文）；株洲龙泉：卢小群《湖南株洲（龙泉）方言音系》（株洲工学院学报》2001 年第 2 期）；湘潭：曾毓美《湘潭方言同音字汇》（《方言》1993 年第 4 期）；衡阳：李永明《衡阳方言》（湖南人民出版社 1986）；衡山：彭泽润《衡山方言研究》（湖南教育出版社 1999）；新宁：欧阳芙蓉《湖南省新宁县方言语音研究（湖南师范大学 2008 年硕士学位论文）；祁阳：李维琦《祁阳方言研究》（湖南教育出版社 1998）；韶山：曾毓美《韶山方言研究》（湖南师范大学出版社 1999）；邵阳：储泽祥《邵阳方言研究》（湖南教育出版社 1998）；涟源：陈晖《涟源方言研究》（湖南教育出版社 1999）；绥宁：龙薇娜《绥宁湘语语音研究》（湖南师范大学 2004 年硕士学位论文）；隆回桃洪：张蓓蓓《隆回县桃洪镇话和六都寨话的语音比较研究》（湖南师范大学 2005 年硕士学位论文）；城步儒林：鲍厚星《湖南城步（儒林）方言音系》（《方言》1993 年第 1 期）；双峰：北京大学中国语言文学系语言学教研室《汉语方音字汇》

（第二版重排本）（语文出版社 2003）；湘乡、武冈：湖南省地方志编纂委员会《湖南省志·方言志》（湖南人民出版社 2001）；娄底：李济源、刘丽华、颜清徽《湖南娄底方言的同音字汇》（《方言》1987 年第 4 期）；冷水江：李红湘《湖南省冷水江市方言语音研究》（湖南师范大学 2009 年硕士学位论文）；新化：罗昕如《新化方言研究》（湖南教育出版社 1999）；溆浦：贺凯林《溆浦方言研究》（湖南教育出版社 1999）；泸溪浦市：瞿建慧《湖南泸溪（浦市）方言音系》（《方言》2005 年第 1 期）；辰溪：谢伯端《湖南辰溪方言音系》（《方言》2010 年第 2 期）。湘西和湘西南部分湘语材料来源于胡萍《湘西南汉语方言语音研究》（湖南师范大学出版社 2007）和瞿建慧《湘语辰溆片语音研究》（中国社会科学出版社 2010）。

客家话材料来源如下：汝城来自曾献飞《汝城话方言研究》（中国社会科学出版社、文化艺术出版社 2006）；桂东来自湖南省地方志编纂委员会《湖南省志·方言志》（湖南人民出版社 2001）；大余来自李如龙、张双庆主编《客赣方言调查报告》（厦门大学出版社 1992）；其他江西客家话来自刘纶鑫主编《客赣方言比较研究》（中国社会科学出版社 1999）、《江西客家方言概况》（江西人民出版社 2001）。

湘南土话材料来源如下。江永：黄雪贞《江永方言研究》（社会科学文献出版社 1993）；东安：鲍厚星《东安土话研究》（湖南教育出版社 1998）；宁远：张晓勤《宁远平话研究》（湖南教育出版社 1999）；桂阳燕塘：唐湘晖《湖南桂阳县燕塘土话语音特点》（《方言》2000 年第 1 期）；桂阳敖泉：范峻军《湖南桂阳县敖泉土话同音字汇》（《方言》2000 年第 1 期）；宜章：沈若云《宜章土话研究》（湖南教育出版社 1999）；嘉禾：卢小群《嘉禾土话研究》（中南大学出版社 2002）；永州岚角山：李星辉《湖南永州岚角山土话音系》（《方言》2003 年第 1 期）；道县寿雁：贺凯林《湖南道县寿雁平话音系》（《方言》2003 年第 1 期）；新田南乡：谢奇勇《湖南新田南乡土话同音字汇》（《方言》2004 年第 2 期）；临武麦市：陈晖《湖南临武（麦市）土话语音分析》（《方言》2002 年第 2 期）；蓝山太平：罗昕如《湘南蓝山县太平土话音系》（载鲍厚星等著《湘南土话论丛》，湖南师范大学出版社 2004）；江华寨山：曾毓美《湖南江华寨山话研究》（湖南师范大学出版社 2005）。

乡话材料来自杨蔚《湘西乡话语音研究》（广东人民出版社 2010）。

西南官话材料来源如下：湘北常德来自郑庆君《常德方言研究》（湖南教育出版社 1999），湘南郴州来自曾献飞《湘南官话语音研究》（湖南师范大学 2004 年博士学位论文），湘西南来自胡萍《湘西南汉语方言语音研究》（湖南师范大学出版社 2007）。

　　为行文方便，引用上述论著中的材料文中不再注明来源，恕请见谅。除上述论著之外，本书还引用了大量其他论著的材料，这些我们随文加注。

二　符号说明

　　本书记音符号采用国际音标，调值用五度标记法，调类用发圈法。

　　"□"表示有音无字，字音下加"—"表示白读、加"="表示文读。

　　除第三章以外，表格中该字读音缺用"/"表示，第三章用"—"表示。

第二章　湖南赣语音系

第一节　湘北赣语音系

一　华容（终南）音系

（一）声母（20个）

p坝宝半扁八	pʰ怕盆飘病劈	m马帽孟瞒木	f飞副粪缝佛
t打带雕等滴	tʰ豆天条定铁		l老南弱严年
ts早梓照展摘	tsʰ茶赵窗徐择	s韶私时闪杀	z̧惹人锐让肉
tɕ机主井抓吉	tɕʰ桥区近状七	ɕ小许形双血	
k果桂肝跟格	kʰ敲抗逮共磕 ŋ我矮奥眼鸭	x火害恨咸盒	
		h拖豆代淡达	

ø二武影闰挖

说明：

1. 送气声母略有浊流。
2. l逢细音时实际音值为n，但n与l不构成对立。
3. tɕ、tɕʰ、ɕ比标准音稍后。

（二）韵母（40个）

ɿ志私齿尺十	i里齐衣壁粒	u步古户疍屋	y猪区雨入玉
a耙茶哑他塔	ia姐写野加狭	ua瓜挂话滑刮	ya抓刷耍瘸
e锯日北舌拆	ie撇铁结业血	ue国	ye决靴说月
o破左我禾索	io脚略学削药		
æi斋买开街鞋		uæi乖坏歪筷外	yæi猜率~领衰
ei飞催岁蛆卒		uei鬼回贵喂骨	yei吹水税追睡
Au抱早赵好敲	iu土头表尿交		
əuе初偷周六竹	iəuе九油丢粟曲		
an扳兰伞减安		uan关环弯幻万	yan删闩
ĩ鞭天闪盐生			yĩ砖拳远玄劝
ən本深人灯羹	in紧亲贫醒林	uən昆棍婚文稳	yn军云顺永营

un半酸宽碗横

ʌŋ方汤章糠让　　　iʌŋ凉奖强香秧　　　uʌŋ光矿往况网　　　yʌŋ庄撞双状霜
oŋ冬风送功孟　　　ioŋ兄凶穷雄用

说明：

1. 单元音a前有个很模糊的u。

2. e单独构成音节时，实际音值为卷舌元音ɚ。

3. uei、yei中的e较弱，实际音值为uᵉi、yᵉi。

4. iəu中的ə发音比较弱，实际音值为iᵘu。

（三）声调（6个）

阴平	45	冬开灾张叉	阳平	12	毛油同才人
上声	21	有古点剪软			
阴去	213	冻布站唱汉	阳去	33	冒路部共像
入声	435	谷百月毒贼			

说明：入声曲折不明显，实际音值为4³5。

二　岳阳楼（老城区）音系

（一）声母（20个）

p布巴波拜壁　　pʰ步怕盘片别　　m门妈慢面墨　　f胡婚分饭法
t到低钉党滴　　tʰ道大难同夺　　　　　　　　　l老难连男六
ts糟周炸账桌　　tsʰ仓自耻虫插　　　　　　　　s散扇苏生俗　　ʐ认人肉日热
tɕ精经庄举节　　tɕʰ秋旌床像出　　ȵ牛年泥酿逆　　ɕ休徐线晓血
k贵高管光括　　kʰ开跪去葵阔　　ŋ硬袄爱岸握　　x火红风限喝
ø闻衣若银远

说明：

1. 送气声母略有浊流。

2. l逢洪音时有鼻音色彩，接近n，但n与l不构成对立。

（二）韵母（40个）

ɿ制资诗日直　　i祭几推背壁　　u布姑胡舞福　　y余居书玉
a马渣家牙法　　ia爷价亚甲　　ua瓜挂袜滑　　ya抓耍刷
ɛ蛇邪耳锯革　　iɛ迭别铁列血　　uɛ国　　yɛ决缺月
o哥朵桌托木　　io略脚却岳学
ai买大菜坏鞋　　　　　　　　　uai乖拐快歪　　yai率~领帅
ei杯悲碑肺回　　　　　　　　　uei规柜位尾　　yei追水吹锐
au包刀牢招窨　　iau标跳尿娇小
əu赌租周狗毒　　iəu丢流酒旧蓄
an班搬三换眼　　ian边点全念盐　　uan官关宽万　　yan专穿拳玄怨

ən本针深跟争　　　in轻兵敏阴劲　　　uən滚困棍文　　　yn军裙春韵永
aŋ帮当张黄桑　　　iaŋ娘奖阳乡详　　　uaŋ光广网逛　　　yaŋ床壮双霜
uŋ朋东农公孟　　　iuŋ穷胸荣用雄
m̩姆~妈：母亲
ŋ̍嗯你

说明：

1. ɻ与ẓ相拼的音节目前只发现一个字"日"，其实际音值接近ɻ。

2. a在单元音中实际音值为ʌ，在后鼻音中接近ɑ，在ian中则接近ɛ。

3. ɛ出现在ø后时，实际音值为ɚ；出现在其他声母后时，实际音值接近ɤ。

（三）声调（6个）

阴平　34　猪希诗边抽　　　　　　　　阳平　13　蛇扶霞随时
上声　31　舍府写喜使
阴去　324　富细试唱放　　　　　　　　阳去　22　共用让坐是
入声　45　湿福尺白六

三　临湘（桃林）音系

（一）声母（19个）

p拜包半冰壁　　　bʰ刨怕片病别　　　m冒米满梦密　f胡坏飞粪法
t带岛等订答　　　dʰ逃贪洞连碟　　　　　　　　　　　l农兰郎老捺
ts灶紫张照摘　　　dzʰ巢迟昌郑直　　　　　　　　s时纱召伤十
tɕ基浇砖井击　　　dzʰ奇清巧传~记缺　　ȵ泥银娘鱼弱　ɕ西晓旬扇血
k过告讲贵各　　　gʰ敲糠葵共客　　　　ŋ爱袄硬安鸭　x火下红鞋风
ø味雨阴黄屋

说明：

1. 所有的浊声母浊度都不强，气流较弱。

2. f的唇齿色彩较弱，接近擦音。

3. 边音l有鼻音色彩。

（二）韵母（42个）

ɻ迟丝字支十　　　i西期嘴粒日　　　u布古五木哭　　　y鱼句书水入
a怕沙加车额　　　ia借茄夜壁吃　　　ua瓜挂瓦话
æ大来买腊抹　　　　　　　　　　　uæ乖快歪滑刮
e开锯狗篾黑　　　ie去稀聂血叶　　　ue睡儿童用语　　　ye舐折缺舌越
ø折又音割钵脱二
o罗个禾学桌　　　io略嚼弱药约
ei飞回税会开~佛　　　　　　　　　　uei煨归柜喂骨

ɔu毛老照敲好　　　iɔu交桥标调晓
əu土租抽叔鹿　　　iəu丢修油求肉
an淡三减饭慢　　　　　　　　　uan关惯弯万
ɛnɜ跟恩衡羹　　　iɛn吞面灯盐　　　　　　　yɛn远专拳软陕
ən深分衬层成　　　in冰今银形印　　uən滚困问温文　yn云军纯幸永
øn端南含肝汉　　　　　　　　　　uøn官宽碗完
ʌŋ彭冷争生声　　　iʌŋ平井钉星萤　　uʌŋ梗倾横
ɔŋɜ方浪窗讲行~列　　iɔŋ良羊奖向让　　uɔŋ光王黄筐旺
ɤŋ同送朋共孟　　　iɤŋ戎用雄嗅穷
n̩你

说明：

1. ø单独构成音节时有卷舌色彩。

2. ɔu中的u较短。

3. iəu中的ə较模糊，实际音值为iᵊu。

4. ɤŋ中的ɔ比标准音略高、略前。

（三）声调（6个）

阴平　33　高边飞张灯　　　　　　　阳平　13　人良陈鹅毛
上声　42　古美老五眼
阴去　325　盖唱蔡秤照　　　　　　　阳去　21　骂造近汗命
入声　5　鸭十结日昨

四　岳阳县（新墙）音系

（一）声母（19个）

p疤班排病北　pʰ披跑潘片白　m米冒梦埋箆　f肺飞税胡饭
t刀桃袋胆答　tʰ拖讨炭汤读　　　　　　　　　l南老联李列
ts灾茶资丈汁　tsʰ吵刺灿唱杂　　　　　　　s四沙伤声十
c朱记桥匠脊　cʰ欺巧请七杰　ȵ泥年燃银肉　ç喜小休性惜
k姑垂共讲格　kʰ课考砍抗孔　ŋ爱袄岸硬鸭　x火豪巷鞋瞎
ø禾柔远武衣

说明：

1. 全浊声母舒声略浊，但与次清声母不形成对立；仄声与次清声母合流读送气音，并带有浊流。

2. k与c在个别字中有对立，即：锯ki⁴⁵≠记ci⁴⁵。

（二）韵母（38个）

ɿ址四次执十　　　i去机徐岁铁　　u部户故谷屋　　y朱雨吹入玉
a爬扯茶杂石　　　ia借夜靴甲吃　　ua瓜挂瓦话　　ya瘸

æ袋买鞋辣鸭　　　　　　　　　uæ乖外刮挖滑
e锯得刻格黑　　　ie且
ø社割舐二<u>核</u>　　　　　　　　uø决缺国骨月
o罗锁鸽郭桌　　　io略脚削弱药
ei杯灰挥税屡　　　　　　　　　uei归为垂贵喂
ɔu套早朝<u>孝</u>包　　iɔu小要苗彪口
ʌu头走偷喉瘦
əu赌锄抽六熟　　iəu有酒丢肉育
an篮凡站三减　　　　　　　　　uan关惯弯万
ɛŋ跟森坚灯衡　　iɛŋ变天浅贤年
ən敦蒸本村胜　　in停进今冰因　　uən温军滚云永
øn团男层感满　　　　　　　　　uøn官穿拳远
ʌŋ忙浪窗讲<u>生</u>　　iʌŋ羊奖强精轻　　uʌŋ光况网王<u>横</u>
ɤŋ朋桶虫空孟　　iɤŋ用荣容凶嗅
ŋ̩你

说明：

1. a比标准音稍后。

2. ø比标准音稍低、稍后，单独构成音节时有卷舌色彩。

（三）声调（7个）

阴平　33　加斋坚章招　　　　　阳平　13　才巢抬虫彭
上声　42　马比减老女
阴去　45　个爱带政痛　　　　　阳去　21　夜帽汗辫近
阴入　5　急劈七尺切　　　　　阳入　3　直月毒凿辣

说明：阳入略有浊流，且稍舒缓。

五　平江（梅仙）音系

（一）声母（18个）

p拜宝变本壁　　pʰ排炮病票白　m码猫门慢密　f飞火婚红佛
t带到党等滴　　tʰ掏抬连洞笛　　　　　　　　　l老闹停磷辣
ts紫罩争井摘　　tsʰ茶操徐暂择　　　　　　s死扫醒双杀
tʂ纸照正专脚　　tʂʰ超治<u>柜</u>穿却　　　　　ʂ时常香书学
k哥羹叫敬国　　kʰ课<u>跪</u>庆吃哭　ŋ我泥银<u>旦</u>鸭　x开晓敲河喝
ø有雨葵网叶

说明：

1. 全浊声母有比较明显的浊流。

2. tʂ、tʂʰ、ʂ是一个平舌音，与y相拼时带有舌尖色彩。

　　3．k、kʰ、ŋ、x与i相拼时，舌位较前，接近c、cʰ、ɲ、ç。

　　（二）韵母（63个）

ɿ组数_{名词}梓自私

ɿ志纸迟时市　　　　i去李罪嘴　　　　u布胡故舞雾　　　　y主书喂水二

e鸡锯耳系_{动词}　　ie去

ø左破火答割　　　　　　　　　　　　uø禾果过国　　　　yø舔□_{□yø324：折断}

ɑ马画沙下射　　　　ia加霞野借提　　uɑ瓜寡挂话

o多罗河茄我

ai对开大斋鞋　　　　　　　　　　　　uai乖快回歪煨

œy豆走愁扣浮

　　　　　　　　　　　　　　　　　　ui鬼贵桂味伟

ɑu保罩赵劳教　　　　iɑu某雕桥尿浇

əu土路丑周手　　　　iəu丢酒旧休邮

an担三难减扇　　　　　　　　　　　　uan关弯还_{动词}　yan远软船砖原

en等恨曾耕恩　　　　ien扁点浅剑盐

ən深真本城存　　　　in今林芹敬阴　　uən滚困温问　　　yn润永军春顺

øn短南酸含　　　　　　　　　　　　　uøn官罐碗干_{~湿}秆

ɑŋ冷正_{节~月}生省_{~节}争　iaŋ轻坪领莹兄　uaŋ横梗

oŋ胖皇丈双讲　　　　ioŋ让秋亮抢想　uoŋ王网望往黄

ɤŋ洞龙红重孟　　　　iɤŋ嵩荣松_{~树}用　uɤŋ翁雍

ɿʔ族速　　　　　　　iʔ七笛粒日息　　uʔ哭福朴屋

aʔ辣八鸭狭舌　　　　iaʔ栗　　　　　　uaʔ滑袜刮　　　yaʔ折缺月血说

eʔ北得刻格贼　　　　ieʔ贴结绝孽雪

øʔ脱割盒末活　　　　　　　　　　　　uøʔ沃握国

ɑʔ白客只石拆　　　　iɑʔ劈壁踢吃

oʔ薄木郭桌学　　　　ioʔ雀略弱削药

əuʔ读鹿竹畜熟　　　iəuʔ六肉菊俗辱

ət值十佛矢氏　　　　　　　　　　　　uət骨核_{果~}　yət出橘入域疫

ŋ̩你

ŋ̍鱼吴五□_{指示代词三分中的远指}

　　说明：

　　1．u出现在ø后时，实际音值为ɤu。

　　2．ɑ带有圆唇色彩。

　　3．ai中的a比标准音稍高，接近æ。

　　4．en中的e比标准音稍低。

5. 自成音节ŋ̍与ŋ̩有对立，如：五ŋ̍²¹≠你ŋ̩²¹。

（三）声调（7个）

阴平	44	开抽三飞安		阳平	13	徐扶才唐人
阴上	324	古走短比好		阳上	21	老软有淡动
阴去	45	对变送放怕		阳去	22	命树饭用让
入声	4	一劈六直铁				

第二节　湘中赣语音系

一　浏阳（蕉溪）音系

（一）声母（19个）

p波标本帮八　pʰ批牌倍漂劈　m买眉忙网木　f胡扶灰华发

t带都等利六　tʰ题条吞汤脱　　　　　　　　　　l内乱兰农辣

ts资灾斩争积　tsʰ徐产窗贱拆　　　　　　s岁数生霜杀

tʂ猪君正长脚　tʂʰ迟车仲穿缺　　　　　　ʂ时承书陕石　ʐ惹□ʐo⁴⁵：软

k哥缸叫今结　kʰ敲共确牵吃　ŋ牙安年牛日　x杏黑害放狭

ø雨雾禾有屋

说明：

1. tʂ、tʂʰ、ʂ是一个平舌音，与y相拼时带有舌尖色彩。

2. k、kʰ、ŋ、x与i相拼时，舌位较前，接近c、cʰ、ɲ、ç。

（二）韵母（37个）

ɿ资死自撕事

ʅ支持世质直　　　　i皮米泪蛆一　　　u古把给胡坡哭　　y吹句二出玉

a八答打擦法　　　　ia斜加提壁锡　　　ua怕挂瘸抓客

ɛ北柏默克革　　　　iɛ铁墨格热去　　　uɛ割国　　　　　yɛ折~叠缺失血舐

o个模喝郭木　　　　io略雀削弱药

ai派妹戴雷解　　　　　　　　　　　uai煨外歪怪乖

ei碑对在头搜　　　　　　　　　　　uei归味为骨　　　yei追垂睡

au包到草赵胶　　　　iau表跳狗牡谋

əu周肚初毒鹿　　　　iəu九刘丢肉曲

ã南咸犯淡兰　　　　iã病星轻听清　　　uã关还动词弯万惯

ĩ尖跟年酸衡　　　　　　　　　　　uĩ干~湿官宽含暗　yĩ占穿完染元

ən森村升同孟　　　　in林冰杏京劲　　　uən滚昆稳文瓮　yn任晕永用

oŋ仓方双生争　　　　ioŋ亮江羊匠萤

m̩呒~妈：母亲

ŋ̍五你唔ㄅ

说明：

1．i、u、y出现在ø后时，前面带有轻微的摩擦。

2．ε的实际音值比标准音稍后、稍高，接近ə。

3．oŋ中的ŋ比标准音稍前。

（三）声调（5个）

阴平	44	波歌灾铁肉		阳平	45	驼才堂林人
上声	324	果假老买跪				
阴去	42	介队六踢页		阳去	21	上砑近砌祸

二　醴陵（西山）音系

（一）声母（18个）

p拜保变榜八	pʰ刨派病潘劈	m名毛面蚊密	f风反红户复	
t打单到登粒	tʰ推桃摊动塔			l李兰农连列
ts斋炸精资节	tsʰ刺抄茶贱拆		s酸修生线杀	
tʂ纸照张中汁	tʂʰ赵迟称昌尺		ʂ时少上身石	
k哥假朱公郭	kʰ敲葵近关却	ŋ爱硬元女年虐	x害汉瞎晓歇	
ø雨夜味黄一				

说明：

1．tʂ、tʂʰ、ʂ是个平舌音。

2．k、kʰ、ŋ、x在i前腭化，接近c、cʰ、ɲ、ç；在y前未腭化。

（二）韵母（41个）

ɿ四刺思紫词

ʅ制迟时汁室	i徐鸡皮椅集	u步户舞富哭	y猪鱼吹出玉
a茶瓦杂掐客	ia写提甲踢	ua瓜挂话滑袜	ya茄抓靴
ε二哲失贼革	iε泻去叶热歇		yε悦月血域
o我坐葛脱恶	io雀脚药虐	uo过禾国	
ai大埋凯街坏		uai乖怪快	yai摔
ei吕回崔腮肺		uei桂鬼位跪尾	yei追税瑞
oi灾代开蔡外			
au考闹胶巢浮	iu交苗要叫		
eu赵少亩后愁			
əu鲁苏锄抽族	iəu柳秋牛幼肉		
ẽ占根灯衬衡	iẽ尖烟建边全		yẽ完穿拳远愿
aŋ南咸炭山冷	iaŋ领井轻钉萤	uaŋ关弯万横倾	
əŋ针本成动虫	iŋ心银冰京熊	uəŋ困稳问公共	yŋ准匀军永荣

oŋ含酸刚章双　　　ioŋ枪良养筐　　　uoŋ官碗光<u>黄</u>
ŋ̍五吴蜈误

说明：

1. eu中的e是个标准的前元音，与əu形成对立。

2. iẽ、yẽ中的e开口度比ẽ中的e稍小。

3. aŋ、yŋ中的ŋ比标准音略前。

4. 新派知三、章读t、tʰ，不分尖团。

（三）声调（5个）

阴平　44　衣敲钢堆丰　　　　　　　阳平　13　麻移吴陈床
上声　31　马雨桶软等
去声　22　近菜你凳用
入声　435　急黑六白舌

说明：入声曲折不明显，实际音值为4³5。

三　攸县（新市）音系

（一）声母（19个）

p比波北标笔　　pʰ批排坡办劈　　m米门蚊面莫　f飞火苦水兄

t低刀东丁竹　　tʰ土度粗初杂　　　　　　　　　　　　l丽鲁龙农力

ts租增斋站厕　tsʰ自池耻治辞　　　　　　　　　s四色山市杀

tɕ酒今展真质　tɕʰ七就丈戏直　n̠ʑ牛年艺燃热　ɕ西香常起十

k贵家朱众国　kʰ共敲关虫出　　ŋ女牙元安肉　　x河夏道糠学

ø衣人禾微矮

（二）韵母（35个）

ɿ此四知市世　　i例西废梯期　　u布故肚锄吴　　y女油区<u>水</u>周

a怕家花辣<u>客</u>　ia借野车<u>石</u>狭　ua瓜挂<u>话</u>挖袜

ɛ<u>去</u>色二格血　iɛ猎力日舌雪　uɛ骨国出越月

o波多割学木　io六叔筑药脚　uo郭果哭禾恶

ai带买介鞋矮　　　　　　　　　uai外快怪歪蒯

ɛi豆走谋贸狗

oi杯回菜盖衰　　　　　　　　　uoi规位伟桂葵

　　　　　　　　　　　　　　　ui唯尾未味

au保好闹交<u>孝</u>　iau苗小召少要

ãɪ难反三环咸　　　　　　　　　uãɪ官万鳏碗宽

ɛ̃ɪ根寸灯船衡　iɛ̃ɪ仙尖闪变燕　uɛ̃ɪ圆裙文专丸

aŋ帮江放双<u>争</u>　iaŋ娘洋香张<u>命</u>　uaŋ光王狂忘<u>横</u>

əŋ风梦农共孟　iŋ英丁斤陈成　uəŋ忠重用军云

oŋ敢安半团蒜　　　　　　　　uoŋ滚温坤困稳

n̩五鱼伍嗯

　　说明：u出现在ø后时有轻微的摩擦。

　　（三）声调（4个）

阴平　35　巴坡舅色物业　　　　　　　　阳平　13　麻如穷河婆朋

上声　53　果土厂马耳勇

去声　11　定并件拔独十

　　说明：

　　1. 阳平字在单念时调值接近213。

　　2. 去声在语流中的实际调值有时接近45。

　　四　茶陵（马江）音系

　　（一）声母（23个）

p布疤扁榜逼　　pʰ派蜂刨病仆　m味冒忙密敏　f废符风粪罚

t岛肚点凳竹　　tʰ抬讨天动塔　　　　　　　　　　　　l男路李认力

ts姿照帐争摘　tsʰ字超茶唱拆　　　　　　s三四扇省杀

tʂ志止支纸执　tʂʰ迟齿治池值　　　　　　ʂ市时诗屎十　z̩入

tɕ基朱井肿菊　tɕʰ除气轻抢近　n̠尿年银严肉　ɕ书喜晓星术

k哥盖贵交隔　kʰ开昆共抗可　ŋ我牙矮暗鸭　x河号鞋糠鹤

ø移雨舞稳云

　　说明：tʂ、tʂʰ、ʂ、z是平舌音，只与舌尖元音ɿ相拼。

　　（二）韵母（38个）

ɿ四刺词字梓

ʅ指迟市汁实　　i嘴洗废尾粒　　u吐户初舞屋　　y鼠徐水出菊

a麻哑蛇杂石　　ia写借野踢吃　ua瓜夸瓦话滑　　ya靴刷抓

æ耐解带害鞋　　　　　　　　　uæ怪筷外歪

e二菜来崔色　　ie去叶列极热　ue归物活骨国　　ye茄炊追血屈

ø偷后丑某叔　　iø酒牛幼竹绿

ɔ套毫烧咬白　　iɔ苗轿调晓谬

o饿坐脱盒落　　io削弱脚药　　uo禾

ɛ̃深跟村凳政　　iɛ̃尖面嫌全天　uɛ̃滚文困稳横　yɛ̃军准菌裙永

ĩ心敏蝇警萱

aŋ蚕眼闪山生　　iaŋ病命镜领星　uaŋ环官弯横　　yaŋ传串拳院原

oŋ酸桑厂光影　　ioŋ两抢强香洋　uoŋ忘黄

ɤŋ动龙风共孟　　　　　　　　uɤŋ瓮　　　　　　　yɤŋ中虫铳融用

n̩五鱼

说明：

1. u出现在ø后时有轻微的摩擦。

2. ɔ后有不明显的u尾，实际音值为ɔ^u。

3. aŋ中的a带有鼻化色彩，ŋ比标准音稍前。

4. oŋ中的o比标准音稍低。

5. yɤŋ中的ɤ比较模糊。

（三）声调（5个）

阴平　45　安低抽伤厚			阳平　213　才平鹅陈云	
上声　42　短走减老女				
阴去　33　菜唱黑毒墨			阳去　325　大树饭让近柚	

五　炎陵（城关）音系

（一）声母（23个）

p比布奔帮壁　　pʰ怕朋步病薄~厚　m马木忙梦篾　　f发肺反分罚

t打低短东竹　　tʰ体豆谭淡塔　　n难~易奴嫩内能　　　　　　l来兰猎让热

ts姿灾做争桌　　tsʰ粗曹产罪贼　　　　　　　　　　s丝苏晒送杀

tʂ知招蒸照张　　tʂʰ迟赵唱郑赤　　　　　　　　　　ʂ诗蛇声赏舌

tɕ计精种~树决　　tɕʰ旧浅重轻~洽　　ȵ尿研人软肉　　ɕ书新顺兄血

k哥贵根光隔　　kʰ开跪口共阔　　ŋ牙外我硬轧　　x会河鞋壳鹤

ø印雨位袄鸭

说明：tʂ、tʂʰ、ʂ比标准音稍前。

（二）韵母（39个）

ɿ资事瓷私狮

ʅ侄食织直赤~子	i比细妻衣密	u补度粗木熟	y嘴~巴区舒余玉
a把茶瓦答石	ia提姐霞押席~子	ua瓜挂画刷滑	ya抓~痒靴马~瘸~子
ə波坡个我墨~水		uə多果祸索盒	yə脚茄雀药
ɛ车二百热折~子	iɛ歇敌节业叶	uɛ骨~头国核桃~物	yɛ血缺月越役战~
æi①来牌猜疥矮		uæi乖该怀外挖	
ei碑肥梅肺妹~唧		uei对罪回鬼味	
ao保高帽炒超	iao飘钓笑效腰		
ɛu口走狗周愁	iu丢刘久柚六		
an办冷声安占	iɛn变燕病清仙	uã端团官汗完	yɛn专全浅选院
ẽ恩真忍升睁	ĩ心民芹门停	uẽ吞孙嫩寸问	yẽ春军旬云永
aŋ帮党疮肠讲	iaŋ粮箱姜香羊	uaŋ桩光双皇王	

① 陈山青（2004）原文为ai，此处是据其音系说明而定。

əŋ东丰空送公　　　iəŋ钟冲兄容用　　　uəŋ翁雍瓮

ŋ̩ 五伍_姓鱼唔_不①

说明：

1. u与tʂ、tʂʰ、ʂ相拼时，带有ʮ的色彩。

2. a、ia、ua、ya中的a实际发音为ʌ。

3. ɑo、iɑo中的ɑ开口度接近ɔ。

4. iu中的u在阳平音节中稍开。

（三）声调（5个）

阴平　24　多张你淡木黑　　　　　阳平　213　平同扶穷陈云

上声　53　草有古片_{量词}跪骨

阴去　33　裤债户贺十麦　　　　　阳去　13　用弟岸病饭磨_{石～}

说明：阳去听感和阴平较为接近，其实际发音比标注的调值稍长，即在13之间稍带曲折。

第三节　湘南赣语音系

一　安仁（城关）音系

（一）声母（18个）

p巴布本牌逼　　pʰ坡胖蜂病白　m米帽孟网穆　f符飞肺逢佛

t冬图吊等竹　　tʰ剃痛讨邓读　　　　　　　　　　l农兰料列

ts紫井追茶摘　　tsʰ治抄抢葱择　　　　　　s时沙先送杀

tʃ张郊嘴拳脚　　tʃʰ昌圈件戏尺　　　　　　ʃ橡气韶香勺

k哥贵敢葵角　　kʰ可关康掐　　ŋ我岸安眼鸭　x火红糠放瞎

ø移舞软矮屋

说明：

1. l是个变值音位，偶尔也读n，很多字是n、l皆可。

2. tʃ、tʃʰ、ʃ与细音相拼时，接近tɕ、tɕʰ、ɕ。

（二）韵母（28个）

ɿ词字指事死　　i底飞期值粒　　u多果扶薄壳　　　y朱举吹岁橘

ɑ怕车发拍尺　　iɑ爱野提壁锡　　uɑ瓜抓刷刮袜靴

æ派采大街鞋　　　　　　　　　uæ怪筷淮歪

ɛ去开钩二色　　iɛ藕铁舌节热　　uɛ决血月国悦

ɔ包讨考赵叫　　iɔ表笑料萧要

---

① 陈山青（2004）原文写作"嗯"。

ui对追贵味卒

əu土祖故谷族　　iɯ刘九守粟竹

iu若弱岳约虐

ĩ跟庚变千扇　　　　　　　　uĩ专拳县院完

õ党账光讲冷　　iõ抢洋胀井平

ən东风虫送公　　in林情针民用　　uən军棍永云瓮

aŋ盘反南伞减　　　　　　　　uaŋ短段官环万

n̩人黄尼银翁

说明：

1. u比标准元音稍低，作介音时很短。

2. ɑ比标准音稍前、稍圆。

3. ɛ单独出现在ø后时，实际音值接近θ。

4. ĩ后有一个模糊的n尾；出现在tɕ、tɕʰ、ɕ后时，有模糊的介音i。

5. õ后有一个模糊的ŋ尾；出现在ø后时，开口度较小，接近u。

6. 自成音节n̩发音部位比标准音稍后。

（三）声调（5个）

阴平　44　高夫汤鹿直　　　　　　阳平　24　民陈龙荣人

上声　53　底走想女网

去声　322　我汗怕用赵

入声　213　急国壁吃局

说明：去声前短后长，实际音值为 ³22。

二　耒阳（城关）音系

（一）声母（20个）

p巴包变榜笔　　pʰ怕暴朋蜂劈　　m毛庙面蚊篾　f飞府分凤福

　　　　　　　　　　　　　　　　　　　　　　　　　　l男连冷农落

t打到点栋督　　tʰ抬天淡痛塔

ts灶指渣剪节　　tsʰ操前疮在拆　　　　　　　　s先时治双杀

ʈ招掌砖今军　　ʈʰ拳唱近轻却

tɕ机将疗展吉　　tɕʰ苎喜钳亲笛　　　　　　　　ɕ喜笑船声石

k过归跟杠国　　kʰ敲葵共关壳　ŋ碍奥安眼鸭　　x河胡苦放盒

ø衣雨舞尿肉

说明：tɕ、tɕʰ、ɕ与细音相拼时，带有舌叶色彩。

（二）韵母（37个）

ɿ指死齿字直　　i比低气十飞　　u补图初骨屋　　　y举柱水岁入

a把沙下发白　　ia写野借滴石　　ua瓜挂话刮滑

æ排大灾害街　　　　　　　　　　uæ怪怀歪

ɛ细克倍贼节　　　iɛ折舌杰叶热　　　uɤ对碎决国或　　　yɤ雪血粤
ə偷招二口去　　　　iə标蕉条要韶
ɔ宝高吵饱号
o个左果学割　　　　io略弱药
ɯ周臭求竹轴　　　　iɯ柳酒牛有六
ɿi杯洗崽碑　　　　　　　　　　　　ui内归追挥骨
ã搬饭三篮减　　　　　　　　　　　　uã短钻官款环
æ分金陈近庆　　　　iæ心本冰身停　　uæ敦寸准问横~直　yæ云永旬舜闰
ẽ变联先跟灯　　　　iẽ展扇见件烟　　uẽ浅贱选专拳　　yẽ船橡软原远
ɔ̃放章王讲生　　　　iɔ̃平井抢亮羊
ɤŋ风痛公肿孟　　　iɤŋ熊容用
ŋ尾木人梦你

说明：

1. a比标准音稍后，ia中的介音i较模糊。

2. u无论在音节前还是音节中，都带有轻微的摩擦。

（三）声调（5个）

阴平　45　哥斋单笛辣　　　　　　阳平　25　毛皮潮齐同
上声　53　古纸坐桶软
去声　213　近后布路洞
入声　13　哭盒拆熟白

三　常宁（板桥）音系

（一）声母（22个）

p波布本半笔　　　pʰ票朋办伏劈　　m门庙忙蚊麦　　f方魂坟户富
t多低到顶滴　　　tʰ偷梯唐代笛　　　　　　　　　　　　　　　l龙难李让猎
ts知资找追质　　　tsʰ次茶词状贼　　s死谁双省色
ʈ张占枢脚决　　　ʈʰ抽赵强城缺　　　　　　　　　　　　　　z柔任育热肉
tɕ句住鸡将嚼　　　tɕʰ袖厨枪欺出　　ȵ娘银尿弱软　　ɕ消凶虚宣雪
k古告刚公革　　　kʰ苦葵看共客　　　ŋ鹅熬眼硬额　　x海毫红汗黑
ø问偶衣运月

说明：

1. k、tɕ与i相拼时在个别字中有对立，即：渠ki⁴⁴他≠几tɕi⁴⁴~个。

2. ɕ与齐齿呼相拼时，介音i很短，并带有舌叶色彩。

（二）韵母（35个）

ɿ子制日直赤　　　i杯米灰西七　　　u布五股所谷　　　y朱区醉水出
a麻扯家法鸭　　　ia借斜霞石壁　　　ua瓜夸耍话瓦　　　ya靴

æ拜来锯艾晒　　　　　　　　　　　　uæ怪快外帅赛

e买格去北活　　　ie且舌节失　　　ue乖鳃国绝缺　　　ye月越说血薛

ɔ刀蒿超巧胶　　　iɔ标苗条蕉尧

o包哥火桌郭　　　io略鹊削若岳

ɯ楼求耳竹六　　　iɯ幼休油牛熟

　　　　　　　　　　　　　　　　　　ui队尾追跪骨

ã班换单占炭　　　iã边典连尖千　　uã端馆酸浅专　　yã丸全癣宣软

ẽ根敏林灯更　　　iẽ银深形姅阴　　uẽ寸嫩滚问菌　　yẽ云运晕闰永

ɔ̃帮港项张生　　　iɔ̃亮枪乡秋厅　　uɔ̃光广黄狂

õ孟锋东孟母　　　iõ拥凶嗅浓雍

ŋ̍唔不翁

说明：

1. ã出现在细音后面时，比标准音略高，接近æ̃。

2. ẽ的实际音值比标准音略高。

（三）声调（5 个）

阴平　45　车搓乌周张高　　　　　　阳平　21　皮徐麻流陈毒

上声　44　取扯马等柳远

去声　24　政剁害坐岸动

入声　33　雪抹屋割辣狭

说明：阴平略有曲折，实际音值为 4³5。

四　永兴（城关）音系

（一）声母（17 个）

p布爬报病薄　　pʰ普怕泡潘朴　　m米模网忙密　　f肺凤粪户佛

t底图店灯毒　　tʰ兔通天滩塔　　　　　　　　　　l南冷李农鹿

ts纸政照仓泽　　tsʰ茶操唱仲贼　　　　　　　　　s沙四市升俗

tɕ猪姜真井绝　　tɕʰ除起清尘切　　　　　　　　ɕ洗笑嫌响舌

k高个柜棍角　　kʰ葵康共肯磕　　　　　　　　　x火害糠喊瞎

ø衣热严浓武

说明：

1. ts、tsʰ、s 与来自知三、章组的韵母相拼时，接近 tʃ、tʃʰ、ʃ，但与 ts、tsʰ、s 不构成对立。

2. tɕ、tɕʰ 与 in 相拼，而 ɕ 不与 in 相拼。

（二）韵母（35 个）

ɿ皮计支字笛　　i天点烟尖牵　　u胡兔租初读　　y猪除虚水岁

a排斋街大柴　　ia邪锡踢壁　　　ua画快抓滑袜

æ搬篮三减<u>争</u>　　　　　　　　　　　uæ钻官碗算

ɛ豆来二克白　　　iɛ邪结湿铁叶　　　　uɛ乖怪怀国<u>活</u>　　yɛ绝缺血雪月

ə保陶赵袄敲　　　iə标娇桥跳要

ɑ方庄常刚江　　　iɑ将强香杨亮　　　　uɑ光广黄王望

ɔ怕蛇各腊尺　　　iɔ借野写学<u>吃</u>

o锣坐哥婆恶　　　io脚药

ɯ<u>去</u>透周哭鹿　　　iɯ流九秋绿

ɿi碑倍贝杯肥　　　　　　　　　　　　ui对追碎桂骨　　yi砖软愿丸悬

en灯领本身跟　　　in金整芹请　　　　uen顿滚嫩村稳　　yn军春菌顺运

oŋ风洞孟孔木　　　ioŋ兄浓共用容

ŋ̍人银硬隐鹰

ɲ̍唔_不鱼我女

　　说明：

　　1. ŋ̍、y出现在ø后时有较明显的摩擦，y带有舌尖色彩。

　　2. u不论在音节前还是音节中都稍带摩擦。

　　3. ɑ与ts、tsʰ、s相拼时，有时带有介音u。

　　4. 自成音节ŋ̍与ɲ̍有对立，如：鱼ŋ̍324≠人ɲ̍324。

　　（三）声调

阴平　45　高加金浊篾　　　　　　　　阳平　325　锣存抬<u>平同</u>

上声　42　五女引宝坐

去声　13　盖怕汗命近

入声　22　桌杰毒环<u>平</u>

　　说明：非入声字有混入入声的现象，其中又以浊平字居多。

　　五　资兴（兴宁）音系

　　（一）声母（18个）

p把兵排病薄　　pʰ怕破抛碰劈　　m马米蚊瞒篾　f户饭纺<u>苦</u>法

t低头谭洞竹　　tʰ拖体讨汤塔　　　　　　　　　　　l老农连年月

ts资纸壮帐摘　tsʰ次潮坐床浊　　　　　　　　　　s死双船手十

tɕ基租疆酒菊　tɕʰ奇<u>戏</u>菌谢拆　　　　　　　　　ɕ气梳嫌仙削

k家果盖缸郭　kʰ开柜款关掐　　ŋ牙爱安恩额　x河限红糠盒

ø二瓦影永肉

　　（二）韵母（33个）

ɿ纸四诗柿实　　i比酒笑线叶　　　　u补古土雾佛　　y朱租水泉月

a排栽纱鞋杂　　ia加<u>里霞</u>亚社　　　ua挂话快狯

æ矮耳格客活　　iæ<u>爷</u>色德白缺　　　uæ国

o蛇马话篮八　io提借写弱吃

ɯ多朒敢角录　iɯ远选转雪菊

ai开来剃楼搜　iai□$_{iai}$^{22}：口水□$_{çiai}$^{35}：丢掉　uai乖怪歪

ei去培笔出踢　iei急锐日悦入$_{～去}$　uei桂外鬼位骨

au宝早赵考抄　iau表调交晓要

ɛu抽厚读屋　iɛu丢秋又肉绿

aŋ蓝灯争钢讲　iaŋ亮奖强样让　uaŋ宽光矿弯横

eŋ寻新门秤病　iŋ金连权军轻　ueŋ昆困滚问荤

oŋ东风控孟肿　ioŋ凶容用浓共

ŋ̍唔$_{不}$

说明：

1. i、u单独出现时，前面带有轻微的摩擦。

2. y的唇形略扁，带舌尖色彩。

3. iɛu中ɛ的弱化，实际音值接近ə。

（三）声调

阴平　44　高蚊冷舅叶直　　阳平　22　才潮糖埋韩姨

上声　31　好打桶五老雨

去声　35　对醉树用汉旧

入声　13　塔接百尺罚毒

说明：

1. 上声是低降调，实际音值为21。

2. 去声略有曲折，实际音值为$3^{2}5$。

第四节　湘西南赣语音系

一　隆回（司门前）音系

（一）声母（17个）

p摆包班本笔　pʰ牌怕病篇白　m软尾远危篾　f飞粉风佛发

t低岛店党德　　l烂龙连李猎

ts梓炸井筑扎　tsʰ炊枪在床择　s沙嫂山叔色

tʃ猪鸡蔗肿脚　tʃʰ除潮气仲直　ʃ书水显兄十

k个钩敢讲各　kʰ开柜共糠卡　x贪好火定狭

h部图吞段读

ø年爱哑黄热

说明：

1. 来自帮组的ɓ有时读作ᵖh。

2. tʃ、tʃʰ、ʃ与细音相拼时，接近tɕ、tɕʰ、ɕ。

3. k、kʰ、x与齐齿呼相拼时，介音i较短。

（二）韵母（35个）

ɿ紫私迟屎事	i云皮位力值	u土苏读举水
a抬泰街爱买		ua乖快坏歪
e且来杯列月	ie社结叶杰乙	ue腮外雷回雪
ə个	iə交潮标头愁	
ɑ怕茶吃法白	iɑ加夜册压滑	uɑ瓜花或刮脱
o朵坐学	iɔ脚药弱跃	
	iɐ鸭提刻踢	uɛa国骨
		ui取岁税追归
ɑu包到早敲袄	iu吕流周竹熟	
ẽ森跟层零本	iẽ音引银认英	uẽ吞村准群军	uẽ云润永营星
ĩ剑面现远软		uĩ全泉浅砖拳	uĩ女
aŋ咸伞慢旱饭	iaŋ病两墙想星	uaŋ干~湿宽酸万
oŋ般账光黄影	iɔŋ让赢羊痒	
ɤŋ朋红冲孟木	iɤŋ牛浓融用	
n̩人银日尼翁		

说明：

1. 单元音a有人发为aᴵ。

2. e比标准音稍低。

3. ɑu中的ɑ比标准音稍高，接近ʌ。

4. iu的实际音值为iᵊu。

5. aŋ中的ŋ比标准音稍前。

6. n自成音节时，接近后鼻音。

（三）声调（5个）

阴平	44	高边三削脚	阳平	13	才陈寒鹅人
上声	212	古老手柱淡			
去声	45	盖近饭力昨			
入声	325	浍脚恶善~发毒			

二　洞口（菱角）音系

（一）声母（18个）

p把拜班边笔　pʰ飘片坪病白　m麻谜瞒梦目　f斛皮部度胡

t打戴单点得　　　　　　　　　　　　　　　　l兰农李连辣

ts纸栽庄精摘　　tsʰ柴床状崇拆　　　　s腮搜线三杀

tʃ加醉照兼脚　　tʃʰ除钳唱拳却　　　　ʃ苏戏收弦凶学

k街高甘光夹　　kʰ开遽砍共客　　ɲ娘　x火田盘凤笛

　　　　　　　　　　　　　　　　　　h驮排退吞盆

ø年哑岸肉武

说明：

1. h只出现在透、定母与滂、并母合流的开口呼前，其读音很不稳定，有时读pʰ、有时读ᵖh，有时读h。本书一律记作h。

2. f与i相拼时实际音值为ɸ。

3. tʃ、tʃʰ、ʃ与除iu以外的细音相拼时，接近tɕ、tɕʰ、ɕ。

4. 疑、影母在洪音前有时有ŋ声母，但与ø不对立。

5. ɲ声母的暂时只发现一个字"娘"，与ø构成对立。

（二）韵母（36个）

ɿ纸词四时志　　i低七飞去笛　　u土古五毒佛　　ʉ猪数初岁属

a马下哑吃白　　ia写假色辣锡　　ua瓜花发滑袜

ɛ铁贴特克　　　iɛ卸叶舌失知　　　　　　　　　yɛ决月血越

ɤ勾呕头二耳　　iɤ漏标小愁瘦

o多个禾握桌　　io弱药

ɛa鸭夹革黑压梯　　　　　　　　uɛa骨国

ai害杯洗美催　　　　　　　　　　uai灰拐外腮或

　　　　　　　　　　　　　　　　ui卫桂位规味

ɑu桃毛早敲咬　　iu酒周油肉竹

ã单山眼减慢　　　　　　　　　　uã干~湿管凡饭碗

ɛ̃天甜田电　　　iɛ̃厌嫌扇连烟　　　　　　　yɛ̃专拳选远元

ə̃林跟恩灯敬　　iə̃音因引映影　　uẽ村滚裙文分　　yẽ云军永营准

ɑŋ胖团钢硬章　　iɑŋ平赢枪羊娘　　uɑŋ端方庄影光

uŋ木东宗凶钟　　iuŋ容用浓

n̩日你银尼翁

说明：

1. ʉ与u单独出现在ø后时对立，如：吴u²⁴≠渔ʉ²⁴、五u²¹³≠雨ʉ²¹³；出现在其他声母后时，两者互补。

2. i、u、ʉ出现在ø后时都有同部位的摩擦。

3. ɤ比标准音略前、略低，接近ə。

4. ɛa的实际音值为ɛᵃ，且只出现在k、kʰ、x与ø后，与a、ɛ形成对立。如：

铁xɛ⁵³≠黑xɛa⁵³≠瞎xa⁵³。ia与ɛa也形成对立。如：鸭额ɛa⁵³≠押ia⁵³。ia在非ø音节中实际音值为iɛa。

5. ai中a的比标准音稍高，接近æ。

6. ẽ中的e比标准音略高。

7. ɑu、ɑŋ中的ɑ比标准音略高，ɑŋ中的ɑ比标准音略圆。

8. uɑŋ出现在端系声母后时，介音u较模糊，实际音值为ᵘɑŋ。

9. n自成音节时，发音部位比标准音稍后。

（三）声调（4个）

阴平　53　高害早缺腊　　　　　　　　阳平　24　唐才人难扶
上声　213　古胆老往淡
去声　45　对菜唱六白

三　绥宁（瓦屋塘）音系

（一）声母（19个）

p八拜边办百　pʰ排怕病胖白　m麻面忙网莫　f非胡书方发
t打吊胆竹答　tʰ桃汤炭邓塔　　　　　　　　　　　　　　l连路南老辣
ts早纸奖摘桌　tsʰ斜请造崇拆　　　　　　s诗扫小醒杀
tʃ照嘴章肿结　tʃʰ奇赵唱穿却　ȵ肉年尿牛热　ʃ稀显少多~声十
k家挂关钢夹　kʰ奎敲看共磕　ŋ鹅矮袄硬额　x火鞋风汗睛
ø野沤话旺恶善~

说明：tʃ、tʃʰ、ʃ与细音相拼时，接近tɕ、tɕʰ、ɕ。

（二）韵母（33个）

ɿ四字时纸事　　i去鸡奇飞直　　u补古锄武哭　　ʉ醉朱水鱼菊
a胆咸伞弯饭　　　　　　　　　ua弯完
e社对弟老~碗黑　ie盐甜线铁哲　ue干~湿宽罐回骨　ʉe砖浅血月略
A疤话发袜拆　iA眼借惹提壁　　uA挂瓜夸
ø钻酸瞒短二
o多个盒郭桌　io娘药弱岳
ai代买外洗怀　　　　　　　　uai怪乖快
　　　　　　　　　　　　　　　ui归桂鬼位尾
au包刀高照桥　iau标条口小要
œu豆走馊后呕　iu酒州求有肉
ɛ̃谈凳庚拳万　iɛ̃尖天面全园　uɛ̃管关滚棍
ĩ心真裙冰云
ɑŋ汤冷影讲　iɑŋ枪让萤平醒　uɑŋ王光广逛
ɤŋ朋木冲东空　iɤŋ浓荣容用

n̩ 日尼人银翁

说明：

1. 单元音a是标准音，与A形成对立。如：沙sA³³≠山sa³³、挖uA³³≠弯ua³³，但，眼＝惹ȵiA¹³。au中的a比标准音稍后，接近A。

2. u、ʉ出现在ø中时，带有同部位的摩擦。

3. iu的实际音值为ɪʊ。

4. ɑŋ中的ɑ比标准音稍高。

5. n自成音节时，发音部位比标准音稍后。

（三）声调（7个）

阴平	33	高开婚边壁	阳平	45	陈穷才寒鹅
阴上	13	古走纸比五	阳上	22	坐淡冷马我
阴去	42	照抗汉辣白	阳去	44	大~小帽谢饭让
入声	324	笔菊益列集			

说明：阴平有时读为33⁴。

第三章　湖南赣语音系与中古音系的比较

第一节　声母的比较

表 3-1-1　　　　湖南赣语声母与中古声类主要对应表（一）

	帮	滂	並	明	非①	敷	奉	微②	端 洪/细	透 洪/细	定 洪/细	泥 洪/细	来 洪/细
华容	p	pʰ	pʰ	m	f	f	f	ø	t	h/tʰ	h/tʰ	l	l
岳阳楼	p	pʰ	pʰ	m	f, x	f, x	f, x	ø	t	tʰ	tʰ	l/ȵ	l
临湘	p	bʰ	bʰ	m	f, x	f, x	f, x	ø	t	dʰ	dʰ	l/ȵ	l/dʰ
岳阳县	p	pʰ	p、pʰ③	m	f, x	f, x	f, x	ø	t	tʰ	t、tʰ	l/ɲ	
平江	p	pʰ	pʰ	m	f	f	f	ø	t	tʰ	tʰ	l/ŋ	l/tʰ、l
浏阳	p	pʰ	pʰ	m	f, x	f, x	f, x	ø	t	tʰ	tʰ	l/ŋ	l/t
醴陵	p	pʰ	pʰ	m	f	f	f	ø	t	tʰ	tʰ	l/ŋ	l
攸县	p	pʰ	pʰ	m	f	f	f	ø	t	x/tʰ	x/tʰ、t	l/ȵ	l
茶陵	p	pʰ	pʰ	m	f	f	f	ø	t	tʰ	tʰ	l/ȵ	l
炎陵	p	pʰ	pʰ	m	f	f	f	ø	t	tʰ	tʰ	n/ȵ	l
安仁	p	pʰ	p、pʰ④	m	f, x	f, x	f, x	ø	t	tʰ	t、tʰ	l/ø	l
耒阳	p	pʰ	pʰ	m	f, x	f, x	f, x	ø	t/t、tɕ	tʰ/tʰ、tɕʰ	tʰ/tʰ、tɕʰ	l/ø	l
常宁	p	pʰ	pʰ	m	f	f	f	ø	t	tʰ	tʰ	l/ȵ	l
永兴	p	pʰ	p	m	f	f	f	ø	t	tʰ	t	l/ø	l
资兴	p	pʰ	p、pʰ⑤	m	f	f	f	ø	t	tʰ	t、tʰ	l	l
隆回	p	pʰ	pʰ	m	f	f	f	ø	t	x、h/x	x、h/x	l/ø	l
洞口	p	pʰ、f	pʰ、f	m	f, x	f, x	f, x	ø	t	x、h、f/x	x、h、f/x	l/ɲ/ø⑥	l
绥宁	p	pʰ	pʰ	m	f, x	f, x	f, x	ø	t	tʰ	tʰ	l/ɲ	l

① 岳阳楼等方言点非组读 x 的现象只见于部分韵摄。
② 多数方言点非组存在读重唇音的现象，尤以微母表现得最为突出。
③ 古全浊声母今读送气与否以声调为条件，平、上、去一般不送气，入声一般送气，下同。
④ 古全浊声母今读送气与否以声调为条件，平声一般不送气，仄声一般送气，下同。
⑤ 古並母今读送气与否以声调为条件，上声一般送气，其余一般不送气，定母与並母同。
⑥ 读ɲ的暂时只发现一个字"娘"。

表 3-1-2　　　　湖南赣语声母与中古声类主要对应表（二）

	知	彻	澄	精	清	从	心	邪
	二等/三等①	二等/三等	二等/三等	洪/细	洪/细	洪/细	洪/细	洪/细
华容	ts、tɕ	tsʰ、tɕʰ	tsʰ、tɕʰ	ts/tɕ	tsʰ/tɕʰ	tsʰ、ts/tɕʰ、tɕ	s/ɕ	tsʰ、s/tɕʰ、ɕ
岳阳楼	ts、tɕ	tsʰ、tɕʰ	ts、tɕʰ	ts/tɕ	tsʰ/tɕʰ	tsʰ/tɕʰ	s/ɕ	tsʰ、s/tɕʰ、ɕ
临湘	ts/ts、tɕ	dzʰ/dzʰ、dʑʰ	dzʰ/dzʰ、dʑʰ	ts/tɕ	dzʰ/dzʰ	dz/dzʰ	s/ɕ	dzʰ、s/dʑʰ、ɕ
岳阳县	ts/ts、tɕ、k	tsʰ/tsʰ、tɕʰ	ts/tsʰ、tɕ/tɕʰ、k/kʰ	ts/tɕ	tsʰ/tɕʰ	ts、tsʰ/tɕ、tɕʰ	s/ɕ	ts、tsʰ、s/tɕ、tɕʰ、ɕ
平江	ts/tʂ	tsʰ/tʂʰ	tsʰ/tʂʰ	ts	tsʰ	tsʰ、ts	s	tsʰ、s
浏阳	ts/tʂ	tsʰ/tʂʰ	tsʰ/tʂʰ	ts	tsʰ	tsʰ、ts	s	tsʰ、s
醴陵	ts/tʂ、k	tsʰ/tʂʰ、kʰ	tsʰ/tʂʰ、kʰ	ts	tsʰ	tsʰ	s	tsʰ、s
攸县	ts/tɕ、k	tʰ/tɕʰ、kʰ	tʰ/kʰ、tsʰ、tɕʰ	ts/tɕ	tʰ/tɕʰ	tʰ/tɕʰ	s/ɕ	s/tɕʰ、ɕ
茶陵②	ts/ts、tɕ	tsʰ/tsʰ、tɕʰ	ts/tsʰ、tɕʰ	ts/tɕ	tsʰ/tɕʰ	tsʰ/tɕʰ	s/ɕ	tsʰ、s/tɕʰ、ɕ
炎陵	ts/tʂ、tɕ	tsʰ/tʂʰ、tɕʰ	ts、tsʰ/tʂʰ、tɕʰ	ts/tɕ	tsʰ/tɕ	tsʰ/tɕʰ	s/ɕ	ts、tsʰ、s/tɕ、tɕʰ、ɕ
安仁③	ts/tʃ、tɕ	tsʰ/tʃʰ、tɕʰ	ts、tsʰ/tʃ、tʃʰ、tɕ、tɕʰ	ts/ts、tɕ	tsʰ/tsʰ、tɕʰ	ts、tsʰ/ts、tɕ、tsʰ、tɕʰ	s/s、ɕ	ts、tsʰ、s/tɕ、tɕʰ、ɕ
耒阳④	ts/ȶ、tɕ	tsʰ/ȶʰ、tɕʰ	tsʰ/ȶʰ、tɕʰ	ts/tɕ	tsʰ/tɕʰ	tsʰ/tɕʰ	s/ɕ	tsʰ、s/tɕʰ、ɕ
常宁	ts/ȶ、tɕ	tsʰ/ȶʰ、tɕʰ	tsʰ/ȶʰ、tɕʰ	ts/tɕ	tsʰ/tɕʰ	tsʰ/tɕʰ	s/ɕ	tsʰ、s/tɕʰ、ɕ
永兴	ts/ts、tɕ	tsʰ/tsʰ、tɕʰ	tsʰ/tsʰ、tɕʰ	ts/tɕ	tsʰ/tɕʰ	tsʰ/tɕʰ	s/ɕ	tsʰ、s/tɕʰ、ɕ
资兴	ts/ts、tɕ	tsʰ/tsʰ、tɕʰ	tsʰ/tsʰ、tɕʰ	ts/tɕ	tsʰ/tɕʰ	tsʰ/tɕʰ	s/ɕ	tsʰ、s/tɕʰ、ɕ
隆回	ts/tʃ	tsʰ/tʃʰ	tsʰ/tʃʰ	ts/ts、tʃ	tsʰ/tsʰ、tʃʰ	tsʰ/tsʰ、tʃʰ	s/s、ʃ	tsʰ、s/tsʰ、tʃʰ
洞口	ts/ts、tʃ	tsʰ/tsʰ、tʃʰ	tsʰ/tsʰ、tʃʰ	ts/ts、tʃ	tsʰ/tsʰ、tʃʰ	tsʰ/tsʰ、tʃʰ	s/s、ʃ	tsʰ、s/tsʰ、tʃʰ
绥宁	ts/ts、tʃ	tsʰ/tsʰ、tʃʰ	tsʰ/tsʰ、tʃʰ	ts/ts、tʃ	tsʰ/tsʰ、tʃʰ	tsʰ/tsʰ、tʃʰ	s/s、ʃ	tsʰ、s/tsʰ、tʃʰ

① 部分方言点知三口语常用字读如端组，不过字数较少。

② 精、庄、知、章逢洪音一般读 ts、tsʰ、s，逢细音一般读 tɕ、tɕʰ、ɕ，但在止开三中，精、庄、知二读 ts、tsʰ、s，知三、章读 tʂ、tʂʰ、ʂ。

③ 精、庄、知二与知三、章在洪音前一般有别，但在止开三中两者合流。在细音前，如果韵母为齐齿呼，精、庄、知二与知三、章有别；如果韵母为撮口呼，两者合流。隆回、洞口和绥宁三个方言点与安仁同。

④ 精、庄、知二与知三、章在洪音前一般有别，但在止开三以及细音前两者合流。常宁与耒阳同。

表 3-1-3　　　　　湖南赣语声母与中古声类主要对应表（三）

	庄	初	崇	生	章	昌	船	书	禅	日
					洪/细	洪/细	洪/细	洪/细	洪/细	洪/细
华容	ts、tɕ	tsʰ、tɕʰ	ts、tsʰ、s、tɕʰ	s/ɕ	ts/tɕ	tsʰ/tɕʰ	s/tɕʰ、ɕ	s/ɕ	tsʰ、s/ɕ	z̩/l、ø
岳阳楼	ts、tɕ	tsʰ、tɕʰ	ts、tsʰ、s、tɕʰ	s/ɕ	ts/tɕ	tsʰ/tɕʰ	s/ɕ	s/ɕ	tsʰ、s/ɕ	z̩/ø
临湘	ts	dzʰ	ts、dzʰ、s	s	ts/tɕ	dzʰ/dʑʰ	s/dzʰ、ɕ	s/ɕ	dzʰ、s/ɕ	ø/ȵ、ø
岳阳县	ts	tsʰ	ts、tsʰ、s	s	ts、k/c	tsʰ、kʰ/cʰ	s、k、kʰ/ɕ	f、s/ɕ	ts、tsʰ、s、f/ɕ	ø/ŋ、ø
平江	ts	tsʰ	ts、tsʰ、s	s	tʂ	tʂʰ	ʂ	ʂ	tʂʰ、ʂ	l/ŋ、ø
浏阳	ts	tsʰ	ts、tsʰ、s	s	tʂ	tʂʰ	tʂʰ、ʂ	ʂ	tʂʰ、ʂ	l/ŋ、ø
醴陵	ts	tsʰ	ts、tsʰ、s	s	tʂ/k	tʂʰ/kʰ	ʂ/kʰ、x	ʂ/x	tʂʰ、ʂ/x	ø/ŋ、ø
攸县	ts	tʰ	ts、tʰ、s	s	ts、k/k、tɕ	tsʰ、kʰ/kʰ、tɕʰ	s/f、ɕ	s/f、ɕ	s/f、ɕ	ŋ/ŋ、ȵ
茶陵	ts	tsʰ	ts、tsʰ、s	s	ts/tɕ	tsʰ/tɕʰ	s/ɕ	s/ɕ	tsʰ、s/tɕʰ、ɕ	l/ȵ、ø
炎陵	ts	tsʰ	ts	s	tʂ/tɕ	tʂʰ/tɕʰ	ʂ/ɕ	ʂ/ɕ	tʂʰ、ʂ/tɕʰ、/ɕ	l/ȵ、ø
安仁	ts	tsʰ	ts	s	tʃ/tɕ	tʃʰ/tɕʰ	ʃ/ɕ	ʃ/ɕ	tʃ、tʃʰ、ʃ/tɕ、tɕʰ、/ɕ	ø
耒阳	ts	tsʰ	tsʰ、s	s	ɬ/tɕ	ɬʰ/tɕʰ	s/ɕ	s/ɕ	ɬʰ、s/ɕ	ø
常宁	ts	tsʰ	tsʰ、s	s	ɬ/tɕ	ɬʰ/tɕʰ	s/ɕ	s/ɕ	ɬʰ、s/ɕ	z、l/ȵ
永兴	ts	tsʰ	tsʰ、s	s	ts/tɕ	tsʰ/tɕʰ	s/ɕ	s/ɕ	tsʰ、s/ɕ	ø
资兴	ts	tsʰ	tsʰ、s	s	ts/tɕ	tsʰ/tɕʰ	s/ɕ	s/ɕ	tsʰ、s/ɕ	ø/l、ø
隆回	ts	tsʰ	tsʰ、s	s	tʃ	tʃʰ	tʃʰ、ʃ	ʃ	tʃʰ、ʃ	ø/m、ø
洞口	ts	tsʰ	tsʰ、s	s	tʃ	tʃʰ	tʃʰ、ʃ	ʃ	tʃʰ、ʃ	ø
绥宁	ts	tsʰ	tsʰ、s	s	tʃ	tʃʰ	tʃʰ、ʃ	ʃ	tʃʰ、ʃ	ø/ȵ、ø

表 3-1-4　　　　湖南赣语声母与中古声类主要对应表（四）

	见	溪	群	疑	晓		匣		影		云	以
	洪/细	洪/细	洪/细	洪/细	洪开/洪合	细开/细合	洪开/洪合	细开/细合	洪开/洪合	细开/细合	开/合	开/合
华容	k/tɕ	kʰ/tɕʰ	kʰ/tɕʰ	ŋ/l、ø	x	ɕ	x/x、ø	ɕ	ŋ/ø	ø	ø	ø
岳阳楼	k/tɕ	kʰ/tɕʰ	kʰ/tɕʰ	ŋ/ȵ、ø	x	ɕ	x/f、ø	ɕ	ŋ/ø	ø	ø	ø
临湘	k/tɕ	gʰ/dzʰ	gʰ/dzʰ	ŋ/ȵ、ø	x/f、x	ɕ	x/f、x、ø		ŋ/ø	ø	ø	ø
岳阳县	k/c	kʰ/cʰ	k、kʰ/c、cʰ	ŋ/ȵ、ø	x/f、x	ɕ	x/f、x、ø		ŋ/ø	ø	ø	ø
平江	k、tʂ	x[1]、ʂʰ/ kʰ、tʂʰ	kʰ、tʂʰ	ŋ/ŋ、ø	x、ʂ/f		x、ʂ/f、ø	ɕ	ŋ/ø	ø	ø	ø
浏阳	k、tʂ	kʰ、tʂʰ	kʰ、tʂʰ	ŋ/ȵ、ø	x、ʂ/f、x		x/f、x、ø	ɕ	ŋ/ø	ø	ø	ø
醴陵	k	kʰ	kʰ	ŋ/ȵ、ø	x/f		x/f、x	ɕ	ŋ/ø	ø	ø	ø
攸县	k/k、tɕ	kʰ/kʰ、tɕʰ	kʰ/kʰ、tɕʰ	ŋ/ȵ、ø	x/f、x		x/f、x、ø	ɕ	ŋ、ø/ø	ø	ø	ø
茶陵	k/tɕ	kʰ/tɕʰ	kʰ/tɕʰ	ŋ/ȵ、ø	x/x、ø		x/x、ø	ɕ	ŋ/ø	ø	ø	ø
炎陵	k/tɕ	kʰ/tɕʰ	kʰ/tɕʰ	ŋ/ȵ、ø	x	ɕ	x/x、ø	ɕ	ŋ、ø/ø	ø	ø	ø
安仁	k、tʃ/tɕ	kʰ、tʃʰ/tɕʰ	kʰ、tʃʰ、tʃ/ tɕ、tɕʰ	ŋ、ø/ø	x	ɕ、ʃ/x	x/x、ø	ɕ、ʃ	ŋ/ø	ø	ø	ø
耒阳	k、ȶ/tɕ	kʰ、ȶʰ/ tɕʰ	kʰ、ȶʰ/tɕʰ	ŋ、ø/ø	x	ɕ	x/x、ø	ɕ	ŋ/ø	ø	ø	ø
常宁	k、ȶ/tɕ	kʰ、ȶʰ/ tɕʰ	kʰ、ȶʰ/tɕʰ	ŋ、ø/ȵ、ø	x/f、x	ɕ	x/f、x、ø	ɕ	ŋ/ȵ、ø	ø	ø	ø
永兴	k/tɕ	kʰ/tɕʰ	kʰ/tɕʰ	ø	x/f、x	ɕ	x/f、x、ø	ɕ	ø	ø	ø	ø
资兴	k/tɕ	kʰ/tɕʰ	kʰ/tɕʰ	ŋ/l、ø	x/f、x	ɕ、tɕʰ	x/f、x、ø	ɕ	ŋ、ø/ø	ø	ø	ø
隆回	k、tʃ/tʃ	kʰ、tʃʰ/tʃʰ	kʰ、tʃʰ/tʃʰ	ø/m、ø	ʃ、x	x	x/x、ø	ɕ、x	ø/m、ø	ø/m、ø	ø/m、ø	ø/m、ø
洞口	k、tʃ/tʃ	kʰ、tʃʰ/tʃʰ	kʰ、tʃʰ/tʃʰ	ø	ʃ/f、x	ʃ、x	x/f、x、ø	ɕ	ø	ø	ø	ø
绥宁	k、tʃ/tʃ	kʰ、tʃʰ/tʃʰ	kʰ、tʃʰ/tʃʰ	ŋ/ɲ、ø	x/f、x	ʃ	x/f、x、ø	ɕ	ŋ、ø/ø	ø	ø	ø

---

① 溪母读擦音的现象除了见于平江以外，攸县、茶陵、安仁、耒阳、常宁、永兴和资兴等方言点也有零星分布。

第二节　韵母的比较

表 3-2-1　　　　　　湖南赣语韵母与中古韵类主要对应表（一）

	果开一	果开三	果合一	果合三	假开二	假开三	假合二		遇合一	
	左/个	茄	破/过/禾	瘸	麻/假真~	借/蛇/野	耍/瓜	花/瓦	布/五①	土/户
华容	o	ia	o	ya	a/ia	ia/a/ia	ya/ua	ua	u	iu②/u
岳阳楼	o	ia	o	ya	a/ia	ia/ɛ/ia	ya/ua	a/ua	u	əu/u
临湘	o	ia	o/uo/o	ia	a/ia	ia/a/ia	a/ua	ua	u	əu/u
岳阳县	o	ia	o/u/o	ya	a/ia	ia/a/ia	a/ua	a/ua	u	əu/u
平江	ø③/o	o	ø/uø/uø	-	ɑ	iɑ/ɑ/iɑ	ɑ/uɑ	ɑ	u/ŋ̍	əu/u
浏阳	o	o	o/u/u	ua	ua/ia	ia/ua/ia	ua	ua	u/n̩	əu/u
醴陵	o	ya	o/u/uo	-	a	ia/a/ia	a/ua	a	u/ŋ̍	əu/u
攸县	o	io	o/uo/uo	-	ia	a/ua	a/a̠	u/ŋ̍	u	
茶陵	o	iø	o/o/uo	-	a	ia/a/ia	a/ua	ua/a	u/ŋ̍	u
炎陵	o/ə	yə	ə/uə/ua	ya	a	ia/a/-	ua	ua/a	u/ŋ̍	u
安仁	u	ɑ	u	-	ɑ	iɑ/ɑ/iɑ	ɑɑ	uɑ/ɑ	u	əu
耒阳	o	a	o	-	a	ia	ua	ua/a	u/ŋ̍	u
常宁	o	a	o	ua	a	ia	ua	a/ua	u	u
永兴	ɔ④/o	ia	o	ya	ɔ/ia	iɔ/ɔ/iɔ	ua/ɔ	ɔ	u	u
资兴	ɯ	io	ɯ/u/ɯ	-	o/ia	io/o/io	-/o	o	u	u
隆回	o/ə⑤	ia	o	ɑ	a/ia	iɑ/ɑ/iɑ	ɑɑ	uɑ	u	u
洞口	o	a	o/u/o	-	a	ia/a/ia	ua	ua	u	u
绥宁	o	A	o/u/u	-	A	iA/A/iA	-/uA	A/uA	u	u

① 平江、浏阳、醴陵、攸县、茶陵、炎陵和耒阳等方言点"五"读韵化辅音。
② 遇合一读 iu 的只限于少数几个字的白读，多数字或者文读读əu。
③ 果开一读ø的只有"左"等极少数字。
④ 果开一读ɔ的暂时只发现一个字"左"。
⑤ 果开一读ə的暂时只发现一个字"个"。

表 3-2-2　　　　湖南赣语韵母与中古韵类主要对应表（二）

	遇合三（鱼）			遇合三（虞）		蟹开一（咍泰）		蟹开二（皆佳决）	蟹开三（祭废）
	女/鱼①	徐/锄	去/书	扶/数	朱/句	菜/盖	袋/开	埋/鞋	例/祭/制
华容	y	ei/əu	e̞/y	ei/əu	y	æi	æi	æi	i/i/ɻ
岳阳楼	y	i/əu	e̞/y	i/əu	y	ai	ai	ai	i/i/ɻ
临湘	y	i/əu	ie/y	i/əu	y	æ	æ/e	æ	i/i/ɻ
岳阳县	y	i/əu	i/y	i/əu	y	æ	æ	æ	i/i/ɻ
平江	y/ŋ̍	i/ɻ	i/y	i/ɻ	y	ai	ai	ai	i/i/ɻ
浏阳	y	i/əu	iɛ/y	i/əu	y	ai	ai	ai	i/i/ɻ
醴陵	y	i/əu	iɛ/y	i/əu	y	oi	oi	ai	i/i/ɻ
攸县	y/ŋ̍	y/u	ɛ/y	y/u	y	oi	oi	ai	i/i/ɻ
茶陵	y/ŋ̍	y/u	ie/y	i/u	y	e/æ	e/e̞	æ	ie/i/ɻ
炎陵	y/n̩	y/-	iɛ/y	u	y	æi	uei/æi	æi	iɛ/i/ɻ
安仁	ŋ̍	y/u	ɛ/y	y/əu	y	æ	ui/ɛ	æ	i/i/ɻ
耒阳	y/ŋ̍	y/u	ə/y	y/u	y	æ	æ	æ	i/i/ɻ
常宁	y	y/u	e/y	y/u	y	æ	ui/e	æ	i/i/ɻ
永兴	y/ŋ̍	y/u	ɯ/y	y/u	y	a	a/ɛ	a	ɻ
资兴	y	y/iɯ②	ei/y	y	y	a/ai	iæ/ai	a	i/i/ɻ
隆回	ʮ̃/u	ui/u	i/u	y/u	u	ue/e	ue/e	a	e/i/ɻ
洞口	ʉ	ʉ	i/ʉ	ʉ	ʉ	ai	ai	ai	iɛ/i/ɻ
绥宁	ŋ/ʉ	ʉ/u	i/ʉ	y/u	ʉ	ai	ai	ai	iɛ/i/ɻ

① "女/鱼" 在部分方言点中读韵化辅音。

② iɯ 是 "锄" 的训读音。

表 3-2-3　　　　　　　湖南赣语韵母与中古韵类主要对应表（三）

	蟹开四	蟹开四	蟹合一（灰泰）		蟹合二（皆佳夬）		蟹合三（祭废）		蟹合四
	泥/细	米/鸡	妹/罪	回/外	怪/挂	坏/话	岁/税	肺/卫	桂/惠
华容	i	i	ei	uei/uæi	uæi/ua	uæi/ua	ei/yei	ei/uei	uei
岳阳楼	i	i	i	ei/uai	uai/ua	ai/a	i/yei	ei/uei	uei/ei
临湘	i	i	i	ei/uæ	uæ/ua	æ/ua	i/ei	ei/uei	uei/ei
岳阳县	i	i	i/ḭ	ei/uæ	uæ/ua	æ/ua	i/ei	ei/uei	uei/ei
平江	i	i/e	ai/i	uai	uai/uɑ	ai/uɑ	i/y	i/ui	ui/i
浏阳	i	i	ai/ei	uai/ai	uai/ua	ai/ua	i/yei	ei/uei	uei/ei
醴陵	i	i	oi/ei	ei/oi	uai/ua	ai/ua	i/yei	ei/uei	uei/ei
攸县	ɛi/i	i	oi	oi/oi	uai/ua	ai/ua	y	i/uoi	uoi/oi
茶陵	i	i	e	ue/ue	uæ/ua	uæ/ua	e/ye	i/ue	ue
炎陵	i	i	ei/uei	uei/uæi	uæi/ua	uæi/ua	y	ei/uei	uei
安仁	ɛ/i	in/i	ɛ/uɜ	ui/uɜ	uæ/uɑ	uæ/uɑ	y̯	i/ui	ui
耒阳	ɛ	iæ̃/i	ɛ/uɜ	ui/uæ	æu/ua	uæ/ua	y/ui	i/ui	ui
常宁	i	i	i/ui	i/uæ	uæ/ua	æ/ua	y/ui	i/ui	ui/i
永兴	ɛ/ɛ	en/ŋ̍	ɿi/ui	ui/uɛ	uɛ/ua	uɛ/ua	y/yei	ɿi/ui	ui
资兴	ai/ai	i/i	ei	ei/uei	uai/ua	ai/o①	y/ei	ei/uei	uei/ei
隆回	e/ɛ	ɛ̃/i	e/ue	ue	ua/uɑ	ua/uɑ	ui	i	ui/ue
洞口	ɲ②/ai	ẽ/i	ai	uai	uai/ua	uai/ua	ʉ	i/ui	ui/uai
绥宁	ɲ/e	ĩ/i	e	e/ue	uai/uʌ	ai/uʌ	ʉ	i/ui	ui/e

① "话"韵母为o，疑为训读音。
② "泥"白读韵化辅音，绥宁与洞口同。

表 3-2-4　　湖南赣语韵母与中古韵类主要对应表（四）

	止开三（支）	止开三（脂）	止开三（之）			止开三（微）	止合三（支）	止合三（脂）	止合三（微）
	皮/紫/池	比/四/指	二/姨	你①/字/时	耳/记	气/衣	嘴/吹/规	泪/衰/水	飞/贵/胃
华容	i/ʅ	i/ʅ	e/i	i/ʅ	e/i	i	ei/yei/uei	ei/yæi/yei	ei/uei/uei
岳阳楼	i/ʅ	i/ʅ	ɛ/i	ȵ/ʅ	ɛ/i	i	i/yei/uei	ei/yai/yei	ei/uei/uei
临湘	i/ʅ	i/ʅ	ø/i	ȵ/ʅ	ø/i	i	i/y/uei	i/æ/y	ei/uei/uei
岳阳县	i/ʅ	i/ʅ	ø/i	ȵ/ʅ	ø/i	i	i/y/uei	i/æ/y	ei/uei/uei
平江	i/ʅ	i/ʅ	y/i	ȵ/ʅ	ɕ/i	i	i/y/ui	i/ai/y	i/ui/ui
浏阳	i/ʅ	i/ʅ	y/i	ȵ/ʅ	y/i	i	i/y/uei	i/ai/y	ei/uei/uei
醴陵	i/ʅ	i/ʅ	ɛ/i	i/ʅ	ɛ/i	i	i/y/uei	i/ai/y	ei/uei/uei
攸县	i/ʅ	i/ʅ	ɛ/i	i/ʅ	ɛ/i	i	y/y/uoi	oi/oi/y	i/uoi/uoi
茶陵	i/ʅ	i/ʅ	e/i	i/ʅ	e/i	i	i/y/ue	i/æ/y	i/ue/ue
炎陵	i/ʅ	i/ʅ	ɛ/i	i/ʅ	ɛ/i	i	y/y/uei	i/uai/y	ei/uei/uei
安仁	i/ʅ/i	i/ʅ	ɛ/i	ȵ/ʅ	ɛ/i	i	y/y/ui	i/uæ/y	i/ui/ui
耒阳	i/ʅ	i/ʅ	ə/i	ɖ/ʅ	ə/i	i	y/y/ui	i/uæ/y	i/ui/ui
常宁	i/ʅ	i/ʅ	e/i	i/ʅ	ɯ/i	i	y/y/ui	y/uæ/y	i/ui/ui
永兴	ʅ	ʅ	ɛ/ʅ	i/ʅ	ɛ/ʅ	ʅ	y/y/ui	y/uɛ/y	ɿi/ui/ui
资兴	i/ʅ	i/ʅ	æ/i	ei/ʅ	æ/i	i	y/y/uei	y/ai/y	i/uei/uei
隆回	i/ʅ/i	i/ʅ		ȵ/ʅ		i	u/u/ui	i/ue/u	i/ui/i
洞口	i/ʅ	i/ʅ	ɤ/i	ȵ/ʅ	ɤ/i	i	ʉ/ʉ/ui	i/ai/ʉ	i/ui/ui
绥宁	i/ʅ	i/ʅ	ø/i	ȵ/ʅ	ø/i	i	ʉ/ʉ/ui	i/ai/ʉ	i/ui/ui

①"你"在部分方言点中读韵化辅音。

表 3-2-5　　　　　湖南赣语韵母母与中古韵类主要对应表（五）

	效开一	效开二		效开三	效开四	流开一		流开三（尤幽）		
	毛/草/高	炒/闹	效/孝	苗/烧/腰	钓/叫	某/豆	口/厚	酒/求	手/馊	浮/幼
华容	ʌu	ʌu	iu	iu/ʌu/iu	iu	iu/iu	iu	iəu	əu/ʅ	ʌu/iəu
岳阳楼	au	au	iau	iau/au/iau	iau	iau/uɛ	əu	iəu	əu	au/iəu
临湘	ɔu	ɔu	iɔu/ɔu	iɔu/ɔu/iɔu	iɔu	iɔu/e	e	iəu	əu/e	ɔu/iəu
岳阳县	ɔu	ɔu	iɔu/ɔu	iɔu/ɔu/iɔu	iɔu	iɔu/uʌ	uʌ/uɔi	iəu	əu/uʌ	ɔu/uɛ
平江	au	au	iau/au	iau/au/iau	iau	iau/œy	œy	iəu	əu/œy	au/iəu
浏阳	au	au	iau/au	iau/au/iau	iau	iau/ei	iau/ei	uɛi	əu/ei	iau/iəu
醴陵	au	ua	iu/au	iu/eu/iu	iu	eu	eu	uɛi	əu/ua	au/iəu
攸县	au	au	au	iau	iau	ɛi	ɛi	y	y/iɛi	au/y
茶陵	ɔ	ɔ	iɔi/ɔi	iɔi/ɔ/ɔi	iɔi	ø	ø	iø	ø	ɔi/iø
炎陵	ɑo	ɑo	iɑo/ɑo	iɑo/ɑo/iɑo	iɑo	ə/uɛ	ɛu	iu	ɛu	au①/iu
安仁	ɔ	ɔ	iɔ/ɔ	iɔi/ɔ/iɔ	iɔi/ɔ	ɜ	ɛ	ɯu	iɯu/ɜ	ɔi/ɯu
耒阳	ɔ	ɔ	iə/ɔ	iə	iə/ə	ə	ə	iɯu/ɯu	iɯu/ə	ɔi/ɯu
常宁	o/ɔ/ɔ	ɔ	iɔ/ɔ	iɔ/ɔ	iɔ/ɔ	ɯ	ɯ	iɯu	iɯu	iɯu/o
永兴	ə	ə	iə	iə/ə/iə	iə	ɜ/ɔ	ɛ	iɯu	iɯu/ɜ	ə/iɯu
资兴	au	au	iau	iau/ʅ/i	iau/-	ɛu/ai	ai	i/iɛu	ɛu/ai	au/iɛu
隆回	ɑu	ɑu	ə	iə/ə/iə	iə/ə	iə	iə	iu	iu/iə	ɑu/iu
洞口	ɑu	ɑu	iɤ/ɤ/iɤ	iɤ/ɤ/iɤ	iɤ/ɤ	iɤ/ɤ	ɤ	iu	iu/iɤ	ɑu/iu
绥宁	au	au	au/au	iau/au/iau	iau/au	iau/œu	iau/œu	iu	iu/œu	au/iu

---

① 陈山青（2004）原文表示"浮"义的"pʰɑo²¹³"写作"泡"，误也。其本字当为"浮"，"pʰɑo²¹³"与"浮"音义皆合。

表 3-2-6　　　湖南赣语韵母与中古韵类主要对应表（六）

	咸开一（覃）		咸开一（谈）		咸开二（咸衔）		咸开三（盐严）		
	南/蚕/含	杂/盒	篮/三/甘	腊/磕	衫/咸	插/甲	尖/占~领	欠/盐	叶/折~叠
华容	an	a/o	an	a/o	an	a/ia	ĩ	ĩ	ie/e
岳阳楼	an	a/o	an	a/o	an	a/ia	ian/an	ian	iɛ/ɛ
临湘	øn	ø/ø	an/an/øn	æ/ø	an	æ/ia	iɛn/yɛn	iɛn	ie/yɛ
岳阳县	øn	a/ø	an/an/øn	æ/o	an	æ/ia	iɛn/øn	iɛn	i/ø
平江	øn	øʔ	an/an/øn	aʔ/øʔ	an	aʔ	ien/yan	ien	ieʔ/yaʔ
浏阳	ã/ĩ/uĩ	a/o	ã/ã/uĩ	a/o	ã	a/a̠	ĩ/yĩ	ĩ	iɛ/yɛ
醴陵	aŋ/aŋ/oŋ	a/o	aŋ/aŋ/oŋ	a/o	aŋ	a/a̠	iẽ/ẽ	iẽ	iɛ/ɛ
攸县	ãɪ/ãɪ/oŋ	a/o	ãɪ/ãɪ/oŋ	a/o	ãɪ	a	iẽɪ	iẽɪ	iɛ
茶陵	aŋ	a/o	aŋ	ɑ/o	aŋ	a	iẽ/aŋ	iẽ	ie/e
炎陵	an/an/-	a/uə	an	a/uə	an	a/a̠	yɛn/an	iɛn	iɛ/ɛ
安仁	aŋ	ɑ/u	aŋ	a/o	aŋ	ɑ	uĩ/ĩ	ĩ	iɛ
耒阳	ã	a/o	ã	a/o	ã	a	ẽ/iẽ	iẽ	iɛ
常宁	ã	a/o	ã	a/o	ã	a	iã/ã	ã/iã	ie/e
永兴	æ	ɔ/o	æ	ɔ	æ	ɔ/ia	i/æ	i	iɛ/ɛ
资兴	aŋ/aŋ/o	o/ɯ	o/o/aŋ	o/ɯ	o	o/o̠	iɯ/aŋ	i/i	i
隆回	aŋ	ɑ/o	aŋ	ɑ/o	ɑ/aŋ	ɑ/ia̠	ĩ	ĩ	ie
洞口	ã	a/o	ã	a/o	ã	a	iẽ	iẽ	iɛ
绥宁	ẽ/ẽ/a	ʌ/o	a/a/ẽ	ʌ/o	ʌ	a/a̠	iẽ/ẽ	ẽ/iẽ	ie

表 3-2-7　　　　湖南赣语韵母与中古韵类主要对应表（七）

	咸开四		咸合三		深开三				山开一		
	甜/嫌	贴	犯	法	心/金	森/深	涩/急/入	集/十	炭/汗	伞/干~湿	辣/葛
华容	ĩ	ie	an	a	in	ən	e/i/y	i/ʅ	an	an	a/o
岳阳楼	ian	iɛ	an	a	in	ən	ɛ/i/y	i/ʅ	an	an	a/o
临湘	iɛn	ie	an	æ	in	ən	-/i/y	i/ʅ	an/øn	an/øn	æ/ø
岳阳县	iɛn	i	an	æ	in	uɛn	ø/i/y	i/ʅ	an/øn	an/øn	æ/ø
平江	ien	ieʔ	an	aʔ	in	en/ən	eʔ/iʔ/yəʔ	iʔ/ɐt	an/øn	an/uøn	aʔ/øʔ
浏阳	ĩ	iɛ	ã	a	in	ən	-/i/y	i/ʅ	ã/uĩ	ã/uĩ	a/o
醴陵	iẽ	iɛ	aŋ	a	iŋ	ẽ/əŋ	-/i/i	i/ʅ	aŋ/oŋ	aŋ/oŋ	a/o
攸县	iɛ̄ɪ	iɛ	ãɪ	a	iŋ	ẽɪ/iŋ	ɛ/iɛ/ɛ	iɛ	ãɪ/oŋ	ãɪ/oŋ	a/o
茶陵	iẽ	ie	aŋ	a	ĩ	ɛ̃	e/i/ʅ	i/ʅ	aŋ	aŋ	a/o
炎陵	iɛn	iɛ	an	a	ĩ	ẽ	iɛ/i/-	iɛ/ʅ	an/uã	an/ua	a/-
安仁	ĩ	iɛ	aŋ	ɑ	in	ĩ/in	ɛ/i/i	i	aŋ/uaŋ	aŋ/uaŋ	ɑ/uɑ
耒阳	ẽ/iẽ	ɛ	ã	a	iæ̃/æ̃	iẽ/iæ̃	-/i/y	i/ʅ	ã	ã/uã	a
常宁	iã	e	ã	a	ẽ	ẽ/iẽ	-/i/ʅ	ie/ʅ	ã	ã	a/o
永兴	i	iɛ	æ	ɔ	en/in	en	ɛ/ɤ/y	ɤ/i	æ	æ	ɔ/o
资兴	i	i	aŋ	ɒ	eŋ/iŋ	eŋ	-/iei/iei	i/ei	o/aŋ	o/ɯ	o/ɯ
隆回	ĩ	e	aŋ	ɑ	ẽ	ɛ̃	e/i/u	i/i	aŋ/uaŋ	aŋ/uaŋ	iɑ/o
洞口	iẽ	ɛ	uã	ua	ẽ	ẽ	-/i/ɰ	i/iɛ	ã	ã/uã	ia/o
绥宁	ie	ie	A	A	ĩ	ẽ/ĩ	e/i/ɰ	i/i	a/ɛ̃	a/ue	ʌ/o

表 3-2-8　　　　湖南赣语韵母与中古韵类主要对应表（八）

	山开二（山删）		山开三				山开四		山合一
	班/山/眼	八/杀/瞎	仙/扇	面/件	别/歇	薛/舌	天/烟	篾/节	盘/酸/官
华容	an	a	ĩ	ĩ	ie	ie/e	ĩ	ie	un
岳阳楼	an	a	ian/an	ian	iɛ	iɛ/ɛ	ian	iɛ	an/an/uan
临湘	an	æ	iɛn/yɛn	iɛn	e/ie	ie/ye	iɛn	e/ie	øn/øn/uøn
岳阳县	an	æ	iɛn/øn	iɛn	i	i/ø	iɛn	ø/i	øn/øn/uøn
平江	an	aʔ	ien/an	ien	ieʔ	ieʔ/aʔ	ien	ieʔ	øn/øn/uøn
浏阳	ã	a	ĩ/yĩ	ĩ	iɛ	iɛ/yɛ	ĩ	iɛ	ĩ/ĩ/uĩ
醴陵	aŋ	a	iẽ/ẽ	iẽ	iɛ	ɛ/ɛ	iẽ	iɛ	oŋ/oŋ/uoŋ
攸县	ãɪ	a	iẽɪ	iẽɪ	iɛ	iɛ/-	iẽɪ	iẽɪ	oŋ/oŋ/uãɪ
茶陵	aŋ	a	iẽ/aŋ	iẽ	ie	ie/e	iẽ	ie	oŋ/oŋ/uaŋ
炎陵	an/an/an	a	iɛn/an	iɛn	ɛi	yɛ/ɛ	iɛn	ɛi	an/uã/uã
安仁	aŋ	ɑ	ĩ	ĩ	ie	iɛ	ĩ	ɛ/iɛ	aŋ/uaŋ/uan
耒阳	ã	a	ẽ/iẽ	ẽ/iẽ	ɛ/iɛ	uɛ/iɛ	ẽ/iẽ	ẽ/ɛ	ã/uã/uã
常宁	ã	a/a/a	iã	iã/ã	e/ie	ye/ie	iã	e/ie	ã/uã/uã
永兴	æ/æ/æ	ɔ	i	i	ie	yɛ/ie	i	iɛ	æ/uæ/uæ
资兴	aŋ/o/o	o/o/-	iŋ/i	i/iŋ	ɛ	iæ	i/iŋ	i	ɯ/ɯ/uan
隆回	aŋ	ɑ/iɑ/iɛa	ĩ	ĩ	e/ie	ue/ie	ĩ	ĩ/i	oŋ/uaŋ/uaŋ
洞口	ã	a/ia/ia	iẽ	iẽ	ɛi	yɛ/iɛ	ẽ/iẽ	iɛ	aŋ/uɑŋ/uã
绥宁	a/a/iʌ	ʌ	iẽ/ẽ	ĩ/ẽ	ie	ɥe/ie	iẽ	ie	ø/ø/uẽ

表 3-2-9　　　　湖南赣语韵母与中古韵类主要对应表（九）

	山合一		山合二		山合三			
	短/换	脱/活	闩/关	刷/刮/挖	全/砖/拳	饭/万	雪/月	发头~/袜
华容	un	o	yan/uan	ya/ua/ua	un/yĩ/yĩ	an/uan	e/ye	a/ua
岳阳楼	an	o	yan/uan	ya/ua/ua	ian/yan/yan	an/uan	iɛ/yɛ	a/ua
临湘	øn/uøn	o/æ	øn/uan	ø/uæ/uæ	iɛn/yɛn/yɛn	an/uan	ie/ye	æ/uæ
岳阳县	øn	e/ø	an/uan	a/uæ/uæ	iɛn/uøn/uøn	an/uan	i/uø	æ/uæ
平江	øn	øʔ/uøʔ	an/uan	ət/uaʔ/uaʔ	ien/yan/yan	an/uan	ieʔ/yaʔ	aʔ/uaʔ
浏阳	ĩ/uĩ	o	ã/uã	o/ua/ua	ĩ/yĩ/yĩ	ã/uã	iɛ/yɛ	a/ua
醴陵	oŋ	o	oŋ/uaŋ	o/ua/ua	iẽ/yẽ/yẽ	aŋ/uaŋ	iɛ/yɛ	a/ua
攸县	oŋ/ɑɪ	o/ɛ	oŋ/uɑɪ	a/ua/ua	iẽɪ/uẽɪ/uẽɪ	ɑɪ/uɑɪ	iɛ/uɛ	a/ua
茶陵	oŋ/uaŋ	o/ue	oŋ/uaŋ	ya/ua/ua	iẽ/yaŋ/yaŋ	aŋ/uaŋ	ie/ye	a/ua
炎陵	uã	uə/uei①	uã/-	ua/ua/uæi	yɛn	ã/uã	yɛ	a/ua
安仁	uaŋ	uɑ/ue	uaŋ	uɑ/uɑ/uæ	uĩ	aŋ/uaŋ	iɛ/uɛ	ɑ/uɑ
耒阳	uã	o	uã	ua	uẽ	ã/uã	yɛ	a/ua
常宁	uã/ã	ua/e	uã	ua/ua/uɛ	yã/uã/uã	ã/uã	ye	a/ua
永兴	uæ	o/uæ	uæ	ua	yi	æ/uæ	yɛ	u/ua
资兴	ɯ/aŋ	-/æ	ɯ/uaŋ	ɯ/ua/ua	iŋ/ɯ/y	o/uaŋ	iɯ/y	u/o
隆回	uaŋ	uɑ/o	uaŋ	uɑ/uɑ/iɑ	uĩ	aŋ/uaŋ	ue/ĩ	ɑ/uɑ
洞口	uɑŋ/uã	o	uɑŋ/uã	a/ua/ua	yẽ	uã	iɛ/yɛ	ua
绥宁	ø/ẽ	o	ø/ua	ʌ/uʌ/uʌ	iẽ/ʉe/ẽ	a/uẽ	ʉe	ʌ/uʌ

　　① 陈山清（2004）原文表示"小孩好动"义的"xuei³³"写为"活"，但"xuei³³"与"活"韵母、声调不合。

表3-2-10　　　　湖南赣语韵母与中古韵类主要对应表（十）

	山合四		臻开一	臻开三			臻合一		
	玄/县	缺/血	吞/根	民/斤	进/真/衬	七/质/虱/一	村/困	门/魂	卒兵~/骨
华容	yĩ/ĩ	ye/ie	ən	in	in/ən/ən	i/ɣ/e/i	ən/uən	ən/uən	ei/uei
岳阳楼	yan/ian	yɛ/iɛ	ən	in	in/ən/ən	i/ɣ/ɛ/i	ən/uən	ən	əu/u
临湘	yɛn/iɛn	ye/ie	iɛn/ən	in	in/ən/ən	i/ɣ/e/i	ən/uən	ən	ɣ/uei
岳阳县	øn/iɛn	uø/i	ɛn	in	in/ən/ən	i/ɣ/ø/i	ən/uən	ən	əu/uø
平江	yan	yaʔ	en	in	in/ən/en	iʔ/ət/eʔ/iʔ	ən/uən	ən	ət/uət
浏阳	yĩ/ĩ	yɛ	ĩ	in	in/ən/ən	i/ɣ/iɛ/i	ən/uən	ən	ei/uei
醴陵	yẽ/iẽ	yɛ	ẽ	iŋ	iŋ/əŋ/ẽ	i/ɣ/e/i	əŋ/uəŋ	əŋ	əu/u
攸县	-/iɛɿ	uɛ/ɛ	ɛɿ	iŋ	iŋ/in/-	iɛ/ie/-/iɛ	ɛɿ/uoŋ	ɛɿ/oŋ	-/uɛ
茶陵	yaŋ/iẽ	ye	ẽ	ĩ	ĩ/ẽ/ẽ	i/ɣ/e/i	ẽ/uẽ	ẽ/uẽ	e/ue
炎陵	yɛn/iɛn	yɛ	uẽ/ẽ	ĩ/-	ĩ/ẽ/ẽ	i/ɣ/e/i	uẽ	ĩ/uẽ	yɛ/uɛ
安仁	uĩ	uɛ	ĩ	in	in/in/uĩ	i/i/ɛ/i	uən	in/uən	ui/uɛ
耒阳	yẽ	uɛ/yɛ	ẽ	iæ̃/æ̃	iæ̃/æ̃/ẽ	i/ɣ/ɛ/i	uæ̃	iæ̃/uæ̃	ui/ui
常宁	yã/iã	ue/ye	ẽ	ẽ	ẽ	i/ɣ/e/i	uẽ	ẽ	ui/ui
永兴	yi/i	yɛ	en	en/in	in/in/en	ɣ/ɣ/ɛ/ɣ	uen	en/uen	u/ui
资兴	iŋ/iɯ	iæ/iɯ	aŋ	iŋ	iŋ/eŋ/eŋ	ei/ɣ/iæ/ei	eŋ/ueŋ	eŋ	u/uei
隆回	uĩĩ	ue	uɛ̃/ɛ̃	ẽ	ẽ	i/i/ia/i	uẽ	ẽ/uẽ	u/uɛa
洞口	yẽ	yɛ	ẽ	ẽ	ẽ	i/iɛ/ia/i	uẽ	ẽ/uẽ	ʉ/uɛa
绥宁	ɛ̃	ɥe	ẽ	ĩ	ĩ	i/i/e/i	ĩ/uẽ	ẽ	ʉ/ue

表 3-2-11　　　湖南赣语韵母与中古韵类主要对应表（十一）

	臻合三				宕开一		宕开三			
	笋/准	分/云	戌/出	佛/屈	忙/汤/钢	落/恶	墙/床/章	强~大/羊	削/勺	药
华容	ən/yn	ən/yn	i/y	u/-	ʌŋ	o	iʌŋ/ʌŋ/ʌŋ	iʌŋ	io/-	io
岳阳楼	ən/yn	ən/yn	y/y	u/yɛ	aŋ	o	iaŋ/yaŋ/aŋ	iaŋ	io/o	io
临湘	ən/yn	ən/yn	i/y	ei/y	ɔŋ	o	iɔŋ/ɔŋ/ɔŋ	iɔŋ	io/o	io
岳阳县	ən/uən	ən/uən	i/y	u/ue	ʌŋ	o	ʌŋ/ʌŋ/ʌŋ	iʌŋ	io/-	io
平江	in/yn	ən/yn	iʔ/yɐt	tɐ/tɐ	oŋ	oʔ	ioŋ/oŋ/oŋ	oŋ/ioŋ	ioʔ/oʔ	ioʔ
浏阳	ən	ən/yn	i/y	u/y	oŋ	o	ioŋ/oŋ/oŋ	oŋ/ioŋ	io/o	io
醴陵	əŋ/yŋ	əŋ/yŋ	i/y	u/yɛ	oŋ	o	ioŋ/oŋ/oŋ	ioŋ	io/o	io
攸县	ẽɿ/uən	ẽɿ/uən	iɛ/uɛ	əu/əi	aŋ	o/uo	iaŋ/aŋ/iaŋ	iaŋ	io	io
茶陵	ẽ/yẽ	ẽ/yẽ	i/y	u/yɛ	oŋ	o	ioŋ/oŋ/oŋ	ioŋ	io	io
炎陵	uẽ/yẽ	ẽ/yẽ	y	u/y	ɑŋ	uə	iaŋ/uaŋ/aŋ	iaŋ	yə	yə
安仁	uən	in/uən	y/y	u/uɛ	õ	u	iõ/õ/õ	õ/iõ	io/u	iu
耒阳	uæ̃	æ̃/yæ̃	ui/y	u/y	ɔ̃	o	iɔ̃/ɔ̃/ɔ̃	ɔ̃/iɔ̃	io	io
常宁	uẽ	ẽ/yẽ	y/y	u/y	ɔ̃	o	iɔ̃/ɔ̃/ɔ̃	ɔ̃/iɔ̃	io	io
永兴	uen/yn	en/yn	ɣ/i	u/y	ɑ	a	iɑ/ɑ/ɑ	iɑ	io/o	io
资兴	eŋ	eŋ/iŋ	y/ei	u/y	aŋ	ɯ/ɯ	iaŋ/aŋ/aŋ	iaŋ	iɯ/ɯ	iɯ
隆回	uẽ	ẽ/ɥẽ	ui/u	u	oŋ	o/a̠	iaŋ/oŋ/oŋ	oŋ/ioŋ	iə/o	io
洞口	yẽ	uẽ/yẽ	ɵ	u/-	ɑŋ	o	iaŋ/uaŋ/aŋ	aŋ/iaŋ	iɤ/o	io
绥宁	ĩ	ẽ/ĩ	ɵ	u/ɵ	ɑŋ	o	iaŋ/aŋ/aŋ	aŋ/iaŋ	ɵe/o	io

表 3-2-12　　湖南赣语韵母与中古韵类主要对应表（十二）

	宕合一		宕合三		江开二		曾开一		曾开三
	光/黄	郭/藿	网/筐	房/王	邦/双/讲	桌/学	灯/层/肯	北/贼/黑	冰/升
华容	uaŋ	o	uaŋ/iaŋ	ʌŋ/uaŋ	aŋ/yaŋ/iaŋ	o/io	ən	e	in/ən
岳阳楼	uaŋ/aŋ	o	uan	aŋ/uaŋ	aŋ/yaŋ/iaŋ	o/io	ən	ɛ	in/ən
临湘	uɔŋ	o	uɔŋ	ɔŋ/uɔŋ	ɔŋ	o	iɛn/ən/nɐi	ø/e/e	in/ən
岳阳县	uʌŋ/uʌŋ	o	uʌŋ	ʌŋ	ʌŋ	o/io	ɛn/nʌ/uʌ	ø/ø/e	in/ən
平江	oŋ/uoŋ	oʔ	uoŋ/oŋ	oŋ/uoŋ	oŋ	oʔ	en	eʔ	in/ən
浏阳	oŋ	o	oŋ/oŋ	oŋ	oŋ	o	ĩ	ɛ/iɛ/iɛ	in/ən
醴陵	uoŋ/uoŋ	uo/o	oŋ/ioŋ	oŋ/uoŋ	oŋ	o/ɔ	ẽ	ɛ	iŋ/əŋ
攸县	uaŋ/aŋ	uo/o	aŋ/uaŋ	aŋ/uaŋ	aŋ	o/-	ɛ̃ɪ	ɛ	-/iŋ
茶陵	oŋ/uoŋ	o	oŋ	oŋ/uoŋ	oŋ	o	ɛ̃	e	ĩ/ɛ̃
炎陵	uaŋ	ua	uaŋ	aŋ/uaŋ	aŋ/uaŋ/aŋ	ua/ua	ẽ	ɛ	ĩ/ɛ̃
安仁	õ	u	õ	õ	õ	u	ĩ	ɛ	in
耒阳	ɔ̃	o	ɔ̃	ɔ̃	ɔ̃	o/io	ẽ	ɛ	iæ
常宁	uɔ̃/uɔ̃	o	uɔ̃/ɔ̃	ɔ̃/uɔ̃	ɔ̃	o/io	ẽ	e	ẽ/iẽ
永兴	uɑ	o	ɑ/uɑ	ɑ/uɑ	ɑ	o/iɔ	en	ɛ	en
资兴	uaŋ/uaŋ	ɯ/o	aŋ/uaŋ	aŋ/uaŋ	aŋ	ɯ/ɯ	aŋ/eŋ/eŋ	iæ/iæ/æ	eŋ/eŋ
隆回	oŋ/oŋ	o	oŋ	oŋ/uoŋ	oŋ	o	ẽ	ia/ia/iea	ẽ/iẽ
洞口	uaŋ	o	aŋ/uaŋ	uaŋ	aŋ/uaŋ/aŋ	o	ẽ	ia/ia/ɛa	ẽ
绥宁	uaŋ/uaŋ	o	aŋ	aŋ/uaŋ	aŋ	o	ɛ̃	e	ĩ

表 3-2-13　　　　湖南赣语韵母与中古韵类主要对应表（十三）

	曾开三		曾合一		曾合三	梗开二（庚耕）				梗开三
	鲫/直	力/色	弘	·国/或	域	生/硬	彭/幸	白/客	册/麦	清/声
华容	i/ι̩	i/e	uŋ	ue/o	y	ĩ/ən	un/in	e	e	in/ən
岳阳楼	i/ι̩	i/ɛ	uŋ	uɛ/o	y	ən	ən/in	ɛ	ɛ	in/ən
临湘	i/ι̩	i/e	ɤŋ	ø	y	ʌŋ/ιŋ	ʌŋ/yn	a	ø/a	iʌŋ/ʌŋ
岳阳县	i/ι̩	i/ø	ɤŋ	uø/ø	y	ʌŋ	ʌŋ/in	a	ø/a	iʌŋ/ʌŋ
平江	iʔ/ət	iʔ/eʔ	ɤŋ	uø/øʔ	yət	aŋ/ɑŋ	aŋ/in	ɑʔ	eʔ/ɑʔ	iaŋ/ɑŋ
浏阳	ĩ/ι̩	i/iε	əŋ	uɛ/o	y	oŋ/oŋ	ən/in	ua	iε	iã/oŋ
醴陵	i/ι̩	i/ɛ	əŋ	uo/o	yɛ	aŋ/aŋ	ẽ/iŋ	a	ɛ	ian/aŋ
攸县	-/iε	iɛ/ɛ	-/əŋ	ue/ɛ	-	aŋ/aŋ	ẽι/iŋ	a	ɛ/iɜ	iaŋ/iaŋ
茶陵	ə/ι̩	i/e	ɤŋ	ue	aŋ/ɜ̃	ɛ̃/ι̩	ɔ	e	ian/aŋ
炎陵	-/ι̩	i/ɛ	əŋ	uɛ/uə	y	aŋ/an	ẽ/ι̩	a/a	ɛ	iɛn/an
安仁	ɛ/i	i/ɛ	ən	uɛ	uɛ	õ	ĩ/in	ɑ	ɛ	iõ/õ
耒阳	i/ι̩	i/ɛ	ɤŋ	uɛ	y	ʒ̃/ɛ̃	ẽ/iæ̃	a/ɛ	ɛ	iɔ̃/iɔ̃
常宁	ə/ι̩	i/e	õ	ue/e	y	ɔ̃	ẽ/iẽ	a	e	iɔ̃
永兴	iɛ/i	ɤ/ɛ	oŋ	uɛ/ɔ	y	æ/ŋ①	æ/en	ɛ	ɛ	in/en
资兴	i/ei	ei/iæ	-/oŋ	uæ/æ	iæ	aŋ/aŋ	eŋ/iŋ	iæ/æ	iæ	eŋ
隆回	iɑ/i	i/iɑ	ɤŋ	uɛɑ/uɑ	u	oŋ	ɤŋ/ʒ̃	ɑ	iɑ/ɑ	iaŋ/oŋ
洞口	ia/iɛ	i/ia	uŋ	uɛa/uai	ʉ	uaŋ/aŋ	ẽ	a	ia/a	iaŋ/aŋ
绥宁	ɛ̃/i	i/e	ɤŋ	ue/e	ʉ	aŋ	ɛ̃/ι̩	A	e	iɔŋ/aŋ

---

①"硬"读韵化辅音。

表 3-2-14　　　湖南赣语韵母与中古韵类主要对应表（十四）

	梗开三（庚清）			梗开四		梗合二（庚耕）		梗合三（庚清）	
	名/庆	轻/成	脊/尺/益	星/形	壁/历日~/吃	横~ㅁ/宏	获/划廾~	倾/永/营	疫
华容	in	in/ən	i/ɣ/i	in	i	un/oŋ	o/ua	yn/yn/yn	i
岳阳楼	in	in/ən	i/ɣ/i	in	i	ən/uŋ	o/a	in/yn/yn	y
临湘	iʌŋ/in	iʌŋ/ən	ia/a/i	iʌŋ/in	ia/i/ia	uʌŋ/ɤŋ	ø/ua	uʌŋ/yn/in	y
岳阳县	iʌŋ/in	iʌŋ/ən	i/a/i	iʌŋ/in	ia/i/ia	uʌŋ/ɤŋ	ø/a	ʌŋ/uən/in	y
平江	iaŋ	iaŋ/aŋ	iaʔ/aʔ/iʔ	iaŋ	iaʔ/iʔ/iaʔ	uaŋ/ɤŋ	øʔ/a	iaŋ/yn/in	yət
浏阳	iã/in	iã	ia/ua/i	iã/in	ia/i/ia	oŋ/ən	o/ua	oŋ/yn/in	y
醴陵	iaŋ/iŋ	iaŋ/əŋ	i/a/i	iaŋ/iŋ	ia/i/ia	uaŋ/əŋ	o/a	uaŋ/yn/yŋ	y
攸县	iaŋ/iŋ	iaŋ/iŋ	iɛ/ia/iɛ	iaŋ/iŋ	ia/i/ia	uaŋ/əŋ	-/a	uaŋ/uən/uəŋ	-
茶陵	iaŋ/ĩ	iaŋ/ɛ̃	i/a/i	iaŋ/ĩ	ia/i/ia	uaŋ/oŋ	ue/ua	ĩ/yɛ̃/yɛ̃	i
炎陵	iɛn/ĩ	iɛn/ɛ̃	i/a/i	iɛn/ĩ	ia/i/ia①	uaŋ/ɤŋ	uə②/ua	yɛ̃	y
安仁	iõ/in	õ/in	i/ɑ/i	iõ/in	iɑ/i/ɑ	õ/ɤoŋ	ɑu/ua	uən	y
耒阳	iɔ̃/æ̃	ɔ̃/iɔ̃	i/a/i	iɔ̃/iæ̃	ia/i/a	uæ̃	o/ua	uæ̃/yæ̃/yæ̃	y
常宁	iɔ̃/ɛ̃	ɔ̃/ɛ̃	i/a/i	iɔ̃/iɛ̃	ia/e/a	uɔ̃/õ	e/a	uɛ̃/yɛ̃/yɛ̃	y
永兴	en/in	in/en	ɣ/ɔ/ɣ	en	ia/ɣ/iɔ	uæ/oŋ	ɔ/ua	uɑ/yn/yn	ʅ
资兴	eŋ/iŋ	iŋ/eŋ	iɯ/o/i	eŋ/iŋ	iæ/i/io	oŋ/əŋ	æ/a	oŋ/iŋ/iŋ	ɯ
隆回	iaŋ/ɛ̃	oŋ/ɛ̃	iɑ/ɑ/i	iaŋ/ɛ̃	ia/i/ɑ	oŋ/ɤŋ	u/ɑ	uɛ̃	u
洞口	iaŋ/ɛ̃	aŋ/ɛ̃	ia/a/i	iaŋ/ɛ̃	ia/iɛ/a	uaŋ/uŋ	u/ua	-/yɛ̃/yɛ̃	ʮ
绥宁	iaŋ/ĩ	aŋ/ĩ	iʌ/ʌ/i	iaŋ/ĩ	iʌ/i/ʌ	uaŋ/ɤŋ	u/ʌ	-/iɛ̃/iɣŋ	ʮ

① 陈山青（2004）认为"tɕʰi²⁴ 吃"是"吃"的训读音，误也，"吃"应为本字。
② 陈山青（2004）"获"有几个读音，"uə"是其中一个读音的韵母。

表 3-2-15　　　　　湖南赣语韵母与中古韵类主要对应表（十五）

	梗合四	通合一			通合三			
	萤	宋/公	篷/同/红	木①/族/屋	风/共/用	松~紫/虫	穆/粟/熟	六/缩/菊
华容	yn	oŋ	oŋ	o/əu/u	oŋ/oŋ/ioŋ	oŋ	o/iəu/əu	əu/ue/y
岳阳楼	in	uŋ	uŋ	o/əu/u	uŋ/uŋ/iuŋ	uŋ	o/iəu/əu	əu/əu/y
临湘	iʌŋ	ɤŋ	ɤŋ	u/ue/u	ɤŋ/ɤŋ/iɤŋ	ɤŋ	u/iəu/əu	uei/ue/ue
岳阳县	iʌŋ	ɤŋ	ɤŋ	u/o/əu	ɤŋ/ɤŋ/iɤŋ	ɤŋ	u/iəu/əu	uei/ue/ue
平江	iɑŋ	ɤŋ	ɤŋ	oʔ/ŋʔ/uʔ	ɤŋ/ɤŋ/iɤŋ	ɤŋ	oʔ/iəuʔ/əuʔ	iəuʔ/oʔ/iəuʔ
浏阳	ioŋ	ən	ən	o/əu/u	ən/ue/yn	ən	o/iəu/əu	iəu/o/əu
醴陵	iaŋ	əŋ/uəŋ	əŋ	u/ue/u	əŋ/uəŋ/iŋ	əŋ	u/iəu/əu	ue
攸县	iaŋ	əŋ	əŋ	o/-/uo	ɯeŋ/ue/ue	ɯeŋ/ue	o/io/io	io/o/io
茶陵	iaŋ	ɤŋ	ɤŋ	u	ɤŋ/ɤŋ/yɤŋ	ɤŋ/yɤŋ	u/iø/ø	iø/o/y
炎陵	ĩ	əŋ	əŋ	u	əŋ/əŋ/iəŋ	əŋ/iəŋ	u/iu/u	iu/u/y
安仁	iõ	ən	ən	u/əu/u	ən/ən/in	ən	u/iɯ/iɯ	iɯ/əu/iɯ
耒阳	yæ	ɤŋ	ɤŋ	ŋ̩/u/u	ɤŋ/ɤŋ/iɤŋ	ɤŋ	o/iɯ/iɯ	iɯ/u/y
常宁	yɐ̃	õ	õ	õ/u/u	õ/õ/iõ	õ	õ/iɯ/iɯ	ɯ/u/y
永兴	n	oŋ	oŋ	oŋ/u/ɯ	oŋ/oŋ/ioŋ	oŋ	ɔ/iɯ/ɯ	iɯ/u/y
资兴	iaŋ	oŋ	oŋ	ua	oŋ/ioŋ/ioŋ	oŋ	o/iua/o	iɛu/ɛu/iɯ
隆回	ioŋ	ɤŋ	ɤŋ	u/ŋ/ɤŋ	ɤŋ/ɤŋ/iɤŋ	ɤŋ	ɤŋ/iu/u	iu/u/u
洞口	iɑŋ	uŋ	ɯŋ	uŋ/u/u	uŋ/uŋ/iuŋ	uŋ	uŋ/iu/iu	iu/ʉ/ʉ
绥宁	iɑŋ	ɤŋ	ɤŋ	ɤŋ/u/u	ɤŋ/ɤŋ/iɤŋ	ɤŋ	o/iu/iu	iu/u/ʉ

① "木"在耒阳读韵化辅音，在常宁、永兴、资兴、隆回、洞口和绥宁等方言点读阳声韵。

第三节　声调的比较

表 3-3　　　　　　　**湖南赣语调类与中古调类主要对应表**

方言	平		上			去		入		
	清	浊	清	次浊	全浊	浊	清	清	次浊	全浊
华容	阴平 45	阳平 12	上声 21	上声 21	阳去 33	阴去 213	阴去 213	入声 435	入声 435	入声 435
岳阳楼	阴平 34	阳平 13	上声 31	上声 31	阳去 22	阴去 324	阴去 324	入声 45	入声 45	入声 45
临湘	阴平 33	阳平 13	上声 42	上声 42	阳去 21	阴去 325	阴去 325	入声 5	入声 5	入声 5
岳阳县	阴平 33	阳平 13	上声 42	上声 42	阳去 21	阴去 45	阴去 45	阴入 5	阳入 3	阳入 3
平江	阴平 44	阳平 13	阴上 324	阳上 21	阳去 22	阴去 45	阴去 45	入声 4	入声 4	入声 4
浏阳	阴平 44	阳平 45	上声 324	上声 324	阳去 21	阴去 42	阴去 42	阴平 44	阴平 44	阴去 42
醴陵	阴平 44	阳平 13	上声 31	上声 31	去声 22	去声 22	去声 22	入声 435	入声 435	入声 435
攸县	阴平 35	阳平 13	上声 53	上声 53	阴平 35	去声 11	去声 11	阴平 35	阳平 35／去声 11	去声 11
茶陵	阴平 45	阳平 213	上声 42	上声 42	阴平 45	阳去 325	阴去 33	阴去 33	阴去 33	阴去 33
炎陵	阴平 24	阳平 213	上声 53	上声 53	阴平 24	阳去 13①	阴去 33	阴平 24	阴去 33	阴去 33
安仁	阴平 44	阳平 24	上声 53	上声 53／去声 322	去声 322／上声 53	去声 322	去声 322	入声 213	入声 213／阴平 44	入声 213／阴平 44
耒阳	阴平 45	阳平 25	上声 53	上声 53	去声 213／上声 53	去声 213	去声 213	入声 13	入声 13／阴平 44	入声 13／阴平 44
常宁	阴平 45	阳平 21	上声 44	上声 44	上声 44	去声 24	去声 24	入声 33	入声 33	阳平 21
永兴	阴平 45	阳平 325	上声 42	上声 42	去声 13／上声 42	去声 13	去声 13	入声 22	入声 22／阴平 45	入声 22／阴平 45
资兴	阴平 44	阳平 22	上声 31	上声 31／阴平 44	去声 35／阳平 44	去声 35	去声 35	入声 13	入声 13／阴平 44	入声 13／阴平 44
隆回	阴平 44	阳平 13	上声 212	上声 212	去声 45／上声 212	去声 45	去声 45	入声 325／阴平 44	入声 325／去声 45	入声 325／去声 45
洞口	阴平 53	阳平 24	上声 213	上声 213	阴平 53／上声 213／去声 45	阴平 53	去声 45	阴平 53／去声 45	去声 45／阴平 53	去声 45／阴平 53
绥宁	阴平 33	阳平 45	阴上 13	阴上 13	阳去 44／阳上 22	阳去 44	阴去 42	入声 324／阴平 33	入声 324／阴去 42	入声 324／阴去 42

---

① 全浊上有相当部分字归阴去。

第四章　湖南赣语的声母

第一节　古全浊声母的今读

一　古全浊声母今读的类型

湖南赣语古全浊声母逢塞音、塞擦音时的今读共有以下四种类型：

第一，临湘型：不论平仄与次清声母合流读浊音，不过气流较弱，有临湘1个方言点。

第二，华容型：不论平仄一般与次清声母合流读送气清音，这种类型所占方言点最多，有华容、岳阳楼、平江、浏阳、醴陵、攸县、茶陵、炎陵、耒阳、常宁、隆回、洞口和绥宁等13个方言点。在读送气清音时，湘北华容、岳阳楼和平江有浊流，其中，平江还比较明显，请参看第二章第一节"湘北赣语音系"。

第三，安仁型：今一般读清音，送气与否以声调为条件，有岳阳县和安仁2个方言点。其中，岳阳县是平、上、去声一般不送气，入声一般送气，并略有浊流；安仁是平声一般不送气，仄声大都送气。

第四，永兴型：今读清音，送气与否同时以声母和声调为条件，有永兴和资兴2个方言点。其中，永兴并、定母一般不送气；并、定母以外的全浊声母平声一般送气，仄声部分送气、部分不送气。资兴并、定母上声口语常用字一般送气，其他一般不送气；并、定母以外的全浊声母一般送气。

湖南赣语古全浊声母逢塞音、塞擦音时的今读见表4-1。

表4-1　　　　　　　　古全浊声母逢塞音、塞擦音时的今读

	柴崇	抬定	拳群	病並	匠从	赵澄	近群	白並	浊澄
临湘	$dz^hæ^{13}$	$d^hæ^{13}$	$dz^hyɛn^{13}$	$b^hiʌŋ^{21}$	$dz^hioŋ^{21}$	$dz^hɤu^{21}$	dz^hin^{21}	b^ha^5	dz^ho^5
华容	$tsʰæi^{12}$	$hæi^{12}$	$ɕʰyi^{12}$	$pʰin^{33}$	$tɕʰiʌŋ^{33}$	$tsʰʌu^{33}$	$tɕʰin^{33}$	$pʰe^{435}$	$tsʰo^{435}$
岳阳楼	$tsʰai^{13}$	$tʰai^{13}$	$tɕʰyan^{13}$	$pʰin^{22}$	$tɕʰiaŋ^{22}$	$tsʰau^{22}$	$tɕʰin^{22}$	$pʰɛ^{45}$	$tsʰo^{45}$
平江	$tsʰai^{13}$	$tʰai^{13}$	$tɕ̡ʰyan^{13}$	$pʰiaŋ^{22}$	$tsʰioŋ^{22}$	$tʂʰau^{22}$	$kʰin^{21}$	$pʰaʔ^4$	$tsʰoʔ^4$

	柴崇	抬定	拳群	病並	匠从	赵澄	近群	白並	浊澄
浏阳	tsʰai⁴⁵	tʰai⁴⁵	tsʰyĩ⁴⁵	pʰiã²¹	tsʰioŋ²¹	tʂʰau²¹	kʰin²¹	pʰua⁴²	tsʰo⁴²
醴陵	tsʰai¹³	tʰei¹³	kʰyẽ¹³	pʰiaŋ²²	tsʰioŋ²²	tʂʰeu²²	kʰiŋ²²	pʰa⁴³⁵	tsʰo⁴³⁵
攸县	tʰai¹³	xoi¹³	kʰuɛ̃ɪ¹³	pʰiaŋ¹¹	tɕʰiaŋ¹¹	tɕʰiau¹¹	tɕʰiŋ¹¹	pʰa¹¹	tʰo¹¹
茶陵	tsʰæ²¹³	t̠ʰe²¹³	tɕʰyaŋ²¹³	pʰiaŋ³²⁵	tɕʰioŋ³²⁵	tsʰɔ³²⁵	t̠ɕʰɿ⁴⁵	pʰɔ³³	tsʰo³³
炎陵	tsʰæi²¹³	tʰæi²¹³	tɕʰyɛn²¹³	pʰiɛn¹³	tɕʰiaŋ¹³	tʂʰɑo¹³	tɕʰɿ²⁴	pʰa³³	tsʰuə³³
耒阳	tsʰæ²⁵	tʰæ²⁵	tʰuẽ²⁵	pʰiɔ̃²¹³	tɕʰiɔ̃²¹³	tʰə²¹³	tʰæ̃²¹³	pʰa⁴⁵	tsʰo⁴⁵
常宁	tsʰæ²¹	tʰæ²¹	tʰuã²¹	p̠ʰiɔ̃²⁴	tɕʰiɔ̃²⁴	tʰɔ²⁴	tʰẽ²⁴	pʰa²¹	tsʰo²¹
隆回	tsʰa¹³	xa¹³	tʃʰuĩ¹³	pʰiaŋ⁴⁵	tsʰiaŋ⁴⁵	tʃʰə⁴⁵	t̠ʃʰẽ²¹²	pʰɑ⁴⁵	tsʰo⁴⁵
洞口	tsʰai²⁴	xai²⁴	tʃʰyẽ²⁴	pʰiaŋ⁵³	tsʰiaŋ⁵³	tʃʰɤ⁵³	t̠ʃʰẽ²¹³	pʰa⁴⁵	tsʰo⁴⁵
绥宁	tsʰai⁴⁵	tʰai⁴⁵	tʃʰẽ⁴⁵	pʰiaŋ⁴⁴	tsʰiaŋ⁴⁴	tʃʰau⁴⁴	tʃʰɿ²²	pᴀ⁴²	tsʰo⁴²
岳阳县	tsæ¹³	tæ¹³	kuøn¹³	piʌŋ²¹	ciʌŋ²¹	tsɔu²¹	cin²¹	pʰa³	tsʰo⁵
安仁	tsæ²⁴	tæ²⁴	tʃuĩ²⁴	pʰiɔ̃³²²	tsʰiɔ̃³²²	tʃʰɔ³²²	tʃʰin³²²	pʰɑ⁴⁴	tsʰu⁴⁴
永兴	tsʰa³²⁵	ta³²⁵	tɕʰyi³²⁵	pen¹³	tɕʰiɑ¹³	tsə¹³	t̠ɕʰin⁴²	pɛ⁴⁵	tsʰo⁴⁵
资兴	tsʰa²²	ta²²	tɕʰy²²	pen³⁵	tɕʰiaŋ³⁵	tsʰau³⁵	tɕʰiŋ⁴⁴	piæ⁴⁴	tsʰɛu⁴⁴

　　尽管华容型古全浊声母逢塞音、塞擦音时今一般读送气音，但我们发现，还是有一部分字今读不送气音，而且字数由北到南有逐渐增多的趋势。这一现象在杨时逢（1974）《报告》中也存在（李冬香 2005a）。在湘北和湘中，不送气的主要是一些非常用的仄声字，如"巨距拒队兑"；在湘南和湘西南，一些常用字也读不送气音。请看表 4-2。

表 4-2　　　华容型古全浊声母逢塞音、塞擦音时的今读

	住	邓①	件	集	达	侄	杰	杂	毒	绝
华容	tɕʰy³³	hən³³	tɕʰɿ³³	tɕʰi⁴³⁵	ha⁴³⁵	tsʰɿ⁴³⁵	tɕʰie⁴³⁵	tsʰa⁴³⁵	həu⁴³⁵	tsʰe⁴³⁵
岳阳楼	tɕʰy²²	tʰən²²	tɕʰian²²	tɕʰi⁴⁵	tʰa⁴⁵	tsʰɿ⁴⁵	tɕʰiɛ⁴⁵	tsʰa⁴⁵	tʰəu⁴⁵	tɕʰiɛ⁴⁵
平江	tʂʰy²²	tʰen²²	kʰien²²	tsʰi²⁴	tʰa²⁴	tʂʰət⁴	kʰie²⁴	tsʰø²⁴	tʰəuʔ⁴	tsʰiɛ²⁴
浏阳	tʂʰy²¹	tʰɿ²¹	kʰɿ²¹	tsʰi⁴²	tʰa⁴²	tʂʰl̩⁴²	kʰie⁴⁴	tsʰa⁴²	tʰəu⁴²	tsʰiɛ⁴⁴
醴陵	kʰy²²	tʰẽ²²	kʰiɛ²²	tsʰi⁴³⁵	tʰa⁴³⁵	tʂʰɿ⁴³⁵	kʰiɛ⁴³⁵	tsʰa⁴³⁵	tʰəu⁴³⁵	tsʰiɛ⁴³⁵
攸县	kʰy¹¹	xɛ̃ɪ¹¹	tɕʰiɛ̃ɪ¹¹	tɕʰiɛ¹¹	xa¹¹	tɕʰiɛ¹¹	tɕʰiɛ¹¹	tʰa¹¹	xo¹¹	tɕʰiɛ¹¹

---

　　① 华容、攸县和洞口 3 个方言点定母今读擦音是送气的表现，详见本章第七节"透、定母读擦音"。

续表

	住	邓①	件	集	达	侄	杰	杂	毒	绝
茶陵	t̠i33	tʰɛ̃325	tɕʰiɛ325	tɕʰi325	tʰa33	tʂʰʅ33	tɕʰie33	tsʰa33	tʰu33	tɕʰye33
炎陵	tɕy33	tʰɛ̃13	tɕʰien13	tɕʰie33	ta24	tʂʰʅ33	tɕiɛ24	tsʰa33	tʰu33	tɕʰyɛ33
耒阳	tɕʰy213	tʰɛ̃213	tɕʰiɛ213	tɕʰi13	ta13	tʂɿ13	tɕʰiɛ13	tsa13	tu13	tue13
常宁	tɕy24	tʰɛ̃24	tʰã24	tɕʰie33	tʰa33	tsʰɿ21	ɕie33	tsʰa21	tʰu21	tue33
隆回	tʃʰu45	tɛ̃45	tʃʰʅ45	tsi325	tɑ325	tʃʰi45	tʃʰie325	tsa325	tu325	tʃue325
洞口	tʃʉ45	xɛ̃53	tʃʰiɛ45	tsi45	ta45	tʃʰiɛ45	tʃʰiɛ45	tsa45	tu45	tsʰiɤ45
绥宁	tʃʉ42	tʰɛ̃44	tʃʰɛ̃22	tsi324	tʌ324	tʃʰi42	tʃʰie324	tsʌ324	tu42	tsʰʉe42

由表 4-2 可知，"住邓件集达侄杰杂毒绝"等字在湘北和湘中基本上读送气音，但在湘南和湘西南，有部分方言点部分字读不送气音，湘西南尤其突出，如"住集杂毒"在湘西南隆回、洞口和绥宁 3 个方言点都读不送气音。

如前所述，永兴和资兴古全浊声母逢塞音、塞擦音时今读送气与否同时以声母和声调为条件，详细情况请看表 4-3。表 4-3 第一栏是並、定母上声字，第二栏是並、定母上声以外的字，第三栏是並、定母以外的全浊声母上声字，第四栏是並、定母以外的全浊声母非上声字。

表4-3　　　　　　　永兴型古全浊声母逢塞音、塞擦音时的今读

	部並	簿並	弟定	倍並	被(~子)並	淡定	伴定	断(~绝)定	动定
永兴	pu13	pu42	tɛ45/tŋ42	pii13	pŋ42	tæ42	pæ13	tuæ42	toŋ13
资兴	pu35	pʰu35	tʰai44	pei35	fi44	tʰo44	paŋ35	taŋ35	toŋ35
	婆並	排並	袋定	洞定	毒定	笛定	便(方~)並	盆並	薄(厚~)並
永兴	po325	pa325	ta13	toŋ13	tu22	tŋ22	pi13	pen325	po45
资兴	pɯ22	pa22	tiæ35	toŋ35	tɯ13	tio44	piŋ35	peŋ22	pɯ44
	坐从	苧澄	柱澄	近群	徛(立)群	丈澄	兆澄	舅群	件群
永兴	tsʰo42	tɕʰy42	tɕʰy42	tɕʰin42	tɕʰi42	tsʰɑ42	tsə45	tɕʰʅ42	tɕi13
资兴	tsʰɯ44	tɕʰy44	tɕʰy44	tɕʰiŋ44	tɕʰi44	tɕʰio44	tsau35	tɕʰi44	tɕiŋ35
	裙群	柜群	桥群	就从	共群	郑澄	直澄	集从	贼从
永兴	tɕʰyn325	kʰui13	tɕʰiə325	tɕiɯ13	koŋ13	tsen13	tɕʰi45	tɕʅ22	tsʰɛ45
资兴	tɕʰiŋ22	kʰuei35	tɕʰi22	tɕʰieu35	koŋ35	tsʰeŋ35	tsʰei44	tɕi13	tɕʰiæ44

从表 4-3 可以看出，永兴並、定母字无论平仄一般不送气，资兴並、定

---

① 华容、攸县和洞口 3 个方言点定母今读擦音是送气的表现，详见本章第七节"透、定母读擦音"。

母全浊上声字部分送气、部分不送气，非上声字一般不送气。並、定母以外的全浊声母字，永兴平声字送气，上声和入声常用字一般送气、非常用字一般不送气，去声字一般不送气、极少数常用字送气；资兴一般送气。不过，虽然永兴並、定母字一般不送气，但有部分平声字开始读送气音，表现在两个方面。第一，有的字有两读，常用义或白读不送气，非常用义或文读送气。如：桃 tə³²⁵~子/tʰə²²~花、途 tu³²⁵/tʰu²²、坪 pen³²⁵/pʰen²²。第二，同一个音韵地位的，常用的不送气，不常用的送气。如：抬 ta³²⁵—台 tʰɛ²²~湾、逃 tə³²⁵—萄 tʰə²²、头 tɛ³²⁵—投 tʰɛ²²、题 tʅ³²⁵—蹄 tʰʅ²²、停 ten³²⁵—庭 tʰen²²、瓶 pen³²⁵—萍 pʰen²²、陪 pɹi³²⁵—培 pʰɹi²²、皮 pʅ³²⁵—疲 pʰʅ²²、唐 tɑ³²⁵—堂 tʰɑ²²。

万波（2009:72）对赣语的声母作了比较深入的历史层次研究，他把古全浊声母逢塞音、塞擦音时的今读分为五个类型：（1）与相应的次清声母合流读送气清音；（2）与相应的次清声母合流读送气浊音；（3）与相应的次清声母合流读不送气浊音；（4）与相应的全清和次清声母分立，读不送气浊音；（5）与相应的全清声母合流读不送气清音。把我们的分类与万波先生的分类进行对比，发现两者存在一定的区别。在万波先生的分类中，湖南平江归为第（2）个类型，临湘归为第（3）个类型，另外他的分类没有我们所分的安仁型和永兴型两个类型。造成这种区别的原因主要有以下几个。一是两者考察的对象不同。如永兴我们调查的方言点是城关，而《报告》调查的方言点是白泥塘。① 前者並、定母字今一般不送气，后者一般送气。二是两者考察的范围不同。万波先生是从整个赣语的角度来讨论古全浊声母今读的，而我们的考察只限于湖南赣语。在赣北、鄂东南赣语中，古全浊声母今读浊音现象比较突出，读浊音时有的送气、有的不送气。湖南赣语只有临湘有比较明显的浊音，且送气，其余方言点浊音不明显，只是读送气音时带有浊流，因而我们没有分送气浊音和不送气浊音两类。三是可能跟语言演变有关。临湘我们考察的是桃林，《报告》（杨时逢 1974）第一发音人为路口，第二发音人才是桃林。关于临湘浊音是否送气上，《报告》（杨时逢 1974:312）没有具体说明，只说是一个全浊音。据我们调查，临湘浊音虽为送气音，但气流比较弱，这可能是语言演变的结果，我们今天的调查距杨时逢等先生的调查将近九十年了。另外，安仁型方言在《报告》（杨时逢 1974）中有反映，如岳阳樟木铺古全浊平声、去声字不送气，全浊入声字大都送气（杨时逢 1974:297-300）；安仁新渡村古全浊平声字不送气、仄声字送气（杨时逢 1974:772）。不知万波先生为何把《报告》中的岳阳、安仁等方言归入第（1）类而不单独列为一类。

① 万波（2009）湖南赣语的材料主要来自杨时逢（1974）《湖南方言调查报告》。

湖南赣语古全浊声母今读类型的地理分布见附录图1"古全浊声母今读的类型"。

二　古全浊声母今读的演变

（一）华容型的演变

前文指出，华容型古全浊声母逢塞音、塞擦音时今一般读送气音，这是赣语最重要的语音特点。李如龙、辛世彪（1999）根据大量的语言事实推测："现今南北方言中的'全浊送气'的特点都应该说是有源流关系的，换言之，都是从古代的秦晋方言承传下来的。古全浊声母今读一律送气的方言，全浊音也最早清化。秦晋、江淮（通泰）、客赣方言中'全浊送气'这一声母上的承传演变至少已经有1500年以上的历史了。"万波（2009:113）根据现代汉语方言、历史方言资料以及移民史指出："赣语古全浊塞音、塞擦音声母今读的主流，即不论平仄都与相应的次清声母合流为送气清音的读法，正是赣语与客家话，甚至与江苏通泰方言及山西河南部分方言具有同源关系的表现。中唐安史之乱时，具有这个特点的北方方言随着移民传入江西，由此而影响整个客赣方言。"

湖南赣语华容型古全浊声母逢塞音、塞擦音今读送气音是受历史上江西移民方言影响的结果。关于江西向湖南移民，学者们已有很多深入的研究。如谭其骧（1987:348-350）早年对湖南人的由来进行了深入的研究，得出五点结论："一曰：湖南人来自天下，江、浙、皖、闽、赣东方之人居其什九；江西一省又居东方之什九；而庐陵一道，南昌一府，又居江西之什九。""二曰：江西人之来移湖南也，大都以稼穑耕垦……""三曰：江西南部之人大都移湖南南部，江西北部之人大都移湖南北部……""四曰：湖南人来自历古，五代、两宋、元、明居其什九；元、明又居此诸代之什九；而元末明初六七十年间，又居元、明之什九。""五曰：五代以前，湖南人多来自北方；五代以后，湖南人多来自东方。南宋以前，移民之祖籍单纯，几尽是江西人……"

不过，如前所述，湘南和湘西南有部分方言点部分常用字今读不送气音。我们认为，这些方言可能是因距离江西较远、接受移民相对较少，因而受江西方言影响相对较小。此外，它们可能还受到了周边湘语的影响，因为周边湘语古全浊声母字今一般读不送气音。如衡阳市区：唐 tan^{11}、赵 $t\varphi iau^{213}$、杂 tsa^{11}、住 $t\varphi i^{11}$；邵阳市区老派：迟 $dz\eta^{12}$、住 $d\varphi y^{24}$、同 $du\eta^{12}$、毒 tu^{33}。

（二）临湘型的演变

上文指出，湖南赣语古全浊声母逢塞音、塞擦音今读浊音的只有临湘一个点，不过它是与次清声母合流读浊音。这种类型从本质上来说，与华容型相同，即全清与次清、全浊两分。

　　关于次清读浊这个类型的成因，学界有多种解释，如平山先生、平田先生的"松紧说"、沙加尔先生的"矫枉过正"说、何大安先生的"规律逆转"说等。[①]王福堂先生（1998:22-23）则认为，赣语古全浊声母今仍读浊音是后期演变，是古全浊声母清化后又浊化的结果，次清读浊音是浊随次清。王莉宁（2010）同意王先生的观点，并进一步解释了次清浊化的音变过程，即：受强气流的影响，原送气清音声母发生浊化、演变为送气浊音声母，进而送气浊音声母的气流弱化、消失，最终演变成不送气浊音声母。由此可见，强气流使这些方言的声母音值发生变化，并最终使声母完成了区别性特征的新旧交替——由原来的"送气－不送气"二分转变为"清－浊"二分。夏俐萍（2010）也持类似的观点，认为，这类浊音是由送气清音声母的"浊化"造成的。"送气"和"弱化"在合流型浊音的形成过程中起着重要的作用。孙宜志（2007:81）认为，早期赣方言全浊声母与次清声母合流后的音值为送气的浊声母，不送气的浊声母、送气浊流的浊声母和送气的清声母都是后来的演变。万波（2009:116-117）则认为，这是因为古赣语是个全清、次清、全浊三分的方言，"安史之乱"时，受到北方移民带来的全浊归次清读清音声母的方言的影响，赣语也变成全浊与次清合流的方言，"赣北地区由于本来开发程度较高，原居民较多，移民语言影响相对较弱，这样就使得赣北地区的原居民在向全浊与次浊合流转型的过程中带上了原赣语具有浊音的特点"。

　　我们同意万波先生从内部结构格局以及原居民语言角度来解释赣语次清读浊音的现象。因为，第一，据孙宜志（2007:76-77），江西赣语全浊与次清合流读浊音的有送气浊音（如永修）、不送气浊音（如都昌）和清浊两可（如德安）三个类型，此外，还存在全清、次清与全浊三分的方言，如武宁。毫无疑问，武宁全清、次清与全浊三分是赣语最原始的类型。我们注意到，上述方言在地理上连成一片，明显具有历史演变中的连续性。如果认为与次清合流的全浊声母的浊音是后起的话，那么，在一片狭小的地区，同样的浊音成因不同，而且时间相差也比较久远，这种可能性应该很小。第二，江西处在吴头楚尾，与其相邻的湘语、吴语还保留浊音，因此，位于中间的赣语保留浊音也是可以理解的。湖南赣语古全浊声母今有浊流或读浊音的方言集中于湘北片，与江西赣语今读浊音相接。陈立中（2004b）认为，湖南省东北角、湖北省东南部、江西省北部的赣语中存在一条浊音走廊，它将湘语区和吴语区联系在一起。这条浊音走廊的存在为吴湘一体说和"吴楚江淮方言连续体"等假设提供了方言事实方面的依据。

[①] 转引自万波《赣语声母的历史层次研究》，商务印书馆 2009 年版，第 114—115 页。

（三）安仁型的演变

安仁型古全浊声母清化后送气与否以声调为条件的现象在湖南赣语周边的方言中也有发现。据张勇生（2011），鄂东南通山古全浊声母根据清化后送气与否共有四种类型。其中，杨芳林型是古全浊声母今读送气不送气依声调的平仄而论，大体是平声不送气、仄声送气；燕夏型是古全浊声母今不论平仄多读不送气清音，另有较多的字今读送气清音，读送气清音的全部来源于古仄声字，其中入声字最多，占54%。据陈晖（2008），湘语部分方言古全浊声母浊音清化，清化后的今读可以分为四个小类，其中两个小类是：（1）舒声字不送气，入声字部分或绝大部分送气。这种情况在湘方言中占绝对优势。（2）平声、入声送气，上声、去声不送气。这种情况主要出现在衡州片衡山小片的部分方言中。另据庄初升（2004:108-109），粤北韶关市南雄境内古全浊声母的今读有三个类型，其中南雄市西部的百顺方言古全浊声母逢塞音、塞擦音时，平声读不送气清音，仄声读送气清音。

古全浊声母清化后送气与否为什么会以声调为条件？这主要是与古全浊声母清化的先后顺序有关。我们来看湘语古全浊声母清化的情况，以辰溆片湘语为例。在辰溆片湘语中，古全浊声母保留浊音的共有七类，这七类是：（1）舒声字今读不送气浊音，入声字大多今读送气清音。（2）平声字、去声字今读不送气浊音，上声字、入声字今读送气清音。（3）平声字今读不送气浊音，仄声字今读送气清音。（4）平声字今读不送气浊音，上声字和去声字今读不送气清音，入声字大多今读送气清音。（5）平声字今读不送气浊音，仄声字今读不送气清音。（6）古並定母平声字今读送气浊音，仄声字今读送气清音，古从澄崇群母无论平仄今读浊擦音（瞿建慧2010a）。

杨秀芳（1989:65-66）指出：老湘语"武冈、永顺等十个方言，除以声母为条件外，尚以声调之平仄或舒促为清化的条件。其中以入声的清化程度最深，上去次之"。"一般讨论'浊母清化'只注意到声调的影响，但是我们从老湘语、吴语及几个方言交错的地区，却可以看到声母也是一个重要的清化条件。而且我们还发现，声母多半作为清化与否的条件，声调则多半作为送气与否的条件。"

从辰溆片湘语古全浊声母的今读来看，它的清化先后顺序是：入声→上声→去声→平声。由于清化次序不同，导致清化后送气与否也不同。先清化的演变为送气清音，后清化的演变为不送气清音。在湘语和湘东北部赣语以及鄂东南赣语中，最先清化的是入声，因而入声先送气，如湖南赣语岳阳县；然后是上声清化，如辰溆片湘语的第二类；接着是去声清化，如辰溆片湘语的第三类；平声由于最后清化，因而演变为不送气清音，如湖南赣语安仁。

总之，声调清化的先后顺序决定了声母的送气与否。①

　　（四）永兴型的演变

　　与安仁型不同的是，永兴和资兴古全浊声母今读送气与否除了与声调有关外，还与声纽有关。如前所述，永兴并、定母字无论平仄一般不送气，资兴并、定母全浊上声字部分送气、部分不送气，非上声字一般不送气。并、定母以外的古全浊声母字，永兴平声一般送气；上声和入声常用字一般送气、非常用字一般不送气；去声字一般不送气，极少数常用字送气。资兴并、定母以外的古全浊声母字一般送气。

　　古全浊声母清化后送气与否以声母和声调为条件的现象在粤北土话、湘南土话和桂北平话中较多发现，与资兴相邻的汝城也存在这一现象（曾献飞 2006）。庄初升（2007）对土话、平话等古全浊声母清化后逢塞音、塞擦音时今读送气与否的情况进行了归纳和分析。根据他的研究，土话、平话古全浊声母清化后逢塞音、塞擦音送气与否同时以声纽和声调为条件的共有三个类型：

　　A1：古全浊唇音和舌音一般不送气，其余古全浊声母一般送气，如粤北乐昌市的黄圃、坂塘、三溪，连州市的星子、保安、连州、西岸、丰阳和连南瑶族自治县的三江等 9 个方言点；湘南桂阳县的燕塘、洋市，宜章县的赤石、大地岭，嘉禾县的广发、塘村、泮头，蓝山县的太平等。

　　A2：古全浊唇音和舌音的常用上声字读送气音，其他读不送气音；其余古全浊声母一般读送气音，如粤北曲江县的犁市、乐昌市的长来和北乡、湘南汝城县的濠头。

　　A3：古全浊唇音和舌音的常用上声字和入声字今读送气音，其他读不送气音；其余古全浊声母一般读送气音，如粤北曲江县的梅村和乳源瑶族自治县的桂头。

　　根据庄初升先生的上述分类，资兴可以归为 A2 类，永兴类型在土话和平话中没有出现，我们把它命名为 A4 类。此外，湘南桂阳敖泉土话古并母、定母常用上声字今读送气音，其余的今读不送气音，但其平声正在往送气化的方向演变；其他古全浊声母逢塞音、塞擦音时则一般都读送气音（范峻军 2000a）。我们把这一类型命名为 A5 类。

　　庄初升（2007）指出，古全浊声母在粤、湘、桂三省（区）土话、平话中的清化过程具有不同的速度和次序。整体上看，古上声、入声较早清化，往送气的方向演变；古平声、去声较迟清化，往不送气的方向演变。他根据土话、平话古全浊唇音、舌音今读的地域差异推测，古全浊唇音、舌音三个

_____

① 衡州片衡山小片平声送气与古全浊声母的清化次序无关，是受周边官话影响的结果。

类型的形成过程是（以古全浊唇音为例）：①

古全浊唇音b ⟶ pʰ（上）/t（平去入）⟶ pʰ（上入）/b（平去）⟶ pʰ（上入）/p（平去）[A3]

↓ 　　　　　　　　　　　　　　　　　　　　　　　　　官话 影响

pʰ（上）/p（平去入）[A2] ⟶ 官话影响 ⟶ p（平上去入）[A1]

　　我们同意庄初升先生对 A2 类和 A3 类演变的看法，不过，他用官话的影响来解释 A1 类的成因有明显的不足。第一，为什么官话只使 A2 类中的浊上字、A3 类中的浊上和入声字变为不送气音，而没有使它们的平声字送气？也就是说，为什么官话的影响要以声调为条件？庄初升（2007）没有对此作进一步的解释。第二，从语言生活来看，据我们调查，虽然连州市内有使用西南官话的现象，但这些村落都是位于与湖南省相接的乡镇，如大路边、山塘、清江、三水、瑶安等。上述 A1 类方言点即星子、保安、连州、西岸、丰阳、三江等乡镇并不通行官话。此外，在整个连州市，官话属于弱势方言，处于强势的是周边的客家话和粤语。因此，用官话的影响来解释显然比较勉强。第三，前文指出，桂阳敖泉、永兴等古并母、定母平声字今读一般不送气，但现在正在演变为送气清音。如桂阳敖泉：脾 pʰi¹²、袍 pʰau¹²、嫖 pʰiau¹²、便 pʰian¹²~宜、朋 pʰoŋ¹²、评 pʰiŋ¹²，题 tʰi¹²、投 tʰou¹²、谈 tʰaŋ¹²、填 tʰian¹²、停 tʰiŋ¹²（范峻军 2000a）。庄初升（2010）指出，敖泉土话古并母、定母平声字今读 p、t 才真正体现敖泉土话的本质，而今读 pʰ、tʰ 是属于晚起的层次，显然与当地强势方言桂阳话（属于西南官话）"平送仄不送"的影响有关。胡斯可（2009）在谈到永兴城关平声字的文读音送气时也认为，这是受西南官话即郴州话影响的结果。总之，在官话的影响下，土话、平话中的古全浊唇音、舌音声母字的平声字由不送气清音演变为送气清音。这个现象显然与庄初升先生推测的 A1 类在官话的影响下平声仍然读不送气清音的观点不符。

　　综上所述，我们认为，古全浊唇音、舌音今读不送气清音是由浊音直接清化而来的，因清化较迟而演变为不送气音。由于清化较迟演变为不送气音的现象在汉语方言中比较普遍。如衡阳市、衡阳县、衡南县等古全浊声母今逢塞音、塞擦音时，无论平仄，一般读不送气清音。湘语长益片和娄邵片部分方言古全浊声母今逢塞音、塞擦音时清化，舒声字一般不送气，入声字部分不送气、部分或大多数送气（鲍厚星、陈晖 2005）。很明显，上述方言古全浊声母清化后的不送气音是由浊音直接演变而来的。庄初升（2007:185-

---

① 此处编号与庄初升（2007）不同。

197）也指出："相比之下，浊音声母较迟清化的方言，全浊声母今读塞音、塞擦音时一般都不送气，如长沙话等新湘语和庆元话等南部吴语。"总之，上述 A1—A5 类古全唇音、舌音清化后的演变过程是：

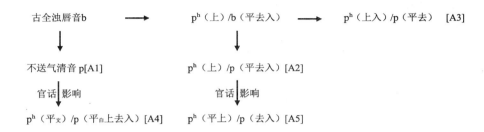

　　下面来看永兴、资兴等方言点并、定母以外古全浊声母字的演变。永兴并、定母以外的古全浊声母字中，上声字和入声字由于清化较早演变为送气音，而平声字送气是后来官话影响的结果。资兴并、定母以外古全浊声母字今读送气音除了清化较早以外，可能还与周边客赣方言的渗透有关。与资兴相接的东边桂东古全浊声母字今逢塞音、塞擦音时，一般读送气清音。如：图 $t^h\eta\mu^{14}$、茶 $ts^h\mathfrak{o}^{14}$、赵 $ts^ha\Lambda^{53}$、淡 $t^h\tilde{a}^{21}$、柜 k^huei^{53}、白 $p^hei\mathfrak{?}^{53}$、直 $ts^h\eta\mathfrak{?}^{53}$。

　　为什么古并、定母字今读是否送气与其他声纽有别？关于这个现象，学术界已有比较多的讨论。周振鹤、游汝杰（1985:244-245）认为，汉语方言中的[$\mathfrak{?}b\ \mathfrak{?}d$]用切韵音系得不到解释，应该是古越语的底层遗存，少数民族语言（壮侗语）和东南亚语言（越南、老挝、泰国、柬埔寨等）都有便是明证。王福堂（2001）在解释土话中的并、定母今读不送气的现象时认为，这种现象"可以设想某些土话曾经受到壮侗族语言的影响，浊声母[b d]（即并定母和音值为塞音的奉澄母）曾经变为[$\mathfrak{?}b\ \mathfrak{?}d$]。这样，在以后浊音清化的过程中，[$\mathfrak{?}b\ \mathfrak{?}d$]因为具有吸气的特性，就不再能参与方言中后来发生的送气化音变，只能变为不送气音，而其他全浊声母则变为送气音。……由此看来，某些土话中古全浊声母清化后塞音、塞擦音送气与否和声母发音部位发音方法有关的现象，实际上是这些土话中壮侗语底层或影响的反映"。王福堂（2001）还认为，这些土话后来发生的送气化音变"估计是由客赣方言引起的"。庄初升（2004:125-128）对王福堂先生的这个观点提出了质疑，其理由如下：第一，这种观点无法解释湘南土话、粤北土话中与"并、定母为不送气音，其他全浊声母为送气音"相关的其他类型；第二，有证据表明，湘南土话、粤北土话中并、定母读不送气音乃是比较晚起的音韵层次；第三，湘南地区和粤北地区的底层语言并非壮侗语，而只可能是瑶语。他同时还否定了王本瑛（1997）从发音生理学的角度对这个现象所作的解释。最后他指出："总之，我们还是倾向于用语音系统发展的不平衡性原理来解释粤北土话（其实还应该包括性质相近的湘南土话）古全浊声母清化后送气与否的各种类型，才不至于捉襟见肘，顾此失彼。"不过，为什么这个现象集中分布在湘南、粤北土话及其周边方言，而其他方言却很少发现？看来，这个现象的成因也许还需要进一步的研究。

第二节　精、庄、知、章的演变

一　精、庄、知、章的分合

（一）精、庄、知、章今读的类型

湖南赣语古精、庄、知、章四组声母的今读有三个类型：精、庄、知二与知三、章两分型，精、庄、知二与知三、章合流型，精、庄、知二与知三、章有分有合型。下面分别介绍。

1. 精、庄、知二与知三、章两分型

属于这一类型的有平江、浏阳和醴陵 3 个方言点。其中，平江、浏阳精、庄、知二读 ts、tsʰ、s；知三、章读 tʂ、tʂʰ、ʂ。醴陵精、庄、知二读 ts、tsʰ、s；知三、章逢洪音读 tʂ、tʂʰ、ʂ，逢细音读 k、kʰ、x。请看表4-4。

表4-4　　　　　　精、庄、知二与知三、章两分型的今读

	茶澄二	曹从一巢崇一潮澄三	浆精一装庄一张知三一章章	全精一传(~达)澄三一穿昌	书书
平江	tsʰɑ¹³	tsʰɑu¹³-tsʰɑu¹³-tʂɑu¹³	tsioŋ⁴⁴-tsoŋ⁴⁴-tʂoŋ⁴⁴-tʂoŋ⁴⁴	tsʰien¹³-tʂʰyan¹³-tʂʰyan⁴⁴	ʂy⁴⁴
浏阳	tsʰua⁴⁵	tsʰau⁴⁵-tsʰau⁴⁵-tʂau⁴⁵	tsioŋ⁴⁴-tsoŋ⁴⁴-tʂoŋ⁴⁴-tʂoŋ⁴⁴	tsʰɯ̃⁴⁵-tʂʰyɯ̃⁴⁵-tʂʰyɯ̃⁴⁴	ʂy⁴⁴
醴陵	tsʰa¹³	tsʰau¹³-tsʰau¹³-tʂeu¹³	tsioŋ⁴⁴-tsoŋ⁴⁴-tʂoŋ⁴⁴-tʂoŋ⁴⁴	tsʰiẽ¹³-kʰyẽ¹³-kʰyẽ⁴⁴	xy⁴⁴

例外的是，庄二"抓"醴陵读 kya⁴⁴，浏阳有 tsua⁴⁴/tʂua⁴⁴ 两读。此外，浏阳臻合三知三、章韵母为开口呼，声母为 tʂ、tʂʰ、ʂ，如：准 tʂən³²⁴、春 tʂʰən⁴⁴、唇 ʂən⁴⁵。

2. 精、庄、知二与知三、章合流型

属于这一类型的有华容、岳阳楼、临湘、永兴和资兴等 5 个方言点。其精、庄、知二与知三、章的合流以韵母的洪细为条件，逢洪音读 ts、tsʰ（dzʰ）、s，逢细音读 tɕ、tɕʰ（dʐʰ）、ɕ。请看表4-5。

表 4-5　　　　　精、庄、知二与知三、章合流型的今读

	罩知二	曹从—巢崇—潮澄	宗精—忠知三—终章	全从—传(~达)澄三—船船
华容①	tsʌu²¹³	tsʰʌu¹²	tsoŋ⁴⁵	tsʰun¹²-tɕʰyĩ¹²-tɕʰyĩ¹²
岳阳楼	tsau³²⁴	tsʰau¹³	tsuŋ³⁴	tɕʰian¹³-tɕʰyan¹³-tɕʰyan¹³
临湘	tsɔu³²⁵	dzʰou¹³	tsɤŋ³³	dzʰiɛn¹³-dzʰyɛn¹³-tɕyɛn¹³
永兴	tsə¹³	tsʰə³²⁵	tsoŋ⁴⁵	tɕʰyi³²⁵-tɕʰyi³²⁵-ɕyi³²⁵
资兴	tsau³⁵	tsʰau²²	tsoŋ⁴⁴	tɕʰiŋ²²-tsʰaŋ²²-sɯ²²

表 4-5 例字看不出华容精组逢齐齿呼读舌面音的特点，这里补充如下：奖精tɕiʌŋ²¹、抢清tɕʰiʌŋ²¹、井精tɕin²¹、情从tɕʰin¹²。

要指出的是，华容咸、山摄知三、章开口不读洪音，而读ĩ，声母为ts、tsʰ、s，与精组有别。如：占战章tsĩ²¹³≠箭精tɕĩ²¹³、陕章sĩ²¹—仙精ɕĩ⁴⁵、展知三tsĩ²¹≠剪精tɕĩ²¹、扇章sĩ²¹³≠线精ɕĩ²¹³。另外，华容、岳阳楼庄组一般读ts、tsʰ、s，韵母为洪音；但有部分字读tɕ、tɕʰ、ɕ，韵母为撮口呼。请看表 4-6。

表 4-6　　　　　华容、岳阳楼庄组部分字读 tɕ、tɕʰ、ɕ

	耍	抓	闩拴	刷	装	壮	床	霜双	撞	窗
华容	ɕya²¹	tɕya⁴⁵	ɕyan⁴⁵	ɕya⁴³⁵	tɕyʌŋ⁴⁵	tɕyʌŋ²¹³	tɕʰyʌŋ¹²	ɕyʌŋ⁴⁵	tɕʰyʌŋ²¹	tsʰʌŋ⁴⁵
岳阳楼	ɕya³¹	tɕya³⁴	ɕyan³⁴	ɕya⁴⁵	tɕyʌŋ³⁴	tɕyaŋ³²⁴	tɕʰyʌŋ¹³	ɕyaŋ³⁴	tɕʰyaŋ³ĩ	tɕʰyaŋ³⁴

永兴深、臻、梗三摄中，知三、章逢塞擦音时，常用字或白读读tɕ、tɕʰ，韵母为细音；非常用字或文读读ts、tsʰ，韵母为洪音。如：针真tɕin⁴⁵、蒸tɕin⁴⁵、整 tɕin⁴²/tsen⁴²；振证政tsen¹³、诚tsʰen³²⁵。逢擦音时，声母为s，韵母都为洪音。如：深身sen⁴⁵、婶sen⁴²。也就是说，永兴的in只与tɕ、tɕʰ相拼，不与ɕ相拼。

3. 精、庄、知二与知三、章有分有合型

这一类型根据分合条件又可以分为五个小类：

（1）精、庄、知二与知三、章的分合以开合为条件，有岳阳县、攸县 2 个方言点。请看表 4-7-1。

---

① 据杨时逢（1974:259-271），华容城内知三、章无论逢洪细都读ts、tsʰ、s，与精组tɕ、tɕʰ、ɕ互补。

表 4-7-1　　　精、庄、知二与知三、章有分有合型的今读（一）

	糟精—罩知二—抄庄—潮澄	宗精—忠知三—终章	全从—传(~达)澄三—船船	徐邪—除澄三—书书
岳阳县	tsɔu³³-tsɔu⁴⁵-tsʰɔu³³-tsɔu¹³	tsɤŋ³³	ciɛn¹³-kuøn¹³-kuøn¹³	çi¹³-cy¹³-çy³³
攸县	tsau³⁵-tsau¹¹-tʰau³⁵-tɕiau¹³	tsən³⁵-kuən³⁵-kuən³⁵	tɕʰiɛ̃¹³-kʰuɛ̃ɪ¹³-fɛ̃ɪ¹³	çy¹³-kʰy¹³-fy³⁵
	浆从—张知三—章章	醉精—吹昌—水书	就从—臭昌	修心—收书
岳阳县	ciʌn³³-tsʌn³³-tsʌn³³	ci⁴⁵-cʰy³³-çy⁴²	ciəu²¹-tsʰəu⁴⁵	çiəu³³-səu³³
攸县	tɕian³⁵-tɕian³⁵-tɕian³⁵	tɕy¹¹-kʰy³⁵-fy⁵³	tɕʰy¹¹	çy³⁵

从表 4-7-1 可知，在古开口呼前，精、庄、知二与知三、章合流，逢洪音读 ts、tsʰ、s，逢细音读 c、cʰ、ç 或 tɕ、tɕʰ、ç。在古合口呼前，岳阳县如今读开口呼和撮口呼，知三、章与精、庄、知二合流为 ts、tsʰ、s 或 c、c、çʰ；如今读合口呼，知三、章读 k、kʰ、f，与精、庄、知二有别。攸县知三、章古合口无论今读哪一呼，一般读 k、kʰ、f，与精、庄、知二有别。表 4-7-1 没有攸县知三、章古合口呼今读开口呼、齐齿呼的例字，补充如下：说 fɛ³⁵、术 fɛ¹¹、筑 kio³⁵、触 kʰio¹¹、叔 fio³⁵。总之，这个小类中，精、庄、知二与知三、章有别的条件岳阳县是逢今合口呼，攸县则是逢古合口呼。

（2）精、庄、知二与知三、章的分合以今韵母的洪细为条件，属于这一类型的只有炎陵。其精、庄、知二与知三、章逢洪音有别，逢细音合流。如：资精tsʅ²⁴—知知支章tʂʅ²⁴、茶澄查崇tsʰa²¹³—遮章tʂa²⁴、曾曾睁庄tsẽ²⁴—贞知针章真章tʂẽ²⁴、嘴精住澄三tɕy³³、浆tɕiaŋ²⁴、肿章tɕiəŋ⁵³。

（3）精、庄、知二与知三、章的分合以韵摄为条件，属于这一类型的只有茶陵。其精、庄、知二与知三、章一般合流，逢洪音读 ts、tsʰ、s，逢细音读 tɕ、tɕʰ、ç；但在止开三中两者有别，精、庄、知二读 ts、tsʰ、s，知三、章读 tʂ、tʂʰ、ʂ。如：修心çiø⁴⁵—收书sø⁴⁵、材从豺崇tsʰæ²¹³、全精tɕʰiẽ²¹³—传(~达)澄tɕʰyan²¹³—穿昌tɕʰyaŋ⁴⁵、墙从tɕʰioŋ²¹³—长(~短)澄床崇tʂʰoŋ²¹³—昌常tʂʰoŋ⁴⁵、徐邪çy²¹³—除澄tɕʰy²¹³，私心师生sʅ⁴⁵≠尸书tʂʅ⁴⁵。此外，与止摄开三合流的入声韵知三、章也读 tʂ、tʂʰ、ʂ，如：汁tʂʅ³³、直tʂʰʅ³³、适ʂʅ³³。①

（4）精、庄、知二与知三、章的分合既与今韵母洪细有关，也与韵摄有关，有耒阳和常宁 2 个方言点。具体来说，逢洪音时，精、庄、知二与知三、章一般有别，精、庄、知二读 ts、tsʰ，知三、章读 t、tʰ；但在止开三中，精、庄、知二与知三、章合流读 ts、tsʰ、s。在今细音前，精、庄、知二与知三、章合流读 tɕ、tɕʰ、ç。请看表 4-7-2。

———————————

① 讨论止开三精、庄、知二与知三、章的分合时，包括与止开三合流的入声字。下同。

表4-7-2　　精、庄、知二与知三、章有分有合型的今读（二）

	茶知二	墙从一长(~短)澄三一床崇一昌昌	材从一豺崇	私心一师生一尸书
耒阳	tsʰa²⁵	tɕʰiɔ²⁵-tʰɔ²⁵-tsʰɔ²⁵-tʰɔ⁴⁵	tsʰæ²⁵	sɿ⁴⁵
常宁	tsʰa²¹	tɕʰiɔ²¹-tʰɔ²¹-tsʰɔ²¹-tʰɔ⁴⁵	tsʰæ²¹	sɿ⁴⁵
	修心一收书	徐邪一除澄三一初初一处昌	雪心一绝从	全从一穿昌一传(~达)澄三
耒阳	ɕiɯ⁴⁵	tɕʰy²⁵-tɕʰy²⁵-tsʰu⁴⁵-tɕʰy⁵³	ɕyɛ¹³-tuɛ¹³	tsʰuɛ²⁵-tʰuɛ⁴⁵-tʰuɛ²⁵
常宁	ɕiɯ⁴⁵	tɕʰy²¹-tɕʰy²¹-tsʰu⁴⁵-tɕʰy⁴⁴	ɕye³³-tue³³	tɕʰyã²¹-tʰuã⁴⁵-tʰuã²¹

（5）精、庄、知二与知三、章的分合既与今韵母的洪细有关，也与韵摄有关，还与细音的具体音值有关，有安仁、隆回、洞口和绥宁等 4 个方言点。请看表 4-7-3。

表4-7-3　　精、庄、知二与知三、章有分有合型的今读（三）

	茶知二	墙从一长(~短)澄三一床崇一昌昌	材从一豺崇	私心一师生一尸书
安仁	tsɑ²⁴	tsiõ²⁴-tʃõ²⁴-tsʰõ²⁴-tʃʰõ⁴⁴	tsæ²⁴	sɿ⁴⁴
隆回	tsʰa¹³	tsʰiaŋ¹³-tʃoŋ¹³-tsʰoŋ¹³-tʃʰoŋ⁴⁴	tsʰa¹³	sɿ⁴⁴
洞口	tsʰa²⁴	tsʰiaŋ²⁴-tʃʰaŋ²⁴-tsʰuaŋ¹³-tʃʰaŋ⁵³	tsʰai²⁴	sɿ⁵³
绥宁	tsʰʌ⁴⁵	tsʰiaŋ⁴⁵-tʃʰaŋ⁴⁵-tsʰaŋ⁴⁵-tʃʰaŋ³³	tsʰai⁴⁵	sɿ³³
	修心一收书	徐邪一除澄三一初初一处昌	雪心一绝从	全从一穿昌一传(~达)澄三
安仁	siɯ⁴⁴-ʃiɯ⁴⁴	tʃy²⁴-tʃy²⁴-tsʰəu⁴⁴-tʃʰy⁵³	siɛ²¹³-tsʰiɛ²¹³	tsuɪ²⁴-tʃʰuɪ⁴⁴-tʃuɪ²⁴
隆回	siu⁴⁴-ʃiu⁴⁴	tʃʰu¹³-tʃʰu¹³-tsʰu⁴⁴-tʃʰu⁴⁵	sue⁴⁴-tʃue³²⁵	tsʰuɪ̃¹³-tʃʰuɪ̃⁴⁴-tʃʰuɪ̃¹³
洞口	siu⁵³-ʃiu⁵³	tʃʰʉ²⁴-tʃʰʉ²⁴-tʃʰʉ⁵³-tʃʰʉ²¹³	siɛ⁵³-tsʰiɣ⁴⁵	tʃʰyɛ̃²⁴-tʃʰyɛ̃⁵³-tʃʰyɛ̃²⁴
绥宁	siu³³-ʃiu³³	tʃʰʉ⁴⁵-tʃʰʉ⁴⁵-tsʰu³³-tʃʰʉ⁴²	sue³²⁴-tsʰue⁴²	tsʰuɪ̃⁴⁵-tʃʰʉe³³-tʃʰɛ̃⁴⁵

从表 4-7-3 可知，逢洪音时，精、庄、知二与知三、章基本有别，精、庄、知二读 ts、tsʰ、s，知三、章读 tʃ、tʃʰ、ʃ。但在止开三中，精、庄、知二与知三、章合流读 ts、tsʰ、s。另外，隆回山合三精组常用字或白读与知三、章有别，如表 4-7-3 中的"全"与"穿"；非常用字则与知三、章合流，如表 4-7-3 中的"绝"。

在今细音前，如果韵母为撮口呼，精、庄、知二与知三、章则合流为 tʃ、tʃʰ、ʃ。①不过，绥宁山合三中的精组部分字与知三、章有别。如：旋精tsʰue⁴⁴

---

① 隆回撮口呼只与零声母相拼，因此，精、庄、知、章四组不存在与撮口呼相拼的音节。

头上的~一穿_章tʃʰʮe^{33}、绝_精tsʰʮe^{42}≠串_章tʃʰʮe^{42}。如果韵母为齐齿呼，精、庄、知二与知三、章一般有别，精、庄、知二读 ts、tsʰ、s，知三、章读 tʃ、tʃʰ、ʃ。表 4-7-3 逢齐齿呼有别的例字太少，下面再补充一些。如安仁：西_心si^{44}≠十_书ʃi^{44}、秋_清tsʰiɯ^{44}≠抽_彻tʃʰiɯ^{44}；隆回：秋_清tsʰiu^{44}≠抽_彻tʃʰiu^{44}、粟_心siu^{44}一粥_章tʃiu^{44}；洞口：前_从tsʰiɛ^{24}≠缠_彻tʃʰiɛ^{24}，但，就_从tʃʰi^{1}一帚_章tʃi^{53}、囚_邪tʃʰiu^{24}＝绸_澄仇_禅tʃʰiu^{24}；绥宁：揪_精tsiu^{33}≠周_章tʃiu^{33}、津_精tsɿ^{33}≠针_章tʃʅ^{33}。要指出的是，虽然这四个方言点精、庄、知二与知三、章在细音前合流后的读音我们都记为 tʃ、tʃʰ、ʃ，但实际音值稍有区别。安仁接近标准舌面音，与知三、章洪音前的 tʃ 组区别明显，但两者不构成对立；隆回、洞口和绥宁则有时带有明显的舌叶色彩，与知三、章洪音前的 tʃ 组音值一致，有时则接近舌面音（详见第二章第三节"湘南赣语音系"和第四节"湘西南赣语音系"）。

最后要指出的是，在精、庄、知二与知三、章有分有合这个类型中，炎陵、耒阳、常宁、安仁和隆回等方言点精、庄、知、章在止摄合口三等中存在文白异读，白读或常用字读舌叶音或舌面音，文读或非常用字读舌尖音。韵母的读音随声母的变化而变化，白读或常用字为撮口呼（隆回除外），文读或非常用字为合口呼；隆回白读为 u、文读为 ui。请看表 4-8。

表 4-8　　　　　炎陵等方言点精、庄、知、章在止合三中的今读

	嘴_精	随_邪	吹_昌	炊_昌	水_书	追_知
炎陵	tɕy^{53}	suei^{213}	tɕʰy^{24}	tsʰuei^{24}	ɕy^{53}	tɕyɛ^{24}/tsuei^{24}
安仁	tʃy^{53}	tʃy^{24}/sui^{24}	tʃʰy^{44}	tsʰui^{44}	ʃy^{53}	tsui^{44}
耒阳	tɕy^{53}	tsʰui^{25}	tɕʰy^{45}	tsʰui^{45}	ɕy^{53}	tsui^{45}
常宁	tɕy^{44}	sui^{21}	tɕʰy^{45}/tsʰui^{45}	tsʰui^{45}	ɕy^{44}	tsui^{45}
隆回	tʃu^{212}/tsui^{212}	tsʰui^{13}	tʃʰu^{44}/tsʰui^{44}	tsʰui^{44}	ʃu^{212}/sui^{212}	tsui^{44}

上文介绍了湖南赣语精、庄、知二与知三、章今读的类型，对照《报告》（杨时逢 1974）中的湖南赣语，多数方言点一致，差别最大的是永兴和攸县。《报告》描写的永兴白泥塘精、庄、知二与知三、章有别，精、庄、知二读 ts、tsʰ、s，知三、章读 tɕ、tɕʰ、ɕ，但在止开三中两者合流读 ts、tsʰ、s。如：此_清＝耻_彻tsʰɿ^{51}、秋_清tsʰiɯ^{44}一周_章tɕiɯ^{44}。这与我们调查的永兴城关精、庄、知二与知三、章合流明显不同。《报告》描写的攸县高枕乡精、庄、知二与知三、章无论逢古开口呼还是古合口呼都合流。如：秋_清tɕʰiu^{44}一周_章tɕiu^{44}、促_清tɕʰio^{24}一嘱_章tɕio^{24}、须_心＝书_书ɕy^{44}。这也与我们描写的攸县新市逢古开口呼合流、逢古合口呼有别的情形不同。此外，《报告》描写的茶陵清水村精、

庄、知二与知三、章在止开三中合流为 ts、tsʰ、s，韵母为ɿ。①这与我们调查的茶陵马江精、庄、知二与知三、章在止开三中有别不同。其他方言点的差别多是由于韵母的音值不同而知三、章的今读也不同，但精、庄、知二与知三、章的分合关系基本相同。如《报告》中的耒阳东乡和常宁大同铺知三、章逢开口呼韵母都为齐齿呼，知三、章分别读 tɕ、tɕʰ、ɕ和 t、tʰ、ɕ，因此，知三、章一般不与洪音相拼。②

　　从地理分布来看，湖南赣语精、庄、知二与知三、章两分型见于湘北平江、湘中浏阳和醴陵，三个方言点在地理上连成一片。精、庄、知二与知三、章合流型见于湘北和湘南。精、庄、知二与知三、章有分有合型则没有明显的地域差异。请参看附录图 2 "精、庄、知、章今读的类型"。

　　（二）精、庄、知、章今读的演变

　　如前所述，湖南赣语精、庄、知、章的今读共有三个类型：精、庄、知二与知三、章两分型，精、庄、知二与知三、章合流型，精、庄、知二与知三、章有分有合型。三个类型中，精、庄、知二与知三、章两分型无疑是历史层次最早的类型。根据万波（2009:240-259）的研究，赣语精、庄、知二与知三、章两分的类型中，精、庄、知二合流后的读音为 * ts，知三、章合流后的读音为 * tɕ。那么，在此之后，湖南赣语精、庄、知二与知三、章又经历了哪些变化呢？下面按照它们今读的音值分别讨论。

　　1. 精、庄、知、章今读塞擦音的演变

　　（1）精、庄、知二与知三、章两分型今读塞擦音的演变

　　平江、浏阳、醴陵等两分型方言中，精、庄、知二读 ts、tsʰ、s；知三、章平江、浏阳读 tʂ、tʂʰ、ʂ，醴陵逢洪音读 tʂ、tʂʰ、ʂ，逢细音读 k、kʰ、x。与精、庄、知二与知三、章原来的读音 ts 组、tɕ组相比，变化的是知三、章，它由 tɕ组演变为 tʂ组或 k 组。我们认为，知三、章演变为 tʂ组的变化是由韵母引起的。开口三等中，由于前高元音介音-i-的影响，知三、章由 tɕ组演变为 tʂ组，当然中间可能经历了一个 tʃ 组的阶段，如安仁等。在舌尖化的过程中，这个-i-逐渐被舌尖声母吞没。合口三等中，由于元音 y 带有舌尖色彩，导致 tɕ组声母向 tʂ组声母演变，当中也应该经历了一个 tʃ 组的阶段。浏阳臻合三今读开口呼可能是由于中古-iu-向撮口呼的演变较慢，这样，知三、章在-i-的影响下舌尖化为 tʂ的同时，-u-也随之脱落。如浏阳城关知三、章逢洪音读 tʂ、tʂʰ、ʂ，逢细音读 c、cʰ、ç。不过，细音只限于合口三等遇

---

　　① 清水村今属潞水镇。

　　② 常宁大同铺止合三与蟹合三知、章部分字读 ts、tsʰ、s，如：追 tsui³⁵、税睡 sui⁵³。这应是文读音。

摄的撮口呼，其余合口三等或者读开口呼，或者读合口呼。如：猪 cy³³，砖 tʂøỹ³³、蝉ʂøỹ⁵⁵、圆øỹ⁵⁵，云 vən⁵⁵、春 tʂʰən³³（夏剑钦1998）。总之，这三个方言点知三、章的演变过程是（以不送气塞擦音为例）：tɕ→tʃ→tʂ。醴陵逢撮口呼读 k、kʰ、x 的现象我们下文专门讨论。

（2）精、庄、知二与知三、章合流型今读塞擦音的演变

① 精、庄、知二与知三、章的一般演变

华容、岳阳楼、临湘、永兴和资兴等合流型方言中，精、庄、知二与知三、章逢洪音读 ts、tsʰ（dzʰ）、s，逢细音读 tɕ、tɕʰ（dzʰ）、ɕ。与精、庄、知二与知三、章原来的读音 ts 组、tɕ组相比，两者都有变化。精、庄、知二在细音前由 ts 演变为 tɕ是介音-i-引起声母腭化的结果，这种演变在汉语方言以及汉语史中很常见。知三、章在洪音前由 tɕ组演变为 ts 组是因介音-i-导致声母舌尖化。总之，这个类型精、庄、知、章的演变过程是（以不送气塞擦音为例）：

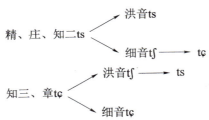

据《报告》（杨时逢 1974:788-803），永兴白泥塘精、庄、知二逢细音读 ts、tsʰ、s；知三、章仍读 tɕ、tɕʰ、ɕ，且韵母为细音。如：节精 tsie¹³、丑昌 tɕʰiɯ⁵³、陈澄 tɕʰin¹³。由此看来，永兴城关精、庄、知二与知三、章合流的现象出现得较晚。

② 华容、岳阳楼等方言点庄组特殊读音的演变

前文指出，华容、岳阳楼庄组有部分字声母为舌面音、韵母为撮口呼，与其他庄组韵母为洪音、声母为舌尖音不同（详见表4-6）。类似的现象在湘语长沙话中也存在，如：茶 tsa¹³、抄 tsʰau³³、柴 tsai¹³、拴双ɕyan³³、床 tɕyan¹³、耍ɕya⁴¹、抓 tɕya³³。彭建国（2010:105-107）在谈到长沙话上述现象时认为，长沙话宕、江摄庄组读 tɕ、tɕʰ、ɕ与其韵母有关，庄组中的 yan 原来应该是 uan，后来受音系结构的制约，舌齿音后的 uan 变成了 yan。其音变过程是：第一步，韵母在声母的影响下产生合口介音，即：(i) an > uan/tʂ-（tʂ-可能会吞掉后面的-i-介音）。第二步，uan 变作 yan，同时声母腭化，即：tʂ、tʂʰ、ʂ（uan）> tɕ、tɕʰ、ɕ（yan）。演变的动因"可能是受 aŋ > an 音变的影响。长沙方言的特点之一是宕、江摄舌根鼻尾-ŋ前移，混入咸、山摄的舌尖鼻尾-n。在这一过程中，前移的力量会影响到介音-u-，使之前移为-y-，与之同

时，声母 tʂ-被迫腭化"。我们认为这个看法值得商榷。先来看上述华容、长沙等方言点的一些语言事实：

第一，上述湖南赣语、湘语庄组今读 tɕ 组不仅见于宕、江摄，还见于假、蟹、效三摄；不仅见于开口三等字，还见于开口二等字，因此，用介音-i-和后鼻音来解释显然说不通。此外，上述方言点庄组合三也读 tɕ。如华容：衰 ɕyæi⁴⁵、帅 ɕyæi²¹³；岳阳楼：摔 ɕyai³⁴、帅 ɕyai³²⁴；长沙：揣 tɕʰyai⁴¹、帅 ɕyai⁵⁵。

第二，上述湖南赣语、湘语庄组今一般读 ts 组，不读 tʂ 组。如前所述，华容庄组"邹"白读 tɕiu⁴⁵、文读 tsəu⁴⁵，其舌面音明显是在介音-i-的影响下腭化而来的，与精组相同。在华容、岳阳楼、长沙等方言点中，宕、江摄庄组仍有极少数字或白读读 ts 组。如华容：疮 tsʰʌŋ⁴⁵、创 tsʰʌŋ²¹³；岳阳楼：装 tsaŋ³⁴/tɕyan³⁴；长沙：撞 tsan¹¹/tɕyan¹¹。田范芬（2008）系统地研究了记录二十世纪初长沙话的《湘音检字》后指出，"刷赚闩疮闯爽甩窗双霜"当时口语音读开口，声母为 ts、tsʰ、s。

第三，从音系结构来看，华容、岳阳楼方言点今不存在 tʂ 组声母；长沙话虽然有 tʂ 组声母，但来源于知三、章，如：照 tʂau⁵⁵、陈 tʂən¹³、忠 tʂoŋ³³。在这三个方言点中，普通话 tʂ、tʂʰ、ʂ 与合口呼相拼的音节都演变为 tɕ、tɕʰ、ɕ 与撮口呼相拼。如华容：猪 tɕy⁴⁵、砖 tɕyĩ⁴⁵；岳阳楼：除 tɕʰy¹³、追 tɕyei³⁴；长沙：猪 tɕy³³、追 tɕyei³³、砖 tɕyẽ³³、准 tɕyn⁴¹。

第四，从语言生活来看，庄组读舌面音的现象只出现在华容、岳阳楼和长沙等方言点，而这些方言点正好是受官话影响最大的地区。此外，与华容相接的常德话属于西南官话，其庄组的演变与华容、岳阳楼、长沙等方言点一致。如：初 tsʰou⁵⁵、锄愁 tsʰou¹²，但，抓 tɕya⁵⁵、疮窗 tɕʰyaŋ⁵⁵、拴 ɕyan⁵⁵。另外，常德话"嘴醉脆随"等字有两读，一读为 ts、tsʰ、s 与 ei 相拼，另一读为 tɕ、tɕʰ、ɕ 与 yei 相拼，后一读音明显来自官话。

第五，周边湘语"抓"的读音比较特殊。下面我们来看部分方言点"抓"的今读。为了便于比较，我们列出知二、知三与章组的今读。请看表 4-9。

表 4-9　　　　　周边湘语"抓"及知三、章的今读

	庄						知二	知三、章		
	抓	耍	闩	刷	床	双	茶	超知三	遮章	车章
湘潭	tɕyɒ³³	sɒ⁴²	/	sɒ²⁴	dzɔn¹²	sɔn³³	dzɒ¹²	tʂʰau³³	tɕya³³	tʂʰa³³
韶山	tua³³	sa⁴²	san³³	sa²⁴	dzaŋ¹³	saŋ³³	dzua¹³	tʰoɔ³³	tua³³	tʰua³³
益阳	tsa³³/tɕya³³	sa⁴¹	sã³³	sa⁵⁵	lɔ̃¹³	sɔ̃³³	la¹³	tsʰau³³	tsa³³	tsʰa³³

从表 4-9 可知，湘潭和韶山精、庄、知二与知三、章在洪音前有别，精、庄、知二读 ts 组，知三、章读 tʂ 组或 t 组；益阳两者合流为 ts 组。"抓"与庄组其他字如"床"等不同，而与知三、章如"遮车"相同。特别值得注意的是韶山"抓"声母为 t，韵母为合口呼。益阳庄组一般读洪音，只有"抓"文读读 tɕ。因此，上述方言点"抓"的读音明显是在接受官话读音时各自根据自己的音变规律加以折合的结果。此外，前文指出，浏阳"抓"有文白两读，文读 tʂua⁴⁴ 与官话非常一致；醴陵"抓"中的 ky⁴⁴ 是由 tʂy 演变而来的（详见本节"知三、章今读塞音的演变"）。"抓"在普通话中虽然是个常用词，但湖南方言表示"抓住"义时一般不用"抓"，而说"捉"。浏阳"抓"的白读 tsua⁴⁴ 出现在"抓痒"中，表示"抓住"义时读 tʂua⁴⁴。非常用词或文读接受官话读音的现象在汉语方言中非常普遍。

综上所述，我们认为，华容、岳阳楼、长沙等方言点庄组今读 tɕ、tɕʰ、ɕ 是受官话影响的结果。由于音系结构的制约，这些方言在接受官话读音时，直接将官话的 tʂ、tʂʰ、ʂ 与合口呼相拼折合为本方言的 tɕ、tɕʰ、ɕ 与撮口呼相拼，中间并没有经历彭建国所说的上述两步演变过程。田范芬（2008）也认为长沙话庄组读撮口韵的现象可能是受西南官话影响产生的。我们注意到，在《报告》（杨时逢 1974）中，这几个方言点江摄庄组"窗双"韵母都为撮口呼，声母华容城内为 ts、tsʰ、s，长沙城内和常德城内为 tɕ、tɕʰ、ɕ，没有一个读 tʂ、tʂʰ、ʂ 的。

③ 华容知三、章的特殊演变

如前所述，华容知三、章开口一般读洪音，与精组读细音有别；只有咸、山摄知三、章开口与精组合流读细音ĩ。此外，梗摄开二精组白读与咸、山摄知三、章开口相同。如：争 tsĩ⁴⁵、生 sĩ⁴⁵。我们认为，华容咸、山摄知三、章开口与梗摄开二精组白读为ĩ的原因是元音高化所致。元音高化后，由于精组在细音前已经完成了腭化过程，咸、山摄知三、章开口和梗摄开二精组白读便只能仍读 ts、tsʰ、s，而不能腭化为 tɕ、tɕʰ、ɕ。入声韵的今读可以为此提供旁证，如：薛精ɕie⁴³⁵—舌章se⁴⁵。

（3）精、庄、知二与知三、章有分有合型今读塞擦音的演变

除止开三外，这个类型精、庄、知二与知三、章读塞擦音时的分合规律基本相同，逢洪音有别，逢细音合流（第五小类在齐齿呼前例外）。其中，第一小类中的岳阳县、攸县，第二小类中的炎陵，第三小类中的茶陵，第四小类中的耒阳和常宁等方言点精、庄、知二与知三、章合流的演变与第二类型"精、庄、知二与知三、章合流型"相同；炎陵精、庄、知二与知三、章逢洪音两分的演变与第一类型"精、庄、知二与知三、章两分型"相同，此处不赘，请参看上文。

　　第五小类精、庄、知二与知三、章在细音前的分合与具体的音值有关。安仁、洞口和绥宁精、庄、知二与知三、章在撮口呼前合流（绥宁山合三除外），在齐齿呼前有别；隆回没有撮口呼，但在齐齿呼前两者仍然有别。因此，安仁、隆回、洞口和绥宁等四个方言点精、庄、知二与知三、章的演变是（以不送气塞擦音为例）：

　　从安仁等精、庄、知二的演变来看，相比齐齿呼，撮口呼更容易引起声母 ts 组的腭化，这应该与它们的介音有关。中古开口三等介音为-i-，合口三等介音为-iu-。不过，隆回、绥宁精组与知三、章在山合三中有别，这说明，精、庄、知二与知三、章的合流是不同步的。此外，洞口精组个别字逢齐齿呼读 tʃ，如"就"读 tʃʰi⁵³。这是否说明，精、庄、知二在齐齿呼前也会与撮口呼一样腭化呢？这还需更多语言事实的支持。

　　在止开三中，绝大多数方言点精、庄、知二与知三、章的分合与其他韵摄不同。如茶陵精、庄、知二与知三、章一般分洪细合流，但在止开三中两者有别，精、庄、知二读 ts、tsʰ、s，知三、章读 tʂ、tʂʰ、ʂ，其韵母前者为ʅ，后者为ʅ。相反，耒阳、常宁、安仁、隆回、洞口和绥宁等六个方言点精、庄、知二与知三、章逢洪音有别，但在止开三中两者合流读 ts、tsʰ、s，韵母为ʅ。很明显，止开三中精、庄、知二与知三、章的分合是由于韵母的演变而引起的。据李珂（2006），茶陵下东乡精、庄、知二与知三、章的分合与我们调查的马江相同。她还介绍了茶陵境内的方言情况，认为，清水村所在的潞水镇、下东乡以及本书调查的马江三地方言都属城关片（李珂2006:1）。《报告》（杨时逢 1974:637-644）"同音字表"认为，清水村精、庄、知二与知三、章在止开三中合流，但在"声韵调描写"部分则指出，ts、tsʰ、s 三母比国音的 ts、tsʰ、s 发音部位舌尖较后，尤其在 ï 韵后，好像分 ts、tsʰ、s 与 tʂ、tʂʰ、ʂ的倾向。由此看来，茶陵城关片精、庄、知二与知三、章在止开三中有别的现象产生较迟。

　　最后来看这一类型知三、章在止合三中的文白异读。如前所述，在止合三中，炎陵、耒阳、安仁等方言点知三、章文读 ts、tsʰ、s，与白读舌叶音或舌面音有别。江西赣语、湖北赣语知三、章也存在读 ts、tsʰ、s 的现象，如南昌：周 tɕiu⁴⁴、唱 tsʰɔŋ²¹³、叔 suʔ⁴；通山：抽知 tsʰɑu²¹³、张章 tsoŋ²¹³、砖 tɕyĩ²¹³。闽西北建宁方言知三、章无论逢洪细今都读 ts、tsʰ、s。如：蒸 tsiŋ³⁴、手 səu⁵⁵、竹 tsuk²。很明显，上述省外赣语知三、章今读 ts、tsʰ、s 是知三、章合流为 tɕ 组以后在 -i- 介音的影响下逐渐演变而来的，是整个音类的变化。而炎陵、耒阳、安仁等知三、章读今读 ts、tsʰ、s 的是文读，是受官话 tʂ 组音的影响时为区别于本方言的白读而产生的。

　　2. 知三、章今读塞音的演变

　　湖南赣语知三、章今读塞音有以下两种情况：一种是逢洪音今读 t、tʰ，如耒阳、常宁；另一种是逢古合口呼今读 k、kʰ、x/f，如醴陵、攸县和岳阳县。不过，今读 k、kʰ、f/x 时，韵母醴陵皆为撮口呼，岳阳县皆为合口呼，攸县则有合口呼和撮口呼两种。此外，浏阳南乡、平江南江、醴陵白兔潭等方言点知三、章今逢洪音时，声母为舌尖前音 t、tʰ，擦音读 s；今逢撮口呼时，声母为 k、kʰ、ɕ/ʃ。如醴陵白兔潭：超 tʰei⁵⁵、臭 tʰəu³³、深 səŋ⁵⁵、虫 tʰəŋ²⁴、竹 təu⁴⁵，煮 ky³¹、纯 ɕyəŋ²⁴。

　　知三、章读塞音的情况在周边湘语和赣语中较多发现。据孙宜志（2006:108-110），江西赣语知三、章大范围存在今读 t、tʰ 的现象，如修水、永丰、莲花、高安等，类型多种多样。此外，乐平、永丰还存在知三、章今读 k、kʰ、h 的现象（刘伦鑫 1999）。据彭建国（2010:113-114），湘语也存在知三、章今读塞音的现象，有的读 t 组，如韶山、桃江高桥、娄底、湘乡；有的读 ʈ 组，如衡山；有的读 ʈ 组，如涟源。此外，涟源知三、章部分字今读 k 组。湘南土话桂阳敖泉知三、章逢洪音读 t、tʰ，与耒阳一致，如：招 tau³³、章 taŋ³³、肿 toŋ⁵³。

　　关于赣语知三、章今读 t 等塞音的演变，学界有很多深入的研究。万波（2009:259）认为，赣语知三、章今读 t 塞音有两条演变路线，一条是：tɕ→ʈi（耒阳）→t（南城）；另一条是：tɕ→tʃ（余干）→tʂ（都昌）→ʈ（洲湖）→t（临川）。孙宜志（226:108-118）认为，江西赣语今读 t 有四条演变路线，第一条是：tʃ→ts（如永修）→t（如修水）；第二条是：tʃ→t（高安）；第三条是：tʃ→tʂ（湖口）→ts（如乐平）→t（如莲花）；第四条是：tʃ→tɕ（如遂川）→t（如吉安）。

　　我们同意万波先生对耒阳知三、章读 t 组塞音演变的解释，而且其解释也适用于常宁。耒阳、常宁 t、tʰ 只与洪音相拼，不与细音相拼。龙国贻（2011）利用实验语音学的分析方法指出，耒阳方言 t、tʰ 后的介音 -ĭ- 非常短，如果去掉，当地人也能接受，因而没有音位价值。这与我们的记录一致。知三、章今读 t、tʰ 是介音 -i- 引起发音方法的变化。如果逢古合口呼，知三、章在演变为塞音后韵母转化为合口呼。前文指出，《报告》（杨时逢 1974）中的耒阳东乡和常宁大同铺知三、章逢开口呼韵母都为细音，声母分别为 tɕ、tɕʰ、ɕ和ȶ、ȶʰ、ɕ。如耒阳东乡：春_昌tɕʰyɛ̃⁴⁴、冲_昌tɕʰiʌŋ⁴⁴、招_章tɕiɔ⁴⁴、张_知tɕiɔ̃⁴⁴；常宁大同铺：竹_知ȶiəɯ³³、长_知ȶiɔ̃²⁴、专_章ȶyã³⁵、收_书ɕiəɯ³⁵。看来，tɕ、tɕʰ演变为ȶ、ȶʰ是很晚近的变化。由于ȶ、ȶʰ是tɕ、tɕʰ在介音-i-影响下产生的变化，因此，在接受官话 tɕ、tɕʰ与撮口呼相拼时，这两个方言也折合为本方言的ȶ、ȶʰ与合口呼相拼。如精组字"绝"在耒阳和常宁分别读tɕʰyɛ¹³、tuε³³，其声母与精组不同，而与知三、章一致。

　　占升平（2006）在讨论常宁话舌面塞音ȶ、ȶʰ的来源时认为，ȶ、ȶʰ的来源有不同的历史层次，第一层次来自先秦的照母、穿母，第二层次来自中古的知、彻、澄母，第三层次来自近代的见组。这一看法显然不符合事实。如果ȶ、ȶʰ的来源有不同的层次的话，那么，不同的语音条件，为什么会有相同的变化？事实上，知三、章（包括见组）今读ȶ、ȶʰ是晚期的变化，是知三、章与见组合流为tɕ后进一步演变的结果。如果条件相同，这个变化可能还会继续。常宁西路话三等精组就有部分字读ȶ、ȶʰ，与知三、章、见组合流，如"姐、焦、侵、箭、泉、进、奖、井"等字读ȶ或ȶʰ（占升平2006）。

　　浏阳南乡、平江南江和醴陵白兔潭知三、章今读t的演变过程是：tɕ→tʃ→tʂ→t。这一推测的根据是周边方言知三、章今一般读tʂ，如浏阳城关以及我们调查的平江梅仙和醴陵西山等方言点。

　　关于赣语知三、章今读t组塞音的性质，刘伦鑫（1999:271-279）认为是由舌根音演变而来的，而且在上古时期就已经完成。孙宜志（2006:119-120）、万波（2009:244-260）则认为不是存古，而是知三、章合流后产生的，属于比较晚期的变化。彭建国（2010:116-122）认为湘语知三、章今读塞音是后起的变化，不是古音特点的保留。我们赞同"晚期说"，最直接的证据是它们的音变条件非常明确。"古无舌上音"一般只见于知三，而湘语、赣语是章组和知三一起读塞音；上古音系中与见组关系密切的只有章组，而湘语、赣语是知三也与章组一样读如见组。

　　醴陵知三、章逢撮口呼的读音k、kʰ、x是在tʂ、tʂʰ、ʂ的基础上演变而来的，徐通锵（1994）对此有非常详细的论述："由于y难以与tʂ配合发音，因而它或者使变y为u，或者使它前面的tʂ声母变为k，因为tʂ要在保持的y条件下只能使为tʂ的发音部位后化和上抬。"在醴陵方言中，见系三、四等逢齐齿呼的实际音值是ɕ、ɕʰ、ç，逢撮口呼与知三、章合流的k、kʰ、x才是真正的舌根音（详见第二章第二节"湘中赣语音系"），这说明来自知三、章与见系合口的k、kʰ、x对y的依赖性。

　　攸县、岳阳县知三、章今读k组塞音的成因与醴陵不同。前文指出，这两个方言点精、庄、知二与知三、章有别的条件岳阳县是逢今合口呼，攸县是逢古合口呼。岳阳县知三、章今读 k 组塞音是由于介音-i-脱落导致的回头演变，其过程是（以不送气塞音为例）：

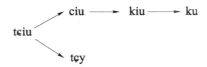

前文指出，《报告》（杨时逢 1974）中的攸县高枕乡精、庄、知二与知三、章无论逢古开口呼还是古合口呼都合流。攸县城关精、庄、知二与知三、章的分合与我们调查的新市相同，逢细音时，知三、章古合口今读 k、kʰ、f，知三、章开口、精组读 tɕ、tɕʰ、ɕ。如：俗邪ɕio¹¹、主章ky⁵³－周章tɕiø⁴⁴、水书fy⁵³、展知tɕiẽi⁵³－专章kyẽi⁴⁴、中知kyən⁴⁴（董正谊 1990）。由于知三、章今读 k、kʰ、f 只出现在古合口呼前，而且知三、章的演变与见系三、四等相同（详见本章第三节"见系的今读及与其他声母的分合"），因此，我们推测，这应该是知三、章与见系三、四等合流后由于古合口呼中的介音-iu-引起的回头演变，演变的动因目前还不清楚。

上文讨论了精、庄、知二与知三、章分合的演变，从中可知，导致两者分合的因素很多，其中，最主要的是介音，精、庄、知二逢细音会腭化，知三、章脱落介音往往会塞化。此外，止摄开三舌尖元音的音值也会影响两者的分合。

二　知三口语常用字读如端组

湖南赣语部分方言点知三口语常用字读如端组，下面把我们调查到的字全部罗列出来。如攸县：猪 ty³⁵、竹 tio³⁵、着 tio³⁵ 穿、长 tiaŋ⁵³~高、帐胀 tiaŋ¹¹、中 tən³⁵~间、张 tiaŋ³⁵ ①；茶陵：住 ti³³、竹 tiø³³、张 tioŋ⁴⁵、中 tɤŋ⁴⁵~间、长 tioŋ⁴²生~、胀 tioŋ³³；炎陵：张 tiaŋ²⁴~饭②、长 tiaŋ⁵³~高、胀 tiaŋ²⁴（很能）吃、~几碗饭③、竹 tiu²⁴；安仁：张 tiõ⁴⁴、长 tiõ⁵³生~、胀帐 tiõ³²²、中 tən⁴⁴当~、竹 tiu²¹³；常宁：胀 tiõ²⁴詈词；资兴：转 tiɯ³⁵~螺丝、着 tiɯ¹³ 穿、胀 tiaŋ³⁵、张tiaŋ⁴⁴、竹 tiɛu¹³；隆回：张 tiaŋ⁴⁴、长 tiaŋ²¹²生~、胀 tiaŋ⁴⁵、中 tɤŋ⁴⁴当~、竹 tiu⁴⁴；洞口：朝 tiɤ⁵³今~、张 tiaŋ⁵³、长 tiaŋ²¹³生~、胀 tiaŋ⁴⁵、中 tuŋ⁵³当~、竹 tiu⁵³；绥宁：中 tɤŋ³³当~、张 tiaŋ³³、长 tiaŋ¹³生~、胀 tiaŋ⁴²、竹 tiu³³。此外，耒阳有少数知三口语常用字读 tɕ。如：张 tɕiõ⁴⁵、涨 tɕiõ⁵³、长 tɕiõ⁵³生~、胀 tɕiõ²¹³。这个 tɕ 是由 t

---

① 陈立中（2005）原文写作"装"。
② 陈山青（2004）原文写作"盛"。
③ 陈山青（2004）原文用"□"表示，"tiaŋ²⁴"的本字当是"胀"，与"胀"音义皆合。

演变而来的，因此，其实质也是读如端组（详见本章第七节"端组读如精组"）。

我们注意到，上述知三读 t 的例字除"中$_{当~}$"外，其余韵母皆为细音，与前述醴陵新派、浏阳东乡、耒阳、常宁等知三、章读 t、tʰ/ʈ、ʈʰ 的现象不同。知三、章读 t、tʰ/ʈ、ʈʰ 时，韵母为洪音，而且知三与章的演变同步；而上述例字不但韵母皆为细音，而且读如端组的只见于知组三等，不见于知组二等，也不见于章组。特别有意思的是，常宁"胀"有两个读音 tiõ²⁴ 暂词和 ʈõ²⁴，前者属于白读，后者属于文读。因此，上述方言点知三读如端组是"古无舌上音"特点的保留。攸县、安仁、隆回、洞口和绥宁等方言点"中$_{当~}$"读如端组是古音的保留还是后起的变化？我们认为，这也是古音的保留，因为上述"中$_{当~}$"读如端组的方言点知三、章并不读塞音。"中$_{当~}$"之所以与洪音相拼，是因为除ø外，通摄其他声纽的字不与齐齿呼相拼。

从地理分布来看，湖南赣语知三读如端组的现象主要分布在湘南和湘西南，湘中部分方言点有此表现，湘北则暂时未见。请参看附录图3"知三口语常用字的今读"。不过，奇怪的是，在整个湘中和湘南，只有永兴不存在知三口语常用字读如端组的现象。相邻的土话桂阳敖泉（范俊军 2000a）、燕塘（唐湘晖 2000）、洋市（邓永红 2004）也没有发现这一现象。因此，我们推测，永兴城关知三口语常用字不读如端组可能是受桂阳官话的影响所致。

三　精、庄、知二送气音读tʰ

精、庄、知二送气音读tʰ的现象见于攸县，不过，不是所有的清从和初二等崇二等、彻二等澄二等都读tʰ，而只出现在洪音前。如：粗 tʰu³⁵、茶 tʰa¹³、坐 tʰo¹¹、猜 tʰai³⁵、草吵 tʰau⁵³、参 tʰãɿ³⁵ ~加、存层 tʰẽɿ¹³、杂 tʰa¹¹。在细音前，清从和初二等崇二等、彻二等澄二等与精、庄、知二一样演变为舌面音 tɕʰ。如：清 tɕʰiaŋ³⁵、促 tɕʰio³⁵、瞧 tɕʰiau¹³。关于赣方言这个现象，万波（2009:234-235）有非常详细而深入的讨论。他指出，赣方言知二、庄、精组今读 t/ts、tʰ/tsʰ、s 的可以分为两个小类。甲类是知二彻二澄二、庄初崇、精清从都读 t、tʰ；乙类是只有送气的彻二澄二、初崇、清从读 tʰ，不送气的知二、庄、精仍读 ts。攸县属于乙类，其清从母和初崇母二等、彻二等澄二等读 tʰ 的现象不仅与声母是否送气有关，而且与韵母的洪细也有关。下面考察赣语其他方言精、庄、知二读如端组的规律。由于精、庄、知二读如端组的部分方言点透、定母也读擦音，因此同时考察透、定母的读音。请看表 4-10。

表 4-10　　　　赣语精、庄、知二读 t、tʰ 与透、定母的今读

	精、庄、知二读 t、tʰ		清从和初二等崇二等、彻二等澄二等读 tʰ		透、定母的今读	
	洪音	细音	洪音	细音	洪音	细音
宜黄	t、tʰ	tɕ、tɕʰ			h	ɕ
南丰	t、tʰ	tɕ、tɕʰ			h	ɕ
奉新			(ts) tʰ	tɕʰ	tʰ	tʰ
南城			(ts) tʰ	tɕʰ	h	tʰ
黎川			(ts) tʰ	tɕʰ/tʰ	h	h
泰和			(ts) tʰ	tɕʰ/tʰ	h	h
攸县			(ts) tʰ	tɕʰ	h	h
建宁			(ts) tʰ	tsʰ	h	h
邵武			(ts) tʰ	tʰ	h	h

从表 4-10 可以看出，精、庄、知二读如端组时表现出来的次序是先洪音，如宜黄、南丰、奉新、南城、攸县、建宁等方言点；然后是细音，如黎川、泰和和邵武等方言点。要指出的是，精、庄、知二 ts、tsʰ 演变为端组 t、tʰ 的现象不仅见于赣语，还广泛地见于南方其他方言，如粤语、闽语、客家话、桂北平话、湘南土话等。不过，由于精、庄、知、章的分合关系不同，所涵盖的古声类有所不同。刘泽民（2005）、万波（2009）对此都进行过详细的讨论。其中，相当部分方言点只有精（乃至庄、知二）读如端组，而透、定母并不擦音化。如道县寿雁：早精 tao³³ 吃~：吃早饭、阻庄 to³³、葱精 tʰiɛ⁴³、皱庄 tɯ³¹；拖 tʰao⁴³、甜 tɛn¹¹。表 4-10 中赣语奉新也是如此。因此，精、庄、知二读如端组与透、定母擦音化并没有必然的联系。

曾春蓉（2006）在谈到现代汉语方言古精组字今读 t、th 现象时认为，这是上古语音在现代汉语方言中的保留。从她所列举的汉语方言来看，属于官话的只有山东日照方言，其余的全是南方汉语方言。另外，在她所列举的精组与端组合流的方言中，南方汉语方言都是精组混入端组读 t 组，端组不因韵母的洪细而腭化与精组合流。可是山东日照方言或者是精组与端组不分洪细合流读 tʂ、tʂʰ；或者是洪音前有别，细音前合流读 t、tʰ。显然，它是精组与端组合流后产生的变化，与南方汉语方言精组混入端组而端组不混入精组性质不同。

刘泽民（2005:46-47）在谈到赣语精、庄、知二读如端组现象时指出："有些点知二精庄组的塞化又该如何解释呢？这的确是摆在我们面前的一大难题。它们应该是从 ts、tsh 变为 t、th 的，没有我们上面解释的音变条件，塞化音变又是什么提供了动力呢？也许音变动力可以从系统结构内部

寻找。由于知三章组的塞化和四组送气音的塞化，声母中原本整齐有序的'塞擦音—送气塞擦音—擦音'聚合的平衡被打破了，于是，系统重新进行调整，使知二精庄组的非送气塞擦音塞化，形成'塞音—送气塞音—擦音'聚合的新的平衡。"不过，湖南赣语攸县知三、章并不存在塞化的现象，而精、庄、知二送气音仍读tʰ。看来，从系统结构内部寻找答案的路行不通。

万波（2009:242-243）从上古汉语语音系统、语音演变角度、民族语言、民族史等几个方面论证了赣语精、庄、知二读如端组的成因，指出，《说文》谐声系统中，精组与端组关系疏远，几无交涉；现代汉语东南方言中精组等读为t组是一种后起现象；壮侗语和越南语原本没有舌尖塞擦音声母，但却有读阴调的先喉塞音声母ʔb 和ʔd，与带 ts、tsʰ 及配阴调的清塞音 p、t 的汉语接触后会产生连锁变化；武夷山地区历史上曾是壮侗族先人古百越族人的居住地区。因此，他认为，赣语精、庄、知二读 t 是汉语与壮侗语接触而产生的底层现象。我们认为，万波先生的论证全面而充分，结论是可信的。

四　精、庄、知、章送气塞擦音读如擦音

耒阳精、庄、知、章组与韵母ŋ相拼时，按规律应读送气塞擦音的都读为擦音，因此，池驰迟持直＝词磁辞＝时 sŋ²⁵、字＝是 sŋ²¹³。也就是说，耒阳ŋ不与送气塞擦音相拼，其成因目前还不清楚。

第三节　见系的腭化及与其他声母的分合

一　见系的腭化

像大多数汉语方言一样，湖南赣语见系在今洪音前仍读舌根音；在今细音前一般腭化，此处不赘。但是，也有极少数方言点见系逢细音未腭化，这种情况主要出现在安仁和隆回。

安仁臻摄开一、梗摄开二见系韵母读细音，声母未腭化，与三、四等有别。如：根臻开一庚耕梗开二kĩ⁴⁴≠兼咸开四 tʃĩ⁴⁴、痕臻开一衡梗开二xĩ²⁴≠嫌咸开四 ʃĩ²⁴。隆回假开二、咸山开二和梗开二入声韵韵母读细音，声母未腭化。如：痂 kiɛa⁴⁴/tʃa⁴⁴；夹 kiɛa³²⁵~袄≠恰 tʃʰa³²⁵、狭 xiɛa⁴⁵≠夏 ʃa⁴⁵、瞎 xiɛa⁴⁴≠霞 ʃa¹³；格 kiɛa³²⁵、客 kʰa⁴⁴/kʰiɛa³²⁵、革 kiɛa³²⁵、隔 kiɛa⁴⁴/kiɛa³²⁵。为什么这些见系字在细音前没有腭化？我们认为，开口一、二等字今读细音是元音高化的结果，当它们元音高化产生介音时，开口三、四等韵在细音前已完成了腭化过程，因此，开口一、二等见系字便保持了舌根音的读法。"语音演变规律只在一段时期中起作用，过了这一时期，即使处于同样的条件下也不会遵循原来的规律发生语音变化。"（叶蜚声、徐通锵 2003:230）

除了开一、二以外，开三见组也有极少数方言点极少数字韵母为细音而声母未腭化。如岳阳县：锯 ki⁴⁵≠计 ci⁴⁵；隆回：锯 ki⁴⁵≠计 tʃi⁴⁵；洞口：锯 ki⁴⁵≠计 tʃi⁴⁵。上述方言点"锯"白读 k 应该是其古音的保留。此外，醴陵、攸县见系三等字有部分逢细音仍读舌根音。如醴陵：茄 kʰya¹³，举 ky³¹、距 ky²²、鱼 ŋy¹³、虚 xy⁴⁴、局 ky⁴³⁵；攸县：茄 kʰio¹³、脚 kio³⁵、局 kʰio¹¹、却 kʰio¹¹、居 ky³⁵、巨 kʰy¹¹。不过，这两个方言点见系三、四等今读 k、kʰ、x 并非古音的保留，而是晚期的演变，详见本节"见系三、四等与知三、章的分合"。

二　尖团音的分合

考察尖团音的分合也就是考察见系与精组在细音前的分合。所谓分尖团，是指中古精组与见系在今细音前有别，反之就是不分尖团。请看表 4-11。

表 4-11　　　　　　　　　　　　　尖团音的今读

	酒精—九见	寻精—琴见	全精—权见	徐精—渠 (水~) 见
平江	tsiəu³²⁴-kiəu³²⁴	tsʰin¹³-kʰin¹³	tsʰien¹³-tʂyan¹³	tsʰi¹³-tʂʰy¹³
浏阳	tsiəu³²⁴-kiəu³²⁴	tsʰin⁴⁵-kʰin⁴⁵	tsʰɿ⁴⁵-tʂʰyɿ⁴⁵	tsʰi⁴⁵-tʂʰy⁴⁵
醴陵	tsiəu³¹-kiəu³¹	tsʰiŋ¹³-kʰiŋ¹³	tsʰiɛ̃¹³-kʰyɛ¹³	si¹³-kʰy¹³
华容	tɕiəu²¹	tɕʰin¹²/ɕin¹²-tɕʰin¹²	tsʰun¹²-tɕʰyɿ¹²	tsʰei¹²-tɕʰy¹²
岳阳楼	tɕiəu³¹	tɕʰin¹³	tɕʰian¹³-tɕyan¹³	ɕi¹³-tɕʰy¹³
临湘	tɕiəu⁴²	dʑʱin¹³	dʑʱiɛn¹³-dʑʱyɛn¹³	ɕi¹³-gʱy¹³
岳阳县	ciəu⁴²	cin¹³/ɕin¹³-cin¹³	ciɛn¹³-kuøn¹³	ɕi¹³-cy¹³
茶陵	tɕiø⁴²	sɛ̃²¹³-tɕʰɿ̃²¹³	tɕʰiɛ̃²¹³-tɕyan²¹³	ɕy²¹³-tɕʰy²¹³
炎陵	tɕiu⁵³	tɕʰɿ²¹³	tɕʰyɛn²¹³	ɕy²¹³-tɕʰy²¹³
耒阳	tɕiɯ⁵³-tɯ⁵³	tɕʰiæ̃²⁵-tʰæ̃²⁵	tsʰuɛ̃²⁵-tʰuɛ²⁵	tɕʰy²⁵
常宁	tɕiɯ⁴⁴-tɯ⁴⁴	tsʰɛ̃²¹-tʰɛ̃²¹	tɕʰyɑ̃²¹-tʰuɑ̃²¹	tɕʰy²¹
永兴	tɕiɯ⁴²	tɕʰin³²⁵	tɕʰyi³²⁵	tɕʰy³²⁵-tɕʰy²²
资兴	tɕiŋ³¹-tɕiɛu³¹	tsʰeŋ²²-tɕʰiŋ²²	tɕʰiŋ²²	tɕʰy²²
攸县	tɕy⁵³	tɕʰiŋ¹³	tɕʰiɛɿ¹³-kʰuɛɿ¹³	ɕy¹³-kʰy¹³
安仁	tsiɯ⁵³-tʃiɯ⁵³	tsin²⁴-tʃin²⁴	tsuɿ²⁴-tʃuɿ²⁴	tʃy²⁴
隆回	tsiu²¹²-tʃiu²¹²	tsʰɛ̃¹³-tʃʰɛ̃¹³	tsʰuɿ¹³-tʃʰuɿ¹³	tʃʰu¹³
洞口	tsiu²¹³-tʃiu²¹³	tsʰɛ̃²⁴-tʃʰɛ̃²⁴	tʃʰyɛ²⁴	tʃʰʉ²⁴
绥宁	tsiu¹³-tʃiu¹³	tsʰɿ⁴⁵-tʃʰɿ⁴⁵	tsʰiɛ̃⁴⁵-tʃʰɛ̃⁴⁵	tʃʰʉ⁴⁵

从表 4-11 可知，湖南赣语分尖团的有平江、浏阳和醴陵 3 个方言点；不分尖团的有华容、岳阳楼、临湘、岳阳县、茶陵、炎陵、耒阳、常宁、永

兴和资兴等 11 个方言点。① 见系与精组有分有合的有攸县、安仁、洞口、绥宁和隆回等 5 个方言点。其中，攸县见系与精组的分合以古开合为条件，逢古开口呼细音，见系与精组合流；逢古合口呼细音，两者有别。安仁、洞口、绥宁和隆回 4 个方言点见系与精组的分合以今齐、撮为条件，逢今撮口呼，见系与精组合流；逢今齐齿呼，两者有别。②

　　比较《报告》（杨时逢 1974）与我们的调查，发现，两者大多数方言点一致，只有部分方言点存在区别，其中区别最大的是永兴。《报告》（杨时逢 1974）中永兴白泥塘分尖团，如：节精 tsie¹³ ≠ 结见 tɕie¹³、秋清 tsʰiɯ⁴⁴ ≠ 丘溪 tɕʰiɯ⁴⁴，与本书调查的城关不分尖团有别。此外，有的方言点部分相同、部分不同。如《报告》描写的常宁大同铺见系与精组逢齐齿呼有别、逢撮口呼合流。如：齐从 tsʰi³¹ ≠ 旗群 tɕʰi³¹、千清 tsʰiã³⁵ ≠ 谦溪 tʰiã³⁵、须心＝虚晓 ɕy³⁵、宣心 ɕyã³⁵。这与本书调查的板桥不分尖团稍有不同。不过，常宁大同铺的这一特点与安仁等方言点相同。还有，《报告》中攸县高枕乡见系无论逢古开口呼还是古合口呼都与精组合流。如：宣先心 ɕieĩ⁴⁴、京见＝津精 tɕin⁴⁴、局群＝雀精 tɕʰio²⁴、虚晓＝须心 ɕy⁴⁴。这与本书调查的新市逢古合口呼两者有别不同。从我们的调查与《报告》的差异来看，湖南赣语不分尖团应该是很晚才出现的，而且还在进行之中。

　　从地理分布来看，湖南赣语分尖团的见于湘北的平江以及与之相接的湘中浏阳和醴陵；不分尖团的则散见于除湘西南以外的其余各片；见系与精组有分有合的主要见于湘西南，湘南、湘中个别方言点有此表现。请参看附录图 4 "尖团音的分合"。

三　见系三、四等与知三、章的分合

（一）见系三、四等与知三、章今读的类型

　　湖南赣语见系三、四等与知三、章普遍存在合流的情况，不过合流的方式不同。请看表 4-12-1。

表 4-12-1　　　　见系三、四等与知三、章的今读（一）

	开口三等			
	潮澄一桥群	针章一金见	张知一姜见	收书一休晓
华容	tsʰAu¹²-tɕʰiu¹²	tsən⁴⁵-tɕin⁴⁵	tsAŋ⁴⁵-tɕiaŋ⁴⁵	səu⁴⁵-ɕiəu⁴⁵
岳阳楼	tsʰau¹³-tɕʰiau¹³	tsən³⁴-tɕin³⁴	tsaŋ³⁴-tɕiaŋ³⁴	səu³⁴-ɕiəu³⁴

---

　　① 由于元音高化，华容梗摄开二精组白读ĩ韵时，声母为读 ts、tsʰ、s，与其他精组逢细音腭化读 tɕ、tɕʰ、ɕ 有别，但从整体上来看，华容仍属于不分尖团的类型。

　　② 隆回见组和精组不与撮口呼相拼，但两者在来自遇、蟹、止合三的 u 韵前合流，其性质与安仁等见组和精组在撮口呼前合流相同。

	开口三等			
	潮澄—桥群	针章—金见	张知—姜见	收书—休晓
临湘	dʐʰou¹³-dʑiou¹³	tsən³³-tɕin³³	tsoŋ³³-tɕioŋ³³	səu³³-ɕiəu³³
平江	tʂʰau¹³-kʰiau¹³	tʂən⁴⁴-kin⁴⁴	tʂoŋ⁴⁴	ʂəu⁴⁴-siəu⁴⁴
浏阳	tʂʰau⁴⁵-kʰiau⁴⁵	tʂən⁴⁴-kin⁴⁴	tʂoŋ⁴⁴	ʂəu⁴⁴-xiəu⁴⁴
醴陵	tʂʰeu¹³-kʰiu¹³	tʂən⁴⁴-kin⁴⁴	tʂoŋ⁴⁴-kioŋ⁴⁴	ʂəu⁴⁴-siəu⁴⁴
茶陵	tsʰɔ²¹³-tɕʰiɔ²¹³	tsɛ̃⁴⁵-tɕĩ⁴⁵	tioŋ⁴⁵/tsoŋ⁴⁵-tɕioŋ⁴⁵	sø⁴⁵-ɕiø⁴⁵
炎陵	tʂʰɑo²¹³-tɕʰiɑo²¹³	tʂɛ̃²⁴-tɕĩ²⁴	tʂaŋ²⁴-tɕiaŋ²⁴	ʂeu²⁴-ɕiu²⁴
岳阳县	tsɔu¹³-ciəu¹³	tsən³³-cin³³	tsʌŋ³³-ciʌŋ³³	səu³³-ɕiəu³³
永兴	tsʰə³²⁵-tɕʰiə³²⁵	tɕin⁴⁵	tsa⁴⁵-tɕia⁴⁵	sɯ⁴⁵-ɕiɯ⁴⁵
资兴	tsʰau²²-tɕʰi²²	tsen⁴⁴-tɕiŋ⁴⁴	tiaŋ⁴⁴/tsaŋ⁴⁴-tɕiaŋ⁴⁴	seu⁴⁴-ɕiɛu⁴⁴
攸县	tɕʰiau¹³	tɕiŋ³⁵	tiaŋ³⁵/tɕiaŋ³⁵-tɕiaŋ³⁵	ɕy³⁵
安仁	tʃɔ²⁴	tʃin⁴⁴	tiõ⁴⁴/tʃõ⁴⁴-tʃõ⁴⁴	ʃiɯ⁴⁴
耒阳	tʰə²⁵	tæ̃⁴⁵	tɕiɜ⁴⁵/tɜ⁴⁵-tɜ⁴⁵	ɕiɯ⁴⁵
常宁	tʰɔ²¹	tɛ̃⁴⁵	tɜ⁴⁵	ɕiɯ⁴⁵
隆回	tʃʰə¹³	tʃɛ̃⁴⁴	tiaŋ⁴⁴/tʃoŋ⁴⁴-tʃoŋ⁴⁴	ʃiu⁴⁴-siu⁴⁴
洞口	tʃʰɤ²⁴	tʃẽ⁵³	tiaŋ⁵³/tʃaŋ⁵³-tʃaŋ⁵³	ʃiu⁵³
绥宁	tʃʰau⁴⁵	tʃĩ³³	tiaŋ³³/tʃaŋ³³-tʃaŋ³³	ʃiu³³

表 4-12-2　　　　见系三、四等与知三、章的今读（二）

	合口三等			
	猪知—居见	传（～达）澄—拳群	春昌—菌群	书书—虚晓
华容	tɕy⁴⁵	tɕʰyĩ¹²	tɕʰyn⁴⁵-tɕʰyn³³	ɕy⁴⁵
岳阳楼	tɕy³⁴	tɕʰyan¹³	tɕʰyn³⁴-tɕʰyn²²	ɕy³⁴
临湘	tɕy³³	dʑʰyen¹³	dʑʰyn³³-dʑʰyn²¹	ɕy³³
平江	tʂy⁴⁴	tʂʰyan¹³	tʂʰyn⁴⁴-tʂʰyn²¹	ʂy⁴⁴
浏阳	tʂy⁴⁴	tʂʰyĩ⁴⁵	tʂʰən⁴⁴-tʂʰən²¹	ʂy⁴⁴
醴陵	ky⁴⁴	kʰyẽ¹³	kʰyŋ⁴⁴-kʰiŋ²²/kʰyn²²	xy⁴⁴
茶陵	tɕy⁴⁵	tɕʰyan²¹³	tɕʰyɛ̃⁴⁵-tɕʰyɛ̃³²⁵	ɕy⁴⁵
炎陵	tɕy²⁴	tɕʰyɛn²¹³	tɕʰyɛ̃²⁴	ɕy²⁴
岳阳县	cy³³	kuən¹³	kʰuən³³-kuən²¹	ɕy³³
永兴	tɕy⁴⁵	tɕʰyi³²⁵	tɕʰyn⁴⁵-tɕʰyn⁴²/tɕyn¹³	ɕy⁴⁵

	合口三等			
	猪知一居见	传(~达)澄一拳群	春昌一菌群	书书一虚晓
资兴	tɕy⁴⁴	tsʰaŋ²²-tɕʰy²²	tsʰeŋ⁴⁴-tɕʰiŋ⁴⁴	ɕy⁴⁴
攸县	ty³⁵-ky³⁵	kʰuɛ̃ɪ¹³	kʰuəŋ³⁵-kʰuəŋ¹¹	fy³⁵
安仁	tʃy⁴⁴	tʃuĩ²⁴	tʃʰuən⁴⁴-tʃʰuən²¹³	ʃy⁴⁴
耒阳	tɕy⁴⁵	tʰuɛ̃²⁵	tʰuæ̃⁴⁵-tʰuæ̃²¹³	ɕy⁴⁵
常宁	tɕy⁴⁵	tʰuã²¹	tʰuɛ̃⁴⁵-tʰuɛ̃²⁴	ɕy⁴⁵
隆回	tʃu⁴⁴	tʃuĩ¹³	tʃʰuɛ̃⁴⁴-tʃʰuɛ̃⁴⁵	ʃu⁴⁴
洞口	tʃʉ⁵³	tʃyɛ̃²⁴	tʃʰyɛ̃⁵³-tʃʰyɛ̃²¹³	ʃʉ⁵³
绥宁	tʃʉ³³	tʃʰɛ̃⁴⁵	tʃʰĩ³³-tʃʰĩ²²	fʉ³³

　　首先要说明的是，表 4-12 知三"张、猪"今读 t 是"古无舌上音"特点的保留，而耒阳"张"今读 tɕ 是由 t 演变而来的（详见本章第七节"端组读如精组"）。从表 4-12 可知，见系三、四等与知三、章的分合有以下几个类型：

　　第一类，见系三、四等与知三、章的分合以古开合为条件，逢古开口呼有别，逢古合口呼合流，有华容、岳阳楼、临湘、平江、浏阳、醴陵、茶陵、炎陵和岳阳县等 9 个方言点。逢古开口呼有别时，见系读舌面音，知三、章读舌尖音。逢古合口呼合流后的音值有的为 tɕ 组，如华容、岳阳楼、临湘、茶陵和炎陵等；有的为 tʂ 组，如平江和浏阳；有的为 k 组，如醴陵，不过醴陵见系逢齐齿呼今读 k 组的实际音值已腭化，而逢撮口呼的今读 k 组没有腭化（详见第二章第二节"湘中赣语音系"）；有的为 c 组和 k 组，如岳阳县。

　　第二类，见系三、四等与知三、章的分合以今洪细为条件，与来源无关，有永兴和资兴 2 个方言点。逢洪音两者有别，见系读舌面音，知三、章读舌尖音；逢细音两者合流为 tɕ、tɕʰ、ɕ。

　　第三类，见系三、四等与知三、章无条件合流，有攸县、安仁、耒阳、常宁、隆回、洞口和绥宁等 7 个方言点。不过，合流后的音值内部有一些差别。攸县逢古开口呼读 tɕ、tɕʰ、ɕ，逢古合口呼读 k、kʰ、f，与今音的洪细无关。安仁、耒阳和常宁三个方言点逢洪音读 t、tʰ 或 tʃ、tʃʰ，逢细音读 tʃ、tʃʰ 或 tɕ、tɕʰ、ɕ。隆回、洞口和绥宁三个方言点则无论逢洪细都读 tʃ、tʃʰ、ʃ。另外，隆回臻合三、梗合三见系三、四等的表现比较特殊，有极少数字读 tsʰ 或 kʰ，属于例外现象。如：倾 tsʰuɛ̃⁴⁴、琼群 tsʰuɛ̃¹³、裙 kʰuɛ̃¹³。表 4-12

中的"休"读 s 也属例外。

从地理分布来看,见系三、四等与知三、章的上述今读类型中,第一类主要见于湘北和湘中,第二类只见于湘南的永兴和资兴,第三类主要见于湘南和湘西南,湘中攸县也属于这个类型。请参看附录图5"见系三、四等与知三、章的分合"。

（二）见系三、四等与知三、章合流的演变

如前所述,见系三、四等与知三、章有别时,都是见系读舌面音,知三、章读舌尖音。知三、章读舌尖音的演变我们在本章第二节"精、庄、知、章的分合"中已经讨论,而见系三、四等读舌面音时,或者为舌根音,或者为舌面前音,这在汉语方言中很常见,因此,下文我们只讨论见系三、四等与知三、章合流的演变情况。

第一类见系三、四等与知三、章在细音前合流为 ɕ 组、tɕ 组的成因比较简单,主要是由于见系三、四等的腭化而与知三、章合流。见系三、四等与知三、章合流为 k 组、tʂ 组的情况相对较复杂。本章第二节"精、庄、知、章的分合"指出,醴陵知三、章的今读 k、kʰ、x 是在舌尖元音的影响下由 tʂ 组演变而来的,因此,其见系三、四等今逢撮口呼读 k 组是其腭化与知三、章合流后的演变,其演变过程为（以不送气音为例）:k→tɕ→tʃ→tʂ→k。也就是说,醴陵见系三、四等今逢撮口呼的读音 k 组不是其古音的保留,而是晚期的演变。这也就是其见系的实际读音在齐齿呼前腭化、在撮口呼前未腭化的原因。岳阳县见系三、四等与知三、章合流后,逢撮口呼读 c、cʰ、ç;逢合口呼读 k、kʰ、f,因此,其见系三、四等今读 k、kʰ、f 与醴陵一样是后起的现象,是见系三、四等腭化与知三、章合流后在介音-i-的影响下演变而来的,其演变过程是（以不送气音为例）:k→tɕ→c→k。平江和浏阳两个方言点见系三、四等在合口呼前今读 tʂ 组也是其腭化与知三、章合流后形成的,其演变过程是（以不送气音为例）:k→tɕ→tʃ→tʂ。

第二类见系三、四等与知三、章的合流以今细音为条件,与来源无关。这一类合流的成因比较简单,是见系三、四等腭化而与知三、章合流。

第三类见系三、四等今读 tɕ、tɕʰ、ç 显然是腭化的结果,今读 ʈ、ʈʰ或者 tʃ、tʃʰ都是与知三、章合流后的演变,其演变过程与知三、章相同,参见本章第二节"精、庄、知、章的分合"。郭锡良（1993）在评述《报告》（杨时逢 1974）中的衡山音系时指出:"从整个音系看,调查报告应该是保存了五十年前的旧读。据笔者回忆,五十年代初城关话的'家'仍念 ˌtɕia,不念 ˌʈa;'吃'仍念 ˌtɕʰi,不念 ˌʈʰa;'九'仍念 ˈtɕiau,不念 ˈʈau。如果记忆不误,那么 ʈ、ʈʰ是五十年代以后才产生的新声母。"

　　攸县见系三、四等与知三、章逢古合口呼无论今音的洪细和开合，一般读 k、kʰ、f。表 4-12 没有古合口呼今读开口呼和齐齿呼的例字，补充如下：说章 fɛ³⁵、活匣 fɛ¹¹、祝章菊见 kio³⁵、茄群 kʰio¹³、局群却溪 kʰio¹¹、蓄晓 fio³⁵。①本章第二节"精、庄、知、章的分合"指出，知三、章与见系三、四等读 k、kʰ、f 是两者合流后由 tɕ、tɕʰ、ɕ 向 k、kʰ、x 的回归，其擦音 x 后来又演变为 f。从擦音今读 f 来看，这一演变发生时间较早。据董正谊（1990），攸县城关见系三、四等与知三、章合口今读 k、kʰ、f，韵母为撮口呼；知三、章开口今读齐齿呼，韵母为 tɕ、tɕʰ、ɕ。如：局群 kʰyo¹¹、主章 ky⁵³－周章 tɕiø⁴⁴、水书 fy⁵³、展知 tɕiẽi⁵³－专章 kyẽi⁴⁴、中知 kyəŋ⁴⁴、穷群 kʰyəŋ²¹³。另据杨时逢（1974:619-636），攸县高枕乡见系三、四等与知三、章合口今读 tɕ、tɕʰ、ɕ，但这个舌面前音近似靠后的 c、cʰ、ç 倾向，不太像国音的 tɕ 组字。虽然见系三、四等与知三、章合口的读音与知三、章开口、精组相同，但由于韵母不同，两者没有构成对立。如：追章 tɕy⁴⁴－周章 tɕiu⁴⁴、展知 tɕieĩ⁵³－专章 tɕyeĩ⁴⁴。看来，攸县境内知三、章与见系三、四等由 tɕ 组向 k 组回归的演变并不完全同步。

　　最后来看隆回臻合三、梗合三见组极少数字读 ts、tsʰ 和 kʰ。我们在本章第二节"精、庄、知、章的分合"指出，隆回知三、章也有少数字文读 ts、tsʰ、s。从知三、章与见系三、四等合流的情形来看，我们认为，见组合三读 ts、tsʰ 与知三、章读 ts、tsʰ 的成因相同，是两者合流为 tʃ、tʃʰ、ʃ 后产生的文读，而"裙"读 kʰ 可能是古音的保留。据万波（2009:165-167），见组读 ts、tsʰ 的现象在其他赣语中也存在，如江西宜丰、上高、新余、湖北大冶等。不过，这些方言见组读 ts、tsʰ 现象的分布与隆回不同。江西新余、湖北大冶只见于遇合三，此时声母为舌尖元音，其他的见组逢细音读舌面音；而江西宜丰、上高见组读 ts、tsʰ 的现象出现在宕开三、梗开三、梗合三、通合三等韵。这类现象的成因正如万波所指出的那样，是由于舌面元音舌尖化所引起的声母调整的结果。

第四节　非组与晓、匣母的合流

一　非、敷、奉母读 x

　　湖南赣语非、敷、奉母一般读 f，但有部分方言点存在读 x 的现象，与晓、匣母合流。请看表 4-13。

---

① 例外的是见系开口三等"脚"读 kio³⁵，与合口三、四等合流，原因不明。

表 4-13　　　　　　　　　　　　　　　　非、敷、奉母的今读

	遇合三	蟹合三	流开三	咸山合三		臻合三		宕合三		通合三	
	符	肺	富	法方~	饭	分~开	粪	房	放	风	缝一条~
岳阳楼	fu¹³	fei³²⁴	fu³²⁴	fa⁴⁵	fan³³	fən³⁴	fən³²⁴	faŋ¹³	faŋ³²⁴	xuŋ³⁴	xuŋ²²
临湘	fu¹³	fei³²⁵	fu³²⁵	fæ⁵	fan²¹	fən³³	fən³²⁵	xɔŋ¹³	xɤŋ³²⁵	xɤŋ³³	xɤŋ²¹
岳阳县	fu¹³	fei⁴⁵	fu⁴⁵	fæ⁵	fan²¹	fən³³	fən⁴⁵	fʌŋ¹³	xʌʌ⁴⁵	xɤŋ³³	xɤŋ²¹
浏阳	fu⁴⁵	fei⁴²	fu⁴²	fa⁴⁴	fã²¹	fən⁴⁴	fən⁴²	xoŋ⁴⁵	xoŋ⁴²	fən⁴⁴	fən²¹
安仁	fu²⁴	fi³²²	fu³²²	fa²¹³	faŋ³²²	fin⁴⁴	fin³²²	xõ²⁴	xõ³²²	fən⁴⁴	fən³²²
耒阳	fu²⁵	fi²¹³	fu²¹³	fa⁴⁵	fã²¹³	fæ̃⁴⁵	fæ̃²¹³	xɔ̃²⁵	xɔ̃²¹³	fɤŋ⁴⁵	fɤŋ²¹³
洞口	fu²⁴	fi⁴⁵	fu⁴⁵	xua⁴⁵	xuã⁵³	xuẽ⁵³	xuẽ⁴⁵	xuɑŋ²⁴	xuɑŋ⁴⁵	xuŋ⁵³	xuŋ²⁴
绥宁	fu⁴⁵	fi⁴²	fu⁴²	fʌ³²⁴	fa⁴⁴	fẽ³³	fẽ⁴²	xɑŋ⁴⁵	fɑŋ⁴²	xɤŋ³³	xɤŋ⁴⁴
华容	fu¹²	fei²¹³	fu²¹³	fa⁴³⁵	fan³³	fən⁴⁵	fən²¹³	fʌŋ¹²	fʌŋ²¹³	foŋ⁴⁵	foŋ³³
平江	fu¹³	fi⁴⁵	fu⁴⁵	faʔ²⁴	fan²²	fən⁴⁴	fən⁴⁵	foŋ¹³	foŋ⁵³	fɤŋ⁴⁴	fɤŋ²²
醴陵	fu¹³	fei²²	fu²²	fa⁴³⁵	faŋ²²	fən⁴⁴	fəŋ²²	foŋ¹³	foŋ²²	fəŋ⁴⁴	foŋ²²
攸县	fu¹³	fi¹¹	fu¹¹	fa³⁵	fãɪ¹¹	fẽɪ³⁵	fẽɪ¹¹	faŋ¹³	faŋ¹¹	fən³⁵	fən¹¹
茶陵	fu²¹³	fi³³	fu³³	fa⁴⁵	faŋ³²⁵	fẽ⁴⁵	fẽ³³	foŋ²¹³	foŋ³³	fɤŋ⁴⁵	fɤŋ³²⁵
炎陵	fu²¹³	fei³³	fu³³	fa²⁴	fan¹³	fẽ²⁴	fẽ³³	faŋ²¹³	faŋ¹³	fəŋ²⁴	fən¹³
常宁	fu²¹	fi²⁴	fu²⁴	fa³³	fã⁴⁵	fẽ⁴⁵	fẽ²⁴	fɔ̃²¹	fɔ̃²⁴	fõ⁴⁵	fõ²⁴
永兴	fu²²	fri¹³	fu¹³	fɔ²²	fæ⁴⁵	fen⁴⁵	fen¹³	fɑ³²⁵	fɑ¹³	foŋ⁴⁵	foŋ¹³
资兴	fu²²	fi³⁵	fu³⁵	fo¹³/fa¹³	fo³⁵	fen⁴⁴	fen³⁵	faŋ²²	faŋ³⁵	foŋ⁴⁴	foŋ³⁵
隆回	fu¹³	fi⁴⁵	fu⁴⁵	fa³²⁵	faŋ⁴⁵	fẽ⁴⁴	fẽ⁴⁵	foŋ¹³	foŋ⁵³	fɤŋ⁴⁴	pʰɤŋ²¹²

由表 4-13 可知，非、敷、奉母存在读 x 现象的有岳阳楼、临湘、岳阳县、浏阳、安仁、耒阳、洞口和绥宁等方言点，且主要见于宕摄和通摄，只有洞口还见于咸、山摄以及臻摄。此外，临湘、岳阳县宕摄非、敷、奉母读 x 的现象只见于常用字。据李冬香、刘洋（2007:8-9），岳阳县境内非、敷、奉母读 x 的分布存在明显的差别，其中东片公田镇见于宕合三、通合三，北片康王镇和我们调查的中片新墙只见于通合三，而南片黄沙街则都不读 x。由此看来，湘北非、敷、奉母读 x 的现象正在逐渐萎缩。不过，据《报告》（杨时逢 1974），浏阳淳口铺①、耒阳东乡、安仁新渡村宕合三中的非、敷、奉母均不读 x，而读 f，与我们调查的方言点读 x 不同。如浏阳淳口铺：方 foŋ⁴⁴、防 foŋ⁴⁵；安仁新渡村：房 fõ⁴⁴、放 fõ³⁵。从湘北的情况来看，我们怀疑《报

---

① 原书写为"脣口铺"，误也，当为"淳口铺"。该方言"脣"与"淳"同音。

告》记录的这些读音是读书音。

非、敷、奉母为什么会读 h 呢？王力（1985:600）指出，在合口呼[u、iu]的前面，[f]往往转化为[h]，[h]往往转化为[f]。日语吴音早已有了先例。"夫"在日语吴音读[ho]，"方"字在日语吴音读[ho：]。确实，u 是引起 h/x 和 f 转换的中介。晓、匣母在 u 的影响下会唇化，f 在 u 的影响下会舌根化。此外，从表 4-13 可知，岳阳县宕合三非组有的读 x、有的读 f；而绥宁宕合三只有个别字即"房"白读音为 x，其余读 f。由此看来，这些方言点宕合三非、敷、奉母曾经应该有过读 x 的阶段，只是后来在其他方言的影响下，x 逐渐被 f 所取代，只在个别字中留下痕迹。

从非、敷、奉母读 x 现象分布的韵摄来看，最容易舌根化的是宕摄和通摄，这可能与它们的韵尾为舌根音 ŋ 有关。从地理分布来看，湖南赣语非、敷奉今读 x 的现象没有明显的地域性，请参看附录图 6 "非、敷、奉母的今读"。

二　晓、匣母合口一、二等读 f

晓、匣母合口一、二等的今读请看表 4-14。

表 4-14　　　　　　　　晓、匣母合口一、二等的今读

	果合一		假合二	遇合一	蟹合一	山合一	臻合一	宕合一	梗合二	通合一
	火晓	禾匣	花晓	胡匣	灰晓	换匣	活晓	黄匣	横(~直)匣	红匣
平江	fø³²⁴	uø¹³	fa⁴⁴	fu¹³	fai⁴⁴	føn²²	uøʔ²⁴/føʔ²⁴	uoŋ¹³/foŋ¹³	uaŋ¹³/fen¹³	fɤŋ¹³
醴陵	fo³¹	uo¹³	fa⁴⁴	fu¹³	fei⁴⁴	foŋ²²	fo⁴³⁵	uoŋ¹³/foŋ¹³	uaŋ¹³	fəŋ¹³
岳阳楼	xo³¹	ŋo¹³	fa³⁴	fu¹³	fei³⁴	fan²²	xo⁴⁵	faŋ¹³	fən¹³	xuŋ¹³
临湘	xo⁴²	o¹³	xua³³	fu¹³	fei³³	uøn²¹	fæ⁵	uoŋ¹³	uʌŋ¹³	xɤŋ¹³
岳阳县	xo⁴²	o¹³	fa³³	fu¹³	fei³³	føn²²	xø³	uʌŋ¹³/fʌŋ¹³	uʌŋ¹³	xɤŋ¹³
浏阳	xo³²⁴	u⁴⁵	fua⁴⁴	fu⁴⁵	fai⁴⁴	xuĩ²¹	xo⁴²	oŋ⁴⁵	oŋ⁴⁵	fən⁴⁵
攸县	fo⁵³	uo¹³	fa³⁵	fu¹³	foi³⁵	fãĩ¹¹	fɛ¹¹	faŋ¹³	uaŋ¹³/foŋ¹³	xəŋ¹³
常宁	xo⁴⁴	o²¹	fa⁴⁵	fu²¹	fi⁴⁵	fã²⁴	fe²¹	uɔ̃²¹/fɔ̃²¹	uɔ̃²¹/fɛ̃²¹	xõ²¹
永兴	xo⁴²	o³²⁵	xɔ⁴⁵	fu³²⁵	xui⁴⁵	xuæ¹³	xuɛ⁴⁵	uɑ³²⁵/xuɑ²²	uæ³²⁵/xuen³²⁵	xoŋ³²⁵
资兴	xɯ³¹	ɯ²²	xo⁴⁴	fu²²	fei⁴⁴	faŋ³⁵	fæ¹³	uaŋ²²/faŋ²²	uaŋ²²	xoŋ²²
洞口	xo²¹³	o²⁴	xua⁵³	fu²⁴	xuai⁵³	xuã⁴⁵	xo⁴⁵	uaŋ²⁴	uaŋ²⁴/xuɛ̃²⁴	xuŋ²⁴
绥宁	xo¹³	u⁴⁵	fA³³	fu⁴⁵	fe³³	fɛ̃⁴⁴	xo⁴²	uaŋ⁴⁵/faŋ⁴⁵	uaŋ⁴⁵	xɤŋ⁴⁵
华容	xo²¹	ŋo¹²	xua⁴⁵	xu¹²	xuei⁴⁵	xun³³	xo⁴³⁵	xuʌŋ¹²	xun¹²	xoŋ¹²
茶陵	xo⁴²	uo²¹³	xua⁴⁵	xu²¹³	xue⁴⁵	xuaŋ³²⁵	xue³³	uoŋ²¹³	uaŋ²¹³/xuɛ²¹³	xɤŋ²¹³
炎陵	xuə⁵³	xuə²¹³	xua²⁴	xu²¹³	xuei²⁴	xuã¹³	xuei³³	uaŋ²¹³/xuaŋ²¹³	uaŋ²¹³	xəŋ²¹³

续表

	果合一		假合二	遇合一	蟹合一	山合一	臻合一	宕合一	梗合二	通合一
	火晓	禾匣	花晓	胡匣	灰晓	换匣	活晓	黄匣	横(~直)匣	红匣
安仁	xu^{53}	u^{24}	xuɑ^{44}	xɤu^{24}	xui^{44}	xuan^{322}	xuɛ^{213}	ŋ̍^{24}/õ^{24}/xõ^{24}	ŋ̍^{24}/õ^{24}	xən^{24}
耒阳	xo^{53}	o^{25}	xua^{45}	xu^{25}	xui^{45}	xuã^{213}	xo^{13}	õ^{25}/xõ^{25}	uæ^{25}	xɤŋ^{25}
隆回	xo^{212}	o^{13}	xuɑ^{44}	xu^{13}	xue^{44}	xuaŋ^{45}	xo^{325}	oŋ^{13}/xuaŋ^{13}	oŋ^{13}/xuɛ̃^{13}	xɤŋ^{13}

由表 4-14 可知，湖南赣语多数方言点晓、匣母合口一、二等存在读擦音 f 的现象，与非组合流，如平江、醴陵、岳阳楼、临湘、岳阳县、浏阳、攸县、常宁、永兴、资兴、洞口和绥宁等；但也有部分方言点仍然读 x，如华容、茶陵、炎陵、安仁、耒阳和隆回等。这一现象与《报告》（杨时逢 1974）所反映的情况基本相同（李冬香 2005a）。不过，尽管多数方言点晓、匣母合口一、二等存在读 f 的现象，但分布范围不一。其中，平江、醴陵分布最广，所有韵摄的晓、匣母合口一、二等都读 f；最少的是洞口，晓、匣母合口一、二等读 f 的只见于遇摄。从分布的韵摄来看，通摄晓、匣母唇化最慢，如攸县只有通合一晓、匣母读 x，其余读 f；遇合一最快，如洞口只有遇合一晓、匣母读 f，其余读 x。此外，还要指出的是，除了华容、岳阳楼两个方言点以外，其余的方言点都存在匣母读ø的现象。如茶陵、炎陵、安仁、耒阳和隆回等五个方言点，匣母合口一、二等虽然不读 f，但仍有读ø的现象。这说明，在晓、匣母今读 f 的方言点中，它们的 f 来源应该是不同的。关于赣语晓、匣母的演变过程，孙宜志（2006）、万波（2009）已有详细的讨论。这里引用万波（2009:190）的观点说明如下：

晓母合口字：x（h）$\longrightarrow$ x（h）$\xrightarrow{\text{u介音}}$ f（文、白读）

匣母合口字：ɣ$\xrightarrow{\text{弱化}}$ø$\longrightarrow$ø 白读

（由北方官话借入）x（h）$\xrightarrow{\text{u介音}}$ f（文读）

安仁宕合一、梗合二匣母还有极少数字白读韵化辅音，如：黄横 ŋ̍^{24}。此外，以母"王"白读读 ŋ̍^{24}。这应该是匣母弱化为ø后韵腹 u 继续弱化以至被吞没的结果。这一现象还见于相邻湘语衡山方言，其宕摄合口微、影、喻母字白读韵化辅音ŋ̍、文读õ。如：王忘ŋ̍^{11}/õ^{11}、网往ŋ̍^{13}/õ^{13}。

晓、匣母合口一、二等读 f、匣母部分常用字读ø的现象在南方方言中比较普遍。值得注意的是，江西赣语奉新方言晓、匣母通摄读 h，其余韵摄读ø。如：红 hn̩^{24}、黄 uoŋ^{24}、昏 uən^{53}、灰 uɛi^{53}、回 ui^{24}、户 u^{11}。从奉新晓、匣母合口一、二等的今读也可以看出，通摄晓、匣母唇化最慢，这与湖南赣语晓、匣母的演变一致。

那么，湖南赣语晓、匣母合口一、二等读 f 与非、敷、奉母读 x 之间是否存在某种关联呢？我们注意到，通摄晓、匣母合口一、二等读 f 的三个方言点中，平江和醴陵非、敷、奉母不读 x；而晓、匣母合口一、二等读 x 的方言点中，有的非、敷、奉母也读 x，如岳阳楼、临湘、岳阳县、洞口和绥宁等。看来，这两者之间没有必然的联系。

从地理分布来看，湘北只有华容晓、匣母合口一、二等不读 f，而读 x，与相邻的常德官话相同，因此，华容的这一特点可能来自周边西南官话的渗透，属于比较晚期的演变。湘中晓、匣母合口一、二等不读 f，而读 x 的茶陵等方言点的周边方言如湖南衡阳、江西永新等晓、匣母合口一、二等普遍读 f，因此，茶陵等方言点晓、匣母合口一、二等今读 x 可能是历史上受到过某种强势官话的影响而形成的，属于早期的演变。湖南赣语晓、匣母合口一、二等今读的地理分布见附录图 7 "晓、匣母合口一、二等的今读"。

第五节　次浊声母的演变

一　泥、来母的演变

（一）泥、来母的今读

湖南赣语泥、来母的今读可以分为三个类型：

第一类，泥、来母逢洪细都合流为 l，有华容、资兴 2 个方言点。

第二类，泥、来母洪混细分，逢洪音合流为 l，逢细音有别。根据逢细音有别的情况又可分为几个小类。第一小类，泥母读 n̠/ɲ/ŋ，来母读 l，这一小类方言点最多，有岳阳楼、岳阳县、醴陵、攸县、茶陵、常宁、绥宁等 7 个方言点。第二小类，泥母读 ɲ/n̠/ŋ，来母读如端组，有临湘、平江、浏阳等 3 个方言点。第三小类，泥母读 ø，来母读 l，有安仁、耒阳、永兴、隆回和洞口等 5 个方言点。

第三类，泥、来母逢洪细都有别，泥母逢洪音读 n、逢细音读 n̠，来母逢洪细都读 l，有炎陵 1 个方言点。

下面举例说明，请看表 4-15。

表 4-15　　　　　　　　　　　泥、来母的今读

	奴泥一炉来	南泥一篮来	农泥一龙来	泥泥一犁来	尿泥一料来	年泥一莲来
华容	ləu¹²	lan¹²	loŋ¹²	li¹²	liu³³	li̍¹²
资兴	lu²²	laŋ²²-lo²²	loŋ²²	lai²²	li³⁵-liau³⁵	li²²-liŋ²²
岳阳楼	ləu¹³	lan¹³	luŋ¹³	n̠i¹³-li¹³	n̠iau²²-liau²²	n̠ian¹³-lian¹³

	奴泥-炉来	南泥-篮来	农泥-龙来	泥泥-犁来	尿泥-料来	年泥-莲来
岳阳县	ləu¹³	løn¹³-lan¹³	lɤŋ¹³	ȵi¹³-li¹³	ȵiɔu²¹-liɔu²¹	ȵien¹³-lien¹³
醴陵	ləu¹³	laŋ¹³-laŋ⁴⁴	ləŋ¹³	ŋi¹³-li¹³	ŋiu²²-liu²²	ŋiɛ̃¹³-liɛ̃¹³
攸县	lu¹³	lãĩ¹³	ləŋ¹³	lɛi¹³/ȵi¹³-li¹³	ȵiau¹¹-liau¹¹	ȵiɛ̃ĩ¹³-liɛ̃ĩ¹³
茶陵	lu²¹³	laŋ²¹³	lɤŋ²¹³	ȵi²¹³-li²¹³	ȵiɔ³²⁵-liɔ³²⁵	ȵiɛ̃²¹³-liɛ̃²¹³
常宁	lu²¹	lã²¹	lõ²¹	ȵi²¹-li²¹	ȵiɔ²⁴-liɔ²⁴	ȵiã²¹-liã²¹
绥宁	lu³²⁴-lu⁴⁵	lɛ̃⁴⁵-la³²⁴	lɤŋ⁴⁵	ŋ³²⁴/lɛ̃⁴⁵-lai⁴⁵	ȵiau⁴⁴-liau⁴⁴	ȵie⁴⁵-liɛ̃⁴⁵
临湘	ləu¹³	løn¹³-lan¹³	lɤŋ¹³	ȵi¹³-dʰi¹³	ȵiɔu²¹-dʰiɔu²¹	ȵien¹³-dʰien¹³
平江	ləu¹³	løn¹³-lan¹³	lɤŋ¹³	ŋi¹³-tʰi¹³	ŋiau²²-tʰiau²²	ŋien¹³-tʰien¹³
浏阳	ləu⁴⁵	lã⁴⁵	ləŋ⁴⁵	ŋi⁴⁵-ti⁴⁵	ŋiau²¹-tiau²¹	ŋĩ⁴⁵-tĩ⁴⁵
安仁	ləu²⁴	laŋ²⁴-laŋ²¹³	ləŋ²⁴	le²⁴-li²⁴	iɔ³²²-liɔ³²²	ĩ²⁴-lĩ²⁴
耒阳	lu²⁵	lã²⁵	lɤŋ²⁵	le²⁵	iə²¹³-liə²¹³	iɛ̃²⁵-lɛ̃²⁵
永兴	lu²²-lu³²⁵	læ³²⁵	loŋ³²⁵	le³²⁵	iə¹³-liə¹³	i³²⁵-li³²⁵
隆回	lu¹³	laŋ¹³-laŋ³²⁵	lɤŋ¹³	le¹³/i¹³-li¹³	iə⁴⁵-liə⁴⁵	ĩ¹³-lĩ¹³
洞口	lu²⁴	lã²⁴	luŋ²⁴	ŋ²⁴/lai²⁴-lai²⁴	iɤ⁵³-liɤ⁵³	iɛ̃²⁴-liɛ̃²⁴
炎陵	nu²¹³-lu²¹³	nan²¹³-lan²¹³	nəŋ²¹³-ləŋ²¹³	ȵi²¹³-li²¹³	ȵiɑo²¹³-liɑo²¹³	ȵien²¹³-lien²¹³

　　需要说明的是，第二类泥、来母的今读有比较多的特殊表现，且集中于细音前。见于泥母细音前的有：第一，绥宁"浓"读 iɤŋ⁴⁵，与其余泥母读 ŋ 不同；洞口"娘"读 ȵiaŋ²⁴，与其余泥母读ø不同。第二，极少数方言点极少数字与来母合流读 l。如安仁：宁 lin²⁴ 安~；耒阳：你 li⁵³；永兴：你 li⁴⁵、纽扭 liʌɯ⁴²。第三，岳阳楼、临湘、岳阳县、平江、浏阳、安仁、耒阳、隆回、洞口和绥宁等方言点的"你"，安仁、永兴、绥宁等方言点的"女"，安仁、隆回、洞口、绥宁等方言点的"尼"读韵化辅音。见于来母细音前的有：第一，岳阳县"两"两个意义，两个读音，即：两 ȵiʌŋ⁴²₋↑≠两 liʌŋ⁴²₋~。第二，岳阳县、醴陵、攸县、隆回等方言点个别字读塞音。如岳阳县：粒 tʰi³；醴陵：笠 tʰi⁴³⁵、粒 ti⁴³⁵；攸县：粒 tiɛ³⁵；隆回：笠 xi⁴⁵①。

　　从地理分布来看，湖南赣语泥、来母今读的上述四个类型中，第一类见于湘东一北一南两个方言点；第二类中的第一小类散见于各片，第二小类见于湘北以及与之相邻的湘中浏阳，第三小类见于湘南和湘西南；第三类只见于湘中炎陵。请参看附录图 8"泥、来母今读的类型"。

---

　　① 隆回"笠"读擦音 x 是与透、定母合流后的演变，其实质是读塞音 tʰ，请参看第四章第七节"透、定母读擦音"。

（二）泥、来母分合的演变

从上可知，在泥、来母今读的类型中，泥、来母逢洪细都有别的只有炎陵一个方言点。据《报告》（杨时逢 1974），醴陵清水江和茶陵清水村泥、来母也是逢洪细都有别。如醴陵清水江：聂泥nie³⁵≠列来lie³⁵、南泥naŋ¹³≠蓝来laŋ¹³。不过，除此之外，我们暂时还没有发现醴陵和茶陵境内其他方言泥、来母逢洪细都有别。如醴陵板杉（言岚 2007）、大障（李珏 2009:5）和石亭（廖绚丽 2012:17）①、茶陵下东乡（李珂 2006:23）等都是泥、来母洪混细分。位于醴陵和茶陵中间的攸县泥、来母也是洪混细分，如我们调查的新市以及《报告》（杨时逢 1974）中的高枕乡。因此，从上述语言事实来看，醴陵和茶陵泥、来母在洪音前的合流应该是近期才产生的。

据龙海燕（2008），洞口境内部分赣语泥、来母洪混细分，逢细音时，泥母读ø、来母读 1；部分无论洪细都合流为 l/n。②前者如江口：泥泥lai²²³—龙来ləŋ²²³、年泥ian²²³≠莲来lian²²³；后者如城关：难=兰来lan²²³、尿泥=料来liə⁵⁵。但是，泥母"尼你"在他调查的 10 个方言点中都读声化韵 ņ。如前所述，我们调查的洞口菱角泥母逢细音一般读ø，但"娘"读n。从泥母部分字今读声化韵 ņ 和"娘"读n来看，洞口境内赣方言泥母原来也是读鼻音的；今读ø是由鼻音声母脱落所致；而逢细音与来母合流为 l 是后起的现象，是泥母读ø后受其他方言影响产生的。如同样是石江方言，"尼聂"二字龙海燕（2008）分别记为声化韵和ø，周依萱（2007:8）则都记为 l；而"年尿你"三字两者的记录相同，前两个是ø，后一个是声化韵。很明显，周依萱所记载的"尼聂"二字声母是文读音。

绥宁泥母逢细音一般读ņ，不读ø，但"浓"读ø，与周边隆回、洞口等相同，因此，绥宁"浓"的这一读音可能来自周边方言。

华容、资兴两个方言点泥、来母逢洪细都合流的类型在我们调查的湖南赣语中比较少见。华容周边的湘语泥、来母洪混细分。如益阳：南泥=兰来lã¹³、年泥ņiẽ¹³≠连来liẽ¹³。这两个方言点周边官话泥、来母不分洪细都合流为 l。如常德：泥泥=犁来li¹³、农泥=龙来loŋ¹³；郴州市区：泥泥=犁来li³¹、南泥=蓝来laŋ³¹。很明显，华容、资兴泥、来母逢洪细都合流是受周边官话的影响而形成的。不过，据《报告》（杨时逢 1974:271），华容城内泥、来母逢洪音混读为 n，逢细音泥母大都失去声母，如"年"ien、"娘"iaŋ；但一部分字仍留存声母 n，与来母字混，如"你"与"里"同音、"念"与"恋"同音。吴

---

① 据廖绚丽（2012），这三个方言点加上本书调查的西山共四个方言点分属于醴陵境内五片方言中的四片。

② 龙海燕（2008:82）认为，洞口赣方言区各个代表点的泥、来母都已混同，不过混同以后的读音有所不同。但据他提供的"10 个方言代表点字音对照表"来看，有 6 个方言点泥、来母洪混细分。

泽顺、张作贤（1989）记录的华容城关话与我们调查的终南方言相同，泥、来母逢洪细都混为 l。是不是华容泥母历史上也发生过如洞口一样脱落声母的变化呢？由于材料缺乏，目前只能存疑。

（三）来母今读塞音的演变

如前所述，平江、临湘和浏阳三个方言点来母存在逢细音读塞音的现象，不过内部略有差别。其中，临湘和浏阳来母逢细音今一般都读如端组，而平江则只有部分字读如端组。具体来说，平江流开三、臻开三、宕开三来母仍然读 l。如：刘 liəu¹³、柳 liəu²¹（流摄），鳞 lin¹³、栗 liaʔ⁴（深摄），凉 liɔŋ¹³、略 liɔʔ⁴（宕摄）。止开三、深开三、曾开三、效开三四、咸开三四、梗开三四部分读 l、部分读 tʰ。如：梨 li¹³、李里礼 li²¹、荔 li⁴⁵、励 li²²、离厘黎犁 tʰi¹³、例利 tʰi²²（蟹、止摄）；林淋凌菱 lin¹³、立 liʔ⁴、笠力 tʰiʔ⁴、粒 t̠ʰi²²/t̠ʰiʔ⁴（深、曾摄）；了 liau²¹~结、聊 tʰiau¹³、料 tʰiau²²（效摄）；镰连联敛 lien⁴⁵、tʰien¹³、猎列裂 tʰieʔ⁴（咸、山摄）；领 l̠iaŋ²¹/l̠in²¹、零 l̠iaŋ¹³/l̠in¹³、灵铃 lin¹³、另 tʰin²²、历 tʰiʔ⁴（梗摄）。值得注意的是，平江定母阳声韵极少数字读 l，入声韵不存在这个现象。如：亭停庭蜓 lin¹³，但，笛敌狄 tʰiʔ⁴；簟 lien²¹，但，叠碟 tʰieʔ⁴。

从来母逢细音与端组合流的情况来看，上述三个方言点也有区别。其中，临湘和平江来母是与透、定母合流，而浏阳则是与端母合流，只有极个别字与透、定母合流，如：笠 tʰi⁴²。造成这一区别的原因可能在于塞化后气流的强弱不同。气流较强的，与透、定母合流；气流较弱的，则与端母合流。

关于客赣方言来母读塞音的形成时间及成因，学界已有很多讨论。关于其形成时间，学者们多认为是后起音变，如万波（2009）、刘泽民（2005）、孙宜志（2006）等。我们同意这个意见。最直接的一个证据是这种变化以今韵母的洪细为条件。关于其形成过程，罗常培（1958:11）在谈到临川方言来母读 t 的时候指出："来纽在[i]、[y]前读[t]，也是很少见的现象。我想这个演变是由[l]音受后退的 'i-umlaut' 的影响，先变成带有塞音倾向的[l]，就像厦门方言里的这个辅音的读法一样；第二步再变成舌尖浊塞音[d]；最后才失落带音作用而变成舌尖清塞音[t]。这在语音演变上是有迹可寻的。"万波（2009:151-152）认为来母今读塞音与其上古的音值有关，其演变过程是：

$$*r \longrightarrow ɾ/^dl \longrightarrow \begin{cases} l & \text{（洪音）} \\ \begin{matrix} d/d^c \\ t \\ t^{'} \end{matrix} \Big\} t & \text{（细音）} \end{cases}$$

如前所述，平江既有来母逢细音读如透、定母的现象，也有定母逢细音读如来母的现象。此外，湘语新宁方言新派定母与来母逢细音合流为 l，但老派读 dˡ 或 ˡd，两种成分都相当明显，有时感到既可记为 d，又可记为 l（《新宁县志》1995）。① 从新宁方言来看，来母今读塞音与其古音音值关系不大，而是很晚近的变化。因此，我们认为，湖南赣语来母读塞音的形成过程与临川方言相同。也就是说，我们同意罗常培（1958）的观点。

二 疑母和日母的演变

（一）疑母的演变

1. 疑母在一、二等韵中的演变

疑母在一、二等韵中的今读见表 4-16。

表 4-16　　　　　　　　　　疑母在一、二等韵中的今读

	开口一二等						合口一二等		
	我	藕	眼	硬	鄂	岳~𡎺	五	瓦	外
华容	ŋo²¹	liu²¹	ŋan²¹	ŋən³³	ŋo⁴³⁵	io⁴³⁵	u²¹	ua²¹	uæi³³
岳阳楼	ŋo³¹	ŋəu³¹	ŋan³¹	ŋən²²	ŋo⁴⁵	io⁴⁵	u³¹	ua³¹	uai²²
临湘	ŋo⁴²	ŋe⁴²	ŋan⁴²	ŋʌŋ⁴²	ŋo⁵	io⁵	u⁴²	ua⁴²	uæ²¹
岳阳县	ŋo⁴²	ɲiɔu⁴²	ŋan⁴²	ŋʌŋ²¹/ŋɛn²¹	o⁵	io³	u⁴²	ua⁴²	ŋa³³/uæ²¹
平江	ŋo²¹	ŋœy²¹	ŋan²¹	ŋɑŋ²²	ŋoʔ²⁴	ioʔ²⁴	n̩²¹	ŋɑ²¹	ŋa²²/uai²¹
浏阳	ŋo²¹	niau³²⁴	ŋã³²⁴	ŋoŋ²¹	ŋo⁴⁴	io⁴⁴	n̩³²⁴	ŋua³²⁴	ŋai²¹/uai²¹
醴陵	ŋo²²	ŋeu³¹	ŋaŋ³¹	ŋaŋ²²	ŋo⁴³⁵	ŋo⁴³⁵	n̩³¹	ŋa³¹	ŋoi²²/oi²²
攸县	ŋo⁵³	ŋɛi⁵³	ŋãr⁵³	ŋaŋ¹¹	ŋo³⁵	ŋo³⁵	n̩⁵³	ŋa⁵³/ua⁵³	ŋoi¹¹/uoi¹¹
茶陵	ŋo⁴⁵	ŋø⁴²	ŋaŋ⁴²	ŋɛ̃³²⁵	ŋo³³	io³³	n̩⁴²	ŋa⁴²	ue³³/uæ³²⁵
炎陵	ŋuə²⁴	ŋɛu⁵³	ŋan⁵³	ŋan¹³	uə³³	yə³³	n̩⁵³	ŋa⁵³	ŋuai¹³
安仁	ŋɔ³²²	iɛ⁵³	ŋaŋ⁵³	õ³²²/ĩ³²²	u²¹³	iu²¹³	u⁵³	ŋɑ⁵³	ue³²²
资兴	ŋɯ⁴⁴	ŋai³¹	ŋo³¹/ŋan³¹	ŋaŋ³⁵	ŋo¹³	lio¹³	u³¹	o³¹	uei³⁵
绥宁	ŋo²²	ɲiau¹³	ɲiʌ¹³	ŋaŋ⁴⁴/ŋɛ̃⁴⁴	o³²⁴	io³³	u¹³	uʌ¹³	ue⁴⁴/uai⁴⁴
永兴	n̩⁴⁵	ɛ⁴²	æ⁴²/i̯⁴²	n̩¹³	ɔ²²	iɔ²²	u⁴²	ɔ⁴²	uɛ¹³
隆回	o²¹²	iə²¹²	aŋ²¹²	oŋ⁴⁵/ɛ̃⁴⁵	o³²⁵	io³²⁵	u²¹²	uɑ²¹²	ue⁴⁵
洞口	o²¹³	ɤ²¹³	ã²¹³	ɑŋ⁵³/g̃⁵³	o⁴⁵	io⁴⁵	u²¹³	ua²¹³	uai⁵³
耒阳	ŋo⁵³	ə⁵³	ŋã⁵³	ŋɛ̃²¹³	o¹³	io¹³	n̩⁵³/u⁵³	ŋa⁵³	uæ²¹³
常宁	ŋo⁴⁴	ɯ⁴⁴	ŋã⁴⁴	ŋõ²⁴/ŋɛ̃²⁴	ŋo³³	io³³	u⁴⁴	ua⁴⁴	uæ²⁴

① 转引自陈晖《湘方言语音研究》，湖南师范大学出版社 2006 年版，第 63 页。

　　由表 4-16 可知，开口一、二等韵中，多数方言点疑母一般读ŋ，如华容、岳阳楼、临湘、岳阳县、平江、浏阳、醴陵、攸县、茶陵、炎陵、安仁、资兴和绥宁等 13 个方言点。这些方言点疑母只有个别字读ø，如岳阳县、绥宁宕摄的"鄂"、安仁的"硬"。少数方言点疑母一般读ø，有永兴、隆回和洞口 3 个方言点，不过，永兴有部分字读韵化辅音，如表 4-16 中的"我、硬"等。还有少数方言点疑母一般读ŋ，只在部分韵摄主要是果摄和流摄中读ø，有耒阳和常宁 2 个方言点。湖南赣语疑母在洪音前的今读情况与《报告》（杨时逢 1974）反映的基本相同（李冬香 2005a）。

　　从地理分布来看，湖南赣语疑母读ø现象的只见于湘南和湘西南，湘北和湘中没有这个表现，请参看附录图 9 "疑母在开口洪音前的今读"。

　　合口一、二等韵中，疑母一般读ø，但岳阳县、平江、浏阳、醴陵、攸县、茶陵、炎陵、安仁和耒阳等方言点有部分字读ŋ，与开口一、二等韵中的读音相同。此外，浏阳、攸县、茶陵、炎陵、耒阳的"五"，安仁的"吾"，平江、醴陵的"五吴误"等读韵化辅音；湘西南暂时未发现疑母读韵化辅音的现象。

　　据王力（1985:165），隋唐时期，疑母读音为＊ŋ。从湖南赣语疑母的今读来看，ŋ声母的消失最先见于合口一、二等韵。这大概是因为ŋ与u发音部位相同，ŋ的发音又与元音比较接近，因而被吞并。来自疑母合口一、二等韵的韵化辅音则是由于舌根鼻音受元音 u 的影响而产生的。王力（1985:562）谈到汉吾方言中的声化韵ŋ时曾指出："'吴午五误悟'等字本来是[ŋu]。[ŋ]与[u]发音部位相同，[ŋ]受[u]的影响，于是元音化了，同时元音[u]脱落了。"

　　在合口一、二等韵中的ŋ声母消失以后，开口一、二等韵中的ŋ声母也逐渐消失。从耒阳、常宁等方言开口一、二等韵中疑母一般读 ŋ、部分读ø来看，其声母零化应该不会太早，成因目前还不太清楚。刘泽民（2005:143）在谈到莲花方言疑母读ø的现象时指出："莲花不像是近代官话覆盖的结果，而像自主音变。它的二等字'牙咬'不像官话那样有 i 介音，'義蟻疑毅'鼻化和'五'字鼻辅音自成音节透露出它们先前声母读ŋ的信息，而且其声母的零化应是比较晚近的事。但如此广阔的客赣方言区疑母只有莲花一处彻底零声母化，使它显得过于特异。个中原因值得深究。"

　　2. 疑母在三等韵中的演变

　　疑母在三等韵中的今读见表 4-17。

表 4-17　　　　　　　　　　　　疑母在三等韵中的今读

	开口三等					合口三等				
	蚁	牛	毅	银	业	鱼	危	愿	月	玉
岳阳楼	ȵi³¹	ȵiəu¹³	ȵi²²	in¹³	ȵie⁴⁵	y¹³	uei¹³	yan²²	ye⁴⁵	y⁴⁵
临湘	ȵi²¹	ȵiəu¹³	ȵin²¹	ȵin¹³	ȵie⁵	ȵy¹³	uei¹³	ȵyɛn²¹	ȵye⁵	ȵiəu³²⁵/y³²⁵
岳阳县	ɲi⁴²	ɲiəu¹³	ɲin²¹	ɲin¹³	ɲi³	y¹³	uei¹³	uøn²¹	uø³	y⁴⁵
平江	ŋi⁴⁵	ŋiəu¹³	ŋi⁴⁵	ŋin¹³	ŋieʔ²⁴	ŋ̍¹³	ui¹³	ŋan²²	ŋyaʔ²⁴	y⁴⁵
浏阳	ŋi³²⁴	ŋiəu⁴⁵	ŋi²¹	ŋin⁴⁵	ŋiɛ⁴²	ŋy⁴⁵	uei⁴⁵	ŋyĩ²¹	ŋyɛ⁴²	y²¹
醴陵	ŋi³¹	ŋiəu¹³	ŋi²²	ŋiŋ¹³	ŋie⁴³⁵	ŋy¹³	uei¹³	ŋyẽ²²	ŋye⁴³⁵	y²²
攸县	ȵi¹³	ȵy¹³	ȵi¹¹	iŋ¹³	ȵie³⁵	ŋ̍¹³	ŋoi¹³	ŋuɛ̃i¹¹	ŋue¹¹	y¹¹
茶陵	ȵi³²⁵	ȵiø²¹³	ȵi³²⁵	nĩ²¹³	ȵie³³	ŋ̍²¹³	ue²¹³	yaŋ³²⁵	ye³³	y³²⁵
炎陵	ȵi³³	ȵiu²¹³	i³	nĩ²¹³	ȵie³³	ŋ̍²¹³	uei²¹³	ȵyɛn³³	ȵye³³	y³³
常宁	ȵi²⁴	ȵiɯ²¹	ŋẽ²⁴	ȵiẽ²¹	ȵie³³	y²¹	ui²¹	yã²⁴	ye³³	y²⁴
绥宁	ŋ̍⁴⁴	ɲiau⁴⁵	ŋ̍³²⁴	ŋ̍⁴⁵/ĩ⁴⁵	ɲie³²⁴	ʮ⁴⁵	ui⁴⁵	ʮe⁴⁴/ŋɛ̃⁴⁴	ʮe⁴²	ʮ⁴²
安仁	min⁵³	iu²⁴	ŋ̍³²²	ŋ̍²⁴	ie²¹³	ŋ̍²⁴/y²⁴	ui²⁴	uĩ³²²	uɛ⁴⁴	y²¹³
耒阳	i²¹³/iæ̃²¹³	iɯ²⁵	i²¹³	ŋ̍²⁵/iæ̃²⁵	iɛ¹³	ŋ̍²⁵	ui²⁵	ye²¹³	ye⁴⁵	y¹³
永兴	ʅ⁴²	iɯ³²⁵	ʅ¹³	ŋ̍³²⁵	ie²²	ŋ̍³²⁵	ui³²⁵/ui²²	yi¹³	ye⁴⁵	y¹³
隆回	ŋ̍⁴⁵	iɤŋ¹³	ŋ̍⁴⁵/i⁴⁵	ŋ̍¹³/iɛ̃¹³	ĩ³²⁵	u¹³	mi¹³	mĩ⁴⁵	mĩ⁴⁵/me³²⁵	u⁴⁵
洞口	ŋ̍²⁴/ŋ̍²¹³	iu²⁴	ŋ̍⁴⁵	ŋ̍²⁴	iɛ⁵³	ʮ²⁴	ui²⁴	yɛ̃⁵³	ye⁴⁵	ʮ⁴⁵
华容	li³³	liəu¹²	li³³	lin¹²	lie⁴³⁵	y¹²	uei¹²	yĩ³³	ye⁴³⁵	y⁴³⁵
资兴	li⁴⁴/li³⁵	li²²	li³³	liŋ³¹	li¹³	ly²²	uei²²	ly³⁵/iŋ³⁵	ly⁴⁴	y³⁵

由表 4-17 可知，开口三等韵中，大多数方言点疑母一般读 ȵ/ɲ/ŋ，有岳阳楼、临湘、岳阳县、平江、浏阳、醴陵、攸县、茶陵、炎陵、常宁和绥宁等 11 个方言点；少数方言点一般读 ø，有安仁、耒阳、永兴、隆回和洞口等 5 个方言点；极少数方言点一般读 l，有华容、资兴 2 个方言点。此外，有部分方言点疑母存在读韵化辅音的现象，如绥宁、安仁、耒阳、永兴、隆回和洞口等。

合口三等韵中，如果韵母为合口呼，疑母一般读 ø，只有攸县有部分字读 ŋ。如果韵母为细音，有的读 ø，如岳阳楼、岳阳县、茶陵、常宁、安仁、耒阳、永兴、洞口、绥宁和华容等；有的读 l，如资兴；有的读 ȵ/ɲ/ŋ 的，如临湘、平江、浏阳和醴陵等；有的读 m，如隆回。此外，平江、攸县、茶陵、炎陵、安仁、耒阳和永兴等方言点遇摄合三"鱼"读韵化辅音 ŋ̍/ȵ̍。

（二）日母的演变

日母的今读见表 4-18。

表4-18　　　　　　　　　　　　日母的今读

	开三						合三			
	二	热	人	日	让	弱	汝	闰	绒	肉
岳阳楼	ɛ^{22}	zɤ^{45}	zən^{13}	zɿ^{45}	zaŋ^{22}	ȵio^{45}	y^{31}	yn^{22}	iuŋ^{13}	zəu^{45}
临湘	ø^{21}	ȵie^{5}	ȵin^{13}	ȵi^{5}	ioȵ^{21}	ȵio^{5}	y^{42}	yn^{21}	iɤŋ^{13}	ȵiəu^{5}
岳阳县	ø^{21}	ȵi^{3}	ȵin^{13}	ȵi^{3}	ȵiʌŋ^{21}	ȵio^{3}	y^{42}	uən^{21}	iɤŋ^{13}	ȵiəu^{3}
平江	y^{22}	ȵieʔ^{4}/yaʔ^{4}	i̠in^{13}/yn^{13}	ȵi^{24}/yɐ^{4}	ioȵ^{22}	ȵioʔ^{4}	y^{21}	ŋyn^{22}	iɤŋ^{13}	ȵiəuʔ^{4}
浏阳	y^{21}	ŋie^{42}	ŋin^{45}	ŋie^{44}	loŋ^{21}	ŋio^{44}	y^{324}	yn^{21}	yn^{45}	ŋiəu^{44}
醴陵	ɛ^{22}	ȵie^{435}	ȵiŋ^{13}	ȵi^{435}	ȵioŋ^{22}	ȵio^{435}	y^{31}	yŋ^{22}	iŋ^{13}	ȵiəu^{435}
攸县	ɛ^{11}	ȵie^{11}/iɛ^{11}	iŋ^{13}	ȵie^{35}	ian^{11}	io^{35}	ŋy^{53}	uən^{11}	uaŋ^{35}	ȵio^{35}
茶陵	e^{325}	ȵie^{33}/lɛ^{33}	i̠ɪ^{213}/lɛ̃^{325}	ȵɪ̃^{33}/ȵi^{33}	loŋ^{325}	ȵio^{33}	/	yɛ^{325}	yɤŋ^{213}	ȵiø^{33}
炎陵	ɛ^{13}	lɛ^{33}	i̠ɪ^{213}/lɛ̃^{213}	ȵi^{21}	laŋ^{13}	ȵ.yɛ^{24}/luɛ^{33}	y^{53}	luɛ^{33}	iən^{213}	ȵiu^{21}
常宁	e^{24}	zɛ^{33}	zɛ̃^{21}	zɿ^{33}	lɔ̃^{24}	ȵio^{33}	ȵy^{44}	yɛ^{24}	iɔ̃^{21}	zɯ^{33}
绥宁	ø^{44}	ȵie^{42}	ŋ̍^{45}	ŋ̍^{33}/ie^{42}/i^{324}	iaŋ^{44}	ȵio^{324}	ȵy^{13}	ĩ^{44}	iɤŋ^{45}	ȵiu^{33}/niu^{33}
安仁	ɛ^{322}	iɛ^{44}/iɛ^{213}	ŋ̍^{24}/in^{24}	i^{213}	iɔ̃^{322}	iu^{213}	y^{24}	uən^{322}	in^{24}	iɯ^{213}
耒阳	ə^{213}	iɛ^{45}	ŋ̍^{25}/iɛ̃^{25}	i^{45}	iɔ̃^{213}	io^{13}	y^{53}	yæ^{213}	iɤŋ^{13}	iɯ^{45}
永兴	ɛ^{13}	iɛ^{45}	ŋ̍^{325}	ɿ̍^{13}	iɑ^{13}	iɔ^{22}	y^{42}	yn^{13}	ioŋ^{325}	iɯ^{45}
隆回	e^{45}	ĩ^{44}/ĩ^{45}/ie^{325}	ŋ̍^{13}	ŋ̍^{44}/i^{325}	ioŋ^{45}	io^{325}	u^{212}	ɐ̃^{45}	iɤŋ^{13}	iɤŋ^{44}/su^{325}
洞口	ɣ^{53}	iɛ^{45}/ie^{45}	ŋ̍^{24}/iɛ̃^{24}	ŋ̍^{53}/iɛ̃^{53}	iaŋ^{53}	io^{53}	ɐ^{213}	yɛ^{45}	iuŋ^{24}	iu^{53}
华容	e^{33}	ye^{435}	zən^{12}	e^{435}	zʌŋ^{33}	lio^{435}	y^{21}	yn^{33}	zoŋ^{12}	zəu^{435}
资兴	æ^{35}	i^{44}	iŋ^{22}/iŋ^{22}	iei^{13}	iaŋ^{35}	lio^{13}	ly^{31}	iŋ^{35}	/	iɛu^{13}

从表4-18可知，逢细音，多数方言点日母读ȵ/ɲ/ŋ，有岳阳楼、临湘、岳阳县、平江、浏阳、醴陵、攸县、茶陵、炎陵、常宁、绥宁等11个方言点；少数方言点读ø，有安仁、耒阳、永兴、隆回、洞口等5个方言点；极少数方言点读l，有华容、资兴2个方言点。日母在细音前的上述今读与泥母相同。据王力（1985:165），隋唐时期，日母读*ȵ。*ȵ与泥母*n非常接近。很明显，湖南赣语日母的上述读音是与泥母合流后产生的。

日母字韵母今为洪音的较少，主要见于岳阳楼、浏阳、茶陵、炎陵、常宁、华容等方言点。日母逢洪音时，岳阳楼、华容读z；浏阳、茶陵、炎陵读l；常宁有z和l两读。读l时，日母都与来母合流。据《报告》（杨时逢1974），华容城内日母有读z声母的，这个z"是纯粹的舌尖后音，很像国音的z"（杨时逢1974:257）；而常宁大同铺日母今读z，与吴启主（1998）记录的常宁城关话相同。不过，日母今有z读音的三个方言点岳阳楼、华容和常宁其周边方言如常德官话、衡阳方言今天都没有这个声母。由此我们推测，岳阳楼、华容的 z 可能是晚期受普通话的影响而产生的，而常宁的 ʑ 是 z 舌面化的结果。

三　泥、日、疑母读韵化辅音

上文分别介绍了泥、日、疑母的今读，从中可知，逢细音时三者合流，有些方言点部分字进一步演变为韵化辅音。下面把我们调查到的读韵化辅音的字全部罗列出来。如岳阳楼：你 $ɳ^{31}$；临湘：你 $ɳ^{42}$；岳阳县：你 $ɳ^{42}$；平江：吴蜈~蚣鱼 $ŋ̍^{13}$、五 $ŋ̍^{21}$、你 $ɳ^{21}$；浏阳：五 $ɳ^{324}$、你 $ɳ^{21}$；醴陵：吴蜈~蚣 $ŋ̍^{13}$、五 $ŋ̍^{31}$；攸县：鱼 $ɳ^{13}$；茶陵：五 $ŋ̍^{42}$、鱼 $ɳ^{213}$；炎陵：鱼 $ɳ^{213}$、五伍 $ŋ̍^{53}$；安仁：鱼疑尼人银吟仪宜谊迎 $ɳ^{24}$、义议你毅艺 $ɳ^{322}$、女 $ɳ^{53}$；耒阳：你五 $ŋ̍^{53}$、鱼人银 $ɳ^{25}$；永兴：我 $ɳ^{45}$、鱼 $ŋ̍^{325}$、女 $ŋ̍^{42}$、人银 $ɳ^{325}$、仁吟 $ɳ^{22}$、忍 $ɳ^{42}$、认硬任姓 $ɳ^{13}$；隆回：蜈~蚣宜仪谊疑尼人银 $ɳ^{13}$、艺蚁义议毅 $ɳ^{45}$、你 $ɳ^{212}$、逆 $ɳ^{325}$、且 $ɳ^{44}$；洞口：日 $ɳ^{53}$、宜仪谊蚁疑尼泥银人 $ɳ^{24}$、艺义议毅 $ɳ^{45}$、你 $ɳ^{213}$、逆 $ɳ^{45}$；绥宁：女仪议 $ɳ^{13}$、疑人银 $ɳ^{45}$、宜艺泥谊尼毅逆 $ɳ^{324}$、腻蚁义 $ŋ̍^{44}$、你 $ɳ^{22}$、且 $ɳ^{33}$。

从泥、日、疑母读韵化辅音的情况来看，湖南赣语内部存在明显的差别。有的方言点字数较少，如岳阳楼、耒阳等只有几个常用字即"你五鱼"等；有的字数较多，如安仁、隆回、洞口和绥宁等方言点；有的则暂时没有发现读韵化辅音的现象，如华容、醴陵、常宁和资兴等。从地理分布来看，泥、日、疑母读韵化辅音湘北和湘中只见于泥母和疑母，不见于日母，而且字数较少；湘南和湘西南则泥、日、疑三个声纽都有，且字数较多，请参看附录图 10 "泥、日、疑母是否读韵化辅音"。

泥、日、疑母今读韵化辅音是如何形成的呢？在古合口中，今读韵化辅音的只有遇合一疑母"五"以及合三泥、疑母"女鱼"等极少数字，其演变过程是：ŋ/n（ui）→ŋ/n（i）→ŋ̍/ṇ。开口三等中，除永兴外，泥、日、疑母的韵化辅音可能是因韵母为细音从而被声母吞没而形成的。不过，这个演变湘北、湘中只见于泥母个别字如"你"，湘南和湘西南则还见于日母、疑母字如"人银"等。由于古开口与古合口中的韵化辅音形成原因不同，有的方言点两者还存在对立，如平江：五疑 $ŋ̍^{21}$≠你泥 $ɳ^{21}$；有的则合流了，如浏阳"五"与"你"都读韵化辅音 ṇ。

永兴泥、日、疑母开口三等韵韵化辅音的成因与上述方言点不同。在永兴，凡是按语音规律应读为 in 的音节，全部读韵化辅音；而且除了应读为 in 的音节读韵化辅音外，暂时没有发现其他开口三等字读韵化辅音的情况。此外，今读韵化辅音的不仅有泥、日、疑声母字，还有影母、喻母字。如：音阴因姻应~当英鹰鹦~鹉樱~桃莺 $ɳ^{45}$、淫赢盈蝇寅 $ɳ^{325}$、引隐影映饮 $ɳ^{42}$、应~付印洇映认姓 ȵ¹³、迎 ȵ²²。这表明，其韵化辅音不是来自声母，而是来自韵母。我们在本章第二节"精、庄、知、章的分合"指出，永兴 in 只与 tɕ、tɕʰ 相拼，不与 ɕ 相拼，凡按规律应读 ɕin 的音节全部演变为 sen。由此我们推测，永兴的韵化辅音可能是因为前面的韵腹 i 被韵尾 n 吞没所致，正如泥、疑母的"你"韵母 i 被声母 n 吞没一样。由于泥、日、疑母开三今读声化韵与合口今读声化韵的成因不同，来自古合口的 ŋ̩ 与来自古开口的 n̩ 还存在对立。如：我合口ŋ̩⁴⁵ ≠ 音开口 n̩⁴⁵、鱼合口ŋ̩³²⁵ ≠ 人银开口 n̩³²⁵、女合口ŋ̩⁴² ≠ 影忍开口 n̩⁴²。据《报告》（杨时逢:788-803），永兴白泥塘没有发现 in 与 ø 相拼时演变为韵化辅音的现象。

四 隆回 m 声母的特殊来源

隆回今读 m 声母的字来源广泛，除了明母以外，还有部分来源于微、喻、日、疑等声纽。不过，非明母字读 m 声母的主要见于合口三、四等。如：威影危疑唯以维以惟以为云违云围云微微 mi⁴⁴、委影伟云苇云纬云尾微 mi²¹²、位云卫云喂云魏疑未微味微畏云 mi⁵³（蟹合三、止合三）；冤影渊影 mĩ⁴⁴、缘以沿以铅以元疑原疑源疑员云袁云援云园云 mĩ¹³、软日远疑 mĩ²¹²、怨影愿疑院云 mĩ⁵³、月疑 mĩ⁵³/me⁵³、粤云越以悦以阅以 me³²⁵（山合三四）。此外，合口一、二等也有少数影母、甚至匣母字读 m。如：滑匣 miɑ⁴⁵、挖影 miɑ⁴⁴、完丸匣 mĩ¹³。还有个别来母字读 m，如：联 mĩ¹³ 缝（衣服）。

据曾春蓉（2008），洞口山门等地也存在日、疑、影、喻等声纽读 m 的现象，不过只出现在山、臻摄以及与臻摄合流的梗摄合口三、四等中。如：园 miæ̃²¹³、远 miæ̃³¹、院 miæ̃⁴⁴、越阅 miæ³⁵、云匀荣 mẽ²¹³、永尹 mẽ³¹（喻母）；软 miæ̃³¹、闰 mẽ³⁵（日母）；元 miæ̃²¹³、愿 miæ̃⁴⁴、月 miæ³⁵（疑母）；冤怨 miæ̃⁴⁴（影母）。另据尹喜清、陈卫强（2009），山门止摄合口的"围卫为"、山摄合口一、二等的"挖滑猾完丸"等字声母也为 m。尹喜清、陈卫强（2009）还指出，隆回高坪、六都寨、涟源六亩塘等也存在非明母字读 m 的现象，其中以涟源六亩塘最为突出。在六亩塘，山、臻、梗、止、蟹五摄合口中的日、疑、影、喻、匣等声纽字读 m 声母。如蟹摄合口一等的"外回"、山摄合口二等的"挖滑猾"、三四等的"冤元月软"等声母均为 m。

非明母字读 m 的现象在其他方言中也存在。王福堂（1999:7）指出，汉语方言鼻音声母发音部位转移而发音方法不变是相当常见的现象。比如合肥"泥（泥）"꜀mȵ，建瓯"尼"（泥）mi²，"日"（日）mi꜀，苏州"蚁"（疑）mi²，温州"蛾"（疑）꜀mai，广州"弥"（明）꜀nei 等等，各字音声母的例外，都是因为泥、日、疑、明母等鼻音声母的发音部位转移而造成的。他还进一步指出，西安话"女猫"一词中的"女"꜀mi 的变化过程应该是：ny→ni→mi。很明显，湖南赣语非明母字读 m 的现象与王福堂先生所指出的上述方言性质不同，因为湖南赣语非明母字读 m 的现象并不限于鼻音声母，还见于非鼻音声母。另外，微母字读 m 也不是古音的保留，因为隆回微母字读 m 有音韵条件，即只限于合三，合三以外的不读 m，如：雾 u⁵³、袜 uɑ⁴⁴、问 uɛ⁵³。

关于上述方言非明母字读 m 声母的成因，龙海燕（2008）、曾春蓉（2008）、尹喜清、陈卫强（2009）都进行了探讨。尹喜清、陈卫强（2009）指出：这些声母要同时演变成 m 声母，必须都已经失落各自的声母，成为ø，这是演变成 m 声母的第一步。我们同意这一说法。事实上，隆回日、疑、影、喻等声纽在齐齿呼前今一般读ø或韵化辅音。

除了声母的条件以外，日、疑、影、喻乃至匣等声纽读 m 的现象还与韵母有关。从这个现象只见于合口呼可以看出，m 的声母的形成肯定与-u-有关。龙海燕（2008:80）在谈到洞口日、疑、喻等声纽读 m 时认为："由于它们都是古合口字（主要是合口三等），因此这种零声母又是以[y]或[u]开头的；又由于[y]或[u]开口很小，在洞口赣方言区的发音唇形较展，部位比普通话要前；所以这样的零声母音节又很容易孳生出辅音声母[m]。"曾春蓉（2008）认为："[y]介音是元音，属于响音，在发生进一步拢圆摩擦，发成了双唇音这一变化时，还要保持响音这一语音特征，双唇音声母[m]就产生了。"尹喜清、陈卫强（2009）认为，上述发生音变的字无一例外是中古合口呼的字，中古合口呼的字带有介音-u-、-iu-，在零声母情况下，前者容易演变为 w 或 v，后者容易演变为 ɥ，然后它们再进一步向双唇音 m 转化。我们赞同龙海燕（2008）、曾春蓉（2008）、尹喜清、陈卫强（2009）的观察角度，但是，如果认为 m 声母是由于 y 或 u 的唇音化影响孳生出来的话，那么，来自合口一、二等的"挖滑"读 m 又如何解释？此外，合口三等今天读撮口呼并不代表 m 声母产生时也读撮口呼。

我们来看隆回、洞口见系合口一、二等字"骨、挖、滑"的今读，见表 4-19。

表 4-19　　　　　　隆回、洞口"鸭、骨、挖、滑"的今读①

	骨	挖	滑
隆回	kuɛɑ⁴⁴	miɑ⁴⁴	miɑ⁴⁴
洞口山门	kya⁵⁵	mie⁵⁵	mie³⁵
洞口管竹	kya⁵⁵	ya⁵⁵	ya³⁵
洞口岩山	kuɛɑ⁵³	ua⁵³	ua⁴⁵

① 此表山门、管竹材料来自龙海燕《洞口赣方言语音研究》，民族出版社 2008 年版。

《广韵》音系中，"骨"的韵母为*uət，"挖滑"的韵母为*wæt（王力 1980:52）。从表 4-19 上述几个方言点"骨、挖、滑"的地域差异可以推测，塞音韵尾丢失后，由于-u-的影响，它们衍生了一个过渡音-ɛ-，如隆回和洞口岩山的"骨"。后来，这个-ɛ-高化，与-u-结合在一起演变为-ui-，然后再演变为-y-，如洞口山门、管竹的"骨"。因此，我们认为，隆回、洞口山门"挖滑"的 m 声母是由-ui-孳生出来的。当声母为ø时，u 在前、高元音 i 的影响下，孳生出 m 声母。m 声母产生以后，介音-u-丢失，韵母则转化为齐齿呼。其演变过程是：-ui-→mui-—mi-。总之，影母、匣母合口一、二等字今读 m 声母是由于元音高化后与介音一起演变为-ui-后孳生的。隆回止合三见系读 ui，非、敷、奉母读 i，微、影和喻等声纽读 mi 等事实可以为此提供旁证。涟源六亩塘蟹摄合口一等长"外回"、山摄合口二等的"挖滑猾"、洞口山门匣母的"完丸"今读 m 声母的成因与隆回相同。

合口一、二等非明母字的声母 m 是由零声母中的-ui-孳生的，而合口三等中的这个特殊声母 m 则来源于-iu-。由于合口三等的介音-iu-是复合介音，声母又为ø，这样，在-u-的影响下便孳生出 m 声母。m 声母产生后，-iu-中的-u-被吞并。

曾春蓉（2008）由于认为日、疑、喻母的 m 是在 y 的基础上产生的，因此在谈到 m 只与齐齿呼相拼的现象时认为："如果原来的[y]介音和韵腹的动程不是很大，那么在[y]介音变成双唇音辅音[m]以后，介音完全消失，变成了开口呼；如果原来的[y]介音和韵腹的动程很大，那么在[y]介音变成双唇音辅音[m]以后，这音节就增加一个[i]介音来代替原来的介音，变成了齐齿呼。"前文指出，m 是在-iu-/ui-的基础上受其中-u-的影响孳生的，而后 m 在与-iu-/-ui-相拼时又丢掉了介音-u-。正是因为如此，隆回"月"的文白两个读音"mĩ⁵³/me⁵³"白读为细音，文读为洪音。如果认为 m 是在 y 的基础上产生的，"月"白读细音、文读洪音的现象很难解释。此外，如前所述，蟹、止摄合三影母、喻母等在龙海燕（2008）、曾春蓉（2008）的记录中不读 m 声母，而尹喜清、陈卫强（2009）则认为少数字读 m 声母。这说明，来自合三影、喻母等声纽的 m 声母正在产生之中，只不过各个方言速度不一。

最后来看隆回"联₍衣服₎"读 m 声母的成因。"联"是来母字，为什么读 m 声母呢？这与"联"的音值有关。在湘南和湘西南赣语中，表示"缝（衣服）"义的"联"与"联系"的"联"读音普遍不同，前者读如合口三等，后者读如开口三等。如宁宁：联ŋyã²¹缝(衣服)/liã²¹~系；绥宁：联ɫɐe⁴⁵缝(衣服)/liẽ⁴⁵~

系。因此，隆回"联_{缝（衣服）}"也应读如合口三等。由于来母不与撮口呼相拼，来自合口三等的"联_{缝（衣服）}"便只好与泥、日、疑母合流为ø，然后，又在复合介音-iu-的影响下产生 m 声母。

第六节　影母的演变

一　影母在开口洪音前的演变

影母在开口洪音前的今读见表 4-20。

表 4-20　　　　　　　　　影母在开口洪音前的今读

	哑	矮	呕~吐	袄	暗	安	鸭	恩	恶普~	握
华容	ŋa²¹	ŋæi²¹	liu²¹/ŋəu²¹	ŋʌu²¹	ŋan²¹³	ŋan⁴⁵	ŋa⁴³⁵	ŋən⁴⁵	ŋo⁴³⁵	ŋo⁴³⁵
岳阳楼	ŋa³¹/ia³¹	ŋai³¹	ŋəu³¹	ŋau³¹	ŋan³²⁴	ŋan³⁴	ŋa⁴⁵	ŋən³⁴	ŋo⁴⁵	ŋo⁴⁵
临湘	ŋa⁴²	ŋæ⁴²	ŋe⁴²	ŋuɔ⁴²	ŋøn³²⁵	ŋøn³³	ŋæ⁵	ŋɛn³³	ŋo⁵	uo⁵
岳阳县	ŋa⁴²	ŋæ⁴²	ŋʌu⁴²	ŋɔu⁴²	ŋøn⁴⁵	ŋøn³³	ŋæ⁵	ŋɛn³³	ŋo⁵	uo³
平江	ŋa³²⁴	ŋai³²⁴	ŋœy³²⁴	ŋɑu³²⁴	ŋøn⁴⁵	ŋøn⁴⁴	ŋaʔ⁴	ŋen⁴⁴	ŋoʔ⁴	uøʔ⁴
浏阳	ŋua³²⁴	ŋai³²⁴	ŋei³²⁴	ŋau³²⁴	ŋuĩ⁴²	ŋuĩ⁴⁴/nã⁴⁴	ŋa⁴⁴	ŋĩ⁴⁴	o⁴⁴	o⁴⁴
醴陵	ŋa³¹	ŋai³¹	ŋeu³¹	ŋau³¹	ŋoŋ²²	ŋoŋ⁴⁴	ŋa⁴³⁵	ŋẽ⁴⁴	ŋo⁴³⁵	uo⁴³⁵
茶陵	ŋa⁴²	ŋæ⁴²	ŋø⁴²	ŋɔ⁴²	ŋaŋ³³	ŋaŋ⁴⁵	ŋa³³	ŋẽ⁴⁵	ŋo³³	uo³³
安仁	ŋɑ⁵³	iɑ⁵³	iɜi⁵³	ŋɔ⁵³	ŋaŋ³²²	ŋaŋ⁴⁴	ŋa²¹³	ĩ⁴⁴	u²¹³	u²¹³
炎陵	a⁵³/ŋa⁵³	æi⁵³	ɛu⁵³	ɑo⁵³	an³³	an²⁴	a²⁴	ẽ²⁴	uə²⁴	uə³³
永兴	ɔ⁴²	a⁴²	ɛ⁴²	ə⁴²	æ¹³	æ⁴⁵	ɔ²²	en⁴⁵	o²²	ɔ²²
隆回	ɑ²¹²	a²¹²	iə²¹²	ɑu²¹²	aŋ⁴⁵	aŋ⁴⁴	iɛa⁴⁴/iɑ³²⁵	ɛ̃⁴⁴	o³²⁵	u³²⁵
洞口	a²¹³	ai²¹³	ɤ²¹³	ɑu²¹³	ã⁴⁵	ã⁵³	a⁵³/ɛa⁵³	ẽ⁵³	o⁵³	o⁴⁵
攸县	a⁵³	ai⁵³	ɛi⁵³	au⁵³	uoŋ¹¹	ŋoŋ³⁵	a³⁵	ŋɛ̃i³⁵	uo³⁵	uo³⁵
耒阳	ŋa⁵³	ŋæ⁵³	ə⁵³	ŋɔ⁵³	ŋã²¹³	ŋã⁴⁵	ŋa¹³	ẽ⁴⁵	o¹³	o¹³
常宁	ŋa⁴⁴/ia⁴⁴	ŋe⁴⁴	ɯ⁴⁴	ŋɔ⁴⁴	ŋã²⁴	ŋã⁴⁵	ŋa³³/ia³³	ŋẽ⁴⁵	o³³	u³³
资兴	o³¹	æ³¹	ai³¹	au³¹	ŋaŋ³⁵	ŋaŋ⁴⁴	o¹³	ŋeŋ⁴⁴	ɯ¹³	u¹³
绥宁	A¹³	ai¹³	œu¹³	ŋau⁴²	ŋẽ⁴²	ŋẽ³³	A³³	ŋẽ³³	o³³	uo³²⁴

由表 4-20 可知，多数方言点影母在开口洪音前一般读ŋ，有华容、岳阳楼、临湘、岳阳县、平江、浏阳、醴陵、茶陵和安仁等 9 个方言点；少数方

言点一般读ø，有炎陵、永兴、隆回和洞口等 4 个方言点；还有少数方言点部分读ŋ、部分读ø，有攸县、耒阳、常宁、资兴和绥宁等 5 个方言点。这与《报告》（杨时逢 1974）反映的湖南赣语的情况基本相同（李冬香 2005a）。不过，上述部分读ŋ、部分读ø的方言点中，有的韵摄内部还有两读情况。如攸县蟹开一读ŋ，如：哀ŋoi^{35}、爱ŋoi^{11}；开二有的读ø，如：矮ai^{53}，有的读ŋ，如：隘ŋai^{11}。山摄开一读ŋ，如：安ŋoŋ^{35}；开二读ø，如：晏ãi^{11}。资兴蟹摄开一读ŋ，如：哀ŋai^{44}、爱ŋai^{35}；开二读ø，如：矮æ^{31}、隘a^{35}。绥宁山摄开一读ŋ，如：安ŋẽ^{33}；开二读ø，如：晏a^{42}。流摄部分读ŋ、部分读ø，如：欧殴ŋiau^{33}、呕œu^{13}、沤œu^{42}。另外，一般读ø中的炎陵极少数字白读ø、文读ŋ，如表 4-20 中的"哑"，还有如：爱ai^{33}/ŋai^{33}、哀ai^{24}/ŋai^{24}。

　　据王力（1985:165），隋唐时期，影母为喉塞音*ʔ。由湖南赣语影母的今读可以看出，其ŋ正在产生之中。从攸县、资兴、绥宁等影母在开口洪音前的今读来看，开口一等ŋ的产生先于开口二等。这可能是由于开口一等元音舌位较低、较前，喉塞音较容易演变为舌根音，与疑母在舌位较后、较高的元音前容易脱落 ŋ 声母的演变一致。把影母在开口洪音前的今读与疑母进行比较，发现，有的方言点影、疑母在开口洪音前一般读ŋ，如华容、平江、茶陵等；有的方言点一般读ø，如永兴、隆回、洞口等；有的方言点疑母一般读ŋ，影母不读或部分读ŋ，如炎陵、攸县、资兴、绥宁等。这说明，影母、疑母的演变并不总是同步的。

　　影母除了读ŋ和ø以外，华容、洞口流摄极少数字读 1，如华容：呕 liu^{21}/ŋəu^{21}、欧 liu^{45}/ŋəu^{45}；洞口：欧殴 liɤ^{53}。对照疑母的今读，发现，华容影母与疑母依韵母的洪细合流，逢洪音两者合流为ŋ，逢细音两者与泥母合流为1。因此，华容影母读 1 是与疑母、泥母合流的结果。洞口影母逢细音读 1 的成因目前还不清楚。

　　从地理分布来看，湖南赣语影母逢开口洪音读ø以及部分读ø的现象集中分布在湘南和湘西南，湘中只有个别点有此表现，湘北则暂时未发现，请参看附录图 11 "影母在开口洪音前的今读"。

　　二　影母在合口洪音前的演变

　　影母在合口呼前一般读ø，这在汉语方言中非常普遍，湖南赣语基本如此。不过，通摄合口影母有一些比较特殊的表现，主要有：第一，读鼻音ŋ，见于华容、岳阳楼合口一等。如华容：翁ŋoŋ^{45}、瓮ŋoŋ^{213}；岳阳楼：翁ŋuŋ^{34}、瓮ŋuŋ^{324}。第二，读韵化辅音。如：安仁：翁ŋ̍^{44}；耒阳：瓮ŋ̍^{45}；常宁：翁ŋ̍^{45}、瓮ŋ̍^{24}；隆回：翁ŋ̍^{44}；洞口：翁ŋ̍^{53}；绥宁：翁ŋ̍^{33}。此外，常宁合口三等读

n̠，韵母为细音。如：雍n̠iõ⁴⁵、拥n̠iõ⁴⁴。

前文指出，舌位较低、较前的影母字容易产生ŋ声母，舌位较后、较高的疑母字最容易脱落ŋ声母。可是，华容、岳阳楼两个方言点通摄影母的表现与此相反，通摄合一韵母主元音为后、高元音，但影母却读ŋ。我们推测，这个ŋ声母可能是受oŋ/uŋ的影响而孳生的。前文指出，"五"等的鼻化韵是由于ŋ与u相拼时u脱落的结果。同样的道理，由于影母本为喉塞音*ʔ，这样，受后面高而后的鼻韵母oŋ/uŋ的影响，ʔ演变为ŋ也是很可能的。不过，在湘南和湘西南，通合一中的影母孳生出ŋ后再继续发展为韵化辅音，如安仁等。常宁通合三影母ŋ则受介音-i-的影响腭化为n̠。

第七节　其他

一　透、定母和溪母的擦化

（一）透、定母读擦音

1. 透、定母读擦音的分布

湖南赣语中，湘北华容、湘中攸县以及湘西南隆回、洞口等方言点，透、定母不读tʰ而读擦音。下面先根据中古音的洪细，然后再依洪音的开合分别介绍这四个方言点透、定母读擦音的现象。有个别方言点开口一、二等的滂、并母或三等敷、奉母也与透、定母合流，因而也一并介绍。臻开一由于只有一个"吞"字，且部分方言点读合口呼，因此，我们把它放在合口呼中介绍。

（1）开口一等透、定母读擦音的分布

表4-21-1　　　　　透、定母读擦音的分布（一）

	果摄		宕摄入声韵		蟹摄			效摄			流摄		
	拖透	驼定	托透	薄并	抬定	泰透	牌并	讨透	套透	刨(~刀)并	偷透	头定	浮奉
华容	ho⁴⁵	ho¹²	ho⁴³⁵	pʰo⁴³⁵	hæi¹²	hæi³³	pʰæi¹²	hɑu²¹	hɑu²⁴	pʰɑu¹²	həu⁴⁵	tʰiu¹²/ həu¹²	pʰɑu¹²
攸县	xo³⁵	xo¹³	xo³⁵	pʰo¹¹	xoi¹³	xai¹¹	pʰai¹³	xau⁵³	xau¹¹	pʰau¹³	xɛi³⁵	xɛi¹³	pʰau¹³
隆回	ho⁴⁴	ho¹³	ho⁴⁵	pʰo⁴⁵	xa¹³	xa⁴⁵	pʰa¹³	xɑu²¹²	xɑu⁴⁵	pʰɑu¹³	xiə⁴⁴	xiə¹³	pʰɑu¹³
洞口	ho⁵³	ho²⁴	ho⁵³	ho⁴⁵	xai²⁴	xai⁴⁵	hai²⁴	xɑu²¹³	xɑu⁴⁵	xɑu²⁴	xɤ⁵³	xɤ²⁴	xɑu²⁴

表 4-21-2　　　　　　　　　透、定母读擦音的分布（二）

	咸摄			山摄			宕摄阳声韵		江摄		曾摄		
	谭定	踏透	淡定	摊透	炭透	弹(~琴)定	汤透	唐定	蚌並	雹並	藤定	特定	朋並
华容	han12	ha435	han33	han45	han213	han12	hʌŋ45	hʌŋ12	pʰʌŋ33	pʰʌu33	hən12	tʰie435	pʰoŋ12
攸县	xãɿ13	xa11	xãɿ11	xãɿ35	xãɿ11	xãɿ13	xaŋ35	xaŋ13	/	pʰau11	xɛɿ13	xɛ35	pʰẽɿ13
隆回	xaŋ13	xɑ325	xaŋ212	xaŋ44	xaŋ45	xaŋ13	xoŋ44	xoŋ13	poŋ45	pʰau45	xẽ13	xieɑ325	pʰɤŋ13
洞口	xã24	xa53	xã213	xã53	xã45	xã24	xaŋ53	xaŋ24	xuŋ45	xɑu45	xẽ24	xɛ45	xuŋ24

　　由表 4-21-1、表 4-21-2 可知，开口一等中，上述四个方言点的透、定母今都读擦音。其中，华容读 h，攸县、隆回读 x，洞口有的读 x，有的读 h。此外，洞口滂、並母也擦音化与透、定母合流，敷、奉母也有个别字擦音化，如流开三的"浮"。从周边隆回"浮"读重唇音来看，洞口"浮"的擦音是从 pʰ 演变而来的，其实质是重唇音的表现。从韵母的音值来看，除隆回流摄、曾摄入声韵韵母为细音外，其余都为洪音。

　　（2）合口一等透、定母读擦音的分布

表 4-21-3　　　　　　　　　透、定母读擦音的分布（三）

	果摄			遇摄			山摄入声韵	通摄入声韵		
	妥透	婆並	破滂	图定	土透	步並	脱透	读定	独定	伏(趴)奉
华容	ho21	pʰo12	pʰo213	həu12	həu21	pʰu33	ho435	həu45	həu435	fu435
攸县	xo53	pʰo13	pʰo11	tʰu13	tʰu53	pʰu11	xo35	xo11	xo11	fo11
隆回	ho212	pʰo13	pʰo45	hu13	hu212	hu45	huɑ44	hu45	tu325	hu45
洞口	ho213	ho24	ho45	fu24	fu213	fu53	ho53	fu45	fu45	fu45

表 4-21-4　　　　　　　　　透、定母读擦音的分布（四）

	蟹摄				山摄			臻摄	通摄阳声韵		
	腿透	退透	赔並	倍並	团定	段定	盘並	吞透	桶透	同定	蓬並
华容	hei21	hei213	pʰei12	pʰei33	hun12	hun33	pʰun12	hən45	hoŋ21	hoŋ12	pʰoŋ12
攸县	xoi53	xoi11	pʰoi13	pʰoi11	xoŋ13	xoŋ11	pʰoŋ13	xɛɿ35	xəŋ53	xəŋ13	pʰəŋ13
隆回	hue212	hue45	Fʰe13	pʰe45	huaŋ13	huaŋ53	pʰoŋ13	huẽ44	xɤŋ212	xɤŋ13	pʰɤŋ13
洞口	hai213	hai45	ɬai24	hai213	xaŋ24	xaŋ45	xaŋ24	hẽ53	xuŋ213	xuŋ24	xuŋ24

由表 4-21-3、表 4-21-4 可知，合口一等中，华容透、定母读 h。攸县除遇摄合一未擦音化外，其余透、定母读擦音 x。隆回透、定母读 h，韵母为 u 的滂、并母也擦音化为 h，如"步"。该方言点的"伏"今读 hu⁵³，与滂、并母的演变相同，其实质是重唇音的表现。洞口透、定母的读音比较复杂。韵母为 u 的擦音化为 f，通摄、山摄的阳声韵读 x；其余的透、定母读 h，此时滂、并母也与之合流。

（3）开口四等透、定母读擦音的分布

《切韵》音系中，透、定母的细音字一般是四等，但也有个别三等字如"地"，此处一并介绍。

表 4-21-5　　　　　　　　透、定母读擦音的分布（五）

	蟹摄		效摄			咸摄		山摄		梗摄		止摄	
	梯透	提定	挑透	条定	票滂	甜定	添透	帖透	填定	听透	笛定	地定	皮並
华容	tʰi⁴⁵	tʰi¹²	tʰiu⁴⁵	tʰiu¹²	pʰiu²¹³	tʰĩ¹²	tʰĩ⁴⁵	tʰie⁴³⁵	tʰĩ¹²	tʰin²¹³	li⁴³⁵	tʰi³³	pʰi¹²
攸县	tʰi³⁵	tʰia¹³	tʰiau³⁵	tʰiau¹³	pʰiau¹¹	tʰiɛ̃ɪ¹³	tʰiɛ̃ɪ³⁵	tʰiɛ³⁵	tʰiɛ̃ɪ¹³	tʰian³⁵	tʰia¹¹	tʰi¹¹	pʰi¹³
隆回	xi²¹²	x̱iɛɑ¹³	xiə⁴⁴	xiə¹³	pʰiə⁴⁵	xĩ¹³	xĩ⁴⁴	x̱i⁴⁴	xĩ¹³	xiaŋ⁴⁴	xi³²⁵	xi⁴⁵	pʰi¹³
洞口	xɛa²¹³	xia²⁴	xɤ⁵³	xɤ²⁴	pʰiɤ⁴⁵	xɛ̃²⁴	xɛ̃⁵³	xɛ⁵³	xɛ̃²⁴	x̱ɑŋ⁵³	xi⁴⁵	xi⁵³	fi²⁴

由表 4-21-5 可知，开口四等中，华容、攸县透、定母没有擦音化，隆回、洞口擦音化为 x。据吴泽顺、张作贤（1989:7），华容东北甲区透、定母逢洪细均擦化读 h。另外，洞口止摄的帮组与非组合流读 f（实际音值为 φ）。如：皮＝肥 fi²⁴。这也是一种擦音化。

总之，上述四个方言点透、定母读擦音的分布情况为：华容、攸县（遇摄除外）透、定母逢洪音读擦音；隆回、洞口透、定母无论逢洪细今都读擦音，部分滂、并母字也读擦音。其地理分布见附录图 12 "透、定母的今读"。

2. 透、定母擦音化后与晓、匣母的分合

上文介绍了湖南赣语四个方言点透、定母擦音化后的读音，那么，透、定母擦音化后与晓、匣母的关系如何呢？下面按照上文的次序进行考察。

（1）开口一等透、定母读擦音时与晓、匣母的分合

表 4-22-1　　　　透、定母读擦音时与晓、匣母的分合（一）

	果摄		宕摄入声韵		蟹摄		效摄		流摄			
	驼定	河匣	托透	鹤匣	代定	海晓	桃定	豪匣	陡端	偷透	头定	喉匣
华容	ho¹²	xo¹²	ho⁴³⁵	xo⁴³⁵	hæi³³	xæi²¹	hʌu¹²	xʌu¹²	təu²¹	həu⁴⁵	tʰiu¹²/həu¹²	xəu¹²
攸县	xo¹³	xo¹³	xo³⁵	xo¹¹	xoi¹¹	xoi⁵³	xau¹³	xau¹³	tei⁵³	xɛi³⁵	xɛi¹³	xɛi¹³
隆回	ho¹³	xo¹³	ho⁴⁵	xo³²⁵	xa⁴⁵	xa²¹²	xɑu¹³	xɑu¹³	tiə²¹²	xiə⁴⁴	xiə¹³	xiə¹³
洞口	ho²⁴	xo²⁴	ho⁵³	xo⁵²	xai⁵³	xai²¹³	xɑu²⁴	xɑu²⁴	tiɤ²¹³	xɤ⁵³	xɤ²⁴	xɤ²⁴

表 4-22-2　　　　透、定母读擦音时与晓、匣母的分合（二）

	咸摄		山摄		宕摄阳声韵			曾摄			
	谈定	含匣	坛定	寒匣	党端	塘定	杭匣	邓定	恒匣	特定	黑晓
华容	han¹²	xan¹²	han¹²	xan¹²	tʌŋ²¹	hʌŋ¹²	xʌŋ¹²	hən³³	xən¹²	tʰie⁴³⁵	xe⁴³⁵
攸县	xãɪ¹³	xoŋ¹³	xãɪ¹³	xoŋ¹³	taŋ⁵³	xaŋ¹³	xaŋ¹³	xẽɪ¹¹	xẽɪ¹³	xɛ³⁵	xɛ¹³
隆回	xaŋ¹³	xaŋ¹³	xaŋ¹³	xaŋ¹³	toŋ²¹²	xoŋ¹³	xoŋ¹³	tẽ⁴⁵	xẽ¹³	xiɛ³²⁵	xiɛ⁴⁴
洞口	xã²⁴	xã²⁴	xã²⁴	xã²⁴	tuaŋ²¹³	xaŋ²⁴	xɑŋ²⁴	xẽ⁵³	xẽ²⁴	xɛ⁴⁵	xɛa⁵³

　　由表 4-22-1 和表 4-22-2 可知，开口一等中，华容透、定母擦音化后与晓、匣母有别，透、定母读 h，晓、匣母读 x。攸县透、定母擦音化后都与晓、匣母合流为 x。隆回和洞口果摄、宕摄入声韵的透、定母擦音化后与晓、匣母有别，透、定母读 h，晓、匣母读 x，其韵母为 o，与果摄合口一等合流；其余的韵摄透、定母都与晓、匣母合流为 x。不过，要注意的是，洞口流摄、宕摄透、定母擦音化后韵母介音丢失，分别与端母的韵母如"陡""党"等有别。此外，隆回流摄韵母为细音，但透、定母仍读 x。总之，开口一等中，透、定母读擦音时有的与晓、匣母合流，有的与晓、匣母有别。
　　（2）合口一等透、定母读擦音时与晓、匣母的分合

表 4-22-3　　　　透、定母读擦音时与晓、匣母的分合（三）

	果摄		遇摄		山摄入声韵		通摄入声韵	
	妥透	火晓	度定	户匣	脱透	活匣	读定	斛匣
华容	ho²¹	xo²¹	həu³³	xu³³	ho⁴³⁵	xo⁴³⁵	həu⁴⁵	xu⁴³⁵
攸县	xo⁵³	fo⁵³	tʰu¹¹	fu¹¹	xo³⁵	fɛ¹¹	xo¹¹	fu¹¹
隆回	ho²¹²	xo²¹²	hu⁴⁵	xu⁴⁵	huɑ⁴⁴	xo³²⁵	hu⁴⁵	xu⁴⁵
洞口	ho²¹³	xo²¹³	fu⁵³	fu⁵³	ho⁵³	xo⁴⁵	fu⁴⁵	fu⁴⁵

表 4-22-4 透、定母读擦音时与晓、匣母的分合（四）

	蟹摄		山摄阳声韵			臻摄		通摄阳声韵	
	推透	灰晓	端端	断(~绝)定	换匣	吞透	昏晓	同定	红匣
华容	tʰi⁴⁵/hei⁴⁵	xuei⁴⁵	tun⁴⁵	hun³³	xun³³	hən⁴⁵	xuən⁴⁵	hoŋ¹²	xoŋ¹²
攸县	xoi³⁵	foi³⁵	toŋ³⁵	xoŋ¹¹	fãɪ¹¹	xẽɪ³⁵	foŋ³⁵	xəŋ¹³	xəŋ¹³
隆回	hue⁴⁴	xue⁴⁴	tuaŋ⁴⁴	huaŋ²¹²	xuaŋ⁴⁵	huẽ⁴⁴	xuẽ⁴⁴	xɤŋ¹³	xɤŋ¹³
洞口	hai⁵³	xuai⁵³	tuaŋ⁵³	xɑŋ²¹³	xuã⁴⁵	hẽ⁵³	xuẽ⁵³	xuŋ²⁴	xuŋ²⁴

由表 4-22-3 和表 4-22-4 可知，合口一等中，透、定母读擦音时，只有洞口遇摄、山摄阳声韵、通摄与晓、匣母合流，其余的都与晓、匣母有别。这里要注意的是，攸县透、定母在果开一中与晓、匣母合流，在果合一中则与晓、匣母有别；洞口山摄合一阳声韵中，透、定母擦音化后介音 u 丢失，与端母如"端"的读音有别。

（3）开口四等透、定母擦音化后与晓、匣母的分合

表 4-22-5 透、定母读擦音时与晓、匣母的分合（五）

	蟹摄		效摄			咸山摄			梗摄		止摄	
	剃透	系(联~)匣	钓端	挑透	晓晓	点典端	甜田定	嫌贤匣	定定	形匣	地定	喜晓
隆回	xi⁴⁵	ʃi⁴⁵	tiə⁴⁵	xiə⁴⁴	ʃə²¹²	tĩ²¹²	xĩ¹³	ʃĩ¹³	xẽ⁵³	ʃẽ¹³	xi⁴⁵	ʃi²¹²
洞口	xɛa⁵³/xi⁵³	ʃi⁴⁵	tiɤ⁴⁵	xɤ⁵³	ʃɤ²¹³	tiẽ²¹³	xẽ²⁴	ʃiẽ²⁴	xẽ⁴⁵	ʃẽ²⁴	xi⁵³	ʃi²¹³

由表 4-22-5 可知，开口四等中，隆回、洞口透、定母擦音化后都未与晓、匣母合流，透、定母读 x，晓、匣母读ɕ或ʃ。要注意的是，在效摄和咸、山摄中，洞口透、定母擦音化后韵母介音丢失，分别与端母的"钓""点典"等有别，表 4-22-5 中滂母"票"的白读韵母也为洪音。

3. 透、定母读擦音的演变

由前文可知，虽然透、定母在上述四个方言点中都存在读擦音的现象，但具体音值有所不同，共有以下几个读音：tʰ、h、x、f。这几个读音的演变过程是：第一步，tʰ→h，如华容以及隆回读合口的一等字，此时与舌根音 x 有别。第二步，h 前移，与晓、匣母合流，即 h→x，如攸县。如果这个 h 出现在合口呼前，它就可能受合口呼的影响，继续向前演变为 f，即 x→f，如洞口的遇摄。

赵元任（1997:104）指出："原则上大概地理上看得见的差别往往也代表历史演变上的阶段。所以横里头的差别往往就代表竖里头的差别。"由湖南赣语的地域差异可以看出，透、定母擦音化的顺序是逢开口洪音在前，逢

合口洪音在后。支持这个推测的有以下几个事实。第一，如前所述，隆回开口一等透、定母擦音化后除果摄、宕摄入声韵外，其余与晓、匣母合流读 x；而在合口一等中，透、定母擦音化后读 h，晓、匣母读 x。开口一等果摄、宕摄入声韵擦音化后与晓、匣母有别是因为韵母与合口一等合流为 o 所致。第二，攸县果摄开一中，驼_定＝河_匣xo¹³；但在果摄合一中，妥_透xo⁵³≠火_晓fo⁵³。第三，洞口蟹摄开口一等中，透、定母与晓匣、合流，如：代_定xai⁵³—海_晓xai²¹³；但在合口一等中，两者有别，如：推_透hai⁵³≠灰_晓xuai⁵³。如果开口一等与合口一等的擦音化是同步进行的话，那么，上述方言点合口一等擦音化后的透、定母也应该与晓、匣母合流。

当逢合口洪音擦音化完成以后才是逢细音。如华容、攸县透、定母在洪音前读擦音，但在细音前不擦化。华容东北甲区透、定母一、四等都读 h 声母（吴泽顺、张作贤 1989:6）。

当透、定母擦音化完成以后，滂、并母也可能接着擦音化。如洞口透、定母逢洪细都擦音化，滂、并母逢洪音也开始擦音化。如果韵母为细音，则只在 i 前读擦音，如前面所举的"皮"与"肥"同音；在别的细音前则未擦化，如表 4-21 中的"票"读洪音擦音化，读细音则未擦化。华容城关透、定母逢洪音擦音化，但滂、并母逢洪音并未擦音化。而华容东北甲区透、定母逢洪细读 h 声母，其滂、并母部分一、二等字读 h 声母，如"坡破婆薄抱朋泡跑刨"等（吴泽顺、张作贤 1989:7）。我们注意到，滂、并母读擦音的字都是洪音字。

万波（2009:122-131）在谈到赣语透、定母读擦音现象时认为，多数方言透、定母只在开口韵前读 h，可能是一种衰减萎缩的结果。南城方言中还有极少数透、定母字在合口呼读 f 如"肚_{腹肚}吐_{吐痰}"，便透露出这样一种信息。只是由于后来受地位较高的"原赣语"和北方汉语的影响，这个特点出现了衰减现象。我们认为，南城透、定母擦音化现象只出现在合口洪音前不是受别的方言影响的结果，而是其细音前本来就未擦化，与华容、攸县等一样。前文指出，透、定母擦音化的次序是：逢开口洪音→逢合口洪音→逢细音。南城透、定母读擦音现象正处在逢合口洪音擦音化这个阶段，不过，可能是受到了其他方言的影响，这个演变过程中断，因此只有部分字读擦音。

从与晓、匣母的关系来看，透、定母四等的擦音化晚于晓、匣母三、四等的腭化。如前所述，透、定母在合口洪音前擦音化后都未与晓、匣母合流。如果透、定母擦音化时晓、匣母还未腭化的话，那么，透、定母应该与晓、匣母一起腭化。此外，攸县合口一等透、定母的擦音化也晚于晓、匣母的唇齿化。如前所述，攸县合口一等透、定母擦音化后一般读 x，晓、匣母读 f。熊燕（2004:17）在讨论赣方言透、定母读擦音这一现象时指出："我们可以借由透定母在不同方言点读h、f、ɕ的情形并结合与晓匣母的合流音变的情况得出透定母变h的相对时间时也指出：（1）透定母合流为tʰ是音变起点。（2）透定母四等变h一般晚于晓匣母三四等腭化。（3）透定母遇摄、通摄一等变h一般晚于晓匣母遇摄、通摄一等唇齿化。"

　　透、定母读擦音的现象在其他方言中也存在，如江西赣语、闽语、粤语等。关于汉语方言透、定母读擦音现象的成因，不同的学者有不同的解释，主要有：后起音变说；百越影响说或百越底层说；上古遗留说（刘泽民2005:82-85）。从我们实地调查的情况来看，我们赞同后起音变说中的罗常培（1940）和孙宜志（2007）的观点。罗常培（1940:111）指出，临川方言的白读音中部分古透、定纽字的声母读音变同晓、匣母，读成喉部擦音[h-]。他认为"这是遗失闭塞成分而保留送气成分的结果"。孙宜志（2007:92-93）认为，赣方言中透、定母读擦音是送气塞音直接失落塞音成分的结果，因为赣方言送气声母的送气成分接近于深喉擦音h。在有送气分调现象的赣方言中，声母h总是与送气塞音、塞擦音一起变化。当这种接近深喉擦音h的送气成分强化，就有可能导致送气塞音的闭塞成分略化，在某些韵母之前，甚至失落，从而演变为擦音。我们在第二章第四节"湘西南赣语音系"中指出，洞口h声母只出现在透、定母与滂、并母合流的开口呼前，其读音很不稳定，有时读pʰ、有时读ᵖh，有时读h。另据龙海燕（2008:38-71），洞口山门区、管竹乡透、定母读x，滂、并母也有较多的字读x。不过，虽然这两个方言还存在/pʰ/音位，但这个/pʰ/音位的塞音成分都在弱化，双唇要有闭合的趋势，但并没有真正形成对流的阻塞，而是一种若即若离的接触，所以pʰ实际记作ᵖh也许更准确一些。上述语言事实表明，透、定母乃至滂、并母读擦音是由于阻塞成分弱化，送气气流强而得以保留的结果。

　　华容遇摄、流摄极少数透、定母的字如有两读，则韵母读老派细音时未擦化，读新派洪音时则擦化。如：土 tʰiu²¹/həu²¹、兔 tʰiu²¹³/həu²¹³、头 tʰiu¹²/həu¹²、豆 tʰiu³³/həu³³。华容、洞口透、定母擦音化完成以后，滂、并母也正处在擦化的过程中。可见，透、定母读擦音现象形成的时间不会太早。不过，为什么透、定母读擦音现象只见于南方方言，北方官话暂时还未发现？何大安（1987）、陈立中（1996）、万波（2009:122-131）认为是古百越语的底层或影响，是南方汉语方言与壮侗语接触的结果。可是，湖南赣语透、定母乃至滂、并母的擦化是一个正在进行中的变化，似乎与古百越语的底层或影响无关。看来，要解释透、定母读擦音现象的成因还有待进一步研究。

（二）溪母读如晓母

　　湖南赣语部分方言点存在溪母读如晓母的现象，其中最突出的是平江。平江溪母逢今开口洪音一般读如晓母；其他方言点则只出现在部分常用字中，但韵母不分开合或者洪细。一个字如果有文白异读，则白读读如晓母。如平江：开 xai⁴⁴、考 xɑu³²⁴、口 xœy³²⁴、看 xan⁴⁵、宽 xøn⁴⁴、阔 xøʔ⁴、肯 xen³²⁴、坑 xaŋ⁴⁴、矿 xoŋ⁴⁵、糠 xoŋ⁴⁴、空 xɤŋ⁴⁴ ～气、壳 xoʔ⁴、客 xɑʔ⁴；攸县：枯 fu³⁵、苦 fu⁵³、裤 fu¹¹¹、起 ɕi⁵³、气 ɕi¹¹、口 xɛi⁵³、糠 xaŋ³⁵、空 xəŋ³⁵ ～气、壳 xo³⁵；茶陵：枯 xu⁴⁵、苦 xu⁴²、裤 xu³³、起 ɕi⁴²、气 ɕi³³、口 xø⁴²、肯 xɛ̃⁴²、糠 xoŋ⁴⁵、壳 xo³³、空 xɤŋ⁴⁵ ～气；炎陵：起 ɕi⁵³ ～头：起床、气 ɕi³³、壳 xuə²⁴、口 xeu⁵³ 辣～、困 xuɛ̃³³ ～觉；安仁：窠 xu⁴⁴、枯 xəu⁴⁴、苦 xəu⁵³、裤 xəu³²²、起 ʃi⁵³、气 ʃi³²²、口 xɛʒ⁵³ ～柳、糠 xɔ̃⁴⁴、壳 xu²¹³；耒阳：窠 xo⁴⁵、苦 xu⁵³、去 xə²¹³、起 ɕi⁵³、气汽 ɕi²¹³、糠 xɔ̃⁴⁵、壳 xo¹³；常宁：糠 xɔ̃⁴⁵；永兴：窠 xo⁴⁵、枯枯 fu⁴⁵、去 xɯ¹³、苦 fu⁴²、起 ɕi⁴²、气汽 ɕi¹³、糠 xɑ⁴⁵、壳 xo²²；资兴：窠 xɯ⁴⁴、苦 fu³¹、去 xei³⁵、起 ɕi³¹、气 ɕi³⁵、壳 xɯ¹³、糠 xaŋ⁴⁴。我们注意到，在上述方言点中，溪母读如晓母的字数一般较多，只有常宁暂时只发现一个字"糠"。

据调查，溪母读如晓母的现象在平江县的龙门镇、岳阳县的月田镇、隆回县北部的鸭田镇等方言点中也存在。另外，据发音合作人告知，在与隆回交界的新化县部分方言点中也存在溪母读如晓母的现象。从湖南赣语来看，这个现象主要见于湘中和湘南，湘北则见于平江及其周围的方言，湘西南则少见。请参看附录图 13 "溪母的今读"。

溪母读如晓母的现象在南方其他方言如粤语、客家话、湘南土话和粤北土话等中普遍存在。万波（1998:176）认为："这种现象可能是汉语与古百越民族后裔侗台族语言杰出的结果。"伍巍（1999）在谈到广州话溪母字读擦音时认为，由于粤语的送气成分较强，深喉位置的强送气成分与塞音相结合，自然要引起塞音成阻部位的松动和后移，最终以同化来便于发音。又因为舌根部位的 k- 与深喉 h- 的位置最近，这样，首先由 kh- 变为 h- 就是十分自然的趋势了：kʰ-(kʰ-)→kh- →h-。庄初升（2004:161）在谈到粤北土话中溪母读如晓母的现象时指出：溪母本来读 kʰ（即 kh），可能因为送气成分较强而凸显出来，塞音 k 弱化，kʰ 便变成 h，进而再变成ɕ、ʃ或 f，其过程是：

刘泽民（2005:140）把客赣方言溪母擦化与透、定母读擦音的现象结合起来进行考察，指出："我们看到，没有透定母读擦音和溪母读擦音两种现象并存的方言点。可见这两种音变彼此没有关系，而且二者时间层次也不同，溪母擦化读音属于中古层，而透定母擦化读音则是近古以后的层次，不能早于浊音清化之前。"我们同意他认为透、定母读擦音和溪母读擦音不是一个层次的说法，但是，存在两种现象并存的方言，如湖南赣语攸县。此外，从音理上来讲，溪母读擦音与透、定母读擦音的成因应该相同，都是由于送气成分较强而擦化。因此，我们赞同上文所引伍巍（1999）和庄初升（2004）的意见。

二 轻唇读重唇

湖南赣语多数方言点非组存在读重唇音的现象，不过字数有多有少，下面把我们调查到的字全部罗列出来。如华容：浮 p^hAu^{12}；岳阳楼：浮 p^hau^{13}；临湘：蚊 $mən^{33}$、浮 $b^hɔu^{13}$；岳阳县：浮 pou^{13}、蚊 $mən^{33}$；平江：浮 p^hau^{13}、尾 mi^{45}、蚊 $mən^{44}$；浏阳：尾 $miɛ^{21}$、浮 p^hiau^{45}、晚 $m\tilde{i}^{324}$、蚊 $mən^{44}$、网 $moŋ^{324}$；醴陵：尾 mi^{22}、浮 p^hau^{13}、晚 $moŋ^{31}$、网 $\underline{moŋ}^{31}$、望 $moŋ^{22}$、蚊 $mən^{44}$、伏 p^hu^{435}；攸县：尾 mi^{11}、浮 $\underline{p^hau}^{13}$、网 $maŋ^{53}$、望 $maŋ^{11}$、蚊 $\underline{miŋ}^{35}$；茶陵：敷 p^hu^{45}、尾 mi^{42}、味 mi^{325}、浮 $p^hɔ^{213}$、蜂 $p^hɤŋ^{45}$、网 $moŋ^{42}$、蚊 $\underline{m\tilde{ɛ}}^{45}$；炎陵：痱 p^hi^{33} 沙~子、尾 mi^{24}~巴、浮 p^hao^{213} ①、晚 man^{24} 排行最小者：老~②、蚊 $m\tilde{i}^{24}$~子③；安仁：敷 p^hu^{44}、尾 min^{53}、浮 $pɔ^{24}$、晚 $\underline{maŋ}^{53}$、蚊 min^{44}、网 $m\tilde{o}^{53}$、望 $\underline{m\tilde{o}}^{322}$、蜂 $p^hən^{44}$、伏 p^hu^{44}；耒阳：敷 $\underline{p^hu}^{45}$、尾 $\underline{ŋ}^{53}$、浮 $p^hɔ^{25}$、晚 $m\tilde{a}^{53}$、蚊 $mi\tilde{ɛ}^{45}$、网 $m\tilde{ɔ}^{53}$、蜂 $p^hɤŋ^{45}$、伏 p^hu^{45}；常宁：浮 $p^hɔ^{21}$、蜂 $p^hõ^{45}$、晚 $m\tilde{a}^{44}$、蚊 $m\tilde{ɛ}^{45}$、蜂 $p^hõ^{45}$、伏 $\underline{p^hu}^{21}$；永兴：敷 p^hu^{45}、浮 $pə^{325}$、蚊 $\underline{men}^{45}$、晚 $mæ^{42}$、网 ma^{42}、蜂 $p^hoŋ^{45}$、伏 po^{45}；资兴：尾 $\underline{mi}^{44}$、浮 pau^{22}、妇 p^hei^{44}、腹 $pɛu^{13}$、晚 $\underline{maŋ}^{31}$、蚊 $moŋ^{44}$、网 $maŋ^{31}$、望 $maŋ^{35}$、蜂 $p^hoŋ^{44}$、伏 po^{13}；隆回④：浮 p^hau^{13}、晚 $\underline{ma}^{212}$、蚊 $m\tilde{ɛ}^{44}$、网 $moŋ^{212}$、忘 $moŋ^{44}$、望 $moŋ^{45}$、缝 $p^hɤŋ^{212}$一条~、伏 hu^{45} ⑤；洞口：浮 xau^{24} ⑥、晚 $\underline{maŋ}^{213}$ 排行最小者、蚊 $\underline{m\tilde{ɛ}}^{53}$、网 $maŋ^{213}$；绥宁：扶 p^hu^{45}、浮 p^hau^{45}、晚 $mø^{22}$、蚊 $m\tilde{ɛ}^{33}$、网 $maŋ^{13}$、忘 $maŋ^{45}$、望 $maŋ^{44}$、伏 p^hu^{42}。

从上面列举的例字来看，非组读重唇音的现象主要出现在微母字中，非、敷、奉母字较少；从地理分布来看，非组读重唇音的字数则从北到南依次增多，湘北只有"浮蚊尾"等极少数字，湘中、湘南和湘西南则依次增加"晚网望""蜂伏"等字。

三 端组读如精组

耒阳效、梗两摄开口四等韵中的端组读如精组。如：刁貂端＝焦椒精 $tɕiə^{45}$、

---

① 陈山青（2004）原文写作"泡"，"p^hao^{213}"与"泡"声调不合，与"浮"音义皆合。

② 陈山青（2004）原文写作"满"，其本字当是"晚"。

③ 陈山青（2004）原文写作"蠓"，"$m\tilde{i}^{24}$"与"蠓"韵母不合，与"蚊"音义皆合。

④ 隆回微母读 m 不是"古无轻唇音"的表现，而是晚期与喻母等合流的结果，详见本章第六节"隆回 m 声母的特殊来源"。

⑤ 非组读 h 的实质是重唇音的表现，详见本章第七节"透、定母读擦音"。

⑥ 非组读 x 的实质是重唇音的表现，详见本章第七节"透、定母读擦音"。

挑端＝锹精 tɕʰiə⁴⁵、调钓吊端 tɕʰiə²¹³、条端 tɕʰiə²⁵、丁端＝精 tɕiæ⁴⁵、定端＝静精
tɕʰiæ²¹³、钉端＝浆精 tɕiɔ̃⁴⁵、笛精 tɕʰia⁴⁵，但，踢 tʰa¹³、剔 tʰi¹³。此外，齐韵也
有个别字读如端组，即：提 tɕʰia²⁵。知三也有极少数字白读为 tɕ，如本章第
二节所举的"张长生~涨胀"等，其性质是因知三读如端组而与精组合流。

端组读如精组的现象在湖北阳新（国和）方言中也存在，特点是端、透、
定母细音字无一例外都读 ts、tsʰ，与精、清、从合流。万波（2009:134-135）
认为，阳新（国和）方言这种现象的形成，显然是-i-介音起作用的结果。由
于 i 具有前高特性，容易衍生出摩擦成分，最终使 t、tʰ 变成 ts、tsʰ。与阳新
（国和）方言不同的是，耒阳 ts、tsʰ 在-i-介音作用下进一步腭化为 tɕ、tɕʰ，
其演变过程为：t/tʰ→ts/tsʰ→tɕ/tɕʰ。其他几个四等韵由于韵母不读细音，因
此端组仍然读 t、tʰ。如添韵：甜 tʰɛ̃²⁵、簟 tɛ̃²¹³、帖 tʰɛ̃¹³；先韵：颠 tɛ̃⁴⁵、天
tʰɛ̃⁴⁵、田 tʰɛ̃²⁵、电 tɛ̃²¹³、铁 tʰɛ̃¹³。不过，齐韵部分字今读细音但端组不读精
组。如：梯 tʰi⁴⁵、弟 tʰi²¹³、剃 tʰi²¹³、题 tʰi²⁵，但，提 tɕʰia²⁵。造成这个现象
的原因可能与齐韵 i 为主元音、而非介音有关。

为什么耒阳"踢"的声母为 tʰ呢？比较"笛 tɕʰia⁴⁵"与"踢 tʰa¹³"发现，
两者不仅声母不同，韵母也不同，前者为细音，后者为洪音。很明显，"踢"
的声母 tʰ 是在端组腭化为 tɕʰ后再与见系合流后丢掉介音而形成的，这个演
变规律见于见系三、四等，请参看本章第三节"见系三、四等与知三、章的
分合"。

四　"关~门"字读送气音

除浏阳外，湘中和湘南"关~门"字普遍读送气音。请看表4-23，其地理
分布见附录图14"'关~门'字的今读"。

表4-23　　　　　　　　　　"关~门"字读送气音

方言点	醴陵	攸县	茶陵	炎陵	安仁	耒阳	常宁	永兴	资兴
读音	kʰuaŋ⁴⁴	kʰuaɪ³⁵	kʰuaŋ⁴⁵	kʰuã²⁴ ①	kʰuaŋ⁴⁴	kʰuã⁴⁵	kʰuã⁴⁵	kʰuæ⁴⁵	kʰuaŋ⁴⁴

五　帮组和心母读 l

湖南赣语帮组和心母极个别字今读 l 声母。帮组读 l 的如华容：缪 liu³³；
岳阳楼：缪 liau²²；醴陵：爬 la¹³/pʰa¹³；安仁：爬 lɑ²⁴/pɑ²⁴；耒阳：爬 la²⁵/pʰa²⁵；
常宁：爬 la²¹/pʰa²¹；永兴：爬 lɔ³²⁵/pʰɔ³²⁵；隆回：爬 lɑ¹³/pʰɑ¹³；洞口：爬 lɑ²⁴/pʰa²⁴、
明 liaŋ²⁴；绥宁：爬 lʌ⁴⁵/pʰʌ⁴⁵。心母读 l 的如攸县：艔 lau³⁵；炎陵：艔训lɑo²⁴、
安仁：艔 lɔ⁴⁴；耒阳：艔 lɔ⁴⁵/sɔ⁴⁵；永兴：艔 lə⁴⁵/sə⁴⁵；资兴：艔 lau⁴⁴；隆回：

---

① 陈山青（2004）没有记录"关"字的读音，此处根据彭志瑞（2011:157）"关门闭户"词条补充。

臊 lɑu^{44}；绥宁：细 le^{324}/se^{42}/si^{42}。

上述帮组特殊读音中，华容和岳阳楼两个方言点的“缪”可能是受“廖”的影响而产生的误读，其他方言点帮组和心母今读 l 可能是古代复辅音的残余。值得注意的是，周边湘语“爬”字也多读 l，“臊”也有方言点说“膀”。如益阳：爬 la^{13}、膀lau^{33}～气；桃江高桥：□la^{13}～起走：爬着走；新化：爬 la^{13}、膀 lɔ^{33}臊；涟源：爬 lɔ^{13}训读、膀lə^{44}～气。江西赣语暂时还未发现这个现象。

第五章　湖南赣语的韵母

第一节　一、二等韵的演变

中古音系一、二等韵相配的有蟹、效、咸、山四摄。除效摄外，湖南赣语其余三摄一、二等韵保留区别的痕迹。此外，果摄只有一等，假摄只有二等，呈互补分布，因此，我们也把它们放在一、二等韵中一起讨论。下面分别介绍。

一　一、二等韵的分合

（一）蟹摄一、二等韵的分合

1. 蟹摄一、二等韵的今读

湖南赣语蟹摄一、二等韵的今读见表 5-1。

表 5-1　　　　　　　　　蟹摄一、二等韵的今读

	材开一—柴开二	开开一—街开二	海开一—鞋开二	雷合一	回合一—坏合二	外合一—话合二
华容	tsʰæi¹²	kʰæi⁴⁵-kæi⁴⁵	xæi²¹-xæi¹²	lei¹²	xuei¹²-xuæi³³	uæi³³-xua³³
岳阳楼	tsʰai¹³	kʰai³⁴-kai³⁴	xai³¹-xai¹³	lei¹³	fei¹³-fai²²	uai²²-fa²²
岳阳县	tsæ¹³	kʰæ³³-kæ³³	xæ⁴²-xæ¹³	li¹³	fei¹³-fæ²¹	ŋa³³-ua²¹
平江	tsʰai¹³	xai⁴⁴-kai⁴⁴	xai³²⁴-xai¹³	lai¹³	uai¹³-fai²²	uai²²-uɑ²²
洞口	tsʰai²⁴	kʰai⁵³-kai⁵³	xai²¹³-xai²⁴	lai²⁴	xuai²⁴-xuai⁴⁵	uai⁵³-ua⁴⁵
临湘	dzʰæ¹³	gʰe³³-kæ³³	xæ⁴²-xæ¹³	dʰi¹³	fei¹³-fæ²¹	uæ²¹-ua²¹
浏阳	tsʰai⁴⁵	kʰai⁴⁴-kai⁴⁴	xai³²⁴-xai⁴⁵	lai⁴⁵	uai⁴⁵-fai²¹	ŋai²¹-ua²¹
醴陵	tsʰoi¹³-tsʰai¹³	kʰoi⁴⁴-kai⁴⁴	xoi³¹-xai¹³	lei¹³	fei¹³-fai²²	ŋoi²²-ua²²
攸县	tʰoi¹³-tʰai¹³	kʰoi³⁵-kai³⁵	xoi⁵³-xai¹³	loi¹³	foi¹³-fai¹¹	ŋoi¹¹-ua¹¹
茶陵	tsʰæ²¹³	kʰe⁴⁵-kæ⁴⁵	xæ⁴²-xæ²¹³	le²¹³	xue²¹³-xuæ³²⁵	ue³³/uæ³²⁵-ua³²⁵ 动
炎陵	tsʰæi²¹³	kʰæi²⁴-kæi²⁴	xæi⁵³-æi²¹³	luei²¹³	uei¹³-uæi¹³	ŋuæi¹³-ua¹³
安仁	tsæ²⁴	kʰɛ⁴⁴-kæ⁴⁴	xæ⁵³-xæ²⁴	lui²⁴	xui²⁴-xuæ³²²	uæ³²²-uɑ³²²
耒阳	tsʰæ²⁵	kʰæ⁴⁵-kæ²⁵	xæ⁵³-xæ²⁵	luɛ²⁵	xui²⁵-xuæ²¹³	uæ²¹³-xua²¹³

	材开一—柴开二	开开一—街开二	海开一—鞋开二	雷合一	回合一—坏合二	外合一—话合二
隆回	tsʰa¹³	kʰe⁴⁴-ka⁴⁴	xa²¹²-xa¹³	lue¹³	ue¹³-xua⁴⁵	ue⁴⁵-uɑ⁴⁵
绥宁	tsʰai⁴⁵	kʰai³³-kai³³	xai¹³-xai⁴⁵	le⁴⁵	ue⁴⁵-fai⁴⁴	ue⁴⁴/uai⁴⁴-uʌ⁴⁴
常宁	tsʰæ²¹	kʰe⁴⁵-ke⁴⁵	xe⁴⁴-xæ²¹	lui²¹	fi²¹-fæ²⁴	uæ²⁴-ua²⁴/fæ²⁴
永兴	tsʰɛ³²⁵-tsʰa³²⁵	kʰɛ⁴⁵-ka⁴⁵	xɛ⁴²-xa³²⁵	lui³²⁵	xui³²⁵-xuɛ¹³	ue¹³-xua¹³
资兴	tsʰai²²-tsʰa²²	kʰai⁴⁴-ka⁴⁴	xai³¹-xa²²	lei²²	fei²²-fai³⁵	uei³⁵-o³⁵

　　由表 5-1 可知，湖南赣语蟹摄合口一、二等韵基本保持区别，官话也是如此，此处不赘。蟹摄开口一、二等韵中，华容、岳阳楼、岳阳县、平江、洞口等 5 个方言点无区别；临湘、浏阳、醴陵、攸县、茶陵、炎陵、安仁、耒阳、隆回、绥宁等 10 个方言点保留区别的痕迹；而常宁、永兴和资兴 3 个方言点无论一等韵还是二等韵都有两个读音，处在由有别到无别的过渡阶段。表 5-1 看不出浏阳、炎陵、耒阳和绥宁等 4 个方言点开一与开二的区别，下面详细说明我们调查到的包括浏阳等 4 个方言点在内的 10 个方言点开一与开二有别的情况。

　　临湘开一一般读 æ，极少数读 e，如：在 dʰe²¹/dzʰe²¹、开 gʰe³³。e 是白读，æ 是文读。开二读 æ。

　　浏阳开一一般读 ai，个别读 ei，即：在 tsʰei²¹。ei 是白读，ai 是文读。开二读 ai。

　　醴陵开一一般读 oi，但有极少数读 ei，如：抬 tʰei¹³、来 lei¹³、在 tsʰei²²/tsʰoi²²、腮 sei⁴⁴；部分读 ai，如：猜 tsʰai⁴⁴、赛 sai²²、带 tai²²、癞赖 lai²²、艾ŋai²²。ei 和 oi 都属该方言早期的读音，ai 属文读。开二读 ai。

　　攸县开一一般读 oi，但有少数读 ai，如：赖癞耐 lai¹¹、带 tai¹¹、猜 tʰai³⁵、赛 sai¹¹、艾ŋai¹¹。oi 是白读，ai 是文读。开二读 ai。

　　茶陵开一一般读 æ，但有部分读 e，如：抬 tʰe²¹³/tʰæ²¹³、袋 tʰe³²⁵、来 le²¹³、菜 tsʰe³³、裁 tsʰe²¹³、腮鳃 se⁴⁵、开 kʰe⁴⁵/kʰæ⁴⁵。e 是白读，æ 是文读。开二读 æ。

　　炎陵开一一般读 æi，只有个别字如“袋”读 tʰuei³³。uei 是白读，æi 是文读。开二读 æi。

　　安仁开一一般读 æ，但有少数读 ɛ，如：来 lɛ²⁴、腮 sɛ⁴⁴、该 kɛ⁴⁴、开 kʰɛ⁴⁴。此外，零声母读 iɑ，如：碍 iɑ²⁴、爱 iɑ³²²、哀 iɑ⁴⁴。个别字读 ui，如：袋 tʰui³²²/tʰæ³²²。ɛ、ui 都是白读，æ 是文读。开二读 æ。

　　耒阳开一一般读 æ，但有个别字读 ɛ。如：来 lɛ²⁵；个别字读 uɛ，如：袋 tʰuɛ²¹³/tʰæ²¹³；个别字读 ui，如：腮鳃 sui⁴⁵。ɛ、uɛ、ui 都是白读，æ 是文读。开二读 æ。

隆回开一一般读 a，但有部分读 e，如：来 le¹³、亥 e³²⁵、在 tsʰe²¹²/tsʰa⁴⁵、开 kʰe⁴⁴、盖 ke⁴⁵/ka⁴⁵、爱 e⁴⁵/a⁴⁵；部分读 ue，如：袋 xue²¹²/a⁴⁵、裁 tsue⁴⁴/tsa⁴⁴、菜 tsʰue⁴⁵/tsʰa⁴⁵、鳃腮 sue⁴⁴。e、ue 属白读，a 是文读。开二读 a。

绥宁开一一般读 ai，但有极少数读 e，如：来 le⁴⁵/lai⁴⁵、在 tsʰe²²~行/tsʰai¹³、鳃腮 se³³。e 是白读 ai 是文读。开二读 ai。

从上文所列举的例字来看，开一保留白读的有的字数较多，有的字数较少，而且有的方言点白读音有好几个。

下面来看常宁、永兴和资兴三个方言点蟹摄开一、二的读音情况。

常宁读 æ 的如：戴 tæ²⁴、来 læ²¹、菜 tsʰæ²⁴、材 tsʰæ²¹、亥 æ²⁴（开一），排 pʰæ²¹、卖 mæ²⁴、债 tsæ²⁴（开二）；读 e 的如：胎 tʰe⁴⁵、灾 tse⁴⁵、猜 tsʰe⁴⁵、该 ke⁴⁵、开 kʰe⁴⁵、海 e⁴⁴、哀 ŋe⁴⁵（开一），斋 tse⁴⁵、阶 ke⁴⁵、买 me⁴⁴、钗 tsʰe⁴⁵（开二）。此外，开一极少数字读 ue，如：裁 tsue⁴⁵/tse⁴⁵、腮鳃 sue⁴⁵；个别读 ui，如：袋 tʰui²⁴/tʰɛ²⁴。参考相邻安仁、耒阳等来看，ue 和 ui 属白读，e、æ 的性质暂时无法确定。

永兴读 a 的如：抬 ta³²⁵、袋 ta¹³、菜 tsʰa¹³、裁 tsʰa³²⁵、鳃腮 sa⁴⁵、蔡 tsʰa¹³（开一），拜 pa¹³、斋 tsa⁴⁵、阶 ka⁴⁵、矮 a⁴²、鞋 a³²⁵（开二）；读 ɛ 的如：来 lɛ³²⁵、材 tsʰɛ³²⁵、该 kɛ⁴⁵、盖 kɛ¹³（开一），豺 tsʰɛ³²⁵、疥 kɛ¹³（开二）。开一个别字有两读，如：戴 taⁱ³ 动词/tɛ¹³ 姓。ɛ、a 的性质目前还不清楚。

资兴读 ai 的如：袋 tai³⁵、台 tʰai²²、来 lai²²、该 kai⁴⁴、开 kʰai⁴⁴、蔡 tsʰai³⁵（开一），阶 kai⁴⁴、责 tsai³⁵（开二）；读 a 的如：抬 ta²²、裁 tsa⁴⁴、菜 tsʰa³⁵、裁 tsʰa²²、腮鳃 sa⁴⁴、艾 ŋa³⁵（开一），埋 ma²²、买 ma⁴⁴、柴 tsʰa²²、疥 ka³⁵、鞋 xa²²（开二）。开一极少数字有两读，如：在 tsʰei⁴⁴/tsa³⁵~行、代 ta³⁵/tai³⁵、戴 ta³⁵ 动词/tai³⁵ 姓、袋 tiæ³⁵/tai³⁵。此外，开二"矮"读 æ³¹。参考周边方言来看，ei、iæ、æ 应该是白读，ai、a 的性质还有待研究。

从地理分布来看，湖南赣语蟹摄开一、二无别的方言点集中在湘北，其余各片只有洞口有此特点；开一、二有别的散见于各片；开一、二处在由分到合过渡阶段的则只见于湘南。请参看附录图 15"蟹摄一、二等韵的分合"。

2. 蟹摄一、二等韵今读的演变

据王力（1980:51-54）拟测，《广韵》音系中，蟹摄咍韵为*ɒi、泰韵为*ɑi。对照上文所列举的蟹摄开一与开二有别的读音，发现，与中古音相比，开一的读音发生了很大的变化。有的方言点主元音为前元音，如临湘、茶陵、绥宁的 e，浏阳的 ei；有的方言点为后元音，如攸县的 oi、常宁的 ui/ue、炎陵的 uei；有的方言点既有前元音，也有后元音，如醴陵的 ei/oi、安仁、耒阳的 ɛ/ui、隆回的 e/ɹe。它们是如何演变的呢？我们把蟹开一、开二与合一的今读进行对比。请看表 5-2。

表 5-2　　　　　　　　蟹摄开一、二及合一的今读

	开一		开二		合一	
	白读	文读	端系	见系	端系	见系
华容	æi		æi	æi	ei	uei
岳阳楼	ai		ai	ai	i/ei	ei
临湘	e	æ	æ	æ	i	ei
岳阳县	æ		æ	æ	æ/i	ei
平江	ai		ai	ai	ai/i	uai
浏阳	ei	ai	ai	ai	ai/ei	uai
醴陵	ei₁/oi₂	ai	ai	ai	oi/ei	ei
攸县	oi	ai	ai	ai	oi	oi
茶陵	e	æ	æ	æ	e	ue
炎陵	uei	æi	æi	æi	uei	uei
安仁	ui/ɛ	æ	æ	æ	ui	ui
耒阳	ui/uɛ/ɛ	æ	æ	æ	uɛ	ui
常宁	ui/ue	e/æ	e/æ	e/æ	ui	i
永兴	a/ɛ		a/ɛ	a/ɛ	ui	ui
资兴	ei/iæ	ai/a	a/ai	a/æ/ai	ei	ei
隆回	ue/e	a	a	a	ue	ue
洞口	ai		ai	ai	ai	uai
绥宁	e	ai	ai	ai	e	ue

从表 5-2 可知，多数方言点开一与合一合流，不合流的只有华容、岳阳楼、临湘和永兴等。不过，合流的方式有差别。多数方言点是合口混入开口，如岳阳县、平江、浏阳、茶陵、资兴、洞口和绥宁等。少数方言点是开口混入合口，如攸县、炎陵。部分方言点既有开口混入合口的，也有开口仍读开口的，如安仁、耒阳、常宁、隆回等。

从开一与合一合流的方式来看，我们推测，湖南赣语蟹开一的白读可能有两条演变路线。开口混入合口的，其蟹开一主元音明显产生了一个后高化的过程，即：哈、泰合流为 *ɒi→ɔi→oi（攸县）→ui（安仁、耒阳等）→uɛ（耒阳）/ue（隆回）/uei（炎陵）。合口混入开口以及不与合口合流的，其蟹开一走向了另一个演变方向——前高化，其演变过程是：哈、泰合流为 *ɒi→ai（永

兴）→æi（岳阳县）→ɛi（安仁、耒阳、永兴）→ei（临湘、浏阳、资兴、茶陵、隆回、绥宁）。不过，有的方言点蟹开一今读单元音，其韵尾是在前高化过程中脱落的，还是在此之前或之后，目前还不清楚。但从今读单元音的层次早于复合元音这一现象来看，其脱落应该发生较早（详见本节"蟹、效、流三摄开口一、二等韵读单元音"）。资兴"袋"的韵母 iæ 可能是蟹开一和开二合流为 e 后再继续高化为 i 后产生的。尽管资兴开二今多读 a/ai，但"矮"今读 æ，与"袋"相同。蟹开一、二高化为 i 并由 i 裂化为 ia 的现象在湘南土话中存在，不过，开一多限于端系字，见系字并未高化。如道县寿雁平话：斋 ti⁴³、在代 ti³¹、买 mi³¹、袋 ti⁵¹、开 xɤ⁴³、改 kɤ³³、艾 ŋɤ⁵¹、害 xɤ⁵¹；宁远平话：牌 pʰia²¹³、财豺 tɕʰia²¹³、袋 tʰia²¹、菜 tɕʰia⁵³，盖 kə⁵³、开 xə⁴³⁵、爱 ə⁵³。

蟹开一华容的 æi、岳阳楼的 ai 虽然与炎陵的文读 æi 相同或相近，但两者的成因可能不同。前者 æi/ai 来源于官话，因为其开一不存在文白异读，而合一今读 ei，与官话接近。后者 æi 的主元音 æ 应该是方言自身主元音前高化的结果，因为其相邻的茶陵和安仁蟹开一今读单元音，而单元音的层次早于复合元音（参看本节"蟹、效、流三摄开口一、二等韵读单元音"）。资兴的 ai 也可能是来自周边官话。前文指出，资兴蟹开一有部分常用字有两读，如：代 ta³⁵/tai³⁵、袋 tiæ³⁵/tai³⁵。另外，绥宁"在"有文白两读，白读 tsʰe²²～行，文读 tsʰai¹³；前者读阳上，后者读阴上。这也说明，文读 ai 的层次较晚。

总之，湖南赣语蟹开一有两个不同的演变方向，一个是前高化，一个是后高化。有的只有前高化，如平江、浏阳等；有的只有后高化，如攸县；有的则既有前高化，也有后高化，如耒阳、隆回等。蟹开一有两个演变方向的变化正在醴陵和安仁进行。如据表 5-2，醴陵蟹开一有两个白读，一个读 ei，一个读 oi；安仁开一白读也有两个读音，一个是 ɛ，一个是 ui。这两个方言点开一的两个白读分别源于前高化和后高化的演变。

刘泽民（2005:188-198）在讨论客赣方言上述蟹开一与开二有别的读音时认为，它们都属于同一个层次即 A 层，是主元音后高化音变的结果。不过，他没有具体描绘每个读音的演变过程。从湖南赣语来看，我们同意它们是同一层次的看法，但是，这两个同一层次的读音可能来自不同的方言，即两者来源不同。我们注意到，湘南土话蟹开一前高化比较明显，如前文所列举的道县寿雁、宁远平话，而相邻客家话后高化比较突出，如桂东：袋 tʰuɛ²¹、来 luɛ¹⁴、盖 kuɛ⁵³、开 xuɛ³³～门。蟹开一后高化的变化还常见于赣中赣语，如吉安、泰和、安福等方言。从地理分布来看，湘北以前高化为主，湘中以后高化为主，湘南和湘西南则两种变化都有。由此我们推测，湖南赣语蟹开一前高化的演变是方言自身的演变，而后高化的演变则是受相邻方言主要是赣中方言的影响产生的, 请参看第八章 "从外部比较看湖南赣语的形成"。

（二）咸、山摄一、二等韵的分合

1. 咸、山摄一、二等韵的今读

除岳阳楼和永兴以外, 湖南赣语咸、山摄一、二等韵有别, 不过, 情形不一。请看表 5-3。

表 5-3　　　　　　　　咸、山摄一、二等韵的今读

	三咸开一衫咸开二	含咸开一减咸开二	干(~湿)山开一简山开二	汗山开一苋山开二	官山合一关(~门)山合二	碗山合一弯山合二
岳阳楼	san³⁴	xan¹³	kan³⁴-kan³¹	xan²²	kuan³⁴	uan³¹-uan³⁴
永兴	sæ⁴⁵	xæ³²⁵	kæ⁴⁵-tɕi⁴²	xæ¹³-xæ¹³	kuæ⁴⁵-kʰuæ⁴⁵	uæ⁴²-uæ⁴⁵
临湘	san³³	xøŋ¹³-xan¹³	køŋ³³-kan⁴²	xøŋ²¹-xan²¹	kuøŋ³³-kuan³³	uøŋ⁴²-uan³³
岳阳县	san³³	xøŋ¹³-xan¹³	køŋ³³-kan⁴²	xøŋ²¹-xan²¹	kuøŋ³³-kuan³³	uøŋ⁴²-uan³³
平江	san⁴⁴	xøŋ¹³-xan¹³	kuøŋ⁴⁴-kan³²⁴	xøŋ²²-xan²²	kuøŋ⁴⁴-kuan⁴⁴	uøŋ³²⁴-uan⁴⁴
浏阳	sã⁴⁴	xuĩ⁴⁵-xã⁴⁵	kuĩ⁴⁴-kã³²⁴	xuĩ²¹-xã²¹	kuĩ⁴⁴-kuã⁴⁴	uĩ³²⁴-uã⁴⁴
醴陵	saŋ⁴⁴	xoŋ¹³-xaŋ¹³	koŋ⁴⁴-kaŋ³¹	xoŋ²²-xaŋ²²	kuoŋ⁴⁴-kʰuaŋ⁴⁴	uoŋ³¹-uaŋ⁴⁴
攸县	sãĩ³⁵	xoŋ¹³-xãĩ¹³	koŋ³⁵-kãĩ⁵³	xoŋ¹¹-xãĩ¹¹	kuãĩ³⁵-kʰuãĩ³⁵	uãĩ⁵³-uãĩ³⁵
炎陵	san²⁴	/-xan²¹³	kuã²⁴-kan⁵³	xuã¹³-xan¹³ ①	kuã²⁴-kʰuã²⁴ ②	uã⁵³-uã²⁴
资兴	so⁴⁴-so⁴⁴	xo²²	kɯ⁴⁴-tɕiŋ³¹	xaŋ³⁵-çi³⁵	kuaŋ⁴⁴-kʰuaŋ⁴⁴	ɯ³¹-uaŋ⁴⁴
华容	san⁴⁵	xan¹²	kan⁴⁵-tɕĩ²¹	xan³³	kun⁴⁵-kuan⁴⁵	un²¹-uan⁴⁵
茶陵	saŋ⁴⁵	xaŋ²¹³	kaŋ⁴⁵-kaŋ⁴²	xaŋ³²⁵	kuaŋ⁴⁵-kʰuaŋ⁴⁵	uaŋ⁴²-uaŋ⁴⁵
安仁	saŋ⁴⁴	xaŋ²⁴	kuaŋ⁴⁴-kaŋ⁵³	xuaŋ³²²-xaŋ³²²	kuaŋ⁴⁴-kʰuaŋ⁴⁴	uaŋ⁵³-uaŋ⁴⁴
耒阳	sã⁴⁵	xã²⁵	kuã⁴⁵-kã⁵³	xã²¹³	kuã⁴⁵-kʰuã⁴⁵	uã⁵³-uã⁴⁵
常宁	sã⁴⁵	xã²¹	kã⁴⁵-kã⁴⁴	xã²⁴	kuã⁴⁵-kʰuã⁴⁵	uã⁴⁴-uã⁴⁵
隆回	saŋ⁴⁴-sɒ⁴⁴	xaŋ¹³	kuaŋ⁴⁴-kaŋ²¹²	xuaŋ⁴⁵-xaŋ⁴⁵	kuaŋ⁴⁴	uaŋ²¹²-uaŋ⁴⁴
洞口	sã⁵³	xã²⁴	kuã⁵³-kã²¹³	xã⁵³	kuã⁵³	uã²¹³-uã⁵³
绥宁	sa³³	xa⁴⁵-xa⁴⁵	kue³³-kẽ⁴²	xẽ⁴⁴-xa⁴⁴	kuẽ³³-kua³³	ue¹³-ua³³

由于选字的问题, 表 5-3 炎陵缺咸摄开一与开二有别的例字, 补充如下: 柑(~子)开一kuã²⁴-减开二kan⁵³。资兴咸摄开一的 "含" 与开二合流, 下面另举一例开一与开二有别的字, 如: 敢开一kɯ³¹≠减开二ko³¹/kaŋ³¹; 另外, 山摄合口 "碗" 与 "弯" 韵母不同, 现补充合一与合二合流读 ɯ 的例字, 如: 酸合一=闩合二sɯ⁴⁴。表 5-3 例字没有反映茶陵、常宁山摄开一与开二有别的现

① 该读音见于 "冬苋蔬菜名", 陈山青（2004）原文 "苋" 字用 "□" 表示。

② 陈山青（2004）原文缺 "关" 字读音, 该读音是据彭志瑞（2011:157）"关门闭户" 词条补充。

象，补充如下：茶陵"秆<u>赶</u> kuaŋ⁴²"、常宁"秆 kuã⁴⁴"。此外，永兴开二非常用字如"简"读 i 是腭化的结果，常用字仍读洪音如"咸"。

综上可知，湖南赣语咸、山摄一、二等韵有别的现象基本上只反映在见系中。具体来说，临湘、岳阳县、平江、浏阳、醴陵咸、山摄无论开合一、二等见系皆有别；攸县、炎陵和资兴咸、山摄开口一、二等见系有别；华容山摄合口一、二等见系有别；茶陵、安仁、耒阳、常宁、隆回、洞口和绥宁山摄开口一、二等见系有别，不过，绥宁山摄一、二等见系有别只体现在 ue 韵上。①

李冬香（2005a）考察了《报告》（杨时逢 1974）中湖南赣语咸、山摄一、二等韵的分合情况，指出，湖南赣语咸、山摄一、二等韵有无区别的情况比较复杂。其中，岳阳、临湘、平江、醴陵、攸县五地方言开合都有别；华容、浏阳、茶陵三地方言则只有合口有别；而炎陵（原酃县）、安仁、耒阳、常宁、永兴、资兴和绥宁等七地方言无论开合都无别。对照我们的调查，发现两者还是存在一定的区别。如浏阳在《报告》（杨时逢 1974）中只有合口有别，而不是开合皆有别；安仁、耒阳、常宁、资兴等在《报告》（杨时逢 1974）中开合皆无别，而不是开口有别。造成上述区别的主要原因是《报告》（杨时逢 1974）记录的多是文读音，而不是白读音。这主要是因为其发音合作人多为学生，且调查字数较少。如上述方言开口一等字"干~湿"在《报告》（杨时逢 1974）中都只记录了一个文读音。不过，也有的区别是李冬香（2005a）观察有误造成的。如攸县在《报告》（杨时逢 1974）中应是开口有别、合口无别，而不是开合都有别。

从地理分布来看，湘北和湘中咸、山摄一、二等韵见系有别保存得比较完好，湘南和湘西南则消失得较快。请参看附录图 16"咸、山摄一、二等韵的分合"。

2. 咸、山摄一、二等韵今读的演变

如前所述，湖南赣语见系开口一等与二等有别的读音都是开口一等混入合口一等。混入合口一等时，少数方言点与非见系合流，如临湘、岳阳县、攸县、醴陵等；多数方言点与见系合流，如浏阳、炎陵、茶陵等；只有资兴既与端系合流，也与见系合流。与非见系合流的，都没有产生介音，且主元音舌位较高；相反，与见系合流的，都有介音-u-（资兴除外），且主元音舌位较低（浏阳除外）。

据王力（1980:51-54）拟测，《广韵》音系中，咸摄开一为*ɑm/ɒm、山摄开一为*ɑn。与中古音系相比，湖南赣语咸、山摄开一与开二有别的读音中，

---

① 绥宁 ue 韵只见于山摄一等，不见于二等。

主元音明显高化。因此，我们认为，湖南赣语咸、山摄开一与合一合流的原因是主元音高化的结果，不过，在高化的过程中，有的方言点衍生了介音-u-。其演变过程是：咸、山摄合流为*an→on（茶陵、攸县）→uɯn（资兴）/un（华容）/øn（临湘等）→ɯn（浏阳）/uan（炎陵等）/uen（绥宁）/uøn（平江等）。从开一与合一有别只见于见系可以看出，舌根音后面容易增生介音-u-。另外，如蟹开一脱落韵尾一样，咸、山摄开一也有方言点脱落了鼻音韵尾而读阴声韵（详见本章第四节"阳声韵尾的演变"）。

前文指出，湖南赣语山摄开一与开二无别的只有岳阳楼和永兴，它们的表现与周边官话相同。如常德：肝开一＝间开二 kan⁵⁵、含开一＝咸开二 xan¹³；郴州市区：含开一＝咸开二 xan³¹、干（~湿）开一 kaŋ⁴⁴—闲开二 xaŋ³¹。很明显，这两个方言点山摄开一与开二无别是受周边官话影响所致。

（三）果摄与假摄的分合

表 5-4　　　　　　　　　　　　果摄与假摄的今读

	歌果一家假	簸（~~~）果一坝假	磨（~刀）果一麻假	过果一嫁假
华容	ko⁴⁵-ka⁴⁵	po²¹³-pa²¹³	mo¹²-ma¹²	ko²¹³-tɕia²¹³
岳阳楼	ko³⁴-tɕia³⁴	po³²⁴-pa³²⁴	mo¹³-ma¹³	ko³²⁴-tɕia³²⁴
临湘	ko³³-ka³³	po³²⁵-pa³²⁵	mo¹³-ma¹³	ko³²⁵-ka³²⁵
岳阳县	ko³³-k̲a̲³³	po⁴⁵-pa⁴⁵	mo¹³-ma¹³	k̲u̲⁴⁵/ko⁴⁵-ka⁴⁵
平江	ko⁴⁴-kɑ⁴⁴	pø⁴⁵-pɑ⁴⁵	mø¹³-mɑ¹³	kuø⁴⁵-kɑ⁴⁵/k̲i̲ɑ̲⁴⁵
浏阳	ko⁴⁴-kua⁴⁴	pu⁴²-pua⁴²	mo⁴⁵-mua⁴⁵	k̲u̲⁴²/ko⁴²-kua⁴²
醴陵	ko⁴⁴-ka⁴⁴	po²²-pa²²	mo¹³-ma¹³	k̲u̲²²/k̲u̲o²²-ka²²
攸县	ko³⁵-ka³⁵	po¹¹-pa¹¹	mo¹³-ma¹³	kuo¹¹-ka¹¹
茶陵	ko⁴⁵-ka⁴⁵	po⁴⁵-pa³³	mo²¹³-ma²¹³	ko³³-ka³³
炎陵	kuə²⁴-ka²⁴	/-pa³³	mə²¹³-ma²¹³	kuə³³-ka³³
安仁	ku⁴⁴-k̲ɑ̲⁴⁴	pu³²²-pɑ³²²	mu²⁴-mɑ²⁴	ku³²²-kɑ³²²
耒阳	ko⁴⁵-ka⁴⁵	po²¹³-pa²¹³	mo²⁵-ma²⁵	ko²¹³-ka²¹³
常宁	ko⁴⁵-ka⁴⁵	po²⁴-pa²⁴	mo²¹-ma²¹	ko²⁴-ka²⁴
永兴	ko⁴⁵-k̲ɔ̲⁴⁵	po¹³-pɔ¹³	mo³²⁵-m̲ɔ̲³²⁵	ko¹³-kɔ¹³
资兴	kɯ⁴⁴-ko⁴⁴	pɯ³⁵-po³⁵	mɯ²²-m̲o̲²²	ku³⁵-ko³⁵
隆回	ko⁴⁴-kɑ⁴⁴	po⁴⁵-pɑ⁴⁵	mo¹³-mɑ¹³	ko⁴⁵-kɑ⁴⁵
洞口	ko⁵³-ka⁵³	/-pa⁴⁵	mo²⁴-ma²⁴	k̲u̲⁴⁵/ko⁴⁵-ka⁴⁵
绥宁	ko³³-k̲ʌ̲³³	pu⁴²-pʌ⁴²	mo⁴⁵-m̲ʌ̲³²⁴	k̲u̲⁴²/ko⁴²-kʌ⁴²

　　从表 5-4 可知，湖南赣语果摄与假摄没有一个方言点合流。从音值上来看，果摄今一般读 o，但安仁读 u，资兴读 ɯ，炎陵读 uə。假摄多数读 a，但绥宁读 ʌ，平江、安仁、隆回读 ɑ，永兴读 ɔ，资兴读 o，浏阳读 ua。

　　《广韵》音系中，果摄开一为 *ɑ，假摄开二为 *a（王力 1980:51-54）。对照表 5-4 果摄的今读，湖南赣语果摄开一主元音经历了一个后高化的演变过程，具体如下：*ɑ→o（平江等）→ɯ（资兴）/u（安仁）→uə（炎陵）。在果摄后高化的同时，有些方言点假摄也后化或者高化，其演变过程是：*a→ʌ（绥宁）→ɑ（隆回等）→ɔ（永兴）→o（资兴）。浏阳假摄开二的介音 -u- 是在后化的基础上增生出来的。

　　假摄元音的高化是由于果摄高化引起的拉链作用还是其他韵母造成的推链作用呢？这要看假摄高化的方言点原有假摄 a 的位置有没有被占据。从第三章第二节"韵母的比较"可知，隆回、永兴和资兴蟹摄开一、二部分读 a，绥宁咸、山摄开一、二阳声韵读 a。由此可以看出，这些方言点假摄高化的原因是由于其他韵摄演变为 a 推动假摄高化，即推链作用。王福堂（1999:14-15）、杨蓓（2004:60）、彭建国（2010:292-295）在谈到湘语、吴语等蟹摄、假摄果摄的语音变化时，也都认为是蟹摄占据了 a 的位置引起了假摄发音部位的高化。不过，湖南赣语隆回、永兴和资兴是由于蟹摄占据了 a 的位置引起假摄的高化；而绥宁是因咸、山摄读阴声韵占据了 a 的位置引起假摄的高化，这与其他湘语、赣语和吴语不同。

　　上文分别介绍了蟹摄、咸山摄和果假摄开口一、二等韵的分合。就蟹摄和咸山摄来看，有的方言点蟹摄开口一、二等无别，但咸、山摄开口一、二等有别，如华容、岳阳县、平江和洞口等；有的方言点咸、山摄开口一、二等无别，但蟹摄开口一、二等有别，如永兴；有的方言点蟹摄和咸、山摄开口一、二等都有别，如临湘、浏阳、醴陵、攸县、茶陵、炎陵、安仁、耒阳、常宁、资兴、隆回和绥宁等；只有岳阳楼蟹摄开口一、二等和咸、山摄开口一、二等都无别。由此看来，蟹摄与咸、山摄一、二等的演变不是同步的。

二　蟹、效、流三摄开口一、二等韵读单元音

　　湖南赣语蟹摄、效摄、流摄三摄开口一、二等韵多读复合元音，但也有部分方言点存在读单元音的现象。请看表 5-5。

表 5-5　　　　　　　　　蟹、效、流三摄开一、二的今读

	蟹摄			效摄			流摄		
	来	牌	街	毛	草	敲	豆	口	呕~吐
华容	læi¹²	pʰæi¹²	kæi⁴⁵	mʌu¹²	tsʰʌu²¹	kʰʌu⁴⁵	tʰiu³³	tɕʰiu²¹	liu²¹
岳阳楼	lai¹³	pʰɐi¹³	kai³⁴	mau¹³	tsʰau³¹	kʰau³⁴	tʰəu³³	kʰəu³¹	ŋəu³¹

续表

	蟹摄			效摄			流摄		
	来	牌	街	毛	草	敲	豆	口	呕~吐
平江	lai¹³	pʰai¹³	kai⁴⁴	mɑu¹³	tsʰɑu³²⁴	xɑu⁴⁴	tʰœy²²	xœy³²⁴	ŋœy³²⁴
浏阳	lai⁴⁵	pʰai⁴⁵	kai⁴⁴	mau⁴⁵	tsʰau³²⁴	kʰau⁴⁴	tʰei²¹	kʰiau³²⁴	ŋei³²⁴
醴陵	lei¹³	pʰai¹³	kai⁴⁴	mau¹³	tsʰau³¹	kʰau⁴⁴	tʰeu²²	kʰeu³¹	ŋeu³¹
攸县	loi¹³	pʰai¹³	kai³⁵	mau¹³	tʰau⁵³	kʰau³⁵	xɛi¹¹	x̲ɛ̲i̲⁵³	ɛi⁵³
炎陵	lai²¹³	pʰai²¹³	kai²⁴	mɑo²¹³	tsʰɑo⁵³	kʰɑo²⁴	tʰeu¹³	xeu⁵³	eu⁵³
茶陵	le²¹³	pʰæ²¹³	kæ⁴⁵	mɔ²¹³	tsʰɔ⁴²	kʰɔ⁴⁵	tʰø³²⁵	xø⁴²	ŋø⁴²
安仁	lɛ²⁴	pæ²⁴	kæ⁴⁴	mɔ²⁴	tsʰɔ⁵³	kʰɔ⁴⁴	tʰe³²²	x̲ɛ̲⁵³	ie⁵³
耒阳	lɛ²⁵	pʰæ²⁵	kæ⁴⁵	mɔ²⁵	tsʰɔ⁵³	kʰɔ⁴⁵	tʰə²¹³	kʰə⁵³	ə⁵³
常宁	læ²¹	pʰæ²¹	ke⁴⁵	mo²¹	tsʰɔ⁴⁴	kʰɔ⁴⁵	tʰɯ²⁴	kʰɯ⁴⁴	ɯ⁴⁴
永兴	lɛ³²⁵	pa³²⁵	ka⁴⁵	mə³²⁵	tsʰə⁴²	kʰə⁴⁵	tɛ¹³	kʰɛ⁴²	ɛ⁴²
临湘	læ¹³	bʰæ¹³	kæ³³	mɔu¹³	dzʰɔu⁴²	gʰou³³	dʰe²¹	gʰe⁴²	ŋe⁴²
岳阳县	læ¹³	pæ¹³	kæ³³	mɔu¹³	tsʰɔu⁴²	kʰɔu³³	tʌu²¹	cʰiɔu⁴²	ŋʌu⁴²
资兴	lai²²	pa²²	ka⁴⁴	mau²²	tsʰau³¹	kʰau⁴⁴	t̲a̲i̲⁴⁴	kʰai³¹	ai³¹
隆回	le¹³	pʰa¹³	ka⁴⁴	mɑu¹³	tsʰɑu²¹²	kʰɑu⁴⁴	xiə⁴⁵	kʰiə²¹²	iə²¹²
洞口	lai²⁴	hai²⁴	kai⁵³	mɑu²⁴	tsʰɑu²¹³	kʰɑu⁵³	x̲ɣ̲²¹³	kʰɣ²¹³	ɣ²¹³
绥宁	le⁴⁵/l̲a̲i̲⁴⁵	pʰai⁴⁵	kai³³	mau⁴⁵	tsʰau¹³	kʰau³³	tʰœu⁴⁴	tʃʰiau¹³	œu¹³

　　由表 5-5 可知，湖南赣语蟹、效、流三摄开口一、二等韵的今读有三种类型：第一类，一般读复合元音，有华容、岳阳楼、平江、浏阳、醴陵、攸县和炎陵等 7 个方言点；第二类，一般读单元音，有茶陵、安仁、耒阳、常宁和永兴等 5 个方言点；第三类，部分读单元音、部分读复合元音，有临湘、岳阳县、资兴、隆回、洞口和绥宁等 6 个方言点。在第三类中，临湘是蟹摄和流摄开一、二读单元音；岳阳县、资兴、隆回和绥宁是蟹摄开一、二部分或全部读单元音；洞口是流摄开一、二读单元音。此外，隆回流开一虽然读复合元音 iə，但这个介音-i-是元音高化后增生的（详见本节"侯、痕、登韵读细音"），因此，其实质也是读单元音。从地理分布来看，湖南赣语蟹、效、流三摄开一、二读单元音的现象主要见于湘南和湘西南，湘中和湘北只有极少数方言点有这个表现。请参看附录图 17"蟹、效、流三摄开一、二的今读"。

　　李冬香（2005a）考察了《报告》（杨时逢 1974）中湖南赣语蟹、效、流三摄开一、二的读音，指出，这三摄在部分方言中存在元音简化的趋势。其中，茶陵、安仁、耒阳、永兴四地方言这三摄都已简化，临湘、攸县、炎陵

（原酃县）、常宁四地方言只有部分韵摄元音简化，其他七处方言则不存在这一现象。对照我们的调查，发现两者存在明显的区别。如岳阳县和资兴我们认为这三摄开一、二部分读单元音，而《报告》则都记为复合元音；常宁我们认为这三摄开一、二一般读单元音，而《报告》则把流摄记为复合元音əɯ；攸县我们认为这三摄开一、二一般读复合元音，而《报告》则把流摄记为单元音 e。造成这些区别的原因有多种，有的可能是选点不同，如岳阳县、攸县和资兴；有的可能是记音的宽松不同，如常宁的流摄。

　　从历史层次来看，我们认为，湖南赣语今读单元音应该是赣语早期特点的保留，而今读复合元音可能是后来受其他方言影响的结果，是晚期的演变。支持我们这一推测的理由是：第一，读单元音的主要分布在湘南和湘西南，而这些地区相对比较偏僻，保留早期语音特点相对较多。另外，湘北开一、二读单元音的临湘和岳阳县无论是声母、韵母还是声调都了保留较多古老的音韵特点。第二，如前所述，绥宁蟹摄开一白读或常用字读单元音，文读或非常用字读复合元音。不过，蟹、效、流三摄开一、二读单元音的现象是汉语方言自身演变的结果还是受其他语言影响的结果？目前我们还不清楚。我们注意到，蟹、效、流三摄开一、二读单元音的现象，不仅见于湖南赣语，还见于江西赣语主要是赣中赣语、赣南本地话以及吴语，这些方言在地理上正好连成一片。

　　三　覃、谈有别

　　湘北临湘、岳阳县、平江等方言点覃、谈两韵至今还存在区别，请看表 5-6。

表 5-6　　　　　　　　　　　　　覃、谈的今读

	端组									
	覃韵					谈韵				
	搭	潭	谭	南	纳	塔	胆	淡	篮	腊
临湘	tæ⁵	dʰøn¹³	dʰan¹³	løn¹³	la⁵	dʰæ⁵	tan⁴²	dʰan²¹	lan¹³	læ⁵
岳阳县	tæ⁵	tan¹³	tan¹³	løn¹³	læ³	tʰæ⁵	tan⁴²	tan²¹	lan¹³	læ⁵
平江	taʔ⁴	tʰøn¹³	tʰan¹³	løn¹³	løʔ⁴	tʰaʔ⁴	tan³²⁴	tʰan²¹	lan¹³	laʔ⁴

	精组				见系					
	覃韵			谈韵	覃韵			谈韵		
	参~加	蚕	暂	三	感	含	盒烟~	柑	喊	磕
临湘	dzʰøn³³	dzʰøn¹³	dzʰan²¹	san³³	køn⁴²	xøn¹³	xø⁵	køn³³	xan⁴²	gʰø⁵
岳阳县	tsʰøn³³	tsøn¹³	tsan²¹	san³³	køn⁴²	xøn¹³	xø³	køn³³	xan⁴²	kʰo⁵
平江	tsʰøn⁴⁴	tsʰøn¹³	tsʰan²²	san⁴⁴	køn³²⁴	xøn¹³	xøʔ²⁴	køn⁴⁴	xan³²⁴	xøʔ²⁴

从表 5-6 可知，上述三个方言点覃、谈两韵只在非见系保留区别的痕迹。其中，阳声韵覃韵一般读 øn，但有少数字读 an；谈韵一般读 an。入声韵临湘、平江覃韵极少数字读 ø。表 5-6 没有临湘读 ø 的例字，补充如下：杂 dzʰø⁵。平江除了表 5-6 中的"纳"以外，还有如"答 tøʔ⁴"。谈韵暂时没有发现今读 ø 的。岳阳县入声韵非见系暂时没有发现覃、谈有别的现象。见系覃、谈阳声韵合流为 øn，但谈韵则有少数字今读 an，如表 5-6 中的"喊"；入声韵合流为 ø。上述方言覃、谈有别的现象与《报告》反映的一致（李冬香 2005a），其地理分布见附录图 18"覃、谈的分合"。

四　侯、痕、登韵读细音①

（一）侯韵读细音

侯韵的今读见表 5-7。

表 5-7　　　　　　　　　　　侯韵的今读

	某	牡	头	凑	狗	构	厚	欧	沤 久渡水中
华容	miu²¹	miu²¹	tʰiu¹²/hɔu¹²	tsʰɔu²¹³	tɕiu²¹	kɔu²¹³	ɕiu³³	liu⁴⁵/ŋɔu⁴⁵	ŋɔu²¹³
岳阳楼	miau³¹	miau³¹	tʰɔu¹³	tsʰɔu³²⁴	kɔu³¹	kɔu³²⁴	xɔu²²	ŋɔu³⁴	ŋɔu³²⁴
临湘	miɔu⁴²	miɔu⁴²	dʰe¹³	dzʰe³²⁵	ke⁴²	ke³²⁵	xe²¹	ŋe³³	ŋe³²⁵
岳阳县	miɔu⁴²	miɔu⁴²	tʌu¹³	tsʰʌu⁴⁵	ciɔu⁴²	kɔu⁴⁵	xʌu²¹	ŋʌu³³	ŋʌu⁴⁵
平江	miɑu²¹	miɑu²¹	tʰœy¹³	tsʰœy⁴⁵	kœy³²⁴	kœy⁴⁵	xœy²¹	ŋœy⁴⁴	ŋœy⁴⁵
浏阳	miau³²⁴	miau³²⁴	tʰei⁴⁵	tsʰei⁴²	kiau³²⁴	kei⁴²	xei²¹	ŋei⁴⁴	ŋei⁴²
攸县	mɛi⁵³	miau¹¹/mei⁵³	xɛi¹³	tʰɛi¹¹	kɛi⁵³	kɛi¹¹	xɛi¹¹	ɛi³⁵	ɛi¹¹
安仁	mɛ⁵³	mɛ⁵³	tɛ²⁴	tsʰɛ³²²	kɛ⁵³	kɛ³²²	xɛ³²²	iɛ⁴⁴	iɛ³²²
隆回	miə²¹²	miə²¹²	xiə¹³	tsʰiə⁴⁵	kiə²¹²	kiə⁴⁵	xiə²¹²/xiə⁴⁵	iə⁴⁴	iə⁴⁵
洞口	miɤ²¹³	miɤ²¹³	xɤ²⁴	tsʰiɤ⁴⁵	kɤ²¹³	kɤ⁴⁵	xɤ²¹³	liɤ⁵³	ɤ⁴⁵
绥宁	miau¹³	miau¹³	tʰœu⁴⁵	tsʰœu⁴²	tʃiau¹³	tʃiau⁴²	xœu²²	ɲiau³³	œu⁴²
醴陵	meu³¹	meu³¹	tʰeu¹³	tsʰeu²²	keu³¹	keu³³	xeu²²	ŋeu⁴⁴	ŋeu²²
茶陵	mø⁴²	mu⁴²	tʰø²¹³	tsʰø³²⁵	kø⁴²	kø³³	xø⁴⁵	ŋø⁴⁵	ŋø³³
炎陵	mo⁵³	mu⁵³	tʰɛu²¹³	tsʰɛu³³	kɛu⁵³	kɛu³³	xɛu³³	ɛu²⁴	ɛu³³
永兴	mo⁴²	mo⁴²	tɛ³²⁵/tɯ³²⁵	tsʰɯ¹³	kɛ⁴²	kɛ¹³	xɛ⁴²	ɛ⁴⁵/ɯ⁴⁵	ɛ¹³
资兴	mɛu³¹	mɛu³¹	tai²²	tsʰɛu³⁵	kai³¹	kɛu³⁵	xɛu³⁵	ai⁴⁴	ai³⁵
耒阳	mə⁵³	mə⁵³	tʰə²⁵	tsʰə²¹³	kə⁵³	kə²¹³	xə²¹³	ə⁴⁵	ə²¹³
常宁	mɯ⁴⁴	mɯ⁴⁴	tʰɯ²¹	tsʰɯ²⁴	kɯ⁴⁴	kɯ²⁴	xɯ²⁴	ɯ⁴⁵	ɯ²⁴

---

① 此处侯、痕、登韵皆举平以赅上去。

　　首先要指出的是，永兴和资兴两个方言点侯韵存在文白异读的现象，其中，永兴白读 ɛ、文读 ɯ，如表 5-7 中的"欧"；资兴常用字读 ai、非常用字读 ɛu，如表 5-7 中的"狗"与"构"。另外，洞口端系一般读细音，如：陡 tiɤ²¹³、逗 tiɤ⁵³，表 5-7 中"头"的洪音是因透、定母读擦音而脱落介音形成的（详见第三章第七节"透、定母读擦音"）。

　　表 5-7 显示，湖南赣语只有部分方言点侯韵读细音，如华容、岳阳楼、临湘、岳阳县、平江、浏阳、攸县、安仁、隆回、洞口和绥宁等 11 个方言点。不过，这些方言点并不是所有的侯韵字都读细音。从表 5-7 来看，岳阳楼等多数方言点只有帮组读细音；岳阳县、浏阳和绥宁是帮组和见系读细音；华容、洞口是帮组、端系和见系个别字读细音；安仁是见系影母读细音。从上述地域差异来看，最容易产生介音的是帮组，最后产生介音的则是端系。看来，介音的产生与声母有密切的关系。

　　《广韵》音系中：流开一侯韵为*əu（王力 1980:53-55）。与中古音相比，湖南赣语今不读细音的方言点中，除部分方言点的帮组外，侯韵今读主元音大部分前移并高化，只有耒阳仍读央元音，常宁以及永兴的文读读后高元音 ɯ。由此，我们推测，侯韵今读细音是由主元音前高化而来的，其主元音演变过程如下：ə（耒阳）→ɛ（安仁等）/œ（平江等）→e（临湘、浏阳等）/ø（茶陵等）→i（华容）。隆回的 iə 是由 i 裂化而来的，而浏阳等的 iau 则是由 iu 演变而来的。从永兴侯韵白读 ɛ、文读 ɯ 的现象来看，历史上常宁侯韵可能也存在过前高化的白读音，只是由于文读音的影响，白读音消失。

　　侯韵除了主元音前高化为细音以外，有的方言点韵尾也发生了变化，如浏阳部分字演变为-i，平江部分字演变为-y，安仁、耒阳等方言点的韵尾则脱落。不过，上述方言点韵尾的变化是什么时候发生的，目前还不清楚。

　　此外，从表 5-7 可以看出，流开一岳阳楼读 əu，华容文读读 əu，资兴非常用字读 ɛu。周边常德官话流开一读 ou，如：偷 tʰou⁵⁵、走 tsou²¹、口 kʰou²¹；郴州市区官话读 əu，如：楼 ləu³¹、口 kʰəu⁵⁵。很明显，岳阳楼、华容流开一的 əu 来自周边常德官话，资兴的 ɛu 也应该与郴州官话的影响有关。

　　从地理分布来看，湖南赣语今读细音的主要见于湘北和湘西南，湘中也有少数方言点，请参看附录图 19"侯韵的今读"。

　　（二）痕、登韵阳声韵今读细音

　　痕、登韵阳声韵的今读见表 5-8。

表 5-8 　　　　　　　　　　痕、登、庚耕阳声韵的今读

	臻摄			曾摄			梗摄	
	吞	根	恩	等	邓	层	生	庚
临湘	dʰiɛn³³	kɛn³³	ŋɛn³³	tiɛn⁴²	dʰiɛn²¹	dzʰən¹³	sən³³	kɛn³³
浏阳	tʰĩ⁴⁴	kĩ⁴⁴	ŋĩ⁴⁴	tĩ³²⁴	tʰĩ²¹	tsʰĩ⁴⁵	sĩ⁴⁴	kĩ⁴⁴
安仁	tʰĩ⁴⁴	kĩ⁴⁴	ĩ⁴⁴	tĩ⁵³	tʰĩ³²²	tsĩ²⁴	sĩ⁴⁴	kĩ⁴⁴
岳阳县	tʰɛn³³	kɛn³³	ŋɛn³³	tɛn⁴²	tɛn²¹	tsøn¹³	sɛn³³	kɛn³³
平江	tʰen⁴⁴	ken⁴⁴	ŋen⁴⁴	ten³²⁴	tʰen²²	tsʰen¹³	sen⁴⁴	ken⁴⁴
醴陵	tʰẽ⁴⁴	kẽ⁴⁴	ŋẽ⁴⁴	tẽ³¹	tʰẽ²²	tsʰẽ¹³	sẽ⁴⁴	kẽ⁴⁴
攸县	xɛɪ³⁵	kɛɪ³⁵	ŋɛɪ³⁵	tɛɪ⁵³	xɛɪ¹¹	tʰɛɪ¹³	sɛɪ³⁵	kɛɪ³⁵
茶陵	tʰɛ̃⁴⁵	kɛ̃⁴⁵	ŋɛ̃⁴⁵	tɛ̃⁴²	tʰɛ̃³²⁵	tsʰɛ̃²¹³	sɛ̃⁴⁵	kɛ̃⁴⁵
炎陵	tʰuẽ²⁴	kẽ²⁴	ẽ²⁴	tẽ⁵³	tʰẽ¹³	tsʰẽ²¹³	sẽ²⁴	kẽ²⁴
耒阳	tʰɛ̃⁴⁵	kɛ̃⁴⁵	ɛ̃⁴⁵	tɛ̃⁵³	tʰɛ̃²¹³	tsʰɛ̃²⁵	sɛ̃⁴⁵	kɛ̃⁴⁵
常宁	tʰɛ̃⁴⁵	kɛ̃⁴⁵	ŋɛ̃⁴⁵	tɛ̃⁴⁴	tʰɛ̃²⁴	tsʰɛ̃²¹	sɛ̃⁴⁵	kɛ̃⁴⁵
永兴	tʰen⁴⁵	ken⁴⁵	en⁴⁵	ten⁴²	ten¹³	tsʰen³²⁵	sen⁴⁵	ken⁴⁵
资兴	tʰaŋ⁴⁴	kaŋ⁴⁴	ŋeŋ⁴⁴	teŋ³¹	teŋ³⁵	tsʰeŋ²²	seŋ⁴⁴	keŋ⁴⁴
隆回	huẽ⁴⁴	kẽ⁴⁴	ẽ⁴⁴	tẽ²¹²	tẽ¹³	tsʰẽ¹³	sẽ⁴⁴	kẽ⁴⁴
洞口	hẽ⁵³	kẽ⁵³	ẽ⁵³	tẽ²¹³	xẽ⁵³	tsʰẽ²⁴	sẽ⁵³	kẽ⁵³
绥宁	tʰɛ̃³³	kɛ̃³³	ŋɛ̃³³	tɛ̃¹³	tʰɛ̃⁴⁴	tsʰɛ̃⁴⁵	sɛ̃³³	kɛ̃³³
华容	hən⁴⁵	kən⁴⁵	ŋən⁴⁵	tən²¹	hən³³	tsʰən¹²	sən⁴⁵	kən⁴⁵
岳阳楼	tʰən³⁴	kən³⁴	ŋən³⁴	tən³¹	tʰən²²	tsʰən¹³	sən³⁴	kən³⁴

　　首先要说明的是，梗摄开二由于与曾开一合流，因而我们也列出其读音。另外，岳阳县曾开一、梗开二精组塞擦音部分与咸摄覃韵、山摄合一合流，如：增曾＝筝争梗＝钻(动)山 tsøn³³、层曾＝蚕咸 tsøn¹³、赠曾 tsøn²¹；擦音与咸摄覃韵、山摄合一有别，如：僧牲 sɛn³³ ≠ 酸 søn³³。

　　《广韵》音系中，痕、登韵的主元音为*ə（王力 1980:51-53）。从表 5-8 可知，与中古音相比，湖南赣语痕、登阳声韵普遍存在前移甚至高化的现象，不前移的只有华容和岳阳楼 2 个方言点。前移并高化后，部分方言点读细音，如临湘、浏阳和安仁等 3 个方言点，不过，临湘只有端组读细音。因此，痕、登韵今读的演变过程为：*ə→ɛ/a→e→i。郑张尚芳（2001）指出，中古开口一等各韵的元音可分 a、ə两类，这两类韵母出现 i 介音的原因大不相同。ə类韵母一般是由元音本身前高化来的，a 类韵母才来自真正的介音增生。梗摄二等文读由于与曾摄合流，因此主元音随曾摄演变。痕、登韵

阳声韵读音的地理分布请参看附录图 20 "痕、登韵阳声韵的今读"。

　　表 5-8 显示，华容、岳阳楼痕、登韵主元音为ən，未发生前高化，这与周边常德官话一致．如常德：灯登 tən⁵⁵、曾ₘ tsən⁵⁵、根 kən⁵⁵、痕 xən¹³、恩 ŋən⁵⁵。很明显，华容、岳阳楼痕、登韵的今读来自周边常德官话。另外，资兴痕、登韵白读 aŋ、文读 eŋ。如：跟 kaŋ⁴⁴、肯 kʰeŋ³¹、灯 taŋ⁴⁴/teŋ⁴⁴ 电~。文读与相邻郴州官话羡近，如郴州市区：吞 tʰən⁴⁴、恨 xəŋ²⁴、层 tsʰən³¹、肯 kʰəŋ⁵⁵。因此，资兴痕、登韵文读 eŋ 来源于郴州官话，而不是元音高化的结果，与临湘等方言点痕、登韵前移且高化的性质不同。

　　徐通锵（2000）指出："侯、痕、登（赅上、去）三韵的主要元音是ᵊə，由于央元音在演变中容易产生或前或后的变化，因而这些一等韵在后来'等'的演变中也不同于其他的一等韵。"湖南赣语侯韵、痕、登韵的阳声韵的演变正是如此。相对来说，侯韵高化现象更为突出，因为侯韵今读细音的分布比痕、登韵广．李冬香（2005a）考察了《报告》中湖南赣语开一今读细音的情况，与本书调查的情况基本相同。

五　开口二等韵读 iɛɑ/ɛa

　　隆回、洞口两个方言点存在 iɛɑ/ɛa 这种在湖南赣语中少见的复合元音，下面把调查到的字全部罗列出来。如隆回：沓 xiɛɑ⁴⁵、夹 kiɛɑ³²⁵、狭 xiɛɑ⁴⁵、鸭 iɛɑ⁴⁴/iɑ³²⁵、压 ic³²⁵、瞎 xiɛɑ⁴⁴、骨 kuɛɑ⁴⁴、刻克 kʰiɛɑ³²⁵、黑 xiɛɑ⁴⁴、瞎 xiɛɑ⁴⁴、特 xiɛɑ³²⁵、国 kuɛɑ³²⁵、格 kiɛɑ³²⁵、客 kʰa⁴⁴/kʰiɛɑ³²⁵、革 kiɛɑ³²⁵、隔 kiɛɑ⁴⁴/kiɛɑ³²⁵、核 xiɛɑ³²⁵ 审~、踢 xiɛɑ⁴⁴、痂 kiɛɑ⁴⁴/tʃa⁴⁴、咳 xiɛɑ³²⁵、提 xiɛɑ¹³/xi¹³；洞口：沓 xɛa⁴⁵、夹 ka⁵³/kɛa⁵³、狭 xɛa⁴⁵/ʃa⁴⁵、鸭 a⁵³/ɛa⁵³、压 ɛa⁴⁵/ia⁴⁵、骨 kuɛa⁵³、刻 kʰɛa⁵³、克 kʰɛa⁵³/kʰɛ⁵³、黑 xɛa⁵³、国 kuɛa⁵³、格 ka⁵³/kɛa⁵³、客 kʰa⁵³/kʰɛa⁵³、额 ã⁵³/ɛa⁴⁵、革 kɛa⁴⁵、隔 ka⁵³/kɛa⁵³、踢 pʰia⁵³/xɛa⁵³、梯 xɛa²¹³/xi⁵³、弟 xɛa⁵³/xi⁵³。

　　上述 iɛɑ/ɛa 是如何产生的呢？从上文罗列的例字来看，有以下几点值得注意：第一，ɛa/iɛɑ 一般来自见系开口二等韵，只有少数来自擦化的透、定母四等字和合口一等韵，如"提梯踢国骨"等。第二，梗摄开二有文白异读的，往往白读是 a/ɑ、文读是 ɛa/iɛɑ。第三，与 ɛa/iɛɑ 相拼的声母只有 k、kʰ、x、ø。另外，在这两个方言点中，曾、梗摄一、二等韵非见系字韵母为 iɑ/ia，如隆回"德 tiɑ³²⁵"、洞口"肋 lia⁴⁵"。据此推测，来自见系开二的 ɛa/iɛɑ 的演变过程如下：ka/kɑ→kɛa（洞口）/kɛɑ→kiɛɑ（隆回）。其中，隆回演变较快，所有的见系字都已经产生了介音-i-，不过，这个介音-i-音值非常短（详见第二章第四节"湘西南赣语音系"），说明这个介音-i-正在产生之中。另外，隆回 ɛɑ 不单独作韵母，只与 i、u 一起构成三合元音；而洞口的 ɛa 则既可以单独作韵母，也可以与 u 构成三合元音，但不与 i 相拼。我们在第二章第四节"湘西南赣语音系"还指出，洞口 ɛa 与 a、ɛ 形成对立。如：铁 xɛ⁵³≠黑

xɛa⁵³≠瞎 xa⁵³、隔 ka⁵³≠革 kɛa⁴⁵、鸭额ɛa⁵³≠押 ia⁵³。如果 kɛa/kiɛa再继续演变，就会成为 kia/kiɑ，如洞口管竹乡：刻 kʰia⁵⁵、黑 xia⁵⁵、革 kia⁵⁵（龙海燕 2008）。总之，隆回、洞口开口二等韵见系今读 kiɛa/kɛa 为见系腭化的中间状态提供了一个活生生的例证。来自透、定母和合口一等韵的ɛa/iɛa是由介音-i-引起的变化，请参看第四章第五节"隆回 m 声母的特殊来源"和第七节"透、定母读擦音"。

第二节　遇、蟹、止三摄合口三等的分合

一　鱼、虞有别

湖南赣语各方言点都保留了鱼、虞有别的层次，只是字数较少，主要集中在"锯~子去来~渠他"等极少数字中。请看表 5-9。

表 5-9 　　　　　　　　　　　　鱼、虞的今读

	鱼			虞		
	锯~子	去来~	渠他	柱	住	树
华容	ke²¹³	kʰe²¹³/tɕʰie²¹³	/	tɕʰy³³	tɕʰy³³	ɕy³³
岳阳楼	ke³²⁴/tɕy³²⁴	kʰe³²⁴/tɕʰiɛ³²⁴	/	tɕʰy²²	tɕʰy²²	ɕy²²
临湘	ke³²⁵	gʰie³²⁵	/	dʐʰy²¹	dʐʰy²¹	ɕy²¹
岳阳县	ki⁴⁵	cʰi⁴⁵	/	cy²¹	cy²¹	ɕy²¹
浏阳	kie⁴²	kʰie⁴²	/	tʂʰy²¹	tʂʰy²¹	ʂy²¹
醴陵	kɛ²²	kʰiɛ²²	/	ky²²	kʰy²²	xy²²
攸县	kɛ¹¹	kʰɛ¹¹	/	kʰy¹¹	kʰy¹¹	kʰy¹¹
隆回	ki⁴⁵/tʃu⁴⁵	tʃʰi⁴⁵/tʃʰu⁴⁵	tʃi²¹²	tʃʰu²¹²	tʃʰu⁴⁵	ʃu⁴⁵
洞口	ki⁴⁵/tʃʉ⁴⁵	tʃʰi⁴⁵/tʃʰʉ⁴⁵	tʃi²¹³	tʃʰʉ²¹³	tʃʉ⁴⁵	ʃʉ⁵³
平江	ke⁴⁵	kʰi⁴⁵	/	tʂʰy²¹	tʂʰy²²	ʂy²²
茶陵	ka³³	tɕʰie³³	ke⁴⁵	tɕʰy³²⁵	ti³³/tɕʰy³²⁵	tɕʰy³²⁵
炎陵	kɛ³³	tɕʰie³³	tɕi⁵³	tɕy³³	tɕy³³	tɕʰy¹³
安仁	kæ³²²/tʃy³²²	kʰɛ³²²	tʃi²¹³	tʃʰy³²²	tʃʰy³²²	tʃʰy³²²
耒阳	kæ²¹³	xɔ²¹³	tɕi⁵³	tɕʰy²¹³	tɕʰy²¹³	ɕy²¹³
常宁	kæ²⁴/tɕy²⁴	kʰe²⁴	ki⁴⁴	tɕʰy²⁴	tɕy²⁴	ɕy²⁴
永兴	ka¹³/tɕy¹³	xɯ¹³/tɕʰy¹³	tɕy²²	tɕʰy⁴²/tɕʰy¹³	tɕy¹³	ɕy¹³
资兴	ka³⁵/tɕy³⁵	xei³⁵	kei¹³	tɕʰy⁴⁴/tɕy³⁵	tɕʰy³⁵	ɕy³⁵
绥宁	kai⁴²/tʃu⁴²	tʃʰi⁴²/tʃʰʉ⁴²	tʃi²²	tʃʰʉ²²	tʃʉ⁴²	fʉ⁴⁴

由表 5-9 可知，湖南赣语鱼、虞有别都是因鱼韵保留白读而区别于虞韵。①从白读音的多少来看，有的方言点鱼韵白读音主元音只有一个，如华容等；有的方言点有两个甚至三个，如平江、永兴等。从音值上来看，鱼韵白读主元音多为前、高元音，如华容、平江、浏阳、炎陵等的ε/iε、e/ie、i/ei；少数为前、低元音，如常宁、安仁、永兴、绥宁等的a/æ、ai；极少数为后、高元音，如永兴的 ɯ 等。另外，同一个方言点鱼韵白读可能有前后或者高低不同的几个元音，如永兴的 a 和 ɯ，常宁的 æ 和 i。

陈忠敏（2003）通过比较吴语及周围闽语、赣语鱼、虞有别层读音后认为，它们有对应的历史层次，且都来源于*ɯ。刘泽民（2011:89）系统地比较了赣方言各点鱼韵的读音后也认为客赣方言鱼韵中古层韵母的早期形式是*ɯ。彭建国（2010:183）认为，湘语"锯""去""渠"等舌位较高的元音如ə、ε、i、ei 的读音也可以用*ɯ来解释。湖南赣语处在湘语和江西赣语的交界处，鱼韵中古层韵母的早期形式应该与相邻的湘语、江西赣语一样为*ɯ。因此，湖南赣语鱼韵舌位较高的元音ε/iε、e/ie、ɯ、ə、i 都是由*ɯ演变而来的，其演变过程是：*ɯ（永兴）→i（平江等）→ei（资兴），或*ɯ（永兴）→i（平江等）→ie/iε（华容等）→e（临湘等）/ε（醴陵等）/ə（耒阳），iε、ie 中的介音-i-是由 i 裂化产生的。永兴的ŋ是由 i 擦化而来的，这个变化在止摄开三中普遍存在（详见本章第七节"永兴 i 的擦化"）。

鱼韵舌位较低的元音 a、æ、ai 是如何演变来的呢？从语音系统来看，鱼韵今读 a、æ、ai 时多数与蟹开二合流，不与蟹开一白读合流，只有茶陵"锯"读 a 时与假摄麻韵合流。彭建国（2010:175-183）在谈到湘语"锯"的前、低元音时认为，这是因为其读音滞后而进入了麻韵，后来再与佳韵发生了语音的交叉现象，从而读如蟹摄二等佳韵，属于前中古层次。从湖南赣语的情况来看，我们同意这个看法。

二　支、微入鱼

刘泽民（2011:75）在谈到客赣方言鱼、虞韵的历史层次时认为，客赣方言存在着三个大的历史层次：上古层、中古层和后中古层。后中古层是客赣鱼、虞韵的主体层次，它的主要特征是鱼、虞相混，读音随声类的不同呈现差异。湖南赣语也不例外。不仅如此，其支、微也与鱼、虞合流，即"支、微入鱼"。请看表 5-10。

---

① 按照语音演变规律，茶陵"住"应读送气音、阳去调，但 ti³³ 为不送气音、阴去调，因此，ti³³ 是不是"住"的白读，目前还不清楚。

表5-10　　　　　　　　　支微、鱼虞的今读

	支微				鱼虞				
	醉	水	味	柜	雾	徐	取	主	鱼
华容	tsei²¹³	ɕyei²¹	uei³³	kʰuei³³	u³³	tsʰei¹²	tsʰei²¹	tɕy²¹	y¹²
岳阳楼	tɕi³²⁴/tsei³²⁴	ɕyei³¹	uei²²	kʰuei²²	u²²	ɕi¹³	tɕʰi³¹	tɕy³¹	y¹³
临湘	tɕi³²⁵	ɕy⁴²	uei²¹	gʰuei²¹	u²¹	ɕi¹³	dzʰi⁴²	tɕy⁴²	ȵy¹³
岳阳县	ci⁴⁵	ɕy⁴²	uei²¹	cy²¹	u²¹	ɕi¹³	cʰi⁴²	cy⁴²	y¹³
平江	tsi⁴⁵	ʂy³²⁴	ui²²	tʂʰy²²	u²²	tsʰi¹³	tsʰi³²⁴	tʂy³²⁴	ŋ̍¹³
浏阳	tsi⁴²	ʂy³²⁴	uei²¹	tʂʰy²¹/kʰuei²¹	u²¹	tsʰi⁴⁵	tsʰi³²⁴	tʂy³²⁴	ŋy⁴⁵
醴陵	tsi²²	xy³¹	uei²²	kʰy²²/kʰuei²²	u²²	si¹³	tsʰi³¹	ky³¹	ŋy¹³
攸县	tɕy¹¹	fy⁵³	ui¹¹	kʰy¹¹	u¹¹	ɕy¹³	tɕʰy⁵³	ky⁵³	ŋ̍¹³
茶陵	tse³³	ɕy⁴²	ue³³/mi³²⁵	kʰue³²⁵	u³²⁵	ɕy²¹³	tɕʰy⁴²	tɕy⁴²	ŋ̍²¹³
炎陵	tsuei³³	ɕy⁵³	uei¹³	kʰuei³³	u³³	ɕy²¹³	tɕʰy⁵³	tɕy⁵³	ŋ̍²¹³/y²¹³
安仁	tʃy³²²	ʃy⁵³	ui³²²	tʃʰy³²²/kʰui³²²	u³²²	tʃy²⁴	tʃʰy⁵³	tʃy⁵³	ŋ²⁴/y²⁴
耒阳	tɕy²¹³	ɕy⁵³	ui²¹³	kʰui²¹³	u²¹³	tɕʰy²⁵	tɕʰy⁵³	tɕy⁵³	ŋ̍²⁵
常宁	tɕy²⁴/tsui²⁴	ɕy⁴⁴	ui²⁴	kʰui²⁴	u²⁴	tɕʰy²¹	tɕʰy⁴⁴	tɕy⁴⁴	y²¹
永兴	tɕy¹³	ɕy⁴²	ui¹³	kʰui¹³	u¹³	tɕʰy³²⁵	tɕʰy⁴²	tɕy⁴²	ŋ̍³²⁵
资兴	tɕy³⁵	ɕy³¹/sei³¹	uei³⁵	kʰuei³⁵	u³⁵	tɕʰy²²	tɕʰy³¹	tɕy³¹	ly²²
隆回	tsiu⁴⁵/tsui⁴⁵	ʃu²¹²/sui²¹²	mi⁴⁵	kʰui⁴⁵	u⁴⁵	tʃʰu¹³	tsʰui²¹²	tʃu²¹²	u¹³
洞口	tʃʉ⁴⁵	ʃʉ²¹³	ui⁵³	tʃʰʉ⁵³/kʰui⁴⁵	u⁴⁵	tʃʰʉ²⁴	tʃʰʉ²¹³	tʃʉ²¹³	ʉ²⁴
绥宁	tʃʉ⁴²	fʉ¹³	ui⁴⁴	tʃʰʉ⁴⁴	u⁴²	tʃʰʉ⁴⁵	tʃʰʉ¹³	tʃʉ¹³	ʉ⁴⁵

从表5-10可以看出，湖南赣语普遍存在支、微入鱼的现象，不过，支、微入鱼后的音值内部存在差别。攸县以南（包括攸县在内，下同）和湘西南一般读撮口呼，只有隆回读合口呼；攸县以北除华容外，端系读i，知三章、见系读撮口呼，华容鱼、虞韵与支、微韵端系合流为ei。据王力（1980：51-52）拟测，《广韵》音系中，遇摄合口三等鱼韵为*ĭo、虞韵为*ĭu，止摄合口三等支韵为*ĭwe、脂韵为*wi、微韵为*ĭwəi。据此推测，湖南赣语鱼、虞韵与支、微韵合流后的早期读音为*ĭu。合流为*ĭu后，攸县以南进一步融合为y。由ĭu融合为y的演变已经在流开三中产生。从第三章第二节中的表3-2-5可知，湖南赣语流开三今读多为iəu，或iɯ，或iø，或iu，而攸县读y。很明显，攸县流开三y是由iɯ/iø/iu演变而来的。此外，隆回支、微韵中的"醉"白读韵母为iu也说明y的前身是*ĭu。不过，隆回鱼、虞韵与支、微韵合流

为 iu 后因声母的变化介音-i-脱落而读 u，不读 y。

攸县以北支、微入鱼后因声纽的不同而读音不同。知三章、见系读撮口呼，端系一般读 i，极少数字读 y，如"女"等。知三章、见系的 y 是由 *ǐu 发展而来的，端系的 i 应该是 iu 脱落韵尾-u 而形成的，其脱落的动因应该是模韵 u 裂化为ɔu（请参看本章第七节"遇合一、合三庄组的今读"）。我们注意到，鱼、虞韵端系读 i 的，其模韵端系都读ɔu。如果鱼、虞韵端系也与模韵端系一样裂化则会读 iɔu，这样它就与流摄幽韵合流。因此，大概是为了保持鱼、虞韵与幽韵的区别，鱼、虞韵端系脱落韵尾-u。华容端系的 ei 应该是由 i 裂化而来的。从表 5-7 可知，周边岳阳楼端系读 i；而常德官话端系读 y，不读 ei，如：徐 tɕʰy¹³、取 tɕʰy²¹。

三　祭韵与鱼虞、支微韵合流

湖南赣语多数方言点蟹合三祭韵也与鱼虞韵、支微韵合流，不合流的只有茶陵和隆回，见表 5-11。

表 5-11　　　　　　　　　祭韵与鱼虞、支微韵的今读

	蟹合三			支微鱼白读音		蟹合三			支微鱼白读音
	脆	岁	税			脆	岁	税	
茶陵	tsʰe³³	se³	ɕye³³	i/y	攸县	tɕʰy¹¹	ɕy¹¹	fy¹¹	y
隆回	tsʰui⁴⁵	sɿ⁴⁵	sui⁴⁵	u/iu	炎陵	tsʰuei³⁵	ɕy³³	ɕy³³	y
华容	tsʰei²¹³	sɛi¹³	ɕyei²¹³	ei/yei	安仁	tsʰui³²²	ʃy³²²	ʃy³²²	y
岳阳楼	tɕʰi³²⁴	ɕi²⁴	ɕyei³²⁴	i	耒阳	tsʰui²¹³	ɕy²¹³	sui²¹³	y
临湘	dzʰi³²⁵	ɕi²⁵	fei³²⁵	i/y	常宁	tsʰui²⁴	ɕy²⁴	sui²⁴	y
岳阳县	tsʰei⁴⁵	ɕi⁵	fei⁴⁵	i/y	永兴	tsʰui¹³	ɕy¹³	sui¹³	y
平江	tsʰi⁴⁵	ɕi⁵	ʂy⁴⁵	i/y	资兴	tsʰei³⁵	ɕy³⁵	sei³⁵	y
浏阳	tsʰi⁴²	ɕi²	ʂyei⁴²	i/y	洞口	/	ʃʮ⁴⁵	ʃʮ⁴⁵	ʮ
醴陵	tsʰei²²	ɕi²	xyei²²	i/y	绥宁	tʃʰʮ⁴²	ʃʮ⁴²	ʃʮ⁴²	ʮ

《广韵》音系中，祭韵为 *ǐwɛi（王力 1980:52），因此，湖南赣语祭韵与鱼虞、支微韵合流之后的早期读音也应为 *ǐu，合流为 *ǐu 后再随着鱼虞、支微韵一起演变。要说明的是，据表 5-10 和表 5-11 可知，隆回祭韵与鱼虞、支微韵部分字合流读 ui，但这个 ui 是鱼虞、支微韵的文读，而不是白读（请参看第四章第二节"精、庄、知、章的分合"），其性质与其他方言点祭韵与鱼虞、支微韵合流不同。

第三节　流摄与蟹摄、效摄的合流

一　流摄与蟹摄的合流

湖南赣语永兴、资兴流摄开一、开三庄组与蟹摄开一、二部分字合流。如永兴：豆_流＝带_蟹 tε^{13}、楼_流＝来_蟹 lε^{325}、漏_流＝耐_蟹 lε^{13}、皱_流＝再_蟹 tsε^{13}、瘦_流＝赛_蟹 sε^{13}、狗_流＝改_蟹 kε^{42}、勾_流＝该_蟹 kε^{45}、口_流＝凯_蟹 kʰε^{42}、喉_流 xε^{325}—海_蟹 xε^{42}、厚_流 xε^{42}—害_蟹 xε^{13}；资兴：偷_流＝胎_蟹 tʰai^{44}、楼_流＝来_蟹 lai^{22}、皱_流 tsai^{35}—灾_蟹 tsai^{44}、狗_流＝改_蟹 kai^{31}、够_流＝盖_蟹 kai^{35}、后_流＝亥_蟹 xai^{35}。前文指出，侯韵永兴白读ε、文读 ɯ；资兴常用字读 ai、非常用字读εu。因此，这两个方言点与蟹开一合流的都是流开一的白读。此外，安仁、临湘、浏阳蟹开一也有部分字白读与流开一合流。如安仁：来 lε^{24}、腮 sε^{44}、该 kε^{44}、开 kʰε^{44}（蟹摄），豆 tʰε^{322}、猴 xε^{24}、搊 tsʰε^{44}（流摄）；临湘：在 dʰe^{21}/dzʰe^{21}、开 gʰe^{33}（蟹摄），偷 dʰe^{33}、钩 ke^{33}、搜 se^{33}（流摄）；浏阳：在 tsʰei^{21}（蟹摄），楼 lei^{45}、瘦 sei^{42}、抠 kʰei^{44}（流摄）。总之，在流开一与蟹开一的合流上，永兴和资兴是流开一白读与蟹开一合流；而安仁、临湘、浏阳则是蟹开一白读与流开一合流。

为什么流开一会与蟹开一、二合流呢？我们来看上述几个方言点流开一与蟹开一的今读。

表 5-12　　　　　　临湘等方言点流开一和蟹开一的今读

	流摄							蟹开一			
	开一				开三			来	袋	在	开
	漏	走	狗	口	酒	抽	九				
临湘	le^{21}	tse^{42}	ke^{42}	gʰe^{42}	tɕiəu^{42}	dzʰəu^{33}	tɕiəu^{42}	læ^{13}	dʰæ^{21}	dʰe^{21}/dzʰe^{21}	gʰe^{33}
浏阳	lei^{21}	tsei^{324}	kiau^{324}	kʰiau^{324}	tsiəu^{324}	tʂʰəu^{44}	kiəu^{324}	lai^{45}	tʰai^{21}	tsʰei^{21}	kʰai^{44}
安仁	lε^{322}	tsε^{53}	kε^{53}	xε^{53}	tsiɯ^{53}	tʃʰiɯ^{53}	tʃiɯ^{53}	lε^{24}	tʰui^{322}/tʰæ^{322}	tsʰæ^{322}	kʰε^{44}
永兴	lε^{13}	tsε^{42}	kε^{42}	kʰε^{42}	tɕiɯ^{42}	tsʰɯ^{45}	tɕiɯ^{42}	lε^{325}	ta^{13}	tsε	kʰε^{45}
资兴	lai^{35}	tsai^{31}	kai^{31}	kʰai^{31}	tɕi^{31}	tsʰεu^{44}	tɕiεu^{31}	lai^{22}	tiæ^{35}/tai^{35}	tsʰei^{44}/tsa^{35}~行	kʰai^{44}

表 5-12 显示，流摄与蟹摄合流的都是流开一混入蟹开一，合流后的读音都是前元音。前文指出，湖南赣语流开一与蟹开一主元音多有前高化的演变，因此，由于演变方向一致，两者合流也是很自然的。在《报告》（杨时逢 1974）中，永兴和资兴不存在流摄与蟹摄合流的现象，其中，永兴白泥

塘流开一读ɤ、蟹开一读æ（杨时逢1974:797-799）；资兴谭村流开一读eu、蟹开一读 ai（1974:904-905）。对照我们调查的这两个方言点的文白异读情况，我们猜测，《报告》记录的可能是流开一的文读音，没有记录白读音，因而不存在流摄与蟹摄合流的现象。

从地理分布来看，湖南赣语流摄与蟹摄合流的现象主要分布在湘南，湘北和湘中个别方言点有此表现，而湘西南则暂时还未发现。请参看附录图21"流摄与蟹摄的分合"。

二　流摄与效摄的合流

湖南赣语流摄与效摄大多数方言点存在合流的现象，不合流的只有茶陵、炎陵、安仁、常宁和永兴等5个方言点。请看表5-13。

表5-13　　　　　　　　　　　　流摄与效摄的今读

	流摄						效摄					
	一等			三等			一、二等			三、四等		
	亩	偷	狗	瘦	周	求	刀	高	交	小	叫	赵
华容	miu21	həu45	tɕiu21	səu213	tsəu45	tɕʰiəu12	tʌu45	kʌu45	tɕiu45	ɕiu21	tɕiu213	tsʰʌu33
岳阳楼	miau31	tʰəu34	kəu31	səu324	tsəu34	tɕʰiəu13	tau34	kau34	tɕiau34	ɕiau31	tɕiau324	tsʰau22
临湘	miɔu42	dʰe33	ke42	se325	tsəu33	dʑʰiəu13	tɔu33	kɔu33	tɕiɔu33	ɕiɔu42	tɕiɔu325	dzʰɔu21
岳阳县	miɔu42	tʰʌu33	ciɔu42	sʌu45	tsəu33	ciəu13	tɔu33	kɔu33	ciɔu33	ɕiɔu42	ciɔu45	tsɔu21
平江	miau21	tʰœy44	kœy324	sœy45	tʂəu44	kʰiəu13	tau44	kau44	kiau44	siau324	kiau45	tʂʰau22
浏阳	mo324	tʰei44	kiau324	sei42	tʂəu44	kʰiəu45	tau44	kau44	kiau44	siau324	kiau42	tʂʰau22
攸县	mei53	xɛi35	kɛi53	sei53	tɕy35	tɕʰy13	tau35	kau35	kau35	ɕiau53	tɕiau11	tɕʰiau11
绥宁	miau13	tʰœu33	tʃiau13	sœu42	tʃiu33	tʃʰiu45	tau33	kau33	tʃau33	siau13	tʃau42	tʃʰau44
醴陵	meu31	tʰeu44	keu31	seu22	tʂəu44	kʰiəu13	tau44	kau44	kiu44	siu31	kiu22	tʂʰeu22
耒阳	mə53	tʰə45	kə53	sə213	tɯ45	tʰɯ25	tɔ45	kɔ45	tə45	ɕiə53	tə213	tʰə213
隆回	miə212	xiə44	kiə212	siə45	tʃiu44	tʃʰiu13	tau44	kau44	tʃə44	siə212	tʃə45	tʃʰə45
洞口	miɤ213	xɤ53	kɤ213	siɤ45	tʃiu53	tʃʰiu24	tau53	kau45	tʃau53	siɤ213	tʃɤ45	tʃʰɤ53
资兴	meu31	tʰai44	kai31	sɛu35	tsɛu45	tɕʰiɛu22	tau44	kau44	tɕiau44	ɕiau31	/	tsʰau35
茶陵	mu42	tʰø45	kø42	sø33	tsø45	tɕʰiø213	tɔ45	kɔ45	kɔ45	ɕiɔ42	tɕiɔ33	tsʰɔ325
炎陵	mə53	tʰeu24	kɛu53	ɛu33	tʂɛu45	tɕʰiu213	tao24	kao24	tɕiao24	ɕiao53	tɕiao33	tʂʰao13
安仁	mɛ53	tʰɛ44	kɛ53	sɛ53	tʃiɯ44	tʃiɯ24	tɔ44	kɔ44	<u>kɔ44</u>	siɔ53	tʃɔ322	tʰɔ322
常宁	muɯ44	tʰɯ45	kuɯ44	sɯ24	tɯ45	tʰɯ21	tɔ45	kɔ45	tɔ45	ɕiɔ44	tɔ24	tʰɔ13
永兴	mo42	tʰɛ45	kɛ42	<u>sɛ13</u>	tsɯ45	tɕʰiɯ325	tə45	kɔ45	tɕiə45	ɕiə42	tɕiə45	tsə13

要说明的是，由于选字原因，表5-13例字看不出攸县流摄与效摄合流的特点，补充如下：牡 miau[11]/mɛi[53]。

从表 5-13 可知，湖南赣语流摄与效摄的合流可以分为三个小类：第一小类，流摄一等部分字向效摄演变，与效摄三、四等合流，属于这个类型的有华容、岳阳楼、临湘、岳阳县、平江、浏阳、攸县和绥宁等 8 个方言点；第二小类，效摄二等见系、三四等部分向流摄演变，与流摄一等、三等庄组合流，属于这个类型的有醴陵、耒阳、隆回和洞口等 4 个方言点；第三小类，流摄开三与效摄开三、四部分常用字合流，属于这个类型的只有资兴 1 个方言点。表 5-13 例字看不出资兴流开三与效开三、四合流的特点，补充如下：牛留 li²²、酒久 tɕi³¹、舅 tɕʰi⁴⁴、旧 tɕʰi³⁵、油 i²²/ieu²²、右 i³⁵，尿 li³⁵、椒 tɕi⁴⁴、笑 ɕi³⁵、腰 i⁴⁴、桥 tɕʰi²²、摇 i²²/iau²²、条 ti²²（效开三、四）。另外，资兴流开三和效开三还有极少数字合流读ʅ。如：丑 tsʰʅ³¹、臭 tsʰʅ³⁵（流开三），烧 sʅ⁴⁴（效开三）。

从上文流摄与效摄合流的情形来看，各个小类合流的成因不同。

第一小类流摄一等部分字与效摄三、四等合流后都有介音，因此，应该是流摄一等元音高化后再裂化而与效摄合流（参见本章第一节"侯、痕、登韵读细音"）。不过，由于流摄一等介音的出现情况不同，在与效摄三、四等合流的方式上，内部又有差别。有的是流摄一等帮组与效摄三、四等合流，如岳阳楼、临湘、平江和攸县。有的是流摄一等帮组和见系与效摄三、四等合流，如岳阳县、浏阳和绥宁。浏阳流摄一等帮组与效摄三、四等合流的如：苗 miau³²⁴、茂 miau²¹。有的是流摄一等帮组、端系和见系与效摄三、四等合流，如华容。华容流摄一等端系与效摄三、四等合流的如：投 tʰiu¹²、走 tɕiu²¹。

第二小类流摄与效摄的合流内部又有差别。其中，醴陵是效摄知三、章与流摄一等、三等庄组合流；耒阳和隆回是效摄见系二等、三四等与流摄一等、三等庄组合流；洞口是效摄三、四等与流摄一等、三等庄组合流，见系二等声母腭化但韵母仍与一等相同。关于这个类型的成因，王福堂（1999:12）认为是声母在官话影响下由舌面前音向舌尖前音变化的结果，孙宜志（2007:188）认为是由于-i-介音影响主元音的结果。就湖南赣语而言，醴陵效摄知三、章与流摄一等、三等庄组合流的成因正如王福堂先生所说，是由于声母发音方法的变化导致的。在声母变化的同时，知三、章韵母的介音-i-脱落。其余几个方言点的成因应该如孙宜志先生所说，与介音-i-有关，与声无关。因为这几个方言点与流摄一等、三等庄组合流的效摄不仅有知三、章，还有端系、影组等。在介音-i-的影响下，效摄三、四等主元音高化与流摄一等、三等庄组合流。不过，洞口可能由于见系开口二等腭化晚于三、四等韵母的变化，所以，它腭化后留在效摄而未与流摄一等合流。

第三小类资兴流摄三等与效摄开三、四合流为 i 的演变过程可能是：首先，流摄三等与效摄三、四等的主元音在介音-i-、韵尾-u 的影响下被吞没，两者合流为 iu；然后 iu 的韵尾-u 再脱落，iu 演变为 i。理由如下：第一，流摄三等、效摄三、四等读 iu 的现象湖南赣语较多存在，如隆回、洞口和绥宁流摄三等以及华容、醴陵效摄三、四等。第二，韵尾脱落现象在湖南赣语中比较常见，参见本章第一节"蟹、效、流三摄开口一、二等韵读单元音"。第三，流开三 iu 脱落韵尾读 i 的变化正在洞口、湘西南麻阳高村中进行。洞口流开三（庄组除外）一般读 iu，但有极少数常用字或白读读 i。如：就 tɕʰi⁵³/tsʰiu⁵³、帚 tʃi⁵³。据胡萍（2007:120），麻阳高村流开三老年人读 iu，中年人读 iᵘ 和 i，青年人读 i。不过，在官话的影响下，资兴流摄三等与效摄三、四等产生了文读音，其中，流摄开三读 iɛu，效摄开三、四读 iau，请参看表 5-13。另外，资兴流开三与效摄开、三四还有部分常用字合流为 i 后再擦化为 ʅ，如上文所列举的"丑、臭、烧"等。由于这个现象只见于知章组、不见于其他声纽，因此，我们认为，ʅ是受舌尖声母的影响而擦化的。

从地理分布来看，湖南赣语流摄与效摄合流的类型中，第一小类主要见于湘北和湘中，湘西南个别方言点有此表现；第二小类主要见于湘西南，湘南和湘中各有一个方言点；第三小类则只见于湘南的资兴。请参看附录图 22"流摄与效摄的分合"。

第四节　阳声韵的演变

一　阳声韵尾的演变

（一）阳声韵的韵尾

《切韵》音系中，阳声韵收鼻音韵尾，其中，咸、深摄收-m 尾，山、臻摄收－n 尾，宕、江、曾、梗、通五摄收-ŋ 尾。与《切韵》音系相对照，湖南赣语阳声韵的今读有非常明显的不同。详见表 5-14。

表 5-14-1　　　　　　　　　　阳声韵的今读（一）

	咸摄			深摄	山摄				臻摄		
	南	钳	犯	心	山	牵	满	软	根	银	准
华容	lan¹²	tɕʰi¹²	fan³³	ɕin⁴⁵	san⁴⁵	tɕʰi⁴⁵	mun²¹	yi²¹	kən⁴⁵	lin¹²	tɕyn²¹
岳阳楼	lan¹³	tɕʰian¹³	fan²²	ɕin³⁴	san³⁴	tɕʰian³⁴	man³¹	yan³¹	kən³⁴	in¹³	tɕyn³¹
临湘	løn¹³	dʑʰiɛn¹³	fan²¹	ɕin³³	san³³	dʑʰiɛn³³	møn⁴²	ȵyɛn⁴²	kɛn⁴²	ȵin¹³	tɕyn⁴²
岳阳县	løn¹³	ciɛn¹³	fan²¹	ɕin³³	san³³	cʰiɛn³³	møn⁴²	uøn⁴²	kɛn³³	ȵin¹³	kuøn⁴²
平江	løn¹³	kʰiɛn¹³	fan²²	sin⁴⁴	san⁴⁴	kʰiɛn⁴⁴	møn²¹	ŋyan²¹	ken⁴⁴	ŋin¹³	tsyn³²⁴
浏阳	lã⁴⁵	kʰĩ⁴⁵	fã²¹	sin⁴⁴	sã⁴⁴	kʰĩ⁴⁴	mĩ³²⁴	yĩ³²⁴	kĩ⁴⁴	ŋin⁴⁵	tsən³²⁴
醴陵	laŋ¹³	kʰiɛ¹³	faŋ²²	siŋ⁴⁴	saŋ⁴⁴	kʰiɛ⁴⁴	moŋ³¹	ŋyɛ³¹	kɛ⁴⁴	ŋiŋ¹³	kyŋ³¹

续表

	咸摄			深摄	山摄				臻摄		
	南	钳	犯	心	山	牵	满	软	根	银	准
攸县	laɪ̃¹³	tɕʰiɛɪ̃¹³	faɪ̃¹¹	ɕiŋ³⁵	sãɪ³⁵	tɕʰiɛ̃³⁵	moŋ⁵³	ŋuɛɪ̃⁵³	kɛɪ̃³⁵	iŋ¹³	kuəŋ⁵³
茶陵	laŋ²¹³	tɕʰiɛ̃²¹³	faŋ³²⁵	ɕĩ⁴⁵	saŋ⁴⁵	tɕʰiɛ̃⁴⁵	moŋ⁴²	ȵyan⁴⁵	kɛ̃⁴⁵	nĩ²¹³	tɕyɛ̃⁴²
炎陵	nan²¹³	tɕʰiɛn²¹³	fan³³	ɕĩ²⁴	san²⁴	tɕʰiɛn²⁴	man²⁴	ȵyɛn⁵³	kɛ̃²⁴	nĩ²¹³	tɕyɛ̃⁵³
安仁	laŋ²⁴	tʃĩ²⁴	faŋ³²²	sin⁴⁴	saŋ⁴⁴	tʃʰĩ⁴⁴	maŋ⁵³	uĩ³²²	kĩ⁴⁴	ŋ²⁴	tʃuan⁵³
耒阳	lã²⁵	tɕʰiɛ̃⁵³	fã²¹³	ɕiɛ̃⁴⁵	sã⁴⁵	tɕʰiɛ̃⁴⁵	mã⁵³	yɛ̃⁵³	kɛ̃⁴⁵	n̩²⁵	tuɛ̃⁵³
常宁	lã²¹	tʰã²¹	fã²⁴	sɛ̃⁴⁵	sã⁴⁵	tʰã⁴⁵	mã⁴⁴	ȵyã⁴⁴	kɛ̃⁴⁵	ȵiɛ²¹	tuɛ̃⁴⁴
永兴	læ³²⁵	tɕʰi³²⁵	fæ¹³	sen⁴⁵	sæ⁴⁵	tɕʰi⁴⁵	mæ⁴²	yi⁴²	ken⁴⁵	ŋ³²⁵	tɕyn⁴⁴
资兴	laŋ²²	tɕʰi²²	faŋ³⁵	sen⁴⁴	so⁴⁴	taŋ³⁵	mɯ³¹	loŋ⁴⁴/ly³¹	kaŋ⁴⁴	liŋ³¹	tsen³¹
隆回	laŋ¹³	tʃʰĩ¹³	faŋ⁴⁵	sɛ̃⁴⁴	saŋ⁴⁴	tʃʰĩ⁴⁴	moŋ²¹²	mĩ²¹²	kɛ̃⁴⁴	ŋ̩¹³	tʃuɛ̃²¹²
洞口	lã²⁴	tʃʰiɛ̃²⁴	xuã⁴⁵	sɛ̃⁵³	sã⁵³	tʃʰiɛ̃⁵³	maŋ²¹³	yɛ̃²¹³	kɛ̃⁵³	ŋ²⁴	tʃyɛ̃²¹³
绥宁	lɛ̃⁴⁵	tʃʰɛ̃⁴⁵	fʌ²²	sĩ³³	sa³³	tʃʰɛ̃³³	mø²²	ŋɛ̃¹³	kɛ̃³³	ŋ̩⁴⁵	tʃĩ¹³

表5-14-2　　　　　　　　　阳声韵的今读（二）

	宕摄			江摄	曾摄		梗摄			通摄	
	汤	香	房	双	灯	升	生	瓶	横~直	送	钟
华容	hʌŋ⁴⁵	ɕiʌŋ⁴⁵	fʌŋ¹²	ɕyʌŋ⁴⁵	tən⁴⁵	sən⁴⁵	sɿ̃⁴⁵	pʰin¹²	xun¹²	soŋ²¹³	tsoŋ⁴⁵
岳阳楼	tʰaŋ³⁴	ɕiaŋ³⁴	faŋ¹³	ɕyaŋ³⁴	tən³⁴	sən³⁴	sən³⁴	pʰin¹³	fən¹³	suŋ³²⁴	tsuŋ³⁴
临湘	dʰɔŋ³³	ɕiɔŋ³³	xɔŋ¹³	sɔŋ³³	tiɛn³³	sən³³	sʌŋ³³	bʰin¹³	uʌŋ¹³	sɤŋ³²⁵	tsɤŋ³³
岳阳县	tʰaŋ³³	ɕiʌŋ³³	fʌŋ¹³	sʌŋ³³	tɛn³³	sən³³	sʌŋ³³	pin¹³	uʌŋ¹³	sɤŋ⁴⁵	tsɤŋ³³
平江	tʰoŋ⁴⁴	ʂoŋ⁴⁴	foŋ¹³	soŋ⁴⁴	ten⁴⁴	ʂən⁴⁴	saŋ⁴⁴	pʰin¹³	uaŋ¹³	sɤŋ⁴⁵	tsɤŋ⁴⁴
浏阳	tʰoŋ⁴⁴	ʂoŋ⁴⁴	xoŋ⁴⁵	soŋ⁴⁴	tĩ⁴⁴	ʂən⁴⁴	soŋ⁴⁴	pʰin⁴⁵	oŋ⁴⁵	sən⁴²	tʂən⁴⁴
醴陵	tʰoŋ⁴⁴	xioŋ⁴⁴	foŋ¹³	soŋ⁴⁴	tɛ̃⁴⁴	ʂɔŋ⁴⁴	saŋ⁴⁴	pʰiŋ¹³	uan¹³	sən²²	tʂən⁴⁴
攸县	xaŋ³⁵	ɕiaŋ³⁵	faŋ¹³	saŋ³⁵	tɛɪ³⁵	ɕiŋ³⁵	saŋ³⁵	pʰiŋ¹³	uaŋ¹³	sən¹¹	kuəŋ³⁵
茶陵	tʰoŋ⁴⁵	ɕioŋ⁴⁵	foŋ²¹³	soŋ⁴⁵	tɛ̃⁴⁵	sɛ̃⁴⁵	saŋ⁴⁵	pʰĩ²¹³	uaŋ²¹³	sɤŋ³³	tɕyɤŋ⁴⁵
炎陵	tʰaŋ²⁴	ɕiaŋ²⁴	faŋ²¹³	suaŋ²⁴	tɛ̃²⁴	ʂɛ̃²⁴	san²⁴	pʰĩ²¹³	/	sən³³	tɕiəŋ²⁴
安仁	tʰõ⁴⁴	ʃõ⁴⁴	xõ²⁴	sõ⁴⁴	tĩ⁴⁴	ʃin⁴⁴	sõ⁴⁴	pin²⁴	ŋ²⁴	sən³²²	tʃən⁴⁴
耒阳	tʰɔ̃⁴⁵	ɕiɔ̃⁴⁵	xɔ̃²⁵	sɔ̃⁴⁵	tɛ̃⁴⁵	ɕiɛ̃⁴⁵	sɔ̃⁴⁵	pʰiæ̃²⁵	uæ̃²⁵	sɤŋ²¹³	tɤŋ⁴⁵
常宁	tʰɔ̃⁴⁵	ɕiɔ̃⁴⁵	fɔ̃²¹	sɔ̃⁴⁵	tɔ̃⁴⁵	ɕiɛ̃⁴⁵	sɔ̃⁴⁵	pʰɛ̃²¹	uɔ̃²¹	sõ²⁴	tõ⁴⁵
永兴	tʰɑ⁴⁵	ɕia⁴⁵	fa³²⁵	sɑ⁴⁵	ten⁴⁵	sen⁴⁵	sæ⁴⁵	pen³²⁵	uæ³²⁵	soŋ¹³	tsoŋ⁴⁵
资兴	tʰaŋ⁴⁴	ɕiaŋ⁴⁴	faŋ²²	saŋ⁴⁴	taŋ⁴⁴	sen⁴⁴	saŋ⁴⁴	pin²²	uan²²	soŋ³⁵	tsoŋ⁴⁴
隆回	xoŋ⁴⁴	ʃoŋ⁴⁴	foŋ¹³	soŋ⁴⁴	tɛ̃⁴⁴	ʃɛ̃⁴⁴	soŋ⁴⁴	pʰɛ̃¹³	oŋ¹³	sɤŋ⁴⁵	tʃɤŋ⁴⁴
洞口	xaŋ⁵³	ʃaŋ⁵³	xuaŋ²⁴	suaŋ⁵³	tɛ̃⁵³	ʃɛ̃⁵³	suaŋ⁵³	hɛ²⁴	uaŋ²⁴	suŋ⁴⁵	tʃuŋ⁵³
绥宁	tʰaŋ³³	ʃaŋ³³	xaŋ⁴⁵	saŋ³³	tɛ̃³³	ʃĩ³³	saŋ³³	pʰĩ³²⁴	uaŋ⁴⁵	sɤŋ⁴²	tʃɤŋ³³

　　由表 5-14 可知，咸、山摄有的读-n 尾，如岳阳楼、临湘、岳阳县、平江和炎陵等 5 个方言点；有的读鼻化韵，如浏阳、攸县、耒阳、常宁和洞口等 5 个方言点；有的一、二等和合三非组读-n 尾或ŋ尾，三、四等（合三非组除外）读鼻化韵，如华容、醴陵、茶陵、安仁和隆回等 5 个方言点；有的部分字读鼻音韵尾或鼻化韵、部分字读阴声韵，如资兴、绥宁 2 个方言点；有的一般读阴声韵，如永兴。

　　深、臻摄有的读-n 尾，如华容、岳阳楼、临湘、岳阳县、平江和永兴等 6 个方言点；有的读鼻化韵，如茶陵、炎陵、耒阳、常宁、隆回、洞口和绥宁等 7 个方言点；有的一、二等读鼻化韵，三、四等读-n 尾或-ŋ尾，如浏阳、醴陵、攸县和安仁等 4 个方言点；有的全部读-ŋ尾，如资兴。

　　宕、江摄多数方言点仍读-ŋ尾，只有安仁、耒阳和常宁读鼻化韵，永兴读阴声韵。

　　梗摄白读多数方言点保留-ŋ尾，不读-ŋ尾的只有华容、炎陵、安仁、耒阳、常宁和永兴等 6 个方言点，其中永兴读阴声韵。梗摄文读和曾摄-ŋ尾多消失，其读音与深、臻两摄相同。

　　通摄一般保留-ŋ尾，只有少数方言点例外，如浏阳、安仁读-n 尾，常宁读鼻化韵。

　　从上可知，湖南赣语阳声韵尾总体上呈现出简化的趋势，表现在：-m 尾完全消失，-n 尾鼻化或者读阴声韵，-ŋ 尾向-n 尾靠拢或者读阴声韵。当然，也有部分方言点的-n 尾、-m 尾转化为-ŋ 尾，如醴陵、茶陵、安仁、资兴、隆回等的咸、山摄，攸县、资兴的深、臻摄。

　　从地理分布来看，咸山摄、深臻摄、曾梗ₓ摄读-n 尾的主要分布在湘北，其余各片多读鼻化韵或阴声韵。宕江摄读鼻化韵或阴声韵的集中在湘南，其余各片读-ŋ 尾。总之，湖南赣语鼻音韵尾的简化存在明显的地域差异，越往北走，鼻音韵尾保留得越好；越往南走，鼻音韵尾鼻化或脱落越突出。湖南赣语阳声韵（以咸、山摄为例）今读的地理分布见附录图 23"咸、山摄阳声韵的今读"。

　　（二）古阳声韵今读阴声韵

　　1. 古阳声韵今读阴声韵的分布

　　湖南赣语古阳声韵今读阴声韵的现象主要见于湘南永兴、资兴和湘西南绥宁等 3 个方言点，下面详细介绍。

　　永兴咸、山摄和宕、江摄阳声韵一般读阴声韵。具体来说，咸、山摄开口一等、二等见系和开口三等知、章组常用字和合三非组读 æ，如：胆淡 tæ⁴²、饭 fæ¹³、含咸 xæ³²⁵、减 kæ⁴²、占 tsæ¹³~领、限 xæ¹³；开口二等见系、三等知、章组非常用字和四等读 i，如：碱 tɕi⁴²、陷 ɕi¹³、染 i⁴²、善线 ɕi¹³、

仙 ɕi⁴⁵、天添 tʰi⁴⁵、限 ɕi¹³；合口一、二等读 uæ，如：短 tuæ⁴²、算 suæ¹³、宽 kʰuæ⁴⁵、碗 uæ⁴²；合口三、四等（非组除外）读 yi，如：宣 ɕyi⁴⁵、全拳传～达 tɕʰyi³²⁵、软远 yi⁴²。宕、江摄开口一二等、开三庄、知、章组、合三非组读 ɑ，如：党 tɑ⁴²、放 fɑ¹³、脏庄章 tsɑ⁴⁵、刚江 kɑ⁴⁵；开三（庄、知、章组除外）读 iɑ，如：想 ɕiɑ⁴²、姜 tɕiɑ⁴⁵、乡 ɕiɑ⁴⁵、娘羊 iɑ³²⁵；合口读 uɑ，如：光 kuɑ⁴⁵、黄 uɑ³²⁵～色、望旺 uɑ¹³。此外，梗摄开二白读读 æ，与咸、山摄合流，详见本章第六节"梗摄的文白异读"。

　　资兴古阳声韵今读阴声韵的现象只见于咸、山摄，而且只是其中的部分字。具体来说，咸、山摄开口一等部分、二等读 o，如：胆 to³¹、篮 lo²²、炭 tʰo³⁵、栏拦 lo²²、含咸 xo²²、饭 fo³⁵；开口三、四等读 i，如：苋 ɕi³⁵、棉 mi²²、面 mi³⁵脸、前 tɕʰi²²、盐 i²²、扁 pi³¹、田甜 ti²²、煎 tɕi⁴⁴、线扇～子 ɕi³⁵、嫌 ɕi²²；开口一等部分、合口一二等、合口三等知、章组读 ɯ，如：敢秆 kɯ³¹、看 kʰɯ³⁵、干 kɯ⁴⁴～湿、半 pɯ³⁵、盘 pɯ²²、短 tɯ³¹、蒜 sɯ³⁵、砖 tsɯ⁴⁴、椽船 sɯ²²、碗 ɯ³¹，但，赶 tɕɯ³¹；合口三、四等读 iɯ，如：联 liɯ²²缝（衣服）、选 ɕiɯ³¹、转 tiɯ³⁵～动、劝 tɕʰiɯ³⁵、远 iɯ³¹、园 iɯ²²、县 ɕiɯ³⁵，但，拳泉 tɕʰy²²、软 ly³¹、绢 tɕy⁴⁴。此外，有部分字存在文白异读，白读阴声韵，文读阳声韵。如：滩 tʰo⁴⁴/tʰaŋ⁴⁴、三 so⁴⁴/saŋ⁴⁴、眼 ŋo³¹/ŋaŋ³¹小洞/iŋ³¹龙～子、钳 tɕʰi²²/tɕʰiŋ²²、剑 tɕi³⁵/tɕiŋ³⁵、暖 lɯ⁴⁴/laŋ³¹、乱 lɯ³⁵/laŋ³⁵。

　　绥宁古阳声韵今读阴声韵的现象也只见于咸、山摄的部分字。具体来说，咸、山摄开口一、二等和合口三等非组一般读 a，合口一等帮组也有部分字读 a。如：蓝男拦 la⁴⁵、含 xa⁴⁵、胆 ta¹³、淡 tʰa²²、滩 tʰa³³、炭 tʰa⁴²、烂 la⁴⁴、三山衫 sa³³、伞 sa¹³、办 pʰa³³、苋 xa⁴⁴、晏 a⁴²、饭 fa⁴⁴、慢 ma⁴⁴、贩 fa⁴²、潘 pʰa³³，但，赚 tʃɥe⁴²、干 kue³³～湿。开口三、四等一般读 ie，如：盐檐 ie⁴⁵、甜 tʰie⁴⁵、棉 mie⁴⁵、年 ŋie⁴⁵、剪 tsie¹³、线 sie⁴²、嫌 ʃie⁴⁵、染 nie¹³，但，浅 tsʰɥe¹³、缠 tʃʰɥe⁴⁵。此外，开口二等、三、四等见系部分读 iA，如：间 tʃiA⁴²～断、眼 ŋiA¹³、肩 tʃiA³³。合口一、二等（见系除外）读 ø，如：满 mø²²、短 tø¹³、蒜 sø⁴²；合口一等见系读 ue，如：宽 kʰue³³、碗 ue¹³；合口二等见系读 ua，如：弯 ua³³、关 kua³³、完还动词 ua⁴⁵；合口三、四等读 ɥe，如：橼 ʃɥe⁴⁵、砖 tʃɥe³³、穿 tʃʰɥe³³、远 ɥe²²、劝 tʃʰɥe⁴²。此外，有部分字存在文白异读，白读阴声韵，文读阳声韵。如：咸 xa⁴⁵/xɛ̃⁴⁵、间 tʃiA³³中～/kɛ̃³³、减 tʃiA¹³/kɛ̃¹³、癣 sɥe¹³/siɛ̃¹³、边 pie³³/piɛ̃³³、田 tʰie⁴⁵/tʰiɛ̃⁴⁵、前 tsʰie⁴⁵/tsʰiɛ̃⁴⁵、现 ʃie⁴⁴/ʃɛ̃⁴⁴、搬 pø³³/pɛ̃³³、半 pø³³/pɛ̃³³。

　　据《报告》（杨时逢 1974），永兴白泥塘和资兴谭村都不存在古阳声韵今读阴声韵的现象。是《报告》的调查点与我们不同还是《报告》只记录了文读音？由于材料缺乏，目前只能存疑。湖南赣语古阳声韵今读阴声韵的地理分布见附录图 24 "古阳声韵是否今读阴声韵"。

2. 阳声韵尾的脱落

上文介绍了湖南赣语古阳声韵今读阴声韵的规律。关于鼻音韵尾脱落的规律，张琨（1983）曾有比较详细的讨论。他认为，汉语方言中低元音后的鼻尾较高元音后的鼻尾易消失，前鼻音[-n]尾较后鼻音[-ŋ]尾易消失。张维佳（2004）也指出："鼻音韵尾若以低元音为主元音，由于元音开口度较大，舌位较低，与韵尾鼻音的高舌位冲突，鼻韵尾易发生鼻化或脱落，这跟以高元音为主元音的鼻尾韵不同。在汉语方言种，臻摄深摄和通摄鼻韵尾脱落或鼻化的情况就少多了。"李冬香（2005b）指出，平话、湘南土话和粤北土话普遍存在阳声韵今读阴声韵的现象，但无论是从韵摄还是从等呼来看，该现象在这些方言中表现得非常复杂，并没有明显的规律，从中无法考察其鼻音韵尾脱落的演变轨迹。从频率来看，失去鼻音韵尾的咸、山摄最普遍，其次是曾、梗摄，再其次是宕、江摄，深、臻、通摄最少。关于鼻音韵尾消失的过程，张琨（1983）认为："在鼻音韵尾消失的过程中，元音会发生种种变化。鼻化作用是第一步，失去鼻化作用是第二步。平常的假设是鼻化作用先发生，然后再丢掉鼻化作用，变成纯粹元音。当然，鼻音韵尾也可能直接消失掉了，不经过鼻化作用的阶段。"

值得注意的是，古阳声韵今读阴声韵的方言中，常用字或白读读阴声韵，非常用字或文读读阳声韵。这说明，今读阴声韵的早于今读阳声韵的。罗常培（1933:145-148）指出，唐五代西北方音中，存在鼻收声消失的现象。不过，当时失去鼻音韵尾的主要是宕摄和梗摄，咸深摄仍收[-m]尾，山臻摄仍收[-n]尾，江曾通摄仍收[-ŋ]尾。王洪君（1987）根据黄振华《〈文海〉反切系统的初步研究》中收集的材料指出，宋西北方音中，宕摄、江摄、梗摄都存在鼻音韵尾脱落的现象。周祖谟（2001:315-318）根据中国文献的零星记载指出，宋代关中一带也存在鼻音韵尾脱落的现象，不过所发现的字也是梗摄和宕摄的字。根据高本汉（1994）所提供的日译材料，日译汉音和日译吴音中的宕江曾梗通摄却以元音收尾。张琨（1983）在谈到鼻音韵尾脱落的原因时指出："最大的可能是当汉语发展到一个新地方，当地土著学习汉语时，受到他们自己的语言影响，没有把汉语中的鼻音韵尾清清楚楚的读出来。……异族入主中原可能发生这种结果。汉语发展到了边区更会发生这种结果。"但是，他同时又指出："这种说法在理论上是绝对有可能的。可是要用实际的例证来说明这个道理，倒是相当困难。"据李蓝（2004），湖南城步青衣苗人话咸山摄、宕江摄、梗摄白读以及臻开一今读阴声韵。如：干_山跟臻庚梗 kai⁵⁵、酸_山霜_宕双_江 so⁵⁵、尖_咸精_梗 tsie⁵⁵。包括湖南赣语在内的汉语方言古阳声韵今读阴声韵的现象是古代方音的继承还是少数民族语言的影响？

这个问题目前还无法回答。但是，从湖南赣语部分字白读阴声韵、文读阳声韵来看，我们认为，这一现象产生时间应该较早，今读阳声韵可能是在强大的带有鼻音韵尾的方言的影响下通过叠置式音变而产生的，属于晚起的语言现象。

　　二　阳声韵的合流

　　（一）咸、山摄合流，宕、江摄合流，深、臻、曾、梗₂合流

　　由于阳声韵尾的演变，湖南赣语阳声韵合流现象突出。从表 5-14 可以看出，湖南赣语普遍存在咸、山摄合流，宕、江摄合流，深、臻、曾、梗₂合流的现象。

　　（二）通摄与深、臻、曾、梗₂三、四等合流

　　湖南赣语多数方言点通摄独立（详见表 5-14），只有浏阳、醴陵和安仁 3 个方言点通摄与深、臻、曾、梗₂三、四等合流。另外，攸县通合三不存在读齐齿呼的现象，但韵母与深、臻、曾、梗₂的 iŋ 相配，我们也把它归为合流一类。请看表 5-15。

表 5-15　　　　　通摄与深、臻、曾、梗₂三、四等的今读

	林深—磷臻—陵曾—灵梗	深深—身臻—升曾—声梗	精梗	菌深合三	茧梗合三	东通	用通
浏阳	tin⁴⁵	ṣən⁴⁴-ṣən⁴⁴-ṣən⁴⁴-ṣoŋ⁴⁴	tsin⁴⁴	tṣʰən²¹	ioŋ⁴⁵	tən⁴⁴	yn²¹
醴陵	liŋ¹³	ṣən⁴⁴-ṣən⁴⁴-ṣən⁴⁴-ṣaŋ⁴⁴	tsin⁴⁴	kʰiŋ²²/kʰyŋ²²	iaŋ¹³	təŋ⁴⁴	iŋ²²
安仁	lin²⁴	ʃin⁴⁴-ʃin⁴⁴-ʃin⁴⁴-ʃõ⁴⁴	tsin⁴⁴	tʃʰuən²¹³	iõ²⁴	tən⁴⁴	in³²²
攸县	liŋ¹³	ɕiŋ³⁵--ɕiŋ³⁵-ɕiŋ³⁵-ɕiŋ³⁵	tɕiŋ³⁵	kʰuəŋ¹¹	iaŋ¹³	təŋ³⁵	uəŋ¹¹

　　要指出的是，醴陵通摄见组读合口呼，表 5-15 例字看不出这个特点，补充如下：公弓恭 kuaŋ⁴⁴、孔恐 kʰuaŋ³¹；个别读齐齿呼，如：穷 kʰiŋ¹³。据《报告》（杨时逢 1974），浏阳淳口铺、醴陵清水村通摄也与深、臻、曾、梗₂三、四等合流，但攸县高枕乡和安仁新渡村不存在这一特点。其中，攸县高枕乡深、臻、曾、梗₂三、四等部分读 iŋ、部分读 yeĭ，通摄读ʌŋ、iʌŋ。如：深深新臻星梗ɕiŋ³³、今深津臻经梗kiŋ³³、均臻tɕyeĭ³³；东通tʌŋ³³、虫通tɕʰiʌŋ³¹³。安仁新渡村深、臻、曾、梗₂三、四等读 ien、yen，通摄读əŋ、iəŋ。如：今深巾臻京梗tɕien⁴⁴、云臻yen³⁵；公通kəŋ⁴⁴、钟通tɕiəŋ⁴⁴。对照表 5-15 我们调查的攸县和安仁两个方言点的读音，它们与《报告》的差别非常明显。

　　从上述通摄的今读来看，其与深、臻、曾、梗₂三、四等合流的途径有两个：一是通摄元音央化，由后、高元音演变为ə；二是通摄韵尾由-ŋ演变-n，与为深、臻、曾、梗₂相同（醴陵除外）。从地理分布来看，湖南赣语通

摄与深、臻、曾、梗文三、四等合流的 4 个方言点分别属于湘中和湘南，在地理上连成一片，请参看附录图 25 "通摄与深、臻、曾、梗文三、四等的分合"。

（三）咸、山摄一、二等与宕、江摄合流

醴陵、茶陵、隆回、洞口和资兴等方言点存在咸、山摄与宕、江摄合流的现象。请看表 5-16。

表 5-16　　　　　　　　　　咸、山摄一、二等与宕、江摄的今读

	咸、山摄									宕、江摄				
	开一二			合一			合二			开一二			开三	合一
	三山	肝山	甘咸	瞒山	酸山	管山	闩山	关山	弯山	忙	窗	糠	箱	光
醴陵	saŋ^{44}	koŋ^{44}	koŋ^{44}	moŋ^{13}	soŋ^{44}	kuoŋ^{31}	tsʰoŋ^{44}	kʰuaŋ^{44}	uaŋ^{44}	moŋ^{13}	tsʰoŋ^{44}	kʰoŋ^{44}	sioŋ^{44}	kuoŋ^{44}
茶陵	saŋ^{45}	kaŋ^{45}	kaŋ^{45}	moŋ^{213}	soŋ^{45}	kuaŋ^{42}	tsʰoŋ^{45}	kʰuaŋ^{45}	uaŋ^{45}	moŋ^{213}	tsʰoŋ^{45}	xoŋ^{45}	ɕioŋ^{45}	koŋ^{45}
洞口	sã^{53}	kã^{53}	kã^{53}	maŋ^{24}	suaŋ^{53}	kuã^{213}	suaŋ^{53}	kuã^{53}	uã^{53}	maŋ^{24}	tsʰuaŋ^{53}	kʰaŋ^{53}	siaŋ^{53}	kuaŋ^{53}
隆回	saŋ^{44}	kuaŋ^{44}	kaŋ^{44}	moŋ^{13}	suaŋ^{44}	kuaŋ^{212}	suaŋ^{44}	kuaŋ^{44}	uaŋ^{44}	moŋ^{13}	tsʰoŋ^{44}	kʰoŋ^{44}	siaŋ^{44}	koŋ^{44}

从表 5-16 可知，在咸、山摄一、二等与宕、江摄合流的具体情形上，上述几个方言点存在差别。其中，醴陵是咸、山摄开一见系、山摄合一、合二部分与宕、江摄合流。茶陵、洞口是山合一、合二除见系以外，其余都与宕、江摄合流。隆回是咸、山摄开一二、合一二（帮组除外）与宕、江摄三等部分合流，山合一、合二帮组与宕、江摄一、二等合流。要说明的是，隆回宕摄三等读 iaŋ 的主要是端系。如：良 liaŋ^{13}、想 siaŋ^{212}。宕摄知三如果读如端组，则韵母也为 iaŋ。如：张 tiaŋ^{44}/tʃoŋ^{44}、长 tiaŋ^{212}生~/tʃoŋ^{212}、胀 tiaŋ^{45}。

从表 5-16 几个方言点咸、山摄与宕、江摄的读音来看，它们的合流有两个方面的原因，一是咸、山摄鼻音韵尾向后演变为 -ŋ。表 5-16 显示，与宕、江摄合流的咸、山摄韵尾都为 -ŋ。二是宕、江摄主要元音后高化。《广韵》音系中，唐韵音值为 *aŋ、江韵音值为 *ɔŋ（王力 1980:51-53）。对照表 5-16 醴陵、茶陵、隆回 3 个方言点宕、江摄的今读，可以看出，其主元音明显经历了一个后高化过程，这与果摄后高化的演变一致。

如前所述，资兴咸、山摄常用字或白读读阴声韵，非常用字或文读读阳声韵。读阳声韵时，咸、山摄一二等与宕、江摄合流。不过，此时它也与深、臻、曾、梗合流。如：端单山＝灯曾＝当（~时）宕 taŋ^{44}、吞臻＝汤宕 tʰaŋ^{44}、甘咸＝钢宕＝江江 kaŋ^{44}、争梗＝庄＝章宕 tsaŋ^{44}、生梗＝霜＝双山 saŋ^{44}、瞒山＝忙 maŋ^{22}、官山＝光宕 kuaŋ^{44}。与资兴类似的现象见于桂阳敖泉土话。如：班山＝帮宕 paŋ^{33}、甘咸＝钢宕 kaŋ^{33}、限山＝项宕 haŋ^{35}、兰山 le^{12}、三咸 se^{33}、减咸 kie^{53}。周边郴州官

话咸、山摄一二等与宕、江摄合流。如郴州市区：班_山=帮_宕paŋ⁴⁴、三_咸=桑_宕saŋ⁴⁴、减_咸kaŋ⁵⁵、寒_山=航_宕xaŋ³¹。由此可以看出，资兴咸、山摄一、二等文读与宕、江摄合流是受周边官话影响所致。

从地理分布来看，湖南赣语咸、山摄一、二等以声纽和开合为条件与宕、江摄合流的现象只见于湘中和湘西南，而咸、山摄一、二等文读与宕、江摄合流的则只有湘南资兴一个方言点。请参看附录图26"咸、山摄一、二等与宕、江摄的分合"。

第五节　入声韵的演变

一　入声韵尾的演变

《切韵》音系阳声韵有-m、-n、-ŋ尾，相应的，入声韵有-p、-t、-k三种塞音韵尾。湖南赣语-p、-k尾多已完全消失，只有平江弱化为喉塞音-ʔ，请参看第二章以及第三章第二节"韵母的比较"。-t尾只见于平江深、臻摄主元音为ə的字。如：湿ʂət⁴、入 yət⁴、侄 tʂʰət⁴、卒 tsət⁴_兵~、骨 kuət⁴_~头、出 tʂʰyət⁴，笠 tʰiʔ⁴、急 kiʔ⁴、笔 piʔ⁴、七 tsʰiʔ⁴、一 iʔ⁴、日 ŋiʔ⁴/yət⁴。据李如龙、张双庆（1992），平江南江镇深、臻摄的-t尾则完整地保留着，此外，咸、山摄入声韵也收-t尾，宕、江、曾、梗、通摄则收-ʔ尾。如：腊 lat³²、叶 iɛt³²、雪 siɛt³²、月 ŋyɛt³²（咸、山摄），十 ʃɤt³²、急 kit³²、密 mit³²、出 gʰuɤt³²、佛 fɤt³²（深、臻摄），弱 ȵioʔ³²、角 koʔ³²、se ʔ³²、拆 tsʰɑʔ³²、竹 tɤuʔ³²（宕、江、曾、梗、通摄）。湖南境内其他方言保留塞音韵尾的主要有客家话和乡话。其中，客家话都保留喉塞尾，有的则还有-t、-k尾，如茶陵、十都（陈立中2002b:132-133）。湘西乡话麻溪铺、木溪、八什坪古入声字今读喉塞尾，但部分塞音韵尾已经不太稳定，有失去喉塞音的趋势（杨蔚2010:23-37）。不过，湖南赣语保留塞音韵尾-t的平江境内虽然存在客家话，但在平江属于弱势方言，对当地方言影响非常小（陈立中2002b）。因此，平江入声韵的塞音韵尾是古音的保留，而非客家话的影响。

二　入声韵与阴声韵的分合

如前所述，湖南赣语阳声韵合并现象非常突出，主要有咸、山摄合流，宕、江摄合流，深、臻、曾、梗_文合流。此外，有少数方言点通摄也与深、臻、曾、梗_文三、四等合流。上述合流规律在入声韵中也存在，这些入声韵合并后与阴声韵的关系如何呢？

（一）咸、山摄入声韵与阴声韵的分合

咸、山摄入声韵与相关阴声韵的今读见表5-17。

表 5-17　　　　　咸、山摄入声韵与假摄或果摄等的今读

| | 咸、山摄 | | | | | | | | 假摄 | 果摄 | | 蟹摄 | |
| | 一、二等 | | | | | 三、四等 | | | | | | | |
	搭	夹~菜	盒烟~	脱	活	节	袜	雪	沙	箩	火	财	地
华容	ta⁴³⁵	ka⁴³⁵	xo⁴³⁵	ho⁴³⁵	xo⁴³⁵	tɕie⁴³⁵	ua⁴³⁵	se⁴³⁵	sa⁴⁵	lo¹²	xo²¹	tsʰæi¹²	tʰi³³
岳阳楼	ta⁴⁵	ka⁴⁵	xo⁴⁵	tʰo⁴⁵	xo⁴⁵	tɕie⁴⁵	ua⁴⁵	çie⁴⁵	sa³⁴	lo¹³	xo³¹	tsʰai¹³	tʰi²²
浏阳	ta⁴⁴	ka⁴⁴	xo⁴²	tʰo⁴⁴	xo⁴²	tsie⁴⁴	ua⁴⁴	sie⁴⁴	sua⁴⁴	lo⁴⁵	xo³²⁴	tsʰai⁴⁵	tʰi²¹
醴陵	ta⁴³⁵	ka⁴³⁵	xo⁴³⁵	tʰo⁴³⁵	fo⁴³⁵	tsie⁴³⁵	ua⁴³⁵	sie⁴³⁵	sa⁴⁴	lo¹³	fo³¹	tsʰoi¹³	tʰi²²
攸县	ta³⁵	ka³⁵	xo¹¹	xo³⁵	fɛ¹¹	tɕie³⁵	ua³⁵	çie³⁵	sa³⁵	lo¹³	fo⁵³	tʰoi¹³	tʰi¹¹
茶陵	ta³³	ka³³	xo³³	tʰo³³	xue³³	tɕie³³	ua³³	çye³³	sa⁴⁵	lo²¹³	xo⁴²	tsʰæ²¹³	tʰi³²⁵
炎陵	ta²⁴	ka²⁴	xuə³³	tʰuə²⁴	xuei³³	tɕie²⁴	ua²⁴	çye²⁴	sa²⁴	/	xuə⁵³	tsʰai²¹³	tʰi¹³
安仁	tɑ²¹³	kɑ²¹³	xu²¹³	tʰuɑ²¹³	xuɛ²¹³	tsiɛ²¹³	uɑ²¹³	siɛ²¹³	sɑ⁴⁴	lu²⁴	xu⁵³	tsæ²⁴	tʰi³²²
耒阳	ta¹³	ka¹³	xo¹³	tʰo¹³	xo¹³	tsɛ¹³	ua⁴⁵	çyɛ¹³	sa⁴⁵	lo²⁵	xo⁵³	tsʰæ²⁵	tʰi²¹³
常宁	ta³³	ka³³	xo²¹	tʰua³³	fe²¹	tɕie³³	ua³³	çye³³	sa⁴⁵	lo²¹	xo⁴⁴	tsʰæ²¹	tʰi²⁴
永兴	tɔ²²	kɔ²²	xo²²	tʰo²²	xuɛ⁴⁵	tɕie²²	ua²²	çye²²	sɔ⁴⁵	lo³²⁵	xo⁴²	tsʰa³²⁵	tŋ¹³
资兴	to¹³	ko¹³	xɯ¹³	/	fæ¹³	tɕi¹³	o¹³	çiɯ¹³	so⁴⁴	lɯ²²	xɯ³¹	tsʰa²²	ti³⁵
隆回	tɑ⁴⁴	kiɛɑ⁴⁴	xo⁴⁵	huɑ⁴⁴	xo³²⁵	tsi⁴⁴	uɑ⁴⁴	suɛ⁴⁴	sɑ⁴⁴	lo¹³	xo²¹²	tsʰa¹³	xi⁴⁵
洞口	ta⁵³	kɛa⁵³	xo⁴⁵	ho⁵³	xo⁴⁵	tsie⁵³	ua⁴⁵	sie⁵³	sa⁵³	lo²⁴	xo¹³	tsʰai²⁴	xi⁵³
绥宁	tA³³	kA³³	xo⁴²	tʰo³³	xo⁴²	tsie³³	uA³³	sɯe³²⁴	sA³³	lo⁴⁵	xo¹³	tsʰai⁴⁵	tʰi⁴⁴
临湘	tæ⁵	kæ⁵	xø⁵	dʰø⁵	fæ⁵	tɕie⁵	uæ⁵	çie⁵	sa⁵	lo¹³	xo⁴²	dzʰæ¹³	dʰi²¹
岳阳县	tæ⁵	kæ⁵	xø³	tʰø⁵	xø³	ci⁵	uæ³	çi⁵	sa³³	lo¹³	xo⁴²	tsæ¹³	ti²¹
平江	taʔ²⁴	kaʔ²⁴	xøʔ²⁴	tʰøʔ²⁴	uøʔ²⁴	tsieʔ²⁴	uaʔ²⁴	sieʔ²⁴	sɑ⁴⁴	lo¹³	fø³²⁴	tsʰai¹³	tʰi²²

从表 5-17 可知，湖南赣语咸、山摄入声韵开一、二等（见系除外）一般与假摄合流，开二见系、合口一、二等一般与果摄合流。不与假摄或果摄合流的只有临湘、岳阳县和平江 3 个方言点。请参看附录图 27 "咸、山摄一、二等入声韵与假摄或果摄的分合"。

咸、山摄入声韵与假摄或果摄合流的方言点中，开二见系一般与开二其他声纽的字表现相同，只有隆回和洞口表现特殊，部分字今读 iɛɑ（隆回）/ɛa（洞口）（见表 5-17），与假摄有别。不过，也有部分字今读与假摄相同，如隆回 "甲 kiɑ⁴⁴"、洞口 "瞎 xa⁵³"。关于隆回、洞口开二见系读 iɛɑ/ɛa 的现象，本章第一节 "开口二等韵读 iɛɑ/ɛa" 已详细讨论，请参看。

咸、山摄入声韵与假摄或果摄不合流的方言点中，临湘、岳阳县开一、二等（见系除外）和合三非组读 æ，与蟹摄合流；开二见系、合口一、二等、

合三非组读 ø，自成一韵。平江咸、山摄入声韵因保留塞音韵尾而自成一韵，其读音分别为 aʔ 和 øʔ。

湖南赣语咸、山摄入声韵三、四等一般自成一韵；也有部分方言点读 i，因而与蟹摄四等合流，如岳阳县、资兴和隆回等。

（二）深、臻、曾、梗$_文$摄入声韵与止摄的分合

湖南赣语深、臻、曾、梗$_文$摄入声韵开口一般合流，合流后多数方言点与止摄开口合流。请看表 5-18-1。

表 5-18-1　深、臻、曾、梗$_文$三、四等（庄组除外）与止摄的今读

	深、臻、曾、梗$_文$			止开三		
	笠$_深$—栗$_臻$—力$_曾$—历$_{(日~)梗}$	十$_深$—实$_臻$—直$_曾$—适$_梗$	急$_深$—吉$_臻$—极$_曾$—激$_梗$	李	试	记
华容	li^{435}	sʅ^{435}-sʅ^{435}-tsʰʅ^{435}- sʅ^{435}	tɕi^{435}-tɕi^{435}-tɕʰi^{435}-tɕi^{435}	li^{21}	sʅ^{213}	tɕi^{213}
岳阳楼	li^{45}	sʅ^{45}-sʅ^{45}-tsʰʅ^{45}- -sʅ^{45}	tɕi^{45}-tɕi^{45}-tɕʰi^{45}-tɕi^{45}	li^{31}	sʅ^{324}	tɕi^{324}
临湘	dʰi^5-dʰia^5-dʰi^5-dʰi^5	sʅ^5-sʅ^5-dzʰʅ^5- sʅ^5	tɕi^5-tɕi^5-dzʰi^5-tɕi^5	dʰi^{42}	sʅ^{325}	tɕi^{325}
岳阳县	li^3-li^5-li^3-li^3	sʅ^3-sʅ^3-tsʰʅ^3- sʅ^5	ci^5-ci^5-cʰi^5-ci^5	li^{42}	sʅ^{45}	ci^{45}
浏阳	tʰi^{42}-ti^{42}-ti^{42}-ti^{42}	sʅ^{42}-sʅ^{42}-tsʰʅ^{42}- sʅ^{44}	ki^{44}-ki^{44}-kʰi^{44}-ki^{44}	ti^{324}	sʅ^{42}	ki^{42}
醴陵	tʰi^{435}-li^{435}-li^{435}-li^{435}	sʅ^{435}-sʅ^{435}-tsʰʅ^{435}-sʅ^{435}	ki^{435}-ki^{435}-kʰi^{435}-kiɛ^{435}	li^{31}	sʅ^{22}	ki^{22}
茶陵	li^{33}-lia^{33}-li^{33}-li^{325}	sʅ^{33}-sʅ^{33}-tsʰʅ^{33}-sʅ^{33}	tɕi^{33}-tɕi^{33}-tɕʰie^{33}-tɕie^{33}	li^{45}	sʅ^{33}	tɕi^{33}
炎陵	li^{24}-li^{33}-li^{33}-li^{33}	sʅ^{33}-sʅ^{33}-tsʰʅ^{33}--sʅ^{33}	tɕi^{24}-tɕie^{24}-tɕie^{24}-tɕi^{24}	li^{53}	sʅ^{33}	tɕi^{33}
安仁	li^{44}-liɑ^{44}/li^{213}-li^{213}-li^{213}	ʃi^{44}-ʃi^{213}-tʃʰi^{44}-ʃie^{213}	tʃi^{213}-tʃi^{213}-tʃʰi^{213}-tʃie^{213}	li^{53}	sʅ^{322}	tʃi^{322}
耒阳	li^{13}-li^{13}-li^{45}-li^{13}	sʅ^{45}-sʅ^{13}-sʅ^{45}-sʅ^{13}	tɕi^{13}-tɕi^{13}-tɕi^{13}-tɕi^{13}	li^{53}	sʅ^{213}	tɕi^{213}
常宁	li^{33}-liɑ^{33}/li^{33}-li^{33}-le^{33}	sʅ^{21}-sʅ^{33}-tsʰʅ^{21}-sʅ^{33}	tɕi^{33}-te^{33}-tʰe^{33}/tɕʰi^{33}-tɕi^{33}	li^{44}	sʅ^{24}	tɕi^{24}
永兴	ŋ^{22}	si^{45}-sʅ^{22}-tɕʰi^{45}-sʅ^{22}	tɕʅ^{22}-tɕie^{22}-tɕʅ^{22}-tɕʅ^{22}	ŋ^{42}	sʅ^{13}	tɕʅ^{13}
隆回	xi^{45}-li^{45}-li^{45}-li^{45}	ʃi^{45}-ʃi^{45}/ʃi^{325}-tʃʰi^{45}-ʃi^{325}	tʃi^{325}-tʃi^{325}-tʃʰi^{45}-tʃi^{325}	li^{325}	sʅ^{45}	tʃi^{45}
绥宁	li^{324}-liA^{324}/li^{324}-li^{33}-li^{42}	ʃi^{42}-ʃi^{42}-tʃʰi^{42}-ʃi^{42}	tʃi^{324}	li^{13}	sʅ^{42}	tʃi^{42}
资兴	lei^{13}-lei^{44}/li^{13}-lei^{44}-li^{13}	sei^{44}-sʅ^{13}-tsʰei^{44}-sʅ^{13}	tɕiei^{13}-tɕi^{13}-tɕʰi^{13}-tɕi^{13}	li^{44}	sʅ^{35}	tɕi^{35}
平江	tʰiʔ^4-liaʔ^4-tʰiʔ^4-tʰiʔ^4	şəʔ^4-şəʔ^4-tşʰəʔ^4- şəʔ^4	kiʔ^4-kiʔ^4-kʰiʔ^4-kiʔ^4	li^{21}	sʅ^{45}	ki^{45}
洞口	li^{45}-li^{45}-li^{45}-lie^{45}	ʃie^{45}-ʃie^{45}-tʃʰie^{45}-ʃie^{45}	tʃi^{53}-tʃie^{53}-tʃʰie^{45}-tʃie^{45}	li^{213}	sʅ^{53}	tʃi^{45}
攸县	lie^{35}	cie^{11}-cie^{11}-tɕʰie^{11}-cie^{35}	tɕie^{35}-tɕie^{35}-tɕʰie^{11}-tɕie^{35}	li^{53}	sʅ^{11}	tɕi^{11}

从表 5-18-1 可知，深、臻、曾、梗$_文$四摄三、四等（庄组除外）开口入声韵合流后，多数方言点与止摄开三合流；不与止开三合流的只有攸县，其深、臻、曾、梗$_文$入声韵读 iɛ，不读 i/ʅ。不过，资兴与止开三合流的是非常用字，其常用字与止开三有别。如表 5-18-1 中的"实适激栗"与止开三合

流读 i/ŋ，但"十直急戽日~"与止开三有别读 ei。此外，有些方言点只有部分字与止开三合流。如平江知系读ət，不与止开三合流；而洞口知系与见系读 iɛ，也不与止开三合流。

下面来看曾开一、开三庄组、梗开二文与止摄的分合，见表 5-18-2。

表 5-18-2　　曾开一、开三庄组、梗开二文入声韵与止摄的今读

	曾开一、开三庄组						梗开二			止开三	
	北	肋	贼	刻	黑	色	脉	泽	革	二	耳
华容	pe^{435}	lie^{435}	tsʰə^{435}	kʰe^{435}	xe^{435}	se^{435}	me^{435}	tsʰe^{435}	ke^{435}	e^{33}	e^{21}
岳阳楼	pe^{45}	le^{45}	tsʰe^{45}	kʰe^{45}	xe^{45}	se^{45}	me^{45}	tsʰe^{45}	ke^{45}	ɛ^{22}	ɛ^{31}
临湘	pø^{5}	le^{5}	dzʰe^{5}	gʰe^{5}	xe^{5}	se^{5}	me^{5}	dzʰe^{5}	ke^{5}	ø^{21}	ø^{42}
岳阳县	pø^{3}	lø^{3}	ts⁻ø^{3}	kʰe^{5}	xe^{5}	sø^{5}	mø^{5}	tsʰø^{5}	ke^{5}	ø^{21}	ø^{42}
醴陵	pe^{435}	le^{435}	tsʰe^{435}	kʰe^{435}	xe^{435}	se^{435}	me^{435}	tsʰe^{435}	ke^{435}	ɛ^{22}	ɛ^{31}
攸县	pe^{35}	le^{11}	tʰe^{11}	kʰe^{35}	xe^{35}	se^{35}	mie^{35}	tʰɛ^{35}	kɛ^{35}	ɛ^{11}	ɛ^{53}
茶陵	pe^{33}	le^{33}	te^{33}	kʰe^{33}	xe^{33}	se^{33}	me^{33}	tsʰe^{33}	ke^{33}	e^{325}	e^{42}
炎陵	pe^{24}	le^{24}	tsɛ^{33}	kʰe^{24}	xe^{24}	se^{24}	me^{24}	tsʰe^{24}	kɛ^{24}	ɛ^{13}	ɛ^{53}
安仁	pe^{213}	le^{44}	tɛ^{44}	kʰe^{213}	xe^{213}	se^{213}	mɛ^{213}	tsʰɛ^{213}	kɛ^{213}	ɛ^{322}	ɛ^{53}
常宁	pe^{33}	le^{33}	tse^{21}	kʰe^{33}	xe^{33}	se^{33}	me^{33}	tsʰe^{33}	ke^{33}	e^{24}	ɯ^{44}
永兴	pɛ^{22}	lɛ^{22}	tsɛ^{45}	kʰe^{22}	xe^{22}	se^{22}	mɛ^{45}	tse^{22}	kɛ^{22}	ɛ^{13}	ɛ^{42}
资兴	piæ^{13}	liæ^{44}	tɕiæ^{44}	kʰæ^{13}	xæ^{13}	ɕiæ^{13}	miæ^{13}	tɕʰiæ^{13}	kæ^{13}	æ^{35}	æ^{31}
平江	pe?^{4}	le?^{4}	tse?^{4}	xe?^{4}	xe?^{4}	se?^{4}	me?^{4}	tsʰe?^{4}	ke?^{4}	y^{22}	ŋe^{21}/y^{21}
浏阳	pɛ^{44}	lie^{42}	tsʰie^{42}	kʰe^{44}	xie^{44}	sie^{44}	mie^{42}	tsʰie^{42}	kie^{44}	y^{21}	y^{324}
耒阳	pɛ^{13}	le^{45}	tsʰe^{45}	kʰe^{13}	xe^{13}	se^{13}	me^{45}	tsʰe^{13}	kɛ^{13}	ə^{213}	ə^{53}
隆回	piɑ^{325}	liɑ^{45}	tsʰiɑ^{45}	kʰiɛɑ^{325}	xiɛɑ^{44}	siɑ^{325}	miɑ^{44}	tsʰiɑ^{325}	kiɛɑ^{325}	e^{45}	e^{212}
洞口	piɑ^{53}	liɑ^{45}	tsʰiɑ^{45}	kʰɛɑ^{53}	xɛɑ^{53}	siɑ^{53}	miɑ^{53}	tsʰiɛ^{45}	kɛɑ^{45}	ɤ^{53}	ɤ^{213}
绥宁	pe^{33}	le^{33}	tʰe^{42}	kʰe^{33}	xe^{33}	se^{33}	me^{33}	tsʰe^{324}	ke^{324}	ø^{44}	ø^{13}

从表 5-18-2 可以看出，曾开一、开三庄组、梗开二文多数方言点与止摄开三合流，不过，临湘、岳阳县只有部分字与止开三日母合流；不与止摄开三合流的有平江、浏阳、耒阳、隆回、洞口和绥宁等。

（三）宕、江摄入声韵与果摄的合流

宕、江摄入声韵一般与果摄合流，只有平江由于保留喉塞尾与果摄主元音相同，请参看第三章第二节"韵母的比较"。

（四）通摄入声韵与流摄的分合

通摄入声韵普遍与流摄合流，不与流摄合流的只有攸县。请看表 5-19。

表 5-19　　　　　　　　　　　通摄入声韵与流摄的今读

	通摄				流摄		遇摄
	合一		合三		开一	开三	
	屋	毒	六	肉	偷	油	图
华容	u⁴³⁵	həu⁴³⁵	ləu⁴³⁵	zəu⁴³⁵	həu⁴⁵	iəu¹²	həu¹²
岳阳楼	u⁴⁵	tʰəu⁴⁵	ləu⁴⁵	zəu⁴⁵	tʰəu³⁴	iəu¹³	tʰəu¹³
资兴	ɛu¹³	tɯ¹³	liɛu¹³	iɛu¹³	tʰai⁴⁴	i²²/iɛu²²	tu²²
临湘	u⁵	dʰəu⁵	ləu⁵	ɲiəu⁵	dʰe³³	iəu¹³	dʰəu¹³
岳阳县	u⁵	tʰəu³	ləu³	ɲiəu³	tʰʌu³³	iəu¹³	təu¹³
平江	uʔ⁴	tʰəuʔ⁴	liəuʔ⁴	ŋiəuʔ⁴	tʰœy⁴⁴	iəu¹³	tʰəu¹³
浏阳	u⁴⁴	tʰəu⁴²	tiəu⁴²	ŋiəu⁴⁴	tʰei⁴⁴	iəu⁴⁵	tʰəu⁴⁵
醴陵	u⁴³⁵	tʰəu⁴³⁵	ləu⁴³⁵	ŋiəu⁴³⁵	tʰeu⁴⁴	iəu¹³	tʰəu¹³
茶陵	u³³	tʰu³³	liø³³	ɲiø³³	tʰø⁴⁵	iø²¹³	tʰu²¹³
安仁	u²¹³	tʰəu⁴⁴	<u>liɯ⁴⁴</u>	iɯ²¹³	tʰɛ⁴⁴	iɯ²⁴	təu²⁴
耒阳	u¹³	tu¹³	liɯ⁴⁵	iɯ⁴⁵	tʰə⁴⁵	iɯ²⁵	tʰu²⁵
常宁	u³³	tʰu²¹	<u>lɯ³³</u>	zɯ³³	tʰɯ⁴⁵	iɯ²¹	tʰu²¹
永兴	ɯ²²	tu²²	liɯ⁴⁵	iɯ⁴⁵	tʰɛ⁴⁵	iɯ³²⁵	tu³²⁵
隆回	u⁴⁴	tu³²⁵	liu⁴⁵	<u>su³²⁵</u>①	xiə⁴⁴	iu³²⁵	hu¹³
洞口	u⁵³	tu⁴⁵	liu⁴⁵	iu⁵³	xɤ⁵³	iu²⁴	fu²⁴
绥宁	u³³	tu⁴²	liu³³	<u>ɲiu³³</u>	tʰœu³³	iu⁴⁵	tʰu⁴⁵
攸县	uo³⁵	xo¹¹	lio¹¹	ŋio³⁵	xɛi³⁵	y¹³	tʰu¹³

由表 5-19 可知，虽然湖南赣语多数方言点通摄入声韵与流摄合流，但合流的主要是三等字，即通合三与流开三。不过，资兴与通合三合流的是流开三的部分字或文读 iɛu。通摄一等多数与流摄有别，只有华容和岳阳楼通合一与流开一合流；湘北和湘中以及湘南的安仁通摄合一端系读复合元音əu，与流开三只有介音不同，这是它们与遇合一合流后再裂化的结果（详见本章第七节"遇合一、合三庄组的今读"）。我们在本章第一节"侯、痕、登韵读细音"中指出，华容、岳阳楼、资兴侯韵今读əu/ɛu 来源于官话或者是受官话影响产生的，因此，这三个方言点通摄与流摄合流与其他方言点属于方言自身的演变性质不同。

湖南赣语通摄不与流摄合流的只有攸县。从表 5-19 可知，攸县通摄入声韵读 o/io/uo，而流摄读ɛi/y。通摄虽不与流摄合流，但与果摄合流，如：贺果＝毒通xo¹¹、过果kuo¹¹—哭通kʰuo⁵³。《报告》（杨时逢 1974:628-630）记录

①　"肉"的白读为 iɤŋ⁴⁴。

的攸县高枕乡通摄入声韵也是不与流摄合流，而与果摄合流。如：鹿 lo²⁴、局 tɕʰio²⁴、屋 uo²⁴（通摄）；愁 tsʰe³¹³、后 he¹¹、求 tɕʰiu³¹³（流摄）；波 pʰo³¹³、果 kuo⁵³（果摄）。

第六节　梗摄的白读

湖南赣语大多数方言点梗摄存在文白异读的现象，其中，梗摄的文读在本章第四节"阳声韵的演变"和第五节"入声韵的演变"已经介绍，因此，本节只讨论梗摄的白读。

一　梗摄阳声韵的白读

（一）梗摄阳声韵白读的音值

梗摄阳声韵的今读见表 5-20。由于表格限制，只排列梗摄部分常用字的读音，有文白两读的，只列白读。

表 5-20　　　　　　　　　　梗摄阳声韵的今读

	开二				开三、四				合二	合三、四	
	生	冷	硬	争	命	影	轻~重	醒	横~直	倾	萤
岳阳楼	sən³⁴	lən³¹	ŋən²²	tsən³⁴	min²²	in³¹	tɕʰin³⁴	ɕin³¹	fən¹³	tɕʰin³⁴	in¹³
华容	sɿ⁴⁵	lən²¹	ŋən³³	tsɿ⁴⁵	min³³	in²¹	tɕʰin⁴⁵	ɕin²¹	xun¹²	tɕʰyn⁴⁵	yn¹²
醴陵	saŋ⁴⁴	laŋ³¹	ŋaʔ²²	tsaŋ⁴⁴	miaŋ²²	iaŋ³¹	kʰiaŋ⁴⁴	siaŋ³¹	uaŋ¹³	kʰuaŋ⁴⁴	iaŋ²²
攸县	saŋ³⁵	laŋ³⁵	ŋaʔ¹¹	tsaŋ³⁵	miaŋ¹¹	aŋ⁵³	tɕʰiaŋ³⁵	ɕiaŋ⁵³	uaŋ¹³	kʰuaŋ³⁵	iaŋ¹³
茶陵	saŋ⁴⁵	laŋ⁴⁵	ŋɛ̃³²⁵	tsaŋ⁴⁵	miaŋ³²⁵	ŋoŋ⁴²①	tɕʰiaŋ⁴⁵	ɕiaŋ⁴²	uaŋ²¹³	tɕʰɿ⁴⁵	iaŋ²¹³
炎陵	san²⁴	lan²⁴	ŋan¹³	tsan²⁴	miɛn¹³	ɿ⁵³	tɕʰiɛn²⁴	ɕiɛn⁵³	/	tɕʰyɛn²⁴	ɿ²¹³
永兴	sæ⁴⁵	læ⁴²	ŋ̍¹³	tsæ⁴⁵	men¹³	ŋ̍⁴²	tɕʰin⁴⁵	sen⁴²	uæ³²⁵	kʰua⁴⁵	ŋ̍³²⁵
资兴	saŋ⁴⁴	laŋ⁴⁴	ŋæŋ³⁵	tsaŋ⁴⁴	men³⁵	iŋ³¹	tɕʰiŋ⁴⁴	seŋ³¹	uaŋ²²	xoŋ⁴⁴	iaŋ²²
临湘	sʌŋ³³	lʌŋ⁴²	ŋʌŋ²¹	tsʌŋ³³	miʌŋ²¹	iʌŋ⁴²	tɕʰiʌŋ³³	ɕiʌŋ⁴²	uʌŋ¹³	gʰuʌŋ³³	iʌŋ¹³
岳阳县	sʌŋ³³	liʌŋ⁴²	ŋʌŋ²¹	tsʌŋ³³	miʌŋ²¹	iʌŋ⁴²	cʰiʌŋ³³	ɕiʌŋ⁴²	uʌŋ¹³	kʰʌŋ³³	iʌŋ¹³
平江	saŋ⁴⁴	laŋ²¹	ŋaŋ²²	tsaŋ⁴⁴	miaŋ³²⁴	iaŋ³²⁴	kʰiaŋ⁴⁴	siaŋ³²⁴	uaŋ¹³	kʰiaŋ⁴⁴	liaŋ¹³
浏阳	soŋ⁴⁴	loŋ²³⁴	ŋɑŋ²¹	tsoŋ⁴⁴	miã²¹	ioŋ³²⁴	kʰiã⁴⁴	siã³²⁴	oŋ⁴⁵	kʰoŋ⁴⁴	ioŋ⁴⁵
安仁	sõ⁴⁴	lõ³²²	õ²²	tsõ⁴⁴	miõ³²²	õ⁵³	tʃʰõ⁴⁴	siõ⁵³	ŋ̍²⁴/õ²⁴	kʰuoŋ⁴⁴	iõ²⁴
耒阳	sɔ̃⁴⁵	lɔ̃⁵³	ŋɛ̃²¹³	tsɔ̃⁴⁵	miɔ̃²¹³	iɔ̃⁵³	tʰɔ̃⁴⁵	ɕiæ̃⁵³	uæ²⁵	tʰuæ̃⁴⁵	yæ̃²⁵
常宁	sɔ̃⁴⁵	lɔ̃⁴⁴	ŋɿ̃²⁴	tsɔ̃⁴⁵	miɔ̃²⁴	iɔ̃⁴⁴	tʰɔ̃⁴⁵	sɛ̃⁴⁴	uɔ̃²¹	tʰuɛ̃⁴⁵	yɛ̃²¹
隆回	soŋ⁴⁴	loŋ²¹²	oʔ⁴⁵	tsoŋ⁴⁴	miaŋ⁴⁵	oŋ²¹²	tʃʰoŋ⁴⁴	siaŋ²¹²	oŋ¹³	tsʰuɛ̃⁴⁴	ioŋ¹³
洞口	suaŋ⁵³	lɛ̃²¹³	ɑʔ⁵³	tsuaŋ⁵³	miaŋ⁵³	uaŋ²¹³	tʃʰaŋ⁴⁴	sɛ̃²¹³	uaŋ¹³	/	iaŋ²⁴
绥宁	saŋ³³	laŋ²²	ŋuaŋ⁴⁴	tsaŋ³³	miaŋ⁴⁴	iaŋ¹³	tʃʰaŋ³³	sɿ¹³	uaŋ⁴⁵	/	iaŋ⁴⁵

————————

① 茶陵梗摄阳声韵白读oŋ的暂时只发现一个字"影"。

从表 5-20 可知，湖南赣语梗摄阳声韵没有白读的暂时只发现有岳阳楼 1 个方言点，其余方言点都存在白读。从白读主元音的音值来看，开二的白读有两类，一类是前元音 a/æ/ɪ 等，有华容、醴陵、攸县、茶陵、炎陵、永兴、资兴等 7 个方言点；一类是后元音 ʌ/ɑ/o/ɔ 等，有临湘、岳阳县、平江、安仁、耒阳、常宁、洞口、绥宁、隆回和浏阳等 10 个方言点。开三、四白读的主元音绝大多数方言点与开二相同，不相同的有炎陵、永兴、资兴、隆回和浏阳等 5 个方言点。

（二）梗摄阳声韵的白读与其他韵摄的分合

除临湘、平江以外，其余方言点梗摄阳声韵白读一般与其他韵摄合流，不过，合流的情况又有不同，有的与咸、山摄合流，有的与宕、江摄合流，有的与咸山摄、宕江摄都合流，还有极个别方言点部分字与深、臻、曾摄合流。下面详细介绍。

醴陵、茶陵阳声韵白读与咸、山摄一、二等合流或韵腹、韵尾相同。如醴陵：<u>生</u>梗＝三咸saŋ⁴⁴、青 tsʰiaŋ⁴⁴、<u>倾</u>梗＝关山kʰuaŋ⁴⁴、<u>横</u>梗uaŋ¹³~直；茶陵：<u>生</u>梗＝山山saŋ⁴⁵、<u>镜</u>梗tɕiaŋ³³、<u>横</u>梗uaŋ²¹³~直。炎陵梗摄白读都与咸、山摄合流，如：<u>羹</u>梗＝肝山kan²⁴、清梗轻梗＝谦咸签咸迁山tɕʰiɛn²⁴。华容开二主元音为 ɪ，与咸、山摄开三、四合流；合二主元音为 u，与咸、山摄合一合流。如：<u>争</u>梗＝尖咸煎山tsɿ̃⁴⁵、<u>横</u>梗xun¹²~直—换山xun³³。永兴二等阳声韵白读与咸、山摄一、二等合流，如：<u>冷</u>梗＝懒山læ⁴²、<u>争</u>梗tsæ⁴⁵—餐山tsʰæ⁴⁵、<u>横</u>梗uæ³²⁵~直；开三、四全读阳声韵，没有白读，此时与深摄合流，如：<u>星</u>梗＝心深sen⁴⁵、<u>镜</u>梗＝禁深tɕin¹³~止。

岳阳县、攸县、安仁、耒阳、常宁、隆回、洞口和绥宁等 8 个方言点白读都与宕、江摄合流。请看表 5-21。

表 5-21　　岳阳县等方言点梗摄阳声韵白读与宕、江摄的今读

	岳阳县	攸县	安仁	耒阳	常宁	隆回	洞口	绥宁
争梗	tsʌŋ³³	tsaŋ³⁵	tsõ⁴⁴	tsɔ̃⁴⁵	tsɔ̃⁴⁵	tsoŋ⁴⁴	tsuaŋ⁵³	tsaŋ³³
庄江								
轻梗	cʰiʌŋ³³	tɕʰiaŋ³⁵	tʃʰõ⁴⁴	tʰɔ̃⁴⁵	tʰɔ̃⁴⁵	tʃʰoŋ⁴⁴	tʃʰaŋ⁵³	tʃʰaŋ³³
枪宕			tsʰiõ⁴⁴	tɕʰiɔ̃⁴⁵	tɕʰiɔ̃⁴⁵	tsʰiaŋ⁴⁴	tsʰiaŋ⁵³	tsʰiaŋ³³
横（~直）梗	uʌŋ¹³	uaŋ¹³	ŋ²⁴/õ²⁴	uæ²⁵	uɔ̃²¹	oŋ¹³	uaŋ²⁴	uaŋ⁴⁵
王宕				ɔ̃²⁵	uɔ̃²¹	uaŋ¹³	uaŋ²⁴	

表 5-21 显示，岳阳县、攸县、安仁、耒阳、常宁、洞口和绥宁等方言点梗摄二等与三、四等阳声韵的白读主元音只有一个。隆回梗摄开二、三四

等知章组、见系和合口阳声韵白读的主元音一般为后元音 o，开口帮组、端系主元音为 a。表 5-21 隆回梗摄没有与宕、江摄合流的例字，补充如下：命 mian^{45}、听 xian^{44}_~见_。

浏阳梗摄开二、合口阳声韵白读的主元音一般为后元音 o，与宕、江摄合流；开三、四主元音为前元音 a，与咸、山摄开一、二主元音相同。如：冷_梗_＝朗_宕_lon^{324}、病_梗_ɔ^{h}iã^{21}－办_山_pʰã^{21}、横_梗_on^{45}_~直_，但"影"读 ion^{324}。

资兴梗摄二等阳声韵的白读与宕、江摄合流；三、四等不分文白均与深、臻、曾摄合流。由于咸、山摄文读混入宕、江摄与深、臻、曾摄，因此梗摄白读还与咸、山摄合流。如：生_梗_＝三_咸_＝桑_宕_san^{44}，零_梗_len^{22}－陈_臻_层_曾_tsʰen^{22}，横_梗_uan^{22}_~直_、灵_梗_＝连_山_＝陵_曾_lin^{22}。

临湘、平江梗摄阳声韵白读不与任何其他阳声韵合流，自成一韵。如临湘：争_梗_tsʌn^{33}≠庄_江_tson^{33}、生_梗_sʌn^{33}≠山_山_san^{33}≠松_通_sʏn^{33}_~紧_、横_梗_uʌn^{13}_~直_；平江：争_梗_tsɑn^{44}≠庄_江_tson^{44}、生_梗_sɑn^{44}≠山_山_san^{44}≠松_通_sʏn^{44}_~紧_、横_梗_uɑn^{13}_~直_。

从地理分布来看，湖南赣语梗摄阳声韵白读与其他韵摄的分合不存在明显的地域差异，请参看附录图 28 "梗摄阳声韵的白读与其他韵摄的分合"。

（三）梗摄阳声韵白读的演变

梗摄白读 a 在南方方言中比较普遍，昌厚（李荣）（1996）指出："古梗摄主元音今读[a]，为我国东南部吴、赣、客、粤、湘、闽、徽诸方言区共性之一。"李先生还认为这种主元音读作低元音的现象是保留着较古的读音。他说："从古音（《切韵》系统）演变到现代方言，当中有一个阶段，梗摄白读音的主要元音接近前[a]。"张光宇（1991）也说："梗摄字在南方话普遍具有文白异读。一般来说，白读音的元音较低——二等*ang 或者*aing，三四等*iang 或者三等*iang、四等*iang，……"因此，湖南赣语梗摄阳声韵白读由于主元音 a 舌位较低，加上韵尾的变化，有些方言点便与咸、山摄合流，如醴陵、茶陵、炎陵和永兴等。华容梗摄开二由于主元音前高化为 ɪ，因而与咸、山摄开三、四等合流。

为什么有些方言点梗摄阳声韵的白读与宕、江摄合流？昌厚（李荣）（1996）在谈到梗摄白读音的主要元音接近前[a]时还指出："当时宕摄的主要元音接近后[ɑ]。"我们注意到，湖南赣语梗摄白读与宕、江摄合流的，其音值多为ɑ/o/ɔ/ʌ等，只有少数为 a；白读自成一韵的临湘、平江主元音分别为ʌ和ɑ。由此可以看出，梗摄阳声韵的白读与宕、江摄合流的原因是其主元音向后演变并高化的结果，其演变路线是：a（攸县等）→ɑ（绥宁等）→ʌ（岳阳县）/ɔ（耒阳、常宁）→o（安仁、隆回、浏阳等），这与假摄元音后高化的演变相同。平江、临湘可能由于梗摄阳声韵的白读演变得较慢，未能赶上宕、江摄的演变，因而自成一韵。

二　梗摄入声韵的白读

湖南赣语梗摄入声韵多有白读，且一般与假摄合流，见表 5-22。

表 5-22　　　　　　　　　梗摄入声韵与假摄的今读

	梗摄								假摄	
	白	拆开	客	麦	脊	尺	壁	吃	茶	夜
华容	p^he^{435}	ts^he^{435}	k^he^{435}	me^{435}	$tɕi^{435}$	$ts^hʅ^{435}$	pi^{435}	$tɕ^hi^{435}$	ts^ha^{12}	ia^{33}
岳阳楼	$p^hɛ^{45}$	$ts^hɛ^{45}$	$k^hɛ^{45}$	$mɛ^{45}$	$tɕi^{45}$	$ts^hʅ^{45}$	pi^{45}	$tɕ^hi^{45}$	ts^ha^{13}	ia^{33}
临湘	b^ha^5	dz^ha^5	g^ha^5	ma^5	$tɕia^5$	dz^ha^5	pia^5	dz^hia^5	dz^ha^{13}	ia^{21}
岳阳县	p^ha^3	ts^ha^5	k^ha^5	ma^5	cia^5	ts^ha^5	pia^5	c^hia^5	tsa^{13}	ia^{21}
平江	$p^hɑʔ^4$	$ts^hɑʔ^4$	$xɑʔ^4$	$mɑʔ^4$	$tsiɑʔ^4$	$tʂ^hɑʔ^4$	$piɑʔ^4$	$k^hiɑʔ^4$	$ts^hɑ^{13}$	$iɑ^{22}$
浏阳	p^hua^{42}	ts^hua^{44}	k^hua^{44}	mie^{42}	$tsia^{42}$	$tʂ^hua^{44}$	pia^{44}	k^hia^{44}	ts^hua^{45}	ia^{21}
醴陵	p^ha^{435}	ts^ha^{435}	k^ha^{435}	me^{435}	tsi^{44}	$tʂ^ha^{435}$	pia^{435}	k^hia^{435}	ts^ha^{13}	ia^{22}
攸县	p^ha^{11}	t^ha^{35}	k^ha^{35}	mie^{11}	$tɕie^{35}$	$tɕ^hia^{35}$	pia^{35}	$tɕ^hia^{35}$	t^ha^{13}	ia^{11}
炎陵	p^ha^{33}	ts^ha^{24}	k^ha^{24}	me^{33}	$tɕi^{24}$	$tʂ^ha^{24}$	pia^{24}	$tɕ^hia^{24}$	ts^ha^{213}	ia^{13}
安仁	$p^hɑ^{44}$	$ts^hɑ^{213}$	$k^hɑ^{213}$	me^{213}	tsi^{213}	$tʃ^hɑ^{213}$	$piɑ^{213}$	$tʃ^hɑ^{213}$	$tsɑ^{24}$	$iɑ^{322}$
耒阳	p^ha^{45}	ts^ha^{13}	$k^hɛ^{13}$	me^{45}	$tɕi^{45}$	t^ha^{13}	pia^{13}	t^ha^{13}	ts^ha^{25}	ia^{213}
常宁	p^ha^{21}	ts^ha^{33}	k^ha^{33}	me^{33}	$tɕi^{45}$	t^ha^{33}	pia^{33}	t^ha^{33}	ts^ha^{21}	ia^{24}
隆回	$p^hɑ^{45}$	$ts^hɑ^{44}$	$k^hɑ^{44}$	$mɑ^{45}$	$tsiɑ^{44}$	$tʃ^hɑ^{44}$	$piɑ^{44}$	$tʃ^hɑ^{44}$	$ts^hɑ^{13}$	$iɑ^{45}$
洞口	p^ha^{45}	ts^ha^{53}	k^ha^{53}	ma^{45}	$tsia^{53}$	$tʃ^ha^{53}$	pia^{53}	$tʃ^ha^{53}$	ts^ha^{24}	ia^{53}
绥宁	$p^hʌ^{42}$	$ts^hʌ^{33}$	$k^hʌ^{33}$	me^{42}	$tsiʌ^{33}$	$tʃ^hʌ^{33}$	$piʌ^{33}$	$tʃ^hʌ^{33}$	$ts^hʌ^{45}$	$iʌ^{44}$
茶陵	$p^hɔ^{33}$	$ts^hɔ^{33}$	$k^hɔ^{33}$	me^{33}	$tɕi^{33}$	ts^ha^{33}	pia^{33}	$tɕ^hia^{33}$	ts^ha^{213}	ia^{325}
永兴	pe^{45}	$ts^hɛ^{22}$	$k^hɛ^{22}$	me^{45}	$tɕʅ^{22}$	$ts^hɔ^{22}$	pia^{22}	$tɕ^hiɔ^{22}$	$ts^hɔ^{325}$	$iɔ^{13}$
资兴	$piæ^{44}$	$tɕ^hiæ^{13}$	$k^hæ^{13}$	$miæ^{13}$	$tɕiɯ^{13}$	ts^ho^{13}	$piæ^{13}$	$tɕ^hio^{13}$	ts^ho^{22}	io^{35}

从表 5-22 可知，湖南赣语梗摄入声韵不存在白读的暂时只发现有华容和岳阳楼 2 个方言点。此外，梗摄入声韵的白读与假摄合流的具体情况又有不同。具体来说，临湘等 12 个方言点二、三、四等入声韵的白读都与假摄合流，其中，平江由于带有喉塞尾而与假摄的主元音相同。茶陵、永兴和资兴 3 个方言点梗摄入声韵的白读则只有部分字与假摄合流。其中，茶陵二等白读 ɔ 与效摄合流，如：客_梗＝靠_效$k^hɔ^{33}$、白_梗＝泡_效$p^hɔ^{33}$；三、四等与假摄合流为 a/ia（例字见表 5-22）。永兴二等读 ɛ，没有白读；三、四等有两个白读，帮组与端系读 ia，知、章组与见系读 ɔ/iɔ。读 ia 时自成一韵，但与蟹摄开一、二主元音相同，如：壁_梗pia^{22}－牌_蟹pa^{325}；读 ɔ/iɔ 时与假摄合流（例

字见表 5-22）。资兴二等读 æ/iæ；三、四等部分读 o/io，部分读 ei，个别读 iæ。读 æ/iæ 时，与蟹、止摄极少数字如"矮耳"合流；读 o/io 时，与假摄合流（例字见表 5-22）；读 ei 时，与深、臻、曾摄合流，如：踢梗 tʰei¹³、锡梗 sei¹³一力曾 lei⁴⁴。湖南赣语梗摄入声韵的白读与假摄分合的地理分布请参看附录图 29"梗摄入戸韵的白读与假摄的分合"。

对照梗摄阳声韵的白读与其他韵摄的分合，发现，除了资兴梗摄入声韵的白读与假摄合流的同时还与宕、江摄文读合流（宕、江摄白读 ɯ）以外，其余方言点并未像阳声韵那样与宕、江摄合流，其主元音的舌位都低于宕、江摄入声韵。看来，韵尾不同，主元音演变的速度也可能不同。此外，有意思的是，永兴阳声韵二等有白读，三、四等没有白读；而入声韵则相反，二等没有白读，三、四等有白读。

前文指出，湖南赣语梗摄没有白读的只有岳阳楼以及华容的入声韵。与这两个方言点相邻的常德官话梗摄也没有文白异读。如：生 sən⁵⁵、领 lin²¹、星 ɕin⁵⁵、白 pe¹³、尺 tsʰʅ³⁵。对照常德官话的读音，可以看出，岳阳楼、华容梗摄白读的消失明昰来自它的影响。李冬香（2005a）考察了《报告》（杨时逢 1974）中湖南赣吾梗摄白读的情况，指出："《报告》由于调查的字数只有'大约七百多字'，调查对象'大半都是从长沙师范的学生当中找来的'等原因，因此，它所豆映的材料有不准确之处。如据时贤研究，平江、浏阳、耒阳、安仁、常宁等梗摄字有比较整齐的文白异读现象，而《报告》只在个别方言点有所反映。"

第七节　其他

一　四等齐韵读洪音

湖南赣语部分方言点存在四等韵读洪音的现象，不过集中于齐韵，下面把调查到的字全部罗列出来。如平江：鸡 ke⁴⁴、系 ke⁴⁵动词；攸县：泥 lɛi¹³；安仁：泥 lɛ²⁴；耒阳　泥犁 lɛ²⁵、细 se²¹³；永兴：弟 tɛ⁴⁵、泥犁 lɛ³²⁵、洗 sɛ⁴²、细 sɛ¹³；资兴：低 tai⁴⁴、底抵 tai³¹、梯弟 tʰai⁴⁴、替剃 tʰai³⁵、泥犁 lai²²、洗 sai³¹、细 sai³⁵；隆回：泥 le¹³、细 se⁴⁵；洞口：底 tai²¹³内~、梯 xɛa²¹³、剃 xɛa⁵³、泥犁 lai²⁴、弟 xɤ²¹³、洗 sai²¹³、细 sai⁴⁵；绥宁：底 te¹³、梯 tʰœu¹³、剃 tʰe⁴²、弟 tʰe²²、犁 lai⁴⁵、涽 sai¹³、细 se⁴²。

从上可知，虽然上述方言点都存在齐韵今读洪音的现象，但字数有多有少。其中，平江、攸县、安仁、耒阳和隆回字数很少，只有两三个甚至一个字；永兴、资兴、洞口和绥宁字数较多。另外，湘西南洞口、绥宁两个方言点齐韵有三个读音。其中，洞口的 ɤ 与流摄开一合流，因此"弟"与"豆"

同音；ɛa 与曾摄、梗摄入声韵合流，如：梯_蟹xɛa²¹³、克_曾kʰɛa⁵³、格_梗kɛa⁵³；ai 与蟹摄开一合流，因此"细"与"赛"同音。绥宁 e、ai 分别与蟹摄开一的白读与文读合流，如：剃_{开四}tʰe⁴²—来_{开一}le⁴⁵，洗_{开四}sai¹³—戴_{开四}tai⁴²；œu 则与流摄开一合流，因此，"梯"与"敁"同音。这两个方言点中的三个读音是如何形成的，目前还不清楚。

华容、浏阳和醴陵三个方言点齐韵帮组也有极少数字读洪音，如华容：闭 pei⁴⁵、箅 pei²¹³、批 pʰei⁴⁵、谜 mei³³；浏阳：闭 pei⁴²；醴陵：闭 pei²²。不过，这些读音与上述方言点保留中古读音的性质不同，它们或者是后起的，或者另有来源。

从地理分布来看，湖南赣语齐韵今读洪音的现象集中在湘南和湘西南，湘北和湘中分别只见于平江和攸县，请参看附录图 30 "齐韵的今读"。

二　遇合一、合三庄组的今读

遇合一、合三庄组的今读见表 5-23。

表 5-23　　　　　　　　　遇合一、合三庄组的今读

	合一端组				合一精组		合一帮组		合一见系		合三庄组	
	堵	土	图	路	粗	苏	补	蒲	古	胡	初	梳~头
华容	təu²¹	tʰiu²¹	həu¹²	liu³³	tsʰəu⁴⁵	səu⁴⁵	pu²¹	pʰu¹²	ku²¹	xu¹²	tsʰəu⁴⁵	səu⁴⁵
岳阳楼	təu³¹	tʰəu³¹	tʰəu¹³	ləu²²	tsʰəu³⁴	səu³⁴	pu³¹	pʰu¹³	ku³¹	fu¹³	tsʰəu³⁴	səu³⁴
临湘	təu⁴²	dʰəu⁴²	dʰəu¹³	ləu³³	dzʰəu³³	səu³³	pu⁴²	bʰu¹³	ku⁴²	fu¹³	dzʰəu³³	səu³³
岳阳县	təu⁴²	tʰəu⁴²	təu¹³	ləu²¹	tsʰəu³³	səu³³	pu⁴²	pu¹³	ku⁴²	fu¹³	tsʰəu³³	səu³³
浏阳	təu³²⁴	tʰəu³²⁴	tʰəu⁴⁵	ləu³²⁴	tsʰəu⁴⁴	səu⁴⁴	pu²⁴	pʰu⁴⁵	ku³²⁴	fu⁴⁵	tsʰəu⁴⁴	səu⁴⁴
醴陵	təu³¹	tʰəu³¹	tʰəu¹³	ləu²²	tsʰəu⁴⁴	səu⁴⁴	pu³¹	pʰu¹³	ku³¹	fu¹³	tsʰəu⁴⁴	səu⁴⁴
安仁	təu⁵³	tʰəu⁵³	təu²⁴	ləu³²²	tsʰəu⁴⁴	səu⁴⁴	pu⁵³	pu²⁴	kəu⁵³	xəu²⁴	tsʰəu⁴⁴	səu⁴⁴
平江	təu³²⁴	tʰəu³²⁴	tʰəu¹³	ləu²²	tsʰ̩⁴⁴	s̩⁴⁴	pu³²⁴	pʰu¹³	ku³²⁴	fu¹³	tsʰ̩⁴⁴	s̩⁴⁴
资兴	tu³¹	tʰu³¹	tu²²	lu³⁵	tɕʰy⁴⁴	ɕy⁴⁴	pu³¹	pu²²	ku³¹	fu²²	tɕʰy⁴⁴	ɕy⁴⁴
洞口	tu²¹³	fu²¹³	fu²⁴	lu³⁵	tʃʰɯ⁵³	ʃɯ⁵³	pu²¹³	fu²⁴	ku²¹³	fu²⁴	tʃʰɯ⁵³	ʃɯ⁵³
攸县	tu⁵³	tʰu⁵³	tʰu¹³	lu¹¹	tʰu³³	su³⁵	pu⁵³	pʰu¹³	ku⁵³	fu¹³	tʰu³⁵	su³⁵
茶陵	tu⁴²	tʰu⁴²	tʰu²¹³	lu³²⁵	tsʰu⁴⁵	su⁴⁵	pu⁴²	pʰu²¹³	ku⁴²	xu²¹³	tsʰu⁴⁵	su⁴⁵
炎陵	tu⁵³	tʰu⁵³	tʰu²¹³	lu¹³	tsʰu²⁴	su²⁴	pu⁵³	pʰu²¹³	ku⁵³	xu²¹³	/	su²⁴
耒阳	tu⁵³	tʰu⁵³	tʰu²⁵	lu²¹³	tsʰu⁴⁵	su⁴⁵	pu⁵³	pʰu²⁵	ku⁵³	xu²⁵	tsʰu⁴⁵	œu⁴⁵
常宁	tu⁴⁴	tʰu⁴⁴	tʰu²¹	lu²⁴	tsʰu⁴⁵	su⁴⁵	pu⁴⁴	pʰu⁴⁵	ku⁴⁴	fu²¹	tsʰu⁴⁵	su⁴⁵
永兴	tu⁴²	tʰu⁴²	tu³²⁵	lu¹³	tsʰu⁴⁵	su⁴⁵	pu⁴²	pu³²⁵	ku⁴²	fu³²⁵	tsʰu⁴⁵	su⁴⁵
隆回	tu²¹²	hu²¹²	hu¹³	lu³²⁵	tsʰu⁴⁴	su⁴⁴	pu²¹²	hu¹³	ku²¹²	xu¹³	tsʰu⁴⁴	su⁴⁴
绥宁	tu¹³	tʰu¹³	tʰu⁴⁵	lu⁴⁴	tsʰu³³	su³³	pu¹³	pʰu⁴⁵	ku¹³	fu⁴⁵	tsʰu³³	su³³

从表 5-23 可知，湖南赣语部分方言点遇合一、合三庄组存在读复合元音的现象，但内部情况略有差别。其中，华容、岳阳楼、临湘、岳阳县、浏阳和醴陵等 6 个方言点是遇合一端组、精组、合三庄组读əu；安仁除合一帮组外，其余声组都读əu；平江则只有合一端组读əu。《报告》（杨时逢 1974）反映了湖南赣语这一特点。遇合一、合三庄组不读复合元音的方言点中，资兴和洞口 2 个方言点合一精组和合三庄组读撮口呼 y/ʉ,其他方言点遇合一、合三庄组都读 u。

从遇合一、合三主组读音的地域差异可知，遇合一、合三庄组的əu 是由 u 裂化而形成的。其裂化的次序先是端系，如华容等；然后是见系，如安仁；最后才是帮组。不过，湘南周边客家话桂东遇合一只有见系读单元音，其余都读复合元音。如：补 pɯ²¹、路 lɯ⁵³、粗初 tsʰəɯ³³、裤 kʰu⁵³。看来，不同的方言，裂化的次序可能不同。

从表 5-23 还可知，平江遇合一精组、合三庄组韵母读ɿ。此外，湘西南隆回、洞口"做"白读都为 tsɿ⁴⁵，其他端系字韵母一般为 u。由此我们推测，这三个方言点遇合一精组、合三庄组的韵母ɿ应该是舌尖声母引起韵母 u 擦化的结果。上述现象也表明，平江遇合一端组的裂化应该晚于精组的擦化。因为如果合一端组的裂化在前的话，那么，精组也会与端组一样裂化为əu。临湘"卒"的文白异读 tsɿ⁵/tsəu⁵ 也说明擦化在前、裂化在后。

资兴、洞口两个方言点遇合一精组、合三庄组由于读撮口呼而与遇合三、止合三合流。如资兴：租＝朱 tɕy⁴⁴、苏梳＝书ɕy⁴⁴；洞口：祖＝煮 tʃʉ²¹³、苏梳＝书 ʃʉ⁵³。

从地理分布来看，湖南赣语遇合一、合三庄组读复合元音的现象主要出现在湘北和湘中，湘南只见于个别方言点，湘西南则暂时未发现。请参看附录图 31 "遇合一、合三庄组的今读"。

三 "班搬"两字是否同音

《地图集》（1987）B11 和新编《地图集》（2012，第 2 版）B1-20 都指出：赣语耒资片的特点是"班搬"两字同音（赣语其他地方几乎全都不同音）。事实是否如此？下面全面考察湖南赣语山开二与山合一帮组字的今读。请看表 5-24。

表 5-24　　　　　　　　　　山开二与山合一帮组的今读

	班山开二—搬山合一	攀山开二—潘山合一	蛮山开二—瞒山合一
华容	pan⁴⁵-pun⁴⁵	pʰan⁴⁵-pʰun⁴⁵	man¹²-mun¹²
临湘	pan³³-pøn³³	bʰan³³-bʰøn³³	man¹³-møn¹³
岳阳县	pan³³-pøn³³	pʰan³³-pʰøn³³	man¹³-møn¹³
平江	pan⁴⁴-pøn⁴⁴	pʰan⁴⁴-pʰøn⁴⁴	man¹³-møn¹³

续表

	班_{山开二}—搬_{山合一}	攀_{山开二}—潘_{山合一}	蛮_{山开二}—瞒_{山合一}
浏阳	pã⁴⁴-pĩ⁴⁴	pʰã⁴⁴-pʰĩ⁴⁴	mã⁴⁵-mĩ⁴⁵
醴陵	paŋ⁴⁴-poŋ⁴⁴	pʰaŋ⁴⁴-pʰoŋ⁴⁴	maŋ¹³-moŋ¹³
攸县	pãĩ³⁵-poŋ³⁵	pʰãĩ³⁵	mãĩ¹³-moŋ¹³
茶陵	paŋ⁴⁵-poŋ⁴⁵	pʰaŋ⁴⁵	maŋ²¹³-moŋ²¹³
隆回	paŋ⁴⁴-poŋ⁴⁴	pʰaŋ⁴⁴-pʰoŋ⁴⁴	maŋ¹³-moŋ¹³
洞口	pã⁵³-paŋ⁵³	pʰã⁵³-xaŋ⁵³	mã²⁴-maŋ²⁴
绥宁	pa³³-pø̲³̲³̲	pʰa³³	ma⁴⁵-mø⁴⁵
岳阳楼	pan³⁴	pʰan³⁴	man¹³
炎陵	pan²⁴	pʰan²⁴	man²⁴
安仁	paŋ⁴⁴	pʰaŋ⁴⁴	maŋ²⁴
耒阳	pã⁴⁵	pʰã⁴⁵	mã²⁵
常宁	pã⁴⁵	pʰã⁴⁵	mã²¹
永兴	pæ⁴⁵	pʰæ⁴⁵	mæ³²⁵
资兴	paŋ⁴⁴	pʰaŋ⁴⁴	maŋ²²

从表 5-24 可知，山开二与山合一帮组合流的有岳阳楼、炎陵、安仁、耒阳、常宁、永兴和资兴 7 个方言点，其余方言点不合流。由于山开二与山合一帮组合流，因此"班搬"两字同音。周边方言"班搬"两字是否同音呢？请看表 5-25。

表 5-25　　　　　　　周边方言"班搬（般）"两字的今读

	湘语				湘南土话		客家话		西南官话	
	祁阳	衡阳	益阳	长沙	宜章	桂阳敖泉	桂东	汝城	常德	郴州
班	pan⁴⁵	pan⁴⁵	pã³³	pan³³	pan¹³	paŋ³³	pã³³	pa³³	pan⁵⁵	paŋ⁴⁴
搬（般）	pan⁴⁵	puen⁴⁵	pɔ̃³³	põ³³	poŋ¹³	paŋ³³	puẽ³³	pua³³	pan⁵⁵	paŋ⁴⁴

表 5-25 显示，周边方言"班搬"两字同音现象只见于湘语祁阳、湘南土话桂阳敖泉以及西南官话，其他方言暂时未见。江西赣语、赣南本地话"班搬"两字一般也不同音（刘纶鑫 1999:164-172）。从周边方言"班搬"两字的今读以及语言生活来看，我们认为，岳阳楼"班搬"两字同音应该是周边西南官话影响的结果，炎陵、安仁、耒阳、常宁、永兴和资兴五个方言点"班搬"两字同音是官话影响还是自身演变，暂时只能存疑。

从地理分布来看，湖南赣语"班搬"两字同音的主要见于湘南和湘北的岳阳楼，湘西南暂时未见。请参看附录图 32 "'班搬'两字是否同音"。

四　"浅贱鲜新~癣"等字的今读

"浅贱鲜新~癣"等是山开三精组字，湖南赣语部分方言点这几个字的今读与山开三其他精组字有别。请看表5-26。

表5-26　　　　　　　　　　"浅贱鲜新~癣"等字的今读

	山开三							山合三		
	浅	贱	鲜新~	癣	煎	线	钱	全	选	旋头上的旋
华容	tɕʰĩ²¹	tɕʰĩ³³	ɕĩ⁴⁵	tɕʰĩ²¹	tɕĩ⁴⁵	ɕĩ²¹³	tɕʰĩ¹²	tsʰun¹²	sun²¹	sun³³
岳阳楼	tɕhian³¹	tɕhian²²	ɕian³⁴	ɕian³¹	tɕian³⁴	ɕian³²⁴	tɕhian¹³	tɕhian¹³	ɕian³¹	tɕhian²²
临湘	dzʰien⁴²	dzʰien²¹	ɕien³³	ɕien⁴²	tɕien³³	ɕien³²⁵	dzʰien¹³	dzʰien¹³	ɕien⁴²	dzʰien²¹
岳阳县	cʰien⁴²	cien²¹	ɕien³³	ɕien⁴²	cien³³	ɕien⁴⁵	cien¹³	cien¹³	ɕien⁴²	cien²¹
平江	tsʰien³²⁴	tsʰien²²	sien⁴⁴	sien³²⁴	tsien⁴⁵	sien⁴⁵	tsʰien¹³	tsʰien¹³	sien³²⁴	tsʰien²²
浏阳	tsʰĩ³²⁴	tsʰĩ²¹	sĩ⁴⁴	sĩ³²⁴	tsĩ⁴⁴	sĩ⁴²	tsʰĩ⁴⁵	tsʰĩ⁴⁵	sĩ³²⁴	tsʰĩ²¹
醴陵	tsʰiẽ³¹	tsʰiẽ²²	siẽ⁴⁴	siẽ³¹	tsiẽ⁴⁴	siẽ²²	tsʰiẽ¹³	tsʰiẽ¹³	siẽ³¹	tsʰiẽ²²
攸县	tɕʰiẽɪ⁵³	tɕʰiẽɪ¹¹	ɕiẽɪ³⁵	ɕiẽɪ⁵³	tɕiẽɪ³⁵	ɕiẽɪ¹¹	tɕʰiẽɪ¹³	tɕʰiẽɪ¹³	ɕiẽɪ⁵³	tɕʰiẽɪ¹¹
茶陵	tɕʰiẽ⁴²	tɕʰiẽ³²⁵	ɕiẽ⁴⁵	ɕiẽ⁴²	tɕiẽ⁴⁵	ɕiẽ³³	tɕʰiẽ²¹³	tɕʰiẽ²¹³	ɕiẽ⁴²	tsʰiẽ³²⁵
资兴	tɕʰi³¹	tɕʰi³⁵	ɕi⁴⁴	ɕiŋ³¹	tɕi⁴⁴	ɕi¹³	tɕʰi²²	tɕʰiŋ²²	ɕiɯ³¹	tɕʰiɯ³⁵
炎陵	tɕʰyen⁵³	tɕʰyen³³	ɕyen²⁴	ɕyen⁵³	tɕien²⁴	/	tɕʰien²¹³	tɕʰyen²¹³	ɕyen⁵³	/
安仁	tsʰuĩ⁵³	tsʰuĩ³²²	suĩ⁴⁴	suĩ⁵³	tsĩ⁴⁴	sĩ³²²	tsĩ²⁴	tsuĩ²⁴	suĩ⁵³	tsʰuĩ³²²
耒阳	tsʰuẽ⁵³	tsʰuẽ²¹³	suẽ⁴⁵	suẽ⁵³	tsẽ⁴⁵	sẽ²¹³	tsʰẽ²⁵	tsʰuẽ²⁵	suẽ⁵³	tsʰuẽ²¹³
常宁	tɕʰyã⁴⁴	tɕʰyã²²	ɕyã⁴⁵	ɕyã⁴⁴	tɕiã⁴⁵	ɕiã²⁴	tɕʰiã²¹	tɕʰyã²¹	ɕyã⁴⁴	tɕʰyã²⁴
永兴	tɕʰi⁴²	tɕʰi¹³	ɕyi⁴⁵	ɕyi⁴²	tɕi⁴⁵	ɕi¹³	tɕʰi³²⁵	tɕʰyi³²⁵	ɕyi⁴²	tɕʰyi¹³
隆回	tsʰuĩ²¹²	tsʰuĩ⁴⁵	suĩ⁴⁴	suĩ²¹²	tsĩ⁴⁴	sĩ⁴⁵	tsʰĩ¹³	tsʰuĩ¹³	suĩ²¹²	tsʰuĩ⁴⁵
洞口	tʃʰyẽ²¹³	tʃʰyẽ⁵³	ʃyẽ²¹³	ʃyẽ²¹³	tsiẽ⁴⁵	siẽ²⁴	tsʰiẽ²⁴	tʃʰyẽ²⁴	ʃyẽ²¹³	ʃyẽ⁵³
绥宁	tsʰɥe¹³	tsʰiẽ⁴⁴	siẽ³³	sɥe¹³	tsiẽ³³	sie⁴²	tsʰiẽ⁴⁵	tsʰiẽ⁴⁵	siẽ¹³	tsʰɥe⁴⁴

由表5-26可知，炎陵、安仁、耒阳、常宁、永兴、隆回、洞口和绥宁等方言点"浅贱鲜新~癣"与山合三如"全选"等合流，而与山开三精组其他字如"煎线钱"等有别，其他方言点没有类似的表现。为什么这几个字读音与其他精组字不同？原因目前还不清楚。从地理分布来看，湖南赣语这个现象主要见于湘南和湘西南，其他片只有与湘南片相接的炎陵有此表现，请参看附录图33 "'浅贱鲜新~癣'等字的今读"。

五　非阳声韵读如阳声韵

湖南赣语部分方言点明、泥、日、疑母非阳声韵常用字读如阳声韵，下面分别说明。

（一）明母非阳声韵读如阳声韵

明母非阳声韵读如阳声韵的情况见表 5-27。

表 5-27-1　　　　明母非阳声韵读如阳声韵的情况（一）

	迷	米	谜	弥	秘	眉	篾竹~	密	蜜
华容	mi^{12}	mi^{21}	mei^{33}	mi^{12}	pei^{213}	mi^{12}	mie^{435}	mi^{435}	mi^{435}
岳阳楼	mi^{13}	mi^{31}	mi^{22}	mi^{13}	mi^{45}	mi^{13}	mie^{45}	mi^{45}	mi^{45}
临湘	mi^{13}	mi^{42}	mi^{21}	mi^{13}	mi^{5}	mi^{13}	me^{5}	mi^{5}	mi^{5}
岳阳县	mi^{13}	mi^{21}	mi^{21}	mi^{13}	pi^{45}	mi^{13}	mø^{3}	mi^{3}	mi^{3}
平江	mi^{13}	mi^{21}	mi^{21}	mi^{13}	pi^{45}	mi^{13}	mieʔ^{4}	miʔ^{4}	miʔ^{4}
醴陵	mi^{13}	mi^{31}	mi^{21}	mi^{13}	pi^{22}	mi^{13}	mie^{435}	mi^{435}	mi^{435}
攸县	mi^{13}	mi^{53}	mi^{11}	mi^{13}	pi^{11}	mi^{13}	mie^{11}	mie^{11}	mie^{35}
资兴	mi^{22}	mi^{31}	mi^{22}	mi^{22}	/	mi^{22}	mi^{44}	mei^{44}	mei^{44}
炎陵	mi^{213}	mi^{53}	mi^{213}	/	mi^{33}	mei^{213}	mie^{33}	mi^{33}	mi^{33}
浏阳	mi^{45}	mi^{324}	mi^{21}	mi^{45}	pei^{42}	mĩ^{45}	mie^{42}	mi^{42}	mi^{44}
茶陵	mi^{213}	mi^{42}	mi^{33}	mi^{213}	pi^{33}	mĩ^{213}	mie^{33}	mi^{33}	mi^{33}
安仁	min^{213}	min^{53}	mən^{32}	mi^{24}	/	min^{24}	me^{44}	min^{44}	mi^{213}
耒阳	mi^{25}	miæ^{53}	mi^{25}	mɛ^{25}	pi^{213}	mi^{25}	mẽ^{45}	miæ^{45}	mi^{13}
常宁	mi^{21}	mi^{44}	mi^{24}	mi^{21}	pi^{24}	mi^{21}	me^{33}	mi^{33}	mi^{33}
永兴	mŋ^{22}	men^{42}	mŋ^{22}	mŋ^{22}	mŋ^{13}	men^{325}	mie^{45}	men^{45}	mŋ^{22}
隆回	mɛ̃^{325}	mɛ̃^{212}	mɛ̃^{325}	mɛ̃^{13}	mɛ̃^{325}	mɛ̃^{13}	mĩ^{45}	mɛ̃^{45}	mɛ̃^{45}
洞口	mẽ^{213}	mẽ^{213}	mẽ^{213}	mẽ^{213}	pi^{45}	mẽ^{24}	mie^{45}	mẽ^{45}	mẽ^{45}
绥宁	mĩ^{324}	mĩ^{13}	mĩ^{324}	mĩ^{324}	mĩ^{324}	mĩ^{45}	mie^{42}	mĩ^{42}	mĩ^{42}

表 5-27-2　　　　明母非阳声韵读如阳声韵的情况（二）

	墓	募	母	拇	幕	木	目	穆	牧	帽
华容	mo^{33}	mo^{33}	mo^{21}	mo^{21}	mo^{33}	mo^{435}	mo^{435}	mo^{435}	mo^{435}	mʌu^{33}
岳阳楼	mo^{22}	mo^{22}	mo^{31}	mo^{31}	mo^{22}	mo^{45}	mo^{45}	mo^{45}	mo^{45}	mau^{22}
临湘	mo^{21}	mo^{21}	mo^{42}	mo^{42}	mo^{21}	mu^{5}	mu^{5}	mu^{5}	mu^{5}	mɔu^{21}
岳阳县	mo^{21}	mo^{21}	mo^{42}	mo^{42}	mo^{21}	mo^{3}	mo^{3}	mo^{3}	mo^{3}	mɔu^{21}
醴陵	mu^{22}	mu^{22}	mu^{31}	mu^{31}	mu^{22}	mu^{435}	mu^{435}	mu^{435}	mu^{435}	mau^{22}
攸县	mu^{11}	mu^{11}	mu^{53}	mu^{53}	mu^{11}	mo^{35}	mo^{35}	mo^{35}	mo^{35}	mau^{11}
茶陵	mu^{325}	mu^{325}	mu^{42}	mu^{42}	mu^{325}	mu^{33}	mu^{33}	mu^{33}	mu^{325}	mɔ^{325}
炎陵	mu^{33}	mu^{33}	mu^{53}	mu^{53}	mu^{33}	mu^{24}	mu^{33}	mu^{33}	mu^{33}	mɑo^{33}

续表

	墓	募	母	拇	幕	木	目	穆	牧	帽
资兴	mu^{35}	mu^{35}	$\underline{m\mathrm{ɯ}^{44}}$	/	mu^{35}	$m\mathrm{ɛu}^{13}$	$m\mathrm{ɯ}^{13}$	mo^{13}	$m\mathrm{ɯ}^{13}$	mau^{35}
平江	mo^{22}	mo^{22}	mo^{21}	mo^{21}	mo^{22}	$mo\mathrm{ʔ}^{4}$	$mo\mathrm{ʔ}^{4}$	$mo\mathrm{ʔ}^{4}$	$mo\mathrm{ʔ}^{4}$	$mo\mathrm{ŋ}^{22}$
浏阳	mo^{21}	mo^{21}	mo^{324}	mo^{324}	mo^{21}	mo^{44}	mo^{44}	mo^{44}	mo^{44}	$\underline{mo\mathrm{ŋ}^{21}}$
安仁	$m\mathrm{ə}n^{322}$	$m\mathrm{ə}n^{322}$	mu^{53}	mu^{53}	$m\mathrm{ə}n^{322}$	mu^{213}	mu^{213}	mu^{213}	mu^{213}	$m\mathrm{ɔ}^{322}$
耒阳	$m\mathrm{ɤŋ}^{213}$	$m\mathrm{ɤŋ}^{213}$	mu^{53}	mu^{53}	$m\mathrm{ɤŋ}^{213}$	$\mathrm{ŋ̍}^{45}$	$\mathrm{ŋ̍}^{13}$	mo^{13}	mo^{13}	$m\mathrm{ɔ}^{213}$
常宁	$m\mathrm{õ}^{24}$	$m\mathrm{õ}^{24}$	$m\mathrm{õ}^{44}$	$m\mathrm{õ}^{44}$	$m\mathrm{õ}^{24}$	$m\mathrm{õ}^{33}$	$m\mathrm{õ}^{33}$	$m\mathrm{õ}^{33}$	$m\mathrm{õ}^{24}$	mo^{24}
永兴	mo^{13}	mo^{13}	mo^{42}	mo^{42}	mo^{13}	$mo\mathrm{ŋ}^{45}$	mo^{22}	$m\mathrm{ɔ}^{22}$	mo^{13}	$m\mathrm{ə}^{13}$
隆回	mo^{45}	mo^{45}	$m\mathrm{ɤŋ}^{212}$	$m\mathrm{ɤŋ}^{212}$	mo^{325}	$\underline{m\mathrm{ɤŋ}^{44}}$	$m\mathrm{ɤŋ}^{325}$	$m\mathrm{ɤŋ}^{325}$	mo^{325}	$m\mathrm{ɑu}^{45}$
洞口	mo^{45}	mo^{45}	$mu\mathrm{ŋ}^{213}$	$mu\mathrm{ŋ}^{213}$	mo^{24}	$mu\mathrm{ŋ}^{53}$	$mu\mathrm{ŋ}^{45}$	$mu\mathrm{ŋ}^{45}$	$mu\mathrm{ŋ}^{45}$	$m\mathrm{ɑu}^{53}$
绥宁	mo^{324}	mo^{324}	$m\mathrm{ɤŋ}^{13}$	$m\mathrm{ɤŋ}^{13}$	mo^{324}	$\underline{m\mathrm{ɤŋ}^{33}}$	mo^{324}	mo^{42}	mo^{324}	mau^{44}

　　从表 5-27 可以看出，除资兴外，湘南和湘西南方言点普遍存在明母非阳声韵读如阳声韵的现象；湘北和湘中只有平江、浏阳和茶陵有此表现。另外，明母非阳声韵读如阳声韵的字数各方言点不一。湘北和湘中方言点字数较少，只有个别字如"眉帽"等；湘南和湘西南方言点字数较多，有"迷米谜密蜜秘眉弥篾竹~"和"墓募幕母拇木目穆牧"等。非阳声韵读如阳声韵后，湘南和湘西南的方言点与其他阳声韵合流的规律非常一致，其中，"迷米谜蜜密眉"等字与深、臻、曾、梗文摄开三合流，"墓募母拇木目穆牧"等字与通摄合流。湘中浏阳的"眉"与咸、山摄开三合流；茶陵的"眉"与深、臻、曾、梗文摄开三合流，与湘南和湘西南方言点的表现相同。平江、浏阳的"帽"与宕、江摄合流。此外，微母也有个别字如"尾"读阳声韵，如安仁：尾 $\underline{min}^{53}$；耒阳：尾$\mathrm{ŋ̍}^{53}$。这两个方言点"尾"读阳声韵是由于保留重唇音 m 而与明母合流的结果。

　　湖南赣语明母非阳声韵读如阳声韵现象的地理分布见附录图 34 "明母非阳声韵是否读如阳声韵"。

　　（二）泥、日、疑母非阳声韵读如阳声韵

　　湖南赣语泥、日、疑母非阳声韵读如阳声韵的字数较少，且只见于部分方言点，下面把调查到的字全部罗列出来。如临湘：毅$\mathrm{ȵin}^{21}$；岳阳县：毅$\mathrm{ȵin}^{21}$；茶陵：日$\underline{n\mathrm{ĩ}^{33}}$~㳩/$\underline{n\mathrm{i}^{33}}$、安仁：蚁 $\underline{min}^{53}$、腻 $\underline{l\mathrm{ĩ}^{322}}$；耒阳：蚁 $i\mathrm{ɛ}^{213}$、腻 $l\mathrm{ɛ}^{213}$；永兴：尼 $\underline{len}^{325}$/$\mathrm{ȵ}^{325}$；隆回：女 $\mathrm{ŭĩ}^{212}$、牛 $i\mathrm{ɤŋ}^{13}$、热$\mathrm{ĩ}^{44}$/$i\mathrm{e}^{325}$、孽$\mathrm{ĩ}^{44}$、业 捏$\mathrm{ĩ}^{325}$、月 $m\mathrm{ĩ}^{45}$/me^{325}、额 $a\mathrm{ŋ}^{44}$、肉 $i\mathrm{ɤŋ}^{44}$/su^{325}；洞口：热 $i\mathrm{ɛ̃}^{45}$/$i\mathrm{e}^{45}$、孽 $i\mathrm{ɛ̃}^{53}$、捏 业 $i\mathrm{ɛ̃}^{53}$、额 $\mathrm{ã}^{53}$/$\mathrm{ɛa}^{45}$。此外，资兴"奶"读 $la\mathrm{ŋ}^{31}$，但这个阳声韵的读音是训读音，与其他方言点非阳声韵读如阳声韵的性质不同。

　　与明母相比，泥、日、疑母非阳声韵读如阳声韵的现象分布并不是很有规律，如湘西南隆回和洞口字数较多，但绥宁暂时未发现；湘北、湘中和湘南都只有少数方言点存在，且字数较少。湖南赣语泥、日、疑母非阳声韵读如阳声韵的地理分布见附录图35"泥、日、疑母非阳声韵是否读如阳声韵"。

　　综上可知，湖南赣语非阳声韵读如阳声韵的现象只见于鼻音声母，即明母、泥母、日母、疑母以及微母白读，因此，其阳声韵读音明显是受声母的感染而形成的。在转化为阳声韵时，韵腹保持不变，没有例外。[1]另外，值得注意的是，上述非阳声韵读如阳声韵的，明母只见于细音和洪音合口呼前，泥、日、疑母也多见于细音前，见于洪音前的暂时只发现永兴的"尼"、隆回的"额"两个字。这说明，细音更容易受声母的影响而使韵母鼻音化。

五　永兴 i 的擦化

　　永兴存在元音摩擦化现象，即来自阴声韵、入声韵的 i 擦化为 ɿ。如：鸡机 tɕɿ⁴⁵、低 tɿ⁴⁵、迷 mɿ²²、衣医 ɿ⁴⁵、皮 pɿ³²⁵、李 lɿ⁴²、棋骑 tɕʰɿ³²⁵、蚁 ɿ²²、戏 ɕɿ¹³、地 tɿ¹³、笠 lɿ²²、漆 tɕʰɿ²²，但，你 li⁴⁵。今读 i 韵一般来自咸、山摄开三、四的阳声韵。如：边 tɕi⁴⁵、煎 tɕi⁴⁵、面 mi¹³ ₍脸₎、甜 ti³²⁵、染 i⁴²、钳 tɕʰi³²⁵、烟 i⁴⁵、盐 i³²⁵。由此我们推测，永兴阴声韵、入声韵 i 的擦化可能是由于咸、山摄开三、四阳声韵韵尾脱落后占据了 i 的位置，从而引起原有的元音 i 擦化。"你"可能是因为常用而未擦化。

---

[1] 隆回流开三与通合三入声韵合流，因此，"牛"便读如通摄阳声韵的 iɤŋ，与"肉"相同。

第六章　湖南赣语的声调

第一节　平声和去声的演变

一　平声的演变

像大多数方言一样，湖南赣语平声的演变都是平分阴阳，与中古音系一致，但有极少数次浊平声字读阴平。请看表6-1。

表6-1　　　　　　　　　　　　　　平声的今读

	多	开	仓	清	冲	茶	毛	球	蚊	聋
华容	₋to	₋kʰæi	₋tsʰʌ▇	₋tɕʰin	₋tsʰoŋ	₅tsʰa	₅mʌu	₋tɕʰiəu	₅uən	₋loŋ
岳阳楼	₋to	₋kʰai	₋tsʰaɻ	₋tɕʰin	₋tsʰuŋ	₅tsʰa	₅mau	₋tɕʰiəu	₅uən	₋luŋ
临湘	₋to	₅gʰe	₋dzʰɔ̞	₅dzʰʌɻŋ	₅dzʰɤŋ	₅dzʰa	₅mɔu	₅dzʰiei	₅mən	₋lɤŋ
岳阳县	₋to	₋kʰæ	₋tsʰʌɻ	₅tɕʰiʌŋ	₅tsʰɤŋ	₅tsa	₅mɔu	₅ciəu	₅mən	₋lɤŋ
平江	₋to	₋xai	₋tsʰoɻ	₋tsʰiŋ	₅tsʰɤŋ	₅tsʰa	₅mau	₅kʰiəu	₅nən/₅uən	₋lɤŋ
浏阳	₋to	₋kʰai	₋tsʰoɻ	₋tsʰiã	₅tsʰən	₅tsʰua	₅mau	₅kʰiəu	₅mən	₋lən
醴陵	₋to	₋kʰoi	₋tsʰoɻ	₋tsʰiaŋ	₅tsʰən	₅tsʰa	₅mau	₅kʰiəu	₅mən/₅uən	₋lən
攸县	₋to	₋kʰoi	₋tʰaŋ	₋tɕʰiaŋ	₅kʰuən	₅tʰa	₅mau	₅tɕʰy	₅miŋ/₅uĩ	₋lən
茶陵	₋to	₋kʰe	₋tsʰoɻ	₋tɕʰiaŋ	₅tɕʰɤŋ	₅tsʰa	₅mɔ	₅tɕʰiø	₅mẽ/₅uẽ	₋lɤŋ
炎陵	₋tuə	₋kʰai	₅tsʰaɻ	₅tɕʰiɛn	₅ŋiɕ	₅tsʰ	₅mɑu	₅tɕʰiu	mĩ①/₅uẽ	₋lɯŋ
安仁	₋tu	₋kʰɛ	₋tsʰɔ̃	₋tsʰiɔ̃	₅tʃʰən	₅tsa	₅mɔ	₅tʃiu	₅min	₋lən
耒阳	₋to	₋kʰæ	₅tsʰɔ̃	₋tɕʰiɔ̃	₅tʰɤŋ	₅tsʰa	₅mɔ	₅mtʰu	₅miæ̃	₋lɤŋ
常宁	₋to	₋kʰe	₅tsʰɔ̃	₋tɕʰiɔ̃	₅tʰõ	₅tsʰa	₅mɔ	₅tʰu	₅mẽ/₅uẽ	₋lõ
永兴	₋to	₃kʰæ	₅tsʰɔ̃	₋tɕʰin	₅tsʰoŋ	₅tsʰa	₅mɔ	₅tɕʰiu	₅men/₅uen	₋loŋ
资兴	₋tɯ	₋kʰai	₅tsʰaɻ	₋tsʰən	₅tsoŋ	₅tsʰo	₅mau	₅tɕʰiei	₅moŋ	₋loŋ
隆回	₋to	₋kʰe	₋tsʰoɻ	₋tsʰiaŋ	₅tʰʌŋ	₅tsʰa	₅mau	₅tʃʰiu	₅mẽ	₋lɤŋ
洞口	₋to	₋kʰai	₋tsʰuaɻ	₋tsʰiaŋ	₅tʰuŋ	₅tsʰa	₅mɔ	₅tʃʰiu	₅mẽ/₅uẽ	₋luŋ
绥宁	₋to	₋kʰai	₋tsʰaɻ	₋tsʰiaŋ	₅tʰʌŋ	₅tsʰʌ	₅mau	₅tʃʰiu₋	₅mẽ/₅uẽ	₋lɤŋ

---

① 陈山青（2004）原文写作"蠓"，但"□mĩ"与"蠓"韵母不合，与"蚊"音义皆合。

　　由表 6-1 可知，次浊声母字"聋"在湖南赣语所有方言点中都读阴平；"蚊"在大多数方言点中读阴平或白读阴平，只有华容、岳阳楼两个方言点读阳平。华容、岳阳楼周边常德官话"蚊"读₌uən，因此，这两个方言点"蚊"的阳平读音明显来自周边官话。此外，表 6-1 绥宁"球"不读阳平，而读入声，其实质是小称变调，详见本章第四节"小称变调"。

　　值得注意的是，永兴有相当部分浊平字归入声。如：茄 tɕʰia₌、霞 ɕia₌、爷 iɛ₌、奴 lu₌、芙 fu₌ ～蓉、娱 y₌、无 u₌、孩 xɛ₌、迷 mi₌、宜 ŋ₌、持 tsʰŋ₌、垂 tsʰui₌、谁 sui₌、逵葵 kʰui₌、唯 ui₌、衔 ɕi₌、缠蝉 tsʰæ₌、环 xuæ₌、臣芹 tɕʰin₌、伦 luen₌、荀 suen₌、杭 xɑ₌、详祥 tɕʰiɑ₌、常场 tsʰɑ₌、蝗 xuɑ₌、能 len₌、承程 tsʰen₌、宏 xoŋ₌、形型 sen₌、荣 yn₌、从 tsʰoŋ₌。有些字有阳平和入声两读，一般来说，常用义或白读读阳平，非常用义或文读归入声。如：麻 ₌mɔ ～子/mɔ₌ ～烦、模 ₌mo ～子/mo₌ ～范、绵 ₌mi/men₌、灵 ₌len/len₌、黄 ₌uɑ 颜色/xuɑ₌ 姓、城 ₌tsʰen/tɕʰin₌。有时同一个音韵地位的，常用字读阳平，非常用字读入声。如：磨 ₌mo ～刀－魔摩 mo₌、犁 ₌lɛ－黎 lŋ₌、煤 ₌mɨi－枚 mɨi₌、池 ₌tsʰŋ－驰 tsʰŋ₌、祠 ₌tsʰŋ－辞词 tsʰŋ₌、期棋 ₌tɕʰŋ－其 tɕʰŋ₌、牢 ₌lə－劳 lə₌、桥 ₌tɕʰiə－侨 tɕʰiə₌、窑 ₌iə⁴－谣 iə₌、镰 ₌li－廉 li₌、栏 ₌læ－兰拦 læ₌、陈 ₌tɕʰin－尘 tsʰen₌、闻 ₌uen－文 uen₌、裙 ₌tɕʰyn－群 tɕʰyn₌、狼 ₌lɑ－廊 lɑ₌、凉 ₌liɑ－良 liɑ₌、长 ₌tsʰɑ ～短－场肠 tsʰɑ₌、尝 ₌sɑ－常 tsʰɑ₌、层 ₌tsʰen－曾 tsʰen₌ ～经、衡 ₌xen ～阳－行 sen₌ ～为、明 ₌men－鸣 men₌、零 ₌len－宁 len₌ 安～、绒 ₌ioŋ－戎 ioŋ₌。据曾献飞（2004b:26），永兴周边的郴州市区西南官话阳平调值为 31，与永兴入声调值 22 非常接近。因此，我们认为，永兴浊平归入声是受郴州西南官话影响而形成的，胡斯可（2009）也持这个看法。

　　二　去声的演变

去声的今读见表 6-2。

表 6-2　　　　　　　　　　**去声的今读**

	清去					浊去				
	怕	四	救	证	凳	饿	树	旧	汗	梦
华容	pʰaˀ	sŋˀ	tɕiəuˀ	tsənˀ	tənˀ	ŋoˀ	ɕyˀ	tɕʰiəuˀ	xanˀ	moŋˀ
岳阳楼	pʰaˀ	sŋˀ	tɕiəuˀ	tsənˀ	tənˀ	ŋoˀ	ɕyˀ	tɕʰiəuˀ	xanˀ	muŋˀ
临湘	bʰaˀ	sŋˀ	tɕiəuˀ	tsənˀ	tienˀ	ŋoˀ	ɕyˀ	dʒʰiəuˀ	xønˀ	mɤŋˀ
岳阳县	pʰaˀ	sŋˀ	ciəuˀ	tsənˀ	tɛnˀ	ŋoˀ	ɕyˀ	ciəuˀ	xønˀ	mɤŋˀ
平江	pʰaˀ	sŋˀ	kiəuˀ	tʂənˀ	tenˀ	ŋoˀ	ʂyˀ	kʰiəuˀ	xønˀ	mɤŋˀ
浏阳	pʰuaˀ	sŋˀ	kiəuˀ	tʂənˀ	tiˀ	ŋoˀ	ʂyˀ	kʰiəuˀ	xuiˀ	mənˀ
茶陵	pʰaˀ	sŋˀ	tɕiəˀ	tsɛˀ	toŋˀ	ŋoˀ	tɕʰyˀ	tɕʰiəˀ	xanˀ	mɤŋˀ

续表

	清去					浊去				
	怕	四	救	证	凳	饿	树	旧	汗	梦
炎陵	pʰaᶾ	sᶾ	tɕiuᶾ	tʂənᶾ	tənᶾ	ŋuaᶾ	tɕʰyᶾ	tɕʰiuᶾ	xuãᶾ	mənᶾ
绥宁	pʰʌᶾ	sᶾ	tʃiuᶾ	tʃĩᶾ	tẽᶾ	ŋoᶾ	fʉᶾ	tʃʰiuᶾ	xɛ̃ᶾ	mɤŋᶾ
醴陵	pʰaᶾ	sᶾ	kiəuᶾ	tʂəŋᶾ	tẽᶾ	loᶾ/ŋoᶾ	xyᶾ	kʰiəuᶾ	xoŋᶾ	mənᶾ
攸县	pʰaᶾ	sᶾ	tɕyᶾ	tɕinᶾ	tɛ̃ɪᶾ	ŋoᶾ	kʰyᶾ	tɕʰyᶾ	xoŋᶾ	mənᶾ
安仁	pʰɑᶾ	sᶾ	tʃiuᶾ	tʃinᶾ	tiᶾ	uᶾ	tʃʰyᶾ	tʃʰiuᶾ	xuaŋᶾ	mənᶾ
耒阳	pʰaᶾ	sᶾ	tuᶾ	tɛ̃ᶾ	tẽᶾ	oᶾ	çyᶾ	tʰuᶾ	xãᶾ	ŋ̍ᶾ
常宁	pʰaᶾ	sᶾ	tuᶾ	tẽᶾ	tẽᶾ	ŋoᶾ	çyᶾ	tʰuᶾ	xãᶾ	mõᶾ
永兴	pʰɔᶾ	sᶾ	tɕiuᶾ	tsenᶾ	tenᶾ	oᶾ	çyᶾ	tɕʰiuᶾ	xæᶾ	monᶾ
资兴	pʰaᶾ	sᶾ	tɕiɛuᶾ	tsenᶾ	taŋᶾ	ŋɯᶾ	çyᶾ	tɕʰiᶾ	xaŋᶾ	monᶾ
隆回	pʰɑᶾ	sᶾ	tʃiuᶾ	tʃɛ̃ᶾ	tẽᶾ	oᶾ	ʃuᶾ	tʃʰiuᶾ	xuaŋᶾ	mɤŋᶾ
洞口	pʰaᶾ	sᶾ	tʃiuᶾ	tʃɛ̃ᶾ	tẽᶾ	ˌo	ʃʉ	ˌtʃʰiu	ˌxã	ˌmuŋ

　　由表 6-2 可知，湖南赣语去声的演变有三个类型：第一类，去声依声母清浊分化为阴去和阳去两个调类，有华容、岳阳楼、临湘、岳阳县、平江、浏阳、茶陵、炎陵、绥宁等 9 个方言点；第二类，清去和浊去合流为一个去声，有醴陵、攸县、安仁、耒阳、常宁、永兴、资兴、隆回等 8 个方言点；第三类，清去读去声，浊去与阴平合流，只有洞口 1 个方言点。

　　要指出的是，在第一类去声分阴阳的方言点中，浊去字或多或少都有归阴去的现象，其中又以绥宁、茶陵和炎陵最为突出。

　　绥宁浊去归阴去的如：骂 mAᶾ、砑 ŋAᶾ、怒 luᶾ、护 fuᶾ、预遇 ʉᶾ、务雾 uᶾ、住 tʃʉᶾ、代 tʰaiᶾ、艾 ŋaiᶾ、誓 sᶾ、妹 meᶾ、队 teᶾ、吠 fuᶾ、慧惠 feᶾ、瑞 ʃʉᶾ、胃 uiᶾ、邵 ʃauᶾ、茂贸 miauᶾ、运韵 ĩᶾ、弄 lɤŋᶾ。有时同一个音韵地位的，常用字读阳去，非常用字读阴去。如：赖 laiᶾ—癞 laiᶾ、帽 mauᶾ—冒 mauᶾ、旧 tʃʰiuᶾ—柩 tʃiuᶾ、庙 miauᶾ—妙 miauᶾ、艳 iɛ̃ᶾ—焰 iɛ̃ᶾ、电 tʰiɛ̃ᶾ—垫 tiɛ̃ᶾ。极少数字有阳去和阴去两读，如：雁 ŋɛ̃ᶾ/iɛ̃ᶾ、败 pʰaiᶾ/pʰaiᶾ。

　　茶陵不但有浊去归清去的，也有极少数清去可读浊去。浊去归清去的如：骂 maᶾ、露 luᶾ、誉 yᶾ、艾 ŋæᶾ、械 kæᶾ、例 lieᶾ、誓 sᶾ、队 teᶾ、邵 soᶾ、艳焰 iɛ̃ᶾ、岸 ŋaŋᶾ、便 pʰiɛ̃ᶾ 方~、宦患 xuaŋᶾ、润 yɛ̃ᶾ。部分浊去字有阴去和阳去两读。如：自 sᶾ ~家/sᶾ、妹 meᶾ ~唧/meᶾ、外 ueᶾ ~公/uæᶾ、泪 liᶾ 眼~/leᶾ、味 ueᶾ ~气/miᶾ ~道/ueᶾ、住 tiᶾ/tɕʰyᶾ、癞 læᶾ ~子/læᶾ 蛤蟆。我们注意到，这些有阴去和阳去两读的浊去字，往往归阴去的是白读，归阳去的是文读。清去字有阴去和阳去两读的如：泰 tʰæᶾ/tʰæᶾ、砌 tɕʰiᶾ/tɕʰiᶾ、气 çiᶾ/tɕʰiᶾ 雾~、豹 pʰɔᶾ/pɔᶾ、线

ɕiɛ²/ɕiɛ²禾~。这两个读音很难区分文白。此外，古声调相同的两个"面"字不同调，即：面 miɛ²脸~一面 miɛ²~条。

炎陵有相当部分浊去字归阴去。全浊去归阴去的如：寺 sʅ²、誓 sʅ²、住 tɕy²、贺 xuə²、代贷 tʰæi²、备 pei²、队 tuei²、袋 tʰuei²、柜 kʰuei²、邵 ʂao²、办 pʰan²、郑 tʂʰən²姓、顺 ɕyɛ̃²；次浊去归阴去的如：丽利 li²、腻义 ȵi²、怒 nu²、务雾 u²、骂 ma²、艾 ŋæi²、妹 mei²、帽贸 mao²、万 uã²、韵运 yɛ̃²。不过，浊去归阴去的多是非常用字，常用字一般仍读阳去。如：话 ua²、坐 tsʰuə²、坏 xuai²、轿 tɕʰiɑo²、豆 tʰɛu²、旧 tɕʰiu²、饭 fan²、换 xuã²、份 fɛ̃²、问 muɛ̃²、邓 tʰɛ̃²、洞 tʰən²、夜 ia²、二 ɛ²、味 uei²、尿 ȵiao²、烂 lan²、硬 ŋan²、命 mien²、用 iəŋ²、梦 məŋ²。有时同一个音韵地位的，常用字读阳去，非常用字读阴去。如：路 lu²—露 lu²、漏 lɛu²—陋 lɛu²、庙 miao²—妙 miao²、芋 y²—裕喻 y²、亮 liaŋ²—量 liaŋ²数~、范 fan²姓—犯 fan²、焙 pʰei²—佩 pʰei²。

从上文列举的浊去归阴去的情形来看，除茶陵有阴去和阳去两读的浊去字以外，其余浊去归阴去的多是非常用字，常用字仍然读阳去。很明显，读阴去的是文读音，这个文读音应该是近期受官话的影响而产生的。据第二章第四节"湘西南赣语音系"可知，绥宁阴去为高降调 42，阳去为高平调 44，阴去调值与官话去声调值很接近。据第二章第二节"湘中赣语音系"可知，茶陵和炎陵阴去都为中平调 33，阳去则为曲折调 325 和 13①。因此，这两个方言点虽然阴去调值与官话相差较大，但相对于阳去的曲折调，阴去与官话去声更为接近。不过，茶陵、炎陵浊去字归阴去的除了非常用字以外，还有极少数常用字，如"妹艾骂务雾"。这应该不是官话影响所致，而是方言自身演变的结果。据刘伦鑫（1999:301），江西客家话"骂墓露务妹面脸问艾"等几个浊去字总是随着清声母去声走。茶陵和炎陵与江西客家话相接，其浊上部分常用字今读阴平，与客家话一致（详见本章第二节"浊上今读的类型"）。因此，这两个方言点"骂墓露务妹面脸问艾"等浊去字归阴去应该是其与客家话一致的自身固有的特点。另外，茶陵还有几个浊去字如"自外泪味住癞"白读阴去、文读阳去，这个现象在客家话中很少见，其性质目前还不清楚。

下面来看第三类洞口浊去的演变。其浊去大部分归阴平，少部分与清去合流。归阴平的如：饿.o、贺.xo、磨.mo 石~、糯.lo、骂.ma、谢.tsʰia、射.ʃa、步度户.fu、路露.lu、树.ɬʯ、芋.ʯ、卖.mai、饭.xuã、愿.yɛ̃、县.ʃyɛ̃、认.ɕĩ、问.ɕuɛ̃、亮.liaŋ、旺.uaŋ、邓.xɛ̃、剩.ʃɛ̃、郑.tʃʰɛ̃、病.pʰiaŋ、命.miaŋ、梦.muŋ、洞.xuŋ、共.kʰuŋ。归去声的如：雾务 u²、赖癞 lai²、惠慧 xuai²、毅 ŋ²、闹

---

lau˧˥、邵ʃɤ˧˥、袖 siu˧˥、岸 ã˧˥、电 xɛ̃˧˥、练 liɛ̃˧˥、段 xɑŋ˧˥、换 xuã˧˥、闰运韵 yẽ˧˥、望 uɑŋ˧˥、浪 luɑŋ˧˥、仲 tʃʰuŋ˧˥、弄 luŋ˧˥。同一个词有两读的，白读阴平，文读去声。如：大 ˍxai~小/ta˧˥、柜 ˍtʃʰʉ/kʰui˧˥、润 ˍyẽ/yẽ˧˥。有时同一个音韵地位的，常用字读阴平，非常用字读去声，如：帽 ˍmau—冒 mau˧˥、庙 ˍmiɤ—妙 miɤ˧˥。因此，洞口去声虽然只有一类，但其实质属于清去与浊去有别的类型。从浊去常用字或白读归阴平、非常用字或文读归去声这一现象可以看出，归阴平的层次早于归去声的，今归去声应该是受官话影响而与清去合流的。

李冬香（2005a）考察了《报告》（杨时逢 1974）中湖南赣语清去与浊去的分合情况，指出，华容、岳阳、临湘、平江、茶陵等五处方言去声分阴阳，其余各地则不分。这一结论与我们今天的调查基本相同，不一致的只有浏阳。本书调查的浏阳蕉溪去声分阴阳，而《报告》（杨时逢 1974）记录的淳口铺去声不分阴阳，浏阳城关去声也不分阴阳（夏剑钦 1998）。

从地理分布来看，湖南赣语湘北和湘西南（隆回除外）清去与浊去一般有别；湘南和湘西南的隆回清去与浊去合流；湘中清去与浊去有的合流、有的有别。请参看附录图 36"去声今读的类型"。

第二节　浊上的演变

一　浊上今读的类型

（一）次浊上今读的类型

湖南赣语次浊上的今读有以下几个类型：

第一类，次浊上大部分或部分归阳上，部分归阴去或阴上，有平江和绥宁 2 个方言点。

平江次浊上声字绝大多数读阳上。如：我 ˉŋo、野 ˉia、你 ˉn̩/ˉli、李 ˉli、有 ˉiəu、藕 ˉŋœy、酉 ˉiəu、某亩 ˉmiau、软 ˉŋyan、懒 ˉlan、眼 ˉŋan、远 ˉyan、满 ˉmøn、忍 ˉyn、引 ˉin、两 ˉlioŋ几~、网 ˉuoŋ、痒 ˉioŋ、冷 ˉlɑŋ/ˉlen。极少数字归阴去。如：蚁 ŋi˧˥、秒渺 miau˧˥、涌 iɤŋ˧˥。也有极少数字白读阴去，文读阳上。如：尾 mi˧˥/ˉui、老 lau˧˥野~婆/ˉlau、脑 lau˧˥头~/ˉlau 动~。今读阴去的可能是小称变调的表现（详见本章第四节"非清去读阴去"）。

与平江绝大多数归阳上不同的是，绥宁次浊上声字只有少数归阳上。如：我 ˉŋo、你 ˉn̩、马码 ˉmA、晚满 ˉmø、远 ˉʉe、懒 ˉla、暖 ˉlø、两 ˉliaŋ几~、痒 ˉiaŋ、冷 ˉlɑŋ/ˉɪ̃ɛ。大部分次浊上归阴上。如：五 ˉu、野 ˉiA、买 ˉmai、李 ˉli、耳 ˉø、藕 ˉɲiau、亩 ˉmiau、老 ˉlau、咬 ˉŋau、卯 ˉmau、酉 ˉiu、眼 ˉɲiA、软 ˉŋɛ̃、染 ˉɲie、忍引 ˉĩ、网 ˉmaŋ、岭 ˉlĩ、勇 ˉiɤŋ。也有极少数字白读阳上，文读阴上。如：里 ˉli

一~路ᶜli公~、领ᶜliaŋ/ᶜlĩ。此外，"蚁"不读上声，而读阳去ŋi²；"尾"读阴平₌ui。

　　第二类，次浊上少数常用字归去声，多数与清上合流归上声，有安仁1个方言点。次浊上归去声的有：我ŋɔ²、野iɑ²、你ŋ²、咬ŋɔ²、懒laŋ²、痒iõ²、岭liõ²。次浊上归上声的如：马码ᶜma、五ᶜu、买ᶜmæ、理李ᶜli、耳ᶜɛ、藕ᶜiɛ、亩某ᶜmɛ、酉ᶜɯ、眼ᶜŋaŋ、染ᶜĩ、忍引勇ᶜin、满ᶜmaŋ、网ᶜmõ、领ᶜlin。部分字白读去声，文读上声。如：老lɔ²/ᶜlɔ、暖luaŋ²/ᶜluaŋ、远软uĩ²/ᶜuĩ、养iõ²/ᶜiõ、冷lõ²/ᶜlĩ。

　　第三类，次浊上少数常用字归阴平，多数与清上合流读上声，有攸县、茶陵、炎陵和资兴4个方言点。不过这四个方言点次浊上归阴平的字数多少不同，其中，攸县、炎陵字数较少，茶陵和资兴字数稍多。下面分别介绍。

　　攸县次浊上归阴平的有：远₌uẽi、痒₌iaŋ、暖₌lɔŋ、冷₌laŋ、尾₌mi/₌ui、懒₌lãi。次浊上归上声的如：我ᶜŋo、野ᶜia、马ᶜma、买ᶜmai、李ᶜli、老ᶜlau、藕ᶜŋei、某亩ᶜmei、酉ᶜy、忍引ᶜiŋ、染ᶜiẽi、软ᶜŋuẽi、网ᶜman、勇ᶜuoŋ。极少数字白读阴平，文读上声。如：牡₌miau/ᶜmei、领岭₌liaŋ/ᶜliŋ。

　　茶陵次浊上归阴平的有：我₌ŋo、马₌ma、惹₌la、买₌mæ、你₌ni、李₌li、咬₌ŋɔ、有₌iø、懒₌laŋ、软₌nyaŋ、远₌yaŋ、养痒₌ioŋ。次浊上归上声的如：尾ᶜmi/ᶜue、老ᶜlɔ、藕ᶜŋø、酉ᶜiø、染ᶜlaŋ、忍ᶜlɛ、引ᶜĩ、网ᶜmoŋ、勇ᶜyɤŋ。极少数字白读阴平，文读上声。如：野₌ia/ᶜie、暖₌loŋ/ᶜloŋ、冷₌laŋ/ᶜlɛ̃、岭₌liaŋ/ᶜlĩ。此外，"蚁"读阳去ŋi²。

　　炎陵次浊上归阴平的有：尾₌mi~巴、我₌ŋõ、晚man 老~：排行最小者[①]、冷₌lan、马₌ma~虎。次浊上归上声的如：五ᶜŋ̩、李里鲤ᶜli、鲁ᶜlu、女ᶜny、码ᶜma、惹ᶜla、买ᶜmæi、卯ᶜmao、老ᶜlao、柳ᶜliu、有ᶜiu、软ᶜnyen、远ᶜyen、暖ᶜnuã、领岭ᶜlĩ、两ᶜliaŋ、养痒ᶜiaŋ、网ᶜuaŋ。据彭志瑞（2011:15-35）提供的材料，炎陵次浊上归阴平的字数稍多，有"尾鲤你野我奶咬冷岭软暖"等。

　　资兴次浊上归阴平的有：我₌ŋɯ、野₌io、买₌ma、你₌lei、咬₌nau、痒₌iaŋ、冷₌laŋ、有₌xai、懒₌lo。次浊上归上声的如：马ᶜma、理里ᶜli、老ᶜlau、藕ᶜŋai、亩某ᶜmɛu、酉ᶜiɯ、染忍引ᶜiŋ、远ᶜiɯ、领岭ᶜleŋ、网ᶜmaŋ、勇ᶜioŋ。部分字白读阴平，文读上声。如：软₌loŋ/ᶜly、李ᶜli果实/ᶜli姓、尾₌mi/ᶜuei、暖₌lɯ/ᶜlaŋ、养₌iaŋ/ᶜiaŋ。"蚁"文读去声，即：₌li~公/ᶜli²。

　　第四类，次浊上与清上合流读上声，这个类型在湖南赣语中分布最广，有华容、岳阳楼、临湘、岳阳县、浏阳、醴陵、耒阳、常宁、永兴、隆回、洞口等11个方言点。请看表6-3。

---

① 陈山青（2004）原文写作"满"。

表 6-3　　　　　　　　　　　　　华容等方言点次浊上的今读

	次浊上										清上
	我	野	你	老	有	软	远	两ₙ~	痒	冷	矮
华容	ˬŋo	ˬia	ˬli	ˬlʌu	ˬiəu	ˬyĩ	ˬyĩ	ˬliʌŋ	ˬiʌŋ	ˬlən	ˬŋæi
岳阳楼	ˬŋo	ˬia	ˬɳ̍/ˬli	ˬlau	ˬiəu	ˬyan	ˬyan	ˬliaŋ	ˬiaŋ	ˬlən	ˬŋai
临湘	ˬŋo	ˬia	ˬɳ̍	ˬlou	ˬiəu	ˬȵyen	ˬyen	ˬdʰiɔŋ	ˬiɔŋ	ˬlʌŋ	ˬŋæ
岳阳县	ˬŋo	ˬia	ˬɳ̍	ˬluɩ	ˬiəu	ˬuøn	ˬuøn	ˬȵiʌŋ	ˬiʌŋ	ˬliʌŋ	ˬŋai
浏阳	ŋoˀ	ˬia	ɳ̍ˀ	ˬlau	ˬiəu	ˬyĩ	ˬyĩ	ˬtiɔŋ	ˬiɔŋ	ˬlɔŋ	ˬŋai
醴陵	ŋoˀ	ˬia	ŋiˀ	ˬlau	ˬiəu	ŋyɛ̌	ˬyɛ̃	ˬliɔŋ	ˬiɔŋ	lãŋ/lɛ̃	ˬŋai
耒阳	ˬŋo	ˬia	ˬɳ̍/ˬli	ˬlɔ	ˬiu	ˬyɛ̃	ˬyɛ̃	ˬliɔ̃	ˬiɔ̃	ˬlɔ̃	ˬŋæ
常宁	ˬŋo	ˬia/ˬie	ˬɳ̍i	ˬlɔ	ˬiu	ˬȵyã	ˬyã	ˬliɔ̃	ˬiɔ̃	lɔ̃/lɛ̃	ˬŋe
永兴	ᴅ̩	ˬɔi	iˬli	ˬlə	ˬiu	ˬyi	ˬyi	ˬliɑ	ˬiɑ	ˬlæ	ˬa
隆回	ˬo	ˬɔi	ˬɳ̍	ˬlɑu	ˬiu	ˬmĩ	ˬmĩ	ˬliɑŋ	ˬiɔŋ	lɔŋ/lɛ̃	ˬa
洞口	ˬo	ˬia	ˬɳ̍	ˬlɑu	ˬiu	ˬyɛ̃	ˬyɛ̃	ˬliɑŋ	ˬiɑŋ	ˬlɛ̃	ˬai

　　值得注意的是，这个类型中的次浊上声字也有极少数不读上声。如表 6-3 中的人称代词"我你"浏阳读阳去，醴陵读去声，永兴读阴平。此外"尾酉蚁"等字也有方言点不读上声。如浏阳"尾酉"读阳去；醴陵"尾"白读去声；华容、临湘"蚁"读阳去；耒阳、常宁、隆回"蚁"读去声；洞口"蚁"读阳平等。

　　从上可知，湖南赣语次浊上今读的类型中，除第四类外，其他三类常用字和非常用字的演变方向明显不同。我们把次浊上常用字叫做 A 类字，非常用字叫做 B 类字。湖南赣语次浊上的今读类型可以小结如表 6-4。

表 6-4　　　　　　　　　　　　　次浊上今读的类型

	表现		方言点
	A 类字	B 类字	
1	阳上	阴去	平江
		阴上	绥宁
2	去声	上声	安仁
3	阴平	上声	攸县、茶陵、炎陵和资兴
4	上声		华容、岳阳楼、临湘、岳阳县、浏阳、醴陵、耒阳、常宁、永兴、隆回、洞口

　　（二）全浊上今读的类型
　　湖南赣语全浊上的今读有以下五个类型：

第一类，全浊上部分归阳上，部分归阳去，有平江、绥宁 2 个方言点。

平江全浊上归阳上的如：坐ᶜtsʰø、下ᶜxaᵦₑ~、社ᶜşa、柱ᶜtʂʰy、苧ᶜtʂʰy、被ᶜpʰi~ᵧ、徛ᶜkʰi ₗ、柿ᶜʂŋ、抱ᶜpʰau、厚ᶜxœy、舅ᶜkʰiəu、淡ᶜtʰan、簟ᶜlien、旱ᶜxøn、断ᶜtʰøn~ₑ、伴ᶜpʰøn、近ᶜkʰin、像ᶜtsʰioŋ、上ᶜşoŋ~山、笨ᶜpʰən、菌ᶜtʂyn、丈ᶜtʂʰoŋ、重ᶜtʂʰᵧŋ轻~、动ᶜtʰᵧŋ。归阳去的如：祸 fø²、部簿 pʰu²、杜 tʰəu²、户 fu²、竖şy²、在 tsʰai²、倍 pʰai²、罪 tsʰŋ²、亥 xai²、赵 tʂʰau²、部 pʰu²、巳 tsʰŋ²、后 xœy²前~、妇负 fu²、受şəu²、犯 fan²、限 xan²、件 kʰien²、肾şən²、辫 pʰien²、象 tsʰioŋ²、项 xoŋ²、静 tsʰin²。除了上述演变方向以外，全浊上还有部分字读阴去。如：仗 tʂoŋ²、愤 fən²、键 kien²、盾 tən²矛~、蟹 xai²。也有个别字读阴上，如：跪 ᶜtʂʰy/ᶜkʰui。"弟"则有阴上和阳去两读，即：ᶜtʰi老~/tʰi²。

绥宁全浊上归阳上的如：坐ᶜtsʰo、下ᶜxAᵦₑ~、祸ᶜxo、社ᶜʃe、簿ᶜpʰu、户ᶜfu、柱ᶜtʃʰʉ、苧ᶜtʃʰʉ、弟ᶜtʰe、被ᶜpʰi~ᵧ、徛ᶜtʃʰi ₗ、市ᶜʂŋ、巳ᶜtsʰŋ、厚ᶜxœu、舅ᶜtʃʰiu、浩ᶜxau、淡ᶜtʰa、件ᶜtʃʰɛ̃、近ᶜtʃʰŋ、上ᶜʃaŋ~山、犯ᶜfA、旱限ᶜxɛ、伴ᶜpʰɛ̃、菌ᶜtʃʰŋ、丈杖ᶜtʃʰaŋ、重ᶜtʃʰᵧŋ轻~、动ᶜtʰᵧŋ。归阳去的如：部 pʰu²、待 tʰai²、罪 tsʰe²、柿 tsʰŋ²、赵兆 tʃʰau²、抱 pʰau²、道 tʰau²、受 ʃiu²、静 tsʰŋ²、像 tsʰiaŋ²、项 xaŋ²。也有部分字白读阳上，文读阳去，如：后ᶜxœu~年/xœu²前~、妇ᶜfu新~/fu²。有的白读阳上，文读阴上，如：竖ᶜfʉ/ᶜfʉ、在ᶜtsʰe~行/ᶜtsʰai。此外，全浊上还有部分字归阴去和阴上，归阴去的如：杜 tu²、序 ʃʉ²、距 tʃʉ²、倍 pʰe²、是 sŋ²、技 tʃi²、造 tsʰau²、负 fu²、簟 tʰɛ̃²、范 fɛ̃²姓、肾 ʃŋ²、蚌 paŋ²、幸 ʃŋ²；归阴上的如：亥ᶜxai、跪ᶜkʰui、皂ᶜtsʰau、笨ᶜpa。

第二类，全浊上小部分归上声，大部分归去声，有耒阳、永兴和隆回 3 个方言点。

耒阳全浊上归上声的如：坐ᶜtsʰo、下ᶜxaᵦₑ~、社ᶜçia、徛ᶜtçʰi ₗ、跪ᶜkʰui、舅ᶜtʰɯ、淡ᶜtʰã、混ᶜxuɛ̃相~。全浊上归去声时，逢塞音和塞擦音一般送气。如：部簿 pʰu²、杜 tʰu²、柱 tçʰy²、在 tsʰæ²、弟 tʰi²、倍 pʰe²、罪 tsʰue²、技 tçʰi²、抱 pʰɔ²、道 tʰɔ²、造 tsʰɔ²、赵 tʰɔ²、件 tçʰiɛ̃²、伴 pʰã²、近 tʰæ²、菌 tʰuæ²、丈 tʰɔ²、重 tʰᵧŋ²轻~、动 tʰᵧŋ²。全浊上归去声不送气的如：巨拒距 tçy²、键 tçiɛ̃²、簟 tɛ̃²、盾 tuæ²矛~、仗 tɔ²、棒蚌 pɔ²。个别字有两读，白读上声，文读去声，即：被ᶜpʰi~ᵧ/pʰi²。

永兴全浊上归上声的如：坐ᶜtsʰo、下ᶜxɔᵦₑ~、簿ᶜpu、苧ᶜtçʰy、徛ᶜtçʰŋ ₗ、巳ᶜtçŋ、跪ᶜkʰui、厚ᶜxɛ、淡ᶜtæ、断ᶜtuæ~ₑ、混ᶜxuen 相~、丈ᶜtsʰa、上ᶜsa~山、重ᶜtsʰoŋ轻~。全浊上归去声时，逢塞音和塞擦音一般不送气。如：杜 tu²、部 pu²、距 tçy²、在 tse²、罪 tsui²、技 tçŋ²、倍 pri²、抱 pɔ²、造 tsʰə²、兆 tsə²、伴 pæ²、件 tçi²、靖 tçin²、动 toŋ²。全浊上归去声时送气的只有极少数字。如：像 tçʰia²/çia²。有的有两读，白读上声，文读去声。如：柱ᶜtçʰy/tçy²、舅ᶜtçʰŋ/tçiɯ²、近

ᶜtɕʰin/tɕin²、被ᶜpŋ~ᵧ子/pŋ²、后ᶜxɛ~年/xɛᶜ~头爷、菌ᶜtɕʰyn/tɕyn²、仗ᶜtsʰoŋ炮~/tsɑᶜ。另外，还有极少数字白读阴平、文读上声或去声，如：弟ₐtɛ/ᶜtŋ、市ₐsŋ/sŋᶜ。

隆回全浊上归上声的如：坐ᶜtsʰo、下ᶜxɑ底~、簿ᶜhu、柱ᶜtʃu、苎ᶜtʃʰu、弟ᶜxi、被ᶜpʰi~子、徛ᶜtʃi立、舅ᶜtʃiu、笨ᶜpẽ、淡ᶜxaŋ、簟ᶜxĩ、断ᶜhuaŋ~绝、上ᶜʃoŋ~山。全浊上归去声时，逢塞音和塞擦音一般送气。如：部杜ᶜhu²①、序叙ᶜtsʰui²、倍ᶜpʰe²、聚ᶜtsʰui²、巳ᶜtsʰŋ²、罪ᶜtsʰue²、技妓ᶜtɕʰi²、跪ᶜkʰui²、抱ᶜpʰɑu²、皂造ᶜtsʰɑu²、赵兆ᶜtʃʰə²、渐ᶜtsʰŋ²、件键ᶜtʃŋ²、靖ᶜtsʰẽ²、菌ᶜtʃʰuɛ²、伴ᶜpʰoŋ²、像ᶜtsʰiaŋ²、杖ᶜtʃʰoŋ²。全浊上归去声不送气的如：巨拒距ᶜtʃu²、诞ᶜtaŋ²、盾ᶜtuẽ²矛~、仗ᶜtʃoŋ²、蚌ᶜpoŋ²。此外，部分字有两读，白读上声，文读去声。如：社ᶜʃɑ/ʃiɛ²、竖ᶜʃu/ʃu²、在ᶜtsʰe/tsʰɑ²、妇ᶜfu/fu²、近ᶜtʃʰɛ/tʃʰɛ²、丈ᶜtʃʰoŋ/tʃʰoŋ²、后ᶜxiə前~/xiə²、厚ᶜxiə/xiə²、重ᶜtʃʰɤŋ轻~/tʃʰɤŋ²、动ᶜxɤŋ/xɤŋ²。

第三类，全浊上部分归上声，部分归阴平，部分归去声，有洞口1个方言点。全浊上归上声的如：下ᶜxɑ底~、社ᶜʃiɛ、部簿ᶜfu、厚ᶜxɤ、柱ᶜtʃʰʉ、苎ᶜtʃʰʉ、竖ᶜʃʉ、弟ᶜxɤ、被ᶜfi~子、徛ᶜtʃi立、淡ᶜxã、断ᶜxaŋ~绝、菌ᶜtʃʰyẽ、丈ᶜtʃʰaŋ、上ᶜʃaŋ~山。归阴平的如：户ₐfu、罪ₐtsʰai、是ₐsŋ、赵ₐtʃɤ、距ₐtʃʰʉ、技ₐtʃi、妇ₐfu、柿ₐsŋ、抱ₐpau、受ₐʃiu、旱限ₐxã、像ₐtsʰiaŋ。归去声的如：杜ₐtu²、倍ₐhai²、祸ₐxo²、亥ₐxai²、在ₐtsʰai²、跪ₐkʰui²、巳ₐtsʰŋ²、亥ₐxai²、造ₐtsʰau²、浩ₐxau²、舅ₐtʃʰiu²、善ₐʃiɛ²、件ₐtʃʰiɛ²、伴ₐxaŋ²、肾ₐʃẽ²、象ₐsiaŋ²、杖ₐtʃaŋ²。部分字有两读，白读上声，文读去声。如：坐ᶜtsʰo/tsʰo²、近ᶜtʃʰẽ/tʃʰẽ²、后ᶜxɤ~日/xɤ²~娘、棒ᶜhaŋ/paŋ²、重ᶜtʃʰuŋ轻~/tʃʰuŋ²、动ᶜxuŋ/xuŋ²。

第四类，全浊上小部分归阴平，大部分归去声；如果去声分阴阳，则多归阳去，有攸县、茶陵、炎陵和资兴等4个方言点。

攸县全浊上归阴平的只有极少数字，即：被ₐpʰi~子、徛ₐtɕʰi立、苎ₐkʰy、稻浩ₐxau、舅ₐtɕʰy。全浊上归去声时，逢塞音和塞擦音一般送气。如：坐ₐtʰo²、部簿ₐpʰu²、柱ₐkʰy²、跪ₐkʰuoi²、赵ₐtɕʰiau²、件ₐtɕʰiɛ²、近ₐtɕʰin²、巳ₐtsʰŋ²。全浊上归去声不送气的很少，如：仗ₐtɕiaŋ²、笨ₐpẽ²、盾ₐtẽi²矛~。有极少数字白读阴平，文读去声。如：丈ₐtɕʰiaŋ/tɕʰiaŋ²、后ₐxɛi前~/xɛi²。此外，还有部分字读上声。如：跪ᶜkʰuoi、绍ᶜɕiau、诞ᶜxãi、混ᶜfoŋ相~、荡ᶜxaŋ放~、像ᶜtɕʰiaŋ、棒ᶜpaŋ。

茶陵全浊上归阴平的有：坐ₐtsʰo、下ₐxa底~、苎ₐtɕʰy、被ₐpʰi~子、厚ₐxø、稻ₐtʰɔ、浩ₐxɔ、舅ₐtɕiø、淡ₐtʰaŋ、伴ₐpʰoŋ、重ₐtɕʰyɤŋ轻~。全浊上归阳去时，逢塞音、塞擦音一般送气。如：簿ₐpʰu²、柱ₐtɕʰy²、待ₐtʰæ²、赵ₐtsʰɔ²、件ₐtɕʰiɛ²、近ₐtɕʰŋ²、动ₐtʰɤŋ²。个别字白读阴平，文读阳去，即：近ₐtɕʰŋ/tɕʰŋ²。少数字归

① 隆回並、透、定母的擦音是由送气音擦化而来的，因此，其实质属于送气音的表现，详见第四章第七节"透、定母读擦音"。

阴去，归阴去时，逢塞音、塞擦音一般不送气。如：诞 taŋˀ、笨 pɛ̃ˀ。个别字有阳平和上声两读，即：蟹 ˌxæ/ˀxæ。此外，还有极少数字读上声。如：杜 ˀtu、跪 ˀtɕʰy/ˀkʰue、混 ˀxuɛ̃ 相~、断 ˀtʰoŋ ~绝。

炎陵全浊上归阴平的有：是 ˌsʅ、簿 ˌpʰu 户口~、徛 ˌtɕi①、在 ˌtsʰæi、皂 ˌtsʰao、舅 ˌtɕiu、淡 ˌtʰan、近菌 鸟类的胃；鸡~②ˌtɕĩ、菌 ˌtɕʰyɛ̃ 野生香菇、丈 ˌtʂʰaŋ ~人公；岳父、重 ˌtɕʰiəŋ ~量。全浊上部分常用字归阳去，如：弟 tʰiˀ、坐 tsʰuəˀ、倍 pʰeiˀ、罪 tsʰueiˀ、稻 tʰaoˀ、赵 tʂʰaoˀ、厚后 xɛˀ、范 fanˀ 姓、件 tɕiɛnˀ、丈 tʂʰaŋˀ ~一~、上 ʂaŋˀ、项 xɑŋˀ、动 tʰəŋˀ。全浊上还有部分字归阴去。如：似巳 辰~ʂʅˀ、痔 tʂʅˀ、部 pʰuˀ、妇 fuˀ、户 xuˀ、巨 tɕyˀ、祸 xuəˀ、社 ʂɛˀ、蟹 xaiˀ 老~；螃蟹、道 tʰaoˀ、造 tsʰaoˀ、兆 tʂaoˀ、伴 pʰanˀ、犯 fanˀ、旱限 xanˀ、肾 ʂɛ̃ˀ。此外，还有极少数字读上声，如：亥 ˀxai、跪 ˀkʰuei、断 ˀtʰuã ~绝、混 ˀxuɛ̃ ~日子。

资兴全浊上归阴平的有：坐 ˌtsʰɯ、下 xo 底~、苎 ˌtɕy、弟 ˌtʰai、被 ˌfi 床~、是 ˌsʅ、徛 ˌtɕi 立、舅 ˌtɕi、淡 ˌtʰo、近 ˌtɕiŋ、菌 ˌtɕʰiŋ、上 ˌsaŋ ~山、重 ˌtsʰoŋ 轻~。全浊上归去声时，逢塞音、塞擦音有的送气，有的不送气。送气的如：簿 pʰuˀ、赵造 tsʰauˀ、像 tɕʰianˀ ~种、仗 tsʰaŋˀ；不送气的如：巨拒距 tɕyˀ、部 puˀ、杜 tuˀ、倍 peiˀ、稻道 tauˀ、兆 tsauˀ、伴 panˀ、笨 peŋˀ、件渐静 tɕiŋˀ、杖 tsaŋˀ、动 toŋˀ。还有部分字白读阴平，文读去声。如：柱 ˌtɕʰy/tɕʰyˀ、在 ˌtsʰei/tsaˀ ~行、后 ˌxai ~日/xaiˀ 前、妇 ˌpʰei 新~/fuˀ、混 ˌxɯ 相~/fɛŋˀ、丈 ˌtɕʰio ~公/tsaŋˀ。此外，个别字白读上声，文读去声，即"跪 ˌtɕʰy/kueiˀ"。

第五类，全浊上一般归去声，有华容、岳阳楼、临湘、岳阳县、浏阳、醴陵、安仁、常宁等 8 个方言点。其中，华容、岳阳楼、临湘、岳阳县、浏阳等全浊上归阳去，醴陵、安仁、常宁等则因清去与浊去合流而归去声。请看表 6-5。

表 6-5　　　　　　　　　　华容等方言点全浊上的今读

	坐	簿	柱	跪	赵	厚	件	近	像	上~山
华容	tsʰoˀ	pʰuˀ	tɕʰyˀ	ˀkʰuei	tsʰauˀ	ɕiuˀ	tɕʰĩˀ	tɕʰinˀ	tɕʰiʌŋˀ	sʌŋˀ
岳阳楼	tsʰoˀ	pʰuˀ	tɕʰyˀ	ˀkʰuei	tsʰauˀ	xəuˀ	tɕʰianˀ	tɕʰinˀ	tɕʰiaŋˀ	saŋˀ
临湘	dzʰoˀ	bʰuˀ	dzʰyˀ	ˀgʰuei	dzʰouˀ	xeˀ	dzʰiɛnˀ	dzʰinˀ	dzʰiɒŋˀ	soŋˀ
岳阳县	tsoˀ	puˀ	cyˀ	ˀkʰuei	tsouˀ	xʌuˀ	ciɛnˀ	cinˀ	ciʌŋˀ	sʌŋˀ
浏阳	tsʰoˀ	pʰuˀ	tʂʰyˀ	ˀkʰuei	tʂʰauˀ	xeiˀ	kʰĩˀ	kʰinˀ	tsʰioŋˀ	ʂoŋˀ
醴陵	tsʰoˀ	pʰuˀ	kyˀ	ˀkʰuei	tsʰeuˀ	xeuˀ	kʰiɛ̃ˀ	kʰinˀ	tsʰioŋˀ	ʂoŋˀ
安仁	ˌtsʰu/tsʰæ 晋语	pʰuˀ	tʃʰyˀ	ˀkʰui	tʃʰoˀ	xɛˀ	tʃʰĩˀ	tʃʰinˀ	tʃʰiõˀ	ʃõˀ
常宁	tsʰoˀ	pʰuˀ	tɕʰyˀ	kʰuiˀ	tʰoˀ	xɯˀ	tʰã̀ˀ	tʰɛ̃ˀ	tɕʰiõˀ	ɕiõˀ

---

① 陈山青（2004）原文没有这个字的读音，该字读音来源于彭志瑞（2011:15）"炎陵方言单字音表"。

② 陈山青（2004）原文写为"菌"，但"ˌtɕĩ"与"菌"韵母不合，其本字可能是"肾"。

不过，这个类型也有一些例外的现象。如表 6-5 中的"跪"除常宁外其余方言点都不读去声，而读上声。此外，去声分阴阳的方言点全浊上或多或少都有归阴去的现象，且主要是一些非常用字。归阴去时，逢塞音、塞擦音有的送气、有的不送气。如华容：造 tsʰɑu²建~、仗 tsʌŋ²；岳阳楼：键 tɕian²、愤 fən²；临湘：键 dzʰiɛn²、愤 fən²、仗 dzʰoŋ²/tsoŋ²；岳阳县：叙 ɕi²、键 ciɛn²、愤 fən²；浏阳：序 si²、绍 ʂau²、技 kʰi²、距 tʂy²、肾 ʂən²、仗 tʂoŋ²。醴陵、安仁、常宁去声不分阴阳，归去声时，逢塞音、塞擦音也有部分字读不送气音。如醴陵：距巨拒 ky²、笨 pəŋ²、仗 tʂoŋ²；安仁：巨拒距 tʃy²、笨 pi̊²、仗 tʃõ²；常宁：巨拒距 tɕy²、笨 pẽ²、诞 tã²、盾 tuẽ²矛~、棒 põ²。

与次浊上声的今读一样，湖南赣语部分方言点全浊上口语常用字和非常用字的演变方向也有所不同，如耒阳、永兴、隆回、洞口、攸县、资兴、茶陵等。我们把全浊上口语常用字叫做 A 类字，口语非常用字叫做 B 类字。除了 A 类字和 B 类字以外，还有一类字的演变方向与 A、B 两类都不同，表现为或者声调多归阴调类，或者声母往往读不送气音。我们把这类字叫做 C 类字。湖南赣语全浊上的今读类型小结如表 6-6。

表 6-6　　　　　　　　　　全浊上今读的类型

类型			方言点
A 类字	B 类字	C 类字	
阳上	阳去	阴去	平江和绥宁
上声	去声送气	去声不送气	耒阳、永兴、隆回
	阴平	去声	洞口
阴平	去声送气	去声不送气	攸县、资兴
	阳去	阴去	茶陵、炎陵
阳去	阴去送气或不送气		华容、岳阳楼、临湘、岳阳县、浏阳
去声送气	去声不送气		醴陵、安仁、常宁

上文分别介绍了湖南赣语次浊上和全浊上今读的类型，我们把两者综合为表 6-7。湖南赣语浊上今读类型的地理分布见附录图 37 "浊上今读的类型"。

表 6-7 浊上今读的类型

类型	特　　点	方言点
第一类	浊上 A 类字归阳上，而次浊上 B 类字归阴去 或阴上、全浊上 B 类字归阳去	平江、绥宁
第二类	次浊上 A 类字归去声、B 类字归上声，全浊上归去声	安仁
第三类	浊上 A 类字归阴平，次浊上 B 类字归上声、 全浊上 B 类字归去声送气或阳去	攸县、茶陵、炎陵、资兴
第四类	次浊上归上声，全浊上 A 类字归上声、B 类 字归去声送气或阴平	耒阳、永兴、隆回、洞口
第五类	次浊上归上声，全浊上归去声	华容、岳阳楼、临湘、岳阳 县、浏阳、醴陵、常宁

要指出来的是，洞口全浊上 B 类字归阴平与第三类全浊上 A 类字归阴平有着本质的不同。洞口全浊上 B 类字归阴平是与浊去合流后再一起归阴平的，而第三类全浊上归阴平的方言点浊去并不归阴平。总之，洞口全浊上声字归阴平的实质是归去声，因此，它也属于第四类。

据《报告》（杨时逢 1974），湖南赣语古上声的今读有两个类型。第一类，上声分阴阳，只有平江三墩 1 个方言点。第二类，次浊上归上声，全浊上归阳去或去声，12 个方言点属于这个类型。这 12 个方言点是：华容城内、岳阳樟木铺、临湘路口、浏阳淳口铺、醴陵清水江、攸县高枕乡、茶陵清水村、常宁大同铺、耒阳东乡、安仁新渡村、永兴白泥塘、资兴谭村等。对照表 6-7，两者的差别主要是湘中和湘南浊上 A 类常用字的今读。我们的调查归阴平，而《报告》归去声或阳去。造成这个区别的原因有的可能是选点不同，如永兴；更多的可能是由于《报告》（杨时逢 1974）只记录了文读音，浊上 A 类字的白读没有调查到，因而与我们的调查结果不同，如攸县、茶陵、资兴和耒阳等。

二　浊上今读的层次

从表 6-7 可以看出，除第五类以外，湖南赣语其余四类浊上浊上 A 类字与浊上 B 类字表现不同。浊上部分口语常用字与其他浊上字演变不同步的现象在其他赣语、客家话、粤语以及湘粤桂边界的土话中普遍存在，学者们已有很多介绍，如李如龙、张双庆（1997）、梁金荣（1997）、刘纶鑫（1999）、辛世彪（2000）、严修鸿（2003）、谢留文（2003）、刘镇发（2004）、庄初升（2004）、刘泽民（2005）等。关于浊上归阴平与浊上归去产生的先后问题，学界则有不同的观点。

邓晓华（1993:234）认为，从时间层次上说，浊上归去应早于浊上归阴平，源于中原汉语的客方言可能在进行浊上归去的音变过程中，由于音变扩展的不平衡性，还没来得及遍及所有浊上字，客家话就独立出中原汉语，音变中断，剩下的残余形式在客家话里按照自己独特的音变方式归入阴平。刘泽民（2005:256-264）也持类似观点。他认为，客赣移民南迁时一部分浊上字已经变去，而另一部分则未变。由于南迁脱离了原有的语言环境，本来应该继续下去的浊上归去音变中断了。未变的这部分字继续留在阳上，后来由于阳上字很少，调值上又和阴平相似就并入了阴平。而次浊上读阴平的字也是由阳上字变来的，是当时北方权威方言官话和南方言权威方言双重竞争性影响的产物。刘镇发（2003）指出，粤语地区、江西东部和广东东部、北部的方言，浊上 A 字（即口语常用字）归阴平不是一个偶然，而是来自一个共同声调格局的祖语。这个祖语的声调面貌是经过浊上变去以后，只有浊上 A 字留在上声，B 字（即非常用字）都归到去声。浊上变去是一个词汇扩散的过程，变了去声的浊上字便不能回头。但这时中古浊上字无论是保留在上声（A 字）或变了去声（B 字）都保持为浊声母，但 B 字已经无法与去声分别。

张双庆、万波（1996b）依据赣语南城方言浊上的今读表达了与上述意见相反的看法。他们认为，就南城方言来说，浊上归阴平的现象早于浊上归阳去。刘纶鑫（1999:299）认为，客赣方言全浊上、次浊上声字部分归阴平是浊上归去、次浊上归上声的北方官话影响到来之前的事。孙宜志（2006:228）也持同样的观点，他还进一步描绘了赣方言浊上归阴平的演变过程，即：在唐朝"安史之乱"前（即客家第二次移民前），赣方言的全浊上声和次浊上声像吴语一样，一般读阳上，并且首先在赣中和赣南发生阳上归阴平的变化，这种变化以离散式的音变方式进行，口语常用字先变。"安史之乱"后历次的北方移民的音系中，已经完成了全浊上归阳去和次浊上归清上的变化，这部分移民来到今赣语区后，将客赣方言浊上归阴平的音变规律打断，变成了阴平的全浊上声字，成为白读，并与由于北方方言影响而形成的归阳去或去声或清上的读音构成文白异读的关系，从而形成今天的格局。严修鸿（2004）在谈到客家话浊上归阴平的现象时也认为，古浊上字归阴平（河源类为阴去）是客家话自身发生的早期的语音演变。这种演变暗示客方言的早期阳上调位曾经独立存在过，并且在北方汉语浊上变去，次浊上归阴调这种方式扩散到客家话之前就完成了古浊上归阴平（或阴去）的演变。

综合上述意见可知，学者们普遍认为，客赣方言浊上归阴平是从阳上发展而来的，但浊上归阴平和浊上归去孰先孰后，意见尚未同一。就湖南赣语而言，哪种观点解释力比较强呢？

李冬香（2015）依据掌握的约 180 个方言点材料，对湖南方言古浊上的今读进行了全面的考察，指出，安仁型、资兴型和岚角山型都是在江永型的基础上沿着各自的方向演变而来的；受全浊上归去的影响，江永型发展为长沙型，岚角山型演变为耒阳型和新化型。①她还一步指出，属于资兴型的湘东攸县新市、茶陵马江、炎陵城关、资兴兴宁、汝城濠头这几个方言点浊上归阴平的只有部分口语常用字，其余的浊上字与长沙型演变相同。上述情况表明，这几个方言点浊上在与阴平合流的过程中因为其他方言的影响而中断。永兴极少数浊上常用字如"我弟"归阴平，全浊上常用字读上声、非常用字读去声的演变也可以说明这一点。总之，我们认为，包括湖南赣语在内的湖南方言无论是浊上归阴平、浊上归阴去还是浊上归上声的演变都在浊上归去的方言到来之前就已形成了。也就是说，我们同意刘纶鑫（1999:299）、孙宜志（2006:228）和严修鸿（2004）的观点。如果认为浊上归去早于浊上归阴去、阴平或上声的话，那么，湖南赣语浊上白读阴去或阴平或上声、文读去声的现象就很难解释了。

厘清了浊上归阴平与浊上归去的先后问题，下面来看湖南赣语浊上今读的层次。

湖南赣语浊上今读类型中，第一类浊上 A 类字归阳上无疑是最早的层次。我们注意到，这个类型中的平江、绥宁两个方言点都位于地理位置偏僻、交通闭塞的山区。因此，大概是由于地理位置的原因，它们受外来方言影响较小，因而保留了比较古老的特点。

第二个层次是第二类浊上 A 类字归去声和第三类浊上 A 类字归阴平。这两个类型都是从第一类浊上 A 类字归阳上的类型演变而来的，属于同一个层次，只是演变方向不同而已。属于这个层次的四个方言点攸县、茶陵、安仁、炎陵和资兴在地理上连成一片。

第三个层次是第四类全浊上 A 类字归上声。李冬香（2015）指出，次浊上和全浊上常用字读上声、全浊上非常用字归去声的耒阳型是在江永型（浊上归阳上）向岚角山型（浊上一般读上声）演变的过程中受到了全浊上归去的方言影响而产生的，部分口语常用字因演变滞后而仍读上声。由于其经历了一个岚角山型阶段，因此，其层次晚于第二类和第三类。

第四个层次是第五类次浊上归上声、全浊上归去声，这是受官话的渗透而形成的。我们注意到，这一类型主要分布在湘北、湘中，湘南只有常宁 1

① 江永型、安仁型、资兴型、耒阳型和长沙型分别相当于湖南赣语浊上今读类型的第一类、第二类、第三类、第四类和第五类。此外，湖南赣语洞口方言点属于新化型；岚角山型湖南赣语暂时没有发现，其特点是浊上一般读上声。

个方言点，湘西南暂时没有发现。李冬香（2015）在谈到官话对湖南方言浊上今读的影响时指出，官话是从北向南沿着湘江流域和沅水、澧水流域两条线路推进的。越往南，越向西，官话的影响越来越弱。湘南和湘西南由于地处湘江流域的末端，因此，受官话的影响相对较小。

值得注意的是，全浊上常用字"跪"在湖南赣语绝大多数方言点中读上声，各个类型都有这个现象。我们推测，全浊上今读上声可能是湖南方言固有的演变方向，是古湘语底层在湖南赣语中的反映。请参看第八章第二节"湖南赣语与周边方言共有成分的性质"。

上文我们详细讨论了湖南赣语全浊上 A 类字和 B 类字的演变，最后来看 C 类字的演变。从 C 类字的读音可以看出，这类字的读音要么声调与 B 类字不同，要么送气与否与 B 类字不同。如果去声分阴阳，那么 B 类字一般归阳去，C 类字一般归阴去，如湘北的华容等；如果去声不分阴阳，那么 B 类字一般读送气音，而 C 类字一般读不送气音，如耒阳、隆回等。显然，这类字的读音是近年受普通话的影响而产生的，是全浊上声今读类型中最晚的一个层次。从表 6-7 可以看出，这类字在湖南赣语中普遍存在，说明普通话对湖南各地赣语都产生了一定的影响。

三　浊上归阴平的性质

如前所述，湖南赣语部分方言点存在浊上常用字归阴平的现象。这一特点在客家话中普遍存在。黄雪贞（1988、1989）曾先后指出："古上声的次浊声母及全浊声母字，有一部分今读阴平，这是客家话区别于其他方言的重要特点。""有少数古平声次浊声母字多数客家话都归阴平，这也是客家话的声调特点。"李荣（1989b）指出：古次浊平、次浊上和全浊上的部分常用字归阴平，"这才是客家话区别于其他方言的特点，当然也是客家话区别于赣语的特点"。谢留文（2003）对客家话的这个特点作了进一步的阐述和论证。可是，随着调查的深入，发现，江西中部和东部的赣语也具有这一特点。关于赣语这一现象的成因，谢留文（1998）认为："赣语方言读阴平的古全浊上声字，在客家方言里往往也都读阴平，这恐怕不会是偶然的巧合，它说明赣语和客家话在古全浊上声字的演变上有某种密切的联系，这种联系又可能与历史上客家先民的南迁有关……今天客家方言和赣方言古全浊上声都有一批几乎相同的字读阴平，与客家先民第二次迁徙时外来人口与江西本地居民的长期接触融合不无关系。"何大安（2004）认为赣方言是受周边方言影响很深的"搭界方言"。赣方言中一些点有浊上归阴平的现象，但这不是早期赣语的特征，其言下之意是受客家话影响的结果。项梦冰、曹晖（2013:105）认为："用官话冲击来解释客赣方言的差异并不能得到方言地理学的支持，而把南赣的浊上归阴平看出客家话的底层或影响却符合方言地理语言学的一般分析原则。"不过，也有相当多的学者认为，这一现象与客家先民的南迁没有关系，这是客家话和赣方言的共同发展。张双庆、万波（1996）对南城话浊上归阴平现象详细分析后认为，南城的浊上归阴平是自身的演变。王福堂（1998）认为："客赣两方言中浊上字归阴平，是在同一规律支配下产生的历史音变。浊上字的各地方言中的不同表现只是同一规律的不同折射。或者反过来说，这些不同折射反映了同一个音变规律。"他还设想音变是由南向北、由客家话向赣语扩展的。刘纶鑫（1999）、严修鸿（2004）、刘泽民（2005）、孙宜志（2007）也都认为这是赣方言自身发展的结果，与客家话的影响无关。

就湖南赣语而言，我们支持后一种观点，即浊上归阴平是赣方言自身演变所致。湖南赣语攸县、茶陵、炎陵和资兴等地虽然有客家人，但这些客家人是明清时期先后从福建、广东以及江西等省客家人集中分布的地区迁入湖南的，人数较少，分布零散，属于劣势方言。湘东一线，江西移民后裔在人口构成中占有较大的比例。这就决定了赣语成为当地的强势方言，进而使得向当地的赣语靠拢成为湘东各县市客家方言演变的总方向（陈立中2002b）。因此，如果用客家话的影响来解释湖南赣语浊上归阴平的现象很难说得过去。

第三节　入声的演变

一　入声今读的类型

湖南赣语绝大多数方言点仍然保留入声，只有少数方言点入声消失。根据入声的有无和多少，湖南赣语古入声的今读可以分为下面四个类型：

（一）入声分阴阳

入声分阴阳的方言点只有岳阳县，其入声依据声母的清浊分化为阴入和阳入两类。如：塔 $t^hæ_{\text{ɔ}}$、甲 $cia_{\text{ɔ}}$、血 $çi_{\text{ɔ}}$、笔 $pi_{\text{ɔ}}$，杂 $ts^ha_{\text{ɔ}}$、页 $i_{\text{ɔ}}$、粒 $t^hi_{\text{ɔ}}$、罚 $fæ_{\text{ɔ}}$、侄 $ts^h]_{\text{ɔ}}$。不过，浊入不太稳定，有部分字归入阴入。次浊入归阴入的有：聂捺捏越粤悦阅栗入疫役抹~桌子灭鄂掠翼译液腋域脉逆欲浴；全浊入归阴入的有：闸捷碟叠牒集铡秩突述术鹤芍浊镯极泽择辟籍笛夕狄寂穴逐淑续杰截。也有极少数清入字归阳入，如"室戳北握"等。此外，还有部分字归入舒声调，如"摸拉挖"归阴平；"幅一忆亿蛰惊~雹剧戏~局"归阴去；"幕易交~饰"归阳去。

（二）清入和浊入合流为一个入声调

清入和浊入合流为一个入声调的有华容、岳阳楼、临湘、平江和醴陵等5个方言点。请看表6-8。

表 6-8　　　　　　　　　　　　　华容等五个方言点古入声的今读

	清入					次浊入			全浊入		
	鸭	湿	出	百	屋	抹~桌子	热	落	薄	直	熟煮~
华容	ŋa₃	sŋ₃	tɕʰy₃	pe₃	u₃	ma₂	ye₂	lo₂	pʰo₂	tsʰŋ₂	səu₂
岳阳楼	ŋa₃/ia₃	sŋ₃	tɕʰy₃	pɛ₃	u₃	ma₂/ma₃	zɛ₂	lo₂	pʰo₂	tsʰŋ₂	səu₂
临湘	ŋæ₃	sŋ₃	dzʰy₃	pø₃	u₃	mæ₂	ɳie₂	lo₂	bʰo₂	dzʰŋ₂	səu₂
平江	ŋaʔ₃	ʂət₃	tʂʰyət₃	peʔ₃	uʔ₃	maʔ₃	ɳieʔ₂/yaʔ₂	loʔ₂	pʰoʔ₂	tʂʰət₂	ʂəuʔ₂
醴陵	ŋa₂	sʅ₂	kʰy₃	pɛ₃	u₃	ma₂	ɳiɛ₂	lo₂	pʰo₂	tʂʰʅ₂	ʂəu₂

　　不过，尽管这个类型中的古入声今一般读入声调，但也有极少数古入声字今不读入声，而是归入舒声调。其中，清入一般归阴平，如华容：括 kua、窟 kʰu；岳阳楼：萨 sa、窟 kʰu；醴陵：甲 ka/kia。浊入归入舒声调没有明显的规律。如次浊入声字"拉"华容、临湘归阴平；"粒"平江归阳去；"膜"除临湘归入声外，其余四个方言点归阳平；"摸"五个方言点都归阴平；"翼"华容归阳去，平江归阴去；"易交~"岳阳楼、临湘、平江归阳去；"玉"临湘、平江归阴去，醴陵归去声。全浊入声字如"蛰"华容、岳阳楼、临湘等归阴去；"秩"岳阳楼、临湘归阴去；"雹"岳阳楼、平江归阴去，华容归阳去，醴陵归去声，临湘归阳平；"屐木~"临湘、平江和醴陵都归阴平。

　　（三）古入声部分读入声、部分舒化归并到其他舒声调

　　这一类型又可分为三个小类：

　　1. 清入读入声，浊入部分归阴平、部分仍读入声，有安仁、耒阳、永兴、资兴等方言点。请看表 6-9。

表 6-9　　　　　　　　　　　　　安仁等四个方言点清入的今读

	塔	湿	节	雪	一	骨~头	脚	郭	格	屋
安仁	tʰa₃	ʃiɛ₃	tsiɛ₃	siɛ₃	i₃	kuɛ₃	tʃu₃	ku₃	kɛ₃	u₃
耒阳	tʰa₃	çiɛ₃	tsɛ₃	çyɛ₃	i₃	kui/ku₃	to₃	ko₃	kɛ₃	u₃
永兴	tʰɔ₃	çiɛ₃	tɕiɛ₃	çyɛ₃	ʅ₃	kui₃	tɕio₃	ko₃	kɛ₃	ɯ₃
资兴	tʰo₃	çi₃	tɕi₃	çiu₃	ɕi大年初~/i₃	kuei₃	tɕiu₃	kɯ₃	kæ₃	ɛu₃

　　不过，这个小类中的清入也有极少数字不读入声，而是舒化归入其他调类。如安仁：榻 tʰɑ、萨 sɑ、窟 xəu、轭 ŋa/ŋɑ、宿 səu；耒阳：轭 ŋa、脊 tɕi；永兴：发 fu 头~、匹 pʰi 一~布、失 sɛ/sŋ、雀 tɕʰy、轭 ua、剔 çi、卜 pu、督 tu、竹 tsɯ；资兴：甲 ko 手指~/tɕia、萨 sa、发 fu 头~、匹 pʰi 一~布、屈 tɕʰy、雀 tɕʰy/tɕʰio、剔 tʰi、卜 pei。

下面用表格的形式详细介绍这个小类浊入的今读情况。请看表 6-10。

表 6-10　　　　　　　　安仁等方言点浊入的今读

		安仁	耒阳	永兴	资兴
次浊	归阴平	拉页篾月辣药肋	拉热篾日袜月辣抹摸药力麦脉木六肉褥	拉蜡腊叶页热篾日月辣抹摸药墨默麦脉木六肉绿	拉叶热篾月密蜜入辣摸力鹿肋绿
	读入声	纳腊聂猎业孽捏末日律~果子栗灭膜洛络骆鄂略弱若虐疫役木目牧浴录辱玉狱域	纳腊蜡聂猎业孽捏末律立越粤蜜捺栗入灭裂列烈悦阅物莫膜落洛络骆鄂略弱若虐岳翼域逆欲浴录玉狱	纳聂猎业孽捏末律立粒笠袜越粤捺栗入灭裂列烈悦阅物莫膜络骆鄂略弱若虐跃肋力岳翼额逆译液腋易交~历疫役目牧欲浴育录辱玉狱	纳聂猎页业垫孽捏末日律立粒袜栗越粤抹捺灭裂列烈悦阅物莫膜络骆鄂略弱若药跃勒力岳域额麦逆译液腋疫役木目牧欲浴六肉育辱褥狱
全浊	归阴平	十核果子~薄凿嚼镯锅舌截罚滑猾浊贼蚀直蚀展石独读斛穴伏轴	碟沓袭垫十薄凿镯罨浊贼蚀石笛斛穴伏舌罚	十薄罚凿昨勺镯浊贼直蚀白石读伏赎	碟牒蝶十舌滑薄凿勺罨镯浊贼蚀直绝石笛独读穴
	读入声	杂合盒捷蝶沓协集习袭垫及达佛铡疾实突术述杰夺活昨鹤镯特值殖获或择泽绝籍席主~夕敌狄寂获划计~族局服逐俗续属蜀赎	杂合盒捷蝶牒协集习袭及疾伝秩实突术述佛杰夺活猾嚼镯学特殖植极或择泽绝剧展籍席主~夕敌狄寂获划计~族毒局逐轴熟淑俗续属蜀赎	杂合盒狭叠捷蝶牒沓协集习袭垫铡及达疾伝秩实突术述佛杰滑猾嚼镯获学特食殖植极或择泽绝剧展籍席主~夕敌狄寂族毒局服穴逐轴熟俗属蜀	杂合盒狭沓协集习袭垫铡及达疾伝秩实突术述佛杰截夺虐罚鹤镯获划计~学特食殖极或择泽籍席主~夕敌狄寂族毒局伏服逐轴赎俗属蜀

从表 6-10 可知，在上述几个方言点中，浊入字少数归阴平，多数仍读入声。另外，也有部分浊入字白读阴平、文读入声；或者同一个音韵地位的，常用字归阴平，非常用字归入声。这两种情况在这几个方言点中都存在。白读阴平、文读入声的以全浊入为例。如安仁：狭 xɑ/ʃɑ、学 xu/ʃu、值 tɕhi/tɕhi、食 ɕie/ɕi、白 pʰa/pɛ；耒阳：昨 tsʰa/tso、白 pʰa/pɛ；永兴：舌 ɕie/sɛ、活 xuæ/xɔ；资兴：学 xɯ/ɕio。常用字归阴平、非常用字归入声的以次浊入为例。如安仁：墨 mɛ—默 mɛ、鹿 ləu—禄 ləu；耒阳：粒 li—笠 li、页 ie—叶 iɛ、墨 mɛ—默 mɛ、肋 lɛ—勒 lɛ、鹿 lu—禄 lu；永兴：落 lo—洛 lɔ、鹿 lɯ—禄 lu；资兴：腊 lo—蜡 lo/la、墨 miæ—默 miæ。当然，也有部分浊入字既不归阴平，也不读入声，而是归入其他调类。如安仁"幕跃翼交易液腋罨剧"归去声；耒阳"幕易交~跃"归去声；永兴"辱"归上声，"幕鹤获划计~续术述"归去声，"罨"归阳平；资兴"幕跃易交~玉昨剧"归去声。

2. 清入和次浊入合流读入声，全浊入部分归阳平、部分读入声，只有常宁 1 个方言点。

清入读入声的如：急 tɕi、八 pa、七 tɕhi、黑 xe、尺 tʰa/tsʰ；次浊入读入声的如：腊 la、热 ze、月 ye、篾 me、落 lo、药 io、木 mõ、六 lɯ。

不过，也有极少数字例外。如：匹꜀pʰi 一~布、脊꜀tɕi，拉꜀la、摸꜀mo、捺 læᵓ、幕牧 mõᵓ、玉 yᵓ。还有个别字白读去声，文读入声。如：额ŋaᵓ/ŋe꜆。也有个别字白读阳平，文读去声。如：翼꜁i/iᵓ。

全浊入归阳平的有“杂盒蛰惊~十侄舌活滑罚薄凿勺浊学贼直值殖植白屐木~席主~石笛划计~独读赎毒局伏熟赎”等；读入声的有“合狭捷叠碟蝶沓协集习袭及达铡疾秩突实杰截夺佛昨鹤嚼芍雹镯特食蚀极或泽择绝夕敌狄寂获穴服逐淑俗续蜀”等。从归阳平和入声的情况来看，归阳平的多为常用字，归入声的多为非常用字。另外，也有极少数全浊入声字归去声，如：剧 tɕyᵓ 戏~、述术ɕyᵓ、族 tsʰuᵓ、轴 tɕʰiɯᵓ、属ɕiɯᵓ；个别字归阴平，如：镬꜀o 锅。

3. 清入和次浊入一分为三，部分归阴平、部分归去声/阴去、部分读入声；全浊入部分归去声/阴去，部分读入声。属于这一小类的有隆回和绥宁 2 个方言点。下面把我们调查到的字全部罗列如表 6-11。

表 6-11-1　　隆回和绥宁清入的今读①

	隆回	绥宁
阴平	搭鸽喝押夹菜湿萨八杀瞎挖血一七骨戌削郭黑鲫织百拆摘轭只炙尺踢吃秃屋哭	鸽喝鸭塔湿擦杀八瞎学发七索恶桌德国百隔赤吃福屋粟
去声	磕别撇失托识式饰亿忆益滴仆复重~腹	阔汁别区~噎毕错~杂搁霍藿式毕亿忆迫释适嫡剔戚酷幅束
入声	答踏塔塌榻扎眨夹文件~恰折胁跌贴法涩急级吸葛渴察薛哲彻浙设洁钵拨泼括刮阔发说诀缺笔毕必匹一~布悉质吉卒兵~窟~窿忽恤屈作工~错~杂各阁搁恶善~爵却约廓霍藿~香剥驳朴卓啄戳捉朔觉知~确壳握北得德则刻克逼即侧测职国柏伯迫拍格责积迹策册革昔惜适释的目~嫡剔积戚析击激卜扑速督酷福幅肃宿筑畜~牲祝叔菊蓄储~促烛嘱触束曲~折	押压摄胁跌发执急级吸揖阔哲浙彻设撇洁括阔雪诀笔必悉质吉乙卒窟忽恤屈作各阁却约剥朴~素卓戳啄朔觉知~确握则即测责策轭积迹革昔惜益析激击扑扑仆秃速督肃宿复重~腹祝粥缩菊促触嘱束曲~折
阴平/入声	甲鸭接帖擦揭歇切结脱刷雪漆膝虱出熄索脚桌角塞阻~色织客隔脊壁劈锡谷竹缩粥	铁骨识脊锡竹叔
阴平/去声	赤粟	血踢

表 6-11-2　　隆回和绥宁浊入的今读

	隆回	绥宁
入声	纳蜡腊猎越粤业捏末律粤越捺裂列烈悦阅物莫幕洛骆鄂弱若虐跃岳逆液腋禄目牧穆陆录辱褥（次浊）；杂合捷叠蝶牒协集习袭蛰及达铡疾突佛鹤芍镯特息媳或泽绝籍笛敌狄寂独族毒服局穴逐轴淑俗续属蜀杰截夺活猾罚（全浊）	聂猎业孽捏末律立笠粤越栗灭烈列裂悦阅物膜幕鄂略掠若弱虐默勒翼逆目牧欲褥（次浊）；杂协集习及达疾秩突佛杰截夺芍特息媳极或辟籍席主~夕敌狄局穴逐淑俗续属蜀（全浊）

① 表 6-11 中的去声在绥宁是指阴去。

	隆回	绥宁
去声	聂页叶篾粒立入辣灭捋落略掠药墨默力翼域麦译易_义~疫役历欲~_望浴六育玉狱（次浊）；狭碟沓十侄秩别舌术述薄凿昨勺嚼镀_锅雹浊贼直值食蚀殖植极白剧_戏~夕辟席_主~获划_计~石读斛伏（全浊）	纳叶热篾月密蜜入辣捋莫落烙骆洛络药墨域麦译易_义~历疫役穆浴育辱玉狱（次浊）；合盒_烟~狭碟蝶沓蛰~侄十实术述舌活滑猾罚薄凿昨鹤嚼着_睡~勺~子雹浊学贼直值食蚀殖择白剧_戏~石笛获划_计~独读斛毒伏服熟赎（全浊）
阴平	拉日抹摸脉（次浊）	拉腊蜡粒袜捺摸跃岳肋脉液腋木鹿禄六绿（次浊）；屐_木~族轴（全浊）
阴平/去声	粒（次浊）	抹力肉（次浊）
阴平/入声	孽袜日烙额木鹿肉绿（次浊）	额陆录（次浊）
去声/入声	月密蜜栗勒肋（次浊）；盒滑实学择屐_木~赎熟_煮~（全浊）	

　　除了表 6-11 中的几种情况以外，还有个别字有三个读音。如隆回：铁 _ꞏxi/xi_ꞏ/xe^ꞏ、热 _ꞏĩ/ĩ^ꞏ/ie_ꞏ；绥宁：日 _ꞏŋ/ie^ꞏ/i_ꞏ。有时同一个音韵地位的，常用字读阴平，非常用字读入声或者阴去。这种情况主要见于清入。如隆回：搭_ꞏtɑ—答 tɑ^ꞏ、鲫_ꞏtsiɑ—即 tsi_ꞏ；绥宁：甲_ꞏtʃʌ—恰 tʃʰʌ_ꞏ、熄_ꞏsi—媳息 si_ꞏ，搭_ꞏtʌ—踏 tʰʌ_ꞏ、失_ꞏʃi—室 ʃi^ꞏ。

　　从文白异读来看，隆回和绥宁清入归阴平的是白读，归入声的是文读；全浊入归去声/阴去的是白读，读入声的是文读；次浊入白读有阴平和去声/阴去两个，文读有去声/阴去和入声两个。

　　（四）入声消失，归并到其他舒声调

　　这一类型根据入声消失后的归并方向又可以分为两个小类：

　　1. 清入和浊入合流归阴去，有茶陵 1 个方言点。

　　茶陵清入归阴去的如：杀 sa^ꞏ、结 tɕie^ꞏ、笔 pi^ꞏ、血 ɕye^ꞏ、国 kue^ꞏ、福 fu^ꞏ。也有的清入白读阴去，文读阳去。如：八 pa^ꞏ/pa^ꞏ、薛ɕie^ꞏ/ɕie^ꞏ、匹 pʰi^ꞏ/pʰi^ꞏ、鹊 tɕʰio^ꞏ_喜~/tɕʰye^ꞏ_鹊~、得 te^ꞏ_给/te^ꞏ_认~。次浊入归阴去的如：辣 la^ꞏ、叶 e^ꞏ、抹 mo^ꞏ~_{桌子}、弱 n̩io^ꞏ、额 ŋe^ꞏ、鹿 lu^ꞏ、肉 n̩iɵ^ꞏ；全浊入归阴去的如：合 xo^ꞏ、佛 fu^ꞏ、罚 fa^ꞏ、贼 tsʰe^ꞏ、读 tʰu^ꞏ。古入声还有极少数归阳去。清入归阳去的有"眨夹_{文件}~割察促烛"等；全浊入归阳去的有"集术_技~述辟夕雹族"等；次浊入归阳去的只有极个别字如"玉"等。

　　2. 清入多数归阴平；浊入部分归阴平、部分归去声/阴去，有浏阳、攸县、炎陵和洞口 4 个方言点。

　　（1）清入的今读

　　浏阳等四个方言点清入的今读见表 6-12。

表6-12　　　　　　　　　浏阳等四个方言点清入的今读

	鸭	急	杀	结	血	笔	出	德	国	福
浏阳	ˌŋa	ˌki	ˌsa	ˌkiɛ	ˌɕyɛ	ˌpi	ˌtʂʰy	ˌtiɛ	ˌkuɛ	ˌfu
攸县	ˌa	ˌtɕiɛ	ˌsa	ˌtɕiɛ	ˌfe	ˌpi	ˌkʰuɛ	ˌtɛ	ˌkuɛ	ˌfo
炎陵	ˌa	ˌtɕi	ˌsa	ˌtɕiɛ	ˌɕyɛ	ˌpi	ˌtɕʰy	ˌtɛ	ˌkuɛ	ˌfu
洞口	ˌa/ɛa	ˌtʃi	ˌsa	ˌtʃiɛ	ˌʃyɛ	pi²	ˌtʃʰʉ	tia²	ˌkuɛa	fu²

　　表6-12显示，浏阳、攸县、炎陵和洞口四个方言点清入一般归阴平，不过，也有部分字归入其他调类，主要是阴去或去声。浏阳归阴去的有"萨葛恤别区~鹊霍室戳式饰释的滴踢"等；攸县归去声的有"踏压擦别区~爵却亿忆迫"等；炎陵归阴去的有"赤碧释适室执剔戚悉益忆亿督促诉肃酷速筑畜~牧蓄曲弯~郁策政~啬钵式怯泄屑却妾轧压索阔霍藿豁握鹊迫腹宿~舍剧察窄洽劫括压"等；洞口归去声的有"沓押压摄胁法渴汁级揖哲折浙设彻别区别洁阔说笔毕必诀悉质失室乙作搁霍藿卓戳啄朔确握德识职式亿忆窄责策积迹惜昔益释适的嫡滴剔积戚析激秃速幅福腹肃筑祝缩菊烛束粟嘱"等。有文白异读的，白读归阴平、文读归去声，如洞口：恰ˌkʰa/tʃʰa²、脊ˌtsia/tsi²、锡ˌsia/siɛ²。从上文罗列的字数来看，上述四个方言点清入归去声最多的是洞口，其次是炎陵，最少的是攸县。
　　（2）次浊入的今读
　　浏阳等四个方言点次浊入的今读见表6-13。

表6-13　　　　　　　　　浏阳等四个方言点次浊入的今读

	腊	叶	抹~桌子	热	月	落	药	额	木	肉	玉
浏阳	la²	ie²	ˌma	ŋiɛ²	ŋyɛ²	lo²	io²	ŋua²	mo	ˌŋiɔu	y²
攸县	ˌla	ie²	ˌma	n̠iɛ²	ŋuɛ²	lo²	io²	n̠ia	mo	ˌŋio	y²
炎陵	la²	ie²	ˌma	le²	ŋye²	luɪ²	yo²	n̠ia	ˌmu	n̠iu	y²
洞口	ˌla	iɛ²	ˌma	iɛ̃²/iɛ²	yɛ²	lo²	io²	ã/ɛa²	mun	iu	ʉ²

　　从表6-13来看，浏阳等四个方言点次浊入部分归阴平、部分归阴去。下面把调查到的次浊入声字全部罗列出来。
　　浏阳次浊入归阴平的有"拉猎孽日立末捏袜入蜜越粤捺灭抹~桌子列裂烈劣悦阅物莫摸诺骆洛鄂略掠若弱约跃岳姓默擘用手~开逆~风译液木鹿禄目穆牧肉绿录浴狱"等；归阴去的有"纳蜡腊辣聂叶页业笠粒辣热篾月密栗律落药墨肋翼力额麦脉易交~历日~疫六育辱陆"等。个别字归阳去如"幕玉"；个别字归阳平如"膜"。

　　攸县次浊入归阴平的有"纳蜡抹腊辣聂业立猎笠粒捺灭列裂烈孽捏末劣悦阅袜粤蜜日栗诺骆洛络乐_快~鄂略掠若弱虐疟~_疾约跃岳_姓乐_音~默力额脉逆~_风译易交~液历日~木禄目穆牧肉育绿录辱褥狱浴"等；归去声的有"叶页篾热月辣落莫幕药墨肋翼麦鹿六陆玉捋~_袖擘_{用手~开}"等。此外，有的白读去声，文读阴平。如：越 uɛ²/ᵤuɛ、密 miɛ²/ᵥmiɛ。

　　炎陵次浊入归阴平的有"日~_{头：太阳}木抹摸捺袜若虐岳_南~乐_音~虐略约~_{下呷：用秤称称}脉□_{刺刺}撖_{用拇指和其他手指夹：~几下}聂捏~_造孽逆馗物疟绿肉"等；归阴去的有"密蜜觅秘汹_{打~子：潜泳}立栗厉历力目牧穆禄鹿录陆_水~纳腊辣额莫默墨末沫鄂赂洛骆络烙_烧~_肉皮酪落捋_{双手拿}乐_快~钥药麦热勒肋灭篾例猎列烈裂劣镊业叶页月六陆_{大写数字}绎易律纪~，~_师役_防~站疫狱玉育欲浴役_战~悦阅曰粤越"等。有的白读阴平，文读阴去。如：弱 ᵤnyə/luə²、岳 ᵤyə_南~/yə²_阳、粒 ᵤli _{量词：一~米}/li²_{名词，颗}~。极个别字归阳平，如：若 ₛluə。

　　洞口次浊入归阴平的有"蜡拉腊业猎粒抹~_{桌子}摸孽捏日物摸略弱约脉木鹿禄擘_{用手~开}绿肉"等；归去声的有"纳聂叶页热末律立笠辣捺灭列裂烈篾劣悦阅月袜越粤蜜密栗莫膜幕诺落烙诺骆洛络乐_快~捋~_袖鄂若药跃岳_姓乐_音~墨默肋力翼麦疫役译易交~液腋历日~目穆牧六陆育玉狱欲~_望浴域"等。个别字白读阴平，文读去声，如：额 ᵤã/ɛa²。

　　从上文罗列的次浊入声字来看，无论是归阴平的还是归去声/阴去的，都有一批常用字。

　　（3）全浊入的今读

　　浏阳等四个方言点全浊入的今读见表 6-14。

表 6-14　　　　　　　　浏阳等四个方言点全浊入的今读

	盒烟~	十	达	罚	薄厚~	凿	学	直	毒	杰
浏阳	xo²	ʂʅ²	tʰa²	fa²	pʰo²	tsʰo²	ʂo²	tʂʰʅ²	tʰəu²	ₛkʰiɛ
攸县	xo²	ɕiɛ²	xa²	fa²	pʰo²	tʰo²	xo²	tɕʰiɛ²	xo²	tɕʰiɛ²
炎陵	xuə²	ʂʅ²	ₛta	fa²	pʰə²	tsʰuə²	xuə²	tʂʰʅ²	tʰu²	ₛtɕiɛ
洞口	xo²	ʃiɛ²	ta²	xua²	ho²	tsʰo²	ʃo²	tʃʰiɛ²	tu²	tʃʰiɛ²

　　从表 6-14 来看，浏阳等四个方言点全浊入一般归去声/阴去。前文指出，洞口浊去归阴平，今读去声的为古清去字，因此，其浊入归去声的实质上是归清去。不过，这四个方言点全浊入也有部分字不归阴去或去声，而归阴平。浏阳归阴平的有"叠碟闸协袭及铡疾秩突核_梨~儿着_睡~嚼镬_锅特灭值植殖极杰夺穴辟籍夕敌寂复~_原服逐轴俗赎属穴绝"等；攸县归阴平的有"闸狭袭蛰_惊~及鹤特蚀泽择~_菜屐辟寂复~_原截"等；炎陵归阴平的有"伏达叠蝶碟捷杰截核

190 湖南赣语语音调查研究

桃~核~心疾择泽"等；洞口归阴平的有"蛰术技~鹤辟获穴轴"等。

综上所述，在浏阳、攸县、炎陵和洞口四个方言点中，入声消失后的主流是：清入归阴平，全浊入归去声/阴去，次浊入部分随清入、部分随全浊入。

上文详细介绍了湖南赣语古入声的今读情况。依据分化条件，湖南赣语古入声的今读可以细分为以下六个类型：第一类，入声依据声母清浊分化为阴入和阳入两类，但有部分浊入尤其是全浊入归阴入，有岳阳县1个方言点。第二类，清入和浊入合流为一个调类，有华容、岳阳楼、临湘、平江、醴陵和茶陵等6个方言点。除茶陵外，其余几个方言点清入和浊入合流为入声调，茶陵清入和浊入合流后归阴去。第三类，清入读入声，浊入白读归阴平、文读读入声，有安仁、耒阳、永兴和资兴等4个方言点。第四类，清入和次浊入合流为一个入声调，全浊入白读归阳平，文读读入声，有常宁1个方言点。第五类，古入声白读舒化、文读读入声。舒化后清入归阴平、全浊入归去声/阴去、次浊入部分随清入、部分随全浊入，有隆回和绥宁2个方言点。第六类，入声消失，归并到其他舒声调，其中，清入主要归阴平，全浊入主要归去声/阴去，次浊入部分随清入、部分随全浊入，有浏阳、攸县、炎陵和洞口等4个方言点。

从演变方向看，入声消失后，除常宁外，其他方言点不管是清入还是全浊入，都是随清声母演变，或归阴平，或归去声/阴去；常宁全浊入随浊声母演变归阳平。从地理分布来看，上述六个类型中，第一类见于湘北，第二类主要见于湘北和湘中，第三类主要见于湘南，第四类见于湘南，第五类主要见于湘西南，第六类主要见于湘中，湘西南的洞口也属于这一类。请参看附录图38"入声今读的类型"。

据《报告》（杨时逢1974），湖南赣语古入声今读有以下四个类型：第一类，清入和浊入合流为一个入声调，有华容城内、岳阳樟木铺、临湘路口、平江三墩、浏阳淳口铺、茶陵清水村、耒阳东乡、安仁新渡村、资兴谭村等9个方言点；第二类，清入、次浊入和全浊入大部分合流读入声调，全浊入部分归去声，有醴陵清水江和攸县高枕乡2个方言点；第三类：清入、次浊入和全浊入少部分合流读入声调，全浊入大部分归阳平，有常宁大同铺1个方言点；第四类，古入声今归阳平，有永兴白泥塘1个方言点。

比较《报告》和我们的调查，发现两者相同的只有华容、临湘、岳阳县、常宁、醴陵等5个方言点，其余的方言点存在这样或那样的区别。造成这些区别的原因有的应是选点不同。如浏阳虽然我们调查的蕉溪古入声完全舒化归并到其他调类，但城关古入声今仍读入声（夏剑钦1998），与淳口铺一样。有的可能是《报告》漏记。如我们的调查表明，安仁、耒阳、资兴浊入有文白两读，白读归阴平、文读读入声。《报告》可能只记录了这些方言点浊入的文读，没有记录白读，因此古入声只有入声调一个读音。有的由于缺乏更多的材料，暂时无法判断其记录是否属实。如我们调查的茶陵、攸县两个方言点古入声调已经消失，《报告》调查的茶陵清水村、攸县高枕乡2个方言点有入声调。这两个方言点是否保留入声调，还有待于进一步调查研究。

二　入声今读的层次

（一）清入今读的层次

湖南赣语多数方言点清入今读的性质和层次比较清晰。其中，岳阳县、华容、安仁等方言点古清入今读入声是该方言固有的读音，是古入声调的保留。派入其他调类（主要是阴平）的很少，而且多是非常用字，如"萨窟匹一~布"等。很明显，这些非入声的读音来源于官话。茶陵清入一般归阴去，归阳去的多是非常用字，如"眨夹文件~割察促烛"等；存在文白异读的，白读阴去，文读阳去，如"八薛得"。由此可以看出，荣陵今归阴去的层次早于今归阳去的。浏阳、攸县清入一般归阴平，归去声的多是非常用字，如"式饰忆亿"等。显然今归阴平的层次较早，今归阴去的层次较晚。炎陵、洞口虽然清入有阴平和去声两读，而且字数都比较多，但从其常用字或白读归阴平、非常用字或文读归去声的情况可以看出，今归阴平的层次早于今归去声的。

清入今读层次比较复杂的是湘西南的隆回和绥宁两个方言点。如前所述，隆回和绥宁清入部分归阴平、部分归去声/阴去、部分读入声。这三个读音哪个层次较早？从部分字白读阴平、文读入声的现象来看，阴平的层次明显早于入声。此外，从上文所列举的例字可知，这两个方言点清入归去声的多是非口语常用字，如"识式饰亿忆益"等，与普通话的调类一致。很明显，这个读音是受普通话的影响而产生的。那么，入声和去声两者的层次哪个在前、哪个在后？

我们来看隆回和绥宁清入的文读入声是怎么产生的。周边西南官话中，北部常德话古入声今多归去声，调值为35。如：色 se^{35}、急 tɕi^{35}、辣 la^{35}、热 ŋe^{35}、缺 tɕʰye^{35}、侄 tsŋ^{35}、笛 ti^{35}。西边西南官话古入声已消失，多数派入阳平，如芷江、洪江、新晃、通道、靖州；个别派入阳平和阴去，如麻阳；个别派入上声，如会同；极少数派入阴平、阳平和阴去，如鹤城、中方。派入阳平的几个方言点，除洪江调值为213以外，其余几个调值均为13。麻阳派入阳平和阴去后调值分别为213和24；会同派入上声后调值为24；鹤城、中方派入阴平、阳平和阴去后调值分别为55、213、45（夏先忠2006）。我们注意到，上述西南官话古入声无论今派入哪个调类，其调型一般为升调或曲折调，只有鹤城、中方的阴平为高平调。隆回和绥宁两个方言点清入文读调值为324或325，与上述西南官话入声今读调值非常接近。因此，我们认为，这两个方言点清入文读入声来源于周边西南官话。不过，这个入声调的底层是小称变调，只是由于入声文读与之合流而被当作入声（详见本章第四节"非入读入"）。弄清了隆回和绥宁两个方言点古入声今读入声和去声/阴去的来源，它们的层次就很清楚了，入声在前，去声/阴去在后，因为西南官话对它们的影响早于普通话。

（二）浊入今读的层次

1. 全浊入今读的层次

在浊入舒化的方言点中，全浊入几乎都分别归入两个调类。有的是阴平和入声，如安仁、耒阳、永兴和资兴等；有的是阳平和入声，如常宁；有的是去声/阴去和入声，如隆回和绥宁；有的是阴平和去声/阴去，如浏阳、攸县、炎陵和洞口等；有的是阴去和阳去，如茶陵。这两个读音的层次比较清楚。

在有入声的方言点中，全浊入今读其他调类如阴平、阳平、去声/阴去的层次早于入声，因为今读其他调类的为常用字或白读，今读入声的为非常用字或文读。其中，安仁、耒阳、永兴、资兴和常宁等方言点全浊入今读入声是与清入合流的结果；隆回、绥宁全浊入虽然也与清入合流，但只是与清入的非常用字合流，其清入常用字今读舒声，因此，这两个方言点全浊入今读入声的性质与清入一样，是受周边西南官话的影响产生的。

在无入声的浏阳、攸县、炎陵和洞口四个方言点中，今读去声/阴去的层次早于阴平，因为前者字数较多，且多是常用字；后者字数较少，而且多是非常用字，如"蛰惊~泽辟寂复~原截轴"等。茶陵今归阴去的层次较早，今归阳去的层次较晚，因为归阴去的为常用字或白读，归阳去的为非常用字或文读。

2. 次浊入今读的层次

前文指出，湖南赣语部分方言点次浊入有两个不同的演变方向，部分随清入，部分随全浊入。另外，岳阳县入声虽分阴阳，但次浊入有几个字不读阳入，而读阴入，它们是"聂捺栗抹~桌子灭脉逆"。

古次浊入部分随清入、部分随全浊入演变的现象在客赣方言中普遍存在。据孙宜志（2006:242），江西赣语古次浊入哪些字今读阴入，哪些字今读阳入，比较一致。例如"蜡灭热末袜蜜默额脉木陆肉绿"今一般读阴入，而"腊篾捋月密莫落墨麦六"今一般读阳入。黄雪贞（1988、1989）先后指出，客家话次浊入声字部分随清声母入声字走，部分随全浊声母入声字走，其中，"日袜笏额脉肉六木"随清入演变，"月末捋入纳灭肋麦逆篾玉绿"随全浊入演变。刘伦鑫（2001:113）根据江西客家话的材料，补充了几个次浊入随清入演变的字，如"粒笠抹聂"等。我们注意到，在学者们列举的上述共同的例字中，有好几个字客赣方言的演变相同。如"肉木额袜脉"随清入演变，"月篾麦"随全浊入演变。客赣方言演变方向不同的是"六"和"绿"。其中"六"在客家话中随清入演变，在江西赣语中随全浊入演变；"绿"在客家话中随全浊入演变，在江西赣语中随清入演变。

　　在学者们列举的上述次浊入声字中，除个别未调查到如"笏"和个别多归去声/阴去如"玉"以外，湖南赣语"篾热密落墨"演变非常一致，即都随全浊入演变；其他的则存在较大的差异，请看表 6-15。

表 6-15-1　　　　　　　　次浊入的演变（一）

	随清入演变	随全浊入演变
末	安仁、耒阳、永兴、资兴、浏阳、攸县	隆回、炎陵
袜	安仁、永兴、资兴、隆回、浏阳、绥宁、攸县、炎陵	耒阳、洞口
莫	资兴、浏阳	绥宁、洞口、攸县、炎陵
蜜	永兴、攸县	资兴、隆回、绥宁、洞口、炎陵
额	安仁、永兴、资兴、隆回、绥宁、洞口、攸县	耒阳、浏阳、炎陵
脉	安仁、资兴、隆回、绥宁、洞口、攸县、炎陵	耒阳、永兴、浏阳
木	安仁、资兴、隆回、绥宁、洞口、浏阳、攸县、炎陵	耒阳、永兴
陆	安仁、绥宁	耒阳、永兴、洞口、浏阳、攸县
肉	安仁、资兴、炎陵	耒阳、永兴、隆回、绥宁、洞口、浏阳、攸县
莫	资兴、浏阳	绥宁、洞口、攸县、炎陵
麦	安仁、资兴	耒阳、永兴、隆回、绥宁、洞口、浏阳、攸县、炎陵
六	资兴、绥宁	安仁、耒阳、永兴、隆回、洞口、浏阳、攸县、炎陵
日	安仁、资兴、隆回、绥宁、洞口、浏阳、攸县、炎陵	耒阳、永兴
肋	永兴、绥宁	安仁、耒阳、资兴、隆回、洞口、浏阳、攸县、炎陵
逆	安仁、耒阳、永兴、资兴、浏阳、攸县、炎陵	洞口
抹	安仁、资兴、隆回、绥宁、洞口、浏阳、攸县、炎陵	耒阳、永兴

表 6-15-2　　　　　　　　次浊入的演变（二）

	随清入演变	随全浊入演变
蜡	耒阳、资兴、绥宁、洞口、攸县	安仁、永兴、浏阳、炎陵
灭	安仁、耒阳、永兴、资兴、浏阳、攸县	隆回、绥宁、洞口、炎陵

续表

	随清入演变	随全浊入演变
默	耒阳、资兴、浏阳、攸县	永兴、隆回、洞口、炎陵
绿	安仁、耒阳、永兴、资兴	隆回、绥宁、洞口、浏阳、攸县、炎陵
腊	安仁、耒阳、绥宁、洞口、攸县	永兴、资兴、浏阳、炎陵
纳	安仁、耒阳、永兴、资兴、攸县	隆回、绥宁、洞口、浏阳、炎陵
粒	安仁、永兴、资兴、绥宁、洞口、攸县、炎陵	耒阳、浏阳、隆回、浏阳
笠	耒阳、永兴、资兴、攸县	安仁、绥宁、洞口、浏阳
聂	安仁、耒阳、永兴、资兴、攸县、炎陵	隆回、绥宁、洞口、浏阳

　　表 6-15-1 显示，湖南赣语"袜额脉木日抹"多随清入演变，"肉麦六肋"多随全浊入演变。表 6-15-2 显示，"腊灭默绿腊纳粒笠聂"的演变没有明显的倾向性。

　　对照江西赣语，湖南赣语"热袜额脉"和"篾月密落墨麦六"的演变与江西赣语一致或基本一致，前者随清入走，后者随全浊入走。"肉"的演变与江西赣语相反，不是多随清入走，而是多随全浊入走。"六"的演变与江西赣语接近，与客家话相反，即多随全浊入走，少随清入走。"绿"的演变与江西赣语不太一致，与客家话稍近，即随全浊入走的稍多，随清入走的稍少。不过，湖南赣语"六"和"绿"的演变方向虽然存在地域差异，但这些差异与浊上归阴平白地理分布并不一致。

　　综上可知，虽然湖南赣语多数方言点次浊入有两个不同的演变方向，但不管是随清入走还是随全浊入走，都有一批常用字，因此，这两个演变方向应该属于同一个层次。不过，少数非常用字虽然今天归入这两个演变方向中的某一个，但性质与常用字不同。它不是方言自身的演变，而是官话影响的结果。如"拉摸"等多归阴平，"洛乐快~乐音~疫役译易交~液腋穆牧育玉狱欲~望浴域"等归去声/阴去。

　　隆回和绥宁这两个方言点次浊入除了随清入和全浊入的白读演变以外，还有部分读入声，如隆回的"纳蜡腊猎越粤业捏末律粤越捺裂列烈悦阅物莫幕洛骆鄂弱若虐跃岳逆液腋禄目牧穆陆录辱褥"等，绥宁的"聂猎业孽捏末律立笠粤越栗灭烈列裂悦阅物膜幕鄂略掠若弱虐默勒翼逆目牧欲褥"等。从上述例字来看，今读入声的多是非常用字，与其他两个演变方向多为常用字明显不同。因此，这一读音晚于其他两个读音，是受官话影响与清入、全浊入文读合流的结果，其性质与清入、全浊入的文读相同。

第四节　小称变调

一　非入读入

本章第一节"平声的演变"指出，永兴有相当部分浊平字读入声。其实，除了浊平字以外，还有部分其他非入声字今也读入声。如：矸 aₒ、妒 tuₒ、塑 suₒ、絮 ɕyₒ、助 tɕʰyₒ、誉 yₒ荣~、续 ɕyₒ、算 pʰ₃~子、蜕 tʰoₒ蛇~皮、谊ₗₒ、庇 pₗₒ、器 tɕʰₒ、弃 ɕₒ、导 təₒ、惨 tsʰæₒ、间 kæₒ~断、苋 ɕiₒ~菜、楝 ₗₒ苦~树、冠 kuæₒ~军、杏 senₒ。我们注意到，上述非入声今读入声的字多数来自古去声，且一般为非常用字，因此，这些非入声字今读入声是受周边郴州官话的影响而产生的，与浊平今读入声的性质相同。

除了永兴以外，还有一些方言点部分非入声字今读入声，这些字多来自古浊平，而且多是常用字。如安仁：渠 tʃiₒ他、兔 tʰəuₒ、泡 pʰɔₒ单用、鸟 tioₒ、锄 tʃuₒ、迷 minₒ、柿 ʂ̩ₒ、篮 laŋₒ、胗 tʃʰinₒ、菌 tʃʰuanₒ、巷 xõₒ、篷 pənₒ、粽 tsənₒ、□læₒ唧小孩、凼 tʰõₒ、□lõₒ小牛；隆回：蔗 tʃɑₒ、下 xɑₒ量词、帕 pʰɑₒ、迷谜 mɛ̃ₒ、泡 pʰɑuₒ名词、猫 miɑuₒ、耀 ioₒ、鸟 tiəₒ、崽 tseₒ小孩、蚕 tsʰaŋₒ、篮 laŋₒ、盏 tsaŋₒ、肫 tʃʰɛ̃ₒ~肝、横 oŋₒ蛮~、糊 uₒ、□kaₒ大便、□lɑuₒ(人)睏、□tʃoŋₒ(脾气)坏、把 paₒ量词、□sɤŋₒ(鸡)翻(食物)、□tʃĩₒ蚌、笼垅 lɤŋₒ、虫 tʃʰɤŋₒ、□loŋₒ脚~：脚跟、□poŋₒ偷(看)、□tsʰĩₒ捅、扎、□kɤŋₒ钻、□tuɛ̃ₒ竖(起来)；绥宁：涂 tʰuₒ、麻 mʌₒ、伢 ŋʌₒ、墓 moₒ、卢 luₒ、胡 uₒ~子、瞿 tʃʰɤₒ、迷谜 mĩₒ、蹄啼 tʰiₒ、细 leₒ、尼 n̩ₒ、霉 meₒ、梨 liₒ、桃 tʰauₒ、苗 miauₒ、窑鹞~鹰 iauₒ、猴 xœuₒ、球 tʃʰiuₒ、蚕 tsʰɛ̃ₒ、篮栏 laₒ、电 tiɛ̃ₒ、肫 tʃʰĩₒ~肝、肠 tʃʰaŋₒ、虫 tʃʰɤŋₒ、□sɤŋₒ~人：傻瓜、□tĩₒ踮、□kʰauₒ搅、□kaₒ大便。

此外，还有部分非入声字有两读，白读或常用义读入声，文读或非常用义读本调。如隆回：芽ɑₒ/ɑˮ、路 luₒ/luˀ、库 kʰuₒ水~/kʰuˀ仓~、鼠 ʃuₒ老~/ˀʃu、亥 xeₒ/xaˀ、李 liₒ果实/ˀli 姓、奶 laₒ母乳/ˀlaₒ~~、桃 xɑuₒ/ₛxɑu、猫 miɑuₒ/ₛmɑu、油 iuₒ~腻/ₛiu、片 pʰĩₒ尿~/pʰĩ̌、肠 tʃʰoŋₒ/ₛtʃʰoŋ、黄 oŋₒ~蛋/ₛoŋ颜色、菱 lɛ̃ₒ~角/ₛlɛ̃；绥宁：芽 ŋʌₒ/ₛiʌ、婆 puₒ/pʰuₒ/ₛpʰo、槌 tʃʰɤₒ名词/tʃʰɤ动词、荷 oₒ/ₛxo、祁 tʃʰiₒ~剧/tʃʰi、姨 iₒ/ₛi、奶 laiₒ/ˀlai、泥 n̩ₒ烂~/ₛlɛ̃~巴、猫 mauₒ/ₛmau、芹 tʃʰɿₒ/ₛtʃɿ、陈 tʃʰĩₒ~谷/ₛtʃʰĩ姓。

从上述两读的例字来看，非入声字读入声还是读本调，除了区分文白异读以外，有的还有区别意义或区别词性的作用。如隆回"油"表示"油腻"读入声，其余读本调；"黄"表"蛋黄"义读入声，其余读本调；"李"指"果实"读入声，表"姓氏"读本调。绥宁"槌"读入声为名词，读本调为动词；"陈"用于"陈谷"读入声，表"姓氏"读本调；"祁"在"祁剧"中读入声，字音读本调。综合以上事实，我们认为，安仁、隆回和绥宁等非入读入的实质是小称变调，与永兴非入读入的性质完全不同。

　　前文指出，绥宁和隆回两个方言点的入声调并不是中古入声调的保留，而是受官话影响产生的文读。这两个方言点入声调的底层是这个小称变调，只是由于古入声文读的混入而使这个小称变调不为人识。也正是因为这个入声调不是中古入声调的保留，所以才会出现古入声字白读舒声、文读入声的现象。

　　从地理分布来看，湖南赣语表现为非入读入的小称变调只见于湘南和湘西南，湘北和湘中暂时还未发现。

二　非清去读阴去

　　在湘北的岳阳楼、临湘和岳阳县三个方言点中，古清平字"光"除了阴平以外，还有阴去的读音。如岳阳楼：光ₗkuaŋ名词/kuaŋ³形容词；临湘：光ₗkuɔŋ名词/kuɔŋ³形容词；岳阳县：光ₗkuɔŋ名词/kuɔŋ³形容词。在这里，声调有区别意义和词性的作用。此外，前文指出，平江极少数次浊上声字如"尾老脑"白读阴去，文读阳上；其他声调的也有个别常用字白读阴去，如：左 tsø²/ₗtsø、婆 pø²/ₗpʰø、煎 tsien²/ₗtsien。另外，岳阳楼"左 tso²/ₗtso"白读也为阴去。就岳阳楼等"光"的读音而言，我们倾向于认为，上述四个方言点非清去读阴去的实质是小称变调。

　　湖南赣语小称变调的地理分布见附录图39"小称变调今读的类型"。

第七章 从内部比较看湖南赣语的分片

第一节 湖南赣语的内部比较

上文我们从声母、韵母和声调三个方面介绍了湖南赣语的音韵特点，发现，湖南赣语一方面具有比较强的一致性，另一方面差异性也不容忽视。

一 一致性的音韵特点

在我们调查的 18 个方言点中，所有的方言点都具备的语音特点有：（1）古全浊声母今读塞音、塞擦音时，与次清声母合流；（2）精、庄、知二合流，知三与章组合流；（3）见系三、四等与知三、章在细音前合流；（4）泥、日、疑在细音前合流；（5）存在轻唇读重唇的现象；（6）蟹摄合口一、二等存在区别，而效摄开口一、二等无别；（7）鱼、虞存在区别的痕迹；（8）支、微入鱼；（9）[-m]尾消失，[-n]、[-ŋ]尾简化；（10）咸山摄、宕江摄、深臻曾梗ₓ摄分别合流；（11）深、臻、曾、梗ₓ入声韵存在与止摄合流的现象；（12）宕、江摄入声韵与果摄合流或主元音相同；（13）平分阴阳。

18 个方言点只有一两个方言点例外的语音特点有：（1）祭韵与支微、鱼虞韵合流（茶陵、隆回例外）；（2）梗摄存在文白异读现象（岳阳楼例外）；（3）入声韵尾消失（平江例外）；（4）通摄入声韵与流摄合流（攸县例外）；（5）全浊入一般随阴调走（岳阳县和常宁例外）。

以上 18 条可以概括为湖南赣语一致性的音韵特点。

二 差异性的音韵特点

湖南赣语差异性的语音特点见表 7-1、表 7-2 和表 7-3。表格中的"＋"表示某个方言点具有表格左栏所列的某一特点，空白表示某个方言点不具有表格左栏所列的某一特点。

表 7-1　　　　　　　　　　湖南赣语声母差异性的音韵特点

		湘北					湘中					湘南					湘西南		
		华容	岳阳楼	临湘	岳阳县	平江	浏阳	醴陵	攸县	茶陵	炎陵	安仁	耒阳	常宁	永兴	资兴	隆回	洞口	绥宁
古全浊声母今读的类型	不论平仄一般与次清声母合流读送气清音	+	+			+	+	+	+	+	+		+	+			+	+	+
	不论平仄一般与次清声母合流读浊音			+															
	送气与否以声调为条件				+							+							
	送气与否同时以声纽和声调为条件														+	+			
精、庄、知、章今读的类型	精、庄、知二与知三、章两分					+	+	+											
	精、庄、知二与知三、章合流	+	+	+											+	+			
	精、庄、知二与知三、章有分有合				+				+	+	+	+	+	+			+	+	+
知三口语常用字读如端组							+	+	+	+		+		+			+	+	+
尖团音的分合	不分尖团	+	+	+	+				+	+			+	+	+				
	分尖团					+	+	+											
	有分有合						+					+					+	+	+
见组三、四等与知三、章的分合	以古开合为条件	+	+	+	+	+	+	+		+	+								
	以今洪细为条件														+	+			
	无条件合流						+					+	+	+			+	+	+
非、敷、奉母存在读 x 的现象			+	+			+					+	+					+	+
晓、匣母合口一、二等读 f		+	+	+	+	+	+						+	+	+			+	+
泥、来母今读的类型	洪混细分,逢细音泥母读鼻音、来母读 l		+		+		+	+	+					+					+
	洪混细分,逢细音泥母读鼻音、来母读如端组			+		+	+												
	洪混细分,逢细音泥母读零声母、来母读 l											+	+		+		+	+	

续表

		湘北					湘中					湘南					湘西南		
		华容	岳阳楼	临湘	岳阳县	平江	浏阳	醴陵	攸县	茶陵	炎陵	安仁	耒阳	常宁	永兴	资兴	隆回	洞口	绥宁
泥、来母今读的类型	逢洪细都合流	+														+			
	逢洪细都有别										+								
疑母在开口洪音前的今读	一般读舌根音 ŋ	+	+	+	+	+	+	+	+	+	+	+				+			+
	部分读舌根音 ŋ,部分读零声母													+	+				
	一般读零声母																+	+	
影母在开口洪音前的今读	一般读舌根音 ŋ	+	+	+	+	+	+	+				+							
	部分读舌根音 ŋ,部分读零声母								+					+	+	+			+
	一般读零声母										+						+	+	
泥、日、疑母读韵化辅音	极个别字读韵化辅音		+	+	+	+	+		+	+	+		+			+			
	较多字读韵化辅音													+			+	+	+
透、定母的今读	读舌尖中音																		
	逢洪音读擦音	+							+										
	读擦音																+	+	
溪母读如晓母	逢开口洪音读如晓母					+													
	逢洪细部分口语常用字读如晓母								+	+	+	+	+	+	+	+			
"关~口"字读送气音											+	+	+	+	+	+			

表 7-2　　　　　湖南赣语韵母差异性的音韵特点

		湘北					湘中					湘南					湘西南		
		华容	岳阳楼	临湘	岳阳县	平江	浏阳	醴陵	攸县	茶陵	炎陵	安仁	耒阳	常宁	永兴	资兴	隆回	洞口	绥宁
蟹开一、二的分合	存在区分的痕迹			+			+	+	+	+	+	+	+				+		+
	处在由分到合的过渡阶段													+	+	+			
	完全合流	+			+	+													
咸、山摄一、二等的分合	完全合流		+												+				
	山摄合口一、二等见系有别	+																	

续表

		湘北					湘中					湘南					湘西南		
		华容	岳阳楼	临湘	岳阳县	平江	浏阳	醴陵	攸县	茶陵	炎陵	安仁	耒阳	常宁	永兴	资兴	隆回	洞口	绥宁
咸、山摄一、二等的分合	咸、山摄一、二等见系有别			+	+	+	+	+											
	咸、山摄开口一、二等见系有别								+		+					+			
	山摄开口一、二等见系有别											+		+	+	+	+	+	+
蟹、效、流三摄开一、二读单元音	部分读单元音			+	+											+	+	+	+
	一般读单元音											+		+	+	+			
覃、谈有别				+	+	+													
侯韵的今读	存在读细音的现象	+	+	+	+	+	+		+								+	+	+
	不读细音,但主元音多为前元音							+		+	+	+				+			
	不读细音,主元音为央或后元音													+	+				
痕、登韵阳声韵的今读	一般读细音			+			+					+							
	不读细音,但主元音为前元音				+	+			+	+	+			+	+	+	+	+	+
	不读细音,主元音为央元音	+	+																
流摄与蟹摄合流				+			+							+	+	+			
流摄与效摄合流	流摄一等部分与效摄三、四等合流	+	+	+	+	+	+		+										+
	效摄二等见系、三、四等部分与流摄一等、三等庄组合流										+			+			+	+	
	流摄开三与效摄开三、四部分常用字合流															+			
存在古阳声韵今读阴声韵的现象															+	+			+
通摄与深、臻、曾、梗x摄三、四等合流							+	+	+			+							
咸、山摄一、二等与宕、江摄合流	一、二等文读与宕、江摄合流															+			

续表

		湘北					湘中					湘南					湘西南		
		华容	岳阳楼	临湘	岳阳县	平江	浏阳	醴陵	攸县	茶陵	炎陵	安仁	耒阳	常宁	永兴	资兴	隆回	洞口	绥宁
咸、山摄一、二等与宕、江摄合流	一、二等以声纽和开合为条件与宕、江摄合流							+		+							+	+	
咸、山摄一、二等入声韵与假摄或果摄合流		+	+				+	+	+	+	+	+	+	+	+	+	+	+	+
梗摄阳声韵的白读	与咸、山摄合流	+						+		+	+			+					
	与宕、江摄合流			+					+					+	+	+	+	+	+
	部分与咸、山摄合流，部分与宕、江摄合流						+												
	部分与咸、山摄合流，部分与深、臻、曾摄合流															+			
	自成一韵			+		+													
梗摄入声韵的白读	一般与假摄合流				+	+	+	+	+			+	+	+	+		+	+	+
	部分与假摄合流									+					+	+			
	与假摄主元音相同			+															
四等齐韵今读洪音	极少数字读洪音							+	+			+	+						+
	较多字读洪音														+	+	+	+	
遇合一、合三庄组存在读复合元音的现象		+	+	+	+	+	+					+							
"班搬"两字同音			+									+	+	+	+	+			
"贱浅鲜新~癣"等字与山合三合流												+	+	+	+	+	+	+	+
明母非阳声韵读如阳声韵	极少数非阳声韵读如阳声韵					+	+			+									
	较多非阳声韵读如阳声韵													+	+	+	+	+	+
泥、日、疑母非阳声韵读如阳声韵	极少数非阳声韵读如阳声韵			+						+		+	+		+				
	较多非阳声韵读如阳声韵																+	+	

表 7-3　　　　　　　　　　湖南赣语声调差异性的音韵特点

		湘北					湘中					湘南					湘西南		
		华容	岳阳楼	临湘	岳阳县	平江	浏阳	醴陵	攸县	茶陵	炎陵	安仁	耒阳	常宁	永兴	资兴	隆回	洞口	绥宁
去声今读的类型	去声分阴阳	+	+	+	+	+				+	+								+
	清去和浊去合流为一个去声							+	+			+	+	+	+	+	+		
	清去读去声，浊去归阴平																	+	
浊上今读的类型	浊上一般或部分独立为阳上					+													+
	次浊上A类字归去声、B类字读上声，全浊上归去声											+							
	浊上A类字归阴平，次浊上B类字归上声、全浊上B类字归去声或阳去								+	+	+					+			
	次浊上归上声，全浊上A类字归上声、B类字归去声或阴平												+		+		+	+	
	次浊上归上声，全浊上归去声或阳去	+	+	+	+		+	+						+					
入声今读的类型	入声分阴阳					+													
	清入和浊入合流为一个调类	+	+	+		+		+		+									
	清入读入声，浊入白读归阴平、文读读入声											+	+		+	+			
	清入和次浊入读入声，全浊入白读归阳平、文读读入声												+						
	白读依清浊分别归并到阴平、阴去或去声，文读读入声																+		+
	清入归阴平，浊入归阴去或去声						+		+		+							+	
小称变调今读的类型	非入读入											+					+		+
	非清去读阴去		+	+	+	+													

第二节　湖南赣语的分片

一　《地图集》（1987）、新编《地图集》（2012）对湖南赣语的分片

关于湖南赣语的内部分片，目前看到的有《地图集》（1987）B11 和新编《地图集》（2012）B1-20、B2-8。

《地图集》（1987）B11 把湖南赣语与江西、湖北赣语连成一体进行分片，湖南赣语具体分片情况及各片特点如下：（1）临湘、岳阳、华容属大通片。这一片的主要特点是：有六个声调；古平声、去声按古声母清浊各分化成两个调，即今阴平和阳平，阴去和阳去；古上声全浊声母字今归阳去，清声母和次浊声母字今读上声；古入声今仍读入声，不分阴阳；入声的塞音韵尾脱落，读成开尾韵。有少数地点略有例外。（2）平江属昌靖片。这一片的主要特点是：去声分阴阳；入声多数地方分阴阳，阴入调值高，阳入调值低；多数地方今声母送气与否影响调类分化；古去声清声母字今读送气声母的归上声，今读非送气声母的归阴去（[h]按送气声母论）。（3）浏阳、醴陵属宜浏片。这一片的主要特点是：去声都不分阴阳；大部分地方入声不分阴阳；除新余市外，声母送气不影响调类分化。（4）攸县、茶陵、炎陵（原酃县）属吉茶片。这一片的主要特点是：绝大部分地方没有入声（永丰例外）；去声不分阴阳（茶陵、炎陵例外）；"八、发"等字的韵母多读[æ]或[ɛ]；"插秧"多说"莳田"（赣语其他地方一般说"栽禾"）。（5）耒阳、常宁、安仁、永兴、资兴属耒资片。其特点是"搬班"两字同音（赣语区其他地方几乎全都不同音）。安仁、永兴、资兴古全浊声母今读塞音、塞擦音时少数字读不送气清音。（6）洞口、绥宁、隆回属洞绥片。其特点是古透、定母字今白读声母[h]。古透、定母读[h]与抚广片相同，但来母齐齿呼不读[t]声母，有的地方没有入声，与抚广片不同。

新编《地图集》（2012）B1-20 基本沿用《地图集》（1987）B11 对湖南赣语的分片，不同之处有两点：第一，把平江从昌靖片中析出，划归大通片。第二，浏阳一分为二，部分划归大通片，部分划归宜浏片。新编《地图集》（2012）B2-8 指出，浏阳境内大通片赣语主要分布在原沙市区、社港区和北盛区除永安镇以外的部分地方，[①]宜浏片主要分布在城关镇，原城郊区的关口、集里、荷花、牛石、青草等乡以及葛家、枨冲乡的部分地方，[②]原大瑶

---

① 这一片赣语当地俗称"北乡话"。
② 这一片赣语当地俗称"西乡话"。

区和文家市区的大部分地方，^①原古港区、永和镇区以及原官渡区的部分地方。^②关于赣语各片的特点，与《地图集》（1987）B11 相比，新编《地图集》（2012）B1-20 除洞绥片相同以外，其余各片有较大改变。下面分别介绍。（1）宜浏片的主要特点是：止摄开口三等精、庄组字（如"子字死事"）与知三、章组字（如"知纸是屎"）因为声母的不同韵母有别，只有丰城例外。（2）吉茶片的主要特点是：① 韵母数目少，一般在三十几个到四十多个。有丰富的鼻化韵，吉安市、峡江例外。② 绝大多数方言没有入声。古清声母入声字除遂川外，今都读阴平。古全浊声母入声字今大多读去声。（3）大通片的特点是：① 遇摄合口一等端系字与帮、见系字韵母不同。② 大通片靠近江西西北部昌都片的赤壁、崇阳、通城、平江、岳阳等地有浊音声母。③ 阳新、大冶、通山同一韵见系与非见系韵母不同。（4）耒资片的特点是："班搬"两字同音，"官关姓"两字也同音，赣语区其他地方几乎都不同音。

二　湖南赣语的再分片

　　由表 7-1、表 7-2、表 7-3 可以看出，从整体上来看，湖南赣语差异性的音韵特点呈现出比较明显的地域性，但也有些音韵特点交错分布。有时同一个方言点，有些特点与其北边的方言相同，有些特点又与其南边的方言相同，如北部的平江、南部的永兴、资兴等，因此，要对湖南赣语进行分片难度较大。加上湖南赣语处在湘语、江西赣语、客家话、湘南土话和西南官话等的交界处，与周边方言关系错综复杂，这就更增加了分片的难度。周振鹤（1990:81）指出："移民活动是形成方言地理格局的基本因素，而历史行政区划则是方言分区划片的合理基础，因此在汉语方言地理的研究工作中，应当充分重视历史背景的作用。……随着研究工作的不断深入，越来越多的人认识到纯粹用语言特征来给方言划分支系是毫无问题的，但以之来给方言进行地理上的分区划片则是不理想的。换句话说，语言特征在确认方言的亲疏异同时，是起决定作用的，只有根据语言特征，才能将不同方言区别开来，将相同的方言归为一类。但是在为某方言划出明确的地理边界时，单纯运用语言特征的方法就显得力不从心了。由于这个原因，语言学界近年来在为汉语方言进行大量的地理区划工作时，已渐渐注意到方言的形成与演化的移民背景，注意到历史行政区划可以作为方言分区的有益参考。"下面根据语音特点并参考词汇、历史行政区划，对湖南赣语进行大致的分片。我们认为，湖南赣语可以分为四片：岳醴片、攸炎片、耒洞片及永资片。

---

　　① 这一片赣语当地俗称"南乡话"。
　　② 这一片赣语当地俗称"东乡话"。

（一）岳醴片

这一片包括湘北华容、岳阳楼、临湘、岳阳县和平江五个方言点以及湘中的浏阳和醴陵两个方言点。这一片的语音特点主要有：见系三、四等与知三、章逢古开口呼有别、逢古合口呼合流，影、疑母在开口洪音前一般读舌根音，流摄与效摄合流，咸、山摄一、二等见系无论开合皆有别（华容、岳阳楼例外），侯韵今读细音（醴陵例外），遇合一端系、合三庄组读复合元音，去声分阴阳（醴陵例外），全浊上一般归去（平江例外），保留入声调（浏阳例外）等。词汇上，这一片也有一些湖南其他赣语少见的说法。如：刺（荆棘）、开山子（斧头，醴陵例外）、鼻头（鼻涕，平江、岳阳楼例外）、□tsʰan¹²华容音（口水）、□tʰo²²醴陵音（叠起散乱的碗）。

这一片还可以再分为两个小片——岳州小片和浏醴小片。

湘北华容、岳阳楼、临湘、岳阳县和平江为一片，可以称之为岳州小片。[①]除了岳醴片共有的特点以外，这一小片还有一些浏醴小片没有的特点。不过，这个片五个方言点都具备的语音特点没有，四个方言点具备的特点有：不分尖团（平江例外），存在非清去归阴去的小称变调（华容除外）；三个方言点具备的语音特点有：精、庄、知、章合流（岳阳县、平江例外），覃、谈有别（华容、岳阳楼例外）。我们把这五个方言点归为一小片，除了上述这一小片共有的语音特点以外，还有两个方面的原因。一是这五个方言点行政区划一致。从隋代至今，这五个县市（区）一直都隶属于岳州或岳阳（华容县志编纂委员会 1992；临湘市志编纂委员会 1996；岳阳县地方志编纂委员会 1997；平江县志编纂委员会 1994）。二是这五个方言点有一批湖南其他赣语基本不见的词汇。如：罩（雾）、化（融，平江例外）、吸铁（磁铁，平江例外）、□ŋɑu⁴⁵水平江音（冷水）、*茴（红薯）、慈米（马蹄，平江例外）、耳□toŋ²¹华容音（耳朵）、*□ho¹²华容音（拳头）、盛饭、灌开水（平江例外）、□poŋ²¹华容音（凸）、相骂（争吵）。不过，与其他三个方言点相比，华容和岳阳楼两个方言点在词汇上和语法上又有一些不同。如有儿化音、表雌性动物用"母"。

浏阳、醴陵为一片，可以称之为浏醴小片。这一小片共有而岳醴小片少见的特点有：精、庄、知二与知三、章两分，分尖团，有舌尖后元音ʅ，深、臻、曾、梗文、通摄合流。此外，这一小片还存在知三、章今读塞音 t 的现象，其中醴陵见于城关新派，浏阳见于东乡。从历史行政区划来看，从隋代起直到 20 世纪 80 年代，浏阳和醴陵行政区划相同，或隶属于长沙郡，或

---

① 湘北片和岳州小片的范围虽然相同，但两者划分的根据不同，前者依据的是地理位置，后者依据的是语言特点。

隶属于潭州。20 世纪 80 年代两者才分开，浏阳属长沙市，醴陵属株洲市（浏阳县志编纂委员会 1994；醴陵市志编纂委员会《醴陵市志》1995）。不过，这一小片有些音韵特点如精、庄、知二与知三、章两分，分尖团，有舌尖后元音 ʅ 还见于岳州小片的平江。

（二）攸炎片

这一片包括湘中的攸县、茶陵和炎陵三个方言点。这一片的共同特点有：精、庄、知二与知三、章分洪细合流，不分尖团（攸县例外），知三口语常用字读如端组，存在溪母读擦音的现象，"关~门"字读送气音，蟹摄开一、二存在区别的痕迹，咸、山摄开口一、二等见系有别（茶陵例外），不存在流摄与效摄合流的现象，有舌尖后元音 ʅ（攸县例外），梗摄阳声韵的白读与咸、山摄合流（攸县例外），去声分阴阳（攸县例外），浊上部分口语常用字归阴平，入声消失。词汇上，这一片独有的暂时没有发现，只有几个在周边赣语中少见的说法。如：金瓜（南瓜）、嬉（玩耍）、钢刀（劈刀）、照屋（看家）、□lu⁴² 茶陵音（惹）。从历史行政区划来看，这三个县大体相同。攸县从汉代起先后隶属于长沙郡、湘东郡、衡山郡、南云州、衡阳郡、潭州、长沙郡、天临路、长沙府（攸县志编纂委员会 1990）。茶陵自隋代以来先后隶属于衡州、南云州、衡山郡、衡阳郡、衡州、衡阳郡、衡州、衡州路、潭州府、长沙府（茶陵县地方志编纂委员会 1993）。炎陵从宋代起先后隶属于茶陵军、衡州路、衡州府、衡阳道等（酃县志编纂委员会 1994）。民国至解放初期，这三个县的行政区划又经历了多次变更。1983 年，经国务院批准，株洲市实行市管县体制，将原属湘潭的攸县、茶陵县、炎陵县等划归株洲市管辖。

由于这一片处在岳醴片与耒洞片中的安常小片之间，因而与两片都有一些相同点。与岳醴片相同的音韵特点有去声分阴阳（攸县例外）等。与安常小片相同的特点有"关~门"字读送气音，流摄不与效摄合流，"插秧"说"莳田"等。其中炎陵与安常小片的共同点更多，如"班搬"两字同音、"贱浅鲜新~癣"等字与山合三合流等。总之，相对岳醴片，该片与安常小片的相同点更多，这可能是因其行政区划与它比较一致、接触较多而形成的。

（三）耒洞片

这一片包括湘南的安仁、耒阳和常宁三个方言点以及湘西南的隆回、洞口和绥宁三个方言点。这一片共同的特点主要有：精、庄、知二与知三、章有分有合，见系三、四等与知三、章无论逢洪细都合流，泥、日、疑母在细音前多读ø（常宁、绥宁例外），影、疑母在开口洪音前存在读ø的现象（隆回一般读ø），知三口语常用字读如端组，山摄开口一、二等见系有别，蟹、效、流三摄开一、二存在读单元音的现象，梗摄阳声韵的白读与宕、江摄合流，四等齐韵存在读洪音的现象（常宁例外），明、泥、日、疑母存在非阳声韵读如阳声韵的现象，"贱浅鲜新~癣"等字与山合三合流，全浊上部分归上、部分归去（常宁例外）。在词汇上，这一片也有一些共同的说法。如：□lai⁴²水绥宁音（热水）、□lɑu⁴⁴隆回音（锅巴）、索（绳子）、行（走）、㑜（躲藏）、新妇（儿媳妇）、侄儿子（侄子）、□tsuɑ⁴⁵脑壳隆回音（点头）、上半日/下半日（上午/下午）、担（拿）、□ti²¹²隆回音（踮）、发灯（点灯）、沓（叠碗）、□tʃʰo⁴⁵洞口音（丢失）、得梦（做梦）、射尿（厕尿）、闹热（热闹）、浓茶~、佢（他）等。当然，这一片也有一些说法与周边方言相同，如：莳田（插秧）、蚯公（蚯蚓）、□liɑ⁴⁴隆回音（荆棘）、□la²⁴洞口音（爬）、眼子（瞎子）、编子（辫子）、濆（水溅）。

　　这一片还可以再分为两个小片——安常小片和隆绥小片。

　　安仁、耒阳、常宁为一小片，可以称之为安常小片。除了耒洞片共有的特点以外，这一小片还有一些共同点，如：不分尖团（安仁例外），溪母部分口语常用字读擦音，"关~门"字读送气音，蟹摄开一、二存在区分的痕迹，"班搬"两字同音，清入读入声、浊入部分归入声、部分归阴平（常宁例外）等。词汇上，这一小片有较多与隆绥小片不同而与相邻的攸炎片或永资片相同的说法。如：子（鸡蛋）、蟑蛛（蜘蛛）、拜东莲（向日葵）、□tʃu²¹³头安仁音（锄头）、簿子（本子）、□læ⁵³崽耒阳音（小孩）、新夫娘（新娘）、下饭（拨饭）、起头（起床）、剥（脱衣）、吊（系鞋带）、俵（散烟）、打跤（打架）、拱（凸）等。从行政区划来看，这一片与攸炎片比较接近。安仁自汉代以来先后隶属于长沙郡、衡山郡、衡阳郡、衡州路、衡州府等，直到1983年才划归郴州地区（安仁县志编纂委员会1996）。耒阳自隋代以来先后隶属于衡山郡、衡州、湖南道、衡州府（耒阳市志编纂委员会1993），常宁自隋代以来先后隶属于衡山郡、衡阳郡、衡州、湖南道、衡州府（常宁县志编纂委员会1993），这两地今属衡阳市管辖。

　　隆回、洞口、绥宁为一小片，可以称之为隆绥小片。这一小片有一些安常小片不见或少见的特点，如：透、定母今读擦音（绥宁例外），尖团音的分合处在由分到合的过渡阶段，流摄与效摄合流，古入声白读舒化、文读入声（洞口例外），存在非入读入的小称变调（洞口例外）。词汇上，这一小片有部分说法与包括安常小片在内的湖南其他赣语都不同。如：动雷（打雷）、□ʃa⁴⁴隆回音（旱地）、胡豆（蚕豆）、扯根菜（菠菜）、菇□to⁴⁵隆回音（蘑菇）、嬉（玩耍）①、鸡公爷/鸡婆娘（公鸡/母鸡）、狗娘（母狗）、猪郎公/猪婆娘（公猪/母猪）、□ko³²⁵隆回音（蛋）、袋□ku⁴⁵隆回音（口袋）、斛桶（打谷桶）、癣

---

① 这个说法还见于不相邻的攸炎片方言。

皮（头屑）、颈骨（脖子）、螺眼珠（踝骨）、单身牯（单身汉）、单身婆（寡妇）、怀胎婆（孕妇）、郎巴公（女婿）、姑嫂（妯娌）、□lua⁴⁴ 隆回音（咬）、担（拿）、□xoŋ⁴⁵ 隆回音（鐾刀）、□lu¹³ 隆回音（搂）、梭（衣服滑下来）、退（还）、巴（惹）、挂青（挂山）、胀（凸）、□sɤŋ²¹² 隆回音（蠢）。此外，这一片还具有湖南其他赣语少见的重叠构词法。如：渣渣（垃圾，隆回例外）、泡泡（水泡儿，隆回例外）、树尖尖（树梢）、稿稿（秆儿）、粑粑（米制糕点）、馍馍（馒头）。行政区划上，隆回是民国 36 年 8 月析邵阳县八乡一镇而建立的。今隆回境域，隋代属邵阳县地，唐代属邵阳、武冈县地。从宋神宗熙宁五年起，分属邵阳、武冈、新化三县辖地，历元、明、清无甚变动（隆回县志编纂委员会 1994）。洞口自隋代以来先后隶属于邵阳县、武攸县、建兴县、武冈县、武冈州等（洞口县地方志编纂委员会 1992）。绥宁在唐宋期间，先后名徽州、溪峒州、羁縻州，后两个州的设立与当地少数民族有关。从宋熙宁五年（1072）开始，先后隶属于邵州、诚州、武冈、靖州等（绥宁县志编纂委员会 1997）。我们注意到，绥宁与洞口、隆回的历史行政区划上不太一致，因而在语言特点上也表现出了与它们的不一致。如古阳声韵今读阴声韵的现象只见于绥宁，不见于洞口和隆回。

（四）永资片

这一片只有湘南永兴、资兴两个方言点。这一片的共同点有：古全浊声母今读送气与否同时以声纽和声调为条件，精、庄、知、章合流，见系三、四等与知三、章洪分细合，流摄与蟹摄合流，存在阳声韵今读阴声韵的现象。上述几条语音特点在湖南其他赣语中少见。当然，这一片也有些语音特点与北边的安常小片相同，如溪母口语常用字读擦音，"班搬"两字同音，"关~门"字读送气音等。这一片还有些语音特点与耒洞片相同，如永兴的泥母在细音前读ø、部分非阳声韵读如阳声韵、"贱浅鲜新~癣"等字与山合三合流，资兴的知三口语常用字读如端组。此外，资兴的浊上归阴平与相邻的攸炎片相同。词汇上，这一片也有极少数说法不见或少见于湖南其他赣语。如：夫娘（妻子）、□pɯ²² 资兴音（端碗）、□ka⁴⁴ 资兴音（系鞋带）、发梦（做梦）、□laŋ⁴⁴ 资兴音（稀与"密"相反）、□loŋ⁴⁴ 资兴音（软）。行政区划上，这一片从汉代起先后隶属于桂阳郡、郴县、桂阳郡、郴州等（永兴县志编纂委员会 1994；资兴市地方志编纂委员会 1999）。

湖南赣语的分片请参看附录图 40 "湖南赣语的分片"。

三 《再分片》与《地图集》（1987）、新编《地图集》（2012）的比较

（一）《再分片》与《地图集》（1987）的比较

上文我们以语音特点为主要依据，同时参考词汇特点和历史行政区划对湖南赣语重新进行了分片。把我们的分片与《地图集》（1987）B11 进行

比较，发现两者相同的只有吉茶片，即我们所划的攸炎片。两者不同之处主要有：（1）《地图集》（1987）B11 把湘北片部分划入大通片，部分划入昌靖片。我们把湘北片和湘中片的浏阳和醴陵合为一大片即岳醴片，把湘北片划归同一小片即岳州小片。（2）《地图集》（1987）B11 根据"班搬"两字同音把永兴、资兴划归未资片，我们则根据其他的语言特点及历史行政区划把这两个方言点单独列为一片即永资片。（3）《地图集》（1987）B11 把湘南以及湘西南的赣语分别划为未资片和洞绥片两片，我们除了把永兴和资兴单独列为永资片以外，把未资片中的其余方言和洞绥片合为一大片即未洞片，然后再把未洞片分为两个小片即安常小片和隆绥小片。

　　同样是对湖南赣语分片，为什么两者存在如此大的差别？原因有多方面的。第一，当时的研究成果有限。《地图集》（1987）B11 出版于 1987 年，而当时的主要成果是彭秀模、曾少达（1960）的《湖南省方言普查总结报告》以及杨时逢（1974）的《报告》。由于条件的限制，这些材料存在一些明显的失误，而且调查点较少，因而不能全面准确地反映湖南赣语的语音面貌。时隔二十多年了，今天我们有了比较丰硕的成果。我们以这些成果为基础，进行了比较深入而全面的实地调查，因而有条件对湖南赣语重新分片。第二，两者比较的范围不同。《地图集》（1987）B11 把湖南赣语与江西赣语、湖北赣语连成一体来考察，而我们则只限于湖南境内。比较范围不同也会导致结论的不一样。第三，两者所依据的标准不同。《地图集》（1987）B11 依据的只有语言特点。我们除了依据语言特点以外，还参考了历史行政区划。即使同样是考察语言特点，两者也有明显的不同。《地图集》（1987）B11 依据的主要是语音特点，词汇特点较少，我们则增加了较多的词汇特点。在考察语音特点时，《地图集》（1987）B11 主要考察的是声母特点，韵母特点和声调特点较少，我们则对声母特点、韵母特点和声调特点三者都进行了较详细的考察。

　　（二）《再分片》与新编《地图集》（2012）的比较

　　前文指出，《地图集》（2012）B1-20、B2-8 与《地图集》（1987）B11 有很多相同之处，但也有不同的地方。相同之处的比较见上文，下面只就它们的不同之处与我们的分片进行比较。

　　从分片结果来看，新编《地图集》（2012）B1-20、B2-8 把平江归入大通片、浏阳一分为二的分法比较符合实际情况。从前文介绍可知，平江古入声不分阴阳，也不存在声母送气与否影响调类分化等特点，与昌靖片其他方言相差较大，而与大通片更为接近。浏阳境内方言差异较大，本书选择的方言代表点属于北乡，与城关、东乡、南乡相差较大。据夏剑钦（1999:6-9），城关、东乡和南乡去声不分阴阳、保留入声，我们选择的方言点蕉溪去声分阴阳、入声消失。因此，如果着眼于去声和入声的今读，把浏阳境内方言分别划为大通片和宜浏片是有道理的。不过，我们从语言的整体面貌出发，把大通片和宜浏片合为一大片——岳醴片。

从语言特点来看，新编《地图集》（2012）B1-20 列举的有关各片的特点有些还常见于其他片。如宜浏片的主要特点止摄开口三等精、庄组字与知三、章组字因为声母的不同韵母有别的现象除了见于浏阳、醴陵外，还见于平江、茶陵和炎陵等。大通片特点中的"遇摄合口一等端系字与帮、见系字韵母不同"[①]不仅见于大通片，还见于浏阳、醴陵和安仁。另外，新编《地图集》（2012）B1-20 列举的有些特点与我们调查的方言点不一致。如我们调查的茶陵清入不归阴平，而是与浊入合流为阴去。这可能是由于两者选点的不同造成的。此外，新编《地图集》（2012，第 2 版）B1-20 还指出：赣语未资片有一个特点是"官关_姓"两字同音，赣语区其他地方几乎都不同音。很遗憾，我们没有调查到"关_姓"的今读，但是，我们调查到了"关_{~门}"的今读。根据"官"与"关_{~门}"的韵母来看，两者韵母相同的有岳阳楼、攸县、茶陵、炎陵、安仁、耒阳、常宁、永兴、资兴、隆回和洞口等。因此，我们怀疑，"官"与"关_姓"同音现象可能不仅见于未资片，还见于吉茶片。

上文比较了我们的分片与《地图集》（1987）、新编《地图集》（2012）的异同。虽然相对于后两者的分片，我们的分片可能比较符合客观事实，但也仍然存在一些不足。如我们依据的主要是 18 个县市（区）的语音材料，词汇材料还很少，语法材料基本没有。而要真正做到准确而科学的分类，必须综合考察其语音、词汇及语法三个方面。另外，我们深入调查的方言点每个县市（区）只有一个，方言点偏少，这无疑会影响分片结果。因此，总的来看，我们的分片也还是比较粗疏的。

---

① 从新编《地图集》（2012）B1-20 所列举的例字来看，端系字读əu，帮、见系字读 u。因此，"遇摄合口一等端系字与帮、见系字韵母不同"的表述与我们的表述湘北和湘中"遇合一端系、合三庄组读复合元音"内涵相同。

第八章　从外部比较看湖南赣语的形成

第一节　湖南赣语与周边方言相同的音韵特点

上文我们从声母、韵母和声调三个方面全面介绍了湖南赣语的语音面貌，并根据其一致性和差异性的音韵特点，同时参考词汇和历史行政区划等，把湖南赣语分为四片：岳醴片、攸炎片、耒洞片和永资片。本章将通过与江西赣语、湘语、湘南土话、客家话和西南官话等周边方言的音韵比较，探讨湖南赣语的形成。

一　湖南赣语与周边方言相同的声母特点

（一）古全浊声母的演变相同之处

1. 古全浊声母逢塞音、塞擦音时一般读送气清音

湖南赣语普遍存在古全浊声母逢塞音、塞擦音时一般读送气清音的现象，这一现象在江西赣语中也普遍存在（孙宜志2007），是客赣方言共同的特点之一。湘语只有零星发现，且集中在湘西南，有溆浦低庄、岗东、龙潭等。如溆浦龙潭：婆 pʰo²¹³、第 tʰi⁵³、读 tʰɯ³⁵（瞿建慧2010a）。湘西南官话麻阳、中方、洪江也具有这一特点。如中方泸阳：齐 tɕʰi²¹³、柱 tɕʰy²²、代 tʰe⁵⁵、白 pʰa³⁵。湘南土话中的宁远平话古全浊声母今读塞音、塞擦音时的本质特点是读送气清音（庄初升2010）。

2. 古全浊声母与次清声母合流读浊音

陈立中（2004b）指出，湖南临湘路口、平江南江，湖北蒲圻、崇阳、通城十里市，江西修水、都昌土塘、星子、湖口双钟、永修江益等地中古全浊塞音、塞擦音字声母与中古次清声母字今声母都读不送气或送气的全浊音。本书调查的临湘桃林古全浊声母今一般读浊音，与次清声母有别。

3. 古全浊声母送气与否以声调为条件[①]

湖南赣语岳阳县、安仁两个方言点古全浊声母送气与否以声调为条件，这一现象在湘语中普遍存在。陈晖（2006:47-48）指出，古全浊声母舒声字

---

① 此处不讨论西南官话平送仄不送的类型。

清化后一般读不送气音，这一点湘方言各地一致性很高，只有极少数地方例外。入声字清化后送气与否主要有三种情况，其中第一种是绝大多数字读送气音，这种情况地域最广，主要分布在娄邵片、辰溆片及衡州片的衡山一带；第二种是部分字送气、部分字不送气，主要分布在长益片。鄂东南通山燕夏型方言古全浊声母不论平仄多读不送气清音，另有较多的古仄声字尤其是入声字今读送气清音（张勇生 2011）。据胡萍（2007:63-66），湘西南官话古全浊声母送气与否以声调为条件的有两个类型，一个是入声白读送气，其余不送气，如中方牌楼、老洪江等；一个是上声和入声送气，平声和去声不送气，如麻阳文昌阁。

4. 古全浊声母逢塞音、塞擦音时送气与否同时以声纽和声调为条件

这一特点湖南赣语见于永兴、资兴，周边方言主要见于汝城客家话和桂阳敖泉土话等。汝城並、定母的常用上声字读送气音，其他读不送气音；其余古全浊声母一般读送气音。如：苎 t^hy^{33}、被 p^huei^{33}~子、弟 t^hei^{33}、淡 t^ha^{33}、断 t^hua^{33}~了、部 pu^{44}；财柴 $tsʰai^{45}$、钱 $tɕʰia^{45}$、潮 $tsʰau^{45}$、茶 $tsʰɔ^{45}$、在 $tsʰai^{44}$、徛 $tɕʰi^{33}$、象 $tɕʰiaŋ^{44}$、状 $tsʰaŋ^{44}$、旧 $tɕʰiəu^{44}$、浊 $tsʰu^{24}$、局 $tɕʰiəu^{44}$、贼 $tsʰe^{24}$。桂阳敖泉古並、定母常用上声字今读送气音，其余的今读不送气音，但其平声正在往送气化的方向演变；其他古全浊声母逢塞音、塞擦音时则一般都读送气音。如：皮 $piŋ^{12}$、菩 pu^{12}、图涂 tu^{12}、白 pa^{213}、评 $pʰiŋ^{12}$、题 $tʰi^{12}$、投 $tʰou^{12}$、被 $pʰi^{53}$絮~、簿 $pʰu^{53}$、伴 $pʰo^{53}$、淡 $tʰe^{53}$、弟 ti^{213}、部 pu^{213}；锄 $tsʰu^{12}$、迟旗 $tʃʰi^{12}$、茄 $tʰa^{12}$、坐 $tsʰo^{53}$、丈 $tʰo^{53}$、净 $tsʰie^{213}$、浊 $tsʰo^{21}$。

（二）精、庄、知、章的演变相同之处

1. 精、庄、知二与知三、章两分

湖南赣语平江、浏阳和醴陵三个方言点精、庄、知二与知三、章两分。据我们初步考察，江西赣语部分方言精、庄、知二与知三、章两分。两分型又有两个小类，第一小类，精、庄、知二读 ts、tsʰ、s 或 ts、tsʰ、s 与 tɕ、tɕʰ、ɕ，知三、章读 tʂ、tʂʰ、ʂ或 tʃ、tʃʰ、ʃ，如星子、萍乡、樟树、宜春等。第二小类，精、庄、知二读 ts、tsʰ或 tɕ、tɕʰ，知三、章读 t、tʰ或 k、kʰ，如安义、修水、上高、宜丰、万载、新余、安福、永丰等。福建邵武、湖北通城也属于两分型，其中，福建邵武与江西赣语第一小类接近，通城与江西赣语第二小类相同。如邵武：罩知二 $tsau^{213}$、葬精＝壮庄 $tsoŋ^{213}$、唱章 $tɕʰioŋ^{213}$、煎精 $tsien^{21}$≠砖章 $tɕien^{2}$、展知三 $tɕien^{55}$。

周边湘语部分方言精、庄、知二与知三章两分，两分的类型多种多样。有的是精、庄、知二读 ts、tsʰ、s，知三、章逢洪音读 tʂ、tʂʰ、ʂ，逢细音读 tɕ、tɕʰ、ɕ，如长沙、湘潭、株洲龙泉等。有的是精、庄、知二逢洪音读 ts、tsʰ、s，逢细音读 tɕ、tɕʰ、ɕ；知三、章一般读 t、tʰ，但在擦音中读 s/ɕ，此

时与精、庄、知二合流，如湘乡、双峰、韶山、汨罗长乐等。有的是精、庄、知二逢洪音读 ts、tsʰ、s，逢细音读 tɕ、tɕʰ、ɕ；知三、章读 ȶ、ȶʰ、ʂ或 k、kʰ、x，如涟源。有的是精、庄、知二读 ts、tsʰ、s；知三、章逢洪音读 t、tʰ，逢细音读 tɕ、tɕʰ、ɕ，如娄底。

湘南土话极少数方言精、庄、知二与知三、章两分，如桂阳敖泉土话。其精、庄、知二读 ts、tsʰ、s；知三、章读 ȶ、ȶʰ或 tʃ、tʃʰ、ʃ，但止摄开三有极少数常用字读 ts、tsʰ、s。如：精精tsie³³、茶知二tsʰa¹²、疮庄tsʰo²²、遮章ȶa³³、超知三ȶʰau³³、烧书ʃau³³、砖章tʃyaŋ³³，但，纸ts̩⁵³、迟tsʰ̩¹²。

2. 知三、章读塞音

湖南赣语耒阳、常宁知三、章合流读塞音的现象在省外赣语、湘语中都比较常见。据孙宜志（2007:108-117），除乐平片外，江西赣语其余各片都存在知三、章合流读塞音的现象。南昌片如修水、安义等，丰城片如靖安、丰城、奉新、宜丰、上高等，宜春片如分宜、新余、万载等，吉安片如安福、泰和、吉安、永新、莲花、吉水、永丰、峡江等，临川片如南城、南丰、宜黄、临川、进贤、东乡、乐安、资溪、金溪等，鹰潭片如鹰潭、贵溪、余江等。湘语如长益片韶山：春章tʰuən³³、船章duɛn¹³；娄邵片湘乡：准章tuʌn²¹、春章tʰuʌn⁵⁵、吹章tʰy⁵⁵、川章tʰyĩ⁵⁵；衡州片衡山：只章ȶa³⁵、昼知ȶæu⁵⁵、潮章tʰou¹¹、诊章ȶæ¹³、张知tȭ³³、真章tẽ³³。湘南土话桂阳敖泉土话知三、章逢洪音读 ȶ、ȶʰ，例字详见上文。

3. 知三口语常用字读如端组

湖南赣语攸县、茶陵、炎陵、安仁、常宁、资兴、隆回、洞口和绥宁等九个方言点知三口语常用字读如端组，这一现象江西赣语主要见于赣中莲花。如：猪tiu⁴⁴、长tiȭ⁵³生~、帐tiȭ³⁵、着tio⁴⁴穿。此外，赣中吉安、安福、永新、宁冈等也有零星表现，如安福：竹tio⁴⁴、涨tiȭŋ²²；宁冈：长tiȭ⁵⁵~高、帐tiȭ¹³。值得注意的是，福建邵武知三口语常用字读如端组，且字数较多。如：猪ty²¹、厨tʰy³³、住tʰy³⁵、知ti²¹、超tʰiau²¹、陈tʰin³³、长tʰoŋ³³~短、中tiuŋ²¹~间、竹ty⁵³、虫tʰuŋ³³。

湘语知三口语常用字读如端组的现象主要见于隆回桃洪、祁阳、新化、冷水江等。如隆回桃洪：长涨tiȡ³¹~大、胀tiȡ³⁵、竹tiu⁵⁵；祁阳：竹tiu³³、砧tin⁵⁵、张tiaŋ⁵⁵裝①、长tiaŋ⁵³~大、涨tiaŋ⁵³、胀tiaŋ³⁵；新化：筑tiəu³³、中tən³³~间、朝tiə³³三~酒、砧tin³³；冷水江：中tən³³~间、朝tiə³³、竹tiəu³³。另外，绥宁武阳部分知三口语常用字读如端组，如"涨竹"等（龙薇娜2004）。

周边客家话也存在知三口语常用字读如端组的现象，不过，桂东字数较

---

① 李维琦（1999:72）原文用"□"表示。

少，汝城字数较多。如桂东：帐 tiɔ⁵³、猪 ty³³、竹 ty⁵³；汝城：长场肠 tiaŋ⁴⁵、杖丈 tʰiaŋ³³、住 ty⁴⁴、苎 tʰy³³~麻、柱 tʰy³³屋~、虫 tioŋ⁴⁵、重 tʰioŋ³³轻~。

湘南土话普遍存在知三口语常用字读如端组的现象，只是字数有多有少。如宜章：猪 ty¹³、竹 tiəu³³、着 tiəu³³~衣衫、张 tiaŋ¹³~饭①、胀 tiaŋ²¹~谷；临武麦市：猪 tio⁵⁵、胀长 tioŋ³⁵、着 tio³¹~衣；永州岚角山：直 di³⁵、张 tio³³~东西②、长 tio³⁵~得高、涨 tio³⁵~水、丈 tio³⁵、胀 tio¹³吃~了、长 dio¹¹~短、猪 tiəu³³、苎 tiɯ³⁵、住 tiəu¹³~在哪里、竹 tiɿ⁵³、畜 tʰiu⁵³~牲、中 tin³³~间、趁 tʰin¹³、虫一条~沉尘 din¹¹、重 din³⁵轻~、澄 din¹³；东安：猪 tiəu³³、虫 din¹³、胀 tiũ³⁵、涨 tiũ⁵⁵、竹 tiəu⁴²、直 die⁴²。

4. 精、庄、知二读 t、tʰ

湖南赣语攸县精、庄、知二今洪音逢送气音读tʰ。精、庄、知二读t、tʰ的现象江西赣语较多存在。据孙宜志（2007:105-108），江西赣语读t、tʰ的现象有三种类型：第一种，精、庄、知二逢今洪音读t、tʰ，有峡江、宜丰、南丰；第二种，精、庄、知二无论今韵母洪细都读t、tʰ，有崇仁；第三种，精、庄、知二今洪音逢送气音读tʰ，有黎川、广昌、南城、永丰、奉新、靖安、新余等。

湖南境内周边方言精、庄、知二读 t、tʰ的现象暂时只见于湘南永州土话。其中，与攸县桂同的是永州岚角山。如：猜 tʰa³³、炒 tʰo³⁵、寸 tʰoŋ¹³尺~、插 tʰa⁵³。道县寿雁平话逢洪音时，精、庄、知二清声母读 t、tʰ，古全浊声母读 s。如：早精tao³³吃~：吃早饭、阻庄to³³、皱庄tuu³¹、初粗 tʰo⁴³、疮仓 tʰoŋ⁴³；槽精sa¹¹牛~、查庄茶知²su¹¹、锄厨 so¹¹。

（三）非、敷、奉母读 x/h

湖南赣语岳阳楼、临湘、岳阳县、浏阳、安仁、耒阳、洞口和绥宁等八个方言点非、敷、奉母读擦音的现象在江西赣语中也有发现，多数方言主要见于通摄，也有少数方言见于宕摄，如安义、星子、奉新、余干、弋阳、上栗等。另外，奉新丰组只有通摄读 h，通摄以外的非组读ø。如：风封 hŋ̩⁵³、冯缝~衣 hŋ̩²⁴、缝凤 ŋ̩¹¹名词、符 u²⁴、非 ui⁵³、犯 uam¹¹、发 uat⁵、分 uən⁵³、放 uoŋ⁴⁴。莲花则非、敷、奉母一般读 h。如：斧俯 hu⁵³、飞 hui⁵³、浮 huœ¹³、犯 huã²²、发 hua⁴⁴、翻 huã⁴⁴、粪 huẽ²²、房 huɔ̃¹³、封 huŋ⁴⁴。湖北通山也存在非、敷、奉母读擦音的现象，不过，主要见于宕摄的白读，如：方xoŋ²¹³、房xoŋ²¹、放xoŋ⁴⁵；其他韵摄只有极少数字，如：肥xuæi²¹、冯xuɐŋ²¹。

---

① 沈若云（1999:80）原文写作"装"。
② 李星辉（2003）原文写作"装"。

湘语非、敷、奉母读 x 的现象比较普遍，与湖南赣语一样，也主要见于宕摄和通摄，有长沙、新化、邵阳、涟源、湘乡、双峰等。如长沙：风封疯峰 xoŋ³³、逢缝动词 xoŋ¹³、凤 xoŋ⁵⁵、缝 xoŋ¹¹ ₋条～；新化：芳方 xõ³³、纺仿访 xõ²¹、放 xõ⁴⁵；涟源：肤 xu⁴⁴、富 xu⁵⁵、翻 xuɑ⁴⁴、坟 xuən¹³、粉 xuən⁴²、罚 xuɑ⁵⁵、风 xɑŋ⁴⁴、方 xoŋ⁴⁴、房 xoŋ¹³。此外，据谢奇勇（2010:56-61），永州土话非组读擦音的现象较多，有的主要见于宕摄和通摄，如蓝山上洞；有的主要见于咸、山摄，如永州岚角山、江永城关；有的宕摄、通摄、咸山摄甚至止摄都存在非组读擦音的现象，如冷水滩小江桥。

（四）次浊声母的演变相同之处

1. 泥、来母不分洪细有别

泥、来母不分洪细有别的现象湖南赣语只见于炎陵。周边客家话桂东、汝城与炎陵相同。如桂东：南泥 nã¹⁴≠蓝来 lã¹⁴、娘泥 ɲiõ¹⁴≠良来 liõ¹⁴（曾献飞 2004c）。周边湘南土话桂阳敖泉、宜章、江永等也具有这一特点。如桂阳敖泉：糯泥 no²¹³≠乱来 lo²¹³、难泥 ne¹²≠兰来 le¹²、脑泥 nau⁵³≠老来 lau⁵³、泥泥 ni¹²≠犁来 li¹²、年泥 nie¹²≠连来 lie¹²，但，农泥＝龙来 loŋ¹²、男泥＝拦来 le¹²；江永：耐泥 nø³³≠赖来 lø³³、恼泥 nau¹³≠老来 lau¹³、内泥 nie³³≠历来 lie³³、娘泥 ɲiaŋ⁴²≠历来 liaŋ⁴²。

据孙宜志（2006:93-94），江西赣语泥、来母的今读只有不混型和半混型，暂时没有发现有别型。湘语暂时也没有发现泥、来母不分洪细有别的方言。

2. 来母读塞音

湖南赣语临湘、平江和浏阳三个方言点来母逢细音读塞音，这一现象在省外赣语中较多存在。读塞音时，有的与透、定母合流，如湖北通城、江西修水、星子、安义等；有的与端母合流，如江西波阳、乐平、临川、崇仁、宜黄、南城、黎川、永丰、吉水、遂川、贵溪[1]等。具体的例字前者如修水：刘 dʰiu²¹³、炼 dʰiɛn²²、岭 dʰiaŋ³¹；后者如南城：流 tiu⁴⁵、两 tioŋ⁵³、裂 tiɛʔ⁵。从地理分布来看，省外赣语来母逢细音今读同透、定母的方言集中于江西赣语南昌片以及鄂东南，而读同端母的散见于江西赣语乐平片、鹰潭片、临川片和吉安片。

据陈晖（2006:63），湘语祁阳、新宁等方言存在来母读如定母的现象，有祁阳：梨＝题 dʰi²¹¹、连＝田 dʰian²¹¹。此外，据瞿建慧（2010a），辰溆片泸溪辰阳、黄溪口，溆浦卢峰、江口等来母逢细音读 d。如泸溪辰阳：犁栗 di¹³、料 diau⁵⁵、流 diəu¹³、莲 die¹³、凉 diaɯ¹³；溆浦江口：犁栗 di²⁴、料 diau⁵³、柳 diəɯ⁴²、莲 die²⁴、两 dian⁵³～个。湘西乡话渭木片方言来母在今细音前读浊塞音 d（杨蔚 2010:176）。

---

① 孙宜志：《江西赣方言语音研究》，语文出版社 2007 年版，第 97—100 页。

3. 疑母在开口洪音前一般读ø

湖南赣语永兴、隆回和洞口三个方言点疑母逢开口洪音一般读ø，这一现象周边江西赣语、湘语和湘南土话只有零星发现。江西赣语主要见于莲花，如：饿o³⁵、牙a¹³、咬ao⁵³、眼ã⁵³。湘语主要见于新化和冷水江，如新化：牙a³⁵、我o²¹⁴、眼ã²¹⁴。湘南土话主要见于蓝山太平，如：饿 o⁵³、熬əu²¹。

4. 泥、日、疑母在细音前读ø

湖南赣语安仁、耒阳、永兴、隆回和洞口五个方言点泥、日、疑母在细音前读ø。这一现象江西赣语主要见于吉安片莲花、宁冈、永新等。如莲花：女y⁵³、年iẽ¹³（泥母），软yẽ⁵³（日母），蚁ĩ⁵³、义ĩ²²、牛iu¹³、严iẽ¹³、孽ie⁴⁴（疑母）。湘语这一现象主要见于与隆绥小片相接的隆回桃洪①、新化和冷水江等。如新化：尼i¹³、尿iõ³³、聂ie²⁴（泥母），热iẽ⁴⁵、燃iẽ¹³（日母），业孽iẽ⁴⁵、严言iẽ¹³、银宜疑in¹³（疑母）。此外，隆回桃洪、新化、冷水江等也有部分泥、日、疑母开口三等字读声化韵。如冷水江：日ŋ̩³³、人ŋ̩¹³、你ŋ̩²¹、玉蚁ŋ̩⁴⁵。

（五）影母在开口洪音前一般读ø

湖南赣语炎陵、永兴、隆回和洞口等方言点影母逢开口洪音一般读ø。据孙宜志（2007:152），江西赣语影母一般读ø的见于莲花、遂川和宁冈。如莲花：矮ai⁵³、袄ao⁵³、呕ɛ⁵³、暗ɔ³⁵。福建邵武也存在这一现象，如：爱oi²¹³、袄au⁵⁵、恶o⁵³。湘语影母逢开口洪音今读ø的主要见于新化和冷水江。如新化：爱æ⁴⁵、哑a²¹、晏ã⁴⁵、袄ɔ²¹。湘南土话影母逢开口洪音一般读ø的有新田南乡、蓝山太平、嘉禾广发等。如新田南乡：哑 a⁵⁵、爱 o³³、呕 au⁵⁵、矮 e⁵⁵、暗 oŋ³³。

（六）其他相同之处

1. 透、定母读擦音

湖南赣语华容、攸县、隆回和洞口四个方言点透、定母存在读擦音现象，这一特点江西赣语较多存在。据孙宜志（2007:88），江西赣语透、定母逢洪音读h的有进贤、东乡、临川、金溪、崇仁、南城、莲花、上高、高安、樟树、新干、泰和、峡江、永丰、万安等；透、定母不论洪细读h的有黎川、南丰、广昌等；透、定母逢合口洪音读f、开口洪音读h、细音读ɕ的有宜黄、乐安等。从地理分布来看，这一现象江西赣语主要见于南区，尤其是临川片和吉安片；北区赣语只有中部的丰城片个别方言点如高安有此表现。湖南境内其他方言暂时没有发现这一现象。

---

① 张蓓蓓（2005）记为ʒ, ʐ与零声母不对立。

2. 溪母读如晓母

湖南赣语平江、攸县、茶陵、炎陵、安仁、耒阳、常宁、永兴和资兴等九个方言点溪母部分口语常用字读擦音。万波（2009:172-174）把赣语溪母读擦音的现象分为甲、乙、丙三个类型。甲类只出现于洪音开口呼前，音值为 h(x)。乙类主要出现于细音齐齿呼前，音值为 ɕ，此外，有少数洪音开口呼字，读音为 s。丙类洪细前都有分布，音值开口呼前读 h(x)，齐齿呼前读 ɕ，合口呼前读 f。湖南赣语平江属于第一类，其余的方言点属于第三类。江西赣语上述三个类型都存在。甲类如修水，乙类如万载、宜丰等，丙类如永新、莲花等。此外，湖北通城、崇阳等也存在甲类溪母读擦音现象。

溪母读如晓母的现象周边湘语衡州片也有发现。如祁阳：糠 $xaŋ^{55}$、起 $ʃ^{53}$；衡山：糠 $xõ^{33}$、起 $ɕi^{13}$、气 $ɕi^{55}$。相邻客家话桂东和汝城也有极少数常用字读如晓母，如汝城：糠 $xaŋ^{33}$、开 $xuai^{33}$、裤 xu^{24}、起 $ɕi^{21}$。湘南土话普遍存在溪母读如晓母的现象，如桂阳敖泉：去 $hɯ^{35}$、困 $huoŋ^{35}$、空 $hoŋ^{33}$、开 hei^{33}、起 $ʃi^{53}$、气汽 $ʃi^{35}$；宁远：苦 $xɔ^{33}$、瓜开 $xɔ^{435}$、抠 $xɔu^{435}$、口 $xɔu^{435}$~水、肯 $xaŋ^{435}$；新田南乡：开窠 xo^{35}、抠 xau^{35}、牵 xan^{35}、肯 xan^{55}、空 $xuən^{35}$、气 $ɕi^{33}$出~、汽 $ɕi^{33}$~水。从上述例字来看，这些方言溪母读如晓母的现象属于万波（2009:172-174）所分的丙类。

3. 轻唇读重唇

湖南赣语普遍存在轻唇读重唇的现象，且字数从北到南依次增多。据刘伦鑫（1999:279-280），江西赣语微母字"尾网蚊望"多数读重唇，非、敷、奉母的只有极少数如"伏"等读重唇。此外，福建邵武也有极少数非组字读重唇，如：袜 $mɛi^{53}$、浮 p^hiau^{33}、扶 p^hy^{33}、斧 p^hu^{55}、尾 mei^{55}、网 $moŋ^{55}$。

轻唇读重唇的现象在湖南其他方言中普遍存在。其中，湘语字数较少，且主要是微母字。如长沙：浮 pau^{13}、蚊 $mən^{33}$；衡山：望 $mõ^{55}$、网 $mõ^{13}$、蚊 $mien^{33}$、尾 $mĩ^{55}$、蜂 p^hen^{33}、浮 p^hou^{11}、伏 p^hu^{13}；邵阳：尾 mi^{42}、浮 bau^{12}；涟源：浮 $pə^{13}$、蚊 min^{44}、网 $maŋ^{42}$、望 $maŋ^{11}$；辰溪大水田：浮 $bəu^{24}$、尾 mie^{13}、望忘 $mõ^{44}$、晚 $mɛ^{13}$、网 $mõ^{13}$（瞿建慧 2010）。客家话汝城、桂东字数稍多，如汝城：浮 pau^{45}、网 $maŋ^{21}$、望 $maŋ^{44}$、蚊 mua^{45}、晚 mua^{21}、问 $mən^{13}$、蜂 p^hun^{33}。湘南土话字数较多，如桂阳敖泉：敷 p^hu^{33}、伏 p^ho^{21}、网 mo^{53}、蜂 $p^hoŋ^{33}$、蚊 min^{33}；宁远：腹 pu^{21}、浮 p^hie^{213}、晚 mie^{33}、问 $mian^{21}$、网 $mən^{33}$、放 $pəŋ^{53}$、袜 mia^{21}。官话轻唇读重唇的字数有多有少，其中，湘西南个别方言点字数较多，如麻阳高村有"尾浮蚊网忘望蜂"，湘西南其他方言点主要有"浮晚蚊"三个字，湘北和湘南一般只有一个字"浮"。

4. "关~门"字读送气音

湖南赣语醴陵、攸县、茶陵、炎陵、安仁、耒阳、常宁、永兴和资兴等九个方言点"关~门"字读送气音。这一现象在江西赣语宜春片和吉安片中普遍存在，与湖南赣语相邻的湘语个别方言点也有此表现。如安福：kʰuãŋ⁴⁴；永新：kʰuã³⁵；新余：kʰuan³⁴；萍乡：kʰuã¹³；莲花：kʰuã⁴⁴；衡山：kʰuæ̃³³。

二　湖南赣语与周边方言相同的韵母特点

（一）一、二等韵演变的相同之处

1. 蟹开一读合口呼，与开二有别

湖南赣语炎陵、安仁-耒阳和隆回等蟹开一部分常用字读合口呼，与开二有别。蟹开一读 oi/ɔi/œ 与开二有别的现象在江西赣语中较多发现，但有介音-u-的较少见，主要有吉安、铅山、泰和等。如泰和：抬tʰuæ²⁴、袋hue¹¹、来lue²⁴、财tʰuæ²⁴、开hue⁴⁴、爱uæ²⁴（开一），阶kæ⁴⁴、柴tʰæ²⁴、鞋hæ²⁴（开二）。湘语除了蟹开一部分常用字读合口呼外，蟹开二也有个别字如"斋"读合口呼，但读音与开一有别，主要见于涟源、娄底、湘乡、双峰等。如涟源：栽tsuɛ⁴⁴、鳃鳃suɛ⁴⁴（开一），斋tsɑ⁴⁴/tsuɑ⁴⁴、柴tsɑ¹³、筛sɑ⁴⁴（开二）；娄底：鳃腮 sue⁴⁴、开kʰue⁴、盖kue³⁵、害ɣue¹¹、哀ue⁴⁴（开一），豺 dza¹³、街 ka⁴⁴，斋 tsua⁴⁴（开二）。

周边客家话蟹摄多数或部分开一读合口呼。如桂东：抬 tʰuɛ¹⁴、袋 tʰuɛ²¹、来 luɛ¹⁴、盖 kuɛ⁵³、开 xuɛ³³~门、栽 tsuɛ³³、菜 tsʰuɛ⁵³、鳃 suɛ³³（开一）、牌 pʰæ¹⁴、斋 tsæ³³、豺柴 tsʰæ¹⁴、街 kæ³³、鞋 xæ¹⁴（开二）；汝城：抬 tʰuai⁴⁵、戴 tuai¹³、栽 tsuai³³、开 xuai³³、腮鳃 sai³³（开一），埋 mai⁴⁵、斋 tsai³³、柴 tsʰai⁴⁵、街 kai³³（开二）。

2. 咸、山摄开一见系读合口呼，与开二有别

湖南赣语多数方言点咸、山摄开一见系读合口呼，与开二有别。据孙宜志（2007:156-159），江西赣语咸、山摄一、二等多数方言今有别，其中一等的主元音多为 o 或ɔ。一等读合口呼与开二有别而与合一合流的主要见于吉安片，如泰和：含开一huɛ̃¹¹—咸开二hã¹¹、肝开一kuã⁴⁴—间开二kã⁴⁴中~、寒开一xuã¹¹—闲开二xã¹¹。

据周赛红（2005:77-80），湘语咸、山摄一、二等韵的分合情况有四类，其中第四类是一、二等韵的区别主要体现在一、二等韵的合口上以及一等开口韵的见系声母字上，见系声母字读同合口韵。这样的方言主要分布在湘方言区的东部和中部，有株洲、宁乡流沙河、娄底、涟源、双峰等。如涟源：干~湿肝开—kuɛ⁴⁴—间开二kɑ⁴⁴三~、庵 uɛ⁴⁴—眼开二ŋɑ⁴²、鼾开—xuɛ⁴⁴—咸开二xɑ¹³、看开—kʰue⁵⁵。

相邻客家话桂东和汝城咸、山摄开一见系也有极少数字读合口呼，与开二有别。如汝城：干~燥肝开—kua³³—艰开二ka³³、柑开—kua⁴⁵、寒开—xua⁴⁵—咸闲

开二xa⁴⁵、汗旱开一xua⁴⁴－苋开二xa⁴⁴。

湘西南官话也存在咸、山摄一、二等有别的现象，其中，麻阳、中方、洪江等咸、山两摄见系开口一、二等有别，合口一、二等无别。开口一、二等的区别不在主元音，而在介音的有无上，一等有介音，因而往往同合口合流（胡萍 2007:123）。如中方泸阳：柑开一kuan⁵⁵－监开二kan³⁵ ~牟、干开一kuan⁵⁵ 天~－间开二kan⁵⁵ 中~、汗开一xuan⁵⁵－苋开二xan⁵⁵。

3. 蟹、效、流三摄开口一、二等韵读单元音

湖南赣语临湘、岳阳县、资兴、隆回、洞口和绥宁等蟹、效、流三摄开一、二部分读单元音；而茶陵、安仁、耒阳、常宁和永兴等这三摄开一、二一般读单元音。

蟹、效、流三摄开一、二读单元音的现象其他赣语也有零星发现。其中，江西永新和鄂东南阳新蟹、效、流三摄开一、二一般或部分读单元音；江西萍乡、莲花、鄂东南通山蟹、流摄开一、二部分或一般读单元音；泰和效摄开一、二读单元音；余干蟹摄极少数字读单元音。如永新：戴tæ⁵⁵、开kʰæ³⁵、爱æ⁵⁵、鞋xæ¹³（蟹摄）；饱pɒ⁵³、毛mɒ¹³、刀tɒ³⁵、老lɒ⁵³、交高kɒ³⁵（效摄）；楼lœ¹³、走tsœ⁵³、狗kœ⁵³、藕ŋœ⁵³（流摄）。相邻客家话桂东和汝城蟹、效、流三摄开一、二不存在读单元音的现象。但据刘纶鑫（2001:43-47），江西境内的客家话中，本地话蟹、效、流摄没有-i、-u 等元音韵尾，即一般只有单元音韵母，而宁石化和客籍话则有-i、-u 等元音韵尾。

蟹、效、流三摄开一、二读单元音的现象湘语各片都有分布，只不过范围大小不同。有的是蟹摄开一、二读单元音，如韶山；有的是蟹摄和流摄开一、二读单元音，如衡山、溆浦；有的是三摄开一、二都有读单元音的，如涟源。湘南土话蟹、效、流三摄开一、二读单元音现象的分布范围也不同。蟹摄开一、二读单元音的如宜章、江永，蟹摄和效摄开一、二读单元音的如东安。具体的例字湘语如韶山：蔡tsʰa⁵⁵、解改ka⁴²、矮ŋa⁴²、买ma⁴²、癞la⁵⁵（蟹摄）；湘南土话如东安：来la¹³、菜蔡 tsʰa³⁵、排牌ba¹³、改解ka⁵⁵、矮ŋa⁵⁵（蟹摄），包胞pu³³、饱pu⁵⁵、豹pu³⁵、炒 tsʰu⁵⁵、筲su³³（效摄）。

湘西南官话麻阳文昌阁、高村和中方泸阳蟹摄开一、二读单元音，此外，麻阳文昌阁、高村流摄一等白读因与蟹摄开一、二合流也读单元音。如麻阳文昌阁：来li¹³、在 tsʰi⁴²、害hi²⁴、菜 tsʰe³⁵、盖ke³⁵、排be¹³、解ke⁴² ~开、鞋he¹³（蟹摄），楼li¹³、走tʃi⁴²、狗ki⁴²、厚hi⁴²（流摄）；中方泸阳：抬 tʰe²¹³、灾tse⁵⁵、开 kʰe⁵⁵、拜pe³⁵、财柴tsʰe²¹³、街ke⁵⁵、矮ŋe²²（蟹摄）。

4. 覃、谈有别

湖南赣语临湘、岳阳县和平江三个方言点覃、谈有别。这一现象在江西

北区赣语（孙宜志 2007:162）、鄂东南赣语以及湘语岳阳县荣家湾方言中都存在。如星子：南 nɔn²⁴、蚕 dzan²⁴、感 kɔn³¹（覃韵），篮 lan²⁴、敢 kɔn³¹（谈韵）；修水：南 lon¹³、蚕 dzon¹³、感 kon²¹（覃韵），篮 lan¹³、敢 kon²¹（谈韵）；湖北通山：贪覃tʰæ̃²¹³≠坍谈tʰæ̃²¹³、男覃næ̃²¹≠蓝谈læ̃²¹、蚕覃tsæ̃²¹≠惭谈tsæ̃²¹；岳阳县荣家湾：南男 lɵ̃¹³、蚕 tsɵ̃¹³、参 dzʰɵ̃³³（覃韵），胆 tɑ̃⁴²、淡 tɑ̃²¹、暂 tsɑ̃²¹（谈韵）。

（二）遇、蟹、止三摄合口三等分合的相同之处

1. 鱼、虞有别

湖南赣语普遍存在的鱼、虞有别现象在周边方言中也普遍存在，只是字数多少不一。

据孙宜志（2007:178-180），江西赣语临川片鱼、虞有别的字数较多，一般有十个左右，其余各片一般是四个或五个，而且通常是"渠去鱼渔锯"，鱼韵的主要元音总是读 e 或ε等。据彭建国（2010:175-178），湘语鱼、虞有别的读音集中出现在"锯去渠"三个字上，其读音主要有低元音 a/æ、舌位较高的元音 e/ε/ə/ɤ，甚至是高元音 i/iu。鱼、虞有别的读音有的方言只有一个，有的有两个，有的甚至有三个。如益阳：锯kə¹³、去kʰə¹³；涟源：锯kɑ⁵⁵~树、去tɕʰi⁵⁵；邵阳：锯kε³⁵、去kʰε³⁵。

相邻客家话桂东和汝城鱼韵极少数字的白读与虞韵有别。如桂东：去xəɯ¹⁴、渠kəɯ¹⁴他[1]；汝城：渠tɕi³³、鱼ɳi⁴⁵、去ɕi²⁴。湘南土话鱼、虞有别的现象也只见于极少数字。如桂阳敖泉：傈kɯ¹²、去hɯ³⁵；嘉禾：锯tɕie⁵⁵~树/ku⁵⁵~子、蛆tɕʰie²⁴；江永：去hu³¹、鱼渔ŋu⁴²；宁远：渔鱼ŋɔ²¹³、去xɔ⁵³。湘北常德官话和湘西南官话也普遍存在鱼、虞有别的现象。如常德：锯kɯ⁵⁵~子、去kʰɯ³⁵出~；麻阳文昌阁：锯kə³⁵、去kʰa³⁵、渠kə⁴²他、鱼ŋə¹³；中方泸阳：锯ki³⁵、去kʰi³⁵、渠ki²²他；老洪江：锯ke³⁵、去kʰe³⁵。

2. 支微入鱼及祭韵与鱼虞、支微韵合流

湖南赣语常见的支微入鱼及祭韵与鱼虞、支微韵合流的现象周边方言较多发现。据孙宜志（2007:183-185），赣方言普遍存在遇摄三等精组、知三章组字与蟹摄、止摄合口三等精组、知三章字部分字相混的现象。支微入鱼的现象在湘语中也普遍存在，有韶山、衡山、益阳、新化、武冈、涟源、双峰、娄底等。如韶山：煮遇tɕy⁴²、槌止dʑy¹³木~子、水止ɕy⁴²滴~；新化：注遇tɕy⁴⁵、吹止tɕʰy³³、鼠遇＝水止ɕy²¹。除了支微入鱼以外，娄邵片祭韵也有较多混入鱼虞、支微韵，长益片少见。如双峰：住遇dy³³、书遇ɕy⁵⁵、吹止tʰy⁵⁵、锤止dy¹³、水止ɕy³¹、税蟹ɕy³⁵。

① 湖南省地方志编纂委员会（2001:1146）原文用"□"表示。

相邻客家话桂东不但支微入鱼，祭韵也与鱼虞、支微韵合流。如：锯$_遇$＝醉贵$_止$tɕy^{53}、序$_遇$＝睡$_止$＝岁$_蟹$ɕy^{53}年~。汝城不存在这一现象。湘南土话的情况与桂东一致，且这一现象比较普遍，有桂阳、宜章、江永、嘉禾、东安、新田等。如新田南乡：徐$_{(~家铺：地名)遇}$＝锤$_止$tɕy^{13}、蛆$_遇$＝吹$_止$tɕ^{h}y^{35}、鼠$_遇$＝水$_止$ɕy^{55}、蛀$_遇$tɕy^{33}－岁税$_蟹$ɕy^{33}。

湘西南官话麻阳、中方、洪江也存在支微入鱼现象。如中方新路河：除$_遇$tɕ^{h}y^{13}－吹$_止$tɕ^{h}y^{55}、鼠$_遇$＝水$_止$ɕy^{31}；洪江黔城：猪$_遇$tɕy^{55}－锤$_止$tɕy^{13}、鼠$_遇$＝水$_止$ɕy^{42}。另外，麻阳文昌阁、中方泸阳祭韵也与鱼虞、支微韵合流。如麻阳文昌阁：蛆$_遇$tʃ^{h}y^{55}－醉$_止$tʃy^{35}、树$_遇$ʃy^{24}－岁税$_蟹$ʃy^{35}。

（三）流摄与蟹摄、效摄的合流

1. 流摄与蟹摄合流

湖南赣语临湘、浏阳、安仁、永兴和资兴五个方言点流摄开一与蟹摄开一、二存在合流的现象。这一现象江西赣语目前只发现见于修水、上栗、萍乡、莲花、宁冈等。如萍乡：楼$_流$＝来$_蟹$lœ^{13}、头$_流$＝抬$_蟹$t^{h}œ^{13}、狗$_流$＝改$_蟹$kœ^{35}、搜$_流$sœ^{13}、后$_流$＝害$_蟹$hœ^{11}；莲花：楼$_流$＝来$_蟹$lœ^{13}、头$_流$＝抬$_蟹$hœ^{13}、狗$_流$＝改$_蟹$kœ^{53}、绉$_流$tsœ^{22}、后$_流$＝害$_蟹$hœ^{22}。湖北通城、通山、阳新、福建建宁、邵武等暂时未发现流摄与蟹摄合流的现象。

湘语娄邵片、辰溆片存在流摄开一、开三庄组与蟹摄开一、二合流的现象，有辰溪、溆浦、湘乡、双峰等。如湘乡：偷$_流$胎$_蟹$t^{h}ai^{55}、投$_流$＝台$_蟹$dai^{23}、楼$_流$＝来$_蟹$lai^{23}、愁$_流$＝财$_蟹$dzai^{23}、瘦$_流$＝赛$_蟹$sai^{45}、邹$_流$＝灾$_蟹$tsai^{55}；溆浦：豆$_流$tɛ^{53}、后$_流$＝害$_蟹$hɛ^{53}、馊$_流$sei^{44}、楼$_流$＝来$_蟹$lei^{13}、改$_蟹$kɛ^{23}、开$_蟹$k^{h}ei^{44}，但，抬da^{13}、矮a^{23}。

湘南土话宜章、桂阳敖泉等也存在流摄开一与蟹开一、二合流的现象。如宜章：楼$_流$＝来$_蟹$lai^{44}、偷$_流$t^{h}ai^{13}、豆$_流$＝带$_{蟹开一}$tai^{21}~起、馊$_流$＝鳃$_蟹$sai^{13}、沟$_流$＝该$_蟹$kai^{13}、厚$_流$＝害$_蟹$xai^{21}。桂阳敖泉蟹开一只有极少数常用字与流开一合流，如：楼$_流$＝来$_蟹$lei^{12}、钩$_流$kei^{33}－开$_蟹$hei^{33}、构$_流$＝盖$_蟹$kei^{35}。

湘西南官话麻阳流开一、开三庄组白读与蟹开一白读合流，其中文昌阁合流为 i，高村合流为 e。如高村：楼$_流$＝来$_蟹$le^{13}、钩$_流$ke^{55}、瘦$_流$se^{35}、在$_蟹$ts^{h}e^{31}。

2. 流摄与效摄合流

除茶陵、炎陵、安仁、常宁和永兴五个方言点外，湖南赣语其余十三个方言点都存在流摄与效摄合流的现象。孙宜志（2007:185-190）把江西赣语这两者的合流叫作重组。根据他的研究，江西赣语流摄与效摄重组有两种类型：一种是奉新型，流摄一等与效摄一等、二等、三等、四等重新组合，如丰城片的奉新、宜丰，南昌片的安义、武宁，吉安片的安福、吉水，鹰潭片的贵溪等。一种是都昌型，流摄一等与效摄二等见系文读、三等、四等重新组合，这一类型在江西赣语中占绝大多数，如南昌片的都昌、德安、星子、新建、南昌，丰城片的上高、丰城、樟树、靖安、高安，乐平片的景德镇、波阳、乐平、余干、万年，鹰潭片的铅山，临川片的金溪、崇仁，宜春片的宜春、分宜、新余、万载，吉安片的峡江等。湖北赣语通山、阳新流摄也与效摄合流，不过，两者合流的方式不同。其中，通山是流摄一等、三等庄组与效摄三等知、章组合流，如：偷tʰɛu²¹³、后xɛu³³、愁tsɛu²¹（流摄），招 tsɛu²¹³、潮 tsɛu²¹、烧sɛu²¹³（效摄）；流摄三等非庄组与效摄一、二等合流，如：周tsɑu²¹³、收sɑu²¹³（流摄），包pɑu²¹³、高kɑu²¹³、教kɑu⁴⁵（效摄）。阳新是流摄一等、三等庄组与效摄三等知、章组合流，如：豆tʰɛ³³、狗kɛ²¹、愁 tsʰɛ²¹²（流摄），招 tsɛ³³、烧sɛ³³（效摄）。

　　湘语各片都有流摄与效摄合流的现象，其类型与江西赣语一致。属于第一种的如益阳：豆流＝道效tau¹¹、走流＝早效tsau⁴¹、勾流＝高效kau³³、口流＝考效kʰau⁴¹、喉流＝毫效xau¹³、馊流＝臊效sau³³；属于第二种的如涟源：口流＝巧效tɕʰiə⁴²、沟流＝交效tɕiə⁴⁴、头流＝条效tʰiə¹³、愁流＝瞧效tɕʰiə¹³、走流＝剿效tɕiə⁴²。

　　湘南土话流摄与效摄合流的现象也较多，有宜章、嘉禾、蓝山太平、新田南乡等。其中，宜章流摄与效摄合流的规律与湖南赣语资兴相同，如：酒久 tɕi⁵³、牛ɳi⁴⁴（流摄），吊 ti²¹、椒tɕi³³、烧ɕi¹³（效摄），舅臭流＝轿效tɕʰi²¹。嘉禾、蓝山太平与湘语、赣语都不同，其流摄、效摄是依等次和声组合流。如嘉禾：周流＝遭效tsəu²⁴、收流＝烧效səu²⁴、闯流＝高效kəu²⁴，绣流＝笑效ɕiəu⁵⁵、油流＝摇效iəu¹¹，口＝考 kʰau³⁵、偷＝掏 tʰau³⁵。

　　湘西南官话中方新路河和洪江黔城流开一产生介音与效开三、四合流，与湘语、赣语一致。如黔城：偷流＝挑效tiau⁵⁵、钩流＝tɕiau⁵⁵－轿效tɕiau³⁵、口流tɕʰiau⁴²－桥效tɕiau¹³、馊流＝消效ɕiau⁵⁵。

　　（四）阳声韵的演变相同之处

　　1. 通摄与深、臻、曾、梗文摄三、四等合流

　　湖南赣语浏阳、醴陵、攸县和安仁四个方言点通摄与深、臻、曾、梗文摄三、四等合流。这一现象江西赣语主要见于宜春片的萍乡、丰城片的宜丰等。如萍乡：林 liŋ⁴⁴、针 tʂəŋ¹³（深摄），斤 tɕiŋ¹³、民 miŋ⁴⁴（臻摄），冰 piŋ¹³、绳ʂəŋ⁴⁴（曾摄），情 tsʰiŋ⁴⁴、成 tʂʰəŋ⁴⁴~功（梗摄），宗 tsəŋ¹³、用 iŋ¹¹（通摄）。此外，星子、修水等赣语通摄与曾摄、梗摄的文读合流，如星子：蒸曾＝钟通 tʂəŋ³³－正梗 tʂəŋ⁵⁵~确、蝇曾 iŋ²⁴－停梗 diŋ²⁴－用通 iŋ¹¹。湖北通山杨芳话、三源话"针""中"不分，都读ɐn（黄群建 1994:26-27）。湘语主要见于长益片和娄邵片，衡州片也有零星反映。如湘乡：沉深＝陈臻＝程曾＝城梗＝虫同通dʌn²³、壬深＝仁人寅臻＝蝇曾＝赢梗＝容通iʌn²³、分臻＝峰通xuʌn⁴⁴、云臻＝营荣梗yʌn²³。

湘南土话也存在通摄与深、臻、曾、梗文摄合流的现象。如新田南乡：轮臻＝笼通lən¹²、寻沉深＝陈芹臻＝松通tɕin¹³～树、心深＝新身臻＝升曾＝星梗ɕin³⁵、浸深＝镜梗＝中通tɕin³³射～、魂臻＝红通xuən¹³。

2. 存在古阳声韵今读阴声韵的现象

湖南赣语永兴、资兴和绥宁三个方言点存在古阳声韵今读阴声韵现象，这一现象湘语发现得比较多，有涟源、辰溪、武冈、溆浦等。如涟源：潭tɑ¹³、三sɑ⁴⁴、眼ŋɑ⁴²、镰li¹³、仙si⁴⁴、年ŋi¹³、全tsui¹³、软ui⁴²（咸、山摄）；吞tʰɛ⁴⁴、痕xɛ¹³、根ki⁴⁴（臻摄）；登tɛ⁴⁴、肯ki⁴²（曾摄）；彭pɛ¹³、冷liɔ⁴²、声ʂɔ⁴⁴（梗摄）。省外赣语暂时只发现见于鄂东南通山黄沙，其咸、山摄开三、四等今读阴声韵，如"边前点线变念年"等念i韵（黄群建1994:33）。

相邻客家话汝城咸、山摄今读阴声韵。如：翻fa³³、南na⁴⁵、伞sa²¹、安ŋa³³、棉mia⁴⁵、电tia⁴⁴、尖煎tɕia³³、半pua²⁴、酸sua³³、汉xua²⁴、全权tɕʰya⁴⁵、愿ȵya⁴⁴、远ya²¹。桂东暂时没有发现这一现象。

湘南土话以及相邻的粤北土话、桂北平话普遍存在古阳声韵今读阴声韵的现象，李冬香（2005b）有比较详细的讨论。如桂阳敖泉：懒冷le⁵³、尖精tsie³³、关kue³³、横还～钱ue¹²、远ye⁵³；糖团to¹²、墙tsʰio¹²、光钢宜肝kuo³³；东安：山sa³³、软ȵye⁵⁵、冷lo⁵⁵、声ɕio³³。

（五）入声韵的演变相同之处

1. 古入声韵今读塞音韵尾和喉塞音

湖南赣语平江古入声韵今读-t尾和喉塞尾，相邻湘语、湘南土话都暂时未发现这一现象。不过，相邻客家话桂东古入声韵今一般读喉塞尾。如：八paʔ⁵³、贼tsʰeiʔ⁵³、日ȵieʔ⁵³、谷kuʔ⁵³、学xɯʔ⁵³、六lyʔ⁵³。据孙宜志（2007:197-203），江西赣语多数方言还存在塞音韵尾，有的方言还保留三个塞音韵尾，只有部分方言无塞音韵尾。从地理分布来说，三个入声韵尾的方言点集中在南部的临川片，两个入声韵尾的分布在丰城片、南昌片，一个入声韵尾的分布在鹰潭片、南昌片，无入声韵尾的集中在南部的吉安片和西部的宜春片。

2. 通摄入声韵与果摄合流

湖南赣语攸县通摄入声韵与果摄合流。这一现象江西赣语主要见于吉安片，有吉安、泰和、安福、永新、莲花等。如永新：读tʰo⁵⁵、屋vo³⁵、玉肉io³⁵、局tɕʰio⁵⁵（通摄），多to³⁵、鹅ŋo¹³（果摄）。

（六）梗摄阳声韵的白读与宕、江摄合流

湖南赣语岳阳县、攸县、安仁、耒阳、常宁、资兴、洞口和绥宁等八个方言点梗摄阳声韵的白读与宕、江摄合流。据孙宜志（2007:207-215），江西赣语梗摄字绝大多数方言存在文白异读，白读的主元音为舌位较低的元音a或带a的鼻化音，梗摄白读与宕、江摄合流的现象暂时还未发现。不过，湖北阳新梗摄阳声韵的白读与宕、江摄合流。如：醒梗＝想宕siɔŋ²¹、挣梗＝章宕tsɔŋ³³、领梗＝两宕liɔŋ²¹。

据彭建国（2011:255-257），湘语梗摄开口韵白读有五个类型，其中三个类型与宕、江摄合流。即：①洞口型。包括洞口、长乐、双峰、宁乡、祁阳、桃江、衡阳、湘潭、新化、蓝田、隆回和白溪共十二处方言。其特点是庚、耕、清、青四韵韵母相同，且读音均同宕摄。②衡山型。包括衡山和衡东两处方言。其特点是二等与三、四等不同，二等与宕摄读音相同，三、四等与宕摄读音不同。③韶山型。只有韶山话属于此类型。其特点是二等与三、四等不同，三、四等读音同宕摄，二等读音不与宕摄同。二等白读与咸山摄开三、四等同。从音值来看，湘语梗摄白读与宕、江摄合流后的主元音多数为o/ɔ，为a的很少。

周边客家话梗摄二等阳声韵的白读与宕、江摄合流。如桂东：争梗＝庄章装宕tsɔ̃³³、生梗＝双江sɔ̃³³、哽梗＝讲江kɔ²¹；汝城：争睁梗＝庄章装宕tsaŋ³³、甥梗＝常偿宕saŋ⁴⁵、哽梗＝讲宕kaŋ²¹。

湘西南官话普遍存在梗摄阳声韵的白读与宕、江摄合流的现象，不过，主元音一般为a，且字数不一。相对来说，麻阳、中方字数较多，其他各点字数很少。如麻阳文昌阁：冷梗laŋ⁴²－郎宕laŋ¹³、争梗＝桩江tsaŋ⁵⁵、井梗tʃian⁴²－抢宕tʃʰian⁴²、声梗＝伤宕saŋ⁵⁵。

（七）其他相同之处

1. 蟹摄四等齐韵读洪音

湖南赣语平江、攸县、安仁、耒阳、永兴、资兴、隆回、洞口和绥宁等九个方言点四等齐韵部分常用字读洪音，这一现象江西赣语主要见于丰城片如高安、奉新、上高、宜丰等，其他片只有个别方言如吉安片的永丰、临川片的崇仁等有此表现。如高安：梯hai²⁴、泥lai¹³、洗sai³¹、鸡kai²⁴；奉新：梨lɛi²⁴、细sei⁴⁴、鸡kɛi⁵³；上高：弟hai⁵³、泥lai²⁴、洗sai²¹³；永丰：弟tʰɛ↗、齐tsʰɛ²²、西sɛ⁴⁴、泥lɛ²²。

湘语暂时没有发现四等齐韵读洪音现象，但湘南土话普遍存在。如宜章：低tai¹³、梯tʰai¹³、剃tʰai²¹、弟tʰai⁵³、底tai⁵³、泥nai⁴⁴、犁lai⁴⁴、细sai²¹、洗sai⁵³；东安：低tai³³、泥nai¹³、犁lai¹³、洗sai⁵⁵。周边客家话也有发现，如桂东：洗sei²¹、细sei⁵³；汝城：米mɛi²¹、低tɛi³³、弟tʰɛi³³、犁lɛi⁴⁵、齐tsʰɛi⁴⁵、细sei²⁴、鸡kɛi³³。

2. 遇合一、合三庄组读复合元音

湖南赣语华容、岳阳楼、临湘、岳阳县、平江、浏阳、醴陵和安仁等八个方言点遇合一、合三庄组存在读复合元音的现象。这一现象江西赣语暂时还未发现，但见于湖北通城、通山、阳新等。如湖北阳新：图tʰɑu²¹²、路lɑu³³、赌tɑu²¹、租tsɑu³³、初tsʰɑu³³，补pu²¹、姑ku³³。

遇合一端系、合三庄组读复合元音的现象湘语比较常见。如长沙：图tʰəu¹³、租tsəu³³、锄tsʰəu¹³、簿pu¹¹、故ku⁵⁵；新化：兔tʰəu³⁵、组tsəu²¹、初tsʰəu³³、菩bʰu¹³、苦kʰu²¹；溆浦：土tʰɤɯ²³、粗tsʰɤɯ⁴⁴、梳sɤɯ⁴⁴，布pu³⁵、姑kʋ⁴⁴。

相邻客家话桂东遇合一帮组、端系、合三庄组读复合元音，如：补pəɯ²¹、墓məɯ⁵³、图tʰəɯ¹⁴、炉ləɯ¹⁴、路ləɯ⁵³、租tsəɯ³³、初tsʰəɯ³³、苏梳səɯ³³。湘南土话蓝山上洞、东安花桥、冷水滩小江桥遇合一端系字多读əu（谢奇勇2010:150）。如东安花桥：兔tʰəu³⁵、路ləu³⁵、租tsəu³³、苏səu³³。

湘北常德、湘西南麻阳、中方、洪江、芷江、新晃等西南官话也存在遇合一端系、合三庄组读复合元音的现象。如常德：赌tou³¹、露lou³⁵、做tsou³⁵、阻tsou³¹、苏sou⁵⁵；新晃：都təu²⁴、路ləu⁵⁵、租tsəu²⁴、初tsʰəu²⁴、苏səu²⁴。

3. "浅贱鲜新~癣"等字与山合三合流

湖南赣语安仁、耒阳、常宁、永兴、隆回、洞口和绥宁等七个方言点"浅贱鲜新~癣"等字与同韵摄的其他精组字有别，而与山合三合流。这一现象湘语、赣语也有发现。相对来说，湘语比较普遍，而赣语只有零星的表现。从地理分布来看，湘语主要见于娄邵片和辰溆片，如绥宁、隆回桃洪、娄底、涟源桥头河、新宁、双峰、湘乡、邵阳、泸溪、溆浦、辰溪等。不过，字数有多有少，有的只有一两个字，有的有三四个字。[①]江西赣语则主要见于南区宜春片、吉安片和临川片的部分方言。下面列举上述部分方言"浅贱鲜新~癣"四个字的今读。请看表8-1。

表 8-1　　　　周边湘语、赣语"浅贱鲜新~癣"等字的今读

		山开三							山合三		
		浅	贱	鲜新~	癣	煎	线	钱	全	选	旋头上的旋
湘语	娄底	tsʰuĩ⁴²	dzuĩ¹¹	suĩ⁴²	suĩ⁴²	tsĩ³⁵	sĩ³⁵	dzĩ¹³	dzuĩ¹³	suĩ⁴²	dzuĩ¹¹
	涟源桥头河	tsʰui⁴²	tsui¹¹	sui⁴⁴	sui⁴²	tsi⁴⁴	si⁵⁵	tsi¹³	tsui¹³	sui⁴²	/
	湘乡	tɕʰyĩ²¹	dʑyĩ²²	ɕyĩ⁵⁵	ɕyĩ²¹	tɕiĩ⁵⁵	ɕiĩ⁴⁵	dʑiĩ²³	dʑyĩ²³	ɕyĩ²¹	dʑyĩ²²
	邵阳	tɕʰyɛ̃⁴²	dʑyɛ̃²⁴	ɕyɛ̃⁵⁵	ɕyɛ̃⁴²	tɕiɛ̃³⁵	ɕiɛ̃³⁵	dʑiɛ̃¹²	dʑyɛ̃¹²	ɕyɛ̃⁴²	/
	溆浦	tɕʰiɛ̃²³	tɕyɛ̃⁵³	ɕyɛ̃⁴⁴	ɕyɛ̃²³	tɕiɛ̃⁴⁴	ɕiɛ̃³⁵	dʑiɛ̃¹³	dʑyɛ̃¹³	ɕyɛ̃²³	ɕyɛ̃⁵³

---

① 如果"浅贱鲜新~癣"等字与山合三合流现象只见于"癣"字或其他字的文读，则不予考虑，因为这很可能来源官话，与湖南赣语的性质不同。

续表

		山开三							山合三		
		浅	贱	鲜新~	癣	煎	线	钱	全	选	旋头上的旋
赣语	南丰	tɕʰyan^{11}	/	/	/	/	ɕian^{313}	tɕʰian^{24}	tɕʰyan^{24}	tɕʰyan^{11}	/
	安福①	tɕʰyɛ̃^{53}	/	/	/	/	ɕiɛ̃^{22}	tɕʰiɛ̃^{212}	tsʰʮɛ̃^{212}	sʮɛ̃^{53}	/
	吉水	tɕʰyɔn^{31}	tɕʰien^{11}	/	ɕyɔn^{31}	tsian^{35}	sian^{33}	tsʰian^{33}	tɕʰyɔn^{33}	/	/

　　周边客家话桂东、湘西南麻阳官话中方泸阳、麻阳高村、文昌阁"浅贱鲜新~癣"等字也与同韵摄的其他精组字有别，而与山合三合流。如桂东：浅 tɕʰyɛ̃^{21}、鲜 ɕyɛ̃^{33}新~、癣 ɕyɛ̃^{21}，煎 tɕiɛ̃^{33}、线 ɕiɛ̃^{33}、钱 tɕʰiɛ̃^{14}（山开三）；全 tɕʰyɛ̃^{14}、选 ɕyɛ̃^{21}（山合三）；中方泸阳：浅 tɕʰyan^{22}、鲜新~癣 ɕyan^{55}，钱 tɕʰian^{213}、线 ɕian^{35}（山开三），宣 ɕyan^{55}、选 ɕyan^{22}（山合三）。

　　4. 明、泥、日、疑母非阳声韵读如阳声韵

　　除华容、岳阳楼、醴陵、攸县和资兴外，湖南赣语其余十三个方言点或多或少存在明、泥、日、疑母非阳声韵读如阳声韵的现象。这一现象江西赣语吉安片也有零星的反映，如莲花：模 məŋ^{13}~子、墓 məŋ^{22}、疑 ĩ^{13}、蚁 ĩ^{53}、义毅 ĩ^{22}；泰和：墓 məŋ^{11}；永丰：毅 lĩ↗。另据《江西省志·江西省方言志》（2005），莲花和永新"你"分别读 ĩ^{25} 和 ĩ^{44}。周边湘语也有较多发现，如隆回桃洪、新化、冷水江、湘乡、衡山、双峰等。此外，据罗昕如（2011:55-62），溆浦龙潭、娄底石井也存在这一现象。与赣语相比，湘语这一现象分布更广，有些方言甚至个别影母洪音字也读阳声韵。如湘乡：摸 mõ^{55}、模目木穆 mõ^{23}、墓幕 mõ^{22}、麻 mõ^{23}、马 mõ^{21}、抹 mõ^{45}、骂 mõ^{22}（明母），鹅吾 ŋõ^{23}、牙芽 ŋõ^{23}、瓦 ŋõ^{21}（疑母），哑 ŋõ^{21}（影母）。

　　湘西南官话中方泸阳、麻阳高村、文昌阁部分明母阴声韵字有鼻韵尾。如泸阳：亩 moŋ^{22}、茂 moŋ^{35}、木 moŋ^{55}；高村：迷谜 men^{13}、米 men^{31}、蜜 men^{35}、牡 məŋ^{31}、茂 məŋ^{35}；文昌阁：某＝亩＝牡 məŋ^{42}、茂 məŋ^{35}。

　　比较湖南赣语、江西赣语与湘语的上述现象，发现，江西赣语"毅""墓"等字的音变规律与湖南赣语一致，分别读如深摄、臻摄和通摄。湘语的音变规律比较复杂，有的与赣语一致，如新化"木"读如通摄的"梦"；有的与赣语不同，如上面所举湘乡的"木"等字不与通摄合流，而是自成一韵。湘西南官话明母阴声韵字"某亩牡"读鼻韵尾的现象在赣语、湘语中暂时还未发现。

---

　　① 安福"浅"与合三见系韵母相同，如"拳 tɕʰyɛ̃^{212}"。

三　湖南赣语与周边方言相同的声调特点

（一）浊上的演变相同之处

1. 浊上口语常用字读阳上

湖南赣语平江和绥宁两个方言点浊上常用字今读阳上。这一现象在江西赣语中也有零星发现。据孙宜志（2006:224-225），江西赣语次浊上和全浊上读阳上的主要见于吉安片。如莲花次浊上读阳上的有：暖两斤~冷痒你岭我；全浊上读阳上的有：厚伴丈淡动被~子舅今簿肚祸。安福次浊上读阳上的有：我你暖远冷岭两斤~；全浊上读阳上的有：舵坐祸下下去簿肚肚脐户苎亥弟罪被~子徛巳厚舅近杖动重轻~。

相邻客家话桂东上声也分阴阳。其次浊上读阳上的有：咬暖懒冷岭领两软染有野酉养痒忍；全浊上读阳上的有：厚下坐淡丈上被徛弟重苎柱菌断动舐竖舅近妇（曾献飞 2004c）。湘南土话较多方言点古浊上读阳上，有江永城关、临武麦市、江华寨山、嘉禾广发等。如嘉广发禾：赌清ᶜtu≠努次浊ᶜlu、蠢清ᶜtɕʰyn≠菌全浊ᶜtɕʰyn；临武麦市：底清ᶜti≠你次浊ᶜni、涨清ᶜtʃoŋ≠丈全浊ᶜtʃʰoŋ。

2. 浊上口语常用字归阴平

湖南赣语攸县、茶陵、炎陵和资兴四个方言点浊上部分常用字归阴平。这一现象江西赣语有较多发现，且集中分布在江西中部即临川片、鹰潭片和吉安片。其中，全浊上归阴平的方言比较多，有南城、黎川、南丰、广昌、贵溪、鹰潭、弋阳、铅山、余江、横峰、万安、永新、泰和、永丰、吉水、新干、宁冈、金溪、资溪等；次浊上归阴平的方言相对较少，有南城、黎川、南丰、金溪、资溪等（孙宜志 2007:224-225）。

相邻客家话汝城浊上归阴平。如：懒ᶜla、马ᶜmɔ骑~、弟tʰiᶜ、咬ŋauᶜ、厚ᶜxɐu、冷ᶜlɛn、上ᶜsaŋ动词、鲤ᶜli、徛tɕʰiᶜ立、野ᶜci、舅tɕʰiɐuᶜ、有iɐuᶜ、岭领衫~ᶜlin、两ᶜliaŋ斤~、尾ᶜmuɛi、被pʰuɛᶜ~子i、动tʰoŋᶜ、你ŋᶜ。赣南本地话和湖南其他客家话的浊上口语常用字也普遍归阴平（刘纶鑫 2001；陈立中 2002b）。

3. 全浊上部分归上、部分归去

湖南赣语耒阳、永兴、隆回和洞口四个方言点全浊上部分归上、部分归去，这一现象湘语有零星发现，如隆回、祁阳黎家坪、祁东等（陈晖 2006:140-143）；湘南土话则较多存在，如宜章：淡ᶜto、簟ᶜtie、簿ᶜpu、柱tɕʰyᶜ~子、菌ᶜkʰuɛi、丈tsʰaŋ，犯foᶜ、市sʐᶜ、户fuᶜ。湘西南官话麻阳文昌阁全浊上常用字部分读上声、部分读阳去或阴去。与湘语、赣语不同的是，文昌阁读上声的稍多，读阳去或阴去的稍少。如：ᶜ坐tsʰo、下ᶜxa底~、在tsʰiᶜ、厚ᶜhi、舅ᶜtʃʰiɐu、淡ᶜtʰan、伴ᶜpʰan、重tsʰəŋᶜ轻~，祸hoᶜ、被bɿᶜ~子、丈tsaŋᶜ单位、是柿sʐᶜ、赵 tsaɣᶜ。闽西北的建宁、邵武等浊上今读的表现与麻阳文昌阁基本相同。如邵武：苎ᶜtʰɯ、柱ᶜtʰəu、弟ᶜtʰi、被ᶜpʰei、旱xon、断ᶜtʰon~绝、菌ᶜkʰuɐn、丈

ᶜtʰioŋ，祸 foˀ、部 pʰuˀ、倍 pʰɛiˀ、动 tʰuŋˀ、重 ᶜtʰuŋ/tʰiuŋˀ、近 ᶜkʰyen/kʰinˀ、后 ᶜxy/xɛuˀ、厚 ᶜxɛu/xɛuˀ、舅 ᶜkʰy/kʰəuˀ。

湖南赣语洞口全浊上除部分归上、部分归去外，还有部分字与浊去一起归阴平。与洞口类似的现象主要见于湘语娄邵片中的新化、冷水江以及辰溆片中的辰溪大水田、溆浦龙潭（瞿建慧 2010a:62）。如新化：弟 ᶜdʰi/dʰiˀ、旱 ᶜyã干~/yã~烟、像 ᶜziɔ̃好~/ɕiɔ̃~画、在 ᶜdzʰæ~屋里/dzʰæˀ现~、道 ᶜdʰɔ~理/dʰɔˀ~路，后 ᶜyɤ~天/yɤ~生/yɤˀ~排、厚 ᶜyɤ~好/yɤ~蛮/yɤˀ~忠、丈 ᶜdzʰyɔ̃~人公/dzʰyɔ̃~①（浊上）；菢 ᶜbʰɔ、饭 ᶜfã、地 ᶜdʰi~下/dʰiˀ土~、用 ᶜyn~钱/ynˀ~途（浊去）。湘西南官话麻阳、中方、洪江等也存在全浊上常用字部分读上声、部分与浊去一起归阴平、部分读去声的现象。如中方新路河：坐 ᶜtsʰo、柱 ᶜtɕʰy、在 ᶜtsʰai、弟 ᶜtʰi、厚 ᶜɕiau、舅 ᶜtɕʰiɤu、淡 ᶜtʰan，是市 sɿˀ、赵 tsauˀ、祸 xoˀ、被（~子）浊上＝鼻浊去 pʰi。

（二）入声的演变相同之处

1. 入声分阴阳

湖南赣语岳阳县入声分阴阳，这一现象在江西赣语中较多存在，如永修、高安、修水、万年、余江、金溪等（孙宜志 2007:230）。从孙宜志列举的方言来看，江西赣语这一现象主要见于北部和东部，即南昌片、丰城片、乐平片、鹰潭片和临川片等。周边湘语入声分阴阳的较少见，目前发现的只有岳阳县荣家湾和祁东、祁阳的老派（陈晖 2006:162-167）。

2. 清入和浊入合流为一个入声调

湖南赣语华容、岳阳楼、临湘、平江、醴陵清入和浊入合流为一个入声调。江西赣语清入和浊入合流为一个入声调的有上高、南昌市新派、波阳、乐平、樟树、新干、宜春、永丰、万安、乐安、南城、宜丰、横峰、景德镇等（孙宜志 2007:228-230）。从孙宜志所列举的方言来看，这个类型在江西赣语中没有明显的地域差异。湘语清入和浊入合流为一个入声调的主要见于长益片和衡州片，不过，其全浊入有极少数常用字白读归阴去（陈晖 2006:159）。湘西南官话通道、洪江等古入声的演变与长益片湘语基本一致。如洪江黔城在所考察的 306 个入声字中，有 271 个入声字仍读入声，约占88%，不读入声的主要是全浊入声字。这些不读入声的全浊入声字一般读阴去调，或白读阴去、文读入声（胡萍 2007:147）。

相邻客家话桂东古入声无论清浊今仍读入声。如：直 tsʰɿʔ˿、八 paʔ˿、色 seiʔ˿、落 lɯɯʔ˿、笔 piʔ˿、药 iɯɯʔ˿、骨 kueiʔ˿、六 lyʔ˿、熟 ɕyʔ˿。湘南土话桂阳敖泉、宜章等古入声今一般仍读入声。如桂阳敖泉：角 kuo˿、鹿 lu˿、石 ʃa˿、袜 ua˿。

---

① "丈" 没有去声的读法。

3. 清入归阴平、浊入归阴去

湖南赣语浏阳、攸县、茶陵和洞口四个方言点入声消失，清入归阴平、浊入归阴去/去声。这一现象江西赣语主要见于吉安片和宜春片，有安福、莲花、吉水、吉安和萍乡等（孙宜志 2007:231）。如吉安：恶 ŋo˨、汁 tsʅ˨、一 ˌi˨、辣 lɛ˨、读 tʰuˀ˨、舌 sɛˀ˨。湘语主要见于与隆绥小片相邻的邵东、隆回、洞口、涟源蓝田等（陈晖 2006:183-186）。湘西南官话麻阳、中方古入声今读舒化，其中，麻阳文昌阁清入归阴平、浊入归阴去的分派规律比较明显，而麻阳高村、中方泸阳、新路河清入归阴平、浊入归去声的比例逐渐减小，但常用字或白读清入归阴平、浊入归去声（胡萍 2007:151-154）。

4. 清入和次浊入合流读入声，全浊入白读归阳平、文读读入声

具有这一特点的方言湖南赣语只有常宁，周边方言主要有湘语祁东城关、祁阳城关新派（陈晖 2006:160-167）。

5. 古入声白读舒化，文读读入声

湖南赣语隆回和绥宁两个方言点古入声白读或常用字舒化、文读或非常用字读入声；入声舒化后清入归阴平、浊入归清去，次浊入部分随清、部分随浊。这一现象周边方言主要见于湘语新化。如：七 tɕʰi˨、插 ˌtsʰa˨、瞎 ˌxa˨、劈 ˌpʰia˨、桌 ˌtso˨、郭 ko˨、急 tɕi˨、熄 ɕi˨、察 tsʰa˨（清入）；贼 tɕʰieˀ˨、舌 ʂɤˀ˨、勺 ɕyoˀ˨、植 tʂʰʅ˨、拔 pʰa˨、杰 tɕie˨（全浊入）；麦 maˀ˨、药 yoˀ˨、辣 laˀ˨、页叶 ieˀ˨、六 lieuˀ˨、粒 ˌli/ˌli˨、蜡腊 ˌla/ˌla˨、越 ˌye/ˌye˨、纳 la˨、入 y˨、墨 mɤ˨、弱 yo˨（次浊入）。

（三）小称变调

湖南赣语安仁、隆回和绥宁三个方言点存在非入读入的现象，其实质是小称变调。江西赣语、湘语、相邻客家话以及湘南土话也存在小称变调。

1. 江西赣语的小称变调

据《江西省志·江西省方言志》（2005），江西中部赣语存在着一个主要来自浊平字又不限于浊平字的高升调。这部分有高升调的字主要是口语中的单音节词，名词居多。如永丰：茄 tɕʰio↗、凤 mən↗；安福：茄 tɕʰio↗、台 tʰœø↗、蝇 lɛn↗、笼 ləŋ↗；宜丰：婆 pʰo↗、架 ka↗、姐 tsa↗、句 ki↗、带 tai↗、蝇 in↗；上高：河 ho↗、婆 pʰo↗、茶 tsʰa↗、胡狐壶 fu↗、姐 tɕia↗、鼠 su↗、鱼 ɲi↗、句 ki↗/kui↗、镰 liɛn↗、盖 kai↗、蝇 in↗、虫 tʰuŋ↗。颜森（1993）、陈昌仪（1991）、李如龙、张双庆（1992）、《江西省志·江西省方言志》（2005）、邵宜（2006）、邵慧君、万小梅（2006）、万小梅（2007）等也先后报道了江西赣语中的小称变调。下面根据上述学者的研究成果详细介绍江西赣语的小称变调，请看表 8-2。

表 8-2　　　　　　　　　　　　　　　江西赣语的小称变调

方言点	音值	来源	调类	例　　字
吉安、安福①	中塞	四声八类	独立成调	吉安陂头：婆 pʰɔ²ʔɔ²⁵|杖 tsʰɔ²ʔɔŋ²⁵|岭 tia²ʔaŋ²⁵~背|片 pʰia²ʔan²⁵|嘴 tsɔ²ʔɔi²⁵亲~（万小梅 2007:12）
乐安万崇	超高升调	舒声为主	独立成调	仁 ȵin↗花生瓜子等的果仁|稿 kau↗晒干枯的苗|疥 kai↗~疮|新 ɕin↗肉：伤疤愈合后新长出来的肉（邵慧君、万小梅 2006）
	超高平调	入声为主②	独立成调	鸽 kɔʔ˥|卒 tsɔʔ˥象棋子名|月 ~日 ua˥|朝 明~tau˥|椅 i˥~竹（邵慧君、万小梅 2006）
宜丰、上高、永丰、新干	超高升调	四声八类	独立成调	宜丰：橙 tsʰan↗|奶 lai↗|妹 老~mai↗|试 ɕie↗考~（万小梅 2007:18）；新干：梨 li↗|饮 in↗米汤|崽 tsɛi↗小男孩|小儿子|妹 moi↗表妹~（颜森 1988:47）
吉安万福③	213	四声八类	独立成调	江 kɔŋ²¹³|蚊 men²¹³|饼 piaŋ²¹³|岭 liaŋ²¹³山|粽 tsuŋ²¹³|壳 kʰɔ²¹³|墨 mɛ²¹³~黑（万小梅 2007:22-23）
万载、峡江	超高升调	浊平为主	独立成调	万载：胨 lo↗|鞋 hai↗|姨 i↗|锤 tʰui↗|鸟 tieu↗|虹 fəŋ↗兴 ɕin↗高~|牯 ku↗猪~|气 ɕi↗小~；峡江：鞋 hai↗|桃 tʰau↗|鸟 tiau↗|蝇 ȵin↗|棚 pʰaŋ↗|萤 iaŋ↗|粽 tsuŋ↗（《江西省志·江西省方言志》）
黎川	高平调	入声	独立成调	刮 kuai⁵（万小梅 2007:24）
	35	非入声	与阳平合	公 kuŋ³⁵祖父|舅 kiəu³⁵母~|皱 tseu³⁵~眉（万小梅 2007:19-20）
莲花良坊乡、遂川④	25	浊平为主	与阳上合	莲花良坊乡：茄 tɕʰio²⁵|胨 lo²⁵|架 ka²⁵|鞋 hai²⁵|梨 li²⁵|桃 hau²⁵|豆 hœu²⁵|粽 tsəŋ²⁵（《江西省志·江西省方言志》）
吉水文峰	213	四声八类	与去声合	鞋 hai²¹³|塘 tʰɔŋ²¹³|奶 lai²¹³|影 iaŋ²¹³|梗 kaŋ²¹³|杆 kɔn²¹³（万小梅 2007:23）
南城	35	非入声、阴去	与阳平合	奶 nai³⁵|冻 ~冻 tuŋ³⁵|阿 ~公、外公 a³⁵|拱 ~背 kuŋ³⁵（万小梅 2007:19-20）

　　从表 8-2 可以看出，从调型上来看，江西赣语的小称变调基本上是升调（含曲折调）；升调又以高升为主，只有极少数是低升如吉安万福等。从舒促

---

　　① 关于吉安、安福小称变调的音值，江西省地方志编纂委员会（2005:46）记为高升调，如安福枫田：妈 ma↗、鞋 hai↗、姨 i↗、李 ti↗、桃 tʰau↗、蝇 lɛ̃n↗、笼 ləŋ↗、鸟 tiau↗、波 po↗~子:蛋；万小梅（2007）记为中塞式。此处采用万小梅（2007）的记载。

　　② 据邵慧君、万小梅（2006），少数入声字如"竹桌壳木"可有高升和高平两种变调，意义无别，原因待考。

　　③ 关于吉安万福小称变调的音值，《江西省志·江西省方言志》（2005:46）记为高升调，万小梅（2007:22-23）记为 213。此处采用万小梅（2007）的记载。

　　④ 据《江西省志·江西省方言志》（2005:46），莲花良坊乡的这个小称变调独立成调，但在该书第 101 页"莲花良坊乡音系"以及后面的"字音对照表"中，这个高升调被归入到阳上 25。万小梅（2007:20）认为是独立成调。此外，遂川在《江西省志·江西省方言志》（2005）中没有记录小称变调，但万小梅（2007:20）指出有小称变调。

来看，绝大多数是舒声，只有极少数如安福是中塞的促声。从分化条件来看，有的以调类为条件，如莲花；有的以舒促为条件，如黎川；当然更多的是没有条件限制，如宜丰。

此外，据万小梅（2007:24）转吉安《东固镇志》（涂思明 1995），东固有一个与阴平合流的变调 55，四声八类的词都可以读，而且多为口语常用词，如"桃梨坪鞋篮奶嫂饭巷"等。她疑为"高平型小称调"。从周边方言的情况来看，吉安东固镇这个与阴平调合流的变调应该是小称变调。

2. 湘语的小称变调

湘语与吴语、赣语存在着密切的关系，但至今没有看到与吴语、赣语类似的小称变调的报告。有学者认为湘语没有独立表示小称的小称变调。[①]最近我们查检了一些湘语的单点报告，发现，湘语存在小称变调，不过，这个小称变调都是与别的调类重叠在一起，以致研究者多没有认识到它们是小称变调，而是看作语音演变中的异读。

（1）异读的类型

湘语古今声调的演变规律比较整齐，不过，也有些方言部分字表现出了有规律的例外，主要有下面三种情况：

① 非清去字读阴去

湘语阴去调一般来自古清去、古浊入，可是，部分方言还有一些非清去和非浊入字读阴去。

第一，古浊平字读阴去。

辰溆片普遍存在古浊平字今读阴去的现象。如溆浦城关古浊平部分常用字或白读归阴去，声母为浊音，文读归阳平。如：菩 buʔ/ˌbu、猫 mɑʌˀ、桃 dɑʌˀ~子/ˌdɑʌ水蜜~、筒 dʌŋˀ、篮 lɛ̃~~/ˌlɛ̃~球、笼 lʌŋˀ、肠 dzɑ̃~子/ˌdzɑ̃、虫 dzʌŋˀ、糍 dzɿˀ、茄 dziŋˀ、环 uɛ̃~子、梅 meiˀ~儿: 杏子。

泸溪浦市古全浊平字今声调分化成阴去和阳平两个调。今读阴去的如：菩 buˀ、糊 uˀ米~~、坪 bɛ̃ˀ河滩~、茄 dzyaˀ、筒 doŋˀ、迟 dzɿˀ、厨捶 dzuˀ、揉 zəuˀ、芽 ŋɔˀ、蛮 mæˀ有~好: 不太好、肠 dzaŋˀ、娘 niaŋˀ牛~; 母牛、篮 læˀ花~。

谢伯端（2009:150-151）详细介绍了辰溪非清去今读阴去的现象。从谢先生所列举的 180 个字来看，除古全浊入归阴去属于规律演变以外，其余属异读。有异读的常用字主要是古浊平字。如：菩 buˀ~萨、坪 beiˀ~场、抬 daˀ、桃 dauˀ~子、塘 dauˀ、筒 dəuˀ、娘 niauˀ鸡~、箩 lɔˀ~~、林 leiˀ茶~、虫 dzœuˀ、笼 ləuˀ、豺 dzaˀ~狗子、蚕 dzeˀ、厨 dzuˀ、肠 dzauˀ、揉 zəuˀ、球 dziəuˀ茶~、茄

① 罗昕如、李斌：《湘语的小称研究——兼与相关方言比较》，《湖南师范大学社会科学学报》2008 年第 4 期。

dʑya²~子、鞋 xa²~穿~、猴 xai²~子屁股。

除了古浊平字以外，辰溆片湘语还有极个别古清平字读阴去。如溆浦城关：光 kuɑ̃²(形容词)~脑壳、(使动词)~羽毛咯/ˎkuɑ̃(名词)日头~、~线、梯 tʰi²；辰溪：光 kuauɯ²~满了。

第二，古上声和古浊去读阴去。

辰溆片除了古浊平字存在今读阴去现象以外，古上声和古浊去也有极少数字今读阴去。如溆浦城关：赶 ka²~路、~羊/ˎkuɛ̃~场、嫚 mɛ̃²~~：姑姑；泸溪浦市：弄 noŋ²小巷、瓣 mæ²、喊 xæ²、□niæ²滚来滚去①、闪 ɕiæ²扯火闪~：闪电；辰溪：李 li²~子、祆 ŋau²、喊 xe²。

辰溆片以外的湘语虽然古浊平字不存在整齐的异读现象，但古上声和古浊去乃至古平声都有极少数常用字读阴去，这个现象主要见于衡州片和娄邵片。如衡山：权杈 tsʰɑ²树开杈了、奶 læ²~子、吃~、睞闭尾~帽；尾巴 mĩ²、谎 xõ²斗~子：开玩笑、鼠 ɕy²老~子、饺 tɕiou²~子、□len²~子：房间之间的过道屋子②；娄底：使 sʂ²大~/ˎsʂ假~、底 ti²~公：容器的底部/ˎti、□la²~婆：乳房，乳汁③、左 tso²撇子/ˎtso、□mɑ̃²~~：父之妹/□ˎmɑ̃~娘：对姑娘的昵称④；涟源：柢 ti²碗~公：碗底、赶 kɑ²~山狗/ˎkɑ~路、捞 lə²~油水、扭 ȵɑu²行路~啊/ˎȵɑu哩条腰：扭了腰、弄 lɑŋ²~子。

② 非浊去字读阳去

冷水江今阳去调除了来自古全浊上、浊去、古入声的文读以及古次清去以外，还有部分字来自其他调类。其中，古浊声母平声字少数白读阳去，文读阳平。如：坪 bʰiɑ̃²晒谷~/ˎbʰin²操~、糊 u²~纸/ˎvu浆~、笋 lo²谷~/ˎlo~篁、篮 lɑ̃²仔：篮子/ˎlɑ̃~球、肠 zyõ²~子/ˎzyõ火腿~、芽 a²发~/ˎia萌~、婆 vu²~鸡/ˎbʰo老~、牛 in²水~/ˎiəu马~。此外，古上声和古清去也有极少数字读阳去。如：李 li²~子、朵 to²、鸟 tiə²、板 pɑ̃²~~：面；扁平脸/ˎpɑ̃黑~、扁 piɛ̃²压~/ˎpiɛ̃~担、奶 læ²吃~/ˎlæ~牛~、浅 tɕʰiɛ̃²水很~/ˎtɕʰiɛ̃色、鼎 tiɑ²、笋 sən²、□mɑ̃²~~：婶娘⑤、皱绉 tɕiə²、踮 tin²。

另外，据瞿建慧（2010），溆浦岗东、两江古浊平部分常用字或白读阳去，文读阳平。如岗东：桃 tʰau²、肠 tʂʰaŋ²~子/ˎtʂʰaŋ盲~、筒 tʰoŋ²、笼 loŋ²、虫 tsʰoŋ²~子/ˎtsʰoŋ蛔~、篮 lɛ²~子/ˎlɛ~球、球 tɕʰiou²棉花~/ˎtɕʰiou~篮。

③ 非入读入

新化古入声依据声母的清浊分化为两个调，古清入常用字或白读为阴平，古浊入常用字或白读为阴去，古入声非常用字或文读归入声。入声除了

---

① "□niæ²滚来滚去"的本字应为"碾"，"niæ²"与"碾"声韵均合。

② "□len²~子：房间之间的过道屋子"的本字应是"弄"，"len²"与"弄"声韵皆同，意义相合。

③ "□la²~婆：乳房，乳汁"的本字应为"奶"，"la²"与"乃、赖"声韵皆同，意义与"奶"相合。

④ "□mɑ̃²~~：父之妹"与"□ˎmɑ̃~：对姑娘的昵称"的本字均应为"晚"，"mɑ̃²/ˎmɑ̃"与"晚"音义皆合。

⑤ "□mɑ̃²"的本字应为"晚"；"晚"白读音为"ˎmɑ̃"时，指"叔叔"。

来自古入声字以外，还有部分非古入声字。其中，少数古浊平字白读入声，文读阳平。如：皮 bʰiₐ~上/bʰiₐ~肤、桃 dʰɔₐ~个~/dʰɔₐ~红、头 dʰiəₐ称~/dʰiəₐ~脑、缘 yɛ̃ₐ~树：爬树/yɛ̃ₐ~故、行 yõₐ~字/yõₐ~银、肠 dzʰyõₐ~子/dzʰyõₐ盲、筒 dʰənₐ~~米/dʰənₐ邮~、虫 dzʰynₐ一条~/dzʰynₐ蛔。除了古浊平字以外，还有部分古上声和去声字今读入声。如：李 liₐ~子、朵 toₐ、奶 læₐ、泡 pʰɔₐ水~、爪 tsoₐ、鸟 tiəₐ、皱 tɕiəₐ、板 pã̃ₐ~~面：扁型脸、瓣 mãₐ、扁 biɛ̃ₐ瘪①、片 pʰiɛ̃ₐ尿布、俨 liɛ̃ₐ~像、卷 tɕyɛ̃ₐ形容词，弯曲、短 tõₐ、鼎 tiõₐ饭锅、捧 pənₐ抱②、笋 sənₐ、顶 tinₐ~住、肫 zinₐ鸡~。

（2）异读的作用

从上文列举的异读现象可以看出，这些异读具有一定的语法作用，主要有：

① 区别词义。如娄底"晚"用于"晚娘"读本调，表示"对姑娘的昵称"；用于"晚晚"读阴去，指"父之妹"。冷水江"晚"读本调指"叔叔"，读阳去指"婶娘"。新化"李"读本调指姓氏，读入声指果实。衡山"权"读本调指"权子"，读阴去用于树木开权。新化异读还用于小儿用语，如：□kaₐ大便、□liɛ̃ₐ肉。

② 区分词性。如溆浦城关"光"读本调为名词，读阴去为形容词或动词。新化"泡"读本调为动词，读入声为名词。

③ 区分词的使用频度。一个语素如果有本音、异读两读，那么，往往是常用词中读异读，非常用词中读本音。

（3）异读的实质

来自不同古调类的字今异读相同，这应该不是偶然的，其中一定存在着某种联系。此外，上述异读虽然表现出来的调类不同，但调值或调型一致或接近。请看表 8-3。

表 8-3　　　　　　　　　　湘语异读的调类和调值

异读	韶山	株洲	衡山	涟源	娄底	新化	冷水江	泸溪浦市	溆浦城关	辰溪	溆浦岗东
调类	阴去	阴去	阴去	阴去	阴去	入声	阳去	阴去	阴去	阴去	阳去
调值	45	45	45（55）	45	35	24	45	113	35	324	35

从表 8-3 可以看出，湘语上述异读基本上都为升调，且调值较高，只有辰溪为曲折调，泸溪浦市调值较低。

从湘语异读的调值和作用来看，我们认为，其实质是小称变调。曹志耘（2009）在谈到溆浦古浊平读阴去时指出："从意义来看，这些字基本上都是

---

① 罗昕如（1999:66）原文写作"瘪"。

② 罗昕如（1999:70）原文写作"抱"。

口语中常用的名词性字词，其中不乏小动物和植物名称。从读音来看，[ʔ]35是一个响亮的高升调，这些特征跟吴语等里的变调型小称很像。……但是，如果溆浦话曾经存在过变调型小称，那么它们很可能是一种残存形式，[ʔ]35调是一个残存的小称调。当然，这需要对溆浦话的历史以及周围其他方言的情况作进一步的研究才能证实。"

3. 客家话的小称变调

据《湖南省志·方言志》（2001:1110-1125），桂东城关口语有一种调值为45的高升调，这主要是少数浊平字和个别上声字的白读。如：猫 miɑʌ⁴⁵、黄 uɔ⁴⁵、虫 tsʰuŋ⁴⁵、蒲 pʰəɯ⁴⁵~扇、桃 tʰɑʌ⁴⁵、姐 tɕi⁴⁵、嫂 sɑʌ⁴⁵。陈立中（2002b:329-330）也指出，桂东话有部分字调值比较特殊，发音时从很高处上升，这些字大都是一些表示事物名称的。来自古平声的有"坪脾晨镰毛蚊壕敲盘瓶槌锤虫桃亭筒钻动词梨狸野猫捞帘笼楼猫~狗钳茄芹摔猴痕鞋湮"；来自古上声的有"盏名词板铲鸟鼎姐垅嫂桦~头袄趾帚爪~子梗~子,茎影"；来自古去声的有"粽铇錾~子；~花钢刀钝了,~~胖控空~缺"；来自古入声的有"活"。另据曾献飞（2004c），桂东黄洞有部分古浊平、上声和去声字读阳平乙45，如"鹅茄桃猫蚊鱼椅指手~袄嫂细"；部分古清平和去声字读阳上22，如"沙柑甥星钉帕袋帽豆昼扇虹缝稿泡"等。①

汝城读阳平的字多数来自古浊平，但也有少数非浊平字读阳平45，如：趾 tsʅ⁴⁵、匙 sʅ⁴⁵锁~、婆 pu⁴⁵、壳 kʰu⁴⁵脑~；脑壳、柱 ty⁴⁵棍子、板 pa⁴⁵棺材、衫 sa⁴⁵、柑 kua⁴⁵、帕 pʰɔ⁴⁵、剁 tɔ⁴⁵~肉、鸦 ɔ⁴⁵老~、笛 tɕyɛ⁴⁵、筛 sai⁴⁵名词、锥 tsuɛi⁴⁵、苞 pau⁴⁵花蕾、盒 xuɛ⁴⁵、泡 pʰəu⁴⁵灯~、皱帚 tsəu⁴⁵、阄 kəu⁴⁵、鹊 tɕiəu⁴⁵喜~、甥 saŋ⁴⁵、箱 ɕiaŋ⁴⁵、菌 kʰuɛn⁴⁵、睛 tɕin⁴⁵、丈 tʰiaŋ⁴⁵姑~、姐~、爹 tiɛ⁴⁵父亲的背称、瓜 kɔ⁴⁵生~：黄瓜、干 kua⁴⁵萝卜~、豆腐~、下 xɔ⁴⁵灶~：厨房、花 xɔ⁴⁵~花子、贴 tʰiɛ⁴⁵锅~：锅巴。

对照赣语和湘语，我们认为，桂东城关和汝城上述读45的特殊读音的实质是小称变调，不过，这个小称变调桂东城关独立成调，汝城则与阳平合流。桂东黄洞阳平乙45的实质是一个独立成调的小称变调，古清平和去声字读阳上的实质也是小称变调，只不过正好与阳上合流。

4. 湘南土话的小称变调

湘南土话宁远平话有部分声调例外的字，表现为：第一，非浊上和清去字读阴去53，如：婆 pu⁵³、郎 laŋ⁵³、蚊 mian⁵³。第二，部分浊平字在特定的词语组合中会变读为阴去，如：咙 lian⁵³喉~、槽 tɕʰie⁵³~瓦、盘 pʰaŋ⁵³推~。第三，有些字文读或白读读阴去。如：面 man⁵³一~镜子、叫叫 tɕiəu⁵³哨子、奶

$\underline{liaŋ^{53}}$~~、栏 $\underline{liaŋ^{53}}$猪~、扁 $\underline{pie^{53}}$~螺螺: 蚌、明 $\underline{miŋ^{53}}$清~、帮 $\underline{p^{h}əŋ^{53}}$~~人、姨 $\underline{iəu^{53}}$~
丈。庄初升（2010）敏锐指出："从其调值 53 来看，我们不排除它是一种小
称变调的可能性。"

　　上文分别介绍了湖南赣语与周边的江西赣语、湘语、湘南土话和客家话
相同的音韵特点。要指出的是，湖南赣语除了与上述周边方言有相同的音韵
特点以外，与周边的西南官话也有一些相同的特点。这一点，我们在前文讨
论湖南赣语的语音演变时已有介绍，请参阅，此处不再赘叙。

第二节　湖南赣语与周边方言共有成分的性质

　　上节介绍了湖南赣语与周边方言相同的音韵特点，这些相同的音韵特
点性质如何？是接触性共有成分还是同源性共有成分？胡松柏（2009: 516-
517）指出，同源性共有成分指方言之间具有共同语源的方言共有成分；接
触性共有成分指方言之间无共同语源，只是因方言接触而形成的方言共有
成分。同源性共有成分反映方言之间的纵向联系，接触性共有成分反映方言
之间的横向联系。纵向联系主要体现在历时层面上，横向联系主要体现在共
时面上。

　　基于湖南赣语的地理位置和语言环境，我们用如下方法区别湖南赣语
与江西赣语、湘语等共有成分的性质，即：如果某个语言现象只见于湖南赣
语和江西赣语，不见或少见于湘语及其他相接方言，我们就认为这是湖南赣
语与江西赣语的同源性共有成分。如果某个语言现象只见于湖南赣语和湘
语等周边方言，不见于江西赣语，而且具有该语言现象的方言在地缘上相
接，我们就认为这是湖南赣语受周边湘语等影响的结果，是湖南赣语与湘语
等周边方言的接触性共有成分。如果某个语言现象在湖南赣语、湘语、湘南
土话和江西赣语等方言中都存在，则认为该语言现象是因同源引起的，是湘
语、赣语和湘南土话等的同源性共有成分。下面根据这个方法来判断湖南赣
语与周边方言相同的音韵特点的性质。

　　一　湖南赣语与周边方言的同源性共有成分

　　（一）湖南赣语与省外赣语、湘语等的同源性共有成分

　　根据上文确定的方法，我们发现，湖南赣语与省外赣语、湘语等相同的
音韵特点中很多是同源性共有成分。有的同源性共有成分分布范围很广，没
有明显的地域差异；有的同源性共有成分则具有明显的地域差异。

　　1. 没有明显地域差异的同源性共有成分

　　这类同源性共有成分主要有：

　　① 古全浊声母逢塞音、塞擦音时一般读送气清音。这是包括湖南赣语

在内的客赣方言普遍存在的特点，湘南土话、湘西南湘语、西南官话也有零星分布。

② 精、庄、知二与知三、章两分。这一特点湖南赣语见于平江、浏阳和醴陵三个方言点，江西赣语主要见于南昌片、宜春片和吉安片，鄂东南赣语和闽西北方言也存在，湘语则主要见于长益片和娄邵片，湘南土话也有发现。

③ 知三、章合流读塞音。这一现象湖南赣语见于耒阳、常宁、浏阳南乡、平江南江、醴陵白兔潭等，省外赣语、湘语比较常见，湘南土话也偶有发现。此外，醴陵新派也具有这一特点。这说明，湖南赣语知三、章读塞音的演变仍在发展之中，其范围还将进一步扩大。

④ 非、敷、奉母存在今读 x/h 的现象。这一现象在湖南赣语、省外赣语、湘语和湘南土话中普遍存在，其中，湘语与赣语表现出来的规律基本一致，主要见于宕摄和通摄；湘南土话则规律不明显。

⑤ 来母逢细音读塞音。这一现象湖南赣语虽然只见于临湘、平江和浏阳三个方言点，但江西赣语有较多发现。来母逢细音今读同透、定母的江西赣语南昌片以及鄂东南与湖南赣语临湘、平江两个方言点正好连成一片；而读同端母的江西赣语乐平片、鹰潭片、临川片和吉安片与湖南赣语浏阳方言点并不相邻。湘语是来母读如定母，主要见于娄邵片和辰溆片，与湖南赣语不相接。乡话来母逢细音也有零星读塞音的现象。

⑥ 轻唇读重唇。这一现象无论是湖南赣语、省外赣语、相邻客家话，还是湘语、湘南土话以及西南官话都普遍存在。相对来说，相邻客家话、湘南土话、湖南南部湘语和赣语字数较多，湖南北部湘语和赣语、西南官话字数较少。

⑦ 溪母读如晓母。这一现象湖南赣语见于湘南和湘北的平江，江西赣语、湘南土话和相邻客家话普遍存在，湘语则主要见于衡州片，另外，湘西南赣语和湘语也有零星发现。

⑧ 鱼、虞有别和支、微入鱼。这两个特点不仅广泛见于湖南的各大方言如赣语、湘语、湘南土话、客家话和西南官话等，也广泛见于江西境内的客赣方言，还见于吴语和闽语等，这是南方汉语方言早期共有的特点。

⑨ 流摄与蟹摄合流。这一现象湖南赣语从南到北零散地分布于湘东，江西赣语主要见于宜春片和吉安片，湘语见于娄邵片和辰溆片，湘南土话主要见于与赣语永资片相邻的土话，此外，湘西南官话麻阳方言也存在这一现象。

⑩ 流摄与效摄合流。这一现象在湖南赣语、省外赣语、湘语和湘南土话中普遍存在，但不见于相邻的客家话。江西赣语流摄与效摄合流的两个类

型湖南赣语、湘语都具有，但湖南赣语流开三与效开三、四合流的类型江西赣语、湘语不见，但见于相邻的湘南土话。此外，湘西南官话中方和洪江等也存在流摄与效摄合流现象，其类型与多数赣语、湘语一致。

⑪ 蟹摄四等齐韵读洪音。这一现象湖南赣语各片都有存在，不过岳醴片只见于平江。江西赣语主要见于丰城片、吉安片和临川片的个别方言，湘语暂时未发现，湘南土话和相邻客家话则普遍存在。

⑫ 明、泥、日、疑母非阳声韵读如阳声韵。这一现象湖南赣语有较多发现；湘语除长益片外，其余各片都有发现，尤以娄邵片最为普遍；江西赣语只有零星发现。这些方言明、泥、日、疑母非阳声韵读如阳声韵的音变规律基本一致。

2. 具有明显地域差异的同源性共有成分

这一类同源性共有成分主要见于赣语和湘语，请看表8-4。

表8-4　湖南、江西赣语与湘语等地域差异明显的同源性共有成分

	湖南赣语	省外赣语	湘语	湘南土话	相邻客家话	西南官话
疑母在开口洪音前一般读∅	永兴、隆回和洞口	莲花	新化、冷水江	蓝山太平		
泥、日、疑母在细音前读∅	安仁、耒阳、永兴、隆回和洞口	莲花、宁冈、永新等吉安片	隆回、新化和冷水江			
影母在开口洪音前一般读∅	炎陵、永兴、隆回和洞口	莲花、遂川和宁冈等吉安片	新化和冷水江	新田、蓝山、嘉禾等		
知三口语常用字读如端组	攸炎片、耒洞片	莲花等吉安片	娄邵片、衡州片	比较普遍	比较普遍	
蟹摄开一读合口呼，与开二有别	攸炎片和耒洞片	泰和等吉安片	娄邵片		普遍	
咸、山摄开一读合口呼，与开二有别	较多	吉安片	长益片、娄邵片			
覃、谈有别	岳州小片	江西北区赣语、鄂东南赣语	岳阳县荣家湾			
"浅贱鲜新~癣"等字与山合三合流	耒洞片	宜春片、吉安片和临川片	娄邵片、辰溆片		桂东	湘西南中方、麻阳
入声分阴阳	岳阳县	江西北部和东部	岳阳县荣家湾方、祁东、祁阳老派			
清入归阴平、浊入归阴去/去声	浏阳、攸县、茶陵、隆回、洞口和绥宁	吉安片和宜春片	娄邵片			湘西南麻阳、中方

从表 8-4 可知，湖南赣语与江西赣语、湘语等地域差异明显的同源性共有成分，多数分布于赣中及湘南、湘西南；部分分布于湘中，如清入归阴平、浊入归阴去/去声；也有极个别分布范围较广，如咸、山摄开一读合口呼，与开二有别；还有极少数主要分布于湖南东北部和江西北部，如覃、谈有别，入声分阴阳等。

上文依据前述确定的方法介绍了湖南赣语与江西赣语、湘语等的同源性共有成分。不过也有极个别音韵特点虽然源于江西中部的赣语，但进入湖南后，又有了发展，如小称变调。从前文的介绍可知，虽然湖南赣语、江西赣语、湘语、相邻客家话和湘南土话都存在小称变调，但具体表现不同。请看表 8-5。

表 8-5　　　　　赣语、湘语、客家话和湘南土话的小称变调

方言	地点	舒促	调值	来源	与其他调类的关系	个数
湖南赣语	隆回	舒声	325	浊平为主	与入声文读合流，读入声	1
	绥宁	舒声	324	浊平为主	与入声文读合流，读入声	1
	安仁	舒声	213	四声八类	归入声	1
江西赣语	吉安、安福	中塞式促声	超高升	四声八类	独立	1
	乐安万崇	舒声	超高升	舒声为主	独立	2
			超高平	促声为主	独立	
	黎川	舒声	超高升	舒声	归阳平	2
			高平	促声	独立	
	宜丰、上高、永丰、新干、	舒声	超高升	四声八类	独立	1
	万载、峡江	舒声	超高升	浊平为主	独立	1
	莲花良坊乡、遂川	舒声	35	浊平为主	归阳平	1
	吉安万福	舒声	213	四声八类	独立	1
	吉水文峰	舒声	213	四声八类	归去声	1
	南城	舒声	35	非入声、阴去	归阳平	1
湘语	新化	舒声	24	浊平为主	与入声文读合流，读入声	1
	冷水江	舒声	45	浊平为主	归阳去	1
	泸溪浦市	舒声	113	浊平为主	归阴去	1
	溆浦城关	舒声	35	浊平为主	归阴去	1

续表

方言	地点	舒促	调值	来源	与其他调类的关系	个数
湘语	辰溪	舒声	324	浊平为主	归阴去	1
	溆浦岗东	舒声	35	浊平为主	归阳去	1
相邻客家话	桂东黄洞	舒声	45	四声八类	独立	2
		舒声	22	上声、去声为主	归阳上	
	桂东城关	舒声	超高升	浊平为主	独立	1
	汝城濠头	舒声	45	四声八类	归阳平	1
湘南土话	宁远	舒声	53	四声八类	归阴去	1

据表 8-5，从舒促来看，江西极少数赣语今读促声，湖南赣语、江西多数赣语、湘语、客家方言桂东话和湘南土话读舒声。从调值来看，江西赣语和客家方言桂东话有超高升调，而湖南赣语和湘语不存在超高升调。从调型来看，除湘南土话宁远平话读高降调以外，其余方言一般为升调或曲折调。从分化条件来看，江西赣语有依本调的舒促为条件分化为两个小称变调的类型，其他方言不存在这个类型。从来源来看，湖南赣语、湘语以浊平为主，江西赣语和客家话既有以浊平为主的，也有四声八类的。从与其他调类的关系来看，多数江西赣语和客家方言桂东话全部或部分独立成调，而湖南赣语、客家方言汝城话、湘语和宁远平话与别的调类重叠。

庄初升（2004:240-258）根据语音形式，把粤北土话的小称变音分为促化式和舒化式两种类型，促化式又可细分为中塞式和后塞式两种小类；根据本音和变音的对应关系，分为分变式和合变式。他还认为，从语音形式来看，促化式早于舒化式，促化式中，中塞式又早于后塞式；从本音和变音的对应关系来看，分变式早于合变式。

比较湖南和江西两地方言的小称变音，可以发现：第一，促化式的小称变调只见于赣中，湖南暂时未发现。第二，赣中既有以舒促为条件分化为两个的小称变调的类型，也有以浊平为主、与其他声调合流或独立的类型；其他方言则除黎川属于前者外，其余的都是后者。因此，我们认为，赣中小称变调的层次总体上早于湖南境内的，是湖南方言小称变调的源头，只不过这个小称变调进入湖南以后逐渐萎缩，以至与其他调类合流。

（二）湖南赣语与江西赣语的同源性共有成分

湖南赣语与江西赣语的同源性共有成分主要有：

1. 古全浊声母与次清声母合流读浊音。这一现象只见于湖南赣语岳醴片中的岳州小片临湘、平江等以及鄂东南、江西北部赣语。这些方言在地理上连成一片。

2. 透、定母读擦音。这一现象江西赣语较多发现，尤其是临川片和吉安片，湖南境内则只见于赣语。除攸县赣语与江西赣语连成一片外，洞口和华容的赣语与江西赣语并不相连。

3. 精、庄、知二读t、tʰ。这一现象湖南赣语只见于攸县，且只限于今读洪音的送气音。江西赣语和湘南土话除了具有攸县这一类型以外，还存在无论今韵母洪细和声母是否送气都读t、tʰ的现象。攸县与相接的江西赣语吉安片类型相同。

4. 通摄入声韵与果摄合流。这一现象湖南境内暂时只发现见于攸县赣语，江西境内则只见于与攸县相接的赣语吉安片。

5. "关~ᴎ"字读送气音。这一现象湖南赣语主要见于攸炎片、耒洞片中的安常小片和永资片等，个别与赣语相接的湘语也具有此现象。江西赣语主要见于宜春片和吉安片。这些方言在地理上连成一片。

6. 入声韵今读喉塞音。这一现象湖南赣语只见于平江，江西赣语比较普遍。湖南境内其他方言暂时只发现见于桂东客家话。与平江相接的江西赣语今都保留塞音韵尾。

7. 浊上归阴平。这一现象江西赣语主要见于鹰潭片、临川片和吉安片，湖南境内主要见于赣语攸炎片、永资片中的资兴以及相邻客家话中的汝城。这些方言在地理上相连。

二　湖南赣语与周边方言的接触性共有成分

（一）湖南赣语与湘语的接触性共有成分

1. 古全浊声母送气与否以声调为条件。这一现象湖南赣语见于岳阳县和安仁，江西赣语暂时未发现，但见于鄂东南通山赣语，湖南境内湘语很常见，湘西南的西南官话也有发现。我们认为，这是由于唐宋以来江西移民带来的古全浊声母逢塞音、塞擦音时今读一般送气的方言与湖南境内古全浊声母今读一般不送气的方言相互接触而形成的。可能是由于江西移民数量相对较少，势力较弱，而本土的湘语古全浊声母又正处在清化的过程中，因此，率先清化的入声字或仄声字在江西移民方言影响下演变为送气音，而较迟清化的平声字等则在后来的发展中演变为不送气清音。

2. 精、庄、知二与知三、章有别。虽然精、庄、知二与知三、章有别属于赣语、湘语的同源性共有成分，但由于湖南赣语只见于岳醴片的平江、浏阳和醴陵，因此，我们认为，这一特点的保留与周边长益片湘语的影响也有一定的关系。

3. 通摄与深、臻、曾、梗ₓ摄三、四等合流。这一现象湖南赣语见于浏阳、醴陵、攸县和安仁四个方言点，江西赣语主要见于宜春片的萍乡、丰城片的宜丰等，湘语除辰溆片以外其余各片都有发现，湘南土话也存在这一现象。由于这一现象赣语只见于与湘语相接的湘中和赣中方言，因此，我们倾向于认为这是湘语影响赣语的结果，属于赣语与湘语的接触性共有成分。

4. 梗摄阳声韵的白读与宕、江摄合流。这一现象湖南赣语较多发现，江西赣语暂时还未发现，但见于湖北阳新赣语，湘语普遍存在。我们在第五章第七节"梗摄阳声韵的白读"中指出，湖南赣语梗摄阳声韵的白读与宕、江摄合流的原因是其主元音向后演变并高化的结果。彭建国（2011:260-261）在谈到湘语梗摄白读洞口型和衡山型的演变模式时认为，梗摄阳声韵的白读在与宕、江摄合流的过程中，主元音经历了一个后高化的阶段，因而多为舌位较高的后元音 o、ɔ 等。如涟源：轻 tʰɔ⁴⁴、名 miɔ¹³、星 ɕiɔ⁴⁴。江西赣语主元音一般为舌位较低的前元音 a，不与宕、江摄合流。如新余：省 saŋ²¹³、病 pʰiaŋ²¹、轻 tɕʰiaŋ²⁴。因此，我们认为，湖南赣语梗摄阳声韵的白读与宕、江摄合流的现象应该是在湘语主元音后高化演变的影响下形成的。相邻的桂东梗摄阳声韵的白读与宕、江摄合流的主元音也为ɔ。

5. 遇合一端系、合三庄组读复合元音。这一现象湖南赣语只见于岳醴片和安仁，江西赣语暂时未发现，鄂东南赣语、湘语、湘北和湘西南的西南官话以及客家话桂东也有这个特点。很明显，湖南赣语岳醴片这一现象源于周边方言主要是湘语的渗透，而安仁则可能是其自身演变的结果。

6. 全浊上部分归上、部分归去。这一现象湖南赣语见于耒阳、永兴、隆回和洞口四个方言点，除长益片以外的湘语、闽西北赣语、湘南土话和湘西南官话也都存在这个现象。前文指出，全浊上读上声和浊上归阴平是全浊上读阳上沿着不同的演变方向发展而来的。由于全浊上部分读上声不见于江西赣语，因此，我们认为，湖南赣语这一特点是受古湘语影响的结果。

7. 清入和浊入合流为一个入声调。这一现象湖南赣语主要见于岳醴片。江西赣语除吉安片和北区部分方言外，其余一般有入声。湘语主要分布在长益片和衡州片。湘西南官话通道、洪江等也存在这一现象。由于湖南赣语这一类型集中在岳醴片，其他赣语暂时未发现，因此，我们倾向于认为，岳醴片古入声的保留与周边湘语的渗透有关。

8. 全浊入部分归阳平、部分读入声。这一现象湖南赣语只见于常宁，但见于周边祁东、祁阳等湘语，江西赣语暂时未发现。很明显，这是周边湘语影响常宁方言的结果。

（二）湖南赣语与湘南土话的接触性共有成分

1. 古全浊声母逢塞音、塞擦音时送气与否同时以声纽和声调为条件。这一现象目前只发现见于湖南赣语永资片、汝城客家话以及相邻的桂阳敖泉土话等。而古並、定母的今读与其他全浊声母有别的现象湘南土话有较多发现。这些方言点在地理位置上连成一片。因此，我们认为，湖南赣语永资片这一特点应该来源于湘南土话，或者说是土话底层在永资片中的反映。

2. 存在古阳声韵今读阴声韵的现象。这一现象湖南赣语主要见于永资片以及绥宁，江西赣语暂时未发现，鄂东南赣语也有零星表现。这一特点普遍见于娄邵片湘语、湘南土话、粤北土话和桂北平话（李冬香 2005b），周边客家话也有发现。具有这一特点的湖南赣语及其周边方言在地理上连成一片，所以，我们认为，湖南赣语这一特点可能与当地土著居民语言的影响有关，或者说来源于土话。

（三）湖南赣语与西南官话的接触性共有成分

从第四章、第五章和第六章可知，湖南赣语由于长期与西南官话毗邻，在它的影响下，产生了很多接触性共有成分。主要有：永兴古並母、定母平声字文读读送气音；华容、岳阳楼庄组今读 tɕ、tɕʰ、ɕ，流开一读əu，痕、登韵读ən，梗摄部分或全部没有文白异读，"蚊"读阳平；安仁、隆回、常宁等方言点知三、章文读读 ts、tsʰ、s；华容、资兴泥、来母逢洪细都合流；岳阳楼、永兴咸、山摄见系开一与开二合流；岳阳楼"班搬"两字同音；资兴咸、山摄文读与宕、江摄合流；隆回、绥宁古入声文读读入声调等。

第三节　湖南赣语的形成

上文详细介绍了湖南赣语与周边方言的同源性共有成分与接触性共有成分，下面以此为基础，同时参考人文历史背景，讨论湖南赣语的形成。

一　历史上江西移民带来的方言奠定了湖南赣语的基础

我们在第四章第一节"古全浊声母的今读"中介绍了谭其骧（1987）对湖南人的由来研究得出的五点结论。谭先生的弟子曹树基（1990:300-361）在谭先生的指导下进一步研究湖南人的由来，他分别考察了湘北、湘南、湘中和湘西移民情况。①他指出，在 1947 年湘北人口中，63%左右是江西移民后裔，10.5%左右是来自广东、湖北和苏浙。就迁入时间而论，1947 年湘北人口中，41%左右是宋以前移民后裔，22%左右是宋代移民后裔，30%左右是元末明初移民后裔。湘北地区的人口来源奠基于唐及五代时期的外来移

---

① 湘北区主要指洞庭湖平原，也包括湘东北部丘陵的一部分。湘南区地处南岭北侧，包括今日永兴、兴宁（即资兴）、桂东、汝城、宜章、郴县、桂阳、嘉禾、临武、蓝山、道县、江永、江华、宁远、新田共 15 县。湘中区指湖南中部地区，即湘北以南、湘南以北、雪峰山以西的广大区域，分为湘江亚区和资水亚区。湘西区位于雪峰山之西侧，包括雪峰山与武陵山两大山脉，两山夹峙之间有沅江出，是为两大山区之分界。

民，元末明初对湘北的移民是在已有一定规模的人口的基础上进行的，是可称之为补充式的移民。尽管如此，元末明初的大移民因其时间短促却规模巨大，使之成为湘北移民史上最值得重视的事件。而 1937 年的湘南人口中，50%左右是江西移民后裔，就迁入时间而论，25%左右是宋以前移民后裔，53%左右是宋代移民后裔，18%左右是元及明初移民后裔。元末明初的移民对湘南的影响有限，是典型的人口补充式移民。湘中他又分为湘江亚区和资水亚区。元末战争几乎使长沙亚区的人口损失殆尽。元明之际的移民可称之为人口重建式移民，而与平江、汝城同时代的人口补充式移民有很大的差别。资水亚区即明清时期的宝庆府。以移民原籍计，1947 年资水亚区人口中，78%左右为江西移民后裔；宋代以前移民占 9%左右，宋代占 53%左右，元代明初占 34%左右。湘西土著是个令人困惑的问题。湘西具有少数民族血统的土著数量之多，为湖南其他各区瞠乎莫及、湘西氏族中土客蛮汉混淆之复杂，也为他区所不见。但即使如此，湘西也接受了大量的江西移民。宋代及 14 世纪对湘西的移民是极其重要的。其中，尤以明初时间短而移入多显得最为重要。湘西江西移民后裔估计至少占湘西移民后裔的 60%以上。

周振鹤、游汝杰（1985）指出江西向湖南移民具有五个主要特点：（1）外来移民以江西人为最多；（2）江西移民自东向西减少；（3）江西移民的来源地（出发地）十分集中，主要来自赣北和赣中；（4）湘北移民来自赣北，湘南移民来自赣中；（5）江西移民自唐末五代始，宋元递增，至明代而大盛。

江西对湖南这种大规模的移民，深深地影响了湖南方言的地理分布。周振鹤、游汝杰（1985）认为："从五代至明末长达七个多世纪的时间内，江西持续不断地向湖南实行大量移民，即使是僻远县份也有江西人的足迹，与江西结邻的县份则有尽为江西人占据的。这种情况自然使湖南方言发生深刻的变化，不但在湘赣边界形成明显的赣语片，而且赣语特征显著的成分自东北深入西南，自湘阴而宁乡，而新化，而绥宁，直达湖南之僻壤。"葛剑雄等（1993:617）也指出："从唐末五代开始，江西作为长江流域的人口输出中心的地位日益突出。五代时，江西人迁往湘北及长沙一带已有相当数量，北宋开梅山后迁入的汉人，亦多来自江西。……通过元末明初大移民，赣语深刻地影响了湖南的方言分布……"

当然，由于移民多少的不同，赣语对湖南方言的影响大小不同。"在普遍影响之中，各地又有程度深浅的不同。一般而言，是距江西越远，影响越弱。邻近江西北部和中部的县份是赣语片的核心，尤其是平、浏、醴诸县方言赣语特征更为明显。"（周振鹤、游汝杰，1985）因此，距离江西越近，与江西赣语同源性共有成分就越多。如岳州小片的覃、谈有别，临湘的古全浊声母逢塞音、塞擦音与次清声母合流读浊音，平江的入声韵今读喉塞音，岳阳县的入声分阴阳等特点与相接的江西北区赣语相同。攸县的通摄入声韵与果摄合流与相邻的吉安片赣语相同。浊上口语常用字归阴平和"关~冂"字读送气音等现象也都只见于湘中、湘南的赣语及与之相接的江西赣语。

当然，湖南赣语有的特点虽然今天在地理位置上远离相关的江西赣语，但应该也是江西移民带来的结果。如透、定母读擦音湖南赣语见于华容、攸县、隆回和洞口，江西赣语主要见于南区。湖南赣语四个方言点中只有攸县与江西赣语南区接壤。吴泽顺、张作贤（1989:4）指出，从现存各姓族谱考察得知，明代迁入华容的江西人也不少。这些江西人所带来的赣语，自然对华容方言产生一些影响。此外，湘西南尽管今天远离移民迁出地——江西中部，但由于地理位置比较偏僻，许多古老的特点得以保留下来，移民迁出地的江西赣语反而少见了。如泥、日、疑母在细音前读ø，影、疑母在开口洪音前一般读ø，知三口语常用字读如端组，"浅贱鲜新~癣"等字与山合三合流等。

不过，尽管湖南赣语都是受江西移民影响所致，但由于移民迁入时间不同，形成的时间也不同。下面分别陈述。

据前述曹树基（1990）的研究，湘北地区岳州小片的人口来源奠基于唐及五代时期的外来移民，元末明初的移民只是补充式的移民。从临湘古全浊声母与次清声母合流读浊音、岳阳县入声分阴阳、平江上声分阴阳等现象来看，我们认为，湘北岳州小片的赣语形成时间不会晚于宋代。

浏醴小片的赣语应该形成于元末明初。仍据前述曹树基（1990）的研究，湖南中部即湘江亚区接受的移民主要源自元末，是重建式的移民。《浏阳县志》（1994:98）指出："旧志《宋季兵事》载：'宋德祐二年（1276），元兵破谭（潭州，今长沙），浏遭迁屠殆尽，奉诏招邻县民实其地。'于是，外地移民纷纷迁入。至元代元贞元年（1295），户口大增，县升为州。当时移民大都来自江西，成为浏阳人口的主要源流。"正是因为元末明初这种大规模的重建式移民，直接把赣语带到了这里。在语音面貌上，这一片有些特点在湖南其他赣语中不见或少见，如精、庄、知二与知三、章两分。

攸炎片、耒洞片中的安常小片也是形成于元末明初。陈立中（2005）调查了攸县中部 20 个姓氏，在这 20 个姓氏中，来自江西的有 15 个。邻县戏称攸县人为"江西蛤蟆仔"，就是笑话攸县人是江西移民的后代。据彭志瑞（2001:1-2），20 世纪 90 年代编修《酃县志》时，县志办曾抽查过县内 164 支家族的迁徙情况，得知本县人多为江西、广东移民后裔，另有一些是从福建省和本省迁入的。从江西和省内迁入的绝大部分讲本地话，从广东和福建迁入的多讲客家话。在上述抽查的 164 支家族中，五代至明末迁入的有 41 支，其中江西 22 支，省内 14 支，广东 4 支，福建 1 支。吴启主（1998:4）介绍了常宁 11 个主要姓氏的来源。在这 11 个姓氏中，10 个来自江西，其中泰和 5 个，丰城 1 个，江西豫章 4 个；迁入时间元末 1 个，明洪武 7 个，明永乐 2 个。王箕裘、钟隆林（2008:3）指出："《耒阳县志》：'洪武元年，常遇春下湘潭辰永诸州。指挥史丁德兴定湘南衡诸郡，四月耒阳始遣人降。' 元末明初的战乱，使耒阳人口锐减，大量土地闲置。这时，大量江西客家人陆续迁徙至耒阳县境。"①他们还根据《耒阳县志》中的"姓氏源流"整理出元末明初这一时期由江西迁入耒阳境内的 9 个姓氏的来源。在这 9 个姓氏中，从来源来看，吉安 3 个，泰和 3 个，永新 1 个，兴国 1 个，笼统说江西的 1 个；从时间来看，元末 5 个，明初 4 个。

　　耒洞片中的隆绥小片和永资片形成于宋末。前文指出，资水亚区即明清时期的宝庆府和湘南的移民主要来源于唐宋以后的江西移民，而移民出发地则多为江西中部②。下面再补充一些具体的移民史材料。《绥宁县志》（1997:712-714）搜集了县内 32 姓族谱，并考证了它们的源流。在这 32 姓中，有 18 姓来自江西。这 18 姓中，从迁出地来看，来自泰和的 10 姓，崇仁 1 姓，波阳 1 姓，吉安 1 姓，莲花 1 姓，新余 1 姓，丰城 1 姓，新建 1 姓，笼统称豫章的 1 姓；从迁入时间来看，唐宋时期的有 9 姓，元明时期的也是 9 姓。据李志藩（1996:4）："根据对资兴市内姓氏特别是人口很多的'大姓'族谱的调查，资兴人绝大多数来自江西，尤其是赣西南一带。如占资兴籍人口最多（3 万余人，占九分之一）的李姓，有 8 个以上的开代祖，均因避乱先后从江西卜居于兴宁。李氏'四兄弟于北宋年间避世，由江西分宜同徙居兴宁，各立基焉，而伯金卜清江蚌珠，伯玉择渡头峡崛，其子孙繁衍于三都中田，伯元徙后玉、台前，伯亨则往五都璜塘坑'；'李饶于南宋自江右安福而徙兴宁，数传而后大衍于竹园背（今兴宁镇郊）及七都（今波水）'；'李侃行避乱于江西永新，至景南公于宋末卜宅兴宁四都，仲奇公再迁朱家坪'；东坪乡部分李姓则于清代来自宁冈县。"

　　总之，上述四片方言区由于移民迁入时间不同，形成时间也就有先后。其中，岳醴片中的岳州小片因移民主要奠基于唐及五代而至迟于宋代形成，耒洞片中的隆绥小片以及永资片因移民主要来源于唐宋而在宋末形成，岳醴片中的浏醴小片、攸炎片以及耒洞片中的安常小片因移民主要是在元末明初的战乱期间迁入而形成于此时。张伟然（1995:67）认为：湖南的"赣

---

① 王箕裘、钟隆林（2008:2-3）认为耒阳话属于客家话，来自江西的移民是客家人。
② 所属方言区为江西赣语吉安片和宜春片。

语区在宋代似乎尚未形成。刘克庄从江西萍乡进入醴陵后有句云'市上俚音多楚语'，说明醴陵与萍乡二地地方言差别比较明显，否则作为福建人的他难以感觉出来，醴陵一带为湘赣交通便利之处，这里既未流行赣语，则其他邻赣县份均应如此。至晚在明代，赣语区的格局当已初具规模……"。

虽然移民迁入时间不同，但移民迁出地却多来自赣中，共同的来源使它们产生了很多共同点。前文指出，安常小片与隆绥小片赣语虽然形成时间不同，今天又被湘语隔开，但共同的迁出地——赣中使它们在语音特点上表现出了很多一致性，如知三口语常用字读如端组、"浅贱鲜新~癣"等字与山合三合流等等，我们因此把它们归为一大片——耒洞片。攸炎片、永资片与江西中部赣语、客家话连成一片，是江西方言在湖南境内的自然延伸，因而也具有一些一致性，如浊上归阴平等。

二 方言或语言之间的接触是湖南赣语形成的另一主因

如前所述，湖南赣语尽管存在比较强的一致性，但差异性也非常明显。这些差异性的特点主要源于方言或语言之间的接触。

受湘语古全浊声母清化规律的影响，岳阳县、安仁古全浊声母送气与否以声调为条件。在长益片湘语强有力的渗透之下，岳醴片遇合一端系、合三庄组读复合元音，古清入和浊入合流读入声调；平江、浏阳、醴陵等方言点通摄与深、臻、曾、梗x摄三、四等合流。受湘语主元音后高化的影响，梗摄阳声韵的白读普遍与宕、江摄合流。受周边祁东、祁阳等湘语的影响，常宁古全浊入白读归阳平、文读读入声。受湘语古全浊上今读上声的影响，耒阳、永兴和隆回等古全浊上部分归上、部分归去。

周边西南官话也对相邻赣语产生了一定的影响。如资兴咸、山摄文读与宕、江摄合流，华容、资兴泥、来母不分洪细合流，岳阳楼"班搬"两字同音、梗摄白读消失等等，都是由于周边郴州官话或常德官话的影响形成的。由于官话的渗透，永兴古並、定母平声字文读读送气音，隆回、绥宁古入声文读读入声调等。

永资片古全浊声母送气与否同时以声纽和声调为条件这一特点是少数民族语言底层的反映还是语言演变的不平衡所致，学界意见尚不统一。但不容置疑的是，永资片的这个特点是来自其他方言或语言的影响。此外，古阳声韵今读阴声韵的现象也是受土话或其他语言的影响产生的。

罗美珍（2000）在谈到族群互动中的语言接触时指出："语音的深层影响主要表现为音韵结构和音变规律的趋同。音韵结构和音变规律一般是不容易受到影响的，只有渗透深入了才有可能发生变化。在一个地区内，即使是属于不同系属或不同类型的语言，由于接触频繁，往往会形成一些地区性的区别特征。如果是音韵结构或音变规律的趋同，这就是一种深层的影响。

一般来说，各语言是按自身的语音变化规律发生变化的，但是受到其他语言的深刻影响，音变规律也会趋同。"从湖南赣语与周边方言的接触性共有成分来看，周边方言对湖南赣语的影响属于深层影响。

当然，湖南赣语有些特点可能是其自身发展的结果。如古全浊入白读归阴平、文读读入声的现象只见于耒洞片中的安常小片和永资片，湖南其他方言暂时还未发现。

另外，高山的阻隔也是湖南赣语形成的原因之一。湘东北部平江保留了很多古老的语音现象，如入声保留了-t尾和喉塞尾、溪母读如晓母、四等齐韵读洪音、上声分阴阳等，这些语音现象在岳醴片其他方言中很少见。原因可能在于平江地理位置闭塞，与外界交往较少，因而受其他方言的影响也就相对较小。

第九章 从交界地带方言看湖南部分赣语及其周边方言的归属

第一节 交界地带方言

如前所述，湖南赣语处在江西赣语、湘语、客家方言、湘南土话和西南官话等多种方言交界的地带，因而明显具有不同于核心地区方言的特点。下面以华容方言和岳阳县方言为例来说明交界地带方言的特点。

一 交界地带方言的特点

（一）混合性

由于与周边方言的长期接触，湖南赣语与周边方言逐渐趋同，其中以华容方言最为突出。我们把华容方言与相邻西南官话中的常德方言、赣语岳阳楼方言进行了比较，发现，华容方言有些特点与常德方言相同，而与岳阳楼方言不同，主要有：第一，与常德方言一样，晓、匣母合口一、二等读擦音 x；泥、来母不分洪细合流。而岳阳楼方言晓、匣母合口一、二等读擦音 f；泥、来母洪混细分。第二，与常德方言一样，存在儿化，而岳阳楼方言一般不用儿化。如：今日（今儿）、明日（明儿）、后天（后儿）、昨天（昨儿）、前天（前儿）、刀把（刀把儿）。第三，在一些词的说法上，华容方言也与常德方言相同，而与岳阳楼方言不同。如："公公/婆婆"说"爹爹/婆婆"，不说"家爷/家娘"；"喝水"说"喝水"，不说"吃水"；"红薯"说"苕"，不说"茴"；"母猪/母鸡"说"母猪/母鸡"，不说"猪婆/鸡婆"；稀饭"稠/稀"说"浓/稀"，不说"酽/清"；来"晚"了说"迟"，不说"晏"。①

不过，由于华容方言来源于历史上不同时期江西移民带来的方言，因此，它同时也表现出了与常德方言不同而与岳阳楼方言等一致的特点，主要有：第一，从古全浊声母的今读来看，华容方言表现出明显的赣语特征——逢塞音、塞擦音时与次清声母合流读送气清音，这与常德方言平送仄不送不同。

---

① 华容方言说的说法也是常德方言的说法，华容方言不说的说法则是岳阳楼方言的说法。

第二，与岳阳楼方言一样，去声分阴阳，而常德方言去声不分阴阳。第三，透、定母读擦音。这一现象多见于包括赣语在内的南方方言，而不见于常德方言。第四，在词汇上，华容方言也有一批说法与岳阳楼等岳州小片相同而与常德方言不同。如"冷水"说"澳水"、"鼻涕"说"鼻头"、"雾"说"罩子"、"阉鸡"说"线鸡"、"游泳"说"打浮泅"、"拳头"说"□ho¹² 子"、"童养媳"说"小媳妇儿"、"罩（住）"说"□kʰuan²¹"、"套（被子）"说"□hoŋ²¹"、"哄骗"说"□xu⁴⁵"、"凸"说"□poŋ²¹"、"（衣服）皱"说"□tsoŋ²¹³"等。上述这些说法都不见于常德方言。

总之，华容方言一方面具有典型的西南官话特征，另一方面又具有赣语区别于其他方言的本质特征，具有明显的混合性。

（二）过渡性

除了因多种方言的影响形成混合性以外，处在交界地带的方言有的会因演变速度的不同而具有过渡性的特点，如岳阳县方言。

李冬香、刘洋（2007）把岳阳县方言分为东片、南片、北片和中片四片，并把这四片的语音进行了对比，发现，这四片存在明显的差异，主要有：第一，古全浊声母的今读不同。除北片以外，其余三片古全浊声母逢塞音、塞擦音时，入声送气，舒声不送气。北片古全浊声母今读全部送气，但气流在入声中较强，舒声中较弱。此外，除东片的古全浊上、全浊去和南片的古全浊入清化以外，其余的古全浊声母今仍读浊音。①第二，精、庄、知二与知三、章的分合不同。除南片以外，其余三片精、庄、知二与知三、章合流，逢洪音合流为 ts、tsʰ、s，逢细音合流为 tɕ、tɕʰ、ɕ。南片精、庄、知二与知三章在洪音前一般合流为 ts、tsʰ、s（止摄、蟹摄开三例外）；在细音前两者有别，精、庄、知二读 ts、tsʰ、s，知三章读 tɕ、tɕʰ、ɕ。第三，尖团音的分合不同。除南片以外，其余三片精组和见组在细音前合流，也就是说不分尖团；南片则分尖团。第四，梗摄阳声韵的白读与宕、江摄的分合不同。北片和中片梗摄阳声韵的白读一般与宕、江摄合流；南片部分与宕、江摄合流，部分自成一韵；东片则都不与宕、江摄合流。第五，入声的演变不同。除南片以外，其余三片保留入声，其中，北片和东片清入和浊入合流为一个入声调，中片入声不分阴阳。南片入声白读归阴平，文读归阴去。从东片、南片、北片和中片四片的上述差异性可知，岳阳县方言具有明显的过渡性。

李永新（2013）指出，交界地区方言具有以下几个特点：一是空间范围不确定；二是语言特征不稳定；三是区域内部一致性不强。很明显，李永新

---

① 本书调查的新墙属于中片，其全浊声母虽记为清音，但实际音值为略浊或带浊流。请参看第二章第一节"湘北赣语音系"。

（2013）提出的这几个特点都与交界地带方言的混合性和过渡性有关。

二　交界地带方言的归属

由于交界地带方言本身的特殊性——混合性和过渡性，因此，不同的学者，着眼点不同，这些方言的归属也就不同。我们认为，汉语方言的分区，最重要的是确定一个比较科学的划分标准。

李蓝（1994）指出："现代汉语方言分区，其实是就相关的调查点的语言材料进行归纳和分类，因此，分区时本文遵循以下三个原则：第一是语言学标准的原则，任何非语言学的标准都不能作分区标准；第二是共时性原则，分区时只就方言现状进行分区而不涉及方言的历史或成因；第三是系统性原则，在把握方言之间的异同时从其系统性、整体性出发而不只根据一两个语言特征来确定方言点的归属。"我们赞同李蓝上述有关方言分区的原则，但是，从现实的情况来看，要找到一个被学界普遍接受而又科学的划分标准不是一件很容易的事，尤其是对交界地带的方言而言。因此，在未找到这个标准之前，与其讨论这些方言到底应归入七大或十大汉语方言中的哪一类，还不如暂时为它们另设一个特殊的类型——混合型方言或过渡型方言。

游汝杰（2000:54-55）指出，方言区划图上允许存在两种较为特殊的区划，其中一种就是方言过渡区，"两种或多种方言区的交界地带的方言兼有两种或多种方言的特征，这样的地区可以划分为这两种方言或多种方言的过渡区。……方言过渡区是方言在地理上的渐变性和不同方言相互接触和交融造成的"。李如龙（2012）也指出："在为方言分区时，混合型方言和过渡型方言可以作为不归入大区的'另类'方言，在为方言分区时作为划不尽的'余地'。世界万物的对立和差异都有'中介'现象，区分方言时也应该'留有余地'"。

方言分区的目的不是为分区而分区，而是为了更好地进行方言研究。设立混合型方言或过渡型方言，一是符合交界地带方言的语言现状；二是有助于认识方言之间的接触现象，深化对语言演变的认识。李如龙（2012）认为："任何生物的分类都有余类，光谱的过渡处也有杂色，圆周率都有除不尽的，在几种方言之间为什么不能有'羡余'呢？只要按照客观事实，立下'混合型方言'、'过渡型方言'的小类，既可以为方言事实作出合理的解释，也可以使方言的分区得到恰当的处理。"

那么，混合型方言和过渡型方言又该如何区分呢？我们认为，不同交界地带的方言，可能会有不同的标准。就湖南赣语而言，我们首先看该方言的整体面貌。如果某方言具有多个方言典型的语言特点，且各个特点不相上下，我们就认为该方言属于混合型方言。然后再看古全浊声母的今读。之所以用古全浊声母的今读作为划分过渡型方言的标准，是因为这个标准是区别湘语、客赣语和西南官话的重要标准。如果某方言虽具备多种方言的语言特点，但其古全浊声母今读与周边方言都不同，而这种不同是由于演变的速度不同造成的，我们就认为该方言属于过渡型方言。当然，归入混合型方言和过渡型方言还必须满足一个条件，即位于两种或多种方言的交界处。

第二节　湖南部分赣语的归属

上文指出，湖南赣语由于处在多种方言交界地带因而具有混合性和过渡性的特点，因此，关于其归属，仁者见仁，智者见智。下面根据已有研究成果讨论其中部分方言的归属。

一　华容方言的归属

华容地处长江中游南岸、洞庭湖口西侧，辖地为湖南的最北端，今属岳阳市。其地东接君山农场，南连益阳市南县，西与常德市安乡县相邻，北与湖北石首县接壤，东北与湖北监利县隔江相望。华容周边方言的归属学界意见比较一致。西边常德方言属于西南官话，北边与东北都是湖北西南官话区，南边益阳方言属于湘语，东边岳阳市城区方言属于赣语。关于华容方言的归属，学界有不同的意见。综合起来，主要有以下三种：

第一，官话。彭秀模、曾少达（1960:244）把华容方言归入第二区西南方言。周振鹤、游汝杰（1985），李蓝（1994），肖双荣、吴道勤（2004）把华容方言归入西南官话。吴启主主编（1998:2-3）的湖南方言丛书中的"代前言"把华容方言划入官话中的常澧片，指出："本片中华容的地理位置使它受到西南官话、赣语和湘语的影响，而以西南官话影响最甚。当地人凭语感普遍认为华容话跟常德一带方言近似。结合声韵调特点，可以把华容话看作带有赣语特征的西南官话。"吴泽顺（2006）对华容方言的语音、词汇、当地人的语感以及人文历史地理方面进行了全面的考察，认为："由于华容处于西南官话、湘方言和赣方言三者之间的边缘地带，华容话也就先后受到这三种方言的侵蚀和影响，但它既不同于湘方言和赣方言，也不完全同于西南官话，具有其自身的特点。但若全面比较，西南官话的特征较多，应归属于西南官话。"

第二，湘语。辻伸久（1979）把包括华容在内的岳阳方言归入新湘型。杨时逢（1974:1442）把华容与长沙、湘潭、宁乡、益阳等归为第一区，这一区是典型的湖南话。

第三，赣语。鲍厚星、颜森（1986）、《地图集》（1987）B11 等根据古全浊声母今逢塞音、塞擦音时一般读为送气清音等语音、词汇特点把华容方言划入赣语。

第四，部分属西南官话、部分属赣语。新编《地图集》（2012）B1-10、B2-8 把华容多数方言划入西南官话，只有部分乡镇的方言被划入赣语大通片。

本章第一节指出，华容方言具有混合性的特点，不论是语音还是词汇都既具有西南官话的典型特点，又具有赣语的区别性语音特点。根据上文区分混合型方言和过渡型方言的方法，我们认为，华容方言可以归入混合型方言。

二　岳阳县和安仁方言的归属

（一）学界对岳阳县方言归属的讨论

岳阳县位于湖南省东北部，东接湖北省通城县，东南连平江县，南抵汨罗市，西南以湖州与沅江市、南县交界，西与华容县、君山区毗邻，北与临湘市、云溪区、岳阳楼区、君山区接壤。周边方言除汨罗属于湘语区、华容方言学界还有争议以外，其余均属赣语。也就是说，岳阳县方言处在赣语、湘语的交界处，其古全浊声母逢塞音、塞擦音时，入声送气，舒声不送气。具有这个特点的方言不仅见于我们调查的岳阳县中部新墙镇，还见于包括岳阳县城关荣家湾在内的岳阳县其他大多数地区（李冬香、刘洋 2007:5）。

关于岳阳县方言的归属，学界目前有如下几种观点：

第一，湘语。彭秀模、曾少达（1960:242）把包括岳阳县在内的岳阳方言归入第一区，属于湘语。辻伸久（1979）把包括岳阳县在内的岳阳方言归入新湘型。杨时逢（1974:1442）把岳阳县与华容、长沙、湘潭、宁乡、益阳等归为第一区，这一区是典型的湖南话。岳阳县地方志编纂委员会（1994:47-48）认为，从整体来看，岳阳县方言更多地具备湘方言的特点，是湘方言的次方言。

第二，赣语。周振鹤、游汝杰（1985）把岳阳县方言划入赣语。

第三，部分属湘语、部分属赣语。《地图集》（1987）B11、新编《地图集》（2012）B1-19 和 B1-20、吴启主主编（1998）的湖南方言丛书中的"代前言"等把岳阳县的方言部分划入湘语、部分划入赣语。其中，岳阳县荣家湾一带的方言属于湘语，其他地方的方言属于赣语。

第四，过渡型方言。李冬香（2006b）认为，从语言事实本身来看，岳阳县方言是楚语或古湘语同唐宋以来江西移民带来的赣语互相影响的结果，但由于赣语的势力相对比较弱，演变比较缓慢，因而与湘语、赣语都有一些相同点，如古全浊声母的今读，舒声与湘语相同，入声与赣语相同；声调部分调值与湘语比较接近，但入声的演变又与赣语相同。此外，岳阳县方言中的覃、谈有别的现象与赣语相同，而与湘语有别。从所处的地理位置来看，岳阳县方言也正好处在赣语、湘语的交界地带。因此，把岳阳县方言划为湘语、赣语之间的过渡型方言更为合适。

第五，难以定论。方平权（1999:3-4）认为岳阳县的方言处在湘语、赣语的交叉地带，属于湘语还是赣语难以定论。

（二）学界对安仁方言归属的讨论

安仁县位于湖南省东南部，郴州最北端，东界茶陵、炎陵，南邻资兴、永兴，西连耒阳、衡阳，北接衡东、攸县。依据《地图集》B11、新编《地图集》（2012）B1-19 和 B1-20，周边除衡东、衡阳属于湘语区外，其余都属于赣语区。关于安仁方言的归属，学界也有一些讨论，主要有以下几种意见：

第一，客赣语。彭秀模、曾少达（1960:242）把安仁方言归入第三区，"大致接近江西话"。《地图集》（1987）B11，吴启主主编（1998）的湖南方言丛书中的"代前言"，肖双荣、吴道勤（2004），新编《地图集》（2012）B1-20 都把它归入赣语。周振鹤、游汝杰（1985）把安仁方言划归赣客语。项梦冰（2009:217）认为，安仁（禾市）型方言应该归入客家话，这类方言的特点主要是古浊上归去声，次浊上文读层归上声（全浊上文白都归去声）。

第二，西南官话。杨时逢（1974:1443）把安仁与衡阳、常宁、永兴、蓝山、宁远、常德等归为第三区。李蓝（1994）把安仁方言归入西南官话。

第三，过渡型方言。陈满华（1995:2-3）认为，安仁方言古全浊声母逢塞音、塞擦音平声全不送气、仄声大部分送气，这一特点与分别代表新老湘语的长沙方言和双峰方言有别，与南昌方言也不一样。"从这一点看，安仁方言是介于湘、赣两大方言之间的。"

第四，混合型方言。张慧（2012:55）把安仁方言与长沙话、南昌话进行了全面地比较，认为，安仁方言与长沙话、南昌话在语音方面有不少重要的共同之处，这表明，安仁话受到湘语和赣语的共同影响，表现出一定程度的湘语和赣语色彩。同时，安仁话与长沙话、南昌话又有较大的区别。因此，"安仁话保留着赣语的一些语音特点，同时在很大程度上受到湘语的影响，是一种具有湘语和赣语特点的独立的混合类型的方言。"

（三）岳阳县和安仁方言归属的再讨论

我们在第二章第一节"古全浊声母的今读"中指出，从湘语古全浊声母的今读来看，它的清化次序是：入声→上声→去声→平声。由于清化先后顺序不同，导致清化后送气与否也不同。这样，在受到江西移民古全浊声母今读送气方言的影响时，率先清化的演变为送气音，较迟清化的演变为不送气音。岳阳县方言古全浊声母入声因先清化而读送气音，舒声则因后清化演变为不送气音。安仁仄声因清化较早大都送气，平声因清化较迟演变为不送气音。根据古全浊声母今读这一特点以及它们所处的语言环境，我们把它们归为过渡型方言，是一种介于湘语和赣语之间的中间状态的方言。

项梦冰（2009）依据古浊上的今读把安仁方言划入客家话。庄初升（2008）也依据浊上的今读把浊上今读阴去的韶关本地话、惠州话等归入客家话，是客家话中的"老客家话"。如果按照庄初升（2008）、项梦冰（2009）的观点，那么，不但安仁方言可以划入客家话，古浊上今读阴去的湘南宁远平话也可以划入客家话。这种做法是否可行，还有待进一步讨论。就目前而言，我们倾向于把它归入过渡型方言。也就是说，我们同意陈满华（1995）的意见。

三　攸炎片方言的归属

前文指出，湖南赣语攸炎片有一个共同的特点，即浊上部分口语常用字归阴平，不过，这一特点尚未引起学界的注意。因此，虽有学者讨论过攸炎片方言的归属，但没有提及这一音韵特点。如李蓝（1994）认为，茶陵属于独立型方言点，与醴陵、炎陵（原酃县）、桂东、汝城一类。李珂（2006）同意李蓝先生的这一观点，认为："如果从湖南省东部、南部和北部省际边界方言的共同的混合特点来看，那么我们赞同这个观点，认为它是类似湖南南部近年引起高度重视的一些'土话'方言，属于混合类型的方言。如果从现有大方言区域的划分角度考虑，也可以认为它是一种变异比较大的赣语。"

攸炎片的共同点浊上部分口语常用字归阴平是区分客赣方言最重要的语音标准。另外，攸炎片方言还具有一些客方言词汇。如：挂地（上坟）、夜晡（晚上）、虾公（虾子）、□le³³茶陵音（荆棘）、笠头（斗笠）、□paŋ³²⁵茶陵音（藏）、眼珠（眼睛）、□læ⁴²唧茶陵音（儿子）、□tɕʰia³²⁵茶陵音（跨）、俵（散烟）、□læ³³茶陵音（烫）、打跤（打架）、□tɕʰie³³茶陵音（稀饭稠）。因此，我们认为，攸炎片方言可以归入客家话。也就是说，我们同意项梦冰（2009）把南丰型方言[①]归入客家话的意见。

四　永资片方言的归属

（一）学界对永兴方言归属的讨论

永兴县位于湖南省东南部，郴州市北边，东邻资兴，南连郴州市，西靠桂阳，北接安仁、耒阳。永兴周边方言比较复杂。北边耒阳方言属于赣语（《地图集》1987、2012），安仁方言的归属还有争论（详见上文）；南边郴州市区通行西南官话；东边的资兴方言学界意见尚未统一（详见下文）；西边

---

① 这类方言的特点是古浊上白读层归阴平，文读层全浊上归去声、次浊上归上声。

的桂阳方言学界也有不同意见。①关于永兴方言的归属，学界主要有以下几种意见：

第一，赣语。鲍厚星、颜森（1986）、《地图集》（1987）B11、新编《地图集》（2012）B1-20 等把永兴方言划入赣语，并把它归入赣语耒资片。彭秀模、曾少达（1960:242）把它归入第三区，大致接近江西话。

第二，湘语。李蓝（1994）把永兴方言归入湘语方言点。

第三，西南官话。杨时逢（1974:1443）把永兴归入第三区，与常德、衡阳、常宁、宁远、蓝山同属一区。辻伸久（1979）把永兴方言归入北方型 D 区。肖双荣、吴道勤（2004）把永兴方言归入西南官话。胡斯可（2009:144-166）比较了永兴城关话与湘语长沙话、赣语南昌话、官话郴州话后认为，永兴城关话是底层属于湘方言、现今兼有西南官话和湘方言特征而前者较为突出，并且带有少数赣方言色彩的混合型方言，可以按照较宽的尺度暂把它划为西南官话处理。

第四，混杂方言。周振鹤、游汝杰（1985）把永兴方言归入官话和湘语混杂区。

（二）学界对资兴方言归属的讨论

资兴市位于湖南省东南部，郴州市东部，耒水上游，罗霄山脉南端。东邻桂东县、株洲市炎陵县，南接汝城县、宜章县，西连苏仙区，北抵永兴县、安仁县。按照《地图集》（1987）B11、新编《地图集》（2012）B2-8 的划分，其周边方言除苏仙区主要通行西南官话、宜章属于湘南土话区学界意见比较一致外，桂东县、炎陵县、永兴县、安仁县等县市的方言归属学界还有争论（详见上文）。关于资兴方言的归属，学界讨论得也比较热烈，主要有以下几种意见：

第一，赣客语。周振鹤、游汝杰（1985）认为资兴方言是赣客语。鲍厚星、颜森（1986）、《地图集》（1987）B11、吴启主主编的（1998）湖南方言研究丛书中的"代前言"（1999）、新编《地图集》（2012）B1-20 等都把它划作赣语。李冬香（2006a）认为，资兴方言应该属于客家话，是赣南"老客"在湖南境内的自然延伸。

第二，湘语。辻伸久（1979）把资兴方言划归新湘型。李蓝（1994）认为它属湘语方言点。

第三，西南官话。杨时逢等（1974:1443）认为资兴属湖南方言中的第

---

① 鲍厚星、颜森（1986）、《地图集》（1987）中的"江西省与湖南省的汉语方言"、吴启主主编（1998）的湖南方言丛书中的"代前言"等认为，桂阳属于双方言区，通行西南官话，而其土话系属待定。周振鹤、游汝杰（1985）认为桂阳属于官话和湘语混杂区。肖双荣、吴道勤（2004）、李蓝（1994）认为桂阳属于西南官话方言点。

四区，与炎陵（原酃县）、桂东、桂阳、新田、临武、宜章、东安、零陵、道县、永明（今江永）、江华等同为一区。[①]肖双荣、吴道勤（2004）把资兴方言划归西南官话区。

（三）永资片方言归属的再讨论

据第四章、第五章和第六章可知，永兴方言一方面具有湘、粤、桂土话常见而周边其他方言少见的音韵特点，如古全浊声母今逢塞音、塞擦音时送气与否同时以声纽和声调为条件、存在古阳声韵今读阴声韵的现象；另一方面又具有主要见于耒洞片中的安常小片赣语的音韵特点，如古全浊入白读归阴平、文读读入声，影、疑母逢洪音一般读ø。此外，在官话的影响下，部分古全浊声母平声字读送气清音。

资兴方言具有客家话的重要特点——浊上部分口语常用字归阴平，同时还具有一批客家特色明显的词汇。如：着（穿）、采地（选坟山）、打交（打架）、挼（搓绳子）、㧱（藏）、□aŋ^{35}（捂住）、蚁公（蚂蚁）、猫公（猫）、蟮公（蚯蚓）、□ma^{44}个（谁）、生疏人（陌生人）、镬头（锅）、纸鹞（风筝）、手脑婆（大拇指）、手脑公（食指）、眼珠（眼睛）、□ŋa^{31}家（我们）等。不过，它同时还具有一些客家话少见而周边土话或西南官话多见的特点。如古全浊声母今逢塞音、塞擦音时送气与否同时以声纽和声调为条件，部分古阳声韵今读阴声韵等特点与周边土话相同；泥、来母不分洪细合流，咸、山摄文读与宕、江摄合流等特点与周边西南官话相同。此外，它还有个别特点与耒洞片中的安常小片相同，即全浊入白读归阴平、文读读入声。

综合永资片方言的整体面貌来看，我们认为，永资片方言可以归入混合型方言，不过，它的混合性与华容方言有所不同。华容方言是因受周边西南官话的影响而产生了官话的特点，属于晚期的变化；永资片方言则既有早期底层方言或语言的影响，又有晚期西南官话的渗透，其混合性更为复杂。

五 平江方言的归属

除了以上方言以外，还有一些方言学界也有不同意见。如张盛开（2012）指出，位于湖南境内的平江方言，由于"中古全浊声母不分平仄均发送气清音"而被定为赣语次方言。她比较了平江方言跟赣语和湘语的语音、词汇、语法，比较结果表明，从各个方面来说，平江方言都显示出跟湘语的类似率高。对赣语和湘语的方言特征词跟平江方言比较的结果也表明平江方言跟湘语接近。综合这两个方面的结果，她认为，把平江方言作为湘

---

① 杨时逢等（1974:1443）认为："第四区方言较为特别，也较复杂，与三区方言略有相似，最复杂的是它们有几县具有土话，官话方面并没有很显著的特点。它们因靠近江西，广东，广西三省的边界，所占的地区并不大，而方言的变化很不一致。"

语次方言更合适。最后她还从移民史方面论述了该结论的确实性。

我们认为平江方言应该归入赣语，因为它具有赣语区别于湘语最重要的特点——古全浊声母逢塞音、塞擦音时与次清声母合流读送气音。此外，如果按照张盛开（2012）的看法，把平江方言归入湘语不符合当地人的语感。笔者的母语是浏阳方言，与平江方言相比，浏阳方言与长沙方言的相似度更高。可是，如果把浏阳方言归入湘语，浏阳人是不认可的，长沙人也是不接受的。虽然在湘语的长期渗透下，湖南赣语与湘语的相同点越来越多，尤其是在词汇上，但是，就目前的语言面貌来看，包括平江在内的湖南多数赣语还不适宜归入湘语。

第三节　湖南赣语周边部分方言的归属

前文在探讨湖南赣语的形成时指出，历史上湖南接纳了大量的江西移民，尤其是唐宋以来。但是江西古代方言情况如何，汉代扬雄于此独留下空白。但据今人研究，"按照合理的推测,古代这片土地上的居民的语言可能包括在吴语、楚语以内,或者至少同吴语、楚语有亲密的关系。"（袁家骅等1989:127）江西"应当是古楚语和古吴语的交汇处"（周振鹤、游汝杰1986:39）。"赣语在西汉及在东汉前期尚未成为有别于吴楚的独立分支是可以肯定的。"（陈昌仪 1991:2）湖南与江西这种久远而密切的关系，使得两省境内的方言存在着千丝万缕的联系。

第八章在比较湖南赣语与周边方言的音韵特点时发现，湖南赣语与江西赣语没有明显地域差异的同源性成分很多还见于湖南其他方言。如古全浊声母逢塞音、塞擦音时一般读送气清音散见于湘西南湘语、湘南土话、西南官话。来母逢细音读塞音散见于湘语娄邵片、辰溆片以及乡话。表 8-4 显示，湖南赣语与江西赣语地域差异明显的同源性成分有些还见于周边的湘语或西南官话。如影、疑母在开口洪音前一般读ø见于湘语新化、冷水江，湘南土话也有较多发现。知三口语常用字读如端组见于湘语娄邵片、衡州片，相邻客家话和湘南土话则普遍存在。"浅贱鲜新~癣"等字与山合三合流见于湘语娄邵片、辰溆片以及湘西南官话中方、麻阳等方言。清入归阴平、浊入归阴去/去声见于湘语娄邵片、湘西南官话麻阳、中方等方言。小称变调见于湘语娄邵片、辰溆片，相邻客家话和湘南土话也有发现。因此，历史上江西移民带来的方言不仅奠定了湖南赣语的基础，也对湖南其他方言产生了深刻的影响。这一点，时贤也已有很多研究成果。有的成果不仅分析了江西移民对湖南方言的影响，而且探讨了其中部分方言的归属，如溆浦龙潭、新化、湘西南中方、麻阳、宁远中和等方言。

一　学界对湖南赣语周边部分方言归属的讨论

张进军（2007）比较了溆浦龙潭方言与周边西南官话中方新路河、洪江老洪江，湘语溆浦城关、泸溪浦市，赣语洞口县洞口乡、隆回高坪等方言，认为，龙潭话在古全浊声母的今读、入声字的分派这些重要的语音特征上与湖南境内的赣语表现出高度的一致性。因此，他认为："总的来说，龙潭方言的确带有较多的赣语色彩；如果说它是湘语，也是赣语色彩很浓厚的湘语。"瞿建慧（2012a:212-216）比较了溆浦龙潭、岗东、两江等与《地图集》（1987）B11 中的赣语洞绥片的音韵特点，发现，溆浦这些方言与洞绥片赣语有很多一致之处，如古全浊声母逢塞音、塞擦音时不论平仄今一般读送气清音，古微母今读ø，日母读鼻音或ø，流摄与效摄合流，梗摄舒声字白读与宕、江摄合流，全浊上部分归上、部分归去等。基于它们与周边洞绥片赣语上述相同的音韵特点，她认为，溆浦龙潭、岗东、两江等地方言应该划归《地图集》（1987）B11 中的赣语洞绥片。王小娟（2012:90）也将龙潭话、岗东话等分别与湘语、赣语的语音特点进行了比较，发现它们在主要语音特征上更接近于赣语，特别是中古全浊声母的演变规律与赣语相同而与湘语不同，所以，她认为，龙潭话、岗东话、低庄话是带有湘语色彩的赣语。

周振鹤、游汝杰（1985）认为"新化、绥宁则赣客语特征与湘语南片并重"。陈晖、鲍厚星（2007）指出："娄邵片中的新化方言老派古全浊声母舒声字读送气浊音，入声字读送气清音，新派无论舒入都读送气清音。"罗昕如（2009:82-87）进一步列举了新化方言与赣方言相同，而湘语不见或少见的语音特点，如古全浊声母舒声字今逢塞音、塞擦音时一般为送气浊音，古浊声母去声字今部分读阴平，有浊上归阴平的现象，[①]入声的走向与部分赣语相一致等等。她认为，上述语音特点"可视为赣语带给新化方言的接触性成分，新化方言是带有明显赣语色彩的湘语。"（罗昕如 2009: 87）瞿建慧（2012a:212-216）则认为，新化方言与溆浦龙潭、岗东、两江等地方言一样，应该划归《地图集》（1987）B11 中的赣语洞绥片。

陈晖、鲍厚星（2007）指出："位于湘西南的一些点，例如中方、麻阳、芷江的罗旧以东地区连接怀化市区的地域以及今洪江市与洞口及绥宁北部接壤的湾溪、洗马、沙湾、熟坪等部分乡镇，溆浦县的龙潭等地，古全浊声母无论平仄都读送气清音……这些地方古全浊声母的演变方式与赣语相同，从侧面反映了赣语与湖南方言的密切关系。"据胡萍（2007:185-211），湘西南官话麻泸片古全浊声母逢塞音、塞擦音时无论平仄一般读送气清

---

① 新化方言浊上归阴平是与浊去合流后进一步演变的结果，与江西赣中赣语浊上归阴平的性质不同。罗昕如（2011）把这两者当作同一类型。

音，梗摄字存在文白异读，"鲜癣浅"等字与同韵摄精组字有别，全浊上口语常用字读上声，浊去有今读阴平的表现，古入声字白读清入多归阴平、浊入多归去声等音韵特点。这些特点与《地图集》（1987）B11 中的洞绥片赣语非常一致。对于湘西南官话中的麻泸片而言，"如果着眼于方言的历史来源，我们可以称它为'带有西南官话色彩的赣语'，如果着眼于方言的共时表现和演变趋势，也可称它为'带有赣语底层的西南官话'，我们更倾向于后一种说法，也许它更符合当地人的'土人感'。"（胡萍 2007:197）

李永新、李翠云（2007）把宁远中和平话与赣语、湘语和湘南土话进行了比较，发现，在 8 项语音比较中，南昌话与宁远平话有 6 项相同，1 项部分相同；新田北乡土话与中和平话有 4 条相同，1 条部分相同；而双峰话与中和平话只有 1 条相同。所以平话与赣语相似程度最高，其次是新田北乡土话，与湘语相似程度低。基于此，他们指出："随着调查的深入，材料越来越丰富，宁远平话的性质地位也已经越来越明确。本文认为宁远平话属于赣语，平话的全浊声母今读塞音、塞擦音时不论平仄一律送气，保留了入声调，梗摄字有文白异读，'大'有两个反切读法，这几个语音特点符合赣语的标准。"

二　湖南赣语周边部分方言归属的再讨论

前文根据共时层面的音韵比较，指出了湖南赣语与周边方言的部分同源性共有成分，可是，由于湖南方言与江西方言关系密切，有些同源性共有成分是江西移民带来的还是两省方言本身就有的，目前还无法判断，如知三、章合流读塞音、鱼、虞有别等。因此，要了解江西移民方言对湖南方言产生了哪些影响，必须着眼于整个湖南方言和江西方言。不但要看到它们共时层面上表现出来的一致性和差异性，而且要探讨两省境内曾经共有的那个的古老的方言的原始面貌，分析两省方言历时层面上的演变方向和演变路线。只有如此，才能真正厘清江西移民对湖南方言的影响，进而认识湖南各大方言之间的本质区别，从而对各种方言的归属一一定性。但这还有待于更深入的调查研究。就目前的研究现状来看，我们认为，可以借鉴上述对湖南部分赣语的处理方法，探讨这些明显带有赣语色彩而没有归入赣语的方言的归属。

前文指出，溆浦龙潭等方言具有明显的赣语色彩，很多特征与相邻赣语相同。当然，它也有一些特征与相邻湘语相同。如龙潭话流摄、蟹摄合流与溆浦城关卢峰镇话相同；岗东话咸、山两摄全部发展为阴声韵，与卢峰镇话同；低庄话、岗东话与卢峰镇话都有异调变韵的现象（王小娟 2012:90）。我们注意到，溆浦龙潭等方言上述与湘语相同的特征也见于相邻湖南赣语隆绥小片。因此，我们同意瞿建慧（2012a）的意见，把溆浦龙潭等方言归入

《地图集》（1987）B11 中的赣语洞绥片，也就是我们所划的耒洞片中的隆绥小片；也同意王小娟（2012）的意见，是带有湘语色彩的赣语。

　　新化方言虽然具有明显的赣语色彩，但是从古全浊声母的今读来看，其古全浊声母逢塞音、塞擦音时老派读送气浊音，新派读送气清音；浊擦音有的全部清化，有的部分清化，有的保留浊音（罗昕如 1998:11-12）。很明显，其全浊声母正处在清化的过程中，清化后的演变方向则与赣语一致。另外，新化方言位于娄邵片湘语和湘西南赣语的交界处。因此，可以把新化方言暂时归入过渡型方言，待其古全浊声母全部清化后，再把它归入赣语。

　　湘西南官话麻泸片不但与周边赣语有一致的特点，与周边西南官话也存在相同之处。如入声的文读不同程度地显示出不论清浊归阳平的趋势；四声调值与西南官话接近；名词有非常丰富的重叠式，但不儿化。因此，胡萍（2007: 197）认为："与原居地方言比较，麻泸片方言已经不是纯粹的赣语了，西南官话正在逐步冲刷、消磨着它的固有特征，从而'覆盖'上自己相应的特征。"基于麻泸片方言目前的语言面貌，我们认为，麻泸片方言可以归入混合型方言。

　　宁远平话虽然表现出了非常明显的赣语色彩，但是，考虑到：第一，宁远周边都是归属未明的湘南土话，而湘南土话与湘语、赣语以及西南官话的关系非常复杂；第二，目前对湘南土话的了解还不十分清楚，因此，为全面认识湘南土话的面貌及其与周边方言的关系，宁远平话暂时保留在土话里为宜。

附录　方言地图

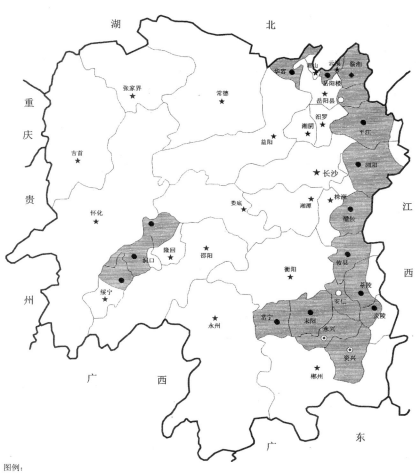

图例：
◆ 与次清声母合流读浊音
● 与次清声母合流读送气清音
○ 送气与否以声调为条件
◉ 送气与否同时以声纽和声调为条件

图1　　　古全浊声母今读的类型

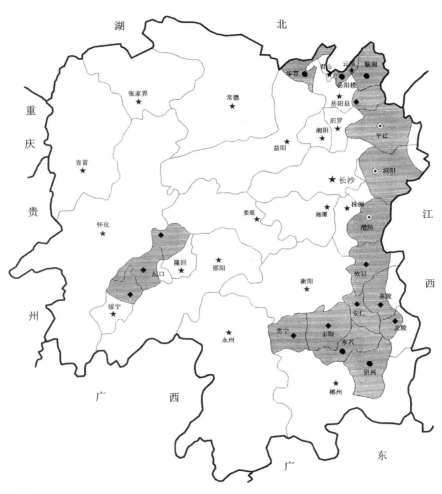

图例：
⊙ 精、庄、知二与知三、章两分型
● 精、庄、知二与知三、章合流型
◆ 精、庄、知二与知三、章有分有合型

图 2　　　精、庄、知、章今读的类型

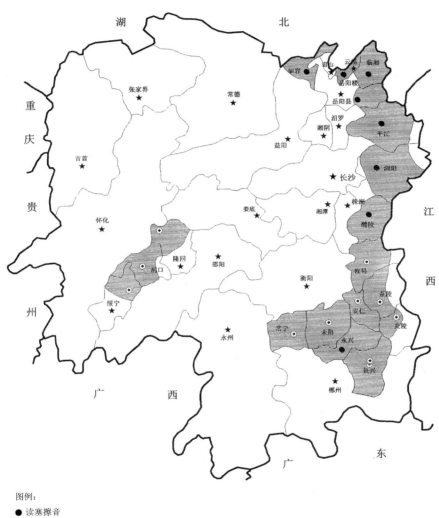

图例:
● 读塞擦音
◉ 读如端组

图3　　　知三口语常用字的今读

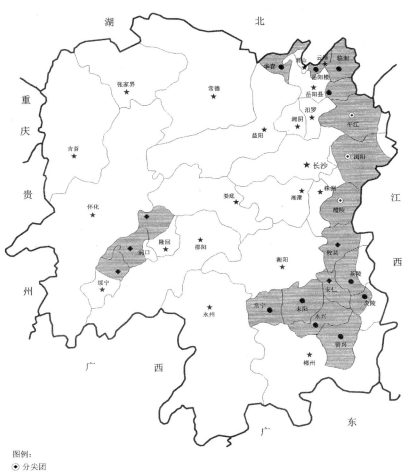

图例:
◉ 分尖团
● 不分尖团
◆ 有分有合

图 4　　　　尖团音的分合

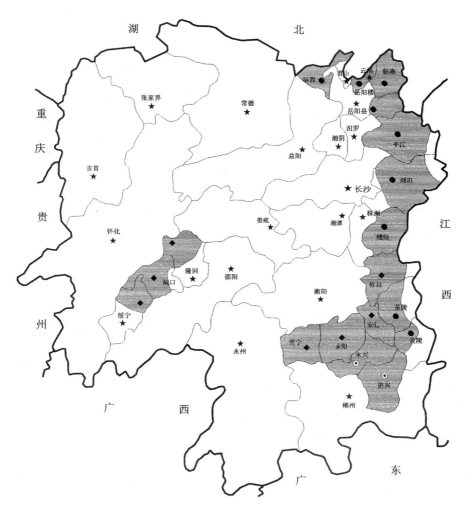

图例：
● 以古开合为条件，逢古开口呼有别、逢古合口呼合流
◉ 以今洪细为条件，逢今洪音有别、逢今细音合流
◆ 无条件合流

图 5　　　　见系三、四等与知三、章的分合

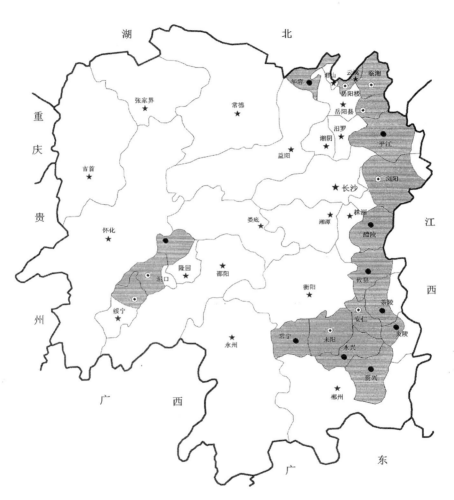

图例：

⊙ 大部分读f、少部分读x

● 一般读f

图6　　　非、敷、奉母的今读

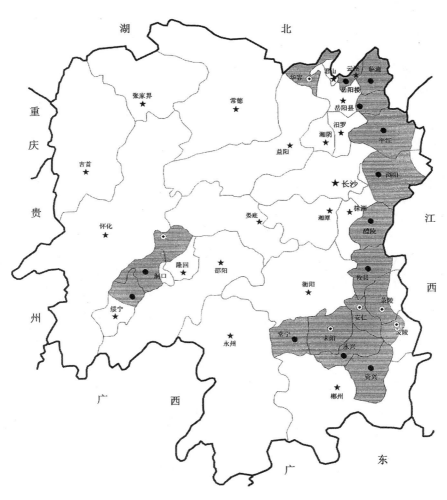

图例：
● 一般或部分读f
◉ 一般读x

图 7　　　　　晓、匣母合口一、二等的今读

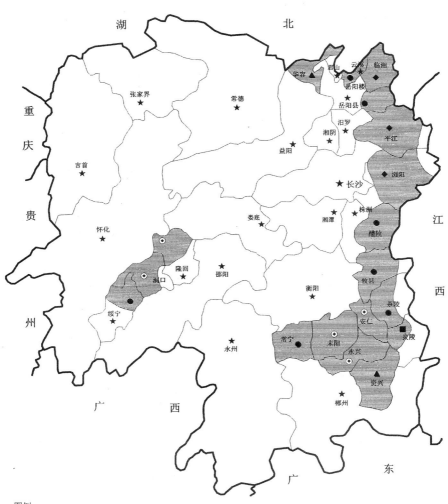

图例:

▲ 逢洪细都合流

◆ 洪混细分, 逢细音泥母读鼻音、来母读如端组

● 洪混细分, 逢细音泥母读鼻音、来母读 l

⊙ 洪混细分, 逢细音泥母读零声母、来母读 l

■ 逢洪细都有别

图 8　　　　　泥、来母今读的类型

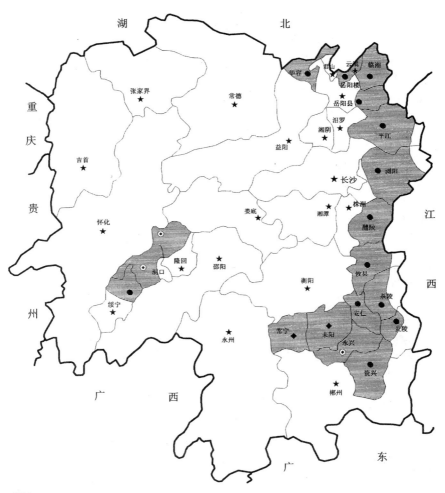

图 9　　　　　疑母在开口洪音前的今读

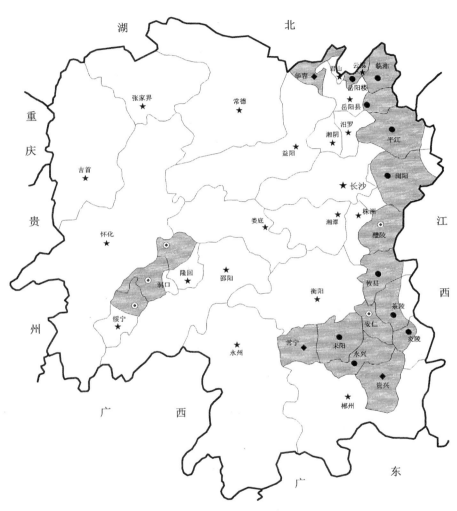

图例：

◆ 不读韵化辅音

● 极少数读韵化辅音

◉ 较多读韵化辅音

图 10　　　　泥、日、疑母是否读韵化辅音

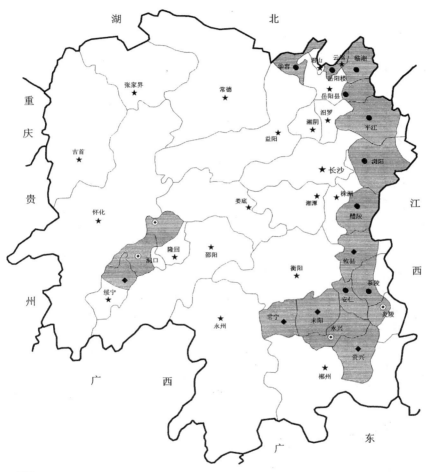

图例:
● 一般读舌根音声母
◉ 一般读零声母
◆ 部分读舌根音声母、部分读零声母

图 11　　影母在开口洪音前的今读

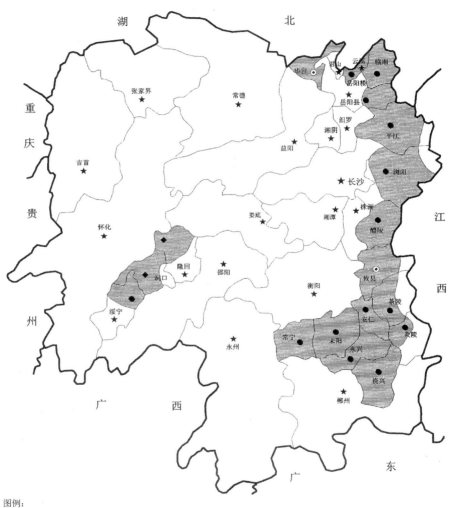

图例：
◈ 逢洪音读擦音
◆ 逢洪细读擦音
● 不读擦音

图 12　　　　透、定母的今读

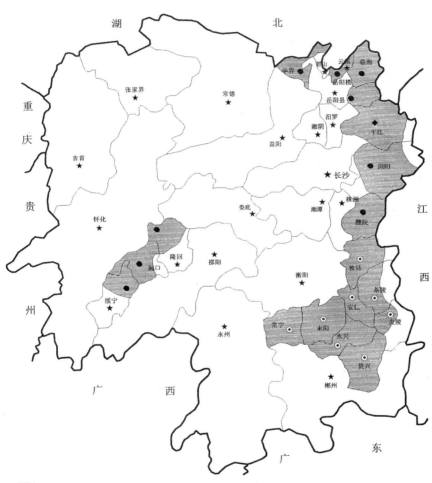

图例：

● 读塞音

◆ 逢开口洪音读如晓母

◉ 逢洪细都有部分口语常用字读如晓母

图 13　　　溪母的今读

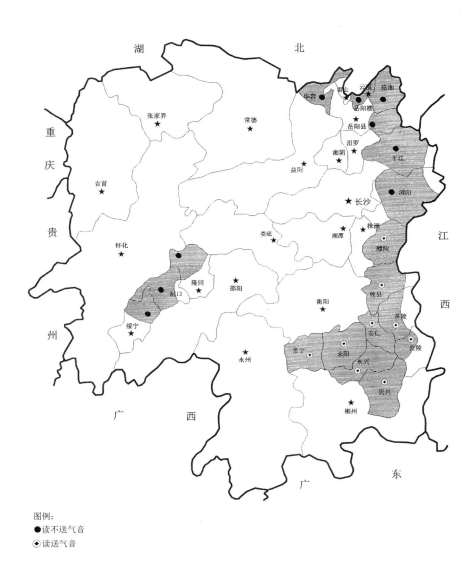

图例：
● 读不送气音
◉ 读送气音

图 14　　　　"关~门"字的今读

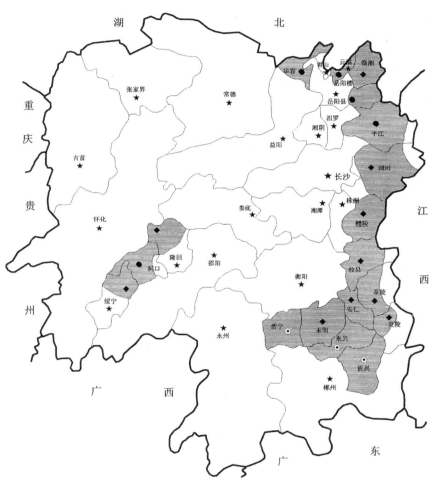

图例：
● 一、二等合流
◆ 一、二等保留区别的痕迹
◉ 一、二等处在由分到合的过渡阶段

图 15　　　蟹摄一、二等韵的分合

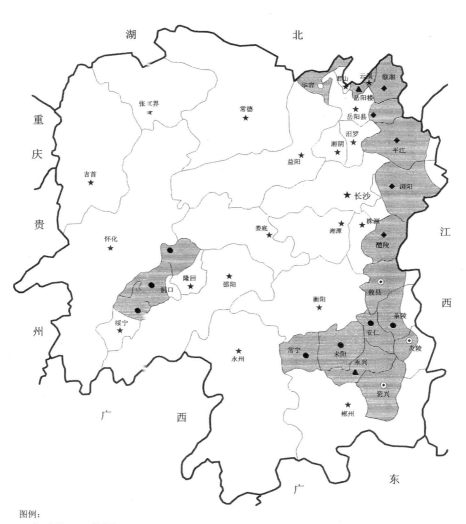

图例：
▲ 咸、山摄一、二等合流
● 山摄开口一、二等见系有别
○ 山摄合口一、二等见系有别
◉ 咸、山摄开口一、二等有别
◆ 咸、山摄一、二等有别

图 1e   咸、山摄一、二等韵的分合

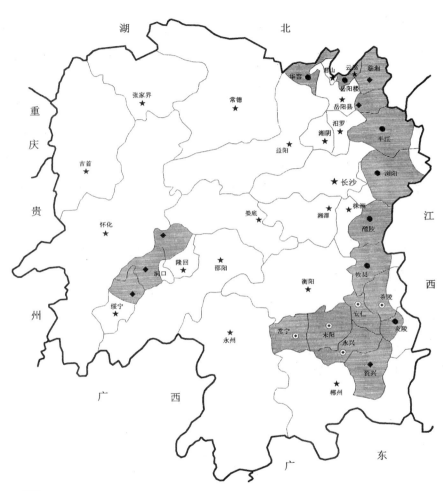

图例:
● 一般读复合元音
◉ 一般读单元音
◆ 部分读复合元音、部分读单元音

图 17　　　蟹、效、流三摄开一、二的今读

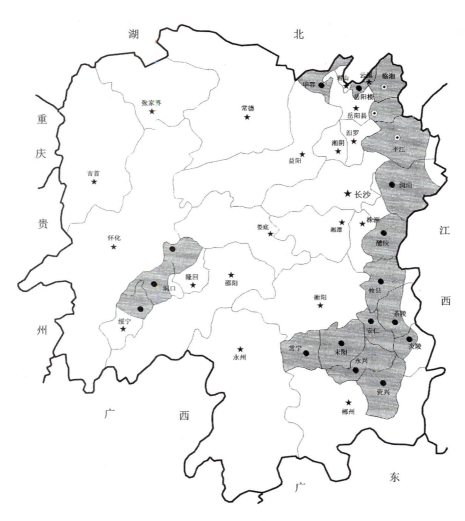

图例:
● 合流
◉ 保留有别的痕迹

图 18   覃、谈的分合

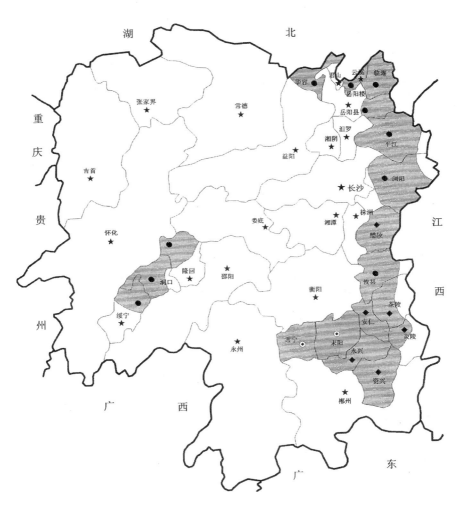

图 19　　　　侯韵的今读

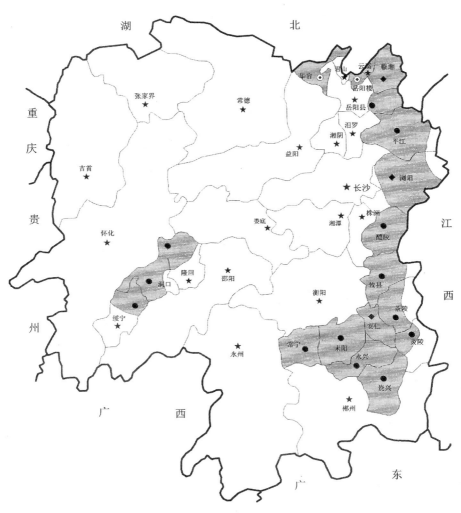

图例:
◆ 一般读细音
● 不读细音,但主元音为前元音
⊙ 不读细音,主元音为央元音

图 20　　　　痕、登韵阳声韵的今读

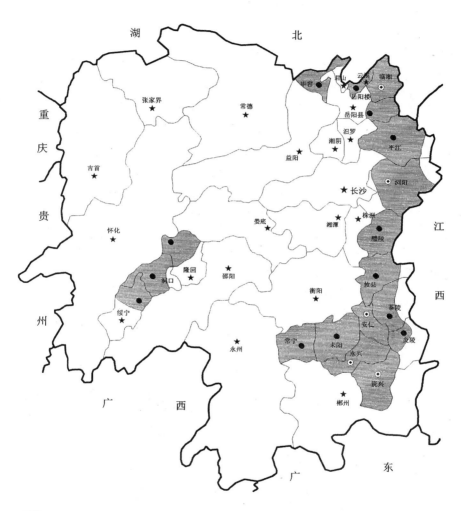

图例：
● 流摄与蟹摄有别
⊙ 流摄开一、开三庄组与蟹摄开一、二部分合流

图21　　　　流摄与蟹摄的分合

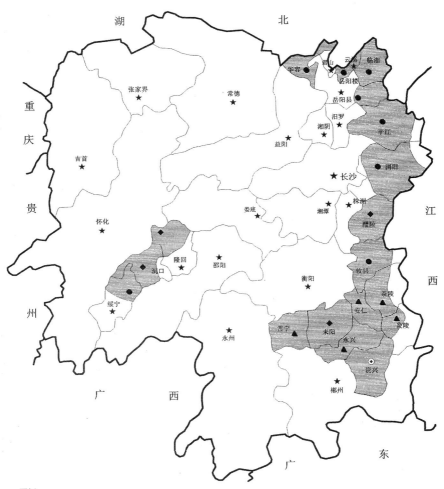

图例:

▲ 流摄与效摄不合流

● 流摄一等部分与效摄三、四等合流

◆ 效摄二等见系、三、四等部分与流摄一等、三等庄组合流

◉ 流摄三等与效摄三、四等部分常用字合流

图 22　　　　流摄与效摄的分合

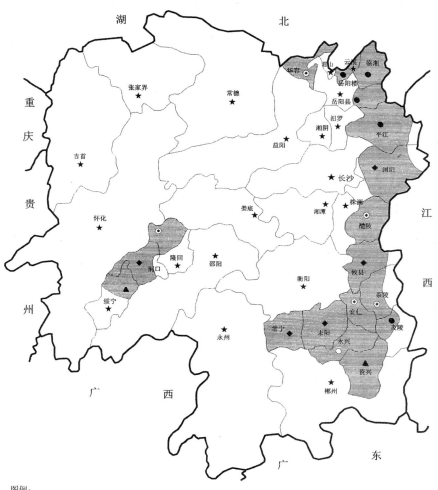

图例：
● 读-n尾
◆ 读鼻化韵
◉ 部分读鼻音韵尾、部分读鼻化韵
▲ 部分读鼻音韵尾或鼻化韵、部分读阴声韵
○ 一般读阴声韵

图 23　　　　　咸、山摄阳声韵的今读

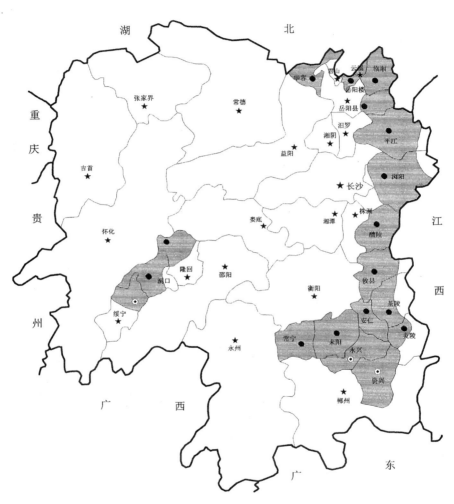

图例：
● 古阳声韵今不读阴声韵
◉ 部分古阳声韵今读阴声韵

图 24　　　古阳声韵是否今读阴声韵

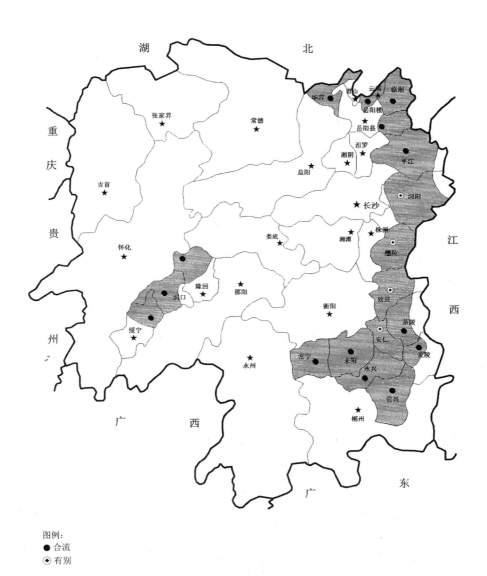

图 25   通摄与深、臻、曾、梗_文三、四等的分合

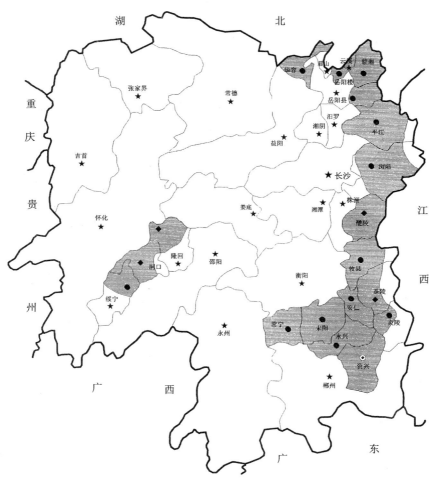

图例：
● 一般不与宕、江摄合流
◆ 以声组和开合为条件与宕、江摄合流
◉ 文读与宕、江摄合流

图 26   咸、山摄一、二等与宕、江摄的分合

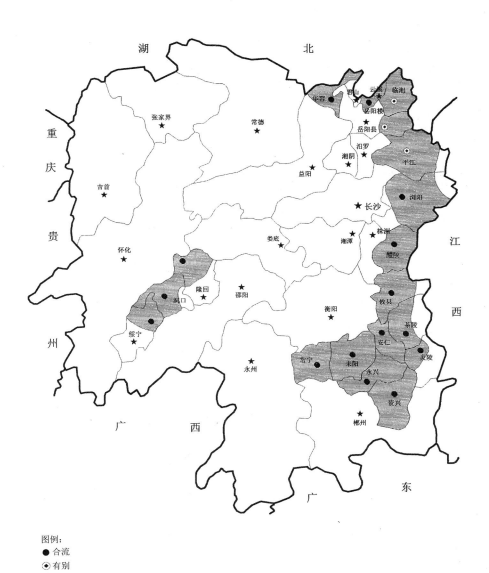

图例：
● 合流
◉ 有别

图 27　　　咸、山摄一、二等入声韵与假摄或果摄的分合

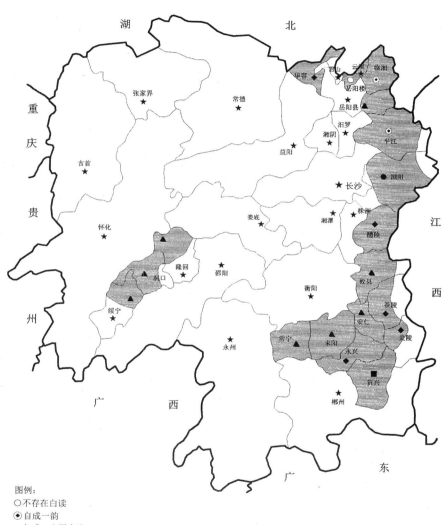

图例:
○不存在白读
⊙自成一韵
◆与咸、山摄合流
▲与宕、江摄合流
●部分与咸、山摄合流,部分与宕、江摄合流
■部分与宕、江摄合流,部分与深、臻、曾摄合流

图 28　　　　梗摄阳声韵的白读与其他韵摄的分合

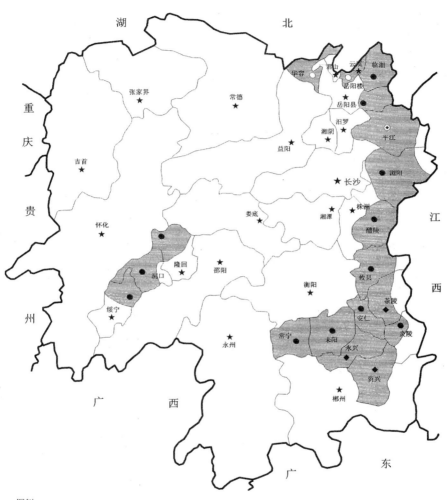

图例：
○ 不存在白读
◉ 与假摄主元音相同
◆ 部分与假摄合流
● 一般与假摄合流

图 29　　　　梗摄入声韵的白读与假摄的分合

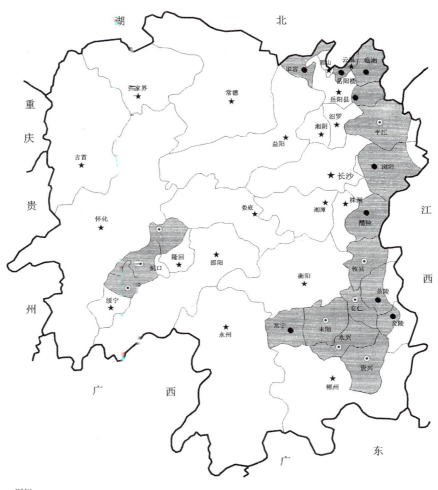

图例：

● 读细音

◉ 部分口语常用字读洪音，其余读细音

图 30　　　　齐韵的今读

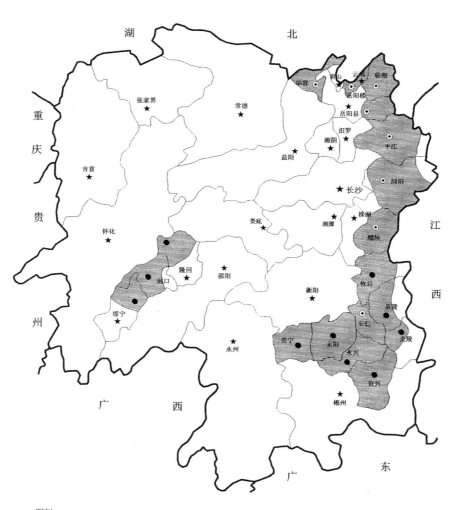

图例：
● 读单元音
◉ 部分读复合元音

图 31　　　遇合一、合三庄组的今读

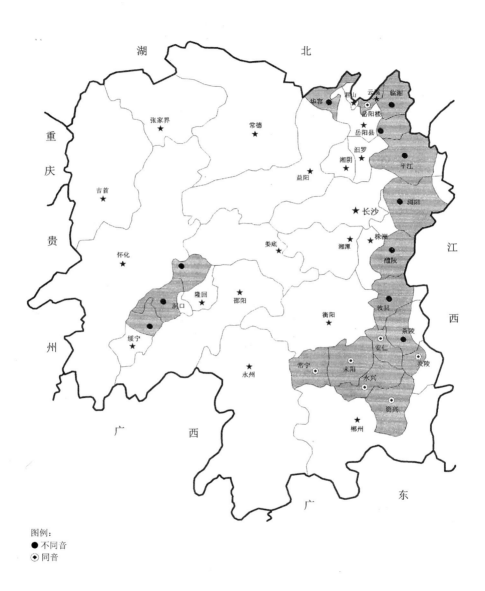

图 32　　　　"班搬"两字是否同音

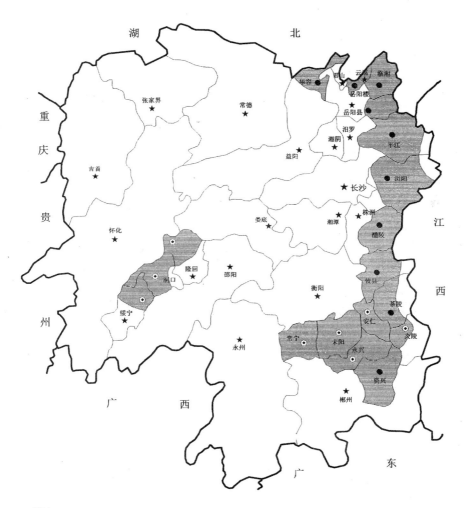

图例：
● 与山合三有别
◉ 与山合三合流

图 33　　　"浅贱鲜_新~癣"等字的今读

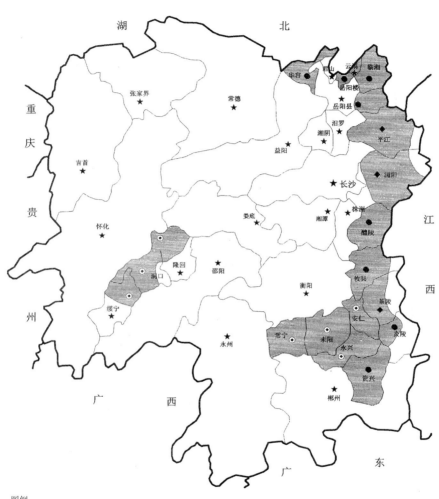

图例:
● 不读如阳声韵
◆ 极少数读如阳声韵
◉ 较多读如阳声韵

图 34　　　　　　明母非阳声韵是否读如阳声韵

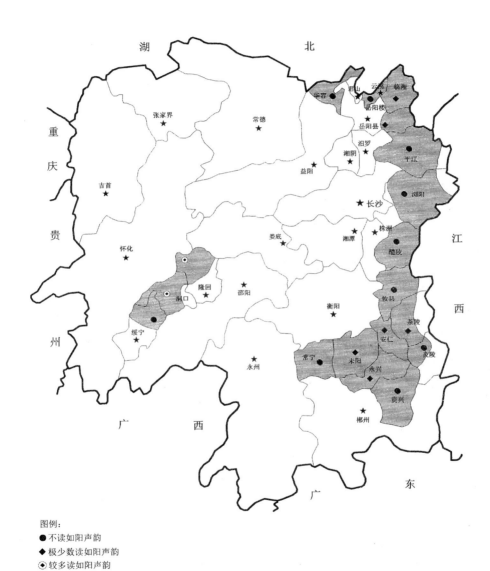

图例:
● 不读如阳声韵
◆ 极少数读如阳声韵
◉ 较多读如阳声韵

图 35　　泥、日、疑母非阳声韵是否读如阳声韵

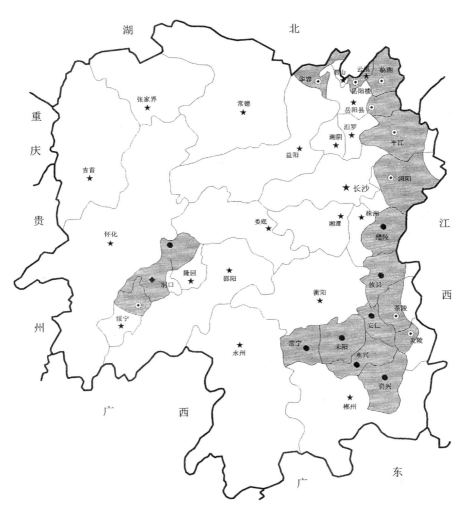

图例:
⊙ 去声分阴阳
◆ 清去读去声, 浊去归阴平
● 清去与浊去合流为一个去声

图 36　　　　去声今读的类型

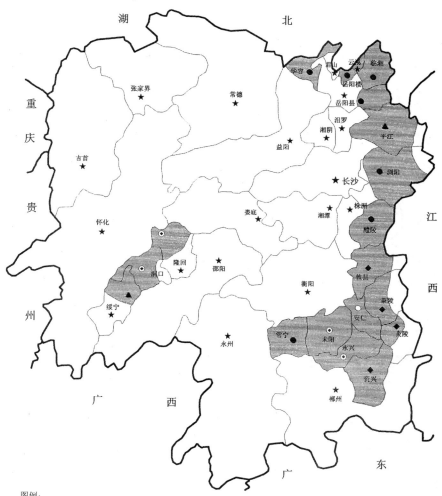

图例：
▲ 浊上一般或A类字读阳上
○ 次浊上A类字归去声、B类字读上声，全浊上归去声
◆ 浊上A类字归阴平，次浊上B类字归上声、全浊上B类字归去声或阳去
◉ 次浊上归上声，全浊上A类字归上声、B类字归去声送气或阴平
● 次浊上读上声，全浊上归去声或阳去

图37　　　　浊上今读的类型

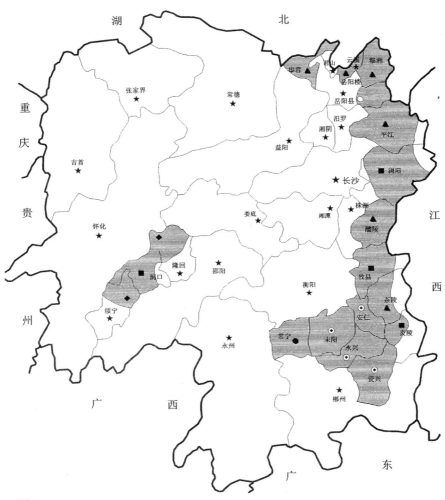

图例:
○ 依清浊分化为阴入和阳入
▲ 清入和浊入合流为一个调类
◉ 清入读入声,浊入白读归阴平、文读读入声
● 清入和次浊入读入声,全浊入白读归阳平、文读读入声
◆ 白读舒化归并到其他声调,文读读入声
■ 入声消失,归并到其他舒声调

图 38　　　入声今读的类型

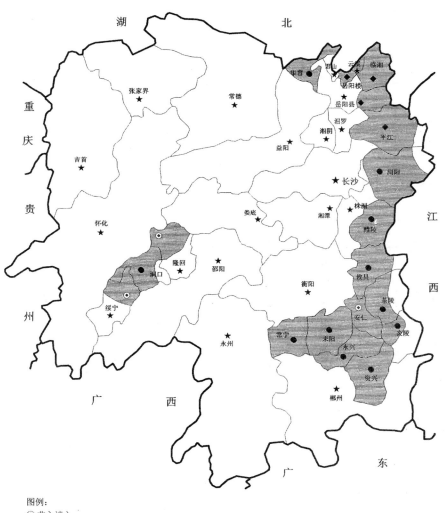

图例：
◉ 非入读入
◆ 非清去读去
● 暂时未发现

图 39　　　　小称变调今读的类型

图 40　　　湖南赣语的分片

下编

湖南赣语字音对照表

说　　明

1. 本对照表收录了湖南赣语 16 个代表点的字音材料，这 16 个代表点依次是：华容终南、岳阳楼城区、临湘桃林、岳阳县新墙、平江梅仙、浏阳蕉溪、醴陵西山、茶陵马江、安仁城关、耒阳城关、常宁板桥、永兴城关、资兴兴宁、隆回司门前、洞口菱角和绥宁瓦屋塘。这 16 个点的字音材料全部来自作者的实地调查。

2. 本对照表共收单字约 2 630 个，一概使用简化字。为免造成混淆，多音字和同音字都用组词的方式加以区别，前者如"量丈~"和"量重~"，后者如"面脸~"和"面~条"。少数在普通话中不常用但在湖南赣语中属于口语用字的字也收录在内，在字头的右下方注明其在普通话中的用法或含义，如"苎~麻"、"徛站立"。

3. 本对照表所收单字按照中古音的音韵地位的顺序排列。中古音的音韵地位依据中国社会科学院语言研究所编制的《方言调查字表》（修订本）。《方言调查字表》没有出现的字，依据《古今字音对照手册》。

4. 所有单字读音不标调类，只标调值，用阿拉伯数字 1–5 表示，放在音标的右上角。

5. 一个字有两个或两个以上读音的，或者属于文白异读，或者属于训读音和本音，或者属于别义异读，必要时在该读音的右下方用组词或释义的方式加以区别。其排列顺序为：文白异读的，白读音在前，文读音在后；训读音和本音的，训读音在前，本音在后；别义异读的，常用义在前，非常用义在后。

6. 空白表示该字在该方言中读不出来，或不用，或暂时未调查到。

	多 果开一平歌端	拖 果开一平歌透	舵 果开一上哿定	大 果开一去简定	驮~子 果开一平歌去	罗 果开一平歌来	锣 果开一平歌来	箩 果开一平歌来	左 果开一上哿精	搓 果开一平歌清	歌 果开一平歌见	哥 果开一平歌见	个~人 果开一去简见	可 果开一上哿溪	蛾 果开一平歌疑	鹅 果开一平歌疑
华容	to^{45}	ho^{45}	ho^{33}	$hæi^{33}$	ho^{12}	lo^{12}	lo^{12}	lo^{12}	tso^{21}	ts^ho^{45}	ko^{45}	ko^{45}	ko^{213}	k^ho^{21}	$ŋo^{12}$	$ŋo^{12}$
岳阳楼	to^{34}	t^ho^{34}	t^ho^{22}	t^hai^{22}	t^ho^{13}	lo^{13}	lo^{13}	lo^{13}	tso^{324}/tso^{31}	ts^ho^{34}	ko^{34}	ko^{34}	ko^{324}	k^ho^{31}	$ŋo^{13}$	$ŋo^{13}$
临湘	to^{33}	d^ho^{33}	d^ho^{21}	$d^hæ^{21}$	d^ho^{13}	lo^{13}	lo^{13}	lo^{13}	tso^{42}	d^ho^{33}	ko^{33}	ko^{33}	ko^{325}	g^ho^{42}	$ŋo^{13}$	$ŋo^{13}$
岳阳县	to^{33}	t^ho^{33}	to^{21}	$tæ^{21}$	to^{13}	lo^{13}	lo^{13}	lo^{13}	tso^{42}	ts^ho^{33}	ko^{33}	ko^{33}	ko^{45}	k^ho^{42}	$ŋo^{13}$	$ŋo^{13}$
平江	to^{44}	t^ho^{44}	t^ho^{21}	t^hai^{22}	t^ho^{13}	lo^{13}	lo^{13}	lo^{13}	tso^{45}/tso^{324}	ts^ho^{44}	ko^{44}	ko^{44}	ko^{45}	xo^{324}	$ŋo^{13}$	$ŋo^{13}$
浏阳	to^{44}	t^ho^{44}	t^ho^{45}	t^hai^{21}	t^ho^{45}	lo^{45}	lo^{45}	lo^{45}	tso^{324}	ts^ho^{44}	ko^{44}	ko^{44}	ko^{42}	k^ho^{324}	$ŋo^{45}$	$ŋo^{45}$
醴陵	to^{45}	t^ho^{44}	t^ho^{22}	t^hai^{22}		lo^{13}	lo^{13}	lo^{13}	tso^{31}	ts^ho^{44}	ko^{45}	ko^{44}	ko^{22}	k^ho^{31}	$ŋo^{13}$	$ŋo^{13}$
茶陵	to^{45}	t^ho^{45}	t^ho^{325}	$t^hæ^{325}$	t^ho^{213}	lo^{213}	lo^{213}	lo^{213}	tso^{42}	ts^ha^{33}	ko^{45}	ko^{45}	ko^{33}	k^ho^{42}	$ŋo^{213}$	$ŋo^{213}$
安仁	tu^{44}	t^hu^{44}	t^hu^{322}	$t^hæ^{322}$	tu^{24}	lu^{24}	lu^{24}	lu^{24}	tsu^{53}	ts^hu^{44}	ku^{44}	ku^{44}	ku^{322}	$k^hɔ^{53}$	u^{24}	u^{24}
耒阳	to^{45}	t^ho^{45}		$t^hæ^{213}$	t^ho^{213}	lo^{25}	lo^{25}	lo^{25}	tso^{53}	ts^ho^{45}	ko^{45}	ko^{45}	ko^{213}	k^ho^{53}	o^{25}	o^{25}
常宁	to^{45}	t^ho^{45}	t^ho^{21}	ta^{24}	ta^{24}	lo^{21}	lo^{21}	lo^{21}	tso^{44}	ts^ho^{45}	ko^{45}	ko^{45}	ko^{24}	k^ho^{44}	$ŋo^{21}$	$ŋo^{21}$
永兴	to^{45}	t^ho^{45}	to^{13}	ta^{13}	to^{325}	lo^{325}	lo^{325}	lo^{325}	tso^{42}	t^ho^{45}	ko^{45}	ko^{45}	ko^{13}	k^ho^{42}	o^{325}	o^{325}
资兴	$tɯ^{44}$	t^hu^{44}		ta^{35}	$tɯ^{22}$	$lɯ^{22}$	$lɯ^{22}$	$lɯ^{22}$	$tsɯ^{31}$	ts^ho^{13}	$kɯ^{44}$	$ko^{44}/kɯ^{44}$~人	$kɯ^{35}$	k^ho^{31}	$ŋuɯ^{22}$	$ŋuɯ^{22}$
隆回	to^{44}	ho^{44}		xai^{45}	ho^{13}	lo^{13}	lo^{13}	lo^{13}	tso^{212}/tso^{45}~手	ts^ho^{44}	ko^{44}	ko^{44}	ko^{45}/ko^{45}	k^ho^{212}	o^{13}	o^{13}
洞口	to^{53}	ho^{53}	t^ho^{45}	xai^{53}/ta^{45}	ho^{24}	lo^{24}	lo^{24}	lo^{24}	tso^{213}	ts^ha^{53}/ts^ho^{53}	ko^{53}	ko^{53}	ko^{45}	k^ho^{213}	o^{24}	o^{24}
绥宁	to^{33}	t^ho^{33}		t^hai^{44}	t^ho^{45}	lo^{45}	lo^{45}	lo^{45}	tso^{13}/tso^{45}~手	ts^hA^{33}	ko^{33}	ko^{33}	ko^{42}	k^ho^{13}	$ŋo^{45}$	$ŋo^{45}$

	俄 果开平歌疑	我 果开上哿疑	饿 果开去箇疑	河 果开平歌匣	何 果开平歌匣	荷~龙 果开平歌匣	贺 果开去箇匣	茄~子 果开三平戈群	波 果合平戈帮	菠~菜 果合平戈帮	跛~足 果合上果帮	簸~一 上果帮	坡 果合平戈滂	玻~项 果合平戈滂	破 果合去过滂	婆 果合平戈并
华容	ŋo^{12}	ŋo^{21}	ŋo^{33}	xo^{12}	xo^{12}	xo^{12}	xo^{33}	tɕʰia^{12}	po^{45}	po^{45}	po^{21}	po^{213}	pʰo^{45}	po^{45}	pʰo^{213}	pʰo^{12}
岳阳楼	ŋo^{13}	ŋo^{31}	ŋo^{22}	xo^{13}	xo^{13}	xo^{13}	xo^{22}	tɕʰia^{13}/tɕʰie^{13}	po^{34}	po^{34}	po^{31}	po^{324}	pʰo^{34}	po^{34}	pʰo^{324}	pʰo^{13}
临湘	ŋo^{13}	ŋo^{42}	ŋo^{21}	xo^{13}	xo^{13}	xo^{13}	xo^{21}	dʑʰia^{13}	po^{33}	po^{33}	po^{42}	po^{325}	bʰo^{33}	po^{33}	bʰo^{325}	bʰo^{13}
岳阳县	ŋo^{13}	ŋo^{42}	ŋo^{21}	xo^{13}	o^{13}/xo^{13}	xo^{13}	xo^{21}	cia^{13}	po^{33}	po^{33}	pæ^{33}	po^{45}	pʰo^{33}	pʰo^{33}	pʰo^{45}	po^{13}
平江	ŋo^{13}	ŋo^{21}	ŋo^{22}	xo^{13}	xo^{13}	xo^{13}	xo^{22}	tʂʰo^{13}	po^{44}	po^{44}	po^{324}	po^{45}	pʰo^{44}	pʰo^{44}	pʰo^{45}	po^{45}/pʰo^{13}
浏阳	ŋo^{45}	ŋo^{21}	ŋo^{21}	xo^{45}	xo^{45}	xo^{45}	xo^{21}	tʂʰo^{45}	po^{44}	po^{44}	pai^{44}	pu^{42}	pʰu^{44}/pʰo^{44}		pʰo^{42}	pʰo^{45}
醴陵	ŋo^{13}	ŋo^{22}	lo^{22}/ŋo^{22}	xo^{13}	xo^{13}	xo^{13}	xo^{22}	kʰya^{13}	po^{44}	po^{44}	pai^{44}	po^{22}	pʰo^{44}	po^{44}	pʰo^{22}	pʰo^{13}
茶陵	ŋo^{213}	ŋo^{45}	ŋo^{325}	xo^{213}	xo^{213}	xo^{213}	xo^{325}	tɕʰio^{213}/tɕʰye^{213}	po^{45}	po^{45}	pæ^{45}	po^{45}	pʰo^{45}	po^{45}	pʰo^{33}	pʰo^{213}
安仁	u^{24}	ŋɔ^{322}	u^{322}	xu^{24}	u^{24}/xu^{24}		xu^{322}	tʃɿa^{24}	pu^{44}	pu^{44}	pe^{44}	pu^{322}	pu^{44}	pu^{44}	pʰu^{322}	pu^{24}
耒阳	o^{25}	ŋɔ^{53}	o^{213}	xo^{25}	xo^{25}	xo^{25}	xo^{213}	tʰa^{25}	po^{45}		pæ^{45}	po^{213}	pʰo^{45}	po^{45}	pʰo^{213}	pʰo^{25}
常宁	ŋo^{21}	ŋo^{44}	ŋo^{24}	xo^{21}	xo^{21}	xo^{21}	xo^{24}	tʰa^{21}	po^{45}	po^{45}	pe^{45}	po^{24}	pʰo^{45}	po^{45}	pʰo^{24}	pʰo^{21}
永兴	ɜ^{22}	ŋ̩^{45}	o^{13}	xo^{325}	xo^{325}	xo^{325}	xo^{13}	tɕʰia^{22}	po^{45}	po^{45}	pa^{45}	po^{13}	pʰo^{44}	po^{44}	pʰo^{13}	po^{325}
资兴	ŋu^{22}	ŋu^{44}	ŋu^{35}	xu^{22}	xu^{12}	xu^{12}	xo^{35}	tɕʰio^{22} 一子/tɕʰia^{22} 番	po^{44}	pu^{44}	pa^{44}	pu^{35}	pʰo^{44}	po^{44}	pʰo^{35}	pu^{22}
隆回	o^{13}	o^{212}	o^{45}	xo^{13}	xo^{13}	xo^{13}	xo^{45}	tʃʰia^{13}	po^{44}	po^{44}	pai^{44}	po^{45}		po^{44}	pʰo^{45}	pʰo^{13}
洞口	o^{24}	o^{213}	o^{53}	xo^{24}	xo^{24}	xo^{24}	xo^{53}	tʃʰia^{24}	po^{53}	po^{53}			ho^{53}	po^{53}	ho^{45}	ho^{24}
绥宁	ŋo^{45}	ŋo^{22}	ŋo^{44}	xo^{45}	xo^{45}	o^{324}/xo^{45}	xo^{44}	tʃʰA^{45}	pʰo^{33}	pʰo^{33}	pai^{33}	pu^{12}	pʰo^{33}	po^{33}	pʰo^{42}	pu^{324}/pʰu^{45}/pʰo^{45}

	魔	磨~刀	磨~石	朵	躲	剁	妥	糯~米	骡	螺~蛳	脶手指纹	锉	坐	座	蓑	梭缫丝~
	果合一	果合一	果合一	果合一	果合一	果合一	果合一	果合一	果合一	果合一	果合一	果合一	果合一	果合一	果合一	果合一
	平戈明	平戈明	去过明	上果端	上果端	去过端	上果透	去过泥	平戈来	平戈来	平戈来	去过清	上果从	去过从	平戈心	平戈心
华容	mo^{12}	mo^{12}	mo^{33}	to^{21}	to^{21}	to^{213}	ho^{21}	lo^{33}	lo^{12}	lo^{12}	lo^{12}	tsʰo^{213}	tsʰo^{33}	tsʰo^{33}	so^{45}	so^{45}
岳阳楼	mo^{13}	mo^{13}	mo^{22}	to^{31}	to^{31}	to^{324}	tʰo^{31}	lo^{22}	lo^{13}	lo^{13}	lo^{13}	tsʰo^{324}	tsʰo^{22}	tsʰo^{22}	so^{34}	so^{34}
临湘	mo^{13}	mo^{13}	mo^{21}	to^{42}	to^{42}	to^{325}	dʰo^{42}	lo^{21}	lo^{13}	lo^{13}	lo^{13}	dʰo^{325}	dʰo^{21}	dʰo^{21}	so^{33}	so^{33}
岳阳县	mo^{13}	mo^{13}	mo^{21}	to^{42}	to^{42}	to^{45}	tʰo^{42}	lo^{21}	lo^{13}	lo^{13}	lo^{13}	tsʰo^{45}	tso^{21}	tso^{21}	so^{33}	so^{33}
平江	mo^{13}	mo^{13}	mo^{22}	to^{324}	to^{324}	to^{45}	tʰo^{324}	lo^{22}	lo^{13}	lo^{13}	lo^{13}	tsʰo^{45}	tsʰo^{21}	tsʰo^{22}	so^{44}	so^{44}
浏阳	mo^{45}	mo^{45}	mo^{21}	tau^{324}	to^{324}	to^{42}	tʰo^{324}	lo^{21}		lau^{45}	lou^{45}		tsʰo^{22}	tsʰo^{21}	so^{44}	so^{44}
醴陵	mo^{13}	mo^{13}	mo^{21}	to^{31}	to^{31}	to^{22}	tʰo^{31}	lo^{22}	lo^{13}	lo^{13}	lo^{13}	tsʰo^{33}	tsʰo^{45}	tsʰo^{22}	so^{44}	so^{44}
茶陵	mo^{213}	mo^{213}	mo^{213}	to^{42}	to^{42}	to^{33}	tʰo^{42}	lo^{325}	lo^{213}	lo^{213}	lo^{213}			tsʰo^{325}	so^{45}	so^{45}
安仁	mu^{24}	mu^{24}	mu^{322}	tu^{53}	tu^{53}	to^{322}	tʰu^{53}	lu^{322}	lu^{24}	hu^{24}	hu^{24}		tsʰu^{44}/tsʰæ^{322}审词	tsʰu^{322}	su^{44}	su^{44}
耒阳	mo^{25}	mo^{25}	mo^{213}	to^{53}	to^{53}	to^{213}	tʰo^{53}	lo^{213}	lo^{25}	lo^{25}	lo^{25}	tsʰo^{213}	tsʰo^{53}	tsʰo^{213}	so^{45}	so^{45}
常宁	mo^{21}	mo^{21}	mo^{24}	to^{44}	to^{44}	to^{24}	tʰo^{44}	lo^{24}	lo^{21}	lo^{21}	lo^{21}	tsʰo^{24}	tsʰo^{24}	tsʰo^{24}	so^{45}	so^{45}
永兴	mo^{22}	mo^{325}	mo^{13}	to^{42}	to^{42}	to^{13}	tʰo^{42}	lo^{13}	lo^{325}	lo^{325}	lo^{325}	tsʰo^{13}	tsʰo^{42}	tso^{13}	so^{45}	so^{45}
资兴	mo^{22}	mu^{22}	mu^{35}	tu^{31}	tu^{31}	tu^{35}	tʰo^{31}	lu^{35}	lu^{22}	lu^{22}	lu^{22}	tsʰu^{44}	tsʰu^{44}/tso^{44}	tsʰo^{35}	su^{44}	su^{44}
隆回	mo^{13}	mo^{13}	mo^{45}	to^{212}	to^{212}	to^{45}	ho^{212}	lo^{45}	lo^{13}	lo^{13}	lo^{13}	tsʰo^{45}	tsʰo^{212}	tsʰo^{45}	so^{44}	so^{44}
洞口	mo^{24}	mo^{24}	mo^{53}	to^{213}	to^{213}	to^{45}	ho^{213}	lo^{53}	lo^{24}	lo^{24}	lo^{24}	tsʰo^{45}	tsʰo^{213}/tsʰo^{45}	tsʰo^{45}	so^{53}	so^{53}
绥宁	mo^{324}	mo^{45}	mo^{44}	to^{324}	to^{13}	to^{42}	tʰo^{33}	lɑŋ^{44}	lo^{45}	lo^{45}	lo^{45}	tsʰo^{42}	tsʰo^{22}	tsʰo^{44}	so^{33}	so^{33}

	锁	锅	果	裹	过	科	窠	课	火	伙	货	和~气	禾	祸	窝	靴
	果合一上果心	果合一平果见	果合一上果见	果合一上果见	果合一去过见	果合一平戈溪	果合一平戈溪	果合一去过溪	果合一上果晓	果合一上果晓	果合一去过晓	果合一平戈匣	果合一平戈匣	果合一上果匣	果合一平戈影	果合三平戈晓
华容	so^{21}	ko^{45}	ko^{21}	ko^{21}	ko^{213}	k^ho^{45}	k^ho^{45}	k^ho^{213}	xo^{21}	xo^{21}	xo^{213}	xo^{12}	$ŋo^{12}/xo^{12}$	xo^{33}	$ŋo^{45}$	$ɕyɵ^{45}$
岳阳楼	so^{31}	ko^{34}	ko^{31}	ko^{31}	ko^{324}	k^ho^{34}		k^ho^{324}	xo^{31}	xo^{31}	xo^{324}	xo^{13}	$ŋo^{13}/xo^{13}$	xo^{22}	$ŋo^{34}$	
临湘	so^{42}	ko^{33}	ko^{42}	ko^{42}	ko^{325}	g^ho^{33}	g^ho^{33}	g^ho^{325}	xo^{42}	xo^{42}	xo^{325}	o^{13}/xo^{13}	o^{13}	xo^{21}	uo^{33}	$ɕia^{33}$
岳阳县	so^{42}	ko^{33}	ko^{42}	ko^{42}	ku^{45}~剩$/ko^{45}$	k^ho^{33}	k^ho^{33}	k^ho^{45}	xo^{42}	xo^{42}	xo^{45}	xo^{13}	o^{13}	xo^{21}	o^{33}	$fæ^{33}$
平江	so^{324}	$kuɵ^{44}$	kuo^{324}	kuo^{324}	$kuɵ^{45}$	$k^huɵ^{44}$	$k^huɵ^{44}$	$k^huɵ^{45}$	$fɵ^{324}$	$fɵ^{324}$	$fɵ^{45}$	$fɵ^{13}$	$uɵ^{13}$	fo^{22}	$uɵ^{44}$	$xiɑ^{44}$
浏阳	so^{324}		ko^{324}	ko^{324}	ku^{42}/ko^{42}	k^ho^{44}	k^ho^{45}	k^ho^{42}	xo^{42}	xo^{42}	xo^{42}	xo^{45}	u^{45}	xo^{21}		$ʂya^{44}$
醴陵	so^{31}		kuo^{31}	kuo^{31}	ku^{22}碉调$/kuo^{22}$	k^ho^{45}	k^ho^{45}	k^ho^{31}	fo^{31}	fo^{31}	fo^{22}	fo^{13}	uo^{13}	fo^{22}		xya^{44}
茶陵	so^{42}	uo^{33}	ko^{42}	ko^{42}	ko^{33}	k^ho^{45}	xu^{44}	k^ho^{33}	xo^{42}	xo^{42}	xo^{33}	xo^{213}	uo^{213}	xo^{325}	uo^{45}	$ɕya^{45}$
安仁	su^{53}		ku^{53}	ku^{53}	ku^{322}	k^hu^{44}	k^hu^{44}	k^hu^{322}	xu^{53}	xu^{53}	xu^{322}	xu^{24}	u^{24}	xu^{322}	u^{44}	
耒阳	so^{53}	o^{45}	ko^{53}	ko^{53}	ko^{213}	k^ho^{45}	k^ho^{45}	k^ho^{213}	xo^{53}	xo^{53}	xo^{213}	xo^{25}	o^{25}	xo^{213}	o^{45}	$ɕyɛ^{45}$
常宁	so^{44}	o^{45}	ko^{44}	ko^{44}	ko^{24}	k^ho^{45}	xo^{45}	k^ho^{24}	xo^{44}	xo^{44}	xo^{24}	xo^{21}	o^{21}	xo^{24}	o^{45}	$ɕya^{45}$
永兴	so^{42}		$kɔ^{42}$	$kɔ^{42}$	ko^{13}	$k^hɔ^{44}$	$xuɯ^{44}$	$k^hɔ^{13}$	xo^{42}	xo^{42}	xo^{13}	xo^{325}	o^{325}	xo^{13}	o^{45}	
资兴	$suɯ^{31}$		ko^{31}	$kɔ^{31}$	ku^{35}	k^ho^{44}	k^ho^{44}	k^ho^{35}	$xuɯ^{31}$	$xuɯ^{31}$	$k^huɯ^{35}$	$xuɯ^{22}$	$uɯ^{22}$	xo^{35}	$xuɯ^{44}$	
隆回	so^{212}	ko^{44}	ko^{212}	ko^{212}	ko^{45}	k^ho^{44}	k^ho^{44}	k^ho^{45}	xo^{212}	xo^{212}	xo^{45}	xo^{13}	o^{13}	xo^{45}		$ʃɑ^{44}$
洞口	so^{213}	ko^{53}	ko^{213}	ko^{213}	ku^{45}/ko^{45}	k^ho^{53}	k^ho^{53}	k^ho^{45}	xo^{213}	xo^{213}	xo^{45}		o^{24}	xo^{45}	o^{53}	
绥宁	so^{13}	ko^{33}	ko^{13}	ko^{13}	ku^{42}/ko^{42}	k^ho^{33}	k^ho^{33}	k^ho^{42}	xo^{13}	xo^{13}	xo^{42}	xo^{45}	u^{45}	xo^{22}		$ʃɥɛ^{33}$

地点	巴	疤	把~	霸	把柄	坝塘	怕	帕	爬	耙犁~	麻	马	码~子	骂	拿	茶
	假开二 平麻帮	假开二 平麻帮	假开二 上马帮	假开二 去祃帮	假开二 去祃帮	假开二 去祃帮	假开二 去祃滂	假开二 去祃滂	假开二 平麻並	假开二 去祃並	假开二 平麻明	假开二 上马明	假开二 上马明	假开二 去祃明	假开二 平麻泥	假开二 平麻澄
华容	pa⁴⁵	pa⁴⁵	pa²¹	pa²¹³	pa²¹³	pa²¹³	pʰa²¹³	pʰe⁴³⁵	pʰa¹²	pʰa¹²	ma¹²	ma²¹	ma²¹	ma³³	la¹²	tsʰa¹²
岳阳楼	pa³⁴	pa³⁴	pa³¹	pa³²⁴	pa³¹	pa³²⁴	pʰa³²⁴	pʰa³²⁴	pʰa¹³	pʰa²²	ma¹³	ma³¹	ma³¹	ma²²	la¹³	tsʰa¹³
临湘	pa³³	pa³³	pa⁴²	pa³²⁵	pa⁴²	pa³²⁵	bʰa³²⁵	bʰa³²⁵	bʰa¹³	bʰa¹³	ma¹³	ma⁴²	ma⁴²	ma²¹	la³²⁵	dʑʰa¹³
岳阳县	pa³³	pa³³		pa⁴⁵	pa⁴²	pa⁴⁵	pʰa⁴⁵	pʰa⁴⁵	pa¹³	pa¹³	ma¹³	ma⁴²	ma⁴²	ma²¹	la¹³	tsa¹³
平江	po⁴⁴	po⁴⁴	po⁴²	po⁴⁵	po⁴⁵	po⁴⁵	pʰo⁴⁵	pʰo⁴⁴	pʰo¹³	pʰo²²	mɔ¹³	mɔ²¹	mɔ²¹	mɔ²²	laʔ⁴	tsʰɑ¹³
浏阳	pua⁴⁴	pua⁴⁴	pua³²⁴	pua⁴²	pua⁴²	pua⁴²	pʰua⁴²	pʰua⁴²	pʰua⁴⁵	pʰua¹³	mua¹³	mua³²⁴	mua³²⁴	mua²¹	la⁴⁴	tsʰua⁴⁵
醴陵	pa⁴⁴	pa⁴⁵	pa³¹	pa²²	pa³³		pʰa²²	pʰa⁴³⁵	la¹³/pʰa¹³	pʰa¹³	ma¹³	ma³¹	ma³¹	ma²²	la⁴⁴	tsʰa¹³
茶陵	pa⁴⁵	pa⁴⁴		pa³³	pa³³	pa³³	pʰa³³	pʰa³³	pʰa²¹³	pʰa²¹³	ma²¹³	ma⁴⁵	ma⁴²	ma³³	la²¹³	tsʰa²¹³
安仁	pa⁴⁴	pa⁴⁵		pa²¹³	pa⁵³	pa³²²	pʰa³²²	pʰa³²²	la²⁴/pʰa²⁴	pɑ²⁴	mɑ²⁴	mɑ⁵³	mɑ⁵³	mɑ³²²	la⁴⁴	tsɑ²⁴
耒阳	pa⁴⁵	pa⁴⁵	pa⁴⁴	pa²⁴	pa⁴⁴	pa²¹³	pʰa²¹³	pʰa²¹³	la²⁵/pʰa²⁵	pʰa²⁵	ma²⁵	ma⁵³	ma⁵³	ma²¹³	la²⁵	tsʰa²⁵
常宁	pa⁴⁵	pa⁴⁵		pa²⁴	pa⁴⁴	pa²⁴	pʰa²⁴	pʰa²⁴	la²¹/pʰa²¹	pʰa²¹	ma²¹	ma⁴⁴	ma⁴⁴	ma²⁴	le⁴⁵	tsʰa²¹
永兴	pɔ⁴⁵	pɔ⁴⁵	pɔ⁴²	pɔ¹³	pɔ¹³	pɔ¹³	pʰɔ¹³	pʰɔ⁴⁵	lɔ³²⁵/pʰɔ³²⁵	po³²⁵	mɔ³²⁵子/mɔ²²一颗	mo⁴²	mo⁴²	mo¹³	la⁴⁵	tsʰɔ³²⁵
资兴	pa⁴⁴	po⁴⁴	pɔ²¹²	pɔ³⁵	pɔ³⁵	pɔ³⁵	pʰa³⁵	pʰa⁴⁴	po²²	po²²	mo²²子/ma²²一颗	mo³¹	mo³¹	mo³⁵	lo⁴⁴	tsʰo²²
隆回	pa⁴⁴	pa⁴⁴		pa⁴⁵		pa⁴⁵	pʰa⁴⁵	pʰa³²⁵	la¹³/pʰa¹³	pʰɑ¹³	mɑ¹³	mɑ²¹²	mɑ²¹²	mɑ⁴⁵	la¹³	tsʰa¹³
洞口	pa⁵³	pa⁵³		pa⁴⁵		pa⁴⁵	pʰa⁴⁵	pʰa⁴⁵	la²⁴/pʰa²⁴	pʰa²⁴	ma²⁴	ma²¹³	ma²¹³	ma⁵³	la²¹³	tsʰa²⁴
绥宁	pʌ³³	pʌ³³		pʌ⁴²	pʌ¹³	pʌ⁴²	pʰʌ⁴²	pʰʌ⁴²	lʌ⁴⁵/pʰʌ⁴⁵	pʰʌ⁴⁵	mʌ³²⁴/mʌ⁴⁵	mʌ²²	mʌ²²	mʌ⁴²	lʌ¹³	tsʰʌ⁴⁵

	搽	渣	榨~油	炸~弹	叉	杈挨~	差~别	岔三~路	查调~	沙	纱	洒	家	加	痂	嘉
	假开二平麻澄	假开二平麻庄	假开二去祃庄	假开二去祃庄	假开二平麻初	假开二平麻初	假开二平麻初	假开二去祃初	假开二平麻崇	假开二平麻生	假开二平麻生	假开二上马生	假开二平麻见	假开二平麻见	假开二平麻见	假开二平麻见
华容	tsʰa¹²	tsa⁴⁵	tsa²¹³	tsa²¹³	tsʰa⁴⁵	tsʰa⁴⁵	tsʰa⁴⁵	tsʰa²¹³	tsʰa¹²	sa⁴⁵	sa⁴⁵	cya²¹	ka⁴⁵/tɕia⁴⁵	ka⁴⁵/tɕia⁴⁵	ka⁴⁵/tɕia⁴⁵	ka⁴⁵/tɕia⁴⁵
岳阳楼	tsʰa¹³	tsa³⁴	tsa³²⁴	tsa³²⁴	tsʰa³⁴	tsʰa³⁴	tsʰa³⁴	tsʰa³²⁴	tsʰa¹³	sa³⁴	sa³⁴	sa³¹	tɕia³⁴	tɕia³⁴	tɕʰia¹³/tɕia³⁴	tɕia³⁴
临湘	ʥʰa¹³	tsa³³	tsa³²⁵	tsa³²⁵	tsʰa³³	tsʰa³³	tsʰa³³	tsʰa³²⁵	ʥʰa¹³	sa³³	sa³³	sæ⁴²	ka³³	ka³³	ʥʰia¹³	tɕia³³
岳阳县	ʥa¹³	tsa³³	tsa⁴⁵	tsa⁴⁵	tsʰa³³	tsʰa⁴⁵	tsʰa³³	tsʰa⁴⁵	tsa¹³	sa³³	sa³³	sæ⁴²	ka³³/cia³³	cia³³	ka³³	cia³³
平江	tsʰɑ¹³	tsɔ⁴⁴	tsa⁴⁵	tsa⁴⁵	tsʰa⁴⁴	ŋa⁴⁴	tsʰɔ⁴⁴	tsʰa⁴⁵	tsʰa¹³	sua⁴⁴	sua⁴⁴	sai³²⁴	kua⁴⁴	kia⁴⁴	kaʔ²⁴	kia⁴⁴
浏阳	tsʰua⁴⁵	tsua⁴⁴	tsua⁴²	tsua⁴²	tsʰua⁴⁴	tsʰua⁴⁴	tsʰua⁴⁴	tsʰua⁴⁴	tsʰua⁴⁵	sua⁴⁴	sua⁴⁴	sa³²⁴	kua⁴⁴	kia⁴⁴	ka⁴⁴	kia⁴⁴
醴陵	tsʰa¹³	tsa⁴⁴	tsa²²	tsa²²	tsʰa⁴⁴	tsʰa⁴⁴	tsʰa⁴⁴	tsʰa²²	tsʰa¹³	sa⁴⁴	sa⁴⁴	sai³¹	ka⁴⁴	kia⁴⁴	ka⁴⁴	kia⁴⁴
茶陵	tsʰɑ²¹³	tsa⁴⁵	tsa³³	tsa³³	tsʰa⁴⁵	tsʰa⁴⁵	tsʰa⁴⁵			sa⁴⁵	sa⁴⁵	sa⁴²	ka⁴⁵	ka⁴⁵	ka⁴⁵	tɕia⁴⁵
安仁	tsɔ²⁴	tsɔ⁴⁴	tsɔ³²²	tsɔ³²²	tsʰɔ⁴⁴	tsʰɔ⁴⁴	tsʰa⁴⁵	tsʰɔ³²²	tsʰɔ²⁵	sɔ⁴⁴	sɔ⁴⁴	sæ⁵³	ka⁴⁴/tʃɑ⁴⁴	tɕia⁴⁵	ka⁴⁴	tɕia³¹
耒阳	tsʰa²⁵	tsa⁴⁵	tsa²¹³	tsa²¹³	tsʰa⁴⁵	tsʰa⁴⁵	tsʰa⁴⁵	tsʰa²⁴	tsʰa²¹	sa⁴⁵	sa⁴⁵	sa⁵³	ka⁴⁵/ʈa⁴⁵	ta⁴⁵	ka⁴⁵	tʃɑ⁴⁴
常宁	tsʰa²¹	tsa⁴⁵	tsa²⁴	tsa²⁴	tsʰa⁴⁵	tsʰa⁴⁵	tsʰa⁴⁵			so⁴⁴	so⁴⁴	sa⁴⁴	ka⁴⁵/ʈa⁴⁵	ta⁴⁵	ka⁴⁵	ta⁴⁵
永兴	tsʰɔ³²⁵	tsɔ⁴⁵	tsɔ¹³	tsɔ¹³	tsʰɔ⁴⁵	tsʰɔ⁴⁵	tsʰɔ⁴⁵	tsʰɔ⁴⁵	tsʰɔ³²⁵	sɔ⁴⁵	sɔ⁴⁵	sa⁴²	kɔ⁴⁵(后生~)/tɕia⁴⁵	tɕia⁴⁵	kɔ⁴⁵	ta⁴⁵
资兴	tsʰo²²	tsɔ⁴⁴	tsɔ³⁵	tsɔ³⁵	tsʰo⁴⁴	tsʰo⁴⁴	tsʰa⁴⁴		tsʰo²²/tsʰa²²	sa⁴⁴	sa⁴⁴	so³¹	kɔ⁴⁴(后生~)/ka⁴⁴	tɕia⁴⁴	ko⁴⁴	tɕia⁴⁵
隆回	tsʰa¹³	tsɔ⁴⁴	tsɔ⁴⁵	tsɔ⁴⁵	tsʰa⁴⁴	tsʰa⁵³	tsʰa⁵³	tsʰa⁴⁵	tsʰa¹³	sa⁵³	sa⁵³	sa²¹²	ka⁵³/tʃɑ⁵³	tʃɑ⁴⁴	kiɛ⁴⁴/tʃɑ⁴⁴	tʃɑ⁴⁴
洞口	tsʰa²⁴	tsa⁵³	tsa⁴⁵	tsa⁴⁵	tsʰa⁵³	tsʰa⁵³	tsʰa⁵³	tsʰa⁴⁵	tsʰa²⁴	sa⁵³	sa⁵³		ka⁵³/tʃɑ⁵³	tʃɑ⁴⁴	ka⁵³	tʃɑ⁴⁴
绥宁	tsʰʌ⁴⁵	tsʌ³³	tsʌ⁴²	tsʌ⁴²	tsʰʌ³³	tsʰʌ³³	tsʰʌ³³	tsʰʌ⁴²	tsʰʌ⁴⁵	sʌ³³	sʌ³³	sʌ¹³	kʌ³³/tʃʌ³³	tʃʌ³³	kʌ³³	tʃʌ³³

	假	贾	架	嫁	价	牙	芽	伢(小孩子)	雅	砑	虾(虫)	吓(吓~唬)	霞	下(下~底)	夏	下(下~降)
	假开二上马见	假开二上马见	假开二去祃见	假开二去祃见	假开二去祃见	假开二平麻疑	假开二平麻疑	假开二平麻疑	假开二上马疑	假开二去祃疑	假开二平麻晓	假开二去祃晓	假开二平麻匣	假开二上马匣	假开二上马匣	假开二去祃匣
华容	tɕia²¹	tɕia²¹	tɕia²¹³	tɕia²¹³	tɕia²¹³	ŋa¹²/ia¹²	ŋa¹²/ia¹²	ŋa¹²	ia²¹	ŋa²¹³	xa⁴⁵	xa⁴³⁵	ɕia¹²	ɕia³³	ɕia³³	ɕia³³
岳阳楼	tɕia³¹	tɕia³¹	tɕia³²⁴	tɕia³²⁴	tɕia³²⁴	ŋa¹³/ia¹³	ia¹³	ŋa¹³/ia¹³	ia³¹	ŋa²²	ɕia³⁴	xa⁵	ɕia¹³	ɕia²²	ɕia²²	ɕia²²
临湘	tɕia⁴²	tɕia⁴²	tɕia³²⁵	ka³²⁵	tɕia³²⁵	ŋa¹³	ŋa¹³	ŋa¹³	ia⁴²	ŋa²¹	xa³³	xa⁵	ɕia¹³	xa²¹	xa²¹	xa²¹
岳阳县	ɕia⁴²	ɕia⁴²	ka⁴⁵/çia⁴⁵	ka⁴⁵	çia⁴⁵	ŋa¹³	ŋa¹³	ŋa¹³	ia⁴²	ŋa²¹	xa³³	xɑ⁵⁴	çia¹³	xa²¹	xa²¹	xa²¹
平江	ka³²⁴	kia³²⁴	ka⁴⁵/kia⁴⁵	ka⁴⁵/kia⁴⁵	kia⁴⁵	ŋa¹³	ŋa¹³	ŋa⁴⁵	ŋa²¹	ŋɔ²²	xa⁴⁴	xua⁴⁴	çia¹³	xa²¹		xia²²
浏阳	kia³²⁴	kia³²⁴	kua⁴²	kua⁴²	kia⁴²	ŋua⁴⁵	ŋua⁴⁵	ŋa¹³	ia³²⁴	ŋa²¹	xua⁴⁴	xa⁴³⁵	xia⁴⁵	xua²¹	xia²¹	xua²¹
醴陵	ka³¹	kia³¹	ka²²/kia²²	ka²²	ka²²	ŋa¹³	ŋa¹³	ŋa²¹³	ia³¹		xa⁴⁴	xɛ³³	xia¹³	xa²²	xia²²	xa²²
茶陵	ka⁴²	ka⁴²	ka³³	ka³³	ka³³	ŋa²¹³	ŋa²¹³	ŋa²⁴	ia⁴²	ŋɑ³²²	xa⁴⁵	xa⁴⁴	ɕia²¹³	xa⁴⁵	xa³²⁵	xa³³
安仁	tʃa⁵³		ka³²²	ka³²²	tʃa³²²	ŋa²⁴	ŋa²⁴	ŋa²⁵	iɔ⁵³	ŋa²¹³	xa⁴⁴	xa¹³	ʃa²⁴	xa³²²	ʃa³²²	xɑ³²²
耒阳	ka⁵³	ka⁵³	ka²¹³/ka²¹³	ka²¹³	ka²¹³	ŋa²⁵	ŋa²⁵	ŋa²¹	ia⁵³		xa⁴⁵/çia⁴⁵	xa³³	ɕia¹³	xa⁵³		xa⁵³/çia²¹³
常宁	ka⁴⁴	ka⁴⁴	ka²⁴/ka²⁴	ka²⁴/ka²⁴	ka²⁴	ŋa²¹/ia²¹	ŋa²¹/ia²¹	ŋa²¹	ia⁴⁴	ŋa²⁴	xa²⁴	xɛ²²	ɕia²¹	xa²⁴	ɕia²⁴	xa⁴⁴~⁵⁶/xa²⁴/çia²⁴
永兴	tɕia⁴²	tɕia⁴²	ko¹³	ko¹³	tɕia¹³	ɔ³²⁵	ɔ³²⁵	ɔ³²⁵	ia⁴²		xɔ⁴⁵	xo³⁵	ɕia²²	xɔ⁴²	ɕia¹³	xɔ⁴²/çia¹³
资兴	tɕia³¹	ko³⁵	ko³⁵	ko³⁵	ko³⁵	ŋo²²/ia²²	ŋo²²		ia³¹	ŋo³⁵	xo⁴⁴		xo²²/çia²²	xo⁴⁴	ɕia³⁵	xo⁴⁴/çia⁴⁴/çia³⁵
隆回	tʃa²¹²	tʃa²¹²	ka⁴⁵/tʃa⁴⁵	ka⁴⁵	tʃa⁴⁵	a¹³	a³²⁵/a¹³	a²⁴	iɑ²¹²	a⁴⁵	xa⁴⁴	xʌ³³	ʃa¹³	xɑ²¹²	ʃa⁴⁵	xɑ²¹²/ʃa⁴⁵
洞口	tʃa²¹³	tʃa²¹³	ka⁴⁵/tʃa⁴⁵	ka⁴⁵/tʃa⁴⁵	tʃa⁴⁵	a²⁴/ia²⁴	a²⁴		ia²¹³	ŋʌ⁴²	xa³³	a⁴⁵	ʃa²⁴	xa²¹³		xa²¹³
绥宁	tʃʌ¹³	tʃʌ¹³	kʌ⁴²/tʃʌ⁴²	kʌ⁴²/tʃʌ⁴²	tʃʌ⁴²	ŋʌ⁴⁵	ŋʌ³²⁴/iʌ⁴⁵	ŋʌ³²⁴	iʌ¹³	ŋʌ⁴⁵	xʌ⁴⁴	ŋʌ⁴²	ʃʌ⁴⁵	xʌ²²	ʃʌ⁴⁴	xʌ²²/ʃʌ⁴⁴

	鸦	桠~枒	哑	亚	姐	借	写	泻	卸	邪	斜	谢	爹	遮	蔗	车~马
（音韵地位）	假开二平麻影	假开二平麻影	假开二上马影	假开二去祃影	假开三上马精	假开三去祃精	假开三上马心	假开三去祃心	假开三去祃心	假开三平麻邪	假开三平麻邪	假开三去祃邪	假开三平麻知	假开三平麻章	假开三去祃章	假开三平麻昌
华容	ia^{45}	ŋa^{45}	ŋa^{21}	ia^{213}	tɕia^{21}	tɕia^{213}	ɕia^{21}	ɕie^{213}	ɕia^{213}	ɕia^{12}	ɕia^{12}	tɕʰia^{33}	tia^{45}/tie^{45}	tsa^{45}	tsa^{45}	tsʰa^{45}
岳阳楼	ia^{34}	ŋa^{34}	ŋa^{31}/ia^{31}	ia^{324}	tɕia^{31}/tɕie^{31}	tɕia^{324}/tɕie^{324}	ɕie^{31}	ɕie^{324}	ɕie^{324}	ɕie^{13}	ɕie^{13}	ɕie^{22}	tia^{34}	tse^{34}	tse^{324}	tsʰɛ^{34}
临湘	ia^{33}	ŋa^{33}	ŋa^{42}	ia^{325}	tɕia^{42}	tɕia^{325}	ɕia^{42}	ɕia^{325}	ɕia^{325}	ɕia^{13}	dʑʰia^{13}	dʑʰia^{21}	tia^{33}	tsa^{33}	tsa^{325}	dʑʰa^{33}/tsʰɔ^{33}
岳阳县	ia^{33}	ŋa^{33}	ŋa^{42}	ia^{45}	cia^{42}	cia^{45}	ɕia^{42}	ɕia^{45}/ɕi^{5}	ɕia^{45}	ɕia^{13}	cia^{13}	cia^{21}	tia^{33}	tsa^{33}	tsa^{45}	tsʰa^{33}/tsʰɔ^{33}
平江	ŋa^{44}	ŋa^{44}	ŋa^{324}	io^{45}	tsia^{45}	tsia^{45}	sia^{324}	sia^{45}	sia^{22}	tsʰia^{13}	tsʰia^{13}	tsʰia^{22}	tia^{44}	tsʐa^{44}	tsʐa^{45}	tsʐa^{33}/tsʐɔ^{33}
浏阳	ua^{44}老/ŋa^{44}新	ŋua^{44}	ŋua^{324}	ia^{42}	tsia^{324}	tsia^{42}	sia^{324}	sie^{44}		tsʰia^{45}	tsʰia^{45}	tsʰia^{21}	tia^{44}	tsʐua^{44}	tsʐua^{42}	tsʐua^{44}
醴陵	ŋa^{45}	ŋa^{44}	ŋa^{31}	ia^{22}	tsia^{31}	tsia^{22}	sia^{31}	sie^{45}	sia^{22}	sia^{13}	sia^{13}	sia^{22}		tsa^{44}	tsa^{22}	tsʰa^{44}
茶陵	ŋa^{44}	ŋa^{45}	ŋa^{42}	ŋa^{33}	tɕia^{42}	tɕia^{33}	ɕia^{42}	ɕie^{33}	ɕie^{33}	ɕie^{213}	ɕia^{213}	ɕie^{325}	tie^{45}	tsa^{45}	tse^{33}	tsʰa^{45}
安仁	ŋo^{44}	ŋa^{44}	ŋa^{53}	ŋa^{322}	tɕio^{31}/tɕie^{31}	tɕio^{35}	ɕio^{35}	sia^{322}	sia^{213}	tɕʰia^{25}/cia^{25}	tsʰia^{24}	tɕʰio^{13}/cie^{13}	tia^{44}	tɕa^{44}	tso^{13}	tɕʰa^{44}
耒阳	ua^{44}	ŋa^{45}	ŋa^{53}	ia^{213}	tɕia^{42}枝/tɕiɔ^{42}夫	tɕia^{213}	ɕio^{31}	ɕie^{13}	ɕie^{213}	tɕʰia^{25}/tɕʰie^{21}	tɕʰia^{21}/tɕʰie^{21}	tɕʰio^{35}	tie^{45}	ȶa^{45}/ȵa^{45}	ȵa^{24}	ȶʰa^{45}/ȵʰe^{45}
常宁	ia^{45}	ŋa^{45}	ŋa^{44}/ia^{44}	ia^{24}	tɕia^{44}/tɕie^{44}	tɕia^{24}/tɕie^{24}	ɕia^{44}/ɕie^{44}	ɕia^{24}/ɕie^{24}	ɕia^{24}/ɕie^{24}	tɕʰia^{21}	tɕʰia^{24}/tɕʰie^{24}	tɕʰia^{24}/tɕʰie^{24}		ȶa^{45}/ȵe^{45}	ȵa^{24}	ȶʰa^{45}/ȵʰe^{45}
永兴	ua^{45}	ɔ^{45}	ɔ^{42}	ia^{13}	tɕio^{31}/tɕie^{31}	tɕio^{13}	ɕio^{31}	ɕiɔ^{35}	ɕie^{13}	cia^{22}	tɕʰio^{13}/cie^{13}	tɕʰio^{13}/cie^{13}		ta^{45}	tso^{13}	tsʰɔ^{45}风/tsʰe^{45}光
资兴	ŋo^{44}	o^{44}	o^{31}	ia^{35}	tsiɔ^{212}	tsio^{35}	ɕio^{31}	ɕiɔ^{35}	se^{45}	tɕʰia^{22}/cie^{22}	tɕʰio^{22}	tsʰio^{35}	tie^{44}	tse^{31}	tse^{24}	tʃʰo^{44}
隆回	ua^{44}	a^{44}	a^{212}	io^{45}	tsi^{45}	tsio^{45}	sia^{212}	siɔ^{45}	sie^{45}	tsʰia^{13}/tsʰe^{13}	tsʰia^{13}	tsʰio^{45}	tia^{44}/ti^{44}	tʃa^{44}	tʃa^{325}	tʃʰa^{44}
洞口	ua^{53}	a^{44}	a^{213}	ia^{45}	tsiA^{324}	tsia^{45}	sia^{213}	sia^{45}/sie^{45}		tsʰia^{24}	tsʰia^{24}	tsʰia^{53}	tia^{53}	tʃa^{53}	tʃa^{53}	tʃʰa^{53}
绥宁	A^{33}	A^{44}	A^{13}	iA^{324}	tsiA^{324}	tsiA^{42}	siA^{13}	siA^{42}		tsʰiA^{45}	tsʰiA^{45}	tsʰiA^{44}	tiA^{33}	tʃA^{33}	tʃA^{42}	tʃʰA^{33}/tʃʰe^{44}

方言点	扯	蛇	射	赊	舍~嗇	社	惹	爷	野	夜	耍	瓜	寡	剐	夸	垮
	假开三上马昌	假开三平麻船	假开三去祃船	假开三平麻书	假开三上马书	假开三上马禅	假开三上马日	假开三平麻以	假开三上马以	假开三去祃以	假开三上马生	假合二平麻见	假合二上马见	假合二上马见	假合二平麻溪	假合二上马溪
华容	tsʰa^{21}	sa^{12}	sa^{33}	sa^{45}	sa^{21}	sɛ^{33}	za^{21}	ia^{12}	ia^{21}	ia^{33}	ɕya^{21}	kua^{45}	kua^{21}	kua^{21}	kʰua^{45}	kʰua^{21}
岳阳楼	tsʰɛ^{31}	sɛ^{13}	sɛ^{21}	sɛ^{34}	sɛ^{31}	sɛ^{22}	zʮ^{53}	ia^{13}/iɛ^{13}	ia^{31}	ia^{33}	ɕya^{31}	kua^{34}	kua^{31}	kua^{31}	kʰua^{34}	kʰua^{31}
临湘	dʑʰa^{42}	sa^{13}	sa^{21}	sa^{33}	sa^{42}	sa^{21}	ia^{42}	ia^{13}	ia^{42}	ia^{21}	sa^{42}	kua^{33}	kua^{42}	ɡʰua^{42}	ɡʰua^{33}	ɡʰua^{42}
岳阳县	tsʰa^{42}	sa^{13}	sa^{21}	sa^{33}	sa^{42}	so^{21}	ia^{42}	ia^{13}/iɛ^{13}(差;干、租父)	ia^{42}	ia^{21}	sa^{42}	kua^{33}	kua^{42}	kua^{42}	kʰua^{42}	kʰua^{42}
平江	tʂʰa^{324}	sʮ^{13}	sʮ^{22}	sʮ^{44}	sʮ^{324}	sʮ^{21}	iɔ^{21}	iɔ^{13}	iɔ^{21}	iɔ^{22}	sɔ^{324}	kua^{44}	kua^{324}	kua^{324}	kʰua^{44}	kʰua^{324}
浏阳	tʂʰua^{324}	sua^{45}	sua^{21}	sua^{44}	sua^{324}	sua^{21}	zua^{324}	ia^{45}	ia^{324}	ia^{21}	sua^{324}	kua^{44}	kua^{324}		kʰua^{44}	kʰua^{324}
醴陵	tsʰa^{31}	sʮ^{13}	sʮ^{22}	sʮ^{44}	sʮ^{31}	sʮ^{22}	ȵia^{31}	ia^{13}	ia^{31}	ia^{22}	sa^{42}	kua^{44}	kua^{31}	kua^{31}	kʰua^{44}	kʰua^{31}
茶陵	tsʰa^{42}	sa^{213}	sa^{325}	sa^{45}	sɛ^{42}	sɛ^{325}	la^{45}	ie^{213}	ia^{45}~物/ie^{42}~外	ia^{325}	sa^{42}	kua^{45}	kua^{42}	kua^{42}	kʰua^{45}	kʰua^{42}
安仁	tʃʰa^{53}	ʃa^{24}	ʃa^{322}	ʃa^{44}	ʃa^{53}	ʃa^{322}/ɕie^{322}	iɔ^{53}	iɔ^{24}	iɔ^{322}	iɔ^{322}	sua^{53}	kua^{44}	kua^{53}	kua^{53}	kʰua^{44}	kʰua^{53}
耒阳	tʃʰa^{53}	ɕia^{25}	ɕia^{213}	ɕia^{45}	ɕia^{53}	ɕia^{53}	ia^{53}	ia^{25}	ia^{53}	ia^{213}	sua^{53}	kua^{45}	kua^{53}	kua^{53}	kʰua^{45}	kʰua^{53}
常宁	tʃʰa^{44}/tʃʰe^{44}	ɕia^{21}/ɕie^{21}	ɕia^{24}/ɕie^{24}	ɕia^{45}	ɕia^{44}/ɕie^{44}	ɕia^{24}/ɕie^{24}	ȵia^{44}/ȵie^{44}	ia^{21}/iɛ^{21}	ia^{44}/ie^{44}	ia^{24}/ie^{24}	sua^{44}	kua^{45}	kua^{44}	kua^{44}	kʰua^{45}	kʰua^{44}
永兴	tsʰɔ^{42}	so^{325}	ɕio^{13}	so^{45}	so^{42}	ɕie^{13}	iɔ^{42}	iɛ^{22}	iɔ^{42}	iɔ^{13}	sua^{42}	kɔ^{45}	kɔ^{42}	kɔ^{42}	kʰua^{45}	kʰua^{42}
资兴	tsʰo^{31}	so^{22}	so^{35}	so^{44}	so^{31}	ɕia^{35}	iɔ^{31}	iɔ^{22}/iɛ^{22}	iɔ^{44}	iɔ^{35}		kɔ^{44}	kɔ^{31}	kɔ^{31}	kʰua^{44}	kʰua^{31}
隆回	tʃʰa^{212}	ʃa^{13}	ʃa^{45}	ʃa^{44}	ʃa^{212}	ʃa^{212}/ɕie^{45}	iɔ^{212}	ia^{13}	iɔ^{212}	iɔ^{45}	sua^{212}	kua^{44}	kua^{212}	kua^{212}	kʰua^{44}	kʰua^{44}
洞口	tʃʰa^{213}	ʃa^{24}	ʃa^{53}	ʃa^{53}	ʃa^{213}	ʃie^{213}	ie^{213}	ia^{24}/iɛ^{24}	ia^{213}	ia^{53}	sua^{213}	kua^{53}	kua^{213}	kua^{213}	kʰua^{53}	kʰua^{53}
绥宁	tʃʰʌ^{13}	ʃʌ^{45}	ʃʌ^{44}	ʃʌ^{33}	ʃʌ^{13}	ʃe^{22}	ȵiʌ^{13}	iʌ^{45}	iʌ^{13}	iʌ^{44}		kua^{33}	kua^{13}	kua^{13}	kʰuʌ^{33}	kʰuʌ^{33}

地点	跨 假合二 去祃溪	瓦 假合二 上馬疑	花 假合二 平麻曉	化 假合二 去祃曉	华~中 假合二 平麻匣	补 遇合一 上姥幫	布~匹 遇合一 去暮幫	铺~设 遇合一 平模滂	普 遇合一 上姥滂	铺~店 遇合一 去暮滂	蒲 遇合一 平模並	菩~萨 遇合一 平模並	部 遇合一 上姥並	薄 遇合一 上姥並	步 遇合一 去暮並	模 遇合一 平模明
华容	kʰua^{213}	ua^{21}	xua^{45}	xua^{213}	xua^{12}	pu^{21}	pu^{213}	pʰu^{45}	pʰu^{21}	pʰu^{213}	pʰu^{12}	pʰu^{12}	pʰu^{33}	pʰu^{33}	pʰu^{33}	mo^{12}
岳阳楼	kʰua^{324}	ua^{31}	fa^{34}	fa^{324}	fa^{13}	pu^{31}	pu^{324}	pʰu^{34}	pʰu^{31}	pʰu^{324}	pʰu^{13}	pʰu^{13}	pʰu^{22}	pʰu^{22}	pʰu^{22}	mo^{13}
临湘	gʰa^{13}	ua^{42}	fa^{33}	xua^{325}	xua^{13}	pu^{42}	pu^{325}	bʰu^{33}	bʰu^{42}	bʰu^{325}	bʰu^{13}	bʰu^{13}	bʰu^{21}	bʰu^{21}	bʰu^{21}	mo^{13}
岳阳县	kʰua^{45}	ua^{42}	fa^{33}	fa^{45}	fa^{13}	pu^{42}	pu^{45}	pʰu^{33}	pʰu^{42}	pʰu^{45}	pu^{13}	pu^{13}	pu^{21}	pu^{21}	pu^{21}	mo^{13}
平江	kʰua^{45}	ŋa^{21}	fɔ^{44}	fɔ^{45}	fɔ^{13}	pu^{324}	pu^{45}	pʰu^{44}	pʰu^{324}	pʰu^{45}	pʰu^{13}	pʰu^{13}	pʰu^{22}	pʰu^{22}	pʰu^{22}	mo^{13}
浏阳	kʰua^{324}	ŋua^{324}	fua^{44}	fua^{21}	fua^{45}	pu^{24}	pu^{22}		pʰu^{42}	pʰu^{42}	pʰu^{45}	pʰu^{45}	pʰu^{21}	pʰu^{21}	pʰu^{325}	mo^{45}
醴陵	kʰua^{22}	ŋa^{31}	fa^{44}	fa^{22}	fa^{13}	pu^{31}	pu^{33}		pʰu^{31}	pʰu^{42}	pʰu^{13}	pʰu^{13}	pʰu^{22}	pʰu^{22}	pʰu^{22}	mu^{13}
茶陵	kʰua^{45}	ŋa^{42}	xua^{45}	xua^{325}	xua^{213}	pu^{53}	pu^{322}	pʰu^{33}	pʰu^{42}	pʰu^{45}	pʰu^{213}	pʰu^{213}	pʰu^{325}	pʰu^{325}	pʰu^{325}	mu^{13}
安仁	kʰua^{44}	ŋo^{53}	xuɑ^{44}	xuɑ^{322}	xuɑ^{24}	pu^{53}	pu^{213}	pʰu^{44}	pʰu^{53}	pʰu^{322}	pu^{24}	pu^{24}	pʰu^{322}	pʰu^{322}	pʰu^{322}	mɯŋ^{25}
耒阳	kʰua^{45}	ŋa^{53}	xua^{45}	xua^{213}		pu^{44}	pu^{24}	pʰu^{45}	pʰu^{53}	pʰu^{213}	pʰu^{25}	pʰu^{25}	pʰu^{213}	pʰu^{213}	pʰu^{213}	mu^{21}
常宁	kʰua^{24}	ua^{44}	fa^{45}	fa^{24}	fa^{21}	pu^{42}	pu^{13}	pʰu^{45}	pʰu^{44}	pʰu^{24}	pʰu^{24}	pʰu^{24}	pʰu^{24}	pʰu^{24}	pʰu^{24}	mo^{213}
永兴	kʰua^{13}	ɔ^{42}	xɔ^{45}	xua^{13}	xua^{22}	pu^{31}	pu^{35}	pʰu^{45}	pʰu^{42}	pʰu^{13}	pʰu^{325}	pu^{325}	pu^{13}	pu^{42}	pu^{13}	mo^{325}
资兴	kʰua^{44}	o^{31}	xo^{44}	fa^{35}	fa^{22}	pu^{212}	pu^{45}	pʰu^{44}	pʰu^{31}	pʰu^{35}	pʰu^{22}	pu^{22}	pu^{35}	pʰu^{35}	pu^{35}	mu^{22}
隆回	kʰua^{53}	uɑ^{212}	xuɑ^{44}	xuɑ^{45}	xuɑ^{13}	pu^{213}	pu^{45}	hu^{45}	hu^{212}	hu^{45}	hu^{13}	hu^{13}	hu^{53}	hu^{212}	hu^{45}	mo^{13}
洞口	kʰua^{53}	uɑ^{213}	xuɑ^{53}	xua^{45}	xua^{24}	pu^{13}	pu^{42}	fu^{213}/fu^{53}	fu^{213}		fu^{24}	fu^{24}	fu^{213}	fu^{213}	fu^{53}	mo^{24}
绥宁	kʰua^{33}	ua^{13}	fʌ^{33}	fʌ^{42}	fʌ^{45}			pʰu^{33}	pʰu^{13}	pʰu^{42}	pʰu^{45}	pʰu^{45}	pʰu^{44}	pʰu^{22}	pʰu^{44}	mo^{324}/mo^{45}

	模~完 遇合一平模明	墓 遇合一去暮明	募 遇合一去暮明	都~城 遇合一平模端	堵 遇合一上姥端	赌 遇合一上姥端	肚~鱼~ 遇合一上姥端	土 遇合一上姥透	吐~痰 遇合一上姥透	兔 遇合一去暮透	徒 遇合一平模定	屠 遇合一平模定	涂 遇合一平模定	图 遇合一平模定	杜 遇合一上姥定	肚~脐 遇合一上姥定
华容	mo^{12}	mo^{33}	mo^{33}	tau^{45}	tau^{21}	tau^{21}	tau^{21}	tʰiu^{21}/hou^{21}	hou^{21}	tʰiu^{213}/hou^{213}	hou^{12}	hou^{12}	hou^{13}	hou^{13}	hou^{33}	tau^{21}
岳阳楼	mo^{13}	mo^{22}	mo^{22}	tau^{34}	tau^{31}	tau^{31}	tau^{31}	tʰau^{31}	tʰau^{31}	tʰau^{324}	dʱau^{13}	dʱau^{13}	dʱau^{13}	dʱau^{13}	dʱau^{22}	dʱau^{22}
临湘	mo^{13}	mo^{21}	mo^{21}	tau^{33}	tau^{42}	tau^{42}		dʱau^{42}	dʱau^{325}	dʱau^{325}	dʱau^{13}	dʱau^{13}	dʱau^{13}	dʱau^{13}	dʱau^{21}	dʱau^{21}
岳阳县	mo^{13}	mo^{21}	mo^{21}	tau^{33}	tau^{42}	tau^{42}	tau^{42}	tʰɛu^{42}	tʰɛu^{45}	tʰɛu^{45}	tɛu^{13}	tɛu^{13}	tɛu^{13}	tɛu^{13}	tɛu^{21}	tau^{21}
平江	mo^{13}	mo^{22}	mo^{22}	tau^{44}	tau^{324}	tau^{324}	tau^{324}	tʰau^{324}	tʰɛu^{45}	tʰɛu^{45}	tɛu^{13}	tɛu^{13}	tɛu^{13}	tɛu^{13}	tɛu^{22}	tɛu^{21}
浏阳	mo^{45}	mo^{21}	mo^{21}	tau^{44}	tau^{324}	tau^{324}	tau^{324}	tʰau^{324}	tʰau^{324}	tʰau^{42}	tɛu^{45}	tɛu^{45}	tɛu^{45}	tɛu^{45}	tɛu^{21}	tɛu^{21}/tɛu^{324}
醴陵	mo^{13}	mo^{22}	mo^{22}	tau^{44}	tau^{31}	tau^{31}	tau^{31}	tʰau^{31}	tʰɛu^{31}	tʰau^{22}	tɛu^{13}	tɛu^{13}	tɛu^{13}	tɛu^{13}	tɛu^{22}	tɛu^{31}
茶陵	mu^{13}	mu^{325}	mu^{325}	tu^{45}	tu^{42}	tu^{42}	tau^{42}	tʰu^{53}	tʰu^{53}	tʰu^{33}	tau^{24}	tau^{24}	tau^{24}	tau^{24}	tu^{42}	tu^{42}
安仁	mu^{213}	man^{322}	man^{322}	tau^{44}	tau^{53}	tau^{53}	tau^{53}	tʰɛu^{53}	tʰɛu^{53}	tʰɛu^{213}	tʰu^{25}	tʰu^{25}	tʰu^{25}	tʰu^{25}	tʰɛu^{322}	tʰɛu^{53}/tɛu^{53}
耒阳	mɤŋ^{25}	mɤŋ^{213}	mɤŋ^{213}	tu^{45}	tu^{53}	tu^{53}	tu^{53}	tʰu^{53}	tʰu^{53}	tʰu^{213}	tʰu^{21}	tʰu^{21}	tʰu^{21}	tʰu^{21}	tʰu^{213}	tu^{53}
常宁	mo^{21}	mo^{24}	mo^{24}	tu^{45}	tu^{44}	tu^{44}	tu^{44}	tʰu^{44}	tʰu^{44}	tʰu^{24}	tu^{325}	tu^{325}	tu^{325}	tu^{325}	tʰu^{24}	tu^{44}
永兴	mo^{22}	mo^{13}	mo^{13}	tu^{45}	tu^{42}	tu^{42}	tu^{42}	tʰu^{42}	tʰu^{13}	tʰu^{13}	tu^{22}	tu^{22}	tu^{22}	tu^{22}	tu^{13}	tu^{42}
资兴	mu^{22}	mu^{35}	mu^{35}	tu^{44}	tu^{31}	tu^{31}	tu^{31}	tʰu^{31}	tʰu^{35}	tʰu^{35}	hu^{13}	hu^{13}	hu^{13}	hu^{13}	tu^{35}	tu^{31}
隆回	mo^{13}	mo^{45}	mo^{45}	tu^{44}	tu^{212}	tu^{212}	tu^{212}	hu^{212}	hu^{212}	hu^{45}	fu^{24}	fu^{24}	fu^{24}	fu^{24}	hu^{45}	hu^{45}
洞口	mo^{24}	mo^{45}	mo^{45}	tu^{53}	tu^{213}	tu^{213}	tu^{213}	fu^{213}	fu^{213}	fu^{45}	tʰu^{45}	fu^{24}	fu^{24}	fu^{45}	fu^{45}	tu^{213}
绥宁	mo^{45}	mo^{324}	mo^{324}	tu^{33}	tu^{13}	tu^{13}	tu^{13}	tʰu^{13}	tʰu^{13}	tʰu^{42}		tʰu^{45}	tʰu^{324}	tʰu^{45}	tu^{42}	tu^{13}

	度	渡	镀	奴	努	怒	卢	炉	芦~苇	鲁	卤	路	赂	露	租	租
	遇合一去暮定	遇合一去暮定	遇合一去暮定	遇合一平模泥	遇合一上姥泥	遇合一去暮泥	遇合一平模来	遇合一平模来	遇合一平模来	遇合一上姥来	遇合一上姥来	遇合一去暮来	遇合一去暮来	遇合一去暮来	遇合一平模精	遇合一上姥精
华容	hau^{33}	hau^{33}	hau^{33}	ləu^{12}	ləu^{21}	ləu^{33}	ləu^{12}	ləu^{12}	ləu^{12}	ləu^{21}	ləu^{21}	liu^{33}/ləu^{33}	lo^{435}	lou^{33}	tsəu^{45}	tsəu^{21}
岳阳楼	tʰəu^{22}	tʰəu^{22}	tʰəu^{22}	ləu^{13}	ləu^{31}	ləu^{324}	ləu^{13}	ləu^{13}	ləu^{13}	ləu^{31}	ləu^{31}	ləu^{22}	lo^{45}	ləu^{22}	tsəu^{34}	tsəu^{31}
临湘	dʰəu^{21}	dʰəu^{21}	dʰəu^{21}	ləu^{13}	ləu^{42}	ləu^{21}	ləu^{13}	ləu^{13}	ləu^{13}	ləu^{42}	ləu^{42}	ləu^{33}	lo^{5}	ləu^{21}	tɕiɛʅ^{33}	tɕiɛʅ^{42}
岳阳县	tau^{21}	tau^{21}	tau^{21}	ləu^{13}	ləu^{42}	ləu^{21}	ləu^{13}	ləu^{13}	ləu^{13}	ləu^{42}	ləu^{42}	ləu^{21}	lo^{5}	ləu^{21}	tsəu^{33}	tsəu^{42}
平江	tʰəu^{22}	tʰəu^{22}	tʰəu^{22}	ləu^{13}	ləu^{21}	ləu^{22}	ləu^{13}	ləu^{13}	ləu^{13}	ləu^{21}	ləu^{21}	ləu^{22}	lof^{42}	ləu^{22}	tsʅ^{44}	tsʅ^{324}
浏阳	tʰəu^{21}	tʰəu^{21}		ləu^{45}	ləu^{45}	ləu^{21}	ləu^{45}	ləu^{45}	ləu^{45}	ləu^{324}	ləu^{324}	ləu^{324}	lou^{42}	ləu^{21}	tsəu^{44}	tsəu^{324}
醴陵	tʰəu^{22}	tʰəu^{22}	tʰəu^{22}	ləu^{13}	ləu^{31}	ləu^{22}	ləu^{13}	ləu^{13}	ləu^{13}	ləu^{31}	ləu^{31}	ləu^{22}	lou^{435}	ləu^{22}	tsəu^{45}	tsəu^{31}
茶陵	tʰəu^{325}	tʰəu^{325}	tʰəu^{325}	ləu^{213}	lu^{42}	lu^{325}	lu^{213}	lu^{213}	lu^{213}	lu^{42}	lu^{42}	ləu^{22}	lo^{322}	hu^{33}	tsəu^{45}	tsu^{53}
安仁	tʰəu^{322}	tʰəu^{322}	tʰəu^{322}	ləu^{24}	lu^{53}	ləu^{322}	ləu^{24}	ləu^{24}	ləu^{24}	lu^{53}	lu^{53}	lu^{325}	lu^{213}	lu^{322}	tsəu^{44}	tsəu^{53}
耒阳	tʰu^{213}	tʰu^{213}	tʰu^{213}	lu^{25}	lu^{53}	lu^{213}	lu^{25}	lu^{25}	lu^{25}	lu^{53}	lu^{53}	lu^{213}	lu^{24}	lu^{213}	tsu^{45}	tsu^{4}
常宁	tʰu^{24}	tʰu^{24}	tʰu^{24}	lu^{21}	lu^{44}	lu^{24}	lu^{21}	lu^{21}	lu^{21}	lu^{44}	lu^{44}	lu^{24}	lu^{13}	lu^{24}	tsu^{45}	tsu^{42}
永兴	tu^{13}	tu^{13}	tu^{13}	lu^{22}	lu^{42}	lu^{13}	lu^{325}	lu^{325}	lu^{22}	lu^{42}	lu^{42}	lu^{13}	lu^{35}	lu^{13}	tɕy^{44}	tɕy^{31}
资兴	tu^{35}	tu^{35}	tu^{35}	lu^{22}	lu^{31}	lu^{35}	lu^{22}	lu^{22}	lu^{22}	lu^{31}	lu^{31}	lu^{35}	lu^{45}	lu^{35}	tsu^{44}	tsu^{212}
隆回	hu^{45}	hu^{45}	hu^{45}	lu^{13}	lu^{212}	lɤŋ^{45}	lu^{13}	lu^{13}	lu^{13}	lu^{212}	lu^{212}	lu^{325}/lu^{45}	lu^{45}	lu^{45}	tʃɤ^{53}	tʃɤ^{213}
洞口	fu^{53}	fu^{53}	fu^{53}	lu^{24}	lu^{213}	luŋ^{45}	lu^{24}	lu^{24}	lu^{24}	lu^{213}	lu^{213}	lu^{53}	lo^{45}	lo^{53}	tʃɤ^{53}	tʃɤ^{213}
绥宁	tʰu^{44}	tʰu^{44}	tʰu^{44}	lu^{324}	lu^{13}	lu^{42}	lu^{45}	lu^{45}	lu^{324}	lu^{13}	lu^{13}	lu^{44}	lo^{42}	lo^{42}/lu^{42}	tsu^{33}	tsu^{13}

地点	组	做	粗	醋	错~误	苏	酥	素	诉	塑~像	姑	孤	箍	古	估~计	怙
	遇合一上姥精	遇合一去暮精	遇合一平模清	遇合一去暮清	遇合一去暮清	遇合一平模心	遇合一平模心	遇合一去暮心	遇合一去暮心	遇合一去暮心	遇合一平模见	遇合一平模见	遇合一平模见	遇合一上姥见	遇合一上姥见	遇合一上姥见
华容	tsəu²¹	tsəu²¹³	tsʰəu⁴⁵	tsʰəu²¹³	tsʰo⁴³⁵	səu⁴⁵	səu⁴⁵	səu²¹³	səu²¹³	so⁴³⁵	ku⁴⁵	ku⁴⁵	ku⁴⁵	ku²¹	ku⁴⁵	ku²¹
岳阳楼	tsəu³¹	tsəu³²⁴	tsʰəu³⁴	tsʰəu³²⁴	tsʰo³²⁴	səu³⁴	səu³⁴	səu³²⁴	səu³²⁴	so⁻	ku³⁴	ku³⁴	ku³⁴	ku³¹	ku³⁴	ku³¹
临湘	tsəu⁴²	tsəu³²⁵	ʥʰəu³³	ʥʰəu³²⁵	ʥʰo³²⁵	səu³³	səu³³	səu³²⁵	səu³²⁵	so⁵	ku³³	ku³³	ku³³	ku⁴²	ku³³	ku⁴²
岳阳县	tsəu⁴²	tsəu⁴⁵	tsʰəu³³	tsʰəu⁴⁵	tsʰo⁴⁵	səu³³	səu³³	səu⁴⁵	səu⁴⁵	soʔ⁴	ku³³	ku³³	ku³³	ku³²⁴	ku³³	ku³²⁴
平江	tsʅ³²⁴	tsʅ⁴⁵	tsʰʅ⁴⁴	tsʰʅ⁴⁵	tsʰo⁴⁴	sʅ⁴⁴	sʅ⁴⁴	sʅ⁴⁵	sʅ⁴⁵	so⁴⁴	ku⁴⁴	ku⁴⁴	ku⁴⁴	ku³²⁴	ku⁴⁴	ku³²⁴
浏阳	tsəu³²⁴	tsəu⁴²	tsʰəu⁴⁴	tsʰəu²²	tsʰo⁴⁴	neʃ⁴⁴	neʃ⁴⁴	səu⁴²	səu⁴²	so⁴³⁵	ku⁴⁴	ku⁴⁴	ku⁴⁴	ku³¹	ku³²⁴	ku³¹
醴陵	tsəu³¹	tsəu²²	tsʰəu⁴⁴	tsʰəu³³	tsʰo⁴⁴	səu⁴⁴	səu⁴⁴	səu²²	səu²²	su³³	ku⁴⁵	ku⁴⁵	ku⁴⁵	ku⁴²	ku⁴⁴	ku⁴²
茶陵	tsəu⁴²	tsəu³³	tsʰu⁴⁵	tsʰəu³²²	tsʰo³²⁵	səu⁴⁴	səu⁴⁵	su³³	su³³	su²¹³	keu⁴⁴	keu⁴⁴	keu⁴⁴	keu⁵³	keu⁴⁴	keu⁵³
安仁	tsəu⁵³	tsəu³²²	tsʰəu⁴⁴	tsʰəu²¹³	tsʰu²¹³	səu⁴⁴	neʃ⁴⁴	neʃ³²²	neʃ³²²	so²¹³	ku⁴⁵	ku⁴⁵	ku⁴⁵	ku⁵³	keu⁴⁴	ku⁵³
耒阳	tsu⁵³	tsu²¹³	tsʰu⁴⁵	tsʰu²⁴	tsʰo²¹³	su⁴⁵	su⁴⁵	su²¹³	su²¹³	so²¹³	ku⁴⁵	ku⁴⁵	ku⁴⁵	ku⁴⁴	ku⁴⁵	ku⁴⁴
常宁	tsu⁴⁴	tsu²⁴	tsʰu⁴⁵	tsʰu¹³	tsʰo³³	su⁴⁵	su⁴⁵	su²⁴	su²⁴	so³³	ku⁴⁵	ku⁴⁵	ku⁴⁵	ku⁴²	ku⁴⁵	ku⁴²
永兴	tsu⁴²	tsu¹³	tsʰu⁴⁵	tsʰu¹³	tsʰo¹³	su⁴⁵	su⁴⁵	su¹³	su¹³	su²²	ku⁴⁴	ku⁴⁴	ku⁴⁴	ku³¹	ku⁴⁵	ku³¹
资兴	tɕy³¹	tɕy³⁵	tɕʰy⁴⁴	tɕʰy⁴⁵	tsʰo³⁵	ɕy⁴⁴		ɕy³⁵	ɕy³⁵	so³⁵	ku⁴⁴	ku⁴⁴	ku⁴⁴	ku²¹²	ku⁴⁴	ku²¹²
隆回	tsu²¹²	tsʅ⁴⁵/tso⁴⁵	tsʰu⁴⁴	tsʰu⁴⁵	tsʰo⁴⁵	su⁴⁴	su⁴⁴	fu⁴⁵	fu⁴⁵	so³²⁵	ku⁴⁴	ku⁴⁴	ku⁴⁴	ku²¹²	ku⁴⁴	ku²¹²
洞口	tʃɯ²¹³	tsʅ⁴⁵/tso⁴⁵	tʃʰɯ⁵³	tʃʰɯ⁴⁵	tsʰo⁵³	ʃɯ⁵³	ʃɯ⁵³	ʃɯ⁴⁵	ʃɯ⁴⁵	so⁴⁵	ku⁵³	ku⁵³	ku⁵³	ku²¹³	ku⁵³	ku²¹³
绥宁	tsu¹³	tsu⁴²	tsʰu¹³	tsʰu⁴²	tsʰo⁴²	su³³	su³³	su⁴²	su⁴²	so³²⁴	ku³³	ku³³	ku³³	ku¹³	ku³³	ku¹³

	股	鼓	故	固	雇	顾	枯	苦	库	裤	吴	蜈（~蚣）	五	午	误	呼
	遇合上姥见	遇合上姥见	遇合去暮见	遇合去暮见	遇合去暮见	遇合去暮见	遇合平模溪	遇合上姥溪	遇合去暮溪	遇合去暮溪	遇合平模疑	遇合平模疑	遇合上姥疑	遇合上姥疑	遇合去暮疑	遇合平模晓
华容	ku^{21}	ku^{21}	ku^{213}	ku^{213}	ku^{213}	ku^{213}	kʰu^{45}	kʰu^{21}	kʰu^{213}	kʰu^{213}	u^{12}	y^{12}/u^{12}	u^{21}	u^{21}	u^{33}	xu^{45}
岳阳楼	ku^{31}	ku^{31}	ku^{324}	ku^{324}	ku^{324}	ku^{324}	kʰu^{34}	kʰu^{31}	kʰu^{324}	kʰu^{324}	u^{13}	u^{13}	u^{31}	u^{31}	u^{22}	fu^{34}
临湘	ku^{42}	ku^{42}	ku^{325}	ku^{325}	ku^{325}	ku^{325}	gʰu^{33}	gʰu^{42}	gʰu^{325}	gʰu^{325}	u^{13}	u^{13}	u^{42}	u^{42}	u^{21}	fu^{33}
岳阳县	ku^{42}	ku^{42}	ku^{45}	ku^{45}	ku^{45}	ku^{45}	kʰu^{33}	kʰu^{42}	kʰu^{45}	kʰu^{45}	u^{13}	u^{13}	u^{42}	u^{42}	u^{21}	fu^{33}
平江	ku^{324}	ku^{324}	ku^{45}	ku^{45}	ku^{45}	ku^{45}	kʰu^{44}	kʰu^{324}	kʰu^{45}	kʰu^{45}	ŋ^{13}	ŋ^{13}	ŋ^{21}	u^{21}	u^{22}	fu^{44}
浏阳	ku^{324}	ku^{324}	ku^{324}	ku^{324}	ku^{324}	ku^{42}	kʰu^{44}	kʰu^{324}	kʰu^{42}	kʰu^{42}	ŋo^{45}	ŋo^{45}	n̩^{324}	u^{324}	u^{42}	fu^{44}
醴陵	ku^{31}	ku^{31}	ku^{22}	ku^{22}	ku^{22}	ku^{22}	kʰu^{44}	kʰu^{31}	kʰu^{22}	kʰu^{22}	ŋ^{13}	ŋ^{13}	ŋ^{31}	u^{31}	ŋ^{22}	fu^{44}
茶陵	ku^{42}	ku^{42}	ku^{33}	ku^{33}	ku^{33}	ku^{33}	xu^{45}	xu^{42}	kʰu^{33}	xu^{33}/kʰu^{33}	u^{213}	u^{213}	ŋ^{42}	u^{42}	u^{325}	xu^{45}
安仁	kʰəu^{53}	keu^{53}	neku^{322}	neku^{322}	neku^{322}	neku^{322}	neku^{44}	neku^{53}	neu^{322}	nex^{322}/neu^{322}	u^{24}	u^{24}	u^{53}	u^{53}	u^{322}	neu^{44}
耒阳	ku^{53}	ku^{53}	ku^{213}	ku^{213}	ku^{213}	ku^{213}	kʰu^{45}	xu^{53}/kʰu^{53}	kʰu^{213}	kʰu^{213}	u^{25}	u^{25}	ŋ^{53}/u^{53}	u^{53}	u^{213}	xu^{45}
常宁	ku^{44}	ku^{44}	ku^{24}	ku^{24}	ku^{24}	ku^{24}	kʰu^{45}	kʰu^{44}	kʰu^{24}	kʰu^{24}	u^{21}	u^{21}	u^{44}	u^{44}	u^{24}	fu^{45}
永兴	ku^{42}	ku^{42}	ku^{13}	ku^{13}	ku^{13}	ku^{13}	fu^{45}	fu^{42}/kʰu^{42}	kʰu^{13}	kʰu^{13}	u^{325}	u^{325}	u^{42}	u^{42}	u^{13}	fu^{45}
资兴	ku^{31}	ku^{31}	ku^{35}	ku^{35}	ku^{35}	ku^{35}	ku^{44}	fu^{31}/kʰu^{31}	kʰu^{35}	kʰu^{35}	u^{22}	u^{22}	u^{31}	u^{32}	u^{35}	fu^{44}
隆回	ku^{212}	ku^{212}	ku^{45}	ku^{45}	ku^{45}	ku^{45}	kʰu^{44}	kʰu^{212}	kʰu^{325}（水~）/kʰu^{45}（仓~）	kʰu^{45}	u^{13}	ŋ^{13}/u^{13}	u^{212}	u^{212}	u^{45}	xu^{44}
洞口	ku^{213}	ku^{213}	ku^{42}	ku^{42}	ku^{42}	ku^{42}	kʰu^{53}	kʰu^{213}	kʰu^{45}	kʰu^{45}	u^{24}	u^{24}	u^{213}	u^{213}	u^{53}	
绥宁	ku^{13}	ku^{13}	ku^{13}	ku^{13}	ku^{13}	ku^{13}	kʰu^{33}	kʰu^{13}	kʰu^{42}	kʰu^{42}	u^{45}	ŋo^{45}/u^{45}	u^{13}	u^{13}	u^{42}	fu^{33}

地点	虎	浒(水~)	庐(水~)	胡	湖	狐	壶	胡(~须)	户	互	护	乌	女	庐(茅~)	驴	吕
	遇合一 上姥晓	遇合一 上姥晓	遇合一 去暮晓	遇合一 平模匣	遇合一 平模匣	遇合一 平模匣	遇合一 平模匣	遇合一 平模匣	遇合一 上姥匣	遇合一 上暮匣	遇合一 上暮匣	遇合一 平模影	遇合三 上语泥	遇合三 平鱼来	遇合三 平鱼来	遇合三 上语来
华容	xu^{21}	xu^{21}	xu^{213}	xu^{12}	xu^{12}	xu^{12}	xu^{12}	xu^{12}	xu^{33}	xu^{33}	xu^{33}	u^{45}	y^{21}	lau^{12}	y^{12}	lei^{21}
岳阳楼	fu^{31}	fu^{31}	fu^{324}	fu^{13}	fu^{13}	fu^{13}	fu^{13}	fu^{13}	fu^{22}	fu^{22}	fu^{22}	u^{34}	ȵy^{31}	lau^{13}	lau^{13}	y^{31}
临湘	fu^{42}	fu^{42}	xo^{325}	fu^{13}	fu^{13}	fu^{13}	fu^{13}	fu^{13}	fu^{21}	fu^{21}	fu^{21}	u^{33}	ȵy^{42}	lau^{13}	lau^{13}	le^{42}
岳阳县	fu^{42}	fu^{42}	xo^{45}	fu^{13}	fu^{13}	u^{13}	fu^{13}	fu^{13}	fu^{21}	fu^{21}	fu^{21}	u^{33}	y^{42}	lau^{13}	lau^{13}	y^{42}
平江	fu^{324}	fu^{324}	fu^{45}	fu^{13}	fu^{13}	fu^{13}	fu^{13}	u^{13}	fu^{22}	fu^{22}	fu^{22}	u^{44}	ȵy^{21}	lau^{13}	lau^{13}	y^{21}/li^{21}
浏阳	fu^{324}	fu^{45}	fu^{42}	u^{45}	fu^{45}	fu^{45}	fu^{45}	u^{45}	fu^{21}	fu^{21}	fu^{42}	u^{44}	ȵy^{324}	lau^{45}	lau^{45}	lei^{324}
醴陵	fu^{31}		fu^{22}	fu^{13}	fu^{13}	fu^{13}	fu^{13}	fu^{13}	fu^{22}	fu^{22}	fu^{22}	u^{4}	ȵy^{31}	lau^{31}	lau^{31}	lei^{31}
茶陵	xu^{42}	xeu^{322}	xu^{33}	xu^{213}	xu^{213}	xu^{213}	xu^{213}	u^{213}	xu^{325}	xu^{325}	xu^{325}	u^{45}	ȵy^{42}	hu^{213}	hu^{213}	le^{42}
安仁	xou^{53}	xu^{212}	xeu^{322}	xeu^{24}	xeu^{24}	xeu^{24}	xeu^{24}	xeu^{24}	xeu^{322}	xeu^{322}	xeu^{322}	u^{44}	n̩^{53}	lau^{24}	ly^{24}	ly^{53}
耒阳	xu^{53}		xu^{213}	xu^{25}	xu^{25}	xu^{25}	xu^{25}	u^{25}	xu^{213}	xu^{213}	xu^{213}	u^{45}	y^{53}	hu^{25}	lu^{25}	ly^{53}
常宁	fu^{44}		fu^{24}	fu^{21}	fu^{21}	fu^{21}	fu^{21}	u^{21}	fu^{24}	fu^{24}	fu^{24}	u^{45}	ȵy^{44}	hu^{21}	lu^{21}	ȵy^{44}
永兴	fu^{42}		fu^{13}	fu^{325}	fu^{325}	fu^{325}	fu^{325}	u^{325}	fu^{13}	fu^{13}	fu^{13}	u^{45}	ŋ^{42}/y^{42}	hu^{22}	lu^{325}	ly^{42}
资兴	fu^{31}		fu^{35}	fu^{22}	fu^{22}	fu^{22}	fu^{22}	u^{22}	fu^{35}	fu^{35}	fu^{35}	u^{44}	ly^{31}	hu^{22}	lu^{22}	ly^{31}
隆回	xu^{212}		xu^{45}	xu^{13}	xu^{13}	xu^{13}	xu^{13}	u^{13}	xu^{45}	xu^{45}	xu^{45}	u^{44}	ɕy^{212}	hu^{13}	lu^{13}	liu^{212}
洞口	fu^{213}		fu^{45}	fu^{24}	fu^{24}	fu^{24}	fu^{24}	u^{24}	fu^{53}	fu^{45}	fu^{53}	u^{53}	ʮ^{213}	hu^{24}	lu^{24}	ʮ^{213}
绥宁	fu^{13}	fu^{13}	fu^{44}	fu^{45}	fu^{45}	fu^{45}	fu^{45}	u^{324}	fu^{22}	fu^{45}	fu^{42}	u^{33}	n̩^{13}	hu^{45}	lu^{45}	ɬɯ^{13}

	旅	虑	蛆~生	絮	徐	序	猪	著显~	除	储~蓄	苎~麻	阻	初	楚	础此处下有	锄
	遇合三	遇合三	遇合三	遇合三	遇合三	遇合三	遇合三	遇合三	遇合三	遇合三	遇合三	遇合三	遇合三	遇合三	遇合三	遇合三
	上语来	去御来	平鱼清	去御心	平鱼邪	上语邪	平鱼知	去御知	平鱼澄	平鱼澄	上语澄	上语庄	平鱼初	上语初	上语初	平鱼崇
华容	lei^{21}	lei^{21}	ts^hei^{45}	$ɕi^{213}$	ts^hei^{12}	sei^{33}	$tɕy^{45}$	$tɕy^{213}$	$tɕ^hy^{12}$	$tɕ^hy^{12}$	$tɕ^hy^{12}$	$tsou^{213}$	$ts^həu^{45}$	$ts^həu^{21}$	$ts^həu^{21}$	$ts^həu^{12}$
岳阳楼	li^{31}	li^{22}	$tɕ^hi^{34}$	$ɕi^{324}$	$ɕi^{13}$	$ɕi^{22}$	$tɕy^{34}$	$tɕy^{324}$	$tɕ^hy^{13}$	$tɕ^hy^{13}$	$tɕ^hy^{13}$	$tssou^{31}$	$ts^həu^{34}$			ts^he^{13}
临湘	d^hi^{42}	d^hi^{21}	$dʑ^hi^{33}$	$ɕi^{325}$	$ɕi^{13}$	$ɕi^{21}$	$tɕy^{33}$	$tɕy^{325}$	$dʑ^hy^{13}$	$dʑ^hy^{13}$	$dʑ^hy^{21}$	$tssou^{42}$	$dʑ^hou^{33}$	$dʑ^hou^{42}$	$dʑ^hou^{42}$	$dʑ^hou^{13}$
岳阳县	li^{42}	li^{21}	c^hi^{33}	$ɕi^{45}$	$ɕi^{13}$	$ɕi^{21}$	cy^{33}	cy^{45}	cy^{13}	cy^{13}	cy^{21}	$tsou^{42}$	$ts^həu^{33}$	$ts^həu^{42}$	$ts^həu^{42}$	$tsou^{13}$
平江	li^{21}	t^hi^{22}	$ts^hɿ^{44}$	si^{45}	$ts^hɿ^{13}$	si^{22}	tsy^{44}	tsy^{45}	$tsʅy^{13}$	$tsʅy^{13}$	$ts^ʅy^{21}$	$tsʅ^{324}$	$ts^hɿ^{44}$	$ts^hʅ^{324}$	$ts^hʅ^{324}$	$ts^hʅ^{13}$
浏阳	ti^{324}	lei^{42}	$ts^hɿ^{44}$	si^{42}	$ts^hʅ^{45}$	si^{42}	tsy^{44}	tsy^{42}	$tsʅy^{45}$	$tsʅy^{45}$	$ts^ʅy^{21}$	$tssou^{324}$	$ts^həu^{44}$	$ts^həu^{324}$	$ts^həu^{324}$	$ts^həu^{45}$
醴陵	li^{31}	lei^{22}	$ts^hʅ^{44}$	si^{22}	si^{13}	si^{22}	ky^{44}	ky^{22}	k^hy^{13}	k^hy^{13}	k^hy^{22}	$tsou^{31}$	ts^hou^{44}	ts^hou^{31}	ts^hou^{31}	ts^hou^{13}
茶陵	li^{42}	le^{325}	$tɕ^hy^{45}$		cy^{213}	cy^{325}	$tɕy^{45}$	$tɕy^{33}$	$tɕ^hy^{213}$	$tɕ^hy^{213}$	$tɕ^hy^{45}$	$tsʅ^{42}$	ts^hu^{45}	ts^hu^{42}	ts^hu^{42}	ts^hu^{213}
安仁	ly^{53}	$luɪ^{322}$	$tʃ^hy^{44}$	$ʃy^{322}$	$tʃy^{24}$	$tʃ^hy^{322}$	$tʃy^{44}$	$tʃy^{322}$	$tʃy^{24}$	$tʃy^{24}$	$tʃ^hy^{322}$	$tsou^{53}$	$səu^{44}$	$səu^{53}$	$səu^{53}$	$tʃu^{13}/tsou^{24}$
耒阳	ly^{53}	ly^{213}	$tɕ^hy^{45}$	cy^{213}	$tɕ^hy^{25}$	cy^{213}	$tɕy^{45}$	$tɕy^{213}$	$tɕ^hy^{25}$	$tɕ^hy^{25}$	$tɕ^hy^{53}/ts^hy^{45}$	tsu^{53}	ts^hu^{45}	ts^hu^{53}	ts^hu^{53}	$tɤ^{13}/ts^hu^{25}$
常宁	ny^{44}	lui^{24}	$tɕ^hy^{45}$	cy^{24}	$tɕ^hy^{21}$	$tɕ^hy^{24}$	$tɕy^{45}$	$tɕy^{24}$	$tɕ^hy^{21}$	$tɕ^hy^{21}$	$tɕ^hy^{24}$	tsu^{44}	ts^hu^{45}	ts^hu^{44}	ts^hu^{44}	ts^hu^{21}
永兴	ly^{42}	ly^{13}	$tɕ^hy^{45}$	cy^{42}	$tɕ^hy^{325}$	cy^{13}	$tɕy^{45}$	$tɕy^{13}$	$tɕ^hy^{325}$	$tɕ^hy^{325}$	$tɕ^hy^{42}$	tsu^{42}	ts^hu^{45}	ts^hu^{42}	ts^hu^{42}	$tɕiuɪ^{22}/ts^hu^{325}$
资兴	ly^{31}	ly^{35}		cy^{35}	$tɕ^hy^{22}$	$tɕ^hy^{35}$	$tɕy^{44}$	$tɕy^{35}$	$tɕ^hy^{22}$	$tɕ^hy^{22}$	$tɕ^hy^{44}$	$tɕy^{31}$	$tɕy^{44}$	$tɕy^{31}$	$tɕy^{31}$	$tɕiuɪ^{13}$
隆回	liu^{212}	liu^{45}	ts^hiu^{44}	$ʃu^{45}$	$tʃ^huɪ^{13}$	$ts^huɪ^{45}$	$tʃu^{44}$	$tʃu^{45}$	$tʃ^hu^{13}$	$tʃ^hu^{13}$	$tʃ^hy^{212}$	tsu^{212}	ts^hu^{44}	ts^hu^{212}	ts^hu^{212}	ts^hu^{13}
洞口	$tɤ^{213}$	$tɤ^{45}$		$ɬɯ^{42}$	$tʃ^hɯ^{24}$	$ɬɯ^{45}$	$tʃɯ^{53}$	$tʃɯ^{45}$	$tʃ^hɯ^{24}$	$tʃ^hɯ^{24}$	$tʃ^hɯ^{213}$	$tʃɯ^{213}$	$tʃ^hɯ^{53}$	$tʃ^hɯ^{213}$	$tʃ^hɯ^{213}$	$tʃ^hɯ^{24}$
绥宁	$lɯ^{13}$	$lɯ^{44}$	$tʃ^hɯ^{33}$	$ɬɯ^{42}$	$tʃ^hɯ^{45}$	$ɕɯ^{42}$	$tʃɯ^{33}$	$tʃɯ^{42}$	$tʃ^hɯ^{45}$	$tʃ^hɯ^{324}$	$tʃ^hɯ^{22}$	tsu^{13}	ts^hu^{33}	ts^hu^{13}	ts^hu^{13}	ts^hu^{45}

方言	助	梳~头	疏	所	煮	处~理	书	舒	暑	鼠	薯~白	如	汝	居	车~马炮	举
	遇合三去御崇	遇合三平鱼崇	遇合三平鱼生	遇合三上语生	遇合三上语章	遇合三上语昌	遇合三平鱼书	遇合三平鱼书	遇合三上语书	遇合三上语书	遇合三去御禅	遇合三平鱼日	遇合三上语日	遇合三平鱼见	遇合三平鱼见	遇合三上语见
华容	tsʰəu^{33}	səu^{45}		so^{21}	tɕy^{21}	tɕʰy^{21}	ɕy^{45}	ɕy^{45}	ɕy^{21}	ɕy^{21}	ɕy^{21}	y^{12}	y^{21}	tɕy^{45}	tɕy^{45}	tɕy^{21}
岳阳楼	tsʰəu^{22}	səu^{34}	səu^{34}	so^{31}	tɕy^{31}	tɕʰy^{31}	ɕy^{34}	ɕy^{34}	ɕy^{31}	ɕy^{31}		y^{13}	y^{31}	tɕy^{34}	tɕy^{34}	tɕy^{31}
临湘	dʑʰəu^{21}	nes^{33}	nes^{33}	so^{42}	tɕy^{42}	dʑʰy^{325}	ɕy^{33}	ɕy^{33}	ɕy^{42}	ɕy^{42}	cy^{325}	y^{13}	y^{42}	cy^{33}	cy^{33}	cy^{42}
岳阳县	tsəu^{21}	səu^{33}	səu^{33}	so^{42}	cy^{42}	cʰy^{42}	ɕy^{33}	ɕy^{33}	ɕy^{42}	ɕy^{42}	çy^{45}	y^{13}	y^{42}	cy^{33}	cy^{33}	cy^{42}
平江	tsʰʅ^{22}	sʅ^{44}	sʅ^{44}	so^{324}	tsy^{324}	tsʰy^{21}	sy^{44}	sy^{44}	sy^{324}	sy^{324}	fʅ^{13}	y^{13}	y^{21}	tsy^{44}	tsy^{44}	tsy^{324}
浏阳	tsʰəu^{21}	səu^{44}	səu^{44}	so^{324}	tsy^{324}	tsʰy^{21}	sy^{44}	sy^{44}	sy^{324}	sy^{324}	sy^{45}	y^{45}	y^{324}	tsy^{44}	tsy^{44}	tsy^{324}
醴陵	tsʰəu^{22}	səu^{44}	səu^{44}	so^{31}	ky^{31}	kʰy^{22}	xy^{44}	xy^{44}	xy^{31}	xy^{31}	xy^{44}	y^{13}	y^{31}	ky^{44}	ky^{44}	ky^{31}
茶陵	tsʰʅ^{325}	səu^{45}	səu^{44}	so^{42}	tɕy^{42}	tɕʰy^{42}	ɕy^{45}	ɕy^{45}	ɕy^{42}	ɕy^{42}	ɕy^{213}	y^{213}		tɕy^{45}	tɕy^{45}	tɕy^{42}
安仁	tsʰʅ^{322}	sʅ^{44}		cs^{53}	tʃy^{53}	tʃʰy^{53}	ʃy^{44}	ʃy^{44}	ʃy^{53}	ʃy^{53}	tɕʰy^{24}	y^{24}	y^{24}	tʃy^{44}	tʃy^{44}	tʃy^{53}
耒阳	tsʰu^{213}	su^{45}	su^{45}	su^{53}	tɕy^{53}	tɕʰy^{53}	ɕy^{45}	ɕy^{45}	ɕy^{53}	ɕy^{53}	tɕʰy^{24}	y^{25}	y^{53}	tɕy^{45}	tɕy^{45}	tʃy^{44}
常宁	tsʰu^{24}	su^{45}	su^{45}	su^{53}	tɕy^{44}	tɕʰy^{44}	ɕy^{45}	ɕy^{45}	ɕy^{44}	ɕy^{44}	ɕy^{42}	y^{21}	ɲy^{44}	tɕy^{45}	tɕy^{45}	tɕy^{44}
永兴	tsʰu^{13}	cy^{44}	cy^{44}	so^{42}	tɕy^{42}	tɕʰy^{13}	ɕy^{45}	ɕy^{45}	ɕy^{42}	ɕy^{42}	ɕy^{42}	y^{21}	y^{42}	tɕy^{45}	tɕy^{45}	tɕy^{42}
资兴	tɕʰy^{35}	cy^{44}	cy^{44}	so^{31}	tɕy^{31}	tɕʰy^{31}	ɕy^{44}	ɕy^{44}	ɕy^{31}	ɕy^{31}	ɕy^{22}	y^{22}	ly^{31}	tɕy^{44}	tɕy^{44}	tɕy^{31}
隆回	tsʰʉ^{45}	su^{44}	su^{44}	so^{212}	tʃu^{212}	tʃʰu^{45}	fu^{44}	fu^{44}	fu^{212}	ʃu^{325}老~ / ʃu^{212}	fu^{13}	u^{13}	u^{212}	tʃu^{44}	tʃu^{44}	tʃu^{212}
洞口	tʃʰʉ^{53}	fʉ^{53}	fʉ^{53}	so^{213}	tʃʉ^{213}	tʃʰʉ^{213}	fʉ^{53}	fʉ^{53}	fʉ^{213}	fʉ^{213}	fʉ^{24}	ʉ^{24}	ʉ^{213}	tʃʉ^{53}	tʃʉ^{53}	tʃʉ^{213}
绥宁	tsʰʉ^{44}	su^{33}	su^{33}	so^{13}	tʃʉ^{13}	tʃʰʉ^{42}	fʉ^{33}	fʉ^{33}	fʉ^{13}	fʉ^{13}	fʉ^{45}	ʉ^{45}	ɲy^{13}	tʃʉ^{33}	tʃʉ^{33}	tʃʉ^{13}

	据 遇合三 去御见	锯~ 遇合三 去御见	去来~ 遇合三 去御溪	渠水~ 遇合三 平鱼群	渠他 遇合三 平鱼群	巨 遇合三 上语群	距 遇合三 上语群	鱼 遇合三 平鱼疑	渔 遇合三 平鱼疑	语 遇合三 上语疑	虚 遇合三 平鱼晓	许 遇合三 上语晓	淤 遇合三 平鱼影	余 遇合三 平鱼以	誊来~ 遇合三 去御以
华容	tɕy^{213}	ke^{213}	kʰe^{213}/tɕʰie^{213}	tɕʰy^{12}		tɕʰy^{33}	tɕʰy^{33}	y^{12}	y^{12}	y^{21}	cy^{45}	cy^{21}	y^{45}	y^{12}	y^{33}
岳阳楼	tɕy^{324}	ke^{324}/tɕy^{324}	kʰe^{324}/tɕʰie^{324}	tɕʰy^{13}		gʰy^{22}	gʰy^{22}	y^{13}	y^{13}	y^{31}	cy^{34}	cy^{31}	y^{34}	y^{13}	y^{22}
临湘	tɕy^{325}	ke^{325}	gʰie^{325}	gʰy^{13}		gʰy^{21}	gʰy^{21}	nɡy^{13}	nɡy^{13}	nɡy^{42}	cy^{33}	cy^{42}	y^{33}	y^{13}	y^{21}
岳阳县	cy^{45}	ki^{45}	cʰi^{45}	cy^{13}		cy^{21}	cy^{21}	y^{13}	y^{13}	y^{42}	cy^{33}	cy^{42}	y^{33}	y^{13}	y^{42}
平江	tʂʅ^{45}	ke^{45}	kʰi^{45}	tʂʅy^{45}		tʂʅy^{22}	tʂʅy^{22}	ʅ^{13}	ŋy^{13}	ŋy^{21}	sʅy^{44}	sʅy^{324}	y^{44}	y^{13}	y^{45}
浏阳	tʂʅy^{42}	kie^{42}	kʰie^{42}	tʂʅy^{45}		tʂʅy^{42}	tʂʅy^{42}	ŋy^{45}	ŋy^{45}	ŋy^{324}	sʅy^{44}	sʅy^{324}	y^{44}	y^{45}	y^{42}
醴陵	ky^{22}	ke^{22}	kʰie^{22}	kʰy^{13}		ky^{22}	ky^{22}	ŋy^{13}	ŋy^{13}	ŋy^{31}	xy^{44}	xy^{31}	y^{44}	y^{13}	y^{22}
茶陵	tɕy^{33}	ka^{33}	tɕʰie^{33}	tɕʰy^{213}	ke^{45}	kʰy^{325}	tɕʰy^{325}	ʅ^{213}	y^{213}	ŋy^{42}	cy^{45}	cy^{42}	y^{45}	y^{213}	y^{33}
安仁	tʃy^{53}	kæ^{322}/tʃy^{322}	kʰe^{322}	tʃy^{24}	tʃi^{213}	tʃy^{322}	tʃy^{322}	n^{24}/y^{25}	y^{24}	y^{53}	ʃy^{44}	ʃy^{53}	y^{44}	y^{213}	y^{322}
耒阳	tɕy^{213}	kæ^{213}	xə^{213}	tɕʰy^{24}	tɕi^{53}	tɕy^{24}	tɕy^{24}	y^{25}	y^{25}	y^{53}	sy^{45}	sy^{53}	y^{45}	y^{25}	y^{213}
常宁	tɕy^{24}	kæ^{24}/tɕy^{24}	kʰe^{24}	tɕʰy^{21}	ki^{44}	tɕy^{21}	tɕy^{21}	y^{21}	y^{21}	ny^{44}	cy^{45}	cy^{44}	y^{45}	y^{21}	y^{24}
永兴	tɕy^{13}	ka^{13}/tɕy^{13}	xɯ^{13}/tɕʰy^{13}	tɕʰy^{213}	tɕy^{22}	ky^{325}	tɕy^{325}	ʅ^{325}	y^{325}	y^{42}	cy^{45}	cy^{42}	y^{45}	y^{324}	y^{22}
资兴	tʃy^{35}	ka^{35}/tɕy^{35}	xei^{35}	tɕʰy^{22}	kei^{13}	tɕy^{35}	tɕy^{35}	y^{22}	y^{22}	y^{31}	ʃy^{44}	ʃy^{53}	y^{44}	y^{22}	y^{35}
隆回	tʃu^{45}	ki^{45}/tʃu^{45}	tʃʰu^{45}/tʃʰu^{45}	tʃʰu^{13}	tʃi^{212}	tʃu^{45}	tʃu^{45}	u^{13}	u^{13}	u^{212}	ʃu^{44}	ʃu^{212}	u^{44}	u^{13}	u^{45}
洞口	tʃʉ^{53}	ki^{45}/tʃʉ^{45}	tʃʰʉ^{24}/tʃʰʉ^{24}	tʃʰʉ^{24}	tʃi^{213}	tʃʉ^{53}	tʃʉ^{53}	ʉ^{24}	ʉ^{24}	ʉ^{213}	ʃʉ^{53}	ʃʉ^{213}	ʉ^{53}	ʉ^{24}	ʉ^{53}
绥宁	tʃʉ^{42}	kai^{42}/tʃʉ^{42}	tʃʰʉ^{42}/tʃʰʉ^{42}	tʃʰʉ^{45}	tʃi^{22}	tʃʉ^{42}	tʃʉ^{42}	ʉ^{45}	ʉ^{45}	ʉ^{13}	ʃʉ^{33}	ʃʉ^{13}	ʉ^{33}	ʉ^{45}	ʉ^{42}

	预	夫	肤	府	斧	付	傅	敷	麸(麦子)	抚	符	扶	父	腐	辅	无
	遇合三去徹以	遇合三平虞非	遇合三平虞非	遇合三上虞非	遇合三上虞非	遇合三去遇非	遇合三去遇非	遇合三平虞敷	遇合三平虞敷	遇合三平虞敷	遇合三平虞奉	遇合三平虞奉	遇合三上虞奉	遇合三上虞奉	遇合三上虞奉	遇合三平虞微
华容	y³³	fu⁴⁵	fu⁴⁵	fu²¹	fu²¹	fu³³	fu²¹	fu⁴⁵		fu²¹	fu¹²	fu¹²	fu³³	fu²¹	fu²¹	u¹²
岳阳楼	y²²	fu³⁴	fu³⁴	fu³¹	fu³¹	fu³²⁴	fu³²⁴	fu³⁴	fu³⁴	fu³¹	fu¹³	fu¹³	fu²²	fu³¹	fu³¹	u¹³
临湘	y²¹	fu³³	fu³³	fu⁴²	fu⁴²	fu³²⁵	fu⁴²	fu³³	fu³³		fu¹³	fu¹³	fu²¹	fu⁴²	fu⁴²	u¹³
岳阳县	y²¹	fu³³	fu³³	fu⁴²	fu⁴²	fu⁴⁵	fu²¹	fu³³	fu³³	fu⁴²	fu¹³	fu¹³	fu²¹	fu⁴²	fu⁴²	u¹³
平江	y²²	fu⁴⁴	fu⁴⁴	fu³²⁴	fu³²⁴	fu⁴⁵		fu⁴⁴	fu⁴⁴	fu³²⁴	fu¹³	fu¹³	fu²²	fu²²	fu³²⁴	u¹³
浏阳	y²¹	fu⁴⁴	fu⁴⁴	fu³²⁴	fu³²⁴	fu²¹	fu⁴²	fu⁴⁴	fu⁴⁴	fu³²⁴	u⁴⁵	u⁴⁵	fu²¹	fu³²⁴	fu³²⁴	u⁴⁵
醴陵	y²²	fu⁴⁴	fu⁴⁴	fu³¹	fu³¹	fu²²	fu²²	fu⁴⁴	fu⁴⁴	fu³¹	fu¹³	fu¹³	fu²²	fu³¹	fu³¹	u¹³
茶陵	y³²⁵	fu⁴⁵	fu⁴⁵	fu⁴²	fu⁴²	fu³²⁵	fu³²⁵	fu⁴⁵	fu⁴⁵	fu²¹³	fu²¹³	fu²¹³	fu³²⁵	fu⁴²	fu³²²	u²¹³
安仁	y³³²	fu⁴⁴	fu⁴⁴	fu⁵³	fu⁵³	fu³²²	fu³²²	pʰu⁴⁴	fu⁴⁴	fu²¹³	fu²⁴	fu²⁴	fu³²²	fu⁵³	fu³²²	u²⁴
耒阳	y²¹³	fu⁴⁵	fu⁴⁵	fu⁵³	fu⁵³	fu²¹³	fu⁴⁵	pʰu⁴⁵/fu⁴⁵	fu⁴⁵	fu⁵³	fu²⁵	pʰu²⁵/fu²⁵	fu²¹³	fu⁵³	fu⁵³	u²⁵
常宁	y²⁴	fu⁴⁵	fu⁴⁵	fu⁴⁴	fu⁴⁴	fu²⁴	fu²⁴	fu⁴⁵	fu⁴⁵	fu⁴⁴	fu²¹	fu²¹	fu²⁴	fu⁴⁴	fu⁴⁴	u²¹
永兴	y¹³	fu⁴⁵	fu⁴⁵	fu⁴²	fu⁴²	fu¹³	fu¹³	pʰu⁴⁵	pʰu⁴⁵	fu⁴²	fu²²	fu³²⁵	fu¹³	fu⁴²	pʰu⁴²	u²²
资兴	y³⁵	fu⁴⁴	fu⁴⁴	fu³¹	fu³¹	fu³⁵	fu⁴⁴	fu⁴⁴	pʰu⁴⁴	fu³¹	fu²²	fu²²	fu³⁵		fu³¹	u²²
隆回	u⁴⁵	fu⁴⁴	fu⁴⁴	fu²¹²	fu²¹²	fu⁴⁵	fu⁴⁵		fu⁴⁴	u²¹²	fu¹³	fu¹³	fu⁴⁵	fu²¹²	fu²¹²	u¹³
洞口	u⁵³	fu²¹³	fu²¹³	fu²¹³	fu²¹³	fu⁵³	fu⁵³	fu⁵³	fu⁵³	fu²¹³	fu²⁴	fu²⁴	fu⁵³	fu²¹³	fu²¹³	u²⁴
绥宁	ɿ⁴²	fu³³	fu⁴²	fu¹³	fu¹³	fu⁴²	fu⁴²	fu⁴²	fu³³	fu¹³	fu⁴⁵	pʰu⁴⁵/fu⁴⁵	fu⁴⁴	fu¹³	pʰu¹³	u⁴⁵

	巫 遇合三 平虞微	诬 遇合三 平虞微	武 遇合三 上麌微	舞 遇合三 上麌微	侮 遇合三 上麌微	务 遇合三 去遇微	雾 遇合三 去遇微	屡 遇合三 去遇来	趋 遇合三 平虞清	取 遇合三 上麌清	娶 遇合三 上麌清	趣 遇合三 去遇清	聚 遇合三 上麌从	须 遇合三 平虞心	需 遇合三 平虞心	续 遇合三 去遇邪
华容	u⁴⁵	u⁴⁵	u²¹	u²¹	u²¹	u³³	u³³	lou²¹	tsʰei⁴⁵	tsʰei²¹	tsʰei²¹	tsʰei²¹³	tsʰei³³	ɕy⁴⁵	ɕy⁴⁵	sou⁴³⁵
岳阳楼	u³⁴	u³⁴	u³¹	u³¹	u³¹	u²²	u²²	lei³¹	tɕʰi³⁴	tɕʰi³¹	tɕʰi³¹/tɕʰi³²⁴	tɕʰi³²⁴	tɕʰi²²	ɕi³⁴	ɕi³⁴	sou⁴⁵⁻
临湘	u³³	u³³	u⁴²	u⁴²	u⁴²	u²¹	u²¹	dʱi⁴²	dʑʰi³³	dʱi⁴²	dʱi⁴²	dʑʰi³²⁵	dʑi²¹	ɕi³³	ɕi³³	sou⁵
岳阳县	u³³	u³³	u⁴²	u⁴²	u⁴²	u²¹	u²¹	lei⁴²	cʰi³³	cʰi⁴²	cʰi⁴²	cʰi⁴⁵	ɕi²¹	ɕi³³	ɕi³³	sou⁵
平江	fu¹³	u⁴⁴	u²¹	u²¹	u²¹	u²²	u²²	tʰi²²	tsʰi⁴⁴	tsʰi³²⁴	tsʰi⁴⁵	tsʰi⁴⁵	si²²	si⁴⁴	si⁴⁴	siouʔ⁴
浏阳	u⁴⁴	u⁴⁴	u³²⁴	u³²⁴	u³²⁴	u⁴²	u²¹	lei³²⁴	tsʰi⁴⁴	tsʰi³²⁴	tsʰi³²⁴	tsʰi⁴²	tsʰi²¹	si⁴⁴	si⁴⁴	sou⁴²
醴陵	u⁴⁴	u⁴⁴	u³¹	u³¹		u²²	u²²	lei³¹	tsʰi⁴⁴	tsʰi³¹	tsʰi³¹	tsʰi²²	tsʰi²²	si⁴⁴	si⁴⁴	sou⁴³⁵
茶陵	u⁴⁵	u⁴⁵	u⁴²	u⁴²	u⁴²	u³²⁵	u³²⁵	le⁴²	tɕʰy⁴⁵	tɕʰy⁴²	tɕʰy⁴²	tɕʰy³³	tɕʰy³²⁵	ɕy⁴⁵	ɕy⁴⁵	su³³
安仁	u⁴⁴	u⁴⁴	u⁵³	u⁵³	u⁵³	u³²²	u³²²	luɯ⁵³	tʃʰy⁴⁴	tʃʰy⁵³	tʃʰy⁵³	tʃʰy³²²	tʃʰy³²²	ʃy⁴⁴	ʃy⁴⁴	seu²¹³
耒阳	u⁴⁵	u⁴⁵	u⁵³	u⁵³	u⁵³	u²¹³	u²¹³	luɯ⁵³	tɕʰy⁴⁵	tɕʰy⁵³	tɕʰy²¹³	tɕʰy²¹³	tɕʰy²¹³	ɕy⁴⁵	ɕy⁴⁵	tsʰu¹³
常宁	u⁴⁵	u⁴⁵	u⁴⁴	u⁴⁴	u⁴⁴	u²⁴	u²⁴	luɯ⁴⁴	tɕʰy⁴⁵	tɕʰy⁴⁴	tɕʰy²⁴	tɕʰy²⁴	tɕʰy²⁴	ɕy⁴⁵	ɕy⁴⁵	su³³
永兴	u⁴⁵	u⁴⁵	u⁴²	u⁴²	u⁴²	u¹³	u¹³	luɯ⁴²	tɕʰy⁴⁵	tɕʰy⁴²	tɕʰy⁴²	tɕʰy¹³	tɕy¹³	ɕy⁴⁵	ɕy⁴⁵	ɕy¹³
资兴	u⁴⁴	u⁴⁴	u³¹	u³¹	u³¹	u³⁵	u³⁵		tɕʰy⁴⁴	tɕʰy³¹	tɕʰy³¹	tɕʰy³⁵	tɕʰy³⁵	ɕy⁴⁴	ɕy⁴⁴	sui¹³
隆回	u⁴⁴	u⁴⁴	u²¹²	u²¹²	u²¹²	u⁴⁵	u⁴⁵	hue²¹²	tsʰui⁴⁴	tsʰui²¹²	tsʰui⁴⁵	tsʰui⁴⁵	tsʰui⁴⁵	sui⁴⁴	sui⁴⁴	su³²⁵
洞口	u⁵³	u⁵³	u²¹³	u²¹³		u⁴⁵	u⁴⁵	lai²¹³	tʃʰɯ⁴⁵	tʃʰɯ²¹³	tʃʰɯ²¹³	tʃʰɯ⁴⁵	tʃʰɯ⁴⁵	ʃɯ⁵³	ʃɯ⁵³	ʃɯ⁴⁵
绥宁	u³³	u³³	u¹³	u¹³	u¹³	u⁴²	u⁴²		tʃʰɯ⁴²	tʃʰɯ¹³	tʃʰɯ⁴²	tʃʰɯ⁴²	tʃʰɯ⁴²	ʃɯ³³	ʃɯ³³	su³²⁴

	蛛(蜘蛛)	株	拄(~拐棍)	厨	柱	住	数(动词)	数(名词)	朱	未	珠	主	注	输	戍	殊	竖
	遇合三平虞知	遇合三平虞知	遇合三上麌知	遇合三平虞澄	遇合三上麌澄	遇合三去遇澄	遇合三上麌生	遇合三去遇生	遇合三平虞章	遇合三平虞章	遇合三平虞章	遇合三上麌章	遇合三去遇章	遇合三平虞书	遇合三去遇书	遇合三平虞禅	遇合三上麌禅
华容	tɕy^{45}	tɕy^{45}	tɕʰy^{21}	tɕʰy^{12}	tɕʰy^{33}	tɕʰy^{33}	səu^{21}	səu^{45}	tɕy^{45}	tɕy^{45}	tɕy^{45}	tɕy^{21}	tɕy^{213}	cy^{45}	cy^{213}	cy^{45}	cy^{33}
岳阳楼	tɕy^{34}	tɕy^{34}	tɕʰy^{31}	tɕʰy^{13}	tɕʰy^{22}	tɕʰy^{22}	səu^{31}	səu^{324}	tɕy^{34}	tɕy^{34}	tɕy^{34}	tɕy^{31}	tɕy^{324}	cy^{34}	cy^{324}	cy^{34}	cy^{22}
临湘	tɕy^{33}	tɕy^{33}	dʑʰy^{42}	dʑʰy^{13}	dʑʰy^{21}	dʑʰy^{21}	səu^{42}	səu^{325}	tɕy^{33}	tɕy^{33}	tɕy^{33}	tɕy^{42}	tɕy^{325}	cy^{33}	cy^{33}	cy^{33}	cy^{21}
岳阳县	cy^{33}	cy^{33}	cʰy^{21}	cy^{13}	cy^{21}	cy^{21}	səu^{42}	səu^{45}	cy^{33}	cy^{33}	cy^{33}	cy^{42}	cy^{45}	cy^{33}	cy^{45}	cy^{33}	cy^{21}
平江	tsy^{44}	tsy^{44}	tsʰy^{22}	tsʰy^{13}	tsʰy^{22}	tsʰy^{22}		sʅ^{45}	tsy^{44}	tsy^{44}	tsy^{44}	tsy^{324}	tsy^{45}	sy^{44}		sy^{13}	sy^{22}
浏阳	tsy^{44}	tsy^{44}	tsʰy^{21}	tsʰy^{13}	tsʰy^{21}	tsʰy^{21}	os^{324}	nes^{42}	tsy^{44}	tsy^{44}	tsy^{44}	tsy^{324}	tsy^{42}	sy^{44}		sy^{45}	sy^{21}
醴陵	ky^{44}	ky^{44}	kʰy^{31}	kʰy^{13}	ky^{22}	kʰy^{22}	səu^{31}	səu^{22}	ky^{44}	ky^{44}	ky^{44}	ky^{31}	ky^{22}	xy^{44}		xy^{44}	xy^{22}
茶陵	tɕy^{45}	tɕy^{45}	tɕʰy^{325}/xy^{325}(一手棍)	tɕʰy^{213}	tɕʰy^{325}	ti^{33}/tɕʰy^{325}	su^{42}	su^{45}	tɕy^{45}	tɕy^{45}	tɕy^{45}	tɕy^{42}	tɕy^{33}	cy^{45}	ci^{45}	cy^{45}	cy^{33}
安仁	tʃy^{44}	tʃy^{44}	tʃʰy^{322}	tʃʰy^{24}	tʃʰy^{322}	tʃʰy^{322}	səu^{53}	səu^{322}	tʃy^{44}	tʃy^{44}	tʃy^{44}	tʃy^{53}	tʃy^{322}	ʃy^{44}	ʃy^{24}	ʃy^{44}	ʃy^{322}
耒阳	tɕy^{45}	tɕy^{45}	tɕʰy^{213}	tɕʰy^{25}	tɕʰy^{213}	tɕʰy^{24}	su^{53}	su^{213}	tɕy^{45}	tɕy^{45}	tɕy^{45}	tɕy^{53}	tɕy^{213}	cy^{45}	sui^{13}	cy^{25}	cy^{213}
常宁	tɕy^{45}	tɕy^{45}	tɕʰy^{24}	tɕʰy^{24}	tɕʰy^{24}	tɕy^{13}	su^{44}	su^{24}	tɕy^{45}	tɕy^{45}	tɕy^{45}	tɕy^{44}	tɕy^{24}	cy^{45}	cy^{45}	tɕʰy^{21}	cy^{24}
永兴	tɕy^{45}	tɕy^{45}	tɕʰy^{13}	tɕʰy^{13}	tɕʰy^{42}/tɕʰy^{13}		su^{42}	su^{13}	tɕy^{45}	tɕy^{45}	tɕy^{45}	tɕy^{42}	tɕy^{13}	cy^{45}	cy^{45}	cy^{45}	cy^{13}
资兴	tɕy^{44}	tɕy^{44}	tɕʰy^{35}	tɕʰy^{22}	tɕʰy^{44}/tɕʰy^{35}	tɕʰy^{35}	cy^{31}	cy^{35}	tɕy^{44}	tɕy^{44}	tɕy^{44}	tɕy^{31}	tɕy^{35}	cy^{44}	cy^{44}	cy^{44}	cy^{35}
隆回	tʃu^{44}	tʃu^{44}	tʃʰu^{212}	tʃʰu^{13}	tʃʰu^{212}	tʃʰu^{45}	su^{212}	su^{45}	tʃu^{44}	tʃu^{44}	tʃu^{44}	tʃu^{212}	tʃu^{45}	fu^{44}	su^{44}	fu^{13}	fu^{212}/fu^{45}
洞口	tʃɯ^{53}	tʃɯ^{53}		tʃʰɯ^{24}	tʃʰɯ^{213}	tʃɯ^{45}	fɯ^{213}	fɯ^{45}	tʃɯ^{53}	tʃɯ^{53}	tʃɯ^{53}	tʃɯ^{213}	tʃɯ^{45}	fɯ^{53}	fɯ^{53}	fɯ^{213}	fɯ^{213}
绥宁	tʃɯ^{33}	tʃɯ^{33}	tʃʰɯ^{42}	tʃʰɯ^{45}	tʃʰɯ^{22}	tʃɯ^{42}	su^{13}	su^{42}	tʃɯ^{33}	tʃɯ^{33}	tʃɯ^{33}	tʃɯ^{13}	tʃɯ^{42}	fɯ^{33}	fɯ^{33}	fɯ^{324}	fɯ^{22}/fɯ^{13}

	树	拘	矩~	句	区~域	瞿	具	愚	娱	遇	于姓	雨	宇	羽	芋	愉
	遇合三 去遇禅	遇合三 平遇见	遇合三 上遇见	遇合三 去遇见	遇合三 平遇溪	遇合三 平遇群	遇合三 去遇群	遇合三 平遇疑	遇合三 平遇疑	遇合三 去遇疑	遇合三 平遇云	遇合三 上遇云	遇合三 上遇云	遇合三 上遇云	遇合三 去遇云	遇合三 平遇以
华容	ɕy^{33}	tɕy^{45}	tɕy^{21}	tɕy^{213}	tɕʰy^{45}	tɕʰy^{33}	tɕʰy^{33}	y^{12}	y^{12}	y^{33}	y^{12}	y^{21}	y^{21}	y^{21}	y^{33}	y^{12}
岳阳楼	ɕy^{22}	tɕy^{34}	tɕy^{31}	tɕy^{324}	tɕʰy^{34}	tɕʰy^{13}	tɕʰy^{22}	y^{13}	y^{13}	y^{22}	y^{13}	y^{31}	y^{31}	y^{31}	y^{22}	y^{13}
临湘	ɕy^{21}	tɕy^{33}	tɕy^{42}	tɕy^{325}	dʑʰy^{33}	dʑʰy^{13}	dʑʰy^{21}	y^{13}	y^{21}	y^{21}		y^{42}	y^{42}	y^{42}	y^{21}	y^{13}
岳阳县	ɡy^{21}	cy^{33}	cy^{42}	cy^{45}	cʰy^{33}	cy^{13}	cy^{21}	y^{13}	y^{13}	y^{21}	y^{13}	y^{42}	y^{42}	y^{42}	y^{21}	y^{13}
平江	sy^{22}	tɕy^{44}	tɕy^{324}	tɕy^{45}	tsʰy^{44}	tsʰy^{13}	tsʰy^{22}	ŋy^{45}	y^{13}	ŋy^{22}	y^{44}	y^{21}	y^{21}	y^{21}	y^{22}	y^{13}
浏阳	sy^{21}	tsy^{45}	tsy^{324}	tsy^{45}	tsʰy^{44}	tsʰy^{45}	tsʰy^{42}	y^{45}	y^{45}	y^{21}	y^{45}	y^{324}	y^{324}	y^{324}	y^{21}	y^{45}
醴陵	xy^{22}	ky^{44}	ky^{33}	ky^{22}	kʰy^{44}	kʰy^{13}	kʰy^{22}	ŋy^{13}	y^{13}	y^{22}		y^{31}	y^{31}	y^{31}	y^{22}	y^{13}
茶陵	tɕʰy^{325}	tɕy^{45}	tɕy^{33}	tɕy^{33}	tɕʰy^{45}		tɕy^{33}	y^{213}	u^{213}	y^{325}	y^{213}	y^{42}	y^{42}	y^{42}	y^{325}	y^{213}
安仁	tʃʰy^{322}	tʃy^{44}	tʃy^{322}	tʃy^{322}	tʃʰy^{44}	tʃy^{24}	tʃy^{322}	y^{24}	y^{24}	y^{322}	y^{24}	y^{53}	y^{53}	y^{53}	y^{322}	y^{24}
耒阳	ɕy^{213}	tɕy^{45}	tɕy^{53}	tɕy^{213}	tɕʰy^{45}	tɕʰy^{25}	tɕʰy^{22}	y^{25}	y^{25}	y^{213}	y^{25}	y^{53}	y^{53}	y^{53}	y^{213}	y^{25}
常宁	ɕy^{24}	tɕy^{45}	tɕy^{44}	tɕy^{24}	kʰy^{45}	kʰy^{21}	kʰy^{24}	ŋy^{24}	u^{24}	ŋy^{24}	y^{21}	y^{44}	y^{44}	y^{44}	y^{24}	y^{24}
永兴	ɕy^{13}	tɕy^{45}	tɕy^{31}	tɕy^{13}	tɕʰy^{44}	tɕʰy^{325}	tɕy^{24}	y^{325}	y^{22}	y^{13}	y^{325}	y^{42}	y^{42}	y^{42}	y^{13}	y^{13}
资兴	ɕy^{35}	tɕʰy^{44}	tɕy^{31}	tɕy^{35}	tɕʰy^{44}	tɕʰy^{22}	tɕy^{35}	y^{22}	y^{22}	y^{35}	y^{22}	y^{31}	y^{31}	y^{31}	y^{35}	y^{22}
隆回	ʃu^{45}	tʃu^{44}	tʃu^{212}	tʃu^{45}	tʃʰu^{44}	tʃʰu^{45}	tʃʰu^{45}	u^{13}	u^{13}	u^{45}	u^{13}	u^{212}	u^{212}	u^{212}	u^{45}	u^{13}
洞口	ʃɯ^{53}	tʃɯ^{45}	tʃʰɯ^{53}	tʃɯ^{45}	tʃʰɯ^{53}	tʃʰɯ^{24}	tʃʰɯ^{53}	u^{24}	u^{24}	u^{45}		ɯ^{213}	ɯ^{213}	ɯ^{213}	ɯ^{53}	ɯ^{24}
绥宁	ɕɯ^{44}	tʃɯ^{42}	tʃɯ^{13}	tʃɯ^{42}	tʃʰɯ^{324}	tʃʰɯ^{324}	tʃɯ^{42}	u^{45}	u^{45}	ɯ^{42}	u^{45}	ɯ^{13}	ɯ^{13}	ɯ^{13}	ɯ^{44}	ɯ^{42}

	喻 遇合三去遇以	裕 遇合三去遇以	戴 蟹开去代端	胎 蟹开平咍透	态 蟹开去代透	贷 蟹开去代透	台~湾 蟹开平咍定	抬 蟹开平咍定	待 蟹开上海定	代 蟹开去代定	袋 蟹开去代定	耐 蟹开去代泥	来 蟹开平咍来	灾 蟹开平咍精	栽 蟹开平咍精	再 蟹开去代精
华容	y³³	y²¹³	tai²¹³	hæi⁴⁵	hæi²¹³	hæi³³	hæi¹²	hæi¹²	hæi³³	hæi³³	hæi³³	læi³³	læi¹²	tsæi⁴⁵	tsæi⁴⁵	tsæi²¹³
岳阳楼	y²²	y²²	tai³²⁴	tʰæi³⁴	tʰæi³²⁴	tʰæi²²	tʰæi¹³	tʰæi¹³	tʰæi²²	tʰæi²²	tʰæi³³	læi²²	læi¹³	tsæi³⁴	tsæi³⁴	tsæi³²⁴
临湘	ny²¹	y²¹	tæ³²⁵	dʰæ³³	dʰæ³²⁵	dʰæ²¹	dʰæ¹³	dʰæ¹³	dʰæ²¹	dʰæ²¹	dʰæ²¹	læ²¹	læ¹³	tsæ³³	tsæ³³	tsæ³²⁵
岳阳县	y²¹	y²¹	tæ⁴⁵	tʰæ³³	tʰæ⁴⁵	tæ²¹	tæ¹³	tæ¹³	tæ²¹	tæ²¹	tæ²¹	læ²¹	læ¹³	tsæ³³	tsæ³³	tsæ⁴⁵
平江	ŋy²²	y²¹	tʰai⁴⁵	tʰai⁴⁴	tʰai⁴⁵	tʰai²²	tʰai¹³	tʰui¹³	tʰai²¹	tʰai²²	tʰai²²	lai²²	lai¹³	tsai⁴⁴	tsai⁴⁴	tsai¹³
浏阳	y⁴²	y⁴²	tai⁴²	tʰai⁴⁴	tʰai²¹	tʰai²²	tʰai⁴⁵	tʰai⁴⁵	tʰai²¹	tʰai²¹	tʰai²²	lai²¹	lai⁴⁵	tsai⁴⁴	tsai⁴⁴	tsai⁴²
醴陵	y²²	y²²	tai²²	tʰei²²	tʰoi²¹	tʰoi²²	tʰoi¹³	tʰei¹³	tʰoi²²	tʰoi²²	tʰoi²²	lai²²	lei¹³	tsoi⁴⁴	tsoi⁴⁴	tsoi²²
茶陵	y³²⁵	y³²⁵	tæ²⁴	tʰæ⁴⁴	tʰæ⁴⁵	tʰæ³²⁵	tʰæ²¹³	tʰæ²¹³/tʰæ²¹³	tʰæ³²⁵	tʰæ³²⁵	tʰe³²⁵	tæ³²⁵	le²¹³	tsæ⁴⁵	tsæ⁴⁵	tsæ³³
安仁	y³²²	y³²²	tæ³²²	tʰæ⁴⁴	tʰæ⁴⁴	tʰæ³²²	tæ²⁴	tæ²⁴	tʰæ³²²	tʰæ³²²	tʰæ³²²	læ⁵³	le²⁴	tsæ⁴⁴	tsæ⁴⁴	tsæ³²²
耒阳	y²¹³	y²⁵	tæ²¹³	tʰæ⁴⁵	tʰæ²¹³	tʰæ²¹³	tʰɛ³⁵	tʰæ²⁵	tʰæ²¹³	tʰæ²¹³	tʰue²¹³/tʰæ²¹³	tʰæ²¹³	le²⁵	tsæ⁴⁵	tsæ⁴⁵	tsæ²¹³
常宁	y²⁴	y²⁴	tæ²⁴	tʰe⁴⁵	tʰæ²⁴	tʰæ²⁴	tʰæ²¹	tʰæ²¹	tʰæ²⁴	tʰæ²⁴	tʰui²⁴/tʰæ²⁴	læ²⁴	læ²¹	tse⁴⁵	tsue⁴⁵/tse⁴⁵	tsæ²⁴
永兴	y¹³	y¹³	ta¹³动词/te¹³姓	tʰe⁴⁵	tʰɛ¹³	te¹³	tʰɛ²²	ta³²⁵	te¹³	te¹³	ta¹³	le¹³	le³²⁵	tse⁴⁵	tse⁴⁵	tse¹³
资兴	y³⁵	y³⁵	ta³⁵动词/tai³⁵姓	tʰai⁴⁴	tʰai³⁵	tai³⁵	tʰɛ²²	ta²²	tai³⁵	ta³⁵/tai³⁵	tie³⁵/tai³⁵	lai³⁵	lai²²	tsæ⁴⁴	tse⁴⁵	tsa³⁵/tsai³⁵
隆回	u⁴⁵	u⁴⁵	ta⁴⁵	xa⁴⁴	xa⁴⁵	xa⁴⁵	xa¹³	xa¹³	xa⁴⁵	xa⁴⁵	xue²¹²/xa⁴⁵	la⁴⁵	le¹³	tsa⁴⁴	tsue⁴⁴/tsa⁴⁴	tsa⁴⁵
洞口	ʉ²⁴	ʉ⁴⁵	tai⁴⁵	xai⁵³	xai⁴⁵	xai⁴⁵	xai⁴⁵	xai²⁴	xai⁴⁵	xai⁴⁵	xai²¹³	lai⁴⁵	lai²⁴	tsai⁵³	tsai⁵³	tsai⁴⁵
绥宁	ʉ⁴²	ʉ⁴²	tai⁴²	tʰai³³	tʰai⁴²	tʰai⁴²	tʰai⁴⁵	tʰai⁴⁵	tʰai⁴⁴	tʰai⁴²	tʰai²²	lai⁴⁴	le⁴⁵/lai⁴⁵	tsai³³	tsai³³	tsai⁴²

	猜 蟹开平哈清	彩 蟹开上海清	采 蟹开上海清	睬 蟹开上海清	菜 蟹开去代清	才~锥 蟹开平哈从	材 蟹开平哈从	財 蟹开平哈从	栽 蟹开平哈从	在 蟹开上海从	腮 蟹开平哈心	鰓 蟹开平哈心	賽 蟹开去代心	該 蟹开平哈见	改 蟹开上海见	概 蟹开去代见
华容	tɕʰyæi^{45}	tsʰæi^{21}	tsʰæi^{21}	tsʰæi^{21}	tsʰæi^{213}	tsʰæi^{12}	tsʰæi^{12}	tsʰæi^{12}	tsʰæi^{12}	tsʰæi^{33}	sæi^{45}	sæi^{45}	sæi^{213}	kæi^{34}	kæi^{21}	kʰæi^{213}
岳阳楼	tsʰai^{34}	tsʰai^{31}	tsʰai^{31}	tsʰai^{31}	tsʰai^{324}	tsʰai^{13}	tsʰai^{13}	tsʰai^{13}	tsʰai^{13}	tsʰai^{22}	sai^{34}	sai^{34}	sai^{324}	kai^{34}	kai^{31}	kʰai^{324}
临湘	dʑʰæ^{33}	dʑʰæ^{42}	dʑʰæ^{42}	dʑʰæ^{42}	dʑʰæ^{325}	dʑʰæ^{13}	dʑʰæ^{13}	dʑʰæ^{13}	dʑʰæ^{13}	dʑʰe^{21}/dʑʰe^{21}	sæ^{33}	sæ^{33}	sæ^{325}	kæ^{33}	kæ^{42}	gʰæ^{325}
岳阳县	tsʰæ^{33}	tsʰæ^{42}	tsʰæ^{42}	tsʰæ^{42}	tsʰæ^{45}	tsæ^{13}	tsæ^{13}	tsæ^{13}	tsæ^{13}	tsæ^{21}	sæ^{44}	sæ^{44}	sæ^{45}	kæ^{44}	kæ^{42}	kæ^{45}
平江	tsʰai^{44}	tsʰai^{324}	tsʰai^{324}	tsʰai^{324}	tsʰai^{45}	tsʰai^{13}	tsʰai^{13}	tsʰai^{13}	tsʰai^{13}	tsʰai^{22}	sai^{44}	sai^{44}	sai^{45}	kai^{44}	kai^{324}	kʰæ^{42}
浏阳	tsʰai^{44}	tsʰai^{324}	tsʰai^{324}	tsʰai^{324}	tsʰai^{42}	tsʰai^{45}	tsʰai^{45}	tsʰai^{45}	tsʰai^{45}	tsʰei^{21}	sai^{44}	sai^{44}	sai^{42}	kai^{44}	kai^{324}	kʰæ^{322}
醴陵	tsʰai^{44}	tsʰoi^{31}	tsʰoi^{31}	tsʰoi^{31}	tsʰoi^{22}	tsʰoi^{13}	tsʰoi^{13}	tsʰoi^{13}	tsʰoi^{13}	tsʰei^{22}/tsʰoi^{22}	sei^{44}	soi^{44}	sai^{22}	koi^{44}	koi^{31}	kʰai^{31}
茶陵	tsʰæ^{45}	tsʰæ^{42}	tsʰæ^{42}	tsʰæ^{42}	tsʰe^{33}	tsʰæ^{213}	tsʰæ^{213}	tsʰæ^{213}	tsʰe^{213}	tsæ^{325}	se^{45}	se^{45}	sæ^{33}	kæ^{45}	kæ^{42}	kʰæ^{42}
安仁	tsʰæ^{44}	tsʰæ^{53}	tsʰæ^{53}	tsʰæ^{53}	tsʰæ^{322}	tsæ^{24}	tsæ^{24}	tsæ^{24}	tsæ^{24}	tsʰæ^{322}	sæ^{44}	sæ^{44}	sæ^{322}	ke^{44}	kæ^{53}	kʰæ^{322}
耒阳	tsʰe^{45}	tsʰe^{53}	tsʰe^{53}	tsʰe^{53}	tsʰæ^{213}	tsʰæ^{25}	tsʰæ^{25}	tsʰæ^{25}	tsʰæ^{25}	tsʰæ^{213}	sui^{45}	sui^{45}	sæ^{213}	kai^{45}	ke^{53}	kʰæ^{24}
常宁	tsʰe^{45}	tsʰe^{44}	tsʰe^{44}	tsʰe^{44}	tsʰæ^{24}	tsʰæ^{21}	tsʰæ^{21}	tsʰæ^{21}	tsʰæ^{21}	tsʰæ^{24}	sue^{45}	sue^{45}	sue^{24}	ke^{45}	ke^{44}	kʰæ^{24}
永兴	tsʰɛ^{45}	tsʰɛ^{42}	tsʰɛ^{42}	tsʰɛ^{42}	tsʰæ^{13}	tsʰe^{325}	tsʰe^{325}	tsʰe^{325}	tsʰæ^{325}	tse^{13}	sa^{45}	sa^{45}	se^{13}	ke^{45}	ke^{42}	kɛ^{13}
资兴		tsʰai^{31}	tsʰai^{31}		tsʰa^{35}	tsʰai^{22}	tsʰai^{22}	tsʰai^{22}	tsʰa^{22}	tsʰei^{44}/tsa^{35}	sa^{44}	sa^{44}	sai^{35}	kai^{44}	kai^{31}	kʰai^{35}
隆回	tsʰa^{44}	tsʰa^{212}	tsʰa^{212}	tsʰa^{212}	tsʰue^{45}/tsʰa^{45}	tsʰue^{13}	tsʰa^{13}	tsʰa^{13}	tsʰue^{13}	tsʰei^{212}/tsʰa^{45}	sui^{53}	sui^{53}	sa^{45}	ka^{44}	ka^{212}	kʰa^{45}
洞口	tsʰai^{53}	tsʰai^{213}	tsʰai^{213}	tsʰai^{213}	tsʰai^{45}	tsʰai^{24}	tsʰai^{24}	tsʰai^{24}	tsʰai^{24}	tsʰai^{45}	suai^{53}	suai^{53}	sai^{45}	kai^{53}	kai^{213}	
绥宁	tsʰai^{13}	tsʰai^{13}	tsʰai^{13}	tsʰai^{13}	tsʰai^{42}	tsʰai^{45}	tsʰai^{45}	tsʰai^{45}	tsʰai^{45}	tsʰɛ^{22}/tsʰai^{13}	se^{33}	se^{33}	sai^{42}	kai^{33}	kai^{13}	kʰai^{42}

	开 蟹开一平咍溪	凯 蟹开一上海溪	呆~板 蟹开一平咍疑	碍 蟹开一去代疑	海 蟹开一上海晓	孩 蟹开一平咍匣	亥 蟹开一上海匣	哀 蟹开一平咍影	爱 蟹开一去代影	贝 蟹开一去泰帮	带 蟹开一去泰端	大 蟹开一去泰定	泰 蟹开一去泰透	赖 蟹开一去泰来	癞 蟹开一去泰来	蔡 蟹开一去泰清
华容	kʰæi⁴⁵	kʰæi²¹	ŋæi¹²	ŋæi³³	xæi²¹	xæi¹²	xæi³³	ŋæi⁴⁵	ŋæi²¹³	pei²¹³	tæi²¹³	hæi²¹³	hæi³³	læi³³	læi³³	tsʰæi²¹³
岳阳楼	kʰai³⁴	kʰai³¹	ŋai¹³	ŋai²²	xai³¹	xai¹³	xai²²	ŋai³⁴	ŋai³²⁴	pi³²⁴	tai³²⁴	tʰai³²⁴	tʰai³²⁴	lai²²	lai²²	tsʰai³²⁴
临湘	gʰɛ³³	gʰæ⁴²	ŋæ¹³	ŋæ²¹	xæ⁴²	xæ¹³	xæ²¹	ŋæ³³	ŋæ³²⁵	pi⁵	tæ³²⁵	dʰæ³²⁵	dʰæ³²⁵	læ²¹	læ²¹	dʰæ³²⁵
岳阳县	kʰæ³³	kʰæ⁴²	ŋæ¹³	ŋæ²¹	xæ⁴²	xæ¹³	xæ²¹	ŋæ³³	ŋæ⁴⁵	pi⁴⁵	tæ⁴⁵	tʰæ⁴⁵	tʰæ⁴⁵	læ²¹	læ²¹	tsʰæ⁴⁵
平江	ʌɯ⁴⁴	ʌɯ³⁷⁶	ŋai¹⁷	ŋɯ¹⁰⁰	ɣai³⁴	xai¹³	xai²²	ŋai⁴⁴	ŋai⁴⁵	pi⁴⁵	tai⁴⁵	tʰai⁴⁵	tʰai⁴⁵	lai²²	lai²²	tsʰai⁴⁵
浏阳	kʰai⁴⁴	kʰai³²⁴	ŋai⁴⁵	ŋai²¹/ŋai⁴²	xai³²⁴	xai⁴⁵	xai²¹	ŋai⁴⁴	ŋai⁴²	pei⁴²	tai⁴⁴	tʰai⁴²	tʰai⁴²	lai²¹	lai²¹	tsʰai⁴²
醴陵	kʰoi⁴⁴	kʰai³¹	ŋai¹³	ŋoi²²	xoi³¹	xai¹³	xoi²²	ŋoi⁴⁴	ŋoi²²	pei²²	tai²²	tʰai²²	tʰai²²	lai³²⁵	lai²¹	tsʰoi²²
茶陵	kʰe⁴⁵/kʰæ⁴⁵	kʰæ⁴²	ŋæ²¹³	ŋæ³²⁵	xæ⁴²	xæ²¹³	xæ³²⁵	ŋæ⁴⁵	ŋæ³³	pe³³	tæ³³	tʰæ³³	tʰæ³³/tʰæ³²⁵	læ³²⁵	læ³³~干/læ³²⁵~毛病	tsʰæ³³
安仁	kʰe⁴⁴	kʰe⁵³		ŋæ³²²	xæ⁵³	xæ²⁴	xæ³²²	iɑ⁴⁴	iɑ³²²	pe³²²	tæ³²²	tʰæ³²²	tʰæ³²²	næ³²²	næ³²²	tsʰæ³²²
耒阳	kʰæ⁴⁵	kʰe⁵³	ŋæ²⁵	ŋæ²¹³	xæ⁵³	xæ²⁵	xæ²¹³	ŋæ⁴⁵	ŋæ²¹³	pe²¹³	tæ²¹³	tʰæ²¹³	tʰæ²¹³	læ²¹³	læ²¹³	tsʰæ²¹³
常宁	kʰe⁴⁵	kʰe⁴⁴	ŋæ²¹	ŋæ²⁴	xe⁴⁴	xæ²¹	xæ²⁴	ŋe⁴⁵	ŋæ²⁴	pi²⁴	tæ²⁴	tʰæ²⁴	tʰæ²⁴	læ²⁴	læ²⁴	tsʰæ²⁴
永兴	kʰe⁴⁵	kʰe⁴²		ɛ¹³	xɛ⁴²	xɛ²²	xɛ¹³	ɛ⁴⁵	ɛ¹³	pi¹³	te¹³	tʰe¹³	tʰe¹³	le¹³	le¹³	tsʰe¹³
资兴	kʰai⁴⁴	kʰai³¹	ŋai²²	ŋai³⁵	xai³¹	xai²²	xai³⁵	ŋai⁴⁴	ŋai³⁵	pei³⁵	tai³⁵	tʰai³⁵	tʰai³⁵	lai³⁵	lai³⁵	tsʰai³⁵
隆回	kʰe⁴⁴	kʰa²¹²		a⁴⁵	xa²¹²	xa¹³	xɛi³²⁵/xa⁴⁵	a⁴⁴	e⁴⁵/a⁴⁵	pe⁴⁵	ta⁴⁵	xa⁴⁵	xa⁴⁵	la⁴⁵	la⁴⁵	tsʰa⁴⁵
洞口	kʰai⁵³	kʰai²¹³		ai⁵³	xai²¹³	xai²⁴	xai⁴⁵	ai⁵³	ai⁴⁵	pai⁴⁵	tai⁴⁵	xai⁴⁵	xai⁴⁵	lai⁴⁵	lai⁴⁵	tsʰai⁴⁵
绥宁	kʰai³³	kʰai¹³		ŋai¹³	xai¹³	xai⁴⁵	xai¹³	ŋai³³	ŋai⁴²	pe⁴²	tai⁴²	tʰai⁴²	tʰai⁴²	lai⁴⁴	lai⁴²	tsʰai⁴²

	盖 蟹开一 去泰见	艾 蟹开一 去泰疑	害 蟹开一 去泰匣	拜 蟹开二 去怪帮	排 蟹开二 平皆并	埋 蟹开二 平皆明	斋 蟹开二 平皆庄	豺 蟹开二 平皆崇	阶 蟹开二 平皆见	介 蟹开二 去怪见	界 蟹开二 去怪见	芥 蟹开二 去怪见	价 蟹开二 去怪见	届 蟹开二 去怪见	戒 蟹开二 去怪见	措 蟹开二 平皆溪
华容	kæi²¹³	ŋæi³³	xæi³³	pæi²¹³	pʰæi¹²	mæi¹²	tsæi⁴⁵	tsʰæi¹²	kæi⁴⁵	kæi²¹³	kæi²¹³	kæi²¹³	kæi²¹³	kæi²¹³	kæi²¹³	kʰæi⁴⁵
岳阳楼	kai³²⁴	ŋai²²	xai²²	pai³²⁴	pʰai¹³	mai¹³	tsai³⁴	tsʰai¹³	kai³⁴	kai³²⁴	kai³²⁴	kai³²⁴	kai³²⁴	kai³²⁴	kai³²⁴	kʰai³⁴
临湘	kæ³²⁵	ŋæ²¹	xæ²¹	pæ³²⁵	bʰæ¹³	mæ¹³	tsæ³³	dzʰæ¹³	kæ³³	kæ³²⁵	kæ³²⁵	kæ³²⁵	kæ³²⁵	kæ³²⁵	kæ³²⁵	gʰæ³³
岳阳县	kæ⁴⁵	ŋæ²¹	xæ²¹	pæ⁴⁵	pæ¹³	mæ¹³	tsæ³³	tsæ¹³	kæ³³	kæ⁴⁵	kæ⁴⁵	kæ⁴⁵	kæ⁴⁵	kæ⁴⁵	kæ⁴⁵	kʰæ³³
平江	kai⁴⁵	ŋai²²	xai²²	pai⁴⁵	pʰai¹³	mai¹³	tsai⁴⁴	tsʰai¹³	kai⁴⁴	kai⁴⁵	kai⁴⁵	kai⁴⁵	kai⁴⁵	kai⁴⁵	kai⁴⁵	xai⁴⁴
浏阳	kai⁴²	ŋai⁴²	xai²¹	pai⁴²	pʰai⁴⁵	mai⁴⁵	tsai⁴⁴	tsʰai⁴⁵	kai⁴⁴	kai⁴²	kai⁴²	kai⁴²	kai⁴²	kai⁴²	kai⁴²	kʰai⁴⁴
醴陵	koi²²	ŋai²²	xoi²²	pai²²	pʰai¹³	mai¹³	tsai⁴⁴	tsʰai¹³	kai⁴⁴	kai²²	kai²²	kai²²	kai²²	kai²²	kai²²	kʰai⁴⁴
茶陵	kæ³³	ŋæ³³	xæ³²⁵	pæ³³	pʰæ²¹³	mæ²¹³	tsæ⁴⁵	tsʰæ²¹³	kæ⁴⁵	kæ³³	kæ³³	kæ³³	kæ³³	kæ³³	kæ³³	kʰæ⁴⁵
安仁	kæ³²²	iɑ³²²	xæ³²²	pæ³²²	pæ²⁴	mæ²⁴	tsæ⁴⁴	tsæ²⁴	kæ⁴⁴	kæ³²²	kæ³²²	kæ³²²	kæ³²²	kæ³²²	kæ³²²	kʰæ⁴⁴
耒阳	kæ²¹³	ŋæ²¹³	xæ²¹³	pæ²¹³	pʰæ²⁵	mæ²⁵	tsæ⁴⁵	tsʰæ²⁵	kæ⁴⁵	kæ²¹³	kæ²¹³	kæ²¹³	kæ²¹³	kæ²¹³	kæ²¹³	kʰæ⁴⁵
常宁	kæ²⁴	ŋæ²⁴	xæ²⁴	pæ²⁴	pʰæ²¹	mæ²¹	tse⁴⁵	tsʰa²¹	ke⁴⁵	kæ²⁴	kæ²⁴	kæ²⁴	kæ²⁴	kæ²⁴	kæ²⁴	kʰe²⁴
永兴	ke¹³	ɛ¹³	xe¹³	pa¹³	pa³²⁵	ma³²⁵	tsa⁴⁵	tsʰæ³²⁵	ka⁴⁵	keʔ¹³	keʔ¹³	keʔ¹³	keʔ¹³	keʔ¹³	ka¹³/keʔ¹³	kʰa⁴²
资兴	kai³⁵	ŋa³⁵	xai³⁵	pa³⁵	pa²²	ma²²	tsa⁴⁴	tsʰa²²	kai⁴⁴	kai³⁵	kai³⁵	kai³⁵	ka³⁵	kai³⁵	ka³⁵	kʰa⁴⁴
隆回	ke⁴⁵/ka⁴⁵	a⁴⁵	xa⁴⁵	pa⁴⁵	pʰa¹³	ma¹³	tsai⁵³	tsʰa¹³	ka⁴⁴	ka⁴⁵	ka⁴⁵	ka⁴⁵	ka⁴⁵	ka⁴⁵	ka⁴⁵	kʰa⁴⁴
洞口	kai⁴⁵	ai⁴⁵	xai⁵³	pai⁴⁵	hai²⁴	mai²⁴	tsai⁵³	tsʰai²⁴	kai⁵³	kai⁴⁵	kai⁴⁵	kai⁴⁵	kai⁴⁵	kai⁴⁵	kai⁴⁵	kʰai⁵³
绥宁	kai⁴²	ŋai⁴²	xai⁴⁴	pai⁴²	pʰai⁴⁵	mai⁴⁵	tsai³³	tsʰai⁴⁵	kai³³	kai⁴²	kai⁴²	kai⁴²	kai⁴²	kai⁴²	kai⁴²	kʰai³³

	楷 蟹开二上蟹溪	械 蟹开二去怪匣	挨~生 蟹开二平皆影	摆 蟹开二上蟹帮	派 蟹开二去怪滂	牌 蟹开二平佳並	牌 蟹开二平佳並	稗 蟹开二去卦並	买 蟹开二上蟹明	卖 蟹开二去卦明	奶 蟹开二上蟹泥/蟹	债 蟹开二去卦庄	差出~ 蟹开二平佳初	柴 蟹开二平佳崇	筛-子 蟹开二平生	晒 蟹开二去生
华容	kʰæi^{21}	kæi^{213}	ŋæi^{45}	pæi^{21}	pʰæi^{213}	pʰæi^{12}	pʰæi^{12}	pʰæi^{33}	mæi^{21}	mæi^{33}	læi^{21}	tsæi^{45}	tsʰæi^{45}	tsʰæi^{12}	sæi^{45}	sæi^{213}
岳阳楼	kʰai^{31}	kai^{324}	ŋai^{34}	pai^{31}	pʰai^{324}	pʰai^{13}	pʰai^{13}	pʰai^{22}	mai^{31}	mai^{31}	lai^{31}		tsʰai^{34}	tsʰai^{13}	sai^{34}	sai^{324}
临湘	gʰæ^{42}	kæ^{325}	ŋæ^{13}	pæ^{42}	bʰæ^{325}	bʰæ^{13}	bʰæ^{13}	bʰa^{21}	mæ^{42}	mæ^{21}	læ^{42}	tsæ^{325}	dʑʰæ^{33}	dʑʰæ^{13}	sæ^{33}	sæ^{325}/sa^{325}
岳阳县	kʰæ^{42}	kæ^{45}	ŋæ^{13}	pæ^{42}	pʰæ^{45}	pæ^{13}	pæ^{13}	pa^{21}	mæ^{42}	mæ^{42}	læ^{42}	tsæ^{45}	tsʰæ^{33}	tsæ^{13}	sæ^{33}	sæ^{45}
平江	kʰai^{324}	xai^{45}	ŋai^{44}	pai^{324}	pʰai^{45}	pʰai^{13}	pʰai^{13}	pʰɑ^{22}	mai^{21}	mai^{21}/mæi^{45}	lai^{21}	tsai^{45}	tsʰai^{44}	tsʰai^{13}	sai^{44}	sa^{45}
浏阳	kʰai^{324}	kai^{42}	ŋai^{44}	pai^{324}	pʰai^{42}	pʰai^{45}	pʰai^{13}	pʰua^{42}	mai^{324}	mai^{324}	lai^{324}	tsai^{42}	tsʰai^{44}	tsʰai^{45}	sai^{44}	sai^{42}
醴陵	kʰai^{31}	kai^{22}	ŋai^{44}	pai^{31}	pʰai^{22}	pʰai^{13}	pʰai^{213}	pʰa^{22}	mai^{31}	mai^{22}	lai^{31}	tsai^{22}	tsʰai^{44}	tsʰai^{13}	sai^{44}	sai^{22}
茶陵	kʰæ^{42}	kæ^{33}	ŋæ^{45}	pæ^{42}	pʰæ^{325}	pʰæ^{213}	pæ^{24}	pʰæ^{325}	mæ^{45}	mæ^{45}	læ^{42}	tsæ^{33}	tsʰæ^{45}	tsʰæ^{213}	sæ^{45}	sæ^{33}
安仁	kæ^{44}	kæ^{322}	iɑ^{24}	pæ^{53}	pʰæ^{322}	pæ^{24}	pʰæ^{25}	pʰæ^{322}	mæ^{53}	mæ^{322}	læ^{44}	tsæ^{322}		tsæ^{24}	sæ^{44}	sæ^{322}
耒阳	kʰæ^{45}	kæ^{213}	ŋæ^{45}	pæ^{53}	pʰæ^{213}	pʰæ^{25}	pʰæ^{21}	pʰæ^{213}	mæ^{53}	mæ^{213}	læ^{53}	tsæ^{213}	tsʰæ^{45}	tsʰæ^{25}	sæ^{45}	sæ^{213}
常宁		kæ^{24}	ŋe^{45}	pe^{44}	pʰæ^{24}	pʰæ^{21}	pa^{325}	pʰæ^{24}	me^{44}	mæ^{24}	le^{44}	tsæ^{24}	tsʰe^{45}	tsʰæ^{21}	se^{45}	sa^{24}
永兴	kʰe^{42}	ke^{13}	a^{45}	pa^{13}	pʰa^{13}	pa^{325}	pa^{22}	pa^{13}	ma^{42}	ma^{13}	le^{42}	tsa^{13}	tsʰa^{45}	tsʰa^{325}	sa^{45}	sa^{13}
资兴	kʰai^{31}	kai^{35}	a^{44}	pa^{31}	pʰa^{35}	pa^{22}	pʰa^{13}	pa^{35}	ma^{44}	ma^{35}	laŋ^{31}	tsai^{35}	tsʰa^{44}	tsʰa^{22}	sa^{44}	sa^{35}
隆回	kʰa^{212}	ka^{45}	a^{44}	pa^{212}	pʰa^{45}	pʰa^{13}	hai^{13}	pʰa^{212}	ma^{212}	ma^{45}	la^{325}明/la^{212}~	tsa^{45}		tsʰa^{13}	sa^{44}	sa^{45}
洞口		kai^{53}		pai^{213}	hai^{45}	hai^{24}		hai^{213}	mai^{213}	mai^{53}	lai^{213}	tsai^{45}	tsʰai^{33}	tsʰai^{24}	sai^{53}	sai^{45}
绥宁	kai^{33}	kai^{42}	ŋai^{33}	pai^{13}	pʰai^{44}	pʰai^{45}	pʰai^{45}	pʰai^{22}	mai^{13}	mai^{44}	lai^{324}/lai^{13}	tsai^{42}	tsʰai^{45}	tsʰai^{45}	sai^{33}	sai^{42}

	佳 蟹开二 平佳见	街 蟹开二 平佳见	解(~开) 蟹开二 上蟹见	挨(~打) 蟹开二 平佳疑	鞋 蟹开二 平佳匣	蟹 蟹开二 上蟹匣	矮 蟹开二 上蟹影	败 蟹开二 去夹并	寨 蟹开二 去夹崇	币 蟹开三 去祭并	毙 蟹开三 去祭并	例 蟹开三 去祭来	厉 蟹开三 去祭来	祭 蟹开三 去祭精	际 蟹开三 去祭精	制 蟹开三 去祭章
华容	tɕia⁴⁵	kæi⁴⁵	kæi²¹		xæi¹²	xæi³³	ŋæi²¹	pʰei³³	sæi²¹³	pʰʅ³³	pʰʅ³³	li³³	li³³	tɕi²¹³	tɕi²¹³	tsʅ²¹³
岳阳楼	tɕia³⁴	kai³⁴	kai³¹	ŋai¹³	xai¹³	xai²²	ŋai³¹	pʰæ²²	tsʰai²²/sai³²⁴	pʰʅ²²	pʰʅ²²	li²²	li²²	tɕi³²⁴	tɕi³²⁴	tsʅ³²⁴
临湘	tɕia³³	kæ³³	kæ⁴²	ŋæ¹³	xæ¹³	xæ²¹	ŋæ⁴²	bʰæ²¹	sæ³²⁵	bʰʅ²¹	bʰʅ²¹	dʰʅ²¹	dʰʅ²¹	tɕi³²⁵	tɕi³²⁵	tsʅ³²⁵
岳阳县	cia³³	kæ³³	kæ⁴²	ŋæ¹³	xæ¹³	kæ⁴²	ŋæ⁴²	pæ²¹	sæ⁴⁵	pʅ²¹	pʅ⁴⁵	tʰʅ²¹	li⁴⁵	ci⁴⁵	ci⁴⁵	tsʅ⁴⁵
平江	kia⁴⁴	kai⁴⁴	kai³²⁴	ŋai¹³	xai¹³	kæ⁴⁵	ŋai³²⁴	pʰai²²	tsʰai²²	pʰʅ²²	pʅ⁴⁴	tʰʅ²¹	li⁴⁵	tsi⁴²	tsi⁴⁵	tsʅ⁴⁵
浏阳	kia⁴⁴	kai⁴⁴	kai³²⁴		xai⁴⁵	xai³²⁴	ŋai³²⁴	pʰai²¹	tsai⁴²	pʰei⁴²	pʰʅ²²	tʰʅ²²	ti²¹	tsi⁴²	tsi⁴²	tsʅ⁴²
醴陵	kia⁴⁴	kai⁴⁴	kai³¹	iɑ²⁴	xai¹³	xai³¹	ŋai³¹	pʰai²²	tsʰai²²	pʰʅ²²	pi³³	li²²	li²²	tsi²²	tsi²²	tsʅ²²
茶陵	tɕia⁴⁵	kæ⁴⁵	kæ⁴²	ŋæ⁴⁵	xæ²¹³	xæ²¹³	ŋæ⁴²	pʰæ³²⁵	tsʰæ³²⁵	pʅ³³	pʅ³³	lie³³	li³²⁵	tɕi³³	tɕi³³	tsʅ³³
安仁	tʃɑ⁴⁴	kæ⁴⁴	kæ⁵³	ε³²⁵	xæ²⁴	xæ⁵³	iɑ⁵³	pʰæ³²²	sæ³²²	pʰʅ³²²	pʰʅ³²²	li³²²	li³²²	tsi³²²	tsi³²²	tsʅ³²²
耒阳	tʃɑ⁴⁵	kæ⁴⁵	kæ⁵³	ŋæ²¹	xæ²⁵	xæ²¹³	ŋæ⁵³	pʰæ²¹³	sæ²¹³	pʰʅ²¹³	pʰʅ²¹³	li²¹³	li²¹³	tɕi²¹³	tɕi²¹³	tsʅ²¹³
常宁	tʃɑ⁵³	ke⁴⁵	ke⁴⁴	ŋe²¹	xæ²¹	xæ²⁴	ŋe⁴⁴	pʰæ²⁴	tsʰæ²⁴	pʰʅ²⁴	pʰʅ²⁴	li²⁴	li²⁴	tɕi²⁴	tɕi²⁴	tsʅ²⁴
永兴	tɕia⁴⁵	ka⁴⁵	ka⁴²	a¹³	xa³²⁵	xa⁴²	a⁴²	pa¹³	tsʰa¹³	pʅ¹³	pʅ¹³	ḷ¹³	ḷ¹³	tɕʅ¹³	tɕʅ¹³	tsʅ¹³
资兴	tɕia⁴⁴	ka⁴⁴	ka³¹	ŋai²²	xa²²	kʰaŋ⁴⁴	æ³¹	pai³⁵	tsʰa³⁵/tsʰai³⁵	pʅ³⁵	pʅ³⁵	li³⁵	li³⁵	tɕi³⁵	tɕi³⁵	tsʅ³⁵
隆回	tʃɑ⁴⁴	ka⁴⁴	ka²¹²	a¹³	xa¹³	xa²¹²	a²¹²	pʰa⁴⁵	tsʰa⁴⁵	pʅ⁴⁵	pʅ⁴⁵	le³²⁵	li⁴⁵	tsi⁴⁵	tsi³²⁵	tsʅ⁴⁵
洞口	tʃɑ⁵³	kai⁵³	kai²¹³	ai²⁴	xai²⁴		ai²¹³	hai⁵³	tsʰai⁵³	pʅ⁴⁵	pʅ⁴⁵	lie⁴⁵	li⁵³	tsi⁴⁵	tsi⁴⁵	tsʅ⁴⁵
绥宁	tʃʌ³³	kai³³	kai¹³	ŋai¹³	xai⁴⁵		ai¹³	pʰai⁴⁴/pʰai⁴²	tsʰai⁴²	pʅ⁴²	pʅ⁴²	lie³²⁴	li⁴⁴	tsi⁴²	tsi⁴²	tsʅ⁴²

	世 蟹开三去祭书	势 蟹开三去祭书	誓 蟹开三去祭禅	艺 蟹开三去祭疑	闭 蟹开四去霁帮	批 蟹开四平齐滂	迷 蟹开四平齐明	米 蟹开四上荠明	谜 蟹开四去霁明	低 蟹开四平齐端	底 蟹开四上荠端	抵 蟹开四上荠端	帝 蟹开四去霁端	梯 蟹开四平齐透	体 蟹开四上荠透	替 蟹开四去霁透
华容	sɿ^{213}	sɿ^{213}	sɿ^{33}	li^{33}	pei^{45}	pʰei^{45}	mi^{12}	mi^{21}	mei^{33}	ti^{45}	ti^{21}	ti^{21}	ti^{213}	tʰi^{45}	tʰi^{21}	tʰi^{213}
岳阳楼	sɿ^{324}	sɿ^{324}	sɿ^{22}	ȵi^{22}	pi^{324}	pʰi^{34}	mi^{13}	mi^{31}	mi^{22}	ti^{34}	ti^{31}	ti^{31}	ti^{324}	tʰi^{34}	tʰi^{31}	tʰi^{324}
临湘	sɿ^{325}	sɿ^{325}	sɿ^{21}	ȵi^{21}	pi^{325}	bʱi^{33}	mi^{13}	mi^{42}	mi^{21}	ti^{33}	ti^{42}	ti^{42}	ti^{325}	dʱi^{33}	dʱi^{42}	dʱi^{325}
岳阳县	sɿ^{45}	sɿ^{45}	sɿ^{21}	ji^{21}	pi^{45}	pʰi^{33}	mi^{13}	mi^{21}	mi^{21}	ti^{33}	ti^{42}	ti^{42}	ti^{45}	tʰi^{33}	tʰi^{42}	tʰi^{45}
平江	sɿ^{45}	sɿ^{45}	sɿ^{22}	ŋi^{21}	pi^{45}	pʰi^{44}	mi^{22}	mi^{21}	mi^{22}	ti^{44}	ti^{324}	ti^{324}	ti^{45}	tʰi^{44}	tʰi^{324}	tʰi^{44}
浏阳	sɿ^{42}	sɿ^{42}	sɿ^{42}	ȵi^{21}	pei^{42}	pʰi^{44}	mi^{45}	mi^{324}	mi^{22}	ti^{44}	ti^{324}	ti^{324}	ti^{42}	tʰi^{44}	tʰi^{31}	tʰi^{44}
醴陵	sɿ^{22}	sɿ^{22}	sɿ^{22}	ȵi^{22}	pei^{22}/pi^{22}	pʰi^{44}	mi^{13}	mi^{31}	mi^{22}	ti^{44}	ti^{31}	ti^{31}	ti^{22}	tʰi^{44}	tʰi^{31}	tʰi^{22}
茶陵	sɿ^{33}	sɿ^{325}	sɿ^{33}	ȵi^{325}	pi^{33}	pʰɿ^{45}	mi^{213}	mi^{42}	mi^{33}	ti^{45}	ti^{42}	ti^{42}	ti^{33}	tʰi^{45}	tʰi^{42}	tʰi^{325}
安仁	sɿ^{322}	sɿ^{322}	sɿ^{322}	n̩^{322}/ȵi^{322}	pi^{322}	pʰɿ^{44}	min^{213}	min^{53}	man^{322}/mi^{24}	ti^{44}	ti^{53}	ti^{53}	ti^{322}	tʰi^{44}	tʰi^{53}	tʰi^{322}
耒阳	sɿ^{213}	sɿ^{13}	sɿ^{213}	i^{213}	pi^{213}	pʰɿ^{45}	mi^{25}	miɛ^{53}	mi^{25}	ti^{45}	ti^{53}	ti^{53}	ti^{213}	tʰi^{45}	tʰi^{53}	tʰi^{213}
常宁	sɿ^{45}	sɿ^{45}	sɿ^{45}	n̩^{45}	pi^{24}	pʰɿ^{45}	mi^{21}	miɛ^{212}	mi^{24}	ti^{44}	ti^{44}	ti^{44}	ti^{24}	tʰi^{44}	tʰi^{44}	tʰi^{24}
永兴	sɿ^{13}	sɿ^{13}	sɿ^{13}	ʅ^{13}	pʅ^{13}	fi^{45}	mŋ^{22}	men^{42}	mŋ^{22}	tʅ^{45}	tʅ^{42}	tai^{31}～拍/tʅ^{31}	tʅ^{45}	tʰen^{45}/tʰʅ^{45}	tʰʅ^{42}	tʰʅ^{13}
资兴	sɿ^{35}	sɿ^{35}	sɿ^{35}	li^{35}	pei^{35}	pʰʅ^{44}	mi^{22}	mi^{31}	mi^{24}	tai^{44}	tai^{31}	tai^{31}		tʰai^{44}	tʰi^{31}	tʰai^{35}
隆回	sɿ^{45}	sɿ^{45}	sɿ^{45}	n̩^{45}	pi^{45}	pʰʅ^{44}	mẽ^{325}	mẽ^{212}	mẽ^{325}	ti^{33}	ti^{212}	ti^{212}	ti^{45}	xi^{212}	xi^{212}	xi^{45}
洞口	sɿ^{42}	sɿ^{42}	sɿ^{42}	n̩^{42}	pi^{42}	pʰʅ^{33}	mĩ^{324}	mẽ^{213}	mẽ^{213}	ti^{33}	tai^{213}内～/里面ti^{213}	ti^{213}	ti^{45}	xea^{213}/xea^{53}/xi^{53}	xi^{213}	xi^{53}
绥宁	sɿ^{42}	sɿ^{42}	sɿ^{42}	n̩^{324}	pi^{42}	pʰʅ^{33}	mĩ^{324}	mi^{13}	mĩ^{324}	ti^{33}	te^{13}/ti^{13}	ti^{13}	ti^{42}	tʰœu^{13}	tʰi^{13}	tʰi^{42}

	剃 蟹开四 去齐透	屉~油 蟹开四 去齐透	题 蟹开四 平齐定	提 蟹开四 平齐定	蹄 蟹开四 平齐定	弟 蟹开四 上齐定	第 蟹开四 去齐定	泥 蟹开四 平齐泥	梨 蟹开四 平齐来	黎 蟹开四 平齐来	礼 蟹开四 上齐来	丽~美 蟹开四 去齐来	隶 蟹开四 去齐来	挤 蟹开四 上齐精	济 蟹开四 去齐精	妻 蟹开四 平齐清
华容	tʰi^{213}	tʰi^{213}	tʰi^{12}	tʰi^{12}	tʰi^{12}	tʰi^{33}	tʰi^{33}	li^{12}	li^{12}	li^{12}	li^{21}	li^{33}	tʰi^{45}	tɕi^{21}	tɕi^{213}	tɕʰi^{45}
岳阳楼	tʰi^{324}	tʰi^{324}	tʰi^{13}	tʰia^{13}/tʰi^{13}	tʰi^{13}	tʰi^{22}	tʰi^{22}	ni^{13}	li^{13}	li^{13}	li^{31}	li^{22}		tɕi^{31}	tɕi^{324}	tɕʰi^{34}
临湘	dʰi^{325}	dʰi^{325}	dʰi^{13}	dʰia^{13}/dʰi^{13}	dʰi^{13}	dʰi^{21}	dʰi^{21}	ɲi^{13}	dʰi^{13}	dʰi^{13}	dʰi^{42}	dʰi^{21}	dʰi^{42}	ti^{42}	tɕi^{325}	dʑʰi^{33}
岳阳县	tʰi^{45}	tʰi^{45}	ti^{13}	tia^{13}	ti^{13}	ti^{21}	ti^{21}	ɲi^{13}	li^{13}	li^{13}	li^{42}	li^{21}	li^{21}	ci^{42}	ci^{45}	cʰi^{33}
平江	tʰi^{45}	tʰi^{45}	tʰi^{13}	tʰiɔ^{13}	tʰi^{13}	tʰi^{324}老/tʰi^{22}	tʰi^{22}	ɲi^{13}	tʰi^{13}	tʰi^{13}	li^{21}	li^{45}	tʰiʔ^{2}	tsi^{324}	tsi^{45}	tsʰi^{44}
浏阳	tʰi^{42}	tʰi^{44}	tʰi^{45}	tʰi^{45}/tʰi^{45}	tʰi^{45}	tʰi^{21}	tʰi^{21}	ɲi^{45}	ti^{45}	ti^{45}	ti^{324}	ti^{42}	ti^{42}	tsi^{324}	tsi^{42}	tsʰi^{44}
醴陵	tʰi^{22}	tʰi^{22}	tʰi^{13}	tʰia^{13}	tʰi^{13}	tʰi^{22}	tʰi^{22}	ɲi^{13}	li^{13}	li^{13}	li^{31}	li^{22}	li^{22}	tsi^{31}	tsi^{22}	tsʰi^{44}
茶陵	tʰi^{33}	tʰi^{33}	tʰi^{213}	tiɔ^{24}/tʰi^{24}	tʰi^{213}	tʰi^{325}	tʰi^{325}	nʅi^{213}	li^{213}	li^{213}	li^{42}	li^{325}	li^{325}	tɕi^{42}	tɕi^{33}	tɕʰi^{45}
安仁	tʰi^{322}		ti^{24}	tɕʰia^{25}/tʰi^{25}	ti^{24}	tʰi^{322}	tʰi^{322}	le^{24}	le^{24}	li^{24}	li^{53}	li^{322}	li^{322}	tsi^{53}	tsi^{322}	tsʰi^{44}
耒阳	tʰi^{213}	tʰi^{213}	tʰi^{25}	tɕʰia^{25}/tʰi^{25}	tʰi^{25}	tʰi^{213}	tʰi^{13}	le^{25}	le^{25}	li^{25}	li^{53}	li^{213}		tɕi^{53}	tɕi^{213}	tɕʰi^{45}
常宁	tʰi^{24}	tʰi^{24}	tʰi^{21}	tʰia^{21}/tʰi^{21}	tʰi^{21}	tʰi^{24}	tʰi^{24}	nʅi^{21}	li^{21}	li^{21}	li^{44}	li^{24}	ti^{24}	tɕi^{44}	tɕi^{24}	tɕʰi^{45}
永兴	tʰi^{13}	tʰi^{13}	tʰŋ^{325}	tiɔ^{325}	tʰŋ^{2}	te^{45}/tʰŋ^{42}	tʰŋ^{13}	le^{325}	le^{325}	hŋ^{22}	li^{42}	hŋ^{13}	hŋ^{13}	tɕi^{42}	tɕŋ^{13}	tɕʰŋ^{45}
资兴	tʰai^{35}		ti^{22}	tiɔ^{22}	tʰi^{2}	tʰai^{44}	ti^{35}	lai^{22}	lai^{22}	li^{22}	li^{31}	li^{35}	tɕʰi^{35}	tɕi^{31}	tɕi^{35}	tsʰi^{44}
隆回	xi^{45}		xi^{13}	xieɔ^{13}/xi^{13}	xi^{13}	xi^{212}	xi^{45}	le^{13}/li^{13}	li^{13}	li^{13}	li^{212}	li^{45}	xi^{325}	tsi^{212}	tsi^{212}	tɕʰi^{45}
洞口	xea^{53}/xi^{53}		xi^{24}	xi^{24}	xi^{24}	xɤ^{213}	xi^{45}	n̩^{24}/lai^{24}	lai^{24}	li^{24}	li^{213}	li^{53}	xi^{53}	tsi^{213}	tsi^{213}	tɕʰi^{53}
绥宁	tʰe^{42}/tʰi^{42}	tʰi^{42}	tʰi^{45}	tʰiA^{45}	tʰi^{324}	tʰe^{22}	tʰi^{13}	n̩^{324}老/lɛ^{45}~巴	lai^{45}	li^{45}	li^{13}	li^{42}	tʰi^{42}	tsi^{13}	tsi^{13}	tsʰi^{33}

	砌	齐	脐	剂~药	西	洗	细	鸡	计	继	系~糟	溪	启	契~约	杯	辈
	蟹开四 去齐清	蟹开四 平齐从	蟹开四 平齐从	蟹开四 去齐从	蟹开四 平齐心	蟹开四 上齐心	蟹开四 去齐心	蟹开四 平齐见	蟹开四 去齐见	蟹开四 去齐见	蟹开四 去齐见	蟹开四 平齐溪	蟹开四 上齐溪	蟹开四 去齐溪	蟹合一 平灰帮	蟹合一 去队帮
华容	tɕʰi^{213}	tɕʰi^{12}	tɕʰi^{45}	tɕi^{213}	ɕi^{45}	ɕi^{21}	ɕi^{213}	tɕi^{45}	tɕi^{213}	tɕi^{213}	tɕi^{213}	tɕʰi^{45}	tɕʰi^{21}	tɕʰi^{213}	pei^{45}	pei^{213}
岳阳楼	tɕʰi^{324}	tɕʰi^{13}	tɕʰi^{13}	tɕi^{324}	ɕi^{34}	ɕi^{31}	ɕi^{324}	tɕi^{34}	tɕi^{324}	tɕi^{324}	tɕi^{324}	ɕi^{34}	tɕʰi^{31}	tɕʰi^{324}	pei^{34}	pei^{324}
临湘	dʑʰi^{325}	dʑʰi^{13}	dʑʰi^{13}	tɕi^{325}	ɕi^{33}	ɕi^{42}	ɕi^{325}	tɕi^{33}	tɕi^{325}	tɕi^{325}	tɕi^{325}	ɕi^{33}	dʑʰi^{42}	dʑʰi^{325}	pæ^{33}	pi^{325}
岳阳县	cʰi^{45}	ci^{13}	ci^{13}	ci^{45}	ɕi^{33}	ɕi^{42}	ɕi^{45}	ci^{33}	ci^{45}	ci^{45}	ci^{45}	ɕi^{33}	cʰi^{42}	cʰi^{45}	pei^{33}	pi^{45}
平江	tsʰɿ^{45}	tsʰɿ^{13}	tsʰɿ^{13}	tsi^{45}	si^{44}	si^{324}	si^{45}	ke^{44}	ki^{45}	ki^{45}	ke^{45}	xi^{44}	kʰi^{324}	kʰi^{45}	pai^{44}	pi^{45}
浏阳	tsʰɿ^{21}	tsʰɿ^{45}	tsʰɿ^{45}	tsɿ^{42}	si^{44}	si^{324}	si^{42}	ki^{44}	ki^{42}	ki^{42}		xi^{44}	kʰi^{324}		pei^{44}	pei^{42}
醴陵	tsʰɿ^{22}	tsʰɿ^{13}	tsʰɿ^{213}	tsɿ^{22}	si^{44}	si^{31}	si^{22}	ki^{44}	ki^{22}	ki^{22}	xi^{22}	xi^{44}	kʰi^{31}	kʰi^{22}	pei^{44}	pei^{22}
茶陵	tɕʰi^{33}/ tɕʰi^{325}	tɕʰɿ^{213}			ɕi^{45}	ɕi^{42}	ɕi^{33}	tɕi^{45}	tɕi^{33}	tɕi^{33}		tɕʰi^{45}	tɕʰi^{42}	tɕʰi^{33}	pe^{45}	pe^{325}
安仁	tsʰɛ^{322}	tsi^{24}	tsi^{24}	tsi^{322}	si^{44}	si^{53}	si^{322}	tʃi^{44}	tʃi^{322}	tʃi^{322}	tʃi^{322}	ʃi^{44}	tʃʰi^{53}	tʃʰi^{322}	pe^{44}	pe^{322}
耒阳	tsʰɛ^{213}	tɕʰi^{25}	tɕʰi^{25}	tɕi^{213}	ɕi^{45}	sii^{53}	se^{213}	tɕi^{45}	tɕi^{213}	tɕi^{213}	tɕi^{213}	ɕi^{45}	tʃʰi^{53}	tɕʰi^{213}	pii^{45}	pe^{213}
常宁	tɕʰi^{24}	tɕʰi^{21}	tɕʰi^{21}	tɕi^{24}	ɕi^{45}	si^{44}	ɕi^{24}	tɕi^{45}	tɕi^{24}	tɕi^{24}		tɕʰi^{45}	tɕʰi^{44}	tɕʰi^{24}	pi^{45}	pi^{24}
永兴	tɕʰʅ^{13}	tɕʰʅ^{325}	tɕʰʅ^{325}	tɕʅ^{13}	ɕʅ^{45}	se^{42}/ɕʅ^{42}	se^{13}/ɕʅ^{13}	tɕʅ^{45}	tɕʅ^{13}	tɕʅ^{13}	ci^{13}	cʅ^{45}	cʰʅ^{42}	tɕʰʅ^{13}	pii^{45}	pii^{13}
资兴	tsʰɿ^{35}	tɕʰʅ^{22}	tɕʰʅ^{22}	tɕʅ^{35}	ɕi^{44}	sai^{31}	sai^{35}/ɕi^{35}	tɕi^{44}	tɕi^{35}	tɕi^{35}	ka^{44}		tɕʰi^{31}	tɕʰi^{35}	pei^{44}	pei^{35}
隆回	tsʰɿ^{45}	tsʰɿ^{13}	tsʰɿ^{325}	tsi^{45}	si^{44}	si^{212}	se^{45}/si^{45}	tʃi^{44}	tʃi^{45}	tʃi^{325}	tʃi^{45}	tʃʰi^{44}	tʃʰi^{212}	tʃʰi^{45}	pe^{44}	pe^{45}
洞口	tsʰɿ^{45}	tsʰɿ^{24}	tsʰɿ^{24}		si^{53}	sai^{213}	sai^{45}	tʃi^{53}	tʃi^{42}			tʃʰi^{55}/ tʃʰi^{213}	tʃʰi^{213}	tʃʰi^{45}	pai^{53}	pai^{45}
绥宁	tsʰɛ^{42}	tsʰɿ^{45}	tsʰɿ^{45}		si^{33}	sai^{13}/si^{13}	le^{324}/ se^{42}/si^{42}	tʃi^{33}				tʃʰi^{33}	tʃʰi^{13}	tʃʰi^{42}	pe^{33}	pe^{42}

	对 蟹合去队端	堆 蟹合平灰端	妹 蟹合去队明	每 蟹合上贿明	煤 蟹合平灰明	媒 蟹合平灰明	梅 蟹合平灰明	焙~干 蟹合去队并	背~涌 蟹合去队并	佩 蟹合去队并	倍 蟹合上贿并	赔 蟹合平灰并	陪 蟹合平灰并	培 蟹合平灰并	配 蟹合去队滂	背~罪 蟹合去队帮
华容	tei^{213}	tei^{45}	mei^{33}	mei^{21}	mei^{12}	mei^{12}	mei^{12}	pʰei^{33}	pʰei^{33}	pʰei^{213}	pʰei^{33}	pʰei^{12}	pʰei^{12}	pʰei^{12}	pʰei^{213}	pei^{213}
岳阳楼	tei^{324}	tei^{34}	mi^{22}/mei^{22}	mei^{31}	mei^{13}	mei^{13}	mei^{13}	pʰei^{22}	pʰei^{22}	pei^{324}	pʰei^{22}	pʰei^{13}	pʰei^{13}	pʰei^{13}	pʰei^{324}	pei^{324}
临湘	ti^{325}	ti^{33}	mi^{21}	mi^{42}	mi^{13}	mi^{13}	mi^{13}	bʰi^{21}	bʰi^{21}	bʰi^{325}	bʰi^{21}	bʰi^{13}	bʰi^{13}	bʰi^{13}	bʰi^{325}	pi^{325}
岳阳县	ti^{45}	ti^{33}	mae^{21}老~/mi^{21}	mi^{42}	mi^{13}	mi^{13}	mi^{13}	pi^{21}	pi^{21}	pʰi^{45}	pi^{21}	pi^{13}	pi^{13}	pi^{13}	pʰi^{45}	pi^{45}
平江	tai^{45}/ti^{45}一~子	tai^{44}	mai^{22}	mi^{21}	mai^{13}	mai^{45}	mai^{13}/mi^{13}	pʰai^{22}	pʰai^{21}	pʰai^{45}	pʰai^{22}	pʰai^{13}	pʰi^{13}	pʰi^{13}	pʰi^{45}	pai^{45}
浏阳	tei^{42}	tei^{44}	mai^{21}	mei^{324}	mei^{45}	mai^{45}	mai^{45}	pʰai^{21}	pʰai^{22}	pʰei^{42}	pʰai^{21}	pʰei^{45}	pʰei^{45}	pʰei^{45}	pʰei^{42}	pai^{42}
醴陵	tei^{22}	tei^{44}	moi^{22}		mei^{13}	mei^{13}	mei^{13}	pʰei^{22}	pʰei^{22}	pʰei^{22}	pʰei^{22}	pʰei^{13}	pʰei^{13}	pʰei^{13}	pʰei^{22}	pei^{22}
茶陵	te^{33}	te^{45}	me^{33}~婆/me^{325}	me^{42}	me^{24}	me^{24}	me^{24}	pʰe^{325}	pʰe^{325}	pʰe^{325}	pʰe^{325}	pe^{24}	pe^{24}	pe^{24}	pʰe^{325}	pe^{33}
安仁	tui^{322}	tui^{44}	me^{322}	me^{53}	me^{24}	me^{24}	me^{24}	pʰe^{322}	pʰe^{322}	pʰe^{322}	pʰe^{322}	pʰe^{24}	pʰe^{24}	pʰe^{24}	pʰe^{322}	pe^{322}
耒阳	tue^{45}	tui^{45}	me^{213}	mi^{53}	me^{25}	me^{25}	me^{25}	pʰe^{213}	pʰe^{213}	pʰe^{213}	pʰe^{213}	pʰe^{25}	pʰe^{25}	pʰe^{25}	pʰe^{213}	pe^{213}
常宁	tui^{24}	tui^{45}	mi^{24}	mi^{44}	mi^{21}	mi^{21}	mi^{21}	pʰi^{24}	pʰi^{24}	pʰi^{24}	pʰi^{24}	pʰi^{21}	pʰi^{21}	pʰi^{21}	pʰi^{24}	pi^{24}
永兴	tui^{13}	tui^{45}	mi^{13}	mi^{42}	mi^{325}	mi^{325}	men^{45}/mi^{22}	pi^{13}	pi^{13}	pʰi^{13}	pi^{13}	pi^{325}	pi^{325}	pʰi^{22}	pʰi^{13}	pi^{13}
资兴	tei^{35}	tei^{44}	mei^{35}	mei^{31}	mei^{22}	mei^{22}	mei^{22}	pei^{35}	pei^{35}	pʰei^{35}	pei^{35}	pei^{22}	pei^{22}	pei^{22}	pʰei^{35}	pei^{35}
隆回	tue^{45}	tue^{44}	me^{45}	me^{212}	me^{13}	me^{13}	me^{13}	pʰe^{325}	pʰe^{325}	pʰe^{45}	pʰe^{45}	pʰe^{13}	pʰe^{13}	pʰe^{13}	pʰe^{45}	pe^{45}
洞口	tai^{24}	tai^{53}	mai^{45}	mai^{213}	mai^{24}	mai^{24}	mai^{24}		hai^{45}	hai^{45}	hai^{45}	hai^{24}	hai^{24}	hai^{24}	hai^{45}	pai^{45}
绥宁	te^{42}	te^{33}	me^{42}	me^{13}	me^{45}	me^{45}	me^{45}	pʰe^{44}	pʰe^{44}	pʰe^{42}	pʰe^{42}	pʰe^{45}	pʰe^{45}	pʰe^{45}	pʰe^{42}	pe^{42}

	碓 蟹合去队端	推 蟹合平灰透	腿 蟹合上贿透	退 蟹合去队透	队 蟹合去队定	内 蟹合去队泥	雷 蟹合平灰来	累~缀 蟹合去队来	催 蟹合平灰清	崔 蟹合平灰清	罪 蟹合上贿从	碎 蟹合去队心	恢 蟹合平灰溪	灰 蟹合平灰晓	悔 蟹合上贿晓	回 蟹合平灰匣
华容	tei²¹³	tʰi⁴⁵/hei⁴⁵	hei²¹	hei²¹³	tei²¹³	li³³/lei³³	lei¹²	lei²¹	tsʰei⁴⁵	tsʰei⁴⁵	tsʰei³³	sei²¹³	xuei⁴⁵	xuei⁴⁵	xuei²¹	xuei¹²
岳阳楼	ti³²⁴/tei³²⁴	tʰi³⁴/tʰei³⁴	tʰei³¹	tʰei³²⁴	tei³²⁴	lei²²	lei¹³	lei²²	tɕʰi³⁴/tsei³⁴	tɕʰi³⁴/tsei³⁴	tɕʰi²²/tsʰei²²	ɕi³²⁴/sei³²⁴	fei²²	fei³⁴	fei³¹	fei¹³
临湘	ti³²⁵	dʰi³³	dʰi³²⁵	dʰi³²⁵	ti³²⁵	dʰi²¹	dʰi¹³	dʰi²¹	dzʰi³³	dzʰi³³	dʑʰi²¹	ɕi³²⁵	fei³³	fei³³	fei⁴²	fei¹³
岳阳县	ti⁴⁵	tʰi³³	tʰæ⁴²	tʰi⁴⁵	ti⁴⁵	li²¹	li¹³	læ²¹	cʰi³³	cʰi³³	cʰi²¹	ɕi⁴⁵	fei³³	fei³³	fei⁴²	fei¹³
平江	tai⁴⁵	tʰai⁴⁴	tʰai³²⁴	tʰai⁴⁵	tai⁴⁵	lai²²/tʰi²²~一奢	lai¹³	lai²²	tsʰai⁴⁴	tsʰai⁴⁴	tsʰi²²	si⁴⁵拿一/tsʰi⁴⁵打~	fi⁴⁴	fai⁴⁴	fi⁴⁵	uai¹³
浏阳	tai⁴²/tei⁴²	tʰei⁴⁴	tʰai³²⁴/tʰei³²⁴	tʰei⁴²	tei⁴²	lai²¹	lai⁴⁵	lai²¹	tsʰei⁴⁴	tsʰei⁴⁴	tsʰei²¹	sai⁴²	fei⁴⁴	fai⁴⁴	fei³²⁴	uai⁴⁵/fei⁴⁵
醴陵	tei²²	tʰei⁴⁴	tʰoi²¹	tʰei²²	tei²²	lei²²	lei¹³	lei²²	tsʰei⁴⁴	tsʰei⁴⁴	tsʰei²²	sei²²	fei⁴⁴	fei⁴⁴		fei¹³
茶陵	te³³	tʰe⁴⁵	tʰe⁴²	tʰe³³	te³³	le³²⁵	le²¹³/le³³~米	le⁴²	tsʰe⁴⁵	tsʰe⁴⁵	tsʰe³²⁵	se³³	xue⁴⁵	xue⁴⁵	xue⁴²	xue²¹³
安仁	tui³²²	tʰui⁴⁴	tʰui⁵³	tʰui³²²	tui³²²	lui³²²	lui²⁴	lui³²²	tsʰui⁴⁴	tsʰui⁴⁴	tsʰui³²²	sui³²²	xui⁴⁴	xui⁴⁴	xui⁵³	xui²⁴
耒阳	tue²¹³	tʰui⁴⁵	tʰui⁵³	tʰue²¹³	tue²¹³	lui²¹³	lue²⁵	lue²¹³	tsʰui⁴⁵	tsʰui⁴⁵	tsʰue²¹³	sue²¹³	xui⁴⁵	xui⁴⁵	xui⁵³	xui²⁵
常宁	tui²⁴	tʰui⁴⁵	tʰui⁴⁴	tʰui²⁴	tui²⁴	lui²⁴	lui²¹	lui³³	tsʰui⁴⁵	tsʰui⁴⁵	tsʰui²⁴	tsʰui²⁴	fi⁴⁵	fi⁴⁵	fi⁴⁴	fi²¹
永兴	tui¹³	tʰui⁴⁵	tʰui⁴²	tʰui¹³	tui¹³	lui¹³	lui³²⁵	lui¹³	tsʰui⁴⁵	tsʰui⁴⁵	tsui¹³	tsʰui¹³	xui⁴⁵	xui⁴⁵	xui⁴²	xui³²⁵
资兴	tei³⁵	tʰei⁴⁴	tʰei³¹	tʰei³⁵	tei³⁵	lei³⁵	lei²²	lei³⁵	tsʰei⁴⁴	tsʰei⁴⁴	tsʰei³⁵造~，司秤/tsei³⁵	sei³⁵	fei⁴⁴	fei⁴⁴	fei³¹	fei²²
隆回	tue⁴⁵	hue⁴⁴	hue²¹²	hue⁴⁵	tue⁴⁵	lue⁴⁵	lue¹³	lue⁴⁴	tsʰue⁴⁴	tsʰue⁴⁴	tsʰue⁴⁵	sue⁴⁵	xue⁴⁴	xue⁴⁴	xue²¹²	ue¹³/xue¹³
洞口	tai⁴⁵	hai⁵³	hai²¹³	hai⁴⁵	tai⁵³	lai⁵³	lai²⁴	lai⁵³	tsʰai⁵³	tsʰai⁵³	tsʰai⁵³	sai⁴⁵	xuai⁵³	xuai⁵³	xuai²¹³	xuai²⁴
绥宁	te⁴²	tʰe³³	tʰe¹³	tʰe⁴²	te⁴²	le⁴⁴	le⁴⁵	le⁴⁴	tsʰe³³	tsʰe³³	tsʰe⁴⁴	se⁴²	fe³³	fe³³	fe¹³	ue⁴⁵/fe⁴⁵

	茴 蟹合一 平灰匣	汇~款 蟹合一 上贿匣	煨 蟹合一 平灰影	兑 蟹合一 去泰定	最 蟹合一 去泰精	会~计 蟹合一 去泰见	外 蟹合一 去泰疑	会开~ 蟹合二 去夬匣	会~不 蟹合二 去夬匣	乖 蟹合二 平皆见	怪 蟹合二 去皆见	块 蟹合二 去怪溪	怀 蟹合二 平皆匣	槐 蟹合二 平皆匣	淮 蟹合二 平皆匣	坏 蟹合二 去怪匣
华容	xuei^{12}	xuei^{33}	uei^{45}	tei^{213}	tsei^{213}	kʰuei^{213}	uei^{33}	xuei^{33}	xuei^{33}	kuei^{45}	kuei^{213}	kʰuei^{21}	xuei^{12}	xuei^{12}	xuei^{12}	xuei^{33}
岳阳楼	fei^{13}	fei^{22}	uei^{34}	tei^{324}	tsei^{324}	kʰuai^{324}	uai^{22}	fei^{22}	fei^{22}	kuai^{34}	kuæ^{324}	kʰuæ^{324}	fai^{13}	fai^{13}	fai^{13}	fai^{22}
临湘	fei^{13}	fei^{42}	uei^{33}	ti^{325}	tɕi^{325}	gʰuæ^{325}	uæ^{21}	fei^{21}	fei^{21}	kuæ^{33}	kuæ^{325}	kʰuæ^{42}	fæ^{13}	fæ^{13}	fæ^{13}	fæ^{21}
岳阳县	fei^{13}	fei^{21}	uei^{33}	ti^{45}	ci^{45}/tsei^{45}	kuæ^{45}	ŋa^{33}/uæ^{21}	fei^{21}	fei^{21}	kuæ^{33}	kuæ^{45}	kʰuæ^{42}	fæ^{13}		fai^{13}	fæ^{21}
平江	fi^{13}	fi^{22}	uai^{44}	tai^{45}	tsi^{45}	kʰuai^{45}	ŋa^{44}/uai^{21}	fi^{22}	fai^{22}	kuai^{44}	kuai^{45}	kʰuai^{45}	fai^{13}	fai^{13}	fai^{13}	fai^{22}
浏阳	fei^{45}	fei^{21}	uai^{44}	tei^{42}	tsei^{42}		ŋai^{21}/uai^{21}	fei^{21}	fei^{21}	kuai^{44}	kuai^{42}	kʰuæ^{324}	fai^{45}	fai^{45}	fai^{45}	fai^{21}
醴陵	fei^{13}	fei^{22}	uei^{44}	tei^{22}	tsei^{22}	kʰuai^{42}	ŋoi^{22}/oi^{22}	fei^{22}	fei^{22}	kuai^{35}	kuai^{22}	kʰuai^{31}	fai^{13}	fai^{13}	fai^{13}	fai^{21}
茶陵	xue^{213}	xue^{325}	ue^{45}	te^{33}	tse^{33}	xue^{325}	ue^{33}(公)/uæ^{325}	xue^{325}	xue^{325}	kuæ^{45}	kuæ^{33}	kʰua^{42}	xue^{213}	xue^{213}	xue^{213}	xue^{325}
安仁	xui^{24}	xui^{322}	ui^{44}	tui^{322}	tsui^{322}	kʰuæ^{322}	uæ^{322}	xui^{322}	xui^{322}	kuæ^{44}	kuæ^{322}	kʰuæ^{322}	xue^{24}	xue^{24}	xue^{24}	xue^{322}
耒阳	xui^{25}	xui^{213}	ui^{45}	tue^{213}	tsui^{213}	kʰuæ^{213}	uæ^{213}	xue^{213}	xue^{213}	kuæ^{45}/kue^{45}	kuæ^{213}	kʰuæ^{213}	xue^{25}	xue^{25}	xue^{25}	xue^{213}
常宁	fi^{21}	fi^{24}	ui^{45}	tui^{24}	tsui^{24}	fi^{24}	uæ^{24}	fi^{24}	fi^{24}	kue^{45}	kuæ^{24}	kʰuæ^{24}	fæ^{21}	fæ^{21}	fæ^{21}	fæ^{24}
永兴	xui^{325}	xui^{13}	ui^{45}	tui^{13}	tsui^{13}	kʰua^{13}	ue^{13}	xui^{13}	uei^{35}/fei^{35}	kuai^{44}	kue^{13}	kʰua^{13}	xue^{325}	xue^{325}	xue^{325}	xue^{13}
资兴	fei^{22}	fei^{35}	uei^{44}	tei^{35}	tsei^{35}	kʰuei^{35}	uei^{35}	fei^{35}	xue^{45}	kua^{44}	kuai^{35}	kʰua^{35}	fai^{22}	fai^{22}	fai^{22}	fai^{35}
隆回	xue^{13}	xue^{45}	ue^{44}	tue^{45}	tsui^{45}	kʰua^{45}	ue^{45}	xue^{45}	xuai^{45}	kuai^{53}	kua^{45}	kʰua^{212}	xua^{13}	xua^{13}	xua^{13}	xua^{45}
洞口	xuai^{24}	xuai^{45}	uai^{53}	tai^{45}	tsai^{45}		uai^{44}/uai^{44}	xuai^{45}	xuai^{45}	kuai^{33}	kuai^{45}	kʰuai^{213}	xuai^{24}	xuai^{24}	xuai^{24}	xuai^{45}
绥宁	fe^{45}	fe^{42}	ue^{33}	te^{42}	tse^{42}	kʰuai^{42}	ue^{44}(嘴)/uai^{44}	fe^{42}	fe^{44}	kuai^{33}	kuai^{42}	kʰuai^{42}	fai^{45}	fai^{45}	fai^{45}	fai^{44}

地点	拐 蟹合二 上蟹见	挂 蟹合二 去卦见	卦 蟹合二 去卦见	歪 蟹合二 平佳晓	画 蟹合二 去卦匣	快 蟹合二 去夬溪	筷 蟹合二 去夬溪	话 蟹合二 去夬匣	脆 蟹合三 去祭清	岁 蟹合三 去祭心	税 蟹合三 去祭书	卫 蟹合三 去祭云	锐 蟹合三 去祭以	废 蟹合三 去废非	肺 蟹合三 去废敷	吠 蟹合三 去废奉
华容	kuai²¹	kua²¹³	kua²¹³	uɛi⁴⁵	xua³³	kʰuɛi²¹³	kʰuɛi²¹³	xua³³	tsʰei²¹³	sei²¹³	ɕyei²¹³	uei³³	zei³³	fei²¹³	fei²¹³	fei²¹
岳阳楼	kuai³¹	kua³²⁴	kua³²⁴	uai³⁴	fa²²	kʰuai³²⁴	kʰuai³²⁴	fa²²	tɕʰi³²⁴/tsʰei³²⁴	ɕi³²⁴/sei³²⁴	ɕyei³²⁴	uei²²	yei³²⁴	fei³²⁴	fei³²⁴	fei³²⁴
临湘	kuɛ⁴²	kua³²⁵	kua³²⁵	uɛ³³	fa²¹	kʰuɛ³²⁵	kʰuɛ³²⁵	ua²¹	dʑʰi³²⁵	ɕi³²⁵	fei³²⁵	uei²¹	uei³²⁵	fei³²⁵	fei³²⁵	fei³²⁵
岳阳县	kuɛ⁴²	kuɑ⁴⁵	kuɑ⁴⁵	uɛ³³	fɑ²¹	kʰuɛ⁴⁵	kʰuɛ⁴⁵	ua²¹	tsʰei⁴⁵	ɕi⁴⁵	fei⁴⁵	uei²¹	uei⁴⁵	fei⁴⁵	fei⁴⁵	fei⁴⁵
平江	kʰuai³²⁴	kuɑ⁴⁵	kuɑ⁴⁵	uai⁴⁴	fua²¹	kʰuai⁴⁵	kʰuai⁴⁵	uɑ²²/fɑ²²	tsʰi⁴⁵	si⁴⁵	ʂy⁴⁵	ui⁴⁵	y⁴⁵	fi⁴⁵	fi⁴⁵	fi⁴⁵
浏阳	kuai³²⁴	kua⁴²	kua⁴²	uai⁴⁴	fa²²	kʰai⁴²	kʰai⁴²	ua²¹	tsʰi⁴²/tsʰei⁴²	si⁴²	ʂyei⁴²	uei²¹		fei⁴²	fei⁴²	
醴陵	kuɛ³¹	kua²²	kua²²	uai⁴⁴	xua³²⁵	kʰuai²²	kʰuai²²	ua²²/fa²²	tsʰei²²	si²²	xyei²²	uei²²	yei²²	fei³¹	fei²²	fi³²⁵
茶陵	kuɛ⁴²	kua³³	kua³³	uɛ⁴⁵	xuɑ³²²	kʰuɛ³³	kʰuɛ³³	ua³²⁵(动词)/xua³²⁵(名词)	tsʰe³³	se³³	cye³³	ue³²⁵	ye³³	fei³²⁵	fi³³	fi³²²
安仁	kuɛ⁵³	kuɑ³²²	kuɑ³²²	uɛ⁴⁴	xua²¹³	kʰuɛ³²²	kʰuɛ³²²	ua³²²	tsʰei³²²	ʃy³²²/sui³²²	ʃy³²²/sui³²²	ui³²²	lui³²²	fi³²²	fi³²²	fi²¹³
耒阳	kuɛ⁵³	kua²¹³	kua²¹³	uɛ⁴⁵	fa²⁴	kʰuai²¹³	kʰuai²¹³	xua²¹³	tsʰui²¹³	ɕy²¹³/sui²¹³	sui²¹³	ui²¹³	tui²¹³	fi²¹³	fi²¹³	fi²⁴
常宁	kue⁴⁴	kua²⁴	kua²⁴	uɛ⁴⁵	xua¹³	kʰuɛ²⁴	kʰuɛ²⁴	ua²⁴/fæ²⁴	tsʰui²⁴	cy²⁴/sui²⁴	sui²⁴	ui²⁴	ui²⁴	fi²⁴	fi²⁴	
永兴	kuɛ⁴²	kua¹³	kua¹³	ue⁴⁵	fa³⁵	kʰua¹³	kʰue¹³	xua¹³	tsʰui¹³	cy¹³/sui¹³	sui¹³	ui¹³	lyi¹³	fii¹³	fii¹³	
资兴	kuai³¹	kua³⁵	kua³⁵	uai⁴⁴	xuɑ⁴⁵	kʰua³⁵	kʰua³⁵	o³⁵	tsʰei³⁵	cy³⁵	sei³⁵	uei³⁵	iei³⁵	fei³⁵	fi³⁵	fi³⁵
隆回	kuai²¹²	kuɑ⁴⁵	kuɑ⁴⁵	ua⁴⁴	xua⁴⁵	kʰua⁴⁵	kʰua⁴⁵	uɑ⁴⁵	tsʰui⁴⁵	sui⁴⁵	sui⁴⁵	mi⁴⁵	sui⁴⁵	fi⁴⁵	fi⁴⁵	fi²¹²
洞口	kuai²¹³	kua⁴⁵	kua⁴⁵	uai⁵³		kʰuai⁴⁵	kʰuai⁴⁵	uɑ⁴⁵/xuɑ⁴⁵		ɕɯ⁴⁵	ʃɯ⁴⁵	ui⁴⁵		fi⁴⁵	fi⁴²	fi⁵³
绥宁	kuai¹³	kuʌ⁴²	kuʌ⁴²	uai¹³	fʌ⁴⁴	kʰuai⁴²	kʰuai⁴²	uʌ⁴⁴	tʃʰɯ⁴²	ɕɯ⁴²	ʃɯ⁴²	ui⁴²	le⁴²(角)/læe⁴²(尖)	fi⁴²	fi⁴²	fu⁴²

	圭	闺	桂	奎	惠	慧	碑	臂	披	皮	脾	被~子	弥	离~别	篱	荔~枝
	蟹合四平齐见	蟹合四平齐见	蟹合四去霁见	蟹合四平齐溪	蟹合四去霁匣	蟹合四去霁匣	止开三平支帮	止开三去寘帮	止开三平支滂	止开三平支并	止开三平支并	止开三上纸并	止开三平支明	止开三平支来	止开三平支来	止开三去霁来
华容	kuei^{45}	kuei^{45}	kuei^{213}	kʰuei^{45}	xuei^{33}	xuei^{33}	pei^{45}		pʰei^{45}	pʰi^{12}	pʰi^{12}	pʰei^{33}	mi^{12}	li^{12}	li^{12}	li^{33}
岳阳楼	kuei^{34}	kuei^{34}	kuei^{324}	kʰuei^{13}	fei^{22}	fei^{22}	pei^{34}	pi^{324}	pʰi^{34}	pʰi^{13}	pʰi^{13}	pʰi^{22}	mi^{13}	li^{13}	li^{13}	li^{22}
临湘	kuei^{33}	kuei^{33}	kuei^{325}	kuei^{33}	fei^{21}	fei^{21}	pi^{33}	pi^{5}	bʰi^{33}	bʰi^{13}	bʰi^{13}	bʰi^{22}	mi^{13}	dʰi^{13}	dʰi^{13}	dʰi^{21}
岳阳县	kuei^{33}	kuei^{33}	kuei^{45}	kuei^{33}	fei^{21}	fei^{21}	pei^{33}	pi^{45}	pʰi^{33}	pi^{13}	pi^{13}	pi^{21}	mi^{13}	li^{13}	li^{13}	li^{21}
平江	kui^{44}	kui^{44}	kui^{45}	kui^{44}	fi^{22}	fi^{22}	pi^{44}	pi^{45}	pʰi^{44}	pʰi^{13}	pʰi^{13}	pʰi^{21}	mi^{13}	tʰi^{13}	tʰi^{13}	li^{45}
浏阳	kuei^{44}	kuei^{44}	kuei^{42}	kʰuei^{45}	fei^{21}	fei^{21}	pei^{44}	pai^{42}	pʰi^{44}	pʰi^{45}	pʰi^{45}	pʰi^{21}	mi^{45}	ti^{45}	ti^{45}	ti^{21}
醴陵	kuei^{44}	kuei^{44}	kuei^{22}	kʰuei^{22}	fei^{22}	fei^{22}	pei^{44}		pʰi^{44}	pʰi^{13}	pʰi^{13}	pʰi^{22}	mi^{13}	li^{13}	li^{13}	li^{22}
茶陵	kue^{45}	kue^{45}	xue^{33}	kʰue^{213}	xue^{325}	xue^{325}	pe^{45}	pe^{33}	pʰi^{45}	pʰi^{213}	pʰi^{213}	pʰi^{45}	mi^{213}	li^{213}	li^{213}	li^{325}
安仁	kui^{44}	kui^{44}	kui^{322}	kui^{25}	xui^{322}	xui^{322}	pe^{44}	pi^{24}	pʰi^{44}	pi^{24}	pi^{24}	pʰi^{322}	mi^{24}	li^{24}	li^{24}	li^{322}
耒阳	kui^{45}	kui^{45}	kui^{213}	kʰui^{25}	xui^{213}	xui^{213}	pi^{45}	pi^{213}	pʰi^{45}	pʰi^{25}	pʰi^{25}	pʰi^{53}/pʰi^{213}	me^{25}/mi^{25}	li^{25}	li^{25}	li^{213}
常宁	kui^{45}	kui^{45}	kui^{24}	kʰui^{45}	fi^{24}	fi^{24}	pi^{45}	pi^{33}	pʰi^{45}	pʰi^{21}	pʰi^{21}	pʰi^{24}	mi^{21}	li^{21}	li^{21}	li^{24}
永兴		kui^{45}	kui^{13}	kʰui^{325}	xui^{13}	xui^{13}	pii^{13}	pɿ^{13}	pʰɿ^{45}	pɿ^{325}	pɿ^{325}	pɿ^{42}/pɿ^{13}	mɿ^{22}	lɿ^{325}	lɛ^{325}/lɿ^{325}	lɿ^{13}
资兴	kuei^{44}	kuei^{44}	kuei^{35}	kʰui^{13}	fei^{35}	fei^{35}	pei^{44}		pʰi^{44}	pi^{22}	pi^{22}	fi^{44}	mi^{22}	li^{22}	li^{22}	li^{35}
隆回	kui^{44}	kui^{44}	kui^{45}	kʰui^{24}	xue^{45}	xue^{45}	pe^{44}	pʰi^{45}	fi^{53}	pʰi^{13}	pʰi^{13}	pʰi^{212}	me^{13}	li^{13}	li^{13}	li^{45}
洞口	kui^{53}	kui^{53}	kui^{45}	kʰui^{24}	xuai^{45}	xuai^{45}	pai^{53}	pi^{45}	pʰi^{33}	fi^{24}	fi^{24}	fi^{213}	me^{213}	li^{24}	li^{24}	li^{45}
绥宁	kui^{33}	kui^{33}	kui^{42}	kʰue^{45}	fe^{42}	fe^{42}	pe^{33}	pʰi^{13}	pʰi^{33}	pʰi^{45}	pʰi^{45}	pʰi^{22}	mɿ^{224}	li^{45}	li^{45}	li^{42}

	紫 止开三 上纸精	刺 止开三 去寘清	斯 止开三 平支心	撕 止开三 平支心	知 止开三 平支知	蜘~蛛 止开三 平支知	智 止开三 去寘知	池 止开三 平支澄	驰 止开三 平支澄	支 止开三 平支章	枝 止开三 平支章	肢 止开三 平支章	纸 止开三 上纸章	施 止开三 平支书	是 止开三 上纸禅	氏 止开三 上纸禅
华容	tsɿ^{21}	tsʰɿ^{213}	sɿ^{45}	sɿ^{45}	tsɿ^{45}	tɕie^{435}	tsɿ^{213}	tsʰɿ^{12}	tsʰɿ^{12}	tsɿ^{45}	tsɿ^{45}	tsɿ^{45}	tsɿ^{21}	sɿ^{45}	sɿ^{33}	sɿ^{21}
岳阳楼	tsɿ^{31}	tsʰɿ^{324}	sɿ^{34}	sɿ^{34}	tsɿ^{34}	tsɿ^{45}	tsɿ^{324}	tsʰɿ^{13}	tsʰɿ^{13}	tsɿ^{34}	tsɿ^{34}	tsɿ^{34}	tsɿ^{31}	sɿ^{34}	sɿ^{22}	sɿ^{31}
临湘	dzɿ^{42}	dzʰɿ^{325}	sɿ^{33}	sɿ^{33}	tsɿ^{33}	tɕi^{5}	tsɿ^{325}	dzʰɿ^{13}	dzʰɿ^{13}	tsɿ^{33}	tsɿ^{33}	tsɿ^{33}	tsɿ^{42}	sɿ^{33}	sɿ^{21}	sɿ^{21}
岳阳县	tsɿ^{42}	tsʰɿ^{45}	sɿ^{33}	sɿ^{33}	tsɿ^{33}	ci^{5}	tsɿ^{45}	tsɿ^{13}	tsɿ^{13}	tsɿ^{33}	tsɿ^{33}	tsɿ^{33}	tsɿ^{42}	sɿ^{33}	sɿ^{21}	sɿ^{21}
平江	tsʅ^{324}	tsʰʅ^{45}	sʅ^{44}	sʅ^{44}	tsʅ^{44}	tsət^{4}	tsʅ^{45}	tsʰʅ^{13}	tsʰʅ^{13}	tsʅ^{44}	tsʅ^{44}	tsʅ^{44}	tsʅ^{324}	sʅ^{44}	sʅ^{21}	sət^{4}
浏阳	tsʅ^{324}	tsʰʅ^{42}	sʅ^{44}	sʅ^{44}	tsʅ^{44}		tsʅ^{42}	tsʰʅ^{45}	tsʰʅ^{45}	tsʅ^{44}	tsʅ^{44}	tsʅ^{44}	tsʅ^{324}	sʅ^{44}	sʅ^{21}	sʅ^{42}
醴陵	tsʅ^{31}	tsʰʅ^{22}	sʅ^{44}	sʅ^{44}	tsʅ^{44}	tsʅ^{44}	tsʅ^{22}	tsʰʅ^{13}	tsʰʅ^{13}	tsʅ^{44}	tsʅ^{44}	tsʅ^{44}	tsʅ^{31}	sʅ^{44}	sʅ^{22}	sʅ^{22}
茶陵	tsʅ^{42}	tsʰʅ^{45}	sʅ^{45}	sʅ^{45}	tsʅ^{45}		tsʅ^{33}	tsʰʅ^{213}	tsʰʅ^{213}	tsʅ^{45}	tsʅ^{45}	tsʅ^{45}	tsʅ^{42}	sʅ^{45}	sʅ^{325}	sʅ^{33}
安仁	tsɿ^{53}	tsʰɿ^{322}/tsʰɿ^{44}	sɿ^{44}	sɿ^{44}	tʃi^{44}		tsɿ^{322}	tʃi^{24}/tsʰɿ^{24}	tsɿ^{24}	tsɿ^{44}	tʃi^{44}	tsɿ^{44}	tsɿ^{53}	sɿ^{44}	sɿ^{322}	sɿ^{322}
耒阳	tsɿ^{53}	tsʰɿ^{213}	sɿ^{45}	sɿ^{45}	tsɿ^{45}	tsɿ^{45}	tsɿ^{213}	sɿ^{25}	sɿ^{25}	tsɿ^{45}	tsɿ^{45}	tsɿ^{45}	tsɿ^{53}	sɿ^{45}	sɿ^{213}	sɿ^{213}
常宁	tsɿ^{44}	tsʰɿ^{24}	sɿ^{45}	sɿ^{45}	tsɿ^{45}	tsɿ^{45}	tsɿ^{24}	sʰɿ^{21}	tsʰɿ^{21}	tsɿ^{45}	tsɿ^{45}	tsɿ^{45}	tsɿ^{44}	sɿ^{45}	sɿ^{24}	sɿ^{24}
永兴	tsɿ^{42}	tsʰɿ^{13}	sɿ^{45}	sɿ^{45}	tsɿ^{45}	tsɿ^{45}	tsɿ^{13}	tsʰɿ^{22}	tsʰɿ^{22}	tsɿ^{45}	tsɿ^{45}	tɕi^{45}	tsɿ^{42}	sɿ^{45}	sɿ^{13}	sɿ^{13}
资兴	tsɿ^{31}	tsʰɿ^{35}	sɿ^{44}	sɿ^{44}	tsɿ^{44}		tsɿ^{35}	tsʰɿ^{325}	tsʰɿ^{22}	tsɿ^{44}	tsɿ^{44}	tsɿ^{44}	tsɿ^{31}	sɿ^{44}	sɿ^{44}	sɿ^{35}
隆回	tsɿ^{212}	tsʰɿ^{45}	sɿ^{44}	sɿ^{44}	tʃi^{44}	tʃi^{325}	tʃi^{325}	tʃi^{13}/tʃi^{13}	tʃʰi^{13}	tʃi^{44}	tʃi^{44}	tʃi^{44}	tʃi^{212}	sɿ^{44}	sɿ^{45}	
洞口	tsɿ^{213}	tsʰɿ^{45}	sɿ^{53}	sɿ^{53}	tʃie^{53}	tʃie^{53}	tʃie^{53}	tʃi^{24}	tsʰɿ^{24}	tʃi^{45}	tʃi^{53}	tʃi^{53}	tsɿ^{213}	sɿ^{53}	sɿ^{53}	sɿ^{53}
绥宁	tsɿ^{13}	tsʰɿ^{42}	sɿ^{33}	sɿ^{33}	tʃi^{33}	tʃi^{33}	tsɿ^{42}	tʃʰi^{45}	tsʰɿ^{45}	tʃi^{33}/tsɿ^{33}	tʃi^{33}	tʃi^{33}	tʃi^{13}	sɿ^{33}	sɿ^{42}	sɿ^{42}

地点	寄	企	奇	骑	徛站立	技	宜	仪	蚁	义	议	牺	戏	椅	移	易难~
	止开三去真见	止开三上纸溪	止开三平支群	止开三平支群	止开三上纸群	止开三上纸群	止开三平支疑	止开三平支疑	止开三上纸疑	止开三去真疑	止开三去真疑	止开三平支晓	止开三去真晓	止开三上纸影	止开三平支以	止开三去真以
华容	tɕi^{213}	tɕʰi^{21}	tɕʰi^{12}	tɕʰi^{12}	tɕʰi^{33}	tɕʰi^{45}	li^{12}	li^{12}	li^{33}	li^{33}	li^{33}	ɕi^{45}	ɕʰi^{213}	i^{21}	i^{12}	i^{33}
岳阳楼	tɕi^{324}	tɕʰi^{22}	tɕʰi^{13}	tɕʰi^{13}	tɕʰi^{22}	tɕʰi^{22}	nɐi^{13}	nɐi^{13}	nɐi^{31}	nɐi^{22}	nɐi^{31}	ɕi^{34}	ɕi^{324}	i^{31}	i^{13}	i^{33}
临湘	tɕi^{325}	dʑi^{21}	dʑi^{13}	dʑi^{13}	dʑi^{21}	dʑi^{21}	nɐi^{13}	nɐi^{13}	nɐi^{21}	nɐi^{21}	nɐi^{42}	ɕi^{33}	ɕi^{325}	i^{42}	i^{13}	i^{21}
岳阳县	ci^{45}	cʰi^{21}	ci^{13}	ci^{13}	ci^{21}	ci^{21}	ɲi^{13}	ɲi^{13}	ɲi^{42}	ɲi^{21}	ɲi^{21}	ɕi^{33}	ɕi^{45}	i^{42}	i^{13}	i^{21}
平江	ki^{45}	kʰi^{21}	kʰi^{13}	kʰi^{13}	kʰi^{21}	kʰi^{22}	ɲi^{13}	ɲi^{13}	ɲi^{45}	ɲi^{22}	ɲi^{21}	xi^{44}	xi^{45}	i^{21}	i^{13}	i^{22}
浏阳	ki^{42}	kʰi^{324}	kʰi^{45}	kʰi^{45}	kʰi^{42}	kʰi^{42}	ɲi^{45}	ɲi^{45}	ɲi^{324}	ɲi^{21}	ɲi^{22}	xi^{44}	xi^{42}	i^{324}	i^{45}	i^{21}
醴陵	ki^{22}	kʰi^{22}	kʰi^{21}	kʰi^{21}	kʰi^{21}	kʰi^{21}	ɲi^{13}	ɲi^{13}	ɲi^{31}	ɲi^{22}	nɐi^{325}	xi^{44}	kʰi^{21}	i^{31}	i^{13}	i^{435}
茶陵	ki^{33}	kʰi^{325}	tɕʰi^{213}	tɕʰi^{213}		tɕʰi^{325}	nɐi^{213}	nɐi^{213}	nɐi^{325}	nɐi^{325}	n̩^{322}	ɕi^{45}	ɕi^{33}	i^{42}	i^{213}	i^{325}
安仁	tʃi^{322}	tʃʰi^{322}	tʃʰi^{24}	tʃʰi^{24}	tʃʰi^{53}/tʃʰi^{322}	tʃʰi^{322}	n̩^{24}	n̩^{24}	min^{53}	n̩^{322}	i^{213}	ʃi^{44}	tʃʰi^{322}	i^{53}	i^{24}	i^{322}
耒阳	tɕi^{213}	tɕʰi^{25}	tɕʰi^{25}	tɕʰi^{25}	tɕʰi^{53}	tɕʰi^{213}	i^{25}	i^{25}	i^{213}/iɛ^{213}	i^{213}	nɐi^{24}	ɕi^{45}	tɕʰi^{213}	i^{53}	i^{25}	i^{213}
常宁	tɕi^{24}	tɕʰi^{24}	tɕʰi^{21}	tɕʰi^{21}		tɕʰi^{24}	nɐi^{21}	nɐi^{21}	nɐi^{24}	nɐi^{21}	ʅ^{13}	ɕi^{45}	tɕʰi^{24}	i^{44}	i^{21}	i^{24}
永兴	tɕʅ^{13}	tɕʰʅ^{13}	tɕʰʅ^{13}	tɕʰʅ^{325}	tɕʰʅ^{42}	tɕʰʅ^{13}	ʅ^{22}	ʅ^{22}	i^{42}	ʅ^{13}	li^{35}	ɕʅ^{45}	tɕʰʅ^{13}	i^{42}	i^{324}	i^{13}
资兴	tɕʅ^{35}	tɕʰʅ^{35}	tɕʰʅ^{22}	tɕʰʅ^{22}	tɕʰʅ^{44}	tɕʰʅ^{35}	li^{22}	li^{22}	ɲi^{44}/li^{35}	li^{35}	li^{35}	ɕi^{44}	tɕʰʅ^{35}	i^{31}	i^{22}	i^{35}
隆回	tʃʅ^{45}	tʃʰʅ^{45}	tʃʰʅ^{13}	tʃʰʅ^{13}	tʃʰʅ^{212}	tʃʰʅ^{45}	ʅ^{13}	n̩^{13}	n̩^{45}	n̩^{45}	n̩^{45}/^{45}	ʃʅ^{44}	ʃʅ^{45}	i^{212}	i^{13}	i^{45}
洞口	tʃʅ^{45}	tʃʰʅ^{213}	tʃʰʅ^{24}	tʃʰʅ^{24}	tʃʰʅ^{213}	tʃʰʅ^{53}	n̩^{24}	n̩^{24}	n̩^{24}/n̩^{213}	n̩^{44}	n̩^{13}	ʃʅ^{53}	ʃʅ^{45}	i^{213}	i^{24}	i^{53}
绥宁	tʃʅ^{42}	tʃʰʅ^{13}	tʃʰʅ^{45}	tʃʰʅ^{45}	tʃʰʅ^{22}	tʃʰʅ^{42}	n̩^{324}/jie^{45}傻~	n̩^{13}	n̩^{44}	n̩^{44}		ʃʅ^{33}	ʃʅ^{42}	li^{13}	i^{45}	i^{44}

	悲 止开三 平脂帮	比 止开三 上旨帮	秘 止开三 去至帮	庇 止开三 去至帮	屁 止开三 去至滂	备 止开三 去至並	鼻 止开三 去至並	眉 止开三 平脂明	霉 止开三 平脂明	美 止开三 上旨明	地 止开三 去至定	尼 止开三 平旨泥	腻 止开三 去至泥	梨 止开三 平旨来	利 止开三 去至来	痢 止开三 去至来
华容	pei^{45}	pi^{21}	pei^{213}	pʰi^{213}	pʰi^{213}	pʰi^{33}	pʰi^{435}	mi^{12}	mei^{12}	mei^{21}	tʰi^{33}	li^{12}	li^{12}	li^{12}	li^{33}	li^{33}
岳阳楼	pei^{34}	pi^{31}	mi^{45}	pʰi^{22}	pʰi^{324}	pʰei^{22}	pʰi^{45}	mi^{13}	mei^{13}	mei^{31}	tʰi^{22}	ni^{13}	ni^{22}	li^{13}	li^{22}	li^{22}
临湘	pi^{33}	pi^{42}	mi^{5}	bʰi^{21}	bʰi^{325}	bʰi^{21}	bʰi^{5}	mi^{13}	mi^{33}	mi^{42}	dʰi^{21}	ni^{13}	ni^{5}	dʰi^{13}	dʰi^{21}	dʰi^{21}
岳阳县	pei^{33}	pi^{42}	pi^{45}	pʰi^{21}	pi^{45}	pi^{21}	pʰi^{3}	mi^{13}	mi^{13}	mi^{42}	ti^{21}	ɲi^{13}	ɲi^{21}	li^{13}	li^{21}	li^{21}
平江	pi^{44}	pi^{42}	pi^{45}	pʰi^{45}	pʰi^{42}	pʰi^{22}	pʰi^{4}	mi^{13}	mai^{13}	mi^{21}	tʰi^{22}	ɲi^{13}	ɲi^{22}	li^{13}	tʰi^{22}	tʰi^{22}
浏阳	pei^{44}	pi^{324}	pei^{42}	pʰi^{44}	pi^{33}	pʰei^{21}	pʰi^{42}	mi^{45}	mei^{324}	mei^{324}	tʰi^{21}	ɲi^{45}	ieu^{44}	tʰi^{45}	ti^{21}	ti^{21}
醴陵	pei^{44}	pi^{31}	pi^{22}	pʰi^{31}	pʰi^{31}	pʰi^{21}	pʰi^{435}	mi^{13}	mei^{13}	mei^{31}	tʰi^{22}	ɲi^{13}	ɲi^{45}	li^{13}	li^{22}	li^{22}
茶陵	pe^{45}	pi^{42}	pi^{33}	pʰi^{325}	pʰi^{325}	pʰi^{325}	pʰi^{325}	mi^{213}/mi^{213}	me^{213}	me^{42}	tʰi^{325}	ɲi^{213}	le^{325}	li^{213}	li^{325}	li^{325}
安仁	pe^{44}	pi^{53}		pʰi^{322}	pʰi^{322}	pʰi^{322}	pʰi^{322}	min^{24}/mi^{24}	me^{24}	me^{53}	tʰi^{322}	n̩^{24}	l̩^{322}	li^{24}	li^{322}	li^{322}
耒阳	pi^{45}	pi^{53}	pi^{213}	pʰi^{213}	pʰi^{213}	pʰi^{213}	pʰi^{213}	mi^{25}	me^{25}	mi^{53}	tʰi^{213}	i^{25}	le^{213}	li^{25}	li^{213}	li^{213}
常宁	pi^{45}	pi^{44}	pi^{24}	pi^{24}	pʰi^{24}	pʰi^{24}	pʰi^{24}	mi^{21}	mi^{21}	mi^{44}	tʰi^{24}	ni^{21}	ni^{24}	li^{21}	li^{24}	li^{24}
永兴	pi̞^{45}	pl̩^{42}	mn̩^{13}	pi^{13}	pl̩^{13}	pl̩^{13}	pl̩^{13}	men^{325}/mi^{325}	mi^{325}	mi^{42}	tl̩^{13}	len^{325}/l̩^{325}	ia^{13}	l̩^{325}	l̩^{13}	l̩^{13}
资兴	pei^{44}	pi^{31}	me^{325}	pʰi^{35}	pi^{35}	pi^{35}	pi^{35}	mi^{22}	mei^{22}	mei^{31}	ti^{35}	li^{22}	li^{35}	li^{22}	li^{35}	li^{35}
隆回	pe^{44}	pi^{212}	pi^{45}	pʰi^{45}	pʰi^{45}	pʰi^{45}	pʰi^{45}	mɛ̃^{13}	me^{13}	me^{212}	xi^{45}	n̩^{13}/l^{13}	li^{45}	li^{13}	li^{45}	li^{45}
洞口	pai^{53}	pi^{213}	pi^{45}	fi^{45}	fi^{45}	fi^{53}	fi^{53}/fi^{213}	mɛ̃^{24}	mai^{24}	mai^{213}	xi^{53}	n̩^{24}	n̩^{24}	li^{24}	li^{53}	li^{53}
绥宁	pe^{33}	pi^{13}	mn̩^{224}	pʰi^{42}	pʰi^{42}	pʰi^{44}	pʰi^{44}	mi^{245}	me^{324}	me^{13}	tʰi^{44}	n̩^{324}	n̩^{2}	li^{324}	li^{44}	li^{44}

	资	姿	姊	次	瓷~器	瓷~巴	自	私	死	四	致	迟	师	狮	脂	指
	止开三 平脂精	止开三 平脂精	止开三 上旨精	止开三 去至清	止开三 平脂从	止开三 平脂从	止开三 去至从	止开三 平脂心	止开三 上旨心	止开三 去至心	止开三 去至知	止开三 平脂澄	止开三 平脂生	止开三 平脂生	止开三 平脂章	止开三 上旨章
华容	tsɿ⁴⁵	tsɿ⁴⁵	tsɿ²¹	tsʰɿ²¹³	tsʰɿ¹²	tsʰɿ¹²	tsʰɿ³³	sɿ⁴⁵	sɿ²¹	sɿ²¹³	tsɿ²¹³	tsʰɿ¹²	sɿ⁴⁵	sɿ⁴⁵	tsɿ²¹	tsɿ²¹
岳阳楼	tsɿ³⁴	tsɿ³⁴	tsɿ³¹	tsʰɿ³²⁴	tsʰɿ¹³	tsʰɿ¹³	tsʰɿ²²	sɿ³⁴	sɿ³¹	sɿ³²⁴	tsɿ³²⁴	tsʰɿ¹³	sɿ³⁴	sɿ³⁴	tsɿ³¹	tsɿ³¹
临湘	tsɿ³³	tsɿ³³	tsɿ⁴²	dʑʰ³²⁵	dʑʰ¹³	dʑʰ¹³	dʑʰ²¹	sɿ³³	sɿ⁴²	sɿ³²⁵	tsɿ³²⁵	dʑʰ¹³	sɿ³³	sɿ³³	tsɿ⁴²	tsɿ⁴²
岳阳县	tsɿ³³	tsɿ³³	ci⁴²	tsʰɿ⁴⁵	tsʰɿ¹³	tsʰɿ¹³	tsʰɿ²¹	sɿ³³	sɿ⁴²	sɿ⁴⁵	tsɿ⁴⁵	tsʰʅ¹³	sɿ³³	sɿ³³	tsɿ³³	tsɿ⁴²
平江	tsɿ⁴⁴	tsɿ⁴⁴	tsɿ³²⁴	tsʰɿ⁴⁵	tsʰɿ¹³	tsʰɿ¹³	tsʰɿ²²	sɿ⁴⁴	sɿ³²⁴	sɿ⁴⁵	tsʅ⁴⁵	tsʰʅ¹³	sɿ⁴⁴	sɿ⁴⁴	tsʅ⁴⁴	tsʅ³²⁴
浏阳	tsɿ⁴⁴	tsɿ⁴⁴	tsɿ³²⁴	tsʰɿ²¹	tsʰɿ⁴⁵/tsʰɿ⁴⁵	tsʰɿ⁴⁵	tsɿ²¹	sɿ⁴⁴	sɿ³²⁴	sɿ⁴²	tsʅ⁴²	tsʰʅ⁴⁵	sʅ⁴⁴	sʅ⁴⁴	tsʅ⁴⁴	tsʅ³²⁴
醴陵	tsɿ⁴⁴	tsɿ⁴⁴	tsɿ³¹	tsʰɿ²²	tsʰɿ¹³	tsʰɿ¹³	tsʰɿ²²	sɿ⁴⁴	sɿ³¹	sɿ²²	tsʅ²²	tsʰʅ¹³	sʅ⁴⁴	sʅ⁴⁴	tsʅ⁴⁴	tsʅ³¹
茶陵	tsɿ⁴⁵	tsɿ⁴⁵	tsɿ⁴²	tsʰɿ³²⁵	tsʰɿ²¹³	tsʰɿ²¹³	sɿ³³~家/sɿ³²⁵	sɿ⁴⁵	sɿ⁴²	sɿ³³	tsʅ³³	tsʰʅ²¹³	sʅ⁴⁵	sʅ⁴⁵	tsʅ⁴⁵	tsʅ⁴²
安仁	tsɿ⁴⁴	tsɿ⁴⁴	tsɿ⁵³	tsʰɿ³²²	tsʰɿ²⁴	tsʰɿ²⁴	tsʰɿ³²²	sɿ⁴⁴	sɿ⁵³	sɿ³²²	tsʅ³²²	tsʰʅ²⁴	sʅ⁴⁴	sʅ⁴⁴	tsʅ⁵³	tsʅ⁵³
耒阳	tsɿ⁴⁵	tsɿ⁴⁵		sɿ²¹³	sɿ²⁵	sɿ²⁵	sɿ²¹³	sɿ⁴⁵	sɿ⁵³	sɿ²¹³	tsɿ²¹³	sʅ²⁵	sʅ⁴⁵	sʅ⁴⁵	tsʅ⁵³	tsʅ⁵³
常宁	tsɿ⁴⁵	tsɿ⁴⁵	tsɿ⁴⁴	tsʰɿ²⁴	tsʰɿ²¹	tsʰɿ²¹	tsʰɿ²⁴	sɿ⁴⁵	sɿ⁴⁴	sɿ²⁴	tsɿ²⁴	tsʰɿ²¹	sʅ⁴⁵	sʅ⁴⁵	tsʅ⁴⁴	tsʅ⁴⁴
永兴	tsɿ⁴⁵	tsɿ⁴⁵	tsɿ⁴²	tsʰɿ¹³	tsʰɿ³²⁵	tsʰɿ³²⁵	tsʰɿ¹³	sɿ⁴⁵	sɿ⁴²	sɿ¹³	tsɿ¹³	tsʰʅ³²⁵	sʅ⁴⁵	sʅ⁴⁵	tsʅ⁴²	tsʅ⁴²
资兴	tsɿ⁴⁴	tsɿ⁴⁴	tsɿ³¹	tsʰɿ³⁵	tsʰɿ²²	tsʰɿ²²	tsɿ³⁵	sɿ⁴⁴	sɿ³¹	sɿ³⁵	tsɿ³⁵	tsʰʅ²²	sʅ⁴⁴	sʅ⁴⁴	tsʅ³¹	tsʅ³¹
隆回	tsɿ⁴⁴	tsɿ⁴⁴	tsɿ²¹²	tsʰɿ⁴⁵	tsʰɿ¹³	tsʰɿ¹³	tsʰɿ⁴⁵	sɿ⁴⁴	sɿ²¹²	sɿ⁴⁵	tsɿ⁴⁵	tsʰʅ¹³	sʅ⁴⁴	sʅ⁴⁴	tsʅ²¹²	tsʅ²¹²
洞口	tsɿ⁵³	tsɿ⁵³		tsʰɿ⁴⁵	tsʰɿ²⁴	tsʰɿ²⁴	tsʰɿ⁵³	sɿ⁵³	sɿ²¹³	sɿ⁴⁵	tsɿ⁴⁵	tsʰʅ²⁴	sʅ⁵³	sʅ⁵³	tsʅ²¹³	tsʅ²¹³
绥宁	tsɿ³³	tsɿ³³	tsɿ¹³	tsʰɿ⁴²	tsʰɿ⁴⁵	tsʰɿ⁴⁵	tsʰɿ⁴⁴	sɿ³³	sɿ¹³	sɿ⁴²	tsɿ⁴²	tsʰʅ⁴⁵	sʅ³³	sʅ³³	tsʅ¹³	tsʅ¹³

	至	示	尸~体	屎	视	二	饥~饿	冀	器	祁	姨	你	厘	李	里~公	里~儿
	止开三去至章	止开三去至船	止开三平脂书	止开三上旨书	止开三去至禅	止开三去至日	止开三平脂见	止开三去至见	止开三去至溪	止开三平脂群	止开三平脂以	止开三上止泥	止开三平之来	止开三上止来	止开三上止来	止开三上止来
华容	tsʅ^{213}	sʅ^{33}	sʅ^{45}	sʅ^{21}	sʅ^{33}	e^{33}	tɕi^{45}	tɕi^{213}	tɕʰi^{12}	tɕʰi^{12}	i^{12}	li^{21}	li^{12}	li^{21}	li^{21}	li^{21}
岳阳楼	tsʅ^{324}	sʅ^{22}	sʅ^{34}	sʅ^{31}	sʅ^{22}	ɛ^{22}	tɕi^{34}	tɕi^{324}	tɕʰi^{324}	tɕʰi^{13}	i^{13}	n̩^{31}/n̩i^{31}	li^{13}	li^{31}	li^{31}	li^{31}
临湘	tsʅ^{325}	sʅ^{21}	sʅ^{33}	sʅ^{42}	sʅ^{21}	ø^{21}	tɕi^{33}	tɕi^{325}	dʑʰi^{325}	dʑʰi^{13}	i^{13}	n̩^{42}	dʱi^{13}	dʱi^{42}	dʱi^{42}	dʱi^{42}
岳阳县	tsʅ^{45}	sʅ^{21}	sʅ^{33}	sʅ^{42}	sʅ^{21}	ø^{21}	ci^{33}	ci^{45}	cʰi^{45}	ci^{13}	i^{13}	n̩^{42}/n̩i^{42}	li^{13}	li^{42}	li^{42}	li^{42}
平江	tsʅ^{45}	sʅ^{22}	sʅ^{44}	sʅ^{324}	sʅ^{42}	y^{22}	ki^{44}	ki^{45}	kʰi^{45}	kʰi^{45}	i^{45}	n̩^{21}	tɕʰi^{13}	tɕi^{324}	li^{21}	li^{21}
浏阳	tsʅ^{42}	sʅ^{42}	sʅ^{44}	sʅ^{324}	sʅ^{22}	y^{21}	ki^{44}	ki^{42}	kʰi^{42}	kʰi^{13}	i^{45}	ŋi^{42}	li^{13}	li^{31}	ti^{324}	ti^{24}
醴陵	tsʅ^{22}	sʅ^{33}	sʅ^{44}	sʅ^{31}	sʅ^{22}	ɛ^{22}	ki^{44}	ki^{22}	kʰi^{22}	kʰi^{13}	i^{13}	n̩i^{45}	ti^{45}	li^{45}	li^{31}	li^{31}
茶陵	tsʅ^{33}	sʅ^{322}	sʅ^{45}	sʅ^{42}	sʅ^{33}	e^{325}	tɕi^{45}	tɕi^{33}	tɕʰi^{33}	tɕʰi^{213}	i^{213}	ŋ̍^{53}/n̩i^{53}	li^{13}	li^{53}	li^{53}	li^{42}
安仁	tsʅ^{322}	sʅ^{322}	sʅ^{44}	sʅ^{53}	sʅ^{322}	ɛ^{322}	tʃi^{24}	i^{322}	tʃʰi^{322}	tʃʰi^{24}	ʅ^{24}	n̩^{322}	li^{213}	li^{53}	li^{53}	li^{322}~子
耒阳	tsʅ^{213}	sʅ^{213}	sʅ^{45}	sʅ^{53}	sʅ^{213}	e^{213}	tɕi^{45}	ʅ^{213}	tɕʰi^{213}	tɕʰi^{25}	ʅ^{25}	li^{45}	li^{24}	li^{44}	li^{53}	
常宁	tsʅ^{24}	sʅ^{35}	sʅ^{45}	sʅ^{44}	sʅ^{24}	e^{24}	tɕi^{45}	tɕi^{24}	tɕʰi^{24}	tɕʰi^{21}	ʅ^{21}	ni^{44}	li^{35}	l̩^{42}	li^{44}	li^{44}
永兴	tsʅ^{13}	sʅ^{13}	sʅ^{44}	sʅ^{42}	sʅ^{13}	ɛ^{13}	tʃi^{44}	ʅ^{13}	tʃʰi^{13}	tʃʰi^{325}	ʅ^{325}	li^{45}	li^{21}	li^{44}果实/li^{31}姓	l̩^{42}	l̩^{42}
资兴	tsʅ^{35}	sʅ^{35}	sʅ^{44}	sʅ^{31}	sʅ^{35}	æ^{35}	tʃi^{44}	tɕi^{35}	tɕʰi^{35}	tɕʰi^{22}	i^{22}	lei^{44}	ʅ^{325}	li^{325}果实/li^{212}姓	li^{31}	li^{31}
隆回	tsʅ^{45}	sʅ^{45}	sʅ^{44}	sʅ^{212}	sʅ^{45}	e^{45}	tʃi^{53}	i^{45}	tʃʰi^{45}	tʃʰi^{13}	i^{13}	n̩^{212}	li^{13}	li^{213}	li^{212}	li^{212}
洞口	tsʅ^{45}	sʅ^{53}	sʅ^{53}	sʅ^{213}	sʅ^{53}	ɣ^{53}	tʃi^{53}	i^{45}	tʃʰi^{45}	tʃʰi^{24}	i^{24}	n̩^{213}	li^{24}	li^{213}	li^{213}	li^{213}
绥宁	tsʅ^{42}	sʅ^{42}	sʅ^{33}	sʅ^{13}	sʅ^{42}	ø^{44}	tʃi^{33}	tʃi^{42}	tʃʰi^{42}	tʃʰi^{324}~阳/tʃʰi^{45}姓	i^{324}/^{45}	n̩^{22}	li^{45}	li^{13}	li^{22}一~跟/li^{13}公~	li^{13}~子

	理 止开三 上止来	鲤 止开三 上止来	子 止开三 上止精	梓 止开三 上止精	慈 止开三 平之从	磁~石 止开三 平之从	字 止开三 去志从	牸牸 止开三 去志从	司 止开三 平之心	丝 止开三 平之心	思 止开三 平之心	辞 止开三 平之邪	词 止开三 平之邪	祠 止开三 平之邪	巳~时 止开三 上止邪	寺 止开三 去志邪
华容	li^{21}	li^{21}	tsɿ^{21}	tsɿ^{21}	tsʰɿ^{12}	tsʰɿ^{12}	tsʰɿ^{33}		sɿ^{45}	sɿ^{45}	sɿ^{45}	tsʰɿ^{12}	tsʰɿ^{12}	tsʰɿ^{12}	tsʰɿ^{33}	tsʰɿ^{33}
岳阳楼	li^{31}	li^{31}	tsɿ^{31}	tsɿ^{31}	tsʰɿ^{13}	tsʰɿ^{13}	tsʰɿ^{22}		sɿ^{34}	sɿ^{34}	sɿ^{34}	tsʰɿ^{13}	tsʰɿ^{13}	tsʰɿ^{13}	tsʰɿ^{22}	tsʰɿ^{22}
临湘	dʰi^{42}	dʰi^{42}	tsɿ^{42}	tsɿ^{42}	dzʰɿ^{13}	dzʰɿ^{13}	dzʰɿ^{21}	dzʰɿ^{21}	sɿ^{33}	sɿ^{33}	sɿ^{33}	dzʰɿ^{13}	dzʰɿ^{13}	dzʰɿ^{13}	dzʰɿ^{21}	dzʰɿ^{21}
岳阳县	li^{42}	li^{42}	tsɿ^{42}	tsɿ^{42}	tsɿ^{13}	tsɿ^{13}	tsɿ^{21}		sɿ^{33}	sɿ^{33}	sɿ^{33}	tsɿ^{13}	tsɿ^{13}	tsɿ^{13}	tsɿ^{21}	tsɿ^{21}
平江	li^{21}	li^{21}	tsɿ^{324}	tsɿ^{324}	tsʰɿ^{13}	tsʰɿ^{13}	tsʰɿ^{22}	tsʰɿ^{22}	sɿ^{44}	sɿ^{44}	sɿ^{44}	tsʰɿ^{13}	tsʰɿ^{13}	tsʰɿ^{13}	tsʰɿ^{22}	tsʰɿ^{22}
浏阳	ti^{324}	ti^{324}	tsɿ^{324}	tsɿ^{324}	tsʰɿ^{45}	tsʰɿ^{45}	tsɿ^{21}	tsɿ^{21}	sɿ^{44}	sɿ^{44}	sɿ^{44}	tsɿ^{45}/tsʰɿ^{45}	tsʰɿ^{45}	tsʰɿ^{45}	tsɿ^{21}	sɿ^{21}
醴陵	li^{31}	li^{31}	tsɿ^{31}	tsɿ^{31}	tsʰɿ^{13}	tsʰɿ^{13}	tsʰɿ^{22}	tsʰɿ^{22}	sɿ^{44}	sɿ^{44}	sɿ^{44}	tsʰɿ^{13}	tsʰɿ^{13}	tsʰɿ^{13}	tsʰɿ^{22}	tsʰɿ^{22}
茶陵	li^{42}	li^{42}	tsɿ^{42}	tsɿ^{42}	tsʰɿ^{213}	tsʰɿ^{213}	tsʰɿ^{325}	tsʰɿ^{325}	sɿ^{45}	sɿ^{45}	sɿ^{45}	tsʰɿ^{213}	tsʰɿ^{213}	tsʰɿ^{213}	tsʰɿ^{325}	tsʰɿ^{45}
安仁	li^{53}	li^{53}	tsɿ^{53}	tsɿ^{53}	tsʰɿ^{24}	tsʰɿ^{24}	tsʰɿ^{322}	tsʰɿ^{322}	sɿ^{44}	sɿ^{44}	sɿ^{44}	tsʰɿ^{24}	tsʰɿ^{24}	tsʰɿ^{24}	tsʰɿ^{322}	sɿ^{322}
耒阳	li^{53}	li^{53}	tsɿ^{53}	tsɿ^{53}	tsɿ^{25}	tsɿ^{25}	tsʰɿ^{213}	sɿ^{213}	sɿ^{45}	sɿ^{45}	sɿ^{45}	tsɿ^{25}	tsɿ^{25}	tsɿ^{25}	sɿ^{213}	sɿ^{213}
常宁	li^{44}	li^{44}	tsɿ^{44}	tsɿ^{44}	tsɿ^{21}	tsʰɿ^{21}	tsʰɿ^{24}	tsʰɿ^{24}	sɿ^{45}	sɿ^{45}	sɿ^{45}	tsɿ^{21}	tsɿ^{21}	tsɿ^{21}	tsʰɿ^{24}	tsʰɿ^{24}
永兴	l̩^{42}	l̩^{42}	tsɿ^{42}	tsɿ^{42}	tsʰɿ^{22}	tsʰɿ^{325}	tsɿ^{13}	tsʰɿ^{13}	sɿ^{44}	sɿ^{44}	sɿ^{44}	tsʰɿ^{22}	tsʰɿ^{22}	tsʰɿ^{325}	tɕʰy^{42}	tsʰɿ^{325}
资兴	li^{31}	li^{44}	tsɿ^{31}	tsɿ^{31}	tsʰɿ^{22}	tsʰɿ^{22}	tsɿ^{35}	tsʰɿ^{35}	sɿ^{44}	sɿ^{44}	sɿ^{44}	tsʰɿ^{22}	tsʰɿ^{22}	tsʰɿ^{22}	sɿ^{35}	sɿ^{44}
隆回	li^{212}	li^{212}	tsɿ^{212}	tsɿ^{212}	tsʰɿ^{13}	tsʰɿ^{13}	tsʰɿ^{45}	tsʰɿ^{212}	sɿ^{53}	sɿ^{53}	sɿ^{53}	tsʰɿ^{13}	tsʰɿ^{13}	tsʰɿ^{13}	sʰɿ^{45}	sɿ^{45}
洞口	li^{213}	li^{213}	tsɿ^{213}	tsɿ^{213}	tsʰɿ^{24}	tsʰɿ^{24}	tsʰɿ^{53}	tsɿ^{53}	sɿ^{33}	sɿ^{33}	sɿ^{33}	tsʰɿ^{24}	tsʰɿ^{24}	tsʰɿ^{24}	tsʰɿ^{45}	sɿ^{53}
绥宁	li^{13}	li^{13}	tsɿ^{13}	tsɿ^{13}	tsʰɿ^{45}	tsʰɿ^{45}	tsʰɿ^{44}	tsʰɿ^{53}				tsʰɿ^{45}	tsʰɿ^{45}	tsʰɿ^{45}	tsʰɿ^{22}	tsʰɿ^{42}

	置 止开三 去志知	耻 止开三 上止徹	持 止开三 平之澄	痔 止开三 上止澄	治 止开三 去志澄	士 止开三 上止崇	柿 止开三 上止崇	事 止开三 去志崇	使 止开三 上止生	史 止开三 上止生	芝 止开三 平之章	止 止开三 上止章	趾 止开三 上止章	址 止开三 上止章	志 止开三 去志章	痣 止开三 去志章
华容	tsʅ^{213}	tsʰʅ^{21}	tsʰʅ^{12}	tsʰʅ^{33}	tsʰʅ^{33}	sʅ^{33}	sʅ^{33}	sʅ^{33}	sʅ^{21}	sʅ^{21}	tsʅ^{45}	tsʅ^{21}	tsʅ^{21}	tsʅ^{21}	tsʅ^{213}	tsʅ^{213}
岳阳楼	tsʅ^{324}	tsʰʅ^{31}	tsʰʅ^{13}	tsʰʅ^{22}	tsʰʅ^{22}	sʅ^{22}	sʅ^{22}	sʅ^{22}	sʅ^{31}	sʅ^{31}	tsʅ^{34}	tsʅ^{31}	tsʅ^{31}	tsʅ^{31}	tsʅ^{324}	tsʅ^{324}
临湘	ʈʅ^{325}	ʈʰʅ^{42}	ʈʰʅ^{13}	ʈʰʅ^{21}	ʈʰʅ^{21}	sʅ^{21}	sʅ^{21}	sʅ^{21}	sʅ^{42}	sʅ^{42}	tsʅ^{33}	tsʅ^{42}	tsʅ^{42}	tsʅ^{42}	tsʅ^{325}	tsʅ^{325}
岳阳县	tsʅ^{45}	tsʰʅ^{42}	tsʅ^{13}	tsʅ^{21}	tɕʅ^{21}	sʅ^{21}	sʅ^{21}	sʅ^{21}	sʅ^{42}	sʅ^{42}	tsʅ^{33}	tsʅ^{42}	tsʅ^{42}	tsʅ^{42}	tsʅ^{45}	tsʅ^{45}
平江	tsʅ^{33}	tsʰʅ^{324}	tsʰʅ^{24}	tsʰʅ^{21}	tsʰʅ^{22}	sʅ^{21}	tɕʰʅ^{21}	sʅ^{22}	sʅ^{324}	sʅ^{324}	tsʅ^{44}	tsʅ^{324}	tsʅ^{324}	tsʅ^{324}	tsʅ^{45}	tsʅ^{45}
浏阳	tsʅ^{42}		tsʰʅ^{25}	tsʰʅ^{42}	tɕʰʅ^{21}	sʅ^{21}	tɕʰʅ^{21}	sʅ^{21}	sʅ^{31}	sʅ^{31}	tɕʅ^{44}	tsʅ^{31}	tsʅ^{31}	tsʅ^{31}	tsʅ^{42}	tsʅ^{42}
醴陵	tsʅ^{22}		tsʰʅ^{13}	tsʅ^{42}	tsʅ^{22}	sʅ^{22}	sʅ^{22}	sʅ^{22}	sʅ^{31}	sʅ^{31}	tsʅ^{44}	tsʅ^{42}	tsʅ^{42}	tsʅ^{42}	tsʅ^{22}	tsʅ^{22}
茶陵	tsʅ^{33}	tsʰʅ^{42}	tsʰʅ^{325}	tsʰʅ^{325}	tsʰʅ^{325}	sʅ^{325}	sʅ^{325}	sʅ^{325}	sʅ^{42}	sʅ^{42}	tsʅ^{45}	tsʅ^{53}	tsʅ^{53}	tsʅ^{53}	tsʅ^{33}	tsʅ^{33}
安仁	tsʅ^{322}	tsʰʅ^{53}	tsʅ^{24}	tsʰʅ^{322}	tsʰʅ^{322}	sʅ^{322}	sʅ^{322}	sʅ^{322}	sʅ^{31}	sʅ^{31}	tsʅ^{44}	tsʅ^{53}	tsʅ^{53}	tsʅ^{324}	tsʅ^{322}	tsʅ^{322}
耒阳	tsʅ^{213}	tsʰʅ^{44}	tsʅ^{24}	tsʰʅ^{213}	tsʰʅ^{213}	sʅ^{213}	sʅ^{213}	sʅ^{213}	sɛ^{53}	sʅ^{53}	tsʅ^{45}	tsʅ^{53}	tsʅ^{53}	tsʅ^{53}	tsʅ^{213}	tsʅ^{213}
常宁	tsʅ^{24}	tsʰʅ^{44}	tsʰʅ^{21}	tsʰʅ^{24}	tsʰʅ^{24}	sʅ^{24}	tsʰʅ^{24}	sʅ^{24}	sʅ^{44}	sʅ^{44}	tsʅ^{45}	tsʅ^{44}	tsʅ^{44}	tsʅ^{44}	tsʅ^{24}	tsʅ^{24}
永兴	tsʅ^{13}	tsʰʅ^{42}	tsʰʅ^{22}	tsʰʅ^{13}	tsʰʅ^{13}	sʅ^{13}	sʅ^{13}	sʅ^{13}	sʅ^{42}	sʅ^{31}	tsʅ^{45}	tsʅ^{42}	tsʅ^{42}	tsʅ^{42}	tsʅ^{13}/tsʅ^{13}	tsʅ^{13}
资兴	tsʅ^{35}	tsʰʅ^{53}	tsʰʅ^{22}	tsʰʅ^{35}	tsʰʅ^{35}	sʅ^{35}	sʅ^{35}	sa^{35}	sʅ^{31}	sʅ^{31}	tsʅ^{44}	tsʅ^{31}	tsʅ^{31}	tsʅ^{31}	tsʅ^{35}	tsʅ^{35}
隆回	tsʅ^{45}	tsʰʅ^{212}	tɕʰʅ^{13}	tsʅ^{45}	tɕʰiɛ^{45}	sʅ^{45}	sʅ^{45}	sʅ^{45}	sʅ^{212}	sʅ^{212}	tsʅ^{45}	tsʅ^{212}	tsʅ^{212}	tsʅ^{212}	tsʅ^{45}	tsʅ^{45}
洞口	tsʅ^{45}	tsʰʅ^{213}	tsʰʅ^{24}	tsʅ^{45}	tɕʰiɛ^{53}	sʅ^{53}	sʅ^{53}	sʅ^{53}	sʅ^{213}	sʅ^{213}	tsʅ^{53}	tsʅ^{213}	tsʅ^{213}	tsʅ^{213}	tsʅ^{45}	tsʅ^{45}
绥宁	tsʅ^{42}	tsʰʅ^{22}	tsʰʅ^{45}	tsʅ^{42}	tsʰʅ^{44}	sʅ^{42}	tsʰʅ^{44}	sʅ^{34}	sʅ^{31}	sʅ^{13}	tsʅ^{33}	tsʅ^{13}	tsʅ^{13}	tsʅ^{13}	tsʅ^{42}	tsʅ^{42}

地点	齿	诗	始	试	时	市	耳	基	己	纪~律	记	敨	起	其	棋	期时~
	止开三 上止昌	止开三 平之书	止开三 上止书	止开三 去志书	止开三 平之禅	止开三 上止禅	止开三 上止日	止开三 平之见	止开三 上止见	止开三 上止见	止开三 去志见	止开三 平之溪	止开三 上止溪	止开三 平之群	止开三 平之群	止开三 平之群
华容	tsʰɿ²¹	sɿ⁴⁵	sɿ²¹	sɿ²¹³	sɿ¹²	sɿ³³	e²¹	tɕi⁴⁵	tɕi²¹	tɕi²¹	tɕi²¹³	tɕʰi⁴⁵	tɕʰi²¹	tɕʰi¹²	tɕʰi¹²	tɕʰi¹²
岳阳楼	tsʰɿ³¹	sɿ³⁴	sɿ³¹	sɿ³²⁴	sɿ¹³	sɿ²²	ɛ³¹	tɕi³⁴	tɕi³¹	tɕi³¹	tɕi³²⁴	tɕʰi³⁴	tɕʰi³¹	tɕʰi¹³	tɕʰi¹³	tɕʰi¹³
临湘	dzʰɿ⁴²	sɿ³³	sɿ⁴²	sɿ³²⁵	sɿ¹³	sɿ²¹	ø⁴²	tɕi³³	tɕi⁴²	tɕi⁴²	tɕi³²⁵	dʑʰi³³	dʑʰi⁴²	dʑʰi¹³	dʑʰi¹³	dʑʰi¹³
岳阳县	tsʰɿ⁴²	sɿ³³	sɿ⁴²	sɿ⁴⁵	sɿ¹³	sɿ²¹	ø⁴²	ci³³	ci⁴²	ci⁴²	ci⁴⁵	cʰi³³	cʰi⁴²	ci¹³	ci¹³	ci¹³
平江	tsʰɿ³²⁴	sʅ⁴⁴	sʅ³²⁴	sʅ⁴⁵	sʅ¹³	sʅ²²	ŋe²¹/ɣ²¹	ki⁴⁴	ki³²⁴	ki³²⁴	ki⁴⁵	kʰi⁴⁴	kʰi³²⁴	kʰi¹³	kʰi¹³	kʰi¹³
浏阳	tsʰɿ³²⁴	sʅ⁴⁴	sʅ³²⁴	sʅ⁴²	sʅ⁴⁵	sʅ²¹	ɣ³²⁴	ki⁴⁴	ki³²⁴	ki³²⁴	ki⁴²	kʰi⁴⁴	kʰi³²⁴	kʰi⁴⁵	kʰi⁴⁵	kʰi⁴⁵
醴陵	tsʰɿ³¹	sʅ⁴⁴	sʅ²²	sʅ²²	sʅ¹³	sʅ²²	ɛ³¹	ki⁴⁴	ki³¹		ki²²	kʰi⁴⁴	kʰi³¹	kʰi¹³	kʰi¹³	kʰi¹³
茶陵	tsʰɿ⁴²	sɿ⁴⁵	sɿ⁴²	sɿ³³	sɿ²¹³	sɿ³²⁵	e⁴²	tɕi⁴⁵	tɕi⁴²	tɕi³³	tɕi³³	tɕʰi⁴⁵	tɕʰi⁴²	tɕʰi²¹³	tɕʰi²¹³	tɕʰi²¹³
安仁	tsʰɿ⁵³	sʅ⁴⁴	sʅ⁵³	sʅ³²²	sʅ²⁴	sʅ³²²	ɛ⁵³	tʃi⁴⁴	tʃi⁵³		tʃi³²²	tʃʰi⁴⁴	ʃi⁵³	tʃi²⁴	tʃi²⁴	tʃi²⁴
耒阳	tsɿ⁵³	sɿ⁴⁵	sɿ⁵³	sɿ²¹³	sɿ²⁵	sɿ²¹³	e⁵³	tɕi⁴⁵	tʃi⁵³	tʃi⁵³	tɕi²¹³	tɕʰi⁴⁵	tʃʰi⁵³/tɕʰi⁵³	tɕʰi²⁵	tɕʰi²⁵	tɕʰi²⁵
常宁	tsʰɿ⁴⁴	sɿ⁴⁵	sɿ⁴⁴	sɿ²⁴	sɿ²¹	sɿ²⁴	ɯ⁴⁴	tɕi⁴⁵	tɕi⁴⁴	tɕi⁴⁴	tɕi²⁴	tɕʰi⁴⁵	tɕʰi⁴⁴	tɕʰi²¹	tɕʰi²¹	tɕʰi²¹
永兴	tsɿ⁴²	sɿ⁴⁵	sɿ⁴²	sɿ¹³	sɿ³²⁵	sɿ⁴⁵/sʅ¹³	ɛ⁴²	tɕi⁴⁵	tɕi⁴²	tɕi¹³	tɕi¹³	tɕʰi⁴⁵	ci⁴²/tɕi⁴²	tɕʰi²²	tɕʰi³²⁵	tɕʰi³²⁵
资兴	tsʰɿ³¹	sɿ⁴⁴	sɿ³¹	sɿ³⁵	sɿ²²	sɿ³⁵	æ³¹	tɕi⁴⁴	tɕi³¹	tɕi³¹	tɕi³⁵	tɕʰi⁴⁴	tɕi³¹/tɕʰi⁴²	tɕʰi²²	tɕʰi²²	tɕʰi²²
隆回	tsʰɿ²¹²	sɿ⁴⁴	sɿ²¹²	sɿ⁴⁵	sɿ¹³	sɿ⁴⁵	e²¹²	tʃi⁴⁴	tʃi²¹²	tʃi²¹²	tʃi⁴⁵	tʃʰi⁴⁴	tʃʰi²¹²	tʃʰi¹³	tʃʰi¹³	tʃʰi¹³
洞口	tsʰɿ²¹³	sɿ⁵³	sɿ²¹³	sɿ⁵³	sɿ²⁴	sɿ⁵³	ɤ²¹³	tʃi⁵³	tʃi²¹³	tʃi²¹³	tʃi⁴⁵	tʃʰi⁵³	tʃʰi²¹³	tʃʰi²¹³	tʃʰi²⁴	tʃʰi²⁴
绥宁	tsɿ¹³	sɿ³³	sɿ¹³	sɿ⁴²	sɿ⁴⁵	sɿ²²	ø¹³	tʃi³³	tʃi¹³	tʃi⁴²	tʃi⁴²	tʃʰi³³	tʃʰi¹³	tʃʰi⁴⁵	tʃʰi⁴⁵	tʃʰi⁴⁵

	旗 止开三 平之群	疑 止开三 平之疑	喜 止开三 上止晓	医 止开三 平之影	意 止开三 去之影	以 止开三 上止以	异 止开三 去志以	机 止开三 平微见	几~ 止开三 上尾见	气 止开三 去未溪	汽 止开三 去未溪	祈 止开三 平微群	毅 止开三 去未疑	希 止开三 平微晓	稀 止开三 平微晓	衣 止开三 平微影
华容	tɕʰi12	li12	ɕi21	i45	i213	i21	i33	tɕi45	tɕi21	tɕʰi213	tɕʰi213	tɕʰi12	li33	ɕi45	ɕi45	i45
岳阳楼	tɕʰi13	ȵi13	ɕi31	i34	i324	i31	i22	tɕi34	tɕi13	tɕʰi324	tɕʰi324	tɕʰi13	ȵi22	ɕi34	ɕi34	i34
临湘	dʑʰi13	ȵi13	ɕi42	i33	i325	i42	i21	tɕi33	tɕi42	dʑʰi325	dʑʰi325	dʑʰi13	ȵin21	ɕie33	ɕie33	i33
岳阳县	ci13	ɲi13	ɕi42	i33	i45	i42	i21	ci33	ci42	cʰi45	cʰi45	ci13	ɲiin21	ɕi33	ɕi33	i33
平江	kʰi13	ŋi13	xi324	i44	i45	i21	i45	ki44	ki324	kʰi45	kʰi45	kʰi45	ŋi45	xi44	xi44	i44
浏阳	kʰi45	ŋi45	xi324	i44	i42	i324	i21	ki44	ki324	kʰi42	kʰi42	kʰi45	ŋi21	xi44	xi44	i44
醴陵	kʰi13	ŋi13	kʰi31	i44	i22	i31	i22	ki44		kʰi22	kʰi22	kʰi13	ŋi22	xi44	xi44	i44
茶陵	tɕʰi213	ȵi213	ɕi42	i45	i33	i42	i325	tɕi45	tɕi42	ɕi33/tɕʰi325 斗~	tɕʰi33	tɕʰi213	ȵi325	ɕi45	ɕi45	i45
安仁	tʃʰi24	n̩24	tʃʰi53/ʃi53	i44	i322	i53	i322	tʃi44	tɕi53	ʃi322/tʃʰi322	tʃʰi322	tʃi24	n̩322	ʃi44	ʃi44	i44
耒阳	tɕʰi25	i25	tɕʰi44	i45	i213	i53	i213	tɕi45	tɕi44	ɕi213/tɕʰi213	ɕi213/tɕʰi213	tʃi24	i213	ɕi45	ɕi45	i45
常宁	tɕʰi21	ȵi21	tɕʰi44	i45	i24	i44	i24	tɕi45	tɕi44	tɕʰi24	tɕʰi24	tɕʰi25	ŋiẽ24	ɕi45	ɕi45	i45
永兴	tɕʰi325	ɿ325	tɕʰi42	ɿ45	ɿ13	i42	ɿ13	tɕi45	tɕi42	ɕɿ13/tɕʰi13	ɕɿ13/tɕʰi13	tɕʰi22	ɿ13	ɕɿ45	ɕɿ45	ɿ45
资兴	tɕʰi22	li22	tɕʰi31	ɿ44	ɿ35	i31	i35	tɕi44	tɕi31	ɕɿ35/tɕʰi35	tɕʰi35		li35	ɕi44	ɕi44	i44
隆回	tʃʰi13	n̩13	ʃi212	i44	i45	i212	i45	tʃi44	tʃi212	tʃʰi45	tʃʰi45	tʃʰi13	i45/n̩i45	ʃi44	ʃi44	i44
洞口	tʃʰi24	n̩24	ʃi213	i53	i45	i213	i45	tʃi53	tʃi213	tʃʰi42	tʃʰi42	tʃʰi24	n̩45	ʃi55	ʃi55	i53
绥宁	tʃʰi45	n̩324/n̩45	ʃi13	i33	i42	i33	i324	tʃi33	tʃi13	tʃʰi45	tʃʰi32	tʃʰi45	n̩324	ʃi33	ʃi33	ɿ33

	为作~	煨	委	毁	危	脆	亏	规	瑞	睡	垂	炊	吹	随	髓	嘴
	止合三平支云	止合三去賮影	止合三上纸影	止合三上纸晓	止合三平支疑	止合三上纸群	止合三平支溪	止合三平支见	止合三去賮禅	止合三去賮禅	止合三平支禅	止合三平支昌	止合三平支昌	止合三平支邪	止合三上纸心	止合三上纸精
华容	uei^{12}	uei^{213}	uei^{21}	xuei^{21}	uei^{12}	kʰuei^{21}	kʰuei^{45}	kuei^{45}	ɕyei^{33}	ɕyei^{213}	tɕʰyei^{12}	tɕʰyei^{45}	tɕʰyei^{45}	tsʰei^{12}	ci^{21}	tsei^{21}
岳阳楼	uei^{13}	uei^{324}	uei^{31}	fei^{31}	uei^{13}	kʰuei^{31}	kʰuei^{34}	kuei^{34}	ɕyei^{22}	ɕyei^{324}	tɕʰyei^{13}	tɕʰyei^{34}	tɕʰyei^{34}	ci^{13}/sei^{13}	ci^{31}	tɕi^{31}/tsei^{31}
临湘	uei^{13}	uei^{325}	uei^{42}	fei^{42}	uei^{13}	gʰuei^{42}	gʰuei^{33}	kuei^{33}	fei^{21}	fei^{45}	dʑy^{13}	dʑy^{33}	dʑy^{33}	ci^{13}	ci^{21}	tɕi^{42}
岳阳县	uei^{13}	y^{45}/uei^{45}	uei^{42}	fei^{42}	uei^{13}	kʰuei^{42}	kʰuei^{33}	kuei^{33}	fei^{21}	ue^{325}儿唾	kuei^{13}	cʰy^{33}	cʰy^{33}	ci^{13}	ci^{42}	ci^{42}
平江	ui^{45}	y^{45}/ui^{45}	ui^{21}	fi^{324}	ui^{13}	tsʰy^{324}/kʰui^{324}	kʰui^{44}	kui^{44}	ʂy^{22}	ʂy^{45}	ʂy^{13}	tʂʰy^{44}	tʂʰy^{44}	si^{13}	si^{324}	tsi^{324}
浏阳	uei^{45}	uei^{42}	uei^{324}	fei^{324}	uei^{45}	kʰuei^{324}	kʰuei^{44}	kuei^{44}	yei^{21}	ʂy^{21}	tʂʰyei^{45}	tʂʰy^{44}	tʂʰyei^{44}	sei^{45}	si^{324}	tsi^{324}
醴陵		y^{22}/uei^{22}	uei^{31}	fei^{31}	uei^{13}	kʰuei^{31}	kʰuei^{44}	kuei^{44}	xyei^{22}	xyei^{22}	kʰyei^{13}	kʰy^{44}	kʰyei^{44}	si^{13}	si^{31}	tsi^{31}
茶陵	ue^{213}	ue^{33}	ue^{42}	xue^{42}	ue^{213}	tɕʰy^{42}/kʰue^{42}	kʰue^{45}	kue^{45}	ɕye^{325}		tɕʰyei^{213}	tɕʰy^{45}	tɕʰye^{45}	se^{213}	se^{213}	tɕi^{42}~司/tse^{42}
安仁	ui^{24}	y^{322}/ui^{332}	ui^{53}	xui^{53}	ui^{24}	kʰui^{53}	kʰui^{44}	kui^{44}	lui^{322}	sui^{322}	tsʰui^{24}	tʃʰy^{44}/tsʰui^{44}	tsʰui^{44}	tʃy^{24}/sui^{24}	ʃy^{53}	tʃy^{53}
耒阳	ui^{25}	y^{213}	ui^{53}	xui^{53}	ui^{25}	kʰui^{53}	kʰui^{45}	kui^{45}	sui^{213}	sui^{213}	tsʰui^{25}	tɕʰy^{45}/tsʰui^{45}	tsʰui^{45}	tsʰui^{25}		tɕy^{53}
常宁	ui^{21}	y^{24}/ui^{24}	ui^{44}	fi^{44}	ui^{21}	kʰui^{24}	kʰui^{45}	kui^{45}	sui^{24}	sui^{24}	sui^{21}	tɕʰy^{45}	tsʰui^{45}	sui^{21}	suæ^{53}	tɕy^{44}
永兴		y^{13}/ui^{13}	ui^{42}	xui^{42}	ui^{325}/ui:^{22}	kʰui^{42}	kʰui^{45}	kui^{45}	lui^{13}	sui^{13}	tsʰui^{22}	tɕʰy^{45}/tsʰui^{45}	tsʰui^{45}	sui^{325}	sui^{21}	tɕy^{42}
资兴	uei^{22}	u^{35}用于人/uei^{35}用于器物	uei^{31}	fei^{31}	uei^{22}	tɕʰy^{31}/kuei^{35}	kʰuei^{44}	kuei^{44}	sei^{35}	ɕi^{35}	tsʰei^{22}	tɕʰy^{44}	tʃʰei^{44}	sei^{22}	cy^{22}	tɕy^{31}
隆回	mi^{13}	u^{45}/mi^{45}	mi^{212}	xue^{212}	mi^{13}	kʰui^{45}	kʰui^{44}	kui^{44}	sui^{45}	sui^{45}	tʃʰui^{13}	tʃʰuɯ^{53}	tʃʰɯ^{53}	tsʰui^{13}	sui^{212}	tʃu^{212}/tsui^{212}
洞口	ui^{24}	ɬ^{45}/ui^{45}	ui^{213}	xuai^{213}	ui^{24}	kʰui^{45}	kʰui^{53}	kui^{53}	ɬɯ^{45}	ɬɯ^{45}	tʃʰɯ^{24}	tʃʰɯ^{33}	tʃʰɯ^{33}	tʃɯ^{24}		tʃɯ^{213}
绥宁	ui^{45}	ɬ^{42}	ui^{33}	fe^{13}	ui^{45}	kʰui^{13}	kʰui^{33}	kui^{33}	ɬɯ^{42}	ɬɯ^{42}	tʃʰɯ^{324}		tʃʰɯ^{33}	ʃɯ^{45}	ʃɯ^{45}	tʃɯ^{13}

	类	泪	醉	翠	追	槌	锤	衰	帅	锥	水	谁	龟	轨	癸	季
	止合三去至来	止合三去至来	止合三去至精	止合三去至清	止合三平脂知	止合三平脂澄	止合三平脂澄	止合三平脂生	止合三去至生	止合三平脂章	止合三上旨书	止合三平脂禅	止合三平脂见	止合三上旨见	止合三上旨见	止合三去至见
华容	lei³³	lei³³	tsei²¹³	tsʰei²¹³	tɕyei⁴⁵	tɕʰyei¹²	tɕʰyei¹²	ɕyɐi⁴⁵	ɕyɐi²¹³	tɕyei⁴⁵	ɕyei²¹	ɕyei¹²	kuei⁴⁵	kuei²¹	kuei²¹³	tɕi²¹³
岳阳楼	lei²²	lei²²	tɕy³²⁴/tsei³²⁴	tsʰei³²⁴	tɕyei³⁴	tɕʰyei¹³	tɕʰyei¹³	ɕyai³⁴	ɕyai³²⁴	tɕyei³⁴	ɕyei³¹	ɕyei¹³	kuei³⁴	kuei³¹	kʰuei¹³	tɕi³²⁴
临湘	dʱi²¹	dʱi²¹	tɕi³²⁵	dʑʰi³²⁵	tɕy³³	dʑʰy¹³	dʑʰy¹³	sæ³³	sæ³²⁵	tɕy³³	ɕy⁴²	çy¹³/fei¹³	kuei³³	kuei⁴²	gʱuei¹³	tɕi³²⁵
岳阳县	li²¹	li²¹	ci⁴⁵	cʰi⁴⁵	kuei³³	cy¹³	cy¹³	sæ³³	sæ⁴⁵		ɕy⁴²	çy¹³/fei¹³	kuei³³	kuei⁴²	kuei⁴⁵	ci⁴⁵
平江	tʰi²²	tʰi²²	tsi⁴⁵	tsʰi⁴⁵	tsy⁴⁴	tʃʰy¹³	tʃʰy¹³	sai⁴⁴	sai⁴⁵	tsy⁴⁴	sy³²⁴	sy¹³	kui⁴⁴	kui³²⁴	kui⁴⁵	ki⁴⁵
浏阳	lei²¹	ti⁴²睡一/lei²¹~水	tsi²²	tsʰei⁴²	tʃyei⁴⁴	tʃʰy⁴⁵	tʃʰy⁴⁵	sai⁴⁴	sai⁴²	tsyei⁴⁴	sy³²⁴	sʑyei⁴⁵	kuei⁴⁴	kuei³²⁴	kʰuei⁴⁵	ki⁴²
醴陵	lei²²	li²²	tsi²²	tsʰei²²	kyei⁴⁴	kʰy¹³	kʰy¹³	sai⁴⁵	sai²²	kyei⁴⁴	xy³¹	xyei¹³	kuei⁴⁴	kuei³¹	kʰuei¹³	ki²²
茶陵	le³²⁵	li³³睡一/le³²⁵	tse³³	tsʰe³³	tɕye⁴⁵	tɕʰy²¹³	tɕʰy²¹³	sæ⁴⁵	sæ³³		ɕy⁴²		kue⁴⁵	kue⁴²	kʰue¹³	ci³³
安仁	lui³²²	li³²²	tʃy³²²	tsʰui³²²	tsui⁴⁴	tʃy²⁴	sr	suæ⁴⁴	suæ³²²	tsui⁴⁴	ʃy⁵³	sui²⁴	tʃy⁴⁴/kui⁴⁴	kui⁵³	kui²⁴	ci³²²
耒阳	lui²¹³	li²¹³	tɕy²⁴/tsui²⁴	tsʰui²¹³	tsui⁴⁵	tɕʰy²⁵	tɕʰy²⁵	suæ⁴⁵	suæ²¹³	tsui⁴⁵	ɕy⁵³		kui⁴⁵	kui⁵³	kʰui²⁵	tɕi²¹³
常宁	lui²⁴	nʑy⁴⁴/lui²⁴	tɕy²⁴/tsui²⁴	tsʰui²⁴	tsui⁴⁵	tɕʰy²¹	tɕʰy²¹	sue⁴⁵	sue²⁴	tsui⁴⁵	ɕy⁴⁴	sui²¹	kui⁴⁵	kui⁴⁴	kʰui²¹	tɕi²⁴
永兴	lui¹³	ly¹³	tɕy¹³	tsʰui¹³	tsui⁴⁵	tɕʰy³²⁵	tɕʰy³²⁵	sue⁴⁵	sue¹³	tsui⁴⁵	ɕy⁴²	sui²²	kui⁴⁵	kui⁴²	kʰui²²	tɕʅ¹³
资兴	lei³⁵	ly³⁵	tɕy³⁵	tsʰei³⁵	tsei⁴⁴	tɕʰy²²	tɕʰy²²	sai⁴⁴	sai³⁵		ɕy³¹/sei³¹		kuei⁴⁴	kuei³¹	kʰuei²²	tɕʅ³⁵
隆回	lue⁴⁵	li⁴⁵	tsiu⁴⁵/tsui⁴⁵	tsʰui¹³	tsui⁴⁴	tʃʰy¹³/tsʰui¹³	tʃʰu¹³/tsʰui¹³	sue⁴⁴	sue⁴⁵	tsui⁴⁴	ʃu²¹²/sui²¹²	sui¹³	kui⁴⁴	kui²¹²	kui⁴⁵	tʃʅ⁴⁵
洞口	lai⁵³	li⁵³	tʃɯ⁴²	tʃʰɯ⁴⁵	tʃɯ⁵³	tʃʰɯ²⁴	tʃʰɯ²⁴	sai⁵³	suai⁴⁴		ʃɯ²¹³		kui⁵³	kui²¹³	kʰu²⁴	tʃʅ⁴⁵
绥宁	le⁴⁴	li⁴⁴/lɯ⁴⁴	tʃɯ⁴²	tʃʰɯ⁴²	tʃɯ³³	tʃʰɯ³²⁴名词/tʃʰɯ⁴⁵动词	tʃʰɯ⁴⁵	sai³³	sai⁴²		ʃɯ¹³	ʃɯ⁴⁵	kui³³	kui¹³	kui⁴²	tʃʅ⁴²

	逵 止合三 平脂群	葵 止合三 平脂群	柜 止合三 去至群	位 止合三 去至云	维 止合三 平脂以	遗 止合三 平脂以	唯 止合三 上旨以	非 止合三 平微非	飞 止合三 平微非	匪 止合三 上尾非	痱~子 止合三 去未非	妃 止合三 平微敷	费~用 止合三 去未敷	肥 止合三 平微奉	微 止合三 平微微	尾 止合三 上尾微
华容	kʰuei^{12}	kʰuei^{12}	kʰuei^{33}	uei^{33}	uei^{12}	i^{12}	uei^{12}	fei^{45}	fei^{45}	fei^{21}	fei^{213}	fei^{45}	fei^{213}	fei^{12}	uei^{12}	ʔi^{21}/uei^{21}
岳阳楼	kʰui^{13}	kʰui^{13}	kʰuei^{22}	uei^{22}	uei^{13}	i^{13}	uei^{13}	fei^{34}	fei^{34}	fei^{31}	fei^{324}	fei^{34}	fei^{324}	fei^{13}	uei^{13}	uei^{31}
临湘	gʰuei^{13}	gʰuei^{13}	gʰuei^{21}	uei^{21}	uei^{13}	i^{13}	uei^{13}	fei^{33}	fei^{33}	fei^{42}		fei^{33}	fei^{325}	fei^{13}	uei^{13}	ŋe^{42}/uei^{42}
岳阳县	kuei^{13}	kuei^{13}	cy^{21}	uei^{21}	uei^{13}	i^{13}	uei^{13}	fei^{33}	fei^{33}	fei^{42}	fei^{45}	fei^{33}	fei^{45}	fei^{13}	uei^{13}	uei^{42}
平江	kʰui^{45}	ui^{13}	tsʰy^{22}	ui^{22}	ui^{13}	i^{13}	ui^{13}	fi^{44}	fi^{44}	fi^{324}	fi^{44}	fi^{44}	fi^{45}	fi^{13}	ui^{44}	mi^{45}/ui^{21}
浏阳	kʰuei^{45}	kʰuei^{45}	tsʰy^{21}/kʰuei^{21}	uei^{21}	uei^{45}	i^{45}	uei^{45}	fei^{44}	fei^{44}	fei^{324}	pʰi^{42}	fei^{44}	fei^{42}	fei^{45}	uei^{44}	mie^{21}
醴陵	kʰue^{213}	kʰue^{213}	kʰy^{22}/kʰuei^{22}	uei^{22}	ue^{213}	i^{13}	uei^{13}	fei^{44}	fei^{44}	fei^{31}	pʰi^{44}	fei^{44}	fei^{325}	fei^{13}	uei^{13}	mi^{22}~山/uei^{31}
茶陵	kʰue^{213}	kʰue^{213}	kʰuei^{325}	ue^{325}	ue^{213}	i^{213}	ue^{213}	fi^{45}	fi^{45}	fi^{42}	pʰi^{45}	fi^{45}	fi^{322}	fei^{213}	ue^{213}	mi^{42}/ue^{42}
安仁	kui^{24}	kui^{24}	tʃʰy^{322}/kʰui^{322}	ui^{332}	ui^{24}	lae^{24}	ui^{24}	fi^{44}	fi^{44}	fi^{53}	fi^{322}	fi^{44}	fi^{322}	fi^{24}	ui^{24}	min^{53}/ui^{53}
耒阳	kʰui^{25}	kʰui^{25}	kʰui^{213}	ui^{213}	ui^{25}	i^{25}	ui^{25}	fi^{45}	fi^{45}	fi^{53}	fi^{53}	fi^{45}	fi^{213}	fi^{25}	ui^{25}	ŋ̍^{53}/ui^{53}
常宁	kʰui^{21}	kʰui^{21}	kʰui^{24}	ui^{24}	ui^{21}	i^{21}	ui^{21}	fi^{44}	fi^{45}	fi^{44}	ci^{44}	fi^{45}	fi^{24}	fi^{21}	ui^{21}	ui^{44}
永兴	kʰui^{22}	kʰui^{22}	kʰuei^{35}	ui^{13}	ui^{325}	la^{325}	ui^{22}	fii^{45}	fii^{44}/fei^{44}	fii^{42}	pʰi^{45}/fii^{45}	fii^{45}	fii^{13}	fii^{325}	ui^{45}	ui^{44}
资兴	kʰuei^{22}	kʰuei^{22}	kʰuei^{22}	uei^{35}	uei^{22}	la^{22}	uei^{22}	fei^{44}	fi^{44}/fei^{44}	fei^{31}			fei^{35}	fei^{22}	uei^{22}	mi^{44}/uei^{31}
隆回	kʰui^{13}	kʰui^{13}	kʰui^{45}	mi^{45}	mi^{13}	i^{13}	mi^{13}	fi^{44}	fi^{44}	fi^{212}	fi^{44}	fi^{44}	fi^{45}	fi^{13}	mi^{13}	mi^{212}
洞口	kʰui^{24}	kʰui^{24}	tʃʰy^{53}/kʰui^{45}	ui^{45}	ui^{24}	i^{213}	ui^{24}	fi^{53}	fi^{53}	fi^{213}	fi^{53}	fi^{53}	fi^{45}	fi^{24}	ui^{24}	ui^{213}
绥宁	kʰui^{45}	kʰui^{45}	tʃʰɐ^{44}	ui^{44}	ui^{45}	lɐ^{45}	ui^{45}	fi^{33}	fi^{33}	fi^{13}	fi^{33}	fi^{33}	fi^{42}	fi^{45}	ui^{45}	ui^{33}

	未 止合三 去未微	昧 止合三 去未微	归 止合三 平微见	鬼 止合三 上尾见	贵 止合三 去未见	魏 止合三 去未疑	挥 止合三 平微晓	辉 止合三 平微晓	威 止合三 平微影	畏 止合三 去未影	慰 止合三 去未影	违 止合三 平微云	围 止合三 平微云	伟 止合三 上尾云	纬 止合三 上尾云	胃 止合三 去未云
华容	uei^{33}	uei^{33}	kuei^{45}	kuei^{21}	kuei^{213}	uei^{33}	xuei^{45}	xuei^{45}	uei^{45}	uei^{213}	uei^{213}	uei^{12}	uei^{12}	uei^{21}	uei^{21}	uei^{33}
岳阳楼	uei^{22}	uei^{22}	kuei^{34}	kuei^{31}	kuei^{324}	uei^{22}	fei^{34}	fei^{34}	uei^{34}	uei^{324}	uei^{324}	uei^{13}	uei^{13}	uei^{31}	uei^{31}	uei^{22}
临湘	uei^{21}	uei^{21}	kuei^{33}	kuei^{42}	kuei^{325}	uei^{21}	fei^{33}	fei^{33}	uei^{33}	uei^{325}	uei^{325}	uei^{13}	uei^{13}	uei^{42}	uei^{42}	uei^{21}
岳阳县	uei^{21}	uei^{21}	kuei^{33}	kuei^{42}	kuei^{45}	uei^{21}	fei^{33}	fei^{33}	uei^{33}	uei^{45}	uei^{45}	uei^{13}	uei^{13}	uei^{42}	y^{21}/uei^{42}	uei^{21}
平江	ui^{22}	ui^{22}	kui^{44}	kui^{324}	kui^{45}	ui^{22}	fi^{44}	fi^{44}	ui^{44}	ui^{45}	y^{45}	ui^{13}	y^{13}/ui^{13}	ui^{21}	y^{22}/ui^{21}	ui^{22}
浏阳	uei^{21}	uei^{21}	kuei^{44}	kuei^{324}	kuei^{42}	uei^{21}	fei^{44}	fei^{44}	uei^{44}	uei^{42}	uei^{42}	uei^{45}	uei^{45}	uei^{324}	uei^{324}	uei^{21}
醴陵	uei^{22}	uei^{22}	kuei^{44}	kuei^{31}	kuei^{22}	uei^{22}	fei^{44}	fei^{44}	uei^{44}	uei^{22}	uei^{22}	uei^{13}	uei^{13}	uei^{31}	uei^{31}	uei^{22}
茶陵	ue^{325}	mi^{325}～涼/ue^{33}～/ue^{325}	kue^{45}	kue^{42}	kue^{33}	ue^{325}	xue^{45}	xue^{45}	ue^{45}	ue^{325}	ue^{325}	ue^{213}	ue^{213}	ue^{42}	ue^{42}	ue^{325}
安仁	ui^{322}	ui^{322}	kui^{44}	kui^{53}	kui^{322}	ui^{322}	xui^{44}	xui^{44}	ui^{44}	ui^{322}	y^{322}/ui^{322}	ui^{24}	ui^{24}	ui^{53}	ui^{24}	ui^{322}
耒阳	ui^{213}	ui^{213}	kui^{45}	kui^{53}	kui^{213}	ui^{213}	xui^{45}	xui^{45}	ui^{45}	ui^{213}	ui^{213}	ui^{25}	y^{25}/ui^{25}	ui^{53}	ui^{53}	ui^{213}
常宁	ui^{24}	ui^{24}	kui^{45}	kui^{44}	kui^{24}	ui^{24}	fi^{45}	fi^{45}	ui^{45}	ui^{24}	ui^{24}	ui^{21}	ui^{21}	ui^{44}	ui^{44}	ui^{24}
永兴	ui^{13}	ui^{13}	kui^{45}	kui^{42}	kui^{13}	ui^{13}	xui^{45}	xui^{45}	ui^{45}	ui^{13}	y^{13}/ui^{13}	ui^{325}	ui^{325}	ui^{42}	ui^{42}	ui^{13}
资兴	uei^{35}	uei^{35}	kuei^{44}	kuei^{31}	kuei^{35}	uei^{35}	fei^{44}	fei^{44}	uei^{44}	uei^{35}	uei^{35}	uei^{22}	uei^{22}	uei^{31}		uei^{35}
隆回	mi^{45}	mi^{45}	kui^{44}	kui^{212}	kui^{45}	mi^{45}	xue^{44}	xue^{44}	mi^{44}	mi^{45}	u^{45}	mi^{13}	mi^{13}	mi^{212}	mi^{212}	mi^{45}
洞口	ui^{53}	ui^{53}	kui^{53}	kui^{213}	kui^{45}	ui^{45}	xuai^{53}	xuai^{53}	ui^{53}	ui^{45}	ʉ^{45}	ui^{24}	ui^{24}	ui^{213}	ui^{213}	ui^{45}
绥宁	ui^{44}	ui^{44}	kui^{33}	kui^{13}	kui^{42}	ui^{33}	fi^{33}	fi^{33}	ui^{33}	ui^{33}	ʉ^{42}	ui^{45}	ui^{45}	ui^{13}	ui^{45}	ui^{42}

	谓 止合三 去未云	褒(~奖) 止合三 平豪帮	保 止合三 上皓帮	堡 止合三 上皓帮	宝 止合三 上皓帮	报 效开一 去号帮	袍 效开一 平豪並	抱 效开一 上皓並	暴 效开一 去号並	拖(~小鸡) 效开一 去号並	毛 效开一 平豪明	冒 效开一 去号明	帽 效开一 去号明	刀 效开一 平豪端	岛 效开一 上皓端	倒(打~) 效开一 上皓端
华容	uei³³	pɑu⁴⁵	pɑu²¹	pɑu²¹	pɑu²¹	pɑu²¹³	pʰɑu¹²	pʰɑu³³	pʰɑu³³	pʰɑu³³	mɑu¹²	mɑu³³	mɑu³³	tɑu⁴⁵	tɑu²¹	tɑu²¹
岳阳楼	uei²²	pau³⁴	pau³¹	pau³¹	pau³¹	pau³²⁴	pʰau¹³	pʰau²²	pʰau³²⁴/pau³²⁴	pʰau²²	mau¹³	mau³²⁴	mau²¹	tau³⁴	tau³¹	tau³¹
临湘	uei³²⁵	pou³³	pou⁴²	pou⁴²	pou⁴²	pou¹³	bʰou¹³	bʰou²¹	bʰou²¹	bʰou²¹	mou¹³	mou²¹	mou²¹	tou³³	tou⁴²	tou⁴²
岳阳县	uei²¹	pou³³	pou⁴²	pou⁴²	pou⁴²	pou⁴⁵	pou¹³	pou²¹	pou²¹	pou²¹	mou¹³	mou⁴⁵/mou²¹	mou²¹	tou³³	tou⁴²	tou⁴²
平江	ui²²	pau⁴⁴	pau³²⁴	pau³²⁴	pau³²⁴	pau⁴⁵	pʰau¹³	pʰau²¹	pʰau²²	pʰau²²	mau¹³	mau⁴⁵	mɔŋ²²	tau⁴⁴	tau³²⁴	tau³²⁴
浏阳	uei²¹	pau⁴⁴	pau³²⁴	pau³²⁴	pau³²⁴	pau⁴²	pʰau⁴⁵	pʰau²¹	pau⁴²	pʰau²¹	mau⁴⁵	mau²¹	mɔŋ²¹/mau²¹	tau⁴⁴	tau³²⁴	tau³²⁴
醴陵	uei²²	pau³¹	pau³¹	pau³¹	pau³¹	pau²²	pʰau¹³	pʰau²²	pʰau²²	pʰau²²	mau¹³	mau²²	mau²²	tau⁴⁴	tau³¹	tau²²
茶陵	ue³²⁵	po⁴⁵	po⁴²	po⁴²	po⁴²	po³³	pʰɔ²¹³	pʰɔ³²⁵	pʰɔ³²⁵	pʰɔ³²⁵	mɔ²¹³	mɔ³²⁵	mɔ³²⁵	tɔ⁴⁵	tɔ⁴²	tɔ⁴²
安仁	ui³²²	po⁴⁴	po⁵³	po⁵³	po⁵³	po³²²	po²⁴	pɛ³²²	pʰɔ³²²	pʰɔ³²²	mɔ²⁴	mɔ³²²	mɔ³²²	tɔ⁴⁴	tɔ⁵³	tɔ⁵³
耒阳	ui²¹³	po⁴⁵	po⁵³	po⁵³	po⁵³	po²¹³	pʰɔ²⁵	pʰɔ²¹³	pʰɔ²¹³	pʰɔ²¹³	mɔ²⁵	mɔ²¹³	mɔ²¹³	tɔ⁴⁵	tɔ⁵³	tɔ⁵³
常宁	ui²⁴	po⁴⁵	po⁴⁴	po⁴⁴	po⁴⁴	po²⁴	pʰo²¹	pʰo²⁴	pʰo²⁴	po²⁴	mo²¹	mo²⁴	mo²⁴	tɔ⁴⁵	tɔ⁴⁴	tɔ⁴⁴
永兴	ui¹³	pe⁴⁵	po⁴²	po⁴²	po⁴²	po¹³	po³²⁵	po¹³	po¹³	po¹³	mɔ³²⁵	mɔ¹³	mɔ¹³	tau⁴⁴	tɔ⁴²	tɔ⁴²
资兴	uei³⁵		pau³¹	pau³¹	pau³¹	pau³⁵	pau²²	pau³⁵	pau³⁵	pau³⁵	mau²²	mau³⁵	mau³⁵	tau⁴⁴	tau³¹	tau³¹
隆回	mi⁴⁵	pau⁴⁴	pau²¹²	pau²¹²	pau²¹²	pau⁴⁵	pʰau¹³	pʰau⁴⁵	pʰau⁴⁵	pʰau⁴⁵	mau¹³	mau⁴⁵	mau⁴⁵	tau⁵³	tau²¹²	tau²¹²
洞口	ui⁴⁵	pɑu⁵³	pɑu²¹³	pɑu²¹³	pɑu²¹³	pɑu⁴⁵	xɑu²⁴	pau⁵³	xɑu⁵³	xɑu⁵³	mɑu²⁴	mɑu⁴⁵	mɑu⁵³	tau⁵³	tau²¹³	tau²¹³
绥宁	ui⁴²	pau³³	pau¹³	pau¹³	pau¹³	pau⁴²	pʰau⁴⁵	pʰau⁴⁴	pʰau⁴²	pʰau⁴⁴	mau⁴⁵	mau⁴²	mau⁴⁴	tau³³	tau¹³	tau¹³

	到	倒~水	掏~出来	讨	套	桃	逃	淘~米	陶	涛	道	稻	盗	导	脑	恼
	效开去号端	效开去号端	效开平豪透	效开上皓透	效开去号透	效开平豪定	效开平豪定	效开平豪定	效开平豪定	效开平豪定	效开上皓定	效开上皓定	效开去号定	效开去号定	效开上皓泥	效开上皓泥
华容	tau^{213}	tau^{213}	hau^{45}	hau^{21}	hau^{213}	hau^{12}	hau^{12}	hau^{12}	hau^{12}	hau^{12}	hau^{33}	hau^{33}	hau^{22}	hau^{33}	lʌu^{21}	lʌu^{21}
岳阳楼	tau^{324}	tau^{324}	tʰau^{34}	tʰau^{31}	tʰau^{324}	tʰau^{13}	tʰau^{13}	tʰau^{13}	tʰau^{13}	tʰau^{13}	tʰau^{22}	tʰau^{22}	tʰau^{22}	tʰau^{324}	lau^{31}	lau^{31}
临湘	tou^{325}	tou^{325}	dʰou^{33}	dʰou^{42}	dʰou^{325}	dʰou^{13}	dʰou^{13}	dʰou^{13}	dʰou^{13}	dʰou^{13}	dʰou^{21}	dʰou^{21}	tou^{33}/dʰou^{21}	dʰou^{325}	lou^{42}	lou^{42}
岳阳县	tou^{45}	tou^{45}	tou^{13}	tʰou^{42}	tʰou^{45}	tou^{13}	tou^{13}	tou^{13}	tou^{13}	tʰou^{33}	tou^{21}	tou^{21}	tou^{21}	tʰou^{45}	lou^{42}	lou^{42}
平江	tau^{45}	tau^{45}	tʰɑu^{13}	tʰɑu^{324}	tʰɑu^{45}	tʰɑu^{13}	tʰɑu^{13}	tʰɑu^{13}	tʰɑu^{13}	tʰɑu^{13}	tʰou^{22}	tʰau^{22}	tʰou^{22}	tʰou^{45}	lau^{45}又lau^{21}动	lau^{21}
浏阳	tau^{22}	tau^{22}	tʰau^{44}	tʰau^{324}	tʰau^{42}	tʰau^{13}	tʰau^{45}	tʰau^{45}	tʰau^{45}	tʰau^{44}	tʰau^{21}	tʰau^{21}	tʰau^{21}	tʰau^{42}	lau^{324}	lau^{324}
醴陵	tau^{22}	tau^{22}	tʰau^{13}	tʰau^{31}	tʰau^{22}	tʰau^{213}	tʰau^{13}	tʰau^{13}	tʰau^{13}	tʰau^{44}	tʰau^{22}	tʰau^{44}	tʰau^{22}	tʰau^{22}	lau^{31}	lau^{31}
茶陵	tɔ^{33}	tɔ^{33}	tʰɔ^{45}	tʰɔ^{42}	tʰɔ^{325}	tɔ^{24}	tʰɔ^{213}	tʰɔ^{213}	tʰɔ^{213}	tʰɔ^{45}	tʰɔ^{325}	tʰɔ^{45}	tʰɔ^{325}	tʰɔ^{325}	lɔ^{42}	lɔ^{42}
安仁	tɔ^{322}	tɔ^{322}	tʰɔ^{44}	tʰɔ^{53}	tʰɔ^{322}	tɔ^{25}	tɔ^{24}	tʰɔ^{24}	tʰɔ^{24}	tʰɔ^{44}	tʰɔ^{322}	tʰɔ^{54}	tʰɔ^{322}	tʰɔ^{322}	lɔ^{53}	lɔ^{53}
耒阳	tɔ^{213}	tɔ^{213}	tʰɔ^{45}	tʰɔ^{53}	tʰɔ^{213}	tʰɔ^{21}	tʰɔ^{25}	tʰɔ^{25}	tʰɔ^{25}	tʰɔ^{45}	tʰɔ^{213}	tʰɔ^{213}	tʰɔ^{213}	tʰɔ^{213}	lɔ^{53}	lɔ^{53}
常宁	tɔ^{24}	tɔ^{24}	tʰɔ^{21}	tʰɔ^{44}	tʰɔ^{24}	tʰɔ^{21}	tʰɔ^{21}	tʰɔ^{21}	tʰɔ^{21}	tʰɔ^{45}	tʰɔ^{24}	tʰɔ^{24}	tʰɔ^{24}	tʰɔ^{24}	lɔ^{44}	lɔ^{44}
永兴	tɔ^{13}	tɔ^{42}	tʰɔ^{45}	tʰɔ^{42}	tʰɔ^{13}	tɔ^{325}~干/tʰɔ^{22}~花	tɔ^{325}	tɔ^{325}	tʰɔ^{325}	tʰɔ^{45}	tɔ^{13}	tɔ^{13}	tɔ^{13}	tɔ^{13}	lɔ^{42}	lɔ^{42}
资兴	tau^{35}	tau^{35}~毛/tau^{31}~米	tʰau^{44}	tʰau^{31}	tʰau^{35}	tau^{22}	tau^{22}	tau^{22}	tau^{22}	tʰau^{44}	tau^{35}	tau^{35}	tau^{35}	tau^{35}	lau^{31}	lau^{31}
隆回	tɑu^{45}	tɑu^{45}	xɑu^{44}	xɑu^{212}	xɑu^{45}	xɑu^{325}/xɑu^{13}	xɑu^{13}	xɑu^{13}	xɑu^{13}	xau^{44}	xau^{45}	xau^{45}	xau^{45}	xau^{45}	lau^{212}	lau^{212}
洞口	tɑu^{45}	tɑu^{45}	xɑu^{24}	xɑu^{213}	xɑu^{45}	xɑu^{24}	xɑu^{24}	xɑu^{24}	xɑu^{24}	xau^{53}	xau^{53}	xau^{53}	xau^{53}	xau^{213}	lau^{213}	lau^{213}
绥宁	tau^{42}	tau^{42}	tʰau^{33}	tʰau^{13}	tʰau^{42}	tʰau^{324}	tʰau^{45}	tʰau^{45}	tʰau^{45}	tʰau^{33}	tʰau^{44}	tʰau^{44}	tʰau^{44}	tʰau^{13}	lau^{13}	lau^{13}

	劳 效开一平豪来	捞 打~ 效开一平豪来	牢 效开一平豪来	老 效开一上皓来	涝 军~ 效开一去号来	遭 效开一平豪精	糟 效开一平豪精	早 效开一上皓精	枣 效开一上皓精	澡 效开一上皓精	燥 效开一去号精	灶 效开一去号精	操 ~作 效开一平豪清	草 效开一上皓清	糖 糖~ 效开一去号清	曹 效开一平豪从
华容	lau^{12}	lau^{12}	lau^{12}	lau^{21}	lau^{12}	tsAu^{45}	tsAu^{45}	tsAu^{21}	tsAu^{21}	tsAu^{21}	tsAu^{213}	tsAu^{213}	tsʰAu^{45}	tsʰAu^{21}	tsʰAu^{213}	tsʰAu^{12}
岳阳楼	lau^{13}	lau^{13}	lau^{13}	lau^{31}	lou^{13}	tsau^{34}	tsau^{34}	tsau^{31}	tsau^{31}	tsau^{31}	tsʰau^{324}	tsau^{324}	tsʰau^{34}	tsʰau^{31}	tsʰau^{324}	tsʰau^{13}
临湘	lou^{13}	lou^{13}	lou^{13}	lou^{42}	lou^{13}	tsɔu^{33}	tsɔu^{33}	tsɔu^{42}	tsɔu^{42}	tsɔu^{42}	dzʰɔu^{325}	tsɔu^{325}	dzʰɔu^{33}	dzʰɔu^{42}	dzʰɔu^{325}	dzʰɔu^{13}
岳阳县	lou^{13}	lou^{13}	lou^{13}	lou^{42}	lou^{42}	tsɔu^{33}	tsɔu^{33}	tsɔu^{42}	tsɔu^{42}	tsɔu^{42}	tsʰou^{45}	tsɔu^{45}	tsʰɔu^{33}	tsʰɔu^{42}	tsʰɔu^{45}	tsɔu^{13}
平江	lau^{13}	lau^{13}	lau^{13}	lau^{45}剪~豪/lau^{21}	lau^{13}	tsau^{44}	tsau^{44}	tsau^{324}	tsau^{324}	tsau^{324}	tsʰau^{45}	tsau^{45}	tsʰau^{44}	tsʰau^{324}	tsʰau^{45}	tsʰau^{13}
浏阳	lau^{45}	lau^{45}	lau^{45}	lau^{324}	lau^{45}	tsau^{44}	tsau^{44}	tsau^{324}	tsau^{324}	tsau^{324}	tsʰau^{21}	tsau^{42}	tsʰau^{44}	tsʰau^{324}	tsʰau^{42}	tsʰau^{45}
醴陵	lau^{13}	lau^{44}	lau^{13}	lau^{31}	lau^{13}	tsau^{44}	tsau^{44}	tsau^{31}	tsau^{31}	tsau^{31}	tsʰau^{22}	tsau^{22}	tsʰau^{44}	tsʰau^{31}	tsʰau^{22}	tsʰau^{13}
茶陵	lɔ^{213}	lɔ^{213}	lɔ^{213}	lɔ^{42}	lɔ^{213}	tsɔ^{45}	tsɔ^{45}	tsɔ^{42}	tsɔ^{42}	tsɔ^{42}	tsɔ^{33}	tsɔ^{33}	tsʰɔ^{45}	tsʰɔ^{42}	tsʰɔ^{33}	tsʰɔ^{213}
安仁	lɔ^{24}	lɔ^{24}	lɔ^{24}	lɔ^{322}/lɔ^{53}	lɔ^{24}	tsɔ^{44}	tsɔ^{44}	tsɔ^{53}	tsɔ^{53}	tsɔ^{53}	tsɔ^{322}	tsɔ^{322}	tsʰɔ^{44}	tsʰɔ^{53}	tsʰɔ^{322}	tsʰɔ^{24}
耒阳	lɔ^{25}	lɔ^{25}	lɔ^{25}	lɔ^{53}	lɔ^{25}	tsɔ^{45}	tsɔ^{45}	tsɔ^{53}	tsɔ^{53}	tsɔ^{53}	tsɔ^{213}	tsɔ^{213}	tsʰɔ^{45}	tsʰɔ^{53}	tsʰɔ^{213}	tsʰɔ^{25}
常宁	lɔ^{21}	lɔ^{21}	lɔ^{21}	lɔ^{44}	lɔ^{21}	tsɔ^{45}	tsɔ^{45}	tsɔ^{44}	tsɔ^{44}	tsɔ^{44}	tsɔ^{24}	tsɔ^{24}	tsʰɔ^{45}	tsʰɔ^{44}	tsʰɔ^{24}	tsʰɔ^{21}
永兴	lɔ^{22}	lɔ^{325}	lɔ^{325}	lɔ^{42}	lɔ^{325}	tsɔ^{45}	tsɔ^{45}	tsɔ^{42}	tsɔ^{42}	tsɔ^{42}	tsɔ^{13}	tsɔ^{13}	tsʰɔ^{45}	tsʰɔ^{42}	tsɔ^{13}	tsʰɔ^{325}
资兴	lau^{22}	lau^{22}	lau^{22}	lau^{31}	lau^{22}	tsau^{44}	tsau^{44}	tsau^{31}	tsau^{31}	tsau^{31}	tsau^{35}	tsau^{35}	tsʰau^{44}	tsʰau^{31}	tsʰau^{35}	tsʰɑu^{22}
隆回	lɑu^{13}	lau^{13}	lau^{13}	lau^{212}	lau^{13}	tsɑu^{44}	tsɑu^{44}	tsɑu^{212}	tsɑu^{212}	tsɑu^{212}	tsʰɑu^{45}	tsɑu^{45}	tsʰɑu^{44}	tsʰɑu^{212}	tsʰɑu^{45}	tsʰɑu^{13}
洞口	lɑu^{24}	lau^{24}	lau^{24}	lau^{213}	lau^{24}	tsɑu^{53}	tsɑu^{53}	tsɑu^{213}	tsɑu^{213}	tsɑu^{213}	tsau^{53}	tsou^{45}	tsʰou^{53}	tsʰau^{213}	tsʰɑu^{45}	tsʰɔu^{24}
绥宁	lau^{45}	lau^{45}	lau^{45}	lau^{13}	lau^{45}	tsau^{33}	tsau^{33}	tsau^{13}	tsau^{13}	tsau^{13}	tsau^{42}	tsau^{42}	tsʰau^{33}	tsʰau^{13}	tsʰau^{42}	tsʰau^{45}

地点	槽(马~)	皂	造(建~)	骚	臊(~气)	扫(~地)	嫂	扫(~帚)	高	膏	篙(高滤帚)	糕	稿	告	考	烤
效开一	平豪从	上皓从	上皓从	平豪心	平豪心	上皓心	上皓心	去号心	平豪见	平豪见	平豪见	平豪见	上皓见	去号见	上皓溪	上皓溪
华容	tsʰʌu^{12}	tsʰʌu^{21}	tsʰʌu^{213}	sʌu^{45}	sʌu^{45}	sʌu^{213}	sʌu^{324}	sʌu^{213}	kʌu^{45}	kʌu^{45}	kʌu^{45}	kʌu^{45}	kʌu^{21}	kʌu^{213}	kʰʌu^{21}	kʰʌu^{21}
岳阳楼	tsʰʌu^{13}	tsʰʌu^{22}	tsʰʌu^{22}	sʌu^{34}	sʌu^{34}	sʌu^{31}	sʌu^{31}	sʌu^{324}	kʌu^{34}	kʌu^{34}	kʌu^{34}	kʌu^{34}	kʌu^{31}	kʌu^{324}	kʰʌu^{31}	kʰʌu^{31}
临湘	dʑʱou^{13}	dʑʱou^{21}	dʑʱou^{21}	sou^{33}	sou^{33}	sou^{325}	sou^{325}	sou^{325}	kou^{33}	kou^{33}	kou^{33}	kou^{33}	kou^{42}	kou^{325}	ɡʱou^{42}	ɡʱou^{42}
岳阳县	tsou^{13}	tsou^{21}	tsou^{21}	sɔ^{33}	sɔ^{33}	sou^{42}	sou^{42}	sou^{42}	kou^{33}	kou^{33}	kou^{44}	kou^{33}	kou^{42}	kou^{45}	kʰou^{42}	kʰou^{42}
平江	tsʰau^{13}	tsʰau^{21}	tsʰau^{21}	sau^{44}	sau^{44}	sau^{45}	sau^{324}	sau^{45}	kau^{44}	kau^{44}		kau^{44}	kau^{324}	kau^{45}	kʰau^{324}	kʰau^{324}
浏阳	tsʰau^{45}	tsʰau^{324}	tsʰau^{325}	sau^{44}	sau^{44}	sau^{22}	sau^{53}	sau^{42}	kau^{44}	kau^{44}		kau^{44}	kau^{31}	kau^{42}	kʰau^{31}	kʰau^{31}
醴陵	tsʰau^{13}	tsʰau^{22}	tsʰau^{22}	sau^{44}	sau^{44}	sau^{22}	sau^{53}	sau^{22}	kau^{44}	kau^{44}		kau^{44}	kau^{31}	kau^{22}	kʰau^{31}	kʰau^{31}
茶陵	tsʰɔ^{213}	tsʰɔ^{322}	tsʰɔ^{325}	sɔ^{45}	sɔ^{45}	sɔ^{33}	sɔ^{42}	sɔ^{33}	kɔ^{45}	kɔ^{44}	kʰɔ^{44}	kɔ^{45}	kɔ^{42}	kɔ^{33}	kʰɔ^{42}	kʰɔ^{42}
安仁	tsɔ^{24}	tsʰɔ^{322}	tsʰɔ^{322}	sɔ^{44}	lɔ^{44}	sɔ^{322}	sɔ^{53}	sɔ^{322}	kɔ^{44}	kɔ^{44}	xɔ^{44}	kɔ^{44}	kɔ^{53}	kɔ^{322}	kʰɔ^{53}	kʰɔ^{53}
耒阳	tsʰɔ^{25}	tsʰɔ^{213}	tsʰɔ^{213}	sɔ^{45}	lɔ^{45}/sɔ^{45}	sɔ^{53}	sɔ^{53}	sɔ^{213}	kɔ^{45}	kɔ^{45}	kɔ^{45}	kɔ^{45}	kɔ^{53}	kɔ^{213}	kʰɔ^{53}	kʰɔ^{53}
常宁	tsʰɔ^{21}	tsʰɔ^{24}	tsʰɔ^{24}	sɔ^{45}	sɔ^{45}	sɔ^{44}	sɔ^{44}	sɔ^{24}	kɔ^{45}	kɔ^{45}	kɔ^{45}	kɔ^{45}	kɔ^{44}	kɔ^{24}	kʰɔ^{44}	kʰɔ^{44}
永兴	tsʰɔ^{325}	tsʰɔ^{42}	tsʰɔ^{325}	sɔ^{45}	lɔ^{45}/sɔ^{45}	sɔ^{13}	sɔ^{42}	sɔ^{13}	kɔ^{45}	kɔ^{45}	xɔ^{45}	kɔ^{45}	kɔ^{42}	kɔ^{13}	kʰɔ^{42}	kʰɔ^{42}
资兴	tsʰau^{22}	tsʰau^{35}	tsʰau^{35}	sau^{44}	lau^{44}	sau^{35}	sau^{31}	sau^{35}	kau^{44}	kau^{44}		kau^{44}	kau^{31}	kau^{35}	kʰau^{31}	kʰau^{31}
隆回	tsʰau^{13}	tsʰau^{45}	tsʰau^{45}	sau^{44}	lau^{44}	sau^{45}	sau^{212}	sau^{45}	kau^{44}	kau^{44}		kau^{44}	kau^{212}	kau^{45}	kʰau^{212}	kʰau^{212}
洞口	tsʰau^{24}	tsʰau^{45}	tsʰau^{45}	sau^{53}	sou^{53}	sau^{213}	sau^{213}	sau^{45}	kau^{45}	kau^{53}	xau^{213}	kau^{53}	kau^{213}	kau^{45}	kʰau^{213}	kʰau^{213}
绥宁	tsʰau^{45}	tsʰau^{13}	tsʰau^{42}	sau^{33}	sau^{33}	sau^{42}	sau^{13}	sau^{42}	kau^{33}	kau^{33}	kau^{33}	kau^{33}	kau^{13}	kau^{42}	kʰau^{13}	kʰau^{13}

	靠 效开一 去号溪	熬 效开一 平豪疑	傲 效开一 去号疑	嵩_{高~} 效开一 平豪晓	瑭_{瑭~做田草} 效开一 平豪晓	好_{好~坏} 效开一 上皓晓	耗 效开一 去号晓	豪 效开一 平豪匣	壕 效开一 平豪匣	毫 效开一 平豪匣	浩 效开一 上皓匣	号_{号~数} 效开一 去号匣	爊_{爊~白菜} 效开一 平豪影	袄 效开一 上皓影	奥 效开一 去号影	包 效开二 平肴帮
华容	$k^hʌu^{213}$	$ŋʌu^{12}$	$ŋʌu^{33}$	$xʌu^{45}$	$xʌu^{45}$	$xʌu^{21}$	$xʌu^{213}$	$xʌu^{12}$	$xʌu^{12}$	$xʌu^{12}$	$xʌu^{33}$	$xʌu^{33}$	$ŋʌu^{45}$	$ŋʌu^{21}$	$ŋʌu^{213}$	$pʌu^{45}$
岳阳楼	k^hau^{324}	$ŋau^{13}$	$ŋɔu^{22}$	xau^{34}	xau^{34}	xau^{31}	xau^{324}	xau^{13}	xau^{13}	xau^{13}	xau^{22}	xau^{22}		$ŋau^{31}$	$ŋau^{324}$	pau^{34}
临湘	$gʰou^{325}$	$ŋou^{13}$	$ŋɔu^{21}$	xou^{33}	xou^{33}	xou^{42}	xou^{325}	xou^{13}	xou^{13}	xou^{13}	xou^{21}	xou^{21}	$ŋou^{33}$	$ŋou^{42}$	$ŋou^{325}$	pou^{33}
岳阳县	$k^hɔu^{45}$	$ŋɔu^{13}$	$ŋɔu^{21}$	$xɔu^{33}$	$xɔu^{33}$	$xɔu^{42}$	$xɔu^{45}$	$xɔu^{13}$	$xɔu^{13}$	$xɔu^{13}$	$xɔu^{21}$	$xɔu^{21}$	$ŋɔu^{33}$	$ŋɔu^{42}$	$ŋɔu^{45}$	pou^{33}
平江	$xɔu^{45}$	$ŋau^{13}$	$ŋau^{45}$	xau^{44}		xau^{324}	xau^{45}	xau^{13}	xau^{13}	xau^{13}	xau^{22}	xau^{22}	$ŋau^{44}$	$ŋau^{324}$	$ŋau^{45}$	pau^{44}
浏阳	k^hau^{42}	$ŋau^{13}$	$ŋau^{42}$	xau^{44}		xau^{324}	xau^{42}	xau^{45}	xau^{45}	xau^{45}	xau^{42}	xau^{21}	$ŋau^{44}$	$ŋau^{324}$	$ŋau^{42}$	pau^{44}
醴陵	k^hau^{22}	$ŋɔ^{213}$	$ŋau^{13}$			xau^{31}	xau^{22}	$xɔ^{213}$	$xɔ^{213}$	$xɔ^{213}$	xau^{13}	xau^{22}	$ŋau^{44}$	$ŋau^{31}$	$ŋau^{22}$	pau^{44}
茶陵	$k^hɔ^{33}$	$ŋɔ^{24}$	$ŋɔ^{325}$	$xɔ^{44}$	$xɔ^{44}$	$xɔ^{42}$	$xɔ^{325}$	$xɔ^{24}$	$xɔ^{24}$	$xɔ^{24}$	$xɔ^{45}$	$xɔ^{325}$	$ŋɔ^{213}$	$ŋɔ^{42}$	$ŋɔ^{33}$	$pɔ^{45}$
安仁	$k^hɔ^{322}$	$ŋɔ^{25}$	$ŋɔ^{322}$	$xɔ^{45}$	$xɔ^{45}$	$xɔ^{53}$	$xɔ^{322}$	$xɔ^{25}$	$xɔ^{25}$	$xɔ^{25}$	$xɔ^{322}$	$xɔ^{322}$	$ŋɔ^{44}$	$ŋɔ^{53}$	$ŋɔ^{322}$	$pɔ^{44}$
耒阳	$k^hɔ^{213}$	$ŋɔ^{21}$	$ŋɔ^{213}$	$xɔ^{45}$	$xɔ^{45}$	$xɔ^{53}$	$xɔ^{213}$	$xɔ^{21}$	$xɔ^{21}$	$xɔ^{21}$	$xɔ^{213}$	$xɔ^{213}$	$ŋɔ^{45}$	$ŋɔ^{53}$	$ŋɔ^{213}$	$pɔ^{45}$
常宁	$k^hɔ^{24}$		$ŋɔ^{24}$	$xə^{45}$	$xə^{45}$	$xɔ^{44}$	$xɔ^{24}$	$xɔ^{325}$	$xɔ^{325}$	$xɔ^{325}$	$xɔ^{24}$	$xɔ^{24}$	$ŋɔ^{45}$	$ŋɔ^{44}$	$ŋɔ^{24}$	po^{45}
永兴	$k^hɔ^{13}$	$ə^{325}$	$ə^{13}$	xau^{44}	xau^{44}	$xɔ^{42}$	$xɔ^{13}$	xau^{22}	xau^{22}	xau^{22}	$xɔ^{13}$	$xɔ^{13}$	$ə^{45}$	$ŋɔ^{42}$	$ə^{13}$	$pə^{45}$
资兴	k^hau^{35}	$ŋau^{22}$	$ŋau^{35}$	xau^{44}	xau^{44}	xau^{31}	xau^{44}	xau^{13}	xau^{13}	xau^{13}	xau^{35}	xau^{35}	$ŋau^{44}$	au^{31}	$ŋau^{35}$	pau^{44}
隆回	$k^hɔu^{45}$	au^{13}	au^{45}	$xɔu^{44}$		xau^{212}	xau^{45}	xau^{24}	xau^{24}	xau^{24}	xau^{45}	xau^{45}	au^{44}	au^{212}	au^{45}	pau^{44}
洞口	$k^hɔu^{24}$	au^{24}	au^{24}	xau^{53}		xau^{213}	xau^{53}	xau^{45}	xau^{45}	xau^{45}	xau^{45}	xau^{53}		au^{213}	au^{45}	pau^{53}
绥宁	k^hau^{42}	$ŋau^{45}$	$ŋau^{42}$	xau^{33}		xau^{13}	xau^{42}				xau^{22}	xau^{44}	$ŋau^{45}$	$ŋau^{42}$	$ŋau^{42}$	pau^{33}

	胞 效开二平肴帮	饱 效开二上巧帮	豹 效开二去效帮	爆 效开二去效帮	泡水~ 效开二平肴滂	抛 效开二平肴滂	炮地~ 效开二去效滂	泡~在水里 效开二去效滂	跑 效开二平肴並	刨~地 效开二平肴並	茅 效开二平肴明	猫 效开二平肴明	卯 效开二上巧明	貌 效开二去效明	闹 效开二去效泥
华容	pau^{45}	pau^{21}	pau^{213}	pau^{213}	pʰau^{213}	pʰau^{45}	pʰau^{213}	pʰau^{213}	pʰau^{21}	pʰau^{12}	mau^{12}	mau^{12}/mʌu^{45}	mau^{21}	mau^{33}	lau^{33}
岳阳楼	pau^{34}	pau^{31}	pau^{324}	pʰau^{324}	pʰau^{324}	pʰau^{34}	pʰau^{324}	pʰau^{324}	pʰau^{31}	pʰau^{13}	mau^{13}	mau^{34}	mau^{31}	mau^{22}	lau^{22}
临湘	pou^{33}	pou^{42}	pou^{325}		bʰɔu^{325}	pʰɔu^{33}	bʰɔu^{325}	bʰɔu^{325}	bʰɔu^{42}	bʰɔu^{21}	mɔu^{13}	mɔu^{33}	mɔu^{42}	mɔu^{21}	lou^{21}
岳阳县	pou^{33}	pou^{42}	pou^{45}	pʰɔu^{45}	pou^{13}	pʰou^{33}	pʰou^{45}	pʰau^{45}	pʰou^{42}	pou^{13}	mɔu^{13}	mɔu^{33}	mɔu^{42}	mɔu^{21}	lou^{21}
平江	pau^{44}	pau^{324}	pau^{45}	pau^{45}	pʰau^{45}	pʰau^{44}	pʰau^{45}	pʰau^{45}	pʰau^{324}	pʰau^{13}	mau^{13}	mau^{44}	mau^{21}	mau^{45}	lau^{22}
浏阳	pau^{44}	pau^{324}	pau^{42}	pau^{42}	pʰau^{42}	pʰau^{44}	pʰau^{42}	pʰau^{42}	pʰau^{324}	pʰau^{45}	mau^{45}	mau^{44}	mau^{324}	mau^{21}	lau^{21}
醴陵	pau^{44}	pau^{31}	pau^{22}	pʰau^{22}	pʰau^{44}	pʰau^{44}	pʰau^{22}	pʰau^{22}	pʰau^{31}	pʰau^{13}	mau^{13}	mau^{44}	mau^{31}	mau^{22}	lau^{22}
茶陵	po^{45}	pɔ^{42}	pʰɔ^{33}/pɔ^{325}	pʰɔ^{325}	pʰɔ^{325}	pʰɔ^{45}	pʰɔ^{325}	pʰɔ^{325}	pʰɔ^{42}	pʰɔ^{213}	mɔ^{213}	mɔ^{45}	mɔ^{42}	mɔ^{325}	lɔ^{325}
安仁	po^{44}	pɔ^{53}	pɔ^{322}	pʰɔ^{322}	pʰɔ^{213}	pʰɔ^{44}	pʰɔ^{322}	pʰɔ^{322}	pʰɔ^{53}	pʰɔ^{322}	mɔ^{24}	mɔ^{213}/mau^{44}	mɔ^{53}	mɔ^{322}	lɔ^{322}
耒阳	po^{45}	pɔ^{53}	pɔ^{213}	pʰɔ^{213}	pʰɔ^{213}	pʰɔ^{45}	pʰɔ^{213}	pʰɔ^{213}	pʰɔ^{53}	pʰɔ^{213}	mɔ^{25}	mɔ^{45}	mɔ^{53}	mɔ^{213}	lɔ^{213}
常宁	po^{45}	po^{44}	po^{24}	pʰo^{24}	pʰo^{24}	pʰo^{45}		pʰo^{24}	pʰo^{44}	pʰo^{24}	mɔ^{21}	mo^{45}	mo^{44}	mo^{24}	lɔ^{24}
永兴	pe^{45}	pe^{42}	pe^{13}	pe^{13}	pʰe^{13}	pʰe^{45}	pʰɔ^{13}	pʰɔ^{13}	pʰɔ^{42}	pɔ^{325}/pɔ^{13}	mɛ^{325}	mie^{45}	me^{42}	me^{13}	lɔ^{13}
资兴	pau^{44}	pau^{31}	pau^{35}	pau^{35}	pʰau^{35}	pʰau^{44}	pʰau^{35}	pʰau^{35}	pʰau^{31}		mau^{22}	miau^{44}	mau^{31}	mau^{35}	lau^{35}
隆回	pau^{44}	pau^{212}	pau^{45}	pʰau^{45}	pʰau^{325}	pʰau^{44}	pʰau^{45}	pʰɑu^{45}	pʰau^{212}	pʰɔ^{13}	mɑu^{13}	miɑu^{325}/mɑu^{44}	mɑu^{212}	mɑu^{45}	lɑu^{45}
洞口	pau^{53}	pau^{213}	pau^{45}	xɑu^{45}	xɑu^{45}	xɑu^{53}	xɑu^{45}	xɑu^{45}		xɑu^{53}	mɑu^{24}	mɑu^{53}	mɑu^{213}	mɑu^{45}	lɑu^{45}
绥宁	pau^{33}	pau^{13}	pau^{42}	pʰau^{42}	pʰau^{42}	pʰau^{33}	pʰau^{42}	pʰau^{42}	pʰau^{13}	pʰau^{45}	mau^{45}	mau^{324}/mau^{33}	mau^{13}	mau^{44}	lau^{44}

方言点	罩	抓	爪~牙	找	抄~写	钞~钱	炒	吵	巢	潲~猪食	交	郊	胶	教~书	绞	狡
效开二	去效知	平肴庄	上巧庄	上巧庄	平肴初	平肴初	上巧初	上巧初	平肴崇	去效生	平肴见	平肴见	平肴见	平肴见	上巧见	上巧见
华容	tsau^{213}	tɕya^{45}	tsau^{21}	tsau^{21}	tsʰau^{45}	tsʰau^{45}	tsʰau^{21}	tsʰau^{21}	tsʰau^{12}	sau^{213}	tɕiu^{45}	tɕiu^{45}	tɕiu^{45}	kau^{213}/tɕiu^{213}	tɕiu^{21}	tɕiu^{21}
岳阳楼	tsau^{324}	tɕya^{34}	tsau^{31}	tsau^{31}	tsʰau^{34}	tsʰau^{34}	tsʰau^{31}	tsʰau^{31}	tsʰau^{13}	sau^{324}	tɕiau^{34}	tɕiau^{34}	tɕiau^{34}	tɕiau^{324}	tɕiau^{31}	tɕiau^{31}
临湘	tsou^{325}	tsa^{33}	tsou^{42}	tsou^{42}	dʑʰou^{33}	dʑʰou^{33}	dʑʰou^{42}	dʑʰou^{42}	dʑʰou^{13}	sou^{325}	tɕiɔu^{33}	tɕiɔu^{33}	tɕiɔu^{33}	kou^{325}	tɕiɔu^{42}	tɕiɔu^{42}
岳阳县	tsou^{45}	tsa^{33}	tsou^{42}	tsa^{33}	tsʰou^{33}	tsʰou^{33}	tsʰou^{42}	tsʰou^{42}	tsʰou^{13}	sau^{45}	ciɔu^{33}	ciɔu^{33}	ciɔu^{33}	kou^{45}	ciɔu^{42}	ciɔu^{42}
平江	tsau^{45}	tsa^{44}	tsau^{324}	tsau^{324}	tsʰau^{44}	tsʰau^{44}	tsʰau^{324}	tsʰau^{324}	tsʰau^{13}	sau^{45}	kiɑu^{44}	kiau^{44}	kau^{44}/kiau^{44}	kau^{42}	kiɑu^{324}	kiɑu^{324}
浏阳	tsau^{42}	tsua^{44}/tsuɑ^{44}	tsau^{324}	tsau^{324}	tsʰau^{44}	tsʰau^{44}	tsʰau^{324}	tsʰau^{324}	tsʰau^{45}	sau^{42}	kiau^{44}	kiau^{44}	kau^{44}	kau^{42}	kiau^{324}	kiau^{324}
醴陵	tsau^{22}	kya^{44}	tsau^{31}	tsau^{31}	tsʰau^{44}	tsʰau^{44}	tsʰau^{31}	tsʰau^{31}	tsʰau^{13}	sau^{22}	kiu^{44}	kiu^{44}	kau^{44}	kau^{22}	kiu^{31}	kiu^{31}
茶陵	tsɔ^{33}	tɕya^{45}	tsɔ^{42}	tsɔ^{42}	tsʰɔ^{45}	tsʰɔ^{45}	tsʰɔ^{42}	tsʰɔ^{42}	tsʰɔ^{213}		kɔ^{45}	kɔ^{45}	kɔ^{45}	kɔ^{33}	tɕiɔ^{42}	tɕiɔ^{42}
安仁	tsɔ^{322}	tsuɑ^{44}	tsɔ^{53}	tsuɑ^{44}	tsʰɔ^{44}	tsʰɔ^{44}	tsʰɔ^{53}	tsʰɔ^{53}	tsʰɔ^{24}	sɔ^{322}	kɔ^{44}/tʃi^{44}	tʃi^{44}	kɔ^{44}/tʃi^{44}	kɔ^{322}		tʃi^{53}
耒阳	tsɔ^{213}	tsa^{45}	tsɔ^{53}		tsʰɔ^{45}	tsʰɔ^{45}	tsʰɔ^{53}	tsʰɔ^{53}	tsʰɔ^{25}	sɔ^{213}	kɔ^{45}	kɔ^{45}	kɔ^{45}	kɔ^{213}	tɕi^{53}	tɕi^{53}
常宁	tsɔ^{24}	tsua^{45}	tsɔ^{44}	tsɔ^{44}	tsʰɔ^{45}	tsʰɔ^{45}	tsʰɔ^{44}	tsʰɔ^{44}	tsʰɔ^{21}	sɔ^{24}	kɔ^{45}	kɔ^{45}	kɔ^{45}	kɔ^{24}	tɕi^{44}	tɕi^{44}
永兴	tsɔ^{13}	tsua^{45}	tsua^{42}			tsʰɔ^{45}	tsʰɤ^{42}	tsʰɤ^{42}	tsʰɤ^{325}	sɔ^{13}	tɕiɔ^{45}	tɕiɔ^{45}	tɕiɔ^{45}	kɔ^{13}/tɕiɔ^{13}	tɕie^{42}	tɕie^{42}
资兴	tsau^{35}	tsua^{44}	tsau^{31}		tsʰau^{44}	tsʰau^{44}	tsʰau^{31}	tsʰau^{31}	tsʰau^{22}	sau^{35}	tɕiau^{44}	tɕiau^{44}	kau^{44}/tɕiau^{44}~鞋	kau^{35}	tɕiau^{31}	tɕiau^{31}
隆回	tsau^{45}	tsua^{44}	tsau^{212}		tsʰɔ^{44}	tsʰau^{44}	tsʰau^{212}	tsʰau^{212}	tsʰau^{13}	sau^{45}	tʃi^{44}	tʃi^{44}	tʃi^{44}	kau^{45}/tʃi^{45}	tʃi^{212}	tʃi^{212}
洞口	tsau^{45}	tsa^{53}	tsau^{213}	tsau^{213}	tsʰɔ^{53}	tsʰɔ^{53}	tsʰau^{213}	tsʰau^{213}	tsʰɑu^{24}	sau^{45}	tʃau^{53}	tʃau^{53}	kɔ^{53}/tʃau^{53}	kau^{45}		tʃau^{213}
绥宁	tsau^{42}	tsa^{33}	tsa^{13}	tsau^{13}	tsʰau^{33}	tsʰau^{33}	tsʰau^{13}	tsʰau^{13}	tsʰau^{45}	sau^{42}	tʃau^{33}	tʃau^{33}	tʃau^{33}	kau^{42}/tʃau^{42}	tʃau^{13}	tʃau^{13}

	揽	搞	教~育	较	醮	窖	觉~得	敲	巧	咬	孝	效	校~对	坳~山	膘~肥	标
	效开二上巧见	效开二上巧见	效开二去效见	效开二去效见	效开二去效见	效开二去效见	效开二去效见	效开二平肴溪	效开二上巧溪	效开二上巧疑	效开二去效晓	效开二去效匣	效开二去效匣	效开二平肴影	效开三平宵帮	效开三平宵帮
华容	tɕiu²¹	kau²¹	tɕiu²¹³	tɕiu³³	ɕiu²¹³	kʌu²¹³	kʌu²¹³	kʰʌu⁴⁵	tɕʰiu²¹	ŋʌu²¹	ɕiu²¹³	ɕiu³³	ɕiu³³	ŋʌu²¹³	piu⁴⁵	piu⁴⁵
岳阳楼	tɕiau³¹	kau³¹	tɕiau³²⁴	tɕiau³²⁴	ɕiau³²⁴	kau³²⁴	kau³²⁴/tɕiau³²⁴	kʰau³⁴	tɕʰiau³¹	ŋau³¹	ɕiau³²⁴	ɕiau³²⁴	ɕiau³²⁴	ŋau³²⁴	piau³⁴	piau³⁴
临湘	tɕiou⁴²	kou⁴²	tɕiou³²⁵	tɕiou³²⁵	ɕiou³²⁵	kou³²⁵	kou³²⁵	gʰou³³	dʑʰiou⁴²		xou³²⁵/ɕiou³²⁵	ɕiou²¹	ɕiou²¹	ŋou³²⁵	piou³³	piou³³
岳阳县	ciou⁴²	kou⁴²	ciou⁴⁵	kou⁴⁵/ciou⁴⁵	ɕiou⁴⁵	kau⁴⁵	kau⁴⁵	kʰɔu⁴⁵	cʰiou⁴²	ŋɔu⁴²	xou⁴⁵/ɕiou⁴⁵	ɕiou²¹	ɕiou²¹	ŋou⁴⁵	piou³³	piou³³
平江	kiau³²⁴	kau³²⁴	kiau⁴⁵	kiau⁴⁵	xiau⁴⁵	kau⁴⁵	kau⁴⁵	xau⁴⁴	kʰiau³²⁴	ŋau²¹	xau⁴⁵/xiau⁴⁵	xiau²²	xiau²²		piau⁴⁴	piau⁴⁴
浏阳	kiau³²⁴	kau³²⁴	kiau⁴²	kiau⁴²	xiau⁴²	kau⁴²	kau⁴²	kʰau⁴⁴	kʰiau³²⁴	ŋa⁴²	xau⁴²/xiau⁴²	xiau⁴²	xiau⁴²		piau⁴⁴	piau⁴⁴
醴陵	kau³¹	kau³¹	kiu²²	kiu²²	xiu²²	kau²²	kau²²	kʰau⁴⁴	kʰiu³¹	ŋau³¹	xau²²/xiau²²	xiu²²	xiu²²	ŋau²²	piu⁴⁴	piu⁴⁴
茶陵	tɕiɔ⁴²	kɔ⁴²	tɕiɔ³³	kɔ³³	kɔ³³	kɔ³³	kɔ³³	kʰɔ⁴⁵	tɕʰiɔ⁵³	ŋɔ⁴⁵	xɔ³³	ɕiɔ³²⁵	xɔ³³	ŋɔ³³	piɔ⁴⁵	piɔ⁴⁵
安仁	kɔ⁵³	kɔ⁵³	tʃɔ³²²	tʃɔ³²²	ʃɔ³²²	kɔ³²²	kɔ³²²	kʰɔ⁴⁴	tʃʰɔ⁵³	ŋɔ³²²	xɔ³²²/ʃɔ³²²	ʃɔ³²²	kɔ³²²	ε³²²	piɔ⁴⁴	piɔ⁴⁴
耒阳	kɔ⁵³	kɔ⁵³	tʃɔ⁴⁵	kɔ²¹³	ɕiɔ²¹³	kɔ²¹³	kɔ²¹³	kʰɔ⁴⁵	kʰɔ⁴⁴	ŋɔ⁵³	xɔ²¹³/ɕiɔ²¹³	ɕiɔ²¹³	ɕiɔ²¹³		piɛ⁴⁵	piɛ⁴⁵
常宁	kɔ⁴⁴/tɔ⁴⁴	kɔ⁴⁴	tʃau⁴⁵	tɔ²⁴	ɕiɔ²⁴	kɔ²⁴	kɔ²⁴	kʰɔ⁴⁵	kʰɔ⁴⁴	ŋɔ⁴⁴	xɔ²⁴/ɕiɔ²⁴	ɕiɔ²⁴	ɕiɔ²⁴	ŋɔ²⁴	piɛ⁴⁵	piɛ⁴⁵
永兴	kɔ⁴²	kɔ⁴²	tɕiɔ¹³	tɕiɔ¹³	ɕiɔ¹³	kɔ¹³	kɔ¹³	kʰɔ⁴⁵	tɕʰiɔ⁴²	ɔ⁴²	ɕiɔ¹³	ɕiɔ¹³	ɕiɔ¹³	ə¹³	piɛ⁴⁵	piɛ⁴⁵
资兴		kau³¹	tɕiau³⁵	ɕiau³⁵	ɕiau³⁵	kau³⁵	kau³⁵	kʰau⁴⁴	tɕʰiau³¹	ŋau³¹	ɕiau³⁵	ɕiau³⁵	ɕiau³⁵	au³⁵		
隆回	tʃɔ²¹²	kau²¹²	tʃɔ⁴⁵	tʃɔ⁴⁵	ʃɔ⁴⁵	kau⁴⁵	kau⁴⁵	kʰau⁵³	tʃʰɔ²¹²	au²¹²	ʃɔ⁴⁵	ʃɔ⁴⁵	ʃɔ⁴⁵	au⁴⁵	pia⁴⁴	piau⁴⁴
洞口	tʃau²¹³	kau²¹³	tʃau⁴⁵	tʃau⁵³	ʃau⁴⁵	kau⁴⁵	kau⁴⁵	kʰau⁵³	tʃʰau²¹³	au²¹³	ʃau⁴²/ʃau⁴²	ʃau²¹³	ʃau²¹³	au⁴⁵	piɤ⁵³	piɤ⁵³
绥宁		kau¹³	tʃau⁴²	tʃau⁴²	ʃau⁴²	kau⁴²	kau⁴²	kʰau³³	tʃʰau¹³	ŋau¹³	xau⁴²/ʃau⁴²	ʃau⁴²	ʃau⁴²	ŋau⁴²	piau³³	piau³⁴

	表手~	飘	票车~	漂~亮	瓢	嫖精	苗	描	秒	庙	妙	疗	焦	椒	锹	缫~边
	效开三上小帮	效开三平宵滂	效开三去宵滂	效开三去宵滂	效开三平宵並	效开三平宵並	效开三平宵明	效开三平宵明	效开三上小明	效开三去宵明	效开三去宵明	效开三去宵来	效开三平宵精	效开三平宵精	效开三平宵清	效开三平宵清
华容	piu^{21}	pʰiu^{45}	pʰiu^{213}	pʰiu^{213}	pʰiu^{12}	pʰiu^{12}	miu^{12}	miu^{12}	miu^{21}	miu^{33}	miu^{33}	liu^{12}	tɕiu^{45}	tɕiu^{45}	tɕʰiu^{45}	tɕʰiu^{45}
岳阳楼	piau^{31}	pʰiau^{34}	pʰiau^{324}	pʰiau^{324}	pʰiau^{13}	pʰiau^{13}	miau^{13}	miau^{13}	miau^{31}	miau^{22}	miau^{22}	liau^{13}	tɕiau^{34}	tɕiau^{34}	tɕʰiau^{34}	tɕʰiau^{34}
临湘	piou^{42}	pʰio^{33}	bʰiou^{325}	bʰiou^{325}	bʰiou^{13}	bʰiou^{13}	miou^{13}	miou^{13}	miou^{42}	miou^{21}	miou^{21}	dʰiou^{13}	tɕiou^{33}	tɕiou^{33}	dʑʰiou^{33}	dʑʰiou^{33}
岳阳县	piou^{42}	pʰiou^{33}	pʰiou^{213}	pʰiou^{213}	piou^{13}	piou^{13}	miou^{13}	miou^{13}	miou^{42}	miou^{21}	miou^{21}	liou^{13}	ciou^{33}	ciou^{33}	cʰiou^{33}	cʰiou^{33}
平江	piau^{324}	pʰiau^{44}	pʰiou^{45}	pʰiou^{45}	pʰiou^{13}	pʰiou^{13}	miau^{45}	miau^{13}	miau^{45}	miau^{22}	miau^{45}	tʰiou^{13}	tsiau^{44}	tsiau^{44}	tsʰiau^{44}	tsʰiau^{44}
浏阳	piau^{324}	pʰiau^{44}	pʰiau^{42}	pʰiau^{42}	pʰiau^{45}	pʰiau^{45}	miau^{45}	miau^{45}	miau^{324}	miau^{21}	miau^{21}	tiau^{45}	tsiau^{44}	tsiau^{44}	tsʰiau^{44}	tsʰiau^{44}
醴陵	piu^{31}	pʰiu^{45}	pʰio^{33}	pʰio^{33}	pʰiu^{13}		miu^{13}	miu^{13}	miu^{31}	miu^{22}	miu^{31}	tiau^{45}	tsiu^{45}	tsiu^{45}	tsʰiu^{45}	tsʰiu^{45}
茶陵	pio^{42}	pʰio^{45}	pʰio^{33}	pʰio^{33}	pʰio^{213}	pʰio^{213}	mio^{213}	mio^{213}	mio^{42}	mio^{325}	mio^{42}	lio^{213}	tɕio^{45}	tɕio^{45}	tɕʰio^{45}	tɕʰio^{45}
安仁	pio^{53}	pʰio^{44}	pʰio^{322}	pʰio^{322}	pio^{24}	pio^{24}	mio^{24}	mio^{24}	mio^{53}	mio^{322}	mio^{322}	lio^{24}	tsio^{44}	tsio^{44}	tsʰio^{44}	tsʰio^{44}
耒阳	pio^{53}	pʰio^{45}	pʰio^{213}	pʰio^{213}	pio^{25}	pio^{25}	mio^{25}	mio^{25}	mio^{53}	mio^{213}	mio^{213}	lio^{25}	tɕio^{45}	tɕio^{45}	tɕʰio^{45}	tɕʰio^{45}
常宁	pio^{44}	pʰio^{45}	pʰio^{24}	pʰio^{24}	pʰio^{21}	pʰio^{21}	mio^{21}	mio^{21}	mio^{44}	mio^{24}	mio^{24}	lio^{21}	tɕio^{45}	tɕio^{45}	tɕʰio^{45}	tɕʰio^{45}
永兴	pio^{42}	pʰio^{45}	pʰio^{13}	pʰio^{13}	pio^{325}	pio^{325}	mio^{325}	mio^{325}	mio^{42}	mio^{13}	mio^{13}	lio^{325}	tɕio^{45}	tɕi^{44}	tɕʰio^{45}	tɕʰio^{45}
资兴	piau^{31}	pʰiau^{44}	pʰiau^{35}	pʰiau^{35}		piau^{22}	miau^{22}	miau^{22}	miau^{31}	mi^{35}	miau^{35}	liau^{22}	tɕiau^{44}	tsio^{44}	tɕʰiau^{44}	tɕʰiau^{44}
隆回	pio^{212}	pʰio^{44}	pʰio^{45}	pʰio^{45}	pʰio^{13}	pʰio^{13}	mio^{13}	mio^{13}	mio^{212}	mio^{45}	mio^{45}	lio^{13}	tsio^{44}	tsio^{44}	tsʰio^{44}	tsʰio^{44}
洞口	piɤ^{213}	pʰiɤ^{53}	pʰiɤ^{45}	pʰiɤ^{45}	pʰiɤ^{24}	pʰiɤ^{24}	miɤ^{24}	miɤ^{24}	miɤ^{213}	miɤ^{53}	miɤ^{45}	liɤ^{24}	tsiɤ^{53}		tsʰiɤ^{53}	tsʰiɤ^{53}
绥宁	piau^{13}	pʰiau^{33}	pʰiau^{42}	pʰiau^{42}	pʰiau^{45}	pʰiau^{45}	miau^{324}	miau^{45}	miau^{13}	miau^{44}	miau^{42}	liau^{45}	tsiau^{33}	tsiau^{33}	tsʰiau^{33}	tsʰiau^{33}

	樵	瞧	噍（咀嚼）	消	硝	小	笑	朝（今~）	超	朝（一代）	潮	赵	兆	召	招	照
	效开三 平宵从	效开三 平宵从	效开三 去笑从	效开三 平宵心	效开三 平宵心	效开三 上小心	效开三 去笑心	效开三 平宵知	效开三 平宵彻	效开三 平宵澄	效开三 平宵澄	效开三 上小澄	效开三 上小澄	效开三 去笑澄	效开三 平宵章	效开三 去笑章
华容	tɕʰiu^{12}	tɕʰiu^{12}	tɕʰiu^{33}	ɕiu^{45}	ɕiu^{45}	ɕiu^{21}	ɕiu^{213}	tsʌu^{45}	tsʰʌu^{45}	tsʰʌu^{12}	tsʰʌu^{12}	tsʰʌu^{33}	tsʰʌu^{33}	tsʰʌu^{33}	tsʌu^{45}	tsʌu^{213}
岳阳楼	tɕʰiau^{13}	tɕʰiau^{13}	tɕʰiau^{22}	ɕiau^{34}	ɕiau^{34}	ɕiau^{31}	ɕiau^{324}	tsau^{34}	tsau^{34}	tsʰau^{13}	tsʰau^{13}	tsʰau^{22}	tsʰau^{22}	tsau^{34}	tsau^{34}	tsau^{324}
临湘	dʑʰiou^{13}	dʑʰiou^{13}	dʑʰiou^{21}	ɕiɔu^{33}	ɕiɔu^{33}	ɕiɔu^{42}	ɕiɔu^{325}	tsɔu^{33}	dʑʰɔ^{33}	dʑɔc^{13}	dʑɔc^{13}	dʑɔc^{21}	ɕcɔu^{21}	ɕcɔs	tstsɿ^{33}	tstsɿ^{325}
岳阳县	ɕiou^{13}	ɕiou^{13}	ɕiou^{21}	ɕiɔu^{33}	ɕiɔu^{33}	ɕiɔu^{42}	ɕiɔu̯^{45}	tsou^{33}	dʑʰɔc^{33}	tsou^{13}	tsou^{13}	tsou^{21}	sou^{21}	sou^{21}	tsou^{33}	tsou^{45}
平江	tɕʰiau^{13}	tɕʰiau^{13}	tɕʰiau^{22}	ɕiau^{44}	ɕiau^{44}	ɕiau^{324}	ɕiau^{45}	tʂau^{45}	tʂʰau^{44}	tʂʰau^{45}	tʂʰau^{45}	tʂʰau^{22}	tʂʰau^{22}	tʂau^{22}	tʂau^{44}	tʂau^{45}
浏阳	tsʰiau^{45}	tsʰiau^{45}	tsʰiau^{21}	ɕiau^{44}	ɕiau^{44}	ɕiau^{53}	ɕiau^{42}	tʂau^{44}	tʂʰau^{44}	tʂʰau^{45}	tʂʰau^{45}	tʂʰau^{21}	tʂʰau^{21}	tʂʰau^{44}	tʂau^{44}	tʂau^{42}
醴陵	tsʰiu^{13}	tsʰiu^{13}	tsʰiu^{22}	ɕiu^{44}	ɕiu^{44}	ɕiu^{31}	ɕiu^{22}	tʂeu^{44}	tʂʰeu^{44}	tʂʰeu^{22}	tʂʰeu^{13}	tʂʰeu^{22}	tʂʰeu^{22}	tʂʰeu^{22}	tʂeu^{44}	tʂeu^{45}
茶陵	tɕʰiɔ^{213}	tɕʰiɔ^{213}	tsʰiɔ^{325}	ɕiɔ^{45}	ɕiɔ^{45}	ɕiɔ^{42}	ɕiɔ^{33}	tsɔ^{45}	tʃɔ^{44}	tsʰɔ^{45}	tsʰɔ^{45}	tsʰɔ^{325}	tsʰɔ^{325}	tsʰɔ^{325}	tsɔ^{45}	tsɔ^{33}
安仁	tsiɔ^{44}	tsiɔ^{24}	tsʰiɔ^{213}	ɕiɔ^{45}	ɕiɔ^{45}	ɕiɔ^{53}	ɕiɔ^{322}	tʃɔ^{44}	tʃʰɔ^{44}	tʃɔ^{24}	tʃʰɔ^{24}	tʃʰɔ^{322}	tʃʰɔ^{322}	tʃʰɔ^{322}	tʃɔ^{44}	tʃɔ^{322}
耒阳				ɕiɔ^{45}	ɕiɔ^{45}	ɕiɔ^{53}	ɕiɔ^{213}	tɔ^{45}	tʃʰɔ^{45}	tʰɔ^{45}	tʰɔ^{25}	tʰɔ^{213}	tʰɔ^{213}	tʰɔ^{213}	tɔ^{45}	tɔ^{213}
常宁	tɕʰiɔ^{21}	tɕʰiɔ^{21}	tɕʰiɔ^{24}	ɕiɔ^{45}	ɕiɔ^{45}	ɕiɔ^{44}	ɕiɔ^{24}	tɔ^{45}	tʃʰɔ^{45}	tʰɔ^{21}	tʰɔ^{24}	tʰɔ^{24}	tʰɔ^{24}	tʰɔ^{24}	tɔ^{24}	tɔ^{24}
永兴	tɕʰiau^{22}	tɕʰiɔ^{325}	dʑʰiou^{21}	ɕiɔ^{45}	ɕiɔ^{45}	ɕiɔ^{42}	ɕiɔ^{13}	tɔ^{45}	tsɔ^{45}	tsʰɔ^{325}	tsʰɔ^{325}	tsɔ^{45}	tsɔ^{13}	tsɔ^{45}	tsɔ^{45}	tsɔ^{13}
资兴	tsʰiau^{24}	tsʰiau^{24}	tsʰiau^{35}	ɕiɔ^{45}	ɕiɔ^{45}	ɕiau^{31}	ɕi^{35}	tʃɔ^{44}	tsʰau^{44}	tsʰau^{22}	tsʰau^{22}	tsau^{44}	tsau^{44}	tsau^{44}	tsau^{44}	tsau^{35}
隆回	tɕʰia^{13}	tɕʰiɔ^{13}	tsʰiɔ^{13}	siɔ^{44}	siɔ^{44}	siɔ^{212}	siɔ^{45}	tʃɔ^{44}	tʃʰɔ^{44}	tʃʰɔ^{13}	tʃʰɔ^{13}	tʃʰɛ^{45}	tʃʰɛ^{45}	tʃʰɛ^{45}	tʃɛ^{44}	tʃɛ^{45}
洞口	tsʰiɤ^{24}	tsʰiɤ^{24}	tsʰiɤ^{45}	siɤ^{53}	siɤ^{53}	siɤ^{213}	siɤ^{24}	tiɤ^{53}	tʃʰɤ^{53}	tʃʰɤ^{24}	tʃʰɤ^{24}	tʃʰɤ^{53}	tʃʰɤ^{53}	tʃʰɤ^{53}	tʃɤ^{45}	tʃɤ^{45}
绥宁	tsʰiau^{45}	tsʰiau^{45}	tsʰɯɛ^{45}	siau^{33}	siau^{33}	siau^{13}	siau^{42}	tʃiau^{33}	tʃʰau^{33}	tʃʰau^{45}	tʃʰau^{45}	tʃʰau^{44}	tʃʰau^{44}	tʃʰau^{33}	tʃiau^{33}	tʃiau^{42}

	烧 效开三 平宵书	少(多~) 效开三 上小书	少(~年) 效开三 去笑书	韶 效开三 平宵禅	绍 效开三 上小禅	邵 效开三 去笑禅	扰 效开三 上小日	骄 效开三 平宵见	娇 效开三 平宵见	乔 效开三 平宵群	桥 效开三 平宵群	荞 效开三 平宵群	轿 效开三 去笑群	妖 效开三 平宵影	邀 效开三 平宵影	腰 效开三 平宵影
华容	sau^{45}	sau^{21}	sau^{213}	sau^{33}	sau^{33}	sau^{33}	ʐau^{21}	tɕiu^{45}	tɕiu^{45}	tɕʰiu^{12}	tɕʰiu^{12}	tɕʰiu^{12}	tɕʰiu^{33}	iu^{45}	iu^{45}	iu^{45}
岳阳楼	sau^{34}	sau^{31}	sau^{324}	sau^{13}	sau^{22}	sau^{22}	ʐau^{31}	tɕiau^{34}	tɕiau^{34}	tɕʰiau^{13}	tɕʰiau^{13}	tɕʰiau^{13}	tɕʰiau^{22}	iau^{34}	iau^{34}	iau^{34}
临湘	sou^{33}	sou^{42}	sou^{325}	sou^{13}	sou^{21}	sou^{325}	iou^{42}	tɕiou^{33}	tɕiou^{33}	dʑiou^{13}	dʑiou^{13}	dʑiou^{13}	dʑiou^{21}	iou^{33}	iou^{33}	iou^{33}
岳阳县	sou^{33}	sou^{42}	sou^{45}	sou^{13}	sou^{21}	sou^{45}	iou^{42}	ɕiou^{33}	ɕiou^{33}	ɕiou^{13}	ɕiou^{13}	ɕiou^{13}	ɕiou^{21}	iou^{33}	iou^{33}	iou^{33}
平江	sau^{44}	sau^{324}	sau^{45}	sau^{13}	sau^{22}	sau^{45}	iau^{21}	kiau^{44}	kiau^{44}	kʰiau^{13}	kʰiau^{13}	kʰiau^{13}	kʰiau^{22}	iau^{44}	iau^{44}	iau^{44}
浏阳	sau^{44}	sau^{324}	sau^{42}	sau^{45}	sau^{42}	sau^{42}	iau^{324}	kiau^{44}	kiau^{44}	kʰiau^{45}	kʰiau^{45}	kʰiau^{45}	kʰiau^{21}	iau^{44}	iau^{44}	iau^{44}
醴陵	seu^{44}	seu^{31}		seu^{13}	seu^{22}	seu^{22}	iu^{31}	kiu^{44}	kiu^{44}	kʰiu^{13}	kʰiu^{13}	kʰiu^{13}	kʰiu^{22}	iu^{44}	iu^{44}	iu^{44}
茶陵	sɔ^{45}	sɔ^{42}	sɔ^{33}	sɔ^{213}	sɔ^{33}	sɔ^{33}	iɔ^{42}	tɕiɔ^{45}	tɕiɔ^{45}	tɕʰiɔ^{213}	tɕʰiɔ^{213}	tɕʰiɔ^{213}	tɕʰiɔ^{325}	iɔ^{45}	iɔ^{45}	iɔ^{45}
安仁	ʃɔ^{44}	ʃɔ^{53}	ʃɔ^{322}	ʃɔ^{24}	ʃɔ^{322}	ʃɔ^{322}	iɔ^{53}	tʃɔ^{44}		tʃʰɔ^{24}	tʃʰɔ^{24}	tʃʰɔ^{24}	tʃʰɔ^{322}	iɔ^{44}	iɔ^{44}	iɔ^{44}
耒阳	ɕia^{45}	ɕia^{53}	ɕiɔ^{213}	ɕiɔ^{25}	ɕiɔ^{213}	ɕiɔ^{213}	iɔ^{53}	tɕiɔ^{45}	tɕiɔ^{45}	tɕʰiɔ^{25}	tɕʰiɔ^{25}	tɕʰiɔ^{25}	tɕʰiɔ^{213}	iɔ^{45}	iɔ^{45}	iɔ^{45}
常宁	ɕiɔ^{45}	ɕiɔ^{44}	ɕiɔ^{24}	ɕiɔ^{21}	ɕiɔ^{24}	ɕiɔ^{24}	zɔ^{44}	tɕiɔ^{45}	tɕiɔ^{45}	tɕʰiɔ^{21}	tɕʰiɔ^{21}	tɕʰiɔ^{21}	tɕʰiɔ^{24}	iɔ^{45}	iɔ^{45}	iɔ^{45}
永兴	sɔ^{45}	sɔ^{42}	sɔ^{13}	sɔ^{325}	sɔ^{13}	sɔ^{13}	iɔ^{42}	tɕiɔ^{45}	tɕiɔ^{45}	tɕʰiɔ^{325}	tɕʰiɔ^{325}	tɕʰiɔ^{325}	tɕʰiɔ^{325}	iɔ^{45}	iɔ^{45}	iɔ^{45}
资兴	sɿ^{44}	sau^{31}	sau^{35}	sau^{22}	sau^{35}	sau^{35}		tɕiau^{44}	tɕiau^{44}	tɕʰiau^{22}	tɕʰiau^{22}	tɕʰiau^{22}	tɕʰiau^{35}	iau^{44}	iau^{44}	ɿ^{44}
隆回	ʃɔ^{44}	ʃɔ^{212}	ʃɔ^{13}	ʃɔ^{13}	ʃɔ^{45}	ʃɔ^{45}	iɔ^{212}	tʃɔ^{44}		tʃʰɔ^{13}	tʃʰɔ^{13}	tʃʰɔ^{13}	tʃʰɔ^{13}	iɔ^{44}	iɔ^{44}	iɔ^{44}
洞口	ʃɤ^{53}	ʃɤ^{213}	ʃɤ^{24}	ʃɤ^{24}	ʃɤ^{45}	ʃɤ^{45}	iɤ^{213}	tʃɤ^{53}		tʃʰɤ^{24}	tʃʰɤ^{24}	tʃʰɤ^{24}	tʃʰɤ^{53}	iɤ^{53}	iɤ^{53}	iɤ^{53}
绥宁	ʃau^{33}	ʃau^{13}	ʃau^{45}	ʃau^{45}	ʃau^{44}	ʃau^{42}	iau^{13}	tʃau^{33}		tʃʰau^{45}	tʃʰau^{45}	tʃʰau^{45}	tʃʰau^{45}	iau^{33}	iau^{33}	iau^{33}

	要~米	要重~	摇	谣	窑	姚	舀~米	耀	鹞~鹰	貂	雕	鸟	钓	吊	挑	粜~米
	效开三平宵影	效开三去笑影	效开三平宵以	效开三平宵以	效开三平宵以	效开三平宵以	效开三上小以	效开三去笑以	效开三去笑以	效开四平萧端	效开四平萧端	效开四上篠端	效开四去啸端	效开四去啸端	效开四平萧透	效开四去啸透
华容	iu^{45}	iu^{213}	iu^{12}	iu^{12}	iu^{12}	iu^{12}	iu^{21}	iu^{21}	iu^{33}	tiu^{45}	tiu^{45}	liu^{21}	tiu^{213}	tiu^{213}	tʰiu^{45}	
岳阳楼	iau^{34}	iau^{324}	iau^{13}	iau^{13}	iau^{13}	iau^{13}	iau^{31}	iau^{324}	iau^{324}	tiau^{34}	tiau^{34}	tiau^{31}/ȵiau^{31}	tiau^{324}	tiau^{324}	tʰiau^{34}	tʰiau^{324}
临湘	iou^{33}	iou^{325}	iou^{13}	iou^{13}	iou^{13}	iou^{13}	iou^{42}	iou^{21}	iou^{21}	tiou^{33}	tiou^{33}	tiou^{42}	tiou^{325}	tiou^{325}	dʰiou^{33}	dʰiou^{325}
岳阳县	iou^{33}	iou^{45}	iou^{13}	iou^{13}	iou^{13}	iou^{13}	iou^{42}	iou^{21}	iou^{21}	tiou^{33}	tiou^{33}	tiou^{42}	tiou^{45}	tiou^{45}	tʰiou^{33}	tʰiou^{45}
平江	iau^{44}	iau^{45}	iau^{13}	iau^{13}	iau^{13}	iau^{13}	iau^{21}	iau^{22}	iau^{22}	tiau^{44}	tiau^{44}	tiau^{324}/ŋœy^{21}	tiau^{45}	tiau^{45}	tʰiau^{44}	tʰiau^{45}
浏阳	iau^{44}	iau^{42}	iau^{45}	iau^{45}	iau^{45}	iau^{45}	iau^{324}	iau^{42}		tiau^{44}	tiau^{44}	tiau^{324}	tiau^{42}	tiau^{42}	tʰiau^{44}	
醴陵	iu^{44}	iu^{22}	iu^{13}	iu^{13}	iu^{13}	iu^{13}	iu^{31}	iu^{22}	iu^{435}	tiu^{44}	tiu^{44}	tiu^{31}	tiu^{22}	tiu^{22}	tʰiu^{44}	
茶陵	iɔ^{45}	iɔ^{33}	iɔ^{213}	iɔ^{213}	iɔ^{213}	iɔ^{213}	iɔ^{42}	iɔ^{325}	iɔ^{325}	tiɔ^{45}	tiɔ^{45}	tiɔ^{42}	tiɔ^{33}	tiɔ^{33}	tʰiɔ^{45}	tʰiɔ^{33}
安仁	iɔ^{44}	iɔ^{322}	iɔ^{24}	iɔ^{24}	iɔ^{24}	iɔ^{24}	iɔ^{53}	iɔ^{322}	iɔ^{322}	tɕiɔ^{45}	tɕiɔ^{45}	tiɔ^{213}/tiɔ^{53}	tiɔ^{322}	tiɔ^{322}	tʰiɔ^{44}/tʰiɔ$^{24-11}$	tʰiɔ^{322}
耒阳	iɔ^{45}	iɔ^{213}	iɔ^{25}	iɔ^{25}	iɔ^{25}	iɔ^{25}	iɔ^{53}	iɔ^{213}	iɔ^{213}	tiɔ^{45}	tɕiɔ^{45}	tɕiɔ^{53}	tɕiɔ^{213}	tɕiɔ^{213}	tɕʰiɔ^{45}	tɕʰiɔ^{213}
常宁	iɔ^{45}	iɔ^{24}	iɔ^{21}	iɔ^{21}	iɔ^{21}	iɔ^{21}	iɔ^{44}	iɔ^{24}	iɔ^{24}	tiɔ^{45}	tiɔ^{45}	tiɔ^{44}/ȵiɔ^{44}	tiɔ^{24}	tiɔ^{24}	tʰiɔ^{45}	tʰiɔ^{24}
永兴	iɔ^{45}	iɔ^{13}	iɔ^{325}	iɔ^{13}	iɔ^{13}	iɔ^{325}	iɔ^{42}	iɔ^{13}	iɔ^{325}	tiɤ^{53}	tiɤ^{53}	tiɤ^{42}/liɤ^{42}	tiɤ^{13}	tiɤ^{13}	tʰiɛ^{45}	tʰiɛ^{13}
资兴	iau^{44}	iau^{35}/ieu^{35}	i^{22}/iau^{22}	iau^{22}	iau^{22}	iau^{22}	iau^{31}	iau^{35}	iau^{35}	tiau^{44}	tiau^{44}	tiɔ^{31}	tiau^{35}	tiau^{35}		
隆回	iɔ^{44}	iɔ^{45}	iɔ^{13}	iɔ^{13}	iɔ^{13}	iɔ^{13}	iɔ^{212}	iɔ^{325}	iɔ^{212}	tiɛ^{44}	tiɛ^{44}	tiɛ^{325}/iɔ^{212}/tiɔ^{212}	tiɛ^{45}	tiɛ^{45}	ɕiɤ^{44}	ɕiɤ^{45}
洞口	iɤ^{53}	iɤ^{45}	iɤ^{24}	iɤ^{24}	iɤ^{24}	iɤ^{24}	iɤ^{213}	iɤ^{45}		tiɤ^{53}	tiɤ^{53}	iɤ^{213}/tiɤ^{213}	tiɤ^{45}	tiɤ^{45}	xɤ^{53}	xɤ^{45}
绥宁	iau^{33}	iau^{42}	iau^{45}	iau^{45}	iau^{324}/iau^{45}	iau^{45}	iau^{13}	iau^{44}	iau^{324}	tiau^{33}	tiau^{33}	tiau^{13}/ȵiau^{13}	tiau^{42}	tiau^{42}	tʰiau^{33}	tʰiau^{42}

	跳	条	调~和	掉	调~动	尿	辽	丁~儿	料	萧	箫	浇	缴上~	叫	窍	晓
	效开四 去萧透	效开四 平萧定	效开四 平萧定	效开四 去萧定	效开四 去萧定	效开四 去萧泥	效开四 平萧来	效开四 上篠来	效开四 去萧来	效开四 平萧心	效开四 平萧心	效开四 平萧见	效开四 上篠见	效开四 去萧见	效开四 去萧溪	效开四 上篠晓
华容	tʰiu^{213}	tʰiu^{12}	tʰiu^{12}	tiu^{213}	tiu^{213}	liu^{33}	liu^{12}	liu^{21}	liu^{33}	ɕiu^{45}	ɕiu^{45}	tɕiu^{45}	tɕiu^{21}	tɕiu^{213}	tɕʰiu^{213}	ɕiu^{21}
岳阳楼	tʰiau^{324}	tʰiau^{13}	tʰiau^{13}	tiau^{324}	tiau^{324}	ȵiau^{22}	liau^{13}	liau^{31}	liau^{22}	ɕiau^{34}	ɕiau^{34}	tɕiau^{34}	tɕiau^{31}	tɕiau^{324}	tɕʰiau^{324}	ɕiau^{31}
临湘	dʱiɔu^{325}	dʱiɔu^{13}	dʱiɔu^{13}	dʱiɔu^{325}	dʱiɔu^{325}	ȵiɔu^{21}	dʱiɔu^{13}	dʱiɔu^{42}	dʱiɔu^{21}	ɕiɔu^{33}	ɕiɔu^{33}	tɕiɔu^{33}	tɕiɔu^{42}	tɕiɔu^{325}	dʑʱiɔu^{325}	ɕiɔu^{42}
岳阳县	tʰiɔu^{45}	tiɔu^{13}	tiɔu^{13}	tiɔu^{45}	tiɔu^{45}	ȵiɔu^{21}	liɔu^{13}	liɔu^{42}	liɔu^{21}	ɕiɔu^{33}	ɕiɔu^{33}	ɕiɔu^{33}	ɕiɔu^{42}	ɕiɔu^{45}	cʰiɔu^{325}	ɕiɔu^{42}
平江	tʰiɑu^{45}	tʰiɑu^{13}	tʰiɑu^{13}	tiɑu^{42}	tiɑu^{45}	ȵiɑu^{22}	tʰiɑu^{13}	tiɑu^{21}	tʰiɑu^{22}	siɑu^{44}	siɑu^{44}	kiɑu^{44}	kiɑu^{324}	kiɑu^{45}	kʰiɑu^{42}	xiɑu^{324}
浏阳	tʰiau^{42}	tʰiau^{45}	tʰiau^{45}	tiau^{22}	tiau^{42}	ȵiau^{21}	tʰiau^{45}	tiau^{324}	tiau^{21}	siau^{44}	siau^{44}	kiau^{44}	kiau^{324}	kiau^{42}	kʰiau^{42}	xiau^{324}
醴陵	tʰiu^{22}	tʰiu^{13}	tʰiu^{22}	tiɔ^{33}	tiu^{22}	ȵiɔ^{325}	liu^{13}	liu^{31}	liu^{22}	siu^{44}	siu^{44}	kiu^{44}	kiu^{31}	kiu^{22}	kʰiu^{31}	xiu^{31}
茶陵	tʰiɔ^{325}	tʰiɔ^{213}	tʰiɔ^{213}	tiɔ^{322}	tiɔ^{33}	ȵiɔ^{325}	liɔ^{213}	liɔ^{42}	liɔ^{325}	ɕiɔ^{45}	ɕiɔ^{45}	tɕiɔ^{45}	tɕiɔ^{42}	tɕiɔ^{33}	tɕʰiɔ^{33}	ɕiɔ^{42}
安仁	tʰiɔ^{322}	tɕʰiɔ^{24}	tɕʰiɔ^{24}	tɕiɔ^{213}	tiɔ^{322}	iɔ^{322}	liɔ^{24}	liɔ^{53}	liɔ^{322}	siɔ^{44}	siɔ^{44}	tʃɔ^{44}	tʃɔ^{53}	tʃɔ^{322}	tʃʰɔ^{322}	ɕɔ^{53}
耒阳	tɕʰiɔ^{213}	tɕʰiɔ^{25}	tɕʰiɔ^{25}	tiɔ^{24}	tɕiɔ^{25}	irɤ^{53}	lirɤ^{24}	lirɤ^{53}	liɔ^{24}	sirɤ^{53}	sirɤ^{53}	tʃɤ^{45}	tʃɤ^{53}	tʃɤ^{24}	tʃʰɤ^{45}	ʃɤ^{53}
常宁	tʰiɔ^{24}	tʰiɔ^{21}	tʰiɔ^{21}	tie^{13}	tie^{24}	ȵiɔ^{24}	liɔ^{21}	lie^{44}	lie^{24}	siɤ^{53}	ɕiɔ^{45}	tʃɤ^{45}	tʃɤ^{44}	tʃɤ^{24}	tʃʰɤ^{24}	ɕiɔ^{44}
永兴	tʰiɔ^{13}	tiɔ^{325}量词/tiɔ^{42}油~	tiɔ^{325}	ti^{35}	tie^{13}	ie^{13}	liɔ^{325}	lie^{42}	lie^{13}	siau^{53}	ɕiɔ^{45}	tɕiɔ^{45}	tɕiɔ^{42}	tɕiɔ^{13}	tɕʰiɔ^{42}	ɕiɔ^{42}
资兴	tʰiau^{35}	ti^{22}	tiau^{22}	tie^{45}	tie^{45}	ie^{35}	lie^{13}	liau^{31}	liau^{35}	ɕiau^{44}	ɕiau^{44}		tɕiau^{31}	tʃɤ^{45}	tɕʰiau^{35}	ɕiau^{31}
隆回	xiɔ^{45}	xiɔ^{13}	xiɔ^{13}	liɤ^{45}	tiɤ^{45}	ie^{45}	liɔ^{13}	liɤ^{212}	liɤ^{45}	siɤ^{53}	siɤ^{53}	tʃɤ^{53}	tʃɤ^{212}	tʃɤ^{45}	tʃʰɤ^{45}	ʂɤ^{212}
洞口	xɤ^{45}	xɤ^{24}	xɤ^{24}		tirɤ^{45}	irɤ^{53}	lirɤ^{24}	lirɤ^{213}	lirɤ^{53}	sirɤ^{53}	sirɤ^{53}	tʃɤ^{53}	tʃɤ^{213}	tʃɤ^{45}	kʰɤ^{45}/tʃʰɤ^{213}	ʃɤ^{213}
绥宁	tʰiau^{42}	tʰiau^{45}	tʰiau^{45}	tiau^{42}	tiau^{42}	ȵiau^{44}	liau^{45}	liau^{22}	liau^{44}	siau^{33}	siau^{33}	tʃiau^{33}	tʃau^{13}	tʃau^{42}	tʃʰau^{42}	ʃau^{13}

	某	苗	牡	母	拇	戊	茂	贸	兜	斗~米	陡	斗~争	偷	敨~气ㄦ	透	头
	流开一上厚明	流开一上厚明	流开一上厚明	流开一上厚明	流开一上厚明	流开一去候明	流开一去候明	流开一去候明	流开一平侯端	流开一上厚端	流开一上厚端	流开一去候端	流开一平侯透	流开一上厚透	流开一去候透	流开一平侯定
华容	miu²¹	miu²¹	miu²¹	mo²¹	mo²¹	u³³	miu³³	mʌu³³	tau⁴⁵	tau²¹³	tau²¹	tau²¹³	hou⁴⁵	hou²¹	hou²¹³	tʰiu¹²/hou¹²
岳阳楼	miau³¹	miau³¹	miau³¹	mo³¹	mo³¹	u²²	miau²²	miau²²	tau³⁴	tau³¹	tau³¹	tau³²⁴	tʰəu³⁴	tʰəu³¹	tʰəu³²⁴	tʰəu¹³
临湘	miou⁴²	miou⁴²	miou⁴²	mo⁴²	mo⁴²	u²¹	mou²¹	mou²¹	te³³	te⁴²	te⁴²	te³²⁵	dʱe³³	dʱe⁴²	dʱe³²⁵	dʱe¹³
岳阳县	miou⁴²	miou⁴²	miou⁴²	mo⁴²	mo⁴²	u²¹	miou²¹	miou²¹	tʌu⁴⁵	tʌu⁴²	tʌu⁴²	tʌu⁴⁵	tʰʌu³³	tʰʌu⁴²	tʰʌu⁴⁵	tʌu¹³
平江	miou²¹	miou²¹	miau²¹	mo²¹	mo²¹	u²²	miau²²	miau²²	tɕœy⁴⁴	tɕœy³²⁴	tɕœy³²⁴	tɕœy⁴⁵	tʰœy⁴¹	tʰœy³²⁴	tʰœy⁴²	tʰœy¹³
浏阳	mo³²⁴	mo³²⁴	miau³²⁴	mo³²⁴	mo³²⁴	u³²⁵	mo³²⁵	mo³²⁵	tei⁴⁴	tei³²⁴	tei³²⁴	tei⁴²	tʰei⁴⁴	tʰei³²⁴	tʰei⁴²	tʰei⁴⁵
醴陵	meu³¹	meu³¹	meu³¹	mu³¹	mu³¹	u²²	meu²²	meu²²	teu⁴⁴	teu⁴²	teu³¹	teu²²	tʰeu⁴⁵	tʰeu³¹	tʰeu²²	tʰeu¹³
茶陵	mo⁴²	mu⁴²	mu⁴²	mu⁴²	mu⁴²	u³²⁵	mo³²⁵	mo³²⁵	to⁴⁵	to⁴²	to⁴²	to³³	tʰo⁴⁵	tʰo⁴²	tʰo³³	tʰo²¹³
安仁	me⁵³	me⁵³	me⁵³	mu⁵³	mu⁵³	u³²²	me³²²	mo³²²	te⁴⁴	te⁵³	te⁵³	te³²²	tʰe⁴⁴	tʰe⁵³	tʰe³²²	te²⁴
耒阳	mɤ⁵³	mɤ⁵³	mɤ⁵³	mɤ⁵³	mu⁵³	u²¹³	mɤ²¹³	mɤ²¹³	tɤ⁴⁵	tɤ⁵³	tɤ⁵³	tɤ⁵³	tʰɤ⁴⁵	tʰɤ⁵³	tʰɤ²¹³	tʰɤ²⁵
常宁	mo⁴²	mɯ⁴⁴	mɯ⁴⁴	mɯ⁴⁴ 伯母	mõ⁴⁴	u²⁴	mɯ²⁴	mɯ²⁴	tɯ⁴⁵	tɯ⁴⁴	tɯ⁴²	tɯ²⁴	tʰɯ⁴⁵	tʰɯ⁴⁴	tʰɯ²⁴	tʰɯ²¹
永兴	meu³¹	meu³¹	meu³¹	mo⁴²	mo⁴²	u¹³	ma¹³	ma¹³	tai⁴⁴	tai³¹/tɯ³¹	tɯ⁴²	tɯ¹³	tʰɛ⁴⁵	tʰɛ⁴⁵	tʰu¹³	te³²⁵/tɯ³²⁵
资兴	mia²¹²	mia²¹²	mia²¹²	mɤŋ²¹²	mɤŋ²¹²	u³⁵	meu³⁵	meu³⁵	tia⁴⁴	tia²¹²	tia²¹²	tai³⁵/tɯ³⁵	tʰai⁴⁴	tʰai³⁵	tʰɛu³⁵	tai²²
隆回	mia²¹²	mia²¹²	mia²¹²	muŋ²¹³	muŋ²¹³	u⁴⁵	mia⁴⁵	mia⁴⁵	tia⁴⁴	tia²¹²	tia²¹²	tia⁴⁵	xie⁴⁴	xie²¹²	xie⁴⁵	xie¹³
洞口	miɤ²¹³	miɤ²¹³	miɤ²¹³	mɤŋ¹³	mɤŋ¹³		miɤ⁴⁵	miɤ⁴⁵	tiɤ⁵³	tiɤ²¹³	tiɤ²¹³	tiɤ⁴⁵	xɤ⁵³	xɤ²¹³	xɤ⁴⁵	xɤ²⁴
绥宁	miau¹³	miau¹³	miau¹³			u⁴⁴	miau⁴²	miau⁴²	tœu⁴⁴	tœu¹³	tœu¹³	tœu⁴²	tʰœu⁴⁵	tʰœu⁴²	tʰœu⁴²	tʰœu⁴⁵

地点	投	豆	逗	楼	篓	漏	陋	走	凑	勾	钩	沟	狗	够	构	抠
	流开一平候定	流开一去候定	流开一去候定	流开一平候来	流开一上厚来	流开一去候来	流开一去候来	流开一上厚精	流开一去候清	流开一平候见	流开一平候见	流开一平候见	流开一上厚见	流开一去候见	流开一去候见	流开一平候溪
华容	tʰiu^{12}/heu^{12}	tʰiu^{33}/heu^{33}	tiu^{45}	liu^{12}/leu^{12}	liu^{21}	liu^{33}	leu^{33}	tɕiu^{21}/tseu^{21}	tsʰeu^{213}	keu^{45}	tɕiu^{45}	tɕiu^{45}	tɕiu^{21}	keu^{213}	keu^{213}	kʰeu^{45}
岳阳楼	tʰeu^{13}	tʰeu^{33}	teu^{34}	leu^{13}	leu^{31}	leu^{22}	leu^{22}	tseu^{31}	tsʰeu^{324}	keu^{34}	keu^{34}	keu^{34}	keu^{31}	keu^{324}	keu^{324}	kʰeu^{34}
临湘	dᵇe^{13}	dᵇe^{21}	te^{33}	le^{13}	le^{42}	le^{21}	le^{21}	tse^{42}	dᵇe^{325}	ke^{33}	ke^{33}	ke^{33}	ke^{42}	ke^{325}	ke^{325}	le^{33}
岳阳县	tʌu^{13}	tʌu^{21}	tʌu^{33}	lʌu^{13}	lʌu^{42}	lʌu^{21}	lʌu^{21}	tsʌu^{42}	tsʰʌu^{45}	kʌu^{45}	ciou^{33}	ciou^{33}	ciou^{42}	kou^{45}	kou^{45}	kʰʌu^{33}
平江	tʰɔey^{13}	tʰɔey^{22}	tɔey^{44}~豆子/tʰɔey^{22}~一号	lɔey^{13}	lɔey^{21}	lɔey^{22}	lɔey^{22}	lɔey^{324}	tsʰɔey^{45}	kɔey^{44}	kɔey^{44}	kɔey^{44}	kɔey^{324}	kɔey^{45}	kɔey^{45}	xɔey^{44}
浏阳	tʰei^{45}/tʰɔu^{45}	tʰei^{21}	tei^{44}~豆子/tʰeu^{21}~一号	lei^{45}	lai^{324}	lei^{21}	lau^{21}	tsei^{324}	tsʰei^{42}	kiau^{44}	kiau^{44}	kiau^{44}	kiau^{324}	kei^{42}	kei^{42}	kʰei^{44}
醴陵	tʰeu^{13}	tʰeu^{22}	tɵu^{44}~豆子/tʰeu^{22}	leu^{13}	leu^{31}	leu^{22}	leu^{22}	tseu^{31}	tsʰeu^{22}	keu^{44}	keu^{44}	keu^{44}	keu^{31}	keu^{22}	keu^{22}	kʰeu^{44}
茶陵	tʰɵ^{213}	tʰɔ^{325}	tʰɔ^{325}	lɔ^{213}	le^{42}	lɔ^{325}	lɔ^{325}	tsɔ^{42}	tsʰɔ^{325}	kɔ^{45}	kɔ^{45}	kɔ^{45}	kɔ^{42}	kɔ^{33}	kɔ^{33}	kʰɔ^{45}
安仁	te^{24}	tʰɛ^{322}	tʰe^{322}	le^{24}	lɔ^{53}	le^{322}	le^{322}	tse^{53}	tsʰe^{322}	ke^{44}	ke^{44}	ke^{44}	ke^{53}	ke^{322}	ke^{322}	kʰɛ^{44}
耒阳	tʰɔ^{25}	tʰɔ^{213}	tʰɔ^{213}	lɔ^{25}	lɔ^{53}	lɔ^{213}	lɔ^{213}	tsɔ^{53}	tsʰɔ^{213}	kɔ^{45}	kɔ^{45}	kɔ^{45}	kɔ^{53}	kɔ^{213}	kɔ^{213}	kʰɤ^{45}
常宁	tʰu^{21}	tʰu^{24}	tʰu^{24}	lu^{21}	lu^{44}	lu^{24}	lu^{24}	tsʰu^{44}	tsʰu^{24}	kɯu^{45}	kɯu^{45}	kɯu^{45}	kɯu^{44}	kɯu^{24}	kɯu^{24}	kʰɯu^{45}
永兴	tʰɛ^{22}	te^{13}	te^{45}	le^{325}		le^{13}	lu^{13}	tse^{42}	tsʰu^{13}	ke^{45}	ke^{45}	ke^{45}	ke^{42}	ke^{13}	ke^{13}	kʰɯ^{45}
资兴	tai^{22}	tai^{44}/tai^{35}~腐	tai^{44}	lai^{22}	leu^{31}	lai^{35}	leu^{35}	tsai^{31}	tsʰeu^{35}	kai^{44}	kai^{44}	kai^{44}	kai^{31}	kai^{35}	keu^{35}	kai^{44}
隆回	xie^{13}	xia^{45}	tie^{44}	lia^{13}		lia^{45}	lia^{45}	tsia^{212}	tsʰia^{45}	kia^{44}	kia^{44}	kia^{53}	kia^{212}	kia^{45}	kia^{45}	kʰia^{44}
洞口	xɤ^{24}	xɤ^{213}/xɤ^{53}	tiɤ^{53}	liɤ^{24}	liɤ^{213}	liɤ^{53}	liɤ^{53}	tsiɤ^{213}	tsʰɤ^{45}	kɤ^{53}	kɤ^{53}	kɤ^{53}	kɤ^{213}	kɤ^{45}	kɤ^{45}	kʰɤ^{53}
绥宁	tʰɵu^{45}	tʰɵu^{44}	tɵu^{33}	lɵu^{45}	lɵu^{13}	lɵu^{44}	lɵu^{44}	tsɵu^{13}	tsʰɵu^{42}	tʃiau^{33}	tʃiau^{33}	tʃiau^{42}	tʃiau^{13}	tʃiau^{42}	tʃiau^{42}	tʃiau^{33}

地点	口 流开一上厚溪	扣~住 流开一去候溪	藕 流开一上厚疑	偶配~ 流开一上厚疑	侯 流开一平侯匣	喉 流开一平侯匣	猴 流开一平侯匣	后~ 流开一上厚匣	厚 流开一上厚匣	候 流开一去候匣	欧 流开一平侯影	呕~吐 流开一上厚影	泛~大水冲中 流开一去候影	恢~气 流开一去候影	富 流开三去宥非	副 流开三去宥非
华容	xɛ⁵³~碗/kʰɐi⁵³	tɕʰiu²¹³	liu²¹	ŋɘu²¹	xɘu²¹	ɕiu¹²	ɕiu¹²	ɕiu³³	ɕiu³³	xɔu³³	liu⁴⁵/ŋɘu⁴⁵	liu²¹/ŋɘu²¹	ŋɘu²¹³	ŋɘu²¹³	fu²¹³	fu²¹³
岳阳楼	kʰɔu³¹	kʰɔu³²⁴	ŋɘu³¹	ŋɘu³¹	xɔu¹³	xɔu¹³	xɔu¹³	xɔu²²	xɔu²²	xɔu²²	ŋɘu³⁴	ŋɘu³¹	ŋɘu³²⁴	ŋɘu³²⁴	fu³²⁴	fu³²⁴
临湘	gʰe⁴²	gʰe³²⁵	ŋe⁴²	ŋe⁴²	xe¹³	xe¹³	xe¹³	xe²¹	xe²¹	xe²¹	ŋe³³	ŋe⁴²	ŋe³²⁵	ŋe³²⁵	fu³²⁵	fu⁵
岳阳县	cʰiou⁴²	cʰiou⁴²	ɲiou⁴²	ɲiou⁴²	xʌu¹³	xʌu¹³	xʌu¹³	xʌu²¹	xʌu²¹	xʌu²¹	ŋʌu³³	ŋʌu⁴²	ŋʌu⁴⁵	ŋʌu⁴⁵	fu⁴⁵	fu⁴⁵
平江	xɕey³²⁴	xɕey⁴⁵	ŋɕey²¹	ŋɕey²¹	xɕey¹³	xɕey⁴⁵	xɕey¹³	xɕey²²	xɕey²¹	xɕey²²	ŋɕey⁴⁴	ŋɕey³²⁴	ŋɕey⁴⁵	ŋɕey⁴⁵	fu⁴⁵	fu⁴⁵
浏阳	kʰiau³²⁴	kʰiau²⁴	ŋiau³²⁴		xei⁴⁵	xei¹³	xei⁴⁵	xei²¹	xei²¹	xei²¹	ŋei⁴⁴	ŋei³²⁴	ŋei⁴²	ŋei⁴²	fu⁴²	fu²¹
醴陵	kʰeu³¹	kʰeu²²	ŋeu³¹	ŋeu³¹	xeu¹³	xeu¹³	xeu¹³	xeu²²	xeu²²	xeu²²	ŋɔ⁴⁵	ŋeu³¹	ŋɔ³³	ŋɔ³³	fu²²	fu²²
茶陵	xɔ⁴²	kʰɔ³³	ŋɔ⁴²	ŋɔ⁴²	xɔ²¹³	xɔ²¹³	xɔ²¹³	xɔ³²⁵	xɔ⁴⁵	xɔ³²⁵	ie⁴⁴	ŋɔ⁴²	ie³²²	ie³²²	fu³³	fu³³
安仁	kʰɔ⁵³	kʰe³²²	ie⁵³	ie⁵³	xɛ²⁴	xɛ²⁴	xɛ²⁴	xɛ³²²	xɛ³²²	xɛ³²²	ɔ⁴⁵	ie⁵³	ɔ²¹³	ɔ²¹³	fu³²²	fu³²²
耒阳	kʰɔ⁵³	kʰɔ²¹³	ɔ⁵³	ɔ⁵³	xɔ²⁵	xɔ²⁵	xɔ²⁵	xɔ²¹³	xɔ²¹³	xɔ²¹³	ɔ⁴⁵	ɔ⁵³	ɔ²¹³	ɔ²¹³	fu²¹³	fu²¹³
常宁	kʰɯ⁴⁴	kʰɯ²⁴	ɯ⁴⁴	ɯ⁴⁴	xɯ²¹	xɯ²¹	xɯ²¹	xɯ²⁴	xɯ²⁴	xɯ²⁴	ɯ⁴⁵	ɯ⁴⁴	ɯ²⁴	ɯ²⁴	fu²⁴	fu²⁴
永兴	kʰɛ⁴²	kʰɛ¹³	ɛ⁴²	ɯ⁴²	xɛ³²⁵	xɛ³²⁵	xɛ³²⁵	xɛ⁴²~年/xɛ¹³~头发	xɛ⁴²	xɛ¹³	ɛ⁴⁵~世/ɯ⁴⁵~洲	ɛ⁴²	ɛ¹³	ɛ¹³	fu¹³	fu¹³
资兴	kʰai³¹	kʰai³⁵	ŋai³¹	ŋɘu³¹	xɘu²²	xɘu²²	xai²²	xai⁴⁴~日/xai³⁵~前	xɘu³⁵	xɘu³⁵	ai⁴⁴	ai³¹	ai³⁵	ŋɘu³⁵	fu³⁵	fu³⁵
隆回	kʰiɔ²¹²	kʰiɔ⁴⁵	iɔ²¹²	iɔ²¹²	xiɔ¹³	xiɔ¹³	xiɔ¹³	xiɔ²¹²/xiɔ⁴⁵	xiɔ²¹²/xiɔ⁴⁵	xiɔ⁴⁵	iɔ⁴⁴	iɔ²¹²	iɔ⁴⁵	iɔ⁴⁵	fu⁴⁵	fu⁴⁵
洞口	kʰɤ²¹³	kʰɤ⁴⁵	ɤ²¹³	ɤ²¹³	xɤ²⁴	xɤ²⁴	xɤ⁴⁵	xɤ²¹³~日/xɤ⁵³~娘	xɤ²¹³		liɤ⁵³	ɤ²¹³	ɤ⁴⁵	ɤ⁴⁵	fu⁴⁵	fu⁴⁵
绥宁	tɕʰiau¹³	tɕʰiau⁴²	ɲiau¹³	ɲiau¹³	xɕɘu⁴⁵	xɕɘu⁴⁵	xɕɘu³²⁴	xɕɘu²²~年/xɕɘu⁴⁴~前	xɕɘu²²		ɲiau³³	ɶɘu¹³	ɶɘu⁴²	ɶɘu⁴²	fu⁴²	fu⁴²

地点\字	浮 (流开三 平尤奉)	妇 (流开三 上有奉)	负 (流开三 上有奉)	谋 (流开三 平尤明)	矛 (流开三 平尤明)	扭 (流开三 上有泥)	流 (流开三 平尤来)	刘 (流开三 平尤来)	留 (流开三 平尤来)	硫黄 (流开三 平尤来)	柳 (流开三 上有来)	溜 (流开三 去宥来)	廖姓 (流开三 去宥来)	酒 (流开三 上有精)	秋天 (流开三 平尤清)	就 (流开三 去宥从)
华容	pʰʌu^{12}	fu^{21}	fu^{33}	miu^{12}	mʌu^{12}	liou^{21}	liou^{12}	liou^{12}	liou^{12}	liou^{12}	liou^{21}	liou^{45}	liu^{33}	tɕiou^{21}	tɕʰiou^{45}	tɕʰiou^{33}
岳阳楼	pʰau^{13}	fu^{22}	fu^{22}	miau^{13}	mau^{13}	ȵiau^{31}	liau^{13}	liau^{13}	liau^{13}	liau^{13}	liau^{31}	liau^{34}	liau^{22}	tɕiau^{31}	tɕʰiau^{34}	tɕʰiou^{22}
临湘	bʰɔu^{13}	fu^{21}	fu^{21}	miou^{13}	mou^{13}	ȵiou^{42}	dʰiou^{13}	dʰiou^{13}	dʰiou^{13}	dʰiou^{13}	dʰiou^{42}	dʰiou^{33}	dʰiou^{21}	tɕiau^{21}	dʑʰiou^{33}	dʑʰiou^{21}
岳阳县	pou^{13}/fʌu^{13}	fu^{21}	fu^{21}	miou^{13}	mou^{13}	ȵiou^{42}	liou^{13}	liou^{13}	lieu^{13}	lieu^{13}	liou^{42}	liou^{45}	liou^{21}	ɕiau^{42}	ɕʰiou^{33}	ɕiau^{21}
平江	pau^{22}	fu^{22}	fu^{22}	mɛ^{24}	mʌu^{13}	ȵiau^{21}	liau^{13}	liau^{13}	lieu^{13}	liau^{22}	liau^{21}	liau^{44}	liau^{53}	tsiau^{324}	tsʰiau^{44}	tsʰiou^{22}
浏阳	pʰau^{45}/fœɣ^{13}	fu^{22}	fu^{21}	miau^{45}	mau^{45}	ȵieu^{31}	tieu^{45}	tieu^{45}	tieu^{45}	tieu^{45}	tieu^{324}	tieu^{44}	tiau^{21}	tsiau^{324}	tsʰiau^{44}	tsʰiou^{21}
醴陵	pʰau^{13}	fu^{22}	fu^{22}	meu^{13}	mau^{13}		lieu^{13}	lieu^{13}	lieu^{13}	lieu^{31}	lieu^{31}			tsiau^{31}	tsʰiau^{44}	tsʰiou^{22}
茶陵	pʰɔ^{213}/fɔ^{213}	fu^{325}	fu^{33}	mo^{213}	mo^{213}	ȵiɔ^{42}	lio^{213}	lio^{213}	lio^{213}	lio^{213}	lio^{42}	lio^{325}	lio^{325}	tɕiɔ^{42}	tɕʰiɔ^{45}	tɕʰiɔ^{325}
安仁	pʰo^{21}/fur^{21}	fu^{322}	fu^{322}	mɛ^{24}	mo^{24}	iu^{53}	liu^{24}	liu^{24}	liu^{24}	liu^{24}	liu^{53}	liou^{322}	liau^{322}	tɕiu^{53}	tsʰiu^{44}	tsʰiou^{322}
耒阳	pə^{325}/fu^{325}	fu^{213}	fu^{213}	mo^{21}	mo^{25}	iu^{53}	liu^{25}	liu^{25}	liu^{25}		liu^{44}	lieu^{45}	lie^{213}	tɕiu^{44}	tɕʰiu^{45}	tɕʰiou^{213}
常宁	pau^{22}	fu^{24}	fu^{24}	mo^{325}	mo^{21}	naiu^{44}	liu^{21}	liu^{21}	liu^{21}	liu^{21}	liu^{42}	liu^{45}	lie^{24}	tɕiu^{42}	tɕʰiu^{45}	tɕʰiu^{24}
永兴	pʰau^{13}/fiɔ^{13}	fu^{13}	fu^{13}	meu^{22}	me^{325}	liau^{42}	liu^{325}	liu^{325}	liu^{325}	liu^{325}	liau^{42}	liu^{45}	lie^{13}	tɕi^{31}	tɕʰiu^{45}	tɕiu^{13}
资兴	xau^{24}	pʰei^{44}(外婆叫婆)/fu^{35}	fu^{35}	mie^{13}	mau^{22}		lieu^{22}	lieu^{22}	li^{22}	lieu^{22}	lieu^{31}	lieu^{44}			tɕʰieu^{44}	tɕʰieu^{35}
隆回		fu^{212}/fu^{45}	fu^{45}	mirɣ^{24}	mie^{13}	iu^{212}	liu^{13}	liu^{13}	liu^{13}	liu^{13}	liu^{212}	lie^{44}	lie^{45}	tsiu^{212}	tsʰiu^{44}	tsʰiu^{45}
洞口		fu^{53}	fu^{45}	miau^{45}	mɔu^{24}		liu^{24}	liu^{24}	liu^{24}	liu^{24}	liu^{213}	liu^{53}	lirɣ^{53}	tsiu^{213}	tsʰiu^{53}	tɕʰiu^{53}/tsʰiu^{53}
绥宁	pʰau^{45}/fiau^{45}	fu^{22}(新~)/fu^{44}	fu^{42}		mau^{45}	ȵiu^{13}	liu^{45}	liu^{45}	liu^{45}	liu^{45}	liu^{13}	liu^{45}	liau^{44}	tsiu^{13}	tsʰiu^{33}	tsʰiu^{44}

地点	修	羞	秀	绣	绣(铁~)	囚	袖	昼	抽	绸	宙	邹	皱	搊(起来)	愁	搜
	流开三 平尤心	流开三 平尤心	流开三 去尤心	流开三 去尤心	流开三 去尤心	流开三 平尤邪	流开三 去尤邪	流开三 去尤知	流开三 平尤彻	流开三 平尤澄	流开三 去尤澄	流开三 平尤庄	流开三 去尤庄	流开三 平尤初	流开三 平尤崇	流开三 平尤生
华容	ɕiɒu^{45}	ɕiɒu^{45}	ɕiɒu^{213}	ɕiɒu^{213}	ɕiɒu^{213}	tɕʰiɒu^{12}	ɕiɒu^{33}	tsɒu^{213}	tsʰɒu^{45}	tsʰɒu^{12}	tsʰɒu^{33}	tɕiu^{45}/ tsɒu^{45}			tsʰɒu^{12}	sɒu^{45}
岳阳楼	ɕiɛu^{34}	ɕiɛu^{34}	ɕiɛu^{324}	ɕiɛu^{324}	ɕiɛu^{324}	tɕʰiɛu^{13}	ɕiɛu^{22}	tsɒu^{324}	tsʰɒu^{34}	tsʰɒu^{13}	tsʰɒu^{22}	tsɒu^{34}	tsɒu^{324}	tsʰɒu^{34}	tsʰɒu^{13}	sɒu^{34}
临湘	ɕiɯ^{33}	ɕiɯ^{33}	ɕiɯ^{325}	ɕiɯ^{325}	ɕiɯ^{325}	dʑʰiɯ^{13}	dʑʰiɯ^{21}	tsɒu^{325}	dʑʰiɯ^{33}	dʑʰiɯ^{13}	dʑʰɒu^{21}	tse^{33}	tse^{325}	dʑʰe^{33}	dʑʰe^{13}	se^{33}
岳阳县	ɕiɤu^{33}	ɕiɤu^{33}	ɕiɤu^{45}	ɕiɤu^{45}	ɕiɤu^{45}	ɕiɤu^{45}	ɕiɤu^{21}	tsiɤ^{45}	tsʰiɤu^{33}	tsʰiɤu^{13}	tsʰɒu^{33}	tsʌu^{33}	tsʌu^{45}	tsʰʌu^{33}	tsʰʌu^{13}	sʌu^{33}
平江	siu^{44}	siu^{44}	siɯ^{45}	siɯ^{45}	siɯ^{45}	siɯ^{13}	tɕʰiɯ^{22}	ȵɛʂ^{45}	tsʰiɯ^{44}	ȵɛʂ^{45}	tsʰɒuʔ	tsɒu^{44}	tsœy^{45}	tsʰœy^{44}	tsʰœy^{13}	sœy^{44}
浏阳	siɯ^{44}	siɯ^{44}	siɯ^{42}	siɯ^{42}	nɛiʂ^{42}	kʰiɛu^{3}	nɛiʂ^{42}/ nɛiʂ	ȵɛʂ^{42}	ȵɛʂ^{44}	ȵɛʂ^{13}	ȵɛʂ^{42}	tsɛi^{44}	tsɛi^{42}	tsʰɛi^{44}	tsʰɛi^{45}	sɛi^{44}
醴陵	siɯ^{44}	ɕio^{45}	siɒu^{22}	siɒu^{22}	siɒu^{22}	tɕʰiɒ^{213}	tɕiɯ^{22}	ȵɛʂ^{22}	ȵɛʂ^{44}	ȵɛʂ^{13}	ȵɛʂ^{22}	tsɛʂ^{44}	tsɛʂ^{22}	tsʰɛu^{44}	tsʰɛu^{13}	sɛu^{44}
茶陵	ɕio^{45}	ɕio^{33}	ɕio^{33}	ɕio^{33}	siɯ^{322}	tsiɯ^{24}	tɕiɒ^{325}	tsiɒ^{33}	tsʰɒ^{45}	tsʰɒ^{213}	tsɒ^{33}	tsɒ^{45}	tsɒ^{33}	tsʰɒ^{45}	tsʰɒ^{213}	sɒ^{45}
安仁	siɯ^{44}	siɯ^{44}	siɯ^{322}	siɯ^{322}	ɕiɯ^{213}	tɕʰiɯ^{213}	siɯ^{322}	tʃiu^{322}	tʃʰiu^{44}	tʃʰiu^{24}	tʃʰiu^{322}	tsɯ^{44}	tse^{53}	tsʰe^{44}	tse^{24}	se^{44}
耒阳	ɕiɯ^{45}	ɕiɯ^{45}	ɕiɯ^{213}	ɕiɯ^{213}	ɕiɯ^{24}	siɯ^{21}	tɕʰiɯ^{213}	tɕʰiu^{24}	ʈʰiu^{45}	ʈʰiu^{25}	ʈʰiu^{213}	tsɯ^{45}	tsɯ^{213}	tsʰɔ^{45}	tsʰɔ^{25}	sɔ^{45}
常宁	ɕiɯ^{45}	ɕiɯ^{45}	ɕiɯ^{24}	ɕiɯ^{24}	ɕiɯ^{13}	tɕʰiɤu^{325}	tɕʰiɯ^{24}	ʈiɯ^{24}	ʈʰiɯ^{45}	ʈʰiɯ^{21}	ʈiɯ^{33}	tsu^{45}	tsu^{24}	tsʰu^{45}	tsʰu^{21}	su^{45}
永兴	ɕiɯ^{45}	ɕiɯ^{45}	ɕiɯ^{13}	ɕiɯ^{13}	ɕiɯ^{35}	tɕʰieu^{13}	tɕʰiɤu^{13}/ ɕiɯ^{13}		tsʰiu^{45}	tsʰiu^{325}	ʈiɯ^{13}	tsɛu^{44}	tse^{13}	tsʰɛ^{45}	tsʰu^{325}	se^{45}
资兴	ɕiɛu^{44}	ɕiɛu^{44}	ɕiɛu^{35}	ɕiɛu^{35}	siu^{45}	tɕʰiɛu^{22}	tɕiu^{35}	li^{35}	tsʰiɤu^{44}	tsʰiɤu^{22}	tsiu^{35}	tsiɒ^{44}	tsai^{35}	tsʰai^{44}	tsʰɛu^{22}	sai^{44}
隆回	siu^{44}	xiɐu^{44}	siu^{45}	siu^{45}	siu^{45}	tʃʰiu^{13}	tsʰiu^{45}	tʃiu^{45}	tʃʰiu^{44}	tʃʰiu^{13}	tsɛu^{35}	tsiɛ^{44}	tsiɒ^{325}/ tsiɒ^{45}	tsʰiɒ^{44}	tsʰiɒ^{13}	siɒ^{44}
洞口	siu^{53}	siu^{53}	siu^{45}	siu^{45}	siu^{45}	tʃʰiu^{24}	siu^{45}	tʃiu^{45}	tʃʰiu^{53}	tʃʰiu^{24}	tʃʰiu^{45}		tsiɤ^{53}	tsʰiɤ^{213}	tsʰiɤ^{24}	sɿ^{53}
绥宁	siu^{33}	siu^{33}	siu^{42}	siu^{42}		tʃʰiu^{45}	tsʰiu^{44}	tʃiu^{42}	tʃʰiu^{33}	tʃʰiu^{45}	tʃiu^{42}	tsœu^{33}	tsœu^{42}	tsʰœu^{33}	tsʰœu^{45}	sœu^{33}

	馊（饭~了）	瘦	周	州	洲	帚	兄	丑	臭（香~）	收	手	首	守	兽	仇（继~）	酬
	流开三 平尤生	流开三 去宥生	流开三 平尤章	流开三 平尤章	流开三 平尤章	流开三 上有章	流开三 去宥章	流开三 上宥昌	流开三 去宥昌	流开三 平尤书	流开三 上宥书	流开三 上宥书	流开三 上宥书	流开三 去宥书	流开三 平尤禅	流开三 平尤禅
华容	sๅ^{45}	səu^{213}	tsəu^{45}	tsəu^{45}	tsəu^{45}	tsəu^{213}	tsəu^{213}	tsʰəu^{21}	tsʰəu^{213}	səu^{45}	səu^{21}	səu^{21}	səu^{21}	səu^{213}	tsʰəu^{12}	tsʰəu^{12}
岳阳楼	səu^{34}	səu^{324}	tsəu^{34}	tsəu^{34}	tsəu^{34}	tsəu^{31}	tsəu^{324}	tsʰəu^{31}	tsʰəu^{324}	səu^{34}	səu^{31}	səu^{31}	səu^{31}	səu^{324}	tsʰəu^{13}	tsʰəu^{13}
临湘	se^{33}	se^{325}	tsəu^{33}	tsəu^{33}	tseu^{33}	tseu^{42}	tseu^{325}	ʨʰæ^{42}	ʨʰæ^{325}	ȵes^{33}	ȵes^{42}	ȵes^{42}	ȵes^{42}	ȵeʂ^{325}	ȵe^{13}	ȵe^{13}
岳阳县	sʮ^{33}	sʮ^{45}	tsʮ^{33}	tsʮ^{33}	tseu^{33}	tseu^{42}	tseu^{42}	ȵæ^{42}	ȵæʐ^{45}	ȵes^{33}	ȵes^{42}	ȵes^{42}	ȵes^{42}	ȵeʐ^{45}	ȵe^{13}	ȵe^{13}
平江	sœy^{44}	sœy^{45}	tsɤu^{44}	tsɤu^{44}	tsɤu^{44}	tsɤu^{324}	tsɤu^{45}	ȵæu^{324}	ȵæɕ^{45}	ȵæɕ^{44}	ȵæu^{324}	ȵæu^{324}	ȵæu^{324}	ȵæɕ^{45}	ȵeʂ^{13}	ȵeʂ^{13}
浏阳	sei^{44}	sei^{42}	tseu^{44}	tseu^{44}	tseu^{44}		tseu^{42}	tsʰeu^{324}	tsʰeu^{42}	tseu^{44}	tseu^{31}	tseu^{31}	tseu^{31}	tseu^{21}	tsʰe^{13}	tsʰe^{13}
醴陵	səu^{44}	səu^{22}	tsəu^{44}	tsəu^{44}	tsəu^{44}	tsəu^{31}	tsəu^{22}	tsʰəu^{33}	tsʰəu^{22}	səu^{44}	səu^{31}	səu^{31}	səu^{31}	səu^{22}	səu^{13}	səu^{13}
茶陵	sɔ^{45}	sɔ^{33}	tsɔu^{45}	tsɔu^{45}	tsɔu^{45}	tsɔu^{33}/tsɔu^{325}	tsɔ^{33}	tsʰɤ^{42}	tsʰɤ^{33}	sɔ^{45}	sɔ^{42}	sɔ^{42}	sɔ^{42}	sɔ^{325}	tsʰɤ^{213}	tsʰɤ^{213}
安仁	se^{44}	se^{53}	ʨiu^{44}	ʨiu^{44}	ʨiu^{44}	ʨiu^{45}	ʨiu^{322}	ʨʰiu^{53}	ʨʰiu^{322}	ʨiu^{53}	ʨiu^{53}	ʨiu^{53}	ʨiu^{53}	ʨiu^{213}	ʨʰiu^{24}	ʨʰiu^{24}
耒阳	sɔ^{45}	sɔ^{213}	kiu^{45}	kiu^{45}	kiu^{45}	kiu^{33}	kiu^{213}	kʰiu^{53}	kʰiu^{213}	ɕiu^{45}	ɕiu^{53}	ɕiu^{53}	ɕiu^{53}	ɕiu^{213}	kʰiu^{25}	kʰiu^{25}
常宁	su^{45}	su^{24}	kiu^{45}	kiu^{45}	kiu^{45}	ʧi^{53}	kiu^{24}	kʰiu^{44}	kʰiu^{24}	ɕiu^{45}	ɕiu^{44}	ɕiu^{44}	ɕiu^{44}	ɕiu^{24}	kʰiu^{21}	kʰiu^{21}
永兴	se^{45}	se^{13}/su^{13}	tsəu^{45}	tsəu^{45}	tsəu^{45}	tsəu^{13}	tseu^{13}	tsʰəu^{42}	tsʰəu^{13}	su^{45}	su^{42}	su^{42}	su^{42}	su^{13}	tsʰeu^{325}	tsʰeu^{325}
资兴	sai^{44}	seu^{35}	tseu^{44}	tseu^{44}	tseu^{44}	tseu^{31}	tseu^{35}	tsʰeu^{31}	tsʰeu^{35}	seu^{44}	seu^{31}	seu^{31}	seu^{31}	seu^{13}	tsʰeu^{22}	tsʰeu^{22}
隆回	siɔ^{45}	siɔ^{45}	tʃiu^{44}	tʃiu^{44}	tʃiu^{44}	tʃiu^{44}	tʃiu^{45}	ʨʰiu^{212}	tʃʰiu^{45}	tʃiu^{44}	tʃiu^{212}	tʃiu^{212}	tʃiu^{212}	ʃiu^{325}	tʃʰiu^{13}	tʃʰiu^{13}
洞口	siɤ^{45}	siɤ^{45}	tʃiu^{53}	tʃiu^{53}	tʃiu^{53}	tʃi^{53}	tʃiu^{45}	ʨʰiu^{213}	ʨʰiu^{45}	tʃiu^{53}	tʃiu^{213}	tʃiu^{213}	tʃiu^{213}	ʃiu^{45}	tʃʰiu^{13}	tʃʰiu^{24}
绥宁	sœu^{33}	sœu^{42}	tʃiu^{33}	tʃiu^{33}	tʃiu^{33}	tʃiu^{324}	tʃiu^{42}	ʨʰiu^{13}	ʨʰiu^{42}	tʃiu^{33}	tʃiu^{13}	tʃiu^{13}	tʃiu^{13}	tʃiu^{324}	tʃʰiu^{45}	tʃʰiu^{45}

地点	受 流开三 上有禅	寿 流开三 去有禅	授 流开三 去有禅	售 流开三 去有禅	柔 流开三 平尤日	鸠 流开三 平尤见	九 流开三 上有见	久 流开三 上有见	韭 流开三 上有见	灸 流开三 上有见 精~	救 流开三 去宥见	丘 流开三 平尤溪	求 流开三 平尤群	球 流开三 平尤群	臼 流开三 上有群	舅 流开三 上有群
华容	seu^{33}	seu^{33}	seu^{33}	$ts^h əu^{12}$	$zəu^{12}$	$tɕiəu^{45}$	$tɕiəu^{21}$	$tɕiəu^{21}$	$tɕiəu^{21}$	$tɕiəu^{21}$	$tɕiəu^{213}$	$tɕ^h iəu^{45}$	$tɕ^h iəu^{12}$	$tɕ^h iəu^{12}$	$tɕiəu^{45}$	$tɕ^h iəu^{33}$
岳阳楼	seu^{22}	seu^{22}	seu^{22}	seu^{22}	$zəu^{13}$	$tɕiəu^{34}$	$tɕiəu^{31}$	$tɕiəu^{31}$	$tɕiəu^{31}$	$tɕiəu^{45}/tɕiəu^{31}$	$tɕiəu^{324}$	$tɕ^h iəu^{34}$	$tɕ^h iəu^{13}$	$tɕ^h iəu^{13}$	$tɕ^h iəu^{22}$	$tɕ^h iəu^{22}$
临湘	seu^{21}	seu^{21}	seu^{21}	seu^{21}	ieu^{13}	$tɕiəu^{33}$	$tɕiəu^{42}$	$tɕiəu^{42}$	$tɕiəu^{42}$	$tɕiəu^{325}$	$tɕiəu^{325}$	$dʑ^h iəu^{33}$	$dʑ^h iəu^{13}$	$dʑ^h iəu^{13}$	$dʑ^h iəu^{21}$	$dʑ^h iəu^{21}$
岳阳县	seu^{21}	seu^{21}	seu^{21}	seu^{21}	iau^{13}	cy^{33}	$ciəu^{42}$	$ciəu^{42}$	$ciəu^{42}$	$ciəu^{33}$	$ciəu^{45}$	$c^h iəu^{33}$	$ciəu^{13}$	$ciəu^{13}$	$ciəu^{21}$	$ciəu^{21}$
平江	$səu^{22}$	$səu^{22}$	$sʂʅ^{22}$	$ⁿdʐeu^{13}$	ieu^{13}	tsy^{44}	$kiəu^{324}$	$kiəu^{324}$	$kiəu^{324}$	$kiəu^{45}$	$kiəu^{45}$	$k^h iəu^{44}$	$k^h iəu^{13}$	$k^h iəu^{13}$	$k^h iəu^{21}$	$k^h iəu^{21}$
浏阳	$səu^{21}$	$səu^{21}$	$səu^{22}$		iau^{45}	tsy^{42}	$kiəu^{324}$	$kiəu^{324}$	$kiəu^{324}$	$kiəu^{42}$	$kiəu^{42}$	$k^h iəu^{44}$	$k^h iəu^{45}$	$k^h iəu^{45}$		$k^h iəu^{21}$
醴陵	$səu^{22}$	$səu^{22}$	$səu^{22}$	$səu^{22}$	iau^{13}	ky^{44}	$kiəu^{31}$	$kiəu^{31}$	$kiəu^{31}$	$kiəu^{22}$	$kiəu^{22}$	$k^h iəu^{44}$	$k^h iəu^{13}$	$k^h iəu^{13}$	$k^h iəu^{22}$	$k^h iəu^{22}$
茶陵	so^{325}	so^{325}	so^{325}	so^{325}	$lə^{213}$	ko^{45}	$tɕio^{42}$	$tɕio^{42}$	$tɕio^{42}$	$tɕio^{42}$	$tɕio^{33}$	$tɕ^h io^{45}$	$tɕ^h io^{213}$	$tɕ^h io^{213}$	$tɕio^{33}$	$tɕio^{45}$
安仁	$ʃiu^{322}$	$ʃiu^{322}$	$ʃiu^{322}$	$ʃiu^{24}$	iu^{24}	$tʃy^{44}/tʃiu^{44}$	$tʃiu^{53}$	$tʃiu^{53}$	$tʃiu^{53}$	$tʃiu^{322}$	$tʃiu^{322}$	$tʃ^h iu^{44}$	$tʃiu^{24}$	$tʃiu^{24}$	$tʃiu^{322}$	$tʃiu^{322}$
耒阳	$ɕiɯ^{213}$	$ɕiɯ^{213}$	$ɕiɯ^{213}$	$ɕiɯ^{213}$	iu^{25}	$tɕy^{53}$	$kɯ^{53}$	$kɯ^{53}$	$kɯ^{53}$	$kɯ^{213}$	$kɯ^{213}$	$tɕ^h iu^{45}/k^h iu^{45}$	$k^h iu^{25}$	$k^h iu^{25}$	$kɯ^{213}$	$k^h ɯ^{53}$
常宁	$ɕiɯ^{24}$	$ɕiɯ^{213}$	$ɕiɯ^{213}$	$g^h iu^{21}$	$ʑu^{21}$	$tɕy^{45}$	$kɯ^{44}$	$kɯ^{44}$	$kɯ^{44}$	$kɯ^{24}$	$kɯ^{24}$	$k^h iu^{45}$	$k^h iu^{21}$	$k^h iu^{21}$	$kɯ^{24}$	$k^h ɯ^{24}$
永兴	$sɯ^{13}$	$sɯ^{13}$	$sɯ^{13}$	$sɯ^{13}$	iu^{325}	$tɕieu^{44}$	$tɕiəu^{42}$	$tɕiəu^{42}$	$tɕiəu^{42}$	$tɕieu^{13}$	$tɕiəu^{13}$	$tɕ^h iu^{45}$	$tɕ^h iu^{325}$	$tɕ^h iu^{325}$	$tɕieu^{13}$	$tɕ^h ʅ^{42}/tɕiu^{13}$
资兴	seu^{35}	seu^{35}	seu^{35}	seu^{35}	ieu^{22}	$tʃi^{44}$	$tɕi^{31}$	$tɕi^{31}$	$tɕi^{31}$	$tɕieu^{35}$	$tɕieu^{35}$	$tɕ^h ieu^{44}$	$tɕ^h ieu^{22}$	$tɕ^h ieu^{22}$	$tɕieu^{35}$	$tɕ^h ʅ^{44}$
隆回	$ʃiu^{45}$	$ʃiu^{45}$	$ʃiu^{45}$	$tʃ^h iu^{325}$	iu^{13}	$tʃʅ^{44}$	$tʃiu^{212}$	$tʃiu^{212}$	$tʃiu^{212}$	$tʃiu^{45}$	$tʃiu^{45}$	$tʃ^h iu^{44}$	$tʃiu^{13}$	$tʃiu^{13}$	$tʃiu^{13}$	$tʃ^h iu^{212}$
洞口	$ʃiu^{53}$	$ʃiu^{53}$	$ʃiu^{53}$	$tʃ^h iu^{53}$	iu^{24}	$tʃʅ^{213}$	$tʃiu^{213}$	$tʃiu^{213}$	$tʃ^h iu^{213}$	$tʃiu^{213}$	$tʃiu^{45}$	$tʃ^h iu^{53}$	$tʃ^h iu^{24}$	$tʃ^h iu^{24}$	$tʃiu^{45}$	$tʃ^h iu^{45}$
绥宁	$ʃiu^{44}$	$ʃiu^{44}$	$ʃiu^{44}$	$tʃ^h iu^{42}$	iu^{45}	$tʃʅ^{33}$	$tʃiu^{13}$	$tʃiu^{13}$	$tʃiu^{13}$	$tʃiu^{13}$	$tʃiu^{42}$	$tʃ^h iu^{33}$	$tʃ^h iu^{45}$	$tʃ^h iu^{324}$	$tʃiu^{42}$	$tʃ^h iu^{22}$

	旧 流开三去宥群	牛 流开三平尤疑	休 流开三平尤晓	优 流开三平尤影	优 流开三平尤影	邮 流开三平尤云	有 流开三上宥云	友 流开三上宥云	又 流开三去宥云	右 流开三去宥云	佑 流开三去宥云	由 流开三平尤以	油 流开三平尤以	游 流开三平尤以	酉 流开三上宥以	柚 流开三去宥以
华容	tɕʰiəu^{33}	liəu^{12}	ɕiəu^{45}	iəu^{45}	iəu^{45}	iəu^{12}	iəu^{21}	iəu^{21}	iəu^{33}	iəu^{33}	iəu^{33}	iəu^{12}	iəu^{12}	iəu^{12}	iəu^{21}	iəu^{33}
岳阳楼	tɕʰiəu^{22}	ȵiəu^{13}	ɕiəu^{34}	iəu^{34}	iəu^{34}	iəu^{13}	iəu^{31}	iəu^{31}	iəu^{22}	iəu^{22}	iəu^{22}	iəu^{13}	iəu^{13}	iəu^{13}	iəu^{31}	iəu^{324}
临湘	dʑiəu^{21}	ȵiəu^{13}	ɕiəu^{33}	iəu^{33}	iəu^{33}	iəu^{13}	iəu^{42}	iəu^{42}	iəu^{21}	iəu^{21}	iəu^{21}	iəu^{13}	iəu^{13}	iəu^{13}	iəu^{42}	iəu^{21}
岳阳县	ʑiəu^{21}	ȵiəu^{13}	ɕiəu^{33}	iəu^{33}	iəu^{33}	iəu^{13}	iəu^{42}	iəu^{42}	iəu^{21}	iəu^{21}	iəu^{21}	iəu^{13}	iəu^{13}	iəu^{13}	iəu^{42}	iəu^{21}
平江	kʰiəu^{22}	ȵiəu^{21}	siəu^{44}	iəu^{44}	iəu^{44}	iəu^{13}	iəu^{21}	iəu^{21}	iəu^{22}	iəu^{22}	iəu^{22}	iəu^{13}	iəu^{13}	iəu^{13}	iəu^{21}	liəu^{22}
浏阳	kʰiəu^{21}	ȵiəu^{45}	xiəu^{44}	iəu^{44}	iəu^{44}	iəu^{45}	iəu^{324}	iəu^{324}	iəu^{21}	iəu^{21}	iəu^{42}	iəu^{45}	iəu^{45}	iəu^{45}	iəu^{21}	iəu^{21}
醴陵	kʰiəu^{22}	ȵiəu^{13}	siəu^{44}	iəu^{44}	iəu^{44}	iəu^{13}	iəu^{31}	iəu^{31}	iəu^{22}	iəu^{22}	iəu^{22}	iəu^{13}	iəu^{13}	iəu^{13}	iəu^{31}	iəu^{22}
茶陵	tɕiɤ^{325}	ȵiɤ^{213}	ɕiɤ^{45}	iɤ^{45}	io^{45}	io^{213}	io^{45}	io^{42}	io^{325}	io^{325}	io^{325}	io^{213}	io^{213}	io^{213}	io^{42}	io^{325}
安仁	tɕʰiu^{322}	iu^{24}	ʃiu^{44}	iu^{44}	iu^{44}	iu^{24}	iu^{53}	iu^{53}	iu^{322}	iu^{322}	iu^{322}	iu^{24}	iu^{24}	iu^{24}	iu^{53}	iu^{322}
耒阳	tɕʰiu^{213}	iu^{25}	ɕiəu^{45}	iu^{45}	iu^{45}	iu^{25}	iu^{53}	iu^{53}	iu^{213}	iu^{213}	iu^{213}	iu^{25}	iu^{25}	iu^{25}	iu^{53}	iu^{213}
常宁	tɕʰiu^{24}	ȵiu^{21}	ɕiu^{45}	iu^{45}	iu^{45}	iu^{21}	iu^{44}	iu^{44}	iu^{24}	iu^{24}	iu^{24}	iu^{21}	iu^{21}	iu^{21}	iu^{44}	iu^{24}
永兴	tɕʰiu^{13}	iu^{325}	ɕiu^{45}	iu^{45}	iu^{45}	iu^{325}	iu^{42}	iu^{42}	iu^{13}	iu^{13}	iu^{13}	iu^{325}	iu^{325}	iu^{325}	iu^{42}	iu^{13}
资兴	tɕʰi^{35}	li^{22}	ɕieu^{44}	ieu^{44}	ieu^{44}	ieu^{22}	xai^{44}	ieu^{31}	ieu^{35}	i^{35}	ieu^{35}	ieu^{22}	i^{22}/ieu^{22} 一条	ieu^{22}	ieu^{31}	iau^{35}
隆回	tɕʰiu^{45}	iɤŋ^{13}	siu^{44}	iu^{44}	iu^{44}	iu^{13}	iu^{212}	iu^{212}	iu^{45}	iu^{45}	iu^{45}	iu^{13}	iu^{325}~iu^{13} 二读	iu^{13}	iu^{212}	iu^{45}
洞口	tɕʰiu^{53}	iu^{24}	ʃiu^{53}	iu^{53}	iu^{53}	iu^{24}	iu^{213}	iu^{213}	iu^{45}	iu^{53}	iu^{45}	iu^{24}	iu^{24}	iu^{24}	iu^{213}	iu^{45}
绥宁	tɕʰiu^{44}	ȵiau^{45}	ʃiu^{33}	iu^{33}	iu^{33}	iu^{45}	iu^{13}	iu^{13}	iu^{324}	iu^{44}	iu^{44}	iu^{45}	iu^{45}	iu^{45}	iu^{13}	iu^{42}

地点	釉	彪	谬	丢	纠~正	幽	幼	眈	答	搭	贪	探试~	踏	潭	谭	沓叠
	流开三去宥以	流开三平幽帮	流开三去幽明	流开三平幽端	流开三上黝见	流开三平幽影	流开三去幼影	咸开一平覃端	咸开一入合端	咸开一入合端	咸开一平覃透	咸开一去勘透	咸开一入合透	咸开一平覃定	咸开一平覃定	咸开一入合定
华容	iəu^{33}	piu^{45}	liu^{33}	tiəu^{45}	tɕiəu^{45}	iəu^{45}	iəu^{213}	tan^{45}	ta^{435}	ta^{435}	han^{45}	han^{213}	ha^{435}	han^{12}	han^{12}	
岳阳楼	iəu^{22}	piau^{34}	liau^{22}	tiəu^{34}	tɕiəu^{34}	iəu^{34}	iəu^{324}	tan^{34}	ta^{45}	ta^{45}	tʰan^{34}	tʰan^{324}	tʰa^{45}	tʰan^{13}	tʰan^{13}	tʰa^{45}
临湘	iəu^{21}	piou^{33}	miou^{21}	tiou^{33}	tɕiou^{33}	iəu^{33}	iəu^{33}	tan^{33}	tæ^{5}	tæ^{5}	dʰɔn^{33}	dʰan^{325}	dʰæ^{5}	dʰɵn^{13}	dʰan^{13}	
岳阳县	iəu^{21}	piou^{33}	miou^{21}	tiou^{33}	ciəu^{33}	iəu^{33}	iəu^{45}	tan^{33}	tæ^{5}	tæ^{5}	tʰan^{33}	tʰan^{45}	tʰæ^{3}/tʰæ^{5}	tan^{13}	tan^{13}	
平江	liəu^{22}	piau^{44}	miau^{45}	tiou^{44}	kiou^{44}	iəu^{44}	iəu^{45}	tan^{44}	tɵʔ^{4}	taʔ^{4}	tʰɵn^{44}	tʰɵn^{45}	tʰaʔ^{4}	tʰɵn^{13}	tʰan^{13}	
浏阳	iəu^{21}	piau^{44}	miau^{22}	tiou^{44}	kiou^{44}	iəu^{44}	iəu^{42}	ta^{44}	taʔ^{4}	taʔ^{4}	tʰa^{44}	tʰa^{42}	tʰa^{44}	tʰa^{45}	tʰa^{45}	tʰa^{44}
醴陵	iəu^{22}	piu^{44}	miu^{22}	tiou^{44}		iəu^{44}	iɔ^{22}	taŋ^{44}	ta^{33}	ta^{33}	tʰaŋ^{44}	tʰaŋ^{22}	tʰa^{435}	tʰaŋ^{13}	tʰaŋ^{13}	
茶陵		pio^{45}	mio^{45}	tio^{45}	tɕio^{45}	io^{45}	io^{325}	taŋ^{45}	tɔ^{213}	tɔ^{213}	tʰaŋ^{45}	tʰaŋ^{45}	tʰɔ^{33}	tʰaŋ^{213}	tʰaŋ^{213}	tʰa^{213}
安仁	iu^{322}	pio^{44}	mio^{53}	tiu^{44}	tʃiu^{44}	iu^{44}	iu^{322}	taŋ^{44}	tɔ^{213}	tɔ^{213}	tʰaŋ^{44}	tʰaŋ^{322}	tʰɔ^{213}	tʰã^{25}	tʰã^{25}	tʰa^{45}
耒阳	iu^{13}	pia^{45}	miɤ^{213}	tiɯ^{45}	tʃiɯ^{213}	iu^{45}	iu^{213}	tã^{45}	ta^{13}	ta^{13}	tʰã^{45}	tʰa^{213}	tʰa^{13}	tʰã^{25}	tʰã^{25}	tʰa^{33}
常宁	iɯ^{24}	pio^{45}	mio^{24}	tɯ^{45}	ȵiɯ^{45}	iu^{45}	iu^{24}	tã^{45}	ta^{33}	ta^{22}	tʰã^{45}	tʰã^{24}	tʰa^{22}	tʰɔ^{21}	tʰɔ^{21}	tʰɔ^{22}
永兴	iu^{13}	pia^{45}	mia^{13}	tiɯ^{45}		iu^{45}	iu^{13}	tæ^{45}	ta^{22}	to^{22}	tʰæ^{45}	tʰæ^{13}	tʰa^{22}	tæ^{325}	tæ^{325}	tʰɔ^{22}
资兴	ieu^{35}	piau^{44}	miau^{35}	tieu^{44}	tɕieu^{44}	ieu^{44}	ieu^{35}	taŋ^{44}	ta^{13}	to^{13}	tʰaŋ^{44}	tʰæ^{13}	tʰa^{13}	taŋ^{22}	taŋ^{22}	tʰa^{13}
隆回	iu^{45}	pia^{44}	miau^{45}	tiu^{44}	tʃiu^{44}	iu^{44}	iu^{45}	tʰaŋ^{44}	tɔ^{44}	tɔ^{44}	xaŋ^{44}	xaŋ^{45}	xɔ^{325}	xaŋ^{13}	xaŋ^{13}	xieɑ^{45}
洞口	iu^{45}	pʰɤ^{53}	miɤ^{45}	tiu^{53}	tʃiu^{53}	iu^{53}	iu^{45}	tã^{53}	ta^{53}	ta^{53}	xã^{53}	xã^{53}	xa^{53}	xã^{24}	xã^{24}	xeɑ^{45}
绥宁		piau^{33}	miau^{42}	tiu^{33}	tʃiu^{33}	iu^{33}	iu^{42}	ta^{33}	tʌ^{33}	tʌ^{33}	tʰɛ^{33}	tʰɛ^{42}	tʰʌ^{42}	tʰɛ^{45}	tʰɛ^{45}	tʰʌ^{42}

	南 咸开一平覃泥	男 咸开一平覃泥	纳 咸开一入合泥	拉 咸开一入合来	簪(作合切) 咸开一平覃精	参~加 咸开一平覃清	惨 咸开一上感清	蚕 咸开一平覃从	杂 咸开一入合从	感 咸开一上感见	鸽 咸开一入合见	砍 咸开一上感溪	喝~酒 咸开一入合晓	含 咸开一平覃匣	函 咸开一平覃匣	合 咸开一入合匣
华容	lan12	lan12	la435	la45	tsan45	tsʰan45	tsʰan21	tsʰan13	tsʰa435	kan21	ko435	kʰan21	xo435	xan12	xan12	xo435
岳阳楼	lan13	lan13	la45	la45	tsan34	tsʰan34	tsʰan31	tsʰan13	tsʰa45	kan31	ko45	kʰan31		xan13	xan13	xo45
临湘	løn13	løn13	la5	la33	tsøn33	dzʱøn33/dzʱan33	dzʱøn42	dzʱøn13	dzʱɤ5/dzʱa5	køn42	ko5	gʱøn42	xɤ5	xøn13	xøn13	xɤ5
岳阳县	løn13	løn13	læ3	la33	tsøn33	tsʰøn33	tsʰøn42	tsøn13	tsʰa3	køn42	ko5	kʰøn42	xɤ5	xøn13	xøn13	xɤ3
平江	løn13	løn13	lɤʔ4	laʔ4	tsøn44	tsʰøn44	tsʰøn324	tsʰøn13	tsʰɤʔ4	køn324	kɤʔ4	xøn324	xɤʔ4	xøn13	xøn13	xɤʔ4
浏阳	lɑ45	lɑ45	la42	la44	tsɑ44	tsʰɑ44	tsʰɑ324	tsʰɐ45	tsʰɑ42	kɑ324	ko44	kʰɑ324	xo44	xɯ45/xɑ45	xɑ45	xo42
醴陵	laŋ13	laŋ13	la435	la435	tsaŋ44	tsʰaŋ44	tsʰaŋ31	tsʰaŋ213	tsʰa435	kaŋ31	ko435	kʰaŋ31		xaŋ13	xɑŋ13	xo435
茶陵	laŋ213	laŋ213	la33	la45	tsaŋ45	tsʰaŋ45	tsʰaŋ42	tsʰaŋ213	tsʰa33	kaŋ42	ko33	kʰaŋ42	xo33	xaŋ213	xaŋ213	xo33
安仁	laŋ24	laŋ24	lɑ213	lɑʔ4	tsaŋ44	tsʰaŋ44	tsʰaŋ53	tsaŋ24	tsɔ213	kaŋ53	kuɑ213	kʰaŋ53	xo213	xaŋ24	xaŋ24	xu213
耒阳	lɑ̃25	lɑ̃25	lɑ13	la45	tsɑ̃45	tsʰɑ45	tsʰɑ53	tsʰɑ35	tsɑ13	kɑ53	ko13	kʰɑ213	cyɛ13	xɑ̃25	xɑ̃25	xo13
常宁	lɑ̃21	lɑ̃21	la33	la45	tsɑ̃45	tsʰɑ44	tsʰɑ44	tsʰɑ21	tsʰɑ21	kɑ44	ko33	kʰɑ44	xo33	xɑ̃21	xɑ̃21	xo33
永兴	læ325	læ325	lɔ22	la45	tsæ45	tsʰæ45	tsʰæ42	tsʰæ325	tso22	kæ42	ko22	kʰæ45	xo22	xæ325	xæ325	xo22
资兴	laŋ22	laŋ22	la13	la44		tsʰaŋ44	tsʰaŋ31	tsaŋ22	tso13/tsa13	kaŋ31	kɯ13	kʰaŋ31		xo22	xaŋ22	xɯ13
隆回	laŋ13	laŋ325	lɑ325	lɑ44	tsaŋ44	tsʰaŋ44	tsʰaŋ212	tsʰaŋ325	tsɔ325	kaŋ212	ko44	kʰaŋ212	xo44	xaŋ13	xaŋ13	xo325
洞口	lɑ̃24	lɑ̃24	la45	lɑ53		tsʰɑ53	tsʰɑ213	tsʰɑ24	tsa45	kɑ213	ko53	kʰɑ213	xo53	xɑ̃24	xɑ̃13	xo45
绥宁	lɛ45	la45	lʌ42	lʌ33	tsɛ̃33	tsʰɛ33	tsʰɛ13	tsʰɛ324	tsʌ324	kɛ13	ko33	kʰɛ45	xo33	xa45	xɛ245	xo42

	盒 饭~	庵	暗	担 ~年	胆	担 挑~	毯	塔	榻	塌	淡	痰	淡	蓝	篮	览
	咸开一入合匣	咸开一平覃影	咸开一去勘影	咸开一平谈端	咸开一上敢端	咸开一去阚端	咸开一上透	咸开一入盍透	咸开一入盍透	咸开一入盍透	咸开一平谈定	咸开一平谈定	咸开一上敢定	咸开一平谈来	咸开一平谈来	咸开一上敢来
华容	xo^{435}	ŋan^{45}	ŋan^{213}	tan^{45}	tan^{21}	tan^{213}	tʰan^{21}	ha^{435}	ha^{435}	ha^{435}	han^{12}	han^{12}	han^{33}	lan^{12}	lan^{12}	lan^{21}
岳阳楼	xo^{45}	ŋan^{34}	ŋan^{324}	tan^{34}	tan^{31}	tan^{324}	tʰan^{31}	tʰa^{45}	tʰa^{45}	tʰa^{45}	tʰan^{13}	tʰan^{13}	tʰan^{22}	lan^{13}	lan^{13}	lan^{31}
临湘	xo^{5}	ŋøn^{33}	ŋøn^{325}	tan^{33}	tan^{42}	tan^{325}	dʰan^{42}	dʰæ^{5}	dʰæ^{5}	dʰæ^{5}	dʰan^{13}	dʰan^{13}	dʰan^{21}	lan^{13}	lan^{13}	lan^{42}
岳阳县	xo^{3}	ŋøn^{33}	ŋøn^{45}	tan^{33}	tan^{42}	tan^{45}	tʰan^{42}	tʰæ^{5}	tʰæ^{5}	tʰæ^{5}	tan^{13}	tan^{13}	tan^{21}	lan^{13}	lan^{13}	lan^{42}
平江	xoʔ^{4}	ŋøn^{44}	æ^{13}	tan^{44}	tan^{324}	tan^{45}	tʰan^{324}	tʰaʔ^{4}	tʰaʔ^{4}	tʰaʔ^{4}	tʰan^{13}	tʰan^{13}	tʰan^{21}	la^{45}	la^{45}	la^{324}
浏阳	xo^{42}		ŋu^{42}	ta^{44}	ta^{324}	ta^{42}	ta^{324}	tʰa^{435}	tʰa^{435}	tʰa^{33}	tʰaŋ^{213}			laŋ^{13}	laŋ^{44}	laŋ^{22}
醴陵	xo^{435}	ŋoŋ^{44}	ŋoŋ^{22}	taŋ^{44}	taŋ^{31}	taŋ^{22}	tʰaŋ^{31}	tʰa^{33}	tʰa^{33}	tʰa^{33}	taŋ^{24}	tʰaŋ^{213}	tʰaŋ^{22}	laŋ^{213}	laŋ^{213}	laŋ^{42}
茶陵	xo^{33}	ŋaŋ^{45}	ŋaŋ^{33}	tan^{45}	taŋ^{42}	taŋ^{33}	tʰaŋ^{42}	tʰɑ^{213}	tʰɑ^{44}	tʰa^{13}	ta^{25}	taŋ^{24}	tʰaŋ^{45}	laŋ^{24}	laŋ^{213}	laŋ^{53}
安仁	xu^{213}	ŋaŋ^{44}	ŋaŋ^{322}	tan^{44}	taŋ^{53}	taŋ^{322}	tʰaŋ^{53}	tʰɑ^{13}	tʰɑ^{13}	tʰa^{33}	tʰa^{21}	ta^{25}	tʰaŋ^{322}	laŋ^{24}	laŋ^{213}	laŋ^{53}
耒阳	xo^{13}	ŋã^{45}	ŋã^{213}	ta^{45}	ta^{53}	ta^{213}	ta^{53}	tʰa^{33}	tʰa^{33}	tʰa^{22}	tʰa^{325}	tʰa^{21}	tʰa^{53}	la^{25}	la^{25}	la^{44}
常宁	xo^{21}	ŋã^{45}	ŋã^{24}	ta^{45}	ta^{44}	ta^{24}	tʰa^{44}	tʰɔ^{22}	tʰa^{22}	tʰa^{22}	taŋ^{22}	tʰa^{325}	tʰa^{24}	la^{21}	la^{21}	la^{44}
永兴	xo^{22}	æ^{45}	æ^{13}	tɛ^{45}	tɛ^{42}	tɛ^{13}	tʰæ^{42}	tʰo^{13}	tʰa^{13}	tʰa^{13}	tɛ^{22}	tɛ^{325}	tɛ^{42}	lɛ^{325}	lɛ^{325}	lɛ^{42}
资兴	xɯ^{13}	ŋaŋ^{44}	ŋaŋ^{35}	taŋ^{44}	to^{31}	to^{35}	tʰaŋ^{31}	xɑ^{325}	xɑ^{325}	xa^{53}	taŋ^{22}	taŋ^{22}	tʰo^{44}	laŋ^{22}	lo^{22}	
隆回	xo^{45}/xo^{325}	aŋ^{44}	aŋ^{45}	taŋ^{44}	taŋ^{212}	taŋ^{45}	xaŋ^{212}	xa^{53}	xa^{53}	tʰʌ^{33}		xaŋ^{13}	xaŋ^{212}	laŋ^{13}	laŋ^{325}	laŋ^{212}
洞口	xo^{45}	ã^{53}	ã^{45}	ta^{53}	ta^{213}	ta^{53}	xa^{213}	tʰʌ^{33}	tʰʌ^{33}		xã^{213}	xã^{24}	xã^{213}	la^{24}	la^{24}	la^{213}
绥宁	xo^{42}	ŋɛ̃^{33}	ŋɛ̃^{42}	ta^{33}/tɛ̃^{23} 半	ta^{13}	ta^{42}	tʰɛ̃^{13}			tʰʌ^{33}	tʰɛ^{45}	tʰa^{45}	tʰa^{22}	la^{45}	la^{324}	la^{13}

	腊 咸开一 入盍来	蜡 咸开一 入盍来	衔 咸开一 平谈从	暂 咸开一 去阚从	三 咸开一 平谈心	甘 咸开一 平谈见	柑 咸开一 平谈见	敢 咸开一 上敢见	磕 咸开一 入盍溪	憨编 咸开一 平谈晓	喊 咸开一 上敢晓	站立 咸开二 去陷澄	扎用针~ 咸开二 入洽知	赚 咸开二 去陷澄	站车站~ 咸开二 去陷澄	斩 咸开二 上赚庄
华容	la^{435}	la^{435}	tsʰan^{12}	tsʰan^{33}	san^{45}	kan^{45}	kan^{45}	kan^{21}	kʰo^{435}	xan^{45}	xan^{21}	tsan^{213}	tsa^{435}	tsʰan^{33}	tsʰan^{33}	tsan^{21}
岳阳楼	la^{45}	la^{45}	tsʰan^{13}	tsʰan^{22}	san^{34}	kan^{34}	kan^{34}	kan^{31}	kʰo^{45}	xan^{34}	xan^{31}	tsan^{324}	tsa^{45}	tsʰan^{22}	tsʰan^{22}	tsan^{31}
临湘	læ^{5}	læ^{5}	dzʰan^{13}	dzʰan^{21}	san^{33}	køn^{33}	køn^{33}	køn^{42}	gʰo^{5}	xøn^{33}	xan^{42}	tsan^{325}	tsæ^{5}	dzʰan^{21}	tsan^{325}	tsan^{42}
岳阳县	læ^{3}	læ^{3}	tsan^{13}	tsan^{21}	san^{33}	køn^{33}	køn^{33}	køn^{42}	kʰo^{5}	xøn^{33}	xan^{42}	tsan^{45}	tsæ^{5}	tsan^{21}	tsan^{45}	tsan^{42}
平江	lɑ^{24}	lɑ^{24}	tsʰan^{13}	tsʰan^{22}	san^{44}	køn^{44}	køn^{44}	køn^{324}	xoʔ^{4}	xøn^{324}	xan^{324}	tsan^{45}	tsaʔ^{4}	tsʰan^{21}	tsan^{45}	tsan^{324}
浏阳	la^{42}	la^{42}	tsʰã^{45}	tsʰã^{21}	sã^{44}	kui^{44}	kui^{44}	kã^{324}	kʰoʔ^{42}	xã^{44}	xã^{324}	tsã^{42}	tsa^{44}	tsʰã^{22}	tsʰã^{21}	tsã^{324}
醴陵	la^{435}	la^{435}	tsʰaŋ^{21}	tsʰaŋ^{22}	saŋ^{44}	koŋ^{44}	koŋ^{44}	koŋ^{31}	kʰo^{435}	xaŋ^{45}	xaŋ^{31}	tsaŋ^{22}	tsa^{435}	tsʰaŋ^{325}	tsaŋ^{22}	tsã^{324}
茶陵	la^{33}	la^{33}	tsʰaŋ^{213}	tsʰaŋ^{325}	saŋ^{45}	kaŋ^{45}	kaŋ^{45}	kaŋ^{42}	kʰo^{33}	xaŋ^{44}	xaŋ^{42}	tsaŋ^{33}	tsa^{33}	tsʰoŋ^{325}	tsʰaŋ^{325}	tsaŋ^{42}
安仁	lɑ^{13}	lɑ^{44}/lɑ^{213}	tsan^{24}	tsʰa^{213}	saŋ^{44}	kaŋ^{44}	kaŋ^{44}	kaŋ^{53}	kʰo^{213}	xã^{45}	xaŋ^{53}	tsaŋ^{322}	tsɔ^{213}	tsʰuaŋ^{322}	tsaŋ^{322}	tsaŋ^{53}
耒阳	la^{13}	la^{13}	tsʰã^{25}	tsʰã^{24}	sã^{45}	kã^{45}	kã^{45}	kã^{44}	kʰo^{13}	xã^{45}	xã^{53}		tsa^{13}	tsʰua^{213}	tsʰã^{213}	tsã^{53}
常宁	la^{33}	la^{33}	tsʰã^{24}	tsæ^{13}	sã^{45}	kã^{45}	kã^{45}	kã^{42}	kʰo^{33}		xã^{44}	tsã^{24}	tsa^{33}	tsʰuã^{24}	tsã^{24}	tsã^{44}
永兴	lɔ^{45}	lɔ^{45}	tsʰæ^{325}	tsaŋ^{35}	sæ^{45}	kæ^{45}	kæ^{45}	kæ^{42}	kʰɔ^{22}		xæ^{42}	tsæ^{13}	tsɔ^{22}	tsʰuæ^{13}	tsæ^{13}	tsæ^{42}
资兴	lo^{44}	lo^{13}/lɑ^{13}	tsʰaŋ^{22}		sɔ^{44}/saŋ^{44}	kaŋ^{44}	kaŋ^{44}	kui^{31}	xuɯ^{35}		oŋ^{31}		tso^{13}	tsʰuɯ^{35}	tsaŋ^{35}	tsaŋ^{31}
隆回	lɑ^{325}	lɑ^{325}	tsʰaŋ^{13}	tsʰaŋ^{45}	saŋ^{44}	kaŋ^{44}	kaŋ^{44}	kaŋ^{212}	kʰo^{45}	xaŋ^{45}	xaŋ^{212}	tsaŋ^{45}	tsɔ^{325}	tsʰuaŋ^{45}	tsaŋ^{45}	tsaŋ^{212}
洞口	la^{53}	la^{53}	tsʰã^{24}	tsʰã^{53}	sã^{53}	kã^{53}	kã^{53}	kã^{213}	kʰo^{213}	xã^{45}	xã^{213}	tsa^{45}	tsa^{213}	tʃyɛ^{45}	tsa^{45}	tsã^{213}
绥宁	lA^{33}	lA^{33}	tsʰɛ̃^{22}	tsʰɛ̃^{22}	sa^{33}	kɛ̃^{33}	kɛ̃^{33}	kɛ̃^{13}	kʰo^{42}	xã^{45}	xa^{13}	tsɛ̃^{42}	tsA^{33}	tʃue^{42}	tsɛ̃^{42}	tsɛ̃^{13}

方言点	盍~嗑 咸开二 入洽庄	插 咸开二 入洽初	闸 咸开二 入洽崇	杉 咸开二 平咸生	减 咸开二 上赚见	碱 咸开二 上赚见	夹~袄 咸开二 入洽见	恰 咸开二 入洽溪	掐 咸开二 入洽溪	咸~减 咸开二 平咸匣	陷 咸开二 去陷匣	馅 咸开二 去陷匣	狭 咸开二 入洽匣	杉 咸开二 平衔生	甲 咸开二 入狎见	嵌 咸开二 平衔见
华容	tsa⁴³⁵	tsʰa⁴³⁵	tsaʔ⁴³⁵	sa⁴⁵	kan²¹	tɕʅ²¹	ka⁴³⁵	tɕʰia⁴³⁵	kʰa⁴⁵	xan¹²	xan³³	xan³³	ɕia⁴³⁵	san⁴⁵	tɕia⁴³⁵	kʰan⁴⁵
岳阳楼	tsa⁴⁵	tsʰa⁴⁵		sa³⁴	kan³¹	tɕian³¹	ka⁴⁵	tɕʰia⁴⁵	kʰa³⁴	xan¹³	xan²²	xan²²	ɕia⁴⁵	san³⁴	tɕia⁴⁵	kʰan³⁴
临湘	tsæ⁵	dʑʰæ⁵	tsa³²⁵	sa³³	kan⁴²	kan⁴²	kæ⁵	dʑʰia⁵	gʰa³³	xan¹³	xan²¹		ɕia⁻	san³³	tɕia⁵	gʰan³³
岳阳县	tsæ⁵	tsʰæ⁵	tsa⁵	sa³³	kan⁴²	cien⁴²	kæ⁵	cʰia⁵	kʰæ⁵	xan¹³	xan²¹	cien⁴²	ɕia⁵	san³³	cia⁵	kʰan³³
平江	tsɑʔ⁴	tsʰɑʔ⁴	tsɑʔ⁴	sɑ⁴⁴	kan³²⁴	kan³²⁴	kaʔ⁴	xaʔ⁴	xaʔ⁴	xan¹³	xan²²	xan²²	xaʔ⁴/xiaʔ⁴	san⁴⁴	ka⁴⁵	xan⁴⁵
浏阳	tsa⁴⁴	tsʰa⁴⁴	tsa⁴⁴	sua⁴⁴	kã⁴⁴	kã⁴⁴	ka⁴⁴	kʰa⁴⁴	kʰa⁴⁴	xã⁴⁵	xã²¹	xã²¹	xa⁴²	sã⁴⁴	ka⁴⁴/kia⁴⁴	kʰã⁴²
醴陵	tsa⁴³⁵	tsʰa⁴³⁵		sa⁴⁴	kaŋ³¹	kaŋ³¹	ka⁴³⁵	kʰia⁴³⁵	kʰa⁴⁴	xaŋ¹³	xaŋ²²	xaŋ²²	xia⁴³⁵	saŋ⁴⁴	ka⁴⁴/kia⁴³⁵	kʰaŋ²²
茶陵	tsa³²⁵	tsʰa³³	tsa³³	sa⁴⁵	kaŋ⁴²	kaŋ⁴²	ka³³	tɕʰia³³	kʰia³³	xaŋ²¹³	xaŋ³²⁵	xaŋ³²⁵	ɕia³³	saŋ⁴⁵	ka³³	kʰaŋ³³
安仁	tsɑ²¹³	tsʰɑ²¹³	tsɑ²¹³	sɑ⁴⁴	kaŋ⁵³	kaŋ⁵³	kɑ²¹³	tʃʰɑ²¹³	kʰɑ²¹³	xaŋ²⁴	xaŋ³²²	xaŋ³²²	xɑ⁴⁴/ʃɑ²¹³	saŋ⁴⁴	kɑ²¹³/tʃɑ²¹³	kʰaŋ³²²
耒阳	tsa¹³	tsʰa¹³	tsa¹³	sa⁴⁵	kã⁵³	tɕiɛ⁵³	ka¹³/ʃa¹³	tʃʰa¹³	kʰa¹³/ʃʰa¹³	xã²⁵	xã²¹³	xã²¹³	xaʔ⁵/xiaʔ⁴	sã⁴⁵	ka¹³	kʰa²¹³
常宁	tsa³³	tsʰa³³	tsa³³	sa⁴⁵	kã⁴⁴	kã⁴⁴	ka³³	tʃʰa³³	kʰa³³	xã²¹	xã²¹	xã²¹	ɕia¹³	sã⁴⁵	ʃa³³	kʰa²⁴
永兴	tsɔ²²	tsʰɔ²²		sɔ⁴⁵	kæ⁴²	tɕi⁴²	kɔ²²	tɕʰia¹³	tɕʰia²²	xɔ²²	ɕi¹³	ɕi¹³	ɕia²²	sɛ⁴⁵	tɕia²²	kʰæ⁴²
资兴	tsɔ¹³	tsʰo¹³	tsɑ²¹³	sɔ⁴⁴	ko³¹/kaŋ³¹	tɕiŋ³¹	ko¹³	tʃʰo¹³	kʰo¹³	xo²²	xɔ²²		ɕia¹³	so⁴⁴	ko⁴⁴ (手掌一)/tɕia¹³	
隆回	tsɔ³²⁵	tsʰɔ³²⁵	tsɑ³²⁵	sɑ⁴⁴	kaŋ²¹²	kaŋ²¹²/tʃʅ²¹²	kieɑ³²⁵	tʃʰɑ³²⁵	kʰɑ⁴⁴/tʃʰɑ³²⁵	xaŋ¹³	xaŋ⁴⁵	xaŋ⁴⁵	xieɑ⁴⁵	sɑ⁴⁴/saŋ⁴⁴	kiɑ⁴⁴/tʃɑ³²⁵	tʃʅ⁵³
洞口	tsa⁵³	tsʰa⁵³		sa⁵³	tʃʌ¹³/kɛ¹³	tʃɛ¹³	kʌ⁵³/kɛa⁵³	kʰa⁵³/tʃʰa⁴⁵	kʰa⁵³	xã²⁴	xɛ⁵³	xɛ⁵³	xɛa⁴⁵/ʃa⁴⁵	sa⁵³	tʃa⁵³	kʰã⁵³
绥宁	tsʌ³³	tsʰʌ³³	tsʌ⁴²	sʌ³³				tʃʰʌ³²⁴	kʰʌ³²⁴	xa⁴⁵/xʌ̃⁴⁵	xɛ̃⁴⁴	xɛ̃⁴⁴	xɛ⁴²	sa³³	tʃʌ³³	

	岩	衔	鸭	押	压	贬	聂姓	廉	镰	帘	殓	猎	尖	接	签一字	潜
	咸开二平衔疑	咸开二平衔匣	咸开二入狎影	咸开二入狎影	咸开二入狎影	咸开三上琰帮	咸开三入叶泥	咸开三平盐来	咸开三平盐来	咸开三平盐来	咸开三去艳来	咸开三入叶来	咸开三平盐精	咸开三入叶精	咸开三平盐清	咸开三平盐从
华容	ŋæi^{12}	xan^{12}	ŋa^{435}	ia^{435}	ia^{435}	pĩ^{21}	ie^{435}	lĩ^{12}	lĩ^{12}	lĩ^{12}	lĩ^{21}	lie^{435}	tɕi^{45}	tɕie^{45}	tɕʰi^{45}	tɕʰi^{12}
岳阳楼	ŋai^{13}	xan^{13}	ŋa^{45}	ia^{45}	ia^{45}	pian^{31}	ȵie^{45}	lian^{13}	lian^{13}	lian^{13}	lian^{31}	lie^{45}	tɕian^{34}	tɕie^{45}	tɕʰian^{34}	tɕʰian^{13}
临湘	ŋæ^{13}	xan^{13}	ŋæ^{5}	ia^{5}	ŋæ^{5}/ia^{5}	pien^{42}	ȵie^{5}	dʰien^{13}	dʰien^{13}	dʰien^{13}	dʰien^{21}	dʰie^{5}	tɕien^{33}	tɕie^{5}	dʰien^{33}	dʰien^{13}
岳阳县	ŋæ^{13}	xan^{13}	ŋæʔ^{5}	ia^{5}	ia^{5}	pien^{42}	pi^{5}	lien^{13}	lien^{13}	lien^{13}	lien^{13}	la^{3}	cien^{33}	ci^{5}	cʰien^{33}	cien^{13}
平江	ŋai^{13}	xan^{13}	ŋaʔ^{4}	ŋaʔ^{4}	ŋaʔ^{4}	pien^{324}	ȵieʔ^{4}	tʰien^{13}	tʰien^{13}	tʰien^{13}	lien^{45}	tʰieʔ^{4}	tsien^{44}	tsieʔ^{4}	tsʰien^{44}	tsʰien^{45}
浏阳	ŋai^{45}	xã^{45}	ŋa^{44}	ŋaʔ^{44}/iaʔ^{44}	ŋa^{44}	pĩ^{53}	ȵie^{42}	tĩ^{45}	tĩ^{45}	tĩ^{45}		tie^{44}	tsĩ^{44}	tsie^{44}	tsĩ^{44}	tsĩ^{45}
醴陵	ŋæ^{21}	xã^{24}	ŋa^{435}	ia^{435}	ŋa^{435}/ia^{435}	piɛ̃^{44}	ȵie^{435}	lie^{12}	lie^{13}	lie^{13}	lie^{22}	lie^{435}	tsie^{44}	tsie^{35}	tsʰie^{44}	tsʰie^{25}
茶陵	ŋaŋ^{213}	xaŋ^{213}	ŋa^{33}	ia^{33}	ia^{33}/ia^{33}	piɛ̃^{42}	ȵie^{33}	lie^{213}	lie^{213}	lie^{213}	lie^{325}	lie^{33}	tɕie^{24}	tɕie^{33}	tsʰie^{24}	tɕie^{42}
安仁	ia^{24}	xaŋ^{24}	ŋaʔ^{213}	ŋaʔ^{213}	ŋɔ^{213}/iɔ^{213}	pi^{53}	ie^{213}	li^{24}	li^{24}	li^{24}	li^{53}	li^{213}	tsui^{44}	tɕie^{213}	tsʰi^{44}	tsui^{24}
耒阳	ŋæ^{25}	xã^{25}	ŋa^{435}	ia^{13}	ŋa^{435}/ia^{435}	pe^{53}	ie^{13}	lie^{25}	lie^{25}	lie^{25}	li^{53}	le^{13}	tse^{45}	tɕie^{13}	tsʰe^{45}	tsʰe^{25}
常宁	ŋæ^{21}	xã^{24}	ŋa^{33}/ia^{33}	ia^{33}	ŋa^{24}/ia^{33}	piã^{44}	ȵie^{33}	liã^{21}	liã^{21}	liã^{21}	liã^{24}	ie^{33}	tɕiã^{45}	tɕie^{33}	tɕʰiã^{45}	tɕʰiã^{21}
永兴	i^{325}	ɕi^{22}	ɔ^{22}	ia^{22}	ia^{13}/ia^{13}	pi^{42}	ie^{22}	li^{22}	li^{325}	li^{325}	li^{42}	lie^{22}	tɕi^{45}	tɕie^{22}	tɕʰi^{45}	tɕʰi^{325}
资兴	ŋai^{22}	xaŋ^{22}	o^{13}	ia^{13}	ia^{13}	piŋ^{31}	lie^{13}	liŋ^{22}	liŋ^{22}~剜／liŋ^{31}~刀	liŋ^{22}	liŋ^{31}	lia^{13}	tɕiɯ^{44}	tɕi^{13}	tɕʰiŋ^{44}	tɕʰiŋ^{22}
隆回	a^{13}	xaŋ^{13}	iea^{44}/iɑ^{325}	iɑ^{44}	iɔ^{325}	pĩ^{212}	ʔ^{45}	lĩ^{13}	lĩ^{13}	lĩ^{13}	lĩ^{45}	le^{325}	tɕi^{44}	tsi^{44}/tse^{325}	tɕʰiŋ^{44}	tɕʰiŋ^{13}
洞口	ai^{24}	xã^{24}	a^{53}/ɛa^{53}	ia^{45}	ɛa^{45}/iɑ^{45}	piɛ̃^{213}	ie^{45}	liɛ^{45}	liɛ^{45}	liɛ^{24}	lie^{213}	la^{45}	tɕiɛ^{45}	tsie^{53}	tsʰiɛ̃^{53}	tsʰiɛ^{213}
绥宁	ŋai^{45}	xa^{45}	A^{33}	iA^{324}	iA^{324}	piɛ̃^{13}	ȵie^{324}	lie^{45}	lie^{45}	lie^{45}	lie^{44}	lA^{324}/lie^{324}	tsiɛ^{33}	tsie^{33}	tsʰiɛ^{33}	tsɛ^{42}

	渐	捷	占（一领）	折（一幕）	陕（西）	闪	摄	染	检	钳	俭	验	险	阉	掩	厌
	咸开三上琰从	咸开三入叶从	咸开三去艳章	咸开三入叶章	咸开三上琰书	咸开三上琰书	咸开三入叶书	咸开三上琰日	咸开三上琰见	咸开三平盐群	咸开三上琰群	咸开三去艳疑	咸开三上琰晓	咸开三平盐影	咸开三上琰影	咸开三去艳影
华容	tɕʰiɛn^{33}	tɕʰie^{435}	tsɿ^{213}	tsɛ^{435}	sɿ^{21}	sɿ^{21}	se^{435}	ȵyŋ^{21}	tɕi^{21}	tɕʰi^{12}	tɕʰi^{21}	iɿ^{33}	ɕɿ^{21}	ɿ^{45}	ɿ^{21}	ɿ^{213}
岳阳楼	tsʰan^{22}	tɕʰie^{45}	tsan^{324}	tsɛ^{45}	san^{31}	san^{31}	se^{45}	yan^{31}	tɕian^{31}	tɕʰian^{13}	tɕʰian^{22}	ȵian^{22}	ɕian^{31}	ian^{34}	ian^{31}	ian^{324}
临湘	dzʰan^{21}	dʑʰie^5	tɕyen^{325}	tɕye^5/tso^5	ɕyen^{42}	ɕyen^{42}	ȵie^5	ȵien^{42}	tɕien^{42}	dʑʰien^{13}	dʑʰien^{21}	ȵien^{21}	ɕien^{42}	ien^{33}	ien^{42}	ien^{325}
岳阳县	ɕien^{21}	cʰɿ^5	tsɔn^{45}	tsɔ^5	sen^{42}	sen^{42}	sɔ^5	ȵien^{42}	cien^{42}	cien^{13}	cien^{21}	ȵien^{21}	ɕien^{42}	ien^{33}	ien^{42}	ien^{45}
平江	tsʰien^{22}		tsʰyaʔ^4	tsʰyaʔ^4	ʂaŋ^{324}	ʂaŋ^{324}	ʂaʔ^4	ȵien^{21}	kien^{324}	kʰien^{13}	kʰien^{22}	ȵien^{45}	xien^{324}	ien^{44}	ien^{21}	ien^{45}
浏阳	tsʰɿ^{21}		tsʰyɿ^{42}	tsʰye^{44}	syɿ^{324}	syɿ^{324}	syɛ^{44}	yɿ^{324}	kɿ^{324}	kʰɿ^{45}		ŋɿ^{21}	xɿ^{324}	ɿ^{44}	ɿ^{324}	ɿ^{42}
醴陵	tsʰie^{22}	tsʰie^{435}	tsɛ^{22}	tsɛ^{435}	sɛ^{21}	sɛ^{21}	se^{435}	ie^{22}	kie^{21}	kʰie^{13}	kʰie^{22}	ȵie^{22}	xie^{21}	ie^{44}	ie^{42}	ie^{22}
茶陵	tɕʰie^{325}	tɕʰie^{33}	tsaŋ^{45}	tse^{33}	saŋ^{42}	saŋ^{42}	se^{33}	laŋ^{42}	tɕie^{42}	kʰie^{2213}	tɕʰie^{225}	ȵie^{325}	ɕie^{42}	ie^{45}	ie^{53}	ie^{322}
安仁	tsʰɿ^{322}	tsʰie^{213}	tʃɿ^{322}	tʃie^{213}	tʃɿ^{53}	tʃɿ^{53}	tʃie^{213}	tɕ^{53}	tʃɿ^{53}	tʃʰie^{213}	tʃʰie^{322}	ɿ^{213}	tʃ^{322}	tʃɿ^{44}	tʃ^{53}	tʃ^{322}
耒阳	tsʰe^{213}	tsʰie^{13}	tɕie^{213}	tɕie^{13}	tɕie^{53}	tɕie^{53}	ɕie^{13}	ie^{53}	tɕie^{44}	tʃʰie^{53}	tʃie^{24}	ie^{213}	tʃie^{53}	ie^{45}	ie^{53}	ie^{213}
常宁	tɕʰia^{24}	tɕʰie^{33}	tʂae^{13}	ʈe^{33}	ɕia^{44}	ɕia^{44}	ȵie^{33}	ȵia^{44}	ʈa^{44}	ʈʰa^{21}	ʈʰa^{24}	ȵia^{24}	ɕia^{44}	ia^{45}	ia^{44}	iia^{24}
永兴	tɕi^{13}	tɕʰɿ^{22}	tsɿ^{13}	tsɿ^{22}	ɕi^{42}	sɛ^{42}	iɛ^{22}	i^{42}	tɕi^{42}	tɕʰɿ^{325}	tɕi^{42}	i^{13}	ɕi^{42}	ɿ^{45}	ɿ^{42}	i^{13}
资兴	tɕiŋ^{35}		tsaŋ^{35}	tɕi^{13}	saŋ^{31}	saŋ^{31}		iŋ^{31}	tɕiŋ^{31}	tɕʰiɿ^{22}/tɕʰiŋ^{22}	tɕiŋ^{31}	liŋ^{35}	ɕiŋ^{31}	ɿ^{45}	iŋ^{31}	iŋ^{35}
隆回	tsʰie^{45}	tsʰie^{325}	tʃɿ^{45}	tʃie^{325}	ɿ^{212}	ɿ^{212}	ɿ^{325}	ɿ^{212}	tʃɿ^{212}	tʃʰɿ^{13}	tʃʰie^{45}	ɿ^{45}	ɿ^{212}	ɿ^{44}	ɿ^{212}	ɿ^{45}
洞口	tsʰie^{213}	tsʰie^{45}	tʃie^{45}	tʃie^{53}	ɕie^{213}	ɕie^{213}	ʃie^{45}	iɛ^{213}	ie^{213}	tʃʰie^{24}	tʃʰie^{53}	iɛ^{45}	ʃie^{213}	ie^{45}	ie^{213}	iɛ^{45}
绥宁	tsʰiɛ^{44}	tsʰiɛ^{324}	tʃɿɛ^{42}	tʃie^{33}	ɿɛ^{13}	ɿɛ^{13}	ʃie^{324}	ȵie^{13}	tʃie^{13}	tʃʰiɛ^{45}	tʃʰiɛ^4	ȵiɛ^{24}	ʃiɛ^{13}	iɛ^{33}	iɛ^{13}	iɛ^{42}

	炎	盐	阎	檐	艳	焰	叶	页	剑	欠	严	酽	业	胁	腌盐~	点
	咸开三平盐云	咸开三平盐以	咸开三平盐以	咸开三平盐以	咸开三去盐以	咸开三去盐以	咸开三入叶以	咸开三入叶以	咸开三去酽见	咸开三去酽溪	咸开三平严疑	咸开三去酽疑	咸开三入业疑	咸开三入业晓	咸开三入业影	咸开四上忝端
华容	iɛ̃²⁴	ĩ¹²	ĩ¹²	ĩ¹²	ĩ³³	ĩ³³	ie⁴³⁵	ie⁴³⁵	tɕĩ²¹³	tɕʰĩ²¹³	ĩ¹²	ĩ³³	lie⁴³⁵	ɕie⁴³⁵	ĩ⁴⁵	tĩ²¹
岳阳楼	ian¹³	ian¹³	ȵian¹³	ian¹³	ian²²	ian²²	ie⁴⁵	ie⁴⁵	tɕian³²⁴	tɕʰian³²⁴	ȵian¹³	ȵian²²	ȵie⁴⁵	ɕie⁴⁵	ian³⁴	tian³¹
临湘	ien¹³	ien¹³	ȵien¹³	ien¹³	ien²¹	ien²¹	ie⁵	ie⁵	tɕien³²⁵	dʑʰien³²⁵	ȵien¹³	ȵien²¹	ȵie⁵	ɕie⁵	ien³³	tien⁴²
岳阳县	ien¹³	ien¹³	ȵien¹³	ien¹³	ien²¹	ien²¹	i³	i³	cien⁴⁵	cʰien⁴⁵	ȵien¹³	ȵien²¹	ȵi³	ɕi³	ien³³	tien⁴²
平江	ien¹³	ien¹³	ȵien¹³	ien¹³	ien²²	ien²²	ieʔ⁴	ieʔ⁴	kien⁴⁵	kʰien⁴⁵	ȵien¹³	ȵien²²	ȵieʔ⁴	xieʔ⁴	ien⁴⁴	tien³²⁴
浏阳	ĩ⁴⁵	ĩ⁴⁵	ȵĩ⁴⁵	ĩ⁴⁵	ĩ⁴²	ĩ⁴²	ie⁴²	ie⁴²	kĩ⁴²	kʰĩ⁴²	ȵĩ⁴⁵	ȵĩ²¹	ȵie⁴²	xie⁴⁴	ĩ⁴⁴	tĩ³²⁴
醴陵	ie¹³	ie¹³	ie¹³	ie¹³	ie²²	ie²²	ie⁴³⁵	ie⁴³⁵	tsie²²	kʰie²²	ȵie¹³	ȵie²²	ȵie⁴³⁵	xie⁴³⁵	iẽ⁴⁵	tie³¹
茶陵	iẽ²¹³	iẽ²¹³	iẽ²¹³	iẽ²¹³	ie²³	ie²³	ie³³	ie³³	tɕie³³	tɕʰie³³	ȵie²¹³	ȵiẽ²²	ȵie³³	ɕie³³	ĩ⁴⁵	tiẽ⁴²
安仁	ĩ²⁴	ia²¹	iĩ²⁴	iĩ²⁴	iĩ²²	ĩ²²	ie⁴⁴/ie²¹³	ie⁴⁴	tʃĩ²²²	tɕʰĩ²²²	ĩ²⁴	iẽ²¹³	ie²¹³	ʃie²²	ĩ⁴⁵	tĩ⁵³
耒阳	iẽ²⁵	iẽ²⁵	iẽ²⁵	iẽ²⁵	ie²¹³	ie²¹³	ie¹³	ie⁴⁵	tɕie²¹³	tɕʰie²¹³	ie²⁵	iẽ²¹³	ie¹³	ɕie⁴⁵	i⁴⁴	tie⁵³
常宁	ia²¹	ia²¹	ia²¹	ia²¹	ia²⁴	ia²⁴	ie³³	ie³³	kia²⁴	kʰia²⁴	ȵia²¹	ȵia²⁴	ȵie³³	ɕie³³	ie²²	tia⁴⁴
永兴	i³²⁵	i³²⁵	i³²⁵	i³²⁵	i¹³	i¹³	i¹³	ie⁴⁵	tɕi¹³	tɕʰi¹³	i³²⁵	ȵia²⁴	ie²²	ɕi²²	ĩ⁴⁵	tĩ⁴²
资兴	iŋ²²	i²²	iŋ²²	i¹³老派/iŋ²²	iŋ³⁵	iŋ³⁵	i⁴⁴	iæ¹³	tɕi³⁵/tɕiŋ³⁵	tɕʰiŋ³⁵	liŋ²²		li¹³	ɕi¹³	iŋ⁴⁴	tie³¹一/tĩ³¹~业
隆回	ĩ⁴⁴	ĩ¹³	ĩ¹³	ĩ¹³	ĩ⁴⁵	ĩ⁴⁵	ie⁴⁵	ie⁴⁵	tʃĩ⁴⁵	tɕʰĩ⁴⁵	ĩ¹³		ĩ³²⁵	ʃie³²⁵	ĩ⁴⁴	tĩ²¹²
洞口	iẽ²⁴	ie²⁴	ie²⁴	ie²⁴	ie²⁴	ie²⁴	ie⁴⁵	ie⁴⁵	tsie⁴⁵	tʃʰie⁴⁵	ie²⁴		iẽ⁵³	ʃie⁴⁵	iẽ⁵³	tiẽ²¹³
绥宁	iẽ⁴⁵	iẽ⁴⁵	ŋiẽ⁴⁵	ie⁴⁵	iẽ⁴⁴	iẽ⁴²	iẽ⁴²	iẽ⁴⁵	tʃiẽ⁴²	tʃʰiẽ⁴²	iẽ⁴⁵		ȵiẽ³²⁴	ʃiẽ³²⁴	iẽ⁵³	tiẽ¹³

	店	跌	添	帖（读~）	贴	甜	簟	叠	碟	蝶	拈（~起来）	念	兼	夹（~菜）	谦	歉
	咸开四去添端	咸开四入帖端	咸开四平添透	咸开四入帖透	咸开四入帖透	咸开四平添定	咸开四上添定	咸开四入帖定	咸开四入帖定	咸开四入帖定	咸开四平添泥	咸开四去添泥	咸开四平添见	咸开四入帖见	咸开四平添溪	咸开四去添溪
华容	tɛ²¹³	tie⁴³⁵	tʰɛ⁴⁵	tʰie⁴³⁵	tʰie⁴³⁵	tʰɛ¹²	tʰɛ³³	tʰie⁴³⁵	tʰie⁴³⁵	tʰie⁴³⁵	lɛ⁴⁵	lɛ²¹³	tɕɛ⁴⁵	ka⁴³⁵	tɕʰɛ⁴⁵	tɕʰɛ²¹³
岳阳楼	tian³²⁴	tɕe⁴⁵	tʰian³⁴	tʰie⁴⁵	tʰie⁴⁵	tʰian¹³	tʰian²²		tʰie⁴⁵		nian³⁴	nian²²	tɕian³⁴	kæ⁴⁵	tɕʰian³⁴	tɕʰian³²⁴
临湘	tien³²⁵	tæ⁵	dʰien³³	dʰie⁵	dʰie⁵	dʰien¹³	dʰien²¹	dʰie⁵	dʰie⁵	dʰie⁵	nien³³	nien²¹	tɕien³³	kæ⁵	cʰien³³	cʰien³²⁵
岳阳县	ten⁴⁵	tæ⁵	tʰien³³	tʰi⁵	tʰi⁵	tien¹³	tien²¹	tʰi⁵	tʰi⁵	tʰi⁵	ȵien³³	ȵien²¹	cien³³	kæ⁵	cʰien³³	cʰien⁴⁵
平江	tien⁴⁵	tie⁴	tʰien⁴⁴	tʰie⁴	tʰie⁴	tʰien⁴⁵	lien²¹	tʰie⁴	tʰie⁴	tʰie⁴	ȵien⁴⁴	ȵien²²	kien⁴⁴	kaʔ⁴	kʰien⁴⁴	kʰien⁴⁴
浏阳	tʰi⁴²	tie⁴⁴	tʰɛ⁴⁴	tʰie⁴⁴	tʰie⁴⁴	tʰɛ⁴⁵	tʰɛ²¹	tʰie⁴⁴	tʰie⁴⁴	tʰie⁴²	ȵi⁴⁴	ȵi²¹	kɪ⁴⁴	ka⁴⁴	kʰɪ⁴⁴	kʰɪ⁴²
醴陵	tiɛ²²	tie⁴³⁵	tʰiɛ⁴⁴	tʰie⁴³⁵	tʰie⁴³⁵	tʰiɛ¹³	tʰiɛ²²	tʰie⁴³⁵	tʰie⁴³⁵	tʰie⁴³⁵	ȵiɛ⁴⁴	ȵiɛ²²	kie⁴⁴	ka⁴³⁵	kʰie⁴⁴	kʰie⁴⁴
茶陵	tiɛ³³	tʰie²¹³	tʰiɛ²⁴⁵	tʰie³³	tʰie³³	tʰiɛ²¹³	tʰiɛ²³²⁵	tʰie³³	tʰie³³	tʰie³³		nĩɛ²³²⁵	tɕie²⁴⁵	ka³³	tɕʰie²⁴⁵	tɕʰie⁴⁵
安仁	tʰiɛ²	tie¹³	tʰɛ⁴⁴	tʰie²¹³	tʰie²¹³	ɕĩ²⁴	tɛ̃²¹³	tʰie²¹³	tʰie⁴⁴	tʰie²¹³		ĩ²²²	tɕɪ⁴⁴	kaʔ²¹³	tʃʰɪ⁴⁴	tɕʰie²²²
耒阳	tʰiɛ²¹³	te¹³	tʰɛ²⁴⁵	tʰe¹³	tʰɛ¹³	tʰɛ²⁵	tʰiã²⁴	tʰe¹³	tʰe⁴⁵	tʰe¹³		ȵiɛ²¹³	tɕie⁴⁵	ka¹³	tɕʰie⁴⁵	kʰia²⁴
常宁	tʰiã²⁴	te³³	tʰiã⁴⁵	tʰe³³	tʰe³³	tʰiã²¹		tʰe³³	tʰe³³	tʰe³³		niã²⁴	ka⁴⁵	ka³³	kʰia⁴⁵	tʃʰi¹³
永兴	ti¹³	tie²²	tʰi⁴⁴	tʰie²²	tʰie²²	ti³²⁵		tie²²	tie²²	tie²²		i¹³	tɕi⁴⁵	kɔ²²	tɕʰi⁴⁵	tɕʰi¹³
资兴	tiŋ³⁵	ti¹³	tʰi⁴⁴	tʰi¹³	tʰi¹³	ti²²			ti⁴⁴	ti⁴⁴		liŋ³⁵	tɕiŋ⁴⁴	ko¹³	tɕʰiŋ⁴⁴	tɕʰiŋ³⁵
隆回	tɛ⁴⁵	te³²⁵	xi⁴⁴	xi⁴⁴/xe³²⁵	xe³²⁵	xi¹³	xĩ²¹²	xe²⁵	xi⁴⁵	xe³²⁵		i⁴⁵	tʃɪ⁴⁴	kiɐ⁴⁴	tʃʰɪ⁴⁴	tʃʰɪ⁴⁴
洞口	tiɛ⁴⁵		xɛ⁵³	xe⁵³	xe⁵³	xɛ²⁴		xe⁴⁵	xe⁴⁵			iɛ⁵³	tʃie⁵³	kea⁵³	tʃʰie⁵³	tʃʰie⁵³
绥宁	tiɛ⁴²	te³²⁴	tʰiɛ³³	tʰie³³	tʰie³³	tʰie⁴⁵	tʰɛ⁴²		tʰie⁴²	tʰie⁴²		ȵiɛ⁴⁴	tʃɛ³³	kʌ³³	tʃʰɛ³³	tʃʰɛ³³

	嫌 咸开四平添匣	协 咸开四入帖匣	法 咸合三入法非	凡 咸合三平凡奉	帆 咸合三平凡奉	范姓 咸合三上范奉	犯 咸合三上范奉	禀 咸合三上寝帮	品 深开三上寝滂	林 深开三平侵来	淋~湿 深开三平侵来	临 深开三平侵来	立 深开三入缉来	笠 深开三入缉来	粒 深开三入缉来	浸 深开三去沁精
华容	ɕi¹²	ɕie⁴³⁵	fa⁴³⁵	fan¹²	fan¹²	fan³³	fan³³	pin²¹	pʰin²¹	lin¹²	lin¹²	lin¹²	li⁴³⁵	li⁴³⁵	li⁴³⁵	tɕin²¹³
岳阳楼	ɕian¹³	ɕie⁴⁵	fa⁴⁵	fan¹³	fan¹³	fan²²	fan²²	pin³¹	pʰin³¹	lin¹³	lin¹³	lin¹³	li⁴⁵	li⁴⁵	li⁴⁵	tɕin³²⁴
临湘	ɕien¹³	ɕie⁵	fæ⁵	fan¹³	fan¹³	fan²¹	fan²¹	pin⁴²	bʰin⁴²	dʰin¹³	dʰin¹³	dʰin¹³	dʰi⁵	dʰi⁵	dʰi⁵	tɕin³²⁵
岳阳县	ɕien¹³	çi³	fæ⁵	fan¹³	fan¹³	fan²¹	fan²¹	pin⁴²	pʰin⁴²	lin¹³	lin¹³	lin¹³	li³	li³	tʰi³	cin⁴⁵
平江	xien¹³	xieʔ⁴	faʔ⁴	fan¹³	fan⁴⁴	fan²²	fan²²	pin³²⁴	pʰin³²⁴	lin¹³	lin¹³	lin¹³	li²⁴	tʰi²⁴	tʰi²²/tʰi²⁴	tsin⁴⁵
浏阳	kʰɿ⁴⁵	xie⁴⁴	fa⁴⁴	fæ⁴⁵	fan⁴⁴	fæ²¹	fæ²¹	pinŋ³¹	pʰinŋ³²⁴	tin⁴⁵	tin⁴⁵	tin⁴⁵	ti⁴⁴	tʰi⁴²	ti⁴²	tsʰin⁴⁴
醴陵	xie¹³	xie⁴³⁵	fa⁴³⁵	fan¹³	fan¹³	fan²²	faŋ²²	piŋ³¹	pʰiŋ³¹	liŋ¹³	liŋ¹³	liŋ¹³	ti⁴³⁵	tʰi⁴³⁵	ti⁴³⁵	tsiŋ²²
茶陵	ɕie²¹³	ɕie¹³	fa³³	faŋ²¹³	faŋ⁴⁵	faŋ³²⁵	faŋ³²⁵	pɿ⁴²	pʰɿ⁴²	lɿ²¹³	lɿ²¹³	lɿ²¹³	li³³	li³³	li³³	tɕɿ³³
安仁	ɕie²⁵	cie¹³	fa³³	faŋ²⁴	faŋ²⁴	faŋ³²²	faŋ³²²	pin⁵³	pʰin⁵³	lin²⁴	lin²⁴	lin²⁴	li²¹³	li²¹³	li²¹³	tsin³²²
耒阳	ɕiã²¹	cie³³	fɔ³³	fiɛ²¹	fiɛ²¹	fiɛ²¹³	fiɛ²¹³	pɛ⁴⁴	pʰiɛ⁵³	liɛ²⁵	liɛ²⁵	liɛ²⁵	li¹³	ŋ¹³	lɛ¹³	tsiɛ²¹³
常宁	ɕi²¹	cie²²	fo²²	fiɛ³²⁵	fiɛ³²⁵	fiɛ¹³	fiɛ²⁴	pɛ⁴⁴	pʰɛ⁴⁴	iɛ²¹	iɛ²¹	iɛ²¹	li¹³	ŋ²²	lɛ²²	tsɛ²⁴
永兴	ɕɿ³²⁵	ci¹³	fo¹³/fa¹³	fiɛ³²⁵	fiɛ³²⁵	fiɛ¹³	fiɛ¹³	pen⁴²	pʰen⁴²	len³²⁵	len³²⁵	len³²⁵	li¹³	ŋ²²	lɛ²²	tɕin¹³
资兴	ɕi²²	cie²²	fɔ³²⁵	faŋ²²	faŋ²²	faŋ³⁵	faŋ³⁵	piŋ¹³	pʰiŋ³¹	liŋ²²	liŋ²²	liŋ²²	li¹³	ŋ²²	lo¹³	tseŋ³⁵
隆回	ʃɿ¹³	ʃie³²⁵	fo¹³/fa¹³	faŋ¹³	faŋ¹³	faŋ⁴⁵	faŋ⁴⁵	pɛ²¹²	pʰɛ²¹²	iɛ¹³	iɛ¹³	iɛ¹³	li⁴⁵	xi⁴⁵	li⁴⁴/li⁴⁵	tsɛ⁴⁵
洞口	ʃie²⁴	ʃie⁴⁵	xua⁴⁵	xua²⁴	xua²⁴	xua⁴⁵	xua⁴⁵	pɛ²¹³	pʰɛ²¹³	iɛ²⁴	iɛ²⁴	iɛ²⁴	li⁴⁵	li⁴⁵	li⁵³	tsɛ⁴⁵
绥宁	ʃie⁴⁵	ʃie³²⁴	fʌ³²⁴	fɛ⁴⁵	fɛ⁴⁵	fɛ⁴²	fʌ²²	pɿ¹³	pʰɿ¹³	lɿ⁴⁵	lɿ⁴⁵	lɿ⁴⁵	li³²⁴	li³²⁴	li³³	tsʰɿ⁴²

	侵 深开三 平侵清	寝 深开三 上侵清	集 深开三 入缉从	心 深开三 平侵心	寻 深开三 平侵邪	习 深开三 入缉邪	沉 深开三 平侵澄	蛰惊~ 深开三 入缉澄	森 深开三 平侵生	针 深开三 平侵章	斟 深开三 平侵章	枕 深开三 上侵章	执 深开三 入缉章	汁 深开三 入缉章	深 深开三 平侵书	沈 深开三 上侵书
华容	tɕʰin⁴⁵	tɕʰin²¹	tɕʰi⁴³⁵	ɕin⁴⁵	tɕʰin¹²/ɕin¹²	ɕi⁴³⁵	tsʰən¹²	tsʅ²¹³	sən⁴⁵	tsən⁴⁵	tsən⁴⁵	tsən²¹	tsʅ⁴³⁵	tsʅ⁴³⁵	sən⁴⁵	sən²¹
岳阳楼	tɕʰin³⁴	tɕʰin³¹	tɕʰi⁴⁵	ɕin³⁴	tɕʰin¹³	ɕi⁴⁵	tsʰən¹³	tsʅ³²⁴	sən³⁴	tsən³⁴	tsən³⁴	tsən³¹	tsʅ⁴⁵	tsʅ⁴⁵	sən³⁴	sən³¹
临湘	dʑʰin³³	dʑʰin⁴²	dʑi⁵	ɕin³³	dʑʰin¹³	ɕi⁵	dʑʰən¹³	tsʅ³²⁵	sən³³	tsən³³	tsən³³	tsən⁴²	tsʅ⁵	tsʅ⁵	sən³³	sən⁴²
岳阳县	cin³³	cʰin⁴²	cʰi⁵	ɕin³³	cin¹³/ɕin¹³	ɕi⁵	tsən¹³	tsʅ⁴⁵	sən³³	tsən³³	tsən³³	tsən⁴²	tsʅ⁵	tsʅ⁵	sən³³	sən⁴²
平江	tsin⁴⁴	tsʰiɛ³²⁴	tsʰi²¹³	sin⁴⁴	tsʰin¹³	tsʰiʔ⁴	tsʰən¹³	tsʰɐt⁴	sən⁴⁴	tsən⁴⁴	tsən⁴⁴	tsən³²⁴	tsɐt⁴	tsɐt⁴	sən⁴⁴	ʂən³²⁴
浏阳	tsʰin⁴⁴	tsʰin³²⁴	tsʰi⁴²	sin⁴⁴	tsʰin⁴⁵	si⁴²	tsʰən¹³	tsʅ⁴²	sən⁴⁴	tsən⁴⁴	tsən⁴⁴	tsən³¹	tsʅ⁴⁴	tsʅ⁴⁴	sən⁴⁴	sən³²⁴
醴陵	tsʰiŋ⁴⁴	tsʰiŋ³¹	tsʰiʔ⁴³⁵	siŋ⁴⁴	tsʰiŋ¹³	si⁴³⁵	tsʰən¹³	tsʅ⁴³⁵	sən⁴⁴	tsən⁴⁴		tsəŋ³¹	tsʅ⁴³⁵	tsʅ⁴³⁵	sən⁴⁴	sən³¹
茶陵	tɕʰiɪ⁴⁵	tɕʰiɪ⁴²	tɕʰie³³	ɕʅ⁴⁵	se²¹³	cie³³	tsʰẽn¹³	tʃʅ³³	se⁴⁵	tsẽ⁴⁵	tsẽ⁴⁵	tsẽ⁴²	tʃʅ³³	tʃʅ³³	sẽ²⁴⁵	sẽ⁴²
安仁	tsin⁴⁴	tsʰin⁵³	tsʰi²¹³	sin⁴⁴	tsin²⁴	si²¹³	tʃin²⁴	tʃin²¹³	si⁴⁴	tʃin⁴⁴	tʃin⁴⁴	tʃin⁵³	tʃin²¹³	tʃin²¹³	ʃin⁴⁴	ʃin⁵³
耒阳	tsʰiɛ̃⁴⁵	tsʰiɛ̃⁵³	tsʰi¹³	ɕiɛ̃⁴⁵	tɕʰiɛ̃²⁵	cie¹³	tɕʰiɛ̃²⁵	tsʅ⁴⁵	cie⁴⁵	ȵiɛ⁴⁵	ȵiɛ⁴⁵	ȵiɛ⁵³	tʃi¹³	tʃi¹³	ɕiɛ⁴⁵	ɕiɛ⁵³
常宁	tsʰe⁴⁵	tsʰie⁴⁴	tsʰie³³	se⁴⁵	tsʰiɛ²¹	ci³³	tɕʰe²¹	tʃʅ³²⁵	se⁴⁵	tɕie⁴⁵	tɕie⁴⁵	tɕie⁴⁴	tʃi³³	tʃi³³	sẽ⁴⁵	sẽ⁴⁴
永兴	tɕʰin⁴⁵	tɕʰin⁴²	tɕʔ²²	sen⁴⁵	tɕʰin³²⁵	cʅ²²	tɕʰin³²⁵	tsʅ²²	sən⁴⁵	tɕin⁴⁵	tɕin⁴⁵	tɕin⁴²	tsʅ²²	tsʅ²²	sen⁴⁵	sen⁴²
资兴	tɕʰiŋ⁴⁴	tsʰiŋ³¹	tsɕi¹³	seŋ⁴⁴和~/ɕiŋ⁴⁴食~	tsʰeŋ²²	ci¹³	tʃin²²	tsʅ¹³	seŋ⁴⁴	tseŋ⁴⁴		tseŋ³¹	tsʅ¹³	tsʅ¹³	seŋ⁴⁴	seŋ³¹
隆回	tsʰe⁴⁴	tsʰiɛ²¹²	tsi³²⁵	se⁴⁴	tsʰe¹³	si³²⁵	tʃʰiɛ¹³	tʃʰi³²⁵	se⁴⁴	tʃie⁴⁴	tʃie⁴⁴	tʃiɛ²¹²	tʃin³²⁵	tʃin³²⁵	tʃie⁴⁴	ʃiɛ²¹²
洞口	tsʰe⁵³	tsʰiɛ²¹³	tsi⁴⁵	se⁵³	tsʰe²⁴	sie⁴⁵/si⁴⁵	tʃʰe²⁴	tʃie⁵³	se⁵³	tʃie⁵³	tʃie⁵³	tʃiɛ²¹³	tʃie⁵³	tʃie⁵³	tʃiɛ⁵³	ʃiɛ⁵³
绥宁	tsʅ⁴²	tsʅ¹³	tsi³²⁴	sʅ²³	tsʅ⁴⁵	si³²⁴	tʃʅ⁴⁵	tʃʅ⁴²	sẽ²³	tʃʅ³³	tʃʅ³³	tʃʅ¹³	tʃin³²⁴	tʃin⁴²	ʃʅ²³	ʃʅ¹³

	审	婶	湿	十	任姓	入	今	金	锦	禁~止	急	级	钦	琴	禽	及
	深开三 上寝书	深开三 上寝书	深开三 入缉书	深开三 入缉禅	深开三 平侵日	深开三 入缉日	深开三 平侵见	深开三 平侵见	深开三 上寝见	深开三 去沁见	深开三 入缉见	深开三 入缉见	深开三 平侵溪	深开三 平侵群	深开三 平侵群	深开三 入缉群
华容	sən²¹	sən²¹	sʐ̩⁴³⁵	sʐ̩⁴³⁵	zən¹²	y⁴³⁵	tɕin⁴⁵	tɕin⁴⁵	tɕin²¹	tɕin²¹³	tɕi⁴⁵	tɕi⁴⁵	tɕʰin⁴⁵	tɕʰin¹²	tɕʰin¹²	tɕʰi⁴³⁵
岳阳楼	sən³¹	sən³¹	sʅ⁴⁵	sʅ⁴⁵	zən²²	y⁴⁵	tɕin³⁴	tɕin³⁴	tɕin³¹	tɕin³²⁴	tɕi⁴⁵	tɕi⁴⁵	tɕʰin³⁴	tɕʰin¹³	tɕʰin¹³	tɕʰi⁴⁵
临湘	sən⁴²	sən⁴²	sʅ⁵	sʅ⁵	yn¹³	y⁵	tɕin³³	tɕin³³	tɕin⁴²	cin³²⁵	tɕi⁵	tɕi⁵	dʑʰin³³	dʑʰin¹³	dʑʰin¹³	dʑʰi⁵
岳阳县	sən⁴²	sən⁴²	sʅ⁵	sʅ³	ɲim¹³	y⁵	cin³³	cin³³	cin⁴²	cin⁴⁵	ci⁵	ci⁵	cʰin³³	cin¹³	cin¹³	cʰi³
平江	sən³²⁴	sən³²⁴	sət⁴	sət⁴	yn⁴⁵	yət⁴	kin⁴⁴	kin⁴⁴	kin³²⁴	kin⁴⁵	ki?⁴	ki?⁴	kʰin⁴⁴	kʰin¹³	kʰin¹³	kʰi?⁴
浏阳	sən³²⁴	sən³²⁴	sʅ⁴⁴	sʅ⁴²	yn⁴⁵	y⁴⁴	kin⁴⁴	kin⁴⁴	kin³²⁴	kin⁴²	ki⁴⁴	ki⁴⁴	kʰin⁴⁴	kʰin⁴⁵	kʰin⁴⁵	kʰi⁴⁴
醴陵	soŋ³¹	soŋ³¹	sʅ⁴³⁵	sʅ⁴³⁵	in²²	y⁴⁵	kiŋ⁴⁴	kiŋ⁴⁴	kiŋ³¹	kiŋ²²	ki⁴³⁵	ki⁴³⁵	kʰiŋ⁴⁴	kʰiŋ¹³	kʰiŋ¹³	kʰi⁴³⁵
茶陵	sɛ̃⁴²	sɛ̃⁴²	se³³	sʅ³³	ĩɛ²¹³	ʐ̩³³	tɕi⁴⁵	tɕi⁴⁵	tɕi⁴²	tɕi²³³	tɕi³³	tɕi³³	tɕʰi⁴⁵	tɕʰi²¹³	tɕʰi²¹³	tɕʰie³³
安仁	ʃim⁵³	ʃim⁵³	ʃie²¹³	ʃʅ⁴⁴	in³²²	i⁴⁴/y²¹³	tʃin⁴⁴~年/tʃĩ⁴⁴~日	tʃim⁴⁴	tʃim⁵³	tʃin³²²	tʃi²¹³	tʃi²¹³	tʃʰin⁴⁴	tʃʰin²⁴	tʃʰin²⁴	tʃʰi¹²
耒阳	ɕiɛ̃⁵³	ɕiɛ̃⁵³	ɕie¹³	sʅ⁴⁵	iɛ̃²¹³	y¹³	ʮɛ̃⁴⁵	ʮɛ̃⁴⁵	ʮɛ̃⁵³	ʮɛ̃²⁴	tɕi¹³	tɕi¹³	ʮʰɛ̃⁴⁵	ʮʰe²⁵	ʮʰe²⁵	tɕi¹³
常宁	ɕie⁴⁴	ɕie⁴⁴	sʅ³³	sʅ²¹	ʐ̩ɛ̃²⁴	ʐ̩³³	iɛ̃⁴⁵	iɛ̃⁴⁵	iɛ̃⁴⁴	iɛ̃¹³	tʃi³³	tɕi³³	ʮʰe⁶⁵	ʮʰe²¹	ʮʰe²¹	tʃʰe³⁷/tɕi³³
永兴	sen⁴²	sen²²	ɕie²²	si⁴⁵	n̩¹³	y²²	tɕin⁴⁵	tɕin⁴⁵	tɕin⁴²	tɕin³⁵	tɕi²²	tɕi²²	tɕʰin⁴⁵	tɕʰin³²⁵	tɕʰin³²⁵	tɕi²²
资兴	seŋ³¹	seŋ³¹	ɕi¹³	sei⁴⁴	iŋ³⁵	iei⁴⁴	tɕiei⁴⁴~年/tɕiŋ⁴⁴~日	tɕiŋ⁴⁴	tɕiŋ³¹	tɕiŋ³⁵	tɕiei¹³	tɕi⁵	tɕʰiŋ⁴⁴	tɕʰiŋ²²	tɕʰiŋ²²	tʃʰi¹³
隆回	ʃɛ̃²¹²	ʃɛ̃²¹²	ʃʅ⁴⁴	ʃʅ⁴⁵	iɛ̃⁴⁵	u⁴⁵	tʃiɛ̃⁴⁴	tʃiɛ̃⁴⁴	tʃiɛ̃²¹²	tʃiɛ̃⁴⁵	tʃi³²⁵	tʃi³²⁵	tʃʰiɛ̃⁴⁴	tʃʰɛ̃¹³	tʃʰɛ̃¹³	tʃʰi³²⁵
洞口	ʃɛ̃²¹³	ʃɛ̃²¹³	ɕie⁵³	ʃie⁴⁵	iɛ⁴⁵	ʮ⁴⁵	tʃiɛ̃⁵³	tʃiɛ̃⁵³	tʃiɛ̃²¹³	tʃiɛ̃⁴⁵	tʃi⁵³	tʃi⁴⁵	tʃʰiɛ̃⁵³	tʃʰiɛ̃²⁴	tʃʰiɛ̃²⁴	tʃʰie⁴⁵
绥宁	ʃʅ¹³	ʃʅ¹³	ʃʅ³³	ʃʅ⁴²	ʅ⁴²	ʮ⁴²	tʃie³³/tʃʅ³³	tʃʅ³³	tʃʅ¹³	tʃʅ⁴²	tʃi³²⁴	tʃi³²⁴	tʃʰi³³	tʃʰi⁴⁵	tʃʰi⁴⁵	tʃʰi³²⁴

	吟 深开三平侵疑	吸 深开三入缉晓	音 深开三平侵影	阴 深开三平侵影	饮~酒 深开三上寝影	揖作~ 深开三入缉影	淫 深开三平侵以	丹 山开一平寒端	单~独 山开一平寒端	旦 山开一去翰端	滩 山开一平寒透	滩 山开一平寒透	坦 山开一上旱透	炭 山开一去翰透	叹 山开一去翰透	檀 山开一平寒定
华容	lin¹²	tɕi⁴³⁵	in⁴⁵	in⁴⁵	in²¹	i⁴³⁵	in¹²	tan⁴⁵	tan⁴⁵	tan²¹³	han⁴⁵	han⁴⁵	han²¹	han²¹³	han²¹³	han¹²
岳阳楼	ɲin¹³	ɕi⁴⁵	in³⁴	in³⁴	in³¹	i̥⁴⁵	in¹³	tan³⁴	tan³⁴	tan³²⁴	tʰan³⁴	tʰan³⁴	tʰan³¹	tʰan³²⁴	tʰan³²⁴	tʰan¹³
临湘	in¹³	tɕi⁵/ɕi⁵	in³³	in³³	in⁴²	i⁵	ɲin¹³	tan³³	tan³³	tan³²⁵	dʰan³³	dʰan³³	dʰan⁴²	dʰan³²⁵	dʰan³²⁵	dʰan¹³
岳阳县	ɲiɛ̃¹³/in¹³	ɕi⁵/ɕi⁵	in³³	in³³	in⁴²	i⁵	in¹³	tan³³	tan³³	tan⁴⁵	tʰan³³	tʰan³³	tʰan⁴²	tʰan⁴⁵	tʰan⁴⁵	tan¹³
平江	ɲin¹³	ki²⁴	in⁴⁴	in⁴⁴	in²¹	i²⁴	in¹³	tan⁴⁴	tan⁴⁴	tan⁴⁵	tʰan⁴⁴	tʰan⁴⁴	tʰan³²⁴	tʰan⁴⁵	tʰan⁴⁵	tʰan¹³
浏阳	in⁴⁵	kʰi⁴⁴	in⁴⁴	in⁴⁴	in³²⁴	i⁴⁴	iŋ¹³	taŋ⁴⁴	taŋ⁴⁴	ta⁴²	tʰa⁴⁴	tʰa⁴⁴	tʰa³²⁴	tʰa⁴²	tʰa⁴²	tʰa⁴⁵
醴陵	ɲin¹³	ki⁴³⁵	iŋ⁴⁴	iŋ⁴⁴	iŋ³¹	i⁴³⁵	iŋ¹³	taŋ⁴⁴	taŋ⁴⁴	taŋ²²	tʰaŋ⁴⁴	tʰaŋ⁴⁴	tʰaŋ³¹	tʰaŋ²²	tʰaŋ²²	tʰaŋ¹³
茶陵	n̠a¹³	ɕi³³	ɿ̃⁴⁵	ɿ̃⁴⁵	ɿ⁴²	ɿ³³	ɿ²¹³	taŋ⁴⁵	taŋ⁴⁵	taŋ³³	tʰaŋ⁴⁵	tʰaŋ⁴⁵	tʰaŋ⁴²	tʰaŋ³³	tʰaŋ³³	tʰaŋ²¹³
安仁	n̠a²⁴/ĩ²⁴	tʃʰɿ²¹³	in⁴⁴	in⁴⁴	in⁵³	ɿ²¹³	in²⁴	taŋ⁴⁴	taŋ⁴⁴	taŋ³²²	tʰaŋ⁴⁴	tʰaŋ⁴⁴	tʰaŋ⁵³	tʰaŋ³²²	tʰaŋ³²²	taŋ²⁴
耒阳		tɕi¹³	iɛ̃⁴⁵	iɛ̃⁴⁵	iɛ̃⁵³	ɿ¹³	iɛ̃²⁵	ta⁴⁵	ta⁴⁵	ta²¹³	tʰa̰⁴⁵	tʰa⁴⁵	tʰa⁵³	tʰa²¹³	tʰa²¹³	tʰa²⁵
常宁	n̠iɛ̃²¹	tɕi³³	iɛ̃⁴⁴	iɛ̃⁴⁴	iɛ̃⁴⁴	ɿ⁴⁴	in²⁴	tæ⁴⁵	tæ⁴⁵	ta²⁴	tʰa̰⁴⁵	tʰa̰⁴⁵	tʰa̰⁴⁴	tʰa²⁴	tʰa²⁴	tʰa²¹
永兴	n̠²²	tɕʰɿ²²	iɛ̃⁵³	iɛ̃⁵³	iɛ̃²¹³	ɿ¹³	n̠̩³²⁴	tæ⁴⁵	tæ⁴⁵	tæ¹³	tʰæ⁴⁵	tʰæ⁴⁵	tʰæ⁴²	tʰæ¹³	tʰæ¹³	tæ³²⁵
资兴		tɕʰɿ¹³	iŋ⁴⁴	iŋ⁴⁴	liŋ³¹	i¹³	in²²	taŋ⁴⁴	taŋ⁴⁴	taŋ³⁵	tʰo⁴⁴/tʰaŋ⁴⁴	tʰaŋ⁴⁴	tʰaŋ³¹	tʰo³⁵		taŋ²²
隆回	iɛ̃¹³	tʃi³²⁵	iɛ̃⁴⁴	iɛ̃⁴⁴	iɛ̃²¹²	tsi³²⁵	iɛ̃¹³	taŋ⁴⁴	taŋ⁴⁴	taŋ⁴⁵	xaŋ⁴⁴	xaŋ⁴⁴	xaŋ²¹²	xaŋ⁴⁵	xaŋ⁴⁵	xaŋ¹³
洞口	iɛ̃²⁴	tʃi⁵³	iɛ̃⁵³	iɛ̃⁵³	iɛ̃²¹³	ɿ⁴⁵	ɿ²⁴	ta⁵³	ta⁵³	ta⁴⁵	xa⁵³	xa⁵³	xa⁵³	xa⁴⁵	xa⁴⁵	xa²⁴
绥宁	ɿ⁴⁵	tʃʰɿ³²⁴	ɿ³³	ɿ³³	ɿ¹³	i³²⁴	ɿ⁴⁵	tiɛ³³	tiɛ³³	tiɛ⁴²	tʰiɛ³³	tʰiɛ³³	tʰiɛ¹³	tʰa⁴²	tʰiɛ⁴²	tʰiɛ⁴⁵

	坛	弹~琴	诞	弹子~	蛋	达	难~易	难~惠	捺~搬	兰	拦	栏	懒	烂	辣	赞
	山开一平寒定	山开一平寒定	山开一上旱定	山开一去翰定	山开一去翰定	山开一入曷定	山开一平寒泥	山开一去翰泥	山开一入曷泥	山开一平寒来	山开一平寒来	山开一平寒来	山开一上旱来	山开一去翰来	山开一入曷来	山开一去翰精
华容	han12	han12	han21	han33	han33	ha435	lan12	lan33	la435	lan12	lan12	lan12	lan21	lan33	la435	tsan213
岳阳楼	tʰan13	tʰan13	tʰan31	tʰan22	tʰan22	tʰæ45	lan13	lan22	la45	lan13	lan13	lan13	lan31	lan22	la45	tsan324
临湘	dʱom13	dʱan13	dʱan42	dʱan21	dʱan21	dʱæ5	lan13	lan21	læ5	lan13	lan13	lan13	lan42	lan21	læ5	tsan325
岳阳县	tan13	tan13	tan21	tan21	tan21	tʰæ3	lan13	lan45	læ5	lan13	lan13	lan13	lan42	lan21	læ3	tsan45
平江	tʰon13	tʰan13	tʰan22	tʰan22	tʰan22	tʰaʔ4	lan13	lan45	laʔ4	lã45	lan13	lan13	lan21	lan45	laʔ4	tsan45
浏阳	tʰã45	tʰã45	tʰã324	tʰã42	tʰã21	tʰa42	lã45	lã21	la44	laŋ13	laŋ13	laŋ13	lã324	lã21	la42	tsa42
醴陵	tʰaŋ13	tʰaŋ13	tʰaŋ22	tʰaŋ22	tʰaŋ22	tʰa435	laŋ13	laŋ22	la435	laŋ213	laŋ213	laŋ213	laŋ31	laŋ22	la435	tsaŋ22
茶陵	tʰaŋ213	tʰaŋ213	tʰaŋ33	tʰaŋ322		tʰa33	laŋ24	laŋ322	la33	laŋ24	laŋ24	laŋ24	laŋ45	laŋ325	la33	tsaŋ33
安仁	taŋ24	taŋ24	tʰaŋ53	tʰaŋ213		tʰɑ213	laŋ322	laŋ213	lɑ213	laŋ24	laŋ24	laŋ24	laŋ322	laŋ322	lɑ44	tsaŋ322
耒阳	tʰã25	tʰã25	tʰã213	tʰã213	tʰã24	ta13	lã25	lã24	la13	lã25	lã25	lã25	lã53	lã213	la45	tsa213
常宁	tʰã21	tʰã21	tã24	tʰã24	tã24	tʰa33	lã21	lã13	lae24	lã21	lã21	lã21	lã44	lã24	la33	tsã24
永兴	tae325	tae325	tae13	tae13	tae13	ta22	lae325	laŋ35	la22	lae22	lae22	lae325	lae42	lae13	lo45	tsæ13
资兴	taŋ22	taŋ22	taŋ35	taŋ35		ta13	lo22	laŋ45	la13	laŋ22	lo22	lo22	lo44	lo35	lo44	tsaŋ35
隆回	xaŋ13	xaŋ13	taŋ45	taŋ13	xaŋ45	tɑ325	laŋ13	lã24	lɑ325	laŋ13	laŋ13	laŋ13	laŋ212	laŋ45	lia45/lɑ45	tsaŋ45
洞口	xã24	xã24	tã45		xã53	ta45	lã24	lã24	la45	lã24	lã24	lã24	lã213	lã53	lia45/lɑ45	tsa45
绥宁	tʰɛ45	tʰɛ45	tɛ42	tʰɛ42	tʰɛ22	tʌ324	la45	lɛ44	lʌ33	la45	la45	la324	la22	la44	lʌ42	tsɛ42

	攒溅 山开去翰精	餐 山开平寒清	灿 山开去翰清	擦 山开入曷清	残 山开平寒从	珊 山开平寒心	散糊得稀~了 山开上旱心	伞 山开上旱心	散分~ 山开去翰心	萨 山开入盍心	肝 山开平寒见	干~湿 山开平寒见	秆稻~ 山开上旱见	赶 山开上旱见	干~部 山开去翰见	割 山开入曷见
华容		tsʰan⁴⁵	tsʰan²¹	tsʰa⁴³⁵	tsʰan¹²	ɕyan⁴⁵	san²¹	san²¹	san²¹³	sa⁴³⁵	kan⁴⁵	kan⁴⁵	kan²¹	kan²¹	kan²¹³	ko⁴³⁵
岳阳楼		tsʰan³⁴	tsʰan³²⁴	tsʰa⁴⁵	tsʰan¹³	san³⁴	san³¹	san³¹	san³²⁴	sa³⁴	kan³⁴	kan³⁴		kan³¹	kan³²⁴	ko⁴⁵
临湘		ɖʱan³³	ɖʱan³²⁵	ɖʱæ⁵	ɖʱan¹³	san³³	san⁴²	san⁴²	san³²⁵	sa⁵	køn³³	køn³³	køn⁴²	køn⁴²	køn³²⁵	koʔ⁵
岳阳县		ɖʱan³³	tsʰau⁴⁶	tsʰæ⁵	tsau¹³	sau³³	sau⁴⁷	sau⁴⁷	sau⁴⁵	ʒu⁵	lɔn³³	lɔn³³	lɔm⁴²	køn⁴²	køn⁴⁵	kɒʔ⁵
平江	tsan⁴⁵	tsʰan⁴⁴	tsʰan⁴⁵	tsʰaʔ⁴	tsʰan¹³	san⁴⁴	san³²⁴	san³²⁴	san⁴⁵	saʔ⁴	køn⁴⁴	køn⁴⁴	kuøn³²⁴	kuøn³²⁴	køn⁴⁵	koʔ⁴
浏阳	tsɛ¹³	tsʰã⁴⁴	tsʰã⁴²	tsʰa⁴⁴	tsʰã⁴⁵	sã⁴⁴	sã³²⁴	sã³²⁴	sã⁴²	sua⁴²	kuɪ⁴⁴	kuɪ⁴⁴	kuɪ²²⁴	kã³²⁴	kã⁴²	kuɛ⁴⁴
醴陵	tso³⁵	tsʰaŋ⁴⁴	tsʰaŋ²²	tsʰa⁴³⁵	tsʰaŋ¹³	saŋ⁴⁴	saŋ³¹	saŋ³¹	saŋ²²	sa⁴³⁵	koŋ⁴⁴	koŋ⁴⁴	koŋ³¹	kuoŋ³¹	koŋ²²	ko⁴³⁵
茶陵	tsaŋ⁴⁵	tsʰaŋ⁴⁵	tsʰaŋ³²⁵	tsʰa³³	tsʰaŋ²¹³	saŋ⁴⁵	saŋ⁴²	saŋ⁴²	saŋ³³	sa³³	kaŋ⁴⁵	kaŋ⁴⁵	kuaŋ⁴²	kuaŋ⁴²/kaŋ⁴²	kaŋ³³	ko³²⁵
安仁	tsaŋ³²²	tsʰaŋ⁴⁴	tsʰaŋ³²²	tsʰɑ²¹³	tsaŋ²⁴	saŋ⁴⁴	saŋ⁵³	saŋ⁵³	saŋ³²²	sɔ⁴⁴	kuaŋ⁴⁴	kuaŋ⁴⁴	kuaŋ⁵³	kuaŋ⁵³	kaŋ³²²	kɒʔ⁴
耒阳	tsa²¹³	tsʰa⁴⁵	tsʰã²¹³	tsʰa¹³	tsʰa²⁵	suã⁴⁵	saŋ⁵³	saŋ⁵³	saŋ²¹³	sa¹³	kuã⁴⁵	kuã⁴⁵	kuã⁵³	kuã⁵³	kã²¹³	ko¹³
常宁	tsa²⁴	tsʰa⁴⁵	tsʰã²⁴	tsʰa³³	tsʰa²¹	suã⁴⁵	sã⁴⁴	sã⁴⁴	sã²⁴	sa³³	kã⁴⁵	kã⁴⁵	kuã⁴⁴/kã⁴⁴	kã⁴⁴	kã²⁴	ko³³
永兴	tsɛ¹³	tsʰæ⁴⁵	tsʰæ¹³	tsʰɔ²²	tsʰaŋ³²⁵	suɛ⁴⁵	sæ⁴²	sæ⁴²	sæ¹³	sa²²	kæ⁴⁵	kæ⁴⁵	kæ⁴²	kæ⁴²	kæ¹³	ko²²
资兴	tso³⁵	tsʰaŋ⁴⁴	tsʰaŋ³⁵	tsʰo¹³	tsʰaŋ²²	saŋ⁴⁴	saŋ³¹	so³¹	saŋ³⁵	sɔ⁴⁴	kaŋ⁴⁴	kaŋ⁴⁴	kuɪ³¹	tɕiuɪ³¹	kaŋ³⁵	kuɪ¹³
隆回	tsaŋ⁴⁵	tsʰaŋ⁴⁴	tsʰaŋ⁴⁵	tsʰiɑ⁴⁴/tsʰɑ³²⁵	tsʰaŋ¹³	saŋ⁴⁴	saŋ²¹²	saŋ²¹²	saŋ⁴⁵	sa²¹³	kuaŋ⁴⁴	kuaŋ⁴⁴		kaŋ²¹²	kaŋ⁴⁵	kuɑ²¹³
洞口	tsã⁴⁵	tsʰa⁵³	tsʰã⁴⁵	tsʰa⁵³	tsʰa²⁴	sã²¹³		sã²¹³	sã⁴⁵	sA³³	kã⁵³	kuã⁵³/kã⁵³		kã²¹³	kã⁴⁵	ko³²⁵
绥宁	tsa⁴²	tsʰa³³	tsʰɛ̃⁴²	tsʰA³³	tsʰɛ̃³²⁴	sɛ̃³³	sa⁴²	sa¹³	sa⁴²		kɛ̃³³	kue³³		kɛ̃¹³	kɛ̃⁴²	ko³³

	葛	刊	看~见	渴	岸	汉	寒	韩	旱	汗	焊	安	按	案	扮
	山开一入盍见	山开一平寒溪	山开一去翰溪	山开一入盍溪	山开一去翰疑	山开一去翰晓	山开一平寒匣	山开一平寒匣	山开一上旱匣	山开一去翰匣	山开一去翰匣	山开一平寒影	山开一去翰影	山开一去翰影	山开二去襇帮
华容	ko⁴³⁵	kʰan⁴⁵	kʰan²¹³	kʰo⁴³⁵	ŋan³³	xan²¹³	xan¹²	xan¹²	xan³³	xan³³	xan³³	ŋan⁴⁵	ŋan²¹³	ŋan²¹³	pan²¹³
岳阳楼	ko⁴⁵	kʰan³⁴	kʰan³²⁴	kʰo⁴⁵	ŋan²²	xan³²⁴	xan¹³	xan¹³	xan²²	xan²²	xan²²	ŋan³⁴	ŋan³²⁴	ŋan³²⁴	pan³²⁴
临湘	ko⁵	gʰøn³³	gʰan³⁵	kʰø⁵	ŋøn²¹	xøn³²⁵	xøn¹³	xøn¹³	xøn²¹	xøn²¹	xøn²¹	ŋøn³³	ŋøn³²⁵	ŋøn³²⁵	pan⁴²
岳阳县	koʔ⁵	kʰan³³	kʰan⁴⁵	kʰø⁵	ŋøn³³	xøn²¹	xøn¹³	xøn¹³	xøn²¹	xøn²¹	xøn⁴²	ŋøn³³	ŋøn⁴⁵	ŋøn⁴⁵	pan⁴⁵
平江	koʔ⁴	xøn⁴⁴	xan⁴⁵	xøʔ⁴	ŋøn²²	xøn⁴⁵	xøn¹³	xøn¹³	xøn²¹	xøn²²	xøn²²	ŋøn⁴⁴	ŋøn⁴⁵	ŋøn⁴⁵	pan⁴⁵
浏阳	ko⁴²	kʰã⁴⁴	kʰɤ⁴²		ŋu⁴²	xu⁴²	xu¹⁴⁵	xã⁴⁵	xu²¹	xu²¹		ŋu⁴⁴/ŋã⁴⁴	ŋu⁴²/ŋã⁴²	ŋu⁴²	pʰa⁴²
醴陵	ko⁴³⁵	kʰoŋ⁴⁴	kʰoŋ²²	kʰo⁴³⁵	ŋoŋ²²	xoŋ²²	xoŋ¹³	xoŋ¹³	xoŋ²²	xoŋ²²	xoŋ²²	ŋoŋ⁴⁴	ŋoŋ²²	ŋoŋ²²	paŋ²²
茶陵	ko³³	kʰaŋ⁴⁵	kʰaŋ³³	kʰo³³	ŋaŋ³³	xaŋ³³	xaŋ²¹³	xaŋ²¹³	xaŋ³²⁵	xaŋ³²⁵	xaŋ³²⁵	ŋaŋ⁴⁵	ŋaŋ³³	ŋaŋ³³	paŋ³³
安仁	kuɑ²¹³	kʰaŋ⁴⁴	kʰaŋ³²²	kʰu²¹³	ŋaŋ³²²	xaŋ³²²	xaŋ²⁴	xaŋ²⁴	xaŋ³²²	xuaŋ³²²/xaŋ³²²	xaŋ³²²	ŋaŋ⁴⁴	ŋaŋ³²²	ŋaŋ³²²	pʰaŋ³²²
耒阳	ko¹³	kʰã⁴⁵	kʰã²¹³	kʰo¹³	ŋã²¹³	xã²¹³	xã²⁵	xã²⁵	xã²¹³	xã²¹³	xã²¹³	ŋã⁴⁵	ŋã²¹³	ŋã²¹³	pa²¹³
常宁	ko³³	kʰã⁴⁵	kʰã²⁴	kʰo³³	ŋã²⁴	xã²⁴	xã²¹	xã²¹	xã²⁴	xã²⁴	xã²⁴	ŋã⁴⁵	ŋã²⁴	ŋã²⁴	pʰa²⁴
永兴	ko²²	kʰæ⁴⁵	kʰæ¹³	kʰɔ²²	æ¹³	xæ¹³	xæ³²⁵	xæ³²⁵	xæ¹³	xæ¹³	xæ¹³	æ⁴⁵	æ¹³	æ¹³	pɛ¹³
资兴	kuɯ¹³		kʰɯ³⁵		ŋaŋ³⁵	xaŋ³⁵	xaŋ²²	xaŋ²²	xaŋ³⁵	xaŋ³⁵	xaŋ³⁵	ŋaŋ⁴⁴	ŋaŋ³⁵	ŋaŋ³⁵	paŋ³⁵
隆回	ko³²⁵	kʰaŋ⁴⁴	kʰaŋ⁴⁵	kʰo³²⁵	aŋ⁴⁵	xaŋ⁴⁵	xaŋ¹³	xaŋ¹³	xaŋ⁴⁵	xuaŋ⁴⁵/xaŋ⁴⁵	xaŋ⁴⁵	aŋ⁴⁴	aŋ⁴⁵	aŋ⁴⁵	paŋ⁴⁵
洞口	ko⁵³	kʰã⁴⁵	kʰã⁴⁵	kʰo⁴⁵	ã⁴⁵	xã⁴⁵	xã²⁴	xã²⁴	xã⁵³	xã⁵³	xã⁵³	ã⁵³	ã⁴⁵	ã⁴⁵	pʰa⁵³
绥宁	ko³³	kʰɛ⁴²	kʰɛ⁴²	kʰo³²⁴	ŋɛ⁴⁴	xɛ⁴²	xɛ⁴⁵	xɛ⁴⁵	xɛ²²	xɛ⁴⁴	xɛ⁴⁴	ŋɛ³³	ŋɛ⁴²	ŋɛ⁴²	pa⁴²

	八	盼	办	拔~萝卜	抹~桌子	盖	铲	察	山	产	杀	艰	间~	简	拣
	山开二 入黠帮	山开二 去祠滂	山开二 去祠並	山开二 入黠並	山开二 入黠明	山开二 上产庄	山开二 上产初	山开二 入黠初	山开二 平山生	山开二 上产生	山开二 入黠生	山开二 平山见	山开二 平山见	山开二 上产见	山开二 上产见
华容	pa^{435}	pʰan^{213}	pʰan^{33}	pʰa^{435}	ma^{435}	tsan^{21}	tsʰan^{21}	tsʰa^{435}	san^{45}	tsʰan^{21}	sa^{435}	kan^{45}	kan^{45}	tɕi^{21}	tɕi^{21}
岳阳楼	pæ^{45}	pʰan^{324}	pʰan^{22}	pʰa^{45}	ma^{45}/ma^{34}	tsan^{31}	tsʰan^{31}	tsʰa^{45}	san^{34}	tsʰan^{31}	sa^{45}	kan^{34}/tɕian^{34}	kan^{34}/tɕian^{34}	kan^{31}/tɕian^{31}	kan^{31}/tɕian^{31}
临湘	pε^{5}	bʰan^{325}	bʰan^{21}	bʰε^{5}	mæ^{5}	tsæ^{42}	ʥʰan^{42}	ʥʰa^{5}	san^{33}	ʥʰan^{42}	sæ^{5}	kan^{33}	kan^{33}	kan^{42}	kan^{42}
岳阳县	pæ^{5}	pʰan^{45}	pan^{21}	bʰε^{3}	mæ^{5}	tsæ^{42}	ʥʰan^{42}	tsʰæ^{5}	san^{33}	ʥʰan^{42}	sæ^{5}	kan^{33}	kan^{33}	kan^{42}	kan^{42}
平江	paʔ^{4}	pʰan^{45}	pʰan^{22}	pʰεʔ^{4}	mɑʔ^{4}	tsan^{324}	tsʰan^{324}	tsʰaʔ^{4}	san^{44}	tsʰan^{324}	saʔ^{4}	xan^{44}	kan^{44}	kan^{324}	kan^{324}
浏阳	pa^{44}	pʰã^{33}	pʰã^{21}		ma^{44}	tsã^{324}	tsʰã^{324}	tsʰa^{44}	sã^{44}	tsʰã^{324}	sa^{44}	kã^{44}	kã^{44}	kã^{324}	kã^{324}
醴陵	pa^{33}/pɑ^{325}	pʰaŋ^{33}	pʰaŋ^{22}	pʰa^{435}	ma^{435}	tsaŋ^{31}	tsʰaŋ^{31}	tsʰa^{435}	saŋ^{44}	tsʰaŋ^{31}	sa^{435}	kaŋ^{44}	kaŋ^{44}	kaŋ^{31}	kaŋ^{31}
茶陵	pɑ^{213}	pʰaŋ^{33}	pʰaŋ^{322}	pʰɑ^{33}	mo^{33}	tsaŋ^{53}	tsʰaŋ^{53}	tsʰa^{325}	saŋ^{45}	tsʰaŋ^{53}	sa^{33}	kaŋ^{45}	kaŋ^{45}	kaŋ^{53}	kaŋ^{42}
安仁	pa^{13}	pʰaŋ^{213}	pʰaŋ^{213}	pʰɑ^{213}	mɑ^{213}	tsaŋ^{53}	tsʰaŋ^{53}	tsʰɑ^{213}	saŋ^{44}	tsʰaŋ^{53}	sɑ^{213}	kaŋ^{44}	kaŋ^{44}	kaŋ^{53}	kaŋ^{53}
耒阳	pa^{33}	pʰã^{24}	pʰã^{24}	pʰa^{13}	ma^{45}	tsã^{44}	tsʰã^{44}	tsʰa^{13}	sã^{45}	tsʰã^{44}	sa^{13}	kã^{45}	kã^{45}	kã^{53}	kã^{53}
常宁	po^{22}	pʰã^{13}	pʰã^{13}	pʰa^{33}	ma^{33}	tsã^{44}	tsʰã^{44}	tsʰa^{33}	sã^{45}	tsʰã^{44}	sa^{33}	kã^{45}	kã^{45}	kã^{44}	kã^{44}
永兴	po^{13}	pʰæ^{35}	pæ^{13}	po^{22}	mo^{45}	tsæ^{42}	tsʰæ^{35}	tsʰɔ^{22}	sæ^{45}	tsʰæ^{42}	so^{22}	tɕi^{45}	kæ^{45}/tɕi^{45}	tɕi^{42}	tɕi^{42}
资兴	pɑ^{44}	paŋ^{35}	paŋ^{35}		muu^{13}	tsaŋ^{325}	tsʰaŋ^{212}	tsʰa^{13}	so^{44}	tsʰaŋ^{31}	so^{13}	tɕiŋ^{44}	kaŋ^{44}	tɕiŋ^{31}	
隆回	pa^{53}	pʰaŋ^{45}	pʰaŋ^{45}	pʰɑ^{325}	mɑ^{44}	tsaŋ^{325}	tsʰaŋ^{212}	tsʰɑ^{325}	saŋ^{44}	tsʰaŋ^{212}	siɑ^{44}/sɑ^{44}	kaŋ^{44}	kaŋ^{44}	kaŋ^{212}	kaŋ^{212}
洞口		pʰaŋ^{45}	pʰaŋ^{45}		ma^{53}	tsã^{213}	tsʰã^{213}	tsʰa^{213}	sã^{53}	tsʰã^{213}	siɑ^{53}/sa^{53}	kã^{53}	kã^{53}	kã^{213}	
绥宁	pA^{33}	pʰε^{42}	pʰa^{33}	pʰA^{324}	mA^{33}/mA^{42}	tsa^{13}	tsʰε^{13}	tsʰA^{45}	sa^{33}	tsʰε^{13}	sA^{33}	kε^{33}	tʃiA^{33}/kε^{33}	kε^{13}	tʃε^{13}

方言点	问	眼	闲	限	克~寮	班	斑	扳~手	板	版	攀	棒纽~	蛮	慢	锄~刀
	山开二去襉见	山开二上产疑	山开二平山匣	山开二上产匣	山开二去襉匣	山开二平删帮	山开二平删帮	山开二平删帮	山开二上潸帮	山开二上潸帮	山开二平删滂	山开二去谏滂	山开二平删明	山开二去谏明	山开二入辖崇
华容	kan^{213}	ŋan^{21}	xan^{12}	xan^{33}	xan^{33}	pan^{45}	pan^{45}	pan^{45}	pan^{21}	pan^{21}	pʰan^{45}	pʰan^{213}	man^{12}	man^{33}	tsʰa^{33}
岳阳楼	kan^{324}/tɕian^{324}	ŋan^{31}	xan^{13}	xan^{22}	xan^{22}	pan^{34}	pan^{34}	pan^{34}	pan^{31}	pan^{31}	pʰan^{34}	pʰan^{324}	man^{13}	man^{22}	
临湘	kan^{325}	ŋan^{42}	xan^{13}	xan^{21}	xan^{21}	pan^{33}	pan^{33}	pan^{33}	pan^{42}	pan^{42}	bʰan^{33}	bʰan^{325}	man^{13}	man^{21}	tsa^{5}
岳阳县	kan^{45}	ŋan^{42}	ɕien^{13}	xan^{21}	xan^{21}	pan^{33}	pan^{33}	pan^{33}	pan^{42}	pan^{42}	pʰan^{33}	pʰan^{45}	man^{13}	man^{21}	
平江	kan^{45}	ŋan^{21}	xan^{13}	xan^{22}	xan^{22}	pan^{44}	pan^{44}	pan^{44}	pan^{324}	pan^{324}	pʰan^{44}	pʰan^{45}	man^{13}	man^{22}	tsʰaʔaʔ/tseʔ^{4}
浏阳	kã^{42}	ŋã^{324}	xã^{45}	xã^{21}	xã^{21}	pã^{44}	pã^{44}	pã^{44}	pã^{44}	pã^{44}	pʰã^{44}	pʰã^{42}	mã^{45}	mã^{21}	tsʰa^{44}
醴陵	kaŋ^{33}	ŋaŋ^{31}	xaŋ^{13}	xaŋ^{22}	xaŋ^{22}	paŋ^{44}	paŋ^{44}	paŋ^{44}	paŋ^{31}	paŋ^{31}	pʰaŋ^{44}	pʰaŋ^{22}	maŋ^{13}	maŋ^{22}	tsa^{33}
茶陵	kaŋ^{33}	ŋaŋ^{42}	xaŋ^{213}	xaŋ^{325}	xaŋ^{325}	paŋ^{45}	paŋ^{45}	paŋ^{45}	paŋ^{42}	paŋ^{42}	pʰaŋ^{45}	pʰaŋ^{33}	maŋ^{213}	maŋ^{325}	tsa^{213}
安仁	kaŋ^{322}	ŋaŋ^{53}	xaŋ^{24}	xaŋ^{322}	xaŋ^{322}	paŋ^{44}	paŋ^{44}	paŋ^{44}	paŋ^{53}	paŋ^{53}	pʰaŋ^{44}	pʰaŋ^{32}	maŋ^{24}	maŋ^{32}	tsɑ^{213}
耒阳	kã^{213}	ŋã^{53}	xã^{25}	xã^{213}	xã^{213}	pã^{45}	pã^{45}	pã^{45}	pã^{53}	pã^{53}	pʰã^{45}	pʰã^{213}	mã^{25}	mã^{213}	
常宁	kã^{24}	ŋã^{44}	xã^{21}	xã^{24}	xã^{24}	pã^{45}	pã^{45}	pã^{45}	pã^{44}	pã^{44}	pʰã^{45}	pʰã^{24}	mã^{21}	mã^{24}	tsa^{33}
永兴	kæ^{13}	æ^{42}/ĩ^{42}	ɕi^{325}	xæ^{13}/ɕi^{13}	xæ^{13}/ɕi^{13}	pæ^{45}	pæ^{45}	pæ^{45}	pæ^{42}	pæ^{42}	pʰæ^{45}	pʰæ^{13}	mæ^{325}	mæ^{13}	tsɔ^{22}
资兴	kaŋ^{35}	ŋo^{31}/ŋaŋ^{31}(~天)/iŋ^{31}(龙~)	ɕiŋ^{22}	xaŋ^{35}	ɕi^{35}	paŋ^{44}	paŋ^{44}	paŋ^{44}	paŋ^{31}	paŋ^{31}	pʰaŋ^{44}	pʰaŋ^{35}	maŋ^{22}	maŋ^{35}	tsa^{13}
隆回	kaŋ^{45}	aŋ^{212}	xaŋ^{13}	xaŋ^{45}	xaŋ^{45}	paŋ^{44}	paŋ^{44}	paŋ^{44}	paŋ^{212}	paŋ^{212}	pʰaŋ^{44}	pʰaŋ^{45}	maŋ^{13}	maŋ^{45}	tsʰiɑ^{325}
洞口	kã^{45}	ã^{213}	xã^{24}	xã^{53}	xã^{53}	pã^{53}	pã^{53}	pã^{53}	pã^{213}	pã^{213}	pʰã^{53}	pʰã^{53}	mã^{24}	mã^{53}	
绥宁	tʃiʌ^{42}	ȵiʌ^{13}	xɛ^{45}	xɛ^{22}	xa^{44}	pa^{33}	pa^{33}	pa^{33}	piʌ^{13}	piʌ^{13}	pʰa^{42}	pʰa^{42}	ma^{45}	ma^{44}	

	删 山开二 平删生	疝(气) 山开二 去谏生	奸 山开二 平删见	颜 山开二 平删疑	雁 山开二 去谏疑	瞎 山开二 入鎋晓	晏(映也) 山开二 去谏影	鞭 山开三 平仙帮	编 山开三 平仙帮	变 山开三 去线帮	别 山开三 入薛帮	篇 山开三 平仙滂	偏 山开三 平仙滂	骗(欺~) 山开三 去线滂	便(~宜) 山开三 平仙並
华容	ɕyan^{45}		kan^{45}	ŋan^{12}	ŋan^{33}	xa^{435}	ŋan^{213}	pi^{45}	pi^{45}	pi^{213}	pʰiɛ^{435}	pʰi^{45}	pʰi^{45}	pʰi^{213}	pʰi^{12}
岳阳楼	san^{34}/ɕyan^{34}	san^{324}	kan^{34}/tɕian^{34}	ŋam^{13}/ian^{13}	ŋan^{22}	xa^{45-}	ŋan^{324}	pian^{34}	pian^{34}	pian^{324}	pʰiɛ$^{45-}$	pʰian^{34}	pian^{34}	pʰian^{324}	pʰian^{13}
临湘	san^{33}	sun^{325}	kan^{33}	ŋan^{13}	ŋan^{21}	xɛ^{5}	ŋan^{325}	pien^{33}	pien^{33}	pien^{325}	bʰe^{5}	bʰien^{33}	bʰien^{33}	bʰien^{325}	bʰien^{13}
岳阳县	san^{33}	san^{45}	kan^{44}	ŋan^{13}	ŋan^{21}	xɛ^{5}	ŋan^{45}	pien^{33}	pien^{33}	pien^{325}	pʰi^{3}	pʰien^{33}	pʰien^{33}	pʰien^{325}	pien^{13}
平江	san^{44}	san^{45}	kan^{44}	ŋan^{13}	ŋan^{22}	xaʔ^{4}	ŋan^{45}	pien^{44}	pʰien^{44}	pien^{45}	pʰieʔ^{2}	pʰien^{44}	pʰien^{44}	pʰien^{44}	pʰien^{13}
浏阳	sã^{44}	sã^{42}	kã^{44}	ŋã^{45}	ŋã^{24}	xa^{44}	ŋã^{42}	pi^{44}	pi^{44}	pi^{42}	pʰiɛ^{42}	pʰi^{44}	pʰiɛ^{44}	pʰi^{42}	pʰiɛ^{45}
醴陵	saŋ^{44}	saŋ^{22}	kaŋ^{44}	ŋaŋ^{13}	ŋaŋ^{22}	xa^{435}	ŋaŋ^{22}	piɛ̃^{44}	piɛ̃^{44}	piɛ̃^{33}	pʰiɛ^{435}	pʰiɛ̃^{45}	pʰiɛ̃^{44}	pʰiɛ̃^{31}	pʰiɛ^{13}
茶陵	saŋ^{45}	saŋ^{45}	kaŋ^{45}	ŋaŋ^{213}	ŋaŋ^{325}	kʰa^{33}	ŋaŋ^{33}	piɛ̃^{45}	piɛ^{33}	piɛ^{33}	pʰiɛ^{33}	pʰiɛ^{245}	pʰiɛ^{245}	pʰiɛ^{23}	pʰiɛ^{213}
安仁	saŋ^{44}	saŋ^{322}	kaŋ^{44}	ŋaŋ^{24}	ŋaŋ^{322}	xɑ^{213}	ŋaŋ^{322}	pi^{44}	pʰi^{44}	pi^{322}	pʰiɛ^{213}	pʰi^{44}	pʰi^{44}	pʰi^{322}	pi^{-24}
耒阳	sua^{45}	sã^{213}	kã^{45}	ŋã^{25}	ŋã^{213}	xa^{13}	ŋã^{213}	pe^{45}	pe^{45}	pe^{213}	pʰe^{13}	pe^{45}	pʰe^{45}	pʰi^{-}	pʰe^{-25}
常宁	sua^{45}	sã^{24}	kã^{45}	ŋã^{21}	ŋã^{24}	xa^{33}/ɕia^{33}	ŋã^{24}	pia^{45}	pia^{45}	pia^{24}	pʰe^{33}	pʰiã^{45}	pʰiã^{45}	pʰia^{24}	pʰiã^{21}
永兴	suɛ^{45}	sɛ^{13}	tɕi^{45}	i^{324}	i^{13}	xɔ^{22}	ɛ^{13}	pi^{45}	pi^{45}	pi^{13}	pie^{22}	pʰi^{45}	pʰi^{45}	pʰi^{13}	pi^{325}
资兴	saŋ^{44}	saŋ^{35}	tɕiŋ^{44}	iŋ^{22}	iŋ^{35}		aŋ^{45}	piŋ^{44}	pʰiŋ^{45}	piŋ^{35}	ɔi^{13}	pʰiŋ^{44}	pʰiŋ^{44}	pʰi^{13}	pi^{22}
隆回	saŋ^{44}	saŋ^{45}	kaŋ^{44}	aŋ^{13}	aŋ^{45}	xieɑ^{44}	aŋ^{45}	pi^{44}	pʰiŋ^{44}	pi^{45}	pʰe^{45}	pʰi^{44}	pʰiŋ^{44}	pʰi^{45}	pʰi^{13}
洞口	sã^{213}	sã^{45}	kã^{53}	ã^{24}	ã^{53}	xa^{53}	a^{45}	piɛ̃^{53}	piɛ̃^{53}	piɛ̃^{45}	pʰiɛ^{45}	piɛ̃^{53}	pʰiɛ^{53}	pʰiɛ^{53}	pʰiɛ^{24}
绥宁	sɛ̃^{33}	sɛ̃^{42}	kɛ̃^{33}	iɛ^{45}	ŋɛ^{44}/iɛ^{42}	xʌ^{33}	a^{42}	piɛ̃^{33}	pʰiɛ̃^{33}	piɛ̃^{42}	pʰiɛ^{42}	pʰiɛ^{33}	pʰiɛ^{45}	pʰiɛ^{33}	pʰiɛ^{45}

	剪 山开三上狝精	煎 山开三平仙精	裂 山开三入薛来	烈 山开三入薛来	列 山开三入薛来	联 山开三平仙来	连 山开三平仙来	碾 山开三上狝泥	灭 山开三入薛明	面~脸 山开三去线明	勉 山开三上狝明	免 山开三上狝明	棉 山开三平仙明	绵 山开三平仙明	便方~ 山开三去线並
华容	tɕĩ²¹	tɕĩ⁴⁵	lie⁴³⁵	lie⁴³⁵	lie⁴³⁵	lĩ¹²	lĩ¹²	lĩ²¹	mie⁴³⁵	mĩ³³	mĩ²¹	mĩ²¹	mĩ¹²	mĩ¹²	pʰĩ³³
岳阳楼	tɕian³¹	tɕian³⁴	lie⁴⁵	lie⁴⁵	lie⁴⁵	lian¹³	lian¹³	nian³¹	mie⁴⁵/my⁴⁵	mian²²	mian³¹	mian³¹	mian¹³	mian¹³	pʰian²²
临湘	tɕien⁴²	tɕien³³	dʰe⁵	dʰe⁵	dʰe⁵	dʰien¹³	dʰien¹³	nien⁴²	me⁵	mien²¹	mien⁴²	mien⁴²	mien¹³	mien¹³	bʰien²¹
岳阳县	cien⁴²	cien³³	li³	li³	li³	lien¹³	lien¹³	ɲien²¹	mi⁵	mien²¹	mien⁴²	mien⁴²	mien¹³	mien¹³	pien²¹
平江	tsien³²⁴	tsien⁴⁵/tsien⁴⁴	tʰieʔ⁴	tʰieʔ⁴	tʰieʔ⁴	tʰien¹³	tʰien¹³	njien²¹	mieʔ⁴	mien²²	mien²¹	mien²¹	mien¹³	mien¹³	pʰien²²
浏阳	tsĩ³²⁴	tsĩ⁴⁴	tie⁴⁴	tie⁴⁴	tie⁴⁴	tĩ⁴⁵	tĩ⁴⁵	ŋiẽ⁵³	mie⁴⁴	mĩ²¹	mĩ²²⁴	mĩ²²⁴	mĩ⁴⁵	mĩ⁴⁵	pʰĩ²¹~利/pʰĩ⁴²方~
醴陵	tsiẽ³¹	tsiẽ⁴⁴	lie⁴³⁵	lie⁴³⁵	lie⁴³⁵	liẽ¹³	liẽ¹³	njẽ³¹	mie⁴³⁵	miẽ³²⁵	miẽ³¹	miẽ³¹	miẽ¹³	miẽ¹³	pʰiẽ²²
茶陵	tɕiẽ⁴²	tɕiẽ⁴⁵	lie³³	lie³³	lie³³	liẽ²¹³	liẽ²¹³	tsaŋ⁴²	mie³³	miẽ³³	miẽ⁴²	miẽ⁴²	miẽ²¹³	miẽ²¹³	pʰiẽ³³
安仁	tsĩ⁵³	tsĩ⁴⁴	lie²¹³	lie²¹³	lie²¹³	lĩ²⁴	lĩ²⁴	ĩ⁵³	mie²¹³	mẽ²³²	mĩ⁵³	mĩ⁵³	mĩ²⁴	mĩ²⁴	pʰĩ³²²
耒阳	tse⁵³	tse⁴⁵	le¹³	le¹³	le¹³	lẽ²⁵/yẽ²⁵ 褴(衣服)	lẽ²⁵	ŋẽ⁵³	me¹³	mẽ²¹³	mẽ⁵³	mẽ⁵³	mẽ²⁵	mẽ²⁵	
常宁	tɕia⁴⁴	tɕia⁴⁵	le³³	le³³	le³³	liã²¹/nyã²¹ 褴(衣服)	liã²¹	ŋiã⁴⁴	me³³	miã²⁴	miã⁴⁴	miã⁴⁴	miã²¹	miã²¹	pʰiã²⁴
永兴	tɕĩ⁴²	tɕĩ⁴⁵	le²²	le²²	le²²	li²²/luɯ³²⁵ 褴(衣服)	li³²⁴	i⁴²	mie²²	mi¹³	mi⁴²	mi⁴²	mi²²	mi³²⁵/men²²	pi¹³
资兴	tɕĩ³¹	tɕĩ⁴⁴	li¹³	li¹³	li¹³	liɯ²²/liuɯ²² 褴(衣服)	liŋ²²	liŋ³¹	mei¹³	mi³⁵	miŋ³¹	miŋ³¹	mi²²	miŋ²²	piŋ³⁵
隆回	tsĩ²¹²	tɕĩ³¹	le³²⁵	le³²⁵	le³²⁵	lĩ¹³/mĩ¹³ 褴(衣服)	lĩ¹³	ĩ²¹²	miɑ⁴⁵	mi⁴⁵	mĩ²¹²	mĩ²¹²	mĩ¹³	mĩ¹³	pʰĩ⁴⁵
洞口	tsiẽ²¹³	tsĩ⁴⁵	lie⁴⁵	lie⁴⁵	lie⁴⁵	liẽ²⁴	liẽ²⁴	iẽ²⁴	mie⁴⁵	miẽ⁴⁴脑/miẽ²⁴~子	yẽ²¹³	yẽ²¹³	miẽ²⁴	miẽ²⁴	pʰiẽ⁴⁵
绥宁	tsiɛ¹³	tsiẽ³³	lie³²⁴	lie³²⁴	lie³²⁴	liẽ⁴⁵/lɥe⁴⁵ 褴(衣服)	lie²⁴	iẽ¹³	me³²⁴	miẽ⁵³	miẽ¹³	miẽ¹³	mie⁴⁵	miẽ⁴⁵	pʰiẽ⁴⁴

	箭 山开三去线精	迁 山开三平仙清	浅 山开三上狝清	钱 山开三平仙从	贱 山开三去线从	仙 山开三平仙心	鲜(平仙~) 山开三平仙心	癣 山开三上狝心	线 山开三去线心	薛 山开三入薛心	涎 山开三平仙邪	羡 山开三去线邪	展 山开三上狝知	哲 山开三入薛知	彻 山开三入薛彻
华容	tɕĩ²¹³	tɕʰĩ⁴⁵	tɕʰĩ²¹	tɕʰi¹²	tɕʰi³³	ɕĩ⁴⁵	ɕĩ⁴⁵	tɕʰĩ²¹	ɕĩ²¹³	ɕie⁴³⁵	tsʰan¹²	ɕi²¹³	tsɿ²¹	tsie⁴³⁵	tsʰe⁴³⁵
岳阳楼	tɕian³²⁴	tɕʰian³²⁴	tɕʰian³¹	tɕʰian¹³	tɕʰian²²	ɕian³⁴	ɕian³⁴	ɕian³¹	ɕian³²⁴	ɕie⁴⁵⁻	ɕian¹³	ɕian³²⁴	tsan³¹	tsie⁴⁵⁻	tsʰɛ⁴⁵⁻
临湘	tɕien³²⁵	dʑʰien³³	dʑʰien⁴²	dʑʰien¹³	dʑʰien²¹	ɕien³³	ɕien³³	ɕien⁴²	ɕien³²⁵	ɕie⁵	ɕien¹³	ɕien³²⁵	tɕyen⁴²	tɕye⁵	dʑye⁵
岳阳县	cien⁴⁵	cʰien³³	cʰien⁴²	cien¹³	cien²¹	ɕien³³	ɕien³³	ɕien⁴²	ɕien⁴⁵	ɕi⁵		ɕien⁴⁵	tsøn⁴²	tsɤ⁵	tsʰɤ⁵
平江	tsiɛn⁴⁵	tsʰiɛn⁴⁴	tsʰiɛn²⁰¹	tsʰiɛn¹³	tsʰiɛn²²	sien⁴⁴	sien⁴⁴	sien³²⁴	sien⁴⁵	sie⁴	tsʰan⁴⁵	sien⁴⁵	tʂyan³²⁴	tʂyaʔ⁴	tʂʰyaʔ⁴
浏阳	tsĩ⁴²	tsʰĩ⁴⁴	tsʰĩ³²⁴	tsʰĩ⁴⁵	tsʰĩ²¹	sĩ⁴⁴	sĩ⁴⁴	sɿ³²⁴	sɿ⁴²	siɛ⁴⁴	tsʰa⁴⁵	sɿ²¹	tʂɿ³²⁴	tʂye⁴⁴	tʂʰye⁴⁴
醴陵	tsiɛ²²	tsʰiɛ⁴⁴	tsʰiɛ³¹	tsʰiɛ¹³	tsʰiɛ²²	siɛ⁴⁴	siɛ⁴⁴	siɛ³¹	siɛ²²	siɛ⁴³⁵	tsʰaŋ¹³	siɛ²²	tsiɛ³¹	tsiɛ⁴³⁵	tsʰe⁴³⁵
茶陵	tɕiɛ³³	tɕʰiɛ⁴⁵	tɕʰiɛ⁴²	tɕʰiɛ²¹³	tɕʰiɛ²²⁵	ɕiɛ⁴⁵	ɕiɛ⁴⁵	ɕiɛ⁴²	ɕiɛ³³/ɕiɛ̃³²⁵ 未	ɕiɛ³³⁾/ɕiɛ³²⁵	ɕiɛ²¹³	kiɛ³³	tsan⁴²	tsie³³	tsʰe³³
安仁	tsɿ³²²	tsʰɿ⁴⁴	tsʰɿ⁵³	tsʰɿ²⁴	tsʰɿ²²²	sɿ⁴⁴	sɿ⁴⁴	sui⁵³	sɿ²²²	siɛ²¹³	sɿ²⁴	sɿ²²²	tʃɿ⁵³	tʃie²¹³	tʃʰie²¹³
耒阳	tse²¹³	tsʰe⁴⁵	tsʰue⁵³	tsʰe²⁵	tsʰue²¹³	se⁴⁵	se⁴⁵	sue⁵³	sɛ²¹³	sue¹³	iɛ³⁵	ɕiɛ²¹³	tɕiɛ⁵³	tɕie¹³	tɕʰie¹³
常宁	tɕiɑ²⁴	tɕʰiɑ⁴⁵	tɕʰiɑ⁴⁴	tɕʰiɑ²¹	tɕʰyɑ²⁴	ɕiɑ⁴⁵	ɕyɑ⁴⁵	ɕyɑ⁴⁴	ɕiɑ²⁴	ɕye³³	iɑ²¹	ɕiɑ²⁴	tɕiɑ⁴⁴	tɕie³³	tɕʰe³³
永兴	tɕi¹³	tɕʰiŋ⁴⁴	tɕʰi⁴²	tɕʰi³²⁵	tɕʰi¹³	ɕi⁴⁵	ɕyi⁴⁵/ɕi⁴⁵	ɕyi³¹	ɕi¹³	ɕye²²	i³²⁵	ɕi¹³	tsiɛ⁴²	tsie²²	tɕʰie²²
资兴	tɕi³⁵	tɕʰiŋ⁴⁴	tɕʰi³¹	tɕʰi²²	tɕʰi³⁵	ɕiŋ⁴⁴	ɕi⁴⁴	ɕiŋ³¹	ɕi³⁵	ɕie¹³		ɕiŋ³⁵	tsaŋ³¹	tsæ¹³	tsʰæ¹³
隆回	tsɿ⁴⁵	tsʰiɛ⁵³	tsʰui²¹²	tsʰɿ¹³	tsʰui⁴⁵	sɿ⁴⁴	sɿ⁴⁴	sui²¹²	sɿ⁴⁵	sue³²⁵		sɿ⁴⁵	tʃɿ²¹²	tʃie³²⁵	tʃʰie³²⁵
洞口	tsiɛ̃⁴⁵	tsʰiɛ̃⁵³	tʃʰyɛ²¹³	tʃʰyɛ²⁴	tʃʰyɛ⁵³	siɛ̃⁵³	ʃyɛ²¹³	ʃyɛ⁵³	siɛ̃⁴⁵	ʃye⁵³		siɛ⁴⁵	tʃiɛ²¹³	tʃie⁴⁵	tʃʰie⁴⁵
绥宁	tsiɛ⁴²	tsʰiɛ³³	tsʰɿɛ¹³	tsʰiɛ⁴⁵	tsʰiɛ⁴⁴	siɛ³³	siɛ̃³³	suɛ¹³/siɛ̃¹³	siɛ⁴²	suɛ³³		siɛ̃⁴²	tʃiɛ̃¹³	tʃiɛ³²⁴	tʃʰiɛ³²⁴

	缠	战	浙	舌	扇~子	设	蝉	善	然	燃	热	遣	乾~坤	件	杰
	山开三平仙澄	山开三去线章	山开三入薛章	山开三入薛船	山开三去线书	山开三入薛书	山开三平仙禅	山开三上狝禅	山开三平仙日	山开三平仙日	山开三入薛日	山开三上狝溪	山开三平仙群	山开三上狝群	山开三入薛群
华容	tsʰɿ¹²	tsɿ²¹³	tse⁴³⁵	se⁴⁵	sɿ²¹³	se⁴³⁵	sɿ¹²	sɿ³³	yɿ¹²	yɿ¹²	ye⁴³⁵	tɕʰɿ¹²	tɕʰɿ¹²	tɕʰɿ³³	tɕʰie⁴³⁵
岳阳楼	tsʰan¹³	tsan³²⁴	tse̱⁴⁵	se̱⁴⁵	san³²⁴	se̱⁴⁵	san¹³	san²²	yan¹³	yan¹³	ze̱⁴⁵	tɕʰian³¹	tɕʰian¹³	tɕʰian²²	tɕʰie̱⁴⁵
临湘	dʑʰyen¹³	tɕyen³²⁵	tɕye⁵	ɕye⁵	ɕyen³²⁵	ɕye⁵	ɕyen¹³	ɕyen²¹	yen¹³	nyen¹³	nie⁵	dʑʰien⁴²	dʑʰien¹³	dʑʰien²¹	dʑʰie⁵
岳阳县	tson⁴⁵	tson⁴⁵	tso⁵	so³	søn⁴⁵	sø⁵	føn¹³	søn²¹	uøn¹³	ɲien¹³	ɲi³	cʰien⁴²	cien¹³	cien²¹	cʰɿ⁵
平江	tsʰyan¹³	tsyan⁴⁵	tsyaʔ⁴	saʔ⁴	san⁴⁵	saʔ⁴	syan¹³	ʂan²²	yan¹³	nyen¹³	ɲieʔ⁴/yaʔ⁴	kʰien³²⁴	kʰien¹³	kʰien²²	kʰieʔ⁴
浏阳	tsʰɿ¹³	tsɿ⁴²	tsyye⁴⁴	ʂyye⁴²	ʂyɿ⁴²	ʂye⁴⁴	ʂyɿ⁴⁵	ʂyɿ²¹	yɿ⁴⁵	ŋɿ⁴⁵	ɲie⁴²	kʰɿ²²⁴	kʰɿ⁴⁵	kʰɿ²¹	kʰɿ⁴⁴
醴陵	tsʰɿ¹³	tsɿ²²	tsɿe⁴³⁵	se̱⁴³⁵	se̱²²	se̱⁴³⁵	xyɕe¹³	se̱²	ie¹³	nie¹³	nie⁴³⁵	kʰie³¹	kʰie¹³	kʰie³²⁵	kʰie⁴⁵
茶陵	tsʰaŋ²¹³	tsaŋ³³	tse³³	se³³	saŋ³³	se³³	tsʰaŋ²¹³	saŋ³²⁵	laŋ²¹³	nie²¹³/laŋ²¹³	nie³³ 天气~/le³³~水凉	tɕʰie⁴²	tɕʰie²¹³	tɕʰie³²²	tɕʰie³³
安仁	tʃʰɿ²⁴	tʃɿ³²²	tʃie²¹³	ʃie⁴⁴	ʃɿ³²²	ʃie²¹³	ʃɿ²⁴	ʃɿ³²²	ɿ²⁴	ɿ²⁴	ie⁴⁴/ie²¹³	tʃʰɿ⁵³	tʃɿ²⁴	tʃʰie²¹³	tʃʰie²¹³
耒阳	tɕʰie²⁵	tɕie²¹³	tɕie¹³	ɕie⁴⁵	ɕie²¹³	ɕie¹³	ɕiɔ²⁵	ɕie²¹³	ie²⁵	ie²⁵	ie⁴⁵	tɕʰie⁵³		tɕʰie²¹³	tɕʰie¹³
常宁	tɕʰia²¹	ʂa²⁴	ʑe³³	ɕie²¹	ɕia²⁴	ɕie³³	ɕia²¹	ɕia²⁴	za²¹	za²¹	ze³³	tʰa⁴⁴	tʰa²¹	tʰa²⁴	ɕie³³
永兴	tsʰæ²²	tsæ¹³	tse²²	ɕie⁴⁵/se̱²²	ɕi⁴⁵	se²²	tsʰæ²²	ɕi¹³	ɿ³²⁵	ɿ³²⁴	ie⁴⁵	tɕʰi⁴²	tɕʰi³²⁵	tɕi¹³	tɕie²²
资兴	tsʰaŋ³⁵	tsaŋ³⁵	tsɿe¹³	liæ⁴⁴	ɕi³⁵	sɿ¹³	ɕiaŋ³¹	saŋ³⁵	iŋ²²	li²²	i⁴⁴		tɕʰiŋ²²	tɕiŋ³⁵	tɕʰɿ¹³
隆回	tʃʰui¹³/tʃʰɿ¹³	tʃɿ⁴⁵	tʃie³²⁵	ʃie⁴⁵	ʃɿ⁴⁵	ʃie³²⁵	ʃɿ¹³	ʃɿ⁴⁵	ɿ¹³	ɿ¹³	ɿ⁴⁴⁵/ɿ³²⁵	tʃʰ~²¹²	tʃʰɿ¹³	tʃʰie⁴⁵	tʃʰie³²⁵
洞口	tʃʰie²⁴	tʃie⁴⁵	tʃie⁴⁵	ʃie⁴⁵	ʃie⁴⁵	ʃie⁴⁵		ʃie⁴⁵	ie²⁴	ie²⁴	ie⁴⁵/ie⁴⁵	tʃʰie²¹³	tʃʰie²⁴	tʃʰie⁴⁵	tʃʰie⁴⁵
绥宁	tʃʰɯe⁴⁵	tʃɿe⁴²	tʃie³²⁴	ʃie⁴²	ʃe̱⁴²	ʃie³²⁴	ʃe̱⁴⁵	ʃe̱³²⁴	ie⁴⁵	ie⁴⁵	nie⁴²	tʃʰe̱¹³	tʃʰe̱⁴⁵	tʃʰe̱²²	tʃʰie³²⁴

地点	谚	孽	延	筵	演	建	揭	键	健	言	掀	宪	献	歇	边
	山开三去线疑	山开三入薛疑	山开三平仙以	山开三平仙以	山开三上狝以	山开三去愿见	山开三入月见	山开三上阮群	山开三去愿群	山开三平元疑	山开三平元晓	山开三去愿晓	山开三去愿晓	山开三入月晓	山开四平先帮
华容	i^{23}	lie^{435}	i^{12}	i^{12}	i^{21}	tɕi^{213}	tɕie^{435}	tɕiɛ̃^{33}	tɕiɛ̃^{33}	i^{12}	ɕyi^{45}	ɕi^{213}	ɕi^{213}	ɕie^{435}	pi^{45}
岳阳楼	nian^{22}	nie^{45}	ian^{13}	ian^{13}	ian^{31}	tɕian^{324}	tɕie^{45}	tɕian^{324}	tɕʰian^{22}	ian^{13}	ɕian^{34}	ɕian^{324}	ɕian^{324}	ɕie$^{\underline{}}$	pian^{34}
临湘		nie^{5}	ien^{13}	ien^{13}	ien^{42}	tɕien^{325}	tɕie^{5}	dʑʰien^{325}	dʑʰien^{21}	ien^{13}	ɕyen^{33}/ɕien^{33}	ɕien^{325}	ɕien^{325}	ɕie^{5}	pien^{33}
岳阳县	ɲien^{21}	ɲi^{3}	ien^{13}	ien^{13}	ien^{42}	ɕien^{45}	ɕi^{5}	ɕien^{45}	ɕien^{21}	ien^{13}	ɕien^{33}	ɕien^{45}	ɕien^{45}	ɕi^{5}	pien^{33}
平江	ɲien^{45}	ɲiʔ^{4}	ien^{13}	ien^{13}	ien^{21}	kien^{45}	kʰieʔ^{4}	kien^{45}	kʰien^{22}	ŋien^{13}	syan^{44}	xien^{45}	xien^{45}	xie^{44}	pien^{44}
浏阳		ɲi^{44}	i^{45}	i^{45}	ien^{21}	ki^{42}	kie^{44}	kʰi^{45}	kʰi^{21}	ŋi^{45}	xyi^{44}	xi^{42}	xi^{42}	xie^{44}	pi^{44}
醴陵	ɲiɛ̃^{22}	ɲiɛ̃^{435}	iɛ^{213}	iɛ^{213}	iɛ^{31}	kiɛ^{22}	kie^{435}	kiɛ^{22}	kʰiɛ^{22}	ŋiɛ^{13}		xiɛ^{22}	xiɛ^{22}	xie^{435}	piɛ^{44}
茶陵	iɛ^{213}	nie^{33}	iɛ^{213}	iɛ^{213}	iɛ^{42}	tɕiɛ^{233}	tɕʰie^{33}/tɕie^{33}	tɕʰiɛ^{325}	tɕʰiɛ^{325}	niɛ^{213}	ɕie^{45}	ɕiɛ^{233}	ɕiɛ^{233}	ɕie^{33}	piɛ^{45}
安仁	i^{322}	ie^{213}	i^{24}	i^{24}	i^{53}	tʃi^{322}	tʃie^{213}	tʃi^{322}	tʃʰi^{322}	i^{24}	ʃi^{44}	ʃi^{322}	ʃi^{322}	ʃie^{213}	pi^{44}
耒阳	ie^{25}	ie^{13}	ie^{25}	ie^{25}	ie^{53}	tɕie^{213}	tɕe^{33}	tɕie^{213}	tɕʰie^{213}	ie^{25}	ɕie^{45}	ɕiɛ^{213}	ɕie^{213}	ɕie^{13}	pe^{45}
常宁	niɛ^{24}	nie^{24}	ia^{21}	ia^{21}	ia^{44}	tɕa^{24}	tɕe^{33}	tʰa^{24}	kʰa^{24}	niɛ^{21}	ɕia^{45}	ɕia^{24}	ɕia^{24}	ɕie^{33}	piã^{45}
永兴	i^{13}	ie^{22}	i^{325}	i^{325}	i^{42}	tɕi^{13}	tɕie^{22}	tɕi^{13}	tɕi^{13}	i^{325}	ɕi^{45}	ɕi^{13}	ɕi^{13}	ɕi^{13}	pi^{45}
资兴	liŋ^{35}	li^{13}	iŋ^{22}	iŋ^{22}	iŋ^{31}	tɕiŋ^{35}	tɕi^{13}	tɕiŋ^{35}	tɕiŋ^{35}	liŋ^{22}		ɕiŋ^{35}	ɕiŋ^{35}	ɕi^{13}	pi^{44}
隆回	i^{325}	i^{44}/i^{325}	i^{13}	i^{13}	i^{212}	tʃi^{45}	tʃie^{44}/tʃie^{325}	tʃi^{45}	tʃʰi^{45}	i^{13}	ʃi^{44}	ʃi^{45}	ʃi^{45}	ʃie^{44}/ʃie^{325}	pi^{44}
洞口	iɛ^{45}	ie^{53}	ie^{24}	ie^{24}	iɛ^{213}	tʃie^{45}	tʃie^{53}	tʃie^{53}	tʃʰie^{53}	ie^{24}	ʃie^{53}	ʃie^{45}	ʃie^{45}	ʃie^{53}	piɛ^{53}
绥宁	iɛ^{45}	ʃie^{324}	ie^{45}	ie^{45}	iɛ^{13}	tʃiɛ^{42}	tʃie^{33}	tʃiɛ^{42}	tʃʰiɛ^{44}	ie^{45}	ʃiɛ^{33}	ʃiɛ^{42}	ʃiɛ^{42}	ʃie^{33}	pie^{33}/piɛ^{33}

	扁 山开四上铣帮	匾 山开四上铣帮	遍~ 山开四去霰帮	片 山开四去霰滂	撇~擦 山开四入屑滂	辫 山开四上铣並	面~条 山开四去霰明	篾竹~ 山开四入屑明	颠 山开四平先端	典 山开四上铣端	天 山开四平先透	铁 山开四入屑透	田 山开四平先定	填 山开四平先定	电 山开四去霰定
华容	pie^{21}/pi^{21}	pi^{21}	pi^{213}	pʰi^{213}	pʰie^{435}	pʰi^{33}	mi^{21}	mie^{435}	ti^{45}	ti^{21}	tʰi^{45}	tʰie^{435}	tʰi^{12}	tʰi^{12}	tʰi^{33}
岳阳楼	piã^{31}	pian^{31}	pian^{324}	pʰian^{324}	pʰiẽ^{45}	pʰiẽ^{22}	mian^{22}	miẽ^{45}	tian^{34}	tian^{31}	tʰian^{34}	tʰie^{45}	tʰian^{12}	tʰian^{13}	tʰian^{22}
临湘	pien^{42}	pien^{42}	bʰien^{325}	bʰien^{325}	bʰe^{5}	bʰien^{21}		me^{5}	tien^{33}	tien^{42}	dʰien^{33}	dʰe^{5}	dʰien^{13}	dʰien^{13}	dʰien^{21}
岳阳县	pien^{42}	pien^{42}	pʰien^{45}	pʰien^{45}	pʰi^{5}	pien^{21}	mien^{21}	mɤ^{3}	tien^{33}	tien^{42}	tʰien^{33}	tʰi^{5}	tien^{13}	tien^{13}	tien^{21}
平江	pie^{324}/pien^{324}	pʰien^{324}	pien^{45}	pʰien^{45}	pʰieʔ^{4}	pʰien^{22}	mien^{22}	mieʔ^{4}	tien^{44}	tien^{324}	tʰien^{44}	tʰieʔ^{4}	tʰien^{13}	tʰien^{13}	tʰien^{22}
浏阳	pie^{31}/pie^{31}~里	pi^{324}	pʰie^{22}	pʰi^{42}	pʰie^{44}	pʰi^{42}	mi^{21}	mie^{42}	ti^{44}	ti^{324}	tʰi^{44}	tʰie^{44}	tʰi^{45}	tʰi^{45}	tʰi^{21}
醴陵	pie^{42}	pie^{42}	pʰie^{33}	pʰie^{22}	pʰie^{435}	pie^{44}	mie^{22}	mie^{435}	tiẽ^{44}	tiẽ^{31}	tʰiẽ^{44}	tʰie^{435}	tʰiẽ^{13}	tʰiẽ^{13}	tʰiẽ^{22}
茶陵	pi^{53}	pi^{53}	pi^{322}	pʰie^{33}	pʰie^{33}	pie^{45}	miẽ^{325}	me^{33}	tiẽ^{45}	tiẽ^{42}	tʰiẽ^{45}	tʰie^{33}	tʰiẽ^{213}	tʰiẽ^{213}	tʰiẽ^{325}
安仁	pe^{53}	pe^{53}	pe^{213}	pʰi^{322}	pʰe^{13}	pi^{44}	mi^{322}	me^{44}	ti^{44}	te^{53}	tʰi^{44}	tʰie^{213}	ti^{24}	ti^{24}	te^{213}
耒阳	pia^{44}	pia^{44}	pʰia^{24}	pʰe^{25}	pʰe^{33}	pe^{45}	me^{213}	me^{45}	te^{44}	te^{53}	tʰe^{45}	tʰe^{13}	tʰe^{25}	tʰe^{25}	te^{213}
常宁	pi^{42}	pi^{42}	pʰi^{13}	pʰia^{24}	pʰie^{22}	pia^{45}	mia^{24}	me^{33}	tia^{45}	tia^{44}	tʰia^{45}	tʰe^{33}	tʰia^{21}	tʰia^{21}	tʰia^{24}
永兴	pi^{31}	piŋ^{35}	pʰiŋ^{35}	pʰi^{13}	pʰi^{13}	pi^{45}	mi^{13}	mi^{45}	ti^{45}	ti^{42}	tʰi^{45}	tʰie^{22}	ti^{325}	ti^{325}	ti^{13}
资兴	pi^{212}	pi^{212}	pʰe^{45}	pʰiŋ^{35}	pʰe^{45}	piŋ^{44}	miŋ^{35}	mi^{44}	tiŋ^{44}	tiŋ^{31}	tʰi^{44}	tʰi^{13}	ti^{22}	ti^{22}	tiŋ^{35}
隆回	pi^{212}	pi^{212}	pʰie^{53}	pʰi^{325}尿~/pʰi^{45}	pʰe^{45}	pi^{44}	mi^{45}	mˀ^{45}/mie^{45}	ti^{44}	ti^{212}	xi^{44}	xi^{44}/xɛ^{45}/xi^{325}	xi^{13}	xi^{13}	xi^{45}
洞口	pie^{213}	pie^{213}	pʰie^{44}	pʰie^{45}	pʰie^{53}	pie^{53}	miẽ^{53}	mie^{45}	tiẽ^{53}	tiẽ^{213}	xɛ^{53}	xɛ^{53}	xɛ^{24}	xɛ^{24}	xɛ^{45}
绥宁	pie^{13}	pie^{13}	pʰiẽ^{44}	pʰie^{42}	pʰi^{324}	pie^{33}	mie^{44}	mie^{42}	tiẽ^{33}	tie^{13}	tʰiẽ^{33}	tʰie^{33}/tʰie^{324}	tie^{45}/tʰiẽ^{45}	tʰiẽ^{45}	tie^{324}

	奠	垫(~钱)	年	捻(以绳~纱)	捏	怜	莲	练	链	楝(苦~树)	荐	节	千	切(~开)	前
	山开四去霰定	山开四去霰定	山开四平先泥	山开四上铣泥	山开四入屑泥	山开四平先来	山开四平先来	山开四去霰来	山开四去霰来	山开四去霰来	山开四去霰精	山开四入屑精	山开四平先清	山开四入屑清	山开四平先从
华容	tʰɿ³³	tʰɿ³³	lɿ¹²	lɿ²¹	lie⁴³⁵	lɿ¹²	lɿ¹²	lɿ³³	lɿ³³	lɿ³³	tɕɿ²¹³	tɕie⁴³⁵	tɕʰɿ⁴⁵	tɕʰie⁴³⁵	tɕʰɿ¹²
岳阳楼	tʰian²²	tʰian²²	nian¹³	lɿ³¹	ȵie⁴⁵	lian¹³	lian¹³	lian²²	lian²²	lɿ⁴⁵	tɕian³²⁴	tɕie⁴⁵	tɕʰian³⁴	tɕʰie⁴⁵	tɕʰian¹³
临湘	dʰien²¹	dʰien²¹	ȵien¹³	ȵien⁴²	ȵie⁵	dʰien¹³	dʰien¹³	dʰien²¹	dʰien²¹	dʰia⁵	tɕien³²⁵	tɕie⁵	dʑʰien³³	dʑie⁵	dʑʰien¹³
岳阳县	tien²¹	tien²¹	ȵien¹³	ȵien⁴²	ȵi⁵	lien²¹	lien¹³	lien²¹	lien²¹	liaʔ⁴	cien⁴⁵	ci⁵	cʰien³³	cʰi⁵	cien¹³
平江	tʰien²²	tien²¹	ȵien¹³	len⁴⁴	ȵieʔ⁴	lien¹³	lien¹³	lien⁴⁵	lien¹³	lɿ²⁴	tsien⁴⁵	tsieʔ⁴	tsʰien⁴⁴	tsʰieʔ⁴	tsʰien¹³
浏阳		tʰɿ²¹	ȵɿ⁴⁵	ȵi²²⁴	ie¹³	lɿ⁴⁵	tɿ⁴⁵	tɿ²¹	tɿ²¹	lɿ²¹³	tsɿ⁴²	tse¹³	tsʰɿ⁴⁵	tsʰe¹³	tsʰɿ⁴⁵
醴陵	tʰie²²	tʰie²²	ȵiẽ³¹	ȵiẽ³¹	ȵie⁴³⁵	lie¹³	lie¹³	lie²²	lie²²	lie²²	tɕiẽ⁴⁴	tɕie³³	tɕʰie⁴⁴	tɕʰie⁴³⁵	tsʰie⁴³⁵
茶陵	tʰie³²⁵	tʰie³²⁵	ȵiã⁴²	ȵiã⁴²	ȵie³³	lie²¹³	lie²¹³	lie³²⁵	lie³²⁵	lie²²	tɕiẽ³³	tɕie³³	tɕʰie⁴⁵	tɕʰie³³	tɕʰiẽ²¹³
安仁	tʰɿ³²²	tʰɿ³²²	ɿ²⁴	ɿ⁵³	ie²¹³	lɿ²⁴	lɿ²⁴	lɿ³²²	lɿ³²²	lɿ³²²	tsɿ²²²	tsɿ²¹³	tsʰɿ²⁴	tsʰie²¹³	tsɿ²⁴
耒阳	te²¹³	tʰie²¹³	ie²⁵	ȵiẽ²⁵	ie¹³	lɿ²⁵	ie²⁵	lɿ²¹³	lɿ²¹³	lɿ²¹³		tse¹³	tsʰe²⁴⁵	tsʰe¹³	tsʰɿ²⁵
常宁	tʰia²⁴	tʰie³²⁵	niã⁴⁴	niã⁴⁴	nie³³	liã²¹	liã²¹	liã²⁴	liã²⁴	liã²⁴	tɕiã²⁴	tɕie³³	tɕʰia⁴⁴	tɕʰie³³	tɕʰia²¹
永兴	tʰɿ¹³	tɿ¹³	ɿ³²⁵	i⁴²	ie²²	lɿ³²⁵	lɿ³²⁵	lɿ¹³	lɿ¹³	lɿ¹³	tɕi¹³	tɕie²²	tɕʰiɲ⁴⁵	tɕʰie²²	tɕʰɿ³²⁵
资兴	tiŋ³⁵	ti³⁵~tʰi³⁵	ɿ²²	lɿ³¹/laŋ³¹	lia¹³	lɿ³²⁵	lɿ²²	liŋ³⁵	liŋ³⁵	lɿ³⁵	tɕiŋ³⁵	tɕɿ¹³	tɕʰiɲ³⁵	tɕʰie¹³	tɕʰɿ²²
隆回	xɿ⁴⁵	xɿ⁴⁵	ɿ¹³	ɿ²²⁴	ɿ²²⁵	lɿ¹³	lɿ¹³	lɿ⁴⁵	lɿ⁴⁵	lɿ⁴⁵	tsɿ⁴⁵	tsɿ⁴⁴/tse³²⁵	tsʰɿ⁴⁴	tsʰɿ⁴⁴/tsʰe³²⁵	tsʰɿ¹³
洞口	xɛ⁴⁵	xɛ⁴⁵	iɛ²⁴	iɛ⁵³	iɛ⁵³	liɛ²⁴	liɛ²⁴	liɛ⁴⁵	liɛ⁴⁵	liɛ⁴²	tsiɛ⁴⁵	tsiɛ⁵³	tsʰiɛ⁵³	tsʰiɛ⁵³	tsʰiɛ²⁴
绥宁	tʰiɛ⁴⁴	tie⁴²	ȵie⁴⁵	niɛ⁴²	ȵie³²⁴	liɛ⁴⁵	liɛ⁴⁵	lie⁴⁴	lie⁴²	lie⁴²	tsiɛ⁴²	tsie³³	tsʰie³³	tsʰie³³	tsʰiɿ⁴⁵/tsʰiɛ⁴⁵

	载	先	楔（子）	肩	坚	茧	研	笕	见	结	洁	牵	研	砚	显
	山开四入屑从	山开四平先心	山开四入屑心	山开四平先见	山开四平先见	山开四上铣见	山开四上铣见	山开四上铣见（以切通水）	山开四去霰见	山开四入屑见	山开四入屑见	山开四平先溪	山开四平先疑	山开四去霰疑	山开四上铣晓
华容	tɕ^{h}ie^{435}	ɕi^{45}		tɕi^{45}	tɕi^{45}	tɕi^{21}	tɕi^{21}	tɕi^{21}	tɕi^{213}	tɕie^{435}	tɕie^{435}	tɕ^{h}i^{45}	li^{21}	li^{33}	ɕi^{21}
岳阳楼	tɕ^{h}ie^{45}	ɕian^{34}		tɕian^{34}	tɕian^{34}	tɕian^{31}	tɕian^{31}	tɕian^{31}	tɕian^{324}	tɕie^{45}	tɕie^{45}	tɕ^{h}ian^{34}	nian^{34}	nian^{34}	ɕian^{31}
临湘	dʑ^{h}ie^5	ɕien^{33}	tɕien^{33}	tɕien^{33}	tɕien^{33}	tɕien^{42}	tɕien^{42}	tɕien^{325}	tɕien^{325}	tɕie^5	tɕie^5	dʑ^{h}ien^{33}	ȵien^{33}	ȵien^{21}	ɕien^{42}
岳阳县	c^{h}i^5	ɕien^{33}	cien^{33}	ken^{33}	ken^{33}	cien^{42}	cien^{42}	cien^{42}	cien^{45}	ci^5	ci^5	c^{h}ien^{44}	ȵien^{33}	ȵien^{21}	ɕien^{42}
平江	ts^{h}ie^4	sien^{44}	tsien^{44}	kien^{44}	kien^{44}	kien^{324}	kien^{324}	kien^{324}	kien^{45}	kieʔ^4	kieʔ^4	k^{h}ien^{44}	ȵyan^{22}	ȵyan^{22}	xien^{324}
浏阳	tsie^{44}	si^{44}	tsi^{44}	ka^{44}	ki^{44}	ki^{324}	ki^{324}		ka^{42}	kie^{44}	kie^{44}	k^{h}i^{44}	ȵi^{44}	ȵi^{21}	xi^{21}
醴陵	ts^{h}ie^{45}	sie^{24}	tsie^{45}	kie^{44}	kie^{244}	kie^{31}	kie^{31}	kie^{31}	kie^{22}	kie^{435}	kie^{435}	k^{h}ie^{44}	ȵie^{44}	ȵie^{213}	xie^{31}
茶陵	tɕ^{h}ie^{33}	ɕiã^{45}	tɕiã^{45}	kaɛ^{45}/ȵã^{45}	tɕiɛ^{45}	tɕi^{42}	tɕi^{42}	tɕi^{42}	tɕie^{33}	tɕie^{33}	tɕie^{33}	tɕ^{h}ie^{45}	ȵiã^{45}	ȵiɛ^{225}	ɕiɛ^{42}
安仁	ts^{h}ie^{44}	si^{44}	tsi^{44}	kæ^{45}	tɕi^{45}	tɕi^{53}	tɕi^{53}	tɕi^{53}	tɕie^{45}	te^{33}	te^{33}	k^{h}i^{45}	i^{45}	i^{13}	ʃl^{53}
耒阳	ts^{h}ie^{13}	se^{45}	tse^{45}	ko^{44}	tɕi^{45}	tɕie^{53}	tɕie^{53}	tɕie^{53}	tɕie^{213}	tɕie^{13}	tɕie^{13}	k^{h}ie^{45}	ȵie^{45}	ie^{213}	ɕie^{53}
常宁	tɕ^{h}ie^{33}	ɕiã^{45}	tɕiã^{45}	kã^{45}/ȵã^{45}	tɕã^{45}	tã^{44}	tã^{44}	tã^{44}	tã^{24}	te^{33}	te^{33}	k^{h}ã^{44}	ȵaã^{45}	ȵiã^{24}	ɕiã^{44}
永兴	tɕiɛ^{22}	ɕi^{45}		kaɛ^{45}	tɕi^{45}	tɕi^{42}	tɕi^{42}	tɕi^{42}	tɕi^{42}	tɕie^{22}	tɕie^{22}	tɕ^{h}i^{45}	i^{45}	i^{13}	ɕi^{42}
资兴	tɕiɛ^{13}	ɕi^{44}	tɕi^{44}	ko^{44}	tɕiŋ^{44}	tɕiŋ^{31}	tɕiŋ^{31}	tɕiŋ^{31}	tɕiŋ^{35}	tɕi^{13}	tɕi^{13}	taŋ^{35}	liŋ^{44}	miŋ^{35}	ɕiŋ^{35}
隆回	ts^{h}ie^{325}	si^{44}	tsi^{44}	kaŋ^{44}/tʃi^{44}	tʃi^{44}	tʃi^{212}	tʃi^{212}	tʃi^{53}	tʃi^{222}	tʃie^{44}/tʃie^{325}	tʃie^{325}	tʃi^{44}	ʔi^{44}	ʔi^{45}	ʃi^{212}
洞口	ts^{h}ie^{53}	sie^{53}	tsie^{53}	kã^{53}/tʃiɛ^{53}	tʃie^{53}	tʃie^{213}	tʃie^{213}	tʃie^{213}	tʃie^{245}	tʃie^{53}	tʃie^{45}	tʃ^{h}ie^{53}	ie^{213}	ie^{213}	ʃie^{213}
绥宁	ts^{h}ie^{324}	sie^{33}	tsie^{33}	tʃiʌ^{33}	tʃie^{33}	tʃie^{13}	tʃie^{13}	tʃie^{13}	tʃie^{53}	tʃie^{33}	tʃie^{324}	tʃ^{h}ie^{33}	ie^{13}	ŋɛ^{244}	ʃie^{13}

	贤	弦	现	烟	燕（一干）	咽（烟吞虎）	宴	般	搬	半	绊	钵	拨（~款）	潘	拼（~命）
	山开四平先匣	山开四平先匣	山开四去霰匣	山开四平先影	山开四去霰影	山开四去霰影	山开四去霰影	山合一平桓帮	山合一平桓帮	山合一去换帮	山合一去换帮	山合一入末帮	山合一入末帮	山合一平桓滂	山合一平桓滂
华容	ɕĩ⁴⁵	ɕyĩ¹²	ɕĩ³³	ĩ⁴⁵	ĩ²¹³	ĩ⁴⁵	ĩ²¹³	pun⁴⁵	pun⁴⁵	pun²¹³	pʰan²¹³	po⁴³⁵	po⁴³⁵	pʰun⁴⁵	pʰun⁴⁵
岳阳楼	ɕian¹³	ɕyan¹³	ɕian²²	ian³⁴	ian³²⁴	ian³⁴	ian³²⁴	pan³⁴	pan³⁴	pan³²⁴	pʰan³²⁴	po⁴⁵	po⁴⁵	pʰan³⁴	pʰm³⁴
临湘	ɕien¹³	ɕien¹³	ɕien²¹	ien³³	ien³²⁵		ien³²⁵	pon³³	pon³³	pon³²⁵	pʰan³²⁵	po⁵	po⁵	bʰøn³³	bʰøn³²⁵
岳阳县	ɕien¹³	ɕien¹³	ɕien²¹	ien¹³	ien⁴⁵	ien⁴⁵	ien⁴⁵	pon³³	pon³³	pøn⁴⁵	pʰan⁴⁵	po⁵	pøʔ⁴	bʰøn³³	pʰm³³
平江	xien¹³	xien¹³	xien²²	ien⁴⁴	ien⁴⁵	ien²²	ien⁴⁵	pon⁴⁴	pon⁴⁴	pøn⁴⁵	pʰan⁴⁵	pøʔ⁴	po⁴⁴	pʰøn⁴⁴	pʰin⁴⁴
浏阳	xi⁴⁵	syi⁴⁵	xi⁴²	i⁴⁴	i⁴²	ĩ⁴²	i⁴²	pã⁴⁴	pi⁴⁴	pi⁴²			po⁴³⁵	pʰi⁴⁴	pʰin⁴⁴
醴陵	xiɛ¹³	xiɛ¹³	xiɛ²²	iɛ⁴⁴	iɛ²²	iɛ²²	iɛ²²	poŋ⁴⁴	poŋ⁴⁴	poŋ²²	pʰoŋ²²	po⁴³⁵	po³³	pʰoŋ⁴⁴	pʰiŋ⁴⁴
茶陵	ɕiɛ²¹³	ɕyɛ²¹³	ɕiɛ³³	iɛ⁴⁵	iɛ³³	iɛ³³	iɛ³³	paŋ⁴⁵	poŋ⁴⁵	poŋ³³	paŋ³³	po³³	pu²¹³	pʰaŋ⁴⁵	pʰɪ⁴⁵
安仁	ʃi²⁴	ʃu²⁴	ʃi²²²	i⁴⁴	i³²²	ĩ³²²	i³²²	paŋ⁴⁴	paŋ⁴⁴	paŋ³²²	paŋ²¹³	pu²¹³	po¹³	pʰaŋ⁴⁴	pʰim⁴⁴
耒阳	ɕiɛ²⁵	ɕyɛ²⁵	ɕiɛ²¹³	iɛ⁴⁵	iɛ²¹³	iɛ²¹³	iɛ²¹³	pa⁴⁵	pa⁴⁵	pa²¹³	pʰa²⁴	po¹³	po³³	pʰa⁴⁵	pʰiæ⁴⁵
常宁	ɕiã²¹	ɕyã²¹	ɕiã²⁴	iã⁴⁵	iã²⁴	iã²⁴	iã²⁴	pã²⁴	pã⁴⁵	pã²⁴	pʰa²⁴	po³³	po²²	pʰa⁴⁵	pʰẽ⁴⁵
永兴	ɕi³²⁵	ɕyi³²⁵	ɕi¹³	i⁴⁵	i¹³	n̩⁴⁵	i¹³	pæ⁴⁵	pæ⁴⁵	pæ¹³	pæ⁴²	po²²	po¹³	pʰæ⁴⁵	pʰen⁴⁵
资兴	ɕin²²	ɕin²²	ɕin³⁵	iŋ⁴⁴	iŋ³⁵		iŋ³⁵	paŋ⁴⁴	paŋ⁴⁴	pui³⁵		pui¹³	po³³	pʰaŋ⁴⁴	pʰiŋ³⁵
隆回	ʃi¹³	ʃu¹³	ʃi⁴⁵	i⁴⁴	i⁴⁵	ĩ⁴⁵	i⁴⁵	poŋ⁴⁵	poŋ⁵³	poŋ⁴⁵		po³²⁵	po³²⁵	pʰoŋ⁵³	pʰɤŋ⁴⁴
洞口	ʃiɛ²⁴	ʃyɛ²⁴	ʃie⁴⁴/ʃɛ²⁴	iɛ̃⁵³	iɛ⁴⁵	iɛ⁴⁵	iɛ⁴⁵	paŋ⁴⁵	po³³/pɛ̃³³	po⁴²/pɛ̃⁴²	paŋ⁴⁵	po⁵³	po⁵³	xɑŋ⁵³	hẽ⁵³
绥宁	ʃɛ⁴⁵	ʃɛ⁴⁵	ʃiɛ²⁴	iɛ̃³³	iɛ⁴²	iɛ⁴²	ŋɛ̃⁴²	pa³³	pa³³	po⁴²/pɛ̃⁴²	pa¹³/pa⁴²	po³³	po³³	pʰa³³	pʰəŋ⁴²

	判	泼	盘	伴	叛	瞒	馒~头	满	漫	末	端	短	断~绝	锻~炼	脱
	山合一去换滂	山合一入末滂	山合一平桓並	山合一上缓並	山合一去换並	山合一平桓明	山合一平桓明	山合一上缓明	山合一去换明	山合一入末明	山合一平桓端	山合一上缓端	山合一上缓定	山合一去换端	山合一入末透
华容	pʰuŋ^{213}	pʰo^{435}	pʰuŋ^{12}	pʰuŋ^{33}	pʰuŋ^{213}	muŋ^{12}	man^{12}	mun^{21}	mun^{33}/man^{33}	mo^{435}	tun^{45}	tun^{21}	tun^{213}	hun^{33}	ho^{435}
岳阳楼	pʰaŋ^{324}	pʰo^{45}	pʰan^{13}	pʰan^{22}	pʰun^{324}	man^{13}	man^{13}	man^{31}	man^{22}	mo^{45}	tan^{34}	tan^{31}	tʰan^{22}	tʰan^{22}	tʰo^{45}
临湘	bʰɵn^{325}	bʰo^{5}	bʰɵn^{13}	bʰɵn^{21}	bʰɵn^{325}	mɵn^{13}		mɵn^{42}	man^{21}	me^{5}	tɵn^{33}	tɵn^{42}	dʰɵn^{21}	tɵn^{22}	dʰɵ^{5}
岳阳县	pʰɵn^{45}	pʰɵ^{5}	pɵn^{13}	pɵn^{21}	pʰɵn^{45}	mɵn^{13}	man^{13}	mɵn^{42}	man^{21}	mɵ^{3}	tɵn^{33}	tɵn^{42}	tɵn^{21}	tɵn^{22}	tʰɵ^{5}
平江	pʰɵn^{45}	pʰɵʔ^{4}	pʰɵn^{13}	pʰɵn^{21}	pʰɵn^{45}	mɵn^{13}	man^{13}	mɵn^{21}	man^{45}	mɵʔ^{4}	tɵn^{44}	tɵn^{324}	tʰɵn^{21}	tʰɵn^{22}	tʰɵʔ^{4}
浏阳	pʰʮ^{42}		pʰʮ^{45}	pʰʮ^{21}	pʰʮ^{42}	mi^{45}	moŋ^{45}	mi^{324}	mã^{21}	mie^{44}	ti^{44}	ti^{324}	tʰʮ^{21}		tʰo^{44}
醴陵	pʰoŋ^{22}	pʰo^{435}	pʰoŋ^{13}	pʰoŋ^{22}	pʰoŋ^{22}	moŋ^{13}	maŋ^{13}	moŋ^{31}	maŋ^{22}	mo^{435}	toŋ^{44}	toŋ^{31}	tʰoŋ^{22}	tʰoŋ^{22}	tʰo^{435}
茶陵	pʰoŋ^{33}	pʰo^{33}	pʰoŋ^{213}	pʰoŋ^{45}	pʰoŋ^{33}	moŋ^{213}	maŋ^{213}	moŋ^{53}	moŋ^{325}	mo^{33}	toŋ^{45}	toŋ^{42}	tʰoŋ^{42}	tʰoŋ^{33}	tʰo^{33}
安仁	pʰaŋ^{322}	pʰɑ^{213}	paŋ^{24}	pʰaŋ^{322}	pʰɑ^{322}	maŋ^{24}	maŋ^{322}	mã^{53}	maŋ^{322}	mɑ^{213}	tuaŋ^{44}	tuaŋ^{53}	tʰuaŋ^{322}	tʰuaŋ^{322}	tʰuɑ^{213}
耒阳	pʰã^{213}	pʰia^{13}	pʰã^{25}	pʰã^{213}	pʰã^{213}	mã^{25}	mã^{213}	mã^{44}	mã^{213}	mo^{13}	tua^{45}	tua^{53}	tʰuã^{53}	tʰua^{213}	tʰo^{13}
常宁	pʰã^{24}	pʰo^{33}	pʰã^{21}	pʰã^{24}	pʰã^{24}	mã^{21}	mã^{24}	mã^{42}	mã^{24}	mo^{33}	tua^{45}	tuã^{44}	tuã^{24}	tʰuã^{213}	tʰua^{33}/tʰo^{33}
永兴	pʰæ^{13}	pʰo^{22}	pæ^{325}	pæ^{13}	pʰæ^{13}	mæ^{325}	mæ^{13}	muɯ^{31}	mæ^{13}	mɔ^{22}	tuæ^{45}	tuæ^{42}	tuæ^{42}	tuæ^{13}	tʰo^{22}
资兴	pʰaŋ^{35}	pʰʮ^{13}	puɯ^{22}/paŋ^{22}	paŋ^{35}	pʰaŋ^{35}	maŋ^{22}	maŋ^{35}		maŋ^{35}	muɯ^{13}	taŋ^{44}	tuɯ^{31}	taŋ^{35}	tʰuɯ^{13}	
隆回	pʰoŋ^{45}	pʰo^{325}	pʰoŋ^{13}	pʰoŋ^{45}	pʰoŋ^{45}	moŋ^{13}		moŋ^{212}	maŋ^{45}	mo^{325}	tuaŋ^{44}	tuaŋ^{212}	huaŋ^{212}	tuaŋ^{45}	huɑ^{44}/hɔ^{44}/hɔ^{325}
洞口	xaŋ^{45}		xaŋ^{24}	xaŋ^{45}	xaŋ^{45}	maŋ^{24}		maŋ^{213}	mã^{45}	mo^{45}	tuaŋ^{53}	tuaŋ^{213}	xaŋ^{213}	xaŋ^{45}	ho^{53}
绥宁	pʰɛ^{42}	pʰo^{33}	pʰɵ^{45}/pʰɛ^{45}	pʰɛ^{22}	pʰɛ^{42}	mo^{45}	mɛ^{45}	mo^{22}	mɛ^{44}	mo^{324}	tɛ^{33}	to^{13}	tʰɵ^{22}	tʰɛ^{44}	tʰo^{33}

地点	团 山合平桓定	段 山合去桓定	缎 山合去桓定	夺 山合入末定	暖 山合上缓泥	卵 山合上缓来	乱 山合去换来	捋~袖 山合入末来	钻 动词 山合平桓精	钻 木工具 山合去换精	汆~丸子 山合平桓清	撮~一米 山合入末清	酸 山合平桓心	算 山合去换心	蒜 山合去换心
华容	hun^{12}	hun^{33}	hun^{33}	ho^{45}	lun^{21}	lo^{21}	lun^{33}	le^{435}	tsun^{45}	tsun^{213}	tsʰun^{45}	tsʰo^{435}	sun^{45}	sun^{213}	sun^{213}
岳阳楼	tʰan^{13}	tʰan^{22}	tʰan^{22}	tʰo^{45}	lan^{31}	lo^{31}	lan^{22}	le^{45}	tsan^{34}	tsan^{324}	tsʰan^{34}	tsʰo^{45}	san^{34}	san^{324}	san^{324}
临湘	dʰøn^{13}	dʰøn^{21}	dʰøn^{21}	dʰø^{5}	løn^{42}	løn^{42}/lo^{42}	løn^{21}	le^{5}	tsøn^{33}	tsøn^{325}	dʑøn^{33}	tsø^{5}	søn^{33}	søn^{325}	søn^{325}
岳阳县	tøn^{13}	tøn^{21}	tøn^{21}	tʰø^{3}	fon^{42}	lo^{42}	lo^{21}	lo^{3}	tsøn^{33}	tsøn^{45}	tsʰøn^{33}	tsø^{5}	søn^{33}	søn^{45}	søn^{45}
平江	tʰøn^{13}	tʰøn^{22}	tʰøn^{22}	tʰøʔ^{4}	løn^{21}	løn^{21}/lo^{21}	løn^{22}	lo^{44}	tsøn^{45}	tsøn^{45}	tsʰøn^{44}	tsøʔ^{4}	søn^{44}	søn^{45}	søn^{45}
浏阳	tʰɿ^{45}	tʰɿ^{21}	tʰɿ^{21}	tʰo^{435}		lɿ^{224}	lɿ^{22}	lo^{435}	tsɿ^{44}	tsɿ^{42}	tsʰɤ^{44}	tso^{435}	sɿ^{44}	sɿ^{42}	sɿ^{42}
醴陵	tʰoŋ^{213}	tʰoŋ^{22}	tʰoŋ^{22}	to^{33}	loŋ^{31}	loŋ^{31}	loŋ^{22}	lo^{33}	tsoŋ^{44}	tsoŋ^{22}	tsʰoŋ^{44}	tso^{325}	soŋ^{44}	soŋ^{22}	soŋ^{22}
茶陵	tʰoŋ^{213}	tʰoŋ^{325}	tʰoŋ^{325}	tu^{213}	loŋ^{45}/loŋ^{42}	loŋ^{42}/lo^{42}	loŋ^{325}	le^{213}	tsoŋ^{33}	tsoŋ^{33}	tsʰoŋ^{45}	tsua^{213}	soŋ^{45}	soŋ^{33}	soŋ^{33}
安仁	tuan^{24}	tʰuaŋ^{322}	tʰuaŋ^{322}	to^{13}	huaŋ^{322}/luaŋ^{53}	luaŋ^{53} 男阴	huaŋ^{322}		tsuaŋ^{44}	tsuaŋ^{322}	tsʰuaŋ^{44}	tsua^{13}	suaŋ^{44}	suaŋ^{322}	suaŋ^{322}
耒阳	tʰuã^{25}	tʰuã^{213}	tʰuã^{213}	to^{33}	lua^{53}	lo^{55}/lua^{53} 男阴	hua^{213}	lua^{45}	tsuã^{45}	tsuã^{213}	tsʰuã^{45}	tsua^{45}	suã^{45}	suã^{213}	suã^{213}
常宁	tʰuã^{21}	tʰuã^{24}	tʰuã^{24}	tɔ^{22}	luã^{44}	luã^{44} 男阴	lua^{24}	lua^{33}	tsuã^{45}	tsuã^{24}	tsʰuã^{45}	tsɔ^{22}	suã^{45}	suã^{24}	suã^{24}
永兴	tuɛ^{325}	tuɛ^{13}	tuɛ^{13}	to^{13}	luɛ^{42}	luɛ^{42}	luɛ^{13}	lɔ^{22}	tsuɛ^{45}	tsuɛ^{13}	tsʰuɛ^{45}	tso^{44}	suɛ^{45}	suɛ^{13}	suɛ^{13}
资兴	taŋ^{22}	taŋ^{35}	taŋ^{35}	to^{325}	lɯ^{44}/laŋ^{31} 保~壶	lɯ^{31}/lo^{31}	lɯ^{35}/laŋ^{35}	lu^{44}	tsɯ^{44}	tsɯ^{35}		tsuɑ^{44}	suɯ^{44}	suɯ^{35}	suɯ^{35}
隆回	huaŋ^{13}	huaŋ^{45}	huaŋ^{45}	to^{45}	loŋ^{212}	luaŋ^{212}/lo^{212}	huaŋ^{45}	lua^{45}	tsuaŋ^{44}	tsuaŋ^{45}	tsʰuaŋ^{44}	tsuɑ^{44}	suaŋ^{44}	suaŋ^{45}	suaŋ^{45}
洞口	xaŋ^{24}	xaŋ^{45}	xaŋ^{45}		luaŋ^{213}	lo^{213}	luaŋ^{53}	liɤ^{45}	tsuɑŋ^{53}	tsuɑŋ^{53}	tsʰuɑŋ^{53}	tso^{324}	suɑŋ^{44}	suɑŋ^{45}	suɑŋ^{45}
绥宁	tʰø^{45}	tʰɛ̃^{44}	tʰɛ̃^{44}	to^{324}	lo^{22}		lo^{44}/lɛ̃^{44}	lɯe^{42}	tsø^{42}	tso^{42}	tsʰɛ̃^{33}	tso^{324}	sø^{33}	sø^{42}/sɛ̃^{42}	sø^{42}

方言点	官 山合一 平桓见	棺 山合一 平桓见	观参~ 山合一 平桓见	管 山合一 上缓见	馆 山合一 上缓见	贯 山合一 去换见	灌 山合一 去换见	罐 山合一 去换见	冠~军 山合一 去换见	括包~ 山合一 入末见	宽 山合一 平桓溪	款 山合一 上缓溪	阔 山合一 入末溪	欢 山合一 平桓晓	桓 山合一 平桓匣
华容	kuøn⁴⁵	kun⁴⁵	kun⁴⁵	kun²¹	kun²¹	kun²¹³	kun²¹³	kun²¹³	kun²¹³	kua⁴⁵	kʰun⁴⁵	kʰun²¹	kʰo⁴³⁵	xun⁴⁵	xun¹²
岳阳楼	kuan³⁴	kuan³⁴	kuan³⁴	kuan³¹	kuan³¹	kuan³²⁴	kuan³²⁴	kuan³²⁴	kuan³²⁴	kua⁻	kʰuan³⁴	kʰuan³¹	kʰo⁴⁵	fan³⁴	fan¹³
临湘	kuøn³³	kuøn³³		kuøn⁴²	kuøn⁴²	kuøn³²⁵	kuøn³²⁵	kuøn³²⁵	kuøn³²⁵	kue⁵	gʰuøn³³	gʰøn⁴²	gʰø⁵	fan³³	xen¹³
岳阳县	kuøn³³	kuøn³³	kuøn³³	kuøn⁴²	kuøn⁴²	kuøn⁴⁵	kuøn⁴⁵	kuøn⁴⁵	kuøn⁴⁵	kue⁵	kʰøn³³	kʰøn⁴²	kʰø⁵	føn³³	uøn¹³
平江	kuøn⁴⁴	kuøn⁴⁴	kuøn⁴⁴	kuøn³²⁴	kuøn³²⁴	kuøn⁴⁵	kuøn⁴⁵	kuøn⁴⁵	kuøn⁴⁵	koʔ⁴	xøn⁴⁴	xøn³²⁴	xoʔ⁴	føn⁴⁴	yan¹³/fon¹³
浏阳	kuɨ⁴⁴	kuɨ⁴⁴	kuɨ⁴⁴	kuɨ̃³²⁴	kuɨ̃³²⁴	kuɨ⁴²	kuɨ⁴²	kuɨ⁴²	kuɨ⁴²	kʰua⁴⁴	kʰuɨ⁴⁴	kʰuɨ³²⁴	kʰo⁴⁴	xuɨ⁴⁴	
醴陵	kuoŋ⁴⁴	kuoŋ⁴⁴	kuoŋ⁴⁴	kuoŋ³¹	kuoŋ³¹	kuoŋ²²	kuoŋ²²	kuoŋ²²	kuoŋ²²	kʰua⁴³⁵	kʰoŋ⁴⁴	kʰoŋ³¹	kʰo⁴³⁵	foŋ⁴⁴	fan¹³
茶陵	kuaŋ⁴⁵	kuaŋ⁴⁵	kuaŋ⁴⁵	kuaŋ⁴²	kuaŋ⁴²	kuaŋ³³	kuaŋ³³	kuaŋ³³	kuaŋ³³	kua³³	kʰuaŋ⁴⁵	kʰuaŋ⁴²	kʰua³³	kʰuaŋ⁴⁵	xuan²¹³
安仁	kuaŋ⁴⁴	kuaŋ⁴⁴	kuaŋ⁴⁴	kuaŋ⁵³	kuaŋ⁵³	kuaŋ³²²	kuaŋ³²²	kuaŋ³²²	kuaŋ³²²	kua²¹³	kʰuaŋ⁴⁴	kʰuaŋ⁵³	kʰua²¹³	xuaŋ⁴⁴	xuaŋ²⁴
耒阳	kuã⁴⁵	kuã⁴⁵	kuã⁴⁵	kuã⁵³	kuã⁵³	kuã²¹³	kuã²¹³	kuã²¹³	kuã²¹³	kʰua¹³	kʰuã⁴⁵	kʰuã⁵³	kʰo¹³	xuã⁴⁵	
常宁	kuã⁴⁵	kuã⁴⁵	kuã⁴⁵	kuã⁴⁴	kuã⁴⁴	kuã²⁴	kuã²⁴	kuã²⁴	kuã²⁴	kua³³	kʰuã⁴⁵	kʰuã⁴⁴	kʰo³³	fa⁴⁵	
永兴	kuɛ⁴⁵	kuɛ⁴⁵	kuɛ⁴⁵	kuɛ⁴²	kuɛ⁴²	kuɛ¹³	kuɛ¹³	kuɛ¹³	kuɛ¹³	kua²²	kʰuɛ⁴⁵	kʰuɛ⁴²	kʰɔ²²	xuɛ⁴⁵	fa²¹
资兴	kuaŋ⁴⁴	kuaŋ⁴⁴	kuaŋ⁴⁴	kuaŋ³¹	kuaŋ³¹	kuaŋ³⁵	kuɨ³⁵/kuaŋ³⁵	kuaŋ³⁵	kuaŋ³⁵	kua¹³	kʰuaŋ³⁵	kʰuaŋ³¹	kʰo¹³	xuɨ⁴⁴/fanŋ⁴⁴	xue¹³
隆回	kuaŋ⁴⁴	xuaŋ⁴⁴	kuaŋ⁴⁴	kuaŋ²¹²	kuaŋ²¹²	kuaŋ⁴⁵	kuaŋ⁴⁵	kuaŋ⁴⁵	kuaŋ⁴⁵	kua³²⁵	kʰuaŋ⁴⁴	kʰuaŋ²¹²	kʰo³²⁵	xuaŋ⁴⁴	xuaŋ¹³
洞口	kuã⁵³	kuã⁵³	kuã⁵³	kuã²¹³	kuã²¹³	kuã⁴⁵	kuã⁴⁵	kuã⁴⁵	kuã⁴⁵	kua⁵³	kʰuã⁵³	kʰuã²¹³	kʰo⁴⁵	xuã⁵³	xuã²⁴
绥宁	kuɛ̃³³	kuɛ̃³³	kuɛ̃³³	kuɛ̃¹³	kuɛ̃¹³	kuɛ̃⁴²	kuɛ̃⁴²	kuɛ̃⁴²/kuɛ̃⁴²	kuɛ̃³³	kuA³²⁴	kʰuɛ̃³³	kʰuɛ̃¹³	kʰo³²⁴	fɛ³³/fiɛ̃³³	fɛ⁴⁵

地点	完 山合一平桓匣	丸(肉~) 山合一平桓匣	换 山合一去换匣	活 山合一入末匣	碗 山合一上缓影	腕 山合一去换影	幻 山合二去裥匣	滑 山合二入黠匣	涓(数~) 山合二入黠匣	挖 山合二入黠影	闩 山合二平删生	拴 山合二平删生	刷 山合二入鎋生	关(~门) 山合二平删见	慣 山合二去谏见
华容	un^{12}	yi^{212}	xuan^{33}	xo^{435}	un^{21}	un^{21}	xuan^{33}	xua^{435}	xua^{435}	ua^{435}	ɕyan^{45}	ɕyan^{45}	ɕya^{435}	kuan^{45}	kuan^{213}
岳阳楼	uan^{13}	yan^{13}	fan^{22}	xo^{45}	uan^{31}	uan^{31}	fan^{22}	uæ^{5}	ua^{45}	ua^{45}~ua^{34}	ɕyan^{34}	ɕyan^{34}	ɕya^{45}	kuan^{34}	kuan^{324}
临湘	uøn^{13}	yen^{13}	uøn^{21}	fæ^{5}	uøn^{42}	uøn^{42}	fan^{21}	uæ^{5}	uæ^{5}	uæ^{5}	søn^{33}	søn^{33}	so^{5}/sɔ^{5}	kuan^{33}	kuan^{325}
岳阳县	føn^{13}	uøn^{13}	føn^{21}	xø^{3}	uøn^{42}	uøn^{42}	fan^{21}	uæ^{3}	uæ^{3}	uæ^{5}/ua^{33}	san^{33}	san^{33}	sa^{5}	kuan^{33}	kuan^{45}
平江	yan^{13}/føn^{13}	yan^{13}	føn^{22}	uoʔ^{4}/fɔʔ^{4}	uøn^{324}	uøn^{324}	fan^{22}	uaʔ^{4}	uaʔ^{4}	uaʔ^{4}/uaʔ^{4}	san^{44}	san^{44}	sət^{4}/sɔʔ^{4}	kuan^{44}	kuan^{45}
浏阳	yi^{45}	yi^{45}	xui^{21}	xo^{42}	uoŋ^{31}	uĩ^{324}	xui^{21}	xua^{42}	ua^{42}	ua^{44}	sã^{44}	sã^{44}	so^{44}	kua^{44}	kua^{42}
醴陵	yɛ̃^{13}/uoŋ^{13}	yɛ̃^{13}	foŋ^{22}	fo^{435}	uaŋ^{42}	uaŋ^{31}	xoŋ^{22}	ua^{435}	ua^{435}	ua^{44}	tsʰoŋ^{45}	tsʰoŋ^{44}	so^{435}	kʰuaŋ^{44}	kuaŋ^{22}
茶陵	uaŋ^{213}	yaŋ^{213}	xuaŋ^{325}	xue^{33}	uaŋ^{53}	uaŋ^{42}	xuan^{325}	ua^{33}	ua^{33}	ua^{45}	tsʰoŋ^{45}		ɕya^{45}	kʰuaŋ^{45}	kuaŋ^{33}
安仁	uɪ^{24}	uɪ^{24}	xuaŋ^{322}	xue^{213}	uã^{53}	uaŋ^{53}	xuaŋ^{322}	uɔ^{44}	uɔ^{44}	uæ^{44}	suaŋ^{44}	suaŋ^{44}	suɔ^{213}	kʰuaŋ^{44}	kuaŋ^{322}
耒阳	yɛ̃^{25}	yɛ̃^{25}	xuã^{213}	xo^{13}	uã^{44}	uã^{53}	xuã^{213}	ua^{13}	ua^{13}	ua^{45}	suã^{45}	suã^{45}	sua^{13}	kʰuã^{45}	kuã^{213}
常宁	uã^{21}/fã^{21}	ya^{21}	fã^{24}	fe^{21}	uæ^{42}	uã^{44}	fã^{24}	ua^{21}	ua^{21}	ue^{45}/ua^{33}	suã^{45}	tʰua^{45}	sua^{33}	kʰuã^{45}	kuã^{24}
永兴	uæ^{325}	yi^{325}	xuɛ^{13}	xue^{45}/xɔ^{22}	uɪ^{31}	uɛ^{42}	xuɛ^{13}	ua^{22}	ua^{22}	ua^{45}	suɛ^{45}	suɛ^{45}	sua^{22}	kua^{45}	kuɛ^{13}
资兴	uaŋ^{22}	iŋ^{22}	faŋ^{35}	fæ^{13}	uaŋ^{212}		uaŋ^{35}	o^{44}	ua^{13}	ua^{44}	suɪ^{44}		suɪ^{13}	kʰuaŋ^{44}	kuaŋ^{35}
隆回	mĩ^{13}/uaŋ^{13}	mi^{13}	xuaŋ^{45}	xo^{325}	uã^{213}	uaŋ^{212}	xuaŋ^{45}	miɔ^{45}/uɔ^{325}	uɔ^{325}	miɔ^{44}/uɔ^{44}	suaŋ^{44}	suaŋ^{44}	suɔ^{4}/suɔ^{325}	kuaŋ^{44}	kuaŋ^{45}
洞口	uã^{24}	yɛ̃^{24}	xuã^{45}	xo^{45}	uã^{213}	uã^{213}	xuã^{45}	ua^{45}	ua^{45}	ua^{53}	suɔŋ^{53}	suɔŋ^{53}	sa^{53}	kua^{53}	kua^{45}
绥宁	ua^{45}	iɛ^{45}	fɛ̃^{44}	xo^{42}	ue^{13}	uɛ̃^{13}	fɛ̃^{42}	uA^{42}	uA^{42}	uA^{33}	sø^{33}	sø^{33}	sA^{33}	kua^{13}	kua^{42}

地点	刮	还~原	环	患	宦	弯	湾	恋	劣	全	泉	绝	宣	选	雪
	山合二入鎋见	山合二平删匣	山合二平删匣	山合二去谏匣	山合二去谏匣	山合二平删影	山合二平删影	山合三去线来	山合三入薛来	山合三平先从	山合三平先从	山合三入薛从	山合三平仙心	山合三上狝心	山合三入薛心
华容	kua⁴³⁵	xuan¹²	xuan¹²	xuan³³	xuan³³	uan⁴⁵	uan⁴⁵	lĩ²¹³	lie⁴³⁵	tsʰun¹²	tsʰun¹²	tsʰe⁴³⁵	sun⁴⁵	sun²¹	se⁴³⁵
岳阳楼	kua⁴⁵	fan¹³	fan¹³	fan²²	fan²²	uan³⁴	uan³⁴	lian³²⁴	lie⁴⁵	tɕʰian¹³	tɕʰian¹³	tɕʰie⁴⁵	ɕian³⁴	ɕian³¹	ɕie⁴⁵
临湘	kuɐ⁵	fan¹³	fan¹³	xuan²¹	xuan²¹	uan³³	uan³³	dʰien²¹	dʰe⁵	dʑʰien¹³	dʑʰien¹³	dʑʰie⁵	ɕien³³	ɕien⁴²	ɕie⁵
岳阳县	kua⁵	uan¹³/fan¹³	fan¹³	fan²¹	fan²¹	uan³³	uan³³	lien⁴⁵	li³	cien¹³	cien¹³	cʰi³	ɕien³³	ɕien⁴²	ɕi⁵
平江	kuɐ²⁴	uan¹³	fan¹³	fan²²	fan²²	uan⁴⁴	uan⁴⁴	lien⁴⁵	lieʔ⁴	tsʰien¹³	tsʰien¹³	tsʰieʔ⁴	sien⁴⁴	sien³²⁴	sieʔ⁴
浏阳	kua⁴⁴	uɐ⁴⁵	fɐ⁴⁵	xuɪ²¹	xuɪ²¹	uɐ̃⁴⁴	uɐ̃⁴⁴	tĩ²¹	tie⁴⁴	sʅ⁴⁵	sʅ⁴⁵	tɕie⁴⁴	sʅ⁴⁴	sʅ³²⁴	sie⁴⁴
醴陵	kua⁴³⁵	uaŋ¹³	faŋ¹³	foŋ²²	foŋ²²	uaŋ⁴⁴	uaŋ⁴⁴	liɐ²²	liɐ⁴³⁵	sʰiẽ¹³	sʰiẽ¹³	sʰiɐ⁴³⁵	siẽ⁴⁴	siẽ³¹	siɐ⁴³⁵
茶陵	kua³³	uaŋ²¹³	xuaŋ²¹³	xuaŋ³³	xuaŋ³³	uaŋ⁴⁵	uaŋ⁴⁵	liẽ²³	lie³³	tɕʰiẽ²¹³	tɕʰiẽ²¹³	tɕʰye²¹³	ɕiẽ²⁴⁵	ɕiẽ⁴²	ɕye³³
安仁	kuɐ⁴⁴/kuɐ²¹³	uan²⁴	xuaŋ²⁴	xuaŋ³²²	xuaŋ³²²	uan⁴⁴	uan⁴⁴	lĩ³²²	lie²¹³	tsuĩ²⁴	tsuĩ²⁴	tɕʰie²¹³	suĩ⁴⁴	suĩ⁵³	sie²¹³
耒阳	kua¹³	uɐ²⁵	xuɐ²⁵	fan³⁵	xuɐ²¹³	uɐ̃⁴⁵	uɐ̃⁴⁵	liẽ²¹³	le¹³	tsʰuẽ²⁵	tsʰuẽ²⁵	ȵue¹³	suẽ⁴⁵	suẽ⁵³	ɕye¹³
常宁	kua³³	fɐ²¹	fɐ²¹		fɐ²⁴	uɐ̃⁴⁵	uɐ̃⁴⁵	liã²⁴	le³³	tɕʰyã²¹	tɕʰyã²¹	ȵue³³	ɕyã⁴⁵	ɕyã⁴⁴	ɕye³³
永兴	kua²²	uɐ³²⁵	xuɐ²²		xuɐ¹³	uɛ⁴⁵	uɛ⁴⁵	li¹³	lie²²	tɕʰyi³²⁵	tɕʰyi³²⁵	tɕye²²	ɕyi⁴⁵	ɕyi⁴²	ɕyɛ²²
资兴	kua¹³	uan²²/fan²²	faŋ²²			uan⁴⁴	uan⁴⁴	liŋ³⁵	lie¹³	tɕʰiŋ²²	tɕʰy²²	tɕʰiui⁴⁴	ɕiŋ⁴⁴	ɕiui³¹	ɕiui¹³
隆回	kuɐ³²⁵		xuan¹³	xuan⁴⁵	xuan⁴⁵	uan⁴⁴	uan⁴⁴	lĩ⁴⁵	le³²⁵	tsʰuĩ¹³	tsʰuĩ¹³	tʃue³²⁵	suĩ⁴⁴	suĩ²¹²	sue⁴⁴/sue³²⁵
洞口	kua⁵³	uɐ²⁴	xuɐ²⁴	xuɐ̃⁴⁵	xuɐ̃⁴⁵	uɐ̃⁵³	uɐ̃⁵³	liẽ⁴⁵	lie⁴⁵	tʃʰyɛ²⁴	tʃʰyɛ²⁴	tsʰiɤ⁴⁵	ʃyɛ⁵³	ʃyɛ²¹³	sie⁵³
绥宁	kuᴀ³³	ua⁴⁵	fɛ̃⁴⁵	fɛ̃⁴²	fɛ⁴²	ua³³	ua³³	liẽ⁴²	liɐ³²⁴	tsʰiẽ⁴⁵	tsʰiẽ⁴⁵	tsʰɥe⁴²	siẽ³³	siẽ¹³	sɥe³²⁴

	旋~儿的 山合三 平仙邪	转~继 山合三 上祢知	转~继 山合三 去线知	传~话 山合三 平仙澄	椽 山合三 平仙澄	传~记 山合三 去线澄	专 山合三 平仙章	砖 山合三 平仙章	川 山合三 平仙昌	穿 山合三 平仙昌	串 山合三 去线昌	船 山合三 平仙船	说~话 山合三 入薛书	软 山合三 上祢日	卷~起 山合三 上祢见
华容	sun^{33}	tɕyɪ^{213}	tɕyɪ^{213}	tɕʰyɪ^{12}	tsʰun^{12}	tɕʰyan^{33}	tɕyɪ^{45}	tɕyɪ^{45}	tɕʰyɪ^{45}	tɕʰyɪ^{45}	tɕʰyɪ^{213}	tɕʰyɪ^{12}	ɕye^{435}	yɪ^{21}	tɕyɪ^{21}
岳阳楼	tɕʰian^{22}	tɕyan^{324}	tɕyan^{31}	tɕʰyan^{13}	ɕyan^{13}	tɕʰyan^{22}	tɕyan^{34}	tɕyan^{34}	tɕʰyan^{34}	tɕʰyan^{34}	tɕʰyan^{324}	tɕʰyan^{13}	ɕye^{53}	yan^{31}	tɕyan^{31}
临湘	dʑʰien^{21}	tɕyen^{325}	tɕyen^{42}	dʑʰyen^{13}	ɕyen^{13}	dʑʰyen^{21}	tɕyen^{33}	tɕyen^{33}	kʰyen^{33}	kʰyen^{33}	dʑʰyen^{325}	tɕyen^{13}	ɕye^{5}	ȵyen^{42}	tɕyen^{42}
岳阳县	cien^{21}	kuøn^{45}	kuøn^{42}	kuøn^{13}	føn^{13}		kuøn^{33}	kuøn^{33}	kʰuøn^{33}	kʰuøn^{33}	kʰuøn^{45}	kuøn^{13}	fo^{5}	uøn^{42}	kuøn^{42}
平江	tsʰiɛ^{22}	tsyan^{324}		tsʰyan^{13}	syan^{13}	tsʰyan^{22}	tsyan^{44}	tsyan^{44}	tsʰyan^{44}	tsʰyan^{44}	tsʰyan^{45}	syan^{13}	sya^{7}	ȵyan^{21}	tsyan^{324}
浏阳	tsʰʅ^{21}	tsʰyɪ^{42}	tsʰyɪ^{224}	tsʰʰyɪ^{45}	syɪ^{45}	tsʰʰyɪ^{21}	tsyɪ^{44}	tsyɪ^{44}	tsʰyɪ^{44}	tsʰyɪ^{44}	tsʰyɪ^{42}	tsʰyɪ^{45}		yɪ^{224}	tsʰyɪ^{224}
醴陵	tsʰiɛ^{325}	kye^{22}	kye^{22}	kʰye^{13}	xye^{13}	kʰye^{22}	kye^{44}	kye^{44}	kʰye^{22}	kʰye^{44}	kye^{22}/kʰye^{22}	kʰye^{13}	xye^{435}	ŋye^{31}	kye^{31}
茶陵	tɕʰiɛ^{325}	tɕyaŋ^{42}	tɕyaŋ^{42}	tɕʰyaŋ^{213}	ɕyaŋ^{213}	tɕʰyaŋ^{22}	tɕyaŋ^{45}	tɕyaŋ^{45}	tɕʰyaŋ^{45}	tɕʰyaŋ^{45}	tɕʰyaŋ^{33}	ɕyaŋ^{213}	ɕye^{33}	ȵyɛ̃^{45}	tɕyaŋ^{42}
安仁	tsʰuɪ^{322}	tʃur^{322}	tʃur^{322}	tʃʰur^{24}	ʃur^{24}	tʃʰur^{322}	tʃur^{44}	tʃur^{44}	tʃʰur^{44}	tʃʰur^{44}	tʃʰur^{322}	ʃur^{24}	ʃue^{325}	ur^{322}/ur^{53}	tʃur^{53}
耒阳	tsʰuɛ^{213}	ʐuɛ^{213}	ʐuɛ^{213}	ɡʰuɛ^{25}	ɕye^{25}	ɡʰuɛ^{213}	ʐuɛ^{45}	ʐuɛ^{45}	ɡʰuɛ^{45}	ɡʰuɛ^{45}	ɡʰuɛ^{213}	ɕye^{25}		ye^{53}	ʐue^{53}
常宁	tɕʰya^{24}	ʐua^{44}	ʐua^{24}	ɡʰua^{21}	ɕyã^{21}/ɡʰua^{21}	ɡʰua^{24}	ʐuã^{45}	ʐuã^{45}	ɡʰuã^{45}	ɡʰuã^{45}	ɡʰuã^{24}	ɡʰua^{21}	ɕye^{33}	ȵyã^{44}	ʐuã^{44}
永兴	tɕʰyi^{13}	tɕyi^{13}	tɕyi^{42}	tɕʰyi^{325}	ɕyi^{325}	tɕyi^{13}	tɕyi^{45}	tɕyi^{45}	tɕʰyi^{45}	tɕʰyi^{45}	tɕʰyi^{13}	ɕyi^{325}		yi^{42}	tɕyi^{42}
资兴	tsʰʰuɪ^{35}	tiur^{35}		tsʰaŋ^{22}	sur^{22}	tsaŋ^{35}	tsaŋ^{44}	tsur^{44}	tsʰaŋ^{44}		tsʰaŋ^{35}	sur^{22}		loŋ^{44}/ly^{31}	
隆回	tsʰuɪ^{45}	tʃur^{45}	tʃʰuɪ^{212}	tʃʰur^{13}	ʃur^{24}	tʃʰur^{322}	tʃur^{44}	tʃur^{44}	tʃʰur^{44}	tʃʰur^{44}	tʃʰur^{45}	tʃʰur^{13}	ʃue^{325}	mĩ^{212}	tʃur^{212}
洞口	ʃye^{53}	tʃyɛ^{213}	tʃyɛ^{213}	tʃʰyɛ^{24}	ʃye^{24}	tʃyɛ^{53}	tʃyɛ^{53}	tʃyɛ^{53}	tʃʰyɛ^{53}	tʃʰyɛ^{53}	tʃʰyɛ^{53}	tʃʰyɛ^{24}	so^{45}	ye^{213}	tʃyɛ^{213}
绥宁	tsʰɥe^{44}	tʃɛ^{13}	tʃɥe^{42}/tʃɛ^{13}	tʃʰɛ^{45}	ʃɥe^{45}	tʃʰɛ^{42}	tʃɛ^{33}	tʃɥe^{33}	tʃɛ^{33}	tʃʰɥe^{33}	tʃʰɥe^{42}/tʃʰɥe^{42}	tʃʰɛ^{45}	ʃɥe^{45}	ȵɛ^{13}	tʃɥe^{13}

	卷考~ 山合三 去线见	绢 山合三 去线见	圈圆~ 山合三 平仙溪	拳 山合三 平仙群	权 山合三 平仙群	圆 山合三 平仙云	员 山合三 平仙云	院 山合三 去线云	缘 山合三 平仙以	沿 山合三 平仙以	铅 山合三 平仙以	捐 山合三 平仙以	悦 山合三 入薛以	阅 山合三 入薛以	反 山合三 上阮非
华容	tɕyĩ^{213}	tɕyi^{213}	tɕʰyi^{45}	tɕʰyi^{12}	tɕʰyi^{12}	yi^{12}	yi^{12}	yĩ^{33}	yi^{12}	yi^{12}	yi^{12}	tɕyi^{45}	ye^{435}	ye^{435}	fan^{21}
岳阳楼	tɕyan^{324}	tɕyan^{324}	tɕʰyan^{34}	tɕʰyan^{13}	tɕʰyan^{13}	yan^{13}	yan^{13}	yan^{22}	yan^{13}	yan^{13}	yan^{13}	tɕyan^{34}	yẽ^{45}	yẽ^{45}	fan^{31}
临湘	tɕyen^{325}	tɕyen^{33}	dʑʰiʌŋ^{33}	dʑʰyen^{13}	dʑʰyen^{13}	yen^{13}	yen^{13}	yẽn^{21}	yen^{13}	ien^{13}	yen^{13}	tɕyen^{33}	ye^{5}	ye^{5}	fan^{42}
岳阳县	kuɔn^{45}	kuɔn^{45}	kʰuɔn^{33}	kuɔn^{13}	kuɔn^{13}	uɔn^{13}	uɔn^{13}	uɔn^{21}	uɔn^{13}		uɔn^{13}	kuɔn^{33}	uɔ^{5}	uɔ^{5}	fan^{42}
平江	tʂyan^{45}	tʂyan^{45}	tʂʰyan^{44}	tʂʰyan^{13}	tʂʰyan^{13}	yan^{13}	yan^{13}	yan^{45}	yan^{13}	ien^{13}	ŋyan^{13}	tʂyan^{44}	yaʔ^{4}	yaʔ^{4}	fan^{324}
浏阳	tʂyi^{42}		tʂʰyi^{44}	tʂʰyi^{45}	tʂʰyi^{45}	ĩ^{45}/yĩ^{45}	yi^{45}	yi^{42}	yĩ^{13}	yĩ^{13}	yĩ^{45}	tʂyĩ^{44}	yẽ^{44}	yẽ^{44}	fa^{324}
醴陵	kye^{22}	kye^{22}	kʰye^{44}	kʰye^{13}	kʰye^{13}	ye^{13}	yẽ^{13}	yẽ^{22}	yẽ^{13}	yẽ^{13}	yẽ^{13}	yẽ^{435}	ye^{435}	ye^{435}	faŋ^{31}
茶陵			tɕʰyaŋ^{45}	tɕʰyaŋ^{213}	tɕʰyan^{213}	yaŋ^{213}	yaŋ^{213}	yaŋ^{325}	yaŋ^{213}	yaŋ^{213}	yaŋ^{213}	tɕyaŋ^{45}	ye^{33}	ye^{33}	faŋ^{42}
安仁	tʃui^{222}		tʃʰui^{44}	tʃʰui^{24}	tʃʰui^{24}	huaŋ^{24}/ur^{24}	ur^{24}	ur^{322}	ur^{24}	ur^{24}	ur^{24}	tʃui^{44}	ue^{213}	ue^{213}	faŋ^{53}
耒阳	tʃue^{53}	ʃue^{45}	tʃʰue^{45}	kʰue^{25}	tʰue^{25}	huã^{25}/yɛ^{25}	yẽ^{25}	yẽ^{213}	yẽ^{25}	yẽ^{25}	yẽ^{25}	ʃue^{45}	yẽ^{13}	yẽ^{13}	fa^{53}
常宁	ʃua^{24}	ʃua^{24}	tʃʰua^{45}	kʰua^{21}	tʰua^{21}	huã^{21}/yã^{21}	yã^{21}	yã^{24}	yã^{21}	yã^{21}	yã^{21}	ʃua^{45}	yẽ^{33}	yẽ^{33}	fa^{44}
永兴	tɕyi^{13}	tɕy^{45}	kʰua^{45}	tɕʰyi^{325}	tɕʰyi^{325}	luɛ^{325}/yi^{325}	yi^{324}	yi^{13}	yi^{325}	ĩ^{325}	yi^{325}	tɕyi^{45}	yẽ^{22}	yẽ^{22}	fæ^{42}
资兴	tɕiŋ^{35}	tɕy^{44}	kʰua^{44}	tɕʰy^{2}	tɕʰiŋ^{22}	luɪ^{22}	iŋ^{22}	iŋ^{35}	iŋ^{22}	iŋ^{22}	iŋ^{22}	tɕiŋ^{44}	iei^{13}	iae^{13}	faŋ^{31}
隆回	tʃui^{45}	tʃui^{45}	tʃʰui^{44}	tʃʰui^{13}	tʃʰyɛ^{24}	luaŋ^{13}/mĩ^{13}	mĩ^{13}	mĩ^{45}	mĩ^{13}	mĩ^{13}	mĩ^{13}	tʃui^{44}	me^{325}	me^{325}	fan^{212}
洞口	tʃyɛ^{45}	tʃyɛ^{53}	tʃʰyɛ^{53}	tʃʰyɛ^{24}	tʃʰyɛ^{24}	luã^{24}/yɛ^{24}	yẽ^{24}	yẽ^{53}	yẽ^{24}	yẽ^{24}	yẽ^{24}	tʃyɛ^{53}	ye^{45}	ye^{45}	xuã^{213}
绥宁	tʃɛ^{42}	tʃɛ^{42}	tʃʰɛ^{33}	tʃʰɛ^{45}	tʃʰɛ^{45}	ɥe^{45}	iẽ^{45}	ɥe^{44}/iẽ^{44}	iẽ^{45}	iẽ^{45}	iẽ^{45}	tʃɛ^{33}	ɥe^{324}	ɥe^{324}	fɛ^{13}

	贩	发(头~)	发(~展)	翻	番(儿~)	烦	繁	饭	罚	晚	挽	万	袜	劝	劳
	山合三 去愿非	山合三 入月非	山合三 入月非	山合三 平元敷	山合三 平元敷	山合三 平元奉	山合三 平元奉	山合三 去愿奉	山合三 入月奉	山合三 上阮微	山合三 上阮微	山合三 去愿微	山合三 入月微	山合三 去愿溪	山合三 去愿溪
华容	fan^{213}	fa^{435}	fa^{435}	fan^{45}	fan^{45}	fan^{12}	fan^{12}	fan^{33}	fa^{435}	uan^{21}	uan^{21}	uan^{33}	ua^{435}	tɕʰyʔ^{213}	tɕyʔ^{213}
岳阳楼	fan^{324}	fa^{45}	fa^{45}	fan^{34}	fan^{34}	fan^{13}	fan^{13}	fan^{33}	fa^{45}	uan^{31}	uan^{31}	uan^{22}	ua^{45}	tɕʰyan^{324}	tɕʰyan^{324}
临湘	fan^{325}	fæ^{5}	fa^{5}	fan^{33}		fan^{13}	fan^{13}	fan^{21}	fæ^{5}	uæ^{42}	uan^{42}	uan^{21}	uæ^{5}	dʑʰyen^{325}	tɕyen^{325}
岳阳县	fan^{45}	fæ^{5}		fan^{33}	fan^{33}	fan^{13}	fan^{13}	fan^{21}	fæ^{3}	uæ^{42}	uan^{42}	uan^{21}	uæ^{3}	kʰuɔn^{45}	kuɔn^{45}
平江	fan^{45}	fa^{7⁴}	fa^{7⁴}	fan^{44}	fan^{44}	fã^{45}	fã^{45}	fan^{22}	fa^{7⁴}	uan^{21}	uan^{324}	uan^{22}	ua^{7⁴}	tʂʰyan^{45}	tʂyan^{45}
浏阳	fã^{42}	fa^{44}	fa^{44}	fã^{44}	fã^{44}	faŋ^{13}	faŋ^{13}	fã^{21}	fa^{42}	mĩ^{324}/uã^{324}		uã^{21}	ua^{44}	tʂʰyʔ^{42}	tʂyʔ^{42}
醴陵	faŋ^{22}	fa^{435}	fa^{435}	faŋ^{44}	faŋ^{44}	faŋ^{213}	faŋ^{213}	faŋ^{22}	fa^{435}	moŋ^{31}(说法)	uaŋ^{31}	uaŋ^{22}	ua^{435}	kʰye^{22}	kye^{22}
茶陵	faŋ^{33}	fa^{33}	fa^{33}	fæ^{45}	fæ^{45}	faŋ^{24}	faŋ^{24}	faŋ^{325}	fa^{33}	uaŋ^{42}	uaŋ^{42}	uaŋ^{325}	ua^{33}	tɕʰyaŋ^{33}	tɕʰyaŋ^{33}
安仁	faŋ^{322}	fa^{213}	fa^{213}	faŋ^{44}	faŋ^{44}	fã^{25}	fã^{25}	faŋ^{322}	fo^{44}	maŋ^{53}/uaŋ^{53}	uaŋ^{53}	uaŋ^{322}	ua^{213}	tʃʰuɪ^{322}	tʃuɪ^{322}
耒阳	fã^{213}	fa^{13}	fa^{13}	fã^{45}	fã^{45}	fã^{21}	fã^{21}	fã^{213}	fa^{45}	mã^{53}	uã^{213}	uã^{213}	ua^{45}	tʰue^{24}	tʰue^{213}
常宁	fã^{24}	fa^{33}	fa^{33}	fã^{45}	fã^{45}	fæ^{325}	fæ^{325}	fã^{24}	fa^{21}	mã^{44}/uã^{44}	uã^{44}	uã^{24}	ua^{33}	tɕʰyi^{13}	ʑua^{24}
永兴	fæ^{13}	fu^{45}	fo^{22}	fæ^{45}	fæ^{45}	faŋ^{22}	faŋ^{22}	fɛ^{13}	fo^{45}	mæ^{42}/uæ^{42}	uæ^{42}	uæ^{13}	ua^{22}	tɕʰiɯ^{35}	tɕyi^{13}
资兴	faŋ^{35}	fu^{44}	fa^{13}	faŋ^{44}	faŋ^{44}	faŋ^{13}	faŋ^{13}	fo^{35}	fo^{13}	maŋ^{31}/uaŋ^{31}	uaŋ^{31}	uaŋ^{35}	o^{13}		tɕin^{35}
隆回	fan^{45}	fa^{325}	fa^{325}	faŋ^{44}	faŋ^{44}	faŋ^{13}	faŋ^{13}	fan^{45}	fa^{325}	maŋ^{212}/uaŋ^{212}	uaŋ^{212}	uaŋ^{45}	ua^{44}/uɑ^{325}	tʃʰuɪ^{45}	tʃuɪ^{45}
洞口	xuã^{45}	xua^{53}	xua^{53}	xua^{53}	xuã^{53}	fɛ̃^{45}	fɛ̃^{45}	xuã^{53}	xua^{45}	mɑŋ^{213}	uã^{213}	uã^{53}	ua^{45}	tʃʰyɛ^{45}	tʃyɛ^{45}
绥宁	fa^{42}	fA^{33}	fA^{33}	fa^{33}	fa^{33}		tʃɛ̃^{45}	fa^{44}	fA^{42}	mø^{22}/me^{13}/ma^{13}	ua^{13}	uɛ̃^{44}	uA^{33}	tʃʰɛ^{42}	tʃɛ^{42}

	元	原	源	愿	月	冤	怨	袁	园	援 -数	远	越	粤	决	诀
	山合三平元疑	山合三平元疑	山合三平元疑	山合三去愿疑	山合三入月疑	山合三平元影	山合三去愿影	山合三平元云	山合三平元云	山合三平元云	山合三上阮云	山合三入月云	山合三入月云	山合四入屑见	山合四入屑见
华容	yĩ^{12}	yĩ^{12}	yĩ^{12}	yĩ^{33}	ye^{435}	yĩ^{45}	yĩ^{213}	yĩ^{12}	yĩ^{12}	yĩ^{12}	yĩ^{21}	ye^{435}	ye^{435}	tɕye^{435}	tɕye^{435}
岳阳楼	yan^{13}	yan^{13}	yan^{13}	yan^{22}	ye^{45}	yan^{34}	yan^{324}	yan^{13}	yan^{13}	yan^{13}	yan^{31}	ye^{45}	ye^{45}	tɕye^{45}	tɕye^{45}
临湘	yen^{13}	yen^{13}	yen^{13}	ŋyen^{21}	ɲye^{5}	yen^{33}	yen^{325}	yen^{13}	yen^{13}	yen^{13}	yen^{42}	ye^{5}	ye^{5}	tɕye^{5}	tɕye^{5}
岳阳县	uøn^{13}	uøn^{13}	uøn^{13}	uøn^{21}	uo^{3}	uøn^{33}	uøn^{45}	uøn^{13}	uøn^{13}		uøn^{42}	uo^{5}	uo^{5}	kuo^{5}	kuo^{5}
平江	ŋyan^{13}	ŋyan^{13}	ŋyan^{13}	ŋyan^{22}	ŋye^{4}	yan^{44}	yan^{45}	yan^{13}	yan^{13}	yan^{13}	yan^{21}	ya^{24}	ya^{24}	tsya^{24}	tsya^{24}
浏阳	yĩ^{45}	yĩ^{45}	yĩ^{45}	ŋyĩ^{21}	ye^{42}	yĩ^{44}	yɛ̃^{42}	yĩ^{45}	yĩ^{45}		yĩ^{224}	ye^{44}	ye^{44}	tsye^{44}	tsye^{44}
醴陵	ŋyɛ̃^{13}	ŋyɛ̃^{13}	ŋyɛ̃^{13}	ŋyɛ̃^{22}	ŋye^{435}	yɛ̃^{44}	yɛ̃^{22}	yɛ̃^{13}	yɛ̃^{13}	yɛ̃^{13}	yɛ̃^{31}	ye^{435}	ye^{435}	kye^{435}	kye^{435}
茶陵	yaŋ^{213}	yaŋ^{213}	yaŋ^{213}	yaŋ^{325}	ye^{33}	yaŋ^{45}	yaŋ^{33}	yaŋ^{213}	yaŋ^{213}	yaŋ^{213}	yaŋ^{45}	ye^{33}	ye^{33}	tɕye^{33}	tɕye^{33}
安仁	uĩ^{24}	uĩ^{24}	uĩ^{24}	uĩ^{22}	ue^{44}	uĩ^{44}	uĩ^{222}	uĩ^{24}	uĩ^{24}	uĩ^{24}	uĩ^{322}/uĩ^{53}	ue^{213}	ue^{213}	tʃue^{213}	tʃue^{213}
耒阳	yɛ̃^{25}	yɛ̃^{25}	yɛ̃^{25}	yɛ̃^{213}	ye^{45}	yɛ̃^{45}	yɛ̃^{213}	yɛ̃^{25}	yɛ̃^{25}	yɛ̃^{25}	yɛ̃^{53}	ye^{13}	ye^{13}	tue^{13}	tue^{13}
常宁	yã^{21}	yã^{21}	yã^{21}	yã^{24}	ye^{33}	yã^{45}	yã^{24}	yã^{21}	yã^{21}	yã^{21}	yã^{44}	ye^{33}	ye^{33}	tue^{33}	tue^{33}
永兴	yĩ^{325}	yĩ^{325}	yĩ^{325}	yĩ^{13}	ye^{45}	yĩ^{45}	yĩ^{13}	yĩ^{325}	yĩ^{325}	yĩ^{325}	yĩ^{42}	ye^{22}	ye^{22}	tɕye^{22}	tɕye^{22}
资兴	iŋ^{22}	iŋ^{22}	iŋ^{22}	ly^{35}/iŋ^{35}	ly^{44}	iŋ^{44}	iŋ^{35}	iŋ^{22}	iuŋ^{22}	iŋ^{22}	iuŋ^{31}	iae^{13}	iae^{13}	tɕiae^{13}	tɕiae^{13}
隆回	mĩ^{13}	mĩ^{13}	mĩ^{13}	mĩ^{45}	mĩ^{45}/me^{325}	mĩ^{44}	mĩ^{45}	mĩ^{13}	mĩ^{13}	mĩ^{13}	mĩ^{212}	me^{325}	me^{325}	tʃue^{325}	tʃue^{325}
洞口	yɛ̃^{24}	yɛ̃^{24}	yɛ̃^{24}	yɛ̃^{53}	ye^{45}	yɛ̃^{53}	yɛ̃^{45}	yɛ̃^{24}	yɛ̃^{24}	yɛ̃^{24}	yɛ̃^{213}	ye^{45}	ye^{45}	tʃye^{45}	tʃye^{45}
绥宁	iɛ^{45}	iɛ^{45}	iɛ^{45}	ɥe^{44}/ŋɛ^{44}	ɥe^{42}	iɛ^{33}	iɛ^{42}	iɛ^{45}	iɛ^{45}	iɛ^{45}	uɛ^{22}	ɥe^{324}	ɥe^{324}	tʃɥe^{324}	tʃɥe^{324}

	缺	血	玄	悬	县	穴	渊	吞	跟	根	恳	痕	很	恨	恩
	山合四入屑溪	山合四入屑晓	山合四平先匣	山合四平先匣	山合四去霰匣	山合四入屑匣	山合四平先影	臻开一平痕透	臻开一平痕见	臻开一平痕见	臻开一上很溪	臻开一平痕匣	臻开一上很匣	臻开一去恨匣	臻开一平痕影
华容	tɕʰye⁴³⁵	ɕie⁴³⁵	ɕyɪ̃¹²	ɕyɪ̃¹²	ɕɪ̃³³	ɕie⁴³⁵	yɪ̃⁴⁵	han⁴⁵	kan⁴⁵	kan⁴⁵	kʰən²¹	xən¹²	xən²¹	xon³³	ŋən⁴⁵
岳阳楼	tɕʰye⁴⁵	ɕie⁴⁵	ɕyan¹³	ɕyan¹³	ɕian²²	ɕie⁴⁵	yan³⁴	tʰən³⁴	kan³⁴	kan³⁴	kʰən³¹	xən¹³	xən³¹	xon²²	ŋen³⁴
临湘	dʑye⁵	ɕie⁵	ɕyen¹³	ɕyen¹³	ɕien²¹	ɕia⁵/ɕie⁵	yen³³	dʱien³³	ken³³	ken³³		xen¹³		xen²¹	ŋen³³
岳阳县	kʰuø⁵	ɕi⁵	fʊ̃m¹³	fʊ̃m¹³	ɕien²¹	ɕi⁵	uøn³³	tʰɛ̃n⁴⁴	ken³³	ken³³	kʰɛn⁴²	xɛn¹³	xɛn⁴²	xɛn²¹	ŋɛn³³
平江	tsʰyaʔ⁴	syaʔ⁴	syan¹³	syan²²	syan²²	syaʔ⁴	yan⁴⁴	tʰɛ̃n⁴⁴	kɛn⁴⁴	ken⁴⁴	xɛn³²⁴	xɛn¹³	xɛn³²⁴	xɛn²²	ŋɛn⁴⁴
浏阳	tʰye⁴⁴	ɕye⁴⁴	syɪ̃⁴⁵	syɪ̃⁴⁵	xɪ²¹	syaʔ⁴⁴	yɪ⁴⁴	tʰɪ⁴⁴	kɪ⁴⁴	kɪ⁴⁴		xɪ⁴⁵	xɪ³²⁴	xɪ²¹	ŋɪ⁴⁴
醴陵	kʰye⁴³⁵	xye⁴³⁵	xyɛ̃¹³	xyɛ̃¹³	xiɛ²²	kʰye⁴³⁵	yɛ̃⁴⁴	tʰɛ̃⁴⁴	kɛ̃⁴⁴	kɛ̃⁴⁵	kʰɛ̃⁴²	xɛ̃¹³	xɛ̃⁴²	xɛ̃²²⁵	ŋɛ̃⁴⁴
茶陵	tɕʰye³³	ɕye³³	ɕyaŋ²¹³	ɕyaŋ²¹³	ɕie²²⁵	tɕye³³	yaŋ⁴⁵	tʰɛ̃⁴⁵	kɛ̃⁴⁵	kɛ̃⁴⁵	kʰɛ̃⁴²	xɛ̃²¹³	xɛ̃⁴²	xɛ̃²²⁵	ŋɛ̃⁴⁵
安仁	tʃʰue²¹³	ɕiuɪ¹³	ʃuɪ²⁴	ʃuɪ²⁴	ʃuɪ²²²	ʃue⁴⁴	uɪ⁴⁴	tʰʅ⁴⁴	kʅ⁴⁵	kʅ⁴⁴	kʰʅ⁵³	xʅ²⁴	xʅ²⁴	xʅ²³²	ʅ⁴⁴
耒阳	tʰue³³	ɕye¹³	ɕyɛ̃²⁵	ɕyɛ̃²⁵	ɕyɛ²⁵	ɕyɛ⁴⁵	yɛ̃⁴⁵	tʰɛ̃⁴⁵	kɛ̃⁴⁵	kɛ̃⁴⁵	kɛ̃⁵³	xɛ̃²⁵	xɛ̃⁵³	xɛ̃²¹³	e⁴⁵
常宁	tʰue³³	ɕye²²	ɕyã²¹	ɕyã²¹	ɕiã²⁴	tʰue³³/ɕye³³	yã⁴⁵	tʰɛ̃⁴⁵	kɛ⁴⁵	kɛ⁴⁵	kɛ̃⁴⁴	xɛ²¹	xɛ̃⁴⁴	xɛ̃²⁴	ŋɛ̃⁴⁵
永兴	tɕʰye²²	ɕiuɪ¹³	ɕin²²	ɕin²²	ɕi¹³	ɕye²²	in⁴⁴	tʰen⁴⁵	ken⁴⁵	ken⁴⁵	kʰen⁴²	xen²²	xen⁴²	xen¹³	en⁴⁵
资兴	tʃʰue³²⁵	ʃue⁴⁴	ʃuɪ¹³	ʃuɪ¹³	ɕiuɪ³⁵/ɕiŋ³⁵	ʃie³²⁵	mɪ̃⁴⁴	huɛ⁴⁴	kaŋ⁴⁴	kaŋ⁴⁴	kʰeŋ³¹	xeŋ²²		xeŋ³⁵	ŋeŋ⁴⁴
隆回	tʃʰue⁵³	ʃye⁵³	ʃyɛ̃⁴⁵	ʃyɛ̃⁴⁵	ʃɛ̃⁴⁴	ʃie⁵³	yɛ̃⁵³	he⁵³	kɛ⁵³	kɛ⁵³	kʰɛ²¹²	xɛ̃¹³	xɛ̃²¹²	xɛ̃⁵³	ɛ⁴⁴
洞口	tʃʰye⁵³	ʃye³³/ʃue⁴²	ʃyɛ̃⁴⁵	ʃyɛ̃⁴⁵	ʃɛ⁴⁴	ʃye⁵³	yɛ̃⁵³		kɛ̃⁵³	kɛ̃⁵³	kʰɛ²¹³	xɛ̃²⁴	xɛ̃²¹³	xɛ̃⁴⁵	ɛ̃⁵³
绥宁	tʃʰue³³	ʃye⁴⁵	ʃɛ̃⁴⁵	ʃɛ̃⁴⁵	ʃɛ⁴⁴	ʃie³²⁴	ie³²⁴	tʰɛ̃³³	kɛ̃³³	kɛ̃³³	kʰɛ̃¹³	xɛ̃⁴⁵	xɛ̃¹³	xɛ̃⁴⁴	ŋɛ̃³³

	宾	殡	彬	笔	毕	必	匹~夫	贫	频~繁	闽~越	民	悯	敏	抿	密	蜜
	臻开三平真帮	臻开三去震帮	臻开三平真帮	臻开三入质帮	臻开三入质帮	臻开三入质帮	臻开三入质滂	臻开三平真並	臻开三平真並	臻开三平真明	臻开三平真明	臻开三上轸明	臻开三上轸明	臻开三上轸明	臻开三入质明	臻开三入质明
华容	pin^{45}		pin^{45}	pi^{435}	pi^{435}	pi^{435}	pʰi^{435}	pʰin^{12}	pʰin^{12}	min^{21}	min^{12}	min^{21}	min^{21}	min^{21}	min^{44}/mi^{213}	mi^{435}
岳阳楼	pin^{34}	pin^{31}	pin^{34}	pi^{45}	pi^{45}	pi^{45}	pʰi^{45}	pʰin^{13}	pʰin^{13}		min^{13}	min^{31}	min^{31}	min^{31}	mi^{45}	mi^{45}
临湘	pin^{33}		pin^{33}	pi^{5}	pi^{5}	pi^{5}	bʰi^{325}	bʰin^{13}	bʰin^{13}		min^{13}	min^{42}	min^{42}	min^{42}	mi^{5}	mi^{5}
岳阳县	pin^{33}	pin^{45}	pin^{33}	pi^{5}	pi^{5}	pi^{5}	pʰi^{5}	pin^{13}	pin^{13}	min^{21}	min^{13}	min^{42}	min^{42}	min^{42}	mi^{3}	mi^{3}
平江	pin^{44}	pin^{42}	pin^{44}	piʔ^{4}	piʔ^{4}	piʔ^{4}	pʰiʔ^{4}	pʰin^{13}	pʰin^{13}	min^{324}	min^{13}	min^{21}	min^{21}	min^{21}	miʔ^{4}	miʔ^{4}
浏阳	pin^{44}		pin^{44}	pi^{44}	pi^{44}	pi^{44}	pʰi^{44}	pʰin^{45}	pʰin^{45}	miŋ^{31}	min^{45}	min^{324}	min^{324}	mi^{44}	mi^{42}	mi^{44}
醴陵	pin^{44}		pin^{44}	pi^{435}	pi^{435}	pi^{435}	pʰi^{435}	pʰiŋ^{13}	pʰiŋ^{13}	mĩ^{213}	miŋ^{13}	miŋ^{31}	miŋ^{31}	miŋ^{31}	mi^{435}	mi^{435}
茶陵	pĩ^{45}	pĩ^{33}	pĩ^{45}	pi^{33}	pi^{33}	pi^{33}	pʰi^{33}/pʰi^{325}	pʰĩ^{213}	pʰĩ^{213}	min^{24}	mĩ^{213}	mĩ^{42}	mĩ^{42}	mĩ^{45}	mi^{33}	mi^{33}
安仁	pin^{44}	pin^{322}	pin^{44}	pi^{213}	pi^{213}	pi^{213}	pʰi^{213}	pin^{24}	pin^{24}	miɛ̃^{25}	min^{24}	min^{53}	min^{53}	min^{53}	min^{44}/mi^{213}	mi^{213}
耒阳	piɛ̃^{45}	piɛ̃^{45}	piɛ̃^{45}	pi^{13}	pi^{13}	pi^{13}	pʰi^{13}	pʰiɛ̃^{25}	pʰiɛ̃^{25}	me^{21}	miɛ̃^{25}	miɛ̃^{53}	miɛ̃^{53}	miɛ̃^{53}	miɛ̃^{45}/mi^{13}	mi^{13}
常宁	pɛ̃^{45}	pɛ̃^{45}	pɛ̃^{45}	pi^{33}	pi^{33}	pʮ^{22}	pʰi^{45}	pʰɛ̃^{21}	pʰɛ̃^{21}	men^{42}	me^{21}	me^{44}	me^{44}	me^{44}	mi^{33}	mi^{33}
永兴	pen^{45}	pen^{13}	pen^{45}	pi^{22}	pi^{22}	pʮ^{22}	pʰʮ^{45}	pʰen^{22}	pʰen^{22}	miŋ^{31}	men^{325}	men^{42}	men^{42}	men^{42}	men^{45}/mŋ^{22}	mŋ^{22}
资兴	piŋ^{44}	piŋ^{44}	piŋ^{44}	pei^{13}	pi^{13}	pi^{13}	pʰʮ^{44}	piŋ^{22}	piŋ^{22}	mɛ̃^{13}	miŋ^{22}	miŋ^{31}	miŋ^{31}	miŋ^{31}	mei^{44}	mei^{44}
隆回	pɛ̃^{44}	pɛ̃^{44}	pɛ̃^{44}	pi^{325}	pi^{325}	pi^{325}	pʰi^{325}	pʰɛ̃^{13}	pʰɛ̃^{13}	mɛ̃^{213}	mɛ̃^{13}	mɛ̃^{212}	mɛ̃^{212}	mɛ̃^{212}	mɛ^{45}/mɛ^{325}	mɛ^{45}/mɛ^{325}
洞口	pɛ̃^{45}	pɛ̃^{45}	pɛ̃^{45}	pi^{45}	pi^{45}	pi^{45}	fi^{24}	hɛ^{24}	hɛ^{24}	mɛ̃^{13}	mɛ̃^{24}	mɛ̃^{24}	mɛ̃^{213}	mɛ̃^{24}	me^{45}	me^{45}
绥宁	pĩ^{33}	pĩ^{42}	pĩ^{33}	pi^{324}	pi^{42}	pi^{324}	pʰi^{33}	pʰʮ^{45}	pʰʮ^{45}		mĩ^{45}	mĩ^{13}	mĩ^{13}	mĩ^{13}	mi^{42}	mi^{42}

	辛	疾	秦	漆	七	亲~家	亲	晋	进	尽~量	津	栗	磷	鳞	邻
	臻开三平真心	臻开三入质从	臻开三平真从	臻开三入质清	臻开三入质清	臻开三去震清	臻开三平真清	臻开三去震精	臻开三去震精	臻开三上轸从	臻开三平真精	臻开三入质来	臻开三平真来	臻开三平真来	臻开三平真来
华容	ɕin⁴⁵	tɕʰi⁴³⁵	tɕʰin¹²	tɕʰi⁴³⁵	tɕʰi⁴³⁵	tɕʰin²¹³	tɕʰin⁴⁵	tɕin²¹³	tɕin²¹³	tɕʰin³³	tɕin⁴⁵	li⁴³⁵	lin¹²	lin¹²	lin¹²
岳阳楼	ɕin³⁴	tɕʰi⁴⁵	tɕʰin¹³	tɕʰi⁴⁵	tɕʰi⁴⁵	tɕʰin³²⁴	tɕʰin³⁴	tɕin³²⁴	tɕin³²⁴	tɕʰin²²/tɕin³¹	tɕin³⁴	li⁵	lin¹³	lin¹³	lin¹³
临湘	ɕin³³	dʑi⁵	ɕin¹³	dʑi⁵	dʑi⁵	dʑin³²⁵	dʑin³³	tɕin³²⁵	tɕin³²⁵	dʑin²¹	tɕin³³	dʰia⁵	dʰin¹³	dʰin¹³	dʰin¹³
岳阳县	çin³³	cʰi⁴³	ɕin¹³	cʰi⁵	cʰi⁵	cʰin⁴⁵	cʰin³³	ɕin⁴⁵	ɕin⁴⁵	ɕin²¹	ɕin³³	li⁵	lin¹³	lin¹³	lin¹³
平江	sin⁴⁴	tsʰi²⁴	sin¹³	tsʰi²⁴	tɕʰiʔ⁴	tsʰin⁴⁵	tsʰin⁴⁴	tsin⁴⁵	tsin⁴⁵	tsʰin²²	tsin⁴⁴	liaʔ⁴	lin¹³	lin¹³	lin¹³
浏阳	sin⁴⁴	tsi⁴⁴	tsʰin⁴⁵	tsʰi⁴⁴	tsʰi⁴⁴	tsʰin⁴²	tsʰin⁴⁴	tsin⁴²	tsin⁴²	tsʰin²¹	tsin⁴⁴	li⁴³⁵	tin⁴⁵	tin⁴⁵	tin⁴⁵
醴陵	sin⁴⁴	tɕʰiᴇ³³	tsʰiŋ¹³	tɕʰi³³	tsʰi⁴³⁵		tsʰiŋ⁴⁴	tsin²²	tsiŋ²²	tsʰiŋ²²	tsiŋ⁴⁴	lia³³	liŋ¹³	liŋ¹³	liŋ¹³
茶陵	ɕi⁴⁵	tɕʰi²¹³	tɕʰi⁴²	tɕʰi²¹³	tsʰi²¹³	tɕʰi⁴⁵	tɕʰi⁴⁵	tɕi³³	tɕi³³	tsʰi³²⁵	tɕi⁴⁵	lia⁴⁴/li²¹³	lɿ²¹³	lɿ²¹³	lɿ²¹³
安仁	sin⁴⁴	tɕʰi¹³	tsʰin²⁴	tɕʰi¹³	tɕʰi¹³	tsʰin³²²	tsʰin⁴⁴	tsin³²²	tsin³²²	tsʰin³²²	tsin⁴⁴	li⁵	lin²⁴	lin²⁴	lin²⁴
耒阳	ɕiɛ̃⁴⁵		tsʰiɛ̃²⁵	tɕʰi³³	tɕʰi³³	tɕʰiɛ̃²⁵	tɕʰiɛ̃⁴⁵	tɕiɛ̃²¹³	tɕiɛ̃²¹³	tɕʰiɛ̃²¹³	tɕiɛ̃⁴⁵		liɛ̃²⁵	liɛ̃²⁵	liɛ̃²⁵
常宁	sɛ⁴⁵	tɕɿ²²	tsʰɛ²¹	tɕʰɿ²²	tɕʰɿ²²	tsʰɛ²⁴	tsʰɛ⁴⁴	tsɛ²⁴	tsɛ²⁴	tsʰɛ²⁴	tsɛ⁴⁵	lɿ²²	lɛ²¹	lɛ²¹	lɛ²¹
永兴	sen⁴⁵	tɕʰi¹³	tɕʰin³²⁵	tsʰei¹³	tsʰei¹³	tsʰeŋ⁴⁴	tsʰeŋ⁴⁴	tɕin¹³	tɕin¹³	tɕin¹³	tɕin⁴⁵	lei⁴⁴用于植物/li¹³用于地名	len³²⁵	len³²⁵	len³²⁵
资兴	ɕin⁴⁴	tɕʰi¹³	tɕʰiŋ²²	tsʰi⁴⁴/tsʰi³²⁵	tsʰi⁴⁴	tsʰɛ⁴⁵	tɕʰɛ⁵³	tɕiŋ³⁵	tɕiŋ³⁵	tɕiŋ³⁵	tɕin⁴⁴	li⁴⁵/li³²⁵	liŋ²²	leŋ²²	liŋ²²
隆回	sɛ̃⁴⁴	tsi³²⁵	tsʰɛ¹³	tsʰi⁵³	tsʰi⁵³	tsʰɛ⁴⁵		tsɛ⁴⁵	tsɛ⁴⁵	tsʰɛ⁴⁵	tsɛ⁴⁴	li⁴⁵	lɛ¹³	lɛ¹³	lɛ¹³
洞口	sɛ⁵³	tsi⁴⁵	tsʰɛ²⁴					tsɛ⁴⁵	tsɛ⁴⁵	tsʰɛ⁴⁵	tsɛ⁵³	li⁴⁵	lɛ²⁴	lɛ²⁴	lɛ²⁴
绥宁	sɿ³³	tsi³²⁴	tsʰɿ⁴⁵	tsʰi³³	tsʰi³³		tsʰɿ³³	tsɿ⁴²	tsɿ⁴²	tsʰɿ⁴⁴	tsɿ³³	liA³²⁴/li³²⁴	lɿ⁴⁵	lɿ⁴⁵	lɿ⁴⁵

地点	新	薪	信	讯	悉	滕	珍	镇	趁	陈	尘	阵	侄	秩	村
	臻开三 平真心	臻开三 平真心	臻开三 去震心	臻开三 去震心	臻开三 入质心	臻开三 入质心	臻开三 平真知	臻开三 去震知	臻开三 去震彻	臻开三 平真澄	臻开三 平真澄	臻开三 去震澄	臻开三 入质澄	臻开三 入质澄	臻开三 去魂初
华容	ɕin^{45}	ɕin^{45}	ɕin^{213}	ɕin^{213}	ɕi^{435}	ɕi^{435}	tsən^{45}	tsən^{213}	tsʰən^{33}	tsʰən^{12}	tsʰən^{12}	tsʰən^{33}	tsʅ^{5}	tsʰʅ^{435}	tsʰən^{213}
岳阳楼	ɕin^{34}	ɕin^{34}	ɕin^{324}	ɕin^{324}	ɕi^{45}一	ɕi^{45}一	tsən^{34}	tsən^{324}	tsʰən^{324}	tsʰən^{13}	tsʰən^{13}	tsʰən^{22}	tsʰʅ^{45}	tsʰʅ^{324}	tsʰən^{324}
临湘	ɕin^{33}	ɕin^{33}	ɕin^{325}	ɕin^{325}	ɕi^{5}	gʰe^{5}	tsən^{33}	tsən^{325}	dzʰən^{325}	dzʰən^{13}	dzʰən^{13}	dzʰən^{21}	dzʰʅ^{5}	dzʰʅ^{325}	dzʰən^{325}
岳阳县	ɕin^{33}	ɕin^{33}	ɕin^{45}	ɕin^{45}	ɕi^{5}	cʰʅ^{5}	tsən^{33}	tsən^{45}	tsʰən^{45}	tsʰən^{13}	tsʰən^{13}	tsʰən^{21}	tsʰʅ^{3}	tsʰʅ^{5}	tsʰən^{45}
平江	sin^{44}	sin^{44}	sin^{45}	sin^{45}	siʔ^{4}	seʔ^{4}/siʔ^{4}	tsən^{44}	tsən^{45}	tsʰən^{45}	tsʰən^{13}	tsʰən^{13}	tsʰən^{22}	tsʰʅ^{4}	tsʰʅ^{4}	tsʰen^{45}
浏阳	sin^{44}	sin^{44}	sin^{42}	sin^{42}	si^{44}	tsʰʅ^{44}	tsən^{44}	tsən^{42}	tsʰən^{42}	tsʰən^{45}	tsʰən^{45}	tsən^{22}	tʂʅ^{42}	tsʅ^{44}	tsʰən^{42}
醴陵	sin^{44}	sin^{44}	sin^{22}	sin^{22}	si^{33}	tɕy^{33}	tsəŋ^{44}	tsəŋ^{22}	tsʰəŋ^{31}	tsʰəŋ^{13}	tsʰəŋ^{13}	tsʰəŋ^{22}	tsʅ^{33}	tsʰʅ^{33}	tsʰε^{22}
茶陵	ɕi^{45}	ɕi^{45}	sẽ^{23}	ɕi^{33}	ɕi^{33}	tɕʰi^{22}	tsε^{45}	tsẽ^{23}	tsʰε^{325}	tsʰε^{213}	tsʰε^{213}	tsʰε^{325}	tsʅ^{33}	tsʰʅ^{33}	tsʰε^{23}
安仁	sin^{44}	sin^{44}	sin^{322}	sin^{322}	sui^{213}	tsʰʅ^{213}	tɕin^{44}	tʃin^{322}	tʃʰin^{322}	tʃin^{24}	tʃin^{24}	tʃʰin^{24}	tʃʰʅ^{44}	tsʰʅ^{213}	tsʰui^{322}
耒阳	ɕiɛ̃^{45}	ɕiɛ̃^{45}	ɕiɛ̃^{213}	ɕiɛ̃^{213}	sui^{13}	tsʰʅ^{55}	ʨiɛ̃^{45}	ʨiɛ̃^{24}	ʨʰiɛ̃^{53}	ʨʰiɛ̃^{25}	ʨʰiɛ̃^{25}	ʨʰiɛ̃^{25}	tsʅ^{13}	tsʅ^{13}	tʃʰe^{213}
常宁	sẽ^{45}	sẽ^{45}	sen^{24}	sẽ^{24}	ɕi^{33}	tɕʰi^{22}	ʨε^{45}	ʨε^{24}	ʨʰiɛ^{24}	ʨʰe^{21}	tʰe^{21}	tʰe^{24}	tsʰʅ^{33}	tsʅ^{33}	tsʰε^{24}
永兴	sen^{45}	sen^{45}	sen^{13}	cyn^{13}	cʅ^{22}	tɕʰin^{13}	tɕin^{45}	tɕin^{13}	tɕʰin^{13}	tɕin^{325}	tsʰen^{22}	tɕʰen^{13}	tsʅ^{22}	tsʅ^{22}	tsʰen^{13}
资兴	seŋ^{44}	ɕin^{35}	seŋ^{35}	ɕiŋ^{35}	cʅ^{13}	tsʰei^{13}	tsen^{44}	tsen^{35}	tsʰeŋ^{35}	tsʰeŋ^{22}	tsʰeŋ^{22}	tsʰeŋ^{35}	tsʅ^{13}	tsʰʅ^{13}	tsʰeŋ^{35}
隆回	sẽ^{44}	sẽ^{44}	sẽ^{45}	sẽ^{45}	sui^{325}	tsʰʅ^{44}/tsʰʅ^{325}	tʃε̃^{44}	tʃε̃^{45}	tʃʰε̃^{45}	tʃε̃^{13}	tʃε̃^{13}	tʃʰε̃^{45}	tʃʰʅ^{45}	tʃʰʅ^{45}	tsʰe^{45}
洞口	sẽ^{53}	sẽ^{53}	sẽ^{45}	sẽ^{45}	si^{45}	sẽ^{55}	tʃε̃^{53}	tʃε̃^{53}	tʃʰε̃^{53}	tʃε̃^{24}	tʃʰε̃^{24}	tʃʰε̃^{213}	tʃʰiɛ^{45}	tʃʰʅ^{45}	tsʰε^{45}
绥宁	sʅ^{33}	sʅ^{33}	sʅ^{42}	sʅ^{42}	si^{324}	tsʰʅ^{33}	tʃʅ^{33}	tʃʅ^{42}	tʃʰʅ^{44}	tʃʰε̃^{324}~舍/tʃʰʅ^{45}姓	tʃʰʅ^{45}	tʃʰʅ^{44}	tʃʰʅ^{42}	tʃʰʅ^{324}	tsʰʅ^{42}

	虱 臻开三 入质生	真 臻开三 平真章	诊 臻开三 上轸章	振 臻开三 去震章	震 臻开三 去震章	质 臻开三 入质章	神 臻开三 平真船	实 臻开三 入质船	身 臻开三 平真书	申 臻开三 平真书	伸 臻开三 平真书	失 臻开三 入质书	室 臻开三 入质书	辰 臻开三 平真神	晨 臻开三 平真神	臣 臻开三 平真神
华容	se⁴³⁵	tsən⁴⁵	tsən²¹	tsən²¹³	tsən²¹³	tsɿ⁴³⁵	sən¹²	sɿ⁴³⁵	sən⁴⁵	sən⁴⁵	sən⁴⁵	sɿ⁴³⁵	sɿ⁴³⁵	sən¹²	sən¹²	tsʰən¹²
岳阳楼	se⁴⁵	tsən³⁴	tsən³¹	tsən³²⁴	tsən³²⁴	tsɿ⁴⁵	sən¹³	sɿ⁴⁵	sən³⁴	sən³⁴	sən³⁴	sɿ⁴⁵	sɿ⁴⁵	sən¹³	sən¹³	tsʰan¹³
临湘	se⁵	tsən³³		tsən³²⁵	tsən³²⁵	tsɿ⁵	sən¹³	sɿ⁵	sən³³	sən³³	sən³³	sɿ⁵	sɿ⁵	sən¹³	sən¹³	tsʰan¹³
岳阳县	so⁵	tsən³³	tsən⁴²	tsən⁴⁵	tsən⁴⁵	tsɿ⁵	sən¹³	sɿ³	sən³³	sən³³	sən³³	sɿ⁵	sɿ³	sən¹³	sən¹³	dzʰan¹³
平江	seʔ⁴	tsən⁴⁴	tsən³²⁴	tsən⁴⁵	tsən⁴⁵	tseʔ⁴	sən¹³	seʔ⁴	sən⁴⁴	sən⁴⁴	sən⁴⁴	seʔ⁴	seʔ⁴	sən¹³	sən¹³	tsən¹³
浏阳	sie⁴⁴	tsən⁴⁴	tsən³²⁴	tsən⁴²	tsən⁴²	tsɿ⁴⁴	sən⁴⁵	sɿ⁴²	sən⁴⁴	sən⁴⁴	sən⁴⁴	syɛ⁴⁴/ʒɛ⁴⁴ sɿ⁴⁴	sɿ⁴²		sən⁴⁵	tsʰən⁴⁵
醴陵	se⁴³⁵	tsəŋ⁴⁴	tsən³¹	tsən²²	tsən²²	tsɿ⁴³⁵	sən¹³	sɿ⁴³⁵	sən⁴⁴	sən⁴⁴	sən⁴⁴	sɿ⁴³⁵	sɿ⁴³⁵	sən¹³	sən¹³	tsʰən¹³
茶陵	se³³	tsẽ⁴⁵	tse⁴²	tse³³	tse³³	tsɿ³³	se²¹³	sɿ³³	se⁴⁵	se⁴⁵	se⁴⁵	se³³	sɿ³³	se²¹³	sẽ²¹³	tsʰən²¹³
安仁	se²¹³	tʃin⁴⁴	tʃin⁴⁴	tʃin³²²	tʃin³²²	tʃi²¹³	ʃin²⁴	ʃi²¹³	ʃin⁴⁴	ʃin⁴⁴	ʃin⁴⁴	ʃi²¹³	ʃi²¹³	ʃin²⁴	in²⁴	ʃin²⁴
耒阳	se¹³	tɕiæ̃⁴⁵	tsẽ⁴⁵	tsẽ²¹³	tsẽ²¹³	tsɿ¹³	ɕiæ̃³⁵	sɿ¹³	ɕiæ̃⁴⁵	ɕiæ̃⁴⁵	ɕiæ̃⁴⁵	sɿ¹³	sɿ¹³	ɕiæ̃²⁵	ɕiæ̃²⁵	tɕʰiæ̃²⁵
常宁	se³³	tɕie⁴⁵	tsẽ⁴⁴	ʑiæ̃²⁴	tɕiæ̃²⁴	tsɿ³³	ɕiæ̃²¹	sɿ³³	ɕiæ̃⁴⁵	ɕiæ̃⁴⁵	ɕiæ̃⁴⁵	ɕie²¹/sɿ³³	sɿ³³	ɕiæ̃²¹	ɕiæ̃²¹	tɕʰiæ̃²¹
永兴	se²²	tɕin⁴⁵	tɕin⁴²	tsən¹³	tsən¹³	tsɿ²²	sən³²⁵	sɿ²²	sən⁴⁵	sən⁴⁵	sən⁴⁵	se⁴⁵/sɿ²²	sɿ²²	sən³²⁵	sən³²⁵	tɕʰin²²
资兴	ɕiæ¹³	tsəŋ⁴⁴	tsən⁴⁴	tsəŋ³⁵	tsəŋ³⁵	tsɿ¹³	sən²²	sɿ¹³	sən⁴⁴	sən⁴⁴	sən⁴⁴	sɿ¹³	sɿ¹³	sən²²	sən²²	tsʰən²²
隆回	sia⁴⁴/se³²⁵	tʃẽ⁴⁴	tʃẽ⁴⁴	tʃe⁴⁵	tʃẽ³⁵	tʃi³²⁵	ʃe¹³	ʃi⁴⁵/ʃi³²⁵	ʃe⁴⁴	ʃe⁴⁴	ʃe⁴⁴	sɿ⁴⁵	ʃi³²⁵	ʃe¹³	ʃie¹³	tʃʰie¹³
洞口	sia⁵³	tʃẽ⁵³	tʃẽ⁵³	tʃẽ²¹³	tʃie⁴⁵	tʃie⁴⁵	ʃẽ²⁴	ʃie⁴⁵	ʃẽ⁵³	ʃẽ⁵³	ʃiæ̃⁴⁵	ʃie⁴⁵	ʃie⁴⁵	ʃiæ̃²⁴	ʃiæ̃²⁴	tʃʰiæ̃²⁴
绥宁	se³³	tʃi³³	tʃi³³	tʃi³³	tʃẽ²¹³	tʃi³²⁴	ʃi⁴⁵	ʃi⁴²	ʃi³³	ʃi³³	ʃi³³	ʃi³³	ʃi⁴²	ʃi⁴⁵	ʃi⁴⁵	tʃʰi⁴⁵

	唇 臻开三 上轸禅	人 臻开三 平真日	仁 臻开三 平真日	忍 臻开三 上轸日	认 臻开三 去震日	日 臻开三 入质日	巾 臻开三 平真见	紧 臻开三 上轸见	吉 臻开三 入质见	银 臻开三 平真疑	因 臻开三 平真影	烟 臻开三 平真影	润 臻开三 平真影	印 臻开三 去震影	乙 臻开三 入质影
华容	sən³³	zən¹²	zən¹²	zən²¹	zən³³	e⁴³⁵	tɕin⁴⁵	tɕin²¹	tɕi⁴³⁵	lin¹²	in⁴⁵	in⁴⁵	in²¹³	in²¹³	i⁴³⁵
岳阳楼	sən²²	zən¹³	zən¹³	zən³¹	zən²²	zŋ⁻⁴⁵	tɕin³⁴	tɕin³¹	tɕi⁴⁵	in¹³	in³⁴	in³⁴		in³²⁴	i⁵
临湘	sən²¹	ɲin¹³	yn¹³	ɲin⁴²	ɲin²¹	ɲi⁵	tɕin³³	tɕin⁴²	tɕi⁵	ɲin¹³	in³³	in³³	in³²⁵	in³²⁵	i⁵
岳阳县	sən²¹	ɲin¹³	uən¹³	uən⁴²	ɲin²¹	ɲi³	cin³³	cin⁴²	ci⁵	ɲin¹³	in³³	in³³	in⁴⁵	in⁴⁵	i⁵
平江	ʂən²²	ŋin¹³/yn¹³	yn²¹	yn²¹	ɲin²²	ɲiʔ⁴/yɒt⁴	kin⁴⁴	kim³²⁴	kiʔ⁴	ŋin¹³	in⁴⁴	in⁴⁴	in⁴⁵	in⁴⁵	ieʔ⁴
浏阳	ʂən⁴²	ɲin⁴⁵	yn⁴⁵	yn³²⁴	ɲin²¹	ɲie⁴⁴	kin⁴⁴	kim³²⁴	ki⁴⁴	ŋin⁴⁵	in⁴⁴	in⁴²	in⁴²	in⁴²	ie⁴⁴
醴陵	səŋ²²	ŋiɲ¹³	iɲ¹³	ɲiɲ³¹	ŋiɲ²²	iɲ⁴³⁵	kiɲ⁴⁴	kiɲ³¹	ki⁴³⁵	ŋiɲ¹³	iɲ⁴⁴	iɲ⁴⁴	iɲ²²	iɲ²²	ie⁴³⁵
茶陵	sẽ³³	nɿ⁻²¹³/iẽ³²⁵ 文一	iẽ²¹³	iẽ⁴²	ĩ³²⁵	nɿ⁻³³→ɿ/nɿ³³	tɕĩ⁴⁵	tɕĩ⁴²	tɕi³³	nɿ²¹³	ĩ⁴⁵	ĩ⁴⁵	ĩ³³	ĩ³³	ie³³
安仁	ʃin³²²	n̩²⁴/in²⁴	in²⁴	in⁵³	in³²²	ɿ²¹³	tʃin⁴⁴	tʃin⁵³	tʃi²¹³	n̩²⁴	in⁴⁴	in⁴⁴	in³²²	in³²²	ie²¹³
耒阳	ciẽ²¹³	n̩²⁵/iẽ²⁵	iẽ²⁵	iẽ⁵³	iẽ²¹³	ɿ⁴⁵	tɕiẽ⁴⁵	ʎe⁵³	tɕi¹³	n̩²⁵/iẽ²⁵	iẽ⁴⁵	iẽ⁴⁵	iẽ²¹³	iẽ²¹³	ie¹³
常宁	ciẽ⁴⁵	zŋ²¹	zŋ²¹	zŋ⁴⁴	zŋ²⁴	zŋ³³	ʎe⁴⁵	ʎe⁴⁴	ʎe³³	nɥiẽ²¹	iẽ⁵³	iẽ⁵³	iẽ²⁴	iẽ²⁴	ie³³
永兴	sen¹³	n̩³²⁵	n̩²²	n̩⁴²	n̩¹³	ŋ̍⁴⁵	tɕiẽ⁴⁵	tɕiẽ⁴⁵	tɕie²²	nɥiẽ³²⁵	n̩⁴⁵	n̩⁴⁵	n̩¹³	n̩¹³	ie²²
资兴	seŋ³⁵	liŋ²²/iŋ²²	iŋ²²	iŋ³¹	iŋ³⁵	iei¹³	tɕiŋ⁴⁴	tɕiŋ³¹	tɕi¹³	liŋ³¹	iŋ⁴⁴	iŋ⁴⁴	iŋ³⁵	iŋ³⁵	i¹³
隆回	ɟẽ⁴⁵	n̩¹³	iẽ¹³	iẽ²¹²	iẽ⁴⁵	n̩⁴⁴/i³²⁵	tʃiẽ⁴⁴	tʃiẽ²¹²	tʃie¹³	n̩¹³/iẽ¹³	iẽ⁴⁴	iẽ⁴⁴	iẽ⁴⁵	iẽ⁴⁵	ie³²⁵
洞口	ʃiẽ⁴⁵	n̩²⁴/iẽ²⁴	iẽ²⁴	iẽ²¹³	iẽ⁵³	n̩⁵³/ie⁴²/i³²⁴	tʃiẽ⁵³	tʃiẽ²¹³	tʃie⁵³	n̩²⁴	iẽ⁵³	iẽ⁵³	iẽ⁴⁵	iẽ⁴⁵	ie⁴⁵
绥宁	ʃɿ⁴²	n̩⁴⁵	ɿ⁴⁵	ɿ¹³	ɿ⁴⁴	n̩³³/ie⁴²/i³²⁴	tʃɿ³³	tʃɿ¹³	tʃi³²⁴	nɿ⁴⁵/ɿ⁴⁵	ɿ³³	ɿ³³	ɿ⁴²	ɿ⁴²	ie³²⁴

	一 臻开三 入质影	寅 臻开三 平真以	引 臻开三 上参以	斤 臻开三 平殷见	筋 臻开三 平殷见	谨 臻开三 上隐见	劲(有~) 臻开三 去焮见	勤 臻开三 平殷群	芹 臻开三 平殷群	近 臻开三 上隐群	欣 臻开三 平殷晓	殷 臻开三 平殷影	隐 臻开三 上隐影	奔 臻合一 平魂帮	本 臻合一 上混帮
华容	i^{435}	in^{12}	in^{21}	$tɕin^{45}$	$tɕin^{45}$	$tɕin^{21}$	$tɕin^{213}$	$tɕʰin^{12}$	$tɕʰin^{12}$	$tɕʰin^{33}$	$ɕin^{45}$	in^{45}	in^{21}	$pən^{45}$副/$pən^{213}$俗(~波)	$pən^{21}$
岳阳楼	i^{45}	in^{13}	in^{31}	$tɕin^{34}$	$tɕin^{34}$	$tɕin^{31}$	$tɕin^{324}$	$tɕʰin^{13}$	$tɕʰin^{13}$	$tɕʰin^{22}$	$ɕin^{34}$	in^{34}	in^{31}	$pən^{324}$副/$pən^{34}$俗(~波)	$pən^{31}$
临湘	i^{5}	in^{13}	in^{42}	$tɕin^{33}$	$tɕin^{33}$	$tɕin^{42}$	$tɕin^{325}$	$dʑʰin^{13}$	$dʑʰin^{13}$	$dʑʰin^{21}$	$ɕin^{33}$	in^{33}	in^{42}	$pən^{33}$	$pən^{42}$
岳阳县	i^{45}	in^{13}	in^{42}	cin^{33}	cin^{33}	cin^{42}	cin^{45}	cin^{13}	cin^{13}	cin^{21}	$ɕin^{33}$	in^{33}	in^{42}	$pən^{42}$	$pən^{42}$
平江	i^{7}	in^{324}	in^{21}	kin^{44}	kin^{44}	kin^{44}	kin^{45}	$kʰin^{13}$	$kʰin^{13}$	$kʰin^{21}$	xin^{44}	in^{44}	in^{21}	$pən^{44}$	$pən^{324}$
浏阳	i^{44}	in^{45}	in^{324}	kin^{44}	kin^{44}	kin^{324}	kin^{42}	$kʰin^{45}$	$kʰin^{45}$	$kʰin^{21}$	xin^{44}	in^{44}	in^{324}	$pən^{44}$	$pən^{324}$
醴陵	$iŋ^{13}$	$iŋ^{13}$	$iŋ^{31}$	$kiŋ^{44}$	$kiŋ^{44}$	$kiŋ^{31}$	$kiŋ^{22}$	$kʰiŋ^{13}$	$kʰiŋ^{13}$	$kʰiŋ^{22}$	$kʰiŋ^{44}$	$iŋ^{44}$	$iŋ^{31}$	$pəŋ^{44}$	$pəŋ^{31}$
茶陵	$ĩ^{33}$	$ĩ^{213}$	$ĩ^{42}$	$tɕĩ^{45}$	$tɕĩ^{45}$	$tɕĩ^{42}$	$tɕĩ^{33}$	$tɕʰĩ^{213}$	$tɕʰĩ^{213}$	$tɕʰĩ^{45}/tɕʰĩ^{325}$	$ɕĩ^{45}$	$ĩ^{45}$	$ĩ^{42}$	$pɛ̃^{45}$	$pɛ̃^{42}$
安仁	i^{213}	in^{24}	in^{53}	$tʃin^{44}$	$tʃin^{44}$	$tʃin^{53}$	$tʃin^{322}$	$tʃin^{24}$	$tʃin^{24}$	$tʃʰin^{322}$	$ʃin^{44}$	in^{44}	in^{53}	pin^{44}	pin^{53}
耒阳	i^{13}	$iɛ̃^{25}$	$iɛ̃^{53}$	$kɛ̃^{45}$	$kɛ̃^{45}$	$kɛ̃^{53}$	$kɛ̃^{213}$	$kʰɛ̃^{25}$	$kʰɛ̃^{25}$	$kʰɛ̃^{213}$	$ɕiɛ̃^{45}$	$iɛ̃^{45}$	$iɛ̃^{53}$	$piɛ̃^{53}$	$piɛ̃^{53}$
常宁	i^{33}	$iɛ̃^{21}$	$iɛ̃^{44}$	$kɛ̃^{45}$	$kɛ̃^{45}$	$kɛ̃^{44}$	$kɛ̃^{24}$	$kʰɛ̃^{21}$	$kʰɛ̃^{21}$	$kʰɛ̃^{24}$	$ɕiɛ̃^{45}$	$iɛ̃^{45}$	$iɛ̃^{44}$	$pɛ̃^{45}$	$pɛ̃^{44}$
永兴	i^{22}	$n̩^{325}$	$n̩^{42}$	$tɕin^{45}$	$tɕin^{45}$	$tɕin^{42}$	$tɕin^{13}$	$tɕʰin^{325}$	$tɕʰin^{22}$	$tɕʰin^{42}/tɕin^{13}$	sen^{45}	$n̩^{45}$	$n̩^{42}$	pen^{45}	pen^{42}
资兴	ei^{13}(大年初~)/i^{13}	$iŋ^{22}$	$iŋ^{31}$	$tɕin^{45}$	$tɕin^{45}$	$tɕin^{31}$	$tɕin^{35}$	$tɕʰin^{22}$	$tɕʰin^{22}$	$tɕʰin^{44}$	$ɕin^{44}$	$iŋ^{44}$	$iŋ^{31}$	$peŋ^{44}$	$peŋ^{31}$
隆回	i^{44}	$iɛ̃^{13}$	$iɛ̃^{212}$	$tʃɛ̃^{44}$	$tʃɛ̃^{44}$	$tʃɛ̃^{212}$	$tʃɛ̃^{45}$	$tʃʰɛ̃^{24}$	$tʃʰɛ̃^{13}$	$tʃʰɛ̃^{212}/tʃʰɛ̃^{45}$	$ʃɛ̃^{44}$	$iɛ̃^{44}$	$iɛ̃^{212}$	$pɛ̃^{44}$	$pɛ̃^{212}$
洞口	i^{53}	$iɛ̃^{24}$	$iɛ̃^{213}$	$tʃɛ̃^{53}$	$tʃɛ̃^{53}$	$tʃɛ̃^{213}$	$tʃɛ̃^{45}$	$tʃʰɛ̃^{24}$	$tʃʰɛ̃^{213}$	$tʃʰɛ̃^{213}/tʃʰɛ̃^{45}$	$ʃɛ̃^{53}$	$iɛ̃^{53}$	$iɛ̃^{213}$	$pɛ̃^{53}$	$pɛ̃^{213}$
绥宁	i^{33}	$ĩ^{45}$	$ĩ^{13}$	$tʃĩ^{33}$	$tʃĩ^{33}$	$tʃĩ^{33}$	$tʃĩ^{42}$	$tʃʰĩ^{45}$	$tʃʰĩ^{324}/tʃʰĩ^{45}$	$tʃʰĩ^{22}$	$tʃʰĩ^{33}$	$ĩ^{13}$	$ĩ^{13}$	$pɛ̃^{42}$	$pɛ̃^{13}$

	不 臻合入没帮	喷~水 臻合平魂滂	盆 臻合平魂並	笨 臻合上混並	门 臻合平魂明	闷 臻合去慁明	敦~厚 臻合平魂端	墩 臻合平魂端	顿 臻合去慁端	扽 臻合去慁端	臀 臻合平魂定	囤 臻合平魂定	盾~矛 臻合上混定	钝 臻合去慁定	突 臻合入没定
华容	pu⁴³⁵	fən⁴⁵	pʰən¹²	pʰən³³	mən¹²	mən³³	tan⁴⁵	tan²¹	tan²¹³		han¹²	han¹²	tan²¹³	tan²¹³	hou⁴³⁵
岳阳楼	pu⁴⁵⁼	pʰən³⁴	pʰən¹³	pʰən²²	mən¹³	mən²²	tan³⁴	tan³¹	tan³²⁴		tʰən¹³	tʰən¹³/tan³¹	tʰən²²	tʰən²²	tʰəu⁴⁵
临湘	pe⁵	bʰən³²⁵	bʰən²¹	bʰən²¹	mən¹³	mən²¹	tan³³	tan³³	tan³²⁵		dʰən¹³	dʰən¹³	dʰən²¹	dʰən²¹	dʰe⁵
岳阳县		pʰən³³	pən¹³	pən²¹	mən¹³	mən²¹	tan³³	tan³³	tan⁴⁵	tan⁴⁵	tan¹³		tan²¹	tan²¹	tʰo⁵
平江	pø⁴	fən⁴⁵	pʰən¹³	pʰən²¹	mən¹³	mən²²	tan⁴⁴	tan⁴⁴	tan⁴⁵	tan⁴⁴	tʰən¹³	tʰən¹³	tan⁴⁵	tʰən²²	tʰət⁴
浏阳		pʰən⁴²	pʰən⁴⁵	pʰən²¹	mən⁴⁵	mən²¹	tan⁴⁴	tan⁴⁴	tan⁴²		tʰən⁴⁵	tʰən⁴⁵	tan⁴²		tʰəu⁴⁴
醴陵	pu⁴³⁵	pʰəŋ²²	pʰəŋ¹³	pəŋ²²	məŋ¹³	məŋ²²	taŋ⁴⁴	taŋ²²	taŋ²²	tẽ⁴⁵	tʰəŋ¹³	tʰəŋ¹³	taŋ²²	tʰəŋ²²	tʰəu⁴³⁵
茶陵		fẽ⁴⁵	pʰẽ²¹³	pẽ²¹³	mẽ²¹³	mẽ²²⁵	tẽ⁴⁵	tẽ⁴⁵	tẽ⁴⁵		tʰẽ²¹³	tʰẽ²¹³	tʰẽ³²⁵	tʰẽ³²⁵	tʰu³³
安仁	pu²¹³	pʰən⁵³/fin⁵³	pin²⁴	pɿ³²²	min²⁴	min³²²	tuen⁴⁴	tuen⁴⁴	tuen³²²	tuen³²²	tuen²⁴	tuen²⁴	tʰuen³²²	tʰuen³²²	tʰəu²¹³
耒阳		fẽ²¹³	pʰiẽ²⁵	piẽ⁵³	miẽ²⁵	miẽ²¹³	tuẽ⁴⁵	tuẽ⁴⁵	tuẽ²¹³	tuẽ²¹³	te²¹³	tʰuẽ²⁵	tuẽ²¹³	tuẽ²¹³	tʰu¹³
常宁	pu³³	fẽ²⁴	pʰẽ²¹	pẽ²⁴	mẽ²¹	mẽ²⁴	tue⁴⁵	tue⁴⁵	tue²⁴	tue²⁴	tʰue²¹	tʰue²¹	tue²⁴	tʰuẽ²⁴	tʰu³³
永兴		pʰen⁴⁵	pen³²⁵	pen¹³	men³²⁵	men¹³	tuen⁴⁵	tuen⁴⁵	tuen¹³	tuen¹³	tuen³²⁵	tuen³²⁵	tuen¹³		tʰu²²
资兴		pʰeŋ⁴⁴	peŋ²²	peŋ³⁵	meŋ²²	meŋ³⁵	teŋ⁴⁴	teŋ⁴⁴	teŋ³⁵	teŋ³⁵			teŋ³⁵		tʰu¹³
隆回		fẽ⁴⁵	pʰẽ¹³	pẽ²¹²	mẽ¹³	mẽ⁴⁵	tuẽ⁴⁴	tuẽ⁴⁴	tuẽ⁴⁵	tuẽ⁴⁵	huẽ¹³	huẽ¹³	tuẽ⁴⁵	huẽ⁴⁵	hu³²⁵
洞口		hẽ⁴⁵	hẽ²⁴	pẽ²¹³	mẽ²⁴	mẽ⁴⁵	te⁵³	te⁵³	te⁴⁵				te⁴⁵		fu⁴⁵
绥宁		fẽ⁴²	pʰẽ⁴⁵	pa¹³	mẽ⁴⁵	mẽ⁴⁴	tɿ³³	tɿ³³	tɿ⁴²		tʰɿ⁴⁴	tɿ⁴²	tɿ⁴²		tu³²⁴

方言点	坤 臻合一平魂溪	骨~头 臻合一入没见	棍 臻合一去慁见	滚 臻合一上混见	昆~虫 臻合一平魂见	损 臻合一上混心	孙 臻合一平魂心	蹲 臻合一平魂从	存 臻合一平魂从	寸 臻合一去慁清	村 臻合一平魂清	卒~兵~ 臻合一入没精	尊 臻合一平魂精	论议~ 臻合一去慁来	嫩 臻合一去慁泥
华容	kʰuen⁴⁵	kuei⁴³⁵/ku⁴³⁵	kuen²¹³	kuen²¹	kʰuen⁴⁵	sən²¹	sən⁴⁵	tən⁴⁵	tsʰən¹²	tsʰən²¹³	tsʰən⁴⁵	tsei⁴³⁵	tsən⁴⁵	lən³³	lən³³
岳阳楼	kʰuen³⁴	ku⁴⁵	kuen³²⁴	kuen³¹	kʰuen³⁴	sən³¹	sən³⁴		tsʰən¹³	tsʰən³²⁴	tsʰən³⁴	tsou⁴⁵/tsou⁵	tsən³⁴	lən²²	lən²²
临湘	gʱuen³³	kuei⁵	kuen³²⁵	kuen⁴²	gʱuen³³	sən⁴²	sən³³		dʑʱən¹³	dʑʱən³²⁵	dʑʰən³³	tsʅ⁵/tsou⁵	tsən³³	lən²¹	lən²¹
岳阳县	kʰuen³³	kuo⁵	kuen⁴⁵	kuen⁴²	kʰuen³³	sən⁴²	sən³³		tsən¹³	tsʰən⁴⁵	tsʰən³³	tsou⁴	tsən³³	lən²¹	lən²¹
平江	kʰuen⁴⁴	kuei⁴	kuen⁴⁵	kuen³²⁴	kʰuen⁴⁴	sən³²⁴	sən⁴⁴	tən⁴⁴	tsʰən¹³	tsʰən⁴⁵	tsʰən⁴⁴	tsət⁴	tsən⁴⁴	lən²²	lən²²
浏阳	kʰuen⁴⁴	kuei⁴⁴	kuen⁴²	kuen³²⁴	kʰuen⁴⁴	sən³²⁴	sən⁴⁴		tsʰɛ⁴⁵	tsʰən⁴²	tsʰən⁴⁴	tsei⁴⁴	tsən⁴⁴	lən²¹	lən²¹
醴陵	kʰuen⁴⁴	kuei⁴³⁵	kuen²²	kuen³¹	kʰuen⁴⁴	sən³¹	sən⁴⁴	[ɻɛ]⁴⁴	tsʰ,ɛ¹³	tsʰən²²	tsʰən⁴⁴	tsɛ³³	tsən⁴⁴	lɛ̃³²⁵	lɛ̃³²⁵
茶陵	kʰuɛ̃⁴⁵	kuɛ³³	kuɛ̃³³	kuɛ̃⁴²	kʰuɛ̃⁴⁵	sɛ̃⁴²	sɛ̃⁴⁵	tsɛ̃⁴⁵	tsʰɛ²¹³	tsʰɛ̃³³	tsʰɛ̃⁴⁵	tse³³	tsɛ̃⁴⁵	lɛ̃³²⁵	lɛ̃³²⁵
安仁	kʰuen⁴⁴	kuɛ²¹³	kuen³²²	kuen⁵³	kʰuen⁴⁴	suen⁵³	suen⁴⁴	tuen⁴⁴	tsuen²⁴	tsʰuen³²²	tsʰuen⁴⁴	tsui²¹³	tsuen⁴⁴	luen³²²	luen³²²
耒阳	kʰuɛ⁴⁵	kui⁴³/ku¹³	kuɛ²¹³	kuɛ⁵³	kʰuɛ⁴⁵	suɛ⁵³	suɛ⁴⁵	tuɛ⁴⁵	tsʰuɛ²⁵	tsʰuɛ²¹³	tsʰuɛ⁴⁵	tsu³²⁵	tsuɛ⁴⁵	luɛ²¹³	luɛ²¹³
常宁	kʰuɛ⁴⁵	kui³³/ku³³	kuɛ²⁴	kuɛ⁴⁴	kʰuɛ⁴⁵	suɛ⁴⁴	suɛ⁴⁵	tsuɛ⁴⁵	tsʰuɛ²¹	tsʰuɛ²⁴	tsʰuɛ⁴⁵	tʃʰy²⁴	tsuɛ⁴⁵	luɛ²⁴	luɛ²⁴
永兴	kʰuen⁴⁵	kui²²	kuen¹³	kuen⁴²	kʰuen⁴⁵	suen⁴²	suen⁴⁵	tuen⁴⁵	tsʰuen³²⁵	tsʰuen¹³	tsʰuen⁴⁵	tsu²²/tsui²²	tsuen⁴⁵	luen¹³	luen¹³
资兴	kʰueŋ⁴⁴	kui²²	kueŋ³⁵	kueŋ³¹	kʰueŋ⁴⁴	seŋ³¹	seŋ⁴⁴		tsʰeŋ²²	tsʰeŋ³⁵	tsʰeŋ⁴⁴	tsu¹³	tseŋ⁴⁴	leŋ³⁵	leŋ³⁵
隆回	kʰuɛ⁴⁴	kuei¹³	kuɛ⁴⁵	kuɛ²¹²	kʰuɛ⁴⁴	suɛ²¹²	suɛ⁴⁴	tsuɛ⁴⁴	tsʰuɛ¹³	tsʰuɛ⁴⁵	tsʰuɛ⁴⁴	tʃʰʉ²⁴	tsuɛ⁴⁴	luɛ⁴⁵	luɛ⁴⁵
洞口	kʰuɛ⁵³	kuea⁵³	kuɛ²¹³	kuɛ²¹³	kʰuɛ⁵³	sɛ²¹³	ʃye⁵³	tsuɛ⁵³	tsʰuɛ²⁴	tsʰuɛ²⁴	tsʰuɛ⁴⁵	tʃʉ²⁴	tsuɛ⁵³	lɛ⁵³	lɛ⁵³
绥宁	kʰuɛ³³	kue³³/ku³²⁴	kuɛ⁴²	kuɛ¹³	kʰuɛ³³	sʅ¹³	sʅ³³	tʅ³³	tsʅ⁴⁵	tsʰʅ⁴²	tsʰʅ⁴²	tʃʉ³²⁴	tsʅ³³	lʅ⁴⁴	lʅ⁴⁴

	捆 臻合一 上混溪	困 臻合一 去慁溪	窟~窿 臻合一 入没溪	昏 臻合一 平魂晓	婚 臻合一 平魂晓	忽 臻合一 入没晓	魂 臻合一 平魂匣	浑~油 臻合一 平魂匣	混~浊~ 臻合一 上混匣	核~儿 臻合一 入没匣	温 臻合一 平魂影	瘟 臻合一 平魂影	稳 臻合一 上混影	伦 臻合三 平谆来	轮 臻合三 平谆来
华容	kʰuən²¹	kʰuən²¹³	kʰu⁴⁵	xuən⁴⁵	xuən⁴⁵	xu⁴³⁵	xuən¹²	xuən⁴⁵	xuən³³		uən⁴⁵	uən⁴⁵	uən²¹	lən¹²	lən¹²
岳阳楼	kʰuən³¹	kʰuən³²⁴	kʰu³⁴	fən³⁴	fən³⁴	fu⁴⁵	fən¹³	fən³⁴	fən²²		uən³⁴	uən³⁴	uən³¹	lən¹³	lən¹³
临湘	gʱuən⁴²	gʱuən³²⁵	kʰu⁵	fən³³	fən³³	fu⁵	fən¹³	fən³³	fən²¹		uən³³	uən³³	uən⁴²	lən¹³	lən¹³
岳阳县	kʰuən⁴²	gʱuən⁴⁵	kʰu⁵	fən³³	fən³³	fu⁵	fən¹³	fən³³	fən²¹	kʰə³	uən³³	uən³³	uən⁴²	lən¹³	lən¹³
平江	kʰuən³²⁴	kʰuən⁴⁵	kʰuət⁴	fən⁴⁴	fən⁴⁴	fət⁴	fən¹³	fən²²	fən²²	uət⁴	uən⁴⁴	uən⁴⁴	uən³²⁴	lən¹³	lən¹³
浏阳	kʰuən³²⁴	kʰuən⁴²		fən⁴⁴	fən⁴⁴	fu⁴⁴	fən⁴⁵	fən²¹	fən²¹	uei⁴⁴	uən⁴⁴	uən⁴⁴	uən³²⁴	lən¹³	lən⁴⁵
醴陵	kʰuəŋ³¹	kʰuəŋ²²	kʰu⁴³⁵	fəŋ⁴⁴	fəŋ⁴⁴	fu⁴³⁵	fəŋ¹³	fəŋ⁴⁴	fəŋ³¹		uəŋ⁴⁴	uəŋ⁴⁴	uəŋ³¹	ləŋ¹³	ləŋ¹³
茶陵	kʰuẽ⁴²	kʰuẽ³³		xuẽ⁴⁵	xuẽ⁴⁵	xu³³	xuẽ²¹³	xuẽ²¹³	xuẽ⁴²	xɛ²²	uẽ⁴²	uẽ⁴²	uẽ⁴²	lɛ²¹³	lɛ²¹³
安仁	kʰuən⁵³	kʰuən³²²	xəu⁴⁴	xuən⁴⁴	kʰuən⁴⁴	xue²¹³	xuən²⁵	xuən²⁴	xuən³²²	ui⁴⁴	uan⁴⁴	uan⁴⁴	uan⁵³	luen²⁴	luen²⁴
耒阳	kʰuẽ⁴⁴	kʰuẽ²¹³	kʰu¹³	xuẽ⁴⁵	xuẽ¹³	xu¹³	xuẽ²⁵	xuẽ²⁵	xuẽ⁵³		uẽ⁴⁵	uẽ⁴⁵	uẽ⁵³	luẽ²⁵	luẽ²⁵
常宁	kʰuẽ⁴⁴	kʰuẽ²⁴	kʰu³³	fẽ⁴⁵	fẽ⁴⁵	fɔ³³	fẽ²¹	fẽ⁴⁴	fẽ⁴⁴		uẽ⁴⁵	uẽ⁴⁴	uẽ⁴⁴	luẽ²¹	luẽ²¹
永兴	kʰuen⁴²	kʰuen¹³	kʰu²²	xuen⁴⁵	xuen⁴⁵		xuen³²⁵	xuen³²⁵	xuen⁴²	xɛ²²	uen⁴⁵	uen⁴⁵	uen⁴²	luen³²⁴	luen³²⁴
资兴	kʰuəŋ³¹	kʰuəŋ³⁵	kʰu³²⁵	fəŋ⁴⁴	fəŋ⁴⁴	fu¹³	fəŋ²²		xu⁴⁴/fəŋ³⁵	xə⁴⁴	uəŋ⁴⁴	uəŋ⁴⁴	uəŋ³¹	ləŋ²²	ləŋ²²
隆回	kʰuɛ²¹²	kʰuɛ⁴⁵	kʰu³²⁵	xuɛ⁴⁴	xuɛ⁴⁴	xu³²⁵	xuɛ¹³	xuɛ⁴⁴	xuɛ⁴⁵	xiɔ⁴⁴	uɛ⁴⁴	uɛ⁴⁴	uɛ²¹²	luɛ¹³	luɛ¹³
洞口	kʰuɛ²¹³	kʰuɛ⁴⁵	kʰu³²⁵	xuɛ⁴⁴	xuɛ⁴⁴	fu³²⁴	xuɛ¹³	xuɛ²¹³	xuɛ²¹³		uɛ⁴⁴	uɛ⁴⁵	uɛ²¹³	lɛ²⁴	lɛ²⁴
绥宁	kʰuɛ¹³	kʰuɛ⁴²	kʰu³²⁴	fɛ³³	fɛ³³	fɔ³²⁴	fɛ⁴⁵	fɛ⁴⁵	fɛ⁴⁴		uɛ³³	uɛ³³	uɛ¹³	lĩ⁴⁵	lĩ⁴⁵

	律 臻合三 入术来	遵 臻合三 平谆精	俊 臻合三 去稕精	荀 臻合三 平谆心	笋 臻合三 上准心	榫~头米 臻合三 上准心	迅 臻合三 去稕心	戌~时 臻合三 入术心	恤 臻合三 入术心	旬 臻合三 平谆邪	循 臻合三 平谆邪	巡 臻合三 平谆邪	殉 臻合三 去稕邪	椿~树 臻合三 平谆彻	术白~ 臻合三 入术澄
华容	lei^{435}	tsən^{45}	tsən^{213}	sən^{12}	sən^{21}	sən^{21}	ɕin^{213}	ɕi^{435}	ɕie^{435}	sən^{12}	ɕyn^{12}	ɕyn^{12}	ɕyn^{21}	tɕʰyn^{45}	ɕy^{435}
岳阳楼		tsən^{34}	tsən^{324}	ɕin^{13}	sən^{31}	sən^{31}	ɕin^{324}	cy^{45} 下	ɕi^{45} 下	ɕin^{13}	ɕin^{13}	ɕin^{13}	ɕin^{13}	tɕʰyn^{34}	
临湘	dʰi^{5}	tsən^{33}	tsən^{325}	ɕin^{13}	sən^{42}	sən^{42}	ɕin^{325}	ɕi^{5}	ɕi^{5}	ɕin^{13}	ɕin^{13}	ɕin^{13}	ɕin^{13}	dʑʰyn^{33}	ɕy^{5}
岳阳县	li^{3}	tsən^{33}	tsən^{45}	ɕin^{13}	sən^{4}	sən^{4}	ɕin^{48}	ɕiʔ	ɕiʔ	ɕin^{11}	ɕin^{11}	ɕin^{11}	ɕy^{11}	kʰɯɯi^{11}	ʮyʔ
平江	liʔ^{5}	tsən^{44}	tsən^{45}	sin^{13}	sin^{324}	sin^{324}	sin^{45}	siʔ^{4}	siʔ^{4}	sin^{13}	sin^{13}	sin^{13}	sin^{13}	tʂʰə̃^{44}	syet^{4}
浏阳	ti^{42}	tsən^{44}	tsən^{42}	sən^{45}	sən^{324}	sən^{324}	sin^{42}	si^{44}	sy^{42}	sən^{45}	sən^{45}	sən^{45}	sən^{45}	tʂʰen^{44}	sy^{42}
醴陵	li^{435}	tsəŋ^{44}	tsəŋ^{22}	səŋ^{13}	səŋ^{31}	səŋ^{31}	sin^{22}	si^{435}		ɬles^{11}	ɬleŋ^{11}	ɬles^{11}		kʰyŋ^{44}	xy^{435}
茶陵	li^{33}	tsɛ^{45}	tsɛ^{33}		sɛ^{42}	sɛ^{42}	ɕi^{33}	ɕi^{33}	ɕi^{33}	sɛ^{213}	sɛ^{213}	sɛ^{213}	sɛ^{213}		ɕy^{33}
安仁	ly^{213}	tsuəi^{44}	tsuəi^{322}	suen^{24}	suen^{53}	suen^{53}	sin^{322}	ʃy^{213}	si^{213}	suen^{24}	suen^{24}	suen^{24}	sens^{24}	tʃʰuen^{44}	ʃy^{213}
耒阳	ly^{13}	tsuɛ̃^{45}	tsuɛ^{45}	cyɛ̃^{25}	suɛ̃^{53}	suɛ^{53}	cyɛ̃^{213}	sui^{13}	sui^{24}	cyɛ̃^{25}	cyɛ̃^{25}	cyɛ̃^{25}	cyɛ̃^{25}	tʰuɛ̃^{45}	ɕy^{13}
常宁	nʮ^{33}	tsuɛ̃^{45}	tsuɛ̃^{24}	cyɛ^{21}	suɛ̃^{44}	suɛ̃^{44}	sɛ̃^{24}	cy^{33}	cy^{33}	cyɛ̃^{21}	cyɛ̃^{21}	cyɛ̃^{21}		kʰyŋ^{44}	cy^{24}
永兴	ly^{22}	tsuen^{45}	tsuen^{13}	suen^{22}	suen^{42}	suen^{42}	suen^{13}	cʮ^{22}	cy^{22}	suen^{325}	suen^{325}	ɕyn^{22}	ɕyn^{22}	tsʰeŋ^{44}	cy^{13}
资兴	ly^{13}	tsəŋ^{44}	tsəŋ^{35}		səŋ^{31}	səŋ^{31}	səŋ^{35}	cy^{13}	ɕi^{13}	səŋ^{22}	səŋ^{22}	səŋ^{22}	səŋ^{22}	tʃʰuɛ^{44}	cy^{13}
隆回	liu^{325}	tsuɛ^{44}	tsuɛ^{45}	suɛ^{13}	suɛ̃^{212}	suɛ̃^{212}	sɛ̃^{45}	sui^{44}/ʃu^{44}	ʃuɛ^{24}	suɛ^{13}	suɛ^{13}	suɛ^{13}	suɛ^{13}	tʃʰyɛ^{53}	ʃu^{45}
洞口	ɬy^{45}	tsuɛ̃^{53}	tsuɛ̃^{45}		ʃyɛ^{213}	ʃyɛ^{213}		ʃɰ^{53}	si^{324}	ʃyɛ^{24}	ʃyɛ^{24}	ʃyɛ^{24}	ʃyɛ^{24}	tʃʰɿ^{33}	ʃɰ^{45}
绥宁	ɬy^{324}	tsɿ^{33}	tsɿ^{42}	sɿ^{45}	sɿ^{13}	sɿ^{13}	sɿ^{42}	ʃɰ^{33}	sɿ^{213}	sɿ^{45}	sɿ^{45}	sɿ^{45}	sɿ^{45}		ʃɰ^{42}

	率(~领)	朒(~肝)	准	春	蠢	出	唇	顺	术(技~)	舜	纯	醇(酒味~)	润	闰	均
	臻合三 入术生	臻合三 平淳章	臻合三 上准章	臻合三 平淳昌	臻合三 上准昌	臻合三 入术昌	臻合三 平淳船	臻合三 去稕船	臻合三 入术船	臻合三 去稕书	臻合三 平淳禅	臻合三 平淳禅	臻合三 去稕日	臻合三 去稕日	臻合三 平淳见
华容	ɕyæi^{213}	tɕʰyn^{33}	tɕyn^{21}	tɕʰyn^{45}	tɕʰyn^{21}	tɕʰy^{435}	san^{12}	ɕyn^{33}	ɕy^{435}	ɕyn^{12}	ɕyn^{12}	ɕyn^{12}	yn^{33}	yn^{33}	tɕyn^{45}
岳阳楼	ɕyai^{324}	tɕʰyn^{22}	tɕyn^{31}	tɕʰyn^{34}	tɕʰyn^{31}	tɕʰy^{45}	san^{13}	ɕyn^{22}	ɕy^{324}	ɕyn^{324}	ɕyn^{13}	ɕyn^{13}	yn^{22}	yn^{22}	tɕyn^{34}
临湘	sæ^{5}	dʑʰyn^{21}	tɕyn^{42}	dʑʰyn^{33}	dʑʰyn^{42}	dʑy^{5}	san^{13}	ɕyn^{21}	ɕy^{5}	ɕyn^{13}	ɕyn^{13}	ɕyn^{13}	niin^{325}/niin^{21}	yn^{21}	tɕyn^{33}
岳阳县		kuan^{21}	kuan^{42}	kʰuen^{33}	kʰuan^{42}	cʰy^{5}	sən^{13}	fən^{21}		fən^{45}	fən^{13}	fən^{13}	uen^{21}	uen^{21}	kuen^{33}
平江	sɤt^{4}	tsʰyn^{21}	tsyn^{324}	tsʰyn^{44}	tsʰyn^{324}	tsʰʸɤt^{4}	sən^{13}	syn^{22}	sʸɤt^{4}	syn^{45}	syn^{13}	syn^{13}	ɳyn^{22}	ɳyn^{22}	tsʸyn^{44}
浏阳	sʸai^{42}		tsen^{324}	uen^{44}/sʸ	uen^{53}/sʸ	tsʰʸ^{44}	sən^{45}	sən^{21}	sʸ^{42}	sən^{21}	sən^{45}	sən^{45}	yn^{21}	yn^{21}	tsen^{44}
醴陵		kʰʸyn^{22}	kyn^{31}	kʰʸyn^{44}	kʰʸyn^{31}	kʰʸy^{435}	sʸən$^{13(唇~)}$/xyŋ^{13}	xyŋ^{22}	xy^{435}	xyŋ^{22}	xyŋ^{13}	xyŋ^{13}	yŋ^{22}	yŋ^{22}	kyŋ^{44}
茶陵	ɕya^{33}	tɕʰʸ^{45}	tɕʸyɛ^{42}	tɕʰʸyɛ^{45}	tɕʰʸyɛ^{42}	tɕʰʸy^{33}	tɕʰʸyɛ^{213}	ɕʸyɛ^{325}	ɕy^{33}	ɕʸyɛ^{42}	ɕʸyɛ^{213}	ɕʸyɛ^{213}	yɛ^{33}	yɛ^{325}	tɕʸyɛ^{45}
安仁	sue^{322}	tʃʸin^{213}	tʃuen^{53}	tʃʰuen^{44}	tʃʰuen^{53}	tʃʰu^{44}/tʃʰu^{325}	tʃuen^{24}	ʃuen^{322}	ʃy^{213}	ʃuen^{322}	ʃuen^{24}	ʃuen^{24}	uen^{322}	uen^{322}	tʃuen^{44}
耒阳	su^{13}	tʰuæ̃^{53}	tuæ̃^{53}	tʰuæ̃^{45}	tʰuæ̃^{53}	tʃʰy^{44}	ɕyæ̃^{25}	ɕyæ̃^{24}	ɕy^{13}	ɕyæ̃^{213}	ɕyæ̃^{25}		yæ̃^{213}	uen^{213}	ɕuæ̃^{45}
常宁	so^{33}	tʰuẽ^{24}	tuẽ^{44}	tʰuẽ^{45}	tʰuẽ^{44}	tɕʰy^{33}	ɕyẽ^{21}	ɕyẽ^{24}	ɕy^{24}	ɕyẽ^{24}	ɕyẽ^{24}	ɕyẽ^{21}	yẽ^{24}	yẽ^{24}	ʑuẽ^{245}
永兴	sue^{13}	tɕʰin^{42}	tɕyn^{42}	tɕʰyn^{45}	tɕʰyn^{42}	tɕʰi^{22}	tɕyn^{325}	ɕyn^{13}	ɕy^{13}	ɕyn^{13}	suen^{22}	suen^{325}	yn^{13}	yn^{13}	tɕyn^{45}
资兴	sai^{35}	tɕʰiŋ^{44}	tsen^{31}	tsʰeŋ^{44}	tsʰeŋ^{31}	tsʰei^{13}	sen^{22}	sen^{35}	su^{13}	ɕiŋ^{35}	sen^{22}	seŋ^{22}	iŋ^{35}	iŋ^{35}	tɕiŋ^{44}
隆回	sue^{45}	tʃʰẽ^{45}	tʃuɛ̃^{212}	tʃʰuɛ̃^{44}	tʃʰuɛ̃^{212}	tʃʰu^{44}/tʃʰu^{325}	ʃuɛ̃^{13}	ʃuɛ̃^{245}	sui^{45}	ʃuɛ̃^{45}	ʃuɛ̃^{24}	ʃuɛ̃^{13}	uɛ̃^{45}	uɛ̃^{45}	tʃuɛ̃^{44}
洞口	suai^{45}	tʃʰʸẽ^{45}	tʃʸyẽ^{213}	tʃʰʸyẽ^{53}	tʃʰʸyẽ^{213}	tʃʸʉ^{53}	ʃʸyẽ^{24}	ʃʸyẽ^{45}	ʃʉ^{53}	ʃʸyẽ^{45}	ʃʸyẽ^{24}	ʃʸyẽ^{24}	yẽ^{45}/yẽ^{45}	yẽ^{45}	tʃʸyẽ^{53}
绥宁	sai^{42}	tʃʰʸ^{324}	tʃʸ^{13}	tʃʰʸ^{33}	tʃʰʸ^{13}	tʃʸʉ^{33}	ʃʸ^{45}	ʃʸ^{44}	ʃʉ^{42}	ʃʸ^{42}	ʃʸ^{45}	tʃʰʸ^{45}	ʐ^{44}	ʐ^{44}	tʃʸ^{33}

	钧 臻合三平文见	橘 臻合三入术见	菌 臻合三上准群	匀 臻合三平谆以	允 臻合三上准以	尹 臻合三上准	分（~开）臻合三平文非	粉 臻合三上吻非	粪 臻合三去问非	奋 臻合三去问非	芬 臻合三平文敷	焚 臻合三平文奉	坟 臻合三平文奉	愤 臻合三上吻奉	份（两~）臻合三去问奉
华容	tɕyn⁴⁵	tɕy⁴³⁵	tɕʰyn³³	yn¹²	zən²¹	yn²¹	fən⁴⁵	fən²¹	fən²¹³	fən²¹³	fən³³	fən¹²	fən¹²	fən²¹³	fən³³
岳阳楼	tɕyn²²	tɕy⁴⁵	tɕʰyn²²	yn¹³	yn³¹	yn³¹	fən³⁴	fən³¹	fən³²⁴	fən³²⁴	fən³⁴	fən¹³	fən¹³	fən³²⁴	fən²²
临湘	tɕyn³³	tɕy⁵	tɕʰyn²¹	yn¹³	yn⁴²	in⁴²	fən³³	fən⁴²	fən³²⁵	fən³²⁵	fən³³	fən¹³	fən¹³	fən³²⁵	fən²¹
沅江且	kuən³³	ŋy⁵	knuan²¹	uən¹³	uən⁴²	in⁴²	fən³³	fən³²⁴	fən⁴⁵	fən⁴⁵	fən³³	fən¹³	fən¹³	fən⁴⁵	fən²¹
平江	tʂyn⁴⁴	tʂyət⁴	tʂʰən²¹	yn¹³	yn²¹	yn²¹	fən⁴⁴	fən³²⁴	fən⁴⁵	fən⁴⁵	fən⁴⁴	fən¹³	fən¹³	fən²¹	fən⁴⁴
浏阳	tʂən⁴⁴		tʂʰan²¹	yn⁴⁵	yn³²⁴	in³²⁴	faŋ⁴⁴	fəŋ³¹	fəŋ⁴²	fəŋ²¹	faŋ⁴⁴	fəŋ¹³	fəŋ¹³	fəŋ²¹	fəŋ²¹
醴陵	kyŋ⁴⁴	ky⁴³⁵	kʰiŋ²²/kʰyŋ²²	yŋ¹³	yŋ³¹		faŋ⁴⁴	fəŋ³¹	fəŋ²²	fəŋ²²	faŋ⁴⁴	fəŋ¹³	fəŋ¹³	fəŋ²²	fəŋ²²
茶陵	tɕyɛ̃⁴⁵	tɕy³³	tɕʰyɛ̃³²⁵	yɛ̃²¹³	yɛ̃⁴²	yɛ̃⁴²	fɛ̃⁴⁵	fɛ̃⁴²	fɛ̃³³	fɛ̃³²⁵	fɛ̃⁴⁵	fɛ̃²¹³	fɛ̃²¹³	fɛ̃³²⁵	fɛ̃³²⁵
安仁	tʃuan⁴⁴	tʃy²¹³	tʃʰuɛ⁴⁵	uən²⁴	uən⁵³	uen⁵³	fin⁴⁴	fin⁵³	fin³²²	fin³²²	fin⁴⁴	fin²⁴	fin²⁴	fin³²²	fin³²²
耒阳	ʒuɛ̃⁴⁵	tɕy¹³	ʒʰuɛ²¹³	yɛ̃²⁵	yɛ̃⁵³	yɛ̃⁵³	fɛ̃⁴⁵	fɛ̃⁵¹	fɛ̃²¹³	fɛ̃²¹³	fɛ̃⁴⁵	fɛ̃²⁵	fɛ̃²⁵	fɛ̃²¹³	fɛ̃²¹³
常宁	ʒuɛ̃⁴⁵	tɕy²²	ʒʰuɛ²⁴	yɛ̃²¹	yɛ̃⁴⁴	yɛ̃⁴⁴	fɛ̃⁴⁵	fɛ̃⁴⁴	fɛ̃²⁴	fɛ̃²⁴	fɛ̃⁴⁵	fɛ̃²¹	fɛ̃²¹	fɛ̃²⁴	fɛ̃²⁴
永兴	tɕyn⁴⁵	tɕy¹³	tɕʰyn⁴²/tɕyn¹³	yn³²⁵	yn⁴²	yn⁴²	fen⁴⁵	fen⁴²	fen¹³	fen¹³	fen⁴⁵	fen³²⁵	fen³²⁵	fen¹³	fen¹³
资兴	tɕiŋ⁴⁴	tɕy¹³	tɕʰiŋ⁴⁴	iŋ²²	iŋ³¹	iŋ³¹	fen⁴⁴	fen³¹	fen³⁵	fen³⁵	fen⁴⁴	fen²²	fen²²	fen³⁵	fen³⁵
隆回	tʃuɛ⁴⁴	tʃy⁴⁵	tʃʰuɛ⁴⁵	ʮɛ¹³	ʮɛ²¹²	ʮɛ²¹²	fɛ⁴⁴	fɛ²¹²	fɛ⁴⁵	fɛ⁴⁵	fɛ⁴⁴	fɛ¹³	fɛ¹³	fɛ⁴⁵	fɛ⁴⁵
洞口	tʃye⁵³	tʃy¹³	tʃʰye²¹³	ye²⁴	ye²¹³	ye²¹³	xue⁵³	xue²¹³	xue⁴⁵	xue⁴⁵	xue³³	xue²⁴	xue²⁴	xue⁴⁵	xue⁵³
绥宁	tʃ̍³³	tʃ̍⁴⁴	tʃ̍²²	ɿ⁴⁵	ɿ¹³	ɿ¹³	fɛ⁴⁵	fɛ¹³	fɛ⁴²	fɛ⁴²	fɛ³³	fɛ⁴⁵	fɛ⁴⁵	fɛ⁴⁴	fɛ⁴⁴

	佛	文	纹	蚊	闻	问	物	君	军	屈	群	裙	熏	勋	荤
	臻合三 入物奉	臻合三 平文微	臻合三 平文微	臻合三 平文微	臻合三 平文微	臻合三 去问微	臻合三 入物微	臻合三 平文见	臻合三 平文见	臻合三 入物溪	臻合三 平文群	臻合三 平文群	臻合三 平文晓	臻合三 平文晓	臻合三 平文晓
华容	fu^{435}	uen^{12}	uen^{12}	uen^{12}	uen^{12}	uen^{33}	u^{435}	tɕyn^{45}	tɕyn^{45}	tɕʰy^{435}	tɕʰyn^{12}	tɕʰyn^{12}	ɕyn^{45}	ɕyn^{45}	xuen^{45}
岳阳楼	fu$^{\underline{45}}$	uen^{13}	uen^{13}	uen^{13}	uen^{13}	uen^{22}	u$^{\underline{45}}$	tɕyn^{34}	tɕyn^{34}	tɕʰy$^{\underline{45}}$	tɕʰyn^{13}	tɕʰyn^{13}	ɕyn^{34}	ɕyn^{34}	fən^{34}
临湘	fei^{5}	uen^{13}	uen^{13}	men^{33}	uen^{13}	uen^{21}	u^{5}	tɕyn^{33}	tɕyn^{33}	dʑʰy^{5}	dʑʰyn^{13}	dʑʰyn^{13}	ɕyn^{33}	ɕyn^{33}	fən^{33}
岳阳县	fu^{3}	uen^{13}	uen^{13}	men^{33}	uen^{13}	uen^{21}	u^{3}	kuen^{33}	kuen^{33}	cʰy^{5}	kuen^{13}	kuen^{13}	fən^{33}	fən^{33}	fən^{33}
平江	fət^{4}	uen^{13}	uen^{13}	men^{44}/uen^{13}	uen^{13}	uen^{22}	uet^{4}	tʂʅ^{44}	tʂʅ^{44}	tʂʅyet^{4}	tʂʅyn^{13}	tʂʅyn^{13}	syn^{44}	syn^{44}	
浏阳	fu^{45}	uen^{45}	uen^{45}	muŋ^{44}	uen^{45}	uen^{21}	u^{44}	tʂʅən^{44}	tʂʅən^{44}	tʂʰy^{45}	nɛ.ɕi^{45}	nɛ.ɕi^{45}	sən^{44}	sən^{44}	
醴陵	fu^{435}	fən^{13}	fən^{13}	men^{44}/uen^{13}	fən^{13}	fən^{22}	u^{435}	kyŋ^{44}	kyŋ^{44}	kʰye^{45}	kʰyŋ^{13}	kʰyŋ^{13}	xyn^{44}	xyn^{44}	fən^{44}
茶陵	fu^{33}	uɛ̃^{213}	uɛ̃^{213}	mɛ̃^{45}/uɛ̃^{213}	uɛ̃^{213}	uɛ̃^{325}	ue^{33}	tɕye^{45}	tɕye^{45}	tɕʰye^{33}/tɕʰy^{33}	tɕʰyɛ^{213}	tɕʰyɛ^{213}	tɕʰye^{45}/ɕyɛ̃^{45}	ɕye^{45}	kʰuɛ^{45}/xuɛ^{45}
安仁	fu^{213}	uen^{24}	uen^{24}	min^{44}	uen^{24}	uen^{322}	ue^{213}	tʃuon^{44}	tʃuon^{44}	tʃʰue^{213}	tʃuen^{24}	tʃuen^{24}	ʃuen^{44}	ʃuen^{44}	kʰuen^{44}
耒阳	fu^{13}	uæ̃^{25}	uæ̃^{25}	miæ̃^{45}	uæ̃^{25}	uɛ̃^{213}	u^{13}	tɕuæ̃^{44}	tɕuæ̃^{45}	tɕʰy^{13}	tʰuæ̃^{25}	tʰuæ̃^{25}	ɕyæ̃^{45}	ɕyæ̃^{45}	xuæ̃^{45}
常宁	fu^{33}	uɛ̃^{21}	uɛ̃^{21}	mɛ̃^{55}/uɛ̃^{24}	uɛ̃^{21}	uɛ̃^{24}	ue^{33}/u^{21}	tʃyɛ̃^{44}	tʃyɛ̃^{44}	tɕʰy^{33}	tʰuɛ̃^{21}	tʰuɛ̃^{21}	ɕyɛ̃^{45}	ɕyɛ̃^{45}	xuɛ̃^{45}
永兴	fu^{22}	uen^{325}	uen^{325}	men^{45}/uen^{325}	uen^{325}	uen^{13}	u^{22}	tɕyn^{45}	tɕyn^{45}	tɕʰy^{22}	tɕʰyn^{22}	tɕʰyn^{325}	ɕyn^{45}	ɕyn^{45}	kʰuɛ^{45}
资兴	fu^{13}	uɛŋ^{22}	uɛŋ^{22}	mɛ̃^{44}		uɛŋ^{35}	uŋ^{13}	tɕiŋ^{44}	tɕiŋ^{44}	tɕʰy^{44}	tɕʰiŋ^{22}	tɕʰiŋ^{22}	ɕiŋ^{44}	ɕiŋ^{44}	kʰuen^{45}
隆回	fu^{325}	uɛ̃^{13}	uɛ̃^{13}	mɛ̃^{24}	uɛ̃^{13}	uɛ̃^{45}	u^{325}	tʃuɛ̃^{44}	tʃuɛ̃^{44}	tʃʰu^{325}	tsʰuɛ̃^{13}	kʰuɛ^{13}	ʃuɛ̃^{44}	ʃuɛ̃^{44}	kʰuɛŋ^{44}
洞口	fu^{45}	uɛ̃^{24}	uɛ̃^{24}	mɛ̃^{55}/uɛ̃^{24}	uɛ̃^{24}	uɛ̃^{53}	u^{53}	tʃyɛ̃^{53}	tʃyɛ̃^{53}		tʃʰyɛ^{24}	tʃʰyɛ^{24}	ʃyɛ^{53}	ʃyɛ^{53}	xuɛ̃^{53}
绥宁	fu^{324}	uɛ̃^{45}	uɛ̃^{45}	mɛ̃^{33}/uɛ̃^{45}	uɛ̃^{45}	uɛ̃^{44}	u^{324}	tʃʅ^{33}	tʃʅ^{33}	tʃʰuɛ^{324}	tʃʰʅ^{45}	tʃʰʅ^{45}	ʃʮ^{33}	ʃʮ^{33}	kʰuɛ̃^{33}

	训	熨	云白~	韵	运	晕	帮	榜	博	旁	薄庵~	忙	芒	莽	蟒
	臻合三去问晓	臻合三去问影	臻合三平文云	臻合三去问云	臻合三去问云	臻合三去问云	宕开一平唐帮	宕开一上荡帮	宕开一入铎帮	宕开一平唐并	宕开一入铎并	宕开一平唐明	宕开一平唐明	宕开一平唐明	宕开一上荡明
华容	çyn²¹³	yn²¹³	yn¹²	yn²¹³	yn³³	yn⁴⁵	pɑŋ⁴⁵	pɑŋ²¹	po⁴³⁵	pʰɑŋ¹²	pʰo⁴³⁵	mɑŋ¹²	mɑŋ¹²	mɑŋ²¹	mɑŋ²¹
岳阳楼	çyn³²⁴	yn³²⁴	yn¹³	yn³²⁴	yn²²	yn³⁴	paŋ³⁴	paŋ³¹	po⁴⁵	pʰaŋ¹³	pʰo⁴⁵	maŋ¹³	maŋ¹³	maŋ³¹	maŋ³¹
临湘	çyn³²⁰	çyn³²⁵	yu¹⁷	yu³²⁵	yu²¹	fon³³	poŋ³³	poŋ⁴²	po⁵	bʰɔŋ¹³	bʰo⁵	moŋ¹³	moŋ¹³	moŋ⁴²	moŋ⁴²
岳阳县	fən⁴⁵	uen³²²	uen¹³	uen⁴⁵	uen²¹	fən³³/uen³³	pɑŋ³³	pɑŋ⁴²	po⁵	pɑŋ¹³	pʰo³	mɑŋ¹³	mɑŋ¹³	mɑŋ⁴⁷	mɑŋ⁴⁷
平江	fən⁴⁵	yn⁴⁵	yn¹³	yn⁴⁵	yn²²	yẽ⁴⁵	poŋ⁴⁴	poŋ³²⁴	poʔ⁴	pʰoŋ¹³	pʰoʔ⁴	moŋ¹³	moŋ¹³	moŋ³²⁴	moŋ²¹
浏阳	ʂyn⁴⁵	yn²¹	yn⁴⁵	yn²¹	yn²¹	uen⁴⁴	poŋ⁴⁴	poŋ³²⁴	po⁴⁴	pʰoŋ⁴⁵	pʰoʔ⁴²	moŋ⁴⁵	moŋ⁴⁵	moŋ³²⁴	moŋ³²⁴
醴陵	xyẽ²²	yŋ²²	yẽ¹³	yẽ²²	yẽ²²	yẽ⁴⁴	poŋ⁴⁴	poŋ³¹	po⁴³⁵	pʰoŋ¹³	pʰo⁴³⁵	moŋ¹³	moŋ¹³	poŋ³¹	moŋ³¹
茶陵	çyẽ³²⁵	yẽ³³	yẽ²¹³	yẽ³²⁵	yẽ³²⁵	yẽ⁴⁵	poŋ⁴⁵	pɔ̃⁵³	po³³	pʰoŋ²¹³	pʰo³³	mɔ̃²⁴	mɔ̃²⁴	mɔ̃⁵³	mɔ̃⁵³
安仁	ʃuan³²²	uen³²²	uen²⁴	uen³²²	uen³²²	uen⁴⁴	pɔ̃⁴⁴	pɔ̃⁵³	pu¹³	pʰɔ̃²⁴	pʰu⁴⁴	mɔ̃²⁴	mɔ̃²⁴	mɔ̃⁵³	mɔ̃⁵³
耒阳	çyẽ²¹³	yẽ²¹³	yẽ²⁵	yẽ²¹³	ʯe²¹³	yẽ⁴⁵	pɔ̃⁴⁵	pɔ̃⁵³	po¹³	pʰɔ̃²⁵	pʰo⁴⁵	mɔ̃²⁵	mɔ̃²⁵	mɔ̃⁵³	mɔ̃⁵³
常宁	çyẽ²⁴	yẽ²⁴	yẽ²⁴	yẽ²⁴	yẽ²⁴	yẽ⁴⁵	pɔ̃²⁴⁵	pɔ̃⁴⁴	po³³	pʰɔ̃²¹	pʰo⁴⁵	mɔ̃²¹	mɔ̃²¹	mɔ̃⁵³	mɔ̃⁴⁴
永兴	çyn¹³	yn¹³	yn³²⁵	yn¹³	yn¹³	ʯ³³	pɑŋ⁴⁴	pɑ⁴²	po²²	pɑ³²⁵	po⁴⁵	mɑ³²⁵	mɑ³²⁵	mɑ⁴²	mɑ⁴²
资兴	çiŋ³⁵	iŋ³⁵	iŋ²²	iŋ³⁵	iŋ³⁵	iŋ⁴⁴	paŋ³¹	pɔ̃⁵³	po¹³	pa³²⁵	po³³	maŋ²²	maŋ²²	maŋ³¹	maŋ³¹
隆回	ʃuɛ⁴⁵	uɛ⁴⁵	uɛ¹³	uɛ⁴⁵	uɛ⁴⁵	xuɛ̃⁴⁴/uɛ⁴⁴	poŋ⁴⁴	poŋ²¹²	po¹³	pʰoŋ¹³	pʰo⁴⁵	moŋ¹³	moŋ¹³	moŋ²¹²	moŋ²¹²
洞口	ʃyɛ̃⁴⁵	yɛ̃⁴⁵	yɛ̃²⁴	yɛ̃⁴⁵	yɛ̃⁴⁵	yɛ̃⁵³	pɑŋ³³	pɑŋ²¹³	po⁴⁵	xoŋ²⁴	ho⁴⁵	mɑŋ²⁴	mɑŋ²⁴	mɑŋ²⁴	mɑŋ²⁴
绥宁	ʃĩ⁴⁴	ĩ⁴²	ĩ⁴⁵	ĩ⁴²	ĩ⁴²	ĩ³³	pɑŋ³³	pɑŋ¹³	po³²⁴	pʰɑŋ⁴⁵	pʰau⁴²	mɑŋ⁴⁵	mɑŋ⁴⁵	mɑŋ¹³	mɑŋ¹³

	莫	膜	幕	摸	当~时	党	挡	当~作	汤	躺	烫	趟~	托	堂	棠
	宕开一入铎明	宕开一入铎明	宕开一入铎明	宕开一入铎明	宕开一平唐端	宕开一上荡端	宕开一上荡端	宕开一去宕端	宕开一平唐透	宕开一上荡透	宕开一去宕透	宕开一去宕透	宕开一入铎透	宕开一平唐定	宕开一平唐定
华容	mo⁴³⁵	mo¹²	mo³³	mo⁴⁵	taŋ⁴⁵	taŋ²¹	taŋ²¹	taŋ²¹³	hʌŋ⁴⁵	hʌŋ²¹	hʌŋ²¹³	hʌŋ²¹³	ho⁴³⁵	hʌŋ¹²	hʌŋ¹²
岳阳楼	mo⁴⁵⁼	mo¹³	mo²²	mo³⁴	taŋ³⁴	taŋ³¹	taŋ³¹	taŋ³²⁴	tʰaŋ³⁴	tʰaŋ³¹	tʰaŋ³²⁴	tʰaŋ³²⁴	tʰo⁴⁵	tʰaŋ¹³	tʰaŋ¹³
临湘	mo⁵	mo⁵	mo²¹	mo³³	toŋ³²⁵	toŋ⁴²	toŋ⁴²	toŋ³²⁵	dʰɔŋ³³	dʰɔŋ⁴²	dʰɔŋ³²⁵	dʰɔŋ³²⁵	dʰo⁵	dʰɔŋ¹³	dʰɔŋ¹³
岳阳县	mo³	mo¹³	mo²¹	mo³³	tʌŋ³³	tʌŋ⁴²	tʌŋ⁴²	tʌŋ⁴⁵	tʰʌŋ³³	tʰʌŋ⁴²	tʰʌŋ⁴⁵	tʰʌŋ⁴⁵	tʰo⁵	tʌŋ¹³	tʌŋ¹³
平江	moʔ⁴	mo¹³	mo²²	mo⁴⁴	toŋ⁴⁴	toŋ³²⁴	toŋ³²⁴	toŋ⁴⁵	tʰoŋ⁴⁴	tʰoŋ³²⁴	tʰoŋ⁵³	tʰoŋ³²⁴	tʰoʔ⁴	tʰoŋ¹³	tʰoŋ¹³
浏阳	mo⁴⁴	mo⁴⁵	mo²¹	mo⁴⁴	toŋ⁴²	toŋ³²⁴	toŋ³²⁴	toŋ⁴²	tʰoŋ⁴⁴	tʰoŋ³²⁴	tʰoŋ⁴²	tʰoŋ⁴²	tʰo⁴⁴	tʰoŋ⁴⁵	tʰoŋ⁴⁵
醴陵	mo⁴³⁵	mo¹³	mo²²	mo⁴⁴	toŋ⁴⁴	toŋ³¹	toŋ³¹	toŋ³³	tʰoŋ⁴⁴	tʰoŋ³¹	tʰoŋ²²	tʰoŋ²²	tʰo⁴³⁵	tʰoŋ¹³	tʰoŋ¹³
茶陵	mo³³	mo²¹³	mu³²⁵	mo³³	toŋ⁴⁵	toŋ⁴²	toŋ⁴²	toŋ³³	tʰoŋ⁴⁵	tʰoŋ⁴²	tʰoŋ³²⁵	tʰoŋ⁴²	tʰo³³	tʰoŋ²¹³	tʰoŋ²¹³
安仁	mu²¹³	mu²¹³	mən³²²	mu⁴⁴/mu²¹³	tɔ⁴⁴	tɔ⁵³	tɔ⁵³	tɔ⁴⁴	tʰɔ⁴⁴	tʰɔ⁵³	tʰɔ³²²	tʰɔ³²²	tʰu²¹³	tɔ²⁴	tɔ²⁴
耒阳	mo¹³	mo¹³	mɯŋ²¹³	mo⁴⁵	tɔ⁴⁵	tɔ⁵³	tɔ⁵³	tɔ²⁴	tʰɔ⁴⁵	tʰɔ⁵³	tʰɔ²¹³	tʰɔ²¹³	tʰo¹³	tʰɔ²⁵	tʰɔ²⁵
常宁	mo³³	mo³³	mõ²⁴	mo⁴⁵	tɔ⁴⁵	tɔ⁵⁴	tɔ⁵⁴	tɔ²⁴	tʰɔ⁴⁵	tʰɔ⁵⁴	tʰɔ²⁴	tʰɔ²⁴	tʰo³³	tʰɔ²¹	tʰɔ²¹
永兴	mo²²	mo²²	mo¹³	mo⁴⁵	ta⁴⁵	ta⁴²	ta⁴²	ta¹³	tʰa⁴⁵	tʰa⁴⁵	tʰa¹³	tʰa¹³	tʰo²²	tʰa²²	
资兴	mo¹³	mo¹³	mu³⁵	mu⁴⁴	taŋ⁴⁴	taŋ³¹	taŋ³¹	taŋ⁴⁴	tʰaŋ⁴⁴	tʰaŋ³¹	tʰaŋ³⁵		tʰo¹³	taŋ²²	
隆回	mo³²⁵	mo¹³	mo³²⁵	mo⁴⁴	toŋ⁴⁴	toŋ²¹²	toŋ²¹²		xoŋ⁴⁴	xoŋ²¹²	xoŋ⁴⁵	xoŋ⁴⁵	ho⁴⁵	xoŋ¹³	xoŋ¹³
洞口	mo⁴⁵	mo²⁴	mo²⁴	mo⁵³	tuɑŋ⁵³	tuɑŋ²¹³	tuɑŋ²¹³		xɑŋ⁵³	xɑŋ²¹³	xɑŋ⁵³	xɑŋ²¹³	ho⁵³	xɑŋ²⁴	xɑŋ²⁴
绥宁	mo⁴²	mo³²⁴	mo³²⁴	mo³³	taŋ³³	taŋ¹³	taŋ¹³	taŋ³³	tʰaŋ³³	tʰaŋ¹³	tʰaŋ⁴²	tʰaŋ⁴²	tʰo³³	tʰaŋ⁴⁵	tʰaŋ⁴⁵

	唐	糖	塘	荡~放	诺	郎	廊	狼	朗	浪	落	烙	骆	洛	乐快~
	宕开一平唐定	宕开一平唐定	宕开一平唐定	宕开一上荡定	宕开一入铎泥	宕开一平唐来	宕开一平唐来	宕开一平唐来	宕开一上荡来	宕开一去宕来	宕开一入铎来	宕开一入铎来	宕开一入铎来	宕开一入铎来	宕开一入铎来
华容	hʌŋ^{12}	hʌŋ^{12}	hʌŋ^{12}	hʌŋ^{33}	lo^{435}	lʌŋ^{12}	lʌŋ^{12}	lʌŋ^{13}	lʌŋ^{21}	lʌŋ^{33}	lo^{435}	lo^{435}	lo^{435}	lo^{435}	lo^{435}
岳阳楼	tʰʌŋ^{13}	tʰʌŋ^{13}	tʰʌŋ^{13}	tʰʌŋ^{22}	lo^{22}	lʌŋ^{13}	lʌŋ^{13}	lʌŋ^{13}	lʌŋ^{31}	lʌŋ^{22}	lo^{45}	lo^{45}	lo^{45}	lo^{45}	lo^{45}
临湘	dʰɔŋ^{13}	dʰɔŋ^{13}	dʰɔŋ^{13}	dʰɔŋ^{21}	lo^{21}	lɔŋ^{13}	lɔŋ^{13}	lɔŋ^{13}	lɔŋ^{42}	lɔŋ^{21}	lo^{5}	lo^{5}	lo^{5}	lo^{5}	lo^{5}
岳阳县	tʌŋ^{13}	tʌŋ^{13}	tʌŋ^{13}	tʌŋ^{21}	lo^{3}	lʌŋ^{13}	lʌŋ^{13}	lʌŋ^{13}	lʌŋ^{42}	lʌŋ^{21}	lo^{3}	lo^{3}	lo^{3}	lo^{3}	lu^{3}
平江	tʰɔŋ^{13}	tʰɔŋ^{13}	tʰɔŋ^{13}	tʰɔŋ^{21}	ioʔ^{4}	lɔŋ^{13}	lɔŋ^{13}	lɔŋ^{45}	lɔŋ^{21}	lɔŋ^{21}	loʔ^{4}	loʔ^{4}	loʔ^{4}	loʔ^{4}	loʔ^{4}
浏阳	tʰɔŋ^{45}	tʰɔŋ^{45}	tʰɔŋ^{45}	tʰɔŋ^{22}	lo^{44}	lɔŋ^{45}	lɔŋ^{45}	lɔŋ^{13}	lɔŋ^{324}	lɔŋ^{22}	lo^{42}		lo^{44}	lo^{44}	lo^{44}
醴陵	tʰɔŋ^{13}	tʰɔŋ^{13}	tʰɔŋ^{13}	tʰɔŋ^{325}	io^{435}	lɔŋ^{13}	lɔŋ^{13}	lɔŋ^{13}	lɔŋ^{13}	lɔŋ^{22}	lo^{435}	lo^{435}	lo^{435}	lo^{435}	lo^{435}
茶陵	tʰɔŋ^{213}	tʰɔŋ^{213}	tʰɔŋ^{213}	tʰɔ^{322}	io^{33}	lɔŋ^{213}	lɔŋ^{213}	lɔ^{24}	lɔŋ^{42}	lɔ^{322}	lo^{33}	lo^{33}	lo^{33}	lo^{33}	
安仁	tɔ^{24}	tɔ^{24}	tɔ^{24}	tʰɔ^{213}	lu^{322}	lɔ^{24}	lɔ^{24}	lɔ^{24}	lɔ^{53}	lɔ^{213}	lɯʔ^{44}/lu^{213}	luʔ^{213}	luʔ^{213}	luʔ^{213}	lu^{213}
耒阳	tʰɔ^{25}	tʰɔ^{25}	tʰɔ^{25}	tʰɔ^{213}	lo^{13}	lɔ^{25}	lɔ^{25}	lɔ^{25}	lɔ^{53}	lɔ^{25}	lo^{13}	lo^{13}	lo^{13}	lo^{13}	lo^{13}
常宁	tʰɔ^{21}	tʰɔ^{21}	tʰɔ^{21}	tʰɔ^{13}	io^{33}	lɔ^{21}	lɔ^{21}	lɔ^{21}	lɔ^{44}	lɔ^{13}	lo^{33}	lo^{33}	lo^{33}	lo^{33}	lo^{33}
永兴	ta^{325}	ta^{325}	ta^{325}	ta^{13}	io^{22}	la^{325}	la^{22}	la^{325}	la^{42}	la^{13}	lo^{45}	lɔ^{22}	lɔ^{22}	lɔ^{22}	
资兴	taŋ^{22}	taŋ^{22}	taŋ^{22}	tʰaŋ^{35}	lo^{13}	laŋ^{22}	laŋ^{22}	laŋ^{22}	laŋ^{31}	laŋ^{35}	lɯ^{44}/lo^{13}	lo^{13}	lo^{13}	lo^{13}	lo^{13}
隆回	xɔŋ^{13}	xɔŋ^{13}	xɔŋ^{13}	xɔŋ^{45}	lo^{325}	lɔŋ^{13}	lɔŋ^{13}	lɔŋ^{45}	lɔŋ^{212}	lɔŋ^{45}	laʔ^{45}/lo^{45}	lo^{44}/lo^{325}	lo^{325}	lo^{325}	lo^{325}
洞口	xɑŋ^{24}	xɑŋ^{24}	xɑŋ^{24}	xɑŋ^{53}	io^{45}	luɑŋ^{24}	luɑŋ^{24}	luɑŋ^{24}	luɑŋ^{45}	luɑŋ^{45}	lo^{45}	lo^{45}	lo^{45}	lo^{45}	lo^{45}
绥宁	tʰɑŋ^{45}	tʰɑŋ^{45}	tʰɑŋ^{45}	tʰɑŋ^{44}	io^{324}	lɑŋ^{45}	lɑŋ^{45}	lɑŋ^{45}	lɑŋ^{44}	lɑŋ^{44}	lo^{42}	lo^{42}	lo^{42}	lo^{42}	lo^{324}

	脏~物	葬	作~工	仓	苍	藏~躲	藏西~	脏心~	凿	昨	桑	丧编~	嗓	索编~	刚
	宕开一平唐精	宕开一去宕精	宕开一入铎精	宕开一平唐清	宕开一平唐清	宕开一平唐从	宕开一去宕从	宕开一去宕从	宕开一入铎从	宕开一入铎从	宕开一平唐心	宕开一去宕心	宕开一上荡心	宕开一入铎心	宕开一平唐见
华容	tsʌŋ^{45}	tsʌŋ^{213}	tso^{435}	tsʰʌŋ^{45}	tsʰʌŋ^{45}	tsʰʌŋ^{12}	tsʰʌŋ^{33}	tsʰʌŋ^{33}	tsʰo^{435}	tsʰo^{435}	sʌŋ^{45}	sʌŋ^{45}	sʌŋ^{21}	so^{435}	kʌŋ^{45}
岳阳楼	tsaŋ^{34}	tsaŋ^{324}	tso^{45}	tsʰaŋ^{34}	tsʰaŋ^{34}	tsʰaŋ^{13}	tsʰaŋ^{22}	tsʰaŋ^{22}	tsʰo^{45}	tsʰo^{45}	saŋ^{34}	saŋ^{34}	saŋ^{31}	so^{45}	kaŋ^{34}
临湘	tsoŋ^{33}	tsoŋ^{325}	tso^{5}	dzʰoŋ^{33}	dzʰɔŋ^{33}				dzʰo^{5}	dzʰo^{5}	soŋ^{33}	soŋ^{325}	soŋ^{42}	so^{5}	tɕioŋ^{33}/koŋ^{33}
岳阳县	tsʌŋ^{33}	tsʌŋ^{45}	tso^{5}	tsʰʌŋ^{33}	tsʰʌŋ^{33}	tsʌŋ^{13}	tsʌŋ^{21}	tsʌŋ^{21}	tsʰo^{3}	tsʰo^{3}	sʌŋ^{33}	sʌŋ^{45}	sʌŋ^{42}	so^{5}	kʌŋ^{33}
平江	tsoŋ^{44}	tsoŋ^{45}	tsoʔ^{4}	tsʰoŋ^{44}	tsʰoŋ^{44}	tsʰoŋ^{13}	tsʰoŋ^{22}	tsʰoŋ^{22}	tsʰoʔ^{4}	tsʰoʔ^{4}	soŋ^{44}	soŋ^{45}	soŋ^{324}	soʔ^{4}	koŋ^{44}
浏阳	tsoŋ^{44}	tsoŋ^{42}	tso^{44}	tsʰoŋ^{44}	tsʰoŋ^{44}	tsʰoŋ^{45}	tsʰoŋ^{21}	tsoŋ^{42}	tsʰo^{42}	tsʰo^{21}	soŋ^{44}	soŋ^{42}	soŋ^{324}	so^{44}	koŋ^{44}
醴陵	tsoŋ^{44}	tsoŋ^{22}	tso^{435}	tsʰoŋ^{44}	tsʰoŋ^{44}	tsʰoŋ^{13}	tsʰoŋ^{22}	tsʰoŋ^{22}	tsʰo^{435}	tsʰo^{435}	soŋ^{44}	soŋ^{22}	soŋ^{31}	so^{435}	koŋ^{44}
茶陵	tsoŋ^{45}	tsoŋ^{33}	tso^{33}	tsʰoŋ^{45}	tsʰoŋ^{45}	tsʰoŋ^{213}	tsʰoŋ^{325}	tsʰoŋ^{33}	tsʰo^{33}	tsʰo^{33}	soŋ^{45}	soŋ^{45}	soŋ^{42}	so^{33}	koŋ^{45}
安仁	tsɔ̃^{44}	tsɔ^{322}	tsu^{213}	tsʰɔ̃^{44}	tsʰɔ̃^{44}	tsɔ^{24}		tsɔ^{322}	tsʰu^{44}	tsʰæ^{44}/tsʰu^{44}	sɔ^{44}	sɔ^{44}	sɔ^{53}	su^{213}	kɔ^{44}
耒阳	tsɔ̃^{45}	tsɔ̃^{213}	tso^{13}	tsʰɔ^{45}	tsʰɔ^{45}	tsʰɔ^{25}	tsʰɔ^{213}	tsʰɔ^{213}	tsʰo^{45}	tsʰa^{45}/tso^{13}	sɔ̃^{45}	sɔ^{45}	sɔ^{53}	so^{13}	kɔ^{45}
常宁	tsɔ̃^{45}	tsɔ̃^{24}	tso^{33}	tsʰɔ^{45}	tsʰɔ^{45}	tsʰɔ^{21}	tsʰɔ^{21}	tsʰɔ^{21}	tsʰo^{21}	tsʰo^{33}	sɔ̃^{45}	sɔ^{24}	sɔ^{44}	so^{33}	kɔ^{45}
永兴	tsɑ^{45}	tsɑ^{13}	tsɔ^{22}	tsʰɑ^{44}	tsʰɑ^{45}	tsʰɑ^{325}	tsɑ^{13}	tsɑ^{13}	tsʰo^{45}	tsʰo^{45}	sɑ^{44}	sɑ^{13}	sɑ^{42}	sɔ^{22}	kɑ^{45}
资兴	tsaŋ^{44}	tsaŋ^{35}	tsɔ^{13}	tsʰaŋ^{44}	tsʰaŋ^{44}		tsʰaŋ^{35}	tsʰaŋ^{35}	tsʰu^{44}	tsʰu^{35}	saŋ^{44}	saŋ^{44}	saŋ^{31}	su^{13}	kaŋ^{44}
隆回	tsoŋ^{44}	tsoŋ^{45}	tso^{325}	tsʰoŋ^{44}	tsʰoŋ^{44}	tsʰoŋ^{13}	tsʰoŋ^{45}	tsʰoŋ^{45}	tsʰo^{45}	tsʰo^{45}	soŋ^{44}	soŋ^{45}	soŋ^{212}	so^{44}/sɔ^{325}	koŋ^{53}
洞口	tsuaŋ^{53}	tsuaŋ^{45}	tso^{45}	tsʰuaŋ^{53}	tsʰuaŋ^{33}	tsʰuaŋ^{24}		tsʰuaŋ^{24}	tsʰo^{45}	tsʰo^{45}	suaŋ^{53}	suaŋ^{45}	suaŋ^{213}	so^{53}	kaŋ^{53}
绥宁	tsaŋ^{33}	tsaŋ^{42}	tso^{324}	tsʰaŋ^{33}	tsʰaŋ	tsʰaŋ^{45}	tsʰaŋ^{42}	tsʰaŋ^{42}	tsʰo^{42}	tsʰo^{42}	saŋ^{33}	saŋ^{42}	saŋ^{13}	so^{33}	kaŋ^{33}

	纲 古开一平唐见	钢~铁 古开一平唐见	缸 古开二平唐见	杠 古开二去唐见	各 古开一入铎见	阁 古开一入铎见	搁 古开一入铎见	康 古开一平唐溪	糠 古开一平唐溪	抗 古开一去唐溪	昂 古开一平唐疑	鄂 古开一入铎疑	蠹 蟋蟀~ 古开一入铎晓	行~列 古开二平唐匣	航 古开二平唐匣
华容	kʌŋ^{45}	kʌŋ^{45}	kʌŋ^{45}	kʌŋ^{213}	ko^{435}	ko^{435}	ko^{435}	kʰʌŋ^{45}	kʰʌŋ^{45}	kʰʌŋ^{213}	ŋʌŋ^{12}	ŋo^{435}	xo^{435}	xʌŋ^{12}	xʌŋ^{12}
岳阳楼	kaŋ^{34}	kaŋ^{34}	kaŋ^{34}	kaŋ^{324}	ko^{45}	ko^{45}	ko^{45}	kʰaŋ^{34}	kʰaŋ^{34}	kʰaŋ^{324}	ŋaŋ^{13}	ŋo^{45}	xo^{45}	xaŋ^{13}	xaŋ^{13}
临湘	koŋ^{33}	koŋ^{33}	koŋ^{33}	koŋ^{325}	kɔŋ^{5}	kɔŋ^{5}	kɔŋ^{5}	oʰoŋ^{33}	oʰoŋ^{33}	oʰoŋ^{325}	ŋoŋ^{13}	ŋo^{5}	ɣo^{5}	ɣoŋ^{13}	ɣoŋ^{13}
岳阳县	kʌŋ^{33}	kʌŋ^{33}	kʌŋ^{33}	kʌŋ^{45}	ko^{3}	ko^{3}	ko^{3}	kʰʌŋ^{33}	kʰʌŋ^{33}	kʰʌŋ^{45}	ŋʌŋ^{13}	o^{5}	cy^{45}	xʌŋ^{13}	xʌŋ^{13}
平江	koŋ^{44}	koŋ^{44}	koŋ^{45}	koŋ^{45}	koʔ^{4}	koʔ^{4}	koʔ^{4}	xoŋ^{44}	xoŋ^{44}	xoŋ^{45}		ŋoʔ^{4}	tʂy^{44}	xoŋ^{13}	xoŋ^{13}
浏阳	koŋ^{44}	koŋ^{44}	koŋ^{44}	koŋ^{42}	ko^{44}	ko^{44}	ko^{44}	kʰoŋ^{44}	kʰoŋ^{44}	kʰoŋ^{42}		ŋo^{44}	xo^{44}	xoŋ^{45}	xoŋ^{45}
醴陵	koŋ^{44}	koŋ^{44}	koŋ^{44}	koŋ^{22}	ko^{435}	ko^{435}	ko^{435}	kʰoŋ^{44}	kʰoŋ^{44}	kʰoŋ^{22}	ŋoŋ^{13}	ŋo^{435}		xoŋ^{13}	xoŋ^{13}
茶陵	koŋ^{45}	koŋ^{45}	koŋ^{45}	koŋ^{45}	ko^{33}	ko^{33}	ko^{33}	kʰoŋ^{45}	xoŋ^{45}	kʰoŋ^{33}	ŋoŋ^{213}	ŋo^{33}		xoŋ^{213}	xoŋ^{213}
安仁	kõ^{44}	kõ^{44}	kõ^{44}	kõ^{322}	ku^{213}	ku^{213}	ku^{213}	kʰõ^{44}	xõ^{44}	kʰõ^{322}	ŋɔ^{213}	u^{213}		xõ^{24}	xõ^{24}
耒阳	kɔ^{45}	kɔ^{45}	kɔ^{45}	kɔ^{213}	ko^{13}	ko^{13}	ko^{13}	kʰɔ^{45}	xɔ^{45}	kʰɔ^{213}	ŋɔ^{13}	o^{13}		xɔ^{25}	xɔ^{25}
常宁	kɔ^{45}	kɔ^{45}	kɔ^{45}	kɔ^{24}	ko^{33}	ko^{33}	ko^{33}	kʰɔ^{53}	xɔ^{45}	kʰɔ^{24}	ŋɔ^{21}	ŋo^{33}	xo^{33}	xɔ^{21}	xɔ^{21}
永兴	ka^{45}	ka^{45}	ka^{45}	ka^{45}	ko^{22}	ko^{22}	ko^{22}	kʰa^{45}	xa^{45}	kʰa^{13}	ɔ^{22}	ɔ^{22}		xa^{325}	xo^{325}
资兴	kaŋ^{44}	kaŋ^{44}	kaŋ^{44}	kaŋ^{31}	kʰuu^{13}	kuu^{13}		kʰaŋ^{44}	xaŋ^{44}	kʰaŋ^{35}	ŋaŋ^{22}	ŋo^{13}		xaŋ^{22}	xaŋ^{22}
隆回	koŋ^{44}	koŋ^{44}	koŋ^{44}	koŋ^{45}	ko^{325}	ko^{325}	ko^{325}	kʰoŋ^{44}	kʰoŋ^{44}	kʰoŋ^{45}		o^{325}		xoŋ^{13}	xoŋ^{13}
洞口	kaŋ^{53}	kaŋ^{53}	kaŋ^{53}	kaŋ^{53}	ko^{53}	ko^{53}	kʰo^{45}	kʰoŋ^{53}	kʰoŋ^{53}	kʰoŋ^{45}		o^{45}		xaŋ^{24}	xaŋ^{24}
绥宁	kaŋ^{33}	kaŋ^{33}	kaŋ^{33}	kaŋ^{42}	ko^{324}	kʰo^{324}	kʰo^{42}	kʰaŋ^{33}	kʰaŋ^{33}	kʰoŋ^{42}		o^{324}		xaŋ^{45}	xaŋ^{45}

	杭 宕开一平唐匣	鹤 宕开一入铎匣	恶 善~ 宕开一入铎影	娘 宕开三平阳泥	酿 宕开三去漾泥	良 宕开三平阳来	凉 宕开三平阳来	量 ~秤 宕开三平阳来	粮 宕开三平阳来	梁 宕开三平阳来	梁 宕开三平阳来	两 个~ 宕开三上养来	两 儿~ 宕开三上养来	亮 宕开三去漾来	读 宕开三去漾来
华容	xaŋ12	xo435	ŋo435	liaŋ12	liaŋ21	liʌŋ12	liʌŋ12	liʌŋ12	liʌŋ12	liʌŋ12	liʌŋ12	liʌŋ21	liʌŋ21	liʌŋ33	liʌŋ33
岳阳楼	xaŋ13	xo45	ŋo45	niaŋ13	niaŋ324	liaŋ13	liaŋ13	liaŋ13	liaŋ13	liaŋ13	liaŋ13	liaŋ31	liaŋ31	liaŋ22	liaŋ22
临湘	xoŋ13	xo5	ŋo5	nioŋ13	ioŋ325	dʱioŋ13	dʱioŋ13	dʱioŋ13	dʱioŋ13	dʱioŋ13	dʱioŋ13	dʱioŋ42	dʱioŋ42	dʱioŋ21	dʱioŋ21
岳阳县	xʌŋ13	xo5	ŋo5	ɲiʌŋ13	iʌŋ45	liʌŋ13	liʌŋ13	liʌŋ13	liʌŋ13	liʌŋ13	liʌŋ13	ɲiʌŋ42	liʌŋ42	liʌŋ21	liʌŋ21
平江	xoŋ13	xoʔ4	ŋoʔ4	ɲioŋ13	ioŋ45	lioŋ13	lioŋ13	lioŋ13	lioŋ13	lioŋ13	lioŋ13	tioŋ21	lioŋ21	lioŋ22	lioŋ45
浏阳	xoŋ45	xo21	o44	ɲioŋ45	ɲioŋ21	tioŋ45	tioŋ45	tioŋ45	tioŋ45	tioŋ45	tioŋ45	tioŋ324	tioŋ324	tioŋ21	tioŋ21
醴陵	xoŋ213	xo435	ŋo435	ɲioŋ13	ɲioŋ22	lioŋ13	lioŋ13	lioŋ13	lioŋ13	lioŋ13	lioŋ13	lioŋ13	lioŋ31	lioŋ22	
茶陵	xoŋ213	xo33	ŋo33	naioŋ213		lioŋ213	lioŋ213	lioŋ213	lioŋ213	lioŋ213	lioŋ213	lioŋ42	lioŋ42	lioŋ325	
安仁	xɔ24	xu213	u213	iõ24	iõ322	liɔ̃24	liɔ̃24	liɔ̃24	liɔ̃24	liɔ̃24	liɔ̃24	liɔ̃322	liɔ̃53	liɔ̃322	liɔ̃322
耒阳	xɔ̃25	xo13	o13	iõ25	iõ213	liɔ̃25	liɔ̃25	liɔ̃25	liɔ̃25	liɔ̃25	liɔ̃25	liɔ̃53	liɔ̃53	liɔ̃213	liɔ̃213
常宁	xɔ̃21	xo33	o33	ɲiõ21	naiõ24	liɔ̃21	liɔ̃21	liɔ̃21	liɔ̃21	liɔ̃21	liɔ̃21	liɔ̃44	liɔ̃44	liɔ̃24	liɔ̃24
永兴	xɑ22	xo13	o22	ia325	ia13	lia22	lia325	lia325	lia325	lia325	lia325	lia42	lia42	lia13	lia13
资兴	xaŋ22	xo13	ɯ13	liaŋ22	liaŋ35	liaŋ22	liaŋ22	liaŋ22	liaŋ22	liaŋ22	liaŋ22	liaŋ31	liaŋ31	liaŋ35	liaŋ35
隆回	xoŋ13	xo325	o325	ioŋ13	ioŋ45	liaŋ13	liaŋ13	liaŋ13	liaŋ13	liaŋ13	liaŋ13	liaŋ212	liaŋ212	liaŋ45	liaŋ45
洞口	xaŋ24	xo53	o53	ɲiɑu24		liaŋ24	liaŋ24	liaŋ24	liaŋ24	liaŋ24	liaŋ24	liaŋ213	lioŋ213	liaŋ53	liaŋ53
绥宁	xaŋ45	xo42	o33	ɲio45/ɲiɑu45	iaŋ44	liaŋ45	liaŋ45	lioŋ45	liaŋ45	liaŋ45	liaŋ45	ɲiɑu13	liaŋ22	liaŋ44	liaŋ44

	量(数~)	略	将(~来)	浆	蒋	奖	酱	将(大~)	爵	雀(麻雀~)	枪	抢	鹊	墙	匠
	宕开三 去漾来	宕开三 入药来	宕开三 平阳精	宕开三 平阳精	宕开三 上养精	宕开三 上养精	宕开三 去漾精	宕开三 去漾精	宕开三 入药精	宕开三 入药精	宕开三 平阳清	宕开三 上养清	宕开三 入药清	宕开三 平阳从	宕开三 去漾从
华容	liaŋ³³	lio⁵	tɕiaŋ⁴⁵	tɕiaŋ⁴⁵	tɕiaŋ²¹	tɕiaŋ²¹	tɕiaŋ²¹³	tɕiaŋ²¹³	tɕio⁴³⁵	tɕio⁴³⁵	tɕʰiaŋ⁴⁵	tɕʰiaŋ²¹	tɕʰio⁴³⁵	tɕʰiaŋ¹²	tɕʰiaŋ³³
岳阳楼	liaŋ²²	lio⁴⁵	tɕiaŋ³⁴	tɕiaŋ³⁴	tɕiaŋ³¹	tɕiaŋ³¹	tɕiaŋ³²⁴	tɕiaŋ³²⁴	tɕio⁴⁵	tɕʰio⁴⁵	tɕʰiaŋ³⁴	tɕʰiaŋ³¹	tɕʰio⁴⁵	tɕʰiaŋ¹³	tɕʰiaŋ²²
临湘	dʰioŋ²¹	dʰio⁵	tɕioŋ³³	tɕioŋ³²⁵	tɕioŋ⁴²	tɕioŋ⁴²	tɕioŋ³²⁵	tɕioŋ³²⁵	tɕio⁵	dʑio⁵	dʑʰiaŋ³³	dʑʰiaŋ⁴²	dʑʰio⁵	dʑʰiaŋ¹³	dʑʰiaŋ²²
岳阳县	liaŋ²¹	lio⁵	ciaŋ³³	ciaŋ³³	ciaŋ⁴²	ciaŋ⁴²	ciaŋ⁴⁵	ciaŋ⁴⁵	cio⁵	cio⁵	cʰiaŋ³³	cʰiaŋ⁴²	cʰio⁵	ciaŋ¹³	ciaŋ²¹
平江	lioŋ⁴⁵	lioʔ⁴	tsioŋ⁴⁴	tsioŋ⁴⁴	tsioŋ³²⁴	tsioŋ³²⁴	tsioŋ⁴⁵	tsioŋ⁴⁵	tsioʔ⁴	tsʰioʔ⁴³⁵/tɕʰio⁴³⁵	tsʰioŋ⁴⁴	tsʰioŋ³²⁴	tsʰioʔ⁴³⁵	tsʰioŋ⁴⁵	tsʰiʌŋ³³
浏阳	tioŋ²¹	tio⁴⁴	tsioŋ⁴⁴	tsioŋ⁴⁴	tsioŋ³²⁴	tsioŋ³²⁴	tsioŋ⁴²	tsioŋ⁴⁴	tsio⁴⁴	tsʰio⁴²	tsʰioŋ³²⁴	tsʰioŋ³²⁴	tsʰio⁴²	tsʰioŋ⁴⁵	tsʰioŋ²¹
醴陵	lioŋ²²	lio⁴³⁵	tsioŋ⁴⁴	tsioŋ⁴⁴	tsioŋ³¹	tsioŋ³¹	tsioŋ²²	tsioŋ²²	tsʰio⁴³⁵	tsʰio⁴³⁵/tɕʰio⁴³⁵	tsʰioŋ⁴⁴	tsʰioŋ³¹	tsʰio⁴³⁵	tsʰioŋ¹³	tsʰioŋ²²
茶陵	lioŋ³²⁵	lio³³	tɕioŋ⁴⁵	tɕioŋ⁴⁵	tɕioŋ⁴²	tɕioŋ⁴²	tɕioŋ³³	tɕioŋ³³	tɕio³³	tɕʰio³³	tɕʰioŋ⁴⁵	tɕʰioŋ⁴²	tɕʰio³³/tɕʰye³²⁵~鹊	tɕʰioŋ²¹³	tɕʰioŋ³²⁵
安仁	liɔ³²²	liɔ²¹³	tsiɔ̃⁴⁴	tsiɔ̃⁴⁴	tsiɔ̃⁵³	tsiɔ̃⁵³	tsiɔ̃³²²	tsiɔ̃³²²	tsiɔ²¹³	tsʰiɔ²¹³	tsʰiɔ̃⁵³	tsʰiɔ̃⁵³	tsʰiɔ²⁴	tsiɔ̃²⁴	tsʰiɔ³²²
耒阳	liɔ̃²¹³	lio¹³	tɕiɔ̃⁴⁵	tɕiɔ̃⁴⁵	tɕiɔ⁴⁴	tɕiɔ⁴⁴	tɕiɔ²¹³	tɕiɔ²¹³	tɕio¹³	tɕʰio¹³	tɕʰiɔ⁴⁵	tɕʰiɔ⁴⁴	tɕʰio¹³	tɕʰiɔ²¹	tɕʰiɔ²¹³
常宁	liɔ²⁴	lio³³	tɕiɔ⁴⁵	tɕiɔ⁴⁵	tɕiɔ⁴²	tɕiɔ⁴²	tɕiɔ²⁴	tɕiɔ²⁴	tɕiɔ³³	tɕʰiɔ³³	tɕʰiɔ⁴⁵	tɕʰiɔ⁴⁴	tɕʰiɔ³³	tɕʰiɔ²¹	tɕʰiɔ²⁴
永兴	lia¹³	liɔ²²	tɕiɔ⁴²	tɕiɔ⁴²	tɕiɔ¹³	tɕiɔ¹³	tɕiɔ¹³	tɕiɔ¹³	tɕiɛ¹³	tɕʰy⁴⁵	tɕʰiɔ⁴⁵	tɕʰiɔ⁴²	tɕʰiɔ¹³	tɕʰiɔ²²	tɕʰiɔ¹³
资兴	liaŋ³⁵	lio¹³	tɕiaŋ⁴⁴	tɕiaŋ⁴⁴	tɕiaŋ³¹	tɕiaŋ³¹	tɕiaŋ³⁵	tɕiaŋ³⁵	tɕiɛ¹³	tɕʰy⁴⁴/tɕʰiɔ¹³	tɕʰiaŋ⁴⁴	tɕʰiaŋ³¹	tɕʰio¹³/tɕʰye³²⁵	tɕʰiaŋ²²	tɕʰiaŋ³⁵
隆回	liaŋ⁴⁵	liɔ⁴⁵	tsiaŋ⁴⁵	tsiɑŋ²¹³	tsiaŋ²¹²	tsiaŋ²¹²	tsiaŋ⁴⁵	tsiaŋ⁴⁵	tsiɔ³²⁵	tsʰiɔ³²⁵	tsʰiaŋ⁴⁴	tsʰiaŋ²¹²	tsʰiaŋ⁴⁵	tsʰiaŋ¹³	tsʰiaŋ⁴⁵
洞口	liaŋ⁵³	liɤ⁴⁵		tsiɔ³³	tsiɑŋ²¹³	tsiɑŋ²¹³	tsiɔ⁴⁵	tsiɑŋ⁴⁵	tsɤ³³	tsʰiɤ⁵³/tʃʰye⁵³	tsʰiaŋ⁵³	tsʰiɔ²¹³	tʃʰye⁵³	tsʰiɑŋ⁴⁵	tsʰiɑŋ⁵³
绥宁	liaŋ⁴⁴	lio³²⁴/luɛ³²⁴	tsiaŋ³³	tsiaŋ³³	tsiaŋ¹³	tsiaŋ¹³	tsiɑŋ⁴²	tsiɑŋ⁴²	tsɤ³³	tsʰiau³³	tsʰiaŋ¹³	tsʰiaŋ¹³	tsʰiau⁴⁴	tsʰiaŋ⁴⁵	tsʰiaŋ⁴⁴

	嚼	相 互~	箱	厢	湘	镶	想	相 ~貌	削	相 ~	详	祥	象	像	张	长 生~
	宕开三 入药从	宕开三 平阳心	宕开三 平阳心	宕开三 平阳心	宕开三 平阳心	宕开三 平阳心	宕开三 上养心	宕开三 去漾心	宕开三 入药心	宕开三 去漾心	宕开三 平阳邪	宕开三 平阳邪	宕开三 上养邪	宕开三 上养邪	宕开三 平阳知	宕开三 上养知
华容	tɕʰiu³³	ɕiʌŋ⁴⁵	ɕiʌŋ⁴⁵	ɕiʌŋ⁴⁵	ɕiʌŋ⁴⁵	ɕiʌŋ⁴⁵	ɕiʌŋ²¹	ɕiʌŋ²¹³	ɕio⁴³⁵	ɕiʌŋ²¹³	tɕʰiʌŋ¹²	tɕʰiʌŋ¹²	tɕʰiʌŋ³³	tɕʰiʌŋ³³	tsʌŋ⁴⁵	tsʌŋ²¹
岳阳楼	tɕio⁴⁵	ɕiaŋ³⁴	ɕiaŋ³⁴	ɕiaŋ³⁴	ɕiaŋ³⁴	ɕiaŋ³⁴	ɕiaŋ³¹	ɕiaŋ³²⁴	ɕio⁴⁵	ɕiaŋ³²⁴	tɕʰiaŋ¹³	tɕʰiaŋ¹³	ɕiaŋ²²	tɕʰiaŋ²²	tsaŋ³⁴	tsʰaŋ¹³
临湘	tɕio⁵	ɕioŋ³³	ɕioŋ³³	ɕioŋ³³	ɕioŋ³³	ɕioŋ³³	ɕioŋ⁴²	ɕioŋ³²⁵	ɕio⁵	dʑʰioŋ¹³	dʑʰioŋ¹³	dʑʰioŋ¹³	ɕioŋ²¹	dʑʰioŋ²¹	tsoŋ³³	tsoŋ⁴²
岳阳县	ɕio⁵	ɕiʌŋ³³	ɕiʌŋ³³	ɕiʌŋ³³	ɕiʌŋ³³	ɕiʌŋ³³	ɕiʌŋ⁴²	ɕiʌŋ³²⁵	ɕio⁵	ɕiʌŋ¹³	ɕiʌŋ¹³	ɕiʌŋ¹³	ɕiʌŋ²¹	ɕiʌŋ²¹	tsʌŋ³³	tsʌŋ⁴²
平江	tsioʔ⁴	siõ⁴⁴	siõ⁴⁴	siõ⁴⁴	siõ⁴⁴	siõ⁴⁴	siõ⁵³	siõ³²²	sioʔ⁴	tsʰiõ²⁴	tsʰiõ²⁴	tsʰiõ²⁴	ɕiõ³²²	tsʰiõ²¹	tsiõ⁴⁴	tsiõ³²⁴
浏阳	tsio⁴⁴	ɕiɔ̃⁴⁵	ɕiɔ̃⁴⁵	ɕiɔ̃⁴⁵	ɕiɔ̃⁴⁵	ɕiɔ̃⁴⁵	ɕiɔ̃⁵³	ɕiɔ̃²¹³	ɕio³³	tɕʰiɔ̃²⁵	tɕʰiɔ̃²⁵	tɕʰiɔ̃²⁵	tɕʰiɔ̃²¹³	tɕʰiɔ̃⁵³	tɕiɔ̃⁴⁵	tɕiɔ̃⁵³
醴陵	tɕio³³	ɕiɔ̃⁴⁵	ɕiɔ̃⁴⁵	ɕiɔ̃⁴⁵	ɕiɔ̃⁴⁵	ɕiɔ̃⁴⁵	ɕiɔ̃⁵³	ɕiɔ̃²¹³	sio⁵	tɕʰiɔ̃²¹	tɕʰiɔ̃²¹	tɕʰiɔ̃²¹	tɕʰiɔ̃²⁴	tɕʰiɔ̃²⁴	tɕiɔ̃⁵³	tɕiɔ̃⁵³
茶陵	tɕʰio³³	ɕia⁴⁵	ɕia⁴⁵	ɕia⁴⁵	ɕia⁴⁵	ɕia⁴⁵	ɕia⁴²	ɕia¹³	ɕio²²	tɕʰia¹³	tɕʰia¹³	tɕʰia¹³	ɕia¹³	tɕʰia¹³/ɕia¹³	tɕʰiɔ̃⁵³	tsa⁴⁴
安仁	tɕʰiɔ³³	ɕiɔ̃⁴⁴	siõ⁴⁴	siõ⁴⁴	siõ⁴⁴	siõ⁴⁴	siõ⁵³	siõ³²²	sio³³	tsiõ²⁴	tsiõ²⁴	tsiõ²⁴	siõ³²²	tsʰiõ³²²	tɕiõ⁴⁵ 盛(姓)/tʃɔ⁴⁴	tiõ⁴²/tʃɔ⁵³
耒阳	tɕʰio¹³	ɕiɔ̃⁴⁵	ɕiɔ̃⁴⁵	ɕiɔ̃⁴⁵	ɕiɔ̃⁴⁵	ɕiɔ̃⁴⁵	ɕiɔ̃⁵³	ɕiɔ̃²¹³	ɕio¹³	tɕʰiɔ̃²⁵	tɕʰiɔ̃²⁵	tɕʰiɔ̃²¹³	tɕʰiɔ̃²¹³	tɕʰiɔ̃²¹³	tɕiɔ̃⁴⁵ 盛(姓)/tɕɔ⁴⁵	tɕiɔ̃⁵³/tɕɔ⁵³
常宁	tɕio³³	ɕiɔ̃⁴⁵	ɕiɔ̃⁴⁵	ɕiɔ̃⁴⁵	ɕiɔ̃⁴⁵	ɕiɔ̃⁴⁵	ɕiɔ̃⁴⁴	ɕiɔ̃²¹³	sirɤ⁵	tɕʰiɔ̃²¹	tɕʰiɔ̃²¹	tɕʰiɔ̃²¹	ɕiɔ̃²⁴	tɕʰiɔ̃²⁴	tɕɔ⁴⁵	tɕɔ⁴⁴
永兴	tɕio²²	ɕia⁴⁵	ɕia⁴⁵	ɕia⁴⁵	ɕia⁴⁵	ɕia⁴⁵	ɕia⁴²	ɕia¹³	sɐe³³	tɕʰia²²	tɕʰia²²	tɕʰia¹³	ɕia¹³	tɕʰia¹³/ɕia¹³	tsa⁴⁵	tsa⁴²
资兴		ɕiaŋ⁴⁴	ɕiaŋ⁴⁴	ɕiaŋ⁴⁴	ɕiaŋ⁴⁴	ɕiaŋ⁴⁴	ɕiaŋ³¹	ɕiaŋ³⁵	ɕio¹³	tɕʰiaŋ³¹	tɕʰiaŋ²²	ɕiaŋ³⁵	ɕiaŋ³⁵	tɕʰiaŋ³⁵ ~种/ɕiaŋ³⁵	tsaŋ⁴⁴ 盛(姓)/tsaŋ⁴⁴	tsaŋ³¹
隆回	tsʰirɤ⁴⁵	siaŋ⁴⁴	siaŋ⁴⁴	siaŋ⁴⁴	siaŋ⁴⁴	siaŋ⁴⁴	siaŋ²¹²	siaŋ⁴⁵	sie⁴⁴	tɕʰiaŋ¹³	tɕʰiaŋ¹³	siaŋ⁴⁵	siaŋ⁴⁵	tɕʰiaŋ⁴⁵	tiaŋ⁴⁴ 盛(姓)/tʃoŋ⁴⁴	tiaŋ²¹²/tʃoŋ²¹²
洞口	tsʰirɤ⁴⁵	siaŋ⁵³	siaŋ⁵³	siaŋ⁵³	siaŋ⁵³	siaŋ⁵³	siaŋ²¹³	siaŋ⁴⁵	sirɤ⁵³	tɕʰiaŋ²⁴	tɕʰiaŋ²⁴	ɕiaŋ⁴⁵	ɕiaŋ⁵³	ɕiaŋ⁵³	tiaŋ⁵³ 盛(姓)/tʃoŋ⁵³	tiaŋ²¹³/tʃoŋ²¹³
绥宁	tsʰɐe⁴²	siaŋ³³	siaŋ³³	siaŋ³³	siaŋ³³	siaŋ³³	siaŋ¹³	siaŋ⁴²	sɐe³³	tsʰiaŋ⁴⁵	tsʰiaŋ⁴⁵	siaŋ⁴²	tsʰiaŋ⁴⁴	tsʰiaŋ⁴⁴	tiaŋ³³ 盛(姓)/tʃaŋ³³	tiaŋ¹³/tʃaŋ¹³

地点	涨	帐	胀	账	着~衣	畅	长~短	肠	场	丈	仗	杖	着~睡	庄	装
	宕开三去漾知	宕开三去漾知	宕开三去漾知	宕开三去漾知	宕开三入药知	宕开三去漾彻	宕开三平阳澄	宕开三平阳澄	宕开三平阳澄	宕开三上养澄	宕开三上养澄	宕开三上养澄	宕开三入药澄	宕开三平阳庄	宕开三平阳庄
华容	tsɐ̃ŋ^{21}	tsɐ̃ŋ^{213}	tsɐ̃ŋ^{213}	tsɐ̃ŋ^{213}		tsʰɐ̃ŋ^{213}	tsʰɐ̃ŋ^{12}	tsʰɐ̃ŋ^{12}	tsʰɐ̃ŋ^{12}	tsʰɐ̃ŋ^{33}~细/tɕʰyɐ̃ŋ^{33}~量	tsʰɐ̃ŋ^{213}/tsaŋ^{324}	tɕʰyɐ̃ŋ^{33}	tsʰo^{435}	tɕyɐ̃ŋ^{45}	tɕyɐ̃ŋ^{45}
岳阳楼	tsaŋ^{31}	tsaŋ^{324}	tsaŋ^{324}	tsaŋ^{324}		tsʰaŋ^{324}	tsaŋ^{31}	tsʰaŋ^{13}	tsʰaŋ^{13}	tsʰaŋ^{22}	tsʰaŋ^{22}/tsaŋ^{324}	tsʰaŋ^{22}	tsʰo^{45}	tɕyaŋ^{34}	tɕyaŋ^{34}
临湘	tsɔ̃ŋ^{42}	tsɔ̃ŋ^{325}	tsɔ̃ŋ^{325}	tsɔ̃ŋ^{325}		dzʰɔ̃ŋ^{325}	dzʰɔ̃ŋ^{13}	dzʰɔ̃ŋ^{13}	dzʰɔ̃ŋ^{13}	dzʰɔ̃ŋ^{21}	dzʰɔ̃ŋ^{21}/tɕʰiɔ̃ŋ^{325}	dzʰɔ̃ŋ^{21}	dzʰo^{5}	tsɔ̃ŋ^{33}	tsɔ̃ŋ^{33}
岳阳县	tsɐ̃ŋ^{42}	tsɐ̃ŋ^{45}	tsɐ̃ŋ^{45}	tsɐ̃ŋ^{45}		tsʰɐ̃ŋ^{45}	tsɐ̃ŋ^{13}	tsɐ̃ŋ^{13}	tsɐ̃ŋ^{13}	tsɐ̃ŋ^{21}	tsɐ̃ŋ^{21}	tsɐ̃ŋ^{21}	tsʰo^{3}	tsɐ̃ŋ^{33}	tsɐ̃ŋ^{33}
平江	tsɔŋ^{324}	tsɔŋ^{45}	tsɔŋ^{45}	tsɔŋ^{45}	tɕo^{33}	tsʰɔŋ^{45}	tsʰɔŋ^{13}	tsʰɔŋ^{13}	tsʰɔŋ^{13}	tsʰɔŋ^{21}	tsʰɔŋ^{21}	tsʰɔŋ^{21}	tsʰoʔ^{7}	tsɔŋ^{44}	tsɔŋ^{44}
浏阳	tsɔŋ^{324}	tsɔŋ^{45}	tsɔŋ^{45}	tsɔŋ^{45}		tsʰɔŋ^{45}	tsʰɔŋ^{13}	tsʰɔŋ^{13}	tsʰɔŋ^{13}	tsʰɔŋ^{21}	tsʰɔŋ^{21}	tsʰɔŋ^{21}	tsʰoʔ^{44}	tsɔŋ^{44}	tsɔŋ^{44}
醴陵	tsɔŋ^{31}	tsɔŋ^{42}	tsɔŋ^{42}	tsɔŋ^{42}		tsʰɔŋ^{45}	tsʰɔŋ^{45}	tsʰɔŋ^{45}	tsʰɔŋ^{45}	tsʰɔŋ^{22}	tsʰɔŋ^{22}	tsʰɔŋ^{22}	tsʰoʔ^{44}	tsɔŋ^{44}	tsɔŋ^{44}
茶陵	tsɔŋ^{42}	tsɔŋ^{33}	tsɔŋ^{33}	tsɔŋ^{33}		tsʰɔŋ^{33}	tsʰɔŋ^{213}	tsʰɔŋ^{213}	tsʰɔŋ^{213}	tsʰɔŋ^{325}	tsʰɔŋ^{325}	tsʰɔŋ^{325}	dzʰo^{435}	tsɔŋ^{45}	tsɔŋ^{45}
安仁	tʃɔ̃^{322}	tʃɔ̃^{322}	tʃɔ̃^{322}	tʃɔ̃^{322}		tʃʰɔ̃^{322}	tʃɔ̃^{24}	tʃɔ̃^{24}	tʃɔ̃^{24}	tʃʰɔ̃^{322}	tʃʰɔ̃^{322}	tʃʰɔ̃^{322}	tɕio^{33}	tʃɔ̃^{44}	tʃɔ̃^{44}
耒阳	tʃɔ̃^{213}	tʃɔ̃^{213}	tʃɔ̃^{213}	tʃɔ̃^{213}		tʃʰɔ̃^{213}	tʃʰɔ̃^{25}	tʃʰɔ̃^{25}	tʃʰɔ̃^{25}	tʃʰɔ̃^{213}	tʃʰɔ̃^{213}	tʃʰɔ̃^{213}	tʃu^{213}	tʃɔ̃^{45}	tʃɔ̃^{45}
常宁	tʂɔ^{44}	tʂɔ^{24}	tʂɔ^{24}	tʂɔ^{24}	tɔ^{33}	tʂʰɔ^{24}	tʂʰɔ^{21}	tʂʰɔ^{21}	tʂʰɔ^{21}	tʂʰɔ^{22}	tʂʰɔ^{22}	tʂʰɔ^{22}	tʂo^{13}	tʂɔ^{44}	tʂɔ^{45}
永兴	tsɑ^{13}	tsɑ^{13}	tsɑ^{13}	tsɑ^{13}		tsʰɑ^{13}	tsʰɑ^{22}	tsʰɑ^{22}	tsʰɑ^{22}	tsʰɑ^{42}	tsʰɔŋ^{42}/tsɑ^{13}	tsɑ^{13}	tʂo^{33}	tsɑ^{44}	tsɑ^{45}
资兴	tsaŋ^{31}	tsaŋ^{35}	tsaŋ^{35}	tsaŋ^{35}	tiɯ^{13}	tsʰaŋ^{35}	tsʰaŋ^{22}	tsʰaŋ^{31}	tsʰaŋ^{22}	tʂʰio^{44}~公/tsaŋ^{35}	tsʰaŋ^{35}/tsaŋ^{35}	tsaŋ^{35}		tsaŋ^{44}	tsaŋ^{44}
隆回	tʃɔŋ^{212}	tʃɔŋ^{45}	tʃɔŋ^{45}	tʃɔŋ^{45}	tʃʰo^{213}	tʃʰɔŋ^{45}	tʃʰɔŋ^{13}	tʃʰɔŋ^{325}/tʃʰɔŋ^{13}	tʃʰɔŋ^{13}	tʃʰɔŋ^{212}~公/tʃʰɔŋ^{45}	tʃʰɔŋ^{45}	tʃʰɔŋ^{45}		tʃoŋ^{44}	tʃoŋ^{44}
洞口	tʃʰɑŋ^{213}	tʃʰɑŋ^{42}	tʃʰɑŋ^{42}	tʃʰɑŋ^{42}	tʃʰo^{33}	tʃʰɑŋ^{45}	tʃʰɑŋ^{24}	tʃʰɑŋ^{24}	tʃʰɑŋ^{24}	tʃʰɑŋ^{213}	tʃʰɑŋ^{45}	tʃʰɑŋ^{45}		tʂuɑŋ^{53}	tʂoŋ^{44}
绥宁	tʃʰɑŋ^{13}	tʃʰɑŋ^{42}	tʃʰɑŋ^{42}	tʃʰɑŋ^{42}		tʃʰɑŋ^{45}	tʃʰɑŋ^{24}	tʃʰɑŋ^{324}	tʃʰɑŋ^{45}	tʃʰɑŋ^{22}~公/tʃʰɑŋ^{42}	tʃʰɑŋ^{22}~粗/tʃʰɑŋ^{42}	tʃʰɑŋ^{22}	tʃʰo^{42}	tsaŋ^{33}	tsuɑŋ^{33}

	壮	疮	闯	创	床	状	霜	爽	章	樟	掌	障保~	昌	菖~蒲	厂
	宕开三去漾庄	宕开三平阳初	宕开三上养初	宕开三去漾初	宕开三平阳崇	宕开三去漾崇	宕开三平阳生	宕开三上养生	宕开三平阳章	宕开三平阳章	宕开三上养章	宕开三去漾章	宕开三平阳昌	宕开三平阳昌	宕开三上养昌
华容	tɕyʌŋ^{213}	tsʰʌŋ^{45}	tɕʰyʌŋ^{21}	tsʰʌŋ^{213}	tsʰʌŋ^{12}	tɕʰyʌŋ^{33}	çyʌŋ^{45}	çyʌŋ^{21}	tsʌŋ^{45}	tsʌŋ^{45}	tsʌŋ^{21}	tsʌŋ^{213}	tsʰʌŋ^{45}	tsʰʌŋ^{45}	tsʰʌŋ^{21}
岳阳楼	tɕyaŋ^{324}	tsʰaŋ^{34}	tɕʰyaŋ^{31}	tsʰaŋ^{324}	tɕʰyaŋ^{13}	tɕʰyaŋ^{22}	çyaŋ^{34}	çyaŋ^{31}	tsaŋ^{34}	tsaŋ^{34}	tsaŋ^{31}	tsaŋ^{324}	tsʰaŋ^{34}	tsʰaŋ^{34}	tsʰaŋ^{31}
临湘	tsoŋ^{325}	dzʰoŋ^{33}	dʑʰoŋ^{42}	dʑʰoŋ^{325}	dʑʰoŋ^{13}	dʑʰoŋ^{21}	soŋ^{33}	soŋ^{42}	tsoŋ^{33}	tsoŋ^{33}	tsoŋ^{42}	tsoŋ^{325}	dʑʰoŋ^{33}	dʑʰoŋ^{33}	dʑʰoŋ^{42}
岳阳县	tsʌŋ^{45}	tsʰʌŋ^{33}	tsʰʌŋ^{42}	tsʰʌŋ^{45}	tsʌŋ^{13}	tsʌŋ^{21}	sʌŋ^{33}	sʌŋ^{42}	tsʌŋ^{33}	tsʌŋ^{33}	tsʌŋ^{42}	tsʌŋ^{45}	tsʰʌŋ^{33}	tsʰʌŋ^{33}	tsʰʌŋ^{42}
平江	tsoŋ^{45}	tsʰoŋ^{44}	tʂʰoŋ^{324}	tsʰoŋ^{45}	tsʰoŋ^{13}	tsʰoŋ^{22}	soŋ^{44}	soŋ^{324}	tsoŋ^{44}	tsoŋ^{44}	tsoŋ^{324}	tsoŋ^{45}	tsʰoŋ^{44}	tsʰoŋ^{44}	tʂʰoŋ^{324}
浏阳	tsoŋ^{42}	tsʰoŋ^{44}	tʂʰoŋ^{324}	tsʰoŋ^{324}	tsʰoŋ^{45}	tsʰoŋ^{21}	soŋ^{44}	soŋ^{324}	tsoŋ^{44}	tsoŋ^{44}	tsoŋ^{324}	tsoŋ^{42}	tsʰoŋ^{44}	tsʰoŋ^{44}	tʂʰoŋ^{324}
醴陵	tsoŋ^{22}	tsʰoŋ^{44}	tʂʰoŋ^{31}	tsʰoŋ^{31}	tsʰoŋ^{13}	tsʰoŋ^{22}	soŋ^{44}	soŋ^{31}	tsoŋ^{44}	tsoŋ^{44}	tsoŋ^{31}	tsoŋ^{22}	tsʰoŋ^{44}	tsʰoŋ^{44}	tʂʰoŋ^{31}
茶陵	tsoŋ^{33}	tsʰoŋ^{45}	tʂʰoŋ^{42}	tsʰoŋ^{325}	tsʰoŋ^{213}	tsʰoŋ^{325}	soŋ^{45}	soŋ^{42}	tsoŋ^{45}	tsoŋ^{45}	tsoŋ^{42}	tsoŋ^{33}	tsʰoŋ^{45}	tsʰoŋ^{45}	tʂʰoŋ^{42}
安仁	tsõ^{322}	tsʰõ^{44}	tsʰõ^{53}	tsʰõ^{322}	tsõ^{24}	tsʰõ^{322}	sõ^{44}	sõ^{53}	tʃõ^{44}	tʃõ^{44}	tʃõ^{53}	tʃõ^{322}	tʃʰõ^{44}	tʃʰõ^{44}	tʃʰõ^{53}
耒阳	tsõ^{213}	tsʰõ^{45}	tsʰõ^{53}	tsʰõ^{213}	tsʰõ^{25}	tsõ^{213}	sõ^{45}	sõ^{53}	tʂõ^{45}	tʂõ^{45}	tʂõ^{53}		tʂʰõ^{45}	tʂʰõ^{45}	tʂʰõ^{53}
常宁	tsõ^{24}	tsʰõ^{45}	tsʰõ^{24}	tsʰõ^{24}	tsʰõ^{21}	tsʰõ^{24}	sõ^{45}	sõ^{24}	tʂõ^{45}	tʂõ^{45}	tʂõ^{24}	tʂõ^{24}	tʂʰõ^{45}	tʂʰõ^{45}	tʂʰõ^{24}
永兴	tsa^{13}	tsʰa^{45}	tsʰa^{42}	tsʰa^{13}	tsʰa^{325}	tsa^{13}	sa^{45}	sa^{42}	tsa^{45}	tsa^{45}	tsa^{42}	tsa^{13}	tsʰa^{45}	tsʰa^{45}	tsʰa^{42}
资兴	tsaŋ^{35}	tsʰaŋ^{44}	tsʰaŋ^{31}	tsʰaŋ^{35}	tsʰaŋ^{22}	tsʰaŋ^{35}靠~/tsaŋ^{44}实~	saŋ^{44}	saŋ^{31}	tsaŋ^{44}	tsaŋ^{44}	tsaŋ^{31}		tsʰaŋ^{44}	tɕʰiaŋ^{44}	tsʰaŋ^{31}
隆回	tsoŋ^{45}	tsʰoŋ^{44}	tsʰoŋ^{212}	tsʰoŋ^{45}	tsʰoŋ^{13}	tsʰoŋ^{45}	soŋ^{44}	soŋ^{212}	tʃoŋ^{53}	tʃoŋ^{44}	tʃoŋ^{212}	tʃoŋ^{45}	tʃʰoŋ^{44}	tʃʰoŋ^{44}	tʃʰoŋ^{212}
洞口	tsuaŋ^{45}	tsʰuaŋ^{53}	tsʰuaŋ^{213}	tsʰuaŋ^{45}	tsʰuaŋ^{24}	tsʰuaŋ^{53}	suaŋ^{53}	suaŋ^{213}	tʃuaŋ^{53}	tʃuaŋ^{53}	tʃuaŋ^{213}	tʃuaŋ^{213}	tʃʰuaŋ^{53}	tʃʰuaŋ^{53}	tʃʰuaŋ^{213}
绥宁	tsaŋ^{42}	tsʰaŋ^{33}	tsʰaŋ^{13}	tsʰaŋ^{13}	tsʰaŋ^{45}	tsʰaŋ^{44}	saŋ^{33}	saŋ^{13}	tʃaŋ^{33}	tʃaŋ^{33}	tʃaŋ^{13}	tʃaŋ^{42}	tʃʰaŋ^{33}	tʃʰaŋ^{33}	tʃʰaŋ^{13}

地点	唱	倡 倡提~	焯 在开水里~菜	商	伤	赏	常	尝	裳 衣~	偿	上 ~山	尚	上 ~面	勺 ~子	芍
	宕开三 去漾昌	宕开三 去漾昌	宕开三 入药昌	宕开三 平阳书	宕开三 平阳书	宕开三 上养书	宕开三 平阳禅	宕开三 平阳禅	宕开三 平阳禅	宕开三 平阳禅	宕开三 上养禅	宕开三 去漾禅	宕开三 去漾禅	宕开三 入药禅	宕开三 入药禅
华容	tsʰaŋ²¹³	tsʰaŋ²¹³		saŋ⁴⁵	saŋ⁴⁵	saŋ²¹	saŋ¹²	saŋ¹²	saŋ¹²	saŋ²¹	saŋ³³	saŋ³³	saŋ³³		so̰⁴³⁵
岳阳楼	tsʰaŋ³²⁴	tsʰaŋ³²⁴		saŋ³⁴	saŋ³⁴	saŋ³¹	saŋ¹³	saŋ¹³	saŋ¹³	saŋ¹³	saŋ²²	saŋ²²	saŋ²²	so̰⁴⁵	so̰⁴⁵
临湘	dʑʰoŋ³²⁵	dʑʰoŋ³²⁵		soŋ³³	soŋ³³	soŋ⁴²	soŋ¹³	soŋ¹³	soŋ¹³	soŋ¹³	soŋ²¹	soŋ²¹	soŋ²¹	so̰⁵	so̰⁵
岳阳县	tsʰaŋ⁴⁵	tsʰaŋ³³	xo³³	saŋ³³	saŋ³³	saŋ⁴²	saŋ¹³	saŋ¹³	saŋ¹³	saŋ¹³	saŋ²¹	saŋ²¹	saŋ²¹		so̰⁵
平江	tsʰoŋ⁴⁴	tsʰoŋ⁴⁴	tsʰoʔ⁴	soŋ⁴⁴	soŋ⁴⁴	soŋ³²⁴	soŋ¹³	soŋ¹³	soŋ¹³	soŋ³²⁴	soŋ²¹	soŋ²²	soŋ²²	so̰ʔ⁴	so̰ʔ⁴
浏阳	tsʰoŋ²²	tsʰoŋ⁴²	tsʰo⁴³⁵	soŋ⁴⁴	soŋ⁴⁴	soŋ³²⁴	soŋ⁴⁵	soŋ⁴⁵	soŋ⁴⁵	soŋ⁴⁵	soŋ²¹	tsʰoŋ⁴²和~/soŋ²¹高~	soŋ²¹	so̰⁴²	
醴陵	tsʰoŋ³³	tsʰoŋ²²	tɕʰio³³	soŋ⁴⁴	soŋ⁴⁴	soŋ³¹	soŋ¹³	soŋ¹³	soŋ¹³	soŋ¹³	soŋ²²	soŋ²²	soŋ²²	so̰⁴³⁵	so̰⁴³⁵
茶陵	tʃʰo³²²	tsʰoŋ³³	tʃʰu²¹³	soŋ⁴⁵	soŋ⁴⁵	soŋ⁴²	soŋ²¹³	soŋ²¹³	soŋ⁴²	soŋ⁴²	soŋ³²⁵	soŋ⁴²	soŋ³²⁵	ɕio³³	ʃu²¹³
安仁	tʃʰɔ²¹³	tʃʰo⁴⁴	tʃʰo¹³	ʃo⁴⁴	ʃo⁴⁴	ʃo⁵³	ɕiõ²⁴	ɕiõ²⁴	ɕiõ²⁴	ɕiõ²⁴	ʃõ³²²	ʃõ³²²	ʃõ³²²	ʃu⁴⁴	ʃu²¹³
耒阳	tʃʰɔ²¹³	tʃʰɔ²¹³	tʰo¹³	ɕiõ⁴⁵	ɕiõ⁴⁵	ɕiõ⁵³	ɕiõ²⁵	ɕiõ²⁵	ɕiõ²⁵	ɕiõ²⁵	ɕiõ²¹³	ɕiõ²¹³	ɕiõ²¹³	ɕio⁴⁵	ɕio¹³
常宁	tʃʰɔ²⁴	tʃʰɔ²⁴	tʰo³³	ɕiõ⁴⁵	ɕiõ⁴⁵	ɕiõ⁴⁴	ɕiõ²¹	ɕiõ²¹	ɕiõ²¹	ɕiõ²¹	ɕiõ²⁴	ɕiõ²⁴	ɕiõ²⁴	ɕio²¹	ɕio³³
永兴	tsʰa¹³	tsʰa⁴⁵	tʰo²²/tsʰɔ⁴⁵	sa⁴⁵	sa⁴⁵	sa⁴²	tsʰa²²	sa³²⁵		sa³²⁵	sa⁴²	sa⁴²	sa¹³	so̰⁴⁵	
资兴	tsʰaŋ³⁵	tsʰaŋ³⁵		saŋ⁴⁴	saŋ⁴⁴	saŋ³¹	saŋ²²	saŋ²²	soŋ¹³	saŋ³¹	saŋ⁴⁴	saŋ⁴⁴	saŋ³⁵	suɯ⁴⁴	
隆回	tʃʰoŋ⁴⁵	tʃʰoŋ⁴⁴		ʃoŋ⁴⁴	ʃoŋ⁴⁴	ʃoŋ²¹²	ʃoŋ¹³	ʃoŋ¹³	ʃoŋ¹³	ʃoŋ¹³	ʃoŋ²¹²	ʃoŋ⁴⁵	ʃoŋ²¹²	ʃo⁴⁵	ʃo³²⁵
洞口	tʃʰuŋ⁴⁵	tʃʰuŋ⁴⁵		ʃaŋ⁵³	ʃaŋ⁵³	ʃaŋ²⁴	ʃaŋ²⁴	ʃaŋ²⁴	ʃaŋ²⁴	ʃaŋ²⁴	ʃaŋ²¹³	ʃaŋ⁴⁵	ʃaŋ⁴⁵	ʃo⁴⁵	ʃo⁴⁵
绥宁	tʃʰuŋ⁴²	tʃʰuŋ⁴²		ʃaŋ³³	ʃaŋ³³	ʃaŋ¹³	ʃaŋ⁴⁵	ʃaŋ⁴⁵	ʃaŋ⁴⁵	ʃaŋ⁴⁵	ʃaŋ²²	ʃaŋ⁴²	ʃaŋ²²	ʃo⁴²	ʃo³²⁴

	瓤瓜~	让	若	弱	疆	姜	脚	羌	却	强~大	仰	虐	香	乡	享
	宕开三	宕开三	宕开三	宕开三	宕开三	宕开三	宕开三	宕开三	宕开三	宕开三	宕开三	宕开三	宕开三	宕开三	宕开三
	上养日	去漾日	入药日	入药日	平阳见	平阳见	入药见	平阳溪	入药溪	平阳群	上养疑	入药疑	平阳晓	平阳晓	上养晓
华容	zʌŋ^{12}	zʌŋ^{33}	io^{435}	lio^{435}	tɕiʌŋ^{45}	tɕiʌŋ^{45}	tɕio^{435}	tɕʰiʌŋ^{45}	tɕʰio^{435}	tɕʰiʌŋ^{12}	liʌŋ^{21}	io^{435}	ɕiʌŋ^{45}	ɕiʌŋ^{45}	ɕiʌŋ^{21}
岳阳楼	zaŋ^{13}	zaŋ^{22}	io^{45}	ɲio^{45}	tɕiaŋ^{34}	tɕiaŋ^{34}	tɕio^{45}	tɕʰiaŋ^{34}	tɕʰio^{45}	tɕʰiaŋ^{13}	niaŋ^{31}	ɲio^{45}	ɕiaŋ^{34}	ɕiaŋ^{34}	ɕiaŋ^{31}
临湘	ioŋ^{325}	ioŋ^{21}	io^{5}	nio^{5}	tɕioŋ^{33}	tɕioŋ^{33}	tɕio^{5}	dʑʰioŋ^{33}	dʑʰio^{5}	dʑʰioŋ^{13}	ɲioŋ^{42}	ɲio^{5}	ɕioŋ^{33}	ɕioŋ^{33}	ɕioŋ^{42}
岳阳县	iʌŋ^{13}	ɲiʌŋ^{21}	io^{3}	ɲio^{3}	ɕiʌŋ^{33}	ɕiʌŋ^{33}	cio^{5}	cʰiʌŋ^{33}	cʰio^{5}	ɕiʌŋ^{13}	ɲiʌŋ^{42}	ɲio^{3}	ɕiʌŋ^{33}	ɕiʌŋ^{33}	ɕiʌŋ^{42}
平江	ioŋ^{13}	ioŋ^{22}	ioʔ^{4}	ɲioʔ^{4}	tʂoŋ^{44}	tʂoŋ^{44}	tʂoʔ^{4}	tʂoŋ^{44}	tʂoʔ^{5}	tʂoŋ^{13}	ɲioŋ^{21}	ɲioʔ^{4}	ʂoŋ^{44}	ʂoŋ^{44}	ʂoŋ^{324}
浏阳	ioŋ^{45}	loŋ^{21}	io^{44}	ɲio^{44}	kioŋ^{44}	tʂoŋ^{44}	tʂo^{44}	kʰioŋ^{44}		tsʰoŋ^{45}/kʰioŋ^{45}	loŋ^{324}	tio^{44}	xioŋ^{44}	xioŋ^{44}	xioŋ^{31}
醴陵	ioŋ^{13}	ɲioŋ^{325}	io^{435}	ɲio^{435}	kioŋ^{44}	kioŋ^{44}	kio^{435}		kʰio^{435}	kʰioŋ^{13}	ɲioŋ^{31}	ɲio^{435}	xioŋ^{44}	xioŋ^{44}	xioŋ^{31}
茶陵	ioŋ^{213}	ioŋ^{325}	io^{33}	nio^{33}	tɕioŋ^{45}	tɕioŋ^{45}	tɕio^{33}	tɕʰioŋ^{45}	tɕʰio^{33}	tɕʰioŋ^{213}	ɲioŋ^{42}	io^{33}	ɕioŋ^{45}	ɕioŋ^{45}	ɕioŋ^{42}
安仁	iõ^{24}	iõ^{322}	iu^{213}	iu^{213}	tʃõ^{44}	tʃõ^{44}	tʃu^{213}	tʃʰõ^{44}	tʃʰo^{213}	tʃõ^{24}	iõ^{53}	iu^{213}	ʃõ^{44}	ʃõ^{44}	ʃõ^{53}
耒阳	iɔ̃^{25}	iɔ̃^{213}	io^{13}	io^{13}	tʃɔ̃^{45}	tʃɔ̃^{45}	to^{13}		tʰo^{13}	tʃɔ̃^{25}	iɔ̃^{53}	io^{13}	ɕiɔ̃^{45}	ɕiɔ̃^{45}	ɕiɔ̃^{53}
常宁	iɔ̃^{21}	iɔ̃^{24}	io^{33}	ɲio^{33}	tʃɔ̃^{45}	tʃɔ̃^{45}	ʐo^{33}	tʰɔ̃^{45}	tʰo^{33}	tʃɔ̃^{21}	ɲiɔ̃^{44}	ɲio^{33}	ɕiɔ̃^{45}	ɕiɔ̃^{45}	ɕiɔ̃^{44}
永兴	iɑ^{22}	iɑ^{13}	iɔ^{22}	iɔ^{22}	tɕiɑ^{45}	tɕiɑ^{45}	tɕio^{22}		tɕʰiɔ^{13}	tɕʰiɑ^{325}	iɑ^{42}	iɔ^{22}	ɕiɑ^{45}	ɕiɑ^{45}	ɕiɑ^{42}
资兴	laŋ^{22}	iaŋ^{35}	io^{13}	lio^{13}	tɕiaŋ^{44}	tɕiaŋ^{44}	tɕiu^{13}	tɕian^{44}	tɕʰio^{13}	tɕʰiaŋ^{22}		lio^{13}	ɕiaŋ^{44}	ɕiaŋ^{44}	ɕiaŋ^{31}
隆回		ioŋ^{45}	io^{325}	io^{325}	tʃaŋ^{44}	tʃoŋ^{44}	tʃo^{44}/tʃo^{325}	tʃʰoŋ^{44}	tʃʰo^{325}	tʃʰoŋ^{13}	ioŋ^{212}	io^{325}	ʃoŋ^{44}	ʃoŋ^{44}	ʃoŋ^{212}
洞口		iaŋ^{53}	io^{45}	io^{53}	tʃaŋ^{53}	tʃaŋ^{53}	tʃo^{53}	tʃʰaŋ^{53}	tʃʰo^{53}	tʃʰaŋ^{24}	iɑŋ^{213}	io^{53}	ʃaŋ^{53}	ʃaŋ^{53}	ʃaŋ^{213}
绥宁	laŋ^{45}	iaŋ^{44}	io^{324}	ɲio^{324}	tʃaŋ^{33}	tʃaŋ^{33}	tʃo^{33}	tʃʰaŋ^{33}	tʃʰo^{324}	tʃʰaŋ^{45}	iaŋ^{13}	ɲio^{324}	ʃaŋ^{33}	ʃaŋ^{33}	ʃaŋ^{13}

	响 宕开三上养晓	向 宕开三去漾晓	央 宕开三平阳影	秧 宕开三平阳影	殃 宕开三平阳影	约 宕开三入药影	羊 宕开三平阳以	洋 宕开三平阳以	杨 宕开三平阳以	阳 宕开三平阳以	扬 宕开三平阳以	养 宕开三上养以	痒 宕开三上养以	样 宕开三去漾以	药 宕开三入药以
华容	ɕiaŋ^{21}	ɕiaŋ^{213}	iaŋ^{45}	iaŋ^{45}	iaŋ^{45}	io^{435}	iaŋ^{12}	iaŋ^{12}	iaŋ^{12}	iaŋ^{12}	iaŋ^{12}	iaŋ^{21}	iaŋ^{21}	iaŋ^{33}	io^{435}
岳阳楼	ɕiaŋ^{31}	ɕiaŋ^{324}	iaŋ^{34}	iaŋ^{34}	iaŋ^{34}	io^{45}	iaŋ^{13}	iaŋ^{13}	iaŋ^{13}	iaŋ^{13}	iaŋ^{13}	iaŋ^{31}	iaŋ^{31}	iaŋ^{22}	io^{45}
临湘	ɕioŋ^{42}	ɕioŋ^{325}	ioŋ^{33}	ioŋ^{33}	ioŋ^{33}	io^{5}	ioŋ^{13}	ioŋ^{13}	ioŋ^{13}	ioŋ^{13}	ioŋ^{13}	ioŋ^{42}	ioŋ^{42}	ioŋ^{21}	io^{5}
岳阳县	ɕiaŋ^{42}	ɕiaŋ^{45}	iaŋ^{33}	iaŋ^{33}	iaŋ^{33}	io^{5}	iaŋ^{13}	iaŋ^{13}	iaŋ^{13}	iaŋ^{13}	iaŋ^{13}	iaŋ^{42}	iaŋ^{42}	iaŋ^{21}	io^{3}
平江	ʂoŋ^{324}	ʂoŋ^{45}	ioŋ^{44}	ioŋ^{44}	ioŋ^{44}	io^{4}	ioŋ^{13}	ioŋ^{13}	ioŋ^{13}	ioŋ^{13}	ioŋ^{13}	ioŋ^{21}	ioŋ^{21}	ioŋ^{22}	io^{4}
浏阳	ʂoŋ^{324}	ʂoŋ^{42}	ioŋ^{44}	ioŋ^{44}	ioŋ^{44}	io^{44}	ioŋ^{45}	ioŋ^{45}	ioŋ^{45}	ioŋ^{45}	ioŋ^{45}	ioŋ^{324}	ioŋ^{324}	ioŋ^{21}	io^{42}
醴陵	xioŋ^{31}	xioŋ^{22}	ioŋ^{44}	ioŋ^{44}	ioŋ^{44}	io^{435}	ioŋ^{13}	ioŋ^{13}	ioŋ^{13}	ioŋ^{13}	ioŋ^{13}	ioŋ^{31}	ioŋ^{31}	ioŋ^{22}	io^{435}
茶陵	cioŋ^{42}	cioŋ^{33}	ioŋ^{45}	ioŋ^{45}	ioŋ^{45}	io^{33}	ioŋ^{213}	ioŋ^{213}	ioŋ^{213}	ioŋ^{213}	ioŋ^{213}	ioŋ^{45}	ioŋ^{45}	ioŋ^{325}	io^{33}
安仁	ʃiɔ̃^{53}	ʃiɔ̃^{322}	iɔ̃^{44}	iɔ̃^{44}	iɔ̃^{44}	iu^{213}	iɔ̃^{24}	iɔ̃^{24}	iɔ̃^{24}	iɔ̃^{24}	iɔ̃^{24}	iɔ̃^{322}/iɔ̃^{53}	iɔ̃^{322}	iɔ̃^{322}	iu^{44}
耒阳	ɕiɔ̃^{53}	ɕiɔ̃^{213}	iɔ̃^{45}	iɔ̃^{45}	iɔ̃^{45}	io^{13}	iɔ̃^{25}	iɔ̃^{25}	iɔ̃^{25}	iɔ̃^{25}	iɔ̃^{25}	iɔ̃^{53}	iɔ̃^{53}	iɔ̃^{322}	io^{45}
常宁	ɕiɔ̃^{44}	ɕiɔ̃^{24}	iɔ̃^{45}	iɔ̃^{45}	iɔ̃^{45}	io^{33}	iɔ̃^{21}	iɔ̃^{21}	iɔ̃^{21}	iɔ̃^{21}	iɔ̃^{21}	iɔ̃^{44}	iɔ̃^{53}	iɔ̃^{24}	io^{33}
永兴	ɕia^{42}	ɕia^{13}	ia^{45}	ia^{45}	ia^{45}	iɔ^{22}	ia^{325}	ia^{325}	ia^{325}	ia^{325}	ia^{325}	ia^{42}	ia^{42}	ia^{13}	io^{45}
资兴	ɕiaŋ^{31}	ɕiaŋ^{35}	iaŋ^{44}	iaŋ^{44}	iaŋ^{44}	io^{13}	iaŋ^{22}	iaŋ^{22}	iaŋ^{22}	iaŋ^{22}	iaŋ^{22}	iaŋ^{44}/iaŋ^{31}	iaŋ^{44}	iaŋ^{35}	iu^{13}
隆回	ʃoŋ^{212}	ʃoŋ^{45}	ioŋ^{44}	ioŋ^{44}	ioŋ^{44}	io^{325}	ioŋ^{13}	ioŋ^{13}	ioŋ^{13}	ioŋ^{13}	ioŋ^{13}	ioŋ^{212}	ioŋ^{212}	ioŋ^{45}	io^{45}
洞口	ʃaŋ^{213}	ʃaŋ^{45}	iaŋ^{53}	iaŋ^{53}	iaŋ^{53}	io^{53}	iaŋ^{24}	iaŋ^{24}	iaŋ^{24}	iaŋ^{24}	iaŋ^{24}	iaŋ^{213}	iaŋ^{213}	iaŋ^{53}	io^{45}
绥宁	ʃaŋ^{13}	ʃaŋ^{44}	iaŋ^{33}	iaŋ^{33}	iaŋ^{33}	io^{324}	iaŋ^{45}	iaŋ^{45}	iaŋ^{45}	iaŋ^{45}	iaŋ^{45}	iaŋ^{13}	iaŋ^{22}	iaŋ^{44}	io^{42}

	跃 合开三 入药以	光 合合一 平唐见	广 合合一 上荡见	郭 合合一 入铎见	旷 合合一 去宕溪	廓 合合一 入铎溪	扩~充 合合一 入铎溪	荒 合合一 平唐晓	慌 合合一 平唐晓	谎 合合一 上荡晓	霍 合合一 入铎晓	霍~香 合合一 入铎晓	黄 合合一 平唐匣	皇 合合一 平唐匣	蝗 合合一 平唐匣
华容	ȵio^{435}/io^{45}	kuaŋ^{45}名词/kuɐŋ^{213}形容词	kuaŋ^{21}形容词	ko^{435}	kʰuaŋ^{213}	ko^{435}	kʰo^{435}	xuaŋ^{45}	xuaŋ^{45}	xuaŋ^{21}	xo^{435}	xo^{435}	xuaŋ^{12}	xuaŋ^{12}	
岳阳楼	ȵio^{45}/io^{45}	kuaŋ^{34}名词/kuaŋ^{324}形容词	kuaŋ^{31}	ko^{45}	kʰuaŋ^{324}	kʰo^{45}	kʰo^{45}	faŋ^{34}	faŋ^{34}	faŋ^{31}	xo^{45}	xo^{45}	faŋ^{13}	faŋ^{13}	faŋ^{13}
临湘	io^{5}	kuaŋ^{33}名词/kuoŋ^{325}形容词	kucŋ^{42}	ko^{5}	gʰuoŋ^{325}		gʰo^{5}	foŋ^{33}	foŋ^{33}	foŋ^{42}	xo^{5}	xo^{5}	fcŋ^{13}	foŋ^{13}	fcŋ^{13}
岳阳县	ȵio^{3}	kuaŋ^{33}名词/kuaŋ^{45}形容词	kuaŋ^{42}	ko^{5}	kʰuaŋ^{45}	ko^{5}	kʰo^{5}	fʌŋ^{33}	fʌŋ^{33}	fʌŋ^{42}	xo^{5}	xo^{5}	uaŋ^{13}/fʌŋ^{13}	fʌŋ^{13}	
平江	io^{4}	koŋ^{44}	koŋ^{324}	koʔ^{4}	xoŋ^{42}	koʔ^{4}	xøʔ^{4}	foŋ^{44}	foŋ^{44}	foŋ^{324}	xoʔ^{4}	xoʔ^{4}	uoŋ^{13}/foŋ^{13}	foŋ^{13}	
浏阳	io^{44}	koŋ^{44}	koŋ^{31}	ko^{44}	kʰoŋ^{22}	ko^{44}	kʰo^{44}	xoŋ^{44}	xoŋ^{44}		xo^{21}	xo^{42}	oŋ^{45}/xoŋ^{45}	xoŋ^{13}	xoŋ^{45}
醴陵	io^{435}	kuaŋ^{44}	kuoŋ^{31}	kuo^{435}	kʰoŋ^{33}	ko^{435}	kʰo^{435}	foŋ^{44}	foŋ^{44}		xo^{435}	xo^{435}	uoŋ^{13}/foŋ^{13}	foŋ^{13}	foŋ^{13}
茶陵	io^{33}	koŋ^{45}	koŋ^{42}	ko^{33}	kʰɔ^{322}	ko^{33}	kʰo^{33}	xoŋ^{45}	xoŋ^{45}	xoŋ^{42}	xo^{33}	xo^{33}	uoŋ^{213}	xoŋ^{213}	xoŋ^{213}
安仁	io^{322}	ko^{44}	kɔ^{53}	ku^{213}	kʰɔ^{213}	ku^{213}	kʰu^{213}	xõ^{44}	xo^{44}	xõ^{53}	xu^{213}	xu^{213}	n^{24}/õ^{24}/xõ^{24}	xõ^{24}	xõ^{24}
耒阳	io^{13}/ia^{213}	kɔ^{45}	kɔ^{53}	ko^{13}	kʰuɔ^{24}	ko^{13}	kʰo^{13}	xɔ̃^{45}	xɔ̃^{45}	xɔ̃^{53}	xo^{13}	xo^{13}	ɔ̃^{25}/xɔ̃^{25}	xɔ̃^{25}	xɔ̃^{25}
常宁	io^{33}	kuɔ^{45}	kuɔ^{44}	ko^{33}	kʰua^{13}	ko^{33}	kʰo^{33}	fɔ̃^{45}	fɔ̃^{45}	fɔ̃^{44}	xo^{33}	xo^{33}	uɔ̃^{21}/fɔ̃^{21}	fɔ̃^{21}	fɔ̃^{21}
永兴	io^{22}	kua^{45}	kua^{45}	ko^{22}	kʰuɔ̃^{35}	ko^{22}	kʰɔ^{22}	xua^{45}	xua^{45}		xo^{13}	xo^{13}	uɔ̃^{325}颜色/xuɔ^{22}姓	uɔ^{325}	xua^{22}
资兴	iau^{35}	kua^{45}	kua^{45}	kɯ^{13}	kʰuaŋ^{35}	kɯ^{13}	kʰo^{13}	xuɑ^{44}	xuɑ^{44}		xo^{13}	xo^{13}	uaŋ^{22}颜色/faŋ^{22}姓	faŋ^{22}	faŋ^{22}
隆回	io^{325}	kuaŋ^{44}	kuaŋ^{31}	ko^{325}	kʰoŋ^{45}	ko^{325}	kʰoŋ^{35}	faŋ^{44}	faŋ^{44}	faŋ^{31}	xo^{325}	xo^{325}	oŋ^{325}黄/õ^{13}黄鹂/xuaŋ^{13}	oŋ^{13}/xuaŋ^{13}	oŋ^{13}
洞口	io^{45}	koŋ^{53}	koŋ^{212}	ko^{53}	kʰuaŋ^{45}	ko^{53}	kʰo^{45}	xoŋ^{53}	xoŋ^{53}	xuaŋ^{53}	xo^{45}	xo^{45}	uaŋ^{24}	uaŋ^{24}	xuaŋ^{24}
绥宁	iau^{33}	kuaŋ^{33}	kuaŋ^{13}	ko^{33}	kʰuaŋ^{42}	ko^{33}	kʰo^{324}	xuaŋ^{33}/faŋ^{33}	xuaŋ^{33}/faŋ^{33}	faŋ^{13}	xo^{42}	xo^{42}	uaŋ^{45}/faŋ^{45}	faŋ^{45}	faŋ^{45}

地点	镬 宕合一入铎匣	方 宕合三平阳非	仿~效 宕合三上养非	放 宕合三去漾非	芳 宕合三平阳敷	妨~害 宕合三平阳敷	纺 宕合三上养敷	访 宕合三上养敷	房 宕合三平阳奉	防 宕合三平阳奉	亡 宕合三平阳微	网 宕合三上养微	忘 宕合三去漾微	望 宕合三去漾微	逛 宕合三去漾见
华容		fʌŋ^{45}	fʌŋ^{21}	fʌŋ^{213}	fʌŋ^{45}	fʌŋ^{12}	fʌŋ^{21}	fʌŋ^{21}	fʌŋ^{12}	fʌŋ^{12}	uʌŋ^{12}	uʌŋ^{21}	uʌŋ^{33}	uʌŋ^{33}	kuʌŋ^{213}
岳阳楼		faŋ^{34}	faŋ^{31}	faŋ^{324}	faŋ^{34}	faŋ^{13}	faŋ^{31}	faŋ^{31}	faŋ^{13}	faŋ^{13}	uaŋ^{13}	uaŋ^{31}	uaŋ^{22}	uaŋ^{22}	kuaŋ^{324}
临湘		foŋ^{33}	foŋ^{42}	xɤŋ^{325}	foŋ^{33}	foŋ^{13}	xɤŋ^{42}	foŋ^{42}	xoŋ^{13}	foŋ^{13}	uoŋ^{13}	uoŋ^{42}	uoŋ^{21}	uoŋ^{21}	gʱoŋ^{33}
岳阳县		fʌŋ^{33}	fʌŋ^{42}	xʌŋ^{45}	fʌŋ^{33}	fʌŋ^{13}	fʌŋ^{42}	fʌŋ^{42}	fʌŋ^{13}	fʌŋ^{13}	uʌŋ^{13}	uʌŋ^{42}	uʌŋ^{21}	uʌŋ^{21}	kuʌŋ^{45}
平江		foŋ^{44}		foŋ^{53}	foŋ^{44}	foŋ^{13}	foŋ^{324}	foŋ^{324}	foŋ^{13}	foŋ^{13}	uoŋ^{13}	uoŋ^{21}	uoŋ^{13}	uoŋ^{22}	
浏阳	o^{44}	xoŋ^{44}	xoŋ^{324}	xoŋ^{42}	xoŋ^{44}	xoŋ^{45}	xoŋ^{324}	xoŋ^{324}	xoŋ^{45}	xoŋ^{45}	oŋ^{45}	moŋ^{324}/oŋ^{324}	oŋ^{45}	oŋ^{21}	kʰoŋ^{45}
醴陵	uo^{44}	foŋ^{44}	foŋ^{31}	foŋ^{22}	foŋ^{44}	foŋ^{13}	foŋ^{31}	foŋ^{31}	foŋ^{13}	foŋ^{13}		moŋ^{31}/uoŋ^{31}	uoŋ^{13}	moŋ^{22}/uoŋ^{22}	kʰoŋ^{13}
茶陵	uo^{33}	foŋ^{45}	foŋ^{42}	foŋ^{33}	foŋ^{45}	foŋ^{213}	foŋ^{42}	foŋ^{42}	foŋ^{213}	foŋ^{213}	uoŋ^{213}	moŋ^{42}	uoŋ^{213}	moŋ^{42}	
安仁	u^{44}	xõ^{44}	xõ^{53}	xõ^{322}	xõ^{44}	xõ^{24}	xõ^{53}	xõ^{53}	xõ^{24}	xõ^{24}	õ^{24}	mõ^{53}	õ^{24}	mõ^{322}/õ^{322}	kõ^{24}
耒阳	o^{45}	xɔ̃^{45}	xɔ̃^{53}	xɔ̃^{213}	xɔ̃^{45}		xɔ̃^{53}	xɔ̃^{53}	xɔ̃^{25}	xɔ̃^{25}	ɔ̃^{25}	mɔ̃^{53}	ɔ̃^{25}	ɔ̃^{45}	kʰɔ̃^{213}
常宁	o^{45}	fɔ̃^{45}	fɔ̃^{44}	fɔ̃^{24}	fɔ̃^{45}	fɔ̃^{21}	fɔ̃^{44}	fɔ̃^{44}	fɔ̃^{21}	fɔ̃^{21}	uɔ̃^{21}	uɔ̃^{44}	uɔ̃^{21}	uɔ̃^{24}	kʰuɔ̃^{24}
永兴	o^{45}	fa^{45}	fa^{42}	fa^{13}	fa^{45}	fa^{325}	fa^{42}	fa^{42}	fa^{325}	fa^{325}	ma^{22}	mɔ^{42}/ua^{42}	ua^{13}	ua^{13}	kua^{42}
资兴	ɯ^{44}	faŋ^{44}	faŋ^{31}	faŋ^{35}	faŋ^{44}	faŋ^{22}	faŋ^{31}	faŋ^{31}	faŋ^{22}	faŋ^{22}	uaŋ^{22}	maŋ^{31}	uaŋ^{22}	maŋ^{35}	
隆回	o^{45}	foŋ^{44}	foŋ^{212}	foŋ^{53}	foŋ^{44}	foŋ^{13}	foŋ^{212}	foŋ^{13}	foŋ^{13}	foŋ^{13}	uaŋ^{13}	moŋ^{212}	moŋ^{44}/uaŋ^{13}	moŋ^{45}/uaŋ^{45}	
洞口		xuaŋ^{53}	xuaŋ^{213}	xuaŋ^{45}	xuaŋ^{53}	xuaŋ^{213}	xuaŋ^{213}	xuaŋ^{213}	xuaŋ^{24}	xuaŋ^{213}	uaŋ^{24}	maŋ^{213}/uoŋ^{213}	uaŋ^{24}	uaŋ^{45}	kʰuaŋ^{213}
绥宁		faŋ^{33}	faŋ^{13}	faŋ^{42}	faŋ^{33}	faŋ^{13}	faŋ^{13}	faŋ^{13}	xaŋ^{45}/faŋ^{45}	faŋ^{45}	uaŋ^{45}	maŋ^{13}	maŋ^{45}	maŋ^{44}/uaŋ^{44}	kʰuaŋ^{45}

	匡 宕合三平阳溪	筐 宕合三平阳溪	狂 宕合三平阳群	况 宕合三去漾晓	王 宕合三平阳云	往 宕合三上养云	旺~米 宕合三去漾云	邦 江开二平江帮	绑 江开二上讲帮	剥 江开二入觉帮	驳 江开二入觉帮	胖 江开二去绛滂	朴 江开二入觉滂	庞 江开二平江並	棒 江开二上讲並
华容	tɕʰuɑŋ⁴⁵	tɕʰiʌŋ⁴⁵	kʰuɑŋ²¹³	kʰuɑŋ²¹³	uɑŋ¹²	uɑŋ²¹	uɑŋ³³	pʌŋ⁴⁵	pʌŋ²¹	po⁴³⁵	po⁴³⁵	pʰʌŋ²¹³	pʰu⁴³⁵	pʰʌŋ¹²	pʰaŋ²²/paŋ³¹
岳阳楼	kʰuɑŋ³⁴	kʰuaŋ³⁴	kʰuaŋ¹³	kʰuaŋ³²⁴	uaŋ¹³	uaŋ³¹	uaŋ²²	paŋ³⁴	paŋ³¹	po⁴⁵	po⁴⁵	pʰaŋ³²⁴	po⁴⁵	pʰaŋ¹³	
临湘	gʰuɔŋ³³	gʰuɔŋ³³	gʰuɔŋ¹³	gʰuɔŋ³²⁵	uɔŋ¹³	uoŋ⁴²	uɔŋ²¹	poŋ³³	poŋ⁴²	po⁵	po⁵	bʰoŋ³²⁵	bʰu⁵	bʰoŋ¹³	
岳阳县	kʰʌŋ³³	kʰʌŋ³³	kuʌŋ¹³	kʰuʌŋ⁴⁵	uʌŋ¹³	uʌŋ⁴²	uʌŋ²¹	pʌŋ³³	pʌŋ⁴²	po⁵	po⁵	pʰʌŋ⁴⁵	pʰu⁵	pʌŋ¹³	
平江	xɔŋ⁴⁴	xoŋ⁴⁴	xoŋ¹³	xoŋ⁴⁵	oŋ⁴⁵	oŋ²¹	oŋ²¹	poŋ⁴⁴	poŋ³²⁴	poʔ⁴	poʔ⁴	pʰoŋ⁴⁵	pʰuʔ⁴	pʰoŋ¹³	poŋ⁴²
浏阳	kʰoŋ⁴⁴	kʰoŋ⁴²	kʰoŋ⁴⁵	kʰoŋ⁴²	uɔŋ¹³	oŋ³²⁴	oŋ²²	poŋ⁴⁴	poŋ³²⁴	poʔ⁴⁴	poʔ⁴⁴	pʰoŋ⁴²	pʰuʔ⁴⁴	pʰoŋ⁴⁵	paŋ²²
醴陵	kʰioŋ⁴⁴	kʰioŋ⁴⁴	kʰoŋ¹³	kʰoŋ³¹	uoŋ²¹³	uoŋ³¹	uoŋ²²	poŋ⁴⁴	poŋ³¹	po⁴³⁵		pʰoŋ²²	pʰu⁴³⁵	pʰoŋ¹³	
茶陵	kʰoŋ⁴⁵	kʰoŋ⁴⁵	kʰoŋ¹³	kʰoŋ³²⁵	uoŋ²¹³	uoŋ⁴²	uoŋ³²⁵	poŋ⁴⁵	poŋ⁴²	po³³	po³³	pʰoŋ³³	pʰu³³	pʰoŋ²¹³	pɔ̃³²²
安仁	tʃʰõ⁴⁴	tʃʰõ⁴⁴	kɔ⁵³	kʰo³²²	n̍²⁴/õ²⁴	õ⁵³	õ³²²	põ⁴⁴	pɔ⁵³	po²¹³	pu¹³	pʰɔ³²²	pʰu²¹³	pʰõ²⁴	pɔ²¹³
耒阳	tʃʰɔ⁴⁵	tʃʰɔ⁴⁵	kʰɔ²⁵	kʰɔ²¹³	ɔ²⁵	ɔ⁵³	ɔ²¹³	pɔ⁴⁵	pɔ⁵³	po¹³	po¹³	pʰɔ²¹³	pʰu⁵³	pʰɔ²⁵	pɔ²⁴
常宁	tʃʰɔ⁴⁵/kʰuɔ⁴⁵	tʃʰɔ⁴⁵/kʰuɔ⁴⁵	kʰuɔ²¹	kʰɔ²⁴	uɔ²¹	uɔ⁴⁴	uɔ²⁴	pɔ⁴⁵	pɔ⁴⁴	po³³	po³³	pʰɔ²⁴	pʰu³³	pʰɔ²¹	pɑ¹³
永兴	uɑ⁴⁵婚	kʰuɑ⁴⁵	kʰuɑ²²	kʰuɑ¹³	uɑ³²⁴	uɑ⁴²	uɑ¹³	pɑ⁴⁵	pɑ⁴²	po²²	po²²	pʰa¹³	pʰu⁴²	pʰɔ²²	
资兴	tɕʰiaŋ⁴⁴	kʰuaŋ⁴⁴	kʰuaŋ²²	kʰuaŋ³⁵	uaŋ²²	uaŋ³¹	uaŋ³⁵	paŋ⁴⁴	paŋ³⁵	puɪ¹³	puɪ¹³	pʰaŋ³⁵		pʰaŋ²²	paŋ³⁵
隆回	tʃʰoŋ⁴⁴	tʃʰoŋ⁴⁴	kʰuaŋ¹³	kʰuaŋ⁴⁵	uaŋ¹³	uaŋ²¹²	uaŋ⁴⁵	poŋ⁴⁴	poŋ²¹²	po³²⁵	po³²⁵	pʰoŋ⁴⁵	pʰu³²⁵	pʰoŋ²¹²	poŋ⁴⁵
洞口	kʰuaŋ²¹³	tʃʰuɑŋ⁵³/kʰuaŋ⁵³	kʰuɑŋ²⁴	kʰuaŋ⁴⁵	uɑŋ²⁴	uɑŋ²¹³	uoŋ⁵³	paŋ⁵³	paŋ²¹³	po⁵³	po⁵³	pʰaŋ⁴⁵	fu⁵³	paŋ²¹³	poŋ²¹³/paŋ⁴⁵
绥宁	tʃʰaŋ³³	tʃʰaŋ³³	kʰuaŋ⁴⁵	kʰuaŋ⁴²	uɑŋ⁴⁵	uɑŋ¹³	uɑŋ⁴⁴	paŋ³³	paŋ³³	po³³	po³²⁴	pʰaŋ⁴²	pʰu³²⁴	pʰoŋ⁴⁵	poŋ⁴²

	蚌~壳	雹	桩	桌	卓	啄	戳	撞	浊	捉	窗	镯~子	双	朔	江
	江开二上讲並	江开二入觉並	江开二平江知	江开二入觉知	江开二入觉知	江开二入觉知	江开二入觉知	江开二去绛澄	江开二入觉澄	江开二入觉庄	江开二平江初	江开二入觉崇	江开二平江生	江开二入觉生	江开二平江见
华容	pʰʌŋ³³	pʰʌu³³	tɕyʌŋ⁴⁵	tso⁴³⁵	tso⁴³⁵	tso⁴³⁵	tsʰo⁴³⁵	tɕʰyʌŋ³³/tɕʰyʌŋ²¹	tsʰo⁴³⁵	tso⁴³⁵	tsʰʌ̃ŋ⁴⁵		ɕyʌŋ⁴⁵	so⁴³⁵	tɕiʌŋ⁴⁵
岳阳楼	pʰaŋ²²	pʰau³²⁴	tsaŋ³⁴/tɕyaŋ³⁴	tso⁴⁵⁻	tso⁴⁵⁻	tso⁴⁵⁻	tsʰo⁴⁵⁻	tɕʰyaŋ³¹	tsʰo⁴⁵⁻	tsu⁴⁵⁻	tɕʰyaŋ³⁴	tso⁴⁵⁻	ɕyaŋ³⁴	so⁴⁵⁻	tɕiaŋ³⁴
临湘	bɤ³ɔŋ²¹	bʮɔu¹³	tsɔŋ³³	tso⁵		dʑo⁵	dʑo⁵	dʑɔŋ²¹	dʑʰo⁵	tso⁵	dʑʰaŋ³³		sɔŋ³³	so⁵	tɕiɔŋ³³
岳阳县	pʌŋ²¹	pʰou⁴⁵	tsʌŋ³³	tso⁵	tso⁵	tso⁵	tso³	tsʰʌŋ⁴²	tsʰo⁵	tso⁵	tsʰʌŋ³³	tso⁵	sʌŋ³³	so⁵	ciʌŋ³³
平江	pʰoŋ²²	pʰau⁴⁵	tsoŋ⁴⁴	tsoʔ⁴	tsoʔ⁴	tsoʔ⁴	tsʰoʔ⁴	tsʰoŋ²¹	tsʰoʔ⁴²	tsoʔ⁴	tsʰoŋ⁴⁴	tsʰuo⁴⁴	soŋ⁴⁴	soʔ⁴	kɔŋ⁴⁴/tsoŋ²²
浏阳	pʰoŋ²¹	pʰau⁴²	tsoŋ⁴⁴	tso⁴⁴	tso⁴⁴	tsa⁴⁴	tsʰo⁴²	tsʰoŋ³²⁴	tsʰoʔ⁴²	tso⁴⁴	tsʰoŋ⁴⁴	tʂuo⁴⁴	soŋ⁴⁴	so⁴⁴	kioŋ⁴⁴
醴陵	pʰoŋ²²	pʰau²²	tsoŋ⁴⁴	tso⁴³⁵	tso⁴³⁵	tso⁴³⁵	tsʰo⁴³⁵	tsʰoŋ²²	tsʰo⁴³⁵	tso⁴³⁵	tsʰoŋ⁴⁴	tso⁴³⁵	soŋ⁴⁴	so⁴³⁵	kɔŋ⁴⁴
茶陵	pɔ̃³²⁵	pʰɔ³²⁵	tsoŋ⁴⁵	tso³³	tso³³	tso³³	tsʰo³³	tsʰoŋ⁴⁵/tsʰoŋ³²⁵	tsʰo³³	tso³³	tsʰoŋ⁴⁵	tsʰu²¹³	sɔ⁴⁵	su³³	kɔŋ⁴⁵
安仁	pʰɔ̃³²²	pʰɔ³²²	tsɤ̃⁴⁴	tsuɯ¹³	tsu²¹³	tsuɯ²¹³	tsʰu²¹³	tsʰɔ³²²	tsʰu⁴⁴	tsu²¹³	tsʰɔ̃⁴⁴	tso¹³	sɔ⁴⁴	su²¹³	kɔ⁴⁴
耒阳	pɔ̃²¹³	pɔ̃³²¹³	tsɔ⁴⁴	tso⁴⁴/tso³²⁵	tso¹³	tso¹³	tso⁴⁵	tsʰɔ̃⁴²/tsʰaŋ¹³	tsʰo⁴⁵	tso¹³	tsʰɔ̃⁴⁵	tʂo³³	sɔ̃⁴⁵	so¹³	tɕɔ⁴⁵
常宁	pʰɤ̃³²⁴	po³³	tsɔ̃⁴⁵	tso⁵³	tso⁴⁵	tso³³	tso⁴⁵	tsʰɔ̃²⁴	tsʰo⁴⁵	tso³³	tsʰɔ̃⁴⁵	tso²²	sɔ̃⁴⁵	so³³	tɕɔ⁴⁵
永兴		pɔ³²⁵	tsɑ⁴⁵	tso³³	tsɔ¹³	tso²²	tso²²	tsʰɔ⁴²/tsʰa¹³	tsʰo²¹	tso²²	tsʰɑ⁴⁵	tsɔ²²	sɑ⁴⁵	so²²	ka⁴⁵
资兴	pʰaŋ³⁵	pɯ⁴⁴	tsaŋ⁴⁴		tsu¹³	tso¹³	tso¹³	tsʰɔŋ³¹~倒/tsʰaŋ³⁵~见	tsʰu⁴⁴	tsu¹³	tsʰʌ̃⁴⁴	tsʰu²¹³	saŋ⁴⁴	so¹³	kaŋ⁴⁴
隆回	poŋ⁴⁵	pʰau⁴⁵	tsoŋ⁴⁴		tso³²⁵	tso³²⁵	tso³²⁵	tsʰoŋ⁴⁵/tsʰoŋ²¹²	tsʰo⁴⁵	tso³²⁵	tsʰoŋ⁴⁴	tsʰo³²⁵	soŋ⁴⁴	so³²⁵	koŋ⁴⁴/tʃoŋ⁴⁴
洞口	xuŋ⁴⁵	xau⁴⁵	tsuaŋ⁵³		tso⁴⁵	tso⁴⁵	tso⁴⁵	tsʰuaŋ⁴⁵/tsʰuaŋ²¹³	tsʰo⁴⁵	tso⁵³	tsʰuaŋ⁵³	tsʰo⁴⁵	suaŋ⁵³	so⁴⁵	kaŋ⁵³/tʃoŋ⁵³
绥宁	poŋ⁴²	pʰau⁴²	tsuŋ³³		tso³³	tsʌ³²⁴	tʃʰo³²⁴	tsʰaŋ⁴²/tsʰaŋ⁴⁴	tsʰo⁴²	tso³³	tsʰuŋ³³		saŋ³³	so³²⁴	kaŋ³³/tʃoŋ³³

	扛 江开二平江见	讲 江开二上讲见	港~口 江开二上讲见	降下~ 江开二去绛见	虹天上的~ 江开二去绛见	觉~悟 江开二入觉见	角 江开二入觉见	饺~子 江开二入觉见	腔 江开二平江溪	确 江开二入觉溪	撬~起 江开二入觉溪	壳 江开二入觉溪	岳~飞 江开二入觉疑	乐音~ 江开二入觉疑	降投~ 江开二平江匣
华容	kʌŋ²¹³	tɕiʌŋ²¹	kʌŋ²¹	tɕiʌŋ²¹³	xɤŋ¹²		ko⁴³⁵	tɕiu²¹	tɕʰiʌŋ⁴⁵	tɕʰio⁴³⁵	kʰo⁴³⁵	kʰo⁴³⁵	io⁴³⁵	io⁴³⁵	tɕiɑŋ²¹³
岳阳楼	kaŋ³⁴	tɕiaŋ³¹	kaŋ³¹	tɕiaŋ³²⁴	xuiŋ¹³	tɕio⁴⁵	ko⁴⁵		tɕʰiaŋ³⁴	tɕʰio⁴⁵	kʰo⁴⁵	kʰo⁴⁵	io⁴⁵	io⁴⁵	ɕiaŋ¹³
临湘	kaŋ³³	koŋ⁴²	koŋ⁴²	tɕioŋ³²⁵	koŋ³²⁵	ko⁵	ko⁵	tɕiou⁴²	dʑʰioŋ³³	gʰo⁵	gʰo⁵	gʰo⁵	io⁵	io⁵	ɕioŋ¹³
岳阳县	kaŋ³³	kʌŋ⁴²	kʌŋ⁴²	ɕiʌŋ⁴⁵	kʌŋ⁴⁵	ko⁵	ko⁵	ɕiou⁴²	tsʰʌŋ³³	kʰo⁵	kʰo⁵	kʰo⁵	io³	io³	sʌŋ¹³
平江	koŋ⁴⁴	koŋ³²⁴	koŋ³²⁴	koŋ⁴⁵	koŋ⁴⁵	tʂoʔ⁴	koʔ⁴	kiau³²⁴	tʂʰoŋ⁴⁴	xoʔ⁴	xoʔ⁴	xoʔ⁴	ioʔ⁴		xoŋ¹³
浏阳	koŋ⁴⁴	koŋ³²⁴	koŋ³²⁴	kioŋ⁴⁵	koŋ⁴²		ko⁴⁴/tʂo⁴⁴	kiau³²⁴	tʂʰoŋ⁴⁴	kʰoʔ⁴⁴	kʰoʔ⁴²	xoʔ⁴⁴	io⁴⁴		xioŋ⁴⁵
醴陵	koŋ⁴⁵	koŋ³¹	koŋ³¹	koŋ²²	koŋ²²	kio⁴³⁵	ko⁴³⁵/kio⁴³⁵	kiu³¹	kʰioŋ⁴⁴	kʰo⁴³⁵	kʰo⁴³⁵	xo³³	ŋo⁴³⁵	io⁴³⁵	xoŋ¹³
茶陵	koŋ⁴⁵	koŋ⁴²	koŋ⁴²	koŋ³³		tɕio³³	tɕio³³	tɕio⁴²	tɕʰioŋ⁴⁵	kʰo³³/tɕʰio³³	kʰo³³	xo³³	io³³	io³³	ɕioŋ³²⁵
安仁	ko̰³²²	kɔ̃⁵³	kɔ̃⁵³	kɔ̃³²²	kɔ̃³²²	tʃu²¹³	kuʔ²¹³~啄/tʃuʔ²¹³一钱	tʃɔ⁴⁴	tʃʰɔ̃⁴⁵	kʰuʔ²¹³/tʃʰuʔ²¹³	kʰuʔ⁴⁵	xu²¹³	iu²¹³	lu²¹³	ʃɔ³²²
耒阳	kɔ²¹³	kɔ̃⁵³/tɕɔ̃⁵³	kɔ̃⁵³	kɔ̃²¹³	kɔ̃²²	ko¹³	koʔ¹³~啄/tɕoʔ¹³一钱	kiu³¹	kʰɔ̃⁴⁵	kʰoʔ¹³	kʰu²¹³	kʰoʔ¹³	io¹³	io³³	ɕiɔ̃²¹³
常宁	kɔ²⁴	kɔ̃⁴⁴/tɕɔ̃⁴⁴	kɔ̃⁴⁴	kɔ̃²⁴	kɔ̃²⁴	ko³³	ko³³/tʃo³³	tɕɔ⁴⁴	tɕʰiɔ⁴⁵	kʰo³³	kʰo³³	xo³³	io³³	io³³	tʃɔŋ⁵³
永兴	kʰa¹³	ka⁴²	ka⁴²	tɕio¹³	ka¹³	tɕio²²	ko²²~啄/tɕio²²一钱	tɕie⁴²	tɕʰia⁴⁵	tɕʰiɔ²²		xo²²/kʰo²²	io²²	io²²	tɕiaŋ²²
资兴	kʰa¹³		kaŋ³¹	tɕia³⁵	kau⁴⁴	tɕio¹³	kɯ¹³~啄/tɕio¹³一钱	tɕiau³²⁴	tɕʰia⁴⁴	tɕʰio¹³		xɯ¹³/kʰɯ¹³	lio¹³	io¹³	tɕiaŋ²²
隆回	kʰɔ²¹³	koŋ²¹²	koŋ²¹²	tʃoŋ⁴⁵		tʃo³²⁵	ko⁴⁴/ko³²⁵/tʃo³²⁵	tʃia²¹²	tʰoŋ⁴⁴	kʰo³²⁵		kʰo³²⁵	io³²⁵	io³²⁵	ʃoŋ¹³
洞口	kʰɒŋ¹³	kaŋ²¹³	kaŋ²¹³	tʃaŋ⁴⁵	kaŋ⁴⁵		ko⁵³/tʃo⁵³		tʰɒŋ⁵³	kʰo⁴⁵		kʰo⁵³	io⁴⁵	lo⁴⁵	ʃɒŋ²⁴
绥宁	kʰɒŋ¹³	kaŋ¹³/tʃaŋ¹³	kaŋ⁴²	tʃaŋ⁴²	kaŋ⁴²	tʃo³²⁴	ko³³/tʃo³³	tʃau¹³	tʃʰɒŋ³³	kʰɔ³²⁴	kʰo³³	kʰo³³	io³³	io³²⁴	tʃɒŋ⁴²

	项	巷	学	握	北	朋	墨	默	登	灯	等	凳	得	德
	江开二上讲匣	江开二去绛匣	江开二入觉匣	江开二入觉影	曾开一入德帮	曾开一平登並	曾开一入德明	曾开一入德明	曾开一平登端	曾开一平登端	曾开一上等端	曾开一去嶝端	曾开一入德端	曾开一入德端
华容	xʌŋ^{33}	xʌŋ^{33}	ɕio^{435}	ŋo^{435}	pe^{435}	pʰoŋ^{12}	me^{435}	me^{435}	taŋ^{45}	taŋ^{45}	taŋ^{21}	taŋ^{213}	te^{435}	te^{435}
岳阳楼	ɕiaŋ^{22}	xaŋ^{22}	ɕio^{45}	ŋo^{45}	pe^{45}	pʰuŋ^{13}	me^{45}	me^{45}	taŋ^{34}	taŋ^{34}	taŋ^{31}	taŋ^{324}	te^{45}	te^{45}
临湘	xoŋ^{21}	xoŋ^{21}	xo^{5}	uo^{5}	po^{5}	bʱɤŋ^{13}	me^{5}	me^{5}	tien^{33}	tien^{33}	tien^{42}	tien^{325}	te^{5}	te^{5}
岳阳县	xʌŋ^{21}	xʌŋ^{21}	ɕio^{3}	uo^{3}	po^{3}	pɤŋ^{13}	mo^{3}	mo^{3}	tɤn^{33}	tɤn^{33}	tɤn^{42}	tɤn^{45}	te^{5}	te^{5}
平江	xoŋ^{22}	xoŋ^{22}	xoɤʔ^{4}/ʃoɤʔ^{4}	uɵʔ^{4}	peʔ^{4}	pʰɤŋ^{13}	meʔ^{4}	meʔ^{4}	tɤn^{44}	tɤn^{44}	tɤn^{324}	tɤn^{45}	teʔ^{4}	teʔ^{4}
浏阳	xoŋ^{21}	xoŋ^{21}	ʂo^{42}	o^{44}	peʔ^{44}	pʰən^{45}	mie^{42}	mo^{44}	tĩ^{44}	tĩ^{44}	tĩ^{324}	tĩ^{42}	tie^{44}	tie^{44}
醴陵	xoŋ^{22}	xoŋ^{22}	xo^{435}/xio^{435}	uo^{435}	pe^{435}	pʰəŋ^{45}	me^{435}	me^{435}	te^{44}	te^{44}	te^{31}	te^{22}	tie^{435}/te^{435}	te^{435}
茶陵	xoŋ^{325}	xoŋ^{325}	xo^{33}	uo^{33}	pe^{33}	pʰɛ^{213}	me^{33}	me^{33}	te^{45}	te^{45}	te^{42}	toŋ^{33}/te^{33}	te^{33}舳/te^{325}以	te^{33}
安仁	xɔ^{322}	xɔ^{213}	xu^{44}/ʃu^{213}	u^{213}	pe^{213}	pen^{24}	me^{44}	me^{213}	tĩ^{44}	tĩ^{44}	tĩ^{53}	tĩ^{22}	ti^{213}	ti^{213}
耒阳	xɔ^{213}	xɔ^{213}	ɕio^{13}	o^{13}	pe^{13}	pʰɤŋ^{25}	me^{45}	me^{13}	te^{45}	te^{45}	te^{53}	te^{213}	te^{13}	te^{13}
常宁	xɔ^{24}	xɔ^{24}	ɕiɔ^{21}	u^{33}	pe^{33}	pʰõ^{21}	me^{33}	me^{33}	te^{45}	te^{45}	te^{44}	te^{24}	te^{33}	te^{33}
永兴	xa^{13}	xa^{13}	ɕiɔ^{22}	ɔ^{22}	pe^{22}	poŋ^{325}	me^{45}	me^{45}	ten^{45}	ten^{45}	ten^{42}	ten^{13}	te^{22}	te^{22}
资兴	xaŋ^{35}	xaŋ^{35}	xu^{44}/ɕio^{13}	u^{13}	piæ^{13}	poŋ^{22}	miæ^{44}	miæ^{13}	tɤŋ^{44}	taŋ^{44}/tɤŋ^{44}电	tɤŋ^{31}	taŋ^{35}	tiæ^{13}	tiæ^{13}
隆回	xoŋ^{45}	xoŋ^{212}/xoŋ^{45}	xo^{45}/ʃo^{325}	u^{325}	pia^{325}	pʰɤŋ^{13}	mia^{325}	mia^{45}	te^{44}	te^{44}	te^{212}	te^{45}	tia^{325}	tia^{325}
洞口	xaŋ^{45}/ʃaŋ^{45}	ʃaŋ^{213}	ʃo^{45}	o^{45}	pia^{53}	xuŋ^{24}	mia^{45}	mia^{45}	te^{53}	te^{53}	te^{213}	te^{45}	tia^{53}	tia^{45}
绥宁	xaŋ^{44}	xaŋ^{44}/xaŋ^{22}	ʃo^{42}	uo^{324}	pe^{33}	pʰɤŋ^{45}	me^{42}	me^{324}	te^{33}	te^{33}	tẽ^{13}	te^{42}	te^{33}	te^{33}

	腾 曾开一平登定	藤 曾开一平登定	邓 曾开一去嶝定	澄~米 曾开一去嶝定	特 曾开一入德定	能 曾开一平登泥	肋 曾开一入德来	勒~索 曾开一入德来	曾姓 曾开一平登精	增 曾开一平登精	则 曾开一入德精	曾~丝 曾开一平登从	层 曾开一平登从	赠 曾开一去嶝从	贼 曾开一入德从	僧 曾开一平登心
华容	hən^{12}	han^{12}	han^{33}	tsʰən^{33}	tʰie^{435}	lən^{12}	lie^{435}		tsən^{45}	tsən^{45}	tse^{435}	tsʰən^{12}	tsʰən^{12}	tsən^{213}	tsʰe^{435}	sən^{45}
岳阳楼	tʰən^{13}	tʰən^{13}	tʰən^{22}	tsʰən^{22}	tʰɛ^{45}	lən^{13}	lɛ^{45}		tsən^{34}	tsən^{34}	tse^{45}	tsʰən^{13}	tsʰən^{13}	tsʰən^{22}	tsʰɛ^{45}	sən^{34}
临湘	dʰien^{13}	dʰien^{13}	dʰien^{21}	dzʰən^{21}	dʰe^{5}	lan^{13}	le^{5}	le^{5}	tsən^{33}	tsən^{33}	tse^{5}	dzʰən^{13}	dzʰən^{13}	dzʰən^{21}	dzʰe^{5}	sən^{33}
岳阳县	ten^{13}	ten^{13}	ten^{21}	tsən^{21}	tʰɤ^{3}	len^{13}	lɤ^{3}	lɤ^{3}	tsøn^{33}	tsøn^{33}	tsɤ^{5}		tsøn^{13}	tsøn^{21}	tsʰɤ^{3}	sen^{33}
平江	tʰen^{13}	tʰen^{13}	tʰen^{22}	tsʰən^{13}	tʰeʔ^{4}	len^{13}	leʔ^{4}	leʔ^{4}	tsen^{44}	tsen^{44}	tseʔ^{4}	tsʰen^{13}	tsʰen^{13}	tsʰen^{22}	tsʰeʔ^{4}	tsʰen^{22}
浏阳	tʰŋ̍^{45}	tʰŋ̍^{45}	tʰŋ̍^{21}	tsʰən^{21}	tʰie^{44}	lŋ̍^{45}	lie^{42}	lie^{44}	tsɿ^{44}	tsɿ^{44}	tsie^{44}	tsʰɿ^{45}	tsʰɿ^{45}		tsʰie^{42}	sɿ^{44}
醴陵	tʰẽ^{13}	tʰẽ^{13}	tʰẽ^{22}	tʰiŋ^{22}	tʰɛ^{435}	lɛ^{13}	lɛ^{435}	lɛ^{435}	tsɛ^{44}	tsɛ^{44}	tsie^{44}	tsʰe^{13}	tsʰe^{13}	tsʰɛ^{22}	tsʰe^{435}	tsɛ^{44}
茶陵	tʰẽ^{213}	tʰẽ^{213}	tʰẽ^{225}	tʃin^{24}	tʰɛ^{33}/tʰe^{33}	lẽ^{213}	le^{33}	le^{33}	tsɛ^{45}	tsɛ^{44}	tse^{435}	tsʰẽ^{213}	tsʰẽ^{213}	tsɛ^{33}	tsʰe^{33}	sɛ^{45}
安仁	tʃ̍^{24}	tʃ̍^{24}	tʰŋ̍^{322}	tʃʰr̩^{24}	tʰɛ^{213}	lr̩^{24}	le^{44}	lɛ^{213}	tsɿ^{44}	tsɿ^{322}	tse^{33}	tsɿ^{24}	tsɿ^{24}	tsɿ^{222}	tsʰɛ^{44}	sɿ^{44}
耒阳	tʰẽ^{25}	tʰẽ^{25}	tʰẽ^{213}	tsʰẽ^{21}	tʰe^{13}	lẽ^{25}	le^{45}	lɛ^{13}	tsɛ^{45}	tsɛ^{45}	tse^{213}	tsʰẽ^{25}	tsʰẽ^{25}	tsʰɛ^{213}	tsʰɛ^{45}	sɛ^{45}
常宁	tʰẽ^{21}	tʰẽ^{21}	tʰẽ^{24}	ten^{13}	tʰɛ^{33}	lẽ^{21}	le^{33}	le^{33}	tsɛ^{45}	tsɛ^{45}	tse^{13}	tsʰẽ^{21}	tsʰẽ^{21}	tsʰɛ^{24}	tsʰe^{21}	sɛ^{45}
永兴	ten^{325}	ten^{325}	ten^{13}	tsʰeŋ^{22}	tʰɛ^{22}	len^{22}	le^{22}	le^{22}	tɕin^{45}	tɕin^{45}	tse^{22}	tsʰeŋ^{22}	tsʰeŋ^{325}	tɕin^{13}	tsʰe^{45}	sen^{45}
资兴	teŋ^{22}	teŋ^{22}	teŋ^{35}	tsʰeŋ^{22}	tʰiɛ^{13}	leŋ^{22}	lie^{44}		tseŋ^{44}	tseŋ^{44}	tse^{13}	tsʰeŋ^{22}	tsʰeŋ^{22}	tseŋ^{44}	tɕʰia^{44}	tseŋ^{44}
隆回	xẽ^{13}	xẽ^{13}	tẽ^{45}	tʃʰẽ^{45}	xiɛɑ^{325}	lẽ^{13}	liɑ^{45}/liɑ^{325}	liɑ^{45}/liɑ^{325}	tsɛ̃^{44}	tsɛ̃^{44}	tsæ^{325}	tsʰɛ̃^{13}	tsʰɛ̃^{13}	tsɛ̃^{45}	tsʰiɑ^{45}	tsɛ̃^{44}
洞口	xẽ^{24}	xẽ^{24}	xẽ^{53}	tʃʰẽ^{24}	xɛ^{45}	lẽ^{24}	liɑ^{45}/lie^{45}	lie^{45}	tsɛ̃^{53}	tsɛ̃^{53}	tsiɑ^{53}	tsʰẽ^{24}	tsʰẽ^{24}	tsɛ̃^{45}	tsʰia^{45}	tsɛ̃^{53}
绥宁	tʰẽ^{45}	tʰẽ^{45}	tʰẽ^{44}	tʃʰr̩^{45}	tʰe^{324}	lẽ^{45}	le^{33}	lie^{324}	tsɛ̃^{33}	tsɛ̃^{33}	tse^{324}	tsʰẽ^{45}	tsʰẽ^{45}	tsɛ̃^{42}	tsʰe^{42}	sɛ̃^{33}

	塞 曾开一 入德心	肯 曾开一 上等溪	刻 曾开一 入德溪	克 曾开一 入德溪	黑 曾开一 入德晓	恒 曾开一 平登匣	冰 曾开三 平蒸帮	逼 曾开三 入职帮	凭 曾开三 平蒸並	陵 曾开三 平蒸来	凌 曾开三 平蒸来	菱 曾开三 平蒸来	力 曾开三 入职来	即 曾开三 入职精	鲫 曾开三 入职精
华容	se⁴³⁵	kʰən²¹	kʰe⁴³⁵	kʰe⁴³⁵	xe⁴³⁵	xan¹²	pin⁴⁵	pi⁴³⁵	pin¹²	lin¹²	lin¹²	lin¹²	li⁴³⁵	tɕi⁴³⁵	tɕi⁴³⁵
岳阳楼	sɛ⁴⁵	kʰɔn³¹	kʰɛ⁴⁵	kʰɛ⁴⁵	xɛ⁴⁵	xɔn¹³	pin³⁴	pi⁴⁵	pʰin¹³	lin¹³	lin¹³	lin¹³	li⁴⁵	tɕi⁴⁵	tɕi⁴⁵
临湘	se⁵	gʰɛn³¹	gʰe⁵	gʰe⁵	xe⁵	xen¹³	pin³³	pi⁵	bʰin¹³	dʰin¹³	dʰin¹³	dʰin¹³	dʰi⁵	tɕi⁵	tɕi⁵
岳阳县	sɔ⁵	kʰɛn⁴²	kʰe⁵	kʰe⁵	xe⁵	xen¹³	pin³³	pi⁵	pin¹³	lin¹³	lin¹³	lin¹³	li³	ci⁵	ci⁵
平江	seʔ⁴	xɛn³²⁴	xeʔ⁴	xeʔ⁴	xeʔ⁴	xen¹³	pin⁴⁴	piʔ⁴	pʰin¹³	lin¹³	lin¹³	tin⁴⁵	tʰiʔ⁴	tsiʔ⁴	tsiʔ⁴
浏阳	sie⁴⁴	kʰe²¹	kʰe⁴⁴	kʰe⁴⁴	xie⁴⁴	xɪ⁴⁵	pin⁴⁴	pi⁴⁴	pʰɪ⁴⁵	tin⁴⁵	tin⁴⁵		ti⁴²	tsi⁴⁴	tsi⁴⁴
醴陵	se⁴³⁵	kʰie²¹	kʰe⁴³⁵	kʰe⁴³⁵	xe⁴³⁵	xɛ¹³	piæ⁴⁵	pi⁴³⁵	pʰiŋ¹³	liŋ¹³	liŋ¹³		li⁴³⁵	tsi⁴³⁵	tsi⁴³⁵
茶陵	se³³	xɛ⁴²	kʰe³³	kʰe³³	xe³³	xɛ²¹³	pɪ⁴⁵	pi³³	pʰɪ²¹³	lɪ²¹³	lɪ²¹³	lɪ²¹³	li³³	tɕi³³	tse³³~角/tɕi³³
安仁	sɛ²¹³	kʰɛ⁵³	kʰe²¹³	kʰe²¹³	xɛ²¹³	xɪ²⁴	pin⁴⁴	pi²¹³	pin²⁴	lin²⁴	lin²⁴	lin²⁴	li²¹³	tsi²¹³	tse²¹³
耒阳	se¹³	kʰe⁵³	kʰe¹³	kʰe¹³	xe¹³	xɛ²⁵	piæ⁴⁵	pi¹³	pʰiæ²⁵	liæ²⁵	liæ²⁵	liæ²⁵	li⁴⁵	tɕi¹³	tɕi¹³
常宁	se³³	kʰe⁴⁴	kʰe³³	kʰe³³	xe³³	xɛ²¹	pɛ⁴⁵	pi³³	pʰɛ²¹	lɛ²¹	lɛ²¹	lɛ²¹	li³³	tɕie³³	tse³³/tɕie³³
永兴	se²²	kʰɛn⁴²	kʰe²²	kʰe²²	xɛ²²	xen³²⁵	pen⁴⁵	pʅ²²	pʰen²²~棒	len³²⁵	len²²	len³²⁵	lʅ²²	tɕʅ²²	tɕiɛ²²/tɕʅ²²
资兴	ɕiɛ¹³	kʰɛŋ³¹	kʰæ¹³	kʰæ¹³	xæ¹³	xeŋ²²	peŋ⁴⁴/pin⁴⁴~棒	pei¹³	piæ¹³~棒/piŋ²²	liŋ²²	liŋ²²	liŋ²²	lei⁴⁴	tɕi¹³	tɕi¹³
隆回	sia⁴⁴/siɑ³²⁵	kʰɛ²¹²	kʰiɛɑ³²⁵	kʰiɛɑ³²⁵	xiea⁴⁴	xɛ¹³	pɛ⁴⁴	pi³²⁵	pʰɛ¹³	lɛ¹³	lɛ¹³	lɛ³²⁵~角/lɛ¹³	li⁴⁵	tsi³²⁵	tsia⁴⁴
洞口	tsia⁵³	kʰɛ²¹³	kʰeɑ⁵³	kʰiɛɑ⁵³/kʰe⁵³	xɛa⁵³	xɛ²⁴	pɛ⁵³	pie⁵³	he²⁴	lɛ²⁴	lɛ²⁴	lɛ²⁴	li⁴⁵	tsia⁵³	tsia⁵³
绥宁	sɔ³³	kʰiɛ¹³	kʰe³³	kʰe³³	xe³³	xɛ⁴⁵	pɪ³³	pie³³	pʰɪ⁴⁵	lɪ⁴⁵	lɪ⁴⁵	lɪ⁴⁵	li³³/lʅ⁴²	tse³²⁴	tsɛ³³/tse³³

	息	熄	媳	征~来	惩	橙	瞪~眼	直	值	侧	测	色	蒸	证	症
	曾开三入职心	曾开三入职心	曾开三入职心	曾开三平蒸知	曾开三平蒸澄	曾开三平蒸澄	曾开三去证澄	曾开三入职澄	曾开三入职澄	曾开三入职庄	曾开三入职初	曾开三入职生	曾开三平蒸章	曾开三去证章	曾开三去证章
华容	ɕi^{435}	ɕi^{435}	ɕi^{435}	tsən^{45}	tsʰən^{12}	tsʰən^{12}	tan^{45}	tsʰɿ^{435}	tsʰɿ^{435}	tsɛ^{435}	tsʰɛ^{435}	sɛ^{435}	tsən^{45}	tsən^{213}	tsən^{213}
岳阳楼	ɕi^{45}	ɕi^{45}	ɕi^{45}	tsən^{34}	tsʰən^{31}	tsʰən^{13}	tan^{324}	tsʰɿ^{45}	tsʰɿ^{45}	tsʰɛ^{45}/tsɛ^{45}	tsʰɛ^{45}	sɛ^{45}	tsən^{34}	tsən^{324}	tsən^{324}
临湘	ɕi^{5}	ɕi^{5}	ɕi^{5}	tsən^{33}	dzʰʌn^{21}	dzʰʌŋ^{13}		dʑɿ^{5}	dʑɿ^{5}	tsɛ^{5}	dzɛ^{5}	sɛ^{5}	tsən^{33}	tsən^{325}	tsən^{325}
岳阳县	ɕi^{5}	ɕi^{5}	ɕi^{5}	tsən^{33}	tsən^{42}	tsən^{13}	tan^{22}	tsʰɿ^{3}	tsʰɿ^{3}	tsø^{5}	tsʰø^{5}	sø^{5}	tsən^{33}	tsən^{45}	tsən^{45}
平江	siʔ^{4}	siʔ^{4}	siʔ^{4}	tsən^{44}	tsʰən^{324}	tsʰən^{13}	tan^{45}	tsʰɿ^{4}	tsʰɿ^{4}	tsiɛ^{44}	tsʰiɛ^{44}	siɛ^{44}	tsən^{44}	tsən^{45}	tsən^{45}
浏阳	si^{44}	si^{44}	si^{44}	tsən^{44}	tsʰən^{324}	tsʰən^{45}	tan^{42}	tsʰɿ^{42}	tsʰɿ^{44}	tsiɛ^{44}	tsʰiɛ^{44}	siɛ^{44}	tsən^{44}	tsən^{42}	tsən^{42}
醴陵	si^{435}	si^{435}	si^{435}	tsən^{44}	tsʰən^{31}	tsʰən^{13}	tan^{22}	tsʰɿ^{435}	tsʰɿ^{435}	tsɛ^{435}	tsʰɛ^{435}	sɛ^{435}	tsən^{44}	tsən^{22}	tsən^{22}
茶陵	ɕi^{33}	ɕi^{33}	ɕi^{33}	tsɛ^{45}	tsʰɛ^{42}	tsʰɛ^{42}	tɛ^{33}	tsʰɿ^{33}	tsʰɿ^{33}	tsɛ^{33}	tsʰɛ^{33}	sɛ^{33}	tsɛ^{45}	tsɛ^{33}	tsɛ^{33}
安仁	si^{213}	si^{213}	si^{213}	tʃin^{44}	tʃʰin^{53}	tʃin^{24}	tɛ^{44}	tʃʰɿ^{44}	tʃʰɿ^{44}/tʃʰɿ^{213}	tsɛ^{213}	tsʰɛ^{213}	sɛ^{213}	tʃin^{44}	tʃin^{322}	tʃin^{322}
耒阳	ɕi^{13}	ɕi^{13}	ɕi^{13}	ȵɛ̃^{44}	tʰɛ̃^{53}		tɛ̃^{45}	sɿ^{45}	sɿ^{13}	tsʰɿ^{13}	tsʰɛ^{13}	sɛ^{13}	ȵɛ̃^{45}	ȵɛ̃^{213}	ȵɛ̃^{224}
常宁	ɕi^{33}	ɕi^{33}	ɕi^{33}	tsən^{45}	tʰɛ^{21}	tsʰɛ^{24}	tɛ^{45}	sɿ^{21}	tsɿ^{21}	tsʰɿ^{33}	tsʰɛ^{33}	sɛ^{33}	ȵɛ^{45}	ȵɛ^{24}	ȵɛ^{24}
永兴	ɕɿ^{22}	cɿ^{22}	cɿ^{22}	tsən^{45}	tɕʰin^{42}	tɕʰin^{325}	ten^{13}	tɕʰɿ^{45}	tsɿ^{22}	tsə^{22}	tsʰə^{22}	sə^{22}	tɕin^{45}	tsən^{13}	tɕin^{13}/tsən^{13}
资兴	ɕi^{13}	ɕi^{13}	sei^{13}	tʃɛ^{44}	tʃʰin^{22}	tsʰɛŋ^{22}	tʃʰɿ^{44}	tsʰei^{44}	sɿ^{13}	tsɛ^{5}	tɕiɛ^{13}	ciɛ^{13}	tʃɛ^{44}	tsɛ^{35}	tsɛ^{35}
隆回	si^{325}	si^{45}/si^{325}	si^{325}	tʃʰɛ^{13}	tʃʰɛ^{13}	tʃʰɛ^{13}	tɛ^{45}	tʃʰɿ^{45}	tʃʰɿ^{44}	tsʰia^{325}	tsʰia^{325}	sia^{325}	tʃɛ^{24}	tʃɛ^{45}	tʃɛ^{45}
洞口	si^{45}	si^{53}	si^{45}	tʃɛ^{53}	tʃʰɛ^{213}	tʃʰɛ^{24}	tɛ^{53}	tʃʰɿe^{45}	tʃʰɿe^{45}	tsia^{53}	tsʰia^{53}	sia^{53}	tʃɛ^{53}	tʃɛ^{45}	tʃɛ^{45}
绥宁	si^{324}	si^{33}	si^{324}	tʃɿ^{33}	tʃɿ^{33}	tʃɿ^{45}		tʃʰɿ^{42}	tʃʰɿ^{42}	tsɛ^{324}	tsʰɛ^{324}	sɛ^{33}	tʃɿ^{33}	tʃɿ^{42}	tʃɿ^{42}

	织	职	称(重)	秤(~杆)	乘	绳	睦(田~)	剩	食	蚀	升	胜(敗)	识	式	饰
	曾开三入职章	曾开三入职章	曾开三平蒸昌	曾开三去证昌	曾开三平蒸船	曾开三平蒸船	曾开三平蒸船	曾开三去证船	曾开三入职船	曾开三入职船	曾开三平蒸书	曾开三去证书	曾开三入职书	曾开三入职书	曾开三入职书
华容	tɕi^{44}/ɕi^{325}	tʃi^{435}	tsʰən^{45}	tsʰən^{213}	sən^{12}	sən^{12}	sən^{33}	sən^{33}	sɿ^{435}	sɿ^{435}	sən^{45}	sən^{213}	sɿ^{435}	sɿ^{213}	sɿ^{435}
岳阳楼	tsɿ^{45}	tsɿ^{45}	tsʰən^{34}	tsʰən^{324}	sən^{13}	sən^{13}	sən^{324}	sən^{22}	sɿ^{45}	sɿ^{45}	sən^{34}	sən^{31}	sɿ^{45}	sɿ^{324}	sɿ^{45}
临湘	tsɿ^{5}	tsɿ^{5}	dʑʰən^{33}	dʑʰən^{325}	sən^{13}	sən^{13}	sən^{21}	sən^{21}	sɿ^{5}	cyɛ^{5}	sən^{33}	sən^{325}	sɿ^{5}	sɿ^{325}	sɿ^{5}
岳阳县	tsɿ^{5}	tsɿ^{5}	tsʰən^{33}	tsʰən^{45}	sən^{13}	sən^{13}	sən^{33}	sən^{22}	sɿ^{3}		sən^{33}	sən^{45}	sɿ^{5}	sɿ^{45}	sɿ^{21}
平江	tʂət^{4}	tʂət^{4}	tsʰən^{44}	tsʰən^{45}	sən^{13}	sən^{13}	sən^{44}	sən^{21}	sət^{4}		sən^{44}	sən^{45}	sət^{4}	sɿ^{45}	sət^{4}
浏阳	tsɿ^{44}	tsɿ^{44}	tsʰṇ^{44}	tsʰṇ^{42}	sən^{45}	sən^{45}	sən^{42}	sən^{22}	sɿ^{42}		sən^{44}	sən^{42}	sɿ^{44}	sɿ^{42}	sɿ^{42}
醴陵	tsɿ^{435}	tsɿ^{435}	tsʰṇ^{44}	tsʰɛ^{22}	sən^{13}	sən^{45}	sən^{22}	sən^{22}	sɿ^{435}	sɿ^{435}	sən^{44}	sən^{22}	sɿ^{435}	sɿ^{22}	sɿ^{435}
茶陵	tsʮ^{33}	tsʮ^{33}	tsʰɛ^{45}	tsʰɛ^{33}	sɛ^{213}	sɛ^{213}	sɛ^{213}	sɛ^{33}	sɛ^{33}/sɿ^{33}		sɛ^{45}	sɛ^{225}	sɿ^{33}	sɿ^{33}	sɿ^{33}
安仁	tʃi^{213}	tʃi^{213}	tʃʰin^{44}	tʃʰin^{322}	ʃin^{24}	ʃin^{24}	ʃin^{24}	tʃʰin^{322}/ʃin^{322}	ʃie^{44}/ʃi^{213}	ʃie^{44}	ʃin^{44}	ʃin^{322}	ʃi^{213}	ʃi^{213}	ʃi^{213}
耒阳	tsɿ^{13}	tsɿ^{13}	tɕʰiɛ^{45}	tɕʰiɛ^{213}	tɕʰiɛ^{213}	ɕiɛ^{25}	ɕiɛ^{213}	ɕiɛ^{213}		ɕiɛ^{45}	ɕiɛ^{45}	ɕiɛ^{213}	sɿ^{13}	sɿ^{13}	sɿ^{45}
常宁	tsɿ^{33}	tsɿ^{33}	tɕʰiɛ^{45}	tɕʰiɛ^{24}	ɕiɛ^{21}	ɕiɛ^{21}/cyɛ^{21}	ɕiɛ^{21}	ɕiɛ^{24}	sɿ^{33}	ɕiɛ^{33}	ɕiɛ^{45}	ɕiɛ^{24}	sɿ^{33}	sɿ^{24}	sɿ^{24}
永兴	tsɿ^{22}	tsɿ^{22}	tɕʰin^{45}	tɕʰin^{13}	sen^{325}	suen^{325}	iŋ^{22}（~头）	sen^{13}	sɿ^{22}	ɕiɛ^{45}	sen^{45}	sen^{13}	sɿ^{22}	sɿ^{13}	sɿ^{22}
资兴	tsɿ^{13}	tsɿ^{13}	tsʰeŋ^{44}	tsʰeŋ^{35}	seŋ^{22}	seŋ^{22}	ʃɿ^{45}	seŋ^{35}	sɿ^{13}	ɕi^{44}	seŋ^{44}	seŋ^{35}	sɿ^{13}	sɿ^{13}	sɿ^{13}
隆回	tʃie^{45}	tʃi^{325}	tʃʰɛ^{44}	tʃʰɿ^{45}	tɕʰɛ^{13}	ʃuɛ^{13}/ɕɛ^{13}	ʃɿ^{45}	ʃɛ^{45}	ʃi^{45}	ʃie^{45}	ʃɛ^{44}	ʃɛ^{45}	ʃi^{45}	sɿ^{45}	ʃi^{45}
洞口	tʃie^{45}	tʃie^{45}	tʃʰɛ^{53}	tʃʰɛ^{45}	tɕʰɛ^{45}	ʃyɛ^{24}	ʃɿ^{45}	ʃie^{45}	ʃie^{45}	ʃie^{45}	ʃɛ^{53}	ʃɛ^{45}	ʃie^{45}	sɿ^{45}	ʃi^{45}
绥宁	tʃi^{33}	tʃi^{33}	tʃʰɿ^{33}	tʃʰɿ^{42}	tʃʰɿ^{44}	ʃɿ^{45}	ʃɿ^{45}	ʃɿ^{33}	ʃi^{42}	ʃie^{42}	ʃɿ^{33}	ʃɿ^{42}	ʃi^{33}/ʃi^{224}	sɿ^{42}	ʃi^{33}

	承 曾开三 平蒸禅	丞 曾开三 平蒸禅	殖 曾开三 入职禅	植 曾开三 入职禅	极 曾开三 入职群	兴~旺 曾开三 平蒸晓	兴高~ 曾开三 去证晓	应~当 曾开三 平蒸影	鹰 曾开三 平蒸影	应~付 曾开三 去证影	忆 曾开三 入职影	亿 曾开三 入职影	蝇 曾开三 平蒸以	翼 曾开三 入职以	国 曾合一 入德见	弘 曾合一 平登匣
华容	$tsʰən^{12}$	$tsʰən^{12}$	$tsʰɿ^{435}$	$tsʰɿ^{435}$	$tɕʰi^{435}$	$ɕin^{45}$	$ɕin^{213}$	in^{45}	in^{213}		i^{213}	i^{213}	in^{12}	i^{33}	kue^{435}	$xuŋ^{12}$
岳阳楼	$tsʰən^{13}$	$tsʰən^{13}$	$tsʰɿ^{45}$	$tsʰɿ^{45}$	$tɕʰi^{45}$	$ɕin^{34}$	$ɕin^{324}$	in^{324}	in^{34}		i^{324}	i^{324}	in^{13}	i^{45}	kue^{45}	$xuŋ^{13}$
临湘	$ɖʱən^{13}$	$ɖʱən^{13}$	$ɖʱɿ^{5}$	$ɖʱɿ^{5}$	$dʑʱi^{5}$	$ɕin^{33}$	$ɕin^{325}$	in^{325}	in^{33}		i^{325}	i^{325}	$sən^{13}$	i^{45}	$kɤ^{5}$	$xɤŋ^{13}$
岳阳县	$tsən^{13}$	$tsən^{13}$	$tsʰɿ^{3}$	$tsʰɿ^{3}$	$cʰi^{5}$	$ɕin^{33}$	$ɕin^{45}$	in^{33}	in^{33}		i^{45}	i^{45}	in^{13}	i^{5}	kue^{5}	$xɤŋ^{13}$
平江	$sən^{13}/tsʰən^{13}$	$tsʰən^{13}$	$tsʰɿ^{4}$	$tsʰɿ^{4}$	$kʰiʔ^{4}$	xin^{44}	xin^{45}	in^{45}	in^{44}	in^{42}	i^{45}	i^{45}	in^{13}	i^{45}	$kuɐ^{4}$	$fəŋ^{45}$
浏阳	$sən^{45}$	$sən^{45}$	$tsʰɿ^{44}$	$tsʰɿ^{44}$	$kʰi^{44}$	xin^{42}	xin^{44}	in^{42}	in^{44}		i^{21}	i^{21}	in^{45}	$ie^{42翘舌}/i^{42}$	kue^{44}	$fən^{45}$
醴陵	$tsʰəŋ^{13}$	$tsʰəŋ^{13}$	$tsʰɿ^{33}$	$tsʰɿ^{33}$	$kʰi^{33}$	$xiŋ^{44}$	$xiŋ^{22}$	$iŋ^{44}$	$iŋ^{44}$		i^{22}	i^{22}	$iŋ^{13}$	$ie^{435翘舌}/i^{22}$	kuo^{435}	$fəŋ^{13}$
茶陵	$tsʰɛ^{213}$	$tsʰɛ^{213}$	$tsʰɿ^{33}$	$tsʰɿ^{33}$	$tɕʰie^{33}$	$ɕɿ^{45}$	$ɕɿ^{33}$	$ɿ^{45}$	$ɿ^{45}$		$ɿ^{33}$	$ɿ^{33}$	$ɿ^{213}$	$e^{325翘舌}/i^{33}$	kue^{435}	$xɤŋ^{213}$
安仁	$ʃin^{24}$	$ʃin^{24}$	$sɿ^{13}$	$sɿ^{13}$	$tɕi^{213}$	$ʃin^{44}$	$ʃin^{322}$	in^{322}	in^{44}	in^{322}	i^{322}	i^{322}	$ʃin^{24}$	i^{322}	kue^{213}	$xɔn^{24}$
耒阳	$tʰæ^{25}$	$tʰæ^{25}$	$sɿ^{21}$	$sɿ^{21}$	$tɕi^{13}$	$ɕiæ^{45}$	$ɕiæ^{213}$	$iæ^{213}$	$iæ^{45}$		i^{13}	i^{13}	$ɕiæ^{25}$	i^{13}	kue^{13}	$xɤŋ^{25}$
常宁	$tɕʰiɛ^{21}$	$tɕʰiɛ^{21}$	$tsʰɿ^{21}$	$tsʰɿ^{21}$	$tʰie^{33}/tɕʰi^{33}$	$ɕie^{45}$	$ɕiɛ^{24}$	ie^{45}	ie^{45}	ie^{24}	i^{24}	i^{24}	cye^{21}	ie^{21}/i^{24}	kue^{33}	$xɔ̃^{21}$
永兴	$tsʰən^{22}$	$tsʰən^{22}$	$tsɿ^{22}$	$tsɿ^{22}$	$tɕʰɿ^{22}$	$ɕɿ^{45}$	$ɕɿ^{33}$	$n̩^{45}$	$n̩^{45}$	$n̩^{13}$	$n̩^{13}$	$n̩^{13}$	$n̩^{325}$	$n̩^{13}$	kue^{22}	$xɔŋ^{22}$
资兴	$tsʰəŋ^{22}$	$tsʰəŋ^{22}$	$sɿ^{13}$	$sɿ^{13}$	$tɕʰɿ^{13}$	$ɕiŋ^{44}$	$ɕiŋ^{35}$		$iŋ^{44}$	$eŋ^{35}～看$	i^{35}	i^{35}	$iŋ^{22}$	$ɿ^{13}$	kue^{13}	
隆回	$tɕʰie^{13}$	$tɕʰie^{13}$	$ʃɿ^{45}$	$ʃɿ^{45}$	$tɕʰi^{45}$	$ʃɛ^{44}$	$ʃɛ^{45}$	ie^{44}	ie^{44}	ie^{45}	i^{45}	i^{45}	$ʃuɛ^{13}$	$tɕiɛ^{13}$	$kuɛ^{13}$	$xɤŋ^{13}$
洞口	$tɕʰie^{24}$	$tɕʰie^{24}$	$tɕʰie^{45}$	$tɕʰie^{45}$	$tɕʰie^{45}$	$ʃe^{53}$	$ʃe^{53}$	ie^{45}	ie^{45}	$iɛ^{45}$	i^{45}	i^{45}	$ʃye^{24}$	i^{45}	$kuɛɑ^{325}$	$xuŋ^{24}$
绥宁	$tɕʰɿ^{45}$	$tɕʰɿ^{45}$	$tɕʰɿ^{42}$	$tɕʰɿ^{42}$	$tɕi^{324}$	$ʃɿ^{33}$	$ʃɿ^{33}$	$ɿ^{33}$	$ɿ^{33}$	$ɿ^{42}$	i^{42}	i^{42}	$ʃɿ^{45}$	i^{324}	kue^{33}	$xɤŋ^{33}$

	或 曾合一 入德匣	域 曾合三 入职云	百 梗开二 入陌帮	柏 梗开二 入陌帮	伯 梗开二 入陌帮	迫 梗开二 入陌帮	拍 梗开二 入陌滂	魄 梗开二 入陌滂	彭 梗开二 平庚並	白 梗开二 入陌並	盲 梗开二 平庚明	猛 梗开二 上梗明	孟 梗开二 去映明	打 梗开二 上梗端	冷 梗开二 上梗来
华容	xue⁴³⁵	y⁴³⁵	pe⁴³⁵	pe⁴³⁵	pe⁴³⁵	pʰe⁴³⁵	pʰe⁴³⁵	pʰe⁴³⁵	pʰun¹²	pʰe⁴³⁵	mʌŋ¹²	moŋ²¹	moŋ³³	ta²¹	ləŋ²¹
岳阳楼	xɔ⁴⁵	y⁴⁵	pɛ⁴⁵	pɛ⁴⁵	pɛ⁴⁵	pʰɛ⁴⁵	pʰɛ⁴⁵	pʰɛ⁴⁵	pʰən¹³	pʰɛ⁴⁵	maŋ¹³	muŋ³¹	muŋ²²	ta³¹	lən³¹
临湘	xɤ⁵	y⁵	pɤ⁵	pɤ⁵	pɤ⁵	bʰɤ⁵	bʰa⁵		bʰʌŋ¹³	bʰa⁵	moŋ¹³	mʌ̃ŋ⁴²	mʌ̃ŋ²¹	ta⁴²	lʌŋ⁴²
岳阳县	xɤ³	y⁵	pa⁵/pɤ⁵	pɤ⁵	paʔ⁵/pɤ⁵	pʰɤ⁵	pʰa⁵/pʰɤ⁵	pʰɤ⁵	pʌŋ¹³/pen¹³	pʰa³/pʰɤ³	mʌŋ¹³	mʌ̃ŋ⁴²	mʌ̃ŋ²¹	ta⁴²	liʌŋ⁴²
平江	foʔ⁴	yɐt⁴	peʔ⁴	peʔ⁴	paʔ⁴/peʔ⁴	pʰeʔ⁴	pʰuʔ⁴/pʰeʔ⁴	pʰeʔ⁴	pʰʌŋ¹³	pʰɤ⁴	moŋ¹³	mʌ̃ŋ²¹	mʌ̃ŋ²²	ta³²⁴	lɑŋ²¹/len²¹
浏阳	xo⁴²	y⁴²	pua⁴⁴	pe⁴⁴	pua⁴⁴	pʰo⁴⁴	pʰua⁴⁴	pʰau⁴²	pʰən⁴⁵	pʰua⁴²	moŋ⁴⁵	mən³²⁴	mən²¹	ta³²⁴	loŋ³²⁴
醴陵	fo⁴³⁵	yɛ⁴³⁵	pe⁴³⁵	pe⁴³⁵	pa⁴³⁵	pʰɛ⁴³⁵	pʰa⁴³⁵	pʰɛ⁴³⁵	pʰẽ¹³	pʰa⁴³⁵/pʰɛ⁴³⁵	moŋ¹³	mʌ̃ŋ³¹	mʌ̃ŋ²²	ta³¹	laŋ³¹/lɛ³¹
茶陵	xue³³	y³³	pe³³	pe³³	pe³³	pe³³	pʰa³³	pʰe³³	pʰẽ²¹³	pʰɔ³³/pʰe³³	moŋ²¹³	mʌ̃ŋ⁴²	mʌ̃ŋ³²⁵	ta⁴²	laŋ⁴⁵/lɛ⁴²
安仁	xuɛ²¹³	y¹³	pe²¹³	pe²¹³	pɛ²¹³	pʰɛ²¹³	pʰa²¹³	pʰɛ²¹³	pʰẽ²⁴	pʰa⁴⁴/pʰɤ²¹³	mõ²⁴	men⁵³	mʌ̃ŋ³²²	ta⁵³	lɔ³²²/lɪ⁵³
耒阳	xuɛ¹³	ye²¹³	pɛ¹³	pɛ¹³	pɛ¹³	pʰɛ¹³	pʰa¹³	pʰɛ¹³	pʰẽ²⁵	pʰa⁴⁵/pe¹³	mɔ̃²⁵	mʌ̃ŋ⁵³	mʌ̃ŋ²¹³	ta⁵³	lɔ⁵³
常宁	fe³³	y³³	pe³³	pe³³	pe³³	pʰe³³	pʰa³³/pʰe³³	pʰe³³	pʰẽ²¹	pʰa²¹/pʰe²¹	mɔ̃²¹	mõ⁴⁴	mõ²⁴	ta⁴⁴	lɔ⁴⁴/lɛ⁴⁴
永兴	xɔ²²	y¹³	pe²²	pe²²	pe²²	pʰe²²	pʰe²²	pʰe²²	pæ³²⁵	pe⁴⁵	maŋ³²⁵	moŋ⁴²	moŋ¹³	ta⁴²	læ⁴²
资兴	fæ¹³	iæ¹³	piæ¹³	piæ¹³	pai⁴⁴	pei¹³	pʰiæ¹³	pʰiæ¹³	peŋ²²	piæ⁴⁴	maŋ²²	moŋ³¹	moŋ³⁵	ta³¹	laŋ⁴⁴
隆回	xua³²⁵	u⁴⁵	pia⁴⁴	pia³²⁵	pia³²⁵	pʰia³²⁵	pʰa³²⁵	pʰia⁴⁵	pʰɤŋ¹³	pʰa⁴⁵/pʰia⁴⁵	moŋ¹³	mʌ̃ŋ²¹²	mʌ̃ŋ⁴⁵	ta²¹²	loŋ²¹²/lɛ²¹²
洞口	xuaɪ⁴⁵	ʮ⁴⁵	pia⁵³	pia⁵³	pia⁵³	pie⁵³	pʰa⁵³	pʰia⁵³	hẽ²⁴	pʰa⁴⁵/pʰia⁴⁵	maŋ²⁴	muŋ²¹³	muŋ⁵³	ta²¹³	lɛ²¹³
绥宁	fe³²⁴	ʮ⁴²	pe³³	pe³³	pe³³	pʰe⁴²	pʰA³³	pʰe⁴²	pʰẽ⁴⁵	pʰA⁴²/pʰe⁴²	maŋ⁴⁵	mʌ̃ŋ¹³	mʌ̃ŋ²²	tʌ¹³	laŋ²²/lɛ²²

	撑~开 梗开二 平庚彻	拆开 梗开二 入陌彻	泽 梗开二 入陌澄	择~菜 梗开二 入陌澄	窄 梗开二 入陌庄	生 梗开二 平庚生	牲 梗开二 平庚生	甥 梗开二 平庚生	省~长 梗开二 上梗生	省~事 梗开二 上梗生	更五~ 梗开二 平庚生	梗~米 梗开二 平庚生	庚 梗开二 平庚见	羹 梗开二 平庚见	硬骨~、~磋 梗开二 上梗见
华容	tsʰoŋ^{45}	tsʰe^{435}	tsʰe^{435}	tsʰe^{435}	tse^{435}	sɿ^{45}/saŋ^{45}	sen^{45}	sen^{45}	sen^{21}	sen^{21}	ken^{45}	kan^{45}	kan^{45}	ken^{45}	ken^{21}
岳阳楼	tsʰan^{34}	tsʰɛ^{45}	tsʰe^{45}	tsʰe^{45}	tse^{45}	san^{34}	sen^{34}	sen^{34}	san^{31}	san^{31}	kan^{34}	kan^{34}	ken^{34}	ken^{34}	ken^{31}
临湘	dʑʰʌŋ^{33}	dʑʰa^{5}	dʑʰe^{5}	dʑʰe^{5}	tse^{5}	saŋ^{33}/son^{33}	sen^{33}	son^{33}	son^{42}	saŋ^{42}/sen^{42}	ken^{33}	ken^{42}	ken^{33}	ken^{33}	kʌŋ^{42}/ken^{42}
岳阳县	tsʰʌŋ^{33}	tsʰa^{5}	tsʰø^{5}	tsʰø^{5}	tsø^{5}	sʌŋ^{33}/sen^{33}	sen^{33}	sen^{33}	sen^{42}	sʌŋ^{42}/sen^{42}	ken^{33}		ken^{33}	ken^{33}	kʌŋ^{42}
平江	tsʰoŋ^{44}	tsʰaʔ^{5}	tsʰeʔ^{5}	tsʰaʔ^{4}	tsa^{45}	saŋ^{44}/sen^{44}	sen^{44}	sen^{44}	sen^{324}	saŋ^{324}	ken^{44}	kaŋ^{44}	ken^{44}	kaŋ^{44}/ken^{44}	kaŋ^{324}
浏阳	tsʰoŋ^{44}	tsʰua^{44}	tsʰie^{42}	tsʰua^{42}	tsie^{44}	soŋ^{44}/si^{44}	soŋ^{44}/sẽ^{44}	soŋ^{44}/sẽ^{44}	si^{324}	soŋ^{324}	kɿ^{44}	kɿ^{44}	kɿ^{44}	koŋ^{44}	kɿ^{324}
醴陵	tsʰaŋ^{44}	tsʰaʔ^{435}	tsʰeʔ^{435}	tsʰeʔ^{435}	tsa^{435}	saŋ^{45}/sẽ^{45}	suaŋ^{53}/sẽ^{53}	suaŋ^{53}/sẽ^{53}	saŋ^{31}	saŋ^{31}	kẽ^{44}	kẽ^{44}	kẽ^{44}	kẽ^{44}	kɿ^{324}
茶陵	tsʰaŋ^{33}	tsʰɔ^{33}/tsʰe^{33}	tsʰe^{33}	tsʰe^{33}	tsa^{33}	saŋ^{45}/sẽ^{45}	sẽ^{45}	sẽ^{45}	sẽ^{42}	sẽ^{42}	kẽ^{45}	kẽ^{45}	kẽ^{45}	kẽ^{45}	kʌŋ^{53}
安仁	tsʰõ^{44}	tsʰɔ^{213}/tsʰe^{213}	tsʰe^{213}	tsʰe^{213}	tsɔ^{213}/tsɛ^{213}	sɔ^{44}/sɿ^{44}	sɿ^{44}	sɿ^{44}	sɿ^{53}	sɿ^{53}	kɿ^{44}	kɿ^{53}	kɿ^{44}	kɿ^{44}	kɿ^{53}
耒阳	tsʰɔ^{45}	tsʰa^{13}/tsʰæ^{13}	tsʰe^{13}	tsʰe^{13}	tse^{13}	sɔ^{45}/sẽ^{45}	sẽ^{45}	sẽ^{45}	sẽ^{53}	sẽ^{53}	kẽ^{45}	tɕie^{45}		kẽ^{45}	kẽ^{53}
常宁	tsʰẽ^{24}	tsʰa^{33}/tsʰe^{33}	tsʰe^{33}	tsʰe^{33}	tsie^{33}	saŋ^{45}/sẽ^{45}	sẽ^{45}	sẽ^{44}	sẽ^{55}	sẽ^{44}	kẽ^{45}	kẽ^{45}	kẽ^{45}	kẽ^{45}	kẽ^{44}
永兴	tsʰæ^{45}	tsʰe^{22}	tse^{22}	tse^{22}	tsa^{33}	sæ^{45}/sen^{45}	sen^{45}	sæ^{45}	sen^{42}	sen^{42}	kẽ^{45}	kẽ^{45}	ken^{45}	ken^{45}	ke^{44}
资兴	tsʰeŋ^{44}	tɕʰiæ^{13}	tɕʰiæ^{13}	tɕʰiæ^{13}	tsɛ^{13}	saŋ^{44}/seŋ^{44}	soŋ^{44}/sẽ^{44}	soŋ^{44}/sẽ^{44}	seŋ^{31}	soŋ^{212}/sẽ^{212}	keŋ^{44}	tɕiŋ^{44}	keŋ^{44}	kaŋ^{44}/keŋ^{44}	kʌŋ^{324}
隆回	tsʰẽ^{44}	tsʰa^{44}	tsʰia^{325}	tsʰia^{325}	tsie^{45}	soŋ^{44}/sẽ^{44}	soŋ^{44}/sẽ^{44}	soŋ^{212}/sẽ^{212}	sẽ^{212}	soŋ^{212}/sẽ^{212}	kẽ^{44}	kẽ^{44}	kẽ^{44}	kẽ^{44}	kẽ^{212}
洞口		tsʰa^{53}	tsʰie^{45}	tsʰie^{45}	tsie^{45}		sẽ^{53}	sẽ^{53}	sẽ^{213}	sẽ^{213}	kẽ^{53}	kẽ^{44}	kẽ^{53}	kẽ^{53}	kẽ^{213}
绥宁	tsʰɑŋ^{42}	tsʰʌ^{13}	tsʰe^{324}	tsʰʌ^{42}/tsʰẽ^{324}		sɑŋ^{33}/sẽ^{33}	sɑŋ^{33}/sẽ^{33}	sẽ^{13}	sẽ^{13}	sẽ^{42}/sen^{42}	kẽ^{33}	tʃie^{33}	kẽ^{33}	kẽ^{33}	

地点	梗	更~加	格	坑	客	硬	额	行~为	衡	杏	擘 用手~开	麦	脉	摘	橙~子
	梗开二 上梗见	梗开二 去映见	梗开二 入陌见	梗开二 平庚溪	梗开二 入陌溪	梗开二 去映疑	梗开二 入陌疑	梗开二 平庚匣	梗开二 平庚匣	梗开二 上梗匣	梗开二 入麦帮	梗开二 入麦明	梗开二 入麦明	梗开二 入麦知	梗开二 平耕澄
华容	kɐn^{21}	kɐn^{213}	ke^{435}	kʰɐn^{45}	kʰe^{435}	ŋɐn^{33}	ŋe^{435}	ɕin^{12}	xɐn^{12}	ɕin^{33}	mie^{435}	me^{435}	me^{435}	tse^{435}	tsʰɐn^{12}
岳阳楼	kɐn^{31}	kɐn^{324}	ke^{45}	kʰɐn^{34}	kʰe^{45}	ŋɐn^{22}	ŋe^{45}	ɕin^{13}	xɐn^{13}	ɕin^{22}		me^{45}	me^{45}	tsɛ^{45}	tsʰɐn^{13}
临湘	kuaŋ^{42}	ken^{325}	ke^{5}	gʱʌŋ^{33}	gʱa^{5}/kʰe^{5}	ŋʌŋ^{21}/ŋen^{21}	ŋa^{5}	ɕin^{13}	xen^{13}	ɕyn^{21}	mi^{5}	ma^{5}	me^{5}	tsa^{5}	dzʱʌŋ^{13}
岳阳县	kuaŋ^{42}/kuaŋ^{45}	ken^{45}	ke^{5}	kʰʌŋ^{33}	kʰa^{5}/kʰe^{5}	ŋen^{21}	ŋa^{3}	ɕin^{13}	xen^{13}	ɕin^{21}	mi^{3}	maʔ^{3}/mɔ^{3}	mɔ^{5}	tsa^{5}/tsɔ^{5}	tsɐn^{13}
平江	kuaŋ^{324}	ken^{45}	keʔ^{4}		xaʔ^{4}	ŋuaŋ^{22}	ŋaʔ^{4}	xin^{13}	xɿ^{45}	xin^{22}	mieʔ^{4}	mɑʔ^{4}/meʔ^{4}	meʔ^{4}	tsaʔ^{4}/tseʔ^{4}	
浏阳	koŋ^{324}	kɿ^{42}	kiɛ^{44}/kɛ^{44}		kʰɐ^{435}/kʰe^{435}	ŋoŋ^{21}	ŋua^{42}	xiŋ^{13}	xɛ̃^{13}	xiŋ^{21}	mie^{44}	mie^{42}	mie^{42}	tsua^{44}	tsʰɛ̃^{45}
醴陵	kuaŋ^{31}	kɛ̃^{22}	ke^{435}	kʰaŋ^{44}	kʰɔ^{33}/kʰe^{33}	ŋaŋ^{22}	ŋa^{435}	ɕiɐ^{25}	xɛ̃^{213}	xiŋ^{22}	mie^{435}	me^{435}	me^{435}	tsa^{435}	tsʰɐŋ^{13}
茶陵	kaŋ^{42}	kɛ̃^{33}	ke^{33}	kʰoŋ^{44}	kʰe^{22}	ŋɛ̃^{225}	ŋe^{33}	ɕiɛ^{21}	xɿ^{24}	ɕɿ^{33}	mie^{33}	me^{33}	me^{33}	tse^{33}	tsʰɛ^{213}
安仁	kɔ̃^{53}	kɿ^{322}	ke^{213}	kʰo^{44}	kʰɐ^{213}/kʰe^{213}	ɔ̃^{322}/ɿ^{322}	ŋɔ^{213}	ɕɿ^{213}	xɛ̃^{25}	xɿ^{322}	mie^{213}	me^{213}	me^{213}	tsɑ^{213}	
耒阳	kɔ̃^{53}	kɛ̃^{213}	ke^{13}	kʰɔ^{45}	kʰe^{13}	ŋɛ^{213}	ŋa^{45}/ŋe^{13}	xɿ^{24}	xɛ̃^{21}	xɿ^{24}	me^{45}	me^{45}	me^{45}	tsa^{13}	
常宁	kɔ̃^{44}	kɛ̃^{24}	ke^{33}	kʰɔ^{45}	kʰa^{33}/kʰe^{33}	n̩^{13}	ŋa^{24}/ŋe^{33}	sen^{22}	xen^{325}	ɕiɐ^{213}	me^{33}	me^{33}	me^{33}	tsa^{33}/tsɛ^{33}	
永兴	kæ^{42}		ke^{22}	kʰen^{45}	kʰe^{22}	ŋaŋ^{35}	ɛ^{22}	ɕiŋ^{22}	xɛŋ^{22}	ɕiɛ^{24}	mie^{22}	me^{45}	me^{45}	tsɛ^{22}	
资兴	kuaŋ^{31}	keŋ^{35}	kæ^{13}	kʰaŋ^{44}	kʰæ^{13}	oŋ^{45}/ɛ^{45}	ŋɛ^{13}	ʃɛ̃^{13}	xɛ̃^{13}	ɕi^{13}/sen^{13}	mie^{13}	mie^{13}	mie^{13}	tso^{13}	
隆回	kẽ^{213}	kɛ̃^{45}	kiɛa^{325}	kʰɔŋ^{44}	kʰɐ^{44}/kʰiɛa^{325}	aŋ^{53}/ɛ̃^{53}	aŋ^{44}/aŋ^{325}	ʃɛ̃^{13}	xɛ̃^{24}	ɕin^{35}		mɑ^{45}/miɑ^{45}	miɑ^{44}	tsɑ^{44}	ʈʰæ^{25}
洞口	kẽ^{13}	kɛ̃^{45}	ka^{53}/kea^{53}	kʰuŋ^{53}/kʰẽ^{53}	kʰa^{53}/kʰẽ^{53}	ŋaŋ^{44}/ŋɛ̃^{44}	ã^{53}/ɛa^{45}	ʃɿ^{24}	xɛ̃^{45}	xɛ̃^{45}	mie^{53}	mɑ^{45}/miɑ^{45}	miɑ^{53}	tsa^{53}	
绥宁	kẽ^{13}	kɛ̃^{42}	ke^{33}	kʰaŋ^{33}	kʰa^{33}/kʰe^{33}		ŋʌ^{33}/ŋie^{324}	ʃɿ^{45}		ʃɿ^{42}/xɛ^{42}	me^{33}	me^{42}	me^{33}	tsʌ^{33}	tʃʰ̍^{45}

	争 梗开二 平耕庄	筝 梗开二 平耕庄	睁 梗开二 平耕庄	责 梗开二 入麦庄	策 梗开二 入麦初	册 梗开二 入麦初	耕 梗开二 平耕见	耿 梗开二 上耿见	革 梗开二 入麦见	隔 梗开二 入麦见	莘 梗开二 上耿匣	核~儿 梗开二 入麦匣	莺~ 梗开二 平耕影	鹦~鹉 梗开二 平耕影	樱~桃 梗开二 平耕影
华容	tsɿ⁴⁵/tsən⁴⁵	tsən⁴⁵	tsən⁴⁵	tse⁴³⁵	tsʰe⁴³⁵	tsʰe⁴³⁵	kən⁴⁵	kən²¹	ke⁴³⁵	ke⁴⁵	ɕin³³	xe⁴³⁵	in⁴⁵	in⁴⁵	in⁴⁵
岳阳楼	tsən³⁴	tsən³⁴	tsən³⁴	tse⁴⁵	tsʰe⁴⁵	tsʰe⁴⁵	kən³⁴	kən³¹	ke⁴⁵	ke⁴⁵	ɕin²²	xe⁴⁵	in³⁴	in³⁴	in³⁴
临湘	tsʌŋ³³/tsən³³	tsən³³	tsʌŋ³³/tsøn³³	tsø⁵	dʑʰø⁵	dʑʰø⁵	kən³³	ken⁴²	ke⁵	ka⁵/ke⁵	ɕyn²¹	xe⁵	in³³	in³³	in³³
岳阳县	tsʌŋ³³/tsøn³³	tsøn³³	tsʌŋ³³/tsøn³³	tsø⁵	tsʰø⁵	tsʰø⁵	ken³³	ken⁴²	ke⁵	ka⁵/ke⁵	ɕin²¹	xeʔ⁴	in³³	in³³	in³³
平江	tsʌŋ⁴⁴/tsen⁴⁴	tsen⁴⁴	tsen⁴⁴	tseʔ⁴	tsʰeʔ⁴	tsʰeʔ⁴	ken⁴⁴	ken³²⁴	keʔ⁴	kaʔ⁴/keʔ⁴	ɕɿ²²⁵	xeʔ⁴	ɿ⁴⁵	iɛ̃⁴⁵	in⁴⁴
浏阳	tsɔ⁴⁴/tsɿ⁴⁴	tsɿ⁴⁴	tsɿ⁴⁴	tsie⁴⁴	tsʰie⁴⁴	tsʰie⁴⁴	kɿ⁴⁴	kɿ³²⁴	kie⁴⁴/ke⁴⁴	kie⁴⁴	ʃin³²²	xeʔ⁴	in⁴⁴	in⁴⁴	in⁴⁴
醴陵	tsaŋ⁴⁴/tse⁴⁴	tse⁴⁴	tse⁴⁴	tse⁴³⁵	tsʰe⁴³⁵	tsʰe⁴³⁵	ke⁴⁴	ke³¹	ke⁴³⁵	ka⁴³⁵/ke⁴³⁵	ɕiɛ̃²¹³	xe⁴³⁵	iɛ̃⁴⁴	iɛ̃⁴⁴	iɛ̃⁴⁴
茶陵	tsaŋ⁴⁵/tse⁴⁵	tse⁴⁵	tsẽ⁴⁵	tse³³	tsʰe³³	tsʰe³³	ke⁴⁵	ke⁴²	ke³³	ko³³/ke³³	ɕɿ²²⁵	xe³³	ɿ⁴⁵	iɛ̃⁴⁵	iɛ̃⁴⁵
安仁	tsɔ⁴⁴/tsɿ⁴⁴	tsɿ⁴⁴	tsɿ⁴⁴	tse²¹³	tsʰe²¹³	tsʰe²¹³	kɿ⁴⁴	kɿ⁵³	ke²¹³	ka²¹³	ʃin³²²	xe³³	in⁴⁴	in⁴⁴	in⁴⁴
耒阳	tsɔ⁴⁵/tse⁴⁵	tse⁴⁵	tse⁴⁵	tse¹³	tsʰe¹³	tsʰe¹³	ke⁴⁵	ke⁵³	ke¹³	ke¹³	ɕiɛ̃²¹³		iɛ⁴⁵	iɛ⁴⁵	iɛ⁴⁵
常宁	tsɿ⁴⁵/tsen⁴⁵	tsen⁴⁵	tsẽ⁴⁵	tse²²	tsʰe²²	tsʰe²²	ken⁴⁵	ken⁴²	ke³³	ka³³/ke³³	ɕie²⁴	xe²²	ie⁴⁵	ie⁴⁵	ie⁴⁵
永兴	tsaŋ⁴⁴	tsaŋ⁴⁴	tsen⁴⁵	tse¹³	tsʰe²²	tɕʰie¹³	ken⁴⁵	ken⁴²	ke²²	ke²²	sen¹³	xe²²	ɲ⁴⁵	ɲ⁴⁵	ɲ⁴⁵
资兴	tsaŋ⁴⁴	tsaŋ⁴⁴		tse¹³	tsʰe¹³	tɕʰie¹³	keŋ⁴⁴	keŋ³¹	ka¹³	ka¹³	ɕiŋ³⁵	xe¹³	iŋ⁴⁴	iŋ⁴⁴	iŋ⁴⁴
隆回	tsoŋ⁴⁴/tsẽ⁴⁴	tsẽ⁴⁴	tsẽ⁴⁴	tsia³²⁵	tsʰia³²⁵	tɕʰiɛ¹³	kẽ⁴⁴	kẽ²¹²	kieɑ³²⁵	kieɑ⁴⁴/kieɑ³²⁵	ʃẽ⁴⁵	xieɑ³²⁵	iɛ̃⁴⁵	iɛ̃⁴⁵	iɛ̃⁴⁵
洞口	tsuaŋ⁵³/tsẽ⁵³	tsẽ⁵³		tsia⁴⁵	tsʰia⁴⁵	tsʰia⁵³	kẽ⁵³	kẽ²¹³	keɑ⁴⁵	ka⁵³/keɑ⁵³	ʃe⁴⁵	xieɑ⁵³	iɛ̃⁵³	iɛ̃⁵³	iɛ̃⁵³
绥宁	tsaŋ³³/tsẽ³³	tsẽ³³	tsẽ³³	tse³²⁴	tsʰe³²⁴	tsʰe³³	kẽ³³	kẽ¹³	ke³²⁴	ke³³	ʃɿ⁴²	xe³²⁴	ɿ³³	ɿ³³	ɿ³³

地点	额 梗开二 入麦影	兵 梗开三 平庚帮	丙 梗开三 上梗帮	秉 梗开三 上梗帮	柄 梗开三 去映帮	平 梗开三 平庚並	评 梗开三 平庚並	坪 梗开三 平庚並	病 梗开三 去映並	鸣 梗开三 平庚明	明 梗开三 平庚明	盟 梗开三 平庚明	命 梗开三 去映明	京 梗开三 平庚见	荆 梗开三 平庚见
华容	$kɛ^{435}$	pin^{45}	pin^{21}	pin^{21}		$pʰin^{12}$	$pʰin^{12}$	$pʰin^{12}$	$pʰin^{33}$	min^{12}	min^{12}	min^{12}	min^{33}	$tɕin^{45}$	$tɕin^{45}$
岳阳楼	$ŋɛ^{45}$	pin^{34}	pin^{31}	pin^{31}	pin^{31}	$pʰin^{13}$	$pʰin^{13}$	$pʰin^{13}$	$pʰin^{22}$	min^{13}	min^{13}	$muŋ^{13}$	min^{22}	$tɕin^{34}$	$tɕin^{34}$
临湘	$ŋa^{13}$	pin^{33}	pin^{42}	pin^{42}	pin^{42}	$bʰiʌŋ^{13}/bʰin^{13}$	$bʰin^{13}$	$bʰiʌŋ^{13}$	$bʰiʌŋ^{21}$	min^{13}	$miʌŋ^{13}/min^{13}$	man^{13}	$miʌŋ^{21}$	$tɕin^{33}$	$tɕin^{33}$
岳阳县	$ŋa^{13}$	pin^{33}	pin^{42}	pin^{42}	pin^{42}	$piʌŋ^{13}/pin^{13}$	pin^{13}	$piʌŋ^{13}$	$piʌŋ^{21}$	min^{3}	$miʌŋ^{13}$		$miʌŋ^{21}/min^{21}$	cin^{33}	cin^{33}
平江	$ŋɑʔ^{4}$	pin^{44}	pin^{324}	pin^{324}		$pʰiɑŋ^{13}/pʰin^{13}$	$pʰin^{13}$	$pʰiɑŋ^{13}$	$pʰiɑŋ^{22}/pʰin^{22}$	min^{13}	$miɑŋ^{13}/min^{22}$	$mien^{13}$	$miɔŋ^{13}/min^{22}$	kin^{44}	kin^{44}
浏阳		pin^{44}	pin^{324}	pin^{324}	pin^{324}	$pʰiã^{45}/pʰin^{45}$	$pʰin^{45}$	$pʰiã^{45}$	$pʰiã^{22}$	min^{45}	$miã^{45}/min^{45}$	man^{45}	mia^{21}/min^{21}	kin^{44}	kin^{44}
醴陵	$ŋa^{435}$	$piŋ^{44}$	$piŋ^{31}$	$piŋ^{31}$		$pʰiaŋ^{13}/pʰiŋ^{13}$	$pʰiŋ^{13}$	$pʰiaŋ^{13}$	$pʰiaŋ^{22}$	$miŋ^{13}$	$miaŋ^{13}/miŋ^{13}$	$miŋ^{13}$	$miaŋ^{22}$	kin^{44}	kin^{44}
茶陵	$ŋe^{33}$	$pɿ^{55}$	$pɿ^{42}$	$pɿ^{42}$	$pɿ^{42}$	$pʰiaŋ^{213}/pʰɿ^{213}$	$pʰɿ^{42}$	$pʰiaŋ^{42}$	$pʰiaŋ^{325}/pʰe̞^{325}$	$mɿ^{213}$	$mɿ^{213}/mɿ^{213}$	$mie̞^{213}$	$miaŋ^{325}/mɿ^{325}$	$tɕɿ^{45}$	$tɕɿ^{45}$
安仁	$ŋɑ^{44}/ŋe^{213}$	pin^{44}	pin^{53}	pin^{53}	pin^{53}	$pioʔ^{24}/pin^{24}$	pin^{24}	pio^{24}	$pʰiɔ^{322}/pʰin^{322}$	min^{24}	min^{24}		$miɔ^{322}/min^{322}$	$tʃin^{44}$	$tʃin^{44}$
耒阳	$ŋa^{45}$	$piɛ̃^{45}$	$piɛ̃^{53}$	$piɛ̃^{53}$	$piɛ̃^{53}$	$pʰɿɔ̃^{25}/pʰiɛ̃^{25}$	$pʰiɛ̃^{25}$	$pʰɿɔ̃^{25}$	$pʰɿɔ^{213}$	$miɛ̃^{25}$	$miɛ̃^{25}$		$miɔ^{213}$	$ȵiɛ̃^{45}$	$ȵiɛ̃^{45}$
常宁	$ŋa^{33}/ŋe^{33}$	$pe̞^{44}$	$pe̞^{44}$	$pe̞^{44}$	$pe̞^{44}$	$pʰɿɔ̃^{24}/pʰe̞^{24}$	$pʰe̞^{21}$	$pʰɿɔ̃^{24}/pʰe̞^{21}$	$pʰɿɔ^{24}/pʰe̞^{24}$	$me̞^{21}$	$mɿã^{21}/me̞^{21}$	$me̞^{21}$	$miɔ^{24}/me̞^{24}$	$ȵe̞^{45}$	$ȵe̞^{45}$
永兴	ua^{45}	pen^{45}	pen^{42}	pen^{42}	pen^{42}	pen^{325}	pen^{325}	$pen^{325}/pʰen^{22}$	pen^{13}	men^{22}	men^{325}		men^{13}	$tɕin^{45}$	$tɕin^{45}$
资兴		$piŋ^{44}$	$piŋ^{31}$	$piŋ^{31}$		$pʰeŋ^{22}/pʰiŋ^{22}$	$pʰiŋ^{22}$	$pʰeŋ^{22}$	$peŋ^{35}$	$miŋ^{22}$	$mei^{22}/miŋ^{22}$		$meŋ^{35}$	$tɕin^{44}$	
隆回	$ɑ̃^{44}$	$pɛ̃^{44}$	$pe̞^{212}$	$pɛ^{212}$	$pɛ^{212}$	$pʰiaŋ^{13}/pʰe̞^{13}$	$pʰe̞^{13}$	$pʰiaŋ^{13}$	$pʰiaŋ^{45}$	$me̞^{13}$	$miaŋ^{13}/me̞^{13}$	$me̞^{13}$	$miaŋ^{45}/me̞^{25}$	$tʃe̞^{44}$	$tʃe̞^{44}$
洞口	a^{53}	$pe̞^{53}$	$pe̞^{213}$			$pʰiɑŋ^{24}/he̞^{24}$	$he̞^{24}$	$pʰiɑŋ^{24}$	$pʰiɑŋ^{53}$	$me̞^{24}$	$liɑŋ^{24}$		$miaŋ^{53}$	$tʃe̞^{53}$	$tʃe̞^{53}$
绥宁	A^{324}	$pɿ^{33}$	$pɿ^{13}$	$pɿ^{13}$		$pʰiɑŋ^{45}/pɿ^{45}$	$pʰɿ^{45}$	$pʰiɑŋ^{45}$	$pʰiɑŋ^{44}$	$mɿ^{45}$	$ma^{45}/mɿ^{45}$		$miaŋ^{44}/mɿ^{44}$	$tʃɿ^{33}$	$tʃɿ^{33}$

	惊 梗开三 平庚见	境 梗开三 上梗见	景 梗开三 上梗见	警 梗开三 上梗见	敬 梗开三 去映见	竟 梗开三 去映见	镜 梗开三 去映见	卿 梗开三 平庚溪	庆 梗开三 去映溪	鲸 梗开三 平庚群	剧波～ 梗开三 入陌群	屐木～ 梗开三 入陌群	迎 梗开三 平庚疑	逆～风 梗开三 入陌疑	英 梗开三 平庚影
华容	tɕin^{44}	tɕin^{21}	tɕin^{21}	tɕin^{21}	tɕin^{213}	tɕin^{213}	tɕin^{213}	tɕʰin^{45}	tɕʰin^{213}	tɕin^{45}	tɕy^{45}	tɕi^{435}	lin^{12}	li^{435}	in^{45}
岳阳楼	tɕin^{34}	tɕin^{31}	tɕin^{31}	tɕin^{31}	tɕin^{324}	tɕin^{324}	tɕin^{324}	tɕʰin^{34}	tɕʰin^{324}	tɕin^{34}	tɕy^{324}	tɕi^{45}	in^{13}	nɿ^{45}	in^{34}
临湘	tɕin^{33}	tɕin^{42}	tɕin^{42}	tɕin^{42}	tɕin^{325}	tɕin^{325}	tɕiʌŋ^{325}	dʑʰin^{33}	dʑʰin^{325}	dʑʰin^{13}	tɕy^{325}	tɕi^{33}	in^{13}		in^{33}
岳阳县	cin^{33}	cin^{42}	cin^{42}	cin^{42}	cin^{45}	cin^{45}	cin^{45}	cʰin^{33}	cʰin^{45}	cin^{33}	cy^{45}	ci^{33}	in^{13}	ɲi^{5}	in^{33}
平江	kin^{44}	kin^{45}	kin^{324}	kin^{324}	kin^{45}		kiaŋ^{45}/kin^{45}	kʰin^{44}	kʰiaŋ^{45}/kʰin^{45}	kʰin^{13}/kin^{44}	ki^{74}	ki^{44}	in^{13}	ɲi^{74}	in^{44}
浏阳	kiɑ^{44}/kin^{44}	kin^{42}	kin^{324}	kin^{324}	kin^{42}	kin^{42}	kia^{42}	kʰin^{44}	kʰin^{42}	kin^{44}	ki^{74}	ki^{42}	in^{45}	ɲi^{44}	in^{44}
醴陵	kiaŋ^{44}	kiŋ^{22}	kiŋ^{31}	kiŋ^{31}	kiŋ^{22}	kiŋ^{22}	kiaŋ^{22}	kʰiŋ^{44}	kʰiŋ^{22}	kiŋ^{44}	kie^{435}	ki^{42}	ŋiŋ^{13}	ŋi^{435}	iŋ^{44}
茶陵	tɕi^{45}	tɕi^{42}	tɕi^{42}	tɕi^{42}	tɕi^{213}		tɕiaŋ^{33}/tɕi^{23}		tɕʰi^{325}	tɕi^{45}	tɕy^{33}	ci^{33}	nɑ^{213}	nɑie^{33}	ɿ^{45}
安仁	tʃin^{44}	tʃin^{53}	tʃin^{53}	tʃin^{53}	tʃin^{322}	tʃin^{322}	tʃiõ^{322}	tʃʰin^{44}	tʃʰin^{322}	tʃin^{44}	tʃy^{322}	tʃʰɑ^{44}/tʃi^{44}	n̩^{24}	ie^{213}	in^{44}
耒阳	tɕæ^{45}	tɕæ^{53}	tɕæ^{53}	tɕæ^{55}	tɕæ^{213}	tɕæ^{213}	tɕæ^{213}	tʰæ^{45}	tʰæ^{213}	tɕæ^{45}	tɕu^{13}	tʰa^{13}	iæ^{25}	i^{13}	iæ^{45}
常宁	tɕe^{45}	tɕe^{24}	tɕe^{24}	tɕe^{44}	tɕe^{24}	tɕe^{24}	tɕe^{24}	tʰe^{45}	tʰe^{24}	tʰue^{21}	tɕy^{24}	tʰa^{21}	ie^{21}	nɑie^{33}	iæ^{45}
永兴	tɕin^{45}	tɕin^{42}	tɕin^{42}	tɕin^{42}	tɕin^{13}	tɕin^{13}	tɕin^{13}	tɕʰin^{44}	tɕʰin^{13}	tɕin^{45}	tɕy^{13}	tɕɿ^{22}	n̩^{325}	ɿ^{22}	in^{45}
资兴	tɕin^{44}	tɕiŋ^{35}	tɕiŋ^{31}	tɕiŋ^{31}	tɕiŋ^{35}	tɕiŋ^{35}	tɕiŋ^{35}	tɕʰiŋ^{44}	tɕʰiŋ^{35}	tɕin^{44}	tɕy^{35}	tɕʰa^{45}/tɕʰa^{325}	lin^{22}	li^{13}	iŋ^{44}
隆回	tʃe^{44}	tʃe^{212}	tʃe^{212}	tʃe^{212}	tʃe^{45}	tʃe^{45}	tʃe^{45}	tʃʰe^{24}	tʃʰe^{45}	tʃe^{24}	tʃu^{45}	tʃʰa^{44}/tʃi^{44}	ie^{13}	n̩^{325}	iæ^{44}
洞口	tʃe^{53}	tʃe^{213}	tʃe^{213}	tʃe^{213}	tʃe^{45}	tʃe^{45}	tʃe^{45}	tʃʰe^{53}	tʃʰe^{44}	tʃe^{53}	tʃu^{45}		ie^{24}	a^{45}/n̩^{45}	iæ^{53}
绥宁	tʃi^{33}	tʃi^{13}	tʃi^{13}	tʃi^{13}	tʃi^{42}	tʃi^{13}	tʃi^{42}	tʃʰi^{33}	tʃʰi^{44}	tʃi^{33}	tʃu^{42}	tʃi^{33}	ɿ^{45}	n̩^{324}	ɿ^{33}

	影 梗开三 上梗影	映 梗开三 去映影	饼 梗开三 上静帮	并 梗开三 去劲帮	辟 梗开三 入昔並	名 梗开三 平清明	领 梗开三 上静来	岭 梗开三 上静来	令 梗开三 去劲来	精 梗开三 平清精	晶 梗开三 平清精	睛 眼~ 梗开三 平清精	井 梗开三 上静精	积 梗开三 入昔精	迹 梗开三 入昔精
华容	in²¹	in²¹³	pin²¹	pin²¹³	pʰi⁴³⁵	min¹²	lin²¹	lin²¹	lin³³	tɕin⁴⁵	tɕin⁴⁵	tɕin⁴⁵	tɕin²¹	tɕi⁴³⁵	tɕi⁴³⁵
岳阳楼	in³¹	in³²⁴	pin³¹	pin³¹	pʰi⁴⁵	min¹³	lin³¹	lin³¹	lin²²	tɕin³⁴	tɕin³⁴	tɕin³⁴	tɕin³¹	tɕi⁴⁵	tɕi⁴⁵
临湘	iʌŋ⁴²		piʌŋ⁴²	pin³²⁵	bʰi⁵	miʌŋ⁴²	dʰiʌŋ⁴²	dʰiʌŋ⁴²	dʰin²¹	tɕiʌŋ³³/tɕin³³	tɕin³³	tɕiɔŋ³³	tɕiʌŋ⁴²	tɕi⁵	tɕia⁵
岳阳县	iʌŋ⁴²/in⁴²	iʌŋ⁴⁵	piʌŋ⁴²	pin⁴⁵	pʰi⁵	miʌŋ¹³/min¹³	liʌŋ⁴²/lin⁴²	liʌŋ⁴²	lin²¹	ciʌŋ³³/cin³³	cin³³	ciʌŋ³³	clʌŋ⁴²	ci⁵	ci⁵
平江	iɑŋ³²⁴/in³²⁴	in³²²	piɔŋ³²⁴/pin³²⁴	pin⁴⁵	pʰi⁴	miɔŋ²⁴/min²⁴	liɔŋ²¹/lin²¹	liɔŋ²¹	tʰin²¹	tsiɔŋ⁴⁴/tsin⁴⁴	tsin⁴⁴	tsiɔŋ⁴⁴/tsin⁴⁴	tsiɔ̃³²⁴/tsin³²⁴	tsiʔ⁴	tsiʔ⁴
浏阳	iɔ³²⁴/in³²⁴	in⁴²	pia³²⁴	pin⁴²	pi⁴⁴	miɑ⁴⁵	tiɑ³²⁴/tin³²⁴	tiɑ³²⁴	tin²¹	tsiɑ̃⁴⁴/tsin⁴⁴	tsin⁴⁴	tsiɑ̃⁴²	tsiɑ̃³²⁴	tsi⁴⁴	tsia⁴⁴/tsi⁴²
醴陵	iʌŋ³¹/in³¹	iŋ²²	piaŋ³¹	pẽ²⁴	pʰi⁴³⁵	miaŋ¹³	liaŋ³¹/liʔ³¹	liaŋ³¹	liŋ²²	tsiaŋ⁴⁴/tsin⁴⁴	tsin⁴⁴	tsiaŋ⁴⁴/tsin⁴⁴	tsiaŋ³¹	tsi⁴³⁵	tsi⁴³⁵
茶陵	ŋɔŋ⁴²/n̩⁴²	n̩⁴²	piaŋ⁴²/pn̩⁴²	pen¹³	pʰn̩³²⁵	miaŋ²¹³/mn̩²¹³	n̩⁴²	liaŋ⁴⁵/ln̩	ln̩³²⁵	tɕn̩⁴⁵	tɕn̩⁴⁵	tɕn̩⁴⁵	tɕn̩⁴²	tɕn̩³³	tɕn̩³³
安仁	ɔ⁵³/n̩⁵³	in³²²	piɔ³²²	pin³²²	pi²¹³	miɔ²⁴/min²⁴	lin⁵³	liɔ³²²	lin³²²	tsiɔ⁴⁴/tsin⁴⁴	tsin⁴⁴	tsin⁴⁴	tsiɔ⁵³	tsi²¹³	tsi²¹³
耒阳	iɔ⁵³/iɛ̃⁵³	iɛ̃²¹³	piɔ⁵³/piɛ̃⁵³	piɛ̃²¹³	pʰi¹³	miɔ²⁵/miɛ̃²⁵	liɔ⁵³/liɛ̃⁵³	liɔ⁵³/liɛ̃⁵³	liɛ̃²¹³	tɕiɔ⁴⁵/tɕiɛ̃⁴⁵	tɕiɛ̃⁴⁵	tɕiɛ̃⁴⁵	tɕiɔ⁵³	tɕi¹³	tɕi¹³
常宁	iɔ̃²⁴/iɛ̃⁴⁴	iɛ̃²⁴	pɛ̃²⁴⁴	pɛ̃²⁴	pʰi²⁴	miɔ̃²¹/mẽ²¹	liɔ̃⁴⁴/lẽ⁴⁴	liɔ̃⁴⁴/lẽ⁴⁴	lẽ²⁴	tɕiɔ̃⁴⁵/tsẽ⁴⁵	tsẽ⁴⁵	tsẽ⁴⁵	tɕiɔ̃²⁴⁴/tsẽ²⁴⁴	tɕi³³	tɕi³³
永兴	n̩⁴²	n̩⁴²	pen⁴²	pen¹³	pʰn̩²²	men³²⁵	len⁴²	len⁴²	len¹³	tɕin⁴⁵	tɕin⁴⁵	tɕin⁴⁵	tɕin⁴²	tɕn̩²²	tɕn̩²²
资兴	iŋ³¹	iŋ³⁵	peŋ³¹	piŋ³⁵	pʰn̩¹³	meŋ³¹	leŋ³¹	leŋ³¹	lin³¹	tseŋ⁴⁴/tɕin⁴⁴	tɕin⁴⁴	tseŋ⁴⁴	tseŋ⁴⁴	tɕi¹³	tɕiɔ¹³/tɕi¹³
隆回	uɑŋ²¹³/iɛ²¹³	iɑŋ⁴⁵	piaŋ²¹²	pɛ⁴⁵	pʰi⁴⁵	miaŋ¹³/mɛ̃¹³	liaŋ²¹²/lɛ²¹²	liaŋ²¹²/lɛ²¹²	lɛ⁵³	tsiaŋ⁴⁴/tsɛ⁴⁴	tsɛ⁴⁴	tsiaŋ⁴⁴/tsɛ⁴⁴	tsiaŋ²¹²	tsi³²⁵	tsi³²⁵
洞口	iɔ²¹³/iɛ²¹³	iɑŋ⁴⁵	pɛ²¹³	pɛ⁴⁵	fi⁵³	miɑŋ²⁴	liɑŋ²¹³/lɛ²¹³	lɛ²¹³	lɛ⁴⁵	tsiɑŋ⁵³/tsɛ⁵³	tsɛ⁵³	tsɛ⁵³	tsiɑŋ²¹³	tsi⁴⁵	tsi⁴⁵
绥宁	ɔŋ¹³/n̩¹³	n̩⁴²	pi¹³	pi⁴²	pʰi³²⁴	miɑŋ⁴⁵/m̩⁴⁵	liɑŋ²²/ln̩¹³	ln̩¹³	n̩⁴⁴	tsiɑŋ³³/tsn̩³³	tsn̩³³	tsn̩³³	tsiɑŋ¹³	tsn̩³²⁴	tsn̩³²⁴

地点	箐 梗开三 入昔精	清 梗开三 平清清	请 梗开三 平清清	情 梗开三 平清从	睛 梗开三 平清从	静 梗开三 上静从	靖 梗开三 上静从	净 梗开三 去劲从	籍 梗开三 入昔从	性 梗开三 去劲心	姓 梗开三 去劲心	惜 梗开三 入昔心	昔 梗开三 入昔心	席主~ 梗开三 入昔邪	夕 梗开三 入昔邪
华容	tɕi^{435}	tɕʰin^{45}	tɕʰin^{21}	tɕʰin^{12}	tɕʰin^{12}	tɕʰin^{22}	tɕʰin^{22}	tɕʰin^{33}	tɕʰi^{435}	ɕin^{213}	ɕin^{213}	ɕi^{435}	ɕi^{435}	ɕi^{435}	ɕi^{435}
岳阳楼	tɕi^{45}	tɕʰin^{34}	tɕʰin^{31}	tɕʰin^{13}	tɕʰin^{13}	tɕʰin^{22}	tɕʰin^{22}	tɕʰin^{22}	tɕʰi^{45}	ɕin^{324}	ɕin^{324}	ɕi^{45}	ɕi^{45}	ɕi^{45}	ɕi^{45}
临湘	tɕia^{5}	dʑʰiʌŋ^{42}	dʑʰin^{13}	dʑʰin^{13}	dʑʰiʌŋ^{13}	dʑʰin^{13}	dʑʰin^{21}	dʑʰin^{21}	dʑʰi^{5}	ɕiʌŋ^{325}/ɕin^{325}	ɕin^{325}	ɕia^{5}/ɕi^{5}	ɕi^{5}	ɕi^{5}	
岳阳县	cia^{5}	cʰiʌŋ^{42}/cʰin^{33}	cⁿiʌŋ^{42}	cin^{13}	ciʌŋ^{13}	cin^{21}	cin^{21}	cin^{21}	cʰi^{5}	ɕin^{45}	ɕin^{45}	ɕi^{5}	ɕi^{5}	ɕi^{3}	ɕi^{5}
平江	tsiɔ^{7}	tsʰiʌŋ^{44}/tsʰin^{44}	tsʰiʌŋ^{324}/tsʰin^{324}	tsʰin^{13}	tsʰiʌŋ^{13}/tsʰin^{13}	tsʰin^{22}	tsʰin^{22}	tsʰin^{22}	tsʰiʔ^{4}	sin^{45}	sin^{45}	siʔ^{4}	siʔ^{4}	siʔ^{4}	siʔ^{4}
浏阳	tsiä^{42}/tsi^{44}	tsʰiä^{44}/tsʰin^{44}	tsʰiä^{324}	tsʰin^{45}	tsʰiä^{45}	tsʰin^{13}	tsʰin^{42}	tsʰin^{22}	tsi^{435}	sin^{45}	sin^{45}	si^{44}	si^{44}	si^{42}	si^{44}
醴陵	tsia^{44}	tsʰiaŋ^{44}	tsʰiaŋ^{324}	tsʰin^{213}	tsʰiaŋ^{213}	tsʰiŋ^{22}	tsʰiŋ^{22}	tsʰiŋ^{33}	tsi^{435}	siŋ^{22}	siaŋ^{22}	si^{435}	si^{435}	si^{435}	si^{435}
茶陵	tɕi^{33}	tɕʰiʌŋ^{45}/tɕʰʅ^{45}	tɕʰʅ^{42}	tɕʰʅ^{24}	tsiõ^{25}	tɕʰʅ^{322}	tɕʰʅ^{322}	tsʰiŋ^{325}	tɕʰia^{33}	ɕi^{33}	ɕi^{33}	cie^{33}	cie^{33}	ɕia^{33}	ɕi^{325}
安仁	tsi^{213}	tsʰiɔ^{44}/tsʰʅ^{44}	tsʰiɔ^{53}	tsʰiɔ^{25}	tsʰiɔ^{25}	tsʰiɔ^{213}	tsʰiɔ^{213}	tsʰiɔ^{213}	tsʰie^{13}	sin^{322}	sin^{322}	si^{213}	si^{213}	si^{213}	ɕi^{213}
耒阳	tɕi^{45}	tɕʰiɔ^{24}/tɕʰʅ^{45}	tɕʰʅ^{24}	tɕʰʅ^{21}	tɕʰiɔ^{25}	tɕʰiäe^{213}	tɕʰiäe^{213}	tɕʰiäe^{213}	tɕʰie^{33}	ɕiäe^{213}	ɕiäe^{213}	ɕi^{13}	ɕi^{13}	ɕi^{13}	ɕi^{13}
常宁	tɕʅ^{22}	tsʰin^{45}	tsʰin^{42}	tsʰin^{22}	tɕʰiɔ^{21}/tsʰʅ^{21}	tɕin^{13}	tɕin^{13}	tɕin^{13}	tɕʰie^{33}	sɛ^{24}	sɛ^{24}	ɕi^{33}	ɕi^{33}	ɕi^{21}	ɕi^{33}
永兴	tɕʅ^{22}	tsʰeŋ^{44}	tsʰeŋ^{31}	tsʰiŋ^{22}	tsʰɛ̃^{45}	tɕin^{13}	tɕiŋ^{13}	tɕin^{13}	tɕʅ^{22}	sen^{13}	sen^{13}	ɕʅ^{22}	ɕʅ^{22}	ɕʅ^{22}	ɕʅ^{22}
资兴	tɕiu^{13}	tsʰiaŋ^{44}	tɕʰʅ^{42}	tsʰɛ^{13}	tsʰɛ̃^{22}	tɕiŋ^{35}	tɕiŋ^{22}	tsʰeŋ^{35}	tɕʰi^{13}	ɕiŋ^{35}	ɕiŋ^{35}	ɕi^{13}	ɕi^{13}	ɕi^{13}	ɕi^{13}
隆回	tsiA^{44}/tsi^{325}	tsʰiaŋ^{212}/tsʰɛ^{212}	tsʰiaŋ^{212}/tsʰɛ^{212}	tsʰɛ^{24}	tsʰiaŋ^{24}/tsʰɛ^{24}	tsʰɛ^{24}	tsʰɛ^{24}	tsʰɛ^{45}	tsi^{325}	sɛ^{45}	sɛ^{45}	si^{325}	si^{325}	si^{325}	si^{325}
洞口	tsiA^{53}/tsi^{45}	tsʰiaŋ^{213}/tsʰɛ^{213}	tsʰiʌŋ^{213}/tsʰɛ^{213}	tsʰɛ^{24}	tsʰiaŋ^{24}/tsʰɛ^{24}	tsʰɛ^{45}	tsʰɛ^{45}	tsʰɛ^{45}	tsi^{45}	sɛ^{45}	sɛ^{45}	si^{45}	si^{45}	si^{45}	si^{45}
绥宁	tsiA^{33}/tsi^{324}	tsʰiʌŋ^{33}/tsʅ^{33}	tsʅ^{13}	tsʅ^{45}	tsʰʅ^{44}	tsʰʅ^{44}	tsʰʅ^{44}	tsʅ^{44}	tsi^{324}	sʅ^{42}	sʅ^{42}	si^{324}	si^{324}	si^{45}	si^{324}

	贞	侦	呈	程	郑	正~月	征	整	正	政	只	炙	赤	尺
	梗开三平清知	梗开三平清彻	梗开三平清澄	梗开三平清澄	梗开三去勁澄	梗开三平清章	梗开三平清章	梗开三上静章	梗开三去勁章	梗开三去勁章	梗开三入昔章	梗开三入昔章	梗开三入昔昌	梗开三入昔昌
华容	tsən⁴⁵	tsən⁴⁵	tsʰən¹²	tsʰən¹²	tsʰən³³	tsən⁴⁵	tsən⁴⁵	tsən²¹	tsən²¹³	tsən²¹³	tʂʅ⁴³⁵	tsʅ⁴³⁵	tsʰʅ⁴³⁵	tsʰʅ⁴³⁵
岳阳楼	tsən³⁴	tsən³⁴	tsʰən¹³	tsʰən¹³	tsʰən²²	tsən³⁴	tsən³⁴	tsən³¹	tsən³²⁴	tsən³²⁴	tsʅ⁴⁵	tsʅ⁴⁵	tsʰʅ⁴⁵	tsʰʅ⁴⁵
临湘	tsən³³	tsən³³	dzʰən¹³	dzʰʌŋ¹³	dzʰən²¹	tsʌŋ³³	tsən³³	tsʌŋ⁴²	tsən³²⁵	tsən³²⁵	tsa⁵	tsa⁵	dzʰa⁵	dzʰa⁵
丘阳县	tuon³³	tuon³³	tuon¹³	tuon¹³	tuon²¹	tɕiaŋ³³	tson³³	tson³²⁴	tsʌŋ⁴⁵/tson⁴⁵	tson⁴⁵	tʂa⁵	tʂa⁵	tʂʰa⁵	tʂʰa⁵
平江	tsən⁴⁴	tsən⁴⁴	tsʰən¹³	tsʰən¹³	tsən⁴⁵	tsən⁴⁴	tɕʰeʂ⁴⁴	tson³²⁴	tɕiʂ⁴⁵/tson⁴⁵	tson⁴³	tsʅ⁴	tsʅ⁴	tʂʰət⁴	tʂʰɑ
浏阳	tsən⁴⁴	tsən⁴⁴	tsʰəm⁴⁵	tsʰəne⁴⁵	tsʰən²¹	tsʰəŋ⁴⁴	tsʰəŋ⁴⁴	tsʰəŋ³²⁴	tsʰəŋ⁴²/tsən⁴²	tsʰəŋ⁴²	tʂua⁴⁴	tʂua⁴⁴	tʂʰua⁴⁴	tʂʰua⁴⁴
醴陵	tʂəŋ⁴⁴	tʂəŋ⁴⁴	tsʰəŋ¹³	tsʰəŋ²²	tsʰəŋ²²	tsʰeʂ⁴⁵	tsʰeʂ⁴⁴	tsɛŋ³¹	tsʰeʂ⁴²	tsʰeʂ²²	tʂa⁴³⁵	tsa⁴³⁵	tʂʰa⁴³⁵	tʂʰa⁴³⁵
茶陵	tsɛ⁴⁵	tsɛ⁴⁵	tsʰɛ²¹³	tsʰɛ²¹³	tsʰɛ³²⁵	tsɛ⁴⁵	tsɛ⁴⁵	tsɛ⁴²	tsɛ²³	tsɛ²³	tɕia³³	tsa³³	tsʰa³³	tsʰa³³
安仁	tɕin⁴⁴	tʃin⁴⁴	tʃin²⁴	tʃin²⁴	tʃʰin³²²	tɕin⁴⁵	tɕin⁴⁴	tʃin⁵³	tʃin³²²	tʃin³²²	tʃa²¹³	tʃa²¹³	tʃʰa²¹³	tʃʰɑ²¹³
耒阳	ȵiɛ⁴⁵	ȵiɛ⁴⁵	ȵiɛ²¹	ȵiɛ²¹	ȵiɛ²⁴	tsɛŋ⁴⁴	ȵiɛ⁴⁵	ȵiɛ⁵³	ȵiɛ⁴⁴	ȵiɛ²⁴	ȵa¹³	ȵa¹³	tʃʰa¹³/ʂʅ¹³	tʃʰa¹³
常宁	tɕin⁴⁵	tɕin⁴⁵	tɕʰin²⁴	tsʰen²²	tsen¹³	tɕin⁴⁴	tɕin⁴⁴	tɕin⁴²	tɕin¹³	tsen¹³	ȵa³³	ȵa³³	tsʰa³³/tsʰʅ³³	tʃʰa³³/tsʰʅ³³
永兴	tsen⁴⁴	tsen⁴⁴	tsʰen²²	tsʰen²²	tsen¹³	tʃoŋ⁴⁴/tʃin⁴⁴	tsen⁴⁵	tɕin⁴²/tsen⁴²	tsen³⁵	tsen³⁵	tso²²	tso²²	tsʰo²²/tsʰʅ²²	tsʰo¹³
资兴	tʃɛ⁴⁴	tʃɛ⁴⁴	tsʰəŋ²²	tsʰəŋ²²	tsʰəŋ³⁵	tsɛŋ³¹	tsɛŋ⁴⁴	tsɛŋ³¹	tʃɛ⁴⁵	tʃɛ⁴⁵	tso¹³	tso¹³	tsʰo¹³	tsʰo¹³
隆回	tʃɛ⁵³	tʃɛ⁵³	tʃʰɛ¹³	tʃʰɛ¹³	tʃʰɛ⁴⁵	tʃoŋ⁵³/tʃɛ⁴⁵	tʃɛ⁴⁴	tʃɛ²¹²	tʃɛ⁴⁵	tʃɛ⁴⁵	tʃa⁴⁴	tʃa⁴⁴	tʃʰa⁴⁴/tʃʰie⁴⁵	tʃʰa⁴⁴/tʃʰie⁴⁴
洞口	tʃɛ⁵³	tʃɛ⁵³	tʃʰɛ²⁴	tʃʰɛ²⁴	tʃɛ⁵³	tʃauŋ³³	tʃɛ⁵³	tʃɛ²¹³	tʃʅ⁴²	tʃʅ⁴²	tʃa⁵³	tʃa⁵³	tʃʰa⁵³/tʃʰie⁵³	tʃʰa⁵³/tʃʰie⁵³
绥宁	tʃʅ³³	tʃʅ³³	tʃʰʅ⁴⁵	tʃʰʅ⁴⁵	tʃʰʅ⁴⁴	tʃʅ³³	tʃʅ³³	tʃʅ¹³	tʃA³³	tʃA³³	tʃA³³	tʃA³³	tʃʰA³³	tʃʰA³³

	聲	至	語	釋	成	城	誠	盛~满了	盛~米	石	頸	輕~重	嬰	益	盈
	梗开三 平清书	梗开三 去劲书	梗开三 入昔书	梗开三 入昔书	梗开三 平清禅	梗开三 平清禅	梗开三 平清禅	梗开三 平清禅	梗开三 去劲禅	梗开三 入昔禅	梗开三 上静见	梗开三 平清溪	梗开三 平清影	梗开三 入昔影	梗开三 平清以
华容	sən⁴⁵	sən²¹³	ʂ̩⁴³⁵	ʂ̩⁴³⁵	tsʰən¹²	tsʰən¹²	tsʰən¹²	sən¹²	sən³³	ʂ̩⁴³⁵	tɕin²¹	tɕʰin⁴⁵	in⁴⁵	i⁴³⁵	in¹²
岳阳楼	sən³⁴	sən³¹	ʂ̩⁴⁵	ʂ̩⁴⁵	tsʰən¹³	tsʰən¹³	tsʰən¹³	sən¹³	sən²²	ʂ̩⁴⁵	tɕin³¹	tɕʰin³⁴	in³⁴	i⁴⁵	in¹³
临湘	sʌŋ³³	sən³²⁵	ʂ̩⁵	ʂ̩⁵	dzʰən¹³	dzʰən¹³	dzʰən¹³	sʌŋ¹³	sən²¹	sa⁵	tɕiʌŋ⁴²	tɕʰiʌŋ³³	in³³	i⁵	in¹³
岳阳县	sʌŋ³³/sən³³	sən⁴⁵	ʂ̩⁵	ʂ̩⁵	tsən¹³	tsən¹³	tsən¹³	sʌŋ¹³	sən²¹	sa³	ciʌŋ⁴²	cʰiʌŋ³³	in³³	i⁵	in¹³
平江	ʂʌŋ⁴⁴/sən⁴⁴	seʂ⁴⁵	seʂ⁴	seʂ⁴	sʌŋ¹³/tsʰɿe¹³	tsʰɿ¹³	tsʰɿe¹³		sən⁴⁴	ʂɑ⁴	kiɔŋ³²⁴/kin³²⁴	kʰiɑŋ⁴⁴/kʰin⁴⁴	in⁴⁴	i?⁴	in¹³
浏阳	sʌŋ⁴⁴	sən⁴²	sʌ̩⁴⁴	sʌ̩⁴²	tsʰən⁴⁵	tsʰən⁴⁵	tsʰən⁴⁵		sən⁴²	ɕua⁴²	kiaŋ³²⁴	kʰiaŋ⁴⁴	in⁴⁴	i⁴⁴	in⁴⁵
醴陵	sʌŋ⁴⁴	səŋ⁴⁴	sʌ̩⁴³⁵	sʌ̩⁴³⁵	tsʰɿ¹³/tʃʰʌŋ	tsʰɿ¹³/tʃʰɿ	tsʰɿɿ		səŋ²²	ɕua⁴³⁵	kiaŋ³¹	kʰiaŋ⁴⁴	iŋ⁴⁴	i⁴³⁵	iŋ¹³
茶陵	sʌŋ⁴⁵/sɛ̃²⁴⁵	sɛ̃³²⁵	sʌ̩³³	sʌ̩³³	tsʰɛ̃²¹³	tsʰɛ̃²¹³	tsʰɛ̃²¹³	sɛ̃²¹³	sɛ̃³²⁵	sa³³	tɕiaŋ⁴²	tɕʰiaŋ⁴⁵	ĩ⁴⁵	i³³	ĩ²¹³
安仁	ʃõ⁴⁴	ʃin³²²	ʃie²¹³	ʃie²¹³	ʃin²⁴	ʃin²⁴	ʃin²⁴	ʃin²⁴	ʃin³²²	ʃa⁴⁴	tʃõ⁵³/tʃin⁵³	tʃʰõ⁴⁴	in⁴⁴	i²¹³	im²⁴
耒阳	ciɔ̃⁴⁵/ciɛ̃⁴⁵	ciɛ̃²¹³	ʂ̩¹³	ʂ̩¹³	ɕiɔ̃¹³/tʰɛ̃²⁵	tʰɛ̃²⁵	tʰɛ̃²⁵	ciɛ̃²⁵	ciɛ²⁴	ɕia⁴⁵	tɔ⁵³	tʰɔ⁴⁵	iæ̃⁴⁵	i¹³	iæ̃²⁵
常宁	ciɔ̃⁴⁵/ciɛ̃⁴⁵	ciɛ̃²⁴	sʌ̩³³	sʌ̩³³	tʰɛ̃²¹	tʰɛ̃²¹	ɕiɛ̃²¹	tsʰen²²	sen¹³	cia²¹/ʂ̩²¹	tɔ⁴⁴/tɕɛ̃²⁴	tɕʰɔ⁴⁵/tɕʰɛ⁴⁵	ie⁴⁵	i³³	ie²¹
永兴	sen⁴⁵	sen¹³	sʌ̩²²	ɕ̩²²	tsʰen²²	tsʰen³²⁵/tɕʰin²²	tsʰen³²⁵	seŋ²²	seŋ³⁵	sɔ⁴⁵	tɕin⁴²	tɕʰin⁴⁵	n⁴⁵	ɿ¹³	n³²⁵
资兴	seŋ⁴⁴	seŋ³⁵	ʂ̩¹³	ʂ̩¹³	tsʰen²²	tsʰen²²	tsʰen²²	tɕʰɛ̃¹³		so⁴⁴	tɕiŋ³¹	tɕʰiŋ⁴⁴	iŋ⁴⁴	i¹³	iŋ²²
隆回	ʃoŋ⁴⁴/ʃɛ⁴⁴	ʃɛ⁴⁵	ʃi³²⁵	ʃi³²⁵	tʃʰɛ¹³	tʃʰɛ¹³	tʃʰɛ¹³		ʃɛ⁴⁵	ʃa⁴⁵/ʃi⁴⁵	tʃoŋ²¹²/tʃɛ²¹²	tɕʰoŋ⁴⁴/tɕʰɛ⁴⁴	iɛ̃⁴⁴	i⁴⁵	iɛ¹³
洞口	ʃaŋ⁵³/ʃɛ⁵³	ʃɛ⁴⁵	ʃie⁴⁵	ʃi⁴⁵	tʃʰɛ̃²⁴	tʃʰɛ̃²⁴	tʃʰɛ̃²⁴	tʃʰ̩⁴⁵	ʃɛ⁴⁵	ʃa⁴⁵/ʃi⁴⁵	tʃaŋ²¹³	tʃʰaŋ⁵³	iɛ̃⁵³	i⁴⁵	ie²⁴
绥宁	ʃaŋ³³/ʃi³³	ʃ̩⁴²	ʃi⁴²	ʃi⁴²	tʃʰ̩⁴⁵	tʃʰ̩⁴⁵	tʃʰ̩⁴⁵		ʃ̩⁴²	ʃʌ⁴²/ʃi⁴²	tʃaŋ¹³/tʃi¹³	tʃʰaŋ³³	ĩ³³	i³²⁴	ĩ⁴⁵

方言点	钉～生 梗开四 去径端	鼎 梗开四 上迥端	顶 梗开四 上迥端	疔 梗开四 平青端	钉～铁 梗开四 平青端	丁 梗开四 平青端	铭 梗开四 平青明	萍 梗开四 平青并	瓶 梗开四 平青并	劈 梗开四 入锡滂	壁 梗开四 入锡帮	腋 梗开三 入昔以	液 梗开三 入昔以	易变~ 梗开三 入昔以	译 梗开三 入昔以	赢嬴 梗开三 平清以
华容	tin^{213}	tin^{21}	tin^{21}	tin^{45}	tin^{45}	tin^{45}	min^{12}	pʰin^{12}	pʰin^{12}	pʰi^{435}	pi^{435}	i^{45}	i^{435}	i^{435}	i^{435}	in^{213}
岳阳楼	tin^{324}	tin^{31}	tin^{31}	tin^{34}	tin^{34}	tin^{34}	min^{13}	pʰin^{13}	pʰin^{13}	pʰia^{45}	pi^{45}	i^{45}	i^{45}	i^{22}/ɿ^{5}	i^{45}	in^{13}
临湘	tiʌŋ^{325}	tin^{42}	tin^{42}	tiʌŋ^{33}	tiʌŋ^{33}	tiʌŋ^{33}	min^{13}	bʰin^{13}	bʰin^{13}	bʰia^{5}	pia^{5}	i^{5}	i^{5}	i^{21}	i^{5}	iʌŋ^{13}
岳阳县	tiʌŋ^{45}	tin^{42}	tin^{42}	tiʌŋ^{33}	tiʌŋ^{33}	tin^{33}	min^{13}	pin^{13}	pin^{13}	bʰia^{5}	pia^{5}	i^{5}	i^{5}	i^{21}	i^{5}	ȵiʌŋ^{13}
平江	tiɜŋ^{45}	tin^{324}	tia^{324}/tin^{324}	tiaŋ^{45}	tiaŋ^{44}/tin^{44}	tin^{44}	min^{13}	pʰin^{13}	pʰin^{13}	pʰiɑʔ^{4}/pʰiʔ^{4}	piɑʔ^{4}/piʔ^{4}	ɿʔ^{4}	iʔ^{4}	i^{7}	iʔ^{4}	iɑŋ^{13}/in^{15}
浏阳	tia^{42}	tin^{324}	tin^{324}	tia^{44}	tia^{44}	tin^{44}	min^{45}	pʰin^{45}	pʰin^{45}	pʰia^{44}	pia^{44}		ie^{325}	i^{42}	i^{44}	ioŋ^{45}
醴陵	tiaŋ^{22}	tiŋ^{31}	tiŋ^{31}	tiaŋ^{44}	tiaŋ^{44}	tiaŋ^{44}	miŋ^{13}	pʰiŋ^{13}	pʰiŋ^{13}	pʰia^{435}	pia^{435}	sie^{435}	i^{435}	i^{435}	i^{435}	iaŋ^{13}
茶陵	tiaŋ^{33}	tiaŋ^{42}	tɿ^{42}	tiaŋ^{45}	tiaŋ^{45}	tɿ^{45}	mɿ^{213}	pʰɿ^{213}	pʰɿ^{213}	pʰia^{33}	pia^{33}	ie^{325}	i^{213}		i^{213}	iɔ^{24}
安仁	tio^{322}	tin^{53}	tin^{53}	tin^{44}	tio^{4}	tin^{44}	min^{24}	pin^{24}	pin^{24}	pʰiɑ^{213}	piɑ^{213}	i^{213}	i^{13}	i^{322}	i^{213}	iɔ^{24}
耒阳	tɕiɔ^{213}/tɕiɛ̃^{213}	tɕiɛ̃^{44}/tɕiɛ̃^{53}	tɕiɛ̃^{53}	tɕiɛ^{45}	tɕiɔ^{45}	tɕiɛ̃^{45}	miɛ̃^{25}	pʰiɛ̃^{25}	pʰiɛ̃^{25}	pʰia^{13}	pia^{13}		i^{13}	i^{213}	i^{13}	iɔ^{25}
常宁	tiɔ^{24}/tiɛ^{24}	tiɔ^{44}/tiɛ^{44}	tɛ^{44}	tɛ^{45}	tiɔ^{45}/tiɛ^{45}	tɛ^{45}	mɛ̃^{21}	pʰɛ^{21}	pʰɛ^{21}	pʰia^{33}	pia^{33}/piɿ^{33}	i^{33}	i^{13}	i^{33}	ɿ^{13}	iɔ^{21}/ie^{21}
永兴	tiɔ^{13}/ten^{13}	ten^{42}	ten^{42}	ten^{45}	ten^{45}	ten^{45}	men^{22}	pʰen^{22}	pen^{325}	pʰia^{22}	pia^{22}	i^{13}	i^{13}	i^{13}	i^{13}	n̩^{325}
资兴	teŋ^{35}	teŋ^{31}	teŋ^{31}/tiŋ^{31}	teŋ^{44}	teŋ^{44}	tiŋ^{44}		piŋ^{22}	piŋ^{22}	pʰi^{13}	piae^{13}/pi^{13}	i^{325}	ie^{325}	i^{35}	i^{13}	in^{22}
隆回	tian^{45}/tɛ^{45}	tian^{212}/tɛ^{212}	tɛ^{212}	tian^{44}/tɛ^{44}	tian^{44}/tɛ^{44}	tɛ^{44}	mɛ̃^{13}	pʰɛ^{13}	pʰɛ^{13}	pʰiɑ^{44}/pʰɑ^{325}	piɑ^{44}/pɑ^{325}	i^{325}	ie^{45}	i^{45}	i^{45}	ioŋ^{13}/ie^{13}
洞口	tiɔ̃^{24}/tiɛ̃^{24}	tiɔ̃^{213}/tɛ^{213}	tɛ^{213}	tɛ^{45}	tiɔ^{53}/tɛ̃^{53}	tɛ^{53}	mɛ̃^{24}	hɛ^{24}	hɛ^{24}	pʰia^{213}	pia^{53}/piɿ^{45}	ie^{45}	ie^{45}	i^{42}	i^{42}	iɑŋ^{24}/iɛ^{24}
绥宁	tiɑŋ^{42}/tɿ^{42}	tɿ^{13}	tɿ^{13}	tɿ^{33}	tiɑŋ^{33}/tɿ^{33}	tɿ^{33}	mi^{45}	pʰi^{45}	pʰi^{324}	pʰiʌ^{5}	piʌ^{33}	ie^{33}	ie^{33}		i^{42}	iɑŋ^{45}

	订~约 梗开四 去径端	的目~ 梗开四 入锡端	滴 梗开四 入锡端	嫡 梗开四 入锡端	听~见 梗开四 平青透	厅 梗开四 平青透	踢 梗开四 入锡透	剔 梗开四 入锡透	亭 梗开四 平青定	停 梗开四 平青定	廷 梗开四 平青定	庭 梗开四 平青定	艇 梗开四 上迥定	挺 梗开四 上迥定	定 梗开四 去径定
华容	tin^{213}	ti^{33}	ti^{435}	ti^{435}	tʰin^{213}	tʰin^{45}	tʰi^{435}	tʰi^{435}	tʰin^{12}	tʰin^{12}	tʰin^{12}	tʰin^{12}	tʰin^{21}	tʰin^{21}	tʰin^{33}
岳阳楼	tin^{324}	ti^{45}	ti^{45}	ti^{45}	tʰin^{34}	tʰin^{34}	tʰi^{45}	tʰi^{45}	tʰin^{13}	tʰin^{13}	tʰin^{13}	tʰin^{13}	tʰin^{31}	tʰin^{31}	tʰin^{22}
临湘	tiʌŋ^{325}	ti^{5}	ti^{5}	ti^{5}	dʰiʌŋ^{325}	dʰin^{33}	dʰia^{5}	dʰia^{5}	dʰin^{13}	dʰin^{13}	dʰin^{13}	dʰin^{13}	dʰin^{42}	dʰin^{42}	dʰiʌŋ^{21}/dʰin^{21}
岳阳县	tin^{45}	ti^{5}	ti^{5}	ti^{5}	tʰiʌŋ^{45}	tʰin^{33}	tʰia^{5}	tʰi^{5}	tin^{13}	tin^{13}	tin^{13}	tin^{13}	tʰin^{42}	tʰin^{42}	tiʌŋ^{21}/tʰin^{21}
平江	tin^{45}	tiʔ^{4}	tiʔ^{4}	tiʔ^{4}	tʰiɑŋ^{45}/tʰin^{45}	lin^{44}	tʰiaʔ^{4}	tʰiʔ^{4}	lin^{13}	lin^{13}	lin^{13}	lin^{13}	tʰin^{324}		tʰiɑŋ^{22}/tʰin^{22}
浏阳	tin^{42}	ti^{42}	tia^{42}	ti^{44}	tʰia^{42}	tʰiæ̃^{34}	tʰia^{42}	tʰi^{42}	tʰin^{45}	tʰin^{45}	tʰin^{45}	tʰin^{45}	tʰin^{324}	tʰia^{324}	tʰin^{21}
醴陵	tiŋ^{22}	ti^{435}	ti^{435}	ti^{435}	tʰiaŋ^{44}	tʰiaŋ^{44}	tʰia^{435}/tʰi^{435}	tʰi^{435}	tʰiŋ^{13}	tʰiŋ^{13}	tʰiŋ^{13}	tʰiŋ^{13}	tʰiŋ^{31}	tʰiŋ^{31}	tʰiaŋ^{22}/tʰiŋ^{22}
茶陵	tɿ^{23}	ti^{33}	tia^{33}	ti^{33}	tʰiaŋ^{45}	tʰĩ^{45}	tʰia^{33}	tʰi^{33}	tʰin^{213}	tʰin^{213}	tʰi^{213}	tin^{24}	tʰi^{42}	tʰi^{42}	tʰiŋ^{325}
安仁	tin^{322}	ti^{213}	tiɑ^{213}	ti^{213}	tʰio^{44}	tʰin^{44}	tʰiɑ^{213}	tʰi^{53}	tin^{24}	tin^{24}	tin^{24}	tin^{24}	tin^{53}	tʰin^{53}	tʰin^{322}
耒阳	tɕĩæ̃^{213}	ti^{13}	tɕia^{13}	ti^{13}	tɕʰiɔ^{245}	tɕʰiɔ^{245}	tʰa^{13}	tʰi^{13}	tɕʰiæ̃^{25}	tɕʰiæ̃^{25}	tɕʰi^{25}	tɕʰiæ̃^{25}	tɕʰiæ̃^{53}	tɕʰiæ̃^{53}	tɕʰiæ̃^{213}
常宁	te^{24}	ti^{33}	ti^{33}	ti^{33}	tʰiɔ^{24}/tʰɛ̃^{21}	tʰiɔ^{245}	tʰi^{33}	tʰi^{33}	tʰɛ̃^{21}	tʰɛ̃^{21}	tʰɛ̃^{21}	tʰɛ̃^{21}	tʰɛ̃^{44}	tʰɛ̃^{44}	tʰɛ̃^{24}
永兴	ten^{13}	tia^{22}	tɿ^{22}	tɿ^{22}	tʰen^{13}	tʰen^{45}	tʰia^{22}	ɕi^{45}	ten^{325}	ten^{325}	ten^{22}	ten^{22}	tʰen^{42}	tʰen^{42}	ten^{13}
资兴	teŋ^{44}	ti^{13}	tio^{13}	ti^{13}	tʰeŋ^{35}		tʰei^{13}/tʰi^{13}	tʰi^{44}	teŋ^{22}	teŋ^{22}	tiŋ^{22}	tiŋ^{22}	tʰiŋ^{31}	tʰiŋ^{31}	tiŋ^{35}
隆回	te^{245}	ti^{325}	tia^{45}	ti^{325}	xian^{44}	xɛ̃^{44}	xieɑ^{44}	xi^{325}	xɛ̃^{13}	xɛ̃^{13}	xɛ̃^{13}	xɛ̃^{13}	xɛ̃^{212}	xɛ̃^{212}	xɛ̃^{245}
洞口	te^{45}	ti^{45}	tia^{45}	ti^{45}	xɔŋ^{53}/xɛ̃^{53}	xã^{53}~扁/xɛ̃^{53}	pʰia^{53}/xea^{53}	xi^{45}	xɛ̃^{24}	xɛ̃^{24}	xɛ̃^{24}	xɛ̃^{24}	xɛ̃^{213}	xɛ̃^{213}	xɛ̃^{45}
绥宁	tɿ^{42}	ti^{33}	tiA^{33}	ti^{42}	tʰa^{42}	tʰiaŋ^{33}/tʰĩ^{33}	tʰiA^{33}/tʰiA^{42}	tʰi^{42}	tʰɛ̃^{45}	tʰɛ̃^{45}	tʰɛ̃^{45}	tʰɛ̃^{45}	tʰĩ^{13}	tʰĩ^{13}	tʰĩ^{44}

	笛 梗开四入锡定	敌 梗开四入锡定	狄 开四入锡定	宁安~ 梗开四平青泥	灵 梗开四平青来	零 梗开四平青来	铃 梗开四平青来	另 梗开四去径来	历日~ 梗开四入锡来	绩 梗开四入锡精	青 梗开四平青清	戚 梗开四入锡清	寂 梗开四入锡从	星 梗开四平青心	腥 梗开四平青心
华容	li⁴³⁵	tʰi⁴³⁵	tʰiʔ⁴³⁵	lin¹²	lin¹²	lin¹²	lin¹²	lin³³	li⁴³⁵	tɕi⁴³⁵	tɕʰin⁴⁵	tɕʰi⁴³⁵	tɕʰi⁴³⁵	ɕin⁴⁵	ɕin²¹³
岳阳楼	tʰi⁴⁵	tʰi⁴⁵	tʰi⁴⁵	ȵin¹³	lin¹³	lin¹³	lin¹³	lin²²	li⁴⁵	tɕi⁴⁵	tɕʰin³⁴	tɕʰi⁴⁵	tɕʰi⁴⁵	ɕin³⁴	ɕin³²⁴
临湘	dʱia⁵	dʱi⁵		ȵin¹³	dʱin¹³	dʱiʌŋ¹³/dʱin¹³	dʱiʌŋ¹³/lin¹³	dʱin²¹	dʱi⁵	tɕi⁵	dʱiʌŋ³³	dʱi⁵	dʑi⁵	ɕiʌŋ³³/ɕin³³	ɕiʌŋ³²⁵
岳阳县	tʰi⁵	tʰi¹³	tʰiʔ⁴	ȵin¹³	lin¹³	liʌŋ¹³/lin¹³	tiʌŋ¹³/lin¹³	lim²¹	li³	ci⁵	cʰiʌŋ³³	cʰi⁵	cʰi⁵	ɕiʌŋ³³/ɕin³³	ɕiʌŋ⁴⁵
平江	tʰiʔ⁴	tʰiʔ⁴	tʰiʔ⁴	lin²²	lin⁴⁵	liaŋ¹³/lin¹³	lin¹³	tʰin²¹	tʰiʔ⁴	tsiʔ⁴	tsʰiaŋ⁴⁴/tsʰin⁴⁴	tsʰiʔ⁴	tsʰiʔ⁴	siaŋ⁴⁴/sin⁴⁴	siaŋ⁵³
浏阳	tʰia⁴²	tʰi⁴⁴	ɦ̩⁴⁴	ȵin⁴⁵	tin⁴⁵	tiã⁴⁵/tin⁴⁵	tin⁴⁵	tin²¹	ti⁴²	tsi⁴⁴	tsʰiã⁴⁴	tsʰi⁴⁴	tsʰi⁴⁴	siã⁴⁴/sin⁴⁴	siã⁴²
醴陵	tʰi⁴³⁵	tʰi⁴³⁵	tʰi⁴³⁵	ȵiŋ¹³	liŋ¹³	liaŋ¹³/liŋ¹³	liŋ¹³	liŋ²²	li⁴³⁵	tsi⁴³⁵	tsʰiaŋ⁴⁴	tsʰi⁴³⁵	tsʰi⁴³⁵	siaŋ⁴⁴/siŋ⁴⁴	siaŋ⁴⁴
茶陵	tʰie³³	tʰie³³	ti³³	ie¹³	iɛ²¹³	liaŋ²¹³/l̩²¹³	liaŋ²¹³/l̩²¹³	l̩³²⁵	ie³³	tɕi³³	tɕʰiaŋ⁴⁵	tɕʰi³³	tɕʰie³³	ɕiaŋ⁴⁵	ɕiaŋ⁴⁵
安仁	tʰi²¹³	tʰi²¹³	ti²¹³	len²²	lin²⁴	lio²⁴/lin²⁴	lio²⁴	lin³²²	lˠ³²⁵	tɕi²¹³	tsʰio⁴⁴	tsi²¹³	tɕʰie³³	sio⁴⁴/sin⁴⁴	sio⁴⁴
耒阳	tsʰia⁴⁵	ti¹³	ti¹³	ȵiɛ²⁵	liɛ²⁵	lio²⁴/liɛ²⁵	liɛ²⁵	liɛ²¹³	li¹³	tɕi¹³	tsʰiõ⁴⁵/tsʰiɛ⁴⁵	tsʰi¹³	tsʰi¹³	ɕiõ⁴⁵/sin⁴⁴	ciɛ⁴⁵
常宁	tʰiʔ²¹	ti³³	ti³³	iɛ¹³	lˠ²¹³	liõ²¹³	lɛ²¹	lɛ²⁴	le³³	tɕi³³	tsʰiõ⁴⁵/tsʰiɛ⁴⁵	tɕʰie³³	tɕʰie³³	ɕiõ⁴⁵/sɛ⁴⁵	ɕiõ⁴⁵
永兴	lˠ²²	tˠ²²	tˠ²²	len²²	lem³²⁵/len²²	len³²⁵	lem³²⁵	len¹³	lˠ²²	tɕˠ²²	tɕʰin⁴⁵	tɕˠ²²	tɕˠ²²	sen⁴⁵	sen⁴⁵
资兴	tio⁴⁴	ti¹³	ti¹³	liɛ²²	liŋ²²	len²²	liŋ²²	liŋ³⁵	li¹³	tɕi¹³	tsʰeŋ⁴⁴/tɕʰin⁴⁴	tɕʰˠ¹³	tɕʰˠ¹³	seŋ⁴⁴/ɕin⁴⁴	seŋ⁴⁵
隆回	xi³²⁵	ti³²⁵	ti³²⁵	iɛ¹³	iɛ¹³	iɛ¹³	iɛ¹³	iɛ⁴⁵	li⁴⁵	tsi³²⁵	tsʰiaŋ⁴⁴/sɛ⁴⁴	tsʰˠ¹³	tsʰˠ³²⁵	siaŋ⁴⁴/sɛ⁴⁴	siaŋ⁴⁴
洞口	xi⁴⁵	ti⁴⁵	ti⁴⁵	iɛ¹³	iɛ²⁴	iɛ²⁴	iɛ²⁴	iɛ⁴⁵	lie⁴⁵	tsi⁴⁵	tsʰiaŋ⁵³/sɛ⁵³	tsˠ⁴⁵	tsi⁴⁵	siaŋ⁵³/sɛ⁵³	siaŋ⁵³/sɛ⁵³
绥宁	tʰi⁴²	ti³²⁴	ti³²⁴	lˠ²³	lˠ²³	liaŋ⁴⁵/lˠ⁴⁵	liaŋ¹³/lˠ¹³	lˠ⁴⁴	li⁴²	tsi³²⁴	tsʰiaŋ³³	tsʰˠ⁴²	tsʰi³²⁴	siaŋ³³/lˠ³³	siaŋ³³

	醒	锡	析	经~过	经~集	击	激	吃	形	型	刑	矿	横~直	轰	宏
	梗开四上迥心	梗开四入锡心	梗开四入锡心	梗开四平青见	梗开四去径见	梗开四入锡见	梗开四入锡见	梗开四入锡溪	梗开四平青匣	梗开四平青匣	梗开四平青匣	梗合二上梗见	梗合二平庚匣	梗合二平耕晓	梗合二平耕匣
华容	ɕin²¹	ɕi⁴³⁵	ɕi⁴³⁵	tɕin⁴⁵		tɕi⁴³⁵	tɕi⁴³⁵	tɕʰi⁴³⁵	ɕin¹²	ɕin¹²	ɕin¹²	kʰuaŋ²¹³	xun²¹³	xoŋ³³	xoŋ¹²
岳阳楼	ɕin³¹	ɕi⁴⁵⁼	ɕi⁴⁵⁼	tɕin³⁴		tɕi⁴⁵⁼	tɕi⁴⁵⁼	tɕʰi⁴⁵⁼	ɕin¹³	ɕin¹³	ɕin¹³	kʰuaŋ³²⁴	fən¹³	xun³⁴	xun¹³
临湘	ɕiʌŋ⁴²	ɕia⁵	ɕi⁵	tɕin³³	ciʌŋ³³	tɕi⁵	tɕi⁵	dʑʰia⁵	ɕin¹³	ɕin¹³	ɕin¹³	gʰuoŋ³²⁵	uʌŋ¹³	xʌŋ³³	xʌŋ¹³
岳阳县	ɕiʌŋ⁴²	ɕia⁵	ɕi⁵	cin³³	ciʌŋ³³	ci⁵	ci⁵	cʰia⁵	ɕin¹³	ɕin¹³	ɕin¹³	kʰuʌŋ⁴⁵	uʌŋ¹³		xʌŋ¹³
平江	siaŋ³²⁴/sin³²⁴	siaʔ⁴/siʔ⁴	siʔ⁴	kin⁴⁴	kiɑŋ⁴⁴	kiʔ⁴	kiʔ⁴	kʰiaʔ⁴/kʰiʔ⁴	ɕiʔ²¹³	ɕiʔ²¹³	ɕiʔ²¹³	xoŋ⁴⁵	uaŋ¹³/fən¹³	fən⁴⁴	fən⁴⁵
浏阳	siaɕ³²⁴	sia⁴⁴	si⁴⁴	kin⁴⁴	kiɑŋ⁴⁴	ki⁴⁴	ki⁴⁴	kʰia⁴⁴	xin⁴⁵	xin⁴⁵	xin⁴⁵	kʰoŋ⁴²	oŋ⁴⁵	xoŋ⁴⁴	fən⁴⁵
醴陵	siaŋ³¹	sia⁴³⁵	si⁴³⁵	kiŋ⁴⁴	kin⁴⁴	kie⁴³⁵	kie⁴³⁵	kʰia⁴³⁵	xiŋ¹³	xiŋ¹³	xiŋ¹³	kʰoŋ²²	uaŋ¹³	fəŋ⁴⁴	fəŋ¹³
茶陵	ɕiaŋ⁴²	ɕia³³/siɑ²⁴	ɕie³³	tɕi⁴⁵		tɕie³³	tɕie³³	tɕʰia³³	ɕi²¹³	ɕi²¹³	ɕi²¹³	kʰo³³	uaŋ²¹³/xuɛ²¹³	xuɛ²⁴²	xoŋ²¹³
安仁	ɕiõ⁵³	siɑ²¹³/ɕi²¹³	sie²¹³	tʃin⁴⁴		tʃie²⁴	tʃie²⁴	tʃʰɑ²¹³	ʃin²⁴	ʃin²⁴	ʃin²⁴	kʰõ³²²	ŋ²⁴/õ²⁴	xən²⁴	xən²⁴
耒阳	ɕiɛ̃⁵³	ɕia¹³	ci¹³	ɬe⁴⁵		tɕi¹³	tɕi¹³	kʰia¹³	ɕiɛ̃²⁵	ɕiɛ̃²⁵	ɕiɛ̃²⁵	kʰoŋ²¹³	uɛ²⁵	xʌŋ⁴⁵	fəŋ¹³
常宁	se⁴⁴	ɕia³³/ɕi³³	ci³³	ɬe⁴⁵		ɬe³³	tɕi³³	kʰa³³	ɕie²¹	ɕie²¹	ɕie²¹	kʰuɔ²⁴	uõ²¹/ʈ͡ʂe²¹	xo⁴⁵	xo²¹
永兴	sen⁴²	ɕia²²	cʔ²²	tɕin⁴⁵		tɕʔ²²	tɕʔ²²	tɕʰiɔ²²	sen²²	sen²²	sen²²	kʰuɑ¹³	uɛ³²⁵/xuen³²⁵	xoŋ⁴⁵	xoŋ³²⁵
资兴	seŋ³¹/cʰiŋ³¹旅~	ci¹³	ci¹³	tɕin⁴⁴	kaŋ⁴⁴一~	tɕi¹³	tɕi¹³	tɕʰiɔ¹³	ɕin²²	ɕin²²	ɕin²²	kʰuaŋ³⁵	uaŋ²²	xoŋ⁴⁴	xoŋ²²
隆回	siaŋ²¹²/sẽ²¹²	sei¹³	si³²⁵	tʃẽ⁴⁴	tʃoŋ⁴⁴	tʃi³²⁵	tʃi³²⁵	tʃʰɑ⁴⁴/tʃʰi⁴⁴	ʃe¹³	ʃe¹³	ʃe¹³	kʰuaŋ⁴⁵	oŋ¹³/xuɛ¹³	xʌŋ⁴⁴	xʌŋ¹³
洞口	se²¹³	sia⁵³/sie⁴⁵	si⁴⁵	tʃẽ⁵³		tʃie⁵³	tʃie⁴⁵	tʃʰia⁵³/tʃʰie⁵³	ʃẽ²⁴	ʃẽ²⁴	ʃẽ²⁴	kʰuaŋ⁴⁵	uaŋ²⁴/xuɛ²⁴	xuŋ²¹³	xuŋ²⁴
绥宁	si¹³	siʌ³³/si³²⁴	si³²⁴	tʃ꒰³³		tʃi³²⁴	tʃi³²⁴	tʃʰʌ³³	ʃi⁴⁵	ʃi⁴⁵	ʃi⁴⁵	kʰuaŋ⁴²	uaŋ⁴⁵	xʌŋ³³	xʌŋ⁴⁵

	仆 通合一入屋滂	扑 通合一入屋滂	萤 梗合四平青匣	役 梗合三入昔以	疫 梗合三入昔以	颖 梗合三上静以	营 梗合三平清以	琼 梗合三平清群	倾 梗合三平清溪	泳 梗合三去映云	永 梗合三上梗云	荣 梗合三平庚云	兄 梗合三平庚晓	划 梗合二入麦匣	获 梗合二入麦匣
华容	pʰu⁴³⁵	pʰu⁴³⁵	yŋ¹²	y⁴³⁵	y⁴³⁵	in²¹	yŋ¹²	tɕʰyŋ¹²	tɕʰyŋ⁴⁵	yŋ²¹	yŋ²¹	yŋ¹²	ɕioŋ⁴⁵	xua¹²	xo⁴³⁵
岳阳楼	pʰu⁴⁵	pʰu⁴⁵	in¹³	y⁴⁵	y⁴⁵	in³²⁴	yŋ¹³	tɕʰiuŋ¹³	tɕʰin³⁴	yŋ³²⁴	yŋ¹³	iuŋ¹³	ɕiuŋ³⁴	fa³²⁴	xo⁴⁵
临湘	bʰu⁵	bʰu⁵	iʌŋ¹³	y⁵	y⁵	in⁴²	in¹³	dʑʰin¹³	gʰuʌŋ³³/dʑʰin³³	yŋ³²⁵	yŋ⁴²	ivŋ¹³	ɕivŋ³³	xua⁵	xo⁵
岳阳县	pʰu⁵	pʰu⁵	iʌŋ¹³	y⁵	y⁵	in⁴²	in¹³	kuen¹³	kʰiʌŋ³³	uɔn⁴⁵	uɔn⁴²	ivŋ¹³	ɕivŋ³³	fa²¹	xø³
平江	pʰuʔ⁴	pʰuʔ⁴	liaŋ¹³/in¹³	yət⁴	yət⁴	in²¹	in¹³	tsʰyŋ⁴⁵	kʰiaŋ⁴⁴/kin⁴⁴	yŋ⁴⁵	yŋ²¹	ivŋ¹³	xiaŋ⁴⁴/sɤŋ⁴⁴	fa²²	foʔ⁴
浏阳	pʰu⁴⁴	pʰu⁴⁴	ioŋ⁴⁵		y⁴²	in³²⁴	in⁴⁵	kʰyŋ¹³	kʰoŋ⁴⁴	yŋ³¹	yŋ³²⁴	yŋ⁴⁵	ʂoŋ⁴⁴/sɤn⁴⁴	fa²²	xo⁴²
醴陵	pʰu⁴³⁵	pʰu⁴³⁵	ioŋ⁴⁵	y⁴³⁵	y⁴³⁵	iŋ³¹	yŋ¹³	tɕʰyɛ²¹³/tʃ̩²¹³	tɕʰyɛ⁴⁵	yɛ⁴²	yŋ³¹	yŋ¹³	xiaŋ⁴⁴/xɤŋ⁴⁴	fua⁴²	fo⁴³⁵
茶陵	pʰu³³	pʰu³³	iaŋ¹³	i³³	i³³		yɛ²¹³/ɪ̩²¹³	tʃuen²⁴	kʰuan⁴⁴	yɛ²¹³	yɛ⁴²	yɛ²¹³	ɕyɛ⁴⁵	xua³²⁵	xue³³
安仁	pʰu²¹³	pʰu²¹³	iaŋ²¹³	y²¹³	y²¹³	in⁵³	uen²⁴	tʃʰuæ²⁵	tʰuæ⁴⁵	uɔn⁵³	uɔn⁵³	uɔn²⁴	ʃõ⁴⁴	xua²¹³	xue²¹³
耒阳	pʰu⁴⁵	pʰu⁴⁵	iɔ²⁴	y¹³	y¹³	iæ²¹³	yæ²⁵	tʰuɛ²¹	tʰuɛ⁴⁵	yæ²¹³	yæ⁵³	yæ²⁵	ɕivŋ⁴⁵	xua¹³	xo¹³
常宁	pʰu³³	pʰu³³	yæ²⁵	y³³	y³³	yɛ²⁴	yɛ²¹	tɕʰioŋ³²⁵	kʰua⁴⁵	yɛ²⁴	yɛ⁴⁴	yɛ²¹	ɕio⁴⁵	fa²¹	fe³³
永兴	pʰu²²	pʰu²²	yɛ²¹	ʅ¹³	ʅ¹³	yŋ⁴²	yŋ³²⁵	tɕʰiŋ²²	xoŋ⁴⁴	yŋ⁴²	yŋ⁴²	yŋ²²	ɕioŋ⁴⁵	xua¹³	xɔ¹³
资兴	pʰæ¹³	pʰeu¹³	ŋ̍³²⁵	iu¹³	iu¹³	iŋ³¹	iŋ²²	tsʰuɛ¹³	tsʰuɛ⁴⁴	iŋ³¹	iŋ³¹	ioŋ²²	ɕiŋ⁴⁴一地/ɕioŋ⁴⁴	fa¹³	fæ¹³
隆回	hu⁴⁵	hu³²⁵	iaŋ²²/iŋ²²	u⁴⁵	u⁴⁵	iɛ²¹²	ʉɛ¹³			ʉɛ⁴⁵	ʉɛ²¹²	ʉɛ¹³	ʃɤŋ⁴⁴	xua⁴⁵	xu⁴⁵
洞口	fu⁵³	fu⁵³	ioŋ¹³/ʉɛ¹³	ʉ⁴⁵	ʉ⁴⁵	iɛ²¹³	yɛ²⁴	tʃʰyɛ²⁴			yɛ²¹³	yɛ²⁴	ʃuŋ⁵³	xua⁴⁵	fu⁵³
绥宁	pʰu³²⁴	pʰu³²⁴	iaŋ²⁴/yɛ²⁴	ʉ⁴²	ʉ⁴²	ɪ̩¹³	ivŋ⁴⁵	tʃʰɪ̩⁴⁵		iɛ¹³	iɛ¹³	ivŋ⁴⁵	ʃɤŋ³³	fʌ⁴²	fu⁴²

	蓬	蓬	蒙	懵~懂	蠓~虫	木	东	董	懂	冻	栋	通	桶	桶~破了	痛
	通合一平东并	通合一平东并	通合一平东明	通合一上董明	通合一上董明	通合一入屋明	通合一平东端	通合一上董端	通合一上董端	通合一去送端	通合一去送端	通合一平东透	通合一上董透	通合一上董透	通合一去送透
华容	pʰoŋ^{12}	pʰoŋ^{12}	moŋ^{12}	moŋ^{21}	moŋ^{21}	mo^{435}	toŋ^{45}	toŋ^{21}	toŋ^{21}	toŋ^{213}	toŋ^{213}	hoŋ^{45}	hoŋ^{21}	hoŋ^{21}	hoŋ^{213}
岳阳楼	pʰuŋ^{13}	pʰuŋ^{13}	muŋ^{13}	muŋ^{31}	muŋ^{31}	mo^{45}	tuŋ^{34}	tuŋ^{31}	tuŋ^{31}	tuŋ^{324}	tuŋ^{324}	tʰuŋ^{34}	tʰuŋ^{31}	tʰuŋ^{31}	tʰuŋ^{324}
临湘	bʰɤŋ^{13}	bʰɤŋ^{13}	mɤŋ^{13}	mɤŋ^{33}	mɤŋ^{33}	mu^{5}	tɤŋ^{33}	tɤŋ^{42}	tɤŋ^{42}	tɤŋ^{325}	tɤŋ^{325}	dʰɤŋ^{33}	dʰɤŋ^{42}	dʰɤŋ^{42}	dʰɤŋ^{325}
岳阳县	pɤŋ^{13}	pɤŋ^{13}	mɤŋ^{13}	mɤŋ^{42}		mo^{3}	tɤŋ^{33}	tɤŋ^{42}	tɤŋ^{42}	tɤŋ^{45}	tɛn^{45}/tɤŋ^{45}	tʰɤŋ^{33}	tʰɤŋ^{42}	tʰɤŋ^{42}	tʰɤŋ^{45}
平江	pʰɤŋ^{13}	pʰɤŋ^{13}	mɤŋ^{13}	mɤŋ^{21}	mɤŋ^{45}	mo^{7}	tɤŋ^{44}	tɤŋ^{324}	tɤŋ^{324}	tɤŋ^{45}	tɤŋ^{45}	tʰɤŋ^{44}	tʰɤŋ^{324}	tʰɤŋ^{324}	tʰɤŋ^{45}
浏阳	pʰən^{45}	pʰən^{45}	mən^{45}	mən^{324}	mən^{45}	mo^{44}	ten^{44}	ten^{324}	ten^{324}	ten^{42}	ten^{42}	tʰen^{44}	tʰen^{324}	tʰen^{324}	tʰen^{42}
醴陵	dⁱe^{13}	dⁱe^{13}	fieu^{13}	fieu^{31}	fieu^{13}	mu^{435}	ten^{44}	ten^{31}	ten^{31}	tɤŋ^{22}	tɤŋ^{22}	tʰen^{44}	tʰe^{31}	tʰe^{31}	tʰe^{22}
茶陵	pʰɤŋ^{213}	pʰɤŋ^{213}	mɤŋ^{213}	mɤŋ^{213}	men^{24}	moŋ^{44}/mɤŋ^{325}	tɤŋ^{45}	tɤŋ^{53}	tɤŋ^{53}	tɤŋ^{33}	tɤŋ^{33}	tʰɤŋ^{45}	tʰɤŋ^{53}	tʰɤŋ^{53}	tʰɤŋ^{33}
安仁	pon^{24}	pon^{24}	men^{24}	men^{53}	men^{24}	meu^{13}	ten^{44}	ten^{53}	ten^{53}	ten^{322}	ten^{322}	tʰen^{44}	tʰen^{53}	tʰen^{53}	tʰen^{322}
耒阳	pʰõ^{21}	pʰɤŋ^{25}	mɤŋ^{25}	mɤŋ^{53}	mɤŋ^{25}	muŋ^{33}/moŋ^{325}	tɤŋ^{45}	tɤŋ^{53}	tɤŋ^{53}	tɤŋ^{213}	tɤŋ^{213}	tʰɤŋ^{45}	tʰɤŋ^{53}	tʰɤŋ^{53}	tʰɤŋ^{213}
常宁	pʰõ^{21}	pʰõ^{21}	mõ^{21}	mõ^{44}		mõ^{33}	tõ^{45}	tõ^{45}	tõ^{44}	tõ^{24}	tõ^{24}	tʰõ^{45}	tʰõ^{44}	tʰõ^{44}	tʰõ^{24}
永兴	poŋ^{325}	poŋ^{325}	moŋ^{325}	moŋ^{42}		moŋ^{45}	toŋ^{45}	toŋ^{42}	toŋ^{42}	toŋ^{13}	toŋ^{13}	tʰoŋ^{45}	tʰoŋ^{42}	tʰoŋ^{42}	tʰoŋ^{13}
资兴	poŋ^{22}	poŋ^{22}	moŋ^{22}	moŋ^{35}		mɤu^{13}	toŋ^{44}	toŋ^{31}	toŋ^{31}	toŋ^{35}	toŋ^{35}	tʰoŋ^{44}	tʰoŋ^{31}	tʰoŋ^{31}	tʰoŋ^{35}
隆回	pʰɤŋ^{13}	pʰɤŋ^{13}	muŋ^{24}	mɤŋ^{212}	mɤŋ^{45}	mɤŋ^{44}/mɤŋ^{325}	tɤŋ^{44}	tɤŋ^{212}	tɤŋ^{212}	tɤŋ^{45}	tɤŋ^{45}	xɤŋ^{44}	xɤŋ^{212}	xɤŋ^{212}	xɤŋ^{45}
洞口	xuŋ^{24}	xuŋ^{24}	muŋ^{24}	muŋ^{24}		muŋ^{53}	tuŋ^{53}	tuŋ^{213}	tuŋ^{213}	tuŋ^{45}	tuŋ^{45}	xuŋ^{53}	xuŋ^{213}	xuŋ^{213}	xuŋ^{45}
绥宁	pʰɤŋ^{45}	pʰɤŋ^{45}	mɤŋ^{45}	mɤŋ^{13}		mɤŋ^{33}/mo^{33}	tɤŋ^{33}	tɤŋ^{13}	tɤŋ^{13}	tɤŋ^{42}	tɤŋ^{42}	tʰɤŋ^{33}	tʰɤŋ^{13}	tʰɤŋ^{13}	tʰɤŋ^{42}

	秃 通合一入屋透	同 通合一平东定	铜 通合一平东定	桐 通合一平东	筒 通合一平东	童 通合一平东定	动 通合一上董定	洞 通合一去送定	独 通合一入屋定	读 通合一入屋定	齈（多读贱疾）通合一去送泥	笼 通合一平东来	聋 通合一平东来	弄 通合一去送来	鹿 通合一入屋来
华容	hau^{213}	hoŋ^{12}	hoŋ^{12}	hoŋ^{12}	hoŋ^{12}	hoŋ^{12}	hoŋ^{33}	hoŋ^{33}	hau^{45}	hau^{45}		loŋ^{12}	loŋ^{45}	loŋ^{33}	lau^{435}
岳阳楼	tʰəu^{45}	tʰuŋ^{13}	tʰuŋ^{13}	tʰuŋ^{13}	tʰuŋ^{13}	tʰuŋ^{13}	tʰuŋ^{22}	tʰuŋ^{22}	tʰəu^{45}	tʰəu^{45}	luŋ^{13}	luŋ^{31}	luŋ^{34}	luŋ^{22}	lou^{45}
临湘	dʰe^{325}	dʰuŋ^{13}	dʰuŋ^{13}	dʰɤŋ^{13}	dʰɤŋ^{13}	dʰɤŋ^{13}	dʰɤŋ^{21}	dʰɤŋ^{21}	dʰəu^{5}	dʰəu^{5}		lɤŋ^{13}	lɤŋ^{33}	lɤŋ^{21}	lau^{5}
岳阳县	tʰəu^{5}	tɤŋ^{13}	tɤŋ^{13}	tɤŋ^{13}	tɤŋ^{13}	tɤŋ^{13}	tɤŋ^{21}	tɤŋ^{21}	tʰəu^{3}	tʰəu^{3}	lɤŋ^{45}	lɤŋ^{13}	lɤŋ^{33}	lɤŋ^{21}	lau^{3}
平江	tʰəu^{44}	tʰɤŋ^{13}	tʰɤŋ^{13}	tʰɤŋ^{13}	tʰɤŋ^{13}	tʰɤŋ^{13}	tʰɤŋ^{21}	tʰɤŋ^{22}	tʰəu^{4}	tʰəu^{4}	lɤŋ^{13}	lɤŋ^{13}	lɤŋ^{44}	lɤŋ^{22}	lau^{4}
浏阳	tʰəu^{44}	tʰən^{45}	tʰən^{45}	tʰən^{45}	tʰən^{45}	tʰən^{45}	tʰən^{21}	tʰən^{21}	tʰəu^{42}	tʰəu^{42}	lan^{45}	lan^{45}	lan^{44}	lan^{21}	lau^{44}
醴陵	tʰəu^{435}	tʰəŋ^{13}	tʰəŋ^{13}	tʰəŋ^{13}	tʰəŋ^{13}	tʰəŋ^{13}	tʰəŋ^{22}	tʰəŋ^{22}	həu^{435}	həu^{435}	ləŋ^{13}	ləŋ^{13}	ləŋ^{44}	ləŋ^{22}	lau^{435}
茶陵	tʰu^{33}	tʰɤŋ^{213}	tʰɤŋ^{213}	tʰɤŋ^{213}	tʰɤŋ^{213}	tʰɤŋ^{213}	tʰɤŋ^{325}	tʰɤŋ^{325}	tʰu^{33}	tʰu^{33}	lɤŋ^{325}	lɤŋ^{213}	lɤŋ^{45}	lɤŋ^{325}	lu^{33}
安仁	tʰəu^{213}	tɤŋ^{24}	tɤŋ^{24}	tan^{24}	tan^{24}	tan^{24}	tʰən^{322}	tʰən^{322}	təu^{44}	tʰəu^{44}	lan^{24}	lan^{24}	lan^{44}	lan^{322}	lou^{44}
耒阳	tʰui^{21}	tʰɤŋ^{25}	tʰɤŋ^{25}	tʰɤŋ^{25}	tʰɤŋ^{25}	tʰɤŋ^{25}	tʰɤŋ^{213}	tʰɤŋ^{213}	tu^{13}	tʰu^{45}	lɤŋ^{25}	lɤŋ^{25}	lɤŋ^{45}	lɤŋ^{213}	lu^{45}
常宁	tʰui^{21}	tʰɔ^{21}	tʰɔ^{21}	tʰɔ^{21}	tʰɔ^{21}	tʰɔ^{21}	tʰɔ^{24}	tʰɔ^{24}	tu^{22}	tu^{21}	lɔ^{21}	lɔ^{21}	lɔ^{45}	lɔ^{24}	lu^{33}
永兴	tʰu^{13}	toŋ^{325}	toŋ^{325}	toŋ^{325}	toŋ^{325}	toŋ^{325}	toŋ^{13}	toŋ^{13}	fu^{22}	to^{45}	loŋ^{325}	loŋ^{325}	loŋ^{45}	loŋ^{13}	lu^{45}
资兴		toŋ^{22}	toŋ^{22}	toŋ^{22}	toŋ^{22}	toŋ^{22}	toŋ^{35}	toŋ^{35}	teu^{44}	teu^{44}	loŋ^{22}	loŋ^{22}	loŋ^{44}	loŋ^{35}	leu^{44}
隆回	hu^{44}	xɤŋ^{13}	xɤŋ^{13}	xɤŋ^{13}	xɤŋ^{13}	xɤŋ^{13}	xɤŋ^{212}/xɤŋ^{45}	xɤŋ^{45}	fu^{45}	hu^{45}	lɤŋ^{13}	lɤŋ^{325}	lɤŋ^{44}	lɤŋ^{45}	lu^{44}/lu^{325}
洞口	fu^{45}	xuŋ^{24}	xuŋ^{24}	xuŋ^{24}	xuŋ^{24}	xuŋ^{24}	xuŋ^{213}/xuŋ^{45}	xuŋ^{53}	fu^{45}	fu^{45}	luŋ^{24}	luŋ^{24}	luŋ^{53}	luŋ^{45}	lu^{53}
绥宁	tʰu^{324}	tʰɤŋ^{45}	tʰɤŋ^{45}	tʰɤŋ^{45}	tʰɤŋ^{45}	tʰɤŋ^{45}	tʰɤŋ^{22}	tʰɤŋ^{44}	tʰu^{42}	tʰu^{42}	lɤŋ^{45}	lɤŋ^{45}	lɤŋ^{33}	lɤŋ^{42}	lu^{33}

	禄	椶	总	粽	聪	匆	葱	从	族	送	速	公	蚣~	工	功
	通合一入屋来	通合一平东精	通合一上董精	通合一去送精	通合一平东清	通合一平东清	通合一平东清	通合一平东从	通合一入屋从	通合一去送心	通合一入屋心	通合一平东见	通合一平东见	通合一平东见	通合一平东见
华容	ləu^{435}	tsoŋ^{45}	tsoŋ^{21}	tsoŋ^{213}	tsʰoŋ^{45}	tsʰoŋ^{45}	tsʰoŋ^{45}	tsʰoŋ^{12}	tsʰəu^{435}	soŋ^{213}	səu^{435}	koŋ^{45}	koŋ^{45}	koŋ^{45}	koŋ^{45}
岳阳楼	lau^{45}	tsuŋ^{34}	tsuŋ^{31}	tsuŋ^{324}	tsʰuŋ^{34}	tsʰuŋ^{34}	tsʰuŋ^{34}	tsʰuŋ^{13}	tsʰəu^{45}	suŋ^{324}	səu^{45}	kuŋ^{34}	kuŋ^{34}	kuŋ^{34}	kuŋ^{34}
临湘	lau^{5}	tsɤŋ^{33}	tsɤŋ^{42}	tsɤŋ^{325}	dzʰɤŋ^{33}	dzʰɤŋ^{33}	dzʰɤŋ^{33}	dzʰɤŋ^{13}	dzʰɤu^{5}	sɤŋ^{325}	sɤu^{5}	kɤŋ^{33}	kɤŋ^{33}	kɤŋ^{33}	kɤŋ^{33}
岳阳县	lau^{3}	tsɤŋ^{33}	tsɤŋ^{42}	tsɤŋ^{45}	tsʰɤŋ^{33}	tsʰɤŋ^{33}	tsʰɤŋ^{33}	tsɤŋ^{13}	tsʰeu^{3}	sɤŋ^{45}	sɤu^{5}	kɤŋ^{33}	kɤŋ^{33}	kɤŋ^{33}	kɤŋ^{33}
平江	ləu^{24}	tsɤŋ^{44}	tsɤŋ^{324}	tsɤŋ^{45}	tsʰɤŋ^{44}	tsʰɤŋ^{44}	tsʰɤŋ^{44}	tsʰɤŋ^{13}	tsʰɤu^{5}	sɤŋ^{45}	sʅ^{5}	kɤŋ^{44}	kɤŋ^{44}	kɤŋ^{44}	kɤŋ^{44}
浏阳	lau^{44}	tsən^{44}	tsan^{324}	tsan^{42}	tsʰən^{44}	tsʰən^{44}	tsən^{44}	tsʰən^{45}	tsʰəu^{42}	san^{42}	sən^{44}	ken^{44}	ken^{42}	ken^{44}	ken^{44}
醴陵	ləu^{435}	tsoŋ^{44}	tsoŋ^{31}	tsoŋ^{22}	ɫie.ŋ^{44}	ɫie.ŋ^{45}	ɫie.ŋ^{44}	ɫie.ŋ^{213}	ɫeu.^{3}	sɤŋ^{22}	nes^{435}	ɫuenŋ^{44}	ɫuenŋ^{44}	ɫuenŋ^{45}	ɫuenŋ^{44}
茶陵	lu^{33}	tsɤŋ^{45}	tsɤŋ^{42}	tsɤŋ^{33}	tsʰɤŋ^{45}	tsʰɤŋ^{45}	tsʰɤŋ^{45}	tsʰɤŋ^{213}	tsʰu^{325}	sɤŋ^{33}	so^{33}	kɤŋ^{45}	kɤŋ^{45}	kɤŋ^{45}	kɤŋ^{45}
安仁	lau^{213}	tsõ^{45}	tsõ^{44}	tsõ^{24}	tsʰõ^{45}	tsʰõ^{45}	tsʰõ^{44}	tsõ^{24}	tsʰu^{5}	sõ^{24}	su^{213}	kõ^{45}	kõ^{45}	kõ^{45}	kõ^{45}
耒阳	lu^{13}	tson^{44}	tsoŋ^{42}	tsoŋ^{213}	tsʰoŋ^{45}	tsʰõ^{45}	tsʰõ^{44}	tsʰõ^{25}	tsʰu^{24}	soŋ^{22}	su^{13}	koŋ^{44}	koŋ^{44}	koŋ^{44}	koŋ^{44}
常宁	lu^{33}	tsoŋ^{44}	tsoŋ^{31}	tsoŋ^{44}	tsʰoŋ^{44}	tsʰoŋ^{44}	tsʰoŋ^{44}	tsʰoŋ^{22}	tsʰu^{21}	soŋ^{35}	su^{33}	kɤŋ^{44}	kɤŋ^{44}	kɤŋ^{44}	kɤŋ^{44}
永兴	lu^{22}	tsoŋ^{45}	tsoŋ^{42}	tsoŋ^{13}	tsʰoŋ^{44}	tsʰoŋ^{45}	tsʰɤŋ^{44}	tsʰɤŋ^{22}	tsʰu^{22}	soŋ^{45}	su^{22}	kɤŋ^{44}	kɤŋ^{44}	kɤŋ^{44}	kɤŋ^{44}
资兴	lu^{13}	tsoŋ^{44}	tsoŋ^{31}	tsoŋ^{44}	tsʰoŋ^{44}		tsʰɤŋ^{53}	tsʰɤŋ^{13}	tsʰu^{13}	soŋ^{45}	suŋ^{13}	kuŋ^{53}	kɤŋ^{44}	kuŋ^{53}	kuŋ^{53}
隆回	lu^{325}	tsɤŋ^{53}	tsuŋ^{212}	tsuŋ^{45}	tsʰuŋ^{44}	tsʰɤŋ^{44}	tsʰuŋ^{44}	tsʰuŋ^{13}	tsʰu^{325}	suŋ^{45}	suŋ^{325}	kɤŋ^{44}	kɤŋ^{44}	kɤŋ^{44}	kɤŋ^{44}
洞口	lu^{53}	tsuŋ^{53}	tsuŋ^{213}	tsuŋ^{45}	tsʰuŋ^{53}		tsʰuŋ^{53}	tsʰuŋ^{24}	tsʰu^{33}	suŋ^{45}	su^{45}	kuŋ^{53}	kõ^{45}	kuŋ^{53}	kuŋ^{53}
绥宁	lu^{33}	tsɤŋ^{33}	tsɤŋ^{13}	tsɤŋ^{42}	tsʰɤŋ^{33}		tsʰɤŋ^{33}	tsʰuŋ^{13}	tsʰu^{33}	sɤŋ^{42}	su^{324}	kɤŋ^{33}	kɤŋ^{33}	kɤŋ^{33}	kɤŋ^{33}

	攻~击	贡	谷~糠	空~气	孔	控	空~缺	哭	烘~干	哄~嗅	红	洪	鸿	斛	翁
	通合一平东见	通合一去送见	通合一入屋见	通合一平东溪	通合一上董溪	通合一去送溪	通合一去送溪	通合一入屋溪	通合一平东晓	通合一上董晓	通合一平东匣	通合一平东匣	通合一平东匣	通合一入屋匣	通合一平东影
华容	koŋ^{45}	koŋ^{213}	ku^{435}	kʰoŋ^{45}	kʰoŋ^{21}	kʰoŋ^{213}	kʰoŋ^{213}	kʰu^{435}	xoŋ^{45}	xoŋ^{21}	xoŋ^{12}	xoŋ^{12}	xoŋ^{12}	xu^{435}	ŋoŋ^{45}
岳阳楼	kuŋ^{34}	kuŋ^{324}	ku^{45}	kʰuŋ^{34}	kʰuŋ^{31}	kʰuŋ^{324}	kʰuŋ^{324}	kʰu^{45}	xuŋ^{34}	xuŋ^{31}	xuŋ^{13}	xuŋ^{13}	xuŋ^{13}	xu^{45}	ŋuŋ^{34}
临湘	kɤŋ^{33}	kɤŋ^{325}	ku^{5}	gʰɤŋ^{33}	gʰɤŋ^{42}	gʰɤŋ^{325}	gʰɤŋ^{325}	gʰu^{5}		xɤŋ^{42}	xɤŋ^{13}	xɤŋ^{13}	xɤŋ^{13}	fu^{5}	ɤŋ^{33}
岳阳县	kɤŋ^{33}	kɤŋ^{45}	kn^{5}	kʰɤŋ^{33}	kʰɤŋ^{42}	kʰɤŋ^{45}	kʰɤŋ^{45}	kʰu^{5}	xɤŋ^{17}	xɤŋ^{10}	xɤŋ^{15}	xɤŋ^{13}	xɤŋ^{13}	fu^{3}	ɤŋ^{43}
平江	kɤŋ^{44}	kɤŋ^{45}	kuʔ^{4}	xɤŋ^{44}	xɤŋ^{324}	xɤŋ^{45}	xɤŋ^{44}	kʰuʔ^{7}	fɤŋ^{324}	fɤŋ^{324}	fɤŋ^{13}	fɤŋ^{13}	fɤŋ^{13}	fuʔ^{4}	uɤŋ^{44}
浏阳	kɑn^{44}	kɑn^{42}	ku^{44}	kʰɑn^{11}	kʰɑn^{324}	kʰɐn^{42}	kʰɐn^{42}	kʰu^{44}			fɑn^{45}	fɑn^{45}	fɑn^{45}		uen^{44}
醴陵	kuɐŋ^{44}	kuɐŋ^{22}	ku^{435}	kʰuɐŋ^{44}	kʰuɐŋ^{31}	kʰuɐŋ^{31}	kʰuɐŋ^{22}	kʰu^{435}	fɤŋ^{44}	fɤŋ^{13}	fɤŋ^{13}	fɤŋ^{13}	fɤŋ^{13}	fu^{435}	fien^{44}
茶陵	kɤŋ^{45}	kɤŋ^{33}	ku^{33}	xɤŋ^{45}/kʰɤŋ^{45}	kʰɤŋ^{42}	kʰɤŋ^{33}	kʰɤŋ^{33}	kʰu^{33}		xɤŋ^{42}	xɤŋ^{213}	xɤŋ^{213}	xɤŋ^{213}	xu^{33}	uɤŋ^{45}
安仁	kɑn^{322}	kɑn^{322}	kɐu^{213}	kʰɑn^{53}	kʰɐn^{53}	kʰɐn^{322}	kʰɐn^{322}	kʰɐu^{213}	xɐn^{44}	xɐn^{53}	xɐn^{24}	xɐn^{24}	xɐn^{24}	xɐu^{44}	n̩^{44}
耒阳	kɤŋ^{45}	kɤŋ^{213}	ku^{13}	kʰɤŋ^{45}	kʰɤŋ^{53}	kʰɤŋ^{213}	kʰɤŋ^{213}	kʰu^{13}	xɤŋ^{45}	xɤŋ^{53}	xɤŋ^{25}	xɤŋ^{25}	xɤŋ^{25}	xu^{45}	ŋ̍^{45}
常宁	kɔ̃^{45}	kɔ̃^{24}	ku^{33}	kʰõ^{45}	kʰõ^{44}	kʰõ^{24}	kʰõ^{24}	kʰu^{33}	xõ^{45}	xõ^{44}	xõ^{21}	xõ^{21}	xõ^{21}		ŋ̍^{45}
永兴	kɔŋ^{45}	kɔŋ^{13}	kɐu^{22}	kʰɔŋ^{45}	kʰɔŋ^{42}	kʰɤŋ^{13}	kʰɔŋ^{13}	kʰɐu^{22}	xoŋ^{45}	xoŋ^{42}	xoŋ^{325}	xoŋ^{325}	xoŋ^{325}		oŋ^{45}
资兴	kɔŋ^{44}	kɔŋ^{35}	kɐu^{13}	kʰɔŋ^{44}	kʰɔŋ^{31}	kʰɤŋ^{35}	kʰɔŋ^{35}	kʰu^{13}	xoŋ^{44}	xoŋ^{31}	xoŋ^{22}	xoŋ^{22}	xoŋ^{22}		oŋ^{44}
隆回	kɤŋ^{44}	kɤŋ^{45}	ku^{44}/ku^{325}	kʰɤŋ^{44}	kʰuŋ^{212}	kʰɤŋ^{45}	kʰɤŋ^{45}	kʰu^{44}	xɤŋ^{44}	xɤŋ^{212}	xɤŋ^{13}	xɤŋ^{13}	xɤŋ^{13}	xu^{45}	n̩^{44}
洞口	kuŋ^{53}	kuŋ^{45}	ku^{53}	kʰuŋ^{45}	kʰuŋ^{213}	kʰuŋ^{45}	kʰuŋ^{45}	kʰu^{53}	xuŋ^{24}	xuŋ^{213}	xuŋ^{24}	xuŋ^{24}	xuŋ^{24}	fu^{45}	n̩^{53}
绥宁	kɤŋ^{33}	kɤŋ^{42}	ku^{33}	kʰɤŋ^{33}	kʰɤŋ^{31}	kʰɤŋ^{42}	kʰɤŋ^{42}	kʰu^{33}	xɤŋ^{33}	xɤŋ^{13}	xɤŋ^{45}	xɤŋ^{45}	xɤŋ^{45}	fu^{42}	n̩^{33}

	瓮 通合一 去送影	屋 通合一 入屋影	冬 通合一 平东端	督 通合一 入沃端	统 通合一 去末透	毒 通合一 入沃定	农 通合一 平冬泥	脓 通合一 平冬泥	宗 通合一 平冬精	综（缝纫和上的缝） 通合一 去末精	松~紧 通合一 平冬心	宋 通合一 去末心	酷 通合一 入末溪	风 通合三 平东非	枫 通合三 平东非
华容	ŋoŋ^{213}	u^{435}	toŋ^{45}	tau^{435}	hoŋ^{21}	hau^{435}	loŋ^{12}	loŋ^{12}	tsoŋ^{45}	tsoŋ^{45}	soŋ^{45}	soŋ^{213}	kʰu^{435}	foŋ^{45}	foŋ^{45}
岳阳楼	ŋuŋ^{324}	u^{45}	tuŋ^{34}	tau^{45}	tʰuŋ^{31}	tʰeu^{45}	luŋ^{13}	luŋ^{13}	tsuŋ^{34}	tsuŋ^{34}	suŋ^{34}	suŋ^{324}	kʰu^{45}	xuŋ^{34}	xuŋ^{34}
临湘	ʋŋ^{325}	u^{5}	svŋ^{33}	tau^{5}	dʰvŋ^{42}	dʰeu^{5}	lvŋ^{13}	lvŋ^{13}	tsvŋ^{33}	tsvŋ^{33}	svŋ^{33}	svŋ^{325}	gʰu^{5}	xvŋ^{33}	xvŋ^{33}
岳阳县	vŋ^{33}	u^{5}	svŋ^{33}	tau^{5}	tʰvŋ^{42}	tʰeu^{3}	lvŋ^{13}	lvŋ^{13}	tsvŋ^{33}		svŋ^{33}	svŋ^{45}	kʰu^{5}	xvŋ^{33}	xvŋ^{33}
平江	uvŋ^{45}	uʔ^{4}	foŋ^{44}	tauʔ^{4}	tʰvŋ^{324}	tʰeuʔ^{4}	lvŋ^{13}	lvŋ^{13}	tsvŋ^{44}	tsvŋ^{44}	svŋ^{44}	svŋ^{45}	kʰuʔ^{4}	fvŋ^{44}	fvŋ^{44}
浏阳	uan^{42}	u^{44}	toŋ^{44}	tau^{44}	tʰən^{324}	tʰeu^{42}	lan^{45}	lan^{45}	tson^{44}	tson^{44}	son^{44}	son^{42}	ku^{42}	fan^{44}	fan^{44}
醴陵	uan^{22}	u^{435}	teɪ^{44}	teu^{435}	tʰɐn^{31}	tʰeu^{435}	leŋ^{45}	leŋ^{13}	tson^{44}	tson^{44}	son^{44}	son^{42}	ku^{435}	feŋ^{44}	feŋ^{44}
茶陵	uɐ^{213}	u^{33}	tvŋ^{45}	tu^{33}	tʰvŋ^{42}	tʰu^{33}	lvŋ^{213}	lvŋ^{213}	tsvŋ^{45}	tsvŋ^{45}	svŋ^{45}	svŋ^{22}	kʰu^{33}	fvŋ^{45}	fvŋ^{45}
安仁	uan^{322}	u^{213}	tan^{44}	tau^{213}	tʰan^{53}	tʰu^{44}	lan^{24}	lan^{45}	tson^{44}	tson^{44}	son^{44}	son^{33}	kou^{213}	fan^{44}	fan^{44}
耒阳	uɐ^{213}	u^{13}	teŋ^{45}	tu^{13}	tʰeŋ^{53}	tu^{13}	lvŋ^{25}	lvŋ^{25}	tsvŋ^{45}	tsvŋ^{45}	svŋ^{45}	svŋ^{213}	kʰu^{13}	fvŋ^{45}	fvŋ^{45}
常宁	ŋ^{24}	u^{33}	tõ^{45}	tu^{33}	tʰõ^{44}	tʰu^{33}	lõ^{21}	lõ^{21}	tsõ^{45}	tsõ^{45}	sõ^{45}	sõ^{24}	kʰu^{33}	fõ^{45}	fõ^{45}
永兴	oŋ^{13}	u^{22}	toŋ^{45}	tu^{45}	tʰoŋ^{42}	tu^{22}	loŋ^{325}	loŋ^{325}	tsoŋ^{45}	tsoŋ^{45}	soŋ^{45}	soŋ^{13}	kʰu^{13}	foŋ^{45}	foŋ^{45}
资兴	oŋ^{35}	eu^{13}	toŋ^{44}	tu^{13}	tʰoŋ^{31}	tu^{13}	loŋ^{22}	loŋ^{22}	tsoŋ^{44}	tsoŋ^{44}	soŋ^{44}	soŋ^{35}	kʰu^{13}	foŋ^{44}	foŋ^{44}
隆回	n̩^{45}	u^{44}	toŋ^{44}	tu^{325}	xoŋ^{212}	tu^{325}	loŋ^{22}	loŋ^{22}	tson^{44}	tson^{44}	soŋ^{44}	soŋ^{45}	kʰu^{325}	foŋ^{44}	foŋ^{44}
洞口		u^{53}	tuŋ^{53}	tu^{53}	xuŋ^{213}	tu^{45}	luŋ^{24}	luŋ^{22}	tsuŋ^{53}	tsuŋ^{45}	suŋ^{53}	suŋ^{4547}	kʰu^{53}	xuŋ^{53}	xuŋ^{53}
绥宁	oŋ^{33}	u^{33}	tvŋ^{33}	tu^{324}	tʰvŋ^{13}	tu^{42}	lvŋ^{45}	lvŋ^{45}	tsvŋ^{33}	tsvŋ^{33}	svŋ^{33}	svŋ^{42}	kʰu^{42}	xvŋ^{33}	xvŋ^{33}

	疯 通合三平东非	讽 通合三去送非	福 通合三入屋非	幅 通合三入屋非	腹 通合三入屋非	复重~ 通合三入屋敷	丰 通合三平东敷	冯 通合三平东奉	凤 通合三去送奉	服 通合三入屋奉	伏 通合三入屋奉	梦 通合三去送明	目 通合三入屋明	穆 通合三入屋明	牧 通合三入屋明
华容	foŋ⁴⁵	foŋ²¹	fu⁴³⁵	fu⁴³⁵	fu⁴³⁵	fu⁴³⁵	foŋ⁴⁵	foŋ¹²	foŋ³³	fu⁴³⁵	fu⁴³⁵	moŋ³³	mo⁴³⁵	mo⁴³⁵	mo⁴³⁵
岳阳楼	xuŋ³⁴	xuŋ³²⁴	fu⁴⁵	fu⁴⁵	fu⁴⁵	fu⁴⁵	xuŋ³⁴	xuŋ¹³	xuŋ²²	fu⁴⁵	fu⁴⁵	muŋ²²	mo⁴⁵	mo⁴⁵	mo⁴⁵
临湘	xɤŋ³³	xɤŋ³²⁵	fu⁵	fu⁵	fu⁵	fu⁵	xɤŋ³³	xɤŋ¹³	xɤŋ²¹	fu⁵	fu⁵	mɤŋ²¹	mu⁵	mu⁵	mu⁵
岳阳县	xɤŋ³³	xɤŋ⁴²/xɤ̃ŋ¹ᶠ	fu⁵	fu⁴⁵	fu⁵	fu⁶	xɤ̃ŋ¹⁸	xɤŋ¹³	xɤŋ³¹	fu³	fu³	mɤŋ²¹	mo³	mo³	mo³
平江	fɤŋ⁴⁴	fɤŋ³²⁴	fuʔ⁴	fuʔ⁴	fuʔ⁴	fuʔ⁴	fɤŋ⁴⁴	fɤŋ¹³	fɤŋ²²	fuʔ⁴	fuʔ⁴	mɤŋ²²	moʔ⁴	moʔ⁴	moʔ⁴
浏阳	fan⁴⁴	fan³²⁴	fu⁴⁴	fu⁴⁴	fu⁴⁴	fu⁴⁴	fan⁴⁴	fan⁴⁵	fan²¹	fu⁴⁴	fu⁴²	men²¹	mo⁴⁴	mo⁴⁴	mo⁴⁴
醴陵	foŋ⁴⁴	foŋ³¹	fu⁴³⁵	fu⁴³⁵	fu⁴³⁵	fu⁴³⁵	fan⁴⁴	foŋ¹³	foŋ²²	fu⁴³⁵	pʰu⁴³⁵/fu⁴³⁵	meŋ²²	mu⁴³⁵	mu⁴³⁵	mu⁴³⁵
茶陵	fɤŋ⁴⁵	fɤŋ⁴²	fu³³	fu³³	fu³³	fu³³	fɤŋ⁴⁵	fɤŋ²¹³	fɤŋ³²⁵	fu³³	fu³³	mɤŋ³²⁵	mo³³	mu³³	mu³²⁵
安仁	fan⁴⁴	fan⁵³	fu²¹³	fu²¹³	fu²¹³	fu²¹³	fan⁴⁴	fan²⁴	fan³²²	fu²¹³	pʰu⁴⁴	men³²²	mu²¹³	mu²¹³	mu²¹³
耒阳	fɤŋ⁴⁵	fɤŋ⁵³	fu¹³	fu¹³	fu¹³	fu¹³	fɤŋ⁴⁵	fɤŋ²⁵	fɤŋ²¹³	fu¹³	pʰu⁴⁵	ŋ̍²¹³/mɤŋ²¹³	ŋ̍¹³	mo¹³	mo¹³
常宁	fõ⁴⁵	fõ⁴⁴	fu³³	fu³³	fu³³	fu³³	fõ⁴⁵	fõ²¹	fõ²⁴	fu³³	pʰu²¹/fu³³	mo²⁴	mo³³	mo³³	moʔ²⁴
永兴	foŋ⁴⁵	foŋ⁴²	fu²²	fu¹³	fu²²	fu²²	foŋ⁴⁵	foŋ³²⁵	foŋ¹³	fu²²	po⁴⁵	moŋ¹³	mo²²	mo²²	mo¹³
资兴	foŋ⁴⁴	foŋ³¹	fu¹³	fu¹³	peu⁴⁵		foŋ⁴⁴	foŋ²²	foŋ³⁵	fu¹³	po¹³	moŋ³⁵	mu¹³	mo¹³	muŋ¹³
隆回	fɤŋ⁴⁴	fɤŋ²¹²	fu³²⁵	fu³²⁵	fu⁴⁵	fu⁴⁵	fɤŋ⁴⁴	xɤŋ¹³	fɤŋ⁴⁵	fu³²⁵	hu⁴⁵	mɤŋ⁴⁵	mɤŋ³²⁵	mɤŋ³²⁵	mo³²⁵
洞口	xuŋ⁵³	xuŋ⁵³	fu⁴⁵	fu⁴⁵	fu⁴⁵	fu⁵³	xuŋ⁵³	hẽ²⁴	xuŋ⁴⁵	fu⁴⁵	fu⁴⁵	muŋ⁵³	muŋ⁴⁵	muŋ⁴⁵	muŋ⁴⁵
绥宁	xɤŋ³³	xɤŋ¹³	fu³³	fu⁴²	fu³³	fu³³	xɤŋ³³	xɤŋ⁴⁵	xɤŋ⁴⁴	fu⁴²	pʰu⁴²/fu⁴²	mɤŋ⁴⁴	mo³²⁴	mo⁴²	mo³²⁴

	隆	六	陆	嵩	肃	宿	中(当~)	忠	中(帅~)	竹	筑	畜(~牲)	虫	仲	逐(透)
	通合三平东来	通合三入屋来	通合三入屋来	通合三平东心	通合三入屋心	通合三入屋心	通合三平东知	通合三平东知	通合三去送知	通合三入屋知	通合三入屋知	通合三入屋彻	通合三平东澄	通合三去送澄	通合三入屋澄
华容	loŋ¹²	leu⁴³⁵	leu⁴³⁵	soŋ⁴⁵	sou⁴³⁵	sou⁴³⁵	tsoŋ⁴⁵	tsoŋ⁴⁵	tsoŋ²¹³	tseu⁴³⁵	tseu⁴³⁵	tsʰou⁴³⁵	tsʰoŋ¹²	tsʰoŋ³³	tsʰou⁴³⁵
岳阳楼	luŋ¹³	leu⁴⁵	leu⁴⁵	suŋ³⁴	seu⁴⁵	seu⁴⁵	tsuŋ³⁴	tsuŋ³⁴	tsuŋ³²⁴	tseu⁴⁵	tseu⁴⁵	tsʰeu⁴⁵	tsʰuŋ²²	tsʰuŋ²²	tsʰeu⁴⁵
临湘	lɤŋ¹³	leu⁵	leu⁵	sɤŋ³³	seu⁵	seu⁵	tsɤŋ³³	tsɤŋ³³	tsɤŋ³²⁵	tseu⁵	tseu⁵	tsʰeu⁵	dʑɤŋ²¹	dʑɤŋ²¹	dʑ
岳阳县	lɤŋ¹³	leu³	leu³	sɤŋ³³	seu⁵	seu⁵	tsɤŋ³³	tsɤŋ³³	tsɤŋ⁴⁵	tseu⁵	tseu⁵	tsʰeu⁵	tsɤŋ²¹	tsɤŋ²¹	tsʰeu⁵
平江	lɤŋ¹³	lieuʔ⁴	leuʔ⁴	sirɤŋ⁴⁴	sisiuʔ⁴	sieuʔ⁴	tsɤŋ⁴⁴	tsɤŋ⁴⁴	sɤ̀ʂ⁴⁵	tsieuʔ⁴	tɕeuʔ⁴	tsʰɥeuʔ⁴/xieuʔ⁴	tsʰɤŋ¹³	tsʰɤŋ²²	tsʰɤ̀ʂ
浏阳	lən⁴⁵	tieu⁴²	leu⁴⁴	sen⁴⁴	seu⁴⁴	seu⁴⁴	neʂ⁴⁴	neʂ⁴⁴	neʂ⁴²	neʂ⁴⁴	neʂ⁴⁴	neʂ⁴⁴	neʂ⁴⁵	neʂ²¹	neʂ⁴⁴
醴陵	leŋ¹³	leu⁴³⁵	leu⁴³⁵	ɕieŋ⁴⁴	seu⁴³⁵	seu⁴³⁵	tɕieʂ⁴⁴	tɕieʂ⁴⁴	tɕieʂ²²	tseʂ⁴³⁵	tseʂ⁴³⁵	tsʰeʂ⁴³⁵	dʑieʂ	dʑieʂ	tsʰeʂ⁴³⁵
茶陵	lɤŋ²¹³	lio³³	lio³³	sɤŋ⁴⁵	su³³	su³³	tɕɣŋ⁴⁵/tʂɣŋ⁴⁵	tɕɣŋ⁴⁵	tɕɣŋ⁴⁵	tio³³	tɕy³³	tɕʰy³³	tɕʰɣ̃ɣŋ²¹³	tɕɣ̃ɣŋ³²⁵	tɕy³³
安仁	lən²⁴	liɯ⁴⁴/leu²¹³	leu²¹³	sen⁴⁴	seuʔ²¹³	neuʔ⁴⁴	ten⁴⁴/tʃen⁴⁴	tʃen⁴⁴	tʃen³²²	tiɯ²¹³	tɕy²¹³		tʃɤn²⁴	tʃɤn³²²	tʃiu²¹³
耒阳	lɤŋ²⁵	liɯ⁴⁵	liɯ⁴⁵/lu¹³	sɤŋ⁴⁵	su¹³	su¹³	tʂɣŋ⁴⁵	tʂɣŋ⁴⁵	tɤ̀ʂ⁴⁵	tiɯ¹³	tɯ¹³	tʰɯ³³	tʰɣ̃ʂ²⁵	tʰɣ̃ʂ²¹³	tʰɯ¹³
常宁	lõ²¹	lu³³/liu³³	lu³³	so⁴⁵	su³³	su³³	tʂõ⁴⁵	tʂõ⁴⁵	tʂõ²⁴	tiu³³	tiu³³	tsʰu²²	tʂʰõ²¹	tʂõ²⁴	tʰu³³
永兴	loŋ²²	liɯ⁴⁵	liɯ⁴⁵	soŋ⁴⁵	su²²	su²²	tsoŋ⁴⁴	tsoŋ⁴⁵	tsoŋ¹³	tsɯ⁴⁵	tsu²²		tsʰoŋ³²⁵	tsʰoŋ¹³	tsʰu⁵
资兴	loŋ²²	lieu¹³	liɯ¹³	soŋ⁴⁴	su¹³	suɯ¹³	tsoŋ⁴⁴/tʃɣŋ⁴⁴	tsoŋ⁴⁴	tsoŋ³⁵	tieu¹³	tsu¹³		tsʰoŋ²²	tsʰoŋ³⁵	tsʰu³²⁵
隆回	lɤŋ¹³	liɯ⁴⁵	lu³²⁵	sɤŋ⁴⁴	su³²⁵	su³²⁵	tuŋ⁵³/tʃuŋ⁵³	tʃɣŋ⁴⁴	tʃɣŋ⁴⁵	tiu⁴⁴/tsu³²⁵	tsu³²⁵	tsʰu³²⁵	tʃʰɣŋ³²⁵	tʃʰɣŋ⁴⁵	tʃʰu³²⁵
洞口	luŋ²⁴	liɯ⁴⁵	liɯ⁴⁵	suŋ⁴⁵	ɕɥ⁴⁵	ɕɥ⁴⁵	tʂɣŋ³³/tʃɣŋ³³	tʃuŋ⁵³	tʃuŋ⁴⁵	tiu⁴⁵	tʃɥ⁴⁵		tʃʰuŋ²⁴	tʃɣŋ⁴⁵	tʃy⁴⁵
绥宁	lɤŋ⁴⁵	liɯ³³	liɯ³³/lu³²⁴	sɤŋ³³	su³²⁴	su³²⁴		tʃɣŋ³³	tʃɣŋ⁴²	tiu³³/tʃiu³²⁴	tʃiu³²⁴		tʃʰɣŋ³²⁴	tʃɣŋ⁴⁴	tʃiu³²⁴

	轴 通合三 入屋澄	崇 通合三 平东崇	缩 通合三 入屋生	终 通合三 平东章	众 通合三 去送章	祝 通合三 入屋章	粥 通合三 入屋章	充 通合三 平东昌	统~放~ 通合三 去送昌	叔 通合三 入屋书	熟~素 通合三 入屋禅	淑 通合三 入屋禅	戎 通合三 平东日	绒 通合三 平东日	肉 通合三 入屋日
华容	tsʰəu^{435}	tsʰoŋ^{12}	sɤu^{435}	tsoŋ^{45}	tsoŋ^{213}	tsɤu^{435}	tsɤu^{435}	tsʰoŋ^{45}	tsʰoŋ^{213}	sɤu^{435}	sɤu^{435}	sɤu^{435}	zoŋ^{12}	zoŋ^{12}	zɤu^{435}
岳阳楼	tsʰəu^{45}	tsʰuŋ^{13}	sɤu^{45}	tsuŋ^{34}	tsuŋ^{324}	tsɤu^{45}	tsɤu^{45}	tsʰuŋ^{34}	tsʰuŋ^{324}	sɤu^{45}	sɤu^{45}	sɤu^{45}	iuŋ^{13}	iuŋ^{13}	zɤu^{45}
临湘	ɖʐʰəu^{5}	ɖʐʰɤŋ^{13}	ɳes^{5}	zɤŋ^{33}	zɤŋ^{325}	ɳes^{5}	ɳes^{5}	ɖʐʰɤŋ^{33}	ɖʐʰɤŋ^{325}	sɤs^{5}	sɤs^{5}	sɤs^{5}	iɤŋ^{13}	iɤŋ^{13}	ȵieu^{5}
岳阳县	tsʰəu^{3}	tsɤŋ^{13}	ɳes^{5}	zɤŋ^{33}	zɤŋ^{45}	ɳes^{5}	ɳes^{5}	tsʰɤŋ^{33}	tsʰɤŋ^{33}	ɳes^{5}	ɳes^{3}	ɳes^{5}	iɤŋ^{13}	iɤŋ^{13}	ȵieu^{3}
平江	tsʰəuʔ^{4}	tsʰɤŋ^{13}	soʔ^{4}	tsɤŋ^{44}	tsɤŋ^{45}	tsɤuʔ^{4}	tsɤuʔ^{4}	tsʰɤŋ^{44}	tsʰɤŋ^{45}	sɤuʔ^{4}	ɳeuʔ^{4}	ɳeuʔ^{4}	iɤŋ^{44}	iɤŋ^{45}	ȵieuʔ^{4}
浏阳	tsʰəu^{44}	tsʰɤn^{45}	soʔ^{44}	ɳesʔ^{44}	tsʰən^{21}	ɳesʔ^{44}	ɳesʔ^{44}	tsʰən^{44}	tsʰən^{42}	sɤsʔ^{44}	sɤsʔ^{42}	sɤsʔ^{44}	yn^{24}	yn^{45}	ȵieu^{44}
醴陵	tsʰɤuʔ^{435}	tsʰɤn^{13}	ɳes^{5}	ɳesʔ^{44}	tsən^{22}	tsɤuʔ^{435}	tsɤuʔ^{435}	tsʰən^{44}	tsʰən^{22}	sɤsʔ^{435}	sɤsʔ^{435}	ɳes^{435}	in^{13}	in^{13}	nieu^{435}
茶陵	tsʰɤø^{33}	tsʰɤsʔ^{33}	so^{33}	tɕyɤŋ^{45}	tɕɤɣʔ^{33}	tɕy^{33}	tsɤ^{33}	tɕʰɤɣʔ^{33}	tɕʰɤɣʔ^{33}	so^{33}	so^{33}	cy^{33}	yɤɣŋ^{213}	yɤɣŋ^{213}	nie^{33}
安仁	tɕʰɯu^{44}	tsen^{213}	ɳes^{213}	ɳen^{44}	ɳen^{322}	tɕɯu^{213}	tɕiu^{13}	tɕʰən^{44}	tɕʰən^{322}	tɕiu^{213}	tɕiu^{44}	tɕiu^{213}	yɤɣŋ^{24}	yɤɣŋ^{24}	iuu^{213}
耒阳	tɕʰɯu^{24}	tsʰɤɣn^{25}	su^{213}	ɳen^{44}	iɤɣŋ^{213}	ɬɯɯ^{13}	ɬiu^{33}	tɕʰɤɣ^{45}	tɕʰɤɣ^{711}	ɕiu^{13}	ciu^{21}	ciu$^{33}/su^{33}	iɤɣŋ^{25}	yn^{25}	iu^{45}
常宁	tɕʰɯu^{22}	tsʰɤ̃^{21}	su^{33}	iõ^{45}	tɕɔ^{274}	ɬɯɯ^{33}	ɬiu^{33}	tɕʰõ^{45}	tɕʰõ^{24}	ɕiu$^{33}/su^{33}	ciu$^{21}/su^{45}	ciu$^{33}/su^{33}	iõ^{22}	iõ^{21}	iu^{33}
永兴	tsʰɯu^{22}	tsʰoŋ^{22}	su^{22}	tsoŋ^{45}	tson^{13}	tsu^{22}	tsu^{22}	tsʰoŋ^{45}	tsʰoŋ^{13}	su^{22}	su^{45}	su^{22}	ioŋ^{22}	ioŋ^{325}	iu^{45}
资兴	tsʰeu^{13}	tsʰoŋ^{22}	seu^{13}	tson^{44}	tson^{35}	tsu^{13}	kaŋ^{44}	tsʰoŋ^{44}	tsʰoŋ^{35}	seu^{13}	seu^{44}	su^{13}	ioŋ^{22}	ioŋ^{325}	ieu^{13}
隆回	tɕʰiu^{325}	tsʰɤɣŋ^{13}	su^{44}/su^{325}	tɕʰɤɣŋ^{44}	tɕʰɤɣŋ^{45}	tɕʰiu^{44}/tsu^{325}	tɕʰiu^{44}/tsu^{325}	tɕʰən^{44}	tɕʰən^{45}	su^{325}	ɕiu^{45}/su^{325}	su^{325}	iɤɣŋ^{13}	iɤɣŋ^{13}	iɤŋ^{44}/su^{325}
洞口	tɕʰiu^{53}	tsʰuŋ^{24}	ɬɯ^{45}	tɕiuŋ^{53}	tɕiuŋ^{45}	tɕɯ^{45}	tɕiu^{53}	tɕʰiuŋ^{44}	tɕʰiuŋ^{45}	ɬɯ^{45}	ɕiu^{45}	ɬɯ^{45}	iuŋ^{24}	iuŋ^{24}	iu^{53}
绥宁	tɕʰiu^{33}	tsʰɤɣŋ^{45}	su^{324}	tɕɤɣŋ^{33}	tɕɤɣŋ^{42}	tɕiu^{324}	tɕiu^{324}	tɕʰuŋ^{33}	tɕʰuŋ^{42}	ɕiu^{33}/ʃiu^{324}	ʃiu^{42}	ʃiu^{324}	iɤɣŋ^{45}	iɤɣŋ^{45}	ȵiu^{33}/ȵiu^{42}

地点	弓	躬	宫	菊	穷	嗅（用鼻子闻）	蓄~牧	蓄~储	熊	雄	融	育	封	峰	蜂
	通合三 平东见	通合三 平东见	通合三 平东见	通合三 入屋见	通合三 平东群	通合三 去送晓	通合三 入屋晓	通合三 入屋晓	通合三 平东云	通合三 平东云	通合三 平东以	通合三 入屋以	通合三 平钟非	通合三 平钟非	通合三 平钟敷
华容	koŋ^{45}	koŋ^{45}	koŋ^{45}	tɕy^{435}	tɕʰioŋ^{12}	ɕioŋ^{213}	tsʰəu^{435}	ɕieu^{435}	ɕioŋ^{12}	ɕioŋ^{12}	ioŋ^{12}	ieu^{435}	foŋ^{45}	foŋ^{45}	foŋ^{45}/foŋ^{33}
岳阳楼	kuŋ^{34}	kuŋ^{34}	kuŋ^{34}	tɕy^{45}	tɕʰiuŋ^{13}	ɕiuŋ^{324}	ɕieu^{45}	ɕieu^{45}	ɕiuŋ^{13}	ɕiuŋ^{13}	iuŋ^{13}	ieu^{45}	xuŋ^{34}	xuŋ^{34}	xuŋ^{34}
临湘	kɤŋ^{33}	kɤŋ^{33}	kɤŋ^{33}	tɕieu^{5}	dʑiɤŋ^{13}	ɕiɤŋ^{325}	ɕieu^{5}	ɕieu^{5}	ɕiɤŋ^{13}	ɕiɤŋ^{13}	iɤŋ^{13}	iau^{5}	xɤŋ^{33}	xɤŋ^{33}	xɤŋ^{33}
岳阳县	kɤŋ^{33}	kɤŋ^{33}	kɤŋ^{33}	ɕieu^{5}	ɕiɤŋ^{13}	ɕiɤŋ^{45}	ɕiau^{5}	ɕieu^{5}	ɕiɤŋ^{13}	ɕiɤŋ^{13}	iɤŋ^{13}	iau^{5}	xɤŋ^{33}	xɤŋ^{33}	xɤŋ^{33}
平江	kɤŋ^{44}	kɤŋ^{44}	kɤŋ^{44}	kieuʔ^{4}	ɕiɤŋ^{13}	ʂɤŋ^{45}	xiɔuʔ^{4}	xieuʔ^{4}	ʂɤŋ^{13}	ʂɤŋ^{13}	iɤŋ^{13}	ieuʔ^{4}	fxɤŋ^{44}	fxɤŋ^{44}	fxɤŋ^{44}
浏阳	kan^{44}	kan^{44}	kan^{44}	tʂəu^{44}	tsʰən^{45}	sən^{42}	sɤ̃eu^{435}		sən^{45}	sən^{45}	yn^{45}	ieu^{42}	fən^{44}	fən^{44}	fən^{44}
醴陵	kuaŋ^{44}	kueŋ^{44}	ȵyɛŋ^{44}	ȵeʨ^{45}	kʰiŋ^{13}	xiŋ^{22}				ʂəŋ^{45}	in^{13}	ieu^{435}	fɕeŋ^{44}	fɕeŋ^{44}	fɕeŋ^{44}
茶陵	kɤ̃ɤŋ^{45}	kɤ̃ɤŋ^{45}	kɤ̃ɤŋ^{45}	tɕy^{33}	tɕʰyɤ̃ɤŋ^{213}	pʰxɤŋ^{33}	tsʰəu^{435}	tsʰəu^{435}	ɕyɤ̃ɤŋ^{213}	ɕyɤ̃ɤŋ^{213}	yɤ̃ɤŋ^{213}	y^{33}	fxɤŋ^{45}	fxɤŋ^{45}	pʰxɤŋ^{45}/xɤŋ^{45}
安仁	kan^{44}	kan^{44}	kan^{44}	tɕiɛu^{13}	tɕʰən^{24}	ʃin^{322}	su^{22}		ʃin^{24}	ʃin^{24}	in^{24}	iɯ^{213}	fən^{44}	fən^{44}	pʰən^{44}
耒阳	kɤ̃ɤŋ^{45}	kɤ̃ɤŋ^{45}	kɤ̃ɤŋ^{45}	tɕy^{13}	kʰxɤŋ^{25}	ɕiɤŋ^{213}	tɕʰiɯ^{213}	ɕiɯ^{13}	ɕiɤŋ^{25}	ɕiɤŋ^{25}	iɤŋ^{25}	iɯ^{13}	fxɤŋ^{45}	fxɤŋ^{45}	pʰxɤŋ^{45}
常宁	kɔ̃^{45}	kɔ̃^{45}	kɔ̃^{45}	tɕy^{22}	kʰɔ̃^{21}	ɕiɔ̃^{24}	ɕiɯ^{13}	ɕiɯ^{33}	ɕiɔ̃^{21}	ɕiɔ̃^{21}	iɔ̃^{21}	ʑu^{33}	fɔ̃^{45}	fɔ̃^{45}	pʰɔ̃^{45}/fɔ̃^{45}
永兴	koŋ^{45}	koŋ^{45}	koŋ^{45}	tɕy^{45}	tɕʰyɤ̃ɤŋ^{325}	ɕioŋ^{13}				ɕioŋ^{325}	ioŋ^{325}	io^{22}	foŋ^{45}	foŋ^{45}	pʰoŋ^{45}/foŋ^{45}
资兴	koŋ^{44}	koŋ^{44}	kɤŋ^{44}	tɕiɛu^{13}	tɕʰyɤ̃ɤŋ^{22}	ɕioŋ^{35}	ɕiɯ^{325}		ɕioŋ^{22}	ɕioŋ^{22}	ioŋ^{22}	y^{13}	foŋ^{44}	foŋ^{44}	pʰoŋ^{44}
隆回	kɤŋ^{44}	kɤŋ^{44}	kɤŋ^{44}	tʃy^{325}	pʰxɤŋ^{13}	fxɤŋ^{42}	ʃiɯ^{325}	ɕy^{13}	ʃɤŋ^{13}	ʃɤŋ^{13}	iɤŋ^{13}	iu^{45}	fxɤŋ^{44}	fxɤŋ^{44}	fxɤŋ^{44}
洞口	kuŋ^{53}	kuŋ^{53}	kuŋ^{53}	tʃʉ^{45}	tɕʰuŋ^{24}	ʃuŋ^{45}	tʃʰiu^{324}	tʃʰiu^{325}	ʃuŋ^{24}	ʃuŋ^{24}	iuŋ^{24}	iu^{45}	fuŋ^{53}	fuŋ^{53}	xuŋ^{53}
绥宁	kɤŋ^{33}	kɤŋ^{33}	kɤŋ^{33}	tʃʉ^{324}	tɕʰyɤ̃ɤŋ^{45}	fxɤŋ^{42}	tʃʰiu^{324}	tʃʰiu^{324}	ʃɤŋ^{45}	ɕyɤ̃ɤŋ^{45}	iɤŋ^{45}	iu^{42}	xxɤŋ^{33}	xxɤŋ^{33}	xxɤŋ^{33}

方言点	锋	捧	逢	缝~衣服	奉	缝~衣~	浓	龙	绿	录	踪	足	从~容	促	从~
	通合三 平钟敷	通合三 上肿敷	通合三 平钟奉	通合三 平钟奉	通合三 上肿奉	通合三 去用奉	通合三 平钟泥	通合三 平钟来	通合三 入烛来	通合三 入烛来	通合三 平钟精	通合三 入烛精	通合三 平钟清	通合三 入烛清	通合三 平钟从
华容	foŋ45	pʰoŋ21	foŋ12	foŋ12	foŋ33	foŋ33	loŋ12	loŋ12	leu435	leu435	tsoŋ45	tseu435	tsʰoŋ12	tsʰeu435	tsʰoŋ12
岳阳楼	xuŋ34	pʰuŋ31	xuŋ13	xuŋ13	xuŋ22	xuŋ22	luŋ13	luŋ13	leu45	leu45	tsuŋ34	tseu45	tsʰuŋ13	tsʰeu45	tsʰuŋ13
临湘	xɤŋ33	bʰɤŋ42	xɤŋ13	xɤŋ13	xɤŋ21	xɤŋ21	lɤŋ13	lɤŋ13	leu5	leu5	tsɤŋ33	tseu5	dzʰɤŋ13	ʣʰeu5	ʣʰɤŋ13
岳阳县	xɤŋ33	pɤŋ42	xɤŋ13	xɤŋ13	xɤŋ21	xɤŋ21	lɤŋ13	lɤŋ13	leu3	leu3	tsɤŋ33/tsɤŋ45	tseu5	tsʰɤŋ13	tsʰeu5	
平江	fɤŋ44	pʰɤŋ324	fɤŋ13	fɤŋ13	fɤŋ22	fɤŋ22	iɤŋ13	lɤŋ13	liəu24	leu24	tsɤŋ44	tsiəu24	tsʰɤŋ44	tsʰiəu24	tsɤŋ13
浏阳	fo45	pʰɤŋ53	fo21	fo21	fo24	fo24	niɔ21	lo21	liu33	lu33	tso45	tsu33	tsʰo21	tsʰu33	tsʰo21
醴陵	fɤŋ45	pʰɤŋ31	fɤŋ13	fɤŋ13	fɤŋ35	fɤŋ325	lɤŋ13	lɤŋ13	lio33	lu13	tsɤŋ45	tseu435	tsʰeu13	tsʰeu435	tsʰeu13
茶陵	fɤŋ45	pɤŋ42	fan24	fan24	fan322	fan322	lɤŋ213	lɤŋ213	lio33	lu13	tsɤŋ45		tsʰɤŋ213	tsʰu325	ʣʰɤŋ213
安仁	fan44	pʰan53	fɤŋ25	fɤŋ25	fɤŋ213	fɤŋ213	iɤŋ25	lan24	liɯ44/lu325	lu13	tsɤŋ44		tsʰɤŋ25	tsʰu13	tsʰɤŋ25
耒阳	fɤŋ45	pʰɤŋ53	fɤŋ13	fɤŋ13	fɤŋ13	fɤŋ213	iuŋ24	lɤŋ25	liu45	lu33	tsuŋ45	tsu33	tsʰo33	tsʰu33	tsʰo21
常宁	fo45	pʰo44	fo325	fo325	fo13	fo35	lioŋ325	lo325	liu45	lu22	tso45	tsu22	tsʰoŋ22	tsʰu22	tsʰoŋ22
永兴	foŋ45	pʰoŋ31	foŋ22	foŋ22	foŋ35	foŋ35	lioŋ22	loŋ22	lieu44	lu13	tsoŋ44	tsu13	tsʰoŋ22	tsʰu13	tsʰoŋ22
资兴	foŋ44	pʰoŋ31	foŋ22	foŋ22	foŋ35	foŋ35	lioŋ22	loŋ22	liu44	lu22	tsoŋ44	tsu22	tsʰoŋ22	tsʰu22	tsʰoŋ22
隆回	fɤŋ44	pʰɤŋ212	fɤŋ13	fɤŋ13	fɤŋ45	pʰɤŋ212/fɤŋ45	iɤŋ24	lɤŋ25	liu44/lu325	lu325	tsɤŋ44		tsʰɤŋ13	tʃʰu325	tsʰɤŋ13
洞口	xuŋ53	xuŋ213	xuŋ24	xuŋ24	xuŋ45	xuŋ24	iuŋ24	luŋ24	liu53	lu45	tsuŋ53	tɕʮ53		tʃʰʮ53	tsʰuŋ24
绥宁	xɤŋ33	pɤŋ13/pʰɤŋ13	xɤŋ45	xɤŋ45	xɤŋ45	xɤŋ45	iɤŋ45	lɤŋ45	liu33	lu33/lu324	ʃɤŋ33		sʰɤŋ33	tsu324	tsɕe45

	粟	松~树	诵	颂	俗	续	宠	重~复	重~轻	钟	盅	种~类	肿	种~树	烛
	通合三 入烛心	通合三 平钟邪	通合三 去用邪	通合三 去用邪	通合三 入烛邪	通合三 入烛邪	通合三 上肿彻	通合三 平钟澄	通合三 上肿澄	通合三 平钟章	通合三 平钟章	通合三 上肿章	通合三 上肿章	通合三 去用章	通合三 入烛章
华容	ɕieu^{435}	tsʰoŋ^{12}	soŋ^{33}	soŋ^{33}	sou^{435}	sou^{435}	tsʰoŋ^{21}	tsʰoŋ^{12}	tsʰoŋ^{33}	tsoŋ^{45}		tsoŋ^{21}	tsoŋ^{21}	tsoŋ^{213}	tʂou^{435}
岳阳楼	ɕieu^{45}	suŋ^{34}	suŋ^{22}	suŋ^{22}	sou^{45}/sou^{5-}	seu^{45-}	tsʰuŋ^{31}	tsʰuŋ^{13}	tsʰuŋ^{22}	tsuŋ^{34}	tsuŋ^{34}	tsuŋ^{31}	tsuŋ^{31}	tsuŋ^{324}	tsou^{45}
临湘	ɕieu^{5}	dʑʰyŋ^{13}	sɤŋ^{21}	sɤŋ^{21}	ɲies^{5}	ɲies^{5-}	dʑʰyŋ^{42}	dʑʰyŋ^{13}	dʑʰyŋ^{21}	tsɤŋ^{33}	tsɤŋ^{33}	tsɤŋ^{42}	tsɤŋ^{42}	tsɤŋ^{325}	ɲies^{5}
岳阳县	ɕieʔ^{5}	tsɤŋ^{13}	sɤŋ^{21}	sɤŋ^{21}	seu^{3}	seu^{5}		tsɤŋ^{13}	tsɤŋ^{21}	tsɤŋ^{33}	tsɤŋ^{33}	tsɤŋ^{42}	tsɤŋ^{42}	tsɤŋ^{45}	ɲies^{5}
平江	sieu^{24}	tsʰɤ̃ŋ^{13}/sirɤŋ^{44}	sirɤŋ^{22}	sirɤŋ^{22}	sieu^{24}	sieu^{24}	tsʰɤ̃^{324}	tsʰɤ̃ŋ^{13}	tsʰɤ̃ŋ^{21}	tʂɤ̃ŋ^{44}	tsɤ̃ŋ^{44}	tsɤ̃^{324}	tsɤ̃^{324}	tsɤ̃ŋ^{45}	tʂɤu^{24}
浏阳	xieu^{44}	tsʰen^{45}	sen^{42}	san^{42}	sou^{44}	sou^{42}	tsʰen^{324}	tsʰɤn^{45}	tsʰɤn^{21}	tsɤn^{44}	tsɤn^{44}	tsɤn^{324}	tsɤn^{324}	tsɤn^{42}	tʂou^{44}
醴陵	xiɕieu^{435}	tsʰeŋ^{13}	seŋ^{22}	saŋ^{22}	sou^{435}	sou^{435}	tɕʰyesɿ^{31}	tɕʰyesɿ^{13}	tɕʰyesɿ^{22}	tɕyesɿ^{44}	tɕyesɿ^{44}	tɕiesɿ^{31}	tɕiesɿ^{31}	tɕiesɿ^{22}	tʂou^{435}
茶陵	ɕiɔ^{33}	tsʰɤ̃ŋ^{213}	sɤŋ^{33}	sɤŋ^{33}	su^{33}	su^{33}	tɕʰyʌŋ^{213}	tɕʰyʌŋ^{213}	tɕʰyʌŋ^{45}	tɕyʌŋ^{45}	tɕyʌŋ^{45}	tɕyʌŋ^{42}	tɕyʌŋ^{42}	tɕyʌŋ^{33}	tɕyɔ^{325}
安仁	siu^{213}	tsen^{24}	sen^{322}	sen^{322}	sou^{213}	sou^{213}	tʃʰen^{53}	tʃʰen^{24}	tʃʰen^{322}	tʃen^{44}	tʃen^{44}	tʃen^{53}	tʃen^{53}	tʃen^{322}	tʃiu^{213}
耒阳	ɕieu^{13}	tsʰɤ̃ŋ^{25}	sɤŋ^{213}	sɤŋ^{213}	su^{13}	tsʰu^{13}	ʨʰɤ̃ŋ^{53}	ʨʰɤ̃ŋ^{25}	ʨʰɤ̃ŋ^{213}	ʨɤ̃ŋ^{45}	ʨɤ̃ŋ^{44}	ʨɤ^{53}	ʨɤ̃ŋ^{53}	ʨɤ̃ŋ^{213}	ʨiu^{13}
常宁	ɕiu^{33}/su^{33}	tsʰõ^{325}	tsʰɤ̃õ^{24}	tsʰɤ̃õ^{24}	su^{33}	su^{33}	tʃʰõ^{44}	tʃʰuŋ^{13}	tʃʰɤ̃ŋ^{212}/tʃʰuŋ^{45}	tʃõ^{45}	tʃõ^{45}	ʦõ^{24}	ʦõ^{44}	ʦõ^{24}	ʨiu^{33}
永兴	ɕiu^{22}	tsʰoŋ^{325}	soŋ^{13}	soŋ^{13}	su^{22}	ɕy^{13}	tsʰoŋ^{42}	tʃʰuŋ^{24}	tʃʰuŋ^{213}/tʃʰuŋ^{45}	tson^{45}	tson^{45}	tson^{42}	tson^{42}	tson^{13}	tsu^{22}
资兴	ɕieu^{13}	tɕʰioŋ^{22}	tɕʰioŋ^{35}	soŋ^{35}	su^{13}	su^{13}	tsʰoŋ^{31}	tsʰoŋ^{22}/tɕʰioŋ$^{22-用}$	tsʰoŋ^{42}	tson^{44}		tson^{31}	tson^{31}	tson^{35}	tsu^{13}
隆回	siu^{44}/su^{45}	tsʰɤ̃ŋ^{13}	tʃʰɤ̃ŋ^{13}	tʃʰɤ̃ŋ^{45}	su^{325}	su^{325}	tʃʰɤ̃ŋ^{212}		tʃʰɤ̃ŋ^{212}	tʃɤ̃ŋ^{44}	tʃɤ̃ŋ^{44}	tʃɤ̃ŋ^{212}	tʃɤ̃ŋ^{212}	tʃɤ̃ŋ^{45}	tʃɥ^{45}
洞口	siu^{45}/ɕɥ^{45}	tsʰuŋ^{24}	suŋ^{45}	suŋ^{45}	ɕɥ^{45}	ɕɥ^{45}		tʃʰuŋ^{24}	tʃʰuŋ^{213}/tʃʰuŋ^{45}	tʃuŋ^{53}	tʃuŋ^{33}	tʃuŋ^{213}	tʃuŋ^{213}	tʃuŋ^{213}	tʃɥ^{45}
绥宁	siu^{33}	tsʰɤ̃ŋ^{45}	tsʰɤ̃ŋ^{44}	tsʰɤ̃ŋ^{44}	su^{324}	su^{324}	tʃʰʌŋ^{13}	tʃʰʌŋ^{45}	tʃʰʌŋ^{22}	tʃɤŋ^{33}	tʃɤŋ^{33}	tʃʌŋ^{13}	tʃʌŋ^{13}	tʃʌŋ^{42}	tʃiu^{324}

	嘱 (通合三 入烛章)	冲 (通合三 平钟昌)	触 (通合三 入烛昌)	赎 (通合三 入烛船)	春~米 (通合三 平钟禅)	束 (通合三 入烛书)	蜀 (通合三 入烛禅)	属 (通合三 入烛禅)	辱 (通合三 入烛日)	褥 (通合三 入烛日)	恭 (通合三 平钟见)	供~给 (通合三 平钟见)	拱~手 (通合三 上肿见)	巩~固 (通合三 上肿见)	供~养 (通合三 去用见)	恐 (通合三 上肿溪)
华容	tsəu⁴³⁵	tsʰoŋ⁴⁵	tsʰu⁴³⁵	seu⁴³⁵	tsʰoŋ⁴³⁵	tsʰu⁴³⁵	tsu⁴³⁵	su⁴³⁵	zʐu⁴³⁵	zʐu⁴³⁵	koŋ⁴⁵	koŋ⁴⁵	koŋ²¹	koŋ²¹	koŋ²¹³	kʰoŋ²¹
岳阳楼	tseu⁴⁵	tsʰuŋ³⁴	tsʰeu⁴⁵	seu⁴⁵	tsʰuŋ³⁴	tsʰeu⁴⁵	tseu⁴⁵	seu⁴⁵	zʐu⁴⁵		kuŋ³⁴	kuŋ³⁴	kuŋ³¹	kuŋ³¹	kuŋ³²⁴	kʰuŋ³¹
临湘	tseu⁵	ɖʐʰɤŋ³³	tsʰu⁵	seu⁵	ɖʐʰɤŋ³³	ɖʐu⁵	ntes⁵	nes⁵	ieu⁵	ieu⁵	kɤŋ³³	kɤŋ³³	kɤŋ⁴²	kɤŋ⁴²	kɤŋ³³	gʱɤŋ⁴²
岳阳县	tseiʔ⁵	tsʰɤŋ³³	tsʰei⁵	nes³	tsʰɤŋ³³	tsʰeu⁵	nes³	nes³	ieu³	neu³	kɤŋ³³	kɤŋ³³	kɤŋ⁴²	kɤŋ⁴²	kɤŋ³³	kʰɤŋ⁴²
平江	tsəuʔ⁴	tsʰɤŋ⁴⁴	tsʰəuʔ⁴	sieiʔ⁴	tsʰɤŋ⁴⁴	tsʰəuʔ⁴	seuʔ⁴	seuʔ⁴	ieuʔ⁴	ieuʔ⁴	kɤŋ⁴⁴	kɤŋ⁴⁴	kɤŋ³²⁴	kɤŋ³²⁴	kɤŋ²²	xɤŋ³²⁴
浏阳	tsəu⁴⁴	tsʰən⁴⁴	tsʰəʔ⁴²	neʔ⁴⁴		tsʰeʔ⁴⁴		seʔ⁴⁴	ieu⁴²	ieu⁴⁴	ken⁴⁴	ken⁴⁴	ken³²⁴	ken³²⁴	ken⁴²	kʰən³²⁴
醴陵	tseu⁴³⁵	tɕʰyʌ⁴⁵	tsʰeʔ⁴³⁵	neʔ⁴³⁵	tɕʰyʌ⁴⁵	neʔ⁴³⁵	seʔ⁴³⁵	seʔ⁴³⁵	ieuʔ⁴³⁵	ieuʔ⁴³⁵	ɕueŋ⁴⁴	kuəŋ²²	kuəŋ³¹	kuəŋ³¹		kʰuəŋ³¹
茶陵	ɕy³³	tʃʰɤn⁴⁴		ɕy³³	tʃʰɤn⁴⁴	tʃʰy³³	ɕy³³	ɕy³³	y³²⁵		kɤŋ⁴⁵	kɤŋ³³	kɤŋ⁴²	kɤŋ⁴²	kɤŋ³³	kʰɤŋ⁴²
安仁	ʃiu²¹³	tʰɤ⁴⁵	tʃʰiu²¹³	ʃiu²¹³	tʰuŋ⁴⁵	tʰiu³³	tʃiu²¹³	ʃiu²¹³	iu²¹³	iu⁴⁵	ken⁴⁴	ken³²²	ken⁵³	ken⁵³		tʰen⁵³
耒阳	ʨu¹³	tʰõ⁴⁵	tʰu¹³	tsʰu¹³	tʰõ⁴⁵	tʰiu³³	ɕiu¹³	ɕiu¹³	iu¹³	iu⁴⁵	kɤŋ⁴⁵	kɤŋ⁴⁵	kɤŋ⁵³	kɤŋ⁵³	kɤŋ²¹³	kʰen⁵³
常宁	ʨu³³	tsʰoŋ⁴⁵	tʃʰu⁴⁵	ɕiu²¹	tsʰoŋ⁴⁵	tsʰɕu²²	ʑiu³³	ɕiu²⁴	zu³³	zu³³	kõ⁴⁵	kõ²⁴	kõ⁴⁴	kõ⁴⁴	kõ²⁴	kʰõ⁴⁴
永兴	tsɿ²²	tsʰoŋ⁴⁴	tsʰu²²	su⁴⁵		tsʰɿ²²	su²²	su²²	yʔ⁴²		koŋ⁴⁵	koŋ¹³	koŋ⁴²	koŋ⁴²	koŋ¹³	kʰoŋ⁴²
资兴	tsu¹³			ʃiu⁴⁵/su³²⁵	tʃʰɤŋ⁴⁴	tsʰu¹³	tsu¹³	su¹³	iu¹³	ieu¹³	koŋ⁴⁴	koŋ⁴⁴	tɕioŋ³¹(~做,下棋)/koŋ³¹	koŋ³¹	koŋ⁴⁴	kʰoŋ³¹
隆回	su³²⁵	tʃʰɤn⁴⁴	tsʰu³²⁵	ʃiu⁴⁵	tʃʰɤŋ⁴⁴	tsʰu³²⁵	tsu³²⁵	su³²⁵	su³²⁵	su³²⁵	kɤŋ⁴⁴	kɤŋ⁴⁴	kɤŋ²¹²	kɤŋ²¹²	kɤŋ⁴⁵	kʰɤŋ²¹²
洞口	ʨu⁴⁵	tʃʰuŋ⁵³	tʃʰɥ⁴⁵	ʃiu⁴²	tʃʰuŋ⁵³	tʃʰɥ⁴⁵	ʃɥ⁴⁵	ʃɥ⁴⁵	ɥ²¹³		kuŋ⁵³		kuŋ²¹³	kuŋ²¹³	kuŋ⁴⁵	kʰuŋ²¹³
绥宁	ʃiu³²⁴	tʃʰɤŋ³³	tʃʰu³²⁴	ʃiu⁴²	tʃʰɤŋ³³	tʃʰu⁴²	ʃiu³²⁴	ʃiu³²⁴	iu⁴²	iu³²⁴	kɤŋ³³	kɤŋ⁴²	kɤŋ¹³	kɤŋ¹³	kɤŋ⁴²	kʰɤŋ¹³

	曲~折	共	局	玉	狱	胸	凶	雍	拥	容	镕	勇	涌	用	欲~量	浴
	通合三 入烛溪	通合三 去用群	通合三 入烛群	通合三 入烛疑	通合三 入烛疑	通合三 平钟晓	通合三 平钟晓	通合三 平钟影	通合三 上肿影	通合三 平钟以	通合三 平钟以	通合三 上肿以	通合三 上肿以	通合三 去用以	通合三 入烛以	通合三 入烛以
华容	tɕʰiau^{435}	kʰoŋ^{33}	tɕy^{435}	y^{435}	liau^{435}/iau^{435}	ɕioŋ^{45}	ɕioŋ^{45}	ioŋ^{45}	ioŋ^{21}	ioŋ^{12}	ioŋ^{12}	lioŋ^{21}/ioŋ^{21}	ioŋ^{21}	ioŋ^{33}	iɛu^{435}	iɛu^{435}
岳阳楼	tɕʰiau^{45}	kʰuŋ^{22}	tɕy^{45}	y^{45}	iau^{45}	ɕiuŋ^{34}	ɕiuŋ^{34}	iuŋ^{34}	iuŋ^{31}	iuŋ^{13}		iuŋ^{31}	iuŋ^{31}	iuŋ^{22}	iɛu^{45}	iɛu^{45}
临湘	dʑʰiau^{5}	gʰɤŋ^{21}	tɕy^{5}	ȵieu^{325}/y^{325}	ieu^{5}	ɕiɤŋ^{33}	ɕiɤŋ^{33}	iɤŋ^{33}	iɤŋ^{42}	iɤŋ^{13}	iɤŋ^{13}	iɤŋ^{42}	iɤŋ^{42}	iɤŋ^{21}	ieu^{5}	ieu^{5}
岳阳县	cʰiau^{5}	kɤŋ^{21}	cy^{45}	y^{45}	ieu^{3}	ɕiɤŋ^{33}	ɕiɤŋ^{33}	iɤŋ^{33}	iɤŋ^{42}	iɤŋ^{13}	iɤŋ^{13}	iɤŋ^{42}	iɤŋ^{42}	iɤŋ^{21}	ieu^{5}	ieu^{5}
平江	kʰiau^{44}	xɤŋ^{22}	tɕy^{42}	y^{21}	ŋieu^{024}	sɤ̃^{44}	sɤ̃^{44}	iɤŋ^{44}	yn^{324}	iɤŋ^{13}		iɤŋ^{324}	iɤŋ^{45}	iɤŋ^{22}	iɤŋ^{44}	iɤŋ^{024}
浏阳	tʂʰəu^{435}	kʰən^{21}	tʂy^{435}	y^{22}	iau^{42}	sen^{44}	sen^{44}		in^{31}	in^{24}		yn^{324}	yn^{324}	yn^{21}		iɛu^{44}
醴陵	tɕʰy^{33}	kʰuaŋ^{22}	tɕʰy^{33}	y^{325}	iɛu^{435}	xin^{44}	xin^{44}	iɤ̃^{44}	iɤŋ^{42}	iɤŋ^{25}	yn^{45}		in^{31}	iɤŋ^{22}	iɛu^{435}	iɛu^{435}
茶陵	tɕʰy^{22}	kʰɤŋ^{325}	tɕʰiɯ^{213}	y^{213}	y^{33}	cyɤŋ^{45}	cyɤŋ^{45}	yɤŋ^{45}	yɤŋ^{42}	iõ^{21}		yɤŋ^{42}	yɤŋ^{42}	yɤŋ^{325}	y^{33}	y^{33}
安仁	tʃʰiɯ^{213}	kən^{322}	tɕy^{213}	y^{13}	iu^{213}	ʃin^{44}	ʃin^{44}	in^{44}	in^{53}	ioŋ^{325}	in^{24}	in^{53}	in^{53}	in^{322}	iiu^{213}	iiu^{213}
耒阳	tʰiu^{13}	kʰɤŋ^{213}	tɕʰy^{21}	y^{24}	iu^{13}	ɕiɤŋ^{45}	ɕiɤŋ^{45}	iɤŋ^{45}	iɤŋ^{53}	ioŋ^{22}	iɤŋ^{25}	iɤŋ^{53}	iɤŋ^{53}	iɤŋ^{213}	iiu^{13}	iiu^{13}
常宁	tʰiu^{33}	kʰõ^{24}	tɕy^{22}	y^{13}	zu^{33}	ɕiõ^{45}	ɕiõ^{45}	ȵiõ^{45}	ȵiõ^{44}	iɤŋ^{13}	iõ^{21}	ȵio^{44}		iõ^{24}	zu^{33}	zu^{33}
永兴	tɕʰy^{22}	koŋ^{13}	tɕy^{22}	y^{35}	y^{13}	ɕioŋ^{45}	ɕioŋ^{45}	ioŋ^{45}	ioŋ^{42}	yn^{24}	ioŋ^{22}	ioŋ^{42}	ioŋ^{42}	ioŋ^{13}	y^{13}	y^{13}
资兴	tɕʰiu^{13}	tɕʰioŋ^{35}/kʰoŋ^{35}	tɕʰiɯ^{13}	u^{45}	lio^{13}	ɕioŋ^{44}	ɕioŋ^{44}	ioŋ^{44}	ioŋ^{31}	iɤŋ^{45}		ioŋ^{31}	ioŋ^{31}	ioŋ^{35}	y^{13}	y^{13}
隆回	tʃʰu^{325}	kʰɤŋ^{45}	tʃu^{325}	ɥ^{45}	u^{45}	ʃɤŋ^{44}	ʃɤŋ^{44}	iɤŋ^{44}	iɤŋ^{212}	iɤŋ^{13}	iɤŋ^{13}	iɤŋ^{212}	iɤŋ^{212}	iɤŋ^{45}	u^{45}	u^{45}
洞口	tʃʰɯ^{45}	kʰuŋ^{53}	tʃɥ^{45}	ɥ^{45}	ɥ^{45}	ʃuŋ^{53}	ʃuŋ^{53}		iuŋ^{213}	iuŋ^{24}		iuŋ^{213}	iuŋ^{213}	iuŋ^{53}	iu^{45}	iu^{45}
绥宁	tɕʰiu^{324}	kʰɤŋ^{44}	tʃɥ^{324}	ɥ^{42}	iu^{42}	ʃɤŋ^{33}	ʃɤŋ^{33}	iɤŋ^{33}	iɤŋ^{13}	iɤŋ^{45}	iɤŋ^{45}	iɤŋ^{13}	iɤŋ^{13}	iɤŋ^{44}	iu^{324}	ɥ^{42}

附录 音序检字表

结　语

　　湖南赣语主要分布在湘东和湘西南等 18 个县市（区），即华容县、岳阳市_{市辖区}、岳阳县_{东部和北部}、临湘市、平江_{大部分}、浏阳_{大部分}、醴陵市、攸县_{大部分}、茶陵县_{大部分}、炎陵县（原酃县）_{西北部}、安仁县_{大部分}、永兴县、资兴县_{大部分}、耒阳市、常宁市、隆回县_{北部}、洞口县_{大部分}、绥宁_{北部}等。本书在 18 个县市（区）中选择了 18 个方言点作为代表进行了深入调查。根据地理位置，我们把这 18 个方言点分为四片：湘北片，包括华容、岳阳楼、临湘、岳阳县和平江五个方言点；湘中片：包括浏阳、醴陵、攸县、茶陵和炎陵五个方言点；湘南片，包括安仁、耒阳和常宁、永兴和资兴五个方言点；湘西南片，包括隆回、洞口和绥宁三个方言点。

　　上编第二章详细描写了这 18 个方言点的声母、韵母、声调及其演变。第三章把这 18 个方言点的声母、韵母和声调与中古音系进行了对比。第四章、第五章和第六章在田野调查的基础上，从声母、韵母和声调三个方面全面描写湖南赣语的语音面貌，同时，运用历史比较法及语言接触理论并参考其他的研究成果，讨论湖南赣语的语音演变。其中，第四章重点讨论了湖南赣语古全浊声母的今读，精、庄、知、章的演变，见系的腭化及与其他声母的分合，非组与晓、匣母的演变，次浊声母的演变，影母的演变等。第五章分析了湖南赣语一、二等韵的演变，遇、蟹、止三摄合口三等的演变，流摄与蟹摄、效摄的合流，阳声韵的演变，入声韵的演变，梗摄的白读以及其他地域差异非常明显的音韵特点等。第六章详细描写了中古平、上、去、入在今天湖南赣语中的分化情况，重点分析了浊上和入声的演变，指出湖南赣语部分方言点存在小称变调。

　　第七章指出，湖南赣语具有比较强的一致性，本书概括了 18 条这样的一致性：（1）古全浊声母逢塞音、塞擦音时，与次清声母合流；（2）精、庄、知二合流，知三与章组合流；（3）见系三、四等与知三、章在细音前合流；（4）泥、日、疑母在细音前合流；（5）存在轻唇读重唇的现象；（6）蟹摄合口一、二等存在区别，而效摄开口一、二等无别；（7）鱼、虞存在区别的痕迹；（8）支、微入鱼；（9）祭韵与支微、鱼虞韵合流（茶陵和隆回例外）；（10）[-m]尾消失，[-n]、[-ŋ]尾简化；（11）咸山摄、宕江摄、深臻曾梗_文摄分别合流；（12）梗摄存在文白异读的现象（岳阳楼例外）（13）深、臻、曾、梗_文摄入声韵存在与止摄合流的现象；（14）宕、江摄入声韵与果摄合流或主元音相同；（15）通摄入声韵与流摄合流（攸县例外）；（16）平分阴阳；（17）入声韵尾消失（平江例外）；（18）全浊入一般随阴调走（岳阳县和常宁例外）。

　　当然，湖南赣语也存在明显的差异性，这些差异性的音韵特点多呈现出地域性。如知三口语常用字读如端组，溪母读如晓母，"浅贱鲜_{新~}癣"等字与同韵摄其他精组字有别等主要见于或只见于湘南和湘西南；遇合一、合三庄组读复合元音等主要见于湘北和湘中。根据差异性的音韵特点，可以把湖南赣语分为四片：岳醴片、攸炎片、耒洞片和永资片。其中，岳醴片包括湘北华容、岳阳楼、临湘、岳阳县和平江五个方言点以及湘中的浏阳和醴陵两个方言点等。这一片又可以分为两个小片——岳州小片和浏醴小片，湘北五个方言点属于岳州小片，湘中两个方言点属于浏醴小片。攸炎片包括湘中的攸县、茶陵和炎陵三个方言点。耒洞片包括湘南的安仁、耒阳和常宁三个方言点以及湘西南的隆回、洞口和绥宁三个方言点。这一片又可以分为两个小片——安常小片和隆绥小片，湘南三个方言点属于安常小片，湘西南三个方言点属于隆绥小片。永资片包括湘南永兴、资兴两个方言点。

　　第八章详细介绍了湖南赣语与周边方言相同的音韵特点，指出，湖南赣语与江西赣语、湘语等的共有成分可以分为同源性共有成分和接触性共有成分两类。以湖南赣语与周边方言的同源性共有成分和接触性共有成分为基础，讨论湖南赣语的形成，指出，来自不同时期和地区的江西移民带来的方言奠定了湖南赣语的基础。其中，岳醴片中的岳州小片因移民主要奠基于唐及五代而至迟于宋代形成，耒洞片中的隆绥小片以及永资片因移民主要来源于唐宋而在宋末形成，岳醴片中的浏醴小片、攸炎片以及耒洞片中的安常小片因移民主要是在元末明初的战乱期间迁入而形成于此时。方言或语言间的接触是湖南赣语形成的另一主因。在长益片湘语的强大渗透之下，岳醴片具有很多与周边湘语相同的音韵特点。由于毗邻官话区，华容和资兴受官话影响较深。因与湘南土话、客家话相接，永资片具有一些与周边土话或客家话相同而与其他赣语不同的音韵特点。另外，高山的阻隔也是湖南赣语形成的原因之一。如平江由于深处高山之中，受其他方言影响相对较小，保留了很多古老的音韵现象。

　　第九章讨论了湖南部分赣语的归属，指出，由于交界地带方言具有自身的特殊性——混合性和过渡性，因此，可以把交界地带方言归为混合型方言或过渡型方言。就湖南赣语而言，区分混合型方言和过渡型方言的方法首先是看该方言的整体面貌，然后再看古全浊声母的今读。另外，混合型方言和过渡型方言还必须位于两种或多种方言交界处。依据上述方法，我们认为，现今湖南赣语中的华容方言、永兴方言和资兴方言可以归入混合型方言；岳阳县方言和安仁方言可以归入过渡型方言；攸县方言、茶陵方言和炎陵方言以归入客家话为宜。历史上江西移民带来的方言不仅奠定了湖南赣语的基础，也对湖南其他方言产生了深刻的影响，如湘语溆浦龙潭、新化方言，湘西南官话麻泸片方言，宁远平话等具有明显的赣语色彩。依据本书确定的方法，我们认为，溆浦龙潭等方言可以归入赣语，新化方言目前以归入过渡型方言为宜，麻泸片方言可以归入混合型方言，而宁远平话暂时保留在湘南土话里。

下编收录了湖南赣语 16 个代表点的字音材料，共收单字约 2630 个。这 16 个代表点依次是：华容终南、岳阳楼老城区、临湘桃林、岳阳县新墙、平江梅仙、浏阳蕉溪、醴陵西山、茶陵马江、安仁城关、耒阳城关、常宁板桥、永兴城关、资兴兴宁、隆回司门前、洞口菱角和绥宁瓦屋塘。这 16 个点的字音材料全部来自作者的实地调查。

20 世纪以来，湖南赣语语音研究已经取得了丰硕的成果，这些成果为本书的研究奠定了扎实的基础，但是，由于种种原因，全面、深入和系统的比较研究还很少见，因此，本书可以在一定程度上弥补湖南赣语语音研究的这一不足。此外，由于湖南赣语位于西南官话、湘语、湘南土话和客家话等方言的交界处，因此，本书对认识这些周边方言以及方言接触也有一定的参考价值。不过，限于本人的学识和水平，湖南赣语语音研究中的有些问题我们目前还无法解决，有些观点和意见还很不成熟，有些看法可能是错误的，所有这些只能恳请各位批评指正。

参 考 文 献

1. 安仁县志编纂委员会：《安仁县志》，中国社会出版社 1996 年版。

2. 鲍厚星：《湖南城步（儒林）方言音系》，《方言》1993 年第 1 期。

3. 鲍厚星：《东安土话研究》，湖南教育出版社 1998 年版。

4. 鲍厚星：《湖南东安型土话的系属》，《方言》2002 年第 3 期。

5. 鲍厚星：《湘方言概要》，湖南师范大学出版社 2006 年版。

6. 鲍厚星、陈晖：《湘语的分区》（稿），《方言》2005 年第 3 期。

7. 鲍厚星、陈立中、彭泽润：《二十世纪湖南方言研究概述》，《方言》2000 年第 1 期。

8. 鲍厚星、崔振华、沈若云、伍云姬：《长沙方言研究》，湖南教育出版社 1999 年版。

9. 鲍厚星、李永明：《湖南省汉语方言地图三幅》，《方言》1985 年第 4 期。

10. 鲍厚星、颜森：《湖南方言的分区》，《方言》1986 年第 4 期。

11. 北京大学中国语言文学系语言学教研室：《汉语方音字汇》（第二版重排本），语文出版社 2003 年版。

12. 布龙菲尔德：《语言论》，商务印书馆 1997 年版。

13. 曹树基：《湖南人由来新考》，载《历史地理》第九辑，上海人民出版社 1990 年版。

14. 曹志耘：《南部吴语语音研究》，商务印书馆 2002 年版。

15. 曹志耘主编：《汉语方言地图集》，商务印书馆 2008 年版。

16. 曹志耘：《湘西方言里的特殊语音现象》，《方言》2009 年第 1 期。

17. 曹志耘：《湖北通城方言的语音特点》，《语言研究》2011 年第 1 期 。

18. 茶陵县地方志编纂委员会：《茶陵县志》，中国文史出版社 1993 年版。

19. 常宁县志编纂委员会：《常宁县志》，社会科学文献出版社 1993 年版。

20. 陈保亚：《语言接触与语言联盟——汉越（侗台）语源关系的解释》，语文出版社 1996 年版。

21. 陈昌仪：《赣方言概要》，江西教育出版社 1991 年版。

22. 陈　晖：《涟源方言研究》，湖南教育出版社 1999 年版。

23. 陈　晖：《湖南临武(麦市)土话语音分析》，《方言》2002 年第 2 期。

24. 陈　晖：《湘方言语音研究》，湖南师范大学出版社 2006 年版。

25. 陈　晖：《古全浊声母在湘方言中的今读音情况》，《方言》2008 年第 2 期。

26. 陈晖、鲍厚星：《湖南省的汉语方言（稿）》，《方言》2007 年第 3 期。

27. 陈立人：《作为文化区域之"湘东"界定》，《湖南工业大学学报》（社会科学版）2009 年第 5 期。

28. 陈立中：《古透定纽擦音化现象与百越民族》，《湘潭大学学报》（哲社版）1996 年第 3 期。

29. 陈立中 a：《试论湖南汝城话的归属》，《方言》2002 年第 3 期。

30. 陈立中 b：《湖南客家方言音韵研究》，博士学位论文，湖南师范大学，2002 年。

31. 陈立中　a：《湘语与吴语的音韵比较研究》，中国社会科学出版社 2004 年版。

32. 陈立中 b：《论湘鄂赣边界地区赣语中的浊音走廊》，《汉语学报》2004 年第 2 期。

33. 陈立中：《湖南攸县（新市）方言同音字汇》，《株洲师范高等专科学校学报》2005 年第 6 期。

34. 陈立中：《论湘语的确认标准语》，《汉语学报》2008 年第 4 期。

35. 陈满华：《安仁方言》，北京语言学院出版社 1995 年版。

36. 陈山青：《湖南炎陵方言同音字汇》，《株洲师范高等专科学校学报》2004 年第 6 期。

37. 陈山青 a：《湖南炎陵方言的语音特点》，《湘潭师范学院学报》2006 年第 3 期。

38. 陈山青 b：《汨罗长乐方言研究》，湖南教育出版社 2006 年版。

39. 陈山青：《试论湖南汨罗长乐方言的混合性质》，《语文研究》2011 年第 1 期。

40. 陈忠敏：《吴语及邻近方言鱼韵的读音层次——兼论"金陵切韵"鱼韵的音值》，载《语言学论丛》第 27 辑，商务印书馆 2003 年版。

41. 储泽祥：《邵阳方言研究》，湖南教育出版社 1998 年版。

42. 崔振华：《益阳方言研究》，湖南教育出版社 1998 年版。

43. 邓永红：《湖南桂阳县洋市土话音系》，《湘南学院学报》2004 年第 4 期。

44. 邓慧红：《论桂东话的归属》，《飞天》2012 年第 24 期。

45. 邓晓华：《人类文化语言学》，厦门大学出版社 1993 年版。

46. 邓晓华、罗美珍：《客家话》，福建教育出版社 1995 年版。

47. 丁邦新：《汉语方言区分的条件》，载《丁邦新语言学论文集》，商务印书馆 1998 年版。

48. 董正谊：《湖南省攸县方言记略》，《方言》1990 年第 3 期。

49. 洞口县地方志编纂委员会：《洞口县志》，中国文史出版社 1992 年版。

50. 范峻军：《郴州土话语音及词汇研究》，博士学位论文，暨南大学，1999 年。

51. 范峻军 a：《湖南桂阳县敖泉土话同音字汇》，《方言》2000 年第 1 期。

52. 范峻军 b：《湘南（郴州）双方言的社会语言学透视》，《湖南大学学报》（社会科学版）2000 年第 3 期。

53. 方平权：《岳阳方言研究》，湖南师范大学出版社 1999 年版。

54. 高本汉：《中国音韵学研究》，赵元任、罗常培、李方桂译，商务印书馆 1994 年版。

55. 葛剑雄、吴松弟、曹树基：《中国简明移民史》，福建人民出版社 1993 年版。

56. 谷素萍：《宁乡花明楼话语音研究》，硕士学位论文，湖南师范大学，2005 年。

57. 郭锡良：《杨时逢〈湖南方言调查报告〉衡山音系读后》，《语文研究》1993 年第 1 期。

58. 郭沈青：《陕南赣方言岛》，《方言》2008 年第 1 期。

59. 何大安：《规律与方向：变迁中的音韵结构》，北京大学出版社 2004 年版。

60. 贺凯林：《溆浦方言研究》，湖南教育出版社 1999 年版。

61. 贺凯林：《湖南道县寿雁平话音系》，《方言》2003 年第 1 期。

62. 侯小英：《东江中上游本地话研究》，博士学位论文，厦门大学，2008 年。

63. 胡　萍：《从古全浊声母的渐变看曾家湾话的过渡性——绥宁湘语、赣语过渡地带语音个案调查》，《船山学刊》2006 年第 3 期。

64. 胡　萍：《湘西南汉语方言语音研究》，湖南师范大学出版社 2007 年版。

65. 胡斯可：《湖南永兴赣方言同音字汇》，《方言》2009 年第 3 期。

66. 胡松柏：《赣东北方言调查研究》，江西人民出版社 2009 年版。

67. 湖南省地方志编纂委员会：《湖南省志·方言志》，湖南人民出版社 2001 年版。

68. 华容县志编纂委员会编：《华容县志》，中国文史出版社 1992 年版。

69. 侯精一主编：《现代汉语方言概论》，上海教育出版社 2002 年版。

70. 黄雪贞：《惠州话的归属》，《方言》1987 年第 4 期。

71. 黄雪贞：《客家方言声调的特点》，《方言》1988 年第 4 期。

72. 黄雪贞：《客家方言声调的特点续论》，《方言》1989 年第 2 期。

73. 黄雪贞：《江永方言研究》，社会科学文献出版社 1993 年版。

74. 黄群建：《通山方言志》，武汉大学出版社 1994 年版。

75. 黄群建：《阳新方言志》，中国三峡出版社 1995 年版。

76. 黄群建：《鄂东南方言音汇》，华中师范大学出版社 2002 年版。

77. 江西省地方志编纂委员会：《江西省志·江西省方言志》，方志出版社 2005 年版。

78. 蒋冀骋、吴福祥：《近代汉语纲要》，湖南教育出版社 1997 年版。

79. 蒋军凤：《湘乡方言语音研究》，博士学位论文，湖南师范大学，2008 年。

80. 耒阳市志编纂委员会：《耒阳市志》，中国社会出版社 1993 年版。

81. 李冬香：《粤北仁化县长江方言的归属》，《语文研究》2000 年第 3 期。

82. 李冬香：《从湖南、江西、粤北等中的"咖"看湘语、赣语的关系》，《语文研究》2003 年第 4 期。

83. 李冬香：《湖南赣语研究述评》，《株洲师范高等专科学校学报》2004 年第 4 期。

84. 李冬香 a：《从〈湖南方言调查报告〉看湖南赣语的语音概貌》，《南昌大学学报》（社会科学版）2005 年第 1 期。

85. 李冬香 b：《平话、湘南土话和粤北土话鼻音韵尾脱落现象考察》，《广西民族学院学报》（哲学社会科学版）2005 年第 2 期。

86. 李冬香 a：《湖南资兴方言的音韵特点及其归属》，《湘潭大学学报》（哲学社会科学版）2006 年第 2 期。

87. 李冬香 b：《湖南岳阳县方言音系及其性质》，《韶关学院学报》（社会科学版）2006 年第 5 期。

88. 李冬香：《湖南赣语的分片》，《方言》2007 年第 3 期。

89. 李冬香：《湖南新化和冷水江方言古入声的演变》，《广东技术师范学院学报》（社会科学版）2014 年第 6 期。

90. 李冬香：《湖南方言古浊上今读的地理语言学研究》，《广东技术师范学院学报》（社会科学版）2015 年第 3 期。

91. 李冬香、刘洋：《岳阳柏祥方言研究》，中国社会科学出版社、文化艺术出版社 2007 年版。

92. 李冬香、庄初升：《韶关土话调查研究》，暨南大学出版社 2009 年版。

93. 李红湘：《湖南省冷水江市方言语音研究》，硕士学位论文，湖南师范大学，2009 年。

94. 李济源、刘丽华、颜清徽：《湖南娄底方言的同音字汇》，《方言》1987

年第 4 期。

95. 李　珏：《醴陵大障镇方言声调实验研究》，硕士学位论文，湖南师范大学，2009 年。

96. 李　珂：《湖南茶陵下东方言语音中赣语和湘语混合的特点》，《湖南师范大学社会科学学报》2006 年第 2 期。

97. 李　蓝：《湖南方言分区述评及再分区》，《语言研究》1994 年第 2 期。

98. 李　蓝：《湖南城步青衣苗人话》，中国社会科学出版社 2004 年版。

99. 李连进：《平话音韵研究》，广西人民出版社 2000 年版。

100. 李　荣 a：《中国的语言和方言》，《方言》1989 年第 3 期。

101. 李　荣 b：《汉语方言的分区》，《方言》1989 年第 4 期。

102. 李　荣：《我国东南各省方言梗摄字的元音》，《方言》1996 年第 1 期。

103. 李如龙：《汉语方言的比较研究》，商务印书馆 2001 年版。

104. 李如龙：《论混合型方言——兼谈湘粤桂土语群的性质》，《云南师范大学学报》（哲学社会科学版）2012 年第 5 期。

105. 李如龙、辛世彪：《晋南、关中的"全浊送气"与唐宋西北方音》，《中国语文》1999 年第 3 期。

106. 李如龙、张双庆主编：《客赣方言调查报告》，厦门大学出版社 1992 年版。

107. 李维琦：《祁阳方言研究》，湖南教育出版社 1998 年版。

108. 李小凡、项梦冰：《汉语方言学基础教程》，北京大学出版社 2009 年版。

109. 李新魁：《广东的方言》，广东人民出版社 1994 年版。

110. 李星辉：《湖南永州岚角山土话音系》，《方言》2003 年第 1 期。

111. 李永明：《衡阳方言》，湖南人民出版社 1986 年版。

112. 李永新 a：《湘江流域汉语方言的区域性特征》，《云梦学刊》2011 年第 1 期。

113. 李永新 b：《湘江流域方言的地理语言学研究》，湖南师范大学出版社 2011 年版。

114. 李永新：《交界地区方言研究的思索——以湘语和赣语交界地区为例》，《黔南民族师范学院学报》2013 年第 5 期。

115. 李永新、李翠云：《论湖南省宁远平话的赣语性质》，《现代语文》（语言研究版）2007 年第 5 期。

116. 李志藩：《资兴方言》，海南出版社 1996 年版。

117. 李无未、李红：《宋元吉安方音研究》，中华书局 2008 年版。

118. 醴陵市志编纂委员会：《醴陵市志》，湖南出版社 1995 年版

119. 梁金荣：《临桂两江平话同音字汇》，《方言》1996 年第 3 期。

120. 梁金荣：《桂北平话语音研究》，博士学位论文，暨南大学，1997 年。

121. 廖绚丽：《湖南醴陵市石亭镇话语音研究》，硕士学位论文，湖南师范大学，2012 年。

122. 刘宝俊：《湖北崇阳方言音系及特点》，《中南民族学院学报》（哲学社会科学版）1988 年第 5 期。

123. 刘坚、江蓝生、白维国、曹广顺：《近代汉语虚词研究》，语文出版社1992 年版。

124. 刘纶鑫主编：《客赣方言比较研究》，中国社会科学出版社 1999 年版。

125. 刘纶鑫：《江西客家方言概况》，江西人民出版社 2001 年版。

126. 刘胜利：《上栗方言中的客家方言成分研究》，硕士学位论文，南昌大学，2005 年。

127. 刘叔新：《惠州话系属考》，载《语言学论辑》第一辑，天津人民出版社 1993 年版。

128. 刘叔新：《东江中上游土语群研究——粤语惠河系探考》，中国社会出版社 2007 年版

129. 刘叔新：《惠河土话属客家话说站得住吗》，载《文化惠州》创刊号，2011 年版。

130. 刘泽民：《客赣方言的历史层次研究》，甘肃民族出版社 2005 年版。

131. 刘泽民：《客赣方言鱼虞韵的历史层次》，载《南方方言研究论稿》，中西书局 2011 年版。

132. 刘镇发：《从方言比较再探粤语浊上字演化的模式》，《中国语文》2003年第 5 期。

133. 浏阳县志编纂委员会：《浏阳县志》，中国城市出版社 1994 年版。

134. 临湘市志编纂委员会：《临湘市志》，湖南出版社 1996 年版。

135. 鄞县志编纂委员会：《鄞县志》，中国社会出版社 1994 年版。

136. 龙国贻：《湖南赣语耒阳话声韵系统的几个问题》，《方言》2011 年第 1 期。

137. 龙海燕：《洞口赣方言语音研究》，民族出版社 2008 年版。

138. 隆回县志编纂委员会编：《隆回县志》，中国城市出版社 1994 年版。

139. 龙安隆：《福建邵将区方言语音研究》，博士学位论文，福建师范大学，2007 年。

140. 龙薇娜：《绥宁湘语语音研究》，硕士学位论文，湖南师范大学，2004 年。

141. 卢小群：《湖南株洲（龙泉）方言音系》，《株洲工学院学报》2001 年第 2 期。

142. 卢小群：《嘉禾土话研究》，中南大学出版社 2002 年版。

143. 鲁国尧:《宋元江西词人用韵研究,载《近代汉语研究》,商务印书馆 1992 年版。

144. 罗常培:《唐五代西北方音》,史语所单刊之十二,1933 年版。

145. 罗常培:《临川音系》,商务印书馆 1940 年版。

146. 罗常培、王均:《普通语音学纲要》,商务印书馆 2002 年版。

147. 罗常培、周祖谟:《汉魏晋南北朝韵部演变研究》(第一分册),科学出版社 1958 年版。

148. 罗兰英:《耒阳方言音系》,《湘南学院学报》2005 年第 1 期。

149. 罗美珍:《论族群互动中的语言接触》,《语言研究》2000 年第 3 期。

150. 罗昕如:《新化方言研究》,湖南教育出版社 1999 年版。

151. 罗昕如:《湘南蓝山县太平土话音系》,载鲍厚星等著《湘南土话论丛》,湖南师范大学出版社 2004 年版。

152. 罗昕如:《湘语与赣语接触个案研究——以新化方言为例》,《语言研究》2009 年第 1 期。

153. 罗昕如:《湘语与赣语比较研究》,湖南师范大学出版社 2011 年版。

154. 罗昕如、李斌:《湘语的小称研究——兼与相关方言比较》,《湖南师范大学社会科学学报》2008 年第 4 期。

155. 马兰花:《岳阳县方言语音研究》,硕士学位论文,湖南师范大学,2006 年。

156. 牟廷烈:《粤北土话和湘南土话音韵比较研究》,博士学位论文,北京大学,2002 年。

157. 欧阳芙蓉:《湖南省新宁县方言语音研究》,硕士学位论文,湖南师范大学,2008 年。

158. 潘悟云:《汉语历史音韵学》,上海教育出版社 2000 年版。

159. 彭逢澍:《湖南方言“咖、嘎”等本字即“过”考》,《语言研究》1999 年第 2 期。

160. 彭建国:《湘语音韵历史层次研究》,湖南大学出版社 2010 年版。

161. 彭秀模、曾少达:《湖南省方言普查总结报告》(油印本),1960 年版。

162. 彭泽润:《衡山方言研究》,湖南教育出版社 1999 年版。

163. 彭志瑞:《炎陵方言》,西安出版社 2011 年版。

164. 平江县志编纂委员会:《平江县志》,国防大学出版社 1994 年版

165. 桥本万太郎著、余志鸿译:《语言地理类型学》,北京大学出版社 1985 年版。

166. 桥本万太郎:《现代吴语的类型学》,《方言》1979 年第 3 期。

167. 钱乃荣：《当代吴语研究》，上海教育出版社 1992 年版。

168. 覃远雄：《桂南平话研究》，博士学位论文，暨南大学，2000 年。

169. 丘　冬：《湖南省岳阳县张谷英镇方言的语音研究》，硕士学位论文，湖南师范大学，2005 年。

170. 瞿建慧：《湖南泸溪（浦市）方言音系》，《方言》2005 年第 1 期。

171. 瞿建慧 a：《湘语辰溆片语音研究》，中国社会科学出版社 2010 年版。

172. 瞿建慧 b：《新世纪十年湖南汉语方言研究新动向》，《湖南科技大学学报》（社会科学版）2010 年第 6 期。

173. 瞿建慧：《湘西汉语方言古全浊声母的演变》，《吉首大学学报》（社会科学版）2011 年第 3 期。

174. 辻伸久：《湖南诸方言の分类と分布——全浊声母の变化に基く初步的试そ》，载《中国语学》第 226 卷，1979 年版。

175. 邵　宜：《论赣方言的音韵特征》，博士学位论文，暨南大学，1994 年。

176. 沈若云：《宜章土话研究》，湖南教育出版社 1999 年版。

177. 沈若云、鲍厚星：《浏阳境内方言的分区》，载《湖南师大学报》增刊——《湖南方言专辑》，1985 年。

178. 绥宁县志编纂委员会：《绥宁县志》，方志出版社 1997 年版。

179. 孙宜志：《江西赣方言语音研究》，语文出版社 2007 年版。

180. 谭其骧：《湖南人由来考》（1931 年），载《长水集》（上），人民出版社 1987 年版。

181. 唐　伶：《永州南部土话语音研究》，北京语言大学出版社 2010 年版。

182. 唐作藩：《湖南洞口县黄桥镇方言》，载《语言学论丛》第四辑，北京大学中文系语言学论丛编辑部，上海教育出版 1960 年版。

183. 唐作藩：《从湖南黄桥镇方言定母字的读音探讨湘方言全浊声母的演变》（纪念国际著名语言学家、汉学家桥本万太郎教授逝世十周年），1996 年。

184. 唐湘晖：《湖南桂阳县燕塘土话语音特点》，《方言》2000 年第 1 期。

185. 田范芬：《近代长沙话声母特点及演变》，《语言研究》2008 年第 3 期。

186. 万　波：《赣语声母的历史层次研究》，商务印书馆 2009 年版。

187. 王本瑛：《湘南土话之比较研究》，博士学位论文，台湾清华大学语言学研究所，1997 年。

188. 王福堂：《关于客家话和赣方言的分合问题》，《方言》1998 年第 1 期。

189. 王福堂：《汉语方言语音的演变和层次》，语文出版社 1999 年版。

190. 王福堂：《平话、湘南土话和粤北土话的归属》，《方言》2001 年第 2 期。

191. 王洪君：《山西闻喜方言的白读层与宋西北方音》，《中国语文》1987

年第 1 期。

192. 王　力：《汉语史稿》，中华书局 1980 年版。

193. 王　力：《汉语语音史》，中国社会科学出版社 1985 年版。

194. 王莉宁：《赣语中的次清浊化与气流分调》，《语言研究》2010 年第 3 期。

195. 王箕裘、钟隆林：《耒阳方言研究》，巴蜀书社 2008 年版。

196. 王小娟：《湖南溆浦赣语语音研究》，硕士学位论文，暨南大学，2012 年。

197. 吴启主：《常宁方言研究》，湖南教育出版社 1998 年版。

198. 吴泽顺：《论华容方言的归属》，《云梦学刊》2006 年第 3 期。

199. 吴泽顺、张作贤：《华容方言志》，湖南人民出版社 1989 年版。

200. 伍　巍：《广州话溪母字读音研究》，《语文研究》1999 年第 4 期。

201. 夏剑钦：《浏阳方言研究》，湖南教育出版社 1998 年版。

202. 夏先忠：《湖南怀化市汉语方言分区及语音特征，《西南民族大学学报》
　　　（人文社科版）2006 年第 6 期。

203. 夏俐萍：《赣语中的合流型浊音》，《语言科学》2010 年第 3 期。

204. 肖双荣、吴道勤：《湖南方言语音相关度计算与亲疏关系聚类分析》，
　　　《湖南社会科学》2004 年第 1 期。

205. 项梦冰：《客家话、赣语古浊上字的今读》，载《民俗典籍文字研究》
　　　第六辑，商务印书馆 2009 年版。

206. 项梦冰、曹晖：《汉语方言地理学——入门与实践》，中国书籍出版社
　　　2013 年版。

207. 谢伯端：《辰溪方言古清去以外字今读阴去调现象》，载鲍厚星主编《湘
　　　语研究》第①辑，湖南师范大学出版社 2009 年版。

208. 谢伯端：《湖南辰溪方言音系》，《方言》2010 年第 2 期。

209. 谢留文：《赣语古上声全浊声母字今读阴平调现象》，《方言》1998 年
　　　第 1 期。

210. 谢留文：《客家方言语音研究》，北京：中国社会科学出版社 2003 年版。

211. 谢奇勇：《湖南新田南乡土话同音字汇》，《方言》2004 年第 2 期。

212. 谢奇勇：《湘南永州土话音韵比较研究》，湖南师范大学出版社 2010 年
　　　版。

213. 熊桂芬：《释鄂东南方言来母和透定母的特殊读音》，《长江学术》2010
　　　年第 1 期。

214. 熊　燕：《客赣方言语音系统的历史层次》，博士学位论文，北京大学，
　　　2004 年。

215. 熊正辉：《官话区方言分 ts、tʂ 的类型》，《方言》1990 年第 1 期。

216. 辛世彪：《东南方言声调比较研究》，上海教育出版社 2004 年版。

217. 徐通锵：《音系的结构格局和内部拟测法（上）——汉语的介音对声母系统的演变的影响》，《语文研究》1994 年第 3 期。

218. 徐通锵：《语言论》，东北师范大学出版社 2000 年版。

219. 徐通锵：《历史语言学》，商务印书馆 2001 年版。

220. 许宝华、游汝杰：《苏南和上海吴语的内部差异》，《方言》1984 年第 1 期。

221. 杨烈雄：《惠州话属粤方言东江系》，《惠州日报》2011 年 1 月 18 日第 A07 版。

222. 颜　森：《江西方言的分区》（稿），《方言》1986 年第 1 期。

223. 严修鸿：《客赣方言浊上字调类演变的历史过程》，载《开篇》第 23 期，日本：早稻田大学古屋研究室 2004 年版。

224. 严修鸿：《河源惠州"本地话"语音概略（一）》，载《南方语言学》第一辑，暨南大学出版社 2009 年版。

225. 严修鸿：《河源惠州"本地话"语音概略（二）》，《南方语言学》第二辑，暨南大学出版社 2010 年版。

226. 言　岚：《醴陵(板杉)方言研究》，西安地图出版社 2007 年版。

227. 杨烈雄：《对惠州话系属问题的看法》，载《第二届国际粤方言研讨会论文集》，詹伯慧主编，暨南大学出版社 1990 年版。

228. 杨时逢：《湖南方言调查报告》，史语所专刊之六十六 1974 年版。

229. 杨秀芳：《论汉语方言中全浊声母的清化》，《汉学研究》第 7 卷 1989 年第 2 期。

230. 杨　蔚：《湘西乡话语音研究》，广东人民出版社 2010 年版。

231. 叶蜚声、徐通锵：《语言学概论》，北京大学出版社 2003 年版。

232. 叶祥苓：《吴江方言声调再调查》，《方言》1983 年第 1 期。

233. 尹喜清、陈卫强：《洞口山门话 m 声母字的特殊来源》，《南华大学学报》（社会科学版）2009 年第 6 期。

234. 永兴县志编纂委员会：《永兴县志》，中国城市出版社 1994 年版。

235. 袁家骅等：《汉语方言概要》（第二版），文字改革出版社 2001 年版。

236. 岳阳县地方志编纂委员会：《岳阳县志》，湖南人民出版社 1997 年版。

237. 攸县志编纂委员会：《攸县志》，中国文史出版社 1990 年版。

238. 游汝杰：《汉语方言学导论》，上海教育出版社 2000 年版。

239. 游汝杰：《汉语方言学教程》，上海教育出版社 2004 年版。

240. 资兴市地方志编纂委员会：《资兴市志》，湖南人民出版社 1999 年版。

241. 曾毓美：《湘潭方言同音字汇》，《方言》1993 年第 4 期。

242. 曾毓美：《韶山方言研究》，湖南师范大学出版社 1999 年版。

243. 曾毓美：《湖南江华寨山话研究》，湖南师范大学出版社 2005 年版。

244. 曾献飞：《汝城话的音韵特点》，《湖南师范大学社会科学学报》2002
年第 5 期。

245. 曾献飞 a：《湘南方言的形成》，《湘潭师范学院学报》（社会科学版）2004
年第 1 期。

246. 曾献飞 b：《湘南官话语音研究》，博士学位论文，湖南师范大学，2004
年。

247. 曾献飞 c：《桂东话的音韵特点及其归属》，载鲍厚星等著《湘南土话论
丛》，湖南师范大学出版社 2004 年版。

248. 曾献飞：《汝城方言研究》，中国社会科学出版社、文化艺术出版社 2006
年版。

249. 曾春蓉：《现代汉语方言中古精组字今读 t、th 现象考察》，《长沙铁道
学院学报》（社会科学版）2006 年第 4 期。

250. 曾春蓉：《湖南洞口县山门、醪田话古喻母合口字今读[m-]声母现象》，
《河池学院学报》2008 年第 4 期。

251. 詹伯慧主编：《汉语方言及方言调查》，湖北教育出版社 2001 年版。

252. 詹伯慧主编：《广东粤方言概要》，暨南大学出版社 2002 年版。

253. 詹伯慧、张日昇：《珠江三角洲方言综述》，广东人民出版社 1990 年版。

254. 占升平：《常宁方言中的舌面塞音》，《遵义师范学院学报》2006 年第
3 期。

255. 张蓓蓓：《隆回县桃洪镇话和六都寨话的语音比较研究》，硕士学位论
文，湖南师范大学，2005 年。

256. 张光宇：《汉语发展的不平衡性》，《中国语文》1991 年第 6 期。

257. 张光宇：《东南方言关系综论》，《方言》1999 年第 1 期。

258. 张　慧：《湖南安仁方言语音研究》，硕士学位论文，湖南大学，2012 年。

259. 张　睫：《宁冈话的语音系统》，硕士学位论文，江西师范大学，2007 年。

260. 张进军：《溆浦龙潭方言的性质》，《求索》2007 年第 2 期。

261. 张进军：《中古入声字在湖南方言中的演变研究》，博士学位论文，湖
南师范大学，2008 年。

262. 张　琨：《汉语方言中鼻音韵尾的消失》，史语所集刊第五十四本第一
分册，1983 年。

263. 张盛开：《论平江方言的归属》，《南开语言学刊》2012 年第 2 期

264. 张盛裕、汪平、沈同：《湖南桃江（高桥）方言同音字汇》，《方言》1998
年第 4 期。

265. 张双庆主编：《乐昌土话研究》，厦门大学出版社 2000 年版。

266. 张双庆主编：《连州土话研究》，厦门大学出版社 2004 年版。

267. 张双庆、万波 a：《从邵武方言几个语言特点的性质看其归属》，《语言研究》1996 年第 1 期。

268. 张双庆、万波 b：《赣语南城方言古全浊上声字今读的考察》，《中国语文》1996 年第 5 期。

269. 张伟然：《湖南历史文化地理研究》，复旦大学出版社 1995 年版。

270. 张维佳：《秦晋之交南部方言宕摄舒声字白读音的层次》，《语言研究》2004 年第 2 期。

271. 张晓勤：《宁远平话研究》，湖南教育出版社 1999 年版。

272. 张勇生：《鄂东南通山方言古全浊声母的今读类型》，《语言研究》2011 年第 4 期。

273. 赵元任：《现代吴语的研究》，科学出版社 1956 年版。

274. 赵元任：《语言问题》，商务印书馆 1997 年版。

275. 郑　丹：《赣语隆回司门前话的入声小称调》，《中国语文》2012 年第 2 期。

276. 郑庆君：《常德方言研究》，湖南教育出版社 1999 年版。

277. 郑张尚芳：《方言介音异常的成因及 e>ia、o>ua 音变》，载《语言学论丛》第二十六辑，商务印书馆 2001 年版。

278. 中国社会科学院、澳大利亚人文科学院：《中国语言地图集》，香港朗文（远东）出版有限公司 1987 年版。

279. 中国社会科学院语言研究所、中国社会科学院民族学与人类学研究所、香港城市大学语言资讯科学研究中心：《中国语言地图集•汉语方言卷》（第 2 版），商务印书馆 2012 年版。

280. 钟　奇：《湘语的音韵特征》，载《暨南大学汉语方言学博士研究生学术论文集》，暨南大学出版社 2001 年版。

281. 周长楫：《浊音清化溯源及相关问题》，《中国语文》1991 年第 4 期。

282. 周赛红：《湘方言音韵比较研究》，博士学位论文，湖南师范大学，2005 年。

283. 周小红：《湖南省绥宁县武阳话语音研究》，硕士学位论文，湖南师范大学，2010 年。

284. 周依萱：《湖南洞口县石江话语音研究》，硕士学位论文，中南大学，2007 年。

285. 周振鹤：《现代汉语方言地理的历史背景》，载中国地理学会历史地理专业委员会《历史地理》编委会编《历史地理》第九辑，上海人民出版社 1990 年版。

286. 周振鹤、游汝杰:《湖南省方言区画及其历史背景》,《方言》1985 年第 4 期。

287. 周振鹤、游汝杰:《方言与中国文化》,上海人民出版社 1986 年版。

288. 周祖谟:《周祖谟语言学论文集》,商务印书馆 2001 年版。

289. 朱晓农:《亲密与高调——对小称调、女国音、美眉等语言现象的生物学解释》,《当代语言学》2004 年第 3 期。

290. 朱道明:《平江方言研究》,华中师范大学出版社 2009 年版。

291. 庄初升:《粤北土话中类似赣语的特点》,《韶关大学学报》1999 年第 5 期。

292. 庄初升:《粤北土话中知三读如端组的性质——兼论早期赣语知二、知三的分化》,《开篇》2002 年第 21 期。

293. 庄初升:《粤北土话音韵研究》,中国社会科学出版社 2004 年版。

294. 庄初升:《粤北土话、湘南土话和桂北平话中古全浊唇音、舌音今读的特殊表现》,载《东方语言学》第二辑,上海教育出版社 2007 年版。

295. 庄初升:《广东省客家方言的界定、划分及相关问题》,载《东方语言学》第四辑,上海教育出版社 2008 年版。

296. 庄初升:《湘南桂北三种土话平话中古全浊声母今读送气与否的性质》,《方言》2010 年第 4 期。

后 记

本书是在我的博士论文的基础上修改而成的，因此，我先把博士论文中的"后记"转录如下：

三年前，当我刚刚跨进暨南大学的时候，看到师兄师姐整天忙忙碌碌的身影，想想自己也要经历三年这样的生活时，只希望时间过得快点再快点，好让自己早日从这种生活中解脱出来。可是，当今天真的要结束这种生活时，回想三年来的点点滴滴，我却十分留恋这样的日子。我留恋与我的导师——詹伯慧先生及师母在一起的日子。我非常幸运能够成为老师的关门弟子。三年来，老师为我们的成长倾注了大量的心血。从几千字的学术小论文的写作到十几万字的毕业论文的架构，从专业课程的学习到学术视野的开拓甚至连今后的研究路子，老师都给予了我们精心的指导。老师开阔的学术视野、敏锐的思想眼光、宽阔的胸襟气度以及积极的人生态度深深地影响着我们。三年来，老师不仅教了我们许多做学问的方法，还教了我们许多做人的道理。在我们的心中，老师不仅是一位恩师，更是一位慈父。师母除了对我的生活给予了无微不至的关怀以外，还经常询问我家人的情况，对我女儿的疼爱之情尤其让我感动。我留恋暨大中文系给予我们的关心照顾。三年来，无论是系领导、任课老师还是方言中心、办公室、资料室、电脑室的老师，对于我们的要求哪怕是过分的也总是有求必应，给我们的学习与生活提供了良好的条件，让我们深深感受到了这个大家庭的温暖。

我能够完成这篇论文的写作，还受益于伍巍教授开设的"音韵学""语音学"以及钟奇博士开设的"语音学"等课程。如果没有这些知识作为基础，我是不敢从事这样大规模的调查和去碰"音韵"这门"玄学"。每次碰到伍老师，他总是不忘问我的论文写作情况。逢年过节，伍老师还把我们叫到他家，给我们端上香喷喷的饭菜。我还听过邵敬敏教授的"汉语语法专题研究""高级语法研究"、杨启光教授的"汉语语法研究"、郭熙教授的"社会语言学"、朱承平教授的"古代汉语语法"、李军教授的"语言统计"等课程。他们所传授的知识，尽管没有在论文中直接体现出来，但为我今后的研究打下了比较扎实的基础。特别要提出来的是，邵老师的"汉语语法专题研究"这门课程本来不在其工作任务之内，是应我们的要求特意为我们开设的。杨老师不仅"逼"我们看了许多语法学的名著，还不厌其烦地为我们批改作业。我只是郭老师、朱老师以及李老师课堂上的旁听生，可他们从不对我"另眼相待"，那份对学生的爱护之情我终生难忘。

没有前人的研究作为基础，我是无法完成这篇论文的，其中，赣语、湘语、客家话以及湘南、粤北土话的研究成果对我的帮助尤其大。我文中的许多内容或者是直接来自于这些论著，或者是受它们的启发而写成的。在资料的搜集过程中，我得到了很多学者的帮助。游汝杰教授、刘纶鑫教授、陈满华教授、方平权教授、陈立中教授、庄初升教授、邵宜博士、刘泽民博士、谢留文博士、孙宜志博士、陈晖博士、罗兰英老师等在得知我的论文选题后，都毫无保留地把他们自己的论著或手上的资料通过各种方式交给我。陆镜光教授和汤翠兰博士帮我复印了许多港台方面的资料。在论文的写作过程中，我还向李如龙教授、伍巍教授、庄初升教授、刘泽民博士等请教我过许多问题，每次都能得到他们耐心的解答。特别是庄初升教授，除了为我答疑解惑之外，还就我的论文写作提出了许多具体的意见，我发表的第一篇文章也是在他的指导下进行调查并完成写作的。

我的硕士研究生导师鲍厚星先生把我引进了方言学研究这个队伍之中。毕业以后，每次见面或者是电话联系，他总要问起我的学业。特别是在我做博士论文期间，他更是给予了许多具体的指导与帮助。李树俨教授也给予了我许多指导，我发表的多篇文章均凝聚了他的心血。刘新中博士帮我绘制了方言地图，还为我们的论文答辩做了许多繁琐的工作。我的师兄师姐、师弟师妹以及同届同学也给予了我许多关爱，让在外求学的我从不感到孤独与无助。

从事汉语方言调查，单靠个人的力量是无法完成的。在湖南调查期间，我的老师、亲戚、朋友、同学以及发音合作人给我的调查研究提供了许多便利。我能够顺利完成如此繁重的调查任务，很大程度上得归功于他们。

三年来，我能够全身心地投入学习，与我的工作单位——韶关学院各级领导的支持分不开，与我年迈的公公婆婆以及对我宠爱有加的先生的支持分不开。是他们的支持，让我一直不敢懈怠，因为我深知，唯有好好学习才是对他们最好的回报。

在此，请让我对所有关心我的老师、朋友、同学、亲人致以衷心的谢忱！对我年幼的女儿表示深深的歉意！

从博士研究生毕业至今，十年过去了。

博士研究生毕业后，由于种种原因，我的研究重心转向粤北土话。当我完成和庄初升教授合著的《韶关土话调查研究》一书时，时间已经到了2009年年底。

从2010年开始，我重新踏上了湖南赣语的调查之旅。2011年，我以博士论文为基础申请国家社会科学基金项目，获准立项。可是，由于工作变动的缘故，始终无法静下心来修改论文。这一拖，又是五年。

今天，书稿终于付梓，我要表达的仍然是感谢。首先要再次感谢我的恩师。博士研究生毕业以后，导师詹伯慧先生多次督促我抓紧时间修改毕业论文。书稿完成以后，他又在百忙之中为我写序，褒奖有加。博士后合作导师游汝杰先生在我撰写博士论文期间就给我提供了很多资料。博士论文完成以后，他对我的博士论文给予了肯定，并希望我能出版。正是由于他们的鞭策与鼓励，书稿才得以问世。

还要感谢的是十多年来一直支持我的众多发音合作人。他们的芳名虽然已经一一记录在本书上编第一章第五节中，但在这里我还要不厌其烦地罗列出来，他们是：华容的胡炳先、周方池，岳阳楼的戴续信，临湘的方叔季，岳阳县的胡信之，平江的彭克兰，浏阳的李忠厚，醴陵的李良昌，茶陵的刘振祥、郭思明，安仁的李绿森，耒阳的梁福林，常宁的彭家芳，永兴的李齐成、李旭文，资兴的欧阳辉、黄信雄，隆回的刘子贤、欧阳征亮，洞口的付子干、雷国宝，绥宁的张奇祥、袁兴汉。

我现在的工作单位——广东技术师范学院的领导非常关心和支持本书的出版，国家社会科学基金项目、教育部人文社会科学研究项目、广东省高等学校人才引进项目给予了经费支持，谨此一并致谢。

在本书即将付印之际，我才收到全国哲学社会科学规划办寄来的项目结题意见。各位评审专家提出了很多富有建设性的意见，但由于时间仓促，没有办法进行较大的修改，深感遗憾，也请各位专家谅解。

李冬香

2015 年 12 月 4 日